첫 베이커

현대 예술의 거장

쳇 베이커

그대 다시는 고향에 가지 못하리

제임스 개빈 지음 | 김현준 옮김

❖ 을유문화사

현대 예술의 거장

쳇 베이커

그대 다시는 고향에 가지 못하리

발행일
2007년 11월 15일   초판 1쇄
2024년 3월 30일 개정판 1쇄

지은이 제임스 개빈
옮긴이 김현준
펴낸이 정무영, 정상준
펴낸곳 (주)을유문화사

창립일 1945년 12월 1일
주소 서울시 마포구 서교동 469-48
전화 02-733-8153
팩스 02-732-9154
홈페이지 www.eulyoo.co.kr

ISBN 978-89-324-3156-7 04670
ISBN 978-89-324-3134-5 (세트)

"우린 가야 해. 그곳에 도착하기 전엔 멈추지 않을 거야."

"그런데 어디로 가는 거지?"

"나도 몰라. 하지만 가야 해."

– 잭 케루악Jack Kerouac, 『길 위에서On the Road』

일러두기

1. 인명, 지명 등의 외래어 표기는 기본적으로 국립국어원의 외래어 표기법을 따랐으나, 일부 관계로 굳어진 표기는 예외로 두었다.
2. 책 · 잡지 · 신문 등은 『 』, 영화 · 다큐멘터리 · 뮤지컬 · 오페라 · TV 프로그램 · 연극 등은 「 」, 앨범명은 《 》, 곡명은 〈 〉로 표기했다. 앨범명과 곡명에 한해 번역 없이 원어를 그대로 실었다.
3. 본문 하단에 나오는 각주는 모두 옮긴이 주다.

차례

프롤로그 : 상흔

1988년 5월 21일 토요일
캘리포니아, 잉글우드

LA 외곽의 흑인촌에 위치한 잉글우드 파크 묘지. 언덕 주변에는 곳곳에서 장례식이 거행되고 있었다. 추모객들은 햇살을 피해 하얀 천막 아래 모여 있었지만, 인근의 LA 국제공항을 드나드는 비행기의 소음에는 어쩔 도리가 없었다. 방금 제초를 끝낸 푸른 잔디의 상큼함도 묘지를 가로지르는 비행기의 탁한 매연에 가려 별다른 느낌을 전해 주지 못했다.

　이틀 전, 네덜란드에서 날아온 여객기가 만신창이가 된 어느 트럼페터의 시신을 이곳에 옮겨 놓았다. 1950년대를 통해 최고의 미남 중 한 사람으로 불리던 사내였던가. 쳇 베이커는 13일의 금요일, 암스테르담에서 마약과 관련된 의문의 죽음을 맞았다. 유럽에서 수년간 머물다가 이제야 자신이 처음 영광을 맛보았던 남부 캘리포니아에 돌아와 아버지 곁에 묻히게 됐다. 오클라호마의 농장에서 어린 시절을 보낸 쳇 베이커는 태어나던 순간부터 사람들의 뇌리에 많은 환상을 심어 주었다. 그에 대해서는 이미 여러 얘기가 오갔다. 그의 "쿨cool"한 트럼펫 연주는 초연하다기보다 연약하게 다가왔고, 얼굴에는 보일 듯 보이지 않는 미소가 의미심장하게 드리워 있었다. 달콤한 노랫소리는 양성의 매력을 지녔고, 천진난만하면서도 사악한 표정이 동시에 비추어지곤 했다. 그의 트럼펫이 쏟아 내는 소리에 대해 이탈리아의 팬들은 여지없이 "천사l'angelo"와 "금빛 트럼펫tromba d'oro"이라는 표현을 붙여 주었으며, 벨기에 출신의 작가 마크 단발Marc Danval은 그를 보들레르와 릴케, 그리고 에드거 앨런 포에 비유하며 "20세기가 낳은 가장 아름다운 흐느낌"이라 했다. 유럽에서는 심지어 쳇 베이커의 오랜 헤로인 중독마저도 그의 존재를 더욱 애처롭고 소중한 것으로 만들었다는 식의 얘기가 나돌았다.

그러나 미국 내에서의 반응은 달랐다. 그의 죽음은 그다지 많은 동정을 불러일으키지 못했으며, 『뉴욕 타임스New York Times』의 부고란에는 당시 58세였던 쳇 베이커의 나이가 59세로 오기되기도 했다. 이 기사는 그에 대해 한때나마 "경이로운 운명"을 지녔던 동경의 대상이 마약 때문에 "졸렬한 존재"로 시들어 버렸다고 썼고, 백인 트럼페터의 가장 위대한 희망으로 칭송받던 그가 "몇

몇 비평가들의 지적처럼 데뷔 시에는 상당 부분 과대 포장된 경향이 있었다"고 덧붙였다. 쳇 베이커의 사망 소식이 『로스앤젤레스 타임스*Los Angeles Times*』와 『할리우드 리포터*Hollywood Reporter*』 같은 지면에 소개됐지만 막상 장례식에 참석한 인원은 35명 남짓에 불과했다. 그의 고등학교 동창인 클라리네티스트 버니 플라이셔 Bernie Fleischer 는 이렇게 말했다. "그를 추모하기에는 너무 조촐한 자리였죠. 슬픈 일이었습니다. 하지만 따지고 보면 그가 이렇게까지 버틸 수 있으리라 생각한 사람은 아무도 없었을 겁니다."

장례식에 모인 사람들 중에서도 쳇 베이커가 외국에서 보낸 삶에 대해 아는 이는 얼마 되지 않았다. 그리고 이제 사람들은 굳게 닫힌 관을 내려다보며 그의 죽음에 대해 혼란스러워하고 있었다. 새벽 3시 10분경, 네덜란드 경찰은 인도에 버려진 쳇 베이커의 시신을 수습했다. 그가 묵던 호텔은 암스테르담 중앙역 인근에 위치해 있었고, 투숙했던 방은 3층이었다. 창문에서 인도가 내려다보였다. 얼마 떨어지지 않은 곳에 노골적인 마약 거래로 악명 높던 제이디크 거리가 있었다. 그가 누군지 알지 못했던 경찰관들은 그저 불행한 마약중독자 한 사람이 죽은 것이겠거니 하고 무심히 시체 보관소로 옮겼다. 그리고 다음 날이 돼서야 네덜란드에서 매니저 일을 보던 피터 휴이츠Peter Huijts 가 쳇 베이커의 신원을 확인했다. 자살이거나 아니면 마약 때문에 일어난 사고였다는 결론이 내려졌다.

온통 모순투성이였다. 쳇 베이커의 호텔 방 창문은 기껏 30센티미터밖에 열려 있지 않아서 실수로 떨어진다는 것은 애초에 불가능했다. 방에서는 마약 투여에 필요한 여러 가지 물건들이 발견됐지만, 경찰 대변인의 발표에 따르면 막상 쳇 베이커의 혈액 속에서 헤로인의 흔적은 찾을 수 없었다고 했다. 사망에 이르기 몇 달 전부터 그는 누가 자신을 뒤쫓고 있다는 얘기를 지인들에게 남겼으며, 오클라호마에서 세 아이와 함께 살고 있던 영국계 배우자인 캐럴 베이커Carol Baker는 다음과 같은 의견을 피력했다, "자살은 아닙니다. 누가 살해한 것이 틀림없어요." 그리고 얼마 전부터 쳇 베이커와 함께 연주하던 피아니스트 프랭크 스트래저리Frank Strazzeri는 캐럴의 생각을 한층 더 강하게 뒷받침할 만한 얘기를 남겼다. "그의 관을 내려다보다가 나는 말했습니다. '도대체 무슨 일이 일어난 거예요? 왜 이렇게 됐죠? 정말 바보 같은 일이군요. 분명 잘못 짚은 것 아닙니까? 그들이 결국 당신을 죽였군요'라고 말입니다."

죽음의 순간까지 온갖 추측이 난무하게 했다는 것도 어쩌면 쳇 베이커다운 일이었는지 모른다. 그는 말을 아꼈으며 글도 거의 남기지 않았다. 그나마 전해진 것들의 대부분은 의미심장하고 심오해 보일 때가 많았다. 영국계 작가인 콜린 버틀러Colin Butler는 일찍이 제리 서던Jeri Southern에 대해서도 비슷한 언급을 한 적이 있다. 1950년대에 활약했던 이 우수에 찬 가수이자 피아니스트는 어느 날 극심한 신경쇠약으로 무대에 서기를 거부했다고 한다.•

• 제리 서던은 1950년대 중반 최고의 인기를 누리며 이른바 블론드 보컬Blonde Vocal의 스타로 떠올랐다. 그러나 단순히 외모만을 무기로 삼은 음악인이 아니었으며, 뛰어난 피아노 솜씨와 무대 위의 카리스마로 비평가들에게도 높은 평가를 받았다. 그러던 중 1961년에 돌연 은퇴를 선

콜린 버틀러는 다음과 같은 글을 남겼다. "그녀는 아메리칸드림의 핵심을 꿰뚫어 보았지만 아무도 속내를 이야기하지 않는 악몽의 얼개를 동시에 깨달은 듯했다." 쳇 베이커는 뭐라 규정할 수 없는 그만의 번뇌를 가슴속에 지니고 있었으며, 여기에서 비롯된 매우 슬프고 서정적인 음악을 선보였다. 사람들은 오랫동안 바로 그런 쳇 베이커의 음악에 집착했으며 시간이 흐르자 그의 비밀을 비로소 털어놓기에 이르렀다. 일본 출신의 젊은 트럼페터 히로가와시마ヒロ川島에게 쳇 베이커는 마치 부처와도 같은 사람이었다. "그는 나에게 삶 그 자체를 가르쳐 준 인물이었습니다. 말하자면 나는 그를 '인생의 스승'으로 우러러보곤 했지요." 10년간 연인으로 살았던 가수 루스 영Ruth Young은 그녀 스스로 쳇 베이커를 "피카소"라 부를 만큼 그에게 절대적인 신뢰를 보냈다. 그를 위해 외국에서 마약을 밀수하거나, 심지어 쳇 베이커가 유럽에 머물던 시절 그의 방에 있던 누군가의 사체를 끌어내 유기하는 일까지 도맡을 정도였다.

쳇 베이커의 장례식 비용을 지불한 사진작가 브루스 웨버Bruce Weber 또한 그의 광적인 팬이었다. 1986년부터 1989년까지 웨버는 쳇 베이커에 대한 다큐멘터리 「렛츠 겟 로스트Let's Get Lost」를 만들기 위해 사재를 털었고, 알려진 것만 해도 약 100만 달러

언했는데, 쇼 비즈니스에 대한 염증이 원인이었던 것으로 알려졌다. 이후로 음악계를 떠난 제리 서던은 간간이 후배들을 가르치며 여생을 보냈고, 1991년 64세를 일기로 세상을 떠났다. 마치 마지막 작품을 남기려는 듯, 세상을 뜨기 직전 30년 만에 녹음 스튜디오를 예약한 상태였다는 소식이 부음과 함께 전해졌다.

를 쏟아부었다. 한 50대 남자의 모습에서 성적 쾌감의 환상을 부각시킨 이 영화는 웨버 자신이 만든 캘빈 클라인의 속옷 광고에 동성애 이미지를 부여하는 데 큰 힘을 주기도 했다. 그의 카메라는 1980년대 말의 쳇 베이커를 열정적으로 담아냈지만 영화비평가들의 반응은 달랐다. "노래하는 시체"(J. 호버먼, 『빌리지 보이스 *Village Voice*』)라는 반응에서부터 "시들어 빠진 염소"(줄리 샐러먼, 『월스트리트 저널 *Wall Street Journal*』)는 물론, "움푹 꺼진 볼에 이가 다 빠진 채 우물거리기만 하는, 뇌가 죽어 버린 유물에 불과한"(찰스 챔플린, 『로스앤젤레스 타임스』), "신뢰가 가지 않는, 누구나 다 알 만한 공공연한 헤로인 중독자"(리 제스키, 『뉴욕 포스트 *New York Post*』), 그리고 "흡혈귀 같은, 마약으로 찌든 유령"(칩 스턴, 『롤링 스톤 *Rolling Stone*』) 등의 표현이 이 영화 속의 쳇 베이커에 대한 평자들의 이야기였다. 이 모든 게 가슴 깊은 곳에서 울려 퍼진, 마치 한 편의 아름다운 시처럼 품위 있는 솔로 연주를 보여 주던 이에게 주어진 반응이라면 믿을 수 있겠는가.

장례식에 참석한 이들은 쳇 베이커에 대해 모두 자기만의 매혹을 품고 있었다. 오후 2시가 가까워지자 추모객이 묘지 가까이 모여들기 시작했다. 무덤 자리 옆에 놓여 있던 관을 옮기고, 늘어서 있던 접는 의자에 자리를 잡았다. 장례식의 전체 진행은 「렛츠 겟 로스트」의 코디를 맡았던 젊은 여성 에미 아메미야 Emie Amemiya 가 맡았다. 그녀는 영화 제작에 참여하기를 거절했던 쳇 베이커의 두 번째 아내 헬레마 앨리 Halema Alli 를 바로 이 묘지에서 처음이자 마지막으로 보았다. 1956년, 사진작가 윌리엄 클랙스턴 William

Claxton이 촬영한 쿨하고 에로틱한 쳇 베이커의 사진에 등장했던 인물이 바로 헬레마 앨리였다. 웃통을 벗은 쳇 베이커의 곁에서 부끄러운 표정으로 포즈를 취했던 여인을 기억하는가. 그로부터 4년 뒤 앨리는 이탈리아의 구치소에 수감됐는데, 당시 쳇 베이커가 저지른 가장 큰 마약 관련 범죄에 공범으로 체포되면서 재판을 기다리는 내내 구슬프게 울부짖곤 했다. 오래도록 쳇 베이커의 연인이었던 다이앤 바브라Diane Vavra도 장례식에 참석했다. 그러나 그녀는 사람들의 맨 뒤에 서서 캐럴과 세 아이, 그리고 쳇 베이커의 어머니인 베라 베이커Vera Baker가 앉아 있던 앞줄에서 가능하면 멀리 떨어져 있으려 했다. 쳇 베이커와 바브라의 서로에 대한 집착은 이해할 수 없을 만큼 과도했는데, 그녀 스스로도 "구역질 나는"이라 표현했을 정도였다. 쳇 베이커는 바브라를 학대했지만, 막상 그녀 없이는 단 하루도 살 수 없었다. 결국 1988년 2월, 바브라는 살아남기 위해 쳇 베이커의 곁을 떠났다.

이젠 안전하게 그를 마주할 수 있으리라 생각했을까. 그러나 장례식이 시작되기 전까지만 해도 다이앤 바브라는 마치 그가 살아 있는 것 같은 느낌을 떨치기 힘들었다. 평생토록 삶을 뒤흔들어 놓았던 질투와 광기가 똑같은 모습으로 주변을 맴도는 것 같았다. 쳇 베이커의 딸인 멜리사 베이커Melissa Baker가 맹맹한 콧소리로 바브라를 비웃기 시작했다. "정말 지긋지긋한 거 알아? 당신이 왜 여기 있는 거지? 어서 썩 꺼지지 않고 뭘 하는 거야!" 후에 바브라는 캐럴의 얼굴에서 "너무나도 사악한 미소"를 보았다며 흥분을 감추지 못했다. 사실 많은 사람들은 왜 캐럴이 쳇 베이커와 28년 동안 혼인 관계를 유지했는지 궁금해했다. 자신의 곁에 머물지 않았고, 폭력이 끊이지 않았으며, 공공연히 다른 여인들과 염문을 뿌린 쳇 베이커는 캐럴과 가족을 위해 아무런 경제적 도움도 주지 않았다. 그러나 그녀는 쳇 베이커를 사랑했다고 말했다. 그가 세상을 떠난 지 몇 년 지나, 생전의 그가 스스로 벌어들인 것보다도 많은 로열티가 CD 재발매로 인해 캐럴의 손에 쥐어지기 시작했다. 그것 말고도 그녀는 가족이 운영하는 인터넷 홈페이지를 통해 쳇 베이커의 얼굴이 새겨진 티셔츠며 자체 제작한 CD, 그리고 사진을 판매하며 더 많은 돈을 벌어들였다. 마치 생전의 쳇 베이커가 가족들에게 주지 않았던 돈을 마지막 한 푼이라도 모두 긁어모으겠다는 듯이.

멜리사의 분노는 쳇 베이커와 어린 시절부터 알고 지냈던 에드 행콕Ed Hancock을 당혹하게 했다. 그는 멜리사에게 다가가 어깨에 손을 얹고는 말했다. "지금은 이러지 말아야지." 에미 아메미야가 서둘러 고인에 대한 추도를 제의했다. 버니 플라이셔는 10대 때의 쳇 베이커를 회상하며 말을 꺼냈다. "그의 연주는 정말 믿기 힘들 정도였어요. 사실 내겐 모든 게 어렵기만 했는데, 마치 그는 새가 노래하듯 아주 쉽게 연주해 내곤 했죠." 사실인지 확인하긴 힘들지만, 피터 휴이츠는 비밥의 창시자이자 1952년에 쳇 베이커를 자신의 밴드에 참여시켰던 찰리 파커Charlie Parker가 디지 길레스피Dizzy Gillespie에게 "조심해야 할걸. 어린 백인 녀석이 하나 있는데 자네를 당장 집어삼킬 수도 있어"라고 했다는 이야기를 전해 주었다. 젊은 시절의 동료였던 베이시스트 허시 해멀Hersh Hamel과

1950년대 쳇 베이커의 대표적인 쿼텟을 함께 이끌었던 피아니스트 러스 프리먼Russ Freeman이 이야기를 이었고, 「렛츠 겟 로스트」에서 반주를 맡은 프랭크 스트래저리의 추도사도 있었다. 다음은 웨스트코스트 출신의 젊은 트럼페터이자 쳇 베이커를 우상시했던 크리스 테데스코Chris Tedesco. 앞으로 나선 그가 눈물을 머금은 채 쳇 베이커를 대변하는 〈My Funny Valentine〉을 무반주로 연주했다. 1952년 그가 처음 이 곡을 연주했을 때처럼 크리스 테데스코의 트럼펫 소리가 사람들을 긴장시키며 터져나가자 버니 플라이셔는 순간 쳇 베이커가 몸소 변론에 나선 듯한 냉기를 느꼈다.

에미 아메미야는 아주 이상한 광경을 목격했다. 그녀는 장례식에 참석하는 사람들에게 나누어 주기 위해 아주 커다란 백장미 부케를 화병에 담아 캐럴과 멜리사의 앞쪽 땅바닥에 놓아두었다. 햇살은 밝게 빛나고 있었지만 강하게 내리쬘 정도는 아니었는데, 갑자기 그 화병이 산산이 부서져 버리는 게 아닌가. 꽃이며 깨진 유리 조각이 두 사람의 발치에 흩어졌다고 아메미야는 당시의 상황을 전했다.

장례식이 마무리될 즈음, 멜리사는 아버지의 관 위에 장미 한 송이를 놓았고 다른 사람들의 움직임이 이어졌다. 다이앤 바브라도 그 뒤를 따랐다. 그러자 멜리사는 몸을 돌려 다시 경멸의 말을 늘어놓았다. "이 점잖은 드레스만 아니면 당장이라도 걷어차 버리고 싶어!" 그로부터 수년이 지나 바브라는 냉정을 유지한 채 끔찍했던 그날의 상황을 다음과 같이 말했다. "글쎄요, 그때까지만 해도 멜리사는 아직 어렸잖아요. 쳇 베이커는 딸에게 잘해 주지 못했죠. 곁을 지켜 주지 못했으니까." 쳇 베이커가 세상을 떠났을 때 멜리사는 스물두 살이 다 돼 가고 있었다.

크리스 테데스코는 다른 몇 명과 함께 묘지에 끝까지 남아 있었다. 아직 땅 밑에 묻지 않은 쳇 베이커의 관으로 다가선 그는 다음과 같이 메모한 악보를 뚜껑 위에 올려놓았다. "쳇 베이커에게. 당신은 내가 처음 마주했고 연구한 트럼페터였습니다. 당신의 연주와 노래는 셀 수 없이 많은 순간 내 인생에 의미를 남겼지요. 부디 안녕히."

쳇 베이커를 따랐던 이들이 어떤 식의 공포를 느꼈든, 대부분의 조문객은 크리스 테데스코와 같은 생각을 했다. 에미 아메미야는 다음과 같이 덧붙였다. "결국 좋은 얘기가 많이 오갔고 장례식도 무사히 잘 끝났습니다. 그는 정말이지 재능 있고 놀라운 인물이었죠. 그가 남긴 것들은 모두 돌이킬 수 없겠지만요." 그러나 오랫동안 쳇 베이커를 알고 지냈던 독일 출신의 방송인이자 출판인인 구드룬 엔드레스Gudrun Endress는 모든 걸 낭만적으로만 바라보려 하지 않았다. 그녀는 경고했다. "잊지 마세요. 쳇 베이커는 세상을 떠난 뒤에도 사람들에게 상처를 줄 수 있는 존재랍니다."

1
일그러진 천사의 탄생

1929년의 크리스마스는 경제대공황으로 주식 시장이 붕괴된 지 몇 주 지나지 않아 찾아왔다. 그러나 그해 12월, 19세의 베라는 꿈에 그리던 선물을 얻었다. 오클라호마의 작은 집에서 그녀의 두 팔에 안긴 아기는 새하얀 피부에 갈색 눈을 가지고 있었다. 엄마를 향해 미소를 지을 때 아기는 마치 마법을 부리는 듯했다. 두말할 것 없이 이 아기는 술주정뱅이에 일자리도 없는 남자와 결혼한 그녀의 차디찬 현실을 잊게 해 주었다. 아니, 삶의 의미를 부여한 존재였다고나 할까. 잃어버린 따스함과 삶의 의욕을 제공한 것이 바로 그 아기였다. 아기는 아버지를 따라 체스니Chesney라 이름 붙였지만, 통통한 볼과 짙은 머리칼 색은 엄마와 똑같았다. 베라 베이커는 아기를 "체티Chettie"라 불렀고, 아이는 삶의 전부가 됐다.*

사실 어머니의 집착과 그에 따른 아버지의 반응은 쳇 베이커 자신이 인식한 것보다 더 좋지 않은 영향을 미쳤다. 아마도 그는 이런 부분을 이해조차 하지 못했던 것으로 보인다. 세월이 흘러 쳇 베이커는 미완의 자서전을 함께 준비했던 리사 걸트 본드Lisa Galt Bond에게 다음과 같이 말했다. "내 어린 시절은 아주 행복했어. 아무 문제가 없었지." 그러나 자신에 대해 자꾸만 뭔가를 숨기려던 그의 습성은 이미 유년기 때부터 깊이 자리하고 있었다. 쳇 베이커 쿼텟의 첫 순회공연이 한창이던 1954년, 그는 프랑스계 연인인 릴리안 퀴키에Liliane Cukier를 집에 데려와 부모에게 소개한 적이 있었다. 3주간 집에 머물며 쳇 베이커의 가족을 관찰했던 그녀는 이렇게 말했다. "가족 중 그 누구도 싫은 소리는 한마디도 하지 않더군요. 마음속에 품은 얘기를 꺼내는 걸 한 번도 보지 못했어요. 식구들은 그저 무난하게 지내길 원하는 것 같았습니다."

릴리안 퀴키에는 쳇 베이커의 부모를 "오클라호마의 농부들"이자 "미국 중부에 거주하는 전형적이고 평범한 백인들"이라 기억했다. 1946년부터 쳇 베이커의 아버지 체스니는 택시 운전을 시작했는데, 그 일이 수년 동안 지속적으로 유지했던 유일한 직업이었다. 20대 때의 그는 기타와 밴조를 치며 연주 여행 다니는 것을 꿈꾸기도 했다. 주로 컨트리풍의 미국 음악을 연주한 밴드와 함께했지만, 쳇 베이커에 의하면 아버지 역시 재즈 감각을 지

• 이 책에서는 독자들의 혼동을 피하기 위해 '체티'라는 애칭 대신 굳이 '쳇 베이커'로 통일하여 표기했다. 따라서 '체스니'는 그의 아버지를 지칭한다.

니고 있었던 모양이다. 기타로 즉흥연주를 하면서, 우상이었던 텍사스 출신의 트롬보니스트 잭 티가든Jack Teagarden 이 들려주던 선율을 휘파람으로 따라 부르곤 했다던가.

그러나 대공황의 여파 속에서 아이까지 태어나자 체스니는 더 이상의 음악 생활을 그만두고 생계를 위해 따분한 일거리를 찾아 나서야 했다. 직접 말하지는 않았지만 얼굴 가득 좌절감이 배어 있던 그의 아버지는 30대의 나이에도 이미 늙고 초췌한 모습을 하고 있었으며, 여간해서는 웃지 않는 표정에 눈가에는 주름이 길게 늘어져 있었다. 언제나 거친 머릿결을 뒤로 빗어 넘겼기에 깊게 팬 이마가 드러나기도 했다. 나이답지 않게 세파에 찌든 듯한 외양은 그의 아들이 고스란히 물려받았다. 물론 말년에 이르러 극도로 쇠했던 쳇 베이커의 얼굴 모습은 마약중독 때문이라는 얘기가 많았지만 말이다. 그렇다고 체스니가 심각할 정도로 늙어 보인 것은 아니었나 보다. 버니 플라이셔는 그를 "매우 부드러운 인상의 소유자"로 얘기했고, 눈에 잘 띄지 않는 사람이었다고 기억했다. "그는 언제나 곁에 없는 것처럼 느껴지는 그림자 같은 사람이었습니다." 40대에 이르러 그는 아들의 동료 음악인들에게 잭 티가든이 어느 날 밤 자신의 집에 들러 함께 연주를 벌였다고 떠벌리곤 했다. 이 말을 들은 이들 중 몇몇은 후에 그들의 만남이 꾸며 낸 이야기일 거라 생각했다.

냉혹했던 어린 시절의 기억을 포함하여, 체스니는 삶의 진실을 술로 잊으려 했다. 일리노이주 출신인 그의 가족은 오클라호마주의 스나이더에 정착했고, 그는 그곳에서 1906년 1월 24일에 태어났다. 스나이더에서 보낸 시절은 그야말로 저주스러웠다. 이 작은 도시는 토네이도와 화재로 빈번히 폐허가 됐고 사람들 간의 분쟁도 잦았다. 후에 쳇 베이커의 어머니인 베라는 시아버지 조지 베이커George Baker가 아내인 앨리스Alice와 다섯 명의 아이를 버리고 다른 여자와 염문을 뿌렸다고 얘기했다. 그래서 시어머니는 가족들이 기억하는 것처럼 다리가 불편하고 성품이 좋지 않았던 "비어즐리 할아범Grandpa Beardsley"과 재혼했다. 비어즐리 할아범은 처음부터 체스니를 못마땅하게 생각한 모양이다. 의붓아들을 지팡이로 때리기 일쑤였고, 집을 나가 돌아오지 말라며 윽박지르기도 했단다. 앨리스는 아들을 보호하려 애썼지만 결국 그는 18세가 되기 전에 가출해 버리고 말았다. 그리고 남은 생애 동안 자신의 아버지와 계부를 모두 증오했다. 나중에 비어즐리 할아범은 뇌졸중으로 두 개의 지팡이가 없이는 걷지 못할 정도가 됐다. 그러나 그는 결코 동정의 마음을 드러내지 않았다. 노인이 임종을 앞두고 있다 해도 절대 그를 보러 가지 않을 것이라며 아내에게 불만스레 이야기하곤 했다.

체스니가 처음 초기 재즈에 흥미를 느낀 것은 10대 때였다. 가스펠과 흑인 영가, 블루스, 래그타임의 영향으로 태어난 이 즉흥적인 음악은, 상상력에 날개를 달아 주고 순간적으로 떠다니는 환상을 마음속에 개인적인 단상으로 남게 하는 힘을 지녔다고 믿었다. 그는 일탈이 필요했고 재즈는 이를 위해 더없이 좋은 수단이었다. 끊임없이 고안된 연주법으로 트롬본 연주의 새로운 장을 열었던 잭 티가든 이외에 체스니를 매혹시킨 또 한 명의 음악인은 바로 빅스 바이더벡Bix Beiderbecke이었다. 일견 파티 음악처럼 들리지만 풍성한 톤과 여유로움으로 초기 재즈의 독보적인 존재였던 그 코넷 연주자 말이다.

전통 재즈에서 인기 있는 악기였던 밴조를 독학으로 익힌 체스니는 스스로 스나이더시를 벗어날 수 있는 계기를 만들었다. 그때까지만 해도 아직 넓게 퍼져 있지 못했던 재즈에 헌신하는 것은 요원해 보였기에, 대신 컨트리 웨스턴 음악을 연주하는 댄스 밴드에 가세하여 오클라호마를 비롯한 중서부의 여러 곳으로 연주 여행을 다녔다. 비록 하루 벌어 하루 먹는 힘든 생활이었지만, 체스니에게 이는 큰 기쁨을 안겨 주었다. 그가 우상시했던 음악인들과 마찬가지로 하루하루 음악을 위해 살아갔으며, 밤이면 술을 마시고 대마초를 피우며 나사 풀린 삶을 이어 갔다.

1928년, 체스니는 오클라호마의 예일시를 지나고 있었다. 털사와 오클라호마시티 사이에 있던 이 작은 유전 도시는 이후로도 한동안 대다수의 역사서가 굳이 언급하지 않을 만큼 한적한 곳에 위치했다. 유일하게 예일시가 유명해졌던 것은 1912년 올림픽의 풋볼과 육상에서 승리를 따낸 아메리칸 인디언 혈통의 운동선수 짐 소프Jim Thorpe 덕분이었다. "세계 최고의 체육인"이라 불린 그는 버트 랭커스터가 주연한 할리우드 영화 「짐 소프Jim Thorpe: All American」의 실존 인물이었다. 1920년대, 약 2,600명에 불과했던 예일시 거주민의 대부분은 유전과 정유소에서 일하거나 농부로 연명했다.

아이오와 태생이었던 샐러먼 웨슬리 모서Salomon Wesley Moser는

1889년, 말을 타고 대지를 누비며 인디언들을 기름진 옥토에서 몰아내고 백인들의 소유임을 주장하던 전설적인 "오클라호마 질주Oklahoma Run"에 가담했다. 그는 80에이커의 땅을 차지했고 그곳에서 농장을 시작했다.* 그즈음 그는 노르웨이 출신의 젊은 시각장애인 랜디Randi를 만나 결혼했고, 부부는 농장 운영을 염두에 두고 일곱 명의 자식을 낳았다. 그중에서 두 번째로 어린 아이가 1910년 5월에 태어난 베라 폴린Vera Pauline이었다. 어린 시절, 10대 때의 베라는 볼품이 없었다. 작은 키에 땅딸막했던 그녀는 잿빛 갈색의 머릿결을 늘어뜨린 채 한가운데 가르마를 탄 얼굴이었고, 움푹 팬 두 눈 주변엔 수년 동안 오클라호마의 태양과 건조한 바람에 노출돼 생겨난 잔주름이 가득했다.

18세 되던 해, 베라는 마을의 젊은이들이 짝을 찾기 위해 종종 모여들던 토요일 밤의 댄스파티에 참석했고 바로 거기에서 예일 시에 잠시 머물고 있던 기타리스트 체스니 베이커를 만났다. 두 사람은 서로 첫눈에 반했다. 베라는 그가 "정말로 잘생긴 남자였다"고 회상했다. 짤막한 구애의 시간이 흐르고, 두 사람은 치안판사 앞에서 결혼 서약을 했다. 신혼살림을 차린 곳은 예일시의 사우스B 스트리트 326번지. 그러나 베라가 꿈꿨을 법한 결혼 생활의 행복은 체스니가 신혼여행 대신 투어를 위해 신부를 남겨 둔

---

* 서부 영화에 종종 나오는 것처럼 개척 시대에는 정부의 허가 없이 땅을 차지하는 일이 빈번했다. 이 과정에서 수많은 인디언이 희생당했고, 미국 백인들에게 총기 문화가 자리하는 결정적 계기가 됐다. 그중에서도 오클라호마주는 이러한 움직임의 중심이었으며 오클라호마주민을 일컫는 속칭인 '수너Sooner(먼저 가서 땅을 차지했다는 의미)'라는 표현이 생겨나기도 했다.

채 예일시를 떠나면서 산산이 부서지고 말았다. 베라는 다시 부모의 농장으로 거처를 옮겼고, 남편이 돌아오기까지 1년 가까운 세월을 홀로 보내야 했다.

그렇게 신혼 초부터 소원했던 두 사람의 재회는 1929년 10월 들어 주식 시장이 붕괴되고 사람들이 더 이상 여흥을 위한 돈을 쓰지 않게 되면서 뜻하지 않게 이루어졌다. 연주자로서 체스니의 경력도 그것으로 끝이었다. 크리스마스 직전, 음악인의 꿈을 잃어버린 채 빈털터리로 집에 돌아온 그는 아내가 이미 임신 7개월에 접어들었다는 사실을 알게 됐다. 현실 속의 걱정이 배가된 셈이었다. 12월 23일 월요일, 베라는 체스니 헨리 베이커 주니어 Chesney Henry Baker Jr.(쳇 베이커)를 낳았다. 출산은 결혼 생활의 실망감을 상쇄해 주었고, 아기 키우는 일은 그녀의 모든 생활과 관심을 새롭게 했다. 작고 까만 카메라를 마련해 아름다운 아들의 모습을 열정적으로 담아냈고, 그렇게 아기의 모든 움직임을 손에 넣을 수 있었다. 그녀는 "사랑하는 아기"라 이름 붙인 사진첩에 쳇 베이커의 어린 시절을 정리했다. "아기가 제일 좋아했던 장난감"이라 이름 붙인 부분에는 인형과 함께 땜질로 만든 장난감 자동차가 어울리지 않는 조합으로 눈에 띄는데, 후에 성적 모호성을 지닌 것으로 알려진 쳇 베이커의 미래를 예견하는 듯했다. 그가 (사랑한다는 의미로) "아이 어브 유 I ov u"라 웅얼거렸을 때 엄마는 정갈한 글씨로 "아기가 처음 한 말"이라 적어 두기도 했다.

태어난 아들에 대해 열정적인 사랑을 간직했던 베라였지만, 황폐한 미래에 대한 두려움을 완전히 잊을 수는 없었다. 아무런 수

입도 없이 어떻게 살아갈 수 있을지 초조하지 않았겠는가. 체스니는 가까스로 직장을 구했지만, 그가 좋아했던 서툰 기타 연주와 전혀 상관없는 일이었다. 그는 유전 지역에서 한 시간에 25센트를 받으며 큰 쇠망치로 낡은 보일러를 부숴 해체하는 일을 했다. 그나마 대공황의 여파에 밀려 하나하나 사라져 간 예일시의 정제소와 마찬가지로 이 일자리도 오래 가지 못했다. 그곳에서 보낸 삶은 아무런 희망도 갖지 못하게 했다. 결국 쳇 베이커가 한 살쯤 되었을 때, 체스니와 베라는 아기를 데리고 예일시를 떠나 오클라호마의 주도인 오클라호마시티로 거처를 옮겼다. 일할 기회만 두고 생각한다면 오클라호마시티는 최악의 경제 상황을 막 벗어나고 있었다. 몇 달 전 새로운 유전이 개발됐고 원유 개발 사업이 번창하기 시작한 상태였다. 몇 개의 공공사업이 벌어졌고, 그 이외에도 오클라호마 아트센터와 오클라호마 시립 교향악단이 출범했다. 그리고 체스니는 이런 문화적 움직임 사이에서 다시 연주할 기회가 있지 않을까 생각했다.

체스니와 베라는 상점과 작은 공장들이 늘어선 시내의 작은 집에 월세를 얻었다. 예일시와 비교하면 오클라호마시티는 마치 크나큰 대도시처럼 느껴졌다. 사람들은 거리를 돌아다니며 인근에서 처음으로 건설된 12층짜리 "고층" 빌딩을 경외감 어린 눈으로 바라봤고, 제일 국립은행*과 빌트모어 호텔, 그리고 YWCA 건물

• First National Bank. 미국 전역에 가장 많은 지점을 두고 있는 대표적 은행으로 여기에서는 경제 활동이 원활해졌음을 상징하기 위한 언급이다.

을 비롯한 여러 현대적인 건축물을 분주하게 드나들었다. 록 아일랜드와 프리스코를 따라 운행되는 증기기관차는 하얀 연기를 내뿜으며 시내 중심부를 관통하여 달렸다. 그리고 이 도시의 눈부신 모습은 베이커 가족에게 희망을 안겨 주기에 충분했다. 체스니는 라디오 방송국 WKY의 밴드와 함께 아침 6시부터 30분 동안 방송되는 프로그램에서 컨트리 음악을 연주하게 됐고, 베라는 아이스크림 공장에 일자리를 구했다. 마이크 주변에 모여 신나게 연주를 벌인 바이올린 연주자들과 드러머, 그리고 기타를 맡은 체스니는 음악에 맞춰 카우보이 부츠를 신고 리듬에 따라 발을 굴렀다. 블루진과 조끼를 입은 채 말이다. 종종 체스니는 방송국에 아들을 데리고 가기도 했다. 그리고 일이 끝나면 베라가 아이스크림을 안고 퇴근할 때까지 혼자 집에서 아기를 돌보았다. 주말이 되면 밴드는 한집에 모여 밤새도록 잼 연주를 벌였다. 체스니에게 이보다 완벽한 삶은 존재하지 않았다.

베라에 따르면, 당시 라디오에서 재즈와 스윙을 내보낸 것은 하루에 한 시간 정도밖에 되지 않았다고 한다. 쳇 베이커에 대한 다큐멘터리 「렛츠 겟 로스트」에서 얘기한 것처럼, 그 시절 쳇 베이커는 걸상에 기어 올라가 놀라운 집중력으로 라디오에서 흘러나오는 음악을 들었으며, 이러한 영향이 후에 그를 연주자로 만들었다고 했다. 종종 베라는 두 살에 불과했던 쳇 베이커가 의자에서 뛰어내려 트럼펫을 연주하기도 했다며 자신의 기억을 미화할 때가 많았다. 그러나 사실 그는 열 살을 넘길 때까지 악기를 손에 잡아 본 적이 없었다. 어쨌든 그가 이미 음악에 젖어 가고 있던 것은 부정할 수 없겠다. 쳇 베이커는 두 살 무렵 아버지에게서 처음 노래를 배웠으며, 그 곡은 〈Sleeptime Gal〉이었다고 1980년 리사 걸트 본드에게 말했다.

쳇 베이커가 밝혔듯이, 그의 아버지가 전해 준 것은 음악만이 아니었다. 1960년에 발행된 한 주간지의 기사 "트럼펫과 주삿바늘, 쳇 베이커의 고백"에 이런 내용이 실렸다. 어느 늦은 밤 잠을 청하고 있을 때, 닫힌 방문 너머 거실에서 친구들과 떠드는 아버지의 소리가 들렸다. 호기심에 가득 찬 어린 쳇 베이커는 아장아장 걸어 문에 다가갔고 열쇠 구멍으로 거실을 내다봤다. 그곳에서 벌어지던 일에 대한 그의 묘사는 자못 초현실적이기까지 했다. "아버지와 그의 친구들은 의자에 뒤로 기대고 앉아 눈을 지그시 감고 있더군. 처음엔 그렇게 잠을 자는 줄 알았지. 아주 이상하고도 멋진 꿈을 꾸고 있나 보다 했으니까. 거실은 하얀 연기로 가득 차 있었어. 그런데 그 연기의 얼얼한 냄새가 문을 통해 내게도 전해졌지. 몸이 아파 오더군." 쳇 베이커는 그중 한 남자가 담배를 피우는 대신 의자에 앉아 입을 크게 벌리고는 허공 속의 연기를 한껏 들이마시더라고 얘기했다. "그들은 마치 황홀경에 빠진 것 같았네. 하지만 나는 아버지에게 아무 말도 하지 않았지. 물론 어머니에게도 그랬고. 뭐랄까, 거기 모인 사람들은 뭔가 비밀스럽고 하지 말아야 할 것을 하고 있다고 느꼈거든. 그날 밤 이후, 나는 열쇠 구멍으로 아버지와 그 친구들의 모습을 수도 없이 많이 봤다네. 볼수록 자꾸만 더 궁금해지면서 동시에 무서워지곤 했지." 훗날 쳇 베이커가 마약중독자로 알려지던 무렵, 그가 부모와 함께 대마초를 피우기도 했다는 소문이 나돌았다. 그의 삶이 기자들 사이에서 하나의 환상으로 굳어진 지 오래인 1983년, 쳇 베이커는 이에 대해 잔뜩 화가 난 심정으로 저널리스트 제롬 리스 Jerome Reece에게 다음과 같이 말했다. "도대체 그런 이야기가 어떻게 만들어져서 퍼져 나갔는지 이해할 수 없군. 아버지는 집에서 다른 음악인들과 함께 한 주에 몇 번씩 대마초를 피우곤 했지. 하지만 그때 난 아주 어렸단 말이야. 정말 황당한 얘기가 아닐 수 없네. 더구나 내 어머니는 아주 엄격한 분이었고, 전적으로 그런 일에 반대하고 있었는데 말이지."

쳇 베이커는 굳이 그럴 이유가 없었음에도, 남은 생애 동안 자신의 아버지를 옹호했다. 그러나 두 사람의 관계는 체스니가 라디오 방송국의 일자리를 잃으면서 급격하게 나빠졌다. 체스니는 다시 연주 생활을 하지 못했는데, 한 음악인으로서, 또한 한 집안의 가장으로서 그 역할을 해내지 못함과 동시에 술독에 빠져 살기 시작했다. 집 안에 라디오를 켜 놓고 그 앞에 주저앉아 다른 음악인들이 연주하는 음악을 듣다가 짓무른 좌절감을 터뜨리기 일쑤였다. 그럴 때마다 아들에게 모든 분노가 쏟아졌다. 어린 쳇 베이커가 시끄럽게 떠들거나 밥을 남기기라도 하면 이내 손찌검을 하고 바지 벨트를 풀어 매질을 가했다. 쳇 베이커가 1970년경 마약과 섹스를 통해 비밀스러운 관계를 유지했던 샌디 존스Sandy Jones는 이에 대해 다음과 같이 말했다. "그의 아버지는 그를 죽도록 흠씬 두들겨 팼다고 했어요." 쳇 베이커는 그 누구에게도 어린 시절 아버지의 구타에 대해 좀처럼 얘기를 꺼내지 않았다. 심지어 가장 깊은 신뢰를 나누었던 루스 영마저도 그와 부모의 관계에 대해서는 잘 알지 못했다. "그는 언제나 자기 아버지와 가까이 하고 싶어 했어요. 하지만 동시에 그를 두려워하기도 했습니다. 두 사람은 어머니의 통제를 사이에 두고 갈라져 있었죠." 아버지가 세상을 떠난 1967년까지 그의 인정을 받으려고 애썼던 쳇 베이커는 자신의 음악 경력이 끝나갈 듯 보이던 그즈음, 음악인의 길을 포기한 선친의 고통을 스스로에게 이입하곤 했다.

다이앤 바브라는 1986년경 체스니의 폭력성에 대한 감춰진 얘기를 들을 기회가 있었다. 쳇 베이커와 함께 그의 어머니 베라를 만나기 위해 오클라호마를 찾았던 날, 베라와 단둘이 있게 되자 그녀는 쳇 베이커가 자신을 구타해 왔다고 털어놓았다. 베라는 마음이 아팠다. "얘야, 너는 왜 너를 때리는 남자와 같이 지내는 거니?" 그러면서 베라는 오래된 이야기를 들려주었다. 신혼 초의 어느 날, 베라와 체스니는 차를 타고 어딘가 가고 있었다. 운전대를 잡고 있던 그는 다른 남자와 놀아났다며 베라를 추궁하기 시작했고 이내 격분을 금치 못했다. 화가 나면 날수록 남편의 운전은 더 거칠어졌고, 결국 난폭하게 회전하다가 차가 뒤집히는 사고가 나 버렸다. 베라는 이렇게 덧붙였다. "그 일이 있고 난 뒤부터 그에 대한 내 마음이 바뀐 걸 알게 됐단다." 베라는 남편의 가학 성향이 비어즐리 할아범에게서 그대로 물려받은 것임을 알지 못했으며, 자신의 아들에게도 나타날 줄은 더더욱 상상할 수 없었다. 그러나 결국 그녀는 그 사실을 직접 확인한 셈이 됐다. 바브라는 1970년대 초, 자기 어머니를 때린 적이 있다며 소리치던 쳇 베이커를 기억했다. 그리고 베라가 들려준 이야기는 바로 그때의 기억을 소름 끼치도록 다시 떠올리게 했다. 그녀는 「렛츠 겟 로스트」에서 이렇게 말했다. "그는 자기 아버지와 똑같았어요."

힘든 나날이 계속됐지만, 베라는 품위를 지키기 위해 노력했다. F. W. 울워스°에서 정시근무자로 일하면서도 집 안을 깨끗하고 정돈된 상태로 유지했다. 아들의 친구들은 그녀가 차분하고 모성애 넘치는, 때로는 과장된 웃음을 지닌 인물이었다고 전했으며 대부분 "상냥했다"고 기억했다. 하지만 버니 플라이셔는 1940년대의 베라가 "지치고 기운 없이 깡마른 작은 아주머니"였다고 말했다. 베라의 아들은 그녀의 손길 속에 자라났다. 매일 아침 출근 준비를 하면서도 그녀는 유치원에 가는 어린 쳇 베이커에게 직원할인으로 구입한 옷을 정성껏 입혔다. 각진 모양의 크고 흰 옷깃이 달린 해군복도 그중 하나였다. 얌전히 서 있게 한 다음 머리를 반반하게 뒤로 빗어 넘기고 신발 끈을 매어 주었다. 나이에 비해 작은 체구였던 쳇 베이커가 기찻길을 따라 학교를 향해 걸어가는 모습은 마치 작은 인형 같았다.

가족 앨범에는 계속해서 사진이 채워져 나갔다. 자전거 타는 쳇 베이커, 공놀이하는 쳇 베이커, 개와 함께 노는 쳇 베이커, 그리고 뒷마당이나 차고 앞에 선 쳇 베이커. 일고여덟 살까지 그는 확실히 잘생긴 꼬마였다. 어느새 젖살은 빠져 있었고 높은 광대뼈가

• 대형 잡화점인 울워스Woolworth는 옷을 비롯해 다양한 생활용품을 판매하는 미국의 대표적인 할인매장 중 하나다. 이제는 세계 여러 곳에 지사를 거느린 기업으로 성장했다.

드러났으며 잡티 하나 없는 피부에 어두운 갈색의 굵은 머릿결을 갖고 있었다. 그는 어렸지만 이미 카메라 앞에서 어떻게 포즈를 취해야 하는지도 알았다. 눈에 띄는 옷차림을 한 채 햇볕을 어느 쪽으로 받으면 되는지 알고 있었으며, 여유로워 보이면서도 정돈된 느낌으로 몸을 가누는 모습도 눈에 띄었다. 특히 자전거를 타고 찍은 사진은 어린 나이에도 강하고 자신감에 찬 인상을 남겼다. 어깨를 곧게 펴고 담담하게 먼 곳을 응시한 두 눈은 또 어떠했던가. 카메라 렌즈를 정면에서 바라볼 때도 이 소년은 그만의 무언가를 꿈꾸는 듯한 느낌을 남겨 놓았다.

어머니 베라 역시 아들에게 큰 매력이 있음을 절대로 놓치지 않았다. 종종 사람들은 그녀가 왜 아이를 더 갖지 않는지 이상하게 생각했다. 당시 사람들의 단순한 피임법은 많은 여인들로 하여금 몇 년 동안 계속해서 아기를 갖게 만들었으니 말이다. 그러나 남편과 베라의 냉랭한 관계 때문에 아마도 이 부부의 성생활은 원만하지 못했던 것 같다. 어떤 이유에서든 베라는 웃음을 띤 채 아들 하나만으로 족하다고 말하곤 했다. 그리고 그녀는 쳇 베이커가 아버지보다 자기를 더 좋아한다고 확신했다. 「렛츠 겟 로스트」에는 이런 대목이 나온다. "난 내 아들이 (아버지보다) 내게 더 가까웠다고 생각해요." 어른이 된 후에 쳇 베이커는 어머니가 자신을 팔로 감싸며 영원히 함께 꼭 붙어 있어야 한다고 말할 때마다 적잖이 불편했다고 기억했다. "(어머니가 그렇게 말할 때면) '예 엄마, 항상 곁에 있을게요' 하고 대답하곤 했지. 이제는 어머니를 이해할 수 있을 것 같아. 그녀를 위해 그렇게 말해 주는 게 뭐 어렵겠나. 그 가난과 고통을 생각해 보게. 어머니에겐 바로 내가 살아가는 유일한 이유였지." 어쨌든 베라는 자신과 아들의 단단한 관계가 부부 사이를 더 멀어지게 했다는 사실을 굳이 부정하지 않는 듯했다. 이 와중에 쳇 베이커는 어머니의 숨 막히는 집착을 싫어하게 됐고, 결국 평생토록 떨치지 못한 나르시시즘과 자기 집착을 키운 셈이 됐다.

시간이 흐르면서 베라의 삶은 더 절박해졌다. 그녀의 많지 않은 봉급과 남편이 어쩌다 한 번 벌어 오는 수입만으로 한 가족이 살아야 했다. 그래서 쳇 베이커의 고모 아그네스와 고모부 짐은 오클라호마시티의 변두리에 위치한 그들의 집으로 베라의 가족을 이사시켜 남은 방을 쓰게 했다. 훗날 쳇 베이커는 그가 알고 지낸 사람 중에서 고모 부부가 가장 친절한 이들이었다고 말했다. 제1차 세계대전 중 벨기에로 파병됐던 고모부 짐은 독일군이 투하한 겨자탄의 독가스를 들이마셔 평생 치유할 수 없는 폐 손상을 입었다. 그는 언제나 신선한 공기가 필요했고, 공공사업촉진국 WPA*을 통해 오클라호마주의 공원 관리 부서에서 정원사와 관리인으로 일했다. 전쟁 중에 겪은 시련은 그에게 불임의 상처를 남겼는데, 아이를 갖지 못한 이 부부는 그 때문인지 잘생기고 예의 바르며 활달한 쳇 베이커에게 큰 애정을 쏟았다.

---

* Works Progress Administration, 경제대공황 이후 루스벨트 대통령이 뉴딜정책의 일환으로 설치한 정부 기관. 공공사업을 통해 일자리를 만들어 경제를 일으키기 위해 존재했으며 후에 Works Projects Administration으로 개칭됐다. 실업률이 낮아진 1943년에 폐지됐는데, 현실적으로 큰 역할을 했지만 그 과정에서 많은 부패와 부작용을 낳기도 했다.

공공사업촉진국은 체스니를 일꾼들의 봉급을 계산하기 위해 근무 시간을 관리하는 계시원으로 고용했다. 대공황의 여파는 쉽게 가시지 않았다. 쳇 베이커는 사람들이 공원에 들러 식용으로 풀을 뜯고 나뭇잎을 따더라는 고모부의 얘기를 전해 들었다. 다행히도 집안에 일자리를 얻은 사람이 셋이나 됐던 이들은 최악의 상황을 면할 수 있었다. 하지만 체스니와 베라의 가족은 아직까지 한 침대에서 비좁게 잠을 잤고, 몇 년 동안 어린 쳇 베이커는 여름이 되면 폐쇄공포증을 피해 예일시에 남아 있던 외할아버지의 농장에서 지내야 했다. 아들이 농장에 갈 때 종종 베라가 동행하기도 했다. 그녀에게는 이 시간이 남편을 벗어나 사랑하는 아들과 단둘이 지낼 수 있는 기쁜 순간이었다. 약 60년 뒤, 그녀는 아들의 노는 모습을 얼마나 자랑스럽게 지켜보았는지 회상했다. 어린 쳇 베이커는 말과 돼지로 가득 찬 붉은빛의 큰 헛간을 돌아다녔고 복숭아나무에 오르기도 했으며 농장 사이를 끼고 흐르는 시냇가를 걸었다. 수박밭에서 놀 때도 있었다. "어머, 저것 좀 봐. 애가 이젠 달리기도 하는구나! 내가 따라잡기도 힘든걸!" 그렇게 베라는 경탄에 가득 찬 아들을 바라보았다. 그러나 쳇 베이커가 집을 떠나 다른 곳에 머물기를 언제나 좋아했던 것은 아니었다. 여름이 되면 체스니는 아들을 스나이더에 있는 큰댁에 보내곤 했는데, 특히 이 경우가 그랬다. 그가 자신의 계부에게 품고 있던 증오의 마음을 생각하면, 어린 아들에게 할아버지의 잔혹한 면모를 보게 한 건 분명 잔인했다(어쩌면 일부러 그랬는지도 모른다). 그즈음 비어즐리 할아범은 뇌졸중으로 거의 불구나 다름없었고, 작은 아이가 주변에서 왁자지껄 뛰어노는 꼴을 견디지 못했다. 결국 쳇 베이커는 가능하면 집 밖에서 놀아야 했고, 언덕을 내달리며 도마뱀을 쫓곤 했다.

학교 갈 때가 되어 오클라호마에 돌아온 쳇 베이커는 또다시 부모의 어색한 분위기를 견뎌야 했다. 밤마다 술에 취해 돌아오는 아버지와 "대판 싸움"을 벌이는 어머니. 그 틈바구니에서 아들은 점점 집에 있는 것이 싫어졌다. 예전의 체스니는 종종 흥에 겨워 집에서 기타를 연주하곤 했다. 하지만 이제 악기는 한구석에 내팽개쳐졌다. 아주 드문 경우였지만, 이에 대해 쳇 베이커는 다음과 같이 솔직한 심정을 털어놓았다. "아버지는 자기가 음악인으로 실패했다는 걸 단 한 번도 인정하지 않았지. 그저 늘 1929년의 대공황만 탓했으니까." 체스니와 베라 부부의 애정은 이미 사라진 지 오래였고, 그들의 모습을 보고 자란 쳇 베이커는 한 남자와 한 여자가 서로에게 어떤 의미를 줄 수 있는지에 대해 뒤틀린 생각을 갖게 됐다. 특히 육체적인 부분이 그랬다.

남녀 간의 사랑과 관련하여 그에게 한층 더 큰 혼란을 안겨 준 일이 1939년에 있었다. 쳇 베이커의 가족은 고모네 집을 나와 오클라호마시티의 한복판에 위치한 아파트로 이사했다. 그 바로 아래층은 식당이었다. 시간이 흐른 뒤 리사 걸트 본드에게 들려준 사건은 말 그대로 그를 기겁하게 한 일이었다. 어느 토요일 오후, 건물 뒤의 차고 위에서 놀고 있던 아홉 살의 쳇 베이커는 아래쪽에서 이상한 신음 소리가 들려오는 것을 깨달았다. 호기심이 인 그는 난간에 기대 아래층 식당 벽의 갈라진 틈을 통해 안에서 일어나는 일을 엿보았다. 그런데 한 벌거벗은 여자가 테이블 위에 대자로 누운 채 사지가 묶여 있고, 젊은 식당 주인이 그 위에 올라타 있는 게 아닌가. 무슨 일인지 어리둥절했던 어린 쳇 베이커는 녹초가 될 때까지 여자를 광폭하게 몰아붙이는 남자의 모습을 모두 지켜보았다. 이윽고 몸을 일으킨 남자는 휴지로 자신과 여자의 성기를 닦아 냈다. 그때 쳇 베이커는 난간을 잡고 있던 손을 놓쳤고, 요란한 소리와 함께 몇 미터 아래로 떨어져 버렸다. 쿵쾅거리며 뛰는 가슴을 부둥켜안은 채 그는 비어 있던 다른 차고 안에 숨었다가 시간이 지나 주변이 조용해지자 집으로 돌아왔다. 쳇 베이커는 어린 시절에 목격한 섹스를 호색과 혐오의 복합적인 인상으로 기억했다. 그리고 이 일은 그에게 지울 수 없는 흔적을 남겼다. 나중에 어른이 된 쳇 베이커는 식당 남자가 그랬던 것처럼 매우 거칠고 감정 없이 "사랑을 나누곤 했다." 그가 부르던 감성 어린 발라드를 생각해 보라. 당황스러울 만큼 어울리지 않는 이면이 아닐 수 없다.

체스니는 낭만의 감각을 모조리 상실했다. 예전의 그에게 그런 면이 조금이라도 있었다면 말이다. 그의 삶은 모든 면에서 실패를 맛보았고, 오클라호마시티로 이사한 이후에는 그나마 남아 있던 일자리마저 다시 놓쳐 버렸다. 그리고 생활의 압박이 거세질 때마다 그의 반응은 애들처럼 유치한 양상을 드러냈다. 차에 올라타 그대로 내빼면 그만이었다. 오클라호마에 가족을 버려둔 채 그는 계속해서 운전만 했다. 그러다가 한번은 다시 집으로 돌아오지 않았다. 그가 다다른 곳은 샌퍼낸도밸리의 남동쪽에 위치한

LA의 교외인 글렌데일시였다. 체스니는 비행기 제조업체인 록히드에서 부품검사원 자리를 구했고, 작은 셋집을 얻었다. 그리고 그곳에서 몇 달을 홀로 보낸 뒤 가족들에게 연락했다.

1940년, 베라와 열 살의 쳇 베이커는 버스로 자그마치 2,300킬로미터에 이르는 여행길에 올랐다. 거의 이틀이 걸렸다. 두 모자는 "미국의 주요 노선"이라 할 수 있는 66번 도로의 직행 노선을 택했다. 미 대륙 전체에 걸쳐 있는 그 유명한 도로 말이다. 물론 재즈계의 잘나가는 스타가 된 훗날의 쳇 베이커는 이 길을 수도 없이 다녔을 법하다. 웨스트코스트의 재즈 피아니스트이자 작곡가인 보비 트루프Bobby Troup는 1946년에 히트한 그의 명곡 〈(Get Your Kicks on) Route 66〉를 통해 이 길이 새로운 무언가를 추구하던 젊은이들에게 하나의 낙원처럼 느껴지게 했다. 잭 케루악이 『길 위에서』를 집필하기 한참 전, 이미 보비 트루프는 자유로운 영혼을 가진 이들이 끝없이 뻗은 66번 도로를 마주했을 때 무언가 대단한 일을 벌일 수 있을 것이라 찬사를 보냈다. 버스가 66번 도로를 따라 서쪽으로 내달리면서, 베라와 쳇 베이커 모자는 텍사스의 넓은 방목장과 대초원을 가로질렀고, 뉴멕시코와 애리조나사막의 메마른 대기를 호흡했다. 그리고 기껏 그 이름만 한 번쯤 들어 봤을 법한 여러 작은 도시들, 예컨대 애머릴로, 샌타로자, 앨버커키, 플래그스태프, 니들스를 거쳐 드디어 목적지인 글렌데일에 도착했다. 쳇 베이커는 차창 밖에 비친 포도밭과 오렌지 과수원을 시선에 담았다. 숲처럼 보이는 언덕과 푸르른 산이 도시의 삼면을 둘러싸고 있었으며, 콘크리트로 단장해 반짝이는 인도와 햇살이 비추는 차도에는 유칼립투스와 야자수, 옻나무가 줄지어 늘어서 있었다. 공기 속에는 꽃 만발한 나뭇잎에서 번져 나오는 달콤한 향기가 뒤섞이며 어딘지 모를 여유로움이 묻어났다. 오클라호마에서 겪었던 지긋지긋한 혼란을 뒤로하고, 쳇 베이커와 베라는 마치 천국에 와 있는 듯한 느낌을 받았다.

가족의 새로운 보금자리는 언덕과 협곡으로 둘러싸인 조용한 주택가에 자리해 있었다. 체스니는 새로 장만한 1936년형 뷰익을 매일 운전하며 록히드사에 출퇴근했고, 베라는 LA 도심까지 버스를 타고 다녔다. 그녀는 박리다매 전략을 내세운 W. T. 그랜트*의 지점에서 일했는데, 어느새 판매 부서에서 가장 상냥하고 일 잘하는 직원이 돼 있었다. 짧게 자른 머리를 뒤로 빗어 넘긴 그녀는 어깨에 주름 잡힌 카디건을 둘렀다. 그리고 누군가 그녀의 아들에 대해 묻기라도 하면 이내 얼굴에 화색이 돌았다. 나무랄 데 없는 아이로 성장해 있던 쳇 베이커는 우수한 성적에 아무런 말썽을 피우지 않았으며 모든 선생님의 관심을 받고 있었다. 오클라호마에서 캘리포니아로 옮기며 한 학기를 월반하기도 했다. 그러나 그는 굳이 그렇게 하고 싶어 하지 않았다. 아직 자그마한 체구에, 나이 많은 같은 반 친구들보다 성장이 느렸으니 말이다. 아니나 다를까, 아이들이 놀리기 시작했다. 쳇 베이커는 예전에 드러내지 않았던 분노의 감정을 표출하기에 이르렀다. 그는 수치심

• 1906년 미국 동부에서 처음 문을 연 W. T. Grant는 저가의 생필품을 주로 판매하는 전형적인 할인매장이었다. 이 업체는 이내 미국 전역으로 지점을 늘려 갔고, 1930년대부터 미국 서민 경제의 흐름을 가늠하는 기업 중 하나로 자리 잡았다.

을 느낄 때마다 자신이 다른 아이들보다 더 빠르고 강하다는 것을 증명하려고 애썼다. 롤러스케이트를 탄 채 통학했고, 학교가 끝나면 YMCA에서 운동했다. 스포츠는 곧 쳇 베이커의 최대 관심사가 됐다. 수영이든, 농구든, 육상이든, 특별히 배운 것 없이도 모두 잘 소화해 냈다. 1940년대에 그와 친분을 나눈 트럼페터 잭 셸던Jack Sheldon은 쳇 베이커의 체력에 놀라움을 금치 못했다. 그 자신도 수영과 다이빙 등 운동에 매우 뛰어났지만 쳇 베이커를 따라잡기는 힘들었던 모양이다. 잭 셸던은 이렇게 말했다. "그 친구 정말 대단합디다. 하루는 함께 테니스를 친 적이 있었어요. 내가 또 테니스라면 일가견이 있었죠. 그런데 그 친구 말이 전에 쳐 본 적이 없다고 하더니만, 막상 해 보니까 내가 겨우 이겼지 뭐예요."

쳇 베이커의 재능은 스포츠에만 국한된 게 아니었다. 어려서 〈Sleeptime Gal〉을 배운 이래 특별히 음악에 관심을 두지는 않았으나, YMCA의 지하실에 있던 오래된 업라이트 피아노를 하나 발견한 뒤로 그는 귀로 노래들을 익히기 시작했다. 집에 오면 라디오에서 흘러나오는 음악을 따라 부르기도 했다. 아직 변성기가 오지 않았던 탓에 목소리는 높았고 소년 합창단의 그것처럼 중성적인 면모를 지니고 있었다. 어머니 베라는 아들의 목소리가 더없이 예쁘다고 생각했다. 그리고 이 또한 새로운 자랑거리가 됐다. 1942년, 그녀는 재능 있는 아이들의 경연 대회를 개최하던 직장 근처의 유명한 식당 클리프턴스에 쳇 베이커를 "끌고 갔다." (쳇 베이커가 후에 직접 그렇게 표현했다.) 풋내기 아코디언 연주자와 탭 댄서, 그리고 요들송을 노래하는 아이들의 틈바구니에서—물론 이 아이들은 모두 아양 떠는 엄마의 손에 이끌려 왔다—쳇 베이커는 자못 조숙해 보이는 연가들을 부드러운 목소리로 불렀다. 이미 베라는 당시에 히트한 곡 중에서 자기가 좋아하던 노래들을 아들에게 가르쳐 준 상태였다. 콜 포터Cole Porter 원작의 매혹적인 〈You'd Be So Nice to Come Home To〉와 해리 제임스Harry James 오케스트라의 반주로 노래해 헬렌 포러스트Helen Forrest 를 출세시킨, 왕자 같은 연인에 대한 한 여인의 기원을 담은 〈I Had the Craziest Dream〉, 그리고 10대 가수인 마거릿 와이팅Margaret Whiting 의 히트곡이자 관능적인 매력이 "듣는 이를 흥분하게 했던" 〈That Old Black Magic〉 등이 그것이었다. 이 부분에 대해 다이앤 바브라는 이렇게 얘기했다. "아마도 일종의 오이디푸스 콤플렉스 같은 것이 생겨나지 않았을까 싶어요. 그의 어머니는 아들에게 이렇듯 아주 에로틱한 가사들을 직접 가르쳐 주었거든요." 사실 당시의 쳇 베이커가 이 노래들을 부를 때면 다분히 연약하면서도 이상야릇한 느낌을 전해 주곤 했다. 후에 스스로 피아니스트 지미 라울스Jimmy Rowles 에게 말했듯이, 아이들은 그의 목소리가 여자 같다며 "계집애"라 놀려 댔다. 물론 이런 비웃음은 쳇 베이커를 화나게 했지만, 어머니는 예전과 마찬가지로 아들이 경연 대회에서 1등을 차지했다며 상황을 미화하기 일쑤였다. 그는 이것이 사실은 아니라면서 다리 벌리기 기술을 선보인 어린 발레리나에 이어 2등을 한 적은 있다고 말했다.

그러나 아버지 체스니에게 여성적 목소리로 노래하는 "예쁜" 아들을 갖는 건 그다지 유쾌한 일이 아니었다. 그는 아들에게 남자다운 이미지를 다시 심어 줘야겠다고 마음먹었다. 1943년, 체스니는 공장 일을 마치고 집으로 돌아오는 길에 전당포에 들러 잭 티가든을 염두에 두고* 아들에게 줄 트롬본을 하나 샀다. 그런데 이는 적절한 선택이 되지 못했다. 트롬본의 슬라이드를 모두 늘리면 그 길이가 아들의 키와 거의 맞먹었으므로, 애초에 이 악기를 다룰 수 있는 상황이 아니었다. 마지못해 체스니는 트롬본을 트럼펫으로 교환했고, 집으로 가지고 와 아들에게 전해 주지도 않은 채 한편에 무심히 던져두었다. 훗날 베라는 쳇 베이커가 해리 제임스의 연주를 단 2주 만에 따라 했다고 틈만 나면 말했다. 〈Two O'Clock Jump〉에서 보여 준 번뜩이는 속도의 그 뛰어난 솔로를 말이다. 대부분의 음악인이 테크닉과 이론의 복잡한 과정을 연습하고 공부함으로써 연주력을 연마한 데 반해, 쳇 베이커는 음악적으로 그러한 접근을 시도하지 않았다. 물론 음악뿐 아니라 삶에 대해서도 마찬가지였지만. 루스 영은 이렇게 말했다. "이걸 아셔야 해요. 그는 그다지 지적인 인물이 아니었다는 거죠. 그는 자기가 뭘 하고 있는지도 몰랐고, 어떤 수준에 이르러 있는지 단 한 번도 스스로 인식하지 못했습니다. 그저 그는 음악과 맞

• 앞서 체스니가 잭 티가든을 좋아했다는 대목도 나왔지만, 이는 단순히 개인적인 취향에 의거한 생각이 아니었다. 우리나라에서는 트롬보니스트이자 보컬리스트였던 잭 티가든(1905~1964)의 음악적 가치와 매력이 과소평가된 경향이 강하지만, 당시 미국의 백인 남자들 사이에서 그는 1950년대까지 루이 암스트롱에 필적할 만한 스윙의 영웅 중 한 사람이었다. 실제로 깊은 친분을 유지한 이 두 사람이 함께 무대에 올라 연주를 벌일 때마다 백인 남자들은 이를 흑백 대결의 현장으로 인식했다. 물론 트롬본은 남성 전용의 악기지만, 바리톤의 중후한 목소리로 부르던 그의 노래는 특히 대범하고 '가슴 넓은' 남성미의 상징이었다. 영화배우 존 웨인을 닮은 외모 또한 단단히 한몫했다.

닥뜨렸을 뿐이에요."

이렇듯 음악에 대한 가능성을 보여 주자마자 쳇 베이커는 크나큰 재앙에 직면했다. 동네 친구들과 방과 후 길에서 놀던 어느 날, 한 아이가 가로등 부근에서 돌을 던졌다. 그 돌멩이는 쳇 베이커의 입에 정통으로 맞아 왼쪽 앞니가 부러졌다. 체스니는 아들이 다시는 트럼펫을 연주할 수 없게 됐다고 소리치며 격노했지만 막상 쳇 베이커는 영문을 알지 못했다. 그는 앞니가 없으면 트럼펫을 연주할 때 공기의 흐름을 조절하기가 거의 불가능하다는 사실을 미처 알지 못했기 때문이었다. 하지만 쳇 베이커는 고집스럽게 연습에 몰두했고, 결국 치과적인 결함마저도 테크닉의 일환으로 승화시켰다. 앞니가 없었기에 음역에서 한계를 지니게 됐지만 크게 신경 쓰지 않았다. 쳇 베이커는 높은 음역으로 연주하는 행위가 단지 사람들에게 과시하기 위함에 지나지 않는다고 생각했으며, 스무 살 무렵이 되자 아예 그런 쪽에는 관심을 끊어 버렸다. 베라는 아들을 치과에 데리고 가서 틀니를 하나 맞춰 주었지만 실제로 착용한 적은 거의 없었다. 대신 그는 대중 앞에서 입을 다물어 빠진 앞니 때문에 생긴 상처를 감추었다. 이로 인해, 모나리자를 닮은 묘한 미소 또한 그 자신에게 더더욱 야릇한 매력으로 자리 잡게 됐다.

글렌데일중학교에 다니던 10대 시절의 쳇 베이커는 기초 연주 교육 과정에 등록했다. 하지만 그에겐 지루한 시간일 뿐이었다. 매번 연습으로 주어진 예제를 손쉽게 익혔고, 교본을 따라 하는 공부에는 별 흥미를 느끼지 못했다. 악보에 그려진 점과 구불

구불한 선들을 외우는 것이 시간 낭비처럼 느껴졌고, 노래를 한두 번 들으면 이내 따라 할 수 있는데 왜 굳이 그런 노력을 해야 하는지 이해할 수 없었다. 학교의 댄스 밴드에서 활동하며 배운 수자Sousa의 행진곡들도 모두 귀로 익힌 뒤, 사람들과 함께할 때는 악보를 보고 연주하는 척했다. 집에 돌아오면 라디오나 어머니의 78회전 레코드에서 흘러나오는 당시의 팝 곡들을 익혀 나갔다. 쳇 베이커가 좋아했던 음악인은 스윙 밴드를 이끌던 트럼페터 해리 제임스. 그의 밴드는 1913년에 발표됐던 감성적 발라드의 고전 〈You Made Me Love You〉를 새롭게 연주해 인기곡 차트에 이름을 올리며 최고의 인기를 구가하고 있었다. 해리 제임스는 꿀처럼 달콤한 톤으로 트럼펫을 연주했는데, 많은 장식음을 동원해 화려하게 연출한 곡들은 당시 새롭게 발돋움하던 비밥 연주자들 사이에서 촌스럽다는 얘기를 듣기도 했다. 그러나 어쨌든 쳇 베이커는 해리 제임스의 크고 밝은 사운드를 좋아했다. 그는 곡 중간에 선보인 솔로들을 모두 익혀 거의 똑같이 연주해 낼 수 있었다.

해리 제임스가 트럼펫으로 세상에 널리 퍼뜨린 사랑의 표현을 귓속에 담아낸 채, 쳇 베이커는 열다섯 살이 되던 해 동정을 잃었다. 그가 직접 리사 걸트 본드 앞에서 묘사한 대로, 그 첫 경험은 오클라호마시티에서 처음으로 훔쳐본 섹스보다 더 천박했다. 쳇 베이커는 글렌데일의 한 호텔에서 어머니와 거주하던 베넷과 레오 리틀 형제를 친구로 사귀었다. 그들의 어머니는 드리프티 잡화점에서 정규직으로 일하는 바람에 방과 후의 아들들을 돌볼 시간이 없었다. 형제는 시간이 남을 때마다 나무 위에 지은 놀이방이나 호텔 뒤편에 파두었던 구덩이에서 놀았다. 쳇 베이커는 리틀 형제와 이곳에 숨어 여자와 섹스할 때 어떤 느낌인지 순진하게 얘기 나누곤 했다. 그들에게 기회가 왔다. 어느 날 친구들의 집에 가 보니 바버라라는 이름의 열다섯 살 소녀가 리틀 형제와 함께 있었다. 그녀는 세 소년과 모두 섹스할 수 있다고 공언했다. 갑자기 형제의 어머니가 집에 들이닥칠 것을 우려한 쳇 베이커와 리틀 형제는 바버라를 두 개의 간판 사이에 감춰져 있던 놀이방에 데려갔다. 그녀가 자리에 눕고, 셋 중에 가장 잘생겼던 쳇 베이커가 첫 순서를 잡았다. 소녀는 분명 처음이 아니었다. 드레스로 알몸을 가린 채 누워 있던 그녀는 옷을 들춰 보이며 자신의 몸속에 소년이 들어오도록 유도했다. 상황에 압도당한 쳇 베이커는 몇 초 지나지 않아 절정에 이르렀고, 어지러움을 느끼며 바닥에 주저앉고 말았다. 리틀 형제의 깔깔대는 소리가 들려왔다. 좋은 기분이 들기는커녕 메스껍고 떨리기만 했다. 문을 박차고 뛰쳐나가며 쳇 베이커는 이렇게 생각했다. "다시는, 절대로 다시는 하지 않을 거야." 쳇 베이커의 회상이 혹시라도 과장되거나 사실과 다를지라도, 그는 이 일이 크나큰 정신적 외상을 남겼다고 강조했다. 어쨌든 그는 한동안 여자 근처에 얼씬도 하지 않았다. 1980년, 그는 성에 대한 자신의 첫 경험을 "my first pussy"라는 말로 묘사했다.* 섹스에 대한 그의 평상시 태도를 상징적으로 보여

---

* 영문의 뉘앙스를 전하기 위해 굳이 번역하지 않고 원문을 그대로 두었다. 'pussy'는 여자를, 혹은 여자의 음부를 가장 천하게 부르는 말이다.

주는 표현이 아닐 수 없다.

1945년 8월에 제2차 세계대전이 끝나자 경제 부흥이 일어났고 군에서 복귀한 이들을 위해 일자리가 넘쳐 났다. 그러나 체스니 베이커에게 해당되는 얘기는 아니었다. 록히드사에서 상사와 한번 치고받은 사건이 일어난 뒤 체스니는 해고됐고, 마흔 살이 다된 그가 군에서 제대한 젊은이들과 경쟁하기는 역부족이었다. 더구나 그간의 좋지 못한 경력은 업무 부적응으로 낙인찍히기에 충분했다. 몇 달 동안의 구직 시도는 모두 수포로 돌아갔고, 베라가 벌어 오는 월급만으로 생계를 꾸리기는 무리였다. 그때 오클라호마에서 온 옛 친구 밥과 틸리 쿨터 부부가 구원의 손길을 내밀었다. 두 사람은 캘리포니아 허모사비치에 있던 그들의 집에 베이커 가족이 함께 살도록 해 주었다. 해변에 위치한 이 집은 더 큰 도시인 레돈도비치에 인접해 있었다. 고모네 집에서 함께 살던 것과 마찬가지로 베이커 가족은 쿨터 부부의 집에서 방 하나를 얻어 새로운 살림을 시작했다. 직장 생활이 워낙 좋았던 어머니 베라는 멀지 않은 거리의 잉글우드시에 있던 W. T. 그랜트의 또 다른 지사에 새 일자리를 얻었다. 체스니는 선택의 여지 없이 택시를 몰기 시작했다.

베이커 가족이 살던 방은 압력밥솥처럼 뭔가 터질 듯한 기운으로 가득했다. 무뚝뚝한 남편과 마주한 채 한데 뒤엉켜 사는 삶이 이어지면서 베라는 전보다 더 아들에게 집착했다. 그러나 쳇 베이커는 어느새 열여섯 살의 반항아가 돼 있었다. 어머니에게서 떨어져 있고 싶다는 일념 아래 그는 볼링장에서 아르바이트를 시

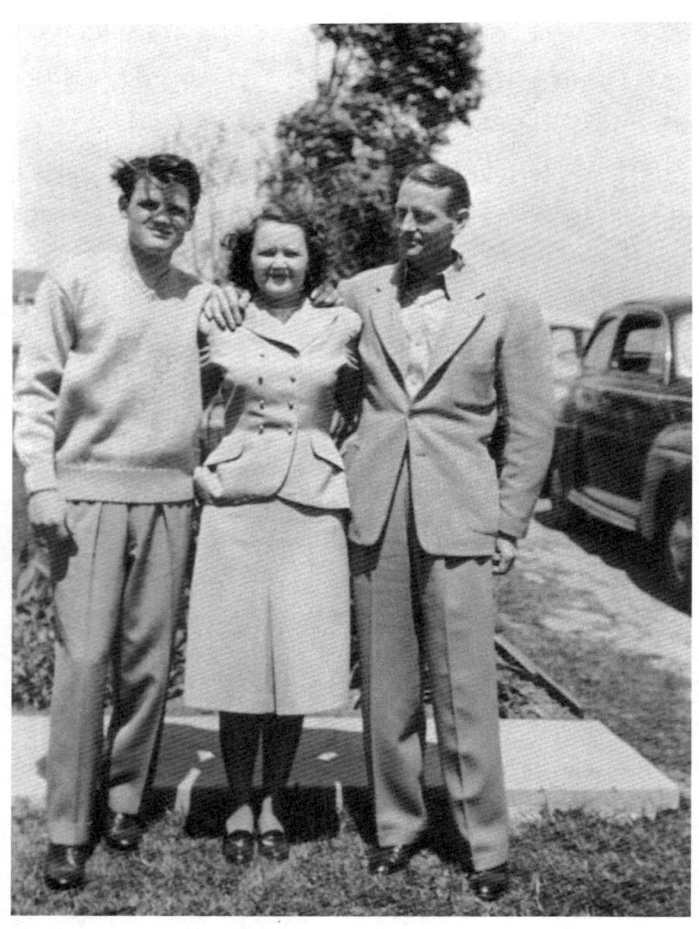

부모와 함께 포즈를 취한 군 입대 무렵의 쳇 베이커

작했다. 학교가 끝나면 바로 그곳으로 달려가 밤 12시까지 일했고, 학교 성적은 곤두박질치기에 이르렀다. 학교에 대한 그의 관심은 온통 밴드 연주뿐이었지만, 새로운 두 가지 열정의 대상이 떠올랐다. 해변에서 노는 것과 자동차 운전이 그것이었다. 어느새 절친한 친구가 된 쿨터 부부의 아들 브래드와 함께 쳇 베이커는 아버지의 뷰익을 몰고 나가 경주를 즐겼다. 아직 운전면허가 없었기에 부모는 걱정이 이만저만 아니었지만, 잭 셸던은 그의 운전 솜씨를 극찬했다. "그 친구 운전은 정말이지 카레이서 같았습니다. 아주 빨랐죠. 아마 내가 한 번도 운전해 보지 못한 곳까지 가 봤을 거요."

이즈음 쳇 베이커는 휘발유를 훔치는 데 뛰어난 솜씨를 발휘하면서 그 교활한 면모를 드러내기 시작했다. 다른 사람 차의 기름통에 호스의 한쪽 끝을 집어넣고는 다른 한쪽 끝에서 공기를 들이마셔 자기 차의 주유구에 휘발유를 넣는 수법이었다. 그는 가끔 기름 냄새를 직접 맡기도 했는데, 이것이 바로 환각 상태에 빠진 첫 경험이었다. 주말이 되면 스킨 다이빙이나 파도타기를 즐겼고 브래드와 함께 팔로스 베르데스에 있는 산에 오르기도 했다. 그 산의 절벽은 LA의 남쪽 만 위에 우뚝 솟아 있었다. 둘은 근처에서 동굴을 하나 발견해 이곳에 숨어 밤을 보냈고, 부서지는 파도 소리를 배경 삼아 모닥불을 피운 채 담요 위에 드러누워 휴식을 취하곤 했다. 소년들이 즐거운 시간을 보낼수록 어머니 베라의 걱정은 더해 갔다. 그녀의 눈에 아들은 점점 비행소년이 되어 가고 있었으며, 자신의 교육 방법이 틀렸을지 모른다는 당혹감에 괴로워했다. 하지만 쳇 베이커는 아버지가 그랬던 것처럼 도망을 꿈꾸고 있었다. 그리고 드디어 그 길을 찾아냈다. "군에 입대하여 세상을 마주하라"는 문구와 함께 엉클 샘이 손가락을 겨누고 있던 그 유명한 신병 모집 포스터를 마주한 쳇 베이커는 충동적으로 일을 저지르겠다고 마음먹었다.

다른 대안이 없다고 판단한 베라는 슬픔에 잠긴 채 아들의 결정에 동의했다. 1946년 11월 5일, 법적으로 열일곱 살이 되기 몇 주 전인 쳇 베이커는 18개월의 복무 기간으로 육군 입대지원서에 서명했다. 집에서 보내는 마지막 날 밤, 어느새 정식 운전면허를 가지고 있던 그는 아버지의 차를 빌려 글로리아라는 소녀와 데이트를 나갔다. 그 밤이 다 지나갈 무렵 쳇 베이커는 그녀의 집 근처 주차장에서 으슥한 공간을 찾아냈고, 차의 뒷자리로 글로리아를 유인해 서둘러서 사랑을 나누었다. 쳇 베이커에 의하면, 사랑이 끝나자 그녀는 임신하는 걸 막기 위해 어서 몸을 씻어야 한다며 문을 열고 밖으로 뛰쳐나갔다. 사실 이날의 일도 크게 기억에 남을 만한 제대로 된 사랑은 아니었다. 그래도 바버라와 함께 한 첫 경험에 비하면 어딘지 번듯해 보였고, 차 안에서 나누는 섹스는 쳇 베이커에게 훨씬 좋은 느낌을 남겼던 모양이다. 시간이 흐르면서, 그날 밤의 데이트에 대한 그의 기억은 꿈결같이 아련한 모습으로 색채를 더하기 시작했다. 자기 사진을 한 장 주고는 키스를 한 뒤 도망치듯 차에서 내린 글로리아. 쳇 베이커는 그녀의 금발이 달빛에 빛나더라고 얘기했다. 카메라가 담아낸 모습을 감추고 그럴듯한 말들로 자기 자신을 묘사하는 방법을 깨달은 것과 마찬가지로, 그는 어떻게 하면 건조한 진실을 낭만적인 사랑 이야기로 미화할 수 있는지 배우지 않았던가. 차를 몰고 집에 돌아온 쳇 베이커는 곧 잠자리에 들었다. 그 누구의 구속도 없는 독립된 남자로서 삶을 시작하겠다는 열망을 가슴에 품은 채.

2
이유 없는 반항

입대한 지 며칠 뒤, 쳇 베이커는 워싱턴 주에 위치한 대규모 육군 주둔지인 포트루이스의 기차역에 발을 내디뎠다. 이곳에서 두 달 간의 기초 군사훈련을 받을 예정이었다. 그를 비롯한 앳된 모습의 신병들은 어깨에 백신 주사를 맞기 위해 줄지어 섰다. 따끔한 느낌이 전해지자마자 30킬로그램이 넘는 배낭을 묶어 어깨에 짊어지고는 행진과 참호 파기, 소총 사격을 연마하기 위해 숲으로 향했다. 매일 아침 이들을 돌처럼 단단한 국가 방위의 병사로 키우기 위한 윗몸일으키기와 팔굽혀펴기가 이어졌다.

사실 이러한 노력은 그다지 의미 없는 일처럼 보였다. 제2차 세계대전은 이미 13개월 전에 끝났으며, 미국은 경제적 안정과 국가 안보의 밝은 미래와 함께 막강한 세계 권력을 손에 넣지 않았던가. 정부는 앞으로 또 있을지 모르는 일본이나 독일의 침략으로부터 국민의 미래를 지켜 내겠다고 선언하고 계속해서 신병을 모집했다.* 전쟁 막바지에 히로시마와 나가사키를 초토화한 원자폭탄을 더 위력 있게 다듬고 이를 위한 실험을 병행하면서 말이다. 잿빛의 버섯구름이 담아낸 죽음의 이미지는 뉴스 영화에 거듭해서 등장했고 나중에는 텔레비전을 통해서도 볼 수 있었다. 그리고 이는 의도하지 않았던 섬뜩한 메시지를 사람들에게 퍼뜨리기에 이르렀다. 실수로 작동 버튼을 눌러 나라 전체를 잿더미로 만들 수도 있지 않겠느냐는 것. 곧이어 사회 속에 새로 등장한 비트 세대는 있지도 않을 미래에 대해 미리 계획을 세우는 정부의 태도가 바보 같은 일이라며 논쟁에 불을 지폈다. 바로 지금 이 순간이 우리에게 주어진 마지막 시간인 양 살아가는 것이 낫다는 생각이었다. 1950년대 말까지, 쳇 베이커는 그 어떤 비트 세대의 인물보다 더 모험적으로 이러한 철학을 몸소 실천하며 살았다.

그러나 포트루이스에서 비트 세대의 반발은 아무런 화제가 되지 못했다. 대부분의 신병은 앞으로 어떤 삶을 살아갈지 알 수 있을 때까지 그저 묵묵히 참고 견딜 뿐이었다. 1947년 새해가 밝자마자 쳇 베이커와 그의 훈련소 동기인 딕 더글러스Dick Douglas 는 뉴저지의 캠프 킬머로 향하는 버스 안에 함께 앉아 있었다. 그곳에서 독일로 가는 배를 타게 돼 있었다. 한겨울의 황량함을 떠안

---

* 미국은 징병제와 모병제를 필요에 따라 적용했다. 제2차 세계대전 직후 잠시 모병제를 유지했지만, 한국전쟁을 전후하여 다시 징병제를 택했고, 베트남전에서 손을 뗀 1973년부터 현재까지 모병제를 유지하고 있다.

은 수백 명의 겁에 질린 어린 병사들이 커다란 배에 오르기 위해 트랩을 가득 채웠다. 자유의 여신상을 뒤로 한 채, 이윽고 배는 대서양에 들어섰다. 쳇 베이커의 말대로라면, 그들은 열흘 동안 배 안에서 "빽빽이 들어찬 구더기처럼 생활했다." 뱃멀미나 두려움으로 토하는 병사들이 생겨났고, 아쿠아 벨바 애프터셰이브를 술처럼 마신 이도 있었다. 드디어 배가 독일의 항구인 브레머하펜에 정박했을 때, 병사들은 각자의 최종 목적지를 확인하기 위해 흩날리는 눈발을 뚫고 앞다투어 안내판 앞에 몰려들었다. 쳇 베이커는 실망스러웠다. 그와 더글러스는 모두 베를린에 배치됐는데, 높은 지능지수 덕에 부대 내에서 가장 좋은 보직인 웨스턴 극장의 관리병이 된 더글러스와는 달리, 최근의 학교 성적이 그저 그랬던 쳇 베이커는 지루하기 짝이 없는 타자 행정병이었다.

다음 날 아침, 그들은 기차로 히틀러 치하 제3제국의 수도였던 베를린에 도착했다. 전쟁 중 독일군의 소련 침공에 대한 보복으로 이미 러시아가 이 도시를 잿더미로 만든 후였다. 미군과 소련군은 베를린을 둘로 나누었고, 부서지지 않은 채 남아 있는 아파트 건물들을 차지했다. 러시아 여인들이 폭탄 투하로 폐허가 된 지역에 여기저기 흩어져 벽돌을 주우며 삽질하고 있었다. 쳇 베이커는 아무런 희망도 발견할 수 없는 파괴의 현장을 목격하고 그 이미지를 오래도록 잊지 못했다. 전쟁은 미래를 냉혹한 현실로 만들어 놓았을 뿐이었다.

어느 날 쳇 베이커는 전쟁의 피해가 적었던 베를린 북서부의 온켈 톰 부근을 돌아다니고 있었다. 미군의 사령부가 주둔하던 지

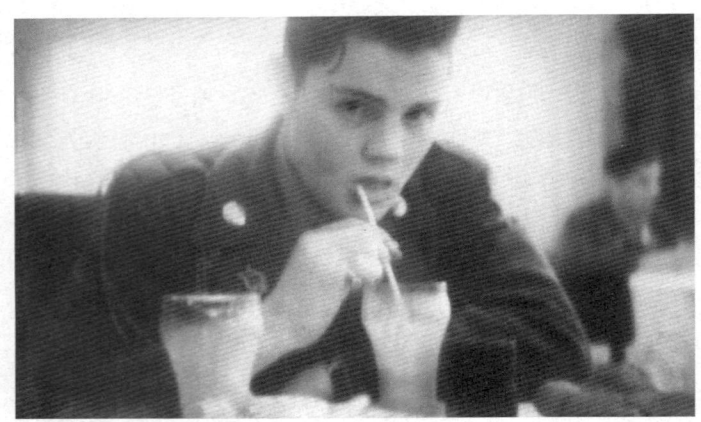

앳된 얼굴의, 갓 입대한 이등병 시절의 쳇 베이커

역이었다. 그때 어느 아파트 건물 1층 안에서 오케스트라의 연주 소리가 들려왔고, 이내 그의 가슴은 뛰기 시작했다. 건물의 문을 열었을 때, 56인조로 이루어진 제298 육군밴드는 이제 막 오후 연습을 마치려던 참이었다. 그는 밴드에 참여하고 싶다며 행정 보급관을 졸랐다. 다음 날 아침 쳇 베이커는 미국을 떠나올 때 가져온 마틴 트럼펫으로 오디션을 봤고, 트럼펫 섹션의 마지막 한 자리를 차지할 수 있었다.

첫 리허설을 하던 날, 그에게도 행진곡의 편곡 악보가 한 부 전해졌다. 물론 그는 이 악보를 읽을 수 없었지만, 〈When Johnny Comes Marching Home〉 같은 곡은 레돈도 밴드 시절부터 알고 있었기에 다른 사람들처럼 악보를 잘 볼 줄 아는 것처럼 행세할 수 있었다. 그러나 구체적인 편곡 부분이 진행되자 그 방법은 통하지 않았고, 속으로는 다른 트럼페터들이 하는 것을 유심히 귀에 담으며 그냥 연주하는 것처럼 흉내만 냈다. 그리고 두 번째로 그 행진곡을 연습할 때는 거의 완벽한 연주를 해낼 수 있었다. 그는 밴드가 사용하는 악보집의 음악을 단지 듣는 것만으로 아주 빠르게 익혔다. 그래서 더 이상 음악적으로 큰 자극을 받지 못했다. 따지고 보면 오케스트라에서 할 일이 그다지 많은 것도 아니었다. 기껏해야 정부의 고관이 방문했을 때 환영 행사에 나가는 정도랄까. 밴드에서 연주하는 몇몇 병사들은 자유시간이면 으레 개인 연습을 했지만, 쳇 베이커는 그토록 쉽게만 느껴지는 것을 연주하려고 시간을 투자하는 것이 별 의미 없는 일로 생각됐다. 그 대신 그는 자기가 꼭 연주하고 싶어 하던 작은 규모의 육군 스

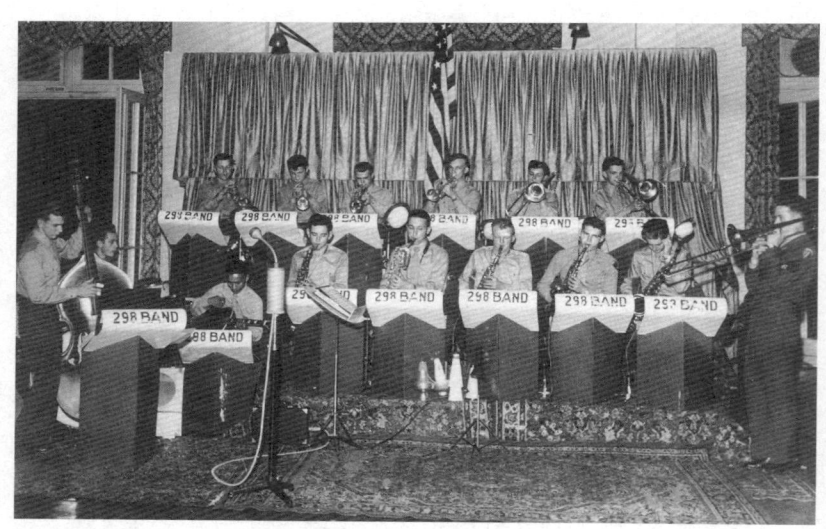

제298 육군밴드의 연주 장면. 뒷줄 왼쪽에서 두 번째가 쳇 베이커다.

윙 밴드에 새롭게 오디션을 봤다. 지휘자이자 알토 색소폰을 연주하던 하워드 글리트Howard Glitt는 열일곱 살 된 어린 트럼페터의 소리가 어쩌면 그토록 당차고 강한지 깜짝 놀랐다. 이미 쳇 베이커는 스타급 연주자처럼 자신감에 넘친 솔로 연주를 선보이는 것이 아닌가. 글리트는 그가 악보를 보는 데도 뛰어난 초견 실력을 가졌다고 생각했다.

하지만 그 스윙 밴드에서 연주하는 일도 쳇 베이커에겐 특별한 도전이 아니었다. 결국 그는 딕 더글러스와 돌아다니며 노는 데 더 관심을 보였고, 그 친구는 이내 자신의 영웅이 돼 버렸다. 세월이 흘러 쳇 베이커는 자전적인 글을 통해 딕 더글러스에 대한 이야기를 남겼다. 자만심으로 가득 찬 그가 평행봉에 올라 완벽한 물구나무서기를 선보이며 미끄러져 내려오는 모습은 그야말로 경이로웠단다. 자기 사무실에서 잔뜩 뻐기는 모습 또한 인상적이었는데, 그곳에는 두 명의 독일인 비서가 일을 돕고 있었으며 술 한잔 걸칠 수 있는 바와 네덜란드산 진이 뜯지도 않은 상자째 놓여 있었다. 소파에 영사기가 구비되어 있었고, 이 친구가 간호사들을 유혹하는 데 썼던 프랑스 포르노 필름도 몇 개 있었다. 쳇 베이커는 다음과 같은 한마디로 딕 더글러스에 대한 호감을 정리했다. "딱 내 스타일의 친구였지." 하루는 키가 크고 덩치 좋은 남자 하나가 복도를 온통 지저분하게 어지럽힌 채 쳇 베이커를 한편으로 밀쳐 버린 일이 있었다. 그때 딕 더글러스는 몸을 한 바퀴 돌리더니 주먹을 날려 그 남자를 완전히 기절시켜 버렸다. 쳇 베이커가 특히 깊은 인상을 받은 것은 군에서 중요한 보직을 맡고 있던 이 친구가 암거래 시장의 비즈니스까지 능숙하게 해내고 있다는 사실을 알게 되면서였다. 그는 커피와 비누, 담배를 비롯한 여러 가지 물건들을 빼돌려 돈을 벌었다. 딕 더글러스는 마초 기질이 다분했으며 육체적으로 우수했고 아무도 두려워하지 않았다. 아버지에게 두들겨 맞거나 어머니의 과잉보호 속에서 자란 쳇 베이커에게 이런 남자다운 모습은 정말이지 부러운 것이었다. 그는 친구처럼 강해지기 위해 자기 방에서 몇 시간씩 체조하며 체력을 키우기도 했다.

여름이 되자 쳇 베이커와 딕 더글러스, 그리고 몇몇 친구들은 기차를 타고 베를린 남서쪽 끝에 위치한 반제 호수로 가서 요트를 하나 빌렸다. 딕 더글러스는 자신의 트랜지스터라디오를 가져왔는데 그것으로 자글거리는 소리의 미군 방송을 들을 수 있었다. 쳇 베이커는 이 방송에서 해리 제임스가 연주하던 것보다 신선한 형태의 새로운 재즈를 듣게 됐다. 그중에서도 가장 문제의 인물로 떠오른 음악인은 스탠 켄턴Stan Kenton이었다. 미국 서부의 웨스트코스트 출신인 이 지적이고 젊은 마에스트로는 자기 자신이 재즈의 토스카니니로 비추어지기를 바라는 듯했다. 그는 계약 관계에 있던 캐피털Capital 레이블의 요구에 맞춰 유치한 곡(〈His Feet Too Big for De Bed〉나 〈And the Bull Walked Around, Olay〉 등)을 연주하기도 했다. 하긴, 그에게는 다른 선택의 여지가 없었을 것이다. 교향악을 닮은 〈Concerto to End All Concertos〉 같은 곡을 담은 레코드가 얼마 팔리지 않았기에 이를 상쇄하기 위한 노력이 필요했을 테니 말이다. 스탠 켄턴은 피아노에 앉아 건반을 힘껏 두드리며 웅장한 느낌의 반주를 벌였고, 종종 자리에서 일어나 긴 팔을 휘두르며 오케스트라를 지휘했다. 자못 과장된 듯한 인상을 안겨 준 것처럼 그의 밴드는 거침없는 힘으로 넘쳐 났다. 트럼 펫은 높은 음역에서 쩌렁쩌렁 울려 퍼졌고, 트롬본은 낮은 음역에서 천둥 같은 소리를 냈다. 여기에 색소폰이 냉랭한 분위기를 더해 주면서 전체적으로 그의 음악은 마치 겨울의 폭풍우를 연상시켰다.

쳇 베이커와 함께 육군 스윙 밴드에서 연주하던 동료들은 스탠 켄턴의 음악을 듣고 혼란에 빠졌다. 그것은 재즈에서 아주 크고도 흥미로운 변화가 올 것임을 알리는 신호탄과 같았다. 당시 최고의 권위를 누리던 『다운 비트Down Beat』나 『메트로놈Metronome』 같은 재즈 잡지들은 스탠 켄턴의 밴드에서 연주하는 이들의 이야기를 다루곤 했다. 머지않아 대단한 명성을 누리게 될 연주자들, 그러니까 트럼페터 쇼티 로저스Shorty Rogers와 알 포치노Al Porcino, 색소포니스트 아트 페퍼Art Pepper와 밥 쿠퍼Bob Cooper, 트롬보니스트 카이 와인딩Kai Winding, 드러머 셸리 맨Shelly Manne, 편곡가 피트 루골로Pete Rugolo 같은 이들 말이다. 쳇 베이커는 그 이후로 계속해서 미군 방송을 경청했다. 그리고 새로운 음악의 장을 연 또 다른 밴드 리더, 우디 허먼Woody Herman의 음악도 들을 수 있었다. 랠프 번스Ralph Burns와 닐 헤프티Neal Hefti가 편곡가로 참여한 그의 밴드는 복합적인 화성과 음색을 통해 콘서트 형태*의

• 기존의 스윙 빅 밴드 연주가 댄스홀의 연주를 전제로 한 반면, 스탠 켄턴이나 우디 허먼 오케스

재즈를 야심 차게 제시했다.

새로 등장한 여러 인물 중에서 쳇 베이커를 매혹시킨, 그리고 동시에 혼란에 빠뜨린 또 한 명의 음악인은 디지 길레스피였다. 뉴욕 맨해튼을 기반으로 한 이 흑인 트럼페터는 당시 재즈계의 젊은 베이시스트였던 필 레신Phil Leshin이 "완벽한 혁명 ─사회적으로 개인적으로─, 특히 음악적으로"라 묘사한 움직임을 촉발한 주인공이었다. 디지 길레스피와 뉴욕에서 활동하던 소수의 핵심적인 음악인들 ─알토 색소포니스트 찰리 파커, 피아니스트 버드 파월Bud Powell과 알 헤이그Al Haig, 드러머 케니 클라크Kenny Clarke와 맥스 로치Max Roach 등─ 은 스윙의 단순한 화성과 멜로디의 어법을 불협화음의 코드와 쏜살같이 진행되는 오음계의 솔로 연주, 그리고 현기증이 날 만큼 매우 까다로운 리듬으로 대체했다. 비밥이라 불린 이 음악은 당시 대중 가운데 소수만이 이해할 수 있었다. 물론 연주하는 이들은 그보다 훨씬 더 적었다. 필 레신은 이렇게 말했다. "아마도 당시에 재즈를 연주하려고 했던 젊은 음악인이라면, 기존의 모습과 전혀 다른 방식으로 선보인 이 음악을 듣고 귀가 번쩍 뜨였을 겁니다." 비밥 연주자들은 〈What is This Thing Called Love〉나 〈I Got Rhythm〉 같은 스탠더드 곡들을 다룰 때 원곡의 멜로디를 무시하고 "곡의 진행에 따라 연주를 벌였다." 코드의 흐름에 맞춰 거칠게 연출된 즉흥연주를 듣다 보

트라를 비롯한 당시의 새로운 움직임은 콘서트홀에서 감상용으로 연주되는, 마치 클래식 관현악단의 연주를 연상시키는 음악을 선보였다.

면 아주 세심한 관객들만 그 곡이 무엇인지 알아챌 수 있을 정도였다. 쳇 베이커는 디지 길레스피 같은 스타일의 연주자를 들어본 적이 없었다. 8분음표와 16분음표 사이를 얄팍하면서도 강렬한 금속성의 톤으로 경쾌하게 미끄러지듯 연주를 벌였으며 높은 음역까지 꿰뚫고 올라가는 소리는 특히 인상적이었다. 다른 동료들과 마찬가지로 디지 길레스피가 다룬 음정들은 광적으로 허공을 떠다녔다. 트럼펫을 입에 대자마자 높은 차원의 또 다른 인식 세계에 손을 뻗는 것 같았다고나 할까.

비밥은 재즈의 아버지라 불렸던 루이 암스트롱Louis Armstrong까지 적잖이 긴장시켰다. 『다운 비트』와 가진 인터뷰에서 이에 대해 이례적으로 가차 없는 비난을 퍼부었으니 말이다. 디지 길레스피는 현실과는 동떨어진 느낌의 프랑스 보헤미안 스타일의 외모―뿔테 안경과 염소수염, 베레모―를 갖춤으로써 한결 더 괴짜처럼 보였는데, 이런 모습은 많은 비밥 연주자 사이에서 유행을 불러일으켰다. 그리고 백인이든 흑인이든 가릴 것 없이 흑인들의 속어가 주된 말 습관으로 번져 나갔다. 마약을 과다하게 복용하거나, 돈과 안정된 삶 그리고 미래를 계획하는 등의 모든 가치를 무시해 버리는 그들의 전반적인 생활상은 제2차 세계대전을 막 끝낸 미국을 다시 혼란에 빠뜨렸다. 예술을 위해 가난을 벗삼은 비밥 연주자들이 상업주의를 거부했다는 것도 빼놓을 수 없는 부분이다. 시인이자 비밥의 추종자였던 길버트 소렌티노Gilbert Sorrentino는 1963년 언더그라운드 잡지 『컬처Kulchur』에 기고한 "1945년에서 1950년까지 뉴욕의 비밥에 대한 회상"에서 이러한 독자적 존재 가치에 대한 인식을 자랑스레 늘어놓았다.

비밥은 우리 모두를 완벽하게 분리시켰다. 무한한 만족을 안겨 주면서 말이다. 대부분 이 음악을 두고 "검둥이들의 음악"이라 얘기했으며, 심지어 음치들의 음악이라 말이 많았지만, 비밥은 그 누가 뭐라 지껄이든 전혀 신경 쓰지 않았다. 아마도 그것은 오늘날까지 음악의 역사가 보여 준 그 어떤 스타일보다 대중적이지 못할 것이다. 하지만 비밥을 추종했던 이들은 우리 시대의 지적인 삶을 주도하는 그 어떤 이들보다 열정적으로 하나의 공감대를 형성했고, 이를 통해 허례허식에 질려 버린 젊은이들을 한데 응집시키는 힘을 발휘했다.

사실 서정적인 연주로 세인들에게 잘 알려진 쳇 베이커의 음악과 비밥은 아무런 공통점이 없었다. 그러나 그는 이 음악을 둘러싼 문화적 배경 속에 깊이 빠져들었다. 부단히 움직이는 불꽃 같은 흐름과 사람들을 놀라게 하는 데서 오는 기쁨, 그리고 나중에는 자기 파괴에 대한 강박관념에 이르기까지. 또한 그는 디지 길레스피가 자기 자신만의 독창적인 소리를 만들기 위해 시도한 모든 관습의 타파에 대해서도 찬사를 아끼지 않았다. 쳇 베이커는 미군 방송에서 들은 디지 길레스피의 솔로 연주를 연구하며 그 기이한 선율을 따라 하기 위해 애썼다. 세월이 지나 그는 레스 톰킨스Les Tomkins 기자에게 이렇게 말했다. "모든 게 다 바뀌어 버렸지. 나는 나의 연주가 '부드러운' 해리 제임스의 스타일에서 점점 더 멀어지고 있다는 걸 깨달았다네. 적당한 말이 떠오르지는 않지만, 더 '참신한' 방식으로 연주하기 위해 노력했다고나 할까."

　하지만 군에서 연주하는 수자의 행진곡이나 댄스곡은 쳇 베이커에게 참신한 소리를 낼 수 있는 기회를 충분히 제공하지 못했다. 당시 그는 대부분의 사람에게 촌스럽고 순진한 인상을 안겨 주었다. 담배를 피우거나 술을 마시지도 않았고, 높은 음색의 시골 출신 같은 말투를 지녔다. 열일곱 살이 아닌 열두 살처럼 보일 만큼 동안이기도 했다. 모두가 그를 "쳇티"라 불렀는데, 한결 더 강하게 들리는 "쳇"이란 이름을 택한 것은 1952년 들어 제리 멀리건Gerry Mulligan 쿼텟에 가입했을 때였다. 쳇 베이커와 군 생활을 함께했던 피아니스트이자 편곡가인 밥 프리드먼Bob Freedman은 당시의 그가 "외모나 행실 모두에서 별다른 위협을 주지 않는, 좋은 인상을 지니고 있던" 것으로 기억했다.

　쳇 베이커는 지갑 속에 두 장의 사진을 넣고 다녔는데, 하나는 글렌데일에서 만난 여자친구 글로리아의 것이었고 다른 하나는 부모님의 것이었다. 그러나 그는 사람들에게 자신의 개인적인 감정이나 약한 모습을 보이지 않으려 했다. 글쎄, 여자를 보고 싶어 하거나 고향집의 안락함을 그리워하는 건 어딘지 남자답지 못하다고 생각했기 때문이었는지도 모른다. 그는 어느 독일 화가에게 배급 나온 담배를 집어 주고 그 두 장의 사진을 유화로 그리게 했다. 그러고는 그 그림들을 자신의 침상 밑에 숨겼다. 쳇 베이커의 군대 동료들은 그가 편지 쓰는 걸 본 적이 없다고 했다. 하지만 그들이 보지 않을 때 쳇 베이커는 어머니에게 꽤 많은 편지를 띄웠고, 카키색 바지에 올리브 브라운색의 벨트가 달린 육군 재킷을

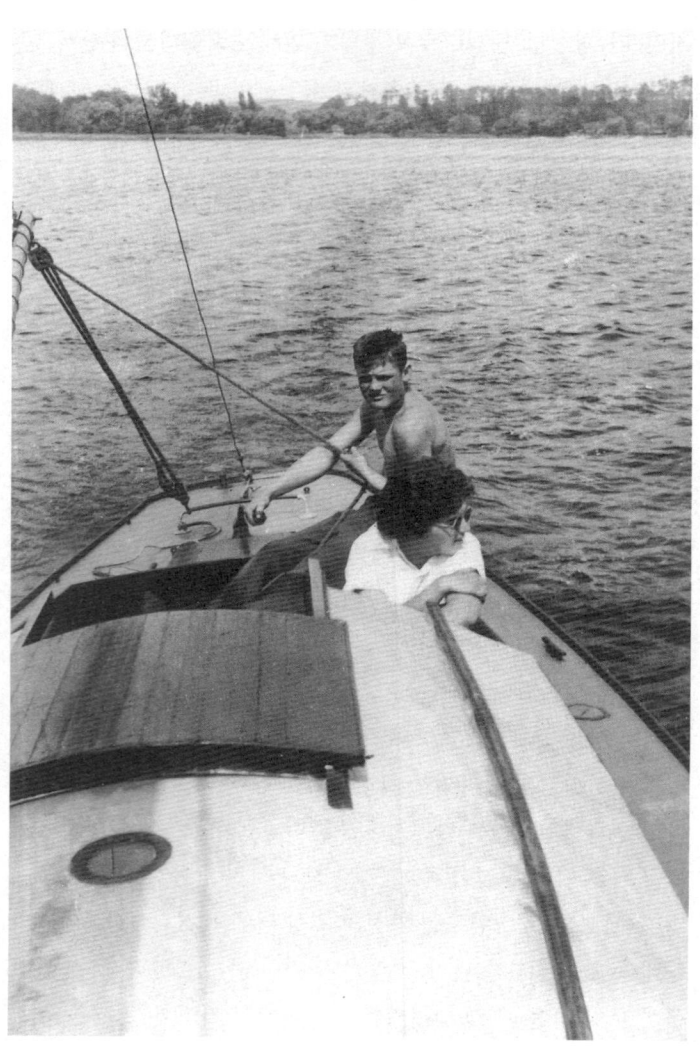

1947년 여름, 독일 반제 호수에서

입고 천으로 만든 모자를 쓴 멋진 모습의 사진을 동봉하기도 했다. 어머니 베라는 회사 동료들에게 아들이 보내온 사진들을 자랑스레 내보이곤 했다. 자기 아들이 얼마나 잘생기고 훌륭한지 증명이라도 하고 싶었을 것이다. 쳇 베이커에게 감춰야 할 비밀이 있었던 것은 아니었으나, 1947년 여름 동안 대부분의 시간을 그는 홀로 보냈다. 동료들은 프랑스군이 점령한 지역의 베를린을 돌아다니며 매춘부들과 어울렸다. 그러나 그는 반제 호수에서 작은 모터보트를 타며 이상형의 여인을 머릿속에 그리곤 했다.

호수에서 보낸 그 지난날의 나른한 유람 생활은 쳇 베이커가 자신의 젊은 시절을 회상하며 즐겨 했던 이야기 중 하나를 남겨 놓았다. 아마도 이 일화가 그중에서도 제일 잘 알려진 일일 것이다. 보트에 몸을 싣고 물 위를 떠다니던 어느 날 오후, 갑자기 하늘이 검게 변하더니 천둥소리가 들려오기 시작했다. 서둘러 호숫가에 이르렀을 때, 쳇 베이커는 꿈에 그리던 환상 속의 여인과 맞닥뜨렸다. 스물두 살의 그 금발 미녀는 치맛단을 손으로 든 채 물을 건너려던 모양이었고, 그는 자기 보트에 타지 않겠느냐고 물었다. 쳇 베이커가 사람들에게 남긴 말들을 정리하면 이 시점에 두 가지 이야기가 존재한다. 하나는 그녀가 자신의 이름은 지젤라이며 "꼭 함께 보트에 타고 싶다"며 완벽한 영어를 구사했다는 것이고, 다른 하나는 그녀가 독일어밖에 할 줄 몰랐기에 쳇 베이커가 손짓으로 보트에 타도록 유도했다는 것. 어쨌든 폭풍우가 몰아치기 시작했고 두 사람은 외딴곳에 있던 오두막을 찾아내 그곳에서 몇 시간 동안 사랑을 나누었다는 동화 같은 이야기다.

그 이후로 오랫동안 쳇 베이커는 지젤라를 자신이 젊어서 만난 가슴 아픈 사랑으로 얘기했다. 하지만 두 사람의 로맨스는 어두운 운명을 기다리고 있었다. 지젤라는 가족과 함께 살았는데 언제나 돈이 모자랐고, 쳇 베이커는 그녀와 그녀의 언니가 실제로는 창녀와 다름없다는 사실을 알게 됐다. 병사들과 어울리면서 돈과 선물을 받아 내거나, 잘나가는 미군 사병의 청혼을 기대하고 있다는 것이었다. 그는 1963년에 다음과 같이 말했다. "그러니까 난 그때 그저 가능성 있는 손님이나 다름없었던 거지. 그녀가 정말로 나를 좋아한 건 아니었어." 지젤라는 쳇 베이커에게 얻어 낼 것이 없다고 판단하자 이내 냉정하게 변해 버렸다. 어느 날 밤 쳇 베이커가 그녀의 집에 들렀을 때 그 부모는 지젤라가 러시아 장교와 결혼해 버렸다고 둘러댔다. 그러나 쳇 베이커가 1980년에 리사 걸트 본드에게 괴로운 목소리로 고백했듯이, 사실 지젤라는 그의 동료 중 한 사람이자 같은 육군밴드에서 연주하던 어느 비열한 트럼페터와 결혼했다.

이야기의 진실이 무엇이든, 요지는 이렇다. 마음을 열어 사랑했던 여인이 알고 보니 거짓말쟁이에 사기꾼이었다는 것. 이는 사랑을 바라보는 쳇 베이커의 태도에 영원한 상처를 남겼다. 향후 그가 맺은 관계를 생각해 볼 때, 쳇 베이커는 여인에게 모성애를 갈구하는 마음과 광적인 불신 사이를 오가며 혼란을 거듭했고, 언제나 자기 자신을 사랑의 희생양으로 바라봤다. 급작스러운 맹장염 수술로 첫 번째 군 생활을 마친 1948년, 그는 마음속의 이중 잣대를 여실히 드러냈다. 집으로 돌아온 쳇 베이커는 글로리아를 찾았다. 혹시라도 그녀가 자기를 기다리고 있지 않을까 궁금한 까닭이었다. 그러나 그녀는 이미 결혼했고 뚱뚱한 아줌마가 돼 있었다. 그가 간직했던 아름다운 추억은 물거품이 되어 버렸고, 또 한 명의 여인이 그를 저버린 셈이었다. 글로리아와 어떤 관계였든, 그 사랑이 지속되고 있었든, 쳇 베이커는 그녀에 대한 모든 걸 잊어야 했다. 그는 글로리아를 만나 독일에서 가져온 그림을 건넸다. 그리고 다시는 그녀를 생각하지 않겠노라 공언했다. 하지만 이 또한 사실과 달랐다. 이후로 40년 동안, 쳇 베이커는 툭하면 이 눈물 어린 슬픈 이야기를 들추어내곤 했으니까.

1948년 1월, 쳇 베이커는 다시 부모에게 돌아왔다. 그가 군에 간 사이 부모는 허모사비치에 새집을 얻어 살고 있었으며 삶은 예전보다 많이 정돈된 상태였다. 어머니 베라는 직장인 W. T. 그랜트에서 승진까지 했고 아버지 체스니도 계속해서 택시 일을 하고 있었다. 아마도 그가 택시 운전을 하는 동안은 누구와 함께 일하거나 상사와 부딪힐 일이 없었기 때문인지도 모른다. 다행히 그들은 얼마간의 돈을 모아 첫 할부금을 낸 뒤 모기지론을 얻어 16번가 1011번지에 있는 방 두 개짜리 집을 샀다. 언덕 위의 집에서는 태평양 연안을 따라 놓인 고속도로와 해변이 내려다보였는데, 맑은 날 작은 마당 앞에 서면 휴양지로 알려진 카탈리나섬이 시야에 들어오기도 했다. 그러나 집에 들어서자마자 쳇 베이커는 예전에 살던 곳에서 그를 몰아내 버렸던 예의 그 숨 막히는 기운과 다시 마주치게 됐다. 10대 때 친구였던 베이시스트 허시 해멀은 이렇게 단언했다. "그 친구, 집에 있고 싶어 하지 않았어요." 그래도 다시 아들과 함께하게 된 베라의 기쁨은 더할 나위 없었다. 쳇 베이커도 다시 학교에 다니면서 불성실했던 과거에 마침표를 찍을 수 있는 희망을 품게 됐다.

쳇 베이커는 레돈도비치 부근에 있는 아주 큰 교육기관인 레돈도유니언고등학교에 들어갔다. 레돈도고교는 당시 미국에서 가장 뛰어난 풋볼 팀으로 잘 알려져 있었으며, 학교 밴드의 수준 역시 매우 뛰어났다. 학교에 들어간 지 며칠 지나지 않아 쳇 베이커는 육군밴드에서 쓰던 트럼펫과 교내 기술실에서 맞춘 마우스피스를 가지고 밴드 연습에 모습을 드러냈다. 그는 이미 마우스피스의 크기에 따라 다른 트럼펫 소리를 낼 수 있다는 점을 배운 상태였다. 넓고 깊이 팬 것을 쓰면 그만큼 소리가 풍성해지고, 입구가 얕은 것을 쓰면 디지 길레스피처럼 톡 쏘는, 높은 음역에 강한 소리가 나왔다. 쳇 베이커는 후자를 택했다. 밴드의 지휘자인 조지 캐더George Cather는 그를 시험해 볼 심산으로 트럼펫 섹션에 앉힌 뒤 밴드에게 〈Ruslan and Ludmilla〉를 연주하게 했다. 러시아 작곡가인 글린카Glinka가 만든 웅장하고 번뜩이는 서곡이었다. 사실 쳇 베이커는 클래식 음악에 대해 아무것도 몰랐으며 그때까지도 악보를 잘 읽지 못했다. 연주가 끝난 뒤 밴드에서 클라리넷과 알토 색소폰을 연주하던 버니 플라이셔는 수석 트럼페터인 진 더글러스Gene Douglas에게 쳇 베이커의 소리가 어떤지 물었다. 진 더글러스는 이렇게 대답했다. "세상에, 이런 건 또 듣도 보도 못했네. 처음 연주할 땐 이 녀석, 음정도 하나 제대로 내지 못하더라고. 그런데 두 번째 연주할 땐 끝내주는 거야. 그런데 정말 이상한 건 이 녀석의 악기 운지법은 아주 엉망이더라는 얘기지."

버니 플라이셔가 다시 물었다. "그래도 너보다는 못할 거 아냐. 그렇지?"

진 더글러스는 이렇게 대답했다. "이봐, 버니. 이 녀석은 다른 세상에서 온 것 같아."

쳇 베이커의 비범함이 다른 연주자들을 놀라게 했다면, 여학생들은 그의 외모에 다들 넋이 나갔다. 흰 셔츠와 나비넥타이를 한 채 별 특징 없는 얼굴로 앉아 있는 다른 학생들 사이에서, 쳇 베이커는 가까이하고픈 느낌을 주면서도 어딘지 아련하게 느껴지는 분위기를 풍겼고, 숱이 많고 어두운 금빛 머릿결이 수줍은 듯 말없이 앉아 있는 잘생긴 얼굴 주변에 드리워 있었다. 같이 학교를 다닌 제인 톰슨Jane Thompson은 그에 대한 첫인상을 이렇게 기억했다. "다들 고지식하게만 보이던 남자애들 틈에 아주 귀여운 애가 하나 있더라고요. 나와 내 친구들은 그가 무슨 악기를 연주하는지 몰랐어요. 하지만 그건 중요하지 않았죠. 우린 모두 이렇게 말했답니다. '어머, 쟤 누구니?' 하고 말이에요."

그러나 바로 이러한 외모 때문에 쳇 베이커는 못된 녀석들의 표적이 되기도 했다. 이들은 그를 "예쁜 놈"이라 불렀는데, 남자가 남자다워야 남자라는 식의 인식이 팽배해 있던 당시에는 이보다 심한 조롱이 없었다. 그래서 이런 말을 들을 때마다 쳇 베이커는 신경이 날카로워졌고 거칠게 나서기도 했다. 버니 플라이셔는 말했다. "누구든 그를 놀리면 반쯤 죽여 놓았을 거요. 그래서 언제

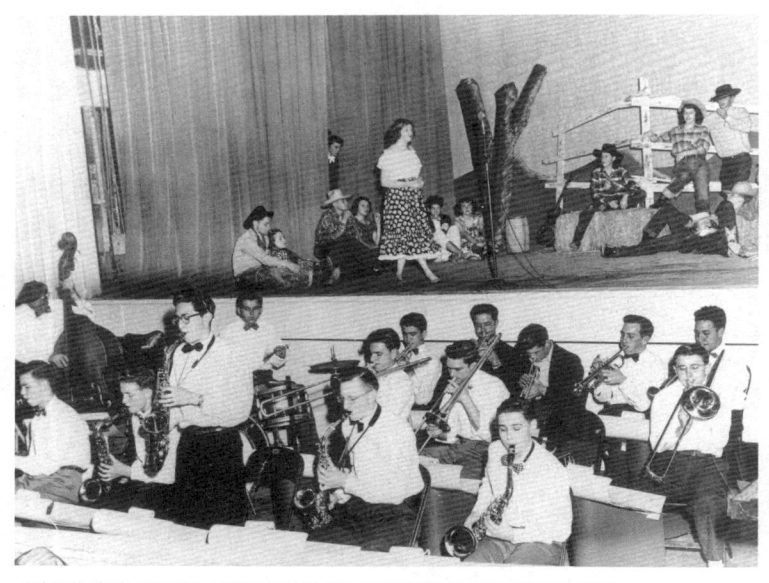

공연 중인 레돈도고교 밴드. 고개를 숙인, 맨 뒷줄 오른쪽에서 세 번째가 쳇 베이커이며,
앞에 서서 솔로를 하는 이가 친구인 버니 플라이셔다.

나 싸움이 벌어지곤 했죠." 하루는 이런 일이 있었다. 쳇 베이커와 버니 플라이셔가 상류층의 거만한 자제들이 다니던 베벌리힐스 고교의 캠퍼스를 지나치던 날이었는데, 마침 쳇 베이커는 레돈도 버라이어티 쇼에서 입을 의상을 착용하고 있었다. 아주 화려했던 이 옷은 스윙 시대의 멋쟁이들이 즐겨 입던 반짝이는 모습이었는 데, 큰 패딩이 들어간 어깨와 주름 잡힌 바지, 그리고 그 시절에는 어울리지 않던 긴 꼬리가 아래쪽으로 길게 늘어져 있었다. 작고 단단한 체구의 열여덟 살 먹은 쳇 베이커가 입기에는 어딘지 우스 꽝스러웠다. 그때 옆을 스쳐 지나던 네 명의 풋볼 선수들이 낄낄 대며 쳇 베이커를 놀렸다. 그 순간 쳇 베이커는 넷 중 가장 덩치 큰 선수에게 달려들어 미친 듯이 주먹을 날렸다. 버니 플라이셔와 다른 선수들이 억지로 뜯어말리지 않았다면 무슨 일이라도 났을 법했다. 잔뜩 피를 묻힌 쳇 베이커의 옷은 이미 너덜너덜하게 찢 긴 상태였다. 버니 플라이셔는 당시를 이렇게 회상했다. "그 정도 는 평소에 늘 있던 일이었습니다. 언제나 득달같이 달려들어 싸 움을 벌이곤 했죠. 물론 놀리기 시작하는 건 다른 애들이었지만, 실제로 주먹을 먼저 날린 건 그 친구였어요. 자존심이 무척이나 상한 눈치였거든요."

시간이 흐를수록 그토록 급작스러운 일은 더 잦아졌고, 급기야 그의 분노는 사람들을 두려워하게 만들었다. 그러나 레돈도고교 에 다니던 시절 그는 대부분의 시간 동안 차분한 분위기를 유지 하는 법도 배웠다. 어차피 풋볼 선수처럼 강해 보이지 않는다면, 대신 세상사에 초월하거나 대담한 체하면 될 일이었다. 이듬해 첫 베이커를 마주했던 피아니스트 지미 라울스는 자신감에 넘친 그의 걸음걸이를 인상 깊게 받아들이기도 했다. 어깨를 뒤로 쫙 편 채 시선은 아래를 향한, 특별히 거리낄 것 없다는 투의 느낌이 라고나 할까.

이런 그의 모습은 1948년 가을, 등록금 없이 무료로 다닐 수 있는 2년제 대학 엘 카미노 주니어 칼리지에 들어갔을 때 효과를 보기도 했다. 토런스 시의 인근에 위치해 있던 이 학교는 퇴역군 인들로 넘쳐 났는데, 첫 베이커는 풋볼 선수들이 주축이던 회원 제 남학생 클럽인 카파 테타에 아무 무리 없이 가입할 수 있었으니 말이다. 당시 이 학교에서 그에게 음악을 가르친 교수는 스물 세 살의 장교 출신인 해밀턴 메다포드Hamilton Maddaford였다. 그는 악보 보는 법은 물론이고 음악인 지망생이라면 누구든 배워야 하는 화성을 가르쳤다. 그는 첫 베이커가 자기 수업 시간을 누구보다 지루해했다고 기억했다. 언제나 교실 맨 뒷자리에 축 늘어진 채 앉아 있었으며, 그나마 그런 일은 거의 없었지만 질문도 좀처럼 하지 않았다. 해밀턴 메다포드는 이렇게 덧붙였다. "그는 확실히 수업에 들어오고 싶어 하지 않았습니다. 책을 가지고 뭘 배우는 데는 전혀 흥미가 없는 학생이었죠."

첫 베이커가 열정적으로 대한 유일한 시간은 해밀턴 메다포드가 이끈 엘 카미노 칼리지의 응원 밴드에 들어갔을 때였다. 종종 교수는 그에게 솔로 연주를 시켰고, 재능은 있었지만 체계가 부족한 학생으로 기억했다. "그 당시 스탠드의 관중은 마치 재즈 공연을 마주하듯 조용히 연주를 경청했습니다. 가끔은 풋볼 팀 못지 않은 박수갈채를 받기도 했죠." 집에 오면 쳇 베이커는 버니 플라이셔와 빅터 축음기를 통해 새로 나온 비밥 곡이 담긴 78회전 레코드를 듣곤 했다. 그는 디지 길레스피나 풍성한 톤을 가진 테너 색소포니스트 돈 바이어스Don Byas가 질주하듯 뿜어 대는 연주를 들으며 기쁨을 감추지 못했다. 그 곡들에 비하면 학교 밴드에서 연주하는 것은 기껏 동요 수준에 지나지 않아 보였다. 의자에서 벌떡 일어난 쳇 베이커는 이렇게 소리쳤다. "와, 정말 대단하지 않냐? 어쩜 저렇게 연주할 수 있는 거지? 다시 한번 틀어 봐!"

1949년, 쳇 베이커와 허시 해멀은 비밥 피아니스트를 꿈꾸던 친구 이언 버나드Ian Bernard를 만났다. 이언 버나드의 집에는 디스크 커팅 기계가 있었는데, 잡음이 많은 상태로나마 78회전 레코드의 복사판을 만들 수 있었다. 세 소년은 그 큰 기계 주변에 모여 장난삼아 양면 레코드를 제작했다. 당시 이들이 만든 레코드는 지금도 존재한다. 워낙 오래된 탓에 그 안에 담긴 음악은 덜컥거릴 정도로 닳아 버렸지만, 쳇 베이커의 트럼펫 연주는 매우 거칠면서도 나름대로 내공을 지니고 있다. 적어도 학창 시절의 그가 어떻게 사람들을 놀라게 했는지는 엿볼 수 있다고나 할까. 물론 그가 1950년대에 남긴 정제된 연주에 비하면 여기에서 그의 개성을 찾기는 힘들다. 레코드에 녹음된 것은 스탠더드 곡인 〈All the Things You Are〉와 〈Get Happy〉다. 쳇 베이커는 잔뜩 폼 잡은 채 강하고 날카로운 톤으로 연주했다. 많은 음표를 동원했으며 그중 상당수는 음정이 잘 맞지 않았다. 〈All the Things You Are〉의 경우 그 쾌활한 멜로디를 빠르게 선보인 다음 비밥 스타일로 곡을 풀어 나가는데, 이언 버나드가 거칠게 누르는 코드를 따라잡으려 애쓰는 모습이 눈에 띈다. 그리고 그의 시도는 대부분 좋다. 이언 버나드는 다음과 같이 말했다. "쳇은 정말 대단했어요. 그때부터 이미 타임 감각이 아주 뛰어났죠. 그 친구 연주를 따라가다 보면 타이밍은 언제나 정확했으니까요."

새로운 곡을 익히기 위해 혈안이 돼 있던 쳇 베이커는 지미 라울스를 쫓아다니기 시작했다. 빌리 홀리데이Billie Holiday와 페기 리Peggy Lee 등 여러 탁월한 재즈 가수들의 반주를 도맡았던 그는 방대한 양의 레퍼토리를 알고 있는 것으로 특히 잘 알려져 있었다. 일단 그를 알게 된 이상, 쳇 베이커는 하루가 멀다 하고 지미 라울스를 찾았다. 아침 수업이 끝나면 운전해서 컬버 시티에 있는 그의 집에 갔고, 집주인이 잠에서 깰 때까지 초인종을 눌러 댔다. 지미 라울스는 커피를 타 마시고 담배를 피운 뒤 피아노 앞에 앉았는데, 이를 지켜보는 쳇 베이커는 얼마나 안달이 났을까. 그는 지미 라울스가 연주하는 곡들을 유심히 들었고 트럼펫으로 따라 하려고 노력했다. 지미 라울스는 말했다. "그 녀석의 재주는 정말 놀라웠소. 모든 걸 아주 빨리, 한 번에 다 잡아내 버리곤 했으니 말이오." 이 피아니스트의 절제 있고 공간미 넘치는 타건을 통해 쳇 베이커는 단순함의 힘이 얼마나 대단한지 이해했다. 그러나 그는 아직도 열정적인 연주를 더 좋아하고 있었다. 언젠가 지미 라울스가 쳇 베이커를 잼 세션에 데려갔을 때, 그의 트럼펫 연주는 분명 사람들의 눈에 띌 만했다. 당시 상황에 대해 지미 라울스는 이렇게 부언했다. "사람들이 계속해서 묻습디다. 그 애를 어디서 데려왔느냐고 말이오. 사실 그때까지만 해도 그 녀석을 아는 사람은 없었습니다. 하지만 거기 있던 다른 연주자들보다 뛰어났던 건 분명 사실이었소." 비밥 드러머인 필 브라운Phil Brown 도 바로 그 시절의 쳇 베이커를 마주한 적이 있다고 했다. "그때 쳇 베이커의 연주는 1950년대와 달랐어요. 훨씬 공격적이었고, 흑인 연주자 같은 소리를 냈죠. 그러니까 그 이후에 백인 취향으로 바뀐 겁니다."

쳇 베이커의 연주 성향이 어떠했든, 친구들은 그가 모든 것을 너무나 쉽게 해냈다는 사실을 매우 놀라워했다. 아무리 열심히 연습해도 이룰 수 없는 차원의 재능을 하늘이 내린 것 같았다. 트럼페터 잭 셸던은 당시의 쳇 베이커에 대해 이렇게 말했다. "마치 독수리 한 마리 같았어요. 연주뿐 아니라 뭐든 척척 해내곤 했죠. 우리는 팔로스 베르데스에 가서 절벽 주변을 돌아다니기도 했습니다. 한번은 산에 오르는데 난 그저 그의 뒤를 따르면서도 너무나 무서워 어쩔 줄 모르겠더라고요. 하지만 그 친구는 꼭 염소처럼 자유자재로 산을 타더군요." 아칸소 주 출신으로 웨스트코스트 재즈의 대들보로 성장한 피아니스트 월터 노리스Walter Norris •

• 월터 노리스(1931~2011)만큼 재즈 팬들 사이에서 부당하게 과소평가된 피아니스트를 손꼽기도 힘들 것이다. 그는 한때 빌 에반스에 필적할 만한 쿨 재즈의 명인으로 인정받았고, 오랜 세월이 흐른 지금 들어봐도 혀를 내두를 정도의 음악적 깊이를 지니고 있다. 미국의 역사가들은 그가 1977년 베를린으로 이주한 뒤 그 가치를 의도적으로 도외시한 경향이 강한데, 1990년대 들어 다시 미국에 돌아와 놀랄 만큼 뛰어난 작품을 여럿 발표하기도 했다. 이 책의 말미에 다시 언급되겠지만 그동안 우리나라에서 큰 사랑을 받아온 쳇 베이커의 마지막 라이브(1988년 4월, 독일) 앨범에서 피아노를 연주한 것 또한 바로 월터 노리스였다.

는, 쳇 베이커가 음악을 이야기하는 것을 좋아했지만 막상 토론
이 벌어지면 "대부분 단순한 표현들만" 구사할 수 있었다고 말했
다. 월터 노리스가 덧붙인 말에 의하면 쳇 베이커의 이야기는 "느
낌에 대한 것들이 많았으며 음악에서 정신적인 부분을 특히 강조
했던" 모양이다. 나머지 이론적인 부분에 대해서는 꽤 거만한 태
도를 드러냈을 법하다. 쳇 베이커와 함께 방을 쓰게 됐던 드러머
밥 닐Bob Neel도 그가 매우 뻔뻔했다고 기억했다. "나는 10대 때,
내가 세상에서 제일 뛰어난 드러머가 될 거라 믿었어요. 그러다
가 스물다섯 살쯤에 현실을 깨닫고는, 제일 뛰어나지는 않아도
가장 훌륭한 열 명 안에는 들 수 있겠다 했죠. 그리고 또 얼마 지
나지 않아서 그래도 백 명 안에는 들겠지, 생각했고요. 그런데 쳇
베이커 그 친구는 말이죠, 단 한 번도 자기가 최고라는 생각을 굽
히지 않았다 이겁니다."

쳇 베이커의 배짱은 음악에 국한된 것이 아니었다. 칠흑같이 어
둡던 어느 날 밤, 허모사비치에서 연주를 마친 뒤 그와 버니 플라
이셔는 바닷가를 따라 뻗어 있는 콘크리트 산책로를 걷고 있었
다. 그때 해변에 묶여 있는 뗏목을 본 쳇 베이커가 이렇게 물었다.
"카탈리나에 가 보지 않을래?"

"지금 이 밤에? 에이, 난 싫어."

그러나 쳇 베이커는 이렇게 대답했다. "난 한번 가 볼래."

"나는 그가 뗏목을 끌어내도록 도와주었죠. 그런데 이 친구, 물
속으로 뛰어들더니 금세 뗏목 위에 올라가더군요. 연주 때 입던
옷 그대로 말이에요. 그러고는 카탈리나를 향해 노를 저었습니

다. 거리가 42킬로미터쯤 됐어요. 그냥 망망대해인 거죠! 난 겁이 덜컥 나더군요."

대부분의 사람들은 쳇 베이커의 음악을 모든 재즈 연주자가 갈 망하던 "쿨Cool"이라는 말로 묘사했다. 1953년에 결성된 쳇 베이커의 첫 쿼텟에서 가장 핵심적인 역할을 담당했던 피아니스트 러스 프리먼의 말을 빌려 보자. "언제나 쿨해야 했습니다. 자기 스스로 쿨하지 못하다면 그가 하는 음악도 쿨할 수 없는 것이죠. 어디서 어떻게 하든 젊은 재즈 연주자들은 자기 자신을 다른 사람들로부터 독립된 존재로 바라보는 데서 출발합니다. 그리고 그건 명백한 사실이에요. 그들은 분명 다른 이들과 분리돼 있는 거죠." 쿨하다는 것은 사운드를 의미하지만 동시에 삶의 방식을 일컫기도 한다. 피아니스트 폴 블레이Paul Bley는 이에 대해 다음과 같이 말했다. "그건, 누군가 한 문단으로 할 얘기를 하나의 문장으로 마무리하는 걸 의미합니다. 자신의 행동마저도 잘 정리할 수 있어야 한다는 뜻이죠."

이와 관련해서, 그 누구도 역사상 마일스 데이비스Miles Davis만큼 고고하거나 탁월한 존재로 인식된 경우는 없다. 이 흑인 트럼페터가 보여 준 유유자적하면서도 신랄한 연주는 폭력적인 감정을 감추기 위한 가면과도 같았다. 1949년, 쳇 베이커는 캐피털 레이블에서 제작된 일련의 78회전 레코드를 마주했다. 마일스 데이비스가 주인공 역할을 맡은 이 레코드들은《Birth of the Cool》*이

• 우리는 지금 이 앨범을 한 장의 작품으로 만나고 있지만, 처음 여기에 실린 곡들은 LP가 아닌

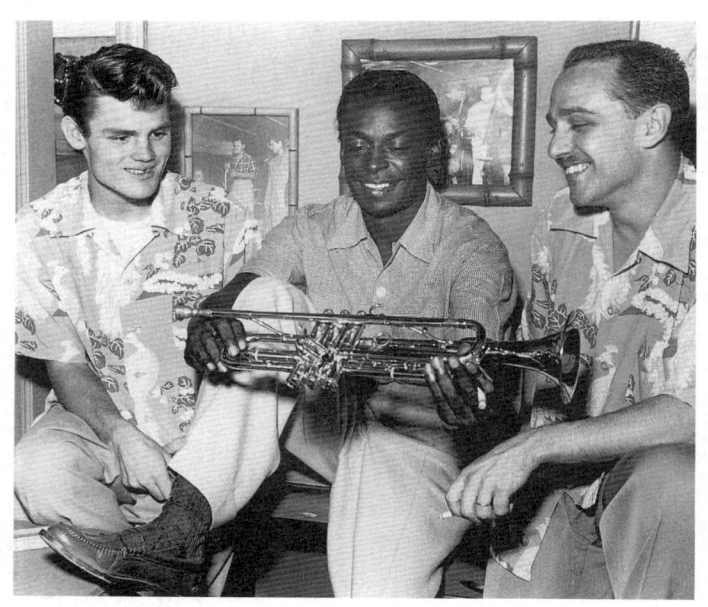

클럽에서 마주한 쳇 베이커와 마일스 데이비스(가운데). 쳇 베이커의 빠진 앞니도 눈에 띈다.

었고, 이는 뉴욕에서 활동하던 흑백 연주자들이 함께 구성한 그룹의 음악을 담고 있었다. 그들은 연구를 통해 이 복합적인 성과물을 이루어 냈고 냉철한 이성의 분위기를 물씬 풍겼다. 웨스트코스트 재즈의 여러 백인 음악인이 광범위하게 이들의 노력을 답습했다. 일견 서정적으로 들리지만 마일스 데이비스의 연주는 저변에 흐르는 팽팽한 분노의 이미지를 드러내고 있었다. 오랫동안 부모와의 관계에서 비롯된 격정적인 감성을 숨기지 못하고 있던 쳇 베이커는 마일스 데이비스가 보여 준 스타일에 강한 집착을 느꼈으며 비로소 새로운 빛을 발견했다고 생각했다.

마일스 데이비스는 숱한 삶의 상처를 지닌 인물이었다. 쳇 베이커와 마찬가지로 어린 시절 여러 경연 대회에서 패한 경험이 있는데, 다만 그를 제치고 수상한 이들은 발레복을 입은 예쁜 소녀들이 아닌 백인 트럼펫 연주자들이었다. 그는 후에 『플레이보이 *Playboy*』지와 나눈 인터뷰에서 이렇게 말했다. "고등학교 시절, 나는 음악반에서 제일 뛰어난 트럼페터였지. 자타가 공인하는 사실이었다네. 하지만 경연 대회가 열릴 때마다 1등에 오른 건 언제나 푸른 눈의 백인 애들이었어. 내가 얼마나 화가 났겠는가. 그래서 마음먹었지. 트럼펫에 대해서라면 어떤 백인들보다 더 열심히 하겠다고 말이야." 그렇다고 마일스 데이비스가 가난한 집에서 자란 것은 아니었다. 이스트세인트루이스의 번듯한 집안에서

78회전 SP와 10인치 LP에 나뉘어 발표됐다. 현재 우리가 일컫는 앨범의 개념은 LP가 상용화된 1950년대 초 이후에 정착됐다.

태어나 당시 흑인들에게는 여간해서 주어지지 않았던 좋은 환경이 그를 뒷받침했으며, 심지어 맨해튼에 있는 명문 줄리아드 음대에 진학하기도 했다. 그러나 1980년대 말 퀸시 트루프Quincy Troupe와 함께 저술한 그의 자서전에서 밝혔듯이, 그가 자란 곳은 1917년에 일어난 인종 폭동의 혼란에서 자유롭지 못한 작은 마을이었다. "광란에 빠진 지긋지긋한 백인들이 흑인들을 무자비하게 살해"했다던가. 인종차별에 고스란히 노출된 마일스 데이비스는 태어나면서부터 이에 대한 분노를 지닌 채 자라났고, 이는 성공을 향한 불타는 욕망을 불러일으키는 계기가 되기도 했다.

뉴욕에 머물며 촉망받는 연주자로 성장하고 있던 마일스 데이비스는 또 다른 젊은 트럼페터 프레디 웹스터Freddie Webster와 가깝게 지냈다. 그런데 1946년에 녹음된 세라 본Sarah Vaughan의 〈If You Could See Me Now〉에서 이 친구가 남긴 솔로 연주는 굳이 비밥을 추구하고 있지 않으면서도 "풍성한 소리로 노래하는 듯한 사운드"로 비추어지면서 마일스 데이비스에게 더없이 강렬한 인상을 남겼다. 1947년 들어 찰리 파커와 녹음했을 때, 그의 연주는 전체적으로 제자리를 찾아가고 있었다. 비록 찰리 파커가 잔뜩 쏟아 내는 복잡한 연주 속에서 그의 흔적이 확연하지는 않았지만, 그래도 멜로디가 살아 있었고 어렴풋하게나마 의미심장한 인상을 주었으며 화성적으로도 진일보해 있었다. 그해, 마일스 데이비스는 헤로인 과다 복용으로 친구인 프레디 웹스터를 잃었고 찰리 파커마저도 술과 마약으로 자기 파괴의 길을 걷고 있음을 확인했다. 그리고 주저 없이, 자기 자신마저 약 4년 동안 헤로인 복용의 길에 접어들었다.*

마일스 데이비스는 마약중독의 지난한 고통 속에서 쿨 재즈가 가진 천상의 소리를 완성했다. 그는 스윙 시대의 야심 찬 피아니스트이자 밴드 리더인 클로드 손힐Claude Thornhill의 음악을 사랑했고, 그 안에서 쿨의 이미지를 발굴해 냈다. 클로드 손힐의 편곡가였던 길 에반스Gil Evans는 특이한 관악기 편성을 통해 희미한 구름빛을 연상시키는 음색을 창출했다. 이 관악기 편성을 특화시킨 것은 프렌치 혼으로, 흔히 클래식 음악에서 사용되던 애처로운 톤의 악기였다. 마일스 데이비스는 길 에반스와 힘을 합쳤고, (후에 그 유명한 모던 재즈 퀄텟을 이끌었던) 피아니스트이자 편곡가인 존 루이스John Lewis, 그리고 젊고 총명한 색소포니스트, 편곡가, 작곡가인 제리 멀리건이 여기에 합류했다. 이들은 프렌치 혼과 튜바가 포함된 9중주 밴드를 출범시켜, 그때까지 아무도 시도하지 않았던 새로운 형태의 재즈를 선보였다. 찰리 파커의 레코드를 제작했던 백인 프로듀서 로스 러셀Ross Russell은 매체와 나눈 대화에서 마일스 데이비스가 "트럼펫 연주의 새로운 세대를 연 주인공"이 될 것이라고 말했다. 그러나 마일스 데이비스는 특별히 감사의 마음을 표한 적이 없었다. "원래 당시의 백인들은 이해할 수 있는 음악만 좋아했지. 그건 굳이 긴장하지 않고도 들을 수 있는 음악이었다는 말일세." 그는 자신의 책에서 다음과 같이 설명을

---

* 저자가 굳이 "4년간의 헤로인 중독"을 언급한 것은 약간의 오해를 불러일으킬 수 있는 묘사다. 마일스 데이비스가 헤로인을 끊은 것은 1957년으로 알려져 있고, 그 이후에는 헤로인 대신 끊임없이 코카인을 복용했다. 따라서 그가 4년 동안만 마약을 복용한 것처럼 인식하지 않기 바란다.

이어 갔다. 비밥과 달리 "그 9중주가 뽑아낸"《Birth of the Cool》의 음악은 "흥얼거리며 따라 부를 수 있을뿐더러 실제로 그 연주를 벌인 이들 중 중요한 역할을 한 게 바로 백인들이었다는 사실이 중요했네. 당연히 백인 비평가들이 좋아할 수밖에."

쳇 베이커에게도 이는 마찬가지였다. 그들이 발표한 78회전 레코드를 닳고 닳을 때까지 들었으며, 1949년에 함께 방을 썼던 베이시스트 밥 위틀락Bob Whitlock이 말한 것처럼 "쳇 베이커와 그는 이 레코드들을 숭배했다." 한동안 쳇 베이커는 엘 카미노 칼리지의 음악학과에서 빌린 프렌치 혼을 든 채 잼 세션 연주에 참여하곤 했다. 그렇다고 그가 이 악기의 연주에 몰두한 것은 아니었다. 그는 마일스 데이비스의 톤이 벨소리처럼 낭랑하게 울려 퍼지는 서정성을 획득한 것처럼, 가장 이상적인 음정의 선택이 무엇일 수 있는지 파악하고 싶어 했다. 쳇 베이커는 거의 40년이 지난 뒤 레너드 멀론Leonard Malone과의 인터뷰에서 다음과 같이 고백했다. "마일스 데이비스를 알기 전까지, 솔직히 나는 내가 하고 싶은 음악이 어떤 건지 깊이 있게 들여다보지 못했다네."

쳇 베이커는 조절의 의미를 내포한 채 끊임없이 그만의 쿨한 외관을 갈고닦았던 마일스 데이비스의 초연함을 또한 사랑했다. 그의 동료들도 같은 생각이었다. "쿨한 사람은 어딘지 좀 비타협적인 면이 있죠. 마일스 데이비스도 뒤로 물러나 있는 타입이었습니다. 멋졌죠. 그리고 이런 모습은 언제나 마약과 밀접한 관계에 있었습니다." 필 브라운은 그렇게 말했다. 쳇 베이커는 그의 아버지가 대마초를 피우며 걱정거리를 잊곤 했다는 사실을 기억했다. 그뿐만 아니라 많은 재즈 연주자들이 자기 자신과 바깥세상 사이에 일종의 완충지대를 만들고 음악을 좀 더 자유롭게 연출하기 위해 이를 사용한 것도 사실이다. 쳇 베이커는 학교 밴드에서 베이스와 튜바를 연주하던 앤디 램버트Andy Lambert에게서 대마초로 마음을 변화시킬 수 있다는 것을 배웠다. 전쟁에서 다리 하나를 잃은 그는 목발을 짚고 다니면서도 풋볼 게임이 있을 때면 다른 연주자들과 함께 행진을 빼먹지 않았다. 쳇 베이커는 그 태연함이 놀라웠고 그런 그의 태도는 특히 무대 위에서 한결 더 인상적이었다. 앤디 램버트는 허모사비치의 해변에 위치한 재즈 클럽 하이 시즈High Seas에서 한 트리오의 베이시스트로 일했는데, 쳇 베이커에게 함께 연주할 것을 권하기도 했다. 언젠가 쳇 베이커가 자신의 회고담에서 남긴 것처럼, 앤디 램버트는 매일 밤 연주를 시작하기 전과 끝난 후에 멤버들과 함께 대마초를 피웠으며 그에게 권할 때도 있었다. "나는 여지없이 그렇게 하겠다고 했지. 고리타분하게 보이는 놈이 되기 싫었거든." 쳇 베이커는 대마초를 바로 "좋아하게" 됐으며 세월이 흘러 그 이유를 명확히 설명했다. "모든 게 아름답고 순수하게 보이기 시작하지. 고요하면서도 평화로워. 신경은 편안해지고 걱정거리는 다 날아가 버리고. 시간관념도 아주 새로워지는데, 몇 시간이 흐르든 며칠이 흐르든, 아니 몇 년이 흐르든, 모든 게 다 자신을 중심으로 움직인다는 느낌이 들지. 세상만사가 다 쉽고, 불가능한 것도 없다는 생각이 든다고나 할까." 쳇 베이커는 어느새 하루 종일 대마초를 피우게 됐다. 허시 해멀은 이렇게 얘기했다. "그는 뭘 하든 다 척척 잘 해냈어요. 100퍼센트 완벽하게 말이에요. 언제나 결단이 빨랐고 매사에 경쟁적이었습니다. 물론 충동적일 때도 많았지만요."

그러나 학교생활을 생각한다면 친구의 말은 사실이 아니었다. 쳇 베이커는 부전공으로 택했던 영어를 비롯해서 심리학과 정치학에서 겨우 패스할 정도의 낮은 학점을 받았으며, 해밀턴 메다포드가 가르치던 수업이 매우 쉬운 과목이었음에도 밴드에서 연주할 때 악보 앞에 앉기만 하면 허둥대기 일쑤였다. 메다포드는 이렇게 말했다. "이 과목에서 B도 받지 못하는 사람은 게으름을 피운 거나 다름없으니 다들 명심해." 그러나 쳇 베이커는 아직도 악보 읽는 법을 배우는 것이 무의미하다고 생각했으며 그가 해 오는 숙제는 실수투성이에 엉성하기 그지없었다. 해밀턴 메다포드는 그에게 이렇게 경고했다. "진짜 프로 연주자가 되려면 반드시 탄탄한 기초를 가져야 하는 법이야." 그는 결국 낙제를 면하지 못했다.

1949년 가을 학기를 등록하면서 쳇 베이커는 음악 감상과 오케스트라, 두 과목만 수강 신청을 했다. 학기가 한창 진행되던 어느 날, 해밀턴 메다포드는 그나마 쳇 베이커가 더 이상 수업에 들어오지 않는다는 것을 알았다. 수년 동안, 그는 메다포드 교수가 자신에게 결코 음악인이 될 수 없을 것이라 얘기하던 데 대해 불만 어린 비판을 쏟아 냈다. 하지만 결국 그 자신도 학업을 따라가지 못했다는 사실은 인정하지 않을 수 없었다. 세월이 흘러 쳇 베이커는 『멜로디 메이커*Melody Maker*』의 마이크 네버드Mike Nevard에게 이렇게 말했다. "난 모든 걸 내가 듣는 걸로 판단하고 싶었네. 나로서는 맞게 들리기만 하면 그게 옳다고 판단한 셈이지. 글쎄, 음악을 듣는 귀가 없거나 독창적인 능력이 부족한 이들에게는 그런 이론적인 것이 필요할지 모르겠지만 말이야."•

결국 학업을 중단한 쳇 베이커는 자신이 원하는 교육을 찾아 나섰다. LA 도심에 위치한 어느 호텔의 라틴 밴드에서 일자리를 구한 그는 함께 연주하던 유일한 백인인 유타주 출신의 재능 있는 베이시스트 밥 위틀락과 친분을 쌓았다. 검은 곱슬머리에 앳된 얼굴을 하고 있던 그는 쳇 베이커만큼이나 맑아 보였지만 이미 마약을 복용하고 있었다. 밥 위틀락은 열여덟 살에 고등학교 시절의 연인이던 여자와 결혼했다. 하지만 그녀의 부모는 그들의 딸에게 "더 낫고 안정된 삶을 살 기회가 남아 있다"며 이혼을 종용했고, 결국 두 사람의 결혼 생활은 얼마 가지 못했다. 밥 위틀락은 비웃는 투로 그 얘기를 전했다. 쳇 베이커는 이 친구에게 허모사비치에 있는 자신의 집에서 함께 지낼 것을 권했다. 어느새 매질로 다스릴 수 없을 만큼 다 자란 아들이었지만, 아버지 체스니는 예전과 다름없이 쳇 베이커를 엄하게 대했다. 그가 차 사고를 내자 수리비를 모두 갚을 때까지 일을 시켰다. 결국 그는 리벳 만드는 공장에서 시간제 일자리를 얻었고, 남는 시간에도 가능하면 집에 있지 않으려 했다. 그는 친구들과 해변에 누워 휴식을 취하거나 수영을 즐겼고, 배를 타거나 비행 레슨을 받기도 했다. 사

• 모던 재즈를 중심으로 빛을 발한 여러 명인들의 발자취를 좇아 보면 이렇듯 정규 학습 과정을 거치지 않은 경우가 의외로 많다. 논란의 여지는 많지만, 그 때문에 재즈에 대한 사람들의 인식이 왜곡됐다는 점도 지적할 만하다. 그러나 체계적인 재즈 교육이 자리를 잡은 것은 1950년대 이후였고, 오늘날 과거의 연주자들처럼 독학이나 경험만으로 일가를 이루는 연주자는 거의 찾아보기 힘들다.

냥 또한 큰 취미 중 하나였다. 언덕을 뛰어다니다가 허공을 향해 총성을 울리면, 자유롭게 하늘을 날던 새들이 미친 듯이 퍼덕이며 날카로운 죽음의 지저귐을 남긴 채 떨어져 버렸다. 밥 위틀락은 당시의 쳇 베이커를 잘 기억하고 있었다. "그 시절 쳇 베이커는 거칠 것이 없었어요. 어딘지 좀 난폭하다는 생각도 들었죠. 그런데 정말이지 대단한 유머 감각을 지니고 있었습니다. 한 번 사람들을 웃기기 시작하면 그야말로 끝이 없었죠. 나중에 나이 든 뒤의 그를 생각하면 믿기 힘들겠지만, 젊은 시절의 쳇 베이커는 아주 웃긴 친구였습니다."

이미 스무 살 무렵부터 쳇 베이커는 그를 따르는 일련의 동료들이 생길 만큼 스타의 기질을 발휘하기 시작했다. 그중에는 허시 해멀, 버니 플라이서, 이언 버나드, 밥 닐, 피아니스트 고디 스웨인Gordy Swain과 잭 셸던 등이 포함돼 있었으며, 대부분 이제 막 음악성을 다져 가던 젊은 친구들이었다. 쳇 베이커보다 두 살 연하인 잭 셸던은 플로리다주의 잭슨빌시에서 태어나 1940년대 중반 고모를 따라 LA로 이주해 왔다. 그는 쳇 베이커 못지않게 수려한 외모를 지녔지만, 아직 음악에 있어서는 부족한 점이 많았다. 이언 버나드는 그에 대해 이렇게 말했다. "그 시절 우리는 잭과 연주하는 걸 탐탁지 않아 했습니다. 아직 많이 부족했거든요. 코드에 맞춰 연주하지 못하는 거예요." 그러나 잭 셸던은 밤낮없이 연습에 몰두해 1950년대 말, 탁월한 밴드 리더이자 세션 연주자로 성장했다. 그 이전까지는 어쩔 수 없이 쳇 베이커의 그늘에 가려 있었다. 그 자신도 이 사실을 인정했다. "쳇 베이커는 내가 원하던 모든 걸 가지고 있었습니다. 그는 언제나 대장이었죠. 세련되고 똑똑한 데다 쿨하기까지 했으니까요. 나는 마치 포레스트 검프 같았어요. 그저 트럼펫을 든 채 허둥대고 있을 뿐이었습니다."
따지고 보면 평생을 통해 쳇 베이커는 자신과 동급인 연주자들을 여간해서 곁에 두지 않았다. 그는 언제나 최고의 자리에 있어야 했고, 주변에 모여 있던 이들은 그의 존재를 의심하지 못했다. 밥 위틀락은 이렇게 말했다. "물론 그는 우리 중 가장 뛰어난 인물이었습니다. 말 그대로 리더였죠." 쳇 베이커가 그즈음 새로 갖게 된 차는 아주 큰 피어스 애로우의 1936년 모델. 그는 동료들을 이 차에 태우고 당시 LA 지역에서 봇물 터지듯 벌어지기 시작한 잼 세션에 참여하기 위해 어디든 내달렸다. 이미 전장에서 돌아온 수백 명의 젊은 연주자들이 군대에서 연주하던 음악 대신 재즈를 하기 위해 노력하던 참이었다. 이들은 술을 파는 바는 물론이고 식당, 클럽, 차고, 지하실, 스튜디오 등 장소를 가리지 않고 하루 종일 연주에 몰두했다. 음악은 마약과 같았다. 하면 할수록 만족하기 위해 더 많이 하게 되는 것처럼.

쳇 베이커가 샌퍼낸도밸리에 위치한 재즈 클럽 쇼타임Showtime에 대해 알게 된 것도 그즈음이었다. 인근에서 가장 뛰어난 연주자들이 모여든다는 그곳. 주저 없이 쇼타임을 찾은 그는 이내 이 클럽의 신도가 됐다. 대마초를 피우며 뒷자리에 앉아 있던 이들은 "쿨" 색소포니스트 스탠 게츠Stan Getz의 새 레코드나 새로 나온 트럼펫 마우스피스에 대해 이야기하며 클럽의 분위기를 주도했다. 그러나 더 이상의 깊은 얘기를 나누는 이들은 없었다. 다들 자신의 감정을 그대로 드러내는 것은 쿨한 행동이 아니라고 생각했다. 쳇 베이커는 여전히 운전에 관심이 많았다. 그의 차는 이제 반짝이는 또 한 벌의 옷과 같았으며 스피드와 지위, 그리고 자유를 의미했다. 그때까지 LA에는 고속도로가 없었기에 허모사비치에서 쇼타임이 있는 엔시노까지 차로 꼬박 40분이 걸렸지만 쳇 베이커는 마치 터지기 직전의 폭탄을 나르듯 거칠게 운전했다. 계기판이 시속 130킬로미터를 넘나들어도 전혀 신경 쓰지 않았고, 손가락으로 트럼펫 밸브를 누르듯 운전대를 능숙하게 다루었다. 허시 해멀은 그의 운전 습관에 대해 이렇게 회상했다. 쇼타임 근처의 주차장에 차를 주차할 때의 모습이 특히 인상적이었던 모양이다. "냅다 밟고는 주차장에 쏜살같이 들어옵디다. 그런데 앞에는 커다란 벽이 서 있었거든요. 하지만 그는 미끄러지듯 차를 운전하다가 벽에서 1미터도 안 되는 곳에 딱 멈추는 거예요. 기술도 좋지만 위험천만한 일이 아닐 수 없죠. 그는 언제나 그랬답니다."

1949년부터 1952년경까지, 쇼타임에서 월요일 밤마다 펼쳐지던 잼 세션은 웨스트코스트 재즈의 산실 역할을 했다. 메이너드 퍼거슨Maynard Ferguson, 쇼티 로저스, 피트Pete와 콘트 캔돌리Conte Candoli 형제 같은 트럼페터와 허브 겔러Herb Geller, 데이브 펠Dave Pell, 아트 페퍼, 밥 고든Bob Gordon 등의 색소포니스트, 피아니스트 앙드레 프레빈André Previn, 러스 프리먼, 루 레비Lou Levy, 폴 스미스Paul Smith와 베이시스트 레드 미첼Red Mitchell, 조 몬드래곤Joe Mondragon, 몬티 버드윅Monte Budwig, 해리 배버신Harry Babasin은 물론 드러머 앨빈 스톨러Alvin Stoller와 셸리 맨 등의 연주자들이 바로 이곳에서 명성을 얻었다. 그리고 이들은 모두 백인이었다. 워델 그레이Wardell Gray 나 테디 에드워즈Teddy Edwards 같은 흑인 음악인들도 자주 들렀지만, 쇼타임은 "실질적으로 완벽히 백인들의 공간"이었다. 필 브라운은 이렇게 덧붙였다. "그곳에 드나들던 음악인들이 상대적으로 좀 더 좋은 환경에서 생활한 것은 사실이죠." 쳇 베이커는 쇼타임에 흑인 음악인들이 없었던 사실에 대해 리사 걸트 본드에게 이런 말로 설명했다. "와 봤자 무대에 올라가지도 못하는데 흑인들이 왜 굳이 그 먼 곳까지 오겠나?"

당시의 LA는 음악인들마저 "백인 연주자 조합"과 "유색인종 연주자 조합"으로 나뉘어 있을 만큼 인종차별이 극에 달했다. 1930년대와 1940년대까지 뉴욕의 할렘에 상응하는 LA의 거리는 흑인 거주지인 중남부 지역을 관통하는 센트럴 애비뉴였다. 이곳의 클럽에서는 듀크 엘링턴Duke Ellington 이나 패츠 월러Fats Waller, 레나 혼Lena Horne, 아트 테이텀Art Tatum 등의 쟁쟁한 음악인들이 연주를 벌였으며, 1950년대 웨스트코스트 재즈의 백인 음악인들이 펼친 무대에 비해 한결 더 파티 분위기가 났다. 아트 페퍼는 그의 아내인 로리 페퍼Laurie Pepper 와 함께 집필한 자서전 『스트레이트 라이프Straight Life』*에서 당시의 센트럴 애비뉴를 다음과 같

• 쿨 재즈가 낳은 최고의 스타 연주자 중 한 사람인 색소포니스트 아트 페퍼(1925~1982)가 그의 세 번째 부인인 로리 페퍼와 1980년에 발표한 이 책은 모던 재즈의 단면을 엿볼 수 있는 중요한 자료로 잘 알려져 있다. 다만, 숱한 삶의 굴곡을 지녔던 그가 자신의 입장에서 기술한 부분이 너무 많기에 음악계에서 적지 않은 논란을 불러일으키기도 했다. 책 제목인 'Straight Life'는 그의 명곡 제목이기도 하며, 여기에서 'straight'란 표현은 '마약을 하지 않는 깨끗한' 그리고 '동성애자가 아닌' 정도의 의미를 지닌 구어다.

이 묘사했다. "여인들은 주름진 장식과 깃털 달린 드레스를 입은 채 긴 귀고리를 하고 있었다. 대부분의 남자들은 넓은 챙이 달린 큰 모자를 쓰고 아주 멋진 양복을 빼입었다. 어디에서든 분과 향수 냄새가 번지고 있었으며, 거리를 걷다 보면 모든 건물에서 음악 소리가 흘러나왔다." 해리 제임스나 아티 쇼Artie Shaw, 버디 리치Buddy Rich 같은 스윙의 스타들도 센트럴 애비뉴에 몰려들었고, 새로운 음악을 창출하던 흑인 음악인들에게 한 수 배우려 시간과 정성을 아끼지 않았다. 아트 페퍼도 매일 밤 영업시간이 끝난 뒤 리츠 클럽Ritz Club에 들러 자신의 우상이던 덱스터 고든Dexter Gordon과 함께 대마초를 피우거나 환각제를 들이마셨다. 매주 월요일과 수요일, 쳇 베이커는 밤새도록 연주가 펼쳐지는 잭스 배스킷 룸Jack's Basket Room에 들렀다. 찰리 파커가 몇 번 연주했던 바로 그곳이었다.

몇몇 흑인 음악인들은 그들의 스타일이 다른 이들에게 "차용되고 있으며" 대중을 위해 상업화되고 있다며 탐탁지 않아 했다. 그리고 젊은 백인 연주자들이 이들의 언어와 옷 입는 경향, 버릇까지 따라 한다고 생각했다. 로이스 셸턴Lois Shelton 감독이 1986년에 연출한 다큐멘터리 「센트럴 애비뉴를 위한 블루스Blues for Central Avenue」에서 트럼페터 해리 "스위츠" 에디슨Harry "Sweets" Edison은 다음과 같이 말했다. "백인들은 결국 우리에게 배운 것이오. 우리가 알고 진행하던 것들을 가져다 쓴 것뿐이었단 말이오." 같은 영화에 등장한 관악기 연주자 버디 콜레트Buddy Collette는 백인 연주자 조합이 많은 연주료가 책정된 일거리를 어떻게 독차지했는지 애기하기도 했다. 이런 와중에 LA 경찰의 인종차별은 한결 더 심했다. 버디 콜레트는 1950년대 센트럴 애비뉴의 몰락이 결국 경찰관들 때문이었다고 했다. 그들은 특히 젊은 백인 여자들이 센트럴 애비뉴에 몰려와 클럽에서 어울려 노는 것을 못마땅하게 여겼다던가. 필 브라운은 이런 일도 겪었다. 중남부로 차를 타고 들어서는데 경찰이 길을 막더니 옷을 벗기고 몸수색을 벌였다. 경관들은 그가 마약을 팔거나 사기 위해 센트럴 애비뉴에 온다고 믿었던 모양이다. 그는 말했다. "결국 샌퍼낸도밸리에 오는 흑인들은 모두 같은 수모를 겪어야 했을 겁니다." 웨스트코스트 재즈의 움직임이 전국적인 주목을 끌자, 흑인 연주자들의 불만은 계속해서 늘어났다. 그리고 오래 지나지 않아 바로 쳇 베이커가 그 대상으로 떠오르기 시작했다.

쳇 베이커가 처음 사람들의 눈에 띄기 시작한 것은 쇼타임의 무대에서였다. 당시 그곳의 연주 스케줄을 기획하던 이는 스물아홉 살의 트롬보니스트 허비 하퍼Herbie Harper. 비록 많은 나이는 아니었지만 갓 대학에 들어갈 정도의 젊은 연주자들에게 그는 마치 노인 같아 보였다. 웨스트코스트 재즈의 성향이 전체적으로 매우 세심하고 철저한 사전 준비를 병행했던 것과 마찬가지로 쇼타임의 잼 세션은 연주에 앞서 계획된 대로 이행되곤 했다.* 엄격한 기

• 오늘날 대다수의 재즈 클럽은 미리 공지된 연주 스케줄에 의해 무대를 꾸미지만, 모던 재즈가 융성한 20세기 중반에는 잼 세션 연주가 적지 않았다. 특별히 누가 무엇을 연주할 것인지 정하지 않고 연주자들이 자유롭게 참여하는 잼 세션은 한 음악인의 음악성을 엿볼 수 있는 좋은 기회가 됐으며, 클럽의 영업시간이 끝난 뒤 이른바 'After Hours'에 행해질 때가 많았다.

준에 의해 선발된 리듬 섹션을 바탕으로 약 45분 동안 펼쳐지는 한 세트의 무대를 위해 허비 하퍼는 연주에 목말라하던 수십 명의 젊은 연주자 중에서 참여할 솔로이스트를 미리 정했다. 잭 셸던은 그 시절을 이렇게 회상했다. "그 무대의 잼 세션은 마치 하나의 사업처럼 체계적이었어요. 무대에 오르는 건 정말 영광스러운 일이었습니다. 언제나 대기하고 있는 연주자로 꽉 차 있었으니까요." 실제로 처음 무대에 올랐던 잭 셸던은 몇 곡 끝나기도 전에 자리를 다른 연주자에게 넘겨야 했다. 버니 플라이셔도 좋은 반응을 얻지 못했다. "나는 한 번도 그 무대에 설 만큼 준비가 돼 있지 못했습니다. 만약 그렇다 해도 내게 연주하라고 얘기한 사람은 없었을 거예요. 스스로 잘났다고 생각한 사람들이 너무 많았거든요."

첫 베이커 역시 몇 번의 시도 끝에 쇼타임의 무대에 설 수 있었다. 하지만 일단 그의 연주를 듣고 나자 허비 하퍼는 매주 월요일마다 기다리게 하는 시간도 없이 첫 베이커를 무대에 올렸다. 물론 이건 첫 베이커에 국한된 얘기였다. 이 트롬보니스트는 그 친구들의 연주에 대해서는 별 관심이 없었으며 그저 첫 베이커를 따라다니다가 멋이나 부려 보려는 마약중독자로 취급했다. "첫 베이커는 연주할 때 트럼펫의 끝이 바닥을 향하게 하는 성향이 있었습니다. 그의 친구인 잭 셸던은 악기의 끝을 좀 더 들긴 했지만 그래도 비슷해 보인 건 마찬가지였죠." 본명이 허셜 힘멜스타인 Herschel Himmelstein인 허시 해멀은 만화 속에 등장한 비밥 연주자처럼 베이스를 튕겼다. 머리를 잔뜩 숙인 채 비트에 맞춰 몸을 위아래로 흔들었으며, 대단한 음악적 경지에 빠져 있기라도 하듯 눈을 반쯤 감은 채 연주했다. 가장 뛰어난 연주자만이 꿈꿀 수 있는 그런 차원의 음악을 스스로 벌이고 있는 것처럼 말이다. 자기 자신을 드러내지 못해 안달이던 이언 버나드는 이렇게 허풍을 떨었다. "내가 얼마나 쿨하게 연주했는지 아십니까? 비트가 아주 빠르게 진행되는 와중에 그걸 따라잡지 못해도 신경조차 쓰지 않을 정도였어요." 1950년대 중반 들어 그는 재즈 연주를 포기하고 빅 데이먼Vic Damone 이나 알 마티노Al Martino 처럼 "정형화된" 팝 가수의 반주를 지휘하기 시작했다. 물론 그의 동료들은 이런 가수들의 음악을 비웃었다. 허비 하퍼는 쇼타임에서 벌어지는 광경을 흥미롭게 바라보았다. "내 밴드에 있는 연주자들은 주저 없이 서로에게 '이봐, 친구. 그거 듣기 좋은데' 하며 용기를 북돋곤 했죠. 하지만 쳇 베이커가 이끄는 그룹의 녀석들은 그런 말을 쉽게 하지 않았습니다. 그렇게 말하면 연약하게 보인다고 생각했나 봐요. 그들은 그저 고개를 푹 숙인 채 연주에 몰두했습니다." 쳇 베이커 자신도 사람들 앞에서는 "이봐" 혹은 "쿨하군"같이 짧은 몇 마디만 할 뿐이었다. 허비 하퍼는 심지어 그와 대화다운 대화를 나눈 기억조차 없다고 회상했다. "그는 나를 똑바로 쳐다보지도 않았습니다. 얘기를 이어 가기가 참 힘들었죠."

그러나 어쨌든 쳇 베이커는 무대에 오를 때마다 사람들의 시선을 끌었다. 1949년, 쳇 베이커는 씩 웃으면 이가 드러나는 표정으로 잘 알려진 곱슬머리의 작곡가 맷 데니스Matt Dennis 가 피아노를 연주하며 노래하던 멕시코 식당 에스터스를 찾았다. 맷 데니스는 스윙 시대에 〈Will You Still Be Mine〉이나 〈Let's Get Away from It All〉 같은 히트곡으로 잘 알려진 인물이었다. 그가 만든 곡 중에서 쳇 베이커가 가장 아꼈던 곡은 바로 〈Everything Happens to Me〉다. 깊은 밤 술집에서 흘러나올 법한 인상의 이 곡은 신들이 한 순진한 남자의 삶을 빼앗아 "심한 감기에 걸리고 기차마저 놓쳐 버린" 불쌍한 존재로 만들어 버린다는 내용을 담고 있었다. 쳇 베이커는 맷 데니스에게 계속해서 이 곡을 부탁했다. 노래 안에 담겨 있던 희생당한 자의 감성이 그의 마음을 사로잡았다. 그리고 세상을 떠날 때까지 이 노래를 스스로 즐겨 부르며 그 주인공처럼 허우적거렸다.* 사실 쳇 베이커에게 이 노래는 셰리와 나눈 슬픈 사랑을 떠올리게 하는 사연 있는 곡이었다. 그는 바로 에스터스에서 순진한 10대 소녀였던 셰리를 만났고, 감언이설로 그녀를 꼬여 자기 차에 태우곤 했다. 그러던 어느 날 그녀가 아기를 가졌는데, 쳇 베이커는 비록 경제적으로 능력이 닿지 못했음에도 셰리와 꼭 결혼하려 했다고 말했다. 그는 이 사실이 집에 알려지는 걸 두려워했던 셰리를 데리고 체스니와 베라를 찾았다. 그런데 셰리를 마주한 그의 부모는 낙태를 시키기 위해 의사를 수소

---

* 쳇 베이커는 현재 유통 중인 앨범만 가지고 봐도 이 곡을 열 번 가까이 녹음했다. 물론 빌리 홀리데이와 프랭크 시나트라를 비롯해 많은 가수들이 녹음한 스탠더드 곡으로, 1941년 톰 어데어의 작사에 맷 데니스가 곡을 붙여 발표했다. 우리나라 재즈 팬들에게는 피아니스트 듀크 조던의 연주가 특히 좋은 반응을 얻기도 했다. 이해를 돕기 위해 이 노래의 가사 중 일부를 발췌해 보았다. "처음엔 당신이 내 징크스를 깨 줄 여자라 생각했어. 그대의 사랑이 꼬여 버린 내 운명을 풀어 주고 절망을 끝내게 할 줄 알았지. 하지만 이제 생각해 보니 난 또 한 번 바보가 되고 말았네. 전보를 쳐보고 전화를 해보고 항공우편까지 보내 봤지만 그대의 대답은 '안녕'이었네."

문하더라나. 결국 체스니와 베라는 아들에게 그녀와 헤어지도록 압력을 가했다. 쳇 베이커는 훗날 그리움에 잠긴 채 이렇게 말했다. "난 어쩔 수 없이 그녀를 곁에 두지 못했네."

이 일은 쳇 베이커로 하여금 하루빨리 부모의 그늘에서 벗어나야겠다는 생각을 굳히게 했다. 1949년 말, 그와 밥 위틀락은 레돈도비치의 한 저택에 딸린 작은 집에 월세로 들어갔다. 밥 닐을 비롯한 여러 룸메이트가 함께 집을 쓰면서도 얼마 되지 않는 집세를 내기가 빠듯했지만, 무엇보다 그들만의 공간이 있었고 삶은 즐겁기만 했다. 밥 위틀락은 그 집에서 살던 시절을 이렇게 회상했다. "잠자리에서 일어나면 콘플레이크를 한 대접씩 먹고는 바로 연주를 벌이기 시작했어요. 새벽 4시쯤 푹 잠들었다가 일을 마친 친구 서너 명이 들이닥치면 다시 일어나 또 연습했죠." 이들의 집은 두꺼운 콘크리트 벽으로 돼 있었기에 큰 소리로 연주를 벌여도 아무 상관이 없었다. 하지만 그렇다고 이들이 너무 시끄럽게 소란을 피운 건 아니었다. 집에 찾아오는 이들 중엔 드러머 지미 매킨Jimmy McKean이 포함돼 있었다. 허시 해멀은 그를 웨스트코스트 재즈 스타일의 개척자로 생각했다. 감정을 쉽게 폭발시키지 않는 절제된 스타일 말이다. "지미 매킨의 브러시 연주는 특히 솜씨가 대단했습니다. 그때까지만 해도 대부분의 다른 드러머들은 아주 큰 심벌즈를 신나게 두들기고 베이스 드럼을 쾅쾅 울려 대곤 했거든요." 쳇 베이커도 지미 매킨의 연주를 매우 좋아했다. 하지만 그가 더 마음에 들어 했던 것은 바로 쿨한 겉모습이었다. 그가 알던 대부분의 음악인은 가난 속에 근근이 살아가며 오래된 구닥다리 차를 몰았지만, 지미 매킨은 번뜩이는 MG 스포츠카를 타고 LA를 누볐다. 그리고 친구들 사이에서는 "지미 매킨이 시에라마드레 산맥의 서쪽에서 가장 성기가 큰 남자 중 하나"라는 소문이 돌기도 했다. 외견상 점잖은 기질을 타고난 쳇 베이커에게 이는 더없이 부러운 축복으로 비추어졌다. 그러나 지미 매킨이 그토록 이들에게 유명했던 것은 무지막지한 마약 복용 때문이었다. 잭 셀던에 의하면 그는 환각 상태에 빠지기 위해 무슨 일이든 마다하지 않았다고 했다. 심지어 마취제인 포름알데히드까지 주사했다니 얼마나 심했겠는가. "나는 그렇게 할 엄두도 나지 않았지만, 어쨌든 뭐든 다 할 태세였습니다. 특히 포름알데히드는 제대로 정맥에 주사하지 않으면 팔 전체가 퉁퉁 부어오르거든요."

마약, 마약을 복용하는 이들은 꾸준히 쳇 베이커의 관심을 자극했다. 집에 종종 들렀던 이들 중에 그와 친구들에게 대마초를 팔던 마누엘 바르다스Manuel Vardas라는 남자가 있었다. 쳇 베이커는 그를 이렇게 기억했다. "언제나 마약에 절어 멍한 눈빛을 하고 있었지. 아마 그 친구 인생의 목표가 이랬을 거야. 그리스도의 두 번째 재림으로 세상이 끝날 때까지 과연 얼마나 많은 대마초를 피울 수 있는지 알아내겠다, 뭐 이런 것 말일세." 마누엘 바르다스의 긴장 없이 풀어진 삶과 공부를 하지 않고도 돈을 벌 수 있다는 사실은 일말의 질투를 불러일으켰다. 실제로 쳇 베이커는 주유소의 지붕을 고치거나 자동차 딜러 회사에서 재고 정리를 하는 등 여러 가지 막노동으로 돈을 벌어야 했다. 그러나 그의 아버지 체스니가 그랬던 것처럼, 그 역시 회사에서 상관을 모시고 일하는 식의 일반적이고 "제대로 된 직장"은 가질 수 없었다. 결국 쳇 베이커와 밥 닐은 직접 나서서 대마초를 팔기 시작했다. 밥 닐은 "그렇게 하면 조금씩 남길 수도 있었기" 때문이라고 했다. 허시 해멀은 두 사람의 행동을 직접 지켜보았다. "한편으로 대마초를 피우면서 남은 것을 작은 깡통에 넣어 무게를 쟀습니다. 그러고는 양을 맞춰 백에 따로 담곤 했죠. 그런데 그 시절엔 걸리기만 하면 형량이 꽤 셌어요." 오래 지나지 않아 쳇 베이커는 대마초 광이 됐다. 잭 셸던은 이렇게 덧붙였다. "쳇 베이커는 대마초 피우는 파이프를 청소하기 좋아했죠. 늘 그걸 가지고 다녔어요. 틈만 나면 주저 없이 엄청난 양의 대마초를 피워 댔죠."

밥 위틀락은 이미 헤로인에까지 "손을 대고" 있었다. 음악 일을 하다 보면 매일 밤 무의식적으로 뛰어난 창작을 벌여야 했는데, 그는 찰리 파커나 빌리 홀리데이 같은 우상들이 바로 헤로인을 통해 이 어려운 마법을 풀었다고 생각했다. 트럼페터 레드 로드니Red Rodney는 마약중독에서 벗어난 뒤 역사가이자 재즈비평가인 아이라 기틀러Ira Gitler에게 이렇게 얘기했다. 헤로인은 비밥 연주자들이 가슴에 단 "배지"였는데, 이는 "스스로 나머지 세상과 다르다는 걸 인식한 채 '우리는 알지만 너희는 모른다'고 얘기하기 위한 것"이었다고 말이다. 마약이 연주자의 음악을 향상시키지는 않는다. 그러나 고통을 잊게 하는 것은 부정할 수 없다. 필레신도 이에 동의했다. "현실을 인식하고 있지 못하다는 데서 오는 고통이랄까요. 돈이 없다는 데서 비롯된 고통 말입니다. 그러니 얼마의 돈을 가지고 있든 모조리 마약을 사는 데 써 버릴 수밖에 없는 노릇이죠. 매우 비싸더라도 아랑곳하지 않은 채 말이에요." 마약에 빠지는 것처럼 위험한 일도 없지만, 그 사실이 이를 더욱 매력적으로 보이게 했는지도 모른다. 필 레신은 이렇게 부언했다. "우리 중 거의 모두는 마약 과다 복용으로 죽은 친구를 한두 명쯤 알고 있었습니다." 그는 1947년, 촉망받던 젊은 트럼페터 소니 버먼Sonny Berman이 뉴욕에서 갑자기 세상을 떠났다는 소식을 듣고 얼마나 큰 충격을 받았는지 잊지 않고 있었다. 우디 허먼 밴드가 연주한 〈Sidewalks of Cuba〉에서 선보인 뛰어난 솔로 연주로 잘 알려졌던 소니 버먼은 그 당시 스물두 살로, 소문에 의하면 비밥 색소포니스트인 앨런 이거Allen Eager의 팔에 안긴 채 숨을 거두었다. 프레디 웹스터가 마약 과다 복용으로 죽었을 때 그의 나이 역시 서른한 살에 불과했고, 스물여섯 살에 폐렴으로 세상을 떠난 또 한 명의 탁월한 트럼페터 패츠 나바로Fats Navarro *의 몸은 이미 헤로인 중독으로 엉망이 된 상태였다.

밥 위틀락은 자신이 쳇 베이커를 처음 헤로인에 끌어들인 장본인임을 인정했다. "그래요, 내가 그렇게 말했소. '이봐, 너 이거 꼭 해 봐야 돼. 정말 좋다니까' 하고 말이오." 그것은 레돈도에 있던 쳇 베이커의 월세집이 아닌 캘리포니아 샌피드로에 위치한 다른 친구의 집에서였다. 훗날 그는 처음 헤로인을 주사했을 때 느

• 세월이 지나면서 그의 가치가 잊히는 경향이 없지 않지만, 패츠 나바로(1923~1950)는 트럼펫 연주의 한 획을 그은 명인 중의 명인이었다. 그가 더 오래 살았다면 모던 재즈의 발전은 분명 그 속도를 달리했을 것이라는 게 역사가와 비평가들의 공통된 인식이다. 특히 피아니스트 태드 다메론과 함께한 1947년에서 1949년 사이의 녹음은 필청을 권한다.

껐던 아픔이 상당했다고 고백했다. "주사기에서 빠져나온 액체가 조금씩 내 몸 안에 들어오는 데 대한 두려움도 컸다네." 처음 헤로인 주사를 맞은 이들이 보이는 전형적인 반응이 그에게 나타났다. 밥 위틀락이 말했다. "그즈음 쳇 베이커는 대마초에 푹 빠져 있었죠. 그래서 그런지 정말 많이 아파하더군요. 나는 이렇게 생각했습니다. 글쎄, 이 친구는 헤로인에 빠지진 않겠군, 하고 말입니다. 그 이후로 다시 하는 걸 본 적은 없습니다." 쳇 베이커는 당시의 일을 비평가 렉스 리드Rex Reed에게 다음과 같이 얘기했다. "몇 시간 동안 토하고 난리도 아니었네. 그 뒤로 1년 동안 거들떠보지도 않았지. 그러다가 젠장, 다시 했을 때 생각은 이런 거였어. 전에 한 번 경험했으니 이젠 무슨 일이 일어날지 한 번 두고 보자, 하는 식이었다고나 할까."

잼 세션 할 곳을 찾아다니고, 해변에 놀러 가고, 대마초를 팔거나 피우고, 하는 생활이 반복되면서 여자를 만날 시간은 별로 주어지지 않았다. 이언 버나드에 따르면, 그런 모습이 전형적인 연주자들의 생활이었다고 한다. "장담컨대, 우리는 모두 여자 만나는 것보다 재즈 연주하는 걸 더 좋아했습니다." 글로리아와 지젤라, 그리고 셰리와 가진 만남이 가져다준 실망스러운 결과가 아픔으로 남은 채, 쳇 베이커는 더 이상의 사랑이 없을 것이라 생각했다. 적어도 그때까지는. "그는 여자들에게 별 관심이 없어 보였어요. 사실 주변에서 여자들이 관심을 품는 경우는 많았죠. 하지만 자꾸 떼어 내려 하더라고요. 트럼펫을 연주하는 것 이외에는 신경조차 쓰기 싫다는 투로 말이에요."

챗 베이커는 확실히 여자를 애정의 대상으로 보지 않고 있었
다. 잭 셸던과 허시 해멀, 밥 닐과 함께 샌타바버라의 한 호텔로 연
주하러 갔을 때 일어난 일을 생각하면 더더욱 그렇다. 일이 끝난
뒤 잭 셸던과 챗 베이커는 친구인 테너 색소포니스트 빌 퍼킨스
Bill Perkins의 집에서 하룻밤을 묵었다. 그런데 그곳에는 스탠 켄턴
밴드의 편곡가인 진 롤런드Gene Roland의 여자친구가 놀러 와 있었
다. 진 롤런드는 엄청난 대마초 흡연과 섹스광으로 잘 알려져 있
었고, 그의 여자친구는 특히 아무하고나 잠자리를 같이할 만큼
후자에 잘 맞는 경우였다. 늦은 밤, 잠을 청하려던 잭 셸던은 자
신의 방에 들어서는 그녀와 마주하게 됐다. "샌타바버라에는 이
런저런 일이 있어서 와 있던 모양이더라고요. 뭐, 별다른 말은 필
요 없었습니다. 우리는 그냥 옷을 벗고 하기 시작했죠. 그런데 그
때 챗 베이커가 방에 들어서지 뭐예요. 나는 침대에서 내려왔고
이번에는 그가 그녀와 하기 시작했습니다. 방 안이 많이 어두웠
기 때문에 그녀는 사람이 바뀐 줄도 모르는 것 같더라고요. 그즈
음 챗 베이커는 마치 토끼처럼 아주 빨리 일을 마치곤 했어요. 아
마도 그게 더 섹시하다고 생각한 모양이죠. 어쨌든 그는 섹스에
대해 별 관심이 없었습니다. 그가 한 뒤에, 내가 다시 침대에 올라
가 또 일을 벌였습니다. 그 이후로 그녀는 우리와 함께 섹스를 나
누는 친구가 됐죠." 허모사비치에 있는 재즈 클럽 라이트하우스
Lighthouse에서 잼 세션을 마친 1950년의 어느 일요일 오후, 챗 베
이커는 샬레인 수더Charlaine Souder의 욕정 어린 시선을 느꼈다. 부
모와 함께 LA 남부 지역의 린우드에서 살고 있던 그녀는 스물두

살이었다. 훗날 그는 샬레인을 날씬했던 여인으로 기억했다. "날카로운 인상의 금발이었지. 몸매도 좋았고 아주 당찬 여자였다네." 종종 재즈 클럽에 들러 "사람들과 어울리던" 그녀는 풍만한 가슴에 매사 적극적인 태도를 지니고 있었으며 음악인들 사이에서 인기가 많았다. 그런 그녀가 쳇 베이커에게 노골적인 추파를 던진 것이다. 밥 위틀락은 이렇게 말했다. "내가 볼 때 그 모든 상황은 쳇 베이커에게 하나의 도전 의식을 불러일으킨 것 같습니다. 그 당시 그 친구는 여자들에게 먼저 수작을 걸거나 한 적이 별로 없었거든요." 쳇 베이커는 샬레인에게 술 한 잔을 샀고, 그녀는 자신이 몰고 다니던 아버지 소유의 신형 뷰익 자동차에 그를 태웠다. 두 사람이 멈춘 곳은 팔로스 베르데스의 정상 부근. 늦은 밤마다 젊은 연인들이 즐겨 찾던 으슥한 공간이었다. 버니 플라이셔는 이렇게 말했다. "고교시절에 우리끼리 이런 농담을 주고받곤 했어요. 팔로스 베르데스의 고도가 하루가 다르게 낮아지고 있다. 왜냐하면 애들이 자꾸 거기에 올라가 여자들과 섹스를 해 댔으니까."

샬레인에 대한 쳇 베이커의 기억은 전혀 낭만적이지 않다. 그는 허풍떨듯 이렇게 얘기했다. "내가 해 주면 그렇게 좋아하더라고. 물론 나도 좋았지. 하루는 린우드에 있는 그녀의 집 앞에서 세 시간 동안 아홉 번이나 했지 뭐야." 그는 어디를 가든 샬레인과 동행했다. 마치 새 차를 사기라도 한 듯 잔뜩 뽐을 내면서 말이다. 매사추세츠주 케임브리지 출신의 의류상 찰리 데이비드슨Charlie Davidson은 이른바 세련됐다는 것에 대한 쳇 베이커의 생각이 새로운 무언가를 추구하던 당시의 신세대보다는 되레 여느 백인들과 특별히 다르지 않았다고 얘기했다. 찰리 데이비드슨은 1954년부터 쳇 베이커와 아주 가깝게 지낸 사이였다. "그의 머릿속에는 세상에서 제일 쿨한 재즈 연주자의 모델이 그려져 있었습니다. 멋진 차를 클럽 앞에 세우고 나면 그 차에서 아주 예쁜 여자가 내리고, 클럽 안에 들어가 연주를 시작하면 그 여자가 앞자리에 앉아서 기다리고 하는 광경 말입니다."

쳇 베이커와 그의 새 "여자"는 언제나 붙어 지냈다. 하지만 섹스 이외에 함께 나눌 공감대는 없었다. 말할 것도 없이 쳇 베이커는 백마 탄 왕자가 아니었으며, 어떤 사람들은 그가 명백한 사기꾼이라고 생각했다. 찰리 데이비드슨은 이렇게 말했다. "이런 표현은 어떨까요. 그는 성인군자의 얼굴을 한 개자식이었습니다. 솔직히 말하면 그의 뒤에는 아주 위험하고 나쁜 놈의 그림자가 드리워 있었으니까요." 버니 플라이셔도 이를 부정하지 않았다. 그리고 점차 둘 사이의 우정은 금이 가고 있었다. "난 그의 생활 습관에 크게 놀라곤 했습니다. 그 친구는 언제나 많은 양의 대마초를 지니고 있었는데, 이 때문에 우리가 난처한 일에 엮일 수도 있었죠. 그 당시에는 대마초 때문에 체포되면 여지없이 20년 정도 감옥에서 썩어야 했거든요. 그리고 운전할 때 너무 심하게 과속해서 모두 죽을 뻔한 적도 있었습니다." 잭 셸던 역시 두려움에 떨곤 했다. 쳇 베이커가 다른 사람의 차에서 휘발유를 빼낼 때 밥 닐과 허시 해멀은 적극적으로 동조했지만 잭 셸던은 언제나 뒷자리에 숨어 있었다. 그래서 친구들은 그를 계집애라 놀리기도 했다.

"쳇 베이커는 이미 절도에 손에 댄 것이나 다름없었어요. 하루는 내가 시립대학에서 빌린 플뤼겔호른을 그에게 건넨 적이 있었죠. 그런데 대여 기간이 지났는데도 이 친구는 그걸 반납하지 않는 거예요. 그건 휘발유를 훔치는 것이나 마찬가지 아닙니까? 하지만 쳇 베이커는 그래도 상관없다는 투였습니다."

쳇 베이커와 그의 "무리"는 문제아들로 비추어졌고, 경찰이 그들의 차를 세워 검문을 할 때도 있었다. 겁이 많았던 잭 셸던은 그래도 무리에서 떨어지지 않으려 했고 언제나 쳇 베이커의 곁에 서 있곤 했다. 어느 날 밤, 두 사람은 한 뭉치의 대마초를 얻어 집으로 돌아가고 있었다. 그런데 잭 셸던이 실수로 차의 뒷자리에 총을 그냥 두었던 것. 일이 생기려면 모든 상황이 안 좋게 돌아간다고, 그날의 타이밍 또한 절묘했다. 마침 두 사람이 지나치던 지역에서 강도 사건이 발생해 경찰이 대대적인 수색을 벌이고 있는 게 아닌가. 두 명의 경찰관이 쳇 베이커의 차를 가로막았다. 잭 셸던은 서둘러 앞좌석 밑에 대마초를 숨겼지만 뒷자리에 두었던 총은 어쩔 도리가 없었다. 두 사람은 경찰서로 연행돼 수갑을 찬 채 구치소에 들어갔다. 한 경찰관이 쳇 베이커에게 이렇게 말했다. "우린 네가 누군지 다 알고 있어. 네 아버지도 여기에 갇힌 적이 있었지." 심문이 끝나고 다행히 두 사람은 훈방 조치됐다. 경찰관 중 한 사람이 둘을 차에 데리고 갔다. 잭 셸던은 이렇게 말했다. "내가 대마초를 숨긴 앞좌석 바로 위에 경관이 얼굴을 들이밀고 있었죠. 식은땀이 쫙 흐르더군요. 하지만 쳇 베이커는 어쩌면 그렇게 태연하던지요."

그러나 쳇 베이커의 행운은 그것으로 끝이었다. 1950년이 가기 전에 그는 다시 군에 입대해야 했다. 세월이 흘러 그는 이렇게 주장했다. "도대체 무엇 때문에 내가 다시 군에 가야 했는지 아직도 모르겠네." 하지만 버니 플라이셔에 의하면, 결국 경찰은 대마초 때문에 쳇 베이커를 체포했으며, 그의 쿨한 척하는 태도는 아무런 힘도 발휘하지 못했다고 했다. "판사가 그에게 선택권을 주었죠. 군대에 다시 갈래, 아니면 감옥에 갈래, 하고 말이에요. 그때가 바로 한국전쟁이 한창이던 시절이었습니다. 아마도 판사는 그를 군에 보내면 결국 전쟁터에 가게 될 것이고, 그런 식으로라도 굳이 사형 선고를 내리고 싶을 만큼 죄질을 나쁘게 본 것이었겠죠."

3
캘리포니아의 태양

형벌을 대신해 군대로 돌아온 것이긴 했지만, 쳇 베이커는 꿈에
그리던 삶을 누릴 기회를 제공받은 것이나 다름없었다. 어른이 되
면서 갖게 된 일말의 책임감에서 벗어날 수 있었음은 물론, 트럼펫
도 원 없이 불 수 있었다. 그가 배치된 곳은 프레시디오의 제6육군
밴드. 샌프란시스코 내에 자리 잡은 이 기지는 소나무 숲과 금문
교를 배경으로 매우 좋은 경치를 자랑하고 있었다. 그러나 공산
세력이 침범하면서 일어난 전쟁 때문에 기지 내에 머물던 수천 명
의 젊은 병사들은 한국에서 벌어지고 있는 전쟁의 잔혹함을 예의
주시 하고 있었다. 해리 S. 트루먼 대통령의 주도 아래 미국은 남
한을 돕기 위해 군대를 파견하기 시작했다. 이후 3년 동안 약 3만
4,000명의 미군들이 전사했으며 10만 3,000명이 부상당했다. 하

지만 프레시디오에 있던 쳇 베이커는 더없이 느긋한 생활을 하고 있었다. 새벽에 일어나면 기상나팔을 불었다. 새로 마련한 은빛 트럼펫이 이른 아침 햇살에 빛을 발했다. 오전 내내 밴드와 함께 연습했고, 점심 식사를 한 뒤 대마초를 피웠으며 동료들과 함께 카드놀이를 하기도 했다. 오후 연습이 좀 더 이어진 뒤 저녁이 다가와 하루를 마무리할 즈음 한국전쟁에서 숨진 병사의 장례를 위해 애처로운 멜로디의 영결나팔을 불었다. 그렇게 주어진 일과를 마치고 나면 즉시 악기를 챙겨 병영을 빠져나가 잼 세션이 벌어지는 곳을 찾기 위해 샌프란시스코를 휘젓고 돌아다녔다.

쳇 베이커는 샬레인과 편지를 주고받았다. 놀랍게도 그가 예상했던 것과는 달리 그녀에 대한 그리움이 마음 한곳에 자리 잡고 있었다. 비록 샬레인은 변덕스러웠지만, 여인의 세심한 배려가 이어짐에 따라 아들에 대한 어머니 베라의 과도한 집착은 더 이상 그를 버겁게 하지 못했다. 만나던 다른 남자들을 모두 정리한 샬레인은 쳇 베이커에게서 성급한 프러포즈를 받을 만큼 자유로운 몸이 돼 있었다. 주말 동안 외박 허가를 받은 그는 프레시디오를 떠나 라스베이거스에서 샬레인을 만났고, 판사 앞에서 결혼 서약을 했다. 결혼한 몸이 된 쳇 베이커는 병영이 아닌 부대 밖에서 살림을 차린 뒤 출퇴근으로 군 생활을 계속할 수 있었다. 이제 부부가 된 두 사람은 샌프란시스코로 돌아와 방 하나가 딸린 사랑의 보금자리를 꾸몄다.

이들의 미숙한 결합은 오로지 사랑에 의해 이루어졌지만 그다지 이성적인 판단은 아니었다. 쳇 베이커는 또 한 명의 금발 미녀에게 익숙해진 것뿐이었고 샬레인은 모든 여인이 원하는 매력적인 트럼페터를 손에 넣은 것에 불과했다. 하지만 그녀는 재즈보다 재즈 연주자들에게 더 관심이 많았으며, 쳇 베이커가 삶의 비중을 음악에 더 두면서 두 사람의 결혼 생활은 낭만의 모습을 잃기 시작했다. 일과를 마치고 저녁 시간에 귀가하면 쳇 베이커는 자정 무렵 잠들기 전까지 섹스에만 전념했다. 그리고 아침에 일어나 다시 군복을 입고 악기를 든 채 차에 올라 병영으로 향하는 일상이 반복됐다. 사실 처음에는 샬레인이 그와 동행하기도 했다. 하지만 자정까지 밖으로 돌아다니는 것이 이내 지겨워졌고, 그가 자신에게 소홀하다며 크게 싸움을 벌인 뒤에는 홀로 집에 남아 있는 게 낫다고 판단했다. 샬레인은 두 사람의 관계가 결국 쳇 베이커의 상황에 달려 있다는 사실을 받아들이지 못했다. 훗날 십여 년 동안 쳇 베이커의 곁에 머물렀던 루스 영은 그와 헤어진 뒤 이렇게 말했다. "아마 모든 걸 다 자기 마음대로 했을 거예요. 안 봤어도 뻔합니다. 거기에 대고 뭐라 말을 꺼내면 대뜸 이렇게 얘기했겠죠. 당장 나가 버리라고 말이에요." 쳇 베이커와 샬레인의 결혼 생활은 질투와 잔꾀가 어우러진 유치한 다툼으로 번져 갔다. "그녀는 계속해서 쳇 베이커의 신경을 건드렸습니다. 제가볼 때 그건 그의 관심을 불러일으키기 위한 것이었죠. 뭔가 있다는 듯이 그가 의심하게 되면 결국 자기에게 집중할 거라 판단한 모양이었어요." 밥 위틀락은 그렇게 말했다. 두 사람이 한 사교클럽의 댄스파티에서 연주하던 어느 날, 샬레인은 일부러 다른 남자와 춤을 추며 무대 앞을 스쳐 지나갔다. 그러나 그날의 행사가 모두 끝날 때까지 쳇 베이커는 짐짓 태연한 척 그 광경을 그냥 지켜보기만 했다. 그러고는 파티가 마무리된 뒤 크게 화를 내며 라디에이터를 향해 악기를 냅다 집어 던졌다. 트럼펫은 박살이 나버렸다. 예전에 잼 세션에서 쳇 베이커를 만났던 피아니스트 돈 트레너Donn Trenner는 그날의 상황을 지켜본 뒤 이렇게 말했다. "어른 옷을 입은 남자애 같았죠. 유치하더군요."

음악은 쳇 베이커의 유일한 관심사였다. 그가 밤마다 들렀던 블랙 호크Black Hawk는 조니 마티스Johnny Mathis 같은 스타급 음악인들을 발굴해 낸 샌프란시스코의 가장 유명한 재즈 클럽이었다. 그리고 1951년 이 클럽을 선두에서 장식한 것은 웨스트코스트 재즈의 젊은 피아니스트 데이브 브루벡Dave Brubeck이 이끈 그의 쿼텟. 데이브 브루벡의 학구적인 재즈는 그를 대학가의 우상으로 만들었으며, 뿔테 안경을 긴 채 빗지 않고 자연스레 내버려둔 머리 스타일은 그를 음악학교의 공부벌레로 보이게 했다. 실제로 그는 모범생처럼 어떤 연주든 착실하게 연출했고, 무조음악의 아버지이자 자신의 스승이던 아널드 쇤베르크Arnold Schoenberg 교수와 프랑스 작곡가 다리우스 미요Darius Milhaud에게 배운 화음을 강한 타건으로 선보였다.* 그가 발표한 《Dave Digs Disney》(1957)와 《Jazz Goes to College》(1954)가 마치 팝 앨범처럼 날개 돋친 듯 팔리자, 비밥 연주자와 이를 따르던 재즈 팬들은 그가 엉터리 사기

---

* 데이브 브루벡의 학업 과정은 오늘날 적지 않은 음악인들이 그러하듯 클래식 음악의 기반 위에서 이루어졌다. 1946년 밀스 칼리지에 재학하면서 미요를 비롯한 현대 음악의 여러 중요한 인물들을 사사했고, 이후로 그의 음악에 큰 힘이 됐다.

꾼에 스윙감이 결여된 연주자라 얘기했고, 질투심에 사로잡힌 채 재즈를 배신한 것에 다름 아니라며 묵과해 버렸다. 하지만 데이브 브루벡은 재즈를 "존중할 만한" 음악으로 설정하여 기존의 음악인들이 가지고 있던 언더그라운드의 성향을 뒤집었다. 그리고 트루먼과 아이젠하워 대통령이 집권하던 1950년대 사회의 신중한 가치 기준과 발길을 함께하며 재즈가 지적 지향의 음악일 수 있음을 드러내기도 했다. 심지어 『타임』지는 찰리 파커와 디지 길레스피, 맥스 로치를 제쳐 둔 채 이 백인 피아니스트를 "새로운 재즈"라는 타이틀과 함께 커버스토리로 다루었다.•

데이브 브루벡 퀄텟에 대한 쳇 베이커의 관심은 오로지 알토 색소포니스트인 폴 데즈먼드Paul Desmond 뿐이었다. 그가 선보인 빗물 같은 느낌의 톤과 물결치듯 밀려드는 서정성은 비밥의 명인들이 과시한 격정적인 음악보다 훨씬 더 강하게 쳇 베이커를 사로잡았다. 폴 데즈먼드는 1959년에 녹음된 〈Take Five〉에서 아주 쿨한 솔로 연주를 선보였고, 5/4박자로 이루어진 이 곡은 1960년 판매 순위 40위권에 오르며 데이브 브루벡 퀄텟의 히트곡으로 기록됐다. 쳇 베이커는 레스 톰킨스에게 이렇게 말했다. "그는 정말 섬

• 독자는 저자가 이 문단과 다음 문단에서 이어지는 데이브 브루벡에 대한 이야기를 한결 통시적 관점에서 썼음을 인지하기 바란다. 문맥상 1950년대 초의 이야기가 진행되는 시점에 1950년대 중후반에 발표된 작품을 예로 든 것은 그가 재즈계에서 차지하는 위상과 당시의 반응을 좀 더 구체적으로 언급하기 위한 것으로 보인다. 물론 1950년대 초의 상황도 이와 마찬가지였으므로 전체적인 이해에 무리는 없다. 참고로 데이브 브루벡이 『타임』지의 표지에 등장한 것은 정확히 1954년 11월 8일이었으며, 이는 재즈 음악인이 『타임』지의 커버스토리로 선정된 두 번째 경우였다. 그 첫 번째는 1949년의 루이 암스트롱.

세한 연주 스타일을 지니고 있었지. 멜로디도 잘 살아 있었고 말이야." 폴 데즈먼드의 연주는 쳇 베이커가 꼭 연주하고 싶어 하던 사운드로 가득했다. 쳇 베이커는 계속해서 블랙 호크에 들러 함께 무대에 오르기를 거듭했다. 데이브 브루벡은 못마땅하게 여겼지만, 폴 데즈먼드는 매번 그의 편을 들어 주었다던가.

그즈음 쳇 베이커는 밤새도록 연주가 벌어지던 흑인들의 재즈 클럽 짐보스Jimbo's와 밥 시티Bop City에 드나들기 시작했다. 세월이 흘러 카운트 베이시Count Basie 오케스트라에 정착했던 테너 색소포니스트 프랭크 포스터Frank Foster와 찰리 파커의 신봉자였던 노우드 "포니" 포인덱스터Norwood "Pony" Poindexter, 그리고 거친 느낌을 주면서도 길고 아름다운 선율을 잘 뽑아내던 비밥 트럼페터 케니 도햄Kenny Dorham과 함께 연주를 벌였다. 쳇 베이커의 트럼펫 소리에는 열정적이면서도 쿨한 면모가 공존했다. 그는 명징하고 떨림이 없는 톤, 그리고 감정적으로 넉넉하게 들리는 폴 데즈먼드와 마일스 데이비스의 스타일을 추구했다. 하지만 군대 동료였던 밥 프리드먼은 그의 연주가 단지 이런 특성만 지녔던 것은 아니라고 말했다. "어떨 때 들어 보면 그의 연주는 불같이 강한 열정을 쏟아 내곤 했습니다. 아마 지금 들어 보면 다들 깜짝 놀랄 정도로 말이죠." 그런데 가장 강한 소리로 연주에 몰두할 때도 그의 음악은 심오하리만큼 깊은 내면적 과정을 드러냈다. 계속해서 이어지는 밥 프리드먼의 부언. "대부분의 연주자들은 무대 위에서 아이디어가 바닥났다 싶으면 되레 더 많은 음정을 쏟아 냅니다. 그러다가 뭔가 쓸 만한 게 하나 손에 잡히지 않을까 하는 바람으로요. 그러나 그 친구의 방법은 정반대였어요. 연주가 막혔다 싶으면 10마디가 지나가든 12마디가 지나가든 혹은 16마디가 지나가든 악기를 입에 대지 않은 채 그냥 그 자리에 가만히 서 있었죠. 그럴 때 그의 모습은 아주 진지해 보였습니다. 그리고 뭔가 메시지가 떠올랐다 싶으면 그제야 그걸 따라 연주를 계속해 나갔습니다."•

똑같은 일상이 1년 동안 반복되자 쳇 베이커는 지루해지기 시작했고 군 생활에 대해서도 염증을 느끼기에 이르렀다. 그의 회고에 의하면, 함께 밴드에서 연주하던 몇몇 동료들은 의병제대를 하기 위해 가짜로 미치광이 흉내를 내기도 했단다. 그중 하나는 진짜라고 생각될 만큼 대단한 "황홀경"에 빠져 완전히 뻗어 버렸고, 사람들은 들것도 없이 어깨와 다리를 붙든 채 막사 밖으로 끌어내야 했다. 그리고 또 어느 플루트 연주자는 악기 속에 아주 작은 사람이 들어가 있어서 자신의 연주를 망치고 있다고 지휘관에게 얘기하기도 했다. 이후로 남은 생애 동안 쳇 베이커는 그가 군 생활을 일찍 마치기 위해 어떤 일을 꾸몄는지 매우 상세한 얘기를 곁들여 허풍떨며 말하곤 했다. 물론 의심스러운 구석은 많다. 그가 사람들에게 들려준 얘기는 이랬다. 정신과 상담을 받던 어느 날, 그는 의사에게 이렇게 말했다. 칸막이가 없는 막사 주변의 화장실을 쓰는 것이 너무 부끄럽고, 그래서 어쩔 수 없이 길 건너

• 밥 프리드먼의 이러한 관찰은 여러 면에서 시사하는 바가 크다. 그러나 음악적으로 어떤 방식이 더 효과적인지를 따지거나 획일화할 필요는 없다고 본다. 오늘날 음악인들은 개개인에 따라, 지향하는 음악성에 따라 매우 다양한 양상을 띤다.

수풀 사이에 숨어서 용변을 봐 왔다는 것. 우선 의사는 잉크로 그려진 여러 문양을 보여 주며 그것들이 무슨 의미를 가지라고 생각하는지 물었다. 쳇 베이커는 온통 섹스와 성기에 대한 얘기로 답을 만들었다. 그는 많은 양의 대마초를 피웠다는 얘기도 했다. 그다음에 의사가 내놓은 객관식 테스트는 피시험자가 성도착증 환자는 아닌지, 그리고 군 생활에 부적합한 사람은 아닌지 알아보는 순서였다. 그중 앞으로 가지고 싶은 직업을 고르는 질문에 대해 쳇 베이커는 기계 수리공, 숲 감시원, 꽃집 주인에 동그라미를 쳤다. 예로 나온 답안 중에서 가장 여성 취향인 선택들이었다. 훗날, 억눌린 게이의 성향이 역으로 심한 동성애 혐오증으로 나타나 루스 영을 비롯해 여러 사람을 놀라게 했던 그로서는 다분히 위선적인 행동이 아닐 수 없었다. 어쨌든 이를 통해서도 그는 원하는 바를 이룰 수 없었다.

군에서 벗어나려던 쳇 베이커의 시도가 수포로 돌아간 뒤, 군 행정관은 밴드에 소속된 많은 병사들이 제대로 훈련되지 못한 게으름뱅이들이라고 의심의 눈초리를 보내기 시작했다. 그리고 그들 모두에게 악보를 읽는 초견 능력 시험을 치르게 했다. 말할 것도 없이 쳇 베이커는 통과하지 못했다. 그리고 제대를 하기는커녕 멕시코 국경 지역에 위치한 포트 후아추카 기지로 쫓겨났다. 버려진 유령의 도시 포트 후아추카는 인적조차 찾기 힘든 황량한 곳이었다. 여기에 배치받은 병사들은 이곳을 "미국에서 가장 후미진 곳"이라 불렀다. 쳇 베이커는 제77육군밴드에 배속됐는데, 함께하게 된 동료의 대부분은 다른 밴드에서 밀려났거나 대마초 흡연의 위법을 저지른 자, 혹은 직무 태만으로 전출 온 이들이었다. 정상적인 군 생활을 할 자격이 없는 이들이라 낙인찍힌 탓이었겠지만, 부대의 군기는 그다지 세지 않았다. 행사가 있으면 수자의 행진곡을 대충 연주하고, 가벼운 체조로 몸을 풀고 나면 그걸로 주어진 업무는 마무리됐다. 기분 전환을 위한 것이라 하기엔 너무나 많은 시간이 남아돌았다. 주말이 되면 쳇 베이커는 밴드의 동료들과 함께 멕시코로 운전해 가서 환각 효과가 아주 강한 많은 양의, 그 자신의 표현을 빌리자면, "다이너마이트 대마초"를 구해 오곤 했다. 낮에는 막사 안에서 대마초에 완전히 넋을 잃고 앉아 멍청한 미소를 지은 채 마일스 데이비스의 레코드를 따라 들으며 트럼펫을 연주했다. 그리고 밤이 되면 밥 프리드먼과 함께 연주할 수 있는 무대를 찾아 애리조나의 바와 클럽을 찾아다녔다. 밥 프리드먼은 앳된 얼굴의 쳇 베이커가 얼마나 노련한지 알아차렸다. "그는 자기가 잘생겼다는 사실을 누구보다 잘 알고 있었습니다. 헤어스타일이 쿨하게 잘 갖춰졌는지도 항상 신경 썼죠. 한번은 내게 입고 있던 짧은 소매 셔츠를 어떻게 접어 올리는지 가르쳐 주더라고요. 그렇게 하면 여자들에게 더 매력적으로 보인다나요. '이봐, 그 셔츠 참 좋군 그래. 하지만 이렇게 접어 올리면 여자들이 더 좋아할 거야' 하면서 말이에요."

철저하게 순진한 인상을 남기면서 때에 따라 매력 발산을 적절히 조율할 줄 아는 능력이 바로 유혹에 필요한 쳇 베이커의 핵심적 조건이었다. 이 점에 대해 밥 프리드먼은 혀를 내둘렀다. "정말 놀라운 것은 그가 사람들에게 매우 친절했다는 사실이었습니다. 정말 부드러운 놈이었죠. 인상도 좋은 데다가 사람들의 말을 잘 믿어 주기도 했어요. 흔히 그가 아주 쌀쌀맞았다고 얘기하는 이들도 적지 않은데, 내가 볼 때 그건 자기 자신을 지키기 위한 하나의 장치에 불과했거든요." 밥 프리드먼은 쳇 베이커가 상처받기 쉬운 타입으로 보였다면서 "그때까지도 거머리들이 언제나 그의 뒤에 붙어 있었다"고 덧붙였다. 여기에서 거머리란 포트 후아추카에 거주하며 마약을 권하던 이들을 뜻한다. 이탈리아 혈통의 키가 큰 "빅 존Big John"은 폭력배들과 연계돼 있다는 소문을 달고 다녔다. 그리고 또 한 사람, 번지르르한 인상의 헨리는 곱슬머리의 사무원이었다. 군 생활을 마친 뒤 헨리는, 여러 차례 마약중독에서 벗어나려 했던 주디 갈런드Judy Garland가 가까스로 이에 성공하자, 알약 몇 개로 그녀를 다시 끌어들였다며 허풍을 떨었다.[*]

프리드먼에 의하면, 헨리와 빅 존, 두 사람은 마약을 가지고 종종 쳇 베이커를 놀려 댔다. "헨리는 쳇 베이커가 걸려들 수 있도록 언제나 관심의 끈을 놓지 않았습니다. 하루가 멀다 하고 그가 얼마나 대단한지, 얼마나 잘생겼는지, 또 앞으로 얼마나 대단한 사람이 될지 얘기했죠. 한번은 그가 보이지 않자 결국 찾아내서 같은 언행을 계속해 댔습니다. 마약을 하도록 유도한 거죠." 이제 와서 판단하건대 당시의 쳇 베이커가 대마초를 제외한 다른 마약에

---

[*] 「오즈의 마법사The Wizard of Oz」(1939)를 통해 열일곱 살의 나이에 스타덤에 올랐던 주디 갈런드는 1969년 47세의 일기로 세상을 떠날 때까지 미국인들에게 가장 큰 사랑을 받은 가수이자 배우였다. 그러나 그 이면에는 극심한 마약중독과 비즈니스를 둘러싼 추문이 가득했으며, 여기에서 언급된 것 이외에도 수많은 에피소드와 헛소문이 즐비했다.

손을 댄 명확한 증거는 없다. 그러나 그가 렉스 리드와 가진 인터 뷰에 나온 것처럼 두 번째로 헤로인 복용을 시도한 시기는 후아 추카에서 군 생활을 하던 바로 이때였을 확률이 높다. 1951년에 이르기까지, 쳇 베이커가 좋아하던 음악인 중 몇몇은 이미 마약 과다 복용으로 세상을 떠났다. 하지만 이 사실이 그를 단념시키 지는 못했으며, 처음 헤로인을 주사했을 때 경험한 심한 고통의 기억도 그다지 효과가 없었다. 분명 하지 말아야 한다고 느끼면 서도 주기적으로 헤로인 복용을 시도했으니 말이다.

후아추카에서 몇 달을 보낸 쳇 베이커는 더 이상 그곳에 머물 수 없다고 생각했다. 그때, 프레시디오에서 만난 호의적인 정신 과 의사가 한 달 정도 탈영한 뒤 자수해 보면 어떻겠느냐고 얘기 했던 것이 기억났다. 그러면 자기가 쳇 베이커의 군 생활 적응도 를 다시 "평가할" 것이고, 불안정하다는 소견을 내면 제대가 가능 할 수도 있다는 얘기였다. 의사의 얘기를 염두에 둔 채, 쳇 베이커 는 후아추카에서 달아나 버렸다. 그는 차를 얻어 타며 린우드로 갔다. 아내인 샬레인이 부모의 집 뒤에 있던 방갈로에 짐을 둔 채 옷 가게에서 일하고 있기 때문이었다. 한 달 뒤, 쳇 베이커는 일단 그 정신과 의사가 전출을 가지는 않았는지 확인하기 위해 프레시 디오로 돌아갔다. 그러나 결국 그는 죗값을 치러야 했다. 그가 기 억한 대로라면, 다른 명령 불복종 병사들과 함께 영창에 간힌 뒤 총을 휘두르며 위협적인 눈초리를 보내는 간수들 앞에서 벌로 주 어진 유격 체조를 했다. 함께 수감됐던 병사들의 상태는 매우 심 각했는데, 그들은 환각을 맛보기 위해 휘발유에 젖은 걸레를 코에 대고 들이마신 뒤 이내 흐리멍덩한 눈빛을 한 채 비틀거리기까지 했다.

쳇 베이커는 삶의 의지를 잃은 채 벤치에 앉아 있었다고 기억했다. 신경쇠약에 시달린 것처럼 두 눈을 감고 다른 세상에 빠져들었다. 사람들이 달려들어 그를 정신과 병동에 집어넣었다. 전기 충격 요법을 받는 어느 병사의 비명 소리가 들려왔고, 신음하던 다른 이들에게는 진정제가 투여됐다. 쳇 베이커는 전쟁공포증에 걸린 사람과 한방을 쓰게 된 얘기도 했다. 그 환자는 끊임없이 발작을 일으켰고, 침대에서 뛰어내리며 눈에 보이지 않는 가상의 적을 향해 계속해서 주먹을 날렸단다. 쳇 베이커의 몸은 마비를 일으켰고, 얼굴에는 모든 표정이 사라져 버렸다. 글쎄, 이 이야기처럼 그는 정말 만신창이가 됐을 수도 있지만, 혹시 연기를 하고 있었는지도 모른다. 만약 그랬다면 그의 연기력이 그토록 대단했던 걸까. 그는 3주에 걸쳐 검사를 받았다. 의사는 그가 정신적으로 불안정하며 "군 생활 부적합"으로 의병제대를 해야 한다고 결론 내렸다. 결국 그는 뜻을 이루었다. 1952년 초, 쳇 베이커는 샬레인에게 돌아왔고 나름대로 "일상적인" 삶을 되찾았다.

쳇 베이커가 다시 발을 디딘 캘리포니아 남부에는 허황한 꿈의 기운이 피어오르고 있었다. 계속해서 이어지는 여름 날씨 속에 길거리에 나선 사람들은 영화 스타라도 된 양 포즈를 취하고 멋을 부렸다. "1950년대에 허모사비치의 여름은 그야말로 들썩들썩했지. 수백 명의 아름다운 여자들이 어디서나 누워 일광욕했고, 사내놈들은 언제나 해변에서 어슬렁거렸어. 근육에 잔뜩 힘을 주고는 멋진 얘기를 늘어놓으며 자랑스레 몸을 드러내곤 했지. 마치 수컷 공작새처럼 말이야." 쳇 베이커의 기억 속에 남은 당시의 모습은 그러했다.

　LA에 퍼져 있던 재즈 연주자들도 길가의 남자들처럼 모양새 좋은 성과를 음악에 담아내고 싶어 했으며 스스로 얼마나 똑똑한지, 또 얼마나 쿨한지 드러내려 했다. 웨스트코스트의 피아니스트 조 카스트로Joe Castro에게 "쿨하다"는 것은 "완벽한 음조를 구사하며 뛰어난 솜씨를 보여 주는, 그리고 모든 것이 명확하고 말끔한" 상태를 의미했다. 드러머 셸리 맨은 『메트로놈』과 가진 인터뷰에서 다음과 같이 얘기했다. "다섯 명 중에 넷은 연주자뿐 아니라 작곡가를 겸하고 있었습니다. 한층 모던한 음악을 추구했죠. 바흐를 공부하는 사람도 있었고 무조음악을 비롯해서 여러 가지가 이들의 관심을 사로잡았습니다. 그리고 그 결과는 음악 속에 그대로 드러났지요. 얼마나 열심히 학습하는가가 관건이었습니다." 이론에 능한 이들이 스튜디오에서 벌어진 방대한 녹음 작업의 선봉에 섰다. 예컨대 페기 리나 프랭크 시나트라Frank Sinatra의 앨범 작업에 오케스트라의 일원으로 참여한 어느 연주자가 일을 마친 뒤 바로 텔레비전 쇼에 출연하는 밴드와 함께 영화 사운드트랙의 녹음에 가세하는 식이었다. 이러한 일상은 비밥으로 대변되는 이스트코스트 재즈의 여러 음악인들이 떠안아야 했던 근성과 절박함에서 한결 자유로울 수 있는 길이기도 했다. 생계를 위해 기나긴 연주 여행에 뛰어들어 지저분한 모텔에서 잠을 자며 가까스로 하루 벌어 하루 먹는 고단한 삶을 벗어나 좀 더 시간과 정성을 효과적으로 활용할 수 있었다는 뜻이다.

웨스트코스트 재즈의 대부나 다름없던 쇼티 로저스의 음악은 삶의 경험이 아니라 이성의 영민함과 뛰어난 솜씨를 반영했다.• LA 지역에서 가장 많은 연주료를 받던 트럼페터이자 편곡가인 그는 (본명은 밀턴 M. 라욘스키Milton M. Rajonsky이며 매사추세츠의 그레이트 배링턴 태생) 더 자이언츠The Giants라는 밴드를 이끌었다. 한 앨범에 실린 해설에 의하면, 이 밴드는 "맑은 공기와 햇살"로 가득한 "명랑한 캘리포니아의 감성"을 널리 퍼뜨렸다. 쇼티 로저스가 귀여운 제목을 붙인 창작곡들—⟨Powder Puff⟩(분첩), ⟨Bunny⟩(토끼), ⟨The Pesky Serpent⟩(귀찮게 구는 뱀)—은 외견상 일상적이고 쾌활해 보이지만 음악적으로는 단 하나의 음정도 잘못된 위치에 놓여 있지 않을 만큼 작곡 과정에서 매우 세심한 손길이 요구됐다. 이 속에서 그가 제시한 스타일이 이른바 웨스트코스트 재즈를 정립시켰다. (물론 이 시대에는 이미 여러 다양한 음악이 공존하고 있었지만) 캘리포니아 남부에서 시작돼 1950년대 재즈계를 대변하며 널리 퍼져 나간 사운드 말이다. "동부에서 행해지던 재즈

• 바로 앞 문단에서 저자가 묘사한 음악인의 삶이 바로 쇼티 로저스(1924~1994)를 모델로 한 것이다. 그는 쿨 재즈의 형성에 크게 기여한 인물이지만 오늘날 역사가들은 그 가치를 과소평가하는 경향이 있는데, 이는 매우 활발한 활동을 벌인 1950년대에 비해 1960년대부터 특기할 움직임을 보여 주지 않았기 때문일 것이다. 쇼티 로저스는 영화음악에도 많이 참여했는데, 잘 알려진 것은 프랭크 시나트라와 킴 노박이 주연한 「황금팔을 가진 사나이The Man with the Golden Arm」(1955)—프랭크 시나트라가 드럼을 배워 마약중독에서 재활하는 주인공으로 분한, 그러나 막상 화면 속에서 그의 드럼 연주는 거의 볼 수 없었던—다. 쇼티 로저스는 자신의 밴드 더 자이언츠를 이끌며 드러머 셸리 맨과 함께 이 영화에서 흐르던 재즈곡들을 연주했다.

는 좀 더 무겁고 흑인 취향이었죠. 반면에 서부의 음악은 한결 가볍고 백인 취향이었습니다. 사운드를 들어 보면 바로 구분이 가능했죠." LA를 기반으로 활동하던 색소포니스트 테디 에드워즈는 『케이던스*Cadence*』와 가진 인터뷰에서 그렇게 말했다.

웨스트코스트 재즈의 움직임이 점차 활발해지면서 뉴욕에서 활동하던 연주자들의 견제도 강해지기 시작했다. 그들은 이 새로운 스타일의 재즈를 핏기 없이 창백한, 얼마 지나지 않아 세상을 떠날 사람에 비유했다. 언젠가 맥스 로치가 마일스 데이비스에게 "전부터 해 오던 걸 계속 반복이나 하고 있는 꼴"이라 얘기한 것도 그러했다. 맥없이 연약하다는 비판에 당혹감을 감추지 못한 LA의 음악인들은 자신들이 벌이는 연주가 어떤 "학파"에 속한다는 사실을 부정하고 나섰다. 아예 그런 것 자체가 존재하지 않는다는 말을 덧붙이면서 말이다. "나는 '웨스트코스트 재즈'라 불린 그 모든 것이 무엇을 의미하는지 절대 이해할 수 없습니다. 그말은 그냥 작가들이 만들어 낸 표현일 뿐이에요." 피아니스트 러스 프리먼은 그렇게 단정했다. 따지고 보면 꽤 거칠면서 비밥과 유사한 연주를 들려주던 그의 피아노 연주는 사람들이 얘기하는 웨스트코스트 재즈와 많이 달랐던 것도 사실이다. 『샌프란시스코 크로니클*San Francisco Chronicle*』에 글을 쓰던 재즈비평가 랠프 J. 글리슨Ralph J. Gleason •은 독자들이 웨스트코스트 재즈의 음악인들도

• 랠프 J. 글리슨(1917~1975)은 많은 업적을 남긴 칼럼니스트이자 재즈인들의 벗이었다. 여러 재즈 잡지를 창간했고 재즈 이외의 음악에도 깊은 관심을 지녀, 『롤링 스톤』의 편집자로 일하기도 했다. 수많은 역사 속의 거장들이 라이브 무대를 꾸민 1960년대의 텔레비전 프로그램 「재즈 캐

(흥겹고 강렬한) "펑키funky 한 연주에 능하다"는 사실을 잊지 말아야 한다고 지적했다. 그리고 셸리 맨도 이에 대해 같은 입장을 취했다. 그는 자신의 동료 연주자들이 "밤새 햄버거 하나 나누어 먹고" 불만에 가득 차 연주를 벌인다면 언제든 더 열정적이고 격한 음악을 선보일 만반의 준비가 돼 있다고 말했다.•

동부나 서부 어느 쪽을 예로 들든, 특히 흑인 음악인들을 불쾌하게 만든 것은 웨스트코스트 재즈의 사운드가 고통이나 투쟁성이 결여된 채 백인들의 풍족한 삶을 상징한다고 얘기된 부분이었다. 테디 에드워즈는 비평가 밥 러시Bob Rusch에게 이런 불만을 토로한 적이 있다. 큰 규모의 레코드 제작사들은 소니 크리스Sonny Criss나 워델 그레이, 그리고 자기 자신처럼 LA에서 "매우 적극적으로" 활동하는 흑인 연주자들을 "단지 인종적인 문제 때문에" 무시해 왔다는 것. 사실 이 말은 충분히 일리가 있다. 그 음악성이나 경력에 비해 이들은 앨범을 녹음할 기회가 많지 않았던 반면, 웨스트코스트의 몇몇 독립 레이블들—녹턴Nocturne, 모드Mode, 트렌드Trend, 퍼시픽 재즈Pacific Jazz—은 머지않아 쳇 베이커가 구현하게 된 1950년대 백인 연주자들의 사운드를 녹음하기 위해 앞다

주얼Jazz Casual」로 잘 알려져 있으며, 1970년부터 1975년까지 판타지 레코드사의 부사장으로 재직했다.

• 랠프 J. 글리슨이나 셸리 맨의 말은 결국 당시 미국 동부와 서부에서 행해지던 음악이 다른 환경과 정신적 배경에서 자라났음을 설파한다. 외견상 큰 차이를 보여 주는 비밥과 쿨재즈를 한데 묶어 '모던 재즈'로 인식하는 것도 이들의 사회적, 정서적 차이를 전제한 뒤에 가능하다. 물론 이러한 시각은 세월이 흐른 뒤에 설득력을 얻게 됐지만 당시에는 끊임없이 논란이 이어졌다. 역시 '핫Hot'과 쿨의 대립과 견제는 시대를 초월하여 우리가 가장 흥미롭게 관찰할 수 있는 이슈 중 하나임에 틀림없다.

투어 달려들던 참이었다. 허시 해멀은 이렇게 말했다. "쳇 베이커의 음악은 뉴욕의 비밥처럼 빠른 진행으로 이루어지지 않았습니다. 아주 느긋하고, 최대한 쿨한 면모를 지니고 있었죠. 캘리포니아 남부를 그대로 빼닮았다고나 할까요. 그 햇살과 해변이 바로 쳇 베이커였습니다."

이 모든 조건은 허모사비치의 바닷가에서 반 블록 정도 떨어진 곳에 위치한 재즈 클럽 라이트하우스에 그대로 응집돼 나타났다. 매주 일요일, 오후 2시부터 새벽 2시까지 살아 숨 쉬는 재즈가 클럽의 문을 열고 밖으로 번져 나왔으며 소금기 있는 바닷바람이 다시 그 안에 스며들었다. 여름이면 수영복을 입은 손님들이 사각거리는 모래를 발에 묻힌 채 그대로 실내에 들어섰다. 매력적인 젊은 남녀들은 클럽 안에 놓인 긴 테이블에 앉아 함께 어울리거나, 연주자들을 만나기 위해 몰려든 팬들을 지켜보며 바에 서서 목을 축였다. 팬들의 머리카락은 대부분 햇볕에 그을거나 표백제를 써서 색이 바래 있었다. 당시의 정황을 생각해 보면 음악은 되레 부차적인 것처럼 느껴지기도 했다. 무대를 번갈아 가며 클럽의 낮과 밤을 가득 채우던 라이트하우스 올스타스가 연주를 벌일 때도 객석의 많은 사람들은 자기들끼리 계속 이야기를 나누었다. 무대 위의 연주자들은 대나무와 인조 야자수, 코코넛 문양으로 장식된 하와이 셔츠를 즐겨 입었다. 다분히 대중 지향적인 성향을 보여 주던 곳이었지만, 라이트하우스는 당시 LA 지역에서 부상하던 재즈계 스타들의 대부분을 무대에 올리며 분위기를 한껏 북돋고 있었다. 그중에는 훗날 아니타 오데이Anita O'day와 소니 스팃Sonny Stitt을 위해 야심 찬 오케스트라 작품*을 만들었던 클라리네티스트이자 색소포니스트 지미 주프리Jimmy Giuffre가 있었고, 1954년 『다운 비트』의 새로운 스타 어워드를 수상한 플루티스트이자 색소포니스트 버드 섕크Bud Shank, 비평가 레너드 페더Leonard Feather가 "비밥의 물결에서 관찰된 최초이자 가장 중요한 드러머 중 한 사람"이라 평한 스탠 레비Stan Levey도 포함돼 있었다. 그는 당시 미국 동부를 떠나 서부에서 활동 중이었다.

그런데 이 연주자들이 매우 뛰어난 재능을 지니고 있었음에도, 종종 캘리포니아에 모습을 드러낸 마일스 데이비스나 맥스 로치 같은 유명 음악인의 존재 때문인지 사람들은 라이트하우스에 등장한 이들을 경량급 올스타스라 불렀다. 매주 꾸준한 연주를 행한 이들은 뉴욕 맨해튼에서 벌어지던 잼 세션의 번뜩이는 성과를 재현하려 애썼다. 하지만 막상 앨범에 담긴 연주는 대부분 성의 없는 앙상블에 평이한 솔로 연주뿐이었다. 심지어 쳇 베이커가 이들과 함께 남긴 연주를 들어 보면 모두 한 번 이상 녹음된 것임에도 여전히 거칠고 부자연스러웠다. 역시 이 작업에 참여한 바 있던 밥 위틀락은 이렇게 말했다. "그 당시 연주에 참여했던 사람들은 모두 탄탄한 음악성을 지닌 이들이었어요. 하지만 솔로이스트로 크게 눈에 띄는 사람은 없었습니다." 당시 일을 맡았던 이는

• 여기에서 얘기하는 작품들은 버브 레이블에서 1959년에 제작된 두 앨범, 《Cool Heat – Anita O'Day Sings Jimmy Giuffre Arrangements》와 《Sonny Stitt Plays Jimmy Giuffre Arrangements》를 뜻한다. 두 작품 모두 여러 차례에 걸쳐 소량으로 재발매됐는데, 특히 소니 스팃의 앨범은 마니아들의 꾸준한 추적을 받고 있는 걸작이다.

베이시스트 하워드 럼지Howard Rumsey였는데, 사실 그는 연주자보다 사업에 더 맞는 인물이었다. (다른 음악인들은 그를 하워드 클럼지Clumsy라 불렀다.)* 그럼에도 그는 라이트하우스에서 벌어진 세션에 "재즈 콘서트"라 이름 붙이는 등, 매우 진지한 자세로 일을 추진했다. 그런데 테디 에드워즈는 이 과정에서 정떨어지는 비애를 느꼈다고 말했다. 흑인 연주자들이 하나둘씩 자리를 잃어 가게 된 것. 소니 크리스를 대신해 아트 페퍼가 무대에 올랐고, 드러머 래런스 매러블Larance Marable은 래리 벙커Larry Bunker에게 자리를 빼앗겼다. 테디 에드워즈 자신도 스탠 켄턴 밴드 출신의 한 백인 음악인에게 일거리를 넘기게 됐다. 스탠 켄턴은 하워드 럼지의 우상이자 가까운 선배였고 이런 일은 점차 더 많아졌다. 테디 에드워즈는 다음과 같이 털어놓았다. "나는 그제야 이 모든 게 무슨 뜻인지 알아차리게 됐죠. 흑인들은 빠져라, 뭐 이런 거 아니었겠어요?"

이즈음, 쳇 베이커는 여러 흑인 연주자와 마찬가지로 많은 일거리를 얻지 못하고 있었다. 그러던 어느 날 예전에 함께 지냈던 지미 매킨이 딕시랜드 밴드에서 자리를 얻었는데, 그가 쳇 베이커를 밴드의 책임자에게 추천했다. 하지만 쳇 베이커는 초기 뉴올리언스 재즈가 연출하던 오래된 스타일의 "움파oom-pah" 리듬을 싫어했기에 친구의 호의를 어떻게 받아들여야 할지 난감했다. 일단 그는 클라리네티스트로 활동하면서 익살스러운 코미디

• 여러모로 솜씨가 뛰어나지 못했다는 의미에서 붙인 별명이다. 서투른 하워드.

를 선보이던 프레디 피셔Freddie Fisher를 만나기 위해 차를 몰고 실비치 부근으로 갔다. 프레디 피셔가 이끄는 밴드 시클플리처스Schicklefritzers는 무대에서 〈When the Saints Go Marchin'In〉을 연주했다. 그다음 프레디 피셔가 신발과 양말을 모두 벗더니 빨간 젖꼭지의 여자 가슴이 잔뜩 아로새겨진 고무 매트를 무대 위에 펼치는 것이 아닌가. 그는 그 위를 맨발로 걸어 다니며 온갖 야한 농담을 늘어놓았다. 어린 시절 오클라호마에서 듣고 자란 백인 취향의 유머와 교양 없는 농지거리를 종종 무대에서 풀어놓던 쳇 베이커는 프레디 피셔의 행동이 재미있다고 생각했다. 그러고는 즉시 그의 밴드에 가입해 버렸다. 그러나 결국 이들의 음악은 쳇 베이커에게 지루할 뿐이었고, 얼마 지나지 않아 시칠리아 출신의 테너 색소포니스트 비도 무소Vido Musso가 이끄는 새 밴드로 자리를 옮겼다. 비도 무소는 스탠 켄턴의 히트곡인 〈Come Back to Sorrento〉에서 선보인 지극히 감상적이고 화려한 솔로 연주 덕에 잠시나마 명성을 얻은 인물이었다.

1952년 봄, LA 재즈계는 모든 모던 재즈 연주자들을 무릎 꿇리게 할 만큼 위대한 버드Bird, 찰리 파커의 방문으로 한바탕 떠들썩했다. 서부 지역으로 짧은 투어를 나선 찰리 파커는 1940년대 중반에 이어 두 번째로 LA를 찾았다. 처음 이곳에 왔을 때, 무시무시할 정도의 마약과 알코올 중독으로 그는 캐머릴로에 있는 정신 병원에 입원했었다. 당시 죽음의 문턱까지 갔던 그의 상처가 잘 엮인 음악으로 드러난 것이 바로 빠른 비트의 블루스 곡 〈Relaxin'at Camarillo〉였다. 그 이후로 찰리 파커는 놀라운 스피드와 영감을 되찾았고 많은 음악인은 그의 연주를 신의 경지에 비유하기에 이르렀다. 그러나 천상의 목소리 같던 그의 연주는 이제 한결 무난한 양상을 드러내고 있었다. 종종 조증 환자의 횡설수설하는 이야기를 듣는 양 거친 사운드가 흘러나왔고, 말하자면 예쁘지 못한 진실을 담아내는 것에 다름 아니었다.* 하룻밤의 연주가 끝나고 나면 친구 집 마룻바닥에 쓰러진 채 그대로 잠들었으며, 다른 이의 악기를 빌려 전당포에 맡기고는 그 돈으로 마약을 샀다. 그리고 도저히 끊을 수 없는 이 나쁜 버릇을 계속하기 위해 또 다른 이들을 수도 없이 속이며 근근이 생명을 부지하고 있었다. "그는 너무나 극단적이었습니다. 우리는 상상도 할 수 없는 일들을 벌이곤 했죠." 찰리 파커가 테디베어라는 애칭으로 불렀던 테디 에드워즈는 그렇게 말했다. "전보다 술을 더 많이 마시더군요. 각성제 알약을 마치 팝콘 먹듯 했어요. 그냥 집어삼키고는 씹어 대기 일쑤였으니까요." 찰리 파커는 이에 상응한 대가를 치러야 했다. 서른한 살의 나이에 몸은 더없이 뚱뚱해졌고 얼굴은 마치 노인 같았다. 그리고 3년 뒤, 결국 세상을 떠났다. 길지 않은 생애 동안 찰리 파커는 비밥 연주자들에게 꿈을 심어 주었다. 한 음악인이 성취할 수 있는 표현력의 수준이 믿지 못할 만큼 대단한 차원에 이르기도 한다는 꿈 말이다. 또한, 사람들이 미처 만

---

* 충분히 의역했지만 이 부분은 좀 더 부가 설명이 필요하다. 즉, 대부분의 비평가들이 동의하듯 1940년대 후반의 연주에 비해 1950년대 초의 찰리 파커는 명징함을 상실한 상태였고, 예전의 신비감도 많이 떨어져 있었다. 1940년대의 녹음이 대부분 명연으로 남아 있는 반면 1950년대 초의 녹음 중 이전의 성과를 떠올리게 하는 경우는 많지 않았다는 뜻이다.

나 보지 못했던 가장 위대한 예술을 창조함으로써 그가 몸소 드러낸 자기 파괴의 행태를 위험하리만치 낭만적으로 제시하기도 했다.

사람들의 입에 오르내린 찰리 파커의 신화는 여럿이지만, 쳇 베이커도 자기 자신을 미화하기 위해 그가 세상을 떠난 뒤 이런저런 얘기를 꾸며 댔다. 이 거장이 자기를 "발견"했다는 데 대한 믿지 못할 이야기가 바로 그것인데, 시간이 지날수록 그가 하는 말은 점점 더 부풀려졌다. 쳇 베이커가 하던 얘기는 이렇다. 1952년 4월의 어느 날, 방문 앞에 전보 하나가 놓여 있었다. 후에 그의 레코드 프로듀서로 일하게 된 딕 복Dick Bock이 보낸 것이었는데, 찰리 파커가 할리우드의 티파니 클럽Tiffany Club에서 그날 오후 3시에 트럼페터를 구하기 위한 오디션을 연다는 내용이었다. 선택의 여지 없이 쳇 베이커도 그곳으로 향했다. "칠흑같이 어두운" 방 안으로 들어서자 "40명가량의 트럼페터가 순서를 기다리고 있었으며, 모두 LA 출신의 연주자들"이었다. 그들의 영웅인 찰리 파커는 무대 위에서 잼 세션을 벌이고 있었다. 약 5분쯤 지났을 때, 찰리 파커는—쳇 베이커가 생각할 때 찰리 파커는 이미 자기 자신에 대한 모든 이야기를 들었던 것이 분명했다—갑자기 연주를 중단하더니 쳇 베이커란 연주자가 왔는지 사람들에게 물었다. "예, 여기 왔어요, 버드." 그렇게 대답한 쳇 베이커는 성큼성큼 걸어 무대 위에 올라 한 곡을 연주했다. 그리고 또 한 곡. 연주를 마치자 찰리 파커는 다른 연주자들을 모두 집으로 돌려보냈다. 자기가 찾던 트럼페터를 발견한 것이었다.

쳇 베이커는 이 일화를 매우 진지한 태도로 사람들에게 들려주었고, 인터뷰할 때마다 기자들은 그의 말 하나하나를 모두 소중히 받아 적곤 했다. 그러나 밥 위틀락은 이에 대해 딱 한 마디를 던졌다. "웃기지도 않는 헛소리요." 세월이 흘러, 티파니 클럽에 고용돼 있던 피아니스트 돈 트레너는 두 사람이 어떻게 함께 연주하게 됐는지에 대한 쳇 베이커의 이야기를 전해 듣고 펄쩍 뛰었다. "그 얘기는 전혀 사실과 다르군요." 돈 트레너는 실제 일어난 상황에 대해 들려주었다. 스튜디오 피아니스트이자 자신의 아내인 헬렌 카Helen Carr 같은 가수들의 음악 감독을 맡고 있던 그는, 버드가 도착하기 직전 에이전트로부터 함께 연주할 음악인들을 구성해 달라는 부탁을 받았다. 찰리 파커는 티파니 클럽에서 2주 반 동안 무대에 오를 예정이었다. 돈 트레너는 서둘러 라인업을 짰다. 드러머 래런스 매러블과 베이시스트 해리 배버신이 선택됐다. 그런데 찰리 파커는 리듬 섹션 이외에도 자신과 함께 무대 앞에 설 트럼페터가 있기를 바랐던 모양이다. 그래서 돈 트레너는 쳇 베이커에게 연락했다. 그리고 찰리 파커가 도착한 어느 날 오후 클럽에 모여 리허설을 진행했다. 돈 트레너와 래런스 매러블 모두 리허설이 어땠는지에 대해서는 기억하지 못했다. 그리고 클럽에 많은 트럼페터들이 모였다던 날 쳇 베이커가 자신과 함께 있었다고 언급한 잭 셸던 역시 오디션에 대해서는 금시초문이라고 했다. "많은 사람들이 오디션을 봤다는 건 잘 모르겠군요. 내가 기억하는 건 단지 찰리 파커와 연주한 게 쳇 베이커였다는 사실뿐이에요." 그러나 쳇 베이커는 그 어떤 젊은 트럼페터라도 꼭 얼고 싶어 하던 일을 결국 손에 거머쥐었다는 사실에 만족하지 않았다. 그는 찰리 파커가 자신을 "발견"했다던 그만의 이야기를 더 미화시켜서, 자신이 "선택된 사람"으로 크나큰 은혜를 입었다는 식의 신데렐라 스토리를 만들어 나갔다. 밥 위틀락은 이렇게 말했다. "종종 현실은 그가 원하던 만큼 충분하지 못했나 봐요. 쳇 베이커는 언제나 드라마를 꿈꾸곤 했어요. 주변에서 뭔가 재미난 일이 벌어지지 않으면 이내 지루해했죠." 온갖 꾸며 낸 이야기로 사람들을 가지고 노는 행위는 쳇 베이커에게 흥미로운 일이었다. 마치 체스보드 위에 놓인 왕과 여왕을 자기 마음대로 조종하며 희열을 맛보는 것처럼 말이다. 여담이지만, 실제로 그는 체스에도 매우 능했다.

1952년 5월 29일, 티파니 클럽에서 찰리 파커 퀸텟의 연주가 시작됐다. 첫날 연주를 보기 위해 자리를 메운 이들은 대부분 찰리 파커의 발에 입이라도 맞출 태세가 돼 있던 연주자들이었다. 그들은 찰리 파커가 선택했다던 트럼페터를 호기심 어린 눈으로 주시했다. 힘이 빠진 찰리 파커는 한결 따스하고 온화해 보였으며, 그의 곁에 서 있던 젊은 백인 연주자는 담담한 표정의 웃음기 없는 얼굴로, 전에도 그랬던 것처럼 악기를 바닥으로 향한 채 연주했다. 질투심에 휩싸여 그의 존재를 인정하지 않았던 이들의 시선을 마주한 쳇 베이커는 더 이상 아무런 대응을 하지 않았다. 그런데 그로부터 몇 주 뒤 그와 찰리 파커가 잉글우드의 재즈 클럽 트레이드 윈즈Trade Winds에서 연주한 녹음이 담긴 해적판을 들어 보면, 쳇 베이커는 함께한 이들과 전혀 어울리지 못하는 양상을 보인다. 게스트로 참여한 소니 크리스와 찰리 파커 사이에서 어쩔 줄 몰라 허둥대는 모습이 역력했으며, 곡의 도입부도 종종 놓친 채 진행되는 곡을 가까스로 따라가기에 급급했다. 티파니 클럽에서 연주가 진행되는 동안 사진작가 윌리엄 클랙스턴은 쳇 베이커의 연주에서 성난 속삭임을 마주했으며 그가 마일스 데이비스의 아류에 불과하다고 생각했다. 역시 서정적인 스타일을 선보이며 많은 사람들에게 각광받던 트럼페터 아트 파머Art Farmer는 특히 씁쓸한 표정으로 앉아 있었다. 훗날 그가 색소포니스트 밥 무버Bob Mover에게 말한 대로라면, 그와 동생인 베이시스트 애디슨 파머Addison Farmer는 LA에 있는 그들의 집에 찰리 파커를 묵게 해 주었는데, 그럼에도 일자리가 자신이 아닌 쳇 베이커에게 돌아갔다고 했다. 외견상 찰리 파커가 우연한 기회에 큰일을 맡게 된 한 백인 연주자를 그의 밴드에 직접 포함시켰다는 사실은 다른 흑인 음악인들을 성나게 했고, 이 역시 또 다른 배신행위로 얘기됐다. 찰리 파커와 쳇 베이커의 연합이 LA에서 잘 일어나지 않던 인종 간의 교류로 보는 사람도 얼마 되지 않았다.

그러나 찰리 파커는 잔뜩 긴장한 이 젊은이의 잠재력을 알아챘다. "그는 나를 마치 아들 대하듯 했다네." 자신의 아버지로부터 애정 어린 인내를 선사받지 못했던 쳇 베이커는 그렇게 말했다. "이제 와서 다시 생각해 보니 그는 내게 정말 큰 도움이 됐고, 이해심 또한 깊었어. 내가 실수하지 않도록 잘 아는 곡들만 연주하자고 했지. 예전에 했던 것 같은 아주 빠른 템포의 곡들은 모두 피했고 말이야." 나중에 찰리 파커는 윌리엄 클랙스턴에게 쳇 베이

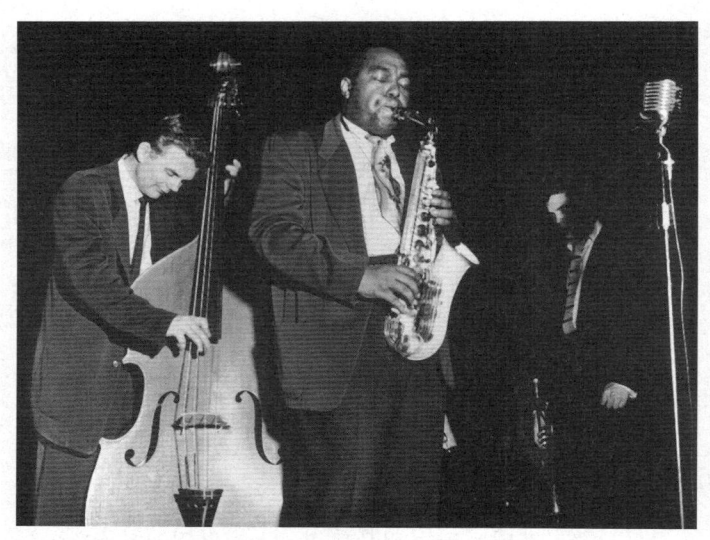

찰리 파커(가운데)와 공연 중인 쳇 베이커(오른쪽). 거장의 그늘에 가려진 모습이 인상적이다.

커의 음악이 "단순하면서도 순수했다"고 칭찬했다. 자신이 어린 시절 캔자스시티에서 들었던 빅스 바이더벡의 레코드들을 연상시켰다는 말과 함께 말이다. 해리 배버신을 대신해서 몇 번 찰리 파커의 무대에 올랐던 밥 위틀락은 이렇게 얘기했다. "그는 쳇 베이커가 음악을 듣고 판단하는 데 뛰어나다는 사실을 특히 놀라워했습니다. 대부분의 많은 연주자들이 해온 화성에 대한 공부 없이도 그런 능력을 지녔다는 데 아주 깊은 인상을 받았더라고요." 래런스 매러블에 의하면 찰리 파커는 "쳇 베이커를 따라다니며 여러 가지 것들을 직접 챙겨 주었다." 그는 이렇게 덧붙였다. "예를 들어 곡을 마칠 때 어떤 음정으로 어떻게 처리하는지, 카덴차를 연주할 땐 어떻게 하는지 일일이 모두 일러 주었어요."

쳇 베이커는 찰리 파커에게 보답할 마음으로 그를 차에 태운 채 여러 곳을 구경시켜 주었다. 팔로스 베르데스의 절벽에도 올랐다. 산꼭대기에 선 찰리 파커는 멀리 펼쳐진 바다를 응시하며 더없이 평화로워했다. 아니, 적어도 그렇게 보였다. 그러나 그는 하루도 빠짐없이 마약에 의지해야 했고, 쳇 베이커는 "마약을 숟가락으로 떠서 그대로 콧속에 들이붓거나 코냑을 연신 들이켜는" 찰리 파커를 지켜봤다. 그럼에도 그는 무대에 올라 능수능란하게 연주를 벌였다. 얼굴에는 아무런 근심의 흔적도 발견할 수 없었다. 마약을 구하는 일은 전혀 어렵지 않았다. 연주를 벌이는 곳마다—할리우드의 빌리 버그스Billy Berg's, 센트럴 애비뉴와 54번가가 만나는 곳에 있던 5-4 볼룸5-4 Ballroom, 샌프란시스코의 재즈클럽 세이 웬Say When—마약 딜러들이 탐욕스러운 독수리처럼 몰려들어 찰리 파커의 연주가 끝나기를 기다리고 있었다. 러스 프리먼은 그들이 "살금살금 몰래 기어들어 한 줄로 선 뒤 중독자들을 도와주기라도 해야 한다는 듯 마약을 팔았다"고 묘사했다. 그러나 그들이 쳇 베이커에게 다가가 자꾸만 수작을 걸자 찰리 파커는 그를 한 편으로 끌어당기고는 쌀쌀맞은 말투로 딜러들에게 이렇게 말했다. "이봐, 이 친구에겐 찝쩍대지 마." 그러고는 쳇 베이커를 향해 한마디 덧붙이는 것도 잊지 않았다. "자네, 이 자식들이랑은 절대 어울리지 말게."

쳇 베이커는 한동안 선배의 충고를 잊지 않았다. 하지만 "내가 말하는 대로 하라, 그러나 내가 하는 대로 하지는 말라"[*]는 찰리 파커의 태도가 결국 쳇 베이커를 비롯한 수없이 많은 사람들에게 헤로인에 대한 일말의 헛된 기대를 품게 했던 것도 부정할 수 없다. 캘리포니아에서 가진 투어가 끝나자, 잭 셸던의 전언에 의하면 쳇 베이커와 찰리 파커의 관계는 이해하기 힘든 혼돈 속으로 빠져들었다. 그는 이렇게 말했다. "쳇 베이커는 어느새 찰리 파커를 헐뜯기 시작했습니다."[**]

쳇 베이커와 찰리 파커의 무용담은 또 하나의 확인하기 힘든 이

- 찰리 파커가 남긴 잘 알려진 명언 중의 명언이다. 음악적으로는 자신의 방법론에 대한 자신감과 각자의 독창성을 강조하기 위한 것으로 이해됐으며, 삶에 있어서는 음악의 발전을 위해 무분별한 생활을 하지 말라는, 음악에 성공하고 삶에 실패한 이의 고뇌에 찬 진솔한 심경 고백으로 얘기됐다.
- 저자는 더 이상 이에 대해 언급하지 않았지만 두 사람의 서먹해진 관계에 대해서는 몇 가지 야사가 전해진다. 그중에서 그래도 신빙성이 있는 것은 찰리 파커가 투어를 마친 뒤에 에이전트를 통해 주기로 했던 연주료를 모두 마약에 써 버렸다는 것. 확인은 불가능하지만 당시 찰리 파커의 습성(?)을 생각하면 충분히 그럴듯한 얘기다.

야기를 통해 다시 새롭게 포장됐다. 사람들 사이에서 오갔던 말을 들어 보면, 뉴욕으로 돌아간 찰리 파커가 디지 길레스피와 마일스 데이비스, 리 모건Lee Morgan을 비롯한 여러 흑인 트럼페터들에게 전화를 걸어 이렇게 얘기했다고 한다. "조심해야 할걸. 서부에 가면 어린 백인 녀석이 하나 있는데 자네를 당장 집어삼킬 수도 있어." 쳇 베이커는 사람들 앞에서 이 말을 즐겨 인용했다. 물론 찰리 파커가 정말 그렇게 말했는지는 확인할 수 없다. 혹시 쳇 베이커 자신이 지어낸 것은 아니었을까.

진실이 무엇이었든, 찰리 파커의 지지는 밥 위틀락이 "신의 결정"이라 칭한 것처럼 하루아침에 쳇 베이커를 재즈계의 명사로 만들었다. 음악인들은 그의 연주력과 음악성에 대해 뒷얘기를 늘어놓았고 그중에는 중상모략도 들어 있었다. 그러나 패서디나 출신으로 당시 스물네 살이던 젊은 사진작가 윌리엄 클랙스턴은 무엇보다 쳇 베이커의 외모에 매우 깊은 인상을 받았다. 195센티미터의 우람한 체구에 폭력배처럼 보이는 인상에도 수줍음을 잘 타는 성품을 지닌 그는 어린 시절 듀크 엘링턴과 빌리 홀리데이를 비롯한 여러 재즈 음악인에게 매료됐고, 성인이 된 뒤 밤마다 재즈 클럽과 극장을 돌아다니기 시작했다. 그리고 목구멍에 뭔가 막힌 듯 탁한 음성으로 연주자들의 동의를 얻어 사진을 찍었다. 찰리 파커 역시 그의 우상 중 하나였으며, 티파니 클럽의 기둥 옆에 붙어 몸을 웅크린 채 무대 위의 명인을 카메라에 담았다. 목 주변에 카메라 끈과 전기 코드를 늘어뜨린 채 말이다.

어느 늦은 밤, 집 안 한쪽에 마련한 암실에서 윌리엄 클랙스턴은 놀라운 발견을 목격했다. 현상을 위해 담가둔 인화지를 내려다본 순간, 쳇 베이커의 얼굴이 "마치 마법처럼" 떠오르는 것이 아닌가. 그는 당시의 순간을 "꿈 그 자체"라 표현했다. 제작자 줄리언 베네딕트Julian Benedikt가 만든 윌리엄 클랙스턴의 다큐멘터리 「재즈 신Jazz Seen」에서, 그는 처음으로 찍은 쳇 베이커의 사진 몇 장을 통해 비로소 "포토제닉(사진 찍기에 좋은 인물)"이란 말이 무엇을 의미하는지 깨달았다고 고백했다. "쳇 베이커는 미남이었고 또 몸매도 잘 다듬어진 상태였습니다. 이런 표현이 어떨지 모르겠는데, 마치 권투 경기에 나선 천사 같았다고나 할까요. 앞니가 하나 없어서 좀 얼뜨기 같아 보였고 머리는 1950년대 스타일이 그랬던 것처럼 올백으로 넘길 때가 많았지만, 카메라를 통해 바라보는 그는 말 그대로 영화배우가 따로 없었습니다. 일단 렌즈가 자신을 향하면 뭘 어떻게 해야 할지 본능적으로 알아차렸죠. 음악에 집중하면서 강한 조명에 노출돼 있었지만 그 빛으로부터 아무런 방해도 받지 않는 포즈가 가능했어요. 누군가 자기를 찍으려 한다는 걸 잘 알고 있었던 거죠. 정말 빈틈없이 눈치가 빠른 친구였습니다." 적지 않은 수의 앨범을 통해 윌리엄 클랙스턴의 사진은 쳇 베이커의 이미지를 완성했다.

쳇 베이커에 대한 이야기는 바리톤 색소포니스트 제리 멀리건의 귀에도 들어갔다.《Birth of the Cool》에서 큰 힘을 발휘했던 그는, 이 앨범에서 선보인 편곡과 작곡을 통해 당시 모던 재즈계에 놀라운 신인이 등장했다는 평가를 이끌어 내고 있었다. 결코 잘생긴 것은 아니었지만 그 역시 자신만의 인상적인 외모를 가지고 있었다. 큰 키에 호리호리한 체구, 어딘지 연약해 보이는 얼굴, 그리고 불그스름한 상고머리에 단정하게 마무리한 이마를 본 어느 『타임』지의 기자는 그가 제리 루이스Jerry Lewis •를 연상시킨다고 말했다. 그러나 제리 멀리건은 매사에 아주 진지한 태도를 지닌 음악인이었다. 티파니 클럽을 소유했던 잭 터커Jack Tucker의 딸 조이스Joyce는 작가인 도널드 고더드Donald Goddard에게 그가 "자신의 악기에서는 예수 그리스도의 음성이 들린다고 생각했다"는 얘기를 전했다. 지친 기색이 다분한 초록색 눈망울 밑에 드리운 원은 무언가 묵직한 짐을 지고 있다는 느낌도 주었다. 사람들은 그가 심각한 헤로인 중독에 시달리고 있다는 얘기를 했고, 실제로 제리 멀리건은 이를 끊기 위해 1951년 미국 서부로 건너왔다.

1952년 초, 제리 멀리건은 자신의 밴드를 결성하기로 마음먹었다. 우선 밥 위틀락을 영입했고, 바로 그가 쳇 베이커를 추천했다. 오디션이 있었던 곳은 제리 멀리건이 연습하기 좋아했던 샌퍼낸도밸리의 재즈 클럽 코티지 이탈리아Cottage Italia. 쳇 베이커는 제리 멀리건의 명성에 대해 아무런 경의도 표하지 않은 채 무뚝뚝한 표정으로 연주자들과 마주했다. 트럼펫을 든 그가 몸을 풀기 위해 귀를 찢는 듯한 아주 자극적인 소리를 몇 번 연주했다. 그러면서 자꾸 문을 드나들자 신경이 곤두선 제리 멀리건이 갑자기 이렇게 외쳤다. "너 여기서 한 번만 더 그 따위 소리를 냈다간 가

• 제리 루이스(1926~2017)는 1950년대와 1960년대에 큰 인기를 누린 배우이자 코미디언, 영화감독, 제작자다. 1940년대 중반부터 딘 마틴과 함께 콤비로 활약했으며 대중에게 잘 알려진 「너티 프로페서The Nutty Professor」(1963)가 바로 그의 작품이다.

만 안 둘 줄 알아!" 제리 멀리건과 쳇 베이커는 평소에 보여 주던 쿨한 태도를 모두 내던진 채 못된 꼬마들처럼 소리를 빽빽 지르며 말다툼을 벌였다. 결국 쳇 베이커는 악기를 케이스에 집어넣고는 밖으로 뛰쳐나갔다. 문을 세차게 닫으면서 제리 멀리건에게 한마디 덧붙이는 것도 잊지 않았다. "이 자식아, 죽어 버려!"

아무도 두 사람의 만남을 또 하나의 "Birth of the Cool"로 인식하지 못했다. 물론 이들이 앞으로 만들어 내게 될 성과물이 깊은 영혼의 음악적 조화로 나타날지 예견한 사람도 없었다. 그러나 오래 지나지 않아 제리 멀리건 퀴텟의 중심을 이루게 된 두 연주자는 완벽한 궁합을 보여 주었다. 그들의 음악은 어디서든 반짝이는 외관을 드러냈고, 비난받을 소지를 거의 남기지 않았다.

제리 멀리건은 매사에 분노로 끓어오르는 삶을 살고 있었다. 그러나 막상 그의 작품에서 이런 면모를 발견하기는 힘들었다. 마치 음악은 감정이 아닌 음표로 이루어진 것이라는 느낌을 주었다면 적당한 표현일까. 1927년 뉴욕주 퀸스에서 태어난 그는 강한 가부장적 성향의 아버지가 군림하는 가톨릭 집안에서 자랐다. 아버지가 여러 도시를 전전하며 계속해서 직장을 바꾼 탓에 제리 멀리건의 어머니와 네 형제는 한곳을 고향으로 삼지 못했다.

그러다가 이 가족이 마지막으로 정착한 곳은 필라델피아. 하지만 막내아들 제럴드 조지프Gerald Joseph는 이미 상처를 가슴에 담은 뒤였다. 1959년, 제리 멀리건은 작가 마틴 에이브럼슨Martin Abramson에게 이렇게 말했다. "한 동네에서 애들과 겨우 안면을 틀 정도가 되면 이내 다른 곳으로 이사를 가곤 했습니다. 결과적으로 다른 사람들과 잘 어울리지 못하는 습성이 그때 생긴 것 같아요." 규율에 엄격한 그의 성향은 아버지로부터 물려받은 것이었다. 그리고 그 규율을 어김없이 자기 자신에게 적용했다. 어린 시절 그는 피아노와 클라리넷을 배웠고, 바흐와 프로코피예프, 스트라빈스키, 라벨에 깊이 빠지면서 작곡과 기초적인 편곡을 공부했다. 스물한 살이 됐을 무렵 여러 주요한 밴드 리더들로부터 편곡 일을 맡았는데, 그중에는 엘리엇 로런스Eliot Lawrence*, 진 크루파Gene Krupa, 클로드 손힐 등이 포함돼 있었다. 제리 멀리건이 초기에 남긴 악보를 보면 이미 그때부터 그의 상징적인 스타일이 잘 드러나 있는데, 이 또한 웨스트코스트 재즈의 이미지를 제시했다. 멀리서 불어오는 미풍을 맞이하는 느낌을 주지만 동시에 강박적이라 할 만큼 잘 정돈돼 있고 세심한 음악 말이다. 제리 멀리건은 바리톤 색소폰을 자신의 주된 악기로 선택했다. 그리고 꽤 크지만 언제나 뒷전으로 물러나 있는, 일견 입자가 거칠게 느껴지는 톤의 이 악기를 너무 깊게 침잠하지 않는 감성으로 우아하게 연주했다. 쳇 베이커가 볼 때 그는 "꽤 괜찮은 솔로"를 종종 선보였지만 그래도 솔로이스트라기보다 편곡가에 가까웠던 모양이다.

그럼에도 제리 멀리건의 마음은 언제나 맑은 것과는 거리가 멀

- 스윙 시대의 여러 거장들에 비해 뒤처지는 느낌이 강하지만, 엘리엇 로런스(1925~2021)는 1950년대 포스트 스윙의 역사에 등장한 좋은 피아니스트이자 빅 밴드 리더였다. 1960년대 이후 거의 활동을 하지 않았는데, 그가 제리 멀리건과 함께 작업한 대표작으로 《Eliot Lawrence Band Plays Gerry Mulligan Arrangements》(1955)를 들 수 있겠다.

었다. 1946년, 뉴욕으로 건너온 지 얼마 지나지도 않아 대마초 소지 혐의로 체포됐고, 곧이어 헤로인에 깊이 빠져들었다. 그가 그토록 소중히 여기던 자기 규율이 한순간에 허무하게 무너져 내렸다. "자리에 앉아서 곡을 쓰려 했지만 아무것도 할 수 없을 때, 마약은 내 마음을 진정시키는 효과를 주었어요." 그는 마틴 에이브럼슨에게 그렇게 말했다. 그러다가 그를 수렁에서 건진 것이 새 연인 게일 매든Gail Madden이었다. 그녀는 제리 멀리건의 곁에서 어머니 역할을 한 여인 중 첫 번째로 그의 삶에 등장한 존재였으며, 평생을 통해 고삐를 늦추지 않았던 강철같이 강한 의지를 심어준 사람이기도 했다. 그녀는 자기 자신을 피아니스트이자 편곡가, 그리고 재즈에서 처음 마라카스*를 연주한 사람으로 소개했다. 제리 멀리건은 게일 매든의 노력을 적극 지지했고, 비록 다른 사람들은 동의하지 않았지만 그녀를 천재라 여겼다. 마틴 에이브럼슨에 의하면 그녀는 "최면술의 암시 요법을 써서 마약중독자들을 도울 수 있다고 믿었다." 그 때문인지 모르지만, 제리 멀리건은 게일 매든 덕에 다시 일에 집중할 수 있었다.

두 사람은 모두 괴짜였다. 그즈음 히트곡이 됐던 냇 킹 콜Nat King Cole의 〈Nature Boy〉에 흐르는 가사처럼 스스로를 "이상야릇하고 마법에 걸린" 사람으로 규정지었다. 맨해튼의 거리를 활보하던 제리 멀리건의 어깨에는 앵무새 한 마리가 앉아 있곤 했다.

---

* 라틴 음악에서 종종 사용하는, 손으로 흔들어 소리를 내는 타악기. 마라카 나무의 열매로 만들어서 이런 이름이 붙었다. 보통 한 손에 하나씩 두 개를 들고 연주하기에 복수형인 마라카스로 부른다.

그리고 게일 매튼이 아인 랜드Ayn Rand의 유명한 1943년 소설『원천The Fountainhead』*을 집에 가져온 뒤부터 그의 행동은 더 이상해졌다. 이 소설은 건축가로 등장하는 주인공 하워드 로아크가 혁신적인 비전을 내놓지만 이내 현실의 거부와 오해를 낳는다는 얘기를 담고 있다. 극중에서 유일하게 그의 진가를 알아챈 이는 놀랍도록 섬세한 감각을 지닌 미술비평가인 도미니크 프랑송뿐이었다. 어쨌든 제리 멀리건과 게일 매튼은 이 소설에 등장하는 두 인물을 주의 깊게 바라봤으며, 자기 자신에게 바로 이들의 이미지를 투영했다. 밥 위틀락은 이렇게 말했다. "내가 얘기를 건네고 있는 사람이 제리 멀리건인지 하워드 로아크인지 잘 구분되지 않을 때도 있었습니다. 게일도 마찬가지였죠. 어딘지 도미니크 같다는 느낌이 들었으니 말이오."

1950년을 전후하여 제리 멀리건은 맨해튼 한복판의 엘리베이터 없는 건물에 위치한 연습실 레드 도어Red Door에 자신의 악기를 짊어지고 오르기 시작했다. 그리고 바로 그곳에서 그에게 명성을 안겨 준 실험적인 개념의 편성을 시도했다. 피아노 없는 리듬 섹션이 바로 그것이었다. 그는 이 아이디어를 게일 매튼에게서 얻었다고 했다. 그러나 그는 "피아노가 가진 엄청난 활용도를 포기한 상태에서 하나의 관악기가 목발을 짚은 것같이 연주하는 음악은 현실적으로 생각하기 어렵다"고 결론지었다. 일단 새로운 형태의 편성은 즉흥연주를 하기에 더 많은 공간을 부여했고, 이

• 영화화되면서 우리에게 『마천루』라는 제목으로 잘 알려져 있다.

를 통해 그는 피아노가 제시하는 엄격한 코드 진행을 따라야 한다는 사실에서 자유로울 수 있었다. 필 레신은 제리 멀리건이 처음 피아노 없는 쿼텟을 결성한 것이 바로 레드 도어에서 연습하던 시절이었다고 전했다. 그 쿼텟은 제리 멀리건과 필 레신, 드러머 월터 볼든Walter Bolden과 트럼페터 토니 프루셸라Tony Fruscella로 구성됐다. 토니 프루셸라는 쳇 베이커와 마일스 데이비스가 받아들인 절제된 스타일의 간과된 개척자로 알려진 인물이었다. 이후로 여러 음악인이 쿼텟에 드나들었으며, 그 과정에서 제리 멀리건은 서서히 돈이 떨어지기에 이르렀다. 그도 그럴 것이 여유가 생기면 헤로인을 주사하는 데 모두 써 버렸으니 말이다. 그러던 어느 날, 악기마저 전당포에 맡기고 있는 자신을 바라보며 결국 뉴욕을 떠나야겠다고 마음먹었다.

1951년 가을, 잭 케루악이 실제로 겪은 대륙 횡단의 경험을 살려 비트 세대의 바이블이라 할 만한 『길 위에서』의 초고를 마무리했을 즈음, 제리 멀리건도 차를 얻어 타며 게일 매든과 함께 서부로 향했다. LA에 자리 잡은 그는 언젠가 최고의 무언가를 선보일 마음의 준비를 한 채 잼 세션에 참여하고 편곡 작업을 병행하며 예전처럼 근근이 생계를 이어 갔다. 그러던 1952년의 어느 날, 제리 멀리건은 LA의 주택가인 윌셔 지역에 위치한 아주 작은 재즈 클럽 헤이그Haig를 방문했다. 안에서는 피아니스트 에롤 가너Erroll Garner와 가수이자 피아니스트인 보비 쇼트Bobby Short를 비롯해 몇 명의 연주자들이 방 하나짜리 방갈로 같은 작은 공간에서 앰프 시설 없이 연주했고, 밖에서 바라보면 이 클럽은 마치 높은 아파트 건물과 야자수, 그리고 넓게 펼쳐진 하늘 한구석에 자리 잡은 인형 가게 같아 보였다. 길 건너에는 거대한 앰배서더 호텔이 그림자를 드리우며 우뚝 솟아 있었는데, 이 호텔의 코코넛 그로브Coconut Grove 클럽은 "FRANK SINATRA"나 "LENA HORNE", 혹은 "DEAN MARTIN & JERRY LEWIS" 같은 문구가 새겨진 큰 차양을 드리운 채 번뜩이는 위용을 자랑하고 있었다. 반대로 사우스켄모어 애비뉴 638번지의 입구에는 "the haig dinner cocktails"라 쓰인 소박한 현수막 한 장이 걸려 있었을 뿐.

제리 멀리건은 악기를 하나 빌려 헤이그 클럽에서 월요일 밤에 열린 잼 세션에 게스트로 참여했다. 오래 지나지 않아 이 잼 세션은 그를 중심으로 움직이기 시작했고, 자신의 밴드를 만들기 위해 그 지역 연주자들을 테스트하는 장으로 활용할 수 있었다. 쳇 베이커와 벌인 말다툼 때문인지, 제리 멀리건은 트럼페터를 기용하는 데 전보다 한층 까다로운 기준을 제시했다. 그러나 쳇 베이커가 찰리 파커와 활동한 것을 본 뒤 마음을 고쳐먹고, 헤이그에 초청해 함께 연주할 것을 권했다. 그의 눈에 이 트럼페터는 특별한 재능을 지닌 박약아 같아 보였다. 제리 멀리건은 레스 톰킨스에게 이렇게 말했다. "나는 지금까지 쳇 베이커처럼 한 번 들은 걸 그토록 빨리 연주에 옮기는 사람을 본 적이 없었습니다. 그러니까 그는 아주 이상한 재능을 타고났다고 할 수 있겠죠. 그런 걸 어디서 배웠는지, 그의 머릿속에 뭐가 들어 있는 건지, 도무지 알 수 없었습니다."

매우 복잡하게 얽히고설킨 찰리 파커의 비밥이 자신에게 그다지 잘 맞지 않는다는 것을 깨달은 쳇 베이커는 제리 멀리건이야말로 좋은 파트너가 될 수 있다고 생각했다. 그 역시 자기만큼이나 멜로디를 사랑했고, 하나의 솔로 연주를 실컷 불어 젖히기 위한 수단이 아닌 건축적인 구성의 결과물로 봤다. 대체로 두 개의 관악기가 동원되는 편성이라면, 흔히 연주자들은 번갈아 가며 솔로를 벌인 뒤 네 마디나 여덟 마디의 짧은 악절을 경쟁적으로 주고받으며trade 곡을 마무리한다. 그러나 쳇 베이커와 제리 멀리건은 자신들의 음악적 자아를 파악한 뒤 서로를 보완할 수 있는 방법을 찾아 나섰다. 그들은 같은 음으로 제창하듯 연주하거나 함께 화음을 맞췄으며 상대적으로 매우 평이한 대위법을 썼다. 제리 멀리건은 이렇게 말했다. "우리는 상대방이 어떤 식으로 연주를 풀어 갈지 언제나 서로 잘 알고 있었습니다."

쳇 베이커는 몇 차례에 걸쳐 제리 멀리건의 월요일 밤 연주에 함께했다. 클럽에서 진행을 맡고 있던 대머리 안경잡이 리처드(딕) 복은 궁금증을 떨치지 못한 채 한 구석에서 이들의 연주를 지켜보고 있었다. 그는 할리우드의 작은 재즈 레이블 디스커버리Discovery에서 일하고 있었지만 언젠가 자신의 제작사를 설립하고 싶어 했다. 그는 일단 할리우드 힐에 있던 스튜디오 엔지니어 필 튜렛스키Phil Turetsky의 작은 집에서 시험 삼아 제리 멀리건의 음악을 녹음하기 위한 일정을 잡았다. 1952년 7월 9일, 제리 멀리건과 쳇 베이커, 피아니스트 지미 라울스와 베이시스트 조 몬드래곤이 그곳에 모였다. 프로듀서 역할을 맡은 딕 복은 마이크 하나를 설치하고는 앰팩스 녹음기의 전원을 켰다. 제리 멀리건은 제롬 컨

Jerome Kern이 작곡한 〈She Didn't Say Yes〉와 한결 느린 템포로 쉽게 진행되도록 직접 편곡한 초기 재즈의 고전 〈Dinah〉를 골라 놓고 있었다. 전체적으로 이날의 연주는 지미 라울스의 피아노가 주도했다. 그리고 제리 멀리건은 다시 한번 피아노를 제외한 채 음악을 만들겠다고 다짐했다. (쳇 베이커는 "제리 멀리건이 좋아했던 유일한 피아니스트는 바로 자기 자신이었다"•고 버니 플라이셔에게 말한 바 있다.) 그해 여름, 헤이그에 있던 작은 사이즈의 그랜드 피아노는 비브라폰 연주자 레드 노보Red Norvo의 연주에 필요한 공간을 만들기 위해 지하실에 옮겨져 있었다. 그래서 딕 복이 업라이트 피아노 한 대를 빌려다가 구석에 놓자고 제안했을 때 제리 멀리건은 이렇게 말했다. "아니, 안 돼. 그렇게 하지 맙시다!"

제리 멀리건은 자신이 주관하는 월요일 밤의 연주를 위해 베이시스트 밥 위틀락과 연한 피부의 잘생긴 흑인 드러머 치코 해밀턴Chico Hamilton을 기용했다. 그는 말렛과 브러시, 그리고 손가락까지 사용하면서 유쾌한 드럼 연주를 들려주는 연주자였으며, 새미 데이비스 주니어Sammy Davis Jr.••에게 탭 댄스를 권유한 주인공이기도 했다. 그러나 멤버의 변화에 주목한 사람은 별로 없었다. 예외가 있었다면 카메라를 건 채 한쪽에 비켜서서 연주자들을 주시하고 있던 윌리엄 클랙스턴과 휴대용 릴 데크로 무대

• 제리 멀리건의 피아노 연주를 들을 수 있는 가장 비근한 예가 한때 우리나라 재즈 팬들 사이에서 인기를 끌었던 《Night Lights》(1963)다. 사실 음악적으로 그다지 눈에 띄는 작품은 아니며, 굳이 그를 피아니스트로 조명할 필요까지는 없다.
•• 1925년 뉴욕에서 태어나 1990년에 세상을 떠난 그는 한 시대를 화려하게 풍미한 가수이자 배우, 댄서였다. 콧수염 기른 그의 얼굴이 대중에게도 친숙할 법하다.

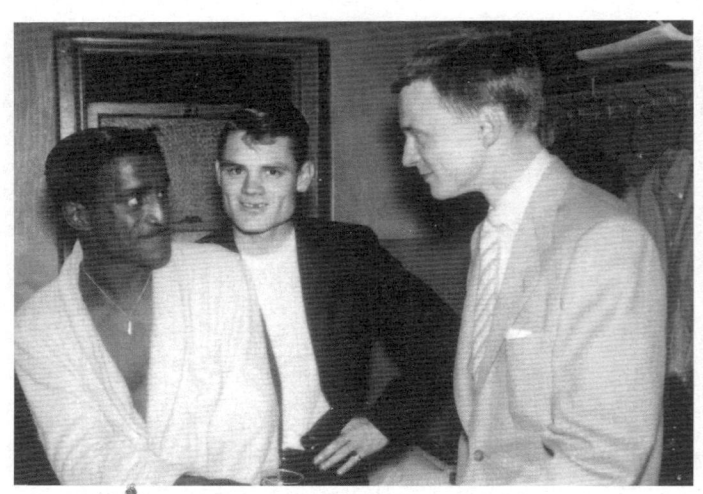

대기실로 쳇 베이커와 제리 멀리건을 찾아온 새미 데이비스 주니어(왼쪽)

에서 펼쳐지는 음악을 녹음하던 딕 복이었다. 그즈음 딕 복은 꿈을 이루었다. 자신이 모아둔 2,000달러와 할리우드에서 드럼 판매상을 하던 로이 하트Roy Harte가 투자한 2,000달러를 합쳐 퍼시픽 재즈 레코드사를 설립한 것. 하지만 막상 회사를 세우고 나니 돈이 모자랐고, 앞뒷면에 하나씩 두 곡만 담을 수 있는 78회전 싱글 레코드밖에 제작할 수 없었다. 그 레코드에 제리 멀리건의 창작곡 〈Bernie's Tune〉과 스탠더드 곡인 〈Lullaby of the Leaves〉가 실렸다. 데이브 브루벡의 좋은 추천사를 담은 이 레코드 덕에 제리 멀리건 쿼텟은 크나큰 전환점을 맞았다. 샌프란시스코를 대표하는 재즈 클럽 블랙 호크에서 데이브 브루벡의 공연이 끝난 바로 다음 날부터 일주일 동안 연주를 벌이게 된 것이었다. 바빠서 함께 공연할 수 없는 밥 위틀락을 대신하여 쳇 베이커가 카슨 스미스Carson Smith를 추천했다. 샌프란시스코 출신의 이 베이시스트는 제리 멀리건을 우상처럼 생각했으며 그를 만날 기회를 갖고자 LA로 내려와 있었다. 9월 2일 토요일 아침, 제리 멀리건과 쳇 베이커는 차를 몰고 샌프란시스코로 향했다. 운전하는 내내, 그들은 흥겨운 두 마리의 종달새처럼 직접 편곡한 곡들을 노래했다.

연주 여행의 성과는 매우 좋았다. 데이브 브루벡이 소속돼 있던 판타지Fantasy 레이블이 제리 멀리건 쿼텟의 음악을 녹음하겠다고 나섰다. 마이크 하나를 놓고 원을 그린 채 모인 연주자들은 단번에 네 곡의 녹음을 마쳤다. 제리 멀리건은 프레드 아스테어Fred Astaire와 진저 로저스Ginger Rogers가 영화 「플라잉 다운 투 리오Flying Down to Rio」에서 선보인 라틴 댄스곡 〈The Carioca〉를 듣고는 이를 새롭게 편곡해 둔 적이 있었다. 프레드 아스테어의 노래와 춤이 지닌, 가볍게 미끄러지듯 이어지는 느낌을 한껏 되살린 악보였다. 제리 멀리건과 쳇 베이커는 매끄럽게 멜로디를 펼쳐 내면서 위트 어린 느낌으로 서로를 자극했다. 제리 멀리건의 바리톤 색소폰이 토해 내는 낮고 거친 톤이 쳇 베이커의 청명한 트럼펫 연주를 북돋웠고, 서로 역할을 바꿔 가며 조화를 이루었다. 치코 해밀턴이 라틴의 감성을 부드럽게 연출하는 동안 카슨 스미스는 담담한 베이스 연주로 모든 이들을 단단히 한데 묶었다. 특별히 연주의 음량을 의식적으로 높이거나 조급해하지 않고, 연주자들은 하려던 모든 얘기를 2분 30초 안에 정갈하게 늘어놓았다.

　제리 멀리건이 만든 두 창작곡의 제목은 그 지역에서 디제이로 활동하던 이들의 이름을 딴 것이었는데, 〈Line for Lyons〉는 지미 라이언스Jimmy Lyons•에게, 〈Bark for Barksdale〉은 돈 박스데일Don Barksdale에게 바친 곡이었다. "그냥 편하게 받아들인 거예요. 그 사람들에게 약간 아첨을 떤 것처럼 보이더라도 제리 멀리건은 개의치 않았죠." 카슨 스미스는 웃으며 그렇게 말했다. 그로부터 수십 년 뒤, 탁월한 클래식 지휘자이자 음악학자인 피터 시켈레Peter Schickele는 『뉴욕 타임스』에 기고한 글에서 이 밴드가 피아노 없이 "환상적으로 명징한 세 파트 대위법의 적용"을 이루어 냈다고 극찬한 바 있다. 판타지 레이블과 녹음한 네 곡 중 나머지 하나는 어

• 디제이로 출발해 공연 기획자로 활동하기도 했던 지미 라이언스는 훗날 재즈 팬들에게 좋은 추억을 남긴 몬터레이 재즈 페스티벌을 기획했다.

떤 것을 택해야 할지 명확하게 감이 잡히지 않았다. 제리 멀리건은 발라드가 하나 필요함을 느꼈고, 마침 카슨 스미스는 리처드 로저스Richard Rodgers 와 로렌즈 하트Lorenz Hart 가 1937년에 만든 잘 알려지지 않았던 곡을 추천했다. 그는 이 곡을 오래된 악보집에서 보았는데, 그 후로 마음속에서 떨쳐 내지 못하고 있었다.

1960년대까지 〈My Funny Valentine〉은 팝 음악인들이 자주 다루던 곡이었고 음악 시장에는 수백 개의 버전이 등장했다. 그러나 1952년까지만 해도 마거릿 와이팅을 포함한 몇몇 가수들만이 곡을 녹음한 상태였다. 뮤지컬 「베이비 인 암스Babes in Arms」를 통해 발표된 이 노래는 밸런타인이라는 이름의 불한당에게 마음을 빼앗긴 어느 소녀의 맹목적인 사랑을 표현하고 있다. 하지만 다른 멤버들은 이 곡의 존재를 알지 못했기에 어쩔 수 없이 카슨 스미스는 대충 코드를 적은 뒤 노래를 불러 멜로디를 일러 주었다. 리처드 로저스는 첫 소절에서 고뇌로 가득 찬 멜로디를 만들어 두었다. 그리고 소절이 진행되면서 희미한 변화 속에 그 느낌을 계속해서 더해 나갔다. 꾸준히 상승하는 멜로디의 흐름이 묘한 긴장감을 만들어 냈고, "가지 마오, 작은 밸런타인, 머물러 주오!"라 높은 소리로 외치는 클라이맥스에 이르렀다. 제리 멀리건과 카슨 스미스는 쳇 베이커의 연주에 포인트를 맞춘 악보를 서둘러 작성했다. 그리고 편곡에 대해 그다지 내세울 만한 실력을 갖추지 못했던 이 트럼페터는 악보에 쓰여 있는 그대로 연주를 시작했다. 다른 연주자들이 곡 안에 깃든 아픔을 공감할 때까지 느리면서도 공간감이 스며 있는 프레이즈를 늘여 나갔다. 숨죽이는 그의 톤이 귀를 끌어당겼으며, 이는 마치 어두운 밤에 갇힌 영혼의 문을 활짝 열어 그대로 내버려두자고 말하는 듯했다. 곡이 끝나갈 즈음, 악보에는 장조로 마무리하도록 돼 있었지만 쳇 베이커는 실수로 단조를 유지했다. 그렇게 만들어진 마지막 하나의 냉랭함이 이 밴드의 레코드를 완성시켰다.

〈My Funny Valentine〉은 쳇 베이커를 매혹시켰다. 이는 그가 음악인으로서 열망하던 모든 것을 담고 있었으며, 아름다운 테마와 우아하게 연결된 프레이즈의 섬세한 작업을 통해 단 하나의 음정도 버릴 필요 없는 멜로디의 진행을 구축하고 있었다. 이 곡은 쳇 베이커가 매우 아끼는 곡이 됐다. 〈My Funny Valentine〉을 연주하지 않은 공연이 드물 정도였고, 서른다섯 마디로 이루어진 이 작품을 대체할 새로운 곡을 찾는 것이 거의 불가능할 정도였다. 동시에 쳇 베이커의 진정한 매력 — 폭발할 듯한 감정의 그릇을 "쿨"이라는 뚜껑으로 눌러 덮어 두는 감각 — 또한 바로 이 곡의 연주에 기반을 두게 됐다.

"판타지에서 그 레코드를 발매했을 때 모든 이들은 쳇 베이커의 새로운 진가가 바로 핵심이었음을 알아챘습니다. 그러니까 갑자기 다들 그에 대해 이야기하기 시작했던 거죠." 카슨 스미스는 그렇게 말했다. 계속해서 사람들은 쳇 베이커를 달콤한 톤으로 유명했던 빅스 바이더벡에 비유했다. 쳇 베이커는 그에게서 아무 영향을 받지 않았다고 부정하면서 실제로 그의 레코드조차 거의 들어 본 적이 없다고 덧붙였다. 그러나 『메트로놈』에 실린 어느 기사는 쳇 베이커가 "빅스 바이더벡의 추억을 되살리는 사운드에 마일스 데이비스가 제시한 스타일을 융합했으며 나아가 진정한 아름다움에 버금가는 효과를 보여 주었다"고 칭찬했다. 그가 성취한 것은 음정에 대한 의식적인 조절을 통해 "쿨"한 번민의 이미지를 창출한 것에 다름 아니었다. 쳇 베이커는 세상을 떠나기 직전인 1988년, 레너드 멀론에게 이렇게 얘기했다. "나는 한결 어두운 심성에서 연주하고 싶었다네. 그러다 보니 조성 체계에서 살짝 비켜 간 음을 사용하게 됐지. 기술적으로 음정이 플랫flat된 상태를 뜻하는 게 아니라, 그저 그 밑에 드리운 소리를 내고 싶었다고나 할까."* 지미 라이언스와 돈 박스데일에게 헌정한 곡으로 감사의 마음을 표한 것처럼 제리 멀리건은 라디오 방송을 매우 중시했다. 비평가 랠프 J. 글리슨은 『다운 비트』에 쓴 글을 통해 그를 재즈계의 새로운 천재로 명명했다. 그의 쿼텟이 선보인 "환상적이고 몽환적이면서도 한편으로 펑키하고 스윙감 넘치는 대위법적 사운드"는 인근의 모든 연주자가 "궁금증으로 고개를 절레절레 젓게 했다"고 평했다. 그리고 쳇 베이커에 대해서는 "자신의 개성을 어떻게 관객들에게 투영하는지 깨닫고 음악에만 전적으로 기대지 않는 법을 터득하기"만 한다면 "분명 센세이션을 불러일으킬 것"이라고 썼다.

1952년 9월 말, 제리 멀리건 쿼텟은 헤이그에 복귀하여 클럽을

---

* 이는 쳇 베이커에게 국한된 얘기가 아니라, 모든 재즈 연주자와 감상자가 재즈의 본질에 접근하기 위해 반드시 '감성적으로' 이해해야 할 개념 중 하나다. 명확한 이해를 돕기 위해 마지막 문장의 원문을 그대로 옮기면 다음과 같다. "Not really flat, but just on the underneath side."

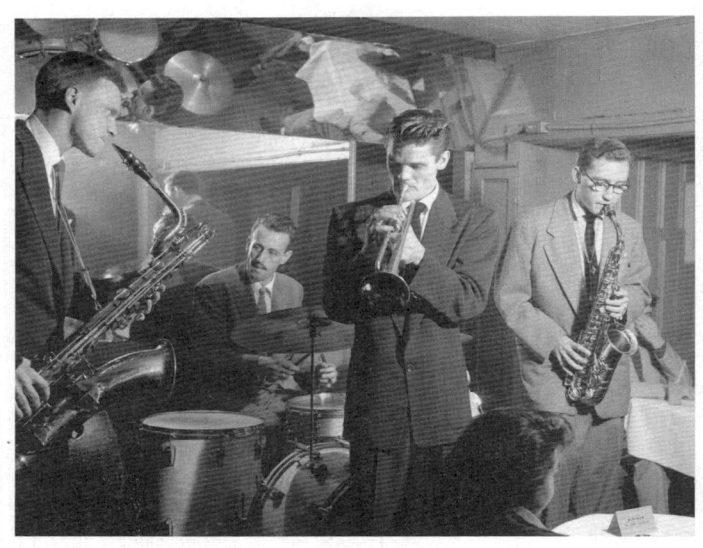

클럽 헤이그에서 연주 중인 제리 멀리건과 쳇 베이커. 오른쪽은 알토 색소포니스트 리 코니츠.

대표하는 공연 팀이 됐다. 그 모습은 마치 어느 저예산 필름 누아르에 나오는 재즈 클럽의 장면을 연상케 했다. 제리 멀리건과 쳇 베이커는 어두운 색의 양복 정장과 넥타이를 차려입었지만 이제 막 나이트클럽에 들어갈 수 있을 나이가 된 것처럼 젊어 보였고, 한구석에 마련된 무대의 가장자리에 나란히 섰다. 뒤쪽 벽의 거울 하나와 머리 위에 각진 채 내걸린 또 하나의 거울은 연주자들의 모습을 여러 각도에서 비췄고, 잘 차려입은 할리우드의 커플들은 웬만한 집의 거실보다도 크지 않은 클럽에 옹기종기 놓인 작은 테이블 주변을 가득 메웠다. 손님들은 의식적으로 무덤덤한 표정을 지은 채 연신 시가를 피워 댔다. 그러나 쳇 베이커나 제리 멀리건보다 쿨하게 보인 이는 아무도 없었다. 그들은 그저 무대에서 담담하게 연주만 할 뿐 그 이상의 것은 아무것도 보여 주지 않았다. 쳇 베이커는 바닥을 응시했고, 제리 멀리건은 조금 졸린 듯한 얼굴로 눈을 반쯤 감은 채 비트에 맞춰 고개를 끄덕이며 입술에서 무릎까지 내려온 묵직한 바리톤 색소폰에 손을 놀려 댔다. 섹시해 보였다. 그리고 다른 연주자들에게서는 들을 수 없던 음악이 흘러나왔다. 이 밴드가 헤이그에서 연주했던 며칠 동안 LA 출신의 트럼페터 허브 앨퍼트Herb Alpert 는 매우 깊은 인상을 받았다. 당시 열일곱 살이던 그는 후에 멕시코 스타일의 팝 밴드 티후아나 브라스Tijuana Brass 를 이끌며 큰 성공을 거두기도 했다. "쳇 베이커는 그야말로 번뜩이는 속도로 연주할 수 있더군요. 8분음표가 정확하게 아주 안정적으로 이어지는 스타일 말입니다. 그건 대부분의 트럼페터들에게 아주 놀랄 만한 일이었습니다. 왜냐하면 그가 연습을 거의 하지 않은 상태였다고 느꼈기 때문이죠. 쳇 베이커에 대해 이런 얘기를 들어 보셨을 겁니다. 그는 C코드를 누를 줄도 몰랐다. 그저 본능에 따라, 귀에 들리는 것에 따라 연주할 뿐이었다.”

제리 멀리건과 1953년에 결혼하기 전까지 헤이그에 자주 들렀던 알라인 브라운Arlyne Brown은 다른 이들이 눈치채지 못했던 두 연주자만의 관계를 목격했다. “무대에서 내려온 두 사람은 얼굴이 빨갛게 달아오른 채 잔뜩 흥분해 있곤 했어요. 그러고는 서로를 바라보다가 거의 부둥켜안다시피 할 때도 많았죠. 함께 연주한다는 사실이 너무나 기뻐 어쩔 줄 모르는 눈치였답니다.” 그러나 제리 멀리건과 쳇 베이커는 이런 사실을 관객들이 알지 못하게 했다. 이게 무슨 말이었을까. 보컬리스트 마크 머피Mark Murphy는 이렇게 설명했다. “열정을 드러낸다는 건 쿨하지 못한 태도였죠. 아무래도 상관없다는 투로 행동해야 한다는 겁니다. 무슨 말인지 이해할 수 있겠죠?”

미래에 모든 것이 달려 있다는 시대정신이 퍼져 있던 그즈음, 단지 순간의 집착에만 관심 있다는 듯 행동하는 것은 분명 극단적인 태도였으리라. 아마도 당시의 미국인들은 어렵사리 쟁취한 꿈에 푹 빠져 있었을 테니 말이다. 결국 문제는 대중의 반응이었다. 기독교적인 사고방식 속에서 가족과 함께 교외에서 안락한 삶을 누릴 수 있어야 한다는 굳은 신념은 누구든 행복을 위해 갖춰야 하는 조건처럼 인식됐다. 연주를 듣기 위해 헤이그로 운전하고 온 사람이라면, 차 안의 라디오에서 흘러나오던 낭만적인 가사의 노래들을 마주했을 것이다. "영원히"나 "언제나" 같은 단어들로 가득 찬 노래들 말이다. 도리스 데이Doris Day는 무조건적인 재미만 추구하던 젊은이들을 향해 "내가 사랑에 빠진다면, 그 사랑은 영원할 거야"*라며 단호한 심정으로 노래했다. 그리고 프랭키 레인Frankie Laine 역시 그의 최고 히트곡 중 하나인 〈I Believe〉에서 마치 제대 위에 오른 성직자가 된 양, 나무와 꽃들이 끊임없이 만발하는 가운데 하느님이 미국인의 영원함을 돌볼 것이라고 확언하지 않았던가.

햇살 가득한 낙천주의가 세상을 뒤덮은 가운데, 반항적인 젊은이들의 새로운 문화를 이끈 첫 영웅들이 등장했다. 말런 브랜도 Marlon Brando와 몽고메리 클리프트Montgomery Clift, 그리고 바로 제임스 딘James Dean. 이들은 미국에 퍼져 있던 헛된 희망에 대한 염증을 상징적으로 드러낸 인물이었다. 영화 속에서 이 배우들은 신경과민에 빠져 최후를 맞이한 역할로 분했고, 심적 혼란에 떨며 잘 알아들을 수 없는 말을 중얼거렸다. 마치 그들이 지닌 분노가 너무 어두워서 잘 표현할 수 없다는 듯이 말이다. 그들은 이러한 경향을 통해 민감한 감성을 극적으로 표현했으며, 소수의 사람만이 가지고 있는 삶의 깊이를 깨달은 것처럼 저 멀리 한곳에 스스로를 떨어뜨려 놓게 했다. 노먼 메일러Norman Mailer**는

• 오랜 세월 동안 최고의 인기를 누리고 있는 스탠더드 곡 중 하나인 〈When I Fall in Love〉의 첫 소절 가사.
•• 매우 성공적인 경력의 작가 노먼 메일러는 2007년 세상을 떠날 때까지 노익장을 과시하며 날카로운 필력을 선보였다. 지난 2003년, 부시 미국 대통령의 이라크 침공을 강력히 비난하는 글을 발표해 화제가 되기도 했다.

1957년에 발표된 문제의 에세이 『하얀 검둥이 *The White Negro*』에서 "미국의 실존주의자인 새로운 경향의 젊은이들"을 찬미했다. 그는 매 순간 모든 것을 운에 맡기며 살아가는 흑인들의 삶을 매우 깊이 있게 조명했으며, 상상력을 발휘해 자기 자신을 명예 흑인으로 설정하기도 했다. 신경향의 젊은이들은 체제순응적인 미국인들이 결국 파멸에 이를 것이라 주장했고, 그 파멸은 끔찍한 핵폭발이나 영혼을 진정으로 숨 쉬게 해 주는 "모든 창조적이고 반항적인 본능"에 의해 마무리될 것이라고 했다. 그래서 그 당시 이들이 제시한 해답은 "죽음에 이를 수 있는 위험이 목전에 있는 듯 삶을 살아야 하고, 사회로부터 자기 자신을 격리해야 하며, 뿌리에 대한 집착을 떨쳐 버린 채 자기 자신만의 반항적인 규범에 따라 미지의 여행에 나서야 한다"는 것이었다.

제리 멀리건과 쳇 베이커는 그들만의 방식으로 바로 이 길을 택한 것과 같았다. 무엇보다 이들은 다른 이들에게 그 어떤 것도 강요하지 않을 것임을 명백히 했다. 관심이라곤 오직 그들 자신과 음악뿐, 대중이 아니었다. 물론 이러한 집착이 바로 마약에서 비롯된 것이었음을 알아챌 만큼 날카로운 시선을 지닌 이들은 주변에 얼마 없었다. 그것이 어떤 종류의 마약이었는지는 중요하지 않았다. 그때까지도 대부분의 사람들은 대마초든 헤로인이든 모든 것이 지옥으로 가는 급행열차라고 단순하게 생각했을 뿐이었다. 몇 년에 한 번씩 극장에서는 대마초를 피우는 악마들의 이야기를 다룬 1936년 영화 「대마초의 광기 Reefer Madness」를 상영했다. 결국 이 영화는 대중 교육을 위한 고전이 됐고, 1950년대에 이르러 그 안에 담긴 메시지—대마초가 폭력과 환각을 이끌어 내고 더 강한 마약에 손을 뻗게 해서 결국 죽음에 이른다는 얘기—는 상식적인 사실로 인식됐다. 그러던 1948년, 영화계 스타인 로버트 미첨Robert Mitchum이 대마초 소지로 경찰에 체포됐을 때 사람들의 충격은 이루 말할 수 없었다. 그토록 대범하고 남자다운 눈빛을 지녔던 그가 대마초를 피우리라고 누군들 상상할 수 있었겠는가. 할인점에 들른 엄마들은 애들이 『마약쟁이, 회복되지 못한 어느 마약중독자의 고백Junkie: Confessions of an Unredeemed Drug Addict』이나 『그건 대마초가 아니야It Ain't Hay』 같은 싸구려 소설책들이 꽂힌 회전 판매대 쪽으로는 아예 가까이 가지도 못하게 했다. 『그건 대마초가 아니야』의 표지에는 관 모양의 보트에 타고 있는 해골이 그려져 있었고, 그 머리맡에는 커다란 대마초 담배가 놓여 있었다.

제리 멀리건 쿼텟이 헤이그에서 데뷔하던 해 할리우드로 이주해 온 작가 리처드 람파스키Richard Lamparski는 당시 대마초가 철저히 금기시됐다는 사실을 알고 있었다. "사람들이 대마초를 피우지 않는 게 꼭 중독성을 두려워했기 때문만은 아니었어요. 그러니까, 법으로 엄격히 금하고 있던 이유도 컸습니다. 한 번 잡히면 아주 큰 곤욕을 치러야 했거든요. 그 당시 할리우드에서 대마초를 피우면 마치 사디즘이나 마조히즘에 연루된 것 같았습니다. 금세 사람들 사이에 얘기가 쫙 퍼져 나갔죠." 쳇 베이커의 대마초 흡연 사실이 대중에게 알려진 것은 1952년 말에 일어난 사건 때문이었다. 12월 23일, 한 경관이 차 안에서 대마초를 피웠다는 혐의로 쳇 베이커와 밥 위틀락을 잡아들였다. 조사 결과 앞좌석 밑에서 대마초 한 통이 발견됐고, 둘은 그날 밤 유치장에 갇혔다. 그러나 쳇 베이커는 운이 매우 좋았다. 혐의를 인정했고, 겨우 석 달의 집행유예로 풀려났다.

묘하게도 이 사건은 『타임』지의 추적을 못 받았다. 12월 23일에 발행된 이 잡지는 제리 멀리건과 그의 동료들에 대한 이야기를 꽤 호의적인 시각으로 다루고 있었으니 말이다. 기자는 다음과 같이 썼다. "비밥의 광적인 극단성에 비해 제리 멀리건의 재즈는 마치 바흐를 연상케 하는 대위법으로 치장된 채 풍부하면서도 잘 정돈돼 있다." 실제로 제리 멀리건은 스스로를 바흐에 버금가는 천재로 비유했으며 기자에게 다음과 같이 말했다. "나는 더없는 진지함으로 음악을 마주합니다. 내가 기억할 수 있는 아주 어린 시절부터 이미 피아노에 앉아 곡을 만들었는데, 다른 사람이 만든 곡은 연주하기 싫어했어요." 이 기사가 세상에 알려지자, 헤이그는 그 어느 때보다 많은 사람으로 북적이기 시작했다. 사우스켄모어 애비뉴를 따라 길게 줄이 늘어섰으며, 바에는 팬들이 세 겹으로 늘어선 채 순서를 기다렸다. 그리고 클럽 밖에 리무진들이 도착하면서 그들의 밤은 대낮처럼 환하게 밝혀졌다. 차에서 내려 푸른 잎으로 장식된 입구에 들어선 사람은 영화배우 로버트 미첨이나 제인 러셀Jane Russell, 혹은 매릴린 먼로Marilyn Monroe일 때도 있었다. 제인 러셀에 의하면 친구인 로버트 미첨은 이 밴드의 레코드들을 "아침에도, 낮에도, 밤에도" 들었다고 했다. 그녀는 『다운 비트』와 가진 인터뷰에서 이렇게 말했다. "그들의 음악은 정말 대단하다고 생각해요. 어떻게 편곡했든 그런 건 잘 모르겠지만 말이에요." 그러나 헤이그에서 칵테일을 나르던 제피 보이드Jeffie Boyd는 제리 멀리건 쿼텟이 성공한 이유를 다른 데서 찾았다. "잘생긴 백인 연주자들이었잖아요. LA에서는 역시 백인이 최고죠. 사실 흑인들에 대해서는 사람들이 어떻게 받아들여야 할지 주저하곤 했으니까요."

색소포니스트 허브 겔러에 의하면, 헤이그의 주인이었던 존 베넷John Bennett — 오하이오 톨레도 출신으로 본명은 존 번스타인John Bernstein — 은 "클럽의 인기를 유지하기 위해 천박한 근성을 한껏 드러냈다." 그는 빵가루와 수프 자국이 잔뜩 묻은 넥타이를 맨채 오페라나 아트 테이텀에 대한 잡다한 얘기들을 사람들 앞에서 연신 지껄여 댔다. 사실 헤이그는 세련된 것과 거리가 먼 클럽이기도 했다. 카슨 스미스의 말을 들어 보자. "아마 사람들이 낮 시간에 클럽 안을 봤다면 밤에 오기가 싫었을 겁니다. 벽은 갈라져 있었고, 카펫도 다 떨어져서 들린 상태였죠. 게다가 바퀴벌레며 거미들은 또 어떻고요. 밤에는 어두워서 보이지 않았겠죠." 윌리엄 클랙스턴도 클럽의 촌스러운 장식을 기억하고 있었다. "모든 게 다 이상한 핑크색으로 칠해져 있었습니다. 벽에는 싸구려 그림들이 걸려 있었죠."

헤이그가 그저 그렇고 그런 싸구려 술집에 불과했다는 사실은 어떤 것으로도 감출 수 없었다. 그러나 제리 멀리건에게 자신이 연주하는 곳은 모두 카네기홀이나 다름없었다. 더구나 『타임』지에 등장하면서 이제는 명사 취급을 받게 되지 않았던가. 연주 도중 떠들거나 웃거나 혹은 잔을 부딪치는 관객이 보이기라도 하면 그는 허식적인 분노를 역시 쿨하게 드러내며 꾸짖기를 주저하지 않았다. 그러고는 머쓱한 표정으로 몸 둘 바 몰라 하는 이들에게 그 현장에 있는 것이 행운이라는 점을 알려 주면서 이렇게 말했다. "여러분은 지금 내 음악을 듣기 위해 이곳에 있다는 사실을 잊지 마시오!" 종종 그의 말에 동의하지 않는 이들을 마주하게 되면 즉시 클럽 밖으로 나가 달라고 요구했다. 제피 보이드는 이렇게 말했다. "좀 문제가 있었죠. 제리 멀리건은 화를 너무 쉽게 내는 스타일이었어요."

제리 멀리건의 오만함은 이미 여성 관객들의 시선과 다른 연주자들의 귀를 사로잡고 있던 쳇 베이커의 주의를 새롭게 환기시켰다. 잭 셸던이 말했다. "그의 사운드는 마치 사탕 같았어요. 그야말로 대단했죠." 월터 노리스는 쳇 베이커를 "어린 신"이라 부르며 다음과 같이 덧붙였다. "스물두 살쯤 됐을 때 그의 연주는 정말 불꽃을 피웠죠! 택하는 음들은 마법 그 자체였습니다." 카슨 스미스 역시 쳇 베이커의 연주가 그토록 뛰어났음을 전혀 의심하지 않았다. "나는 매일 밤 그의 소리를 들었습니다. 그런데 하루도 같은 연주를 반복한 적이 없었어요. 그 모든 아이디어가 다 어디에서 나왔는지 지금도 궁금할 정도랍니다." 그러나 막상 쳇 베이커는 이에 대해 특별한 언급을 하지 않았다. 무대 위에 올라가 있을 때 무슨 생각을 하는지 물어도 그저 "다음에 연주할 예쁜 음들"이라며 의미심장한 대답을 했을 뿐이다. 그즈음 벳 데이비스Bette Davis와 영화 「이브의 모든 것All About Eve」에서 함께 주연을 맡았던 앤 백스터Anne Baxter의 생일파티에서 제리 멀리건 쿼텟이 연주를 맡았을 때도 쳇 베이커는 특별히 흔들리는 기색을 보이지 않았다. 카슨 스미스는 이렇게 얘기했다. "그 잘나가는 사람들이 함께 얘기하고 싶어 안달이었는데도 쳇 베이커는 별 관심을 보이지 않더군요. 막상 누가 말을 걸어도 대화에 아무런 진전이 없는 거예요. 그러고는 그냥 구석에 앉아 레코드만 듣고 있지 뭡니까. 몇 년이 지나서야 나는 깨달았죠. 왜 그가 그토록 마약에 깊이 빠져들었는지 말입니다. 결국 그 친구는 현실에서 도망치고 싶었던 겁니다."

사실 쳇 베이커는 다른 사람들과 직접적으로 마음을 터놓은 채 소통하는 것이 거의 불가능했다. 그가 관계한 대부분의 사람들은 결국 그에게 뭔가를 내주거나, 이용당하거나 혹은 실망을 맛봐야 했다. 알라인 브라운도 그가 보여 준 행동을 기억했다. 쳇 베이커는 그녀가 알고 지내던 모든 음악인 중 "음악에 대해서는 매우 민감하지만 그 이외의 세상에 대해서는 둔감했던" 인물이었다고 했다. 루스 영은 세월이 흘러 결국 그를 정신병자로 정의할 수밖에 없었다. 로버트 미첼 린드너Robert Mitchell Lindner가 1944년에 발표한 책 『이유 없는 반항, 정신질환 범죄자에 대한 최면분석 *Rebel Without a Cause: The Hypnoanalysis of a Criminal Psychopath*』에 나오는 부류의 사람들 같았다고 하면서 말이다. 이 책에는 다음과 같은 대목이 나온다. "정신질환은 이유 없는 반항이다. 그것은 표어 없는 선동이며 계획 없는 혁명과 같다. 다르게 표현하면, 이들의 반항심은 자기 자신만 만족할 수 있는 목표에 초점이 맞춰져 있다. 다른 이들을 위해 뭔가를 해야 한다는 생각은 할 줄 모르며, 마치 어린아이처럼, 정신병자는 욕심을 채웠을 때의 기쁨을 잠시 접어둘 줄 모른다." 쳇 베이커와 함께 살면서, 루스 영은 이러한 쳇 베이커의 행동이 어디에서 비롯됐는지 알게 됐다. "그이가 얼마나 불쌍한 사람이었는지 아세요? 아마 이 세상에 그보다 더 불안정한 사람은 없었을 거예요. 그리고 그 모든 불안 요소를 그가 할 수 있는 최선의 방법으로 묻어 두려 했던 것이랍니다."

밥 위틀락에 의하면, 그 최선의 방법 중 하나는 비록 잠시뿐이더라도 스타가 되는 것이었다. 하루는 쳇 베이커가 아주 멋진 새 외투 하나를 걸치고 헤이그에 들어서더란다. "와, 정말이지 그 친구는 자기가 무슨 클라크 게이블Clark Gable이라도 된 것처럼 행동하더군요. 그러자 클럽에 있던 많은 이들이 정말 멋지다고 호들갑을 떨며 잔뜩 기를 살려 주었죠. 쳇 베이커는 그런 사람들의 반응을 내심 즐기는 눈치더라고요." 잭 셸던은 쳇 베이커를 "영화 속의 주인공"에 비유했다. "언제나 컨버터블 차를 몰고 다녔죠. 큰 개 한 마리와 여자를 태우고 다니면서요." 한동안 여인들에 대한 관심이 쳇 베이커의 머릿속을 파고들었다. 치코 해밀턴을 대신하여 밴드에서 드럼 연주를 맡았던 래리 벙커는 이렇게 말했다. "쳇 베이커에게는 언제나 여자들이 넘쳐 났습니다. 눈에 띄는 여자마다 다 건드리고 다녔죠. 아내인 샬레인은 완전히 찜짝 취급한 채 말입니다. 연주하다가 10분 동안 휴식 시간을 가질라치면 샬레인이 클럽 안에 앉아 있는데도 다른 여자를 밖으로 불러 내 차 안에서 그 짓거리를 해 대는 거예요. 그게 그의 스타일이었는데 누가 뭐랍니까. 그래요, 아주 멋진 남자였죠. 누구보다 그 자신도 그걸 잘 알고 있었고요."

　사람들에 의하면, 한번은 쳇 베이커가 어느 여자에게 마음을 빼앗긴 적이 있었다. 1953년, 그의 관심을 사로잡은 이는 티파니 클럽의 주인 잭 터커의 섹시한 딸 조이스 터커였다. 어려서 아역배우로 영화에 출연하기도 했던 그녀는 헤이그와 티파니의 중간에 위치한 코코넛 그로브에서 카메라 걸로 일하고 있었다. 훤칠한 키에 날씬한 몸매를 가졌던 그녀는 재즈 연주자들과 매우 친밀한 관계였기에 종종 재미를 볼 생각으로 클럽에 나오곤 했다. 물론 어디서든 상대를 구할 수 있었다. 조이스 터커는 남편인 클라리네티스트 마빈 코랄Marvin Koral과 함께 제리 멀리건 쿼텟을 보기 위해 종종 헤이그를 찾았다. 정확히 말하면 그녀의 관심 또한 쳇 베이커였다. 쳇 베이커는 적갈색 머리와 "깊게 팬" 갈색의 큰 두 눈을 보자마자 그녀에게 "매료돼 버렸다." 조이스 터커 역시 그를 뚫어져라 쳐다봤는데, 쳇 베이커에 의하면 남편인 마빈 코랄이 설마 모르지는 않았을 거라고 했다. 그러다가 그녀 혼자 헤이그에 오는 날이 많아졌고, 쳇 베이커의 말대로라면, 오래 지나지 않아 쉬는 시간이면 앰배서더 호텔 뒤에 주차한 차 안에서 함께 시간을 보내는 사이가 됐다. 몇 달 동안 두 사람은 그들만의 비밀스러운 관계를 유지하며 철없는 아이들처럼 지냈다. 둘 모두 배우자가 있는 상태였으니 꽤 위험했을 텐데 말이다. 러스 프리먼은 어느 친구의 집에서 여러 사람과 함께 모여 있던 날을 기억했다. 쳇 베이커와 조이스 터커 역시 그 자리에 있었다. 사람들이 웃고 떠들던 중, 쳇 베이커가 조용히 바닥 한가운데 눕더니 갑자기 목청껏 이렇게 외쳤다. "하고 싶어 미치겠어!" 그 자리에 있던 모든 이들은 그 대상이 조이스 터커였음을 눈치챘으며, 그녀는 한편에서 킥킥대며 웃고 있었다. "내 생각에, 쳇 베이커는 자기가 남자답다는 걸 보여 주고 싶었나 봐요. 자기가 원하면 다른 사람들이 뭐라 하든지 언제든 할 수 있고, 또 말할 수 있다는 걸 과시하고 싶었던 거죠."

쳇 베이커가 문제를 일으키며 즐거워했던 반면, 제리 멀리건은 마약 복용을 끊지 못했음에도 나름대로 자신의 삶이 잘 정돈돼 있기를 갈망했다. 게일 매든과 헤어진 그는 거의 충동적으로 제피 보이드에게 집중했다. 20대 초반의 그녀는 똑똑하고 쾌활했으며 거무스름한 피부를 가지고 있었다. 뉴욕에서 자라난 그녀에게 LA는 지적인 휴식을 위한 공간이었다. 그녀는 제리 멀리건의 뛰어난 지능과 "어딘지 썰렁해 보이는" 유머 감각을 좋아했다. 두 사람은 홀연 자취를 감춰 멕시코로 여행을 다녀왔으며, 다시 "팜 스프링스와 그 주변"으로 신혼여행을 떠났다. 제피 보이드에 의하면 제리 멀리건은 신혼여행을 간 곳에서 헤로인을 끊겠다고 작심했던 모양이다. 그녀는 그때 일어난 일을 다음과 같이 설명했다. "내가 그를 도와야 했어요. 하지만 난 참 바보 같아서 뭘 어떻게 할 줄 모르겠더라고요. 그래서 일단 이렇게 말했죠. '물론이에요. 내가 당신을 도울 수 있으면 나도 행복하겠어요.' 나는 그를 방 안에 가둔 채 문을 잠가 버리고는 수영장에 가서 누워 버렸답니다. 그런데 그가 고함을 치기 시작하더군요. 당장 의사를 불러오라고 말이에요. 하지만 난 계속해서 이렇게 말했죠. '안 돼요.

의사 없이 혼자 이겨 내야 해요.' 그렇게 사흘인가 나흘 동안 그를 내버려두었어요. 그런데 나중에 집에 돌아오자마자 그는 다시 마약에 손을 대더군요."

제리 멀리건은 가능하면 모든 것이 정상적으로 보이도록 많은 애를 썼다. 그는 중독에서 벗어나려고 나름대로 노력하면서도 마약 살 돈을 구하기 위해 밖에서 들어오는 편곡 일을 병행했다. 래리 벙커는 이렇게 말했다. "그는 항상 아주 높은 자리에 서 있는 것처럼 행동했습니다. 모든 상황에 대한 결정 또한 그가 내렸죠." 제리 멀리건은 쳇 베이커를 포함한 그 누구 앞에서도 마약을 주사하는 모습을 보여 주지 않았으며, 헤로인과 그에 필요한 여러 도구들도 언제나 집 뒤에 있는 차고 밑에 감춰 두었다. 그는 헤이그 인근의 노스하버드대로 1818번지에 월세로 살고 있었다. 하지만 쳇 베이커는 숨길 수 없는 여러 증거들 때문에 그가 얼마나 심각한 상태인지 알 수 있었고, "잔뜩 긴장한 채 신경과민처럼 보이다가, 때로는 신경질을 너무 심하게 내던" 제리 멀리건과 마주쳤다. 무대에 서면, 마치 색소폰을 연주하고 있는 것처럼 손이 떨리기도 했단다.

친구들의 전언에 의하면, 제리 멀리건과 쳇 베이커는 마약 문제를 비롯한 그 어떤 것에 대해서도 마음을 터놓고 지내지 못했다. 음악을 제외한다면 마치 연결될 수 없는 사람들처럼 보였다던가. 이런 문제는 제리 멀리건 부부가 쳇 베이커 부부에게 함께 집을 쓰자고 했을 때 명확히 드러났다. 제피 보이드는 말했다. "뭐랄까, 우리는 서로 각자의 길을 가고 있는 듯했어요. 두 집이 서로 소통했던 기억이 아예 없었거든요. 아마 함께 식사한 적도 없었을 겁니다. 정말 이상한 일이었죠." 제리 멀리건은 밴드의 동료들에게도 냉담해 보였으며, 래리 벙커는 스스로 그에 대해 아는 바가 거의 없다고 느낄 때가 많았다. 하지만 제리 멀리건은 다른 모든 사람을 같은 방식으로 대했다. 심지어 제피 보이드는 부부 사이에서도 그다지 공통점이 없었다는 사실을 깨달았다. "우리 두 사람의 관계가 시작되기 전부터 이미 모든 게 정해진 것이나 다름없었어요."

제리 멀리건 쿼텟에 대해서도 같은 양상이 엿보였다. 퍼시픽 레이블이 제작한 레코드들이 점차 쌓여갔지만, 깔끔하게 마무리된 뒤 3분의 시간 속에 담긴 밴드의 상쾌한 어울림과 조화로운 음악성은 점차 빛을 잃고 엷어지기 시작했다. 〈My Funny Valentine〉이 밝은 미래를 제시했건만, 그들은 아직도 스스로 만든 쿨의 벽 뒤에 갇혀 있는 듯했다. 더구나 〈Darn That Dream〉과 〈I Can't Get Started〉처럼 우수 어린 발라드를 연주하면서도 멤버들은 일정한 거리를 엄격하게 유지했다. 따지고 보면 지극히 자연스럽게 진행됐어야 할 일이지만, 제리 멀리건의 음악이 너무 냉정한 이성의 손에 의해 움직인 탓이 컸다. 제피 보이드는 그가 마치 해군 상사처럼 베이시스트들을 훈련시켰다는 사실을 잊지 않았다. 연주할 파트를 모두 외우기 전에는 연습하던 그의 집에서 나가지 못하게 했다던가. 결국 이 과정 속에서 제리 멀리건은 밥 위틀락을 해고해 버렸다. "맞습니다. 내가 거기서 버티지 못한 거죠. 나는 마치 부속품처럼 이용되고 있었어요. 아마 내 인생에서 가장 안 좋았던 시기 중 하나가 바로 그때였을 거요." 밥 위틀락은 모든 것을 인정했다. 제리 멀리건은 그를 대신해 카슨 스미스를 택했는데, 그런 다음에도 툭하면 밴드 밖으로 내쫓았다가—"내가 원하는 식으로 연주하고 있지 않잖아!"—다시 받아들이기를 반복했다. 또한 제리 멀리건은 드러머 래리 벙커의 역할을 단순히 템포를 맞추는 것으로 축소해 버렸다. "그가 말한 대로 따라야 했습니다. 어떨 때는 아예 드럼 스틱이 필요 없겠다는 생각이 들 때도 있었어요. 그냥 브러시만 문지르고 있으면 됐거든요. 그가 요구한 게 그거였으니까요." 래리 벙커는 그렇게 말했다. 그 와중에 제리 멀리건은 연습과 작곡에 몰두하며 하루 종일 집에서 보낼 때가 많았다. 제피 보이드는 말했다. "모든 게 음악, 음악뿐이었죠." 그리고 그는 잘 준비돼 있지 않은 연주자와 협연하는 것을 특히 못 견뎠다. 『다운 비트』에 실린 기사의 제목 중에는 이런 것도 있었다. "제리 멀리건이 말하다—아마추어들은 모두 없애 버릴 것!"

1953년의 어느 날, 제리 멀리건은 쳇 베이커에게도 섭섭한 마음을 갖게 됐다. 어느새 그의 인기는 제리 멀리건의 그것을 넘어서고 있었으며, 외견상 이를 위해 쳇 베이커가 특별히 벌인 노력은 없어 보였다. 그가 책상에 앉아 작곡과 편곡을 위해 오랜 시간을 보내는 동안, 쳇 베이커는 해변에 누워 휴식을 취하거나 언덕에 올라 연날리기를 즐기지 않았던가. 그리고 자신은 좋은 음악을 만들려고 온갖 지적인 수고를 쏟아붓는데, 쳇 베이커는 악기에 입을 붙이고는 그냥 뭔가 뽑아내기만 하면 되는 것 아니었나 말이다. 급기야 제리 멀리건은 쳇 베이커에 대한 모든 것이 짜증스럽게 느껴지기 시작했다. "재규어 승용차로 할리우드힐스를 시속 160킬로미터로 내달리다가 갑자기 차를 돌려 거꾸로 회전하거나 코너에서 위험하게 급커브를 틀어 대는" 운전 습관은 어떠하며, 마룻바닥이나 소파에 아무렇게나 드러눕고 애들처럼 물총으로 장난이나 쳐대는 "생활 습관"은 또한 어떠했던가. 제리 멀리건이 볼 때, 평소에는 스키나 수영, 하이킹으로 내내 놀기만 하다가 헤이그에 와서는 최소한의 연습도 없이 연주에 임하는 쳇 베이커의 태도는 이해하기 힘든 것이었다. 이로부터 40년이 흐른 뒤에도 제리 멀리건은 그에 대해 불평을 늘어놓곤 했다. 피곤에 지친 쳇 베이커가 강한 햇살과 산속의 찬 공기에 입술이 다 터서 트럼펫을 연주할 때 음정이 자꾸 깨졌다는 얘기다. 그러나 제피 보이드는 제리 멀리건의 말에 동의하지 않았다. "우리를 포함한 관객들은 그런 걸 목격한 적이 없었어요. 그의 트럼펫 연주는 언제나 훌륭했죠." 어쨌든 쳇 베이커를 밴드의 스타처럼 대하는 관객들 때문에 제리 멀리건은 기운이 잔뜩 빠져 있었다. 그는 말했다. "쳇 베이커는 산 위에 우뚝 선 왕처럼 비추어지는 걸 좋아했습니다. 글쎄요, 쿼텟으로 연주를 벌인다면 산 위의 왕은 그가 아니라 당연히 나였어야 하는 거 아닙니까? 그 친구도 이 점에 대해서는 아무런 이의를 달지 않았습니다. 나의 리더십을 받아들였고, 얘기는 그걸로 끝나는 것이죠."

그러나 쳇 베이커도 나름대로 불만을 떨치지 못하고 있었다. 밥 위틀락의 말을 빌려 보자. "제리 멀리건은 쳇 베이커를 발견한 게 바로 자신이었으며, 그가 자기 부하나 다름없다는 말을 종종 했어요. 당연히 쳇 베이커는 은근히 분노를 품을 수밖에 없었죠. 기회만 되면 반발했던 것도 다 그만한 이유가 있는 겁니다." 쳇 베이커는 제리 멀리건에게 대놓고 뭐라 하는 대신 영국의 재즈 잡지인 『멜로디 메이커』와 인터뷰할 때 다음과 같이 얘기했다. "제리 멀리건은 정말 대단한 음악인입니다. 그러나 너무 많은 사람들이 그를 천재라 부르고 있죠. 그래서 그런지, 요새 보면 마치 자기가 재즈계에 등장했던 가장 위대한 존재인 것처럼 생각하는 눈칩니다. 글쎄요, 자기가 연주를 벌이는 동안 사람들을 조용히 시키려고 연설하는 것에 대해서라면 그 말도 틀리지는 않겠죠. 하지만 그렇게 얘기하는 시간이 15분씩 되거나 때로 그보다 더 길어지기라도 하면 무대 위에 서 있는 우리는 뭐가 됩니까. 우리는 별말을 하지 않거든요. 적어도 함께 있는 다른 연주자들까지 짓눌러 버릴 필요는 없는 것 아니겠어요." 코티지 이탈리아에서 두 사람이 처음으로 벌인 말다툼은 제쳐 두고라도, 제리 멀리건과 쳇 베이커는 서로에 대해 가진 불만을 털어 버릴 만큼 마음 편히 느낀 적이 없었다. 치코 해밀턴은 두 사람이 무대에서 연주하는 모습을 보면 "제리 멀리건은 북쪽으로 얼굴을 돌리고 쳇 베이커는 남쪽을 향하고 있는 것"이나 다름없었다고 했다. 그러나 다른 멤버들은 이들 둘의 마찰에 대해 굳이 명확한 언급을 피했다. 쳇 베이커가 평생토록 마주한 다른 이들과도 그랬던 것처럼, 둘의 관계는 터지기만을 기다리는 폭탄 같았다.

쳇 베이커는 조이스 터커와 비밀스러운 만남을 유지하면서 그녀의 남편과도 적당한 우정을 나누는 체했다. 어느 날 밤, 쳇 베이커는 카슨 스미스와 조이스 터커 부부를 차로 집에 데려다주고 있었다. 조수석에 조이스 터커의 남편인 마빈 코랄이 앉았고, 그와 쳇 베이커 사이에 조이스 터커가 자리했다. 카슨 스미스는 악기를 실은 채 뒷좌석에 앉았다. 그런데 카슨 스미스의 커다란 베이스가 앞좌석 쪽으로 뻗어 있어서, 어쩔 수 없이 조이스 터커 부부 사이에 벽이 생긴 것 같았다. 뒤에 앉아 있던 카슨 스미스는 앞좌석의 상황을 모두 지켜보았다. "마빈 코랄은 창밖을 내다보고 있었습니다. 어차피 운전석 쪽은 잘 보이지 않았죠. 그런데 그 와중에 쳇 베이커와 조이스 터커는 서로를 만지고 있는 것 아니겠어요? 나는 이렇게 생각했죠. 어이쿠, 이건 좀 위험한 거 아냐? 쳇 베이커는 마빈 코랄과도 친구처럼 지내는 사이가 아니던가." 두 남녀의 관계는 결국 큰일을 만들고 말았다. 어느 날 조이스 터커에게 급박한 전화가 걸려 왔다. 남편이 자기를 때렸다는 것이었다. 카슨 스미스는 당시 상황에 대해서도 잘 기억하고 있었다. "전화가 걸려 오자마자 대여섯 명이 당장 그녀의 집으로 달려갔죠. 그녀가 문을 열어 주는데, 이건 뭐 완전히 난장판이더군요. 냉장고는 넘어져 있지, 난로는 산산조각이 났지, 소파는 찢어져서 속이 다 드러났지, 게다가 침대 위의 매트리스와 유리창도 성한 게 하나도 없더라고요. 정말 믿을 수 없는 광경이었습니다. 마빈 코랄은 전혀 제정신이 아니었죠."

쳇 베이커에게 무자비한 적으로 등장한 사람이 하나 더 있었다. 할리우드 경찰의 마약 담당 특수부 책임자이자 LA 재즈계를 떨게 했던 존 에드워드 오그레이디John Edward O'Grady. 1948년부터

1958년까지 존 오그레이디는 형사대를 이끌고 무시무시한 마녀 사냥을 벌였다. 그는 자신이 벌인 수사 과정을 "내 인생의 꿈이자, 마약의 비굴한 협박에 대항하여 사회를 보호하는 일"이라 자랑스레 얘기했다. 당시의 사회 분위기에 발맞추어 전형적인 1950년 대의 십자군 역할을 떠안았던 그는 지저분한 암흑가로부터 LA가 처음부터 꿈꿔 오던 이상을 구해 내야 한다고 믿었다. 1974년에 발표한 회고록 『오그레이디 — 할리우드 최고의 사설탐정이 보낸 삶과 시간*O' Grady: The Life and Times of Hollywood's No. 1 Private Eye*』에서 그는 다음과 같이 썼다. "나는 마약중독자들이 왜 그 짓을 하는지 궁금하지 않았다. 내 관심은 오로지 그들을 잡아 처넣는 것뿐이었다." 그의 자기중심적인 정당성과 폭력은 그즈음 반공산주의의 광기를 드러내던 조지프 R. 매카시Joseph R. McCarthy 상원의원의 행태를 떠올리기에 충분했다.

오그레이디의 작전은 사실 잘 알려지지 않은 앙갚음의 마음에서 비롯됐다. 원래 그는 영화배우의 꿈을 가지고 있었지만 결국 실패한 뒤 연예인들을 탄압하는 역으로 변신했던 것. 이 과정에서 그의 이름과 얼굴이 신문을 통해 잘 알려지게 됐고, 어느새 자기 자신을 마치 B급 영화에 등장하는 멋진 형사처럼 치장하는, 무의식적인 패러디를 보여 준 것이었다. 190센티미터의 키에 90킬로그램이 넘는 몸무게의 건장한 체구를 지녔던 그는 군인처럼 짧게 깎은 머리에 검은 선글라스를 낀 채 진주가 박힌 연발총을 뒤에 차고 할리우드의 선셋 스트립을 활보했다. 자기 자신을 "마약 잡는 오그레이디 상사"로 지칭하며 "도시에서 가장 무서운 일류 경찰 빅 오Big O "라 소개하곤 했다. 그는 수색 영장이 없어도 의심 가는 집이라면 무조건 급습했으며, 음악인들을 거리로 끌어내 겁을 주거나 거래를 트고 있는 고객의 이름을 불지 않는 마약 딜러의 이를 부러뜨리기까지 했다. 그의 곁에서 함께 활동하던 심복 중에는 역시 큰 덩치에 거무스름한 피부를 지녔던 스페인계 형사 루디 디아즈Rudy Diaz도 있었다. 오그레이디가 이끄는 수사대에 체포당한 적이 있는 재즈 애호가 멜 바트필드Mel Bartfield는 루디 디아즈에 대해 이렇게 말했다. "아마 내 평생 만나 본 사람들 중에서 그토록 못되게 생긴 놈은 또 없을 겁니다. 그냥 바라보기만 해도 무섭다고 느낄 정도였죠."

오그레이디의 수사 실적은 대단했는데, 어떤 사람들은 그가 LA 경찰의 역사상 가장 많은 마약 관련 범죄자를 잡아들였다고 말했다. 대략 2,500명 정도 되는 중독자와 딜러들이 혐의를 받았는데, 그중에서 적지 않은 수는 누명을 쓰기도 했다. 오그레이디는 재즈 연주자들을 사회의 쓰레기로 생각했으며 결국 그의 주된 목표물로 삼았다. 그가 남긴 회고록을 다시 들추어 보자. "나는 그놈들을 짓밟기 위해 일을 시작했다. 그리고 거의 목표를 이루었다." 여기서 말하는 "그놈들" 중에는 스탠 게츠와 빌리 홀리데이, 그리고 재즈 팬이자 코미디언이던 레니 브루스Lenny Bruce도 포함돼 있었다. 그리고 이 책에는 오그레이디의 허풍스러운 이야기도 실려 있다. "나는 가장 위대한 색소포니스트 찰리 '야드버드' 파커를 뒤쫓았다. 도시를 벗어날 때까지 추격은 계속됐고 결국 그를 체포할 수도 있었다. 그의 팔은 온통 헤로인을 투여한 주삿바늘

자국으로 가득했다. 그러나 그는 너무 늙었고, 또 심하게 취해 있었다. 나는 생각했다. 그를 체포하느라 굳이 시간을 낭비할 필요가 있겠는가, 하고 말이다. LA가 그를 감옥에 가둬 두기 위해 써야 할 단 한 푼도 아껴야 한다고 판단했다."

마약과 관련된 뒷얘기가 제리 멀리건과 쳇 베이커 주변을 몇 달동안이나 떠돌았다. 그러던 1953년 4월의 어느 날 밤, 무대 위의 연주자들은 오그레이디와 그의 파트너인 딕 힐Dick Hill 형사가 클럽 한구석의 테이블에 앉아 자신들을 응시하고 있다는 걸 깨달았다. 감시는 며칠 동안 계속됐다. 제리 멀리건은 책임을 쳇 베이커에게 돌리며 이렇게 말했다. "시간이 지날수록 신경이 쓰여서 못견디겠더군요. 오그레이디는 쳇 베이커를 미끼 삼아 클럽에 종종들르곤 했습니다. 그는 이리저리 둘러대기도 참 잘했거든요. 그러니 더더욱 그에게서 시선을 떼지 않은 거죠." 멜 바트필드도 동의했다. "오그레이디는 쳇 베이커를 혐오했어요." 물론 쳇 베이커도 오그레이디를 그렇게 생각했다. 매사추세츠주의 워체스터로연주 여행을 갔던 1955년, 쳇 베이커는 자신과 오랜 우정을 나누게 된 타악기 연주자이자 드럼 기술자 빌 러프버러Bill Loughborough와 함께 두 명의 집시를 만났다. 그리고 오그레이디와 딕 힐이 해코지를 당하도록 마법을 걸게 했다. 늦은 밤, 그들은 숲속으로 들어가 모닥불을 피우고 그 주변에 둘러앉았다. 집시들은 두 경찰의 이름을 부르며 주문을 외웠고, 진흙으로 만든 작은 인형의 몸을 핀으로 마구 찔러 댔다. 세월이 지나 쳇 베이커는 그때 집시들이 걸었던 저주의 마법이 효과적이었다고 말했다. 오그레이디는 결국 마약 단속반에서 물러났으며, 들리는 소문에 의하면 딕 힐도 머리를 술병에 맞아 큰 부상을 당했다는 얘기였다.

하지만 정작 집시들의 마법이 필요했던 건 1953년 4월이었다. 오그레이디와 딕 힐은 제리 멀리건과 쳇 베이커를 잡아넣기로 마음먹었다. 4월 13일, 밴드가 클럽에서 한창 연주하고 있던 시각에 잠복근무 중이던 형사들은 노스하버드대로에 위치한 연주자들의 집으로 쳐들어갔다. 집에는 제피와 샬레인뿐이었다. 길 건너에 조용히 차를 댄 뒤, 오그레이디는 일단 밖에 있던 제피의 스포츠카를 수색했다. 혹시라도 도망가지 못하도록 자기가 주차하다가 사고를 낸 것처럼 위장한 채 제피의 차 범퍼에 잠금장치를 했다. 그러고는 대문을 두드렸다. 제피가 누구냐고 묻자, 오그레이디는 실수로 그녀의 차를 "망가뜨린 데 대한" 손해 배상을 위해 보험회사의 번호를 일러 주겠다고 대답했다. 제피가 문을 열고 차를 살펴보기 위해 고개를 내미는 순간, 오그레이디는 그녀를 옆으로 밀치고는 집 안으로 들어갔다. 수풀에 숨어 있던 수사대 형사들이 바로 가세했다. 샬레인은 서둘러 화장실 안에 숨어서 문을 잠근 뒤 대마초가 들어 있던 깡통을 변기에 쏟아부었다. 샬레인이 모습을 보일 때까지 오그레이디는 계속해서 화장실 문을 두드리고 있었다. 그는 변기 안에서 미처 내려가지 못하고 남아 있던 몇 가닥의 대마초를 발견했다. 체포를 위해서는 충분한 양이었다. 미친개들처럼 분노를 감추지 못한 채, 오그레이디와 딕 힐은 헤로인을 찾아내기 위해 온 집 안을 샅샅이 뒤졌다.

더 이상 아무것도 발견하지 못한 형사들은 제피와 샬레인을 대마초 소지죄로 체포한 뒤 그들을 데리고 헤이그에 갔다. 그러고는 연주자들을 클럽 사무실로 오라고 명령했다. 소매를 걷어 보라는 말이 떨어졌다. 제리 멀리건의 팔에는 흔적이 남아 있었다. 오그레이디는 이렇게 속삭였다. "저것 보라고. 주사한 지 얼마 되지도 않은 것 같은데!" 제리 멀리건의 담담하던 얼굴이 이내 일그러졌다. 카슨 스미스는 당시의 상황을 이렇게 얘기했다. "제리 멀리건은 그대로 주저앉더니 울음을 터뜨릴 지경이었습니다. 자포자기한 듯 너부러지더군요. 쳇 베이커는 그냥 옆에 한 발짝 물러서서 가만히 지켜보고 있었죠." 쳇 베이커 부부와 제리 멀리건 부부를 다시 집으로 데려간 오그레이디는 제리 멀리건에게 마약을 내놓으라고 윽박질렀다. 벌벌 떨며 눈물이 그렁그렁한 제리 멀리건은 비틀거리며 마당 뒤의 차고로 걸어갔다. 그곳에서 그가 내놓은 것은 주사기와 불에 그슬린 티스푼, 솜, 그리고 약간의 헤로인이었다. 너무 기진맥진해서 해야 할 말과 하지 말아야 할 말을 구분하지 못했던 제리 멀리건은 이렇게 중얼거렸다. "그래요, 아주 오랫동안 마약을 달고 살았소." 그는 오그레이디의 위협에 굴하지 않았다. 형사들은 팔뚝에 나 있던 주삿바늘 자국만으로 그를 체포할 수 있었다. 그러나 헤로인의 사용에 대해서만 범죄가 적용됐을 뿐, 소지죄를 가중하지는 않았다.

잠시 뒤, 네 사람은 LA 시내의 경찰서에 모여 앉아 있었다. 조서 작성이 끝나고 그들을 가리고 있던 패널이 치워지자, 파파라치들이 몰려들어 카메라를 들이대기 시작했다. 제피는 이렇게 말했다. "사방에서 플래시가 터지더군요. 너무 무서워서 어쩔 줄 모르겠더라고요." 다음 날, 『로스앤젤레스 미러Los Angeles Mirror』에 이런 제목의 기사가 실렸다. "뛰어난 색소포니스트인 비밥 연주자와 그의 동료, 그리고 그들의 두 아내, 감옥에 갇히다. 죄목은 마약 범죄." 그리고 그 옆의 사진 속에는 용의자인 네 명의 쿨한 젊은이들이 충격에 빠진 채 앉아 있었다. 제피는 눈물 어린 얼굴로 카메라를 바라보고 있었으며 샬레인은 코트로 얼굴을 가리려 하던 참이었다. 제리 멀리건은 비탄에 빠진 실패자의 표정이었고 쳇 베이커는 영문을 모른 채 어찌해야 할 바를 모르겠다는 눈빛으로 밖을 응시하고 있었다. "정말 쿨한 색소포니스트로, 그가 녹음했던 광적인 〈Bweebida Bobbida〉 같은 곡은 젊은이들이 머리 가죽을 벗겨 내는 느낌이다"라는 내용처럼, 신문 기사는 제리 멀리건을 한껏 조롱하고 있었다. 변호사는 그를 제외한 나머지 세 명에 대해서는 무죄를 주장했다. 실제로 제리 멀리건은 헤로인뿐 아니라 다른 이들이 함께 피우던 대마초에 대해서도 모두 자신의 것이라 주장하며 스스로 죄를 뒤집어썼다.

제피는 말했다. "그래요, 그이는 용감했어요." 그녀의 어머니가 보석금을 보내왔고 네 사람은 풀려날 수 있었다. 제리 멀리건의 재판은 6월로 예정됐다. 이 사건 덕에 헤이그는 오히려 더 유명해졌다. 그러나 제리 멀리건은 그에게 찬사를 보냈던 랠프 J. 글리슨으로부터 이번에는 크게 한 방 먹고 말았다. 그는 『다운 비트』에 실린 글을 통해 제리 멀리건 쿼텟을 가차 없이 재평가하며 "재즈계에서 가장 과대평가된 소규모 밴드"라 명명했다. 그는 이 밴드의 피상적이고 치장 많은 스타일이 "너무나 지루하기 짝이 없으며, 피아노를 사용하든 아니든, 그리고 자기가 벌이고 있는 작업에 대해 자만에 찬 설명을 하든 말든, 제리 멀리건은 스스로 듀크 엘링턴에 버금간다며 철없이 떠들어 댄 어린아이에 불과하다"고 썼다.

이 리뷰에 대해 제리 멀리건은 동료들에게 아무 말도 하지 않았다. 그저 6월에 석방만 되면, 그동안 힘들게 쌓아 올린 많은 것들을 현실 속에 다시 세울 수 있기를 바랄 뿐이었다.

4
내일은 오지 않는다

음악 경력이 잠시 주춤하고 사생활도 비틀거리던 제리 멀리건은 그 어느 때보다 손잡아 줄 누군가를 필요로 했다. 제피 보이드는 그에게 구원자가 되지 못했고, 그녀 역시 그럴 의향이 없었다. 결국 두 사람은 마약 사건으로 체포된 직후 헤어지고 말았다. 몇 주 뒤인 1953년 5월 8일, 제리 멀리건은 과거의 연인이던 알라인 브라운과 결혼했다. 그녀의 아버지 루 브라운Lew Brown은 1930년대에 인기를 끈 작곡팀 드실바, 브라운 앤드 헨더슨DeSylva, Brown & Henderson의 멤버였으며, 〈The Best Things in Life Are Free〉 같은 유행가를 만든 인물이었다. 그러나 이러한 환경은 막상 그녀의 지향과는 어울리지 않았다. 무뚝뚝한 사업가 스타일이던 알라인 브라운은 결혼과 동시에 제리 멀리건의 매니저를 맡았다. 그러고는 헤이그에서 그의 밴드가 받는 연주료를 일주일에 1,200달러 이상으로 올려 버렸다. 제리 멀리건은 뭐든지 알아서 척척 해내는 그녀의 행동을 기쁘게 받아들였다. 그리고 1957년 두 사람이 이혼할 때까지 제리 멀리건은 일과 관련해서 누군가 말을 건네면 언제나 이렇게 대답했다. "아, 나는 잘 모르겠군요. 알라인에게 얘기하시죠."

그러나 알라인이 개입된 상황이 제리 멀리건과 쳇 베이커를 조금이라도 가깝게 만든 것은 아니었다. 그녀는 이 트럼페터가 재능은 많지만 어딘지 머리가 좀 모자라다고 여겼으며, 쳇 베이커는 알라인이 신경을 거슬리게 하는 뻔뻔한 여자라고 생각했다. 그러나 제피 보이드는 알라인이 제리 멀리건이라는 짐을 떠안아서 다행이라고 받아들였다. 언젠가 두 여인이 헤이그의 화장실에서 맞닥뜨렸을 때, 제피는 불쑥 이렇게 말했다. "당신이 나타나 줘서 정말 고마워요. 그를 데려가 주다니. 이제 그는 당신 것이랍니다!" 제피 보이드는 이혼한 뒤 뉴욕으로 돌아갔다. 그러나 그곳에서 "크레이지" 조이 갈로 "Crazy" Joey Gallo 와 결혼하면서 더 큰 혼란에 빠져들었다. 조이 갈로는 얼마 지나지 않아 양성애를 즐기는 폭력배이자 살인자로 악명을 떨쳤다. 그는 제리 멀리건처럼 많은 일에 관심을 가지고 독서량 또한 대단한 인물이었지만 그다지 전문적인 지식인은 되지 못했다. 1960년대에는 어설픈 강도짓을 벌이다가 잡혀서 뉴욕의 싱싱 형무소에서 오래도록 옥살이했고, 제피 보이드와 이혼한 뒤인 1972년, 뉴욕에 있는 식당 리틀 이탈리아에서 총에 맞아 세상을 떠났다. 제리 멀리건은 킬킬거리며 알라인에게 이렇게 말했다고 한다. "도대체 얼마나 더 밑바닥으로 떨어질 거래? 그나마 그 친구는 범죄자로 성공한 것도 아니었잖아."

하지만 제리 멀리건 역시 전처럼 성공 가도를 달린 것은 아니었다. 1953년 9월 그는 법정에 섰다. 재판을 맡은 찰스 W. 프리크 Charles W. Fricke 판사는 명성이 자자하던 형법학자 출신으로 법화학에서부터 난초 키우는 일에 이르기까지 다방면에 방대한 지식을 갖춘 인물이었다. 물론 제리 멀리건보다 박학했지만, 한결 더 강경한 사람이기도 했다. 후에 제리 멀리건은 프리크 판사가 마약에 빠진 자기 아들을 샌쿠엔틴 감옥으로 보내 버렸으며, 그 아들은 그곳에서 일어난 소동에 연루돼 살해당했다는 얘기를 전해 들었다. 하지만 프리크 판사가 큰 명성을 얻은 것은 1955년, 살인 혐의로 기소된 마약중독자이자 전직 매춘부인 바버라 그레이엄 Barbara Graham에게 사형 선고를 내린 데서 비롯됐다. 이 역사적인 판결에 얽힌 일화는 수전 헤이워드 Susan Hayward가 주연한 「나는 살고 싶다 I Want to Live」로 영화화되면서 많은 이들에게 잊지 못할 인상을 남겼다.*

가차 없이 사형 선고를 내릴 만큼 엄한 것으로 알려져 있었지만, 막상 프리크 판사는 제리 멀리건을 부드럽게 대했다. 집에 있

---

* 당시 사건은 사회적으로 큰 반향을 불러일으켰다. 정신과 전문의의 강력한 변론이 있었음에도 배심원들은 유죄 평결을 내렸으며, 바버라 그레이엄은 많은 이들의 동정과 질타를 받으며 32세의 나이에 사형당했다. 1958년에 영화되어 「웨스트 사이드 스토리 West Side Story」와 「사운드 오브 뮤직 The Sound of Music」을 연출한 로버트 와이즈 감독이 메가폰을 잡았고, 수전 헤이워드에게 그해 아카데미 여우주연상을 안겨 주었다.

던 대마초를 모두 자신의 것이라고 증언한 제리 멀리건에게 몸을 가까이 붙이고는 이렇게 속삭이기도 했다. "이보게, 굳이 그렇게까지 말할 필요는 없네." 결국 프리크 판사는 대마초와 관련된 혐의는 무시한 채 헤로인 소지 부분에 대해서만 6개월의 징역형을 선고했다. 당시 LA의 마약법이 매우 엄했던 것을 생각하면 분명 가벼운 처벌이었다. 간수들이 사슬에 묶어 호송을 시작하자, 그는 수십 년 동안 잊지 못할 비탄에 빠져 분노를 참지 못했다. 아니나 다를까, 제리 멀리건은 스스로를 희생양에 비유한 채 모든 일을 다시 거론했다. "쳇 베이커는 좋은 변호사를 만났고 나는 그렇지 못했소." 이렇게 불만을 터뜨린 그는 몇몇 친구들에게 쳇 베이커가 자기를 밀고했다고 얘기했으며, "엄한 판사"와 LA 경찰이 자신을 무자비하게 대했다고 주장했다. 제리 멀리건의 생각에 대해 알라인은 이렇게 말했다. "하지만 결국 그가 자초한 일이었죠. 스스로 혐의를 다 인정했잖아요. 판사도 달리 방법이 없었을 거예요."

제리 멀리건은 LA의 교도소인 셰리프스 아너 팜에 수감됐다. 그리고 헤로인을 끊도록 독방에 갇힌 채 금단 현상으로 많은 고통을 감내해야 했다. 배신감과 패배감에서 비롯된 분노의 감정이 그를 더 힘들게 했을지도 모른다.

제리 멀리건의 덕분이었지만, 다른 이들의 꿈에는 어느새 날개가 달렸다. 퍼시픽 레이블이 처음으로 제작한 LP《The Gerry Mulligan Quartet》이 큰 이윤을 남기면서 딕 복은 비로소 사무실

180

을 가질 수 있었다. 1953년 겨울, 그는 동업자인 로이 하트가 운영하던 할리우드의 드럼 시티 한구석에 책상과 캐비닛, 의자 같은 사무실 집기를 들여놓았다. 그런데 그 공간은 드럼을 만들기 위해 화학 약품으로 처리한 동물 가죽 때문에 악취가 매우 심했다. 딕 복의 새 비서로 일하게 된 닷 우드워드Dot Woodward는 위층에 있는 작은 방으로 사무실을 옮기자고 했으나, 막상 일을 시작하게 되자 빠듯한 예산에 별도리가 없음을 깨달았다. 그녀는 딕 복이 쓰던 공책을 물려받아 입출금을 정리하고 있었다. "그래도 우린 모두 젊었어요. 뭐든 할 준비가 돼 있었죠. 어쨌든 꿈을 이뤄가고 있었으니까요." 닷 우드워드는 그렇게 말했다.

동양철학과 명상에 조예가 깊었던 딕 복은 자신의 마음을 잘 다스렸으며, 의욕에 가득 차 어떤 일이든 벌일 준비를 하고 있었다. 그는 할리우드 베단타 소사이어티Vedanta Society*의 독실한 멤버였다. 함께 이 모임에 속해 있던 이들로는 소설가 크리스토퍼 이셔우드Christopher Isherwood와 공상과학 작가인 올더스 헉슬리Aldous Huxley, 딕 복의 아내인 케이와 여성의 사회적 제약을 딛고 1920년대 대중 전도에 앞장섰던 에이미 셈플 맥퍼슨Aimee Semple McPherson 목사의 손녀 등이 있었다. 딕 복의 신앙은 매우 깊었으며, 캘리포니아 해안의 휴양지로 잘 알려진 빅서Big Sur를 향해 이루어진 순

• 인도 철학을 연구하는 모임. 제2차 세계대전 이후 미국 젊은이들 사이에서 적지 않은 반향을 불러일으킨 정신적 요소 중에는 인도철학도 빼놓을 수 없다. 본문에서 관련된 내용이 계속 이어지지만, 1960년대 들어 적지 않은 음악인들이 인도철학과 인도음악에 관심을 갖게 된 데에는 이러한 움직임이 큰 영향을 주었다.

례의 대열에 참여하기도 했다. 그는 이곳에서 명상에 잠겼고, 힌두교의 종교 지도자인 마하리시 마헤시 요기Maharishi Mahesh Yogi의 설교를 들으며 사람들과 함께 태양 숭배에 빠지기도 했다. 언덕 위에 책상다리를 하고 앉은 그는 끼고 있던 안경을 벗은 채 해를 직접 응시했는데, 하마터면 그 바람에 시력을 잃을 뻔했다. 또한 장수를 위한 강박적인 단식에 돌입해서 소화기 계통에 큰 문제가 생기기도 했다.

인도 철학에 대한 딕 복의 광적인 행동은 다행히 좋은 결과를 맺는 계기로 작용했다. 1956년, 인도 출신의 시타르 연주자 라비 샹카르Ravi Shankar와 레코딩 계약을 맺었던 것. 라비 샹카르는 비틀스의 멤버인 조지 해리슨George Harrison에게 음악을 전수하면서 1960년대 이른바 "플라워 파워"˙의 상징이 됐다. 인도 문화가 히피들의 정서 속에 깊이 뿌리내리면서 딕 복이 제작한 여러 동양 출신 음악인들의 레코드—라비 샹카르를 필두로, 설교 앨범을 녹음한 마하리시, 작곡가이자 25현 사로드 연주자 알리 아크바르 칸Ali Akbar Khan 등—는 정통 재즈가 흔들리던 시기에 그의 회사를 이끌게 한 원동력이 됐다.

그러나 1953년 당시, 딕 복은 쳇 베이커가 큰돈을 벌게 해 줄 것이란 사실을 직감했다. 사실 그는 제리 멀리건이 체포되기 전부터 쳇 베이커에게 그가 중심이 된 쿼텟을 새로 결성하여 퍼시픽

• 사랑과 평화의 의미로 머리에 꽃을 달던 히피 문화를 일컫는다. 음악에서 패션에 이르기까지 꽃은 이러한 움직임의 상징이었고, 마약을 뜻하는 은어로도 널리 사용됐다.

레이블에서 앨범을 녹음하자고 종용하던 참이었다. 하지만 쳇 베이커는 이에 동의하지 않고 있었다. 밴드 하나를 직접 이끌면서 모든 일의 결정을 내리는 역할은 제리 멀리건에게 맞는다 생각했고, 쳇 베이커는 그러한 책임을 떠안고 싶지 않았다. 카슨 스미스는 이렇게 말했다. "쳇 베이커와 나는 그저 제리 멀리건이 출감하기를 기다리며 빈둥대고 있었습니다. 말하자면 일종의 암흑기를 겪고 있던 거죠." 몇 달 전 제리 멀리건이 제피 보이드와 사랑에 빠져 멕시코로 여행을 떠났을 때, 쳇 베이커는 잠시 리더 역할을 맡은 적이 있었다. 헤이그에서 공연하던 날, 제리 멀리건 대신 연주를 맡은 색소포니스트 허브 겔러와 카슨 스미스는 다음 곡이 무엇인지 얘기한 쳇 베이커에게 이렇게 물었다. "무슨 키key(調調)로 할 건데?" 그러나 쳇 베이커는 멍한 얼굴로 이렇게 대답했다. "그건 나도 모르지."

하루는 『멜로디 메이커』의 기자가 앞으로의 계획을 물었다. 그런데 쳇 베이커의 대답은 별 다른 목적 없이 해변에서 시간이나 때우는 것이었다. 그는 이와 잇몸이 안 좋아서 트럼펫을 2년 정도만 더 연주할 계획이며, 그다음엔 배나 한 척 사겠다고 했다. "그동안 보지 못한 데를 좀 다니고 싶어요. 15미터 정도 되는 보트면 적당하지 않을까 싶은데, 그걸 타고 여행이나 하면서 가끔 곡도 쓰고 말이죠. 물론 더 힘든 일을 겪을 수도 있을 거예요. 내가 원래 LA 부근의 해안은 배를 타고 다 둘러봤는데, 그래서 항해술을 좀 연구해 보면 어떨까 합니다." 쳇 베이커는 일단 제리 멀리건이 출감하면 그의 밴드에 "반드시 다시 합류할" 것이라 덧붙였다. 하지만 제리 멀리건은 수감돼 있는 동안 그에게서 아무런 연락을 받지 못한 채 지루한 나날을 보내고 있었다. 물론 면회도 없었다. 이에 대해 쳇 베이커는 되레 제리 멀리건에게 책임을 떠넘기며 몇 달 동안 감옥에서 편지 한 장 안 썼다고 투덜거렸다.

1953년, 쳇 베이커의 음악 경력에 큰 전환점을 부여한 새로운 음악인이 등장했다. 다섯 살 때 고향인 시카고를 떠나 LA로 이주해 온 피아니스트 러스 프리먼이 바로 그 주인공이었다. 하지만 캘리포니아의 나른한 생활은 그의 피아노 연주에 큰 영향을 미치지 못했다. 그는 하드 밥을 연주하던 버드 파월과 조 앨버니Joe Albany의 음악을 사랑했고, 변화가 심하면서 타악기 같은 느낌을 주던 그들의 연주 스타일을 받아들였다. 후에 레너드 페더는 러스 프리먼의 연주가 "예리한 스윙감이 잘 드러난" 그만의 창조적인 사운드로 가득 차 있다고 호평했다. 러스 프리먼이 가장 큰 영향을 받은 인물은, 그가 "지구상에 살았던 가장 위대한 음악인"이라 단언한 찰리 파커였다. 1947년 LA를 방문한 찰리 파커의 공연에서 자신의 영웅을 위해 반주자의 역할을 담당했던 그는 그야말로 황홀한 경험을 했으며, 결국 찰리 파커를 따라 뉴욕으로 건너가 거의 1년 동안 머물렀다. 그리고 바로 그곳에서 비밥의 사운드와 생활 습관을 체득했다. 이미 5년 전부터 대마초를 피우던 러스 프리먼은 결국 헤로인에 손을 대기 시작했고, 찰리 파커에게 영향을 받은 두 명의 또 다른 연주자를 만나 "그들에게 완전히 매료됐다." 한 사람은 트롬보니스트 지미 네퍼Jimmy Knepper, 또 한 사람은 색소포니스트 딘 베네데티Dean Benedetti였다. 그는 레코드 만드는 기계를 들고 찰리 파커를 쫓아다니며 손수 수백 장에 이르는 솔로 연주를 녹음할 정도로 찰리 파커를 추종한 인물이었다. 재즈의 역사가 기록한 딘 베네데티의 존재도 연주자가 아닌 이러한 행적에 더 집중돼 있다.*

러스 프리먼은 모든 중독자가 알고 있던 마약 사용하는 법을 배웠다. 쳇 베이커 역시 수천 번에 걸쳐 이 방법을 썼을 것이다. 우선 작은 헤로인 덩어리를—흔히 흑설탕처럼 눅눅한 상태에서 판매된다—티스푼이나 알루미늄박 조각 위에 올려놓는다. 물을 약간 뿌린 뒤 성냥이나 라이터로 밑에서 열을 가하면 헤로인은 맑은 액체가 된다. 그리고 약간 끓어오르면서 "흙과 금속이 타는 듯한 냄새"가 날 때까지 기다린다. 이 냄새에 대한 표현은 텔레비전 작가였던 제리 스탈Jerry Stahl이 자신의 마약중독에 대한 이야기를 다룬 고백록 『한밤은 영원하다Permanent Midnight』에서 얘기한 그대로다. 그다음, 고무호스나 넥타이 혹은 벨트나 셔츠의 소매를 이용해 팔 위쪽을 묶어 아래쪽 팔뚝에 핏줄이 돋아 보이도록 한다. 다른 손으로 주사기를 움켜쥔 채 그 끝에 작은 고무공을 쑤셔 넣은 뒤—길쭉한 밸브로 주사하는 것은 나중에 한다—녹아 있는

---

* 테너 색소포니스트 딘 베네데티(1922~1957)에 대한 역사의 기록은 마치 동화 같다. 찰리 파커의 연주를 처음 들은 뒤 그에게 완전히 빠져들었고, 이후로 찰리 파커가 연주하는 곳이라면 어디든 따라다니며 휴대용 디스크커팅 기계를 사용하여 그의 솔로 연주를 녹음했다. 그는 다른 부분을 제외한 채 오로지 찰리 파커의 솔로 파트만 레코드에 담았는데, 1957년—찰리 파커가 세상을 떠난 지 채 2년이 지나지 않아—34세의 나이에 세상을 떠났다. 이후 딘 베네데티가 녹음해 둔 레코드의 행방은 묘연해졌고 전설 속의 이야기처럼 사람들의 입에 오르내릴 뿐이었다. 그러다가 30여 년이 지난 뒤 이 녹음이 우연히 발견됐으며, 1991년 모자이크 레이블을 통해《The Complete Benedetti Recordings of Charlie Parker》(7CD)란 타이틀로 발표됐다.

헤로인을 빨아들인다. 끝으로 바늘을 핏줄에 찌르고 다시 고무공을 밀어 넣는다. 마약이 심장을 거쳐 온몸 구석구석에 퍼질수록 따스한 도취감이 번져 가기 시작한다. 제리 스탈은 이렇게 얘기했다. "마약을 한다고 꼭 환각을 보게 되는 것은 아니다. 그러나 실제로 보게 되는 광경은 있었다. 처음에는 무언가 아주 빨리 지나치는 느낌이 황홀하게 전개되다가 전에는 만나지 못했던 세상의 존재들이 그늘 속에서 고개를 끄덕이는 게 보인다. 그러고는 우주 속에 감춰졌던 자비로운 마음이 그 정체를 드러낸다. 어느새 빠르게 지나치던 것이 움직임을 멈추고 감정의 북받침이 잦아들면 다른 모든 것을 잊어버리게 되고, 영혼들의 모습이 눈에 띄기 시작한다. 이렇게 되면 세상이 다른 방식으로 보인다. 불어오는 모든 바람은 증오로 가득 찬 야만족의 숨결처럼 살갗을 맴돌며, 이 세상은 아주 험하고 역겨운 곳이라는 느낌이 든다."

결국 러스 프리먼은 이후로 4년 동안 심한 마약중독 증세를 보였다. "일단 빠져들게 되면 그때부턴 하루 종일 집착하게 되더군요. 오로지 마약을 구하는 것 이외에는 아무 걱정도 하지 않게 돼요. 그게 중독자의 삶이죠." 그는 아트 페퍼와 함께 쿼텟으로 샌프란시스코의 재즈 클럽 팩스Facks에서 연주하던 1950년의 어느 날을 잊지 않고 있었다. 당시의 관객들은, 몸을 긁거나 시도 때도 없이 조는 헤로인 중독 현상을 연주자들에게서 직접 목격하는 데 익숙해 있었다. 그러나 아트 페퍼 밴드의 멤버들이 보여 준 중독의 차원은 남달랐다. "우리 중 셋은 이미 마약에 절어 있었죠. 무대에서 연주가 진행되는데도 자기 악기에 기대 잠들어 버리기도 했어요. 물론 그 정도가 되면 연주는 아무것도 아니죠. 연주하든 말든 신경조차 쓰지 않았으니까요." 러스 프리먼은 그렇게 "시간을 낭비하는 데" 익숙해졌다. 자위 행위를 하는 것이나 마찬가지였다. 계속해서 핏줄에 바늘을 꽂고 마약을 주사했으며, 헤로인이 피에 섞인 채 팔뚝을 드나들었다. 그는 말했다. "할 때마다 점점 더 많은 양을 주사하게 되더군요. 그러면서 마치 섹스하는 것 같다고나 할까요." 그러나 이 지경에 이르면, 대부분의 중독자들이 경험했듯이 성욕이 사라지고 발기부전에 빠지기도 했다.

오래 지나지 않아 러스 프리먼은 자기 아내에게 "빌린" 돈으로 마약을 사기 시작했다. 아내인 매리언 라파엘Marion Raffaele은 그가 짬짬이 피아노를 연주하던 웨스트 52번가의 클럽 페이머스 도어 Famous Door에서 카메라 걸로 일하던 사람이었다. 하지만 그가 "스피드볼"에 빠지면서 마약 구입 비용은 점점 더 늘어만 갔다. 스피드볼은 헤로인과 코카인을 섞어 만든 마약인데, 나중에 쳇 베이커도 이를 애용했다.* 헤로인이 모든 것을 느슨하게 만드는 반면, 코카인은 신경을 날카롭게 만드는 기능을 했다. 러스 프리먼은 스피드볼에 대해 이렇게 얘기했다. "그건 중독성이 너무 강해서 한 번 빠지면 완전히 바보 꼴이 돼 버려요. 거의 30분에 한 번씩 다시 찾게 되죠. 나는 침실에 있는 작은 테이블에 앉아 마약에 필요한 여러 가지 도구들을 늘어놓아 두곤 했습니다. 가끔 사람

---

* 이에 대한 연주자들의 관심은 매우 높았던 것으로 잘 알려져 있다. 트럼페터 리 모건이 1965년에 발표한 〈Speedball〉이란 곡도 있다.

들이 찾아오면 함께 이야기를 나누면서도 태연하게 준비하고, 청소하고, 또 바늘을 팔에 꽂은 채 주사기 안에 피가 흘러나와 마약에 다른 것이 섞이지 않도록 했죠. 완전히 미친 짓이었어요." 의심할 여지 없이 그는 과다 복용에 빠지고 말았다. "의자에 앉아 있던 것은 기억해요. 그런데 갑자기 숨이 멎는 것 같은 느낌이 들더라고요. 덜컥 겁이 났죠. 서둘러 아내를 부르고는 이렇게 말했습니다. '나가지 말고 여기 있어. 날 자꾸 흔들어서 정신을 잃지 않게 해 줘. 뭐든 해 달란 말이야.' 아마 그때 까딱했으면 바로 저세상 사람이 됐을 겁니다."

3년 정도 지났을 때, 러스 프리먼은 자신에게 주어진 선택이 둘 중 하나임을 깨달았다. 그의 다른 친구들이 그랬던 것처럼 무덤에 묻히거나, 혹은 감옥에 갇히거나. 마음을 다잡고 마약을 끊기 위해 노력했지만 헤로인은 계속해서 그의 의지를 간단히 무너뜨렸다. "하루는 더 이상 어찌할 도리를 모르겠기에, 가만히 앉아서 내 몸이 동시에 드러내는 증상이 몇 가지나 되는지 헤아려 본 적이 있었어요. 열 가지인가 열두 가지 정도 되더라고요. 하품이 나오고, 몸이 나른해지고, 땀이 나고, 눈이 아프고, 우울해지고, 도저히 잠을 이룰 수 없지만 그냥 누워 있고. 누군가 내 다리를 잡아당겨 주었으면 좋겠다는 느낌은 언제나 있었죠. 언젠가는 2주 동안 화장실에 가고 싶다는 생각이 들지 않은 때도 있었습니다. 마치 몸속이 시멘트처럼 온통 굳어 버린 것 같았다고나 할까요. 심할 경우 금단 증상이 닷새나 계속되기도 하더군요. 그러고 나서도 며칠 동안 더 아팠지만 말입니다. 그냥, 나 자신이 헝겊 조각 같았습니다."

1952년, 드디어 러스 프리먼은 마약중독에서 벗어날 수 있었다. 그때부터 대마초와 담배만 피웠으며, 다시 음악이 삶의 중심으로 자리하게 됐다. 러스 프리먼은 잼 세션에서 연주하던 쳇 베이커의 음악을 들은 뒤 대번에 "매료됐으며" 그와 가까이 지내야겠다고 마음먹었다. 이미 1952년 초에 이혼한 러스 프리먼은 쳇 베이커와 함께 돈을 모아 할리우드 드라이브의 방 두 개짜리 오래된 집에 세를 들었다. 한적한 할리우드힐스의 높은 지대였다. 이 집은 워낙 낡아서 기초가 부실했는데, 심지어 마룻바닥이 많이 기울어 있어서 쳇 베이커가 기르던 콜리 종의 개, 허니에게 공을 던지면 데굴데굴 굴러 다시 자기에게 돌아올 정도였다. 러스 프리먼과 쳇 베이커 부부는 웨스트코스트의 보헤미안 같은 생활을 꾸렸다. 책이나 옷은 물론이고 아예 살림 자체가 얼마 되지 않았다. "우리는 음악을 연주하고 대마초를 피우는 것 이외에는 아무 관심조차 없었습니다. 대마초를 정말 꾸준히 피웠죠." 러스 프리먼은 그렇게 얘기했다. 그는 몇 시간이고 업라이트 피아노에 앉아 있었고, 샬레인은 마지못해 주부 역할을 맡았다. 러닝셔츠와 청바지만 걸친 채 서성대던 쳇 베이커는 거실 바닥에서 허니와 놀거나 침대에 누워 대마초를 피우면서 멍하니 천장만 바라보곤 했다.

집안 분위기는 쳇 베이커의 변덕에 따라 좌우됐다. 러스 프리먼이 설명했다. "쳇 베이커는 마치 버릇 나쁜 어린애 같았어요. 그걸 받아들이든지, 아니면 받아들이지 않든지 두 가지뿐이었죠.

그 친구는 말이 참 없었습니다. 그래서 그가 뭔가 얘기를 하면 다들 귀 기울여 듣는 경향이 있었죠. 그렇다고 그가 하는 말들이 뭐 대단한 건 아니었어요. 그래요, 그건 절대 아니었습니다. 그가 '우리 지금 해변에 놀러 가자' 하고 말하면 모두 '와, 그거 좋은 생각인데! 그래, 해변에 가자!' 하고 말하는 식이었죠." 그리고 악기 연주에 대해 그는 언제든 무대에 올라갈 수 있을 만큼 준비가 돼 있는 상태에서 굳이 연습을 또 할 필요가 없다고 느끼는 모양이었다. 그러나 훗날 쳇 베이커는 이렇게 말했다. "연습은 언제나 해. 매일 밤." 일거리가 필요한 순간에도 그는 굳이 나서려 하지 않았다. 아마도 그런 건 쿨하게 보이지 않았던 걸까. 곧 쳇 베이커와 우정을 나누게 된 보스턴 출신의 의류상 찰리 데이비드슨은 이렇게 말했다. "그는 무슨 일이든 서둘지 않았습니다. 그건 그에게 어울리는 모습이 아니었죠. 연주를 마친 뒤 클럽 주인이 '자네 연주 좋군. 다음에도 부탁하네' 하고 말하면 그걸로 족했죠. 자기 스스로 나서서 일을 벌이려는 스타일이 아니었습니다."

딕 복은 제리 멀리건이 출감하기 전에 쳇 베이커가 리더인 레코드를 제작하려고 열을 올렸다. 로이 하트에게 300달러를 빌린 그는 아직 구성이 마무리되지 않았던 쳇 베이커 쿼텟의 첫 녹음 일정을 잡았다. 쳇 베이커는 러스 프리먼에게 구체적인 일을 맡겼다. 연주할 곡을 골라 편곡 작업을 마친 러스 프리먼은 상세한 내용을 일러 주기 위해 쳇 베이커를 거실의 피아노 옆으로 불렀다. 그는 몇 개의 우아한 스탠더드 곡들(로저스와 하트가 만든 〈Isn't It Romantic?〉과 해럴드 알렌Harold Arlen과 조니 머서Johnny Mercer가 만든

〈This Time the Dream's on Me〉, 그리고 모리스 라벨Maurice Ravel의 멜로디에 기초한 〈The Lamp is Low〉)과 귀여운 제목처럼 귀에 잘 들어오는 자신의 창작곡 〈Russ Job〉과 〈Happy Little Sunbeam〉을 준비했다. 쳇 베이커는 악보에 쓰인 멜로디는 읽을 수 있었지만 코드에 대해서는 아직도 잘 모르고 있었다. 그래서 러스 프리먼이 한두 번 연주해 준 뒤 그것을 듣고 분위기를 익혔다. 러스 프리먼은 당시의 상황을 이렇게 기억했다. "그는 자기가 처음 연주해 보는 곡이면 이렇게 물었습니다. '첫 음정이 뭔데?' 그리고 곡들을 알려 주는 건 이런 식이었죠. '처음 시작할 땐 내가 이렇게 하고, 그다음에 네가 멜로디를 연주해. 한두 번 솔로를 하고 나면 나도 솔로를 할게. 그다음엔 베이스와 드럼이 들어와서 이것저것 좀 하다가 다시 우리가 맡을 거야. 그리고 끝내면 되는 거야.' 설명을 듣고 난 그는 짤막하게 한마디 했습니다. '알았어.' 그렇게 준비가 마무리됐죠."

1953년 7월, 골드 스타 스튜디오에서 가진 녹음은 복잡하게 진행됐다. 네 번의 세션이 이어지는 동안 밴드는 베이시스트를 레드 미첼에서 밥 위틀락으로 교체했고, 드럼도 처음에는 보비 와이트Bobby White가 맡았다가 래리 벙커로 바뀌었다. 첫 세션에서 녹음한 곡 중 쓸 만한 건 〈Isn't It Romantic?〉뿐이었는데, 세월이 흐른 뒤에 확인해 보니 러스 프리먼이나 래리 벙커 모두 왜 작업이 그토록 더디게 진행됐는지 기억하지 못했다. 하지만 딕 복에 의하면, 너무 신경이 예민했거나 경험 부족으로 인해 쳇 베이커가 여러 번 녹음을 망쳤으며, 솔로마저도 잘게 나누어 녹음한 것을 다시 이어 맞춰야 했다. 영국의 저널리스트 브라이언 케이스 Brian Case가 당시 상황에 대해 1979년 쳇 베이커에게 물었을 때, 그는 자신의 홀로서기를 가능하게 해 준 프로듀서를 비난하며 다음과 같은 이야기를 장황하게 늘어놓았다. "딕 복은 웃기지도 않는 소리를 해 댄 거야. 난 한 번도 솔로를 나누어 연주한 적이 없지. 그 사람이 한 일이라곤 할리우드에서 드럼 가게를 하던 로이 하트에게 300달러를 빌린 것과 스튜디오를 빌린 것, 그리고 녹음을 위해 연주자 조합에 회비를 낸 것뿐이라고. 어떤 식이든 그 사람은 음악에 대해 쥐뿔도 몰랐다네." 그러나 1990년대 들어 프로듀서 마이클 쿠스쿠나Michael Cuscuna가 재발매를 위해 발굴해 낸 퍼시픽 레이블의 마스터 테이프에는 쉽게 분간할 수 없는 짜깁기의 흔적이 있었다.* 사실 딕 복은 자기가 생각하는 최종적인 완성품을 만들기 위해 녹음을 이어 붙이다가 되레 실수를 범하는 경우도 있었다. 러스 프리먼은 이렇게 얘기했다. "가끔씩 그는 비트를 잘 맞추지 못할 때도 있었어요. 편집돼서 레코드에 실린 걸 들어 보면 알 수 있었죠. 그래서 내가 직접 쳇 베이커의 솔로를 짜깁기한 적도 있습니다. 내가 그렇게 한 이유는 단순합니다. 녹음 작업이란 건 결코 쉬운 일이 아니에요. 스튜디오에 들어가 있는데 누군가 손가락으로 연주자를 가리키면서 이렇게 말하는 경우가 있

---

* 쳇 베이커는 평생에 걸쳐 여러 번 이러한 의심을 받았다. 그러나 그의 입장에서 보면, 나중에 프로듀서가 편집하는 과정에 참여한 적이 거의 없기 때문에 자신은 한 번에 모든 솔로를 연주했다고 주장하는 것이 전혀 일리 없는 얘기는 아니다. 따지고 보면 우리가 앨범으로 만나는 스튜디오 녹음 중에는 이렇듯 순수한 의미의 즉흥성이 결여된 경우가 의외로 많다.

죠. '자, 마법을 부릴 필요가 있겠군'•하고 말입니다."

결국 당시 많은 이들이 들었던 싱글 레코드들은 이런 차원의 마법 아닌 마법을 거친 것이었다. 캘리포니아의 쿨한 정서를 담은 듯 품위 있게 잘 다듬어진 작은 패키지에 담겨 발표된 그 78회전 레코드들 말이다. 기술적으로 3분 20초 정도의 한계를 지녔던 당시의 레코드에는 보다 길고 복합적인 편곡을 담아낼 공간이 부족했다. 어쨌든 쳇 베이커는 곡의 서두와 마무리에서 활기찬 연주를 들려주었고, 러스 프리먼의 솔로는 특유의 힘차고 열정적인 면모를 드러냈다. 종종 두 사람은 네 마디나 여덟 마디의 짤막한 소절을 주고받으며 곡을 진행시켰다. 쳇 베이커의 연주는 매우 자신감에 넘쳐 있었으나, 그렇다고 높은 음역을 날카로운 음색으로 다루는 등 음악적 자아를 드러내며 무언가 과시하려는 시도는 하지 않았고 전반적으로 중간 음역에 머물러 있었다. 그의 톤은 언제나 사랑스러웠으며 다루는 음정들은 균형과 자제의 전형을 보여 주었다. 트럼페터 아트 파머는 이렇게 말했다. "내가 듣기에 특히 인상적이었던 건 그의 연주 방식이 특별히 애쓰지 않고 편하게 연주하는 듯 보였다는 점입니다. 어떤 압박이나 긴장의 흔적도 찾아볼 수 없었죠. 하지만 그건 일반적으로 트럼페터들이 취하는 방식이 아니거든요. 대부분의 연주자들은 마치 부대 전체를 깨우려는 듯 힘차게 연주하려는 습성이 있죠."

• 연주자들의 의사와 무관하게 밖에서 음악을 듣고 있던 프로듀서가 어떤 식이든 녹음을 모두 마친 뒤에 다시 편집 작업을 해야겠다고 판단했다는 뜻.

비밥 연주자들과 달리 쳇 베이커는 멜로디 그 자체에서 모든 것을 출발시켰다. 그러고는 마일스 데이비스마저 능가할 만한 깊은 서정성을 바탕으로 즉흥연주를 펼쳐 나갔다. 마일스 데이비스의 경우, 탁월한 연주력 덕에 한결 더 복잡한 음악적 지향을 추구하게 된 셈이다. 러스 프리먼은 두 사람을 이렇게 비교했다. "마일스는 복합적인 화성에 대해서도 모든 걸 알고 있었죠. 그래서 진행 중인 코드에 반하는 연주를 하면서도 오히려 새로운 효과를 만들어 낼 수 있었습니다. 하지만 쳇 베이커는 그런 걸 할 줄 몰랐어요. 그래서 음악을 멜로디 중심으로, 단선 진행에 입각해서 듣곤 했죠. 코드에 대해서는 아무것도 알지 못했으니까요." 쳇 베이커의 우아하게 다듬어진 솔로 연주에 부족한 게 있었다면 어딘지 연약하다는 느낌을 떨칠 수 없었다는 점이다. 〈Long Ago and Far Away〉 같은 열정적인 발라드는 그가 연주하자 명랑한 곡이 돼 버렸으며, 의지에 가득 찬 〈Imagination〉은 감정이 사라진 인상이었다. 잭 셸던은 이렇게 말했다. "쳇 베이커가 마일스 데이비스와 달랐던 점이 바로 그 부분이에요. 그의 연주는 한결 더 부드럽고 예뻤죠. 물론 마일스도 예쁜 연주에 능했습니다. 하지만 왠지 어둡다는 느낌이 들었잖아요. 쳇 베이커의 트럼펫은 마치 천사 같았죠."

『다운 비트』는 쳇 베이커 쿼텟의 싱글 레코드에 대해 매우 좋은 반응을 내놓았다. 그중 하나인 《Maid in Mexico》에 별 다섯 개의 만점을 주었으며, "매력적인 테마와 전반적으로 뛰어난 비트, 그리고 쳇 베이커의 트럼펫이 보여 준 타임감과 아이디어"에 특히 높은 평가를 내렸다. 1953년 8월 12일, 그의 쿼텟은 LA의 칼턴 시어터Carlton Theater에서 처음인 것으로 알려진 공연을 가졌다. 그러나 모든 이들이 그가 홀로서기를 할 수 있으리라 믿은 것은 아니었다. 제리 멀리건이 아직 감옥에 있던 상태에서, 존 베넷은 쳇 베이커에게 스탠 게츠를 붙여 주었다. 역시 동안의 얼굴을 가졌던 그는 가벼우면서도 폭포수처럼 쏟아지는 솔로를 통해 귀재로 인식됐으며, 심지어 쳇 베이커보다 더 초연한 태도를 지닌 인물이었다. 그리고 그와 협연함으로써 쳇 베이커는 웨스트코스트 쿨 재즈의 또 다른 왕자로 등극할 수 있었다. 스탠 게츠는 1952년 『다운 비트』와 『메트로놈』에서 실시한 투표에서 테너 색소폰 부문을 거머쥐었지만 쳇 베이커는 아직 낮은 순위에 머물러 있었다. 두 사람은 상대방에게 외견상 매우 정중했다. 그러나 사실 처음 만나자마자 서로를 싫어했으며, 그들이 벌인 라이브를 통해 알 수 있듯이, 함께 연주한 테마의 앙상블은 잔뜩 엉켜 버렸고 서로 솔로를 하려고 경쟁하기 일쑤였다. 두 사람이 헤이그의 무대에 올랐을 때, 쳇 베이커가 언제나 그랬던 것처럼 바닥을 응시한 채 연주하자 스탠 게츠가 비웃음 어린 얼굴로 날카로운 시선을 보내는 것이 목격됐다.

쳇 베이커와 스탠 게츠의 마찰은 때로 마약이 얽힌 일화를 만들어 내기도 했다. 몇 차례 헤로인을 시도해 본 적이 있었지만, 그때까지만 해도 쳇 베이커는 중독자들에 대해 도덕적인 경멸을 품고 있었으며 스탠 게츠를 마약에 빠진 얼간이로 취급했다. 하루는 스탠 게츠가 쳇 베이커와 러스 프리먼이 함께 사는 할리우드 드라이브의 집으로 찾아왔다. 근근이 살아가던 두 사람 앞에서 자기가 얼마나 많은 돈을 벌었는지 잔뜩 허풍을 떨고 난 그는 욕실에 들어가 마약을 과다 복용했다. 물론 그에게 이런 일은 한두 번이 아니었다. 쳇 베이커와 러스 프리먼은 스탠 게츠를 서둘러 욕조에 담가야 했고, 그는 찬물 속에서 가까스로 정신을 차릴 수 있었다. 쳇 베이커가 사람들에게 종종 얘기했던 일화는 이로부터 약 한 해 뒤, 새집으로 옮기고 나서 친구들을 불러 모았던 파티에서 일어났다. 욕실에 들어간 스탠 게츠가 안에서 문을 걸어 잠근채 한 시간이 지나도 나오지 않더라는 것. 결국 쳇 베이커는 친구와 함께 억지로 욕실 문을 열고 구석에 누워 있던 스탠 게츠를 발견했다. 얼굴엔 푸르스름한 기운이 감돌았고 숨을 쉬지 않았으며 팔에는 주삿바늘이 그대로 매달려 있었다. 사람들이 달려들어 약 30분 동안 찬 수건을 목에 대 주고 인공호흡을 시도하는 등 갖은 노력을 다했다. 그랬더니 결국 기침을 해 대며 겨우 깨어났단다. 눈을 뜨며 스탠 게츠는 화난 목소리로 말했다. "한참 기분 좋게 약발에 빠져 있었는데, 네놈들이 다 망쳐 놨어."

스탠 게츠와 샌프란시스코의 블랙 호크에서 한 달 예정으로 연주를 벌이던 1953년 10월, 마약에 대한 쳇 베이커의 관심은 전보다 늘어난 듯했다. 돈을 아끼기 위해 두 사람은 함께 방을 썼는데, 빌 러프버러에 따르면 바로 이때 스탠 게츠가 쳇 베이커를 자꾸 성가시게 한 모양이다. "그는 자꾸만 쳇 베이커에게 헤로인을 주사해 보도록 종용했습니다. 그래서 스탠 게츠의 마약을 조금 나누어 함께 했던 거죠. 난 언제나 이렇게 생각해 왔습니다. 바로 스탠 게츠가 대마초만 피우던 쳇 베이커를 마약으로 끌어들인 장본인이었다고 말입니다."

블랙 호크에서 하던 연주는 예정과 달리 2주 만에 끝을 맺었다. 주된 이유는 질투였다. 그즈음 딕 복은 쳇 베이커 쿼텟이 녹음한 여덟 곡을 모아 10인치 LP 《Chet Baker Quartet》을 발표했는데, 『다운 비트』가 역시 별 다섯 개의 만점을 주며 다음과 같은 평가를 실었다. "오클라호마 예일시 출신의 스물세 살 된 트럼페터가 스타급의 음악인인가에 대한 우리의 의혹이 우려에 지나지 않았음을 이 LP를 통해 확인할 수 있다. 시종일관 이 청년은 그만의 스타일과 사운드, 그리고 악기에 대한 장악력을 드러냈다. 디지 길레스피나 마일스 데이비스, 조 뉴먼Joe Newman, 쇼티 로저스, 클라크 테리Clark Terry 같은 이름 옆에 손가락 하나를 더 꼽아 새로운 존재를 더해야 할 것이다. 쳇 베이커가 등장했다." 이를 통해 쳇 베이커는 스타의 대열에 합류했다. 카슨 스미스가 이에 따른 당시의 정황을 일러 주었다. "스탠 게츠는 자기에게 주어졌던 스포트라이트가 쳇 베이커에게 옮겨갔다는 사실을 견디지 못했습니다." 첫 주의 연주를 마친 뒤 스탠 게츠는 LA로 돌아가 버렸으며, 블랙 호크의 주인인 구이도 카치안티Guido Caccianti에게 전화를 걸어 독감에 걸렸다고 말했다. 며칠 뒤 조금 늦게 클럽에 모습을 드러낸 쳇 베이커는 자기가 없는데도 밴드가 무대에 올라 연주하고 있다는 사실을 알게 됐다. 격분한 그는 한구석에 앉아 더 이상 함께 연주를 하지 않겠다고 버텼다. 결국 구이도 카치안티는 밴드 모두를 무대에서 끌어내렸다. 『다운 비트』는 그의 말을 다음과 같이 옮겼다. "요즘 음악 하는 문제아들 때문에 골머리를 좀 앓았소이다."

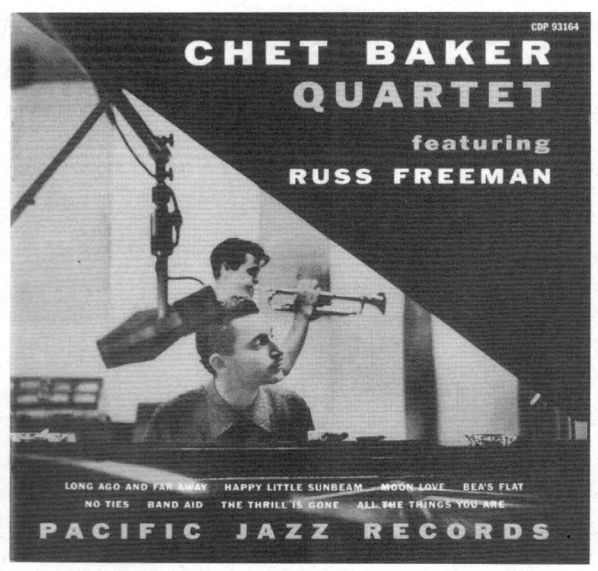

《Chet Baker Quartet featuring Russ Freeman》

LA로 복귀한 쳇 베이커는 계속해서 명성을 높여 가기 시작했다. 11월이 되자, 다시 찰리 파커를 비롯해 데이브 브루벡 쿼텟과도 연주할 기회가 찾아왔다. 일종의 올스타 라인업으로 구성된 열흘간의 일정이었고, 주로 캘리포니아와 캐나다의 대학을 돌며 무대를 꾸몄다. 당시의 대학생들에게는 처음 쳇 베이커의 모습을 직접 볼 기회였으며, 술과 마약으로 건강이 극도로 피폐해 있던 찰리 파커를 마지막으로 볼 수 있는 무대이기도 했다. 이 연주 여행에서 피아노를 연주했던 지미 라울스는 당시 무대 뒤에서 찰리 파커를 둘러싼 긴장이 얼마나 컸는지 설명해 주었다. 목적지에 도착해 다들 버스에서 내리고 나면 찰리 파커는 종종 모습을 감추곤 했는데, 그가 연주하기로 돼 있는 두 번째 무대가 시작할 무렵에야 가까스로 나타나 모든 이들을 걱정시키곤 했다는 것이다. 그러나 다행히도 그는 스케줄에 빠지지 않았으며 연주 또한 매우 훌륭했다. 사람들은 당시 서른세 살이던 이 위대한 연주자가 아직도 "제 몫을 다하고 있다"는 사실에 전율을 느꼈다. 무대가 끝날 즈음 쳇 베이커가 무대에 올랐고, 찰리 파커는 자신의 "발견"에 대해 의심할 여지 없이 자부심을 느낄 수 있었다.

그런데 버니 플라이셔와 이야기를 나누다 보니, 쳇 베이커는 스승이나 다름없는 찰리 파커에 대해 믿기 힘들 만큼 건방진 태도를 드러냈다는 것이다. 아주 짧은 순간에 지나친 일이었지만 버니 플라이셔는 이를 확실히 기억하고 있었다. "하루는 그가 이런 얘기를 하더라고요. 찰리 파커는 이제 스스로 코를 풀 수도 없대요. 늙어 빠진 마약중독자에 불과하다면서 말이죠. 그러고는 그가 얼마나 한심한 사람인지 들려주었습니다. 물론 찰리 파커는 쳇 베이커가 아주 대단하다고 생각하고 있었지만요." 훗날 쳇 베이커는 『멜로디 메이커』의 기자에게 이런 얘기를 하기도 했다. "찰리 파커와 함께할 기회를 가진 건 물론 좋은 일이었지. 연주도 10년 동안 변함없이 아주 훌륭했으니까. 그런데 그는 제리 멀리건이 그랬던 것처럼 사람들이 자기를 우러러봐야 한다고 생각했어. 이건 연주자에게 큰 영향을 미칠 수 있는 일이지."

쳇 베이커가 자신을 도와주었던 과거의 음악인들에 대해 분별 없는 얘기를 늘어놓고 있는 동안에도 딕 복은 제리 멀리건이 출옥하기 전에 쳇 베이커의 녹음을 가능하면 많이 손에 넣으려고 애썼다. 잭 몬트로즈Jack Montrose•의 음악을 7중주로 녹음한《Chet Baker Ensemble》은 쳇 베이커를 본격적인 스타로 조명한 작품이었다. 작곡가이자 편곡가인 잭 몬트로즈는 제리 멀리건에 비견할 만한 스타일을 보여 주었으며, 그의 밴드는 월요일 밤 헤이그의 무대를 담당하고 있었다. 복잡한 테마와 관악기 네 개를 기용한 대위법으로 가득했던 이 앨범은 치밀하게 구성된 퍼즐을 마주

• 테너 색소포니스트 잭 몬트로즈(1928~2006)는 탁월한 재능과 실력에 비해 재즈 팬들 사이에서 각광받지 못한 비운의 음악인이었다. 웨스트코스트 재즈의 중요한 작곡가이자 편곡가로 동료들의 신임은 매우 두터웠지만, 발표하는 작품마다 현실적인 실패를 맛보면서 1950년대 이후 사람들의 뇌리에서 잊혔다. 이후 라스베이거스에서 생계를 위해 편곡 작업을 해 오다가 지난 2006년, 아무도 추억하지 않는 쓸쓸한 죽음을 맞았다. 그와 돈독한 우정을 유지했던, 그를 통해 만날 수 있는 또 한 명의 불운한 연주자가 바로 교통사고로 세상을 떠난 바리톤 색소포니스트 밥 고든(1928~1955)이다. 한때 제리 멀리건을 대신할 수 있는 연주자로 칭송받았지만 죽음과 함께 팬들의 기억 속에서 사라졌다. 잭 몬트로즈와 밥 고든이 함께 만든《Meet Mr. Gordon》(1954)은 웨스트코스트 재즈를 얘기할 때 빼놓을 수 없는 숨겨진 보석이자 걸작이다.

한 듯한 느낌을 전해 주었다. 『다운 비트』는 이 앨범을 "쿨하고 영민하며 냉철하다"고 평했다. 그러나 1940년대에 명성을 떨친 작곡가이자 지휘자 고든 젠킨스Gorden Jenkins 원작의 우울한 발라드 〈Goodbye〉를 들어 보면, 잭 몬트로즈는 단순히 쳇 베이커의 연주에 모든 것을 맡긴 인상이 짙다. 쳇 베이커는 가슴 저린 멜로디와 묵직한 침묵 속에서 여백의 미가 느껴지는 시적인 연주를 들려주었고, 이는 그가 두 번째 군 생활을 했던 프레시디오에서 사망한 채 돌아온 병사들을 위해 울려 퍼뜨리던 애처로운 트럼펫 소리를 연상케 했다. 바로 이 연주를 통해 쳇 베이커는 자신의 존재를 각인시킨 사운드를 선보일 수 있었다. 유리처럼 맑으면서도 부드러운 톤이 희미한 고통의 흔적과 수면 밑에 드리워진 신비로움을 명멸하듯 내포했으며, 동시에 그 고통과 신비로움을 겉으로 드러내지 않은 채 덮어 두고 있다는 느낌의 그 사운드 말이다.

그러나 쳇 베이커는 자기가 원하는 일상적인 것과 관련해서 결코 이러한 신비로움을 보여 준 적이 없었다. 특히 딕 복을 대할 때가 그랬다. 카슨 스미스가 얘기한 것처럼 딕 복은 쳇 베이커에게 "꽉 잡혀" 있었으며, 그는 이 트럼페터를 통해 자신의 꿈—레이블이 명성을 얻게 되는 것—을 이루려는 의지가 매우 강했다. 쳇 베이커는 점점 더 많은 사람들이 자신의 연주를 손에 넣고자 한다는 사실을 깨달았으며, 이를 통해 자기가 얻을 수 있는 것 또한 만만치 않다는 것을 알았다. 그러나 이때까지만 해도 그가 딕 복에게 요구한 것은 비교적 정당한 편이었다. 한 주에 한두 번 프로듀서의 책상 앞에 그를 마주 보고 서서 예의 그 앳된 목소리로 오

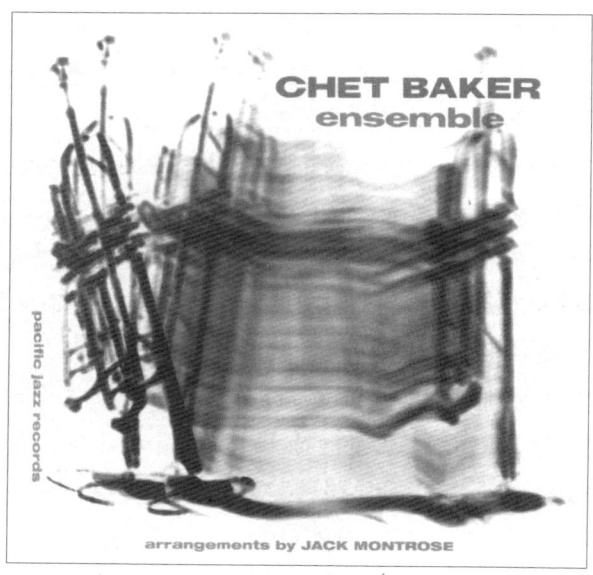

《Chet Baker Ensemble》

클라호마주 출신답게 점잔을 빼며 얘기했다. "이봐, 내가 생각 좀 해봤는데 말이지……." 그가 원한 것은 25달러나 50달러 정도의 "선급금"이었다. 당시의 딕 복으로서는 적지 않은 액수였는데, 쳇 베이커는 차의 트랜스미션이 고장 나서 고쳐야 한다거나 어머니가 아프다는 핑계를 댔다. 물론 받은 돈은 대마초를 사거나, 차를 수리하거나, 혹은 생활비를 보태는 데 썼다.

쳇 베이커는 찰리 파커가 몇 년 전 머큐리Mercury 레이블에서 발표했던 것과 유사한 현악 앙상블 앨범을 제작해 비싼 값에 팔아야 한다고 주장하며 딕 복에게 훨씬 더 큰 금액을 요구하기도 했다. 찰리 파커가 녹음한 그 앨범 — 말년의 그가 남긴 히트 싱글 〈Just Friends〉가 담겨 있던 — 은 그야말로 기념비적인 작품*이었고, 재즈 연주자에게 "현악 앙상블 협연with strings"이라는 매력적인 편성을 제시했다. 이런 앨범을 제작하는 것은 레코드사가 연주자에게 큰 투자를 감행할 만큼의 높은 가치를 인정한다는 증거였고, 이를 통해 음악인은 더 많은 관객과 만날 기회를 얻음으로써 힘든 현실을 타개할 수 있는 계기를 부여받는 것과 같았다. LP가 처음 제작되던 당시, 감상적인 오케스트라 사운드로 가득 찬 "무드음악mood music" — "식사할 때 틀어 놓기 좋은" 음악이나 "휴식을 위해 듣는" 음악 — 은 수백만 장의 판매고를 올리곤 했다. 1950년대의 행복한 가정이라면 반드시 갖춰야 할 음악의 필수품 정도로

• 1949년 11월의 녹음과 1950년 7월 및 9월의 녹음을 담아 10인치 LP로 제작된 《Charlie Parker with Strings》를 일컫는다.

인식된 까닭이었다. 컬럼비아 레코드사의 재즈 부서를 이끌던 조지 어배키언George Avakian은 이렇게 회상했다. "정말 많은 음악인들이 내게 자랑스레 말하곤 했습니다. '현악 앙상블과 앨범을 녹음할 예정이죠.' 물론 그런 말을 듣는 건 좀 역겨웠어요."

딕 복 혼자서 그런 쳇 베이커의 희망을 현실에 옮길 수는 없었다. 그래서 컬럼비아 레코드사에 합작을 제의했다. 당시 이 회사는 듀크 엘링턴이나 루이 암스트롱, 피아니스트 에롤 가너처럼 대중적으로 잘 알려진 이들의 앨범을 제작하고 있었다. 조지 어배키언이 말했다. "사실 내가 원했던 연주자는 제리 멀리건이었습니다. 사람들은 그즈음 쳇 베이커가 얼마나 대단한 스타인지 얘기하곤 했지만, 제가 볼 때 그 몇 년 동안 이미 8,000장의 레코드를 판 것만으로도 족하다 싶었거든요." 그럼에도 딕 복은 이 합작을 통해 몇 명의 편곡가를 기용할 수 있을 만큼 예산을 확보할 수 있었다. 쇼티 로저스와 조니 맨델Johnny Mandel, 마티 페이치Marty Paich와 잭 몬트로즈가 편곡에 참여했고, 일반 대중의 귀에 좋게 들리도록 〈What a Diff'rence a Day Made〉나 〈I'm Through with Love〉처럼 달콤한 분위기의 유명한 곡들이 선정됐다. 러스 프리먼과 "쿨한" 색소포니스트 주트 심스Zoot Sims가 조심스럽게 솔로 연주를 더했다. 쳇 베이커가 〈My Funny Valentine〉처럼 심오한 연주를 펼친 러스 프리먼 작곡의 새로운 발라드 〈The Wind〉를 제외하면, 다른 곡의 악보들은 그에게 많은 공간을 허락하지 않았으며 원곡에 충실하게 했다. 훗날 그는 디제이로 일하던 폴 피셔Paul Fisher에게 이렇게 말했다. "현악 앙상블이 연주를 억제하고 있다는 생각이 들지 않나? 바로 뒤에서 자꾸만 몰아붙이니까, 뭔가 좀 자유롭게 펼쳐 내거나 깊은 맛이 깃든 연주를 해내는 건 정말 어려운 일이었지." 조니 맨델은 이 앨범에 참여한 것을 부끄럽게 여겼다. "사실 이런 종류의 음악은 슈퍼마켓이나 엘리베이터 안에서 언제든 들을 수 있었어요."

그러나 허브 앨퍼트를 비롯한 많은 트럼페터들은《Chet Baker & Strings》가 아름다운 앨범이라 생각했다. 브라질 음악계의 중요한 프로듀서이자 방송인, 역사가이기도 했던 주자 오멩 지 멜루 Zuza Homem de Mello는 이 작품을 상파울루에서 듣고 다음과 같이 얘기했다. "난 깜짝 놀랐소. 이런 생각이 듭디다. '이게 정말 트럼펫이란 말인가? 마치 색소폰처럼 들리는군. 이런 사운드는 처음 듣는데' 하고 말이오. 내가 생각하던 트럼펫 사운드란 루이 암스트롱이나 해리 제임스 같은 비브라토를 의미했소. 그런데 쳇 베이커가 대부분의 곡에서 낮은 음역을 써서 그랬는지, 그의 연주는 루이 암스트롱보다 레스터 영 Lester Young에 더 가깝게 들리지 뭡니까. 앨범을 모두 들으면서 난생처음 듣는 트럼펫 사운드를 마주하게 됐죠. 그건 마치 누군가 문을 새롭게 열어젖히는 것 같았소."

앨범의 녹음을 위해 첫 연주가 있던 날, 『다운 비트』는 1953년 독자 투표의 결과를 발표했다. 쳇 베이커는 루이 암스트롱과 마일스 데이비스, 디지 길레스피를 제치고 1위에 올라 있었다. 그리고 이듬해인 1954년 2월 1일자 『타임』지는 클럽 헤이그를 헤드라인으로 뽑은 기사에서 그에 대한 이야기를 다루었다. 자기 생각을 더없이 명확하게 밝히던 제리 멀리건과 달리, 쳇 베이커는 말이 많지 않은 새로운 스타일의 젊은 음악인으로 비추어졌으며, 생각은 잘 정리돼 있지 않아도 어딘지 신비로운 재능을 지닌 듯 보였다. 재즈 연주자로서 자신의 목표에 대한 질문에 그는 이렇게 대답했다. "뭐든 눈에 보이는 것에서 탈피하고 싶다고나 할까. 우리는 남들과 다른 걸 연주하면서도 그게 잘 어울리도록 애쓰고 있죠. 그런데 무대에 올라가서 새로운 걸 연주했을 때 관객들이 좋아하는 게 보이면, 그건 이미 날아가 버린 거요."

그 어느 때보다 스타가 됐음을 스스로 느끼면서 쳇 베이커는 더 이상 제리 멀리건이 필요 없음을 깨달았다. 1954년 겨울의 어느 날, 할리우드 거리를 산책하다가 그는 과거에 자신을 이끌어 준 제리 멀리건과 우연히 마주쳤다. 알라인 브라운과 함께 나왔던 제리 멀리건은 6개월 복역 기간의 반을 마친 뒤 가석방된 상태였고, 헤로인 중독에서도 벗어나 있었다. 그는 분노했다. 이제는 전과자의 신분이 된 채, 혼자만의 영광을 찾기 위해 자신을 버린 과거의 "부하"를 마주한 것이 아니던가. 제리 멀리건은 쳇 베이커보다 한술 더 뜨며 딕 복을 비난했다. 그는 이렇게 말했다. "딕 복은 쳇 베이커와 러스 프리먼이 옆에서 자꾸 찔러서 어쩔 수 없이 앨범을 녹음했다며 변명을 늘어놓았습니다." 그러나 딕 복이 작가인 윌 손버리 Will Thornebury 에게 말한 내용은 느낌이 꽤 달랐다. "쳇 베이커가 자기만의 뭔가를 이룰 때가 됐다는 것은 명백하지 않았나요? 그 자신도 그걸 원하고 있었어요. 아마 내가 쳇 베이커의 음악을 녹음하지 않았다면 분명 다른 이들과 함께 작업을 했을 겁니다." 할리우드 거리에서 우연히 이루어진 두 사람의 조우는 제리 멀리건 쿼텟과 쳇 베이커의 공식적인 결별을 가져왔다. 그러나 이는 제리 멀리건의 분노 때문이 아니었다. 쳇 베이커는 계속해서 밴드로 함께 연주하려면 한 주에 125달러는 받아야겠다고 요구했다. 1995년, 제리 멀리건은 당시 두 사람이 "다시 만나서" 나눈 얘기를 자신의 입장에서 이렇게 밝혔다. "물론 두 사람이 서로를 반갑게 마주하며 얼싸안고 '다시 만나서 반갑군, 친구' 하는 분위기는 아니었습니다. 애초에 그런 건 기대할 수 있는 상황이 아니었다는 말이죠. 그는 내게 안부를 묻기도 전에 대뜸 돈 얘기부터 꺼내더군요. '이봐, 내가 좀 생각해 봤는데, 아무래도 돈을 더 받아야겠어.' 그게 그의 인사였다고요. 그러고는 300달러인가 400달러를 얘기했습니다. 글쎄요, 그 당시 우리 밴드가 한 주에 받던 돈이 1,200달러 정도였는데, 커미션을 지불하고, 몇 명의 연주자에게 들어가는 돈과 기타 비용, 숙박비, 교통비, 세금 등을 제외하면 그가 요구한 건 아예 불가능한 액수였죠. 내가 아주 큰 돈이라도 받는 줄 알았던 모양이에요. 그래서 나는 그냥 허허 웃을 수밖에 없었습니다. 마치 저질 영화에 나오는 장면처럼 어처구니없더군요."

하지만 헤이그에서 연주할 때 숙박비나 교통비가 따로 필요할 리는 없었으며, 다른 곳으로 투어를 떠난다 해도 매니저를 맡고 있던 알라인이 그에 따른 비용을 주최 측에 요구했을 법하다. 어쨌든 알라인은 상처를 받은 쪽이 제리 멀리건이었다고 생각했다. "내 생각에 쳇 베이커와 제리 멀리건 사이에는 대단히 깊은 애정이 있었던 것 같아요. 충분히 가능한 일이에요. 제리 멀리건이 만

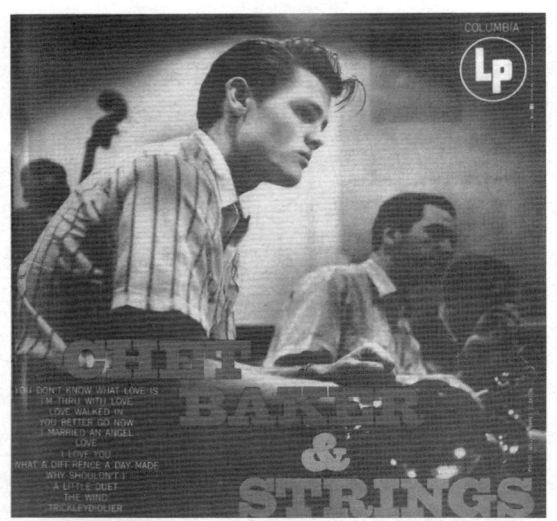

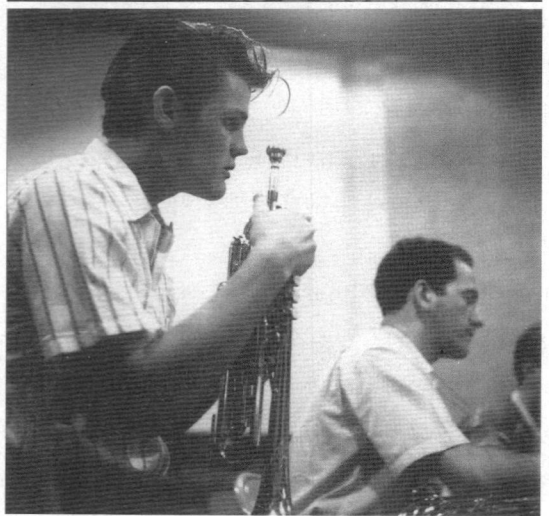

《Chet Baker & Strings》

났던 그 어떤 여성보다도 더 끈끈한 애정 말입니다. 물론 그가 저보다 더 진지하게 만났던 여자는 없었지만, 어쨌든 저를 포함한 우리 모두는 제리 멀리건에게 부차적인 존재였죠. 진정한 사랑은 결국 음악뿐이었어요. 그가 그토록 큰 상처를 받았다고 생각하는 이유도 바로 거기에 있죠." 쳇 베이커는 계속해서 제리 멀리건을 구두쇠로 몰아붙였다. 1983년, 그는 작가 제롬 리스에게 이렇게 말했다. "물론 기분은 더러웠겠지. 내가 그의 도움 없이 홀로서기 하는 걸 인정해야 했을 테니 말이야. 그 친구가 용납하지 못한 게 바로 그 부분이었어. 아마도 평생토록 내가 자기 옆에서 트럼펫을 연주해야 한다고 생각했을걸. 말도 안 되는 돈을 주면서, 도무지 올려 줄 생각이 없더라고. 세상에서 제일 뛰어난 트럼페터로 뽑혔는데도 말이지."

두 사람의 만남이 있은 지 얼마 지나지 않아 컬럼비아 레코드사는《Chet Baker & Strings》를 출시했다. 『다운 비트』는 짤막한 평을 내렸다. "전체적으로 너무 나른한 느낌이다. 일찍이 도로시 파커Dorothy Parker가 젊은 시절의 캐서린 헵번Katharine Hepburn을 향해 말했듯이, 쳇 베이커는 A부터 B까지 모든 감정 표현을 동원해 힘쓰고 있다."• 그러나 윌리엄 클랙스턴이 찍은 꿈결 같은 표지 사진 때문에 전국의 레코드 가게는 일제히 이 LP를 잘 보이는 진열대에 올려놓았다. 사진 속의 쳇 베이커는 최고의 아름다움을 선보

• 작가이자 시인인 도로시 파커가 데뷔 시절의 캐서린 헵번에게 충고 삼아 얘기한 표현. 'A부터 Z까지'라면 상상할 수 있는 모든 것이 내포된 극찬이지만, 기본기를 일컫는 'A부터 B까지'로 국한시켜 아직 풍부한 소양을 드러내지 못했다는 것을 은유적으로 드러냈다.

였는데, 연주 도중 생각에 잠긴 듯 동그랗게 두 눈을 뜨고 볼에 트럼펫의 마우스피스를 댄 채 휴식을 취하고 있다.* 조지 어배키언은 이 앨범이 그다지 크게 히트할 것이라 예상하지 않았지만, 한 해 동안에만 3만 5,000장에서 4만 장 정도가 팔려나가자 놀라움을 금치 못했다. 결국 《Chet Baker & Strings》는 쳇 베이커의 앨범 중에서 그의 생전에 가장 높은 판매고를 올린 작품으로 남았다. 이 앨범을 구입한 상당수의 사람들은 아직 재즈에 별 관심이 없던 젊은 여성들이었다. 물론 앨범의 표지 사진이 결정적인 역할을 했으며, 그들은 사진 속의 남자처럼 더없이 예쁜 음악이 작품에 담겨 있다는 걸 알고는 매우 놀라워했다.

오늘날까지 윌리엄 클랙스턴의 사진들은 사람들로 하여금 웨스트코스트 재즈의 가장 선호하는 포스터 모델로 쳇 베이커를 택하게 했다. 또한 이 사진들을 통해 패션에 영향을 받은 윌리엄 클랙스턴의 작품 스타일이 정착되기도 했다. 완벽하게 구성된 몸과 태평양에서 불어오는 따스한 바람 속에서 지상낙원으로 묘사된 남부 캘리포니아의 이미지, 그리고 아무 걱정거리 없는 삶이 그의 사진 속에 포착돼 있었다. 그가 남긴 작품 중 유명한 컷 하나를 들여다보자. 라이트하우스 올스타스의 멤버인 여섯 연주자들이 악기를 들고 해변에 자리했다. 모래사장에는 그룹의 이름이 큰

---

* 저자가 표지 사진으로 언급한 이것은 아마도 가장 잘 알려진 쳇 베이커의 사진 중 하나일 것이다. 그러나 가장 최근에 CD로 유통된 것을 포함해 LP 수집가들 사이에서 유통되는 이 앨범의 표지는 두 손과 트럼펫을 모두 내리고 휴식을 취하는 다른 사진이다. 두 사진 모두 같은 세션에서 촬영된 것으로 두 가지 가능성이 있다. LP 시절에 종종 그랬듯이 앨범 발표 당시 두 가지 이상의 표지로 제작됐거나, 저자의 단순한 착오이거나.

글씨로 새겨져 있고, 주트 심스와 잭 셸던, 쳇 베이커가 흰 티셔츠를 입은 채 건강한 대학생 운동선수 같은 인상을 남긴다. 그의 사진 속에 등장한 거의 모든 인물은 행복하고 쿨한 모습이었으며, 마치 독창적인 움직임을 드러내는 것이 세상에서 제일 쉬운 일이라는 양, 발랄하기 그지없다. 윌리엄 클랙스턴의 사진들은 뉴욕 재즈계를 카메라에 담은 프랜시스 울프Francis Wolff의 사진들에 비해 전혀 다른 세상의 이미지를 담고 있었다. 블루 노트 레코드사의 사진작가로 활동했던 프랜시스 울프는, 재즈 연주자들이 담배 연기 자욱한 지하실에서 땀으로 범벅된 얼굴로 투쟁성을 드러낸 열정적 순간을 놓치지 않았다.

그러나 건강한 삶—조이스 터커가 말한 것처럼 대마초를 "자연에서 얻은 환각제"로 생각하는 이들도 많았다—을 누리는 것이 큰 사회적 관심사였던 LA에서, 윌리엄 클랙스턴은 이러한 의도에 맞지 않거나 매력적으로 보이지 않는 대상들은 카메라에 담기를 주저했다. 그의 말을 들어 보자. "캘리포니아에서는 건강에 대한 인식이 정말 대단했죠. 사람들은 늘 건강식품 매장에 들렀고 꾸준히 운동했습니다. 이른바 웨스트코스트 계열에 속해 있던 젊은 작곡가들은 이미 대학 공부를 마친 뒤였는데, 이 친구들은 음악에 대해 꽤 현학적인 접근을 좋아했죠. 그리고 마약에 빠지지 않으려 애썼고요." 그가 알던 것처럼 물론 많은 이들이 그러했다. 하지만 쳇 베이커의 경우 주로 대마초를 통해 자신의 감각을 무디게 하고 있었으며, 사진을 통해 드러난 그의 모습 또한 무감각해 보이는 경우가 대부분이었다. 보컬리스트 마크 머피는 이

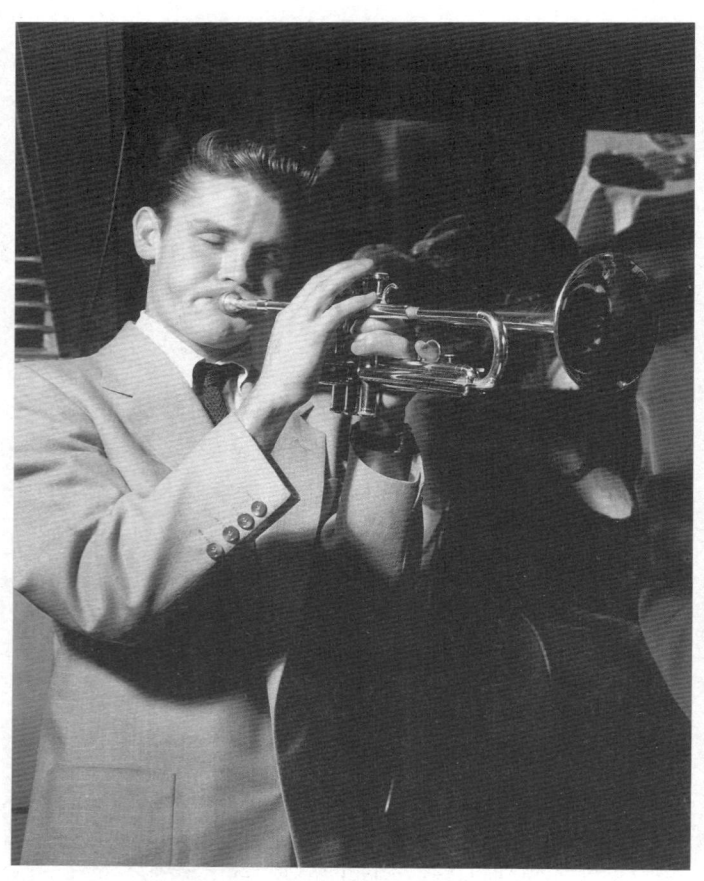

1954년 LA에서 연주하는 쳇 베이커. 최고의 인기를 구가하던 시절이다.

렇게 말했다. "모든 게 완벽하지 않았나요. 턱선과 헤어스타일까지 말이죠. 그런데 그다음에 그의 눈빛을 보면 느낌이 참 달랐습니다. 아주 냉정하고, 마치 죽어 있다는 인상을 받곤 했으니까요." 그럼에도 할리우드의 대중이 주목한 것은 쳇 베이커의 음악이라기보다 외모였다. 윌리엄 클랙스턴은 이렇게 덧붙였다. "잡지의 편집인들을 비롯해서 많은 사람들은 쳇 베이커가 나타났다 하면 당장 차에 올라 그의 사진을 찍고 싶어 했습니다. 다들 '와, 정말 매력적인 녀석이 새로 나타났군' 하고 생각했죠."

이즈음 제리 멀리건은 드디어 캘리포니아에 쓰라린 작별을 고했다. 그는 말했다. "결국 나는 LA라는 도시와 그 도시의 음악인들에게 완전히 질려 버리고 말았소." 제리 멀리건은 맨해튼에 있는 친구, 트롬보니스트 밥 브룩마이어Bob Brookmeyer에게 전화를 걸어 이렇게 얘기했다. "뉴욕에 있는 연주자 몇 명만 좀 보내 주게. 남아 있는 연주 일정을 끝내고 나서 이 지긋지긋한 곳을 떠나 버릴 테니."

1990년대 들어, 루스 영은 쳇 베이커의 성공적인 행로에 지적할 것이 있음을 분명히 했다. "그의 정체성을 결정지은 건 자기 자신이 아니라 주변 사람들이었어요. 그에게 무엇을 해야 할지 일러 준 사람들로부터 바로 그 신비주의가 비롯된 거죠. 원래 쳇 베이커는 그런 사람이 아니었습니다. 그는 그일 뿐이었죠. 하지만 아무도 그가 내뿜던 분위기와 외모에서 나타난 이미지를 의심하려 들지 않았습니다. 정말이지 그 누구도 여기에 토를 달지 않았어요."

사람들은 스타가 돼 가는 쳇 베이커에 너무나 열정적이었고, 이 부분에 있어 그에게는 선택의 여지가 없었다. 카슨 스미스는 이렇게 말했다. "모든 이들이 그에 대해 이야기하고 있었습니다. 하지만 막상 그는 주저하고 있었죠. 많은 사람들과 엮이기를 원하지 않았어요. 특히 돈 문제라면 더더욱 그랬습니다." 가능하면 더 많은 자본을 축적하기에 혈안이 돼 있던 딕 복은 당시 미국에서 가장 영향력 있는 공연기획사 중 하나였던 ABC Associated Booking Corporation의 대표 조 글레이저 Joe Glaser에게 쳇 베이커의 일을 맡겼다. 이 회사는 시카고와 뉴욕, 할리우드에 사무실을 가지고 있었다. 크게 이름을 날린 것은 아니었지만 한때 시카고의 조직폭력배에 속해 있던 조 글레이저는 거침없는 추진력을 바탕으로 루이 암스트롱의 매니저를 맡아 좋은 성과를 올리고 있었다. 1920년대 당시 루이 암스트롱은 다른 흑인들과 마찬가지로 부당한 인종차별에 의해 터무니없이 낮은 연주료를 받고 있었다. 그랬던 그를 팝 음악계의 정점에 올려놓은 것이 바로 조 글레이저였으며, 이를 통해 두 사람은 엄청난 부를 축적할 수 있었다. 그는 계속해서 베테랑 음악인들의 일을 도맡았으며, 그중에는 듀크 엘링턴과 빌리 홀리데이, 라이어널 햄프턴 Lionel Hampton, 아니타 오데이 등이 포함돼 있었다. 아니타 오데이에게 접근할 때 그는 다음과 같은 노골적인 언사를 던지기도 했다. "아니타, 당신은 분명 백만 불짜리 재능을 가지고 있어. 그런데 그다지 고상하진 않군."

조 글레이저는 쳇 베이커의 첫 번째 전미 순회공연 일정을 잡았다. 첫 공연은 1954년 3월 3일, 디트로이트였다. 그 와중에도 쳇 베이커는 헤이그와 티파니, 그리고 LA의 여러 클럽에서 계속 연주를 벌이고 있었다. 누구든 클럽에 들르면 그가 얼마나 열정적인 재능을 품고 있는지 확인할 수 있었으며, 여성 팬들이 몰려들어 사진 속에서 본 이상형의 남자를 향해 추파를 던졌다. 대부분의 사람들은 그가 기혼자라는 사실을 알지 못했고, 그 때문에 쳇 베이커는 적지 않은 덕을 보기도 했다. 닷 우드워드는 "그는 언제나 다른 여자를 데리고 다녔다"고 말했다. 러스 프리먼은 쳇 베이커가 그 여자들을 얼마나 대수롭지 않게 대했는지 기억하고 있었다. "말하자면 이런 식이었죠. 나를 원하나? 원하면 와서 가져가 보라 그래. 글쎄요, 쳇 베이커가 굳이 누군가를 좋아했던 적은 없다고 기억합니다. 여자들이 그를 좋아했던 거죠." 윌리엄 클랙스턴은 샌디에이고에서 공연을 마친 쳇 베이커와 함께 차를 타고 집에 돌아오던 날을 기억했다. 그를 쫓아다니던 신디라는 여자도 동행하고 있었다. 밤이 늦어 모텔 방을 하나 잡은 뒤 햄버거를 먹고 대마초를 피웠다. 쳇 베이커는 신디에 대해 큰 관심이 없었으며, 자기 차의 안전이 우선이어서 열린 문을 통해 계속 밖을 주시하고 있었다. 윌리엄 클랙스턴이 그에게 물었다. "이보게, 자네한테는 세상에서 제일 중요한 게 무엇이라고 생각하나?" 쳇 베이커는 이렇게 대답했다. "글쎄, 잘 모르겠는데. 아마 내 악기가 아니겠어? 그리고 새로 산 캐딜락도 중요하고. 아, 물론 내 음악도 중요하지. 뭐 대충 그 정도 아닐까." 이 말을 들은 신디는 화가 잔뜩 났다. 콧방귀를 뀌며, "아, 그러세요? 고맙네요, 베이커 씨!" 하고는 밖으로 뛰쳐나가 주먹으로 차의 범퍼를 내리쳤다. 윌리엄 클랙스턴이 말했다. "쳇 베이커는 나를 물끄러미 바라보다가 고개를 옆으로 젓더니 슬며시 미소를 짓더라고요. 그러고는 주차장을 향해 밖에서도 들리도록 이렇게 소리쳤습니다. '아, 하나 잊은 게 있군. 내가 기르는 개도 아주 중요하지!' 하고 말입니다."

쳇 베이커의 일생을 통해 유일하게 그를 움켜쥐고 있던 여인이 하나 있었다. 다름 아닌 그의 어머니. 쳇 베이커는 어머니 베라가 딕 복처럼 자신을 통해 꿈을 이루려 하고 있음을 잘 알고 있었다. 그러나 그는 이미 예전에 어머니를 실망시킨 적이 있지 않았던가. 세상을 떠날 때까지, 어머니를 향한 쳇 베이커의 마음은 혼란스레 뒤엉킨 감정으로 가득했다. 분노와 의존, 그리고 죄책감이 그것이었다. 1943년 무렵부터 어머니는 그에게 자기가 좋아하는 노래를 가르쳤으며 아들의 달콤한 목소리에 트럼펫 연주보다 더 큰 의미를 부여했다. 그래서 그녀는 아들이 더 많은 노래를 부르도록 종용했다. 하지만 아들의 노래에 대한 어머니의 맹목적인 집착이 그의 친구들에게도 공감을 불러일으킨 것은 아니었다. 드러머 밥 닐의 새 연인이자 후에 결혼까지 하게 된 매리언 라파엘—러스 프리먼의 아내였던—은 차로 연주 여행을 다니다가 테너 톤으로 흥얼거리는 쳇 베이커의 노래를 들었다. "얼마나 이상하던지, 웃겨서 죽는 줄 알았어요. 하지만 그는 실제로 노래를 잘하고 싶어 했죠."

1954년 초, 쳇 베이커는 딕 복에게 전화를 걸어 보컬 앨범을 만들어야 한다고 주장했다. 하지만 프로듀서는 그의 생각을 반기지 않았다. 지난 10월에 이미 두 곡을 녹음해 둔 상태였지만, 생각하면 생각할수록 아마추어에 더 가까운 그의 노래는 의심할 여지 없이 좋은 선택이 아니었다. 부드럽게 부른 두 개의 발라드, 〈I Fall in Love Too Easily〉와 〈The Thrill is Gone〉에서 음정은 계속 흔들렸으며, 시골 출신다운 특유의 모음 발음도 어색하게만 들렸다. ("더"를 "두"로, "웰"을 "울"로 발음했다.) 더구나 한 단어가 끝나기도 전에 숨을 쉬는 버릇까지 가지고 있었다. 전체적으로 쳇 베이커의 노래는 아무것도 모르고 순진하기만 한 농촌 총각 같은 느낌이 들었고, 굳이 말하면 그 자체가 매력이라고 할 수는 있었다. 쳇 베이커는 말했다. "사람들의 반응은 크게 엇갈렸지. 아주 좋아하거나, 아주 싫어하거나."

한 해 전, 윌리엄 클랙스턴은 베벌리힐스에 위치한 팰컨 레어 Falcon Lair에서 쳇 베이커의 노래를 들은 적이 있었다. 팰컨 레어가 자리한 저택은 1920년대에 루돌프 발렌티노Rudolph Valentino •가 지은 곳으로, 담배회사의 상속녀인 도리스 듀크Doris Duke가 소유하고 있었다. 그녀는 언덕 위에 있는 이 집을 연인인 조 카스트로와 함께 쓰려고 구입했다. 앳된 얼굴의 멕시코계 미국인 조 카스트로는 재즈 피아니스트로 활동하며 할리우드의 모캄보Mocambo 나이트클럽에서 트리오를 이끌고 있었다. 도리스 듀크가 그를 위해 건물 안에 호화로운 음악실을 꾸며 주었는데, 두 대의 스타인웨이 피아노가 놓인 그 공간에서 조 카스트로는 분위기를 한껏 살

• 이탈리아 출신의 영화배우. 미국으로 건너와 무성영화 시대의 최고 스타 중 한 사람으로 군림했다. 1895년에 태어나 1926년 젊은 나이로 병사했다.

리며 한밤의 잼 세션을 열곤 했다. 어느 날 밤, 팰컨 레어의 연주에 참여한 쳇 베이커는 악기를 내려놓고 준 크리스티June Christy와 함께 노래를 불렀다. 작은 체구에 금발을 하고 있던 준 크리스티는 그즈음 스탠 켄턴 오케스트라에서 나와 솔로로 전향한 상태였고, 대표곡이라 할 만한 〈Something Cool〉을 녹음한 지 얼마 되지 않았을 때였다. 〈Something Cool〉은 한 여인이 바에 앉아 들려주는 우울한 독백으로 이루어진 곡이었으며, 노래 속의 화자를 매혹시켰던 낯선 이방인에 대한 내용을 담고 있었다. 결국 이 곡은 할리우드의 망상과 자기과장을 드러내는 것에 다름 아니었다. 노래 속의 사연과 같은 장면이 밤마다 유흥가인 선셋 스트립에서 펼쳐지곤 했을 테니까. 준 크리스티의 레코드는 그녀를 1950년대 쿨 재즈 계열 보컬의 여왕 중 한 사람으로 등극시켰다. 하지만 그녀의 실제 삶은 쿨한 것과는 거리가 멀었다. 무대공포증과 불안정한 목소리로 인한 고통은 이루 말할 수 없을 정도였으며, 많은 비평가들은 그녀의 노래가 부자연스럽고 음정마저 명확하지 않다고 비판하기 일쑤였다. 결국 그녀는 술을 마시기 시작했고, 음악뿐 아니라 건강마저 잃어버리고 말았다.

• 생전의 루돌프 발렌티노가 살던 저택 안에 자리한 팰컨 레어는 클럽이 아닌, 이른바 프라이빗 콘서트로 잘 알려진 곳이었다. 조 카스트로는 도리스 듀크의 전폭적인 지지를 등에 업고 이 공간을 마음껏 활용했으며, 상당히 많은 라이브 연주가 펼쳐졌다. 오늘날에도 부유한 상류층 사람들은 이러한 프라이빗 콘서트를 자주 갖는 편인데, 예나 지금이나 음악인들에게는 꽤 짭짤한 돈벌이가 되는 행사라 할 수 있다(물론 모든 프라이빗 콘서트가 그런 것은 절대 아니다). 팰컨 레어에서 연주된 음악이 앨범으로 발표된 경우도 있는데, 대표적인 것이 지난 2004년에 재발매돼 높은 평가를 이끌어 낸 주트 심스와 조 카스트로 트리오의 《Live at Falcon Lair》(1956)이다.

하지만 1953년의 준 크리스티는 짧은 앞머리와 뒤로 길게 땋
아 늘인 머리를 한 채 사람들에게 기분 좋은 봄바람 같은 인상을
주었다. 쳇 베이커가 피아노 앞에서 코드를 몇 개 눌러 보는가 싶
더니, 그와 준 크리스티는 부드러운 목소리로 콜 포터의 〈Ev'ry
Time We Say Goodbye〉를 부르기 시작했다. 준 크리스티의 남편
인 색소포니스트 밥 쿠퍼가 뒷전에서 살며시 연주를 더해 주고
있었다. 윌리엄 클랙스턴이 듣기에, 쳇 베이커와 준 크리스티의
앙상블은 "두 명의 천사가 노래하는 것처럼 들렸다." 노래가 울려
퍼지자 사람들 사이에는 침묵이 감돌았고, 이내 방 안 전체를 휘
감았다. 윌리엄 클랙스턴과 준 크리스티, 그리고 함께 있던 다른
손님들은 쳇 베이커에게 다음 앨범에서는 꼭 노래를 부르라고 간
곡히 얘기했다.

1954년 2월, 쳇 베이커는 할리우드에서 10인치 LP《Chet Baker
Sings》를 만들었다. 러스 프리먼이 절망의 이미지를 담은 잘 알
려진 노래들을 선곡했고, 그중에는 거슈윈 형제의 〈But Not for
Me〉와 호기 카마이클Hoagy Carmichael의 〈I Get Along Without You
Very Well〉, 쳇 베이커가 처음 노래한 〈My Funny Valentine〉도 포
함돼 있었다. 하지만 노래할 키를 찾는 데 무척이나 힘들어하며
한없이 녹음이 반복되는 것을 지켜본 딕 복은 걱정이 앞섰다. 녹
음 과정을 지켜본 닷 우드워드는 이렇게 말했다. "아마 노래 하나
를 마무리하기 위해 수백 번은 되풀이했을 거예요. 한 파트를 부
르고 나서 직접 들어 본 다음에 다시 자리로 돌아가 또다시 녹음
하는 과정이 반복됐죠." 쳇 베이커의 부단한 인내심은 다른 연주

자들에게 전혀 인상적이지 못했다. 어차피 노래가 앞서 있을 뿐 그들은 뒷전으로 물러난 반주자에 불과했으며, 쳇 베이커의 불안정한 노력에 방해가 될까 숨죽인 채 모든 작업을 지켜봐야 했다. 러스 프리먼은 이렇게 얘기했다. "정말 어처구니없는 일이라고 생각했습니다. 루이 암스트롱이나 잭 티가든 같은 연주자는 노래할 때도 정말 재즈 가수 같았거든요. 하지만 그때 녹음한 곡들은 모두 발라드였고, 도대체 왜 그런 작업을 하는지 의미를 찾을 수 없었어요." 카슨 스미스도 스튜디오 밖으로 걸어 나가며 이렇게 생각했다. "왜 이걸 해야 하는 거지?"

딕 복의 퍼시픽 재즈 레이블에서 미술 감독이자 전임 사진작가로 일하게 된 윌리엄 클랙스턴은 이 앨범의 표지 작업을 하며 쳇 베이커를 마치 재즈의 천사처럼 보이도록 연출했다. 흰색 러닝셔츠를 입고 마이크 앞에 선 쳇 베이커는 노래하고 있는 듯 입을 벌리고 있었으며, 사진의 입자가 거칠게 인화된 탓에 공기 속으로 흩어져 버릴 것처럼 보였다. 그의 노래 역시 이렇듯 희미한 느낌을 똑같이 지니고 있었다. 훗날 쳇 베이커는 트럼펫 연주처럼 목소리로도 자신 있게 즉흥연주를 펼치게 됐지만, 1950년대까지만 해도 악보의 음표 하나하나에 소심하게 집착하고 있었다. 그의 부서질 듯 불안한 톤은 한편으로 더없이 민감한 감성을 내포했지만, 산산이 깨져 버린 사랑의 이야기를 얼버무리듯 노래할 뿐이었다. "사람들은 사랑의 노래를 만들었지. 하지만 그건 내 얘기가 아니었어…… 나는 너무 힘들게 사랑에 빠지네. 그래서 그 사랑은 얼마 가지도 못하지…… 사랑이 식어 버린 지금, 밤은 왜 이리

추운 걸까……." 그 때문에 그의 노랫소리는 별다른 감정을 전하지 못하고 있었다. 루스 영은 이렇게 말했다. "그 노래들은 쳇 베이커에게 아무런 의미가 없었습니다. 전혀요. 그는 휴지 광고에서 흘러나오는 노래를 흥얼거리곤 했죠. 모든 걸 그저 음악으로만 받아들였고 노랫말도 단지 음표에 불과했어요."

그러나 앨범 커버를 마주하며 쳇 베이커의 무덤덤하고 메마른 목소리를 들은 일반인들은 갖가지 종류의 환상을 그에게 투영했다. 모정에 굶주린 채 상처받은 아이의 이미지를 떠올리는 이도 있었고, 매혹적인 악마가 어두운 숙명의 예언으로 나락에 끌어들이는 모습을 상상한 사람도 있었다. 때로는 상상할 수 없이 깊은 영혼의 울림을 가진 남자의 목소리를 들은 이도 있었다. 마치 누군가 귀에 대고 나지막한 이야기를 속삭이는 것처럼 그의 노래가 친숙하게 다가온 측면이 있다는 것도 부정할 수는 없었다. 아니면 정반대로, 아무도 가 보지 못한 곳에 다다른 존재를 마주하듯 아주 멀게 느껴진 것도 사실이다. 제리 멀리건은 쳇 베이커의 목소리가 지닌 신비로움을 가벼이 넘겨 버렸다. "원래 노래하는 방식이 그랬죠. 그 방법 말고 다르게 노래하는 법은 알지도 못했으니까." 그러나 쳇 베이커의 연인이었던 릴리안 퀴키에는 그의 노랫소리가 "매우 유혹적인 방법으로 여인들의 가슴을 파고드는" 면이 강하다고 말했다. 그런데 이런 특성은 게이들에게도 똑같은 반향을 불러일으켰다. 그들은 성적 모호성을 어필하는 귀여운 외모를 거론하며 그의 노랫소리에서 같은 결론을 이끌어 냈다. 결국 《Chet Baker Sings》 앨범을 통해 쳇 베이커는 강한 동성애를 유

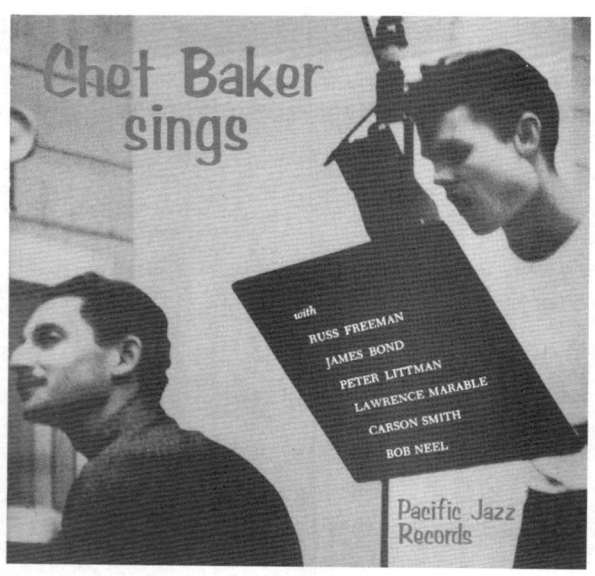

《Chet Baker Sings》

발한 첫 번째 재즈 음악인이 됐다. 브루스웨버를 도와 「렛츠 겟 로스트」를 만들었던 체리 바닐라Cherry Vanilla 는 다음과 같이 말했다. "재즈를 좋아하던 모든 게이가 예외 없이 쳇 베이커에 깊이 빠져 있었습니다."

사실 그가 등장한 시대는 동성애 혐오의 의식이 팽배한 때였다. 성에 따른 사회적 역할이 엄격히 정해져 있었고, 표준에서 어긋난 모습은 용납되지 않았다. 더구나 그가 좋아하던 팝 음악의 인물들도 전형적인 남성미의 상징들이었다. 프랭크 시나트라는 두말할 것 없이 남자다움을 강조했으며, 〈Mule Train〉으로 명성을 얻은 프랭키 레인도 서부영화에 나올 법한 스타일의 옷을 입고 다녔다. 프랭크 로서Frank Loesser 가 뮤지컬을 위해 작곡했던 〈Standing on the Corner(Watching All the Girls Go By)〉를 히트시켜 유명해진 포 래즈Four Lads 의 멤버들도 머리를 말끔하게 깎고 친숙한 인상을 가진 일반적인 남성들이었다. 따지고 보면 재즈에서 남성미에 대한 고정관념은 한결 더 강했다. 노래하는 남성 음악인들을 떠올려 보자. 낮은 바리톤 음성으로 부드럽게 노래하며 밴드를 이끌었던 빌리 엑스타인Billy Eckstine 은 만화 속에 등장하는 남자 주인공을 연상케 했고, 루이 암스트롱은 코믹한 곰처럼 걸걸대는 목소리로 노래하며 자신의 약점을 감추려 하지 않았던가.

이런 관점에서 쳇 베이커를 생각해 보면, 양성적 느낌의 달콤한 테너 소리로 산들바람처럼 가볍게 부른 그의 노래가 많은 재즈 음악인들을 어리둥절하게 만든 건 당연한 결과였다. 1970년대에 쳇 베이커와 함께 활동했던 피아니스트 리치 베이락Richie Beirach 은 그가 남긴 초창기의 노래를 들으며 "여자 목소리 같다"고 얘기했다. 비평가들도 쳇 베이커를 "죽음에 임박한 사람" 같다거나 "나약하다"고 평하기 시작했다. 그는 1973년 리처드 윌리엄스Richard Williams 기자에게 다음과 같이 말했다. "내가 노래를 시작했을 때 아주 복잡한 반응이 쏟아지더군. 그중에서 특히 잊을 수 없는 건, 너무나 바보스럽게도, 많은 사람들이 내가 펠라티오를 즐긴다는 둥, 특별한 성적 취향을 지닌 것처럼 생각했다는 거지. 물론 말도 안 되는 헛소리들이었지만 말이야." 가능하면 쿨하게 비추어져야 한다는 생각에서, 쳇 베이커는 자신의 남자다움을 드러내려고 무던히도 많은 애를 썼다. 언제나 새로 만나는 여자와 멋진 차를 끌고 뽐내듯 거리를 활보했으며, "패곳faggot"*이라는 말을 의식적으로 자주 내뱉었다.

하지만 매리언 라파엘이 보기에 쳇 베이커의 성적 정체성은 문제가 되지 않았다. 그녀는 단순히《Chet Baker Sings》를 듣는 것이 고통스럽다고 느꼈다. "우리는 모두 그를 아끼고 사랑했어요. 하지만 그의 노래가 라디오에서 흘러나오는 걸 견디지 못했죠." 비평가 미미 클라Mimi Clar는 후에 『메트로놈』에 실린 글을 통해 그의 "심할 정도로 부족한 노래 실력"을 다음과 같이 신랄하게 꼬집었다.

쳇 베이커의 "노래하기"를 비평하는 것은 다른 이들과 동등한 위치

---

* 게이를 천하게 일컫는 속어

에 놓고 시도할 수 없는, 불공정한 게임이나 마찬가지다. 왜냐하면, 노래에 대해서 그는 아직 걸음마도 떼지 않은 넉 달 된 아기에 불과하기 때문이다. 냄비 속에 빠져 끓는 물에 데쳐지던 부엉이 한 마리가 올라가지도 않는 목청을 돋우며 가까스로 소리 내듯, 마치 빈혈 환자 같은 목소리를 놓고 무슨 비평을 시도할 수 있겠는가. 그가 노래한 대부분의 음정들이 추구하는 바는 빙하시대에 살았던 매머드의 상아가 무슨 의미를 지녔는지 밝히는 것처럼 애매하기만 하다. 아마 쳇 베이커의 어설픈 노래를 들으며 다른 악기를 연주하는 음악인이 있다면 채 2분도 무대 위에서 버티지 못할 것이다. 그런데도 굳이 원한다면, 혼자서 녹음하게 '내버려두라'.

사실 다른 지역의 재즈 클럽들은 쳇 베이커를 무대에 올리려고 요란을 떨고 있었다. 투어가 가까워지자 러스 프리먼은 쳇 베이커가 밴드를 어떻게 이끄는지 잘 모르고 있다는 사실을 깨달았다. 아니, 그런 일을 익힐 의지조차 없어 보였다. 그래서 그는 연주 여행 도중 돈 관리를 어떻게 해야 하는지 쳇 베이커에게 가르쳐야 하지 않겠느냐고 엔지니어인 필 튜렛스키에게 얘기했다. 각연주자들을 위한 은행 계좌를 만들고, 그들이 받는 돈에서 세금을 어떻게 제하는지 알아야 한 주 동안의 회계 관리가 가능했다. 러스 프리먼은 이렇게 말했다. "그런 일이 잘 이루어지지 않으면 실제로 투어를 진행하기가 힘들거든요. 그런데 쳇 베이커는 오로지 연주만 하고 싶어 했어요. 그 이외의 다른 일들에 대해서는 신경 쓰려 하지 않았죠. 결국 내가 그 일을 떠맡아야 했습니다. 그야

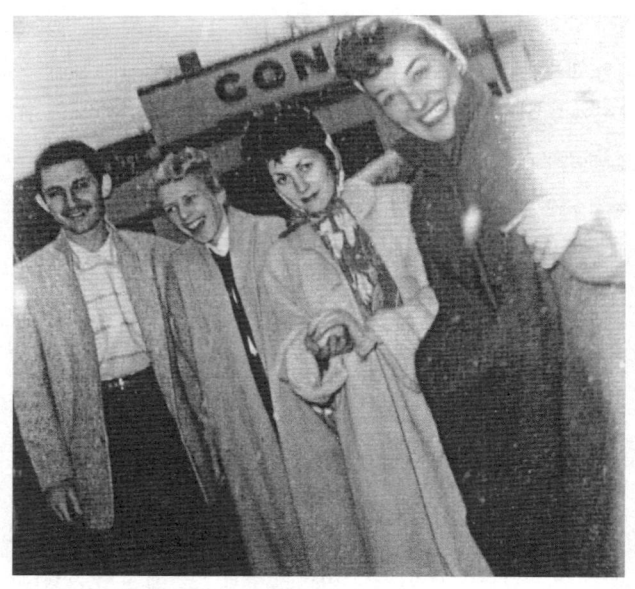

1954년 쳇 베이커의 투어에 동행한 이들.
(왼쪽부터) 피아니스트 러스 프리먼, 쳇 베이커의 아내 샬레인 수더,
카슨 스미스의 아내 조앤 스미스, 밥 닐의 약혼녀 매리언 라파엘.

말로 바닥 청소하는 것 빼고는 모든 잡다한 일을 다 내가 처리했죠." 드러머 래리 벙커는 투어에 함께하기를 거부한 채 LA에 남아 스튜디오에서 편하게 일하기를 원했다. 사실 그는 예전부터 제리 멀리건이 요구한 것을 그대로 따라 하며 무대에서 "대충 분위기나 맞춰 주는 일"에 질려 있었다. 쳇 베이커도 이 부분은 마찬가지였다. 래리 벙커는 말했다. "나는 계속 생각해 오고 있었습니다. 뉴욕에 있는 연주자들처럼 연주하고 싶다고 말이에요. 명색이 드러머인데, 좀 신나게 두들겨 대기도 해야 하는 것 아닙니까. 그런데 주어진 일은 섬세하게 다듬어진 편곡 악보를 연주하는 것뿐이었죠. 일은 일이고, 어쩔 수 없이 그렇게 해야만 했던 거죠."

래리 벙커를 대신해서 쳇 베이커는 밥 닐에게 투어의 연주를 맡겼다. 그는 매리언 라파엘과 함께 가겠다고 했다. 그즈음 재혼한 카슨 스미스 역시 아내인 조앤과 동행했고 쳇 베이커의 곁에는 샬레인이 있었기에, 당시 결혼하지 않았던 러스 프리먼만 혼자 투어에 나섰다. 그는 할리우드 드라이브의 집에 들어갔던 보증금을 뺐다. 계약 기간이 남아 있었지만 기울어진 바닥이 불안전하다는 이유를 들어 별문제는 없었다. 며칠 남지 않은 2월의 끝자락을 마주하며 그와 쳇 베이커, 그리고 샬레인은 몇몇 살림을 버려둔 채 꼭 필요한 것들만 챙겨 짐을 꾸렸다. 방랑과 여행이 반복되는 연주자의 삶을 살기 위한 만반의 준비를 마쳤다. 짐 정리가 끝나자 러스 프리먼은 이렇게 말했다. "자, 이젠 머물 곳이 없어졌군. 우린 집 없는 사람들이야."

5
길 위에 선 밸런타인

1954년 3월 1일 아침, 러스 프리먼과 카슨 스미스 부부, 밥 닐과 매리언 라파엘은 미국 투어에 나서기 위해 매리언의 폰티액 승용차에 올라탔다. 밴드의 리더인 쳇 베이커는 다른 연주 스케줄 때문에 먼저 길을 떠났다. 친구들은 악기와 여러 소지품이 실린 트레일러를 차 뒤에 매단 채 향기로운 할리우드를 탈출하여 그들만의 길을 냈다. 여인들은 눈앞에 펼쳐진 경치를 마주하며 설레는 마음을 감추지 못했고, 남자들은 지하실과 구석진 공간에서 매일 밤 재즈를 연주할 수 있다는 사실에 큰 기대를 하고 있었다. 밥 닐이 말했다. "연주 여행을 떠나는 것보다 더 신나는 게 과연 있을까?"

러스 프리먼이 운전대를 잡고, 그들은 디트로이트의 교외에 있는 리버 루지로 향했다. 재즈 클럽과 볼링장이 함께 있는 루지 라운지 Rouge Lounge 에서 연주할 스케줄이 잡혀 있었다. 한 시간쯤 지났을까, 싸구려 재생 타이어가 문제를 일으켰고, 가던 길을 돌아와 새 타이어로 교체한 뒤 다시 출발해야 했다. 놓친 시간을 만회하기 위해 러스 프리먼은 잔뜩 속도를 높였다. 그리고 여지없이 캘리포니아 고속도로 순찰대에 걸려 속도위반 딱지를 뗐다. 오클라호마에 이를 때까지 여행은 순조로웠다. 그러나 갑자기 몰아닥친 극심한 모래폭풍 때문에 계기판이 붉은 먼지로 가득 차 버렸다. 또한 디트로이트를 24킬로미터 정도 남겨 놓은 곳에 이르러서는 눈보라가 몰아쳐 더 이상 운전을 하기가 쉽지 않았다. 결국 길가에 있던 모텔에 몸을 숨긴 채 하룻밤을 묵어야 했다. 다음 날 아침, 남자들은 눈에 파묻힌 차를 끌어내 가까스로 리버 루지에 도착했다. 피곤이 몰려왔고, 꿈같던 연주 여행이 만만치 않음을 깨닫고는 실망에 빠지기도 했다.

　그날 오후, 밴드의 멤버들은 그 어느 때보다 쿨한 태도로 샬레인과 함께 루지 라운지에 천천히 들어서는 쳇 베이커와 조우했다. 이 클럽에 대해 러스 프리먼은 다음과 같이 설명했다. "냄새도 나고 그다지 크지 않은 곳이었어요. 피아노도 업라이트 하나뿐이었는데 그나마 상태도 별로였죠. 쳇 베이커가 독자 투표에서 1위를 했다지만, 그렇다고 굳이 지저분한 클럽을 기피할 만큼 여유가 있진 않았으니까요." 그러나 일단 첫 번째 무대를 위해 연주를 시작하자, 음악은―공연을 시작하기 전에 그들이 피우던 대마초와 함께―연주자들의 영혼을 날아오르도록 이끌었다. 그들은 비로소 꿈을 이루어 가고 있음을 깨달았다. 그로부터 아홉 달 동안,

무대에 올라 음악을 펼쳐 낼 수만 있다면 가기에 멀다고 느낀 곳은 없었으며 감당하기 힘들다고 생각한 곤란도 존재하지 않았다. 밥 닐은 말했다. "그보다 이상적인 삶은 없다고 생각했어요. 그래요. 따지고 보면 겉보기와 달리 결코 우아한 생활은 아니었죠. 값싼 호텔을 찾아다녔고 음식이든 뭐든 풍족하진 않았으니까요. 하지만 우리가 신경 쓴 것은 오로지 무대에 올라 연주하는 시간뿐이었답니다."

수십 년 뒤, 리사 필립스Lisa Phillips는 자신의 에세이 『비트 문화: 미국을 다시 보다Beat Culture: America Revisited』에서 당시의 젊은이들이 꾸준히 벌였던 여행이 1950년대의 대항문화를 꽃피웠다고 썼다. "이 세대는 일종의 황홀경과 신에 대한 특이한 비전을 꿈꾸고 있었다. 마약과 재즈, 그리고 끊임없는 이동을 통해 그 꿈을 찾기 위해 노력했다." 러스 프리먼은 1954년에만 이러한 일을 한 번 이상 치러 냈다. "나는 사실 특별한 종교를 가지고 있진 않아요. 하지만 몇 차례, 연주하는 동안 체외 유리 현상을 경험했습니다. 내가 연주하고 있는 나 자신의 모습을 내 옆이나 뒤에 서서 지켜보는 거예요. 내 주변에 있던 다른 모든 것에 대해서는 아무런 인식조차 없는 상태에서 말이죠. 그때 나는 깨달았죠. 진짜 마법과 같은 일이 내게 일어나고 있다는 사실을요."

그해 12월, 「투나잇Tonight」 쇼의 진행자인 스티브 앨런Steve Allen •

• 스티브 앨런(1921~2000)은 음악인이자 코미디언, 그리고 작가였다. 오늘날 미국 텔레비전에 등장하는 토크쇼의 원형을 만든 인물로 잘 알려져 있다.

은 쳇 베이커가 미국을 지그재그로 오가며 투어를 펼쳤는데, 3만 2,000킬로미터가 넘는 거리를 여행할 만큼 대단했다고 프로그램에서 얘기했다. 보스턴(스토리빌 Storyville)을 위시하여 필라델피아(블루 노트 Blue Note), 시카고(스트림라이너 Streamliner), 뉴욕(버드랜드 Birdland), 세인트루이스(글래스 바 Glass Bar), 토론토(콜로니얼 태번 Colonial Tavern), 워싱턴 D. C.(올리비아스 파티오 라운지 Olivia's Patio Lounge), 볼티모어(코미디 클럽 Comedy Club)에 이르기까지 밴드는 나라 전체를 휘젓고 다녔다. 이들의 연주를 마주한 모든 관객에게 쳇 베이커 쿼텟은 캘리포니아, 그 자체로 다가왔다. 햇볕에 그을었지만 말끔한 인상을 지닌 네 젊은이들은 언제나 서두르는 법이 없었으며, 〈Happy Little Sunbeam〉이나 〈Lullaby of the Leaves〉 같은 곡들을 연주하며 미국 서부의 기분 좋은 바람 소리를 들려주었다. 그들이 연출한 모든 사운드는 전혀 거북함이 없었다. 쳇 베이커의 트럼펫 톤은 마치 은은한 진주 같아서 사람들을 놀라게 하거나 귀에 거슬리는 소리는 결코 들을 수 없었으며, 밥 닐의 드럼 연주는 화려했지만 아주 편안한 신을 신고 있다는 느낌을 주었다. 밥 닐은 이렇게 얘기했다. "사실 일은 만만치 않았습니다. 쳇 베이커는 누군가 곡의 템포를 쉬지 않고 꾸준히 유지해 주길 바라면서도 자기가 파고들어가는 방향으로는 절대 나서지 못하게 했죠. 그게 바로 그가 드러머에게 요구한 일이었습니다." 쳇 베이커와 러스 프리먼은 캘리포니아의 모래사장에서 두 소년이 공을 차고 놀 듯 소절을 주고받으며 연주를 이어 갔다. 한 번은 쳇 베이커가 〈Winter Wonderland〉를 연주하면서 잠시 머뭇

거리는가 싶더니 이내 16분음표가 끊임없이 빠르게 이어지는 화려한 솔로를 선보이며 온 힘을 다해 질주를 시작했다. 러스 프리먼은 그때를 기억했다. "그냥 피아노 앞에 앉아 그의 연주만 듣고 있으면 좋겠다 싶더군요. 그러고는 이런 생각이 들었죠. '아니, 지금 나보고 저 다음에 솔로를 하라는 거야?' 그렇게 멋진 솔로를 하고 난 다음에 내가 연주하면 대번에 비교가 됐을 테니 말입니다."

『타임』지가 기사에 그의 이름을 올리면서 이어진 미디어의 축복 어린 뒷받침은 쳇 베이커에게 대다수의 재즈 음악인들이 꿈꾸는 희망을 안겨 주었다. 수백만 명의 사람들이 텔레비전의 「투데이Today」 쇼와 「투나잇」 쇼를 시청했으며, 연주자를 꿈꾸던 학생들은 쳇 베이커의 솔로 연주를 채보하여 발간된 『쳇 베이커의 트럼펫 예술The Trumpet Artistry of Chet Baker』에 나온 모든 악보를 암기했다. 그가 가는 곳마다 관공서에서 사람들이 나와 왕족을 맞듯 환영을 아끼지 않았다. "그들은 쳇 베이커가 원하기만 하면 어디든 안내했어요. 함께 저녁 식사를 하려는 이들도 줄을 섰죠." 매리언 라파엘은 그렇게 말했다. 보스턴의 재즈 클럽 스토리빌에서 직접 중계된 일련의 방송 프로그램을 진행했던 존 매클렐런John McClellan•은 마치 아서 피들러Arthur Fiedler가 보스턴 팝스 오케스트라 앞에서 지휘봉을 들어 올리듯 최대한의 예의를 갖춘 채 쳇 베이커를

• 존 매클렐런이 진행을 맡은 당시의 라디오 방송은 재즈 팬뿐 아니라 문화예술에 관심을 가지고 있던 많은 이들에게 큰 반향을 불러일으켰다. 녹음된 테이프가 미국의 다른 지역에서 재방송되기도 하는 등 이상적인 재즈 방송의 한 전형으로 평가된다. 비근한 예로는 앨범으로 발표된 찰리 파커의 걸작 《Charlie Parker at Storyville》(1953)을 들 수 있으며, 보너스 트랙으로 수록된 〈Now's the Time〉의 도입부에서 존 매클렐런의 목소리를 들을 수 있기도 하다.

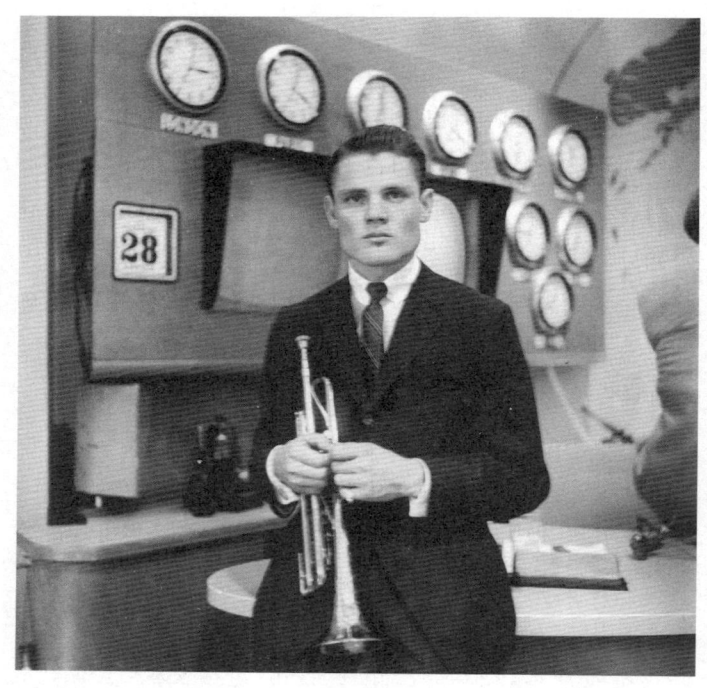

1954년 뉴욕에서 「투데이」 쇼에 출연할 당시의 쳇 베이커. ⓒ Carole Reiff Photo Archive

소개했다. "급상승하고 있는 이 젊은 음악인의 인기는 그야말로 경이롭다고 말할 수 있겠군요." 그의 나지막한 목소리에는 이렇듯 쳇 베이커에 대한 신뢰가 담겨 있었다. 이어서 쳇 베이커가 마이크를 잡더니 마치 리사이틀에 나선 학생 바이올리니스트처럼 담담하면서도 비음 섞인 톤으로 말문을 열었다. "다음에 저희가 연주할 곡은⋯⋯."

비록 루이 암스트롱에 버금가는 최고의 스타덤에 오르지는 못했다 해도, 최소한 쳇 베이커는 1950년대의 역할 모델로 우뚝 섰다. 평범한 미국 농촌 출신으로 국가를 위해 두 차례의 군 생활을 거쳤으며, 급기야 트럼펫에 날개를 달아 높이 비상했던 그는 순수성 그 자체의 사운드까지 선보였다. 두말할 것 없이 쳇 베이커는 1950년 영화 「트럼펫 부는 사나이Young Man with a Horn」에서 폐인 역할을 맡아 열연했던 커크 더글러스Kirk Douglas의 이미지와 전혀 달랐다. 알코올 중독에 빠져 가족을 학대했던 영화 속의 트럼페터는 아내의 소박한 꿈을 짓밟았다. (아내 역은 도리스 데이가 맡았다.) 그렇다고 무대 위에서 베레모를 쓴 채 종종 춤을 추기도 했던 디지 길레스피처럼 새로운 무언가를 좇는 괴짜도 아니었다. 쳇 베이커는 아직도 담배를 멀리하고 있었으며 큰 물컵에 우유를 마시는, 말끔한 정장 차림으로 무대에 오르는 건실한 청년의 모습을 지니고 있었다. 더구나 당시의 많은 재즈 연주자들이 "벅Buck, 록조Lockjaw, 피넛츠Peanuts, 디지Dizzy" 같은 식의 이름을 택했던 반면, 그의 이름은 대학 풋볼 팀에서 뛰는 소년의 느낌을 전해 주었다. 다큐멘터리 「렛츠 겟 로스트」에서 시나리오 작가 로런스 트림블Lawrence Trimble은 다음과 같이 밝혔다. "그의 이름인 '쳇'을 가만히 들여다보자. 어딘지 부드러운 인상이 들지 않는가. 연주도 그렇고, 외모도 그렇고, 그의 이름은 모든 이미지와 잘 맞아떨어졌다."

홍보를 위해 꾸며진 이야기 하나가 만화 형식의 포스터로 제작돼 학교 게시판에 나붙은 적도 있었다. 인디애나 마틴 밴드 악기회사가 발행한 "음악에서 이룬 성공적인 커리어Successful Career in Music"의 첫 장면은 쳇 베이커 가족이 테이블에 모여 앉은 데서 시작한다. 쳇 베이커와 그의 아버지 체스니가 저녁 식사를 위해 옷을 차려입고 앉아 있는데, 체스니가 처음으로 아들에게 트럼펫을 선사했고 아들은 행복한 표정이었다. 고등학교에 들어간 쳇 베이커는 댄스 밴드에서 활동하며 피아노 앞에 앉아 열심히 작곡 공부에 매달렸다. 그러고는 대학에 잠시 들어갔다가 일찍 군에 입대한 얘기가 이어졌고, 찰리 파커와 제리 멀리건을 만나 드디어 스타로 발돋움하게 된다. 이야기의 끝은 쳇 베이커가—각진 턱의 그의 얼굴이 위티스Wheaties 시리얼 상자에 등장한 젊은 영웅의 모습*을 그대로 흉내 내서 보조개 팬 모습으로 등장했다—자신을 미국 최고의 트럼페터로 꼽았다는 『메트로놈』과 『다운 비트』의 기사와 함께 어우러진 장면으로 화려하게 마무리됐다.

어느새 대부분의 사람들은 그 만화에 등장한 얘기가 사실이라고 믿게 됐다. 1954년 봄, 쳇 베이커는 동료들과 함께 뉴욕 롱아일

• 반세기 넘게 미국에서 아침 식사용 시리얼의 대명사로 군림한 위티스는 이미 오래전부터 그 시대의 젊은이들 사이에서 영웅시된 인물을 모델로 등장시켰다. 그중 절대다수는 운동선수였는데, 미국인들이 설정한 건전하고, 강하며, 성공적인 인간상을 엿볼 수 있는 경우라 할 수 있다.

랜드의 교외 지역인 나소 카운티에 위치한 카슨 스미스의 처가를 방문했다. 밴드의 출현은 조앤 스미스의 열세 살 된 사촌 동생 짐 콜먼Jim Coleman에게 너무나 가슴 뛰는 일이었다. 그는 트럼펫을 배우는 학생이었고 쳇 베이커를 우상시하고 있었다. 그런데 어딘지 이해할 수 없는 일이 벌어졌다. 집에 온 손님들이 계속해서 번갈아 화장실을 드나드는 것이 아닌가. 짐 콜먼은 당시의 일을 이렇게 회상했다. "어머니가 이런 얘기를 하시더군요. 누가 화장실에서 밧줄을 태운 것 같다고 말입니다. 그래서 내가 들어가 보니 정말 그런 냄새가 나더라고요. 어머니에겐 그런 것 같다고 얘기했죠. 그만큼 1954년 나소 카운티에 살던 우리는 모두 순진했어요. 마약은 고사하고 대마초가 뭔지도 몰랐던 거죠."

이에 비하면 찰리 데이비드슨의 경우는 그다지 심하지 않았다. 매사추세츠주의 케임브리지와 앤도버에 지점을 두고 앤도버 숍이라는 이름의 고급 남성복 전문점을 운영하고 있던 그는 열렬한 재즈 팬이었으며 제리 멀리건, 마일스 데이비스, 그리고 모던 재즈 쿼텟의 의상 담당으로 일한 것을 자랑스레 생각하고 있었다. 그러나 그때까지 만나 봤던 그 어떤 음악인보다 그를 매료시킨 것이 바로 쳇 베이커였다. 스토리빌에서 처음 쳇 베이커 쿼텟이 연주를 벌이던 날, 찰리 데이비드슨은 이 트럼페터의 애매한 태도를 눈여겨봤다. "그의 얼굴은 정말 아름다웠죠. 그런데 그 안에 상처받기 쉬운 면모가 감춰져 있음을 깨닫는 건 어렵지 않았습니다." 두 사람은 쉬는 시간에 만나 대화를 나눌 수 있었다. "내가 이렇게 얘기를 건넸습니다. '이 말을 꼭 하고 싶었어요, 쳇. 당신 정말 대단해요.' 그랬더니 그는 '아, 고맙소' 하며 그 쿨해 보이는 방식으로 대답했죠. 그러고는 내가 뭘 하는 사람인지 묻더군요. 대답했더니 이번엔 이렇게 대꾸하는 거예요. '아, 그래요? 나도 옷에 관심이 많습니다.' 그런데 그 말은 사실이 아니었습니다. 난 바로 알 수 있었죠. 단지 쿨하게 행동하려 애쓴 것뿐이었고, 실제로 마음 깊은 곳에는 아주 강한 두려움이 도사리고 있는 걸 엿볼 수 있었습니다. 그러니까 내가 자기 마음대로 다룰 수 있는 상대인지 관찰하고 있었다는 얘기죠. 하지만 난 이미 그 친구가 아주 위험한 놈이라는 걸 눈치채겠더라고요. 결국 뭐든 제멋대로 해치워버릴 위인이었습니다."

쳇 베이커는 운전할 때마다 동료들을 잔뜩 겁먹게 했다. 무표정한 얼굴로 눈앞에 펼쳐진 길을 응시하다가 천천히 페달을 밟기 시작하면 차는 이내 고속도로를 따라 마치 비행이라도 하는 듯매우 빠른 속도로 질주했다. 카슨 스미스는 다음과 같이 말했다. "귀신이라도 들린 것 같았습니다. 그동안 받아온 스트레스를 모두 날려 버리거나 아예 폭발시키려는 것 같았죠." 이런 광경은 그가 헤로인을 주사하게 됐을 때도 똑같이 관찰됐을 것이다. 속도와 위험을 즐기는 건 쳇 베이커에게 마약과 다름없었으며 동승한 사람들이 느끼는 공포를 즐기는 듯하기도 했다. 하지만 그의 운전 습관을 그토록 두려워하면서도 친구들은 쳇 베이커의 운전 실력에 감탄을 금치 못했다. 카레이서처럼 길거리를 자유자재로 누비며 모퉁이를 날카롭게 돌아가곤 했으니 말이다. 그러니까 쳇 베이커에게는 제임스 딘에게 주어진 것과 유사한 운명이 언제라도 닥쳐올 수 있었다. 동시대를 살다 간 또 한 명의 거친 인물이었던 그는 불행히도 운 좋은 운전자가 아니었지만 말이다. 1950년대에는 극단적인 운명의 미래를 예견했던 여러 젊은이들이 자기 파괴의 행동을 일삼고 있었다. 몽고메리 클리프트는 이탈리아 피렌체의 호텔 방에서 발코니에 매달려 있던 것 때문에 더 유명해졌다. 그의 이야기를 다룬 다큐멘터리에 출연한 친구이자 동료 배우 케빈 매카시Kevin McCarthy가 얘기한 것처럼, 그의 이런 행동은 단지 "최악의 상황에 도전해서 얼마나 위험한 순간까지 버틸 수 있는지 알고 싶었던" 데서 비롯됐다. 잭 케루악은 술에 빠져 죽음을 맞고 싶다는 얘기를 종종 했으며, 실제로 1969년 마흔일곱 살의 나이에 그렇게 세상을 떠났다. 이 인물들과 마찬가지로, 쳇 베이커는 외모와 재능, 명성에서 아주 많은 것을 선사받은 존재였다. 하지만 동시에 그 모든 것을 언제든 날려 버릴 준비가 돼 있었다. 마치 미래 속에서는 아무런 의미도 찾을 수 없다는 듯이.

그 시절에는 결코 많은 사람들이 그러한 삶의 방식을 취할 수 없었다. 『뉴욕 타임스』에서 영화와 음악 비평가로 일했던 스티븐 홀든Stephen Holden은 이렇게 말했다. "당시를 경험하지 못했던 사람이라면 1950년대의 미국이 얼마나 경직된 사고방식으로 가득 차 있었는지 상상조차 할 수 없다. 어디에서도 '낙태'나 '게이' 같은 말을 듣지 못했으며, 여성들은 당연히 부엌에 있어야 하는 존재로 인식됐다. 모든 것이 기독교적 가치로 포장돼 있었다. 조금이라도 좌파적인 정치적 의견을 피력하면 정말이지 큰 곤욕을 치를 수 있었다." 그럼에도 당시 출판인으로 일했던 하워드 굿카인드Howard Goodkind가 데이비드 핼버스탬David Halberstam *에게 얘기했듯이, "어딘지 압박이 점점 더 거세지고 있다는 느낌을 감출 수 없었으며, 무언가 금방이라도 폭발해 버릴 것 같았다." 그가 일하던 줄리언 메스너 출판사는 1950년대의 기념비적인 베스트셀러『페이턴 플레이스*Peyton Place*』**를 출간했다. 주부로 살던 그레이스 메탈리어스Grace Metalious가 쓴 이 스캔들 소설은 보수적인 뉴잉글랜드 지역의 한 도시에서 벌어지는 한 여인의 성적 일탈을 다루었다. 가죽 재킷을 입은 말런 브랜도가 오만한 표정으로 오토바이에 올라타고 있던 1954년 영화「위험한 질주The Wild One」의 포스터는 어떠했던가. 그의 모습은 미국의 젊은이들이 머지않아 미친 듯이 날뛸 수 있다는 경고와 같았다. 그리고 결국 그들은 이를 실행에 옮기고 말았다. 로큰롤의 선율이 흑인 문화를 긍정적으로 받아들이며 미국의 중산층을 긴장시켰던 것.

재즈 역시 수년 동안 같은 역할을 하고 있었다. 다만, 아직도 주변부의 음악으로 인식되면서 서서히 위협을 가할 태세를 갖추고 있었다고나 할까. 바로 이 시기에 쳇 베이커가 등장한 것이었다. 그리고 그는 부단히 무언가를 찾아 움직이고 있던 젊은 층 사이에서 새로운 영웅으로 떠올랐다.「렛츠 겟 로스트」에서 로런스 트럼블은 "반사회적인 역할 모델"을 찾기 매우 힘들었던 그 시절에 그와 그

- 1960년대 베트남전쟁에 대한 보도로 퓰리처상을 수상한 기자이자 작가. 저서 『베스트 앤드 브라이더스트*The Best and the Brightest*』로 잘 알려졌으며 2007년 4월 교통사고로 세상을 떠났다.
- 1956년에 발표돼 미국에서 40주 가까이 베스트셀러로 기록됐다. 우리나라에서는 『인디언 여름』이라는 제목으로 번역됐다.

의 친구들이 쳇 베이커에게 얼마나 강하게 "사로잡혀 있었는지" 회상했다. 그들은 의아해했다. 한 사내에게서 비롯된 더없이 한 가로운 정서의 음악이 어떻게 악의 상징이 될 수 있었단 말인가.

짧은 양말과 장식 달린 신발을 신은 여성 팬들이 쳇 베이커가 연주하는 클럽마다 자리를 메웠다. 〈My Funny Valentine〉이 울려 퍼지면 모두 어김없이 한숨을 내뱉었으며 노래의 가사 중에 나오는 "당신은 내가 좋아하는 예술품이오"라는 대목을 들으며 왕자 같은 이 트럼페터가 자기 곁의 연인이 될 수 있음을 믿어 의심치 않았다. 얼마나 낭만적인가. 하지만 막상 허공을 향한 그의 시선은 어두운 비밀을 억누르고 있는 듯 보였다. 도대체 그는 무슨 생각을 하고 있었을까. 판도라의 상자처럼 이를 둘러싼 미스터리는 계속해서 사람들의 관심을 사로잡았다. 루스 영은 이렇게 말했다. "원래 말이 없던 성격 탓에 사람들은 모두 제멋대로 판단하곤 했죠. 그에 대해 생각이 분분했던 건, 오로지 모든 이들을 혼란스레 만들어 놓고도 이에 대해 그 자신은 아무런 반응도 보이지 않았기 때문이에요." 쳇 베이커는 스스로를 그 어떤 사회적 기능과도 무관하게 받아들였다. 찰리 데이비드슨이 얘기했다. "그 친구는 그저 클럽에 나가 연주를 하고 차나 쌩쌩 몰고 다니는 것밖에는 관심이 없었습니다." 하지만 루스 영이 생각하기에 그가 보여준 행동은 분명 사람들을 현혹할 만했다. "그의 음악이 자기 자신을 제외한 그 누군가를 위한 것이었다고는 생각하지 않아요. 다만 일찌감치 그 비밀의 효과가 어떤지 눈치채고는 그냥 내버려둔 것뿐이었죠."

그의 생각은 틀리지 않았다. 여자들은《Chet Baker Sings》앨범을 가슴에 부둥켜안고 무대 뒤로 몰려와 줄을 섰다. 그들은 미소 띤 얼굴을 붉히며 이렇게 말하곤 했다. "베이커 씨, 당신 음악 정말 멋져요." 그러면 쳇 베이커는 여자들의 어깨 너머를 바라보며 쿨하게 말했다. "고마워요." 여자들의 물음이 이어졌다. "사인해주실 수 있죠?" 쳇 베이커는 "물론" 하고 대답한 뒤 말끔한 글씨체로 여자들이 들고 온 앨범에 사인을 했다. "클레어에게, 고마워요. 쳇 베이커." "아넷, 더없는 감사를 담아." 카슨 스미스에 이어 밴드의 베이스를 맡았던 지미 본드Jimmy Bond 는 스무 명에서 서른 명 정도 되는 여인들이 쳇 베이커를 에워싼 적도 많았다고 얘기했다. "그를 쫓아다니던 여자들 중 몇몇은 정말이지 믿을 수 없을 만큼 대단한 미인이었습니다. 쳇 베이커는 그중에서 서너 명을 데리고 클럽을 나가곤 했죠."

젊은 시절 쳇 베이커의 여성 편력을 지켜본 친구들은 과연 그의 마음속에 일말의 낭만이라도 존재했는지 궁금해했다. 샬레인과 결혼한 상태였지만 여자들 중 누구도 이를 문제 삼지 않았다. 그들은 유일한 연결 고리인 섹스를 통해 또 다른 여인들과 경쟁 관계를 유지했고, 결국 쳇 베이커의 결혼 생활은 극도로 악화되기에 이르렀다. 밥 위틀락은 그것이 "역겨운 관계였다"고 말했다. 쳇 베이커는 클럽 연주가 있거나 레코드가 발표되는 날이면 어김없이 몰려드는 여자들을 자랑스러워하며 그들을 "베이비"라 불렀다. 밥 닐은 이렇게 얘기했다. "시간이 좀 흐르고 나면 굳이 묻지 않아도 다음 차례가 누구인지 여자들은 서로 인정하는 분위기였습니다."

샬레인은 쳇 베이커와 가장 가깝게 지내던 그의 친구들과 잠자리를 같이하며 앙갚음했다. 하루는 잭 셸던이 쳇 베이커의 집을 방문했다. 쳇 베이커가 다른 방에 있는 동안 샬레인은 그를 유혹해 침실로 끌어들였다. 그가 말했다. "우리가 벌거벗고 침대에 누워 있었는데 쳇 베이커가 방에 들어오려고 했습니다. 하지만 우리는 방문을 열지 않았어요. 그는 아무 말도 하지 않았지만, 분명 크게 상심했을 거예요." 한 번은 쳇 베이커가 헤이그에서 연주를 벌이는 동안 샬레인과 밥 위틀락이 함께 테이블에 앉아 있던 적이 있었다. 그런데 무대가 끝나기 전에 두 사람은 함께 밖으로 나갔고, 말리부의 호텔 방을 잡았다. 밥 위틀락은 이렇게 변명했다. "샬레인은 아트 페퍼와도 관계를 맺었습니다. 난 그걸 잘 알고 있었죠. 그래서 굳이 쳇 베이커의 영역을 침범한다는 생각이 들진 않았어요." 밥 위틀락이 새벽녘 그녀를 집에 데려다주었을 때 쳇 베이커는 분노를 참지 못하고 두 사람을 무섭게 노려보았다. "눈빛만으로도 사람을 죽일 수 있다면, 그때 이미 나는 저세상으로 갔을 겁니다." 밥 위틀락은 그렇게 고백했다. 글쎄, 모두 그만큼 "쿨해" 보였는지 모르지만, 쳇 베이커와 그의 친구들은 언제라도 큰 화를 자초할 수 있는 철없는 아이들이나 마찬가지였다.

쳇 베이커의 명성이 최고조에 이르면서, 프로듀서 딕 복은 기회가 될 때마다 그의 연주를 녹음했다(아마도 너무 많이 했다는 평가가 맞을 것이다). 처음 리더로 나선 1년 반 동안 무려 여덟 장의 앨범을 발표했고, 적절한 경력 관리나 계획은 확실히 부족했다. 쳇

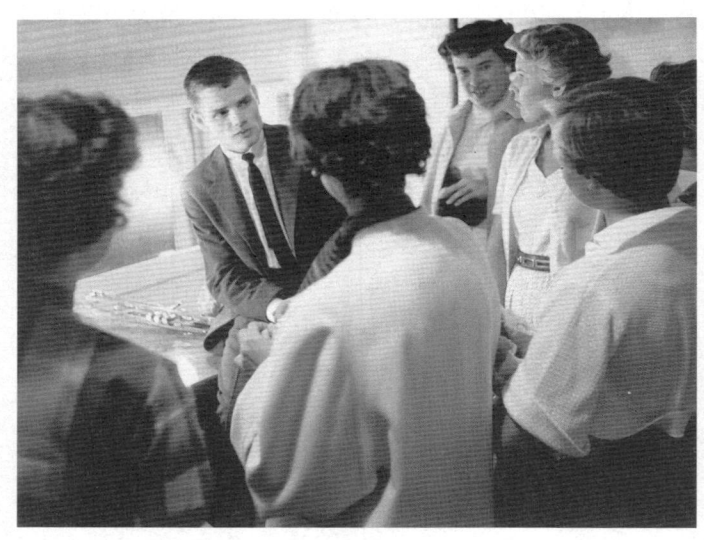

연주를 마친 쳇 베이커가 무대 뒤 대기실에서 여성 팬들에게 둘러싸여 있다.

베이커와 딕 복은 단지 많은 돈을 빠른 시일 내에 거머쥐는 데만 관심을 기울였다. 어떤 면에서 그들의 생각은 역효과를 내기도 했다. 쳇 베이커가 몇 년 뒤 퍼시픽 재즈 레이블을 떠났을 때, 행정을 맡아보던 닷 우드워드는 쳇 베이커의 앨범이 각각 1만 장이 조금 안 되는 정도로 비교적 잘 팔렸다고 추산했다. 당시 재즈계의 흐름으로 볼 때 물론 무시할 수 없는 수치였다. 그러나 컬럼비아 레코드사의 프로듀서 조지 어배키언에 의하면 데이브 브루벡의 몇몇 앨범들은 7만 5,000장 이상이 판매됐으며, 역시 컬럼비아에서 나온 에롤 가너의 유명한 라이브 앨범 《Concerts by the Sea》의 경우 50만 장의 놀라운 성적을 올리기도 했다. 물론 독립 레이블인 퍼시픽 재즈의 유통망과 컬럼비아의 그것을 단순 비교하는 것은 문제가 있다. 그러나 조지 어배키언의 말처럼 "쳇 베이커의 앨범은 시장 노출이 너무 빈약했다." 그는 이렇게 덧붙였다. "어쨌든 그의 음악이 누구에게나 어필할 수 있는 차원의 것은 아니었죠. 특별한 취향을 가진 이들이 선호했으니까요."•

1954년 말에 접어들 무렵, 비평가들은 이미 쳇 베이커의 음악에 대한 인내심을 잃어 가고 있었다. 미시건대학교에서 가진 공연 실황을 담은 앨범 《Jazz at Ann Arbor》에 대해 『다운 비트』는 이런 리뷰를 게재했다. "그에게는 깊이 있게 몰아가는 감정을 창

• 오늘날 쳇 베이커의 음악이 재즈를 잘 모르는 이들에게도 널리 회자되고 있다는 사실을 생각하면, 확실히 퍼시픽 재즈에서 발표된 앨범들의 당시 판매고는 지금 우리의 예상보다 매우 적었다. 물론 이 앨범들은 쳇 베이커가 세상을 떠난 뒤에 비교할 수 없을 만큼 훨씬 더 많이 판매되고 있다.

조할 능력이 결여돼 있다. 인상적인 클라이맥스를 만들어 내지도 못하며, 다이내믹에 대한 감각 또한 매우 한정적이다." 그러나 등장하는 무대마다 쳇 베이커는 찬사—굳이 다르게 말하자면 많은 돈—를 이끌어 내고 있었다. 그와 음악적으로 동등한 위치에 있던 젊은 연주자들, 특히 흑인 연주자는 결코 손에 넣을 수 없을 만큼 말이다. 당시 재즈계에서 가장 각광받던 연주자는 1954년 『다운 비트』의 투표에서 "새로운 스타New Star"로 뽑힌 비밥 트럼페터 클리퍼드 브라운Clifford Brown이었다. "브라우니Brownie"라는 애칭으로 불린 앳된 얼굴의 이 흑인 연주자는 쳇 베이커보다 한 살 아래였는데, 매우 크고 낭랑한 톤으로 짜릿한 감동을 전해 주며 다른 음악인들을 전율케 했다. 작가 냇 헨토프Nat Hentoff는 다음과 같이 얘기하며, 그가 1954년의 진정한 거목이라고 주장했다. "브라우니는 확고히 재즈계에 자리 잡았다. 부디 꾸준히 연주에 몰두하기를 기대한다." 그러나 바로 이 부분이 쉽지만은 않았다. 단지 비평가들이 선호하는 것을 넘어서기 위해 클리퍼드 브라운은 밴드 동료인 드러머 맥스 로치와 함께 차를 몰고 줄기차게 연주 여행을 다녔다. 1956년까지 블루 노트와 프레스티지Prestige, 엠아시EmArcy 등 중요한 재즈 레이블에서 앨범을 녹음했지만 그해 6월 26일, 그나마 천천히 상승하던 지명도마저 불행히도 끝을 맺었다. 클럽 연주에 합류하기 위해 맥스 로치가 기다리던 시카고로 서둘러 가다가 펜실베이니아 고속도로의 제방에 충돌하는 사고가 난 것이다. 결국 클리퍼드 브라운과 동승했던 다른 이들—버드 파월의 동생인 피아니스트 리치 파월Richie Powell과 그의 아내―모두 그 자리에서 사망하고 말았다.

여러 탁월한 음악인들이 희망을 잃고 극단의 최후를 맞이하자, 차를 몰고 연주 여행에 나서는 일은 더 이상 미국이 지닌 무한한 잠재력의 상징이 아닌 죽음으로 향하는 최후의 길로 받아들여지기 시작했다. 맥스 로치가 보기에 특히 흑인들에게는 더욱 상황이 좋지 않았다. 그는 『다운 비트』의 바버라 가드너Barbara Gardner와 가진 인터뷰에서 이렇게 얘기했다. "이 나라의 여건이 조금만 더 정당하고 적절하다면 우리는 단지 생계를 유지하기 위해 차를 몰고 온 나라를 돌아다니지 않아도 될 겁니다. 그동안 이루어 낸 성과에 따라 계속 연주하고 그에 따른 정당한 대가를 받아야 한다고 생각해요. 브라우니는 쳇 베이커를 의식하고 있었습니다. 그 높은 지명도나 벌어들이는 돈에 대해 말이죠. 그런데 현실이 어떠한지 깨닫고 자신의 처지를 알게 되자 분개하기 시작했던 겁니다." 외견상 맥스 로치 역시 분노를 금치 못하고 있었다. 다음은 러스 프리먼의 전언. "한번은 우리가 헤이그에서 연주하던 날, 맥스 로치와 마일스 데이비스가 그 클럽을 찾은 적이 있었어요. 두 사람 모두 내내 얼음장같이 차가운 표정이었죠."

사실 쳇 베이커는 여간해서 많은 돈을 모을 형편이 되지 못했다. 그의 쿼텟이 한 주에 받는 돈은 1,000달러 정도였는데, 식비와 숙박비, 가족을 포함한 일곱 명의 교통비를 제하고 나면 남는 돈은 거의 없었다. 그래도 마음만 먹으면 일주일에 나흘이나 닷새 정도는 더 많은 연주료를 지급하는 클럽에서 연주할 수 있고, 유명한 텔레비전 쇼나 큰 규모의 녹음 작업에 종종 게스트로 참여

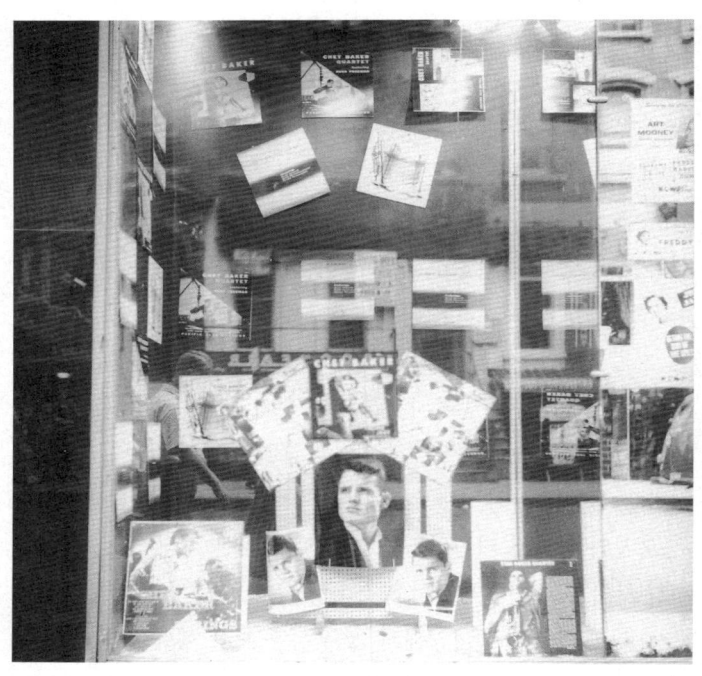

1950년대 중반 어느 레코드점의 쇼윈도. 쳇 베이커의 대중적 인기를 실감할 만한 장면이다.

했던 게 다행이었다. 일부 흑인 연주자들은 쳇 베이커를 조롱하 듯 "위대한 백인의 희망"이라 불렀다. 그들이 보기에 쳇 베이커는 마일스 데이비스나 루이 암스트롱, 클리퍼드 브라운, 디지 길레스피 등을 제치고 독자 투표에서 건방지게 수위를 차지했으니 말이다. 따지고 보면 당시 거의 모든 분야에서 상위권을 차지하고 있던 것은 바로 백인들이었다. 아트 파머는 슬픈 표정으로 그 시절을 이렇게 회상했다. "백인 연주자들이 동조하거나 직접 연주할 수 있기 전까지, 우리의 음악은 제대로 받아들여지지 않았습니다. 사람들은 베니 굿맨Benny Goodman에게 '스윙의 왕'이라는 칭호를 붙였죠. 하지만 그가 등장하기 전부터 이미 많은 밴드들이 진짜 멋진 스윙을 연주하고 있었거든요. 하긴, 세상이 원래 그런 거죠."

쳇 베이커는 분노로 가득 찬 사람들의 공격을 그대로 받아들였다. 그가 외모뿐 아니라 피부색의 덕까지 보고 있다고 생각하는 이들이라면 굳이 나서 봤자 득이 될 일이 없었다. 어차피 그의 "쿨한" 사운드가 이러한 태도를 대변해 주지 않던가. 자신의 형인 줄리언 "캐넌볼" 애덜리Julian "Cannonball" Adderley와 종종 협연했던 코넷 연주자 냇 애덜리Nat Adderley는 영국의 재즈 전문지『크레센도Crescendo』와 가진 인터뷰에서 "쳇 베이커는 선전만 요란할 뿐"이라고 비난했다. 그는 쳇 베이커의 연주가 "마일스 데이비스를 대충 흉내 낸 것에 불과하다"며 이렇게 덧붙였다. "사람들이 쳇 베이커에게 뛰어나다며 칭찬해 대던 그 시절 마일스 데이비스는 아주 힘든 시간을 보내고 있었죠. 생각할수록 불쾌한 일이 아닐 수 없습니다. 물론 그가 연주한 〈My Funny Valentine〉에는 놓칠 수 없는 뭔가가 있었다고 생각해요. 하지만 그가 올바른 음악을 선보이는지, 제대로 실력을 갖춘 연주자인지는 다른 얘기죠." 관록의 스윙 트럼페터 로이 엘드리지Roy Eldridge 역시 독설을 아끼지 않았다. 그가 『다운 비트』의 기자에게 한 얘기다. "쳇 베이커라. 글쎄요, 투표에서 1위를 한 사람에게 내가 아무 말이나 해도 되는 건지 모르겠군요. 굳이 내 말에 책임지고 싶지는 않으니 기자 양반이 알아서 처리하시구려. 그래요, 난 그런 타입의 트럼펫 연주에는 관심이 없습니다. 뭐랄까, 너무 말랑말랑하지 않소? 그저 평이한 멜로디는 곧잘 연주하더구먼. 그런데 부드럽게 연주할 때나 강하게 연주할 때나, 올라가는 맛도 없고 내려오는 맛도 없고. 트럼펫이란 악기는 그렇게 다루는 게 아니라오."

모든 흑인 연주자가 이러한 생각에 동의한 것은 아니었다. 트럼페터 케니 도햄과 피아니스트 존 루이스, 베이시스트 오스카 페티퍼드Oscar Pettiford는 이구동성으로 쳇 베이커를 칭찬했다. 그러나 역시 대다수의 흑인들은 그의 연주를 좋아하지 않았고 쳇 베이커 자신도 이를 잘 알고 있었다. 그는 몇 년 뒤 『디트로이트 프리 프레스Detroit Free Press』의 로저스 워싱턴Rogers Worthington 기자에게 이렇게 말했다. "사실 그건 믿을 수 없을 만큼 대단한 스트레스였지. 연주하고 있으면 다른 음악인들이 들어와 객석에 앉는 거야. 뭔가 뻔한 걸 연주하거나 실수라도 하길 기다리면서 말이지."

그러던 1954년 5월, 피할 수 없는 자리가 준비돼 있었다. 당시 첫 베이커는 뉴욕 무대에 데뷔하면서 한 달 동안 "이 세상의 진정한 재즈 코너Jazz Corner of the World"라 불린 버드랜드에서 연주를 벌였다. 공연은 두 밴드가 연이어 연주하는 무대를 한 번의 입장으로 모두 볼 수 있는 형태였는데, 처음에는 그 상대가 디지 길레스피였고 그다음 상대는 바로 마일스 데이비스였다. 에이전트인 조 글레이저가 보기에 이 기획은 완벽했다. 그도 그럴 것이 결과적으로 첫 베이커는 디지 길레스피나 마일스 데이비스보다 훨씬 더 많은 인기를 끌었으니 말이다. 하지만 막상 첫 베이커는 두려웠다. 몇 달 전 마일스 데이비스와 그는 라이트하우스에서 만난 적이 있었는데, 첫 베이커는 그 자리를 매우 불편해했다. 이 대목에 대해 마일스 데이비스는 자서전에서 이렇게 얘기했다. "그 녀석이나 나나 모두 잘 알고 있었지. 그가 내 스타일을 따라 했다는 걸 말이야." 그 후 마일스 데이비스는 4년 동안 이어진 헤로인 중독을 치료하기 위해 세인트루이스의 아버지에게 몸을 의지했고, 1954년 2월 다시 뉴욕으로 돌아온 것이었다. 마약의 효과도 필요 없이 마일스 데이비스의 연주는 한결 더 깊고 암울한 면모를 과시하고 있었다. 그는 예전에 마약에 빠져 있던 시절 자기를 "먼지" 취급했던 클럽 주인과 비평가들에게 분노를 감추지 않았다. "그 개자식들에겐 아무 얘기도 하지 않았어. 돈 받고 연주나 하면 그걸로 더 볼일은 없었지." 심지어 마일스 데이비스는 LA의 백인들이 연주하던 "쿨 재즈"도 그다지 인정하려 들지 않았다. "내가 보기에 그건 백인들의 마음속에서 흑인을 의미했던 비밥이나 흑인음악, 혹은 이른바 '핫 재즈'의 대안 같은 것이었지. 하지만 결국 모두가 다 같은 것들 아닌가. 어차피 흑인들이 하던 음악을 여기저기서 다들 갖다 써먹고 있었으니 말이야." 그가 보기에 가장 나쁜 피의자는 바로 쳇 베이커였다. 그는 비평가들이 이 백인 트럼페터를 "재림한 예수 그리스도"라 칭한 것도 어처구니없다고 말하면서 자신이 "마약에 절어 있을 때보다도 못한 연주를 들려주는" 연주자와 그를 비교하는 것 자체가 잘못됐다고 했다.

버드랜드에서 벌어진 연주는 매리언 라파엘이 표현한 것처럼 "덩치 큰 흑인들과 가냘픈 백인들이 맞붙어 다투는" 동서의 목숨을 건 싸움과도 같았다. 마일스 데이비스 밴드의 멤버로 등장했던 "덩치 큰 흑인들"은 비밥을 연주하는 네 명의 거인들이었다(테너 색소포니스트 럭키 톰슨Lucky Thompson 과 피아니스트 호러스 실버 Horace Silver, 그리고 베이시스트 퍼시 히스Percy Heath 와 드러머 케니 클라크). 매리언 라파엘은 어떻게 그들이 "캘리포니아의 햇살로 단련된 이 소년들 못지않게 매력적일 수 있는지" 의아해했다. 그러나 버드랜드에서 캘리포니아의 햇살을 찾는 것은 애초에 불가능했다. 자욱한 담배 연기 때문에 허공을 가로지르는 스포트라이트가 잿빛으로 보이던 도심 한복판의 이 지하실에서는, 오로지 자신 있는 (혹은 마약에 취한) 음악인들만이 200개의 좌석 앞에 마련된 무대 위에 올라 두려움 없이 연주에 임할 수 있었다. 카운트 베이시와 듀크 엘링턴, 세라 본, 그리고 버드랜드라는 이름의 유래가 된 찰리 파커 등, 이 클럽에 군림했던 거장들의 그림이 줄지어 벽에 걸려 있었다. 왼쪽에 자리한 긴 바에는 재즈계의 내로라하는 스타들이 매춘부나 포주, 팬들과 어울렸고, 이른바 "외야석"*이라 불리던 그 옆의 의자들은 무알코올 음료를 마시는 말끔한 얼굴의 대학생들이 차지한 채 그들의 우상을 감탄 어린 시선으로 바라보고 있었다. 클럽의 오른편에 위치한 것이 값비싼 자리였고, 가운데는 테이블로 가득 차 있었다.

1954년 5월, 버드랜드를 찾은 대부분의 관객은 쳇 베이커를 흠모하는 여성 팬들이었다. 그리고 그 가운데, 쳇 베이커와 마일스 데이비스의 대결을 지켜보려는 소수의 비밥 연주자들—아트 파머, 리 모건, 아트 블레이키Art Blakey—도 자리했다. 한 달의 일정 중 절반이 별 탈 없이 자연스럽게 흘러갔다. 사람 좋기로 소문난 디지 길레스피라 해도 혹시 두 밴드가 함께 무대에 오르는 기획을 불편해할 수 있었지만, 그는 그런 내색을 하지 않았다. 후술하겠지만, 그는 1970년대에 사람들의 기억 속에서 잊힌 쳇 베이커를 다시 일으켜 세우는 데 결정적인 역할을 한 인물이었다. 나머지 절반의 일정이 시작되면서, 마일스 데이비스가 첫 무대를 장식했다. 긴장감이 클럽 안에 고조되기 시작했다. 〈Blue Haze〉나 〈Blue 'n' Boogie〉 같은 곡들을 연주하며 그는 한결 열정적인 스타일의 쿨 재즈를 선보였다. 템포는 느리지만 비밥의 형식을 넌지시 일깨우며 블루스 안에 숨어 있는 날카로움과 한밤의 깊은 정서를 한데 엮어 내는 연주 말이다. 그의 연주에 대해 비평가 마틴

• 원문 표현으로는 'bleacher'. 원래 야구에서 가격이 싼 외야석을 일컫는 말이다. 우리나라에서는 활성화되지 않았지만, 공연장에서 일반 객석과 마주 보는 무대 뒤편의 가장 싼 자리도 학생들은 종종 이렇게 부른다.

윌리엄스Martin Williams는 이렇게 썼다. "마일스 데이비스는 단 하나의 강렬한 음정만 가지고도 열정의 사운드로 가득한 전체를 모두 표현할 수 있다. 그러한 음정을 세 개만 동원하면 황홀한 멜로디가 된다." 마일스 데이비스 밴드의 연주는 자신감이 넘쳐흘렀다. 호러스 실버의 펑키한 피아노 연주와 럭키 톰슨의 옹골찬 톤도 일품이었다.

관객의 무난한 반응이 이어진 뒤, 쳇 베이커의 밴드가 무대에 올랐다. 여성 팬들이 내지르는 환성이 어딘지 조금 썰렁하게 느껴졌다. 카슨 스미스는 이렇게 말했다. "우리는 잔뜩 겁에 질려 있었습니다. 그건 마치 어른들이 연주를 마친 다음에 애들이 무대에 오르는 것 같은 느낌이었어요." 〈Happy Little Sunbeam〉 같은 곡은 그다지 좋은 반응을 얻지 못했다. 케니 클라크의 연주를 듣고 난 다음에 무대에 올라 드럼 스틱을 잡은 밥 닐은 "스스로 어딘지 미숙하다고 느끼기 시작했다." 그 역시 이를 부정하지 않았다. "급기야 나는 우리가 세상에서 제일 뛰어난 밴드가 아닐 것이라고 생각하기에 이르렀죠. 특히 쳇 베이커가 노래를 할 땐 정말 마음에 들지 않았어요." 동료들은 쳇 베이커가 처음으로 무대 위에서 겁먹은 표정을 지었다고 회상했다. 당시 버드랜드에서 펼쳐진 공연을 『다운 비트』의 커버스토리로 다룬 냇 헨토프는 어느 베이시스트에게 이렇게 말했다. "버드랜드가 이렇게까지 무서운 곳인지 몰랐던 모양이군!"

무대를 내려오자 그들은 마일스 데이비스 밴드의 연주자들이 보내는 냉랭한 시선을 마주해야 했다. 마일스 데이비스는 쳇 베이커를 못 본 체했고, 호러스 실버는 카슨 스미스의 인사를 거절했다. 훗날 호러스 실버는 『다운 비트』와 가진 인터뷰에서 웨스트코스트 재즈를 신랄하게 비판하며 냇 헨토프에게 이렇게 얘기했다. "계집애들이 하는 것 같은 그런 재즈는 정말이지 못 견디겠더군요. 그건, 뭐랄까, 가슴속의 정열이 없다고요. 그런데 더 못 참겠는 건 그런 어설픈 스타일의 재즈가 진정한 영혼을 담은 음악보다 사람들 사이에서 더 많은 인기를 얻고 있다는 거요. 정열로 가득 찬 음악을 연주하는 밴드보다 그들이 돈을 더 많이 번다는 건 뭔가 잘못된 것 아닙니까." 젊은 피아니스트이자 편곡가로 베이시스트 찰스 밍거스Charles Mingus의 밴드에 합류하게 된 사이 존슨Sy Johnson도 버드랜드에서 벌어진 연주를 보았다. 그는 이렇게 회상했다. "쳇 베이커는 마일스 데이비스와 비교된 탓에 얼굴빛이 창백해졌습니다. 그도 그 사실을 알고 있었죠. 그런데 웃지 못할 일은, 관객의 3분의 2가 쳇 베이커를 보러 온 것이었으면서도 막상 그런 점을 깨닫지는 못했다는 거예요. 분명 쳇 베이커 자신은 알고 있었는데도 말입니다." 사이 존슨은 클럽을 떠나면서 사람들이 지껄이는 소리를 들었다. 마일스 데이비스가, 그가 알고 있는 모든 것을 바로 쳇 베이커에게서 훔친 것이라는 얘기였다. "정말이지 그들을 세우고는 이렇게 얘기해 주고 싶더군요. '알지도 못하면 떠들지나 마라, 이 바보 같은 놈들아' 하고 말입니다."

냇 헨토프는 그의 리뷰에서 쳇 베이커 쿼텟을 혹평하며 냉정한 판단을 내렸다. 마일스 데이비스가 "전체적으로 생동감이 넘치며 자극적인 연주를 들려준 것"에 비해, 쳇 베이커의 사운드는 "다분

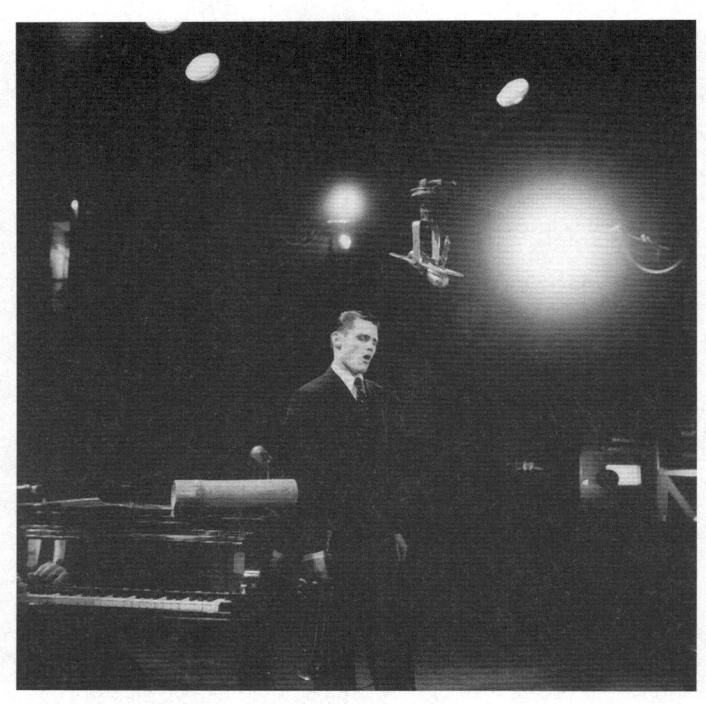

1950년대 쳇 베이커에 대한 대중과 비평계의 반응은 극명하게 엇갈렸다.

히 연약하게 들리면서 때로 굼뜨기까지 했다"고 썼다. 카슨 스미스와 밥 닐은 "퍼시 히스와 케니 클라크에게 레슨을 받아보는 것이 좋겠으며" 러스 프리먼의 연주는 "활기가 없어 아쉬웠는데" 그의 곡들도 "테마의 강점을 살리지 못한 채 완성도가 떨어지는 스케치" 같았다고 했다. 결국 쳇 베이커 퀘텟이 내세운 쿨이라는 것도 지루하고 그다지 대수롭지 않다는 얘기였다. 끝으로 냇 헨토프는 이런 글을 남겼다. "그들이 스스로 연주하는 음악을 진정 즐기고 있다면, 이는 재즈의 진가를 깨닫지 못했다는 사실에 대한 반증이다."

러스 프리먼은 버드랜드에서 가진 공연의 결과가 얼마나 쳇 베이커를 뒤흔들어 놓았는지 알 수 있었다. 그는 말했다. "한동안 쳇 베이커는 자기 음악은 제쳐 놓고 마일스 데이비스의 스타일에 더 집착하더군요." 잘 알려지지 않은 얘기지만, 쳇 베이커는 중년에 이르러 여러 투표에서 수위를 차지하던 젊은 시절의 전성기에 대해 겸손하게 고백한 적이 있다. 그는 로저스 워싱턴에게 다음과 같이 말했다. "사실 난 그 모든 것에 대해 준비가 안 돼 있었네. 글쎄, 어쩌면 내가 있지 말아야 할 곳에 있었다고 느꼈는지도 모르지만 말이야." 피아니스트이자 가수인 앤디 베이 Andy Bey*는 훗날 파리에서 쳇 베이커를 만났을 때 그가 큰 죄책감에 시달렸음을 알게 됐다. "사실 그럴 필요까지는 없었거든요. 여러 백인 음악인

• 1990년대 들어 수십 년 만에 본격적인 활동을 재개한 앤디 베이는 중저음이 매력적인 '흑인' 보컬리스트다. 이 사실을 염두에 두고 문맥을 읽어 나가기 바란다.

들이 얼마나 큰 스타가 됐는지는 중요하지 않다고 봐요. 그들은 언제나 흑인들로부터 존중을 받고 싶어 했어요. 과연 흑인들도 그들을 좋아하는지 알고 싶어 했다는 얘기죠."

대부분의 흑인들이 이러한 문제에 관심을 갖지 않게 된 먼 훗날에도 쳇 베이커는 젊은 시절에 겪은 그들의 거부감을 상처로 간직했으며, 세상을 떠날 때까지 이에 대한 분노를 삭이지 못했다. 1980년, 그는 리사 걸트 본드에게 다음과 같은 불만을 늘어놓았다. "젊은 흑인 연주자들은 백인에게 아주 강한 증오를 품고 있더군." 그러나 찰리 데이비드슨도 동의했듯이, 쳇 베이커를 둘러싸고 일어났던 잡음들은 다분히 과장돼 있었다. "그중 절반은 결국 그의 외모가 빼어나서 생긴 겁니다. 내 말은, 마일스 데이비스나 디지 길레스피, 혹은 클리퍼드 브라운을 제치고 『다운 비트』 투표에서 수위를 차지하기 위해 그가 무슨 일을 벌이기라도 했느냐는 거죠. 단지 모든 일에서 균형이 맞지 않았던 탓입니다."

쳇 베이커가 떠오르면서, 한 사람의 명인은 바닥으로 가라앉고 있었다. 사이 존슨이 버드랜드를 다시 찾은 1954년 5월의 어느 날, 그는 비대한 몸집의 흑인 하나가 입구에서 몇 계단 밑에 자리한 매표창구에 서 있는 걸 발견했다. 마치 쇼를 홍보하기 위해 나온 여리꾼처럼 클럽을 찾은 손님들을 맞으며 그는 낮게 울려 퍼지는 목소리로 이렇게 소리치고 있었다. "이보게, 젊은이. 오늘 밤 연주가 아주 좋을 걸세! 쳇 베이커라는 이 친구가 얼마나 대단한지 아나? 한번 들어 보면 대번에 좋아하게 될걸." 외야석에 자리를 차지하고 앉은 사이 존슨은 뒤늦게 그 사내가 찰리 파커라는 사실을 깨닫고는 깜짝 놀랐다. 마약과 술에 절어 갖은 문제를 일으키던 탓에 자신의 이름을 딴 클럽마저 그를 들여보내지 않았던 것이다. 누군가 표를 사 주고 함께 데리고 들어온다면 괜찮지 않을까 싶은 마음에, 사이 존슨은 서둘러 위로 올라가 찰리 파커를 찾았다. 그러나 그의 모습은 보이지 않았다. 아마도 클럽에서 그를 완전히 내쫓은 모양이었다. 사이 존슨은 자신이 기억하는 가장 슬픈 쇠락의 이야기 중 하나가 바로 당시의 일이었다고 얘기했다.

마일스 데이비스는 이렇게 말했다. "버드는 이제 완전히 망했어. 뚱뚱하지, 기운도 없지, 게다가 이젠 연주도 별로지." 30대 초반부터 이미 찰리 파커의 모든 상황은 최후를 향해 내닫고 있었다. 그토록 사랑하던 두 살 된 딸은 심장이 안 좋아 결국 세상을 떠났고, 그렇지 않아도 심한 궤양에 시달리던 그의 몸은 심장마저 문제를 일으키기 시작했다. 찰리 파커가 고통을 이겨 내기 위해 택한 방법은 그가 알던 유일한 길뿐이었다. 그의 피아니스트로 활동하던 월터 비숍 주니어Walter Bishop Jr.가 영국의 재즈 작가 스티브 보스Steve Voce와 가진 인터뷰에서 전해 준 얘기가 있다. 찰리 파커는 이렇게 말했단다. "심장 전문의에게 가서 치료를 받았는데 통증이 전혀 나아지질 않는 거야. 그다음엔 궤양 때문에 의사에게 가서 75달러나 내고 왔지만 역시 그것도 신통치 않더라고. 그런데 집에 오는 길에 보니 골목 안에 어린 놈 하나가 어슬렁대고 있지 뭐야. 5달러를 주고 마약을 조금 건네받았지. 그랬더니 궤양도 가라앉고 심장도 괜찮아지더라고. 모든 고통이 사라졌어."

그나마 찰리 파커의 생명을 유지하게 해 준 것은 음악뿐인 듯했다. 하지만 뉴욕의 클럽에서 합법적으로 일하기 위해 발급받은 야간업소 출입증은 헤로인을 사기 위해 이미 팔아넘긴 뒤였고, 마일스 데이비스를 비롯한 많은 동료들도 자꾸만 그를 피하고 있었다. 그 때문에 자주 골치를 썩었던 마일스 데이비스는 찰리 파커가 자기 대신 마약 값을 지불해 줄 것이라며 보낸 딜러들을 마주하느라 진저리를 치고 있었다. 그나마 마지막으로 의지했던 과거의 수제자 중 하나가 바로 쳇 베이커였다. 쳇 베이커가 처음 버드랜드에서 연주하게 됐을 때, 찰리 파커는 건물 뒤로 숨어들어 쓰레기통이 줄지어 선 골목을 통과한 뒤 대기실의 문을 두드렸다. 쳇 베이커와 카슨 스미스가 그를 들여보냈고, 찰리 파커는 연주가 시작되기 전까지 그곳에서 체스를 두며 시간을 보냈다. 그리고 쳇 베이커의 순서가 되자 무대로 향하는 문을 조금 열어 둔 채 대기실에서 음악을 들었다.

당시의 일 때문에 쳇 베이커와 찰리 파커는 그 어느 때보다 가까워졌다. 함께 군 생활을 했던 밥 프리드먼이 뉴욕을 찾았을 때도 쳇 베이커는 자랑스럽게 찰리 파커를 친구들에게 소개했다. 밥 프리드먼은 이렇게 말했다. "그는 우리를 만나자 아주 기분 좋아하더군요. 하루는 쳇 베이커를 보러 호텔 방에 갔는데, 마침 찰리 파커가 침대 위에 뻗어 있더라고요. 몸이 안 좋은지 숨을 가쁘게 쉬면서 말입니다. 그가 쳇 베이커에게 고개를 돌리더니 이렇게 얘기했어요. '자네가 날 위해 여자를 데려온 모양이군.' 그러더니 그대로 의식을 잃고 말았습니다. 쳇 베이커가 부끄러워하는 눈치더군요. 그래서 우리는 그냥 호텔 방을 나와 버렸죠. 물론 그 일에 대해 아무 얘기도 하지 않았어요."

1954년 말 쳇 베이커가 다시 버드랜드에 왔을 때, 찰리 파커는 거의 매일 밤 브라이언트 호텔로 그를 찾아와 소파에서 잘 테니 하룻밤 묵게 해 달라고 얘기했다. 그즈음 쳇 베이커와 사귀고 있던 릴리안 퀴키에는 말했다. "버드는 많이 아팠어요. 일도 없고, 돈도 없고, 갈 곳도 마땅치 않았죠." 찰리 파커는 그녀의 영웅이었다. 3주 동안 그를 위해 요리를 한 것도 큰 즐거움이었지만, 무엇보다 많은 이야기를 들을 수 있어서 좋았다. 처음 연주를 시작할 때의 얘기며, 그가 아는 유명한 재즈 연주자들에 대한 것들도 모두 흥미로웠다. "그는 얘기도 잘하고 아주 친절했습니다. 언제나 안정을 찾은 상태로 위엄까지 있었죠. 내가 보기에 찰리 파커는 정말 지적인 사람이었어요." 하지만 어느 날 아침 자리에서 일어났을 때, 찰리 파커가 쳇 베이커의 바지 주머니를 뒤져 돈을 가지고 달아난 사실을 알게 되자 그 충격은 실로 대단했다. 쳇 베이커는 그녀에게 다시는 찰리 파커를 만나지 말라고 당부했다. 하지만 그는 화를 내는 대신 동정심을 느꼈다. "찰리 파커가 필요해서 가져간 돈 몇 푼 때문에 굳이 문제 삼고 싶어 하지는 않았어요." 릴리안 퀴키에는 그렇게 말했다. 이는 쳇 베이커가 자신의 아버지에 대해 느낀 감정과 유사했다. 좌절에서 비롯된 거친 성격과 학대를 이미 그는 이해하고 있었으니까.

이 위대한 색소포니스트는 1955년 3월 12일 세상을 떠났다. 검시 결과 직접적인 사인은 폐렴이었다. 시신을 살펴본 검시관은 찰리 파커를 알지 못했고, 사망 당시 서른네 살이던 그의 나이는 실제보다 20년이나 늙게 기록돼 있었다. 아이러니하게도 그의 마지막 모습은 호화롭기 그지없었다. 그즈음 찰리 파커는 재즈 연주자들의 부유한 후원자였던 패노니카 드 쾨닉스워터Pannonica de Koenigswarter 남작 부인의 집에 머물고 있었다. 그녀가 살던 곳은 맨해튼 5번가에 위치한 스태넙 호텔의 고급스러운 스위트룸. 찰리 파커의 추도식은 이스트코스트 재즈의 거성들이 모두 모인 가운데 카네기홀에서 성대하게 진행됐다. 마침 쳇 베이커는 그곳에서 남쪽으로 얼마 떨어지지 않은 곳에 있던 재즈 클럽 베이슨 스트리트Basin Street에서 연주를 하고 있었다. 쉬는 시간이 되자, 그는 찰리 파커에게 마지막으로 바칠 연주를 하려고 서둘러 카네기홀에 갔다. 그런데 무대로 통하는 문 앞에 서 있던 경호원이 그를 막았다. "쳇 베이커? 그게 누군데?"

1954년 5월, 버드랜드의 바에 있던 이국적인 분위기의 한 젊은 여인은 누가 쳇 베이커인지 한눈에 알아보았다. 연주에 몰두하는 그를 지켜보던 여인의 모습은 사람들의 주목을 끌기에 충분해 보였다. 몸에 붙는, 어깨가 드러난 검은 드레스를 입은 채, 짧은 머릿결은 어두운 빛을 띠고 있었다. 눈 주변을 검은색으로 화장했는데 마치 너구리 같아 보이기도 했다. 쿨한 자태로 앉아 있던 그녀의 주변엔 포주들이 어슬렁거렸고, 심지어 클럽 안에 있던 디지 길레스피가 수작을 걸어보려 했지만 그녀는 사양했다. 그는 이렇게 말했다. "백인 트럼페터가 더 마음에 드는 모양이구먼."

당시 릴리안 쿼키에는 스물한 살, 프랑스계 유대인이었다. 2주 전 고향인 파리를 떠나 배를 타고 뉴욕에 도착했으며, 대중에게 잘 알려진 브로드웨이 쇼 「아! 아름다운 술꾼들Ah! Les Belles Bacchantes」 의 코러스 멤버로 출연했었다. 사실 그녀의 노래와 춤 솜씨는 뛰어나지 않았지만, 강렬하게 끌리는 매력이 있었음은 누구도 부정할 수 없었다. 그리고 그 매력은 몇 년 뒤 그녀가 파리에서 주목받는 배우로 성장했을 때 여지없이 빛을 발했다. 하지만 1954년 당시만 해도 그녀가 미국을 찾게 된 데에는 다른 이유가 있었다. "아버지는 내가 뉴욕에 정착하기를 원하셨죠. 좋은 남편을 만나 안정된 삶을 꾸리는, 그런 삶 말이에요. 하지만 나는 그걸 원하지 않았어요. 이미 재즈에 폭 빠져 있었던지라, 뉴욕에 오면 원하는 만큼 재즈를 들을 수 있을 거라 생각했죠."

솔로 연주를 마치고 잠시 악기를 입에서 뗄 때마다, 쳇 베이커는 마치 자동차 전시장에 있던 반짝이는 외제 스포츠카를 바라보는 눈빛으로 객석의 그녀를 응시했다. 그러고는 쉬는 시간이 되자 바로 그녀에게 다가갔다. "쳇 베이커는 한눈에 내게 반했어요. 아주 강렬하게 사로잡혔던 것 같더군요." 쳇 베이커도 이를 인정했다. "그녀는 다른 여자들과 많이 달랐지. 굳이 아름답게 생긴 건 아니었지만, 매력적이고 지적이며, 또 프랑스의 분위기를 물씬 풍긴 채 섹시해 보였다고나 할까. 우리는 주저 없이 바로 어울릴 수 있었네." 하지만 언제나 그랬듯이 사랑은 그에게 어울리지 않는 것처럼 보였다. 서로에게 매료된 두 사람은 그날 밤 쳇 베이커

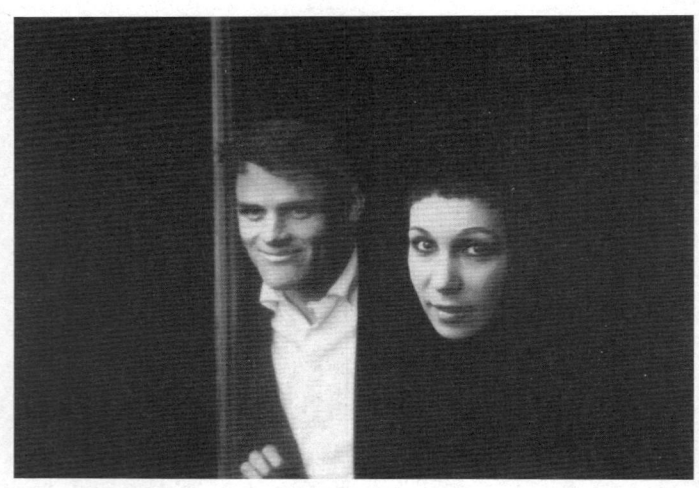

쳇 베이커는 이국적인 외모의 릴리안에게 첫눈에 깊이 빠져들었다.

의 머큐리 승용차의 뒷좌석에서 처음으로 열정을 불태웠다. 릴리안 퀴키에는 이렇게 말했다. "내가 처음부터 주저하지 않았더니 그는 꽤 놀라는 눈치였어요. 하지만 사실 나는 그다음 날도 그를 만날 수 있을지 몰랐거든요. 단지 그 순간의 감정에 충실하고 싶었을 뿐이죠." 두 사람의 관계는 이후로 약 2년 반 동안 지속됐다. 쳇 베이커에게 그녀는 가장 섹시한 여인으로 남았다. 마치 오클라호마의 소년이 자동차 극장에 자랑스레 데리고 가기를 꿈꾸던 그런 여인의 이미지 말이다. "쳇 베이커는 내가 다른 미국 여자들과 얼마나 달랐는지 알고는 정말 놀라워했어요." 릴리안 퀴키에는 그렇게 말했다. 두 사람의 모습을 담은 사진들을 들여다보면, 쳇 베이커는 한 번도 이런 사람을 만나 본 적이 없다는 듯 흐뭇한 미소를 지은 채 경이로운 눈빛으로 그녀를 바라보는 장면이 자주 포착된다. 물론 그때까지도 쳇 베이커는 샬레인과 결혼한 상태였다. 하지만 군이 이 문제를 꺼내려 하지 않았고, 두 사람은 이미 "잠자리를 함께하지 않고 있으며" 머지않아 헤어질 것이라 얘기하곤 했다. 릴리안은 개의치 않았다. "두 사람이 자주 다퉜다는 건 모두 알고 있었어요. 사실 내가 관여할 일도 아니었죠." 그녀의 말이었다. 만난 지 얼마 지나지 않아 쳇 베이커는 릴리안의 손을 잡고 주변을 돌아다니며 아내로 소개하기 시작했다. 릴리안을 실망시키지 않기 위한 속임수에 불과했지만 말이다.

두 사람의 염문이 거의 치명적인 결과를 낳으리라 예상한 사람은 없었다. 어느 날 밤 샬레인은 브라이언트 호텔을 나와 남편을 만나기 위해 버드랜드로 갔다. 그러고는 쳇 베이커의 차에 숨어 클럽을 엿보았다. 쳇 베이커는 무대를 마칠 때마다 릴리안과 어울렸다. 결국 샬레인의 분노가 폭발했다. 냉큼 호텔로 돌아온 그녀는 대도시에 머무는 것이 위험할 것을 우려해 쳇 베이커가 건네주었던 권총을 손에 쥐고 다시 버드랜드로 갔다. 쳇 베이커는 무대에서 연주 중이었다. 클럽 안을 돌아다니던 릴리안은 신경이 극도로 날카로워진 쳇 베이커의 아내가 자신의 눈을 똑바로 쳐다보며 총을 겨누고 있음을 깨달았다. "독일제 모제르*의 성능이 얼마나 좋은지 모르지?" 샬레인은 경멸의 감정이 묻어나는 목소리로 이렇게 말하면서 자신의 삶을 위협하는 존재로 떠오른 프랑스 여인을 독일제 총으로 제거하려 했다. 쳇 베이커에게서 신호를 받은 릴리안 퀴키에는 담담한 표정으로 가만히 있었다. "나는 그냥 그대로 서 있었어요. 설마 그녀가 정말 방아쇠를 당길 것이라고는 생각하지 않았죠." 다행히 릴리안은 해를 입지 않았다. 하지만 샬레인은 마음속에 이미 다른 목표를 정해 놓고 있었다. 그녀는 쳇 베이커를 찾아 계단을 내려갔다. 조지 어배키언의 동생인 알 어배키언Al Avakian이 마침 옆을 스쳐 지나다가 그녀를 마주했다. 샬레인은 그의 귀에 대고 다급하게 말했다. "저 개자식을 당장 죽여 버리고 말겠어요!" 그러나 가까스로 알 어배키언이 설득에 성공했고, 그녀는 클럽을 떠나 버렸다. 하지만 그 후에도 브라이

---

* 19세기 말 독일의 마우저가 개발한 총. 원래 전쟁용 소총으로 개발됐으며 명중률이 높아 제1차 세계대전 중 여러 유럽의 군대가 이를 사용했다.

언트 호텔에서는 밥 널이 샬레인의 손에 들린 총을 빼앗기 위해 한참 동안 씨름을 벌여야 했다.

다시 한번, 쳇 베이커는 질투와 상처가 휘몰아치는 태풍의 눈 한가운데 서 있었다. 그는 샬레인을 비행기에 태워 캘리포니아로 보냈다. 그의 바람과 달리 그녀는 모든 것을 쉽게 포기하지 않았고, 쳇 베이커가 내놓기를 거부했던 위자료를 계속 요구하며 거의 2년 동안 이혼을 미루었다. 아마도 복수심 때문이 아니었을까. 하지만 할리우드의 어느 파티에서 그녀를 만난 카슨 스미스는 샬레인이 무척 우울해 보였다고 기억했다. 샬레인은 이렇게 말했단다. "아직도 그이가 보고 싶어요."

쳇 베이커는 새로 맞이한 "베이커 부인"과 함께 거리를 누볐다. 릴리안은 그 역할을 기꺼이 떠안았다. 애틀랜틱시티의 한 나이트클럽에서 쳇 베이커의 여성 팬들이 릴리안을 따라 화장실까지 쫓아왔을 때, 그녀는 팬들이 쏟아 내는 부러움 섞인 질문을 마주하며 내심 그러한 관심을 즐기곤 했다. "내가 브래지어를 했는지 묻더군요. 안 했다고 대답했죠. 또 내가 왜 립스틱을 바르지 않는지 궁금해한 여자도 있었고, 쳇 베이커와 진짜로 결혼했느냐고 묻는 사람도 있었답니다." 릴리안은 쳇 베이커가 자기 남자임을 모든 이들이 알 수 있게 행동했다. 그리고 연주 여행이 계속되면서 굳이 다른 음악인이나 그들의 여인들을 잘 알고 지낼 필요가 없다고 느끼기 시작했다. 그녀 역시 이를 부정하지 않았다. "나는 웨스트코스트나 그곳의 사람들에 대해 그다지 좋은 느낌을 받지 못했습니다. 그들은 너무 편안해 보였죠. 너무 풍족했고, 너무 쿨하고,

또 백인들의 취향이 너무 쉽게 드러났어요." 그녀의 태도가 그러했기에, 밴드의 멤버들도 자기들끼리 릴리안을 "프루-프루Frou-Frou"라 부르며 비꼬기에 이르렀다. 매리언 라파엘은 이렇게 말했다. "왜 이 여자가 30분에 한 번씩 화장실에 들어가 검은 아이라인을 다시 그리곤 했는지 도저히 이해할 수 없더군요. 사실 그녀가 검은색으로 아이라인을 했는지 알지도 못했으니까요."

챗 베이커는 연주 스케줄 없이 잠시 휴식을 취하던 1954년 여름의 2주 동안, 허모사비치로 릴리안을 데려가 부모에게 소개했다. 어머니 베라와 아버지 체스니는 그녀에게서 의심 어린 눈빛을 거두지 못했다. 두 젊은 연인의 출현은 냉랭한 기운과 딱딱한 일상으로 가득했던 부모의 생활에 적잖은 긴장을 불러일으켰다. 베라의 삶에서 아들에 대한 사랑이 차지하는 비중은 여전히 높았지만, 그가 곁에 없는 상태에서 베라는 회사 생활에 모든 정성을 쏟아붓고 있었다. 그리고 아버지도 아직 택시를 운전했다. 오래전 음악인의 꿈을 접은 뒤부터 그는 술로 아픔을 달래고 있었다. 베라는 아들이 집에 왔다는 사실에 흥분을 감추지 못했다. 하지만 베라와 체스니는 처음부터 아들의 새 연인을 마음에 들어 하지 않았다. 언제나 순진한 농촌 처녀 같은 생각을 가지고 있던 어머니 베라의 눈에 릴리안은 마치 매춘부 같아 보였다. 릴리안은 이렇게 말했다. "어른들은 파리에서 왔다는 이 유대인 소녀가 아

- 고상한 체하는 여인들을 속되게 일컫는 표현. 오래전 상류층의 여인들이 입던 긴 드레스가 바스락거리며 바닥에 쓸리는 소리에서 유래된 의성어.

들의 돈과 명성을 노리고 접근한 게 아닌지 의심하는 눈치였어요." 베라는 틈만 나면 어머니로서의 위치를 확인하려 들었고, 아들이 언제나 자신의 것이었음을 넌지시 드러나게 했다. 마치 쳇 베이커가 학교에서 갓 돌아온 어린 소년인 양 행동했고, 그 역시 어머니를 살갑게 대했다. 그로부터 몇 주 뒤, 윌리엄 클랙스턴은 퍼시픽 재즈 레이블에서 사용할 쳇 베이커와 릴리안의 사진을 촬영했다. 릴리안의 팔에 안겨 휴식을 취하고 있는 쳇 베이커의 모습. 머리를 바짝 당겨 그녀의 가슴에 붙였고, 두 눈은 감은 채 입을 조금 벌리고 있는, 아주 유순해 보이는 얼굴이었다. 왼손에는 그의 또 다른 연인인 트럼펫이 들려 있었다. 릴리안은 카메라 렌즈를 똑바로 응시했다. 아들을 보호하겠다고 나선 어머니 베라의 눈빛과 닮아 있었다.

몇 달이 지났다. 릴리안은 천사의 얼굴을 한 자신의 멋쟁이 연인이 얼마나 쉽게 화를 내는지 알고는 경악을 금치 못했다. "그는 언제든 변할 수 있다더군요. 달콤한 남자에서 아주 폭력적인 치한으로 손바닥 뒤집듯 쉽게 바뀌지 뭐예요. 사실 그는 육체적으로 폭력적이진 않았어요. 하지만 사람을 바짝 긴장시키는 데 정말 일가견이 있더라고요." 둘 사이의 대화는 애초부터 거의 불가능했다. "정말 완고했어요. 자기 자신에 대한 얘기는 전혀 하지 않았고, 세상사에 대해서도 별말이 없었죠. 심지어 음악 얘기도 나누지 않았다니까요. 그저 모든 것이 억제된 느낌이었습니다." 그러나 두 사람 사이에도 공통점은 있었다. 둘 모두 종종 말썽을 일으키는 습성을 지녔다는 것. 쳇 베이커 쿼텟이 세인트루이스로 투어를 떠났을 때의 일이다. 이 도시는 그때까지도 인종차별이 매우 심했기에, 물 마시는 곳과 화장실이 백인용과 유색인종용으로 구분돼 있을 정도였다. 그런데 릴리안은 그곳에서 몇몇 젊은 흑인들을 친구로 사귀었고, 파티를 벌이기 위해 백인 전용의 세련된 호텔로 그들을 데려온 것이었다.

릴리안에게 종종 파티는 마약을 의미했다. 헤로인이 사용될 때도 있었다. 릴리안은 이렇게 주장했다. "나는 사실 안 해 본 것이 없었어요. 하지만 결코 중독됐던 적은 없었죠." 쳇 베이커도 그녀가 마약중독에 빠진 적은 없었다고 기억했으며, 빌 러프버러 역시 이에 동의했다. 그러나 밴드의 멤버들이 걱정한 것은 그녀가 쳇 베이커에게 어떤 식이든 악영향을 줄 수 있지 않겠느냐는 점이었다. 그러나 릴리안은 쳇 베이커가 자신과 사귀던 동안 절대로 마약에 손을 대지 않았다고 강조했다. 카슨 스미스도 이렇게 얘기했다. "나는 가끔 헤로인을 조금씩 했어요. 하지만 그 친구는 가까이 오지조차 못하게 했죠. 쳇 베이커는 무엇보다 바늘이 죽도록 무섭다고 말했습니다. 그리고 그따위 것을 왜 하는지 모르겠다고 했죠." 그러나 그토록 대마초에 집착하던 그의 습관을 생각하면, 무언가에 쉽게 중독되는 성향을 지녔던 것은 아닌지 의심스럽기도 하다. 더구나 밥 닐과 러스 프리먼을 포함한 많은 친구들은 쳇 베이커가 1954년 초부터 서서히 헤로인을 복용하기 시작했다고 믿었다. 프레시디오에서 군 생활을 하던 시절 함께 밴드에서 연주하던 어빙 부시Irving Bush의 얘기도 이를 뒷받침한다. 그는 군대 동기들과 함께 1954년 여름 티파니 클럽으로 쳇 베이커의 연주를 들으러 갔다. "그 친구, 완전히 맛이 간 게 눈에 빤히 보이더군요. 대마초로 그 정도까지 되진 않죠. 얼마나 심했던지 제대로 말도 못 했습니다. 정말이지 우리는 믿을 수 없었습니다. 그러고는 다시 무대에 올라가 연주하는데, 확실히 소리가 좀 떨어지더라고요. 물론 그러면서도 계속 공연을 진행한다는 자체가 꽤 놀랍기는 했지만 말입니다."

진실이 무엇이든, 쳇 베이커가 헤로인을 복용한다는 소문은 이미 시카고까지 퍼져 있었다. 그는 시카고의 인기 있는 재즈 클럽 스트림라이너에서 공연을 가졌다. 외부에서 오는 연주자들이 즐겨 찾던 한 호텔의 스위트룸에 투숙한 채, 쳇 베이커와 릴리안은 3주 동안 그들의 호텔 방을 마약에 중독된 재즈 연주자들을 위한 휴식처로 제공했다. 연주자들은 이곳에 들러 마약을 복용했지만 외관상 별문제가 없다는 듯 행동했다. 릴리안은 여러 사람들이 그 호텔 방에 모여 있던 어느 날 밤을 잊지 않았다. "여기저기 다들 자빠져 있더군요. 어떤 사람은 팔뚝에서 핏줄을 찾는 데 45분이나 걸렸습니다. 물론 핏자국도 널려 있었죠. 그래서 그이에게 얘기했습니다. '자기야, 이건 좀 심한 거 아니야?' 하고 말이에요." 그러나 쳇 베이커는 잠자코 바라보기만 했다. 그들을 찾아온 손님들이 "마약을 하며" 더없이 행복해하는 그 순간을 가만히 지켜보면서 말이다.

쳇 베이커는 아직도 고민거리 없는 삶의 상징처럼 비추어졌다. 확실히 그는 자신의 음악성을 갈고닦아야 한다는 걱정도 하지 않

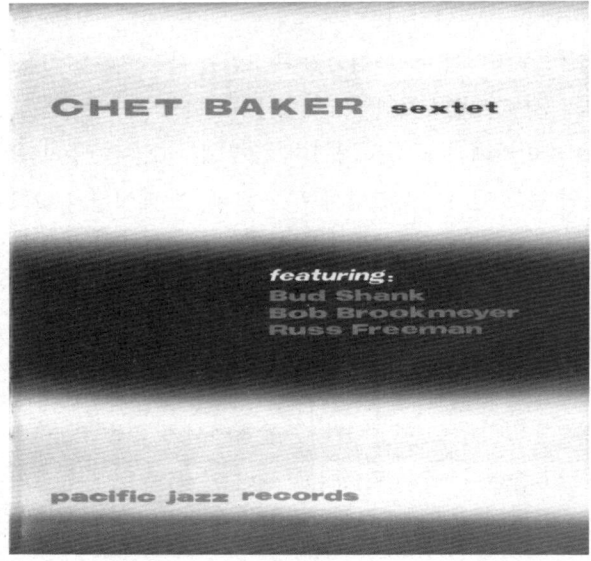

《Chet Baker Sextet》

왔다. 1954년 9월, 색소포니스트 버드 섕크와 트롬보니스트 밥 브룩마이어가 가세하고 잭 몬트로즈와 빌 홀먼Bill Holman, 조니 맨델이 편곡을 맡은《Chet Baker Sextet》이 녹음됐다. 복잡하고 층층이 쌓인 대위법이 적용된 이 앨범은 쳇 베이커에게 한결 친숙한 분야를 다루고 있었다. 그의 연주는 날렵했고, 그 어느 때보다 황홀했다. 『다운 비트』는 이 앨범의 음악이 "밀도 있는 구성을 갖추고 있지만 테마는 빈약하다"고 평가했다.

어느새 꽤 복잡한 음악을 대하면서도 상당한 실력을 갖추게 된 쳇 베이커였지만, 밴드를 엮어 잘 이끌고 나가는 데에는 아무런 생각조차 없었다. 그리고 그의 밴드는 서서히 틈을 보이기 시작했다. 쳇 베이커가 차를 몰고 레이싱을 즐기거나 릴리안과 신나게 놀러 다니는 동안, 러스 프리먼은 따로 돈을 받지 않으면서도 밴드의 실질적인 매니저와 회계 업무를 병행하고 있었다. 그에게 밴드의 리더인 쳇 베이커는 철없는 어린애에 불과했는데, 이 와중에 일어난 작은 사건이 특히 그의 마음을 상하게 했다. 쳇 베이커는 부모에게 맡겨 두었던 그의 개를 다시 데려오고 싶어 했다. 연주 여행을 다니면서 개가 있어도 별문제 없다는 투였다. 그러나 러스 프리먼은 신경 쓸 일이 자꾸 늘어나는 것이 짜증스러웠다. 그래서 보다 편한 방법을 택하기로 했다. "한 곳에서 연주를 마치고 다른 곳으로 옮길 때, 결국 쳇 베이커는 그곳에 개를 맡겨둘 수밖에 없었습니다."

차를 타고 이동하는 투어가 계속되자 여인들은 점점 더 힘들어했고 편안하게 쉴 수 있는 가정을 원했다. 카슨 스미스의 아내인 조앤 스미스는 아기를 가진 뒤 LA로 돌아갔으며, 카슨 스미스도 그녀와 함께 있고 싶어 했다. 밥 닐 부부도 떠나기를 원했는데 이유는 다른 곳에 있었다. 그는 쳇 베이커가 헤로인을 복용한다고 믿었기에, 한때 마약중독자로 힘든 시간을 보낸 자신이 가능하면 마약으로부터 멀리 떨어져 있어야 한다고 생각했다.

그해 10월, 러스 프리먼에게 마지막 순간이 찾아왔다. 버드랜드에서 세 번째로 계약된 공연 일정을 마친 지 한 시간쯤 흘렀을까. 누군가 브라이언트 호텔에 묵고 있던 그의 방문을 두드렸다. 전처인 매리언 라파엘이었다. 그녀는 냉랭한 목소리로 이렇게 말했다. "쳇 베이커가 수표책 좀 갖다 달래." 그 순간 러스 프리먼은 "이제 이만하면 됐다"고 생각했다. 다음 날 쳇 베이커는 남아 있던 300달러를 모두 인출했고, 어두운 녹색으로 화려하게 치장된 아주 멋진 재규어 컨버터블 승용차를 새로 구입했다. 이 모습을 본 러스 프리먼은 주저 없이 결별을 통보했다. 그는 이렇게 말했다. "모든 게 망가져 버렸죠. 정말이지 진저리가 나더라고요." 오래 지나지 않아 쳇 베이커의 밴드는 헤로인 중독자들을 새로운 멤버로 받아들이기 시작했다. 드디어 올 것이 오고 있음을 알리는 불길한 징조였다.

6
머물지 않는 이들의 사랑

러스 프리먼의 견고한 손길을 잃어버린 쳇 베이커는 버둥대기 시작했다. 찰리 파커와 함께 연주하던 알 헤이그를 비롯해서 여러 피아니스트들이 후임자로 기용됐지만 얼마 가지 못하고 밴드를 떠나 버렸다. 결국 쳇 베이커는 그만의 피아노 없는 쿼텟을 구성하게 됐다. 제리 멀리건의 역할을 대신할 인물로 떠오른 연주자는 뉴저지주의 저지시티에서 태어난 이탈리아계 테너 색소포니스트 필 어소Phil Urso 였다. 그는 지미 도시Jimmy Dorsey 빅 밴드와 우디 허먼 빅 밴드에서 활동했으며 잠시나마 마일스 데이비스와 연주한 적도 있었다. 당시 스물아홉 살이던 동안의 그는 약간 맹해 보이는 매력을 지녔으며, 말끔하게 빗어 넘긴 검은 머릿결과 콧수염을 하고 있어서 마치 이탈리아의 젊은 이발사 같았다. 그러

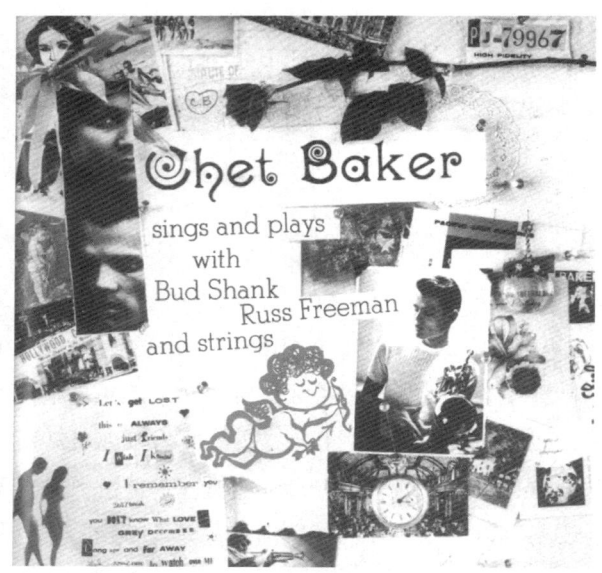

《Chet Baker Sings and Plays with Bud Shank, Russ Freeman and Strings》

나 연주 스타일은 그가 우상시했던 레스터 영을 연상시키듯 가벼운 서정성이 강점이었고, 그의 데뷔 앨범 《The Philosophy of Urso》는 『다운 비트』에서 별 다섯 개의 만점을 받으며 밝은 미래를 확신케 했다. 하지만 쳇 베이커의 피아노 없는 쿼텟에 잠시 머물렀던 카슨 스미스는 필 어소와 함께한 연주가 실망스러웠다고 말했다. "그건 밴드라기보다 그냥 잼 세션 같았어요. 형편없었죠."

1955년이 시작될 무렵, 그래도 쳇 베이커는 미국 내에서 가장 인기 있는 트럼페터로 명성을 떨치고 있었다. 『다운 비트』의 독자 투표에서 그는 882표로 다시 수위를 거머쥐었는데, 디지 길레스피(661표)와 마일스 데이비스(128표), 클리퍼드 브라운(89표) 모두를 가볍게 따돌린 결과였다. 『메트로놈』이 실시한 투표에서도 비슷한 결과로 역시 1위에 올랐다. 쳇 베이커는 이 결과에 만족하지 않고 향후 몇 년 동안 자신이 남성 보컬 부문에서도 냇 킹 콜과 함께 4위에 올랐다고 주장했다. 그러나 사실 그는 순위에 들지도 못했다.

퍼시픽 재즈가 마케팅을 위해 행한 여론 조사 결과를 본 딕 복은, 쳇 베이커를 따르던 대부분의 팬들이 정통 재즈에는 별 관심이 없고 부드럽게 노래하는 꿈결 같은 모습에 반한 여성들이라는 사실을 다시 확인했다. 그들을 염두에 둔 딕 복은 1955년 2월, LA의 스튜디오에서 《Chet Baker Sings and Plays with Bud Shank, Russ Freeman and Strings》를 녹음했다. 윌리엄 클랙스턴은 여학생들이 침실 벽에 핀으로 꽂아 두던 콜라주의 느낌으로 앨범 커버를 만들었다. 티셔츠를 입은 쳇 베이커의 섹시한 사진과 얼굴 부분만 따로 오려 낸 그와 릴리안의 사진, 장미 한 송이, 그리고 한쪽에는 하트 문양 안에 적어 놓은 그의 이름 약자 C.B도 볼 수 있었다. 수록된 노래들의 제목은 잡지에서 오려낸 낱말로 붙여 두었다. 만화 같은 핑크색 큐피드는 쳇 베이커에게 화살을 겨눌 태세였고, 그는 트럼펫을 손에 쥔 채 무표정한 얼굴로 이를 바라보는 듯했다.

쳇 베이커는 그리움(⟨I Wish I Knew⟩, ⟨Someone to Watch Over Me⟩)과 경솔한 젊은이들의 사랑(⟨Let's Get Lost⟩), 불멸의 행복 (⟨This is Always⟩), 작별(⟨Just Friends⟩)에 이르기까지 다양한 곡들을 여러 느낌으로 나누어 노래했다. 앨범의 무드는 ⟨You Don't Know What Love Is⟩에 이르러 한결 어두운 느낌을 전해 주는데, 사랑이 끝나 가고 있음을 경고하는 이 곡의 메시지를 모든 감정이 누그러진 목소리로 중얼거리듯 표현했다.

내 가슴이 얼마나 타오르고 있는지 당신은 알지 못하죠
이 사랑은 결국 살아남지 못하겠지만 사라지지도 않을 거예요
뜬눈으로 밤을 지새운 뒤 새벽을 마주하게 될 때까지
당신은 사랑이 무엇인지 알지 못할 거예요

외관상 노랫말에 무감각해 보이는 쳇 베이커는 부분적으로 단지 곡을 제대로 소화하기 위해 애쓰고 있다는 심증을 남기기도 했다. 앨범의 해설을 쓴 빌 브라운Bill Brown은 "너무 일이 많았다"

든지 "녹음이 매우 길게 진행됐다"든지 하는 쳇 베이커의 말을 들어 이러한 문제를 넌지시 드러냈다. 이런 대목을 곱씹어 보자. "소화하기 어려운 몇몇 부분에서도 쳇 베이커가 나름대로 좋은 성과를 올렸다는 느낌이 들지 않는가." 딕 복은 편집 작업을 위해 다시한번 많은 일을 해야 했지만, 막상 그 결과는 어느 때보다 엉성하기 그지없었다. 짜깁기의 흔적이 너무 쉽게 드러났으며 음량 조절에도 실패하고 있었다. 《Chet Baker Sings and Plays》 앨범은 재즈계가 쳇 베이커의 음악을 그다지 진지하게 받아들일 필요가 없다는 생각에 다시 한번 힘을 실어 주는 계기가 됐다. 『메트로놈』의 빌 코스Bill Coss는 쳇 베이커가 "어색한 프레이징"과 "편안하지 않은 억양"으로 "맥 빠진 노래"를 들려주었다며 혹평을 가했다. 『뉴욕 타임스』의 비평가 존 S. 윌슨John S. Wilson도 "불안한 음정과 감정 없는 목소리는 그의 트럼펫 연주보다 더 기운 없고 특별한 형태조차 만들어 내지 못했다"고 썼다.

재즈계의 공격이 끊이지 않았음에도, 할리우드는 쳇 베이커에게 관심을 가졌다. 앨범을 녹음하기에 앞서 이미 그는 「지옥의 수평선Hell's Horizon」이라는 영화에 트럼펫을 연주하는 군인 역으로 캐스팅된 상태였다. 한국전쟁을 배경으로 한 이 드라마는 컬럼비아 영화사의 한 작은 자회사가 제작했으며, B급 영화에 자주 출연하던 존 아일랜드John Ireland가 주연을 맡았다. 어쨌든 이를 통해 쳇 베이커는 일부 팬들에게 각광받는 존재에서 본격적인 스타덤에 오를 수 있는 기회를 얻은 듯했다. 그러나 「지옥의 수평

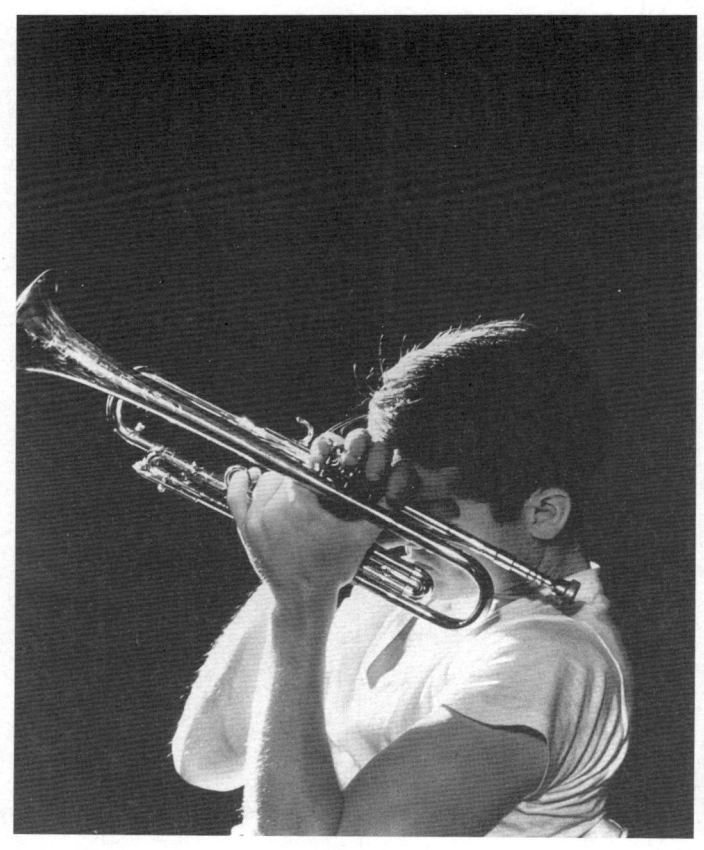

쳇 베이커는 사진작가들이 매우 선호한 모델 중 하나였다.
허먼 레너드가 촬영한, 가장 잘 알려진 쳇 베이커의 사진 중 하나

선」은 저예산으로 급하게 만든 영화였고, 쳇 베이커가 앨범을 녹음한 두 차례의 세션 도중 단 열흘 만에 모든 촬영을 마무리했다. 영화 작업은 그에게 무척이나 지루했던 모양이다. 그는 카슨 스미스에게 "질질 끄는" 촬영 일이 너무 힘들었으며 아침 6시에 일어나 그가 등장하는 장면을 찍기 위해 몇 시간이고 앉아서 마냥 기다려야 했다고 불평을 늘어놓았다.

영화 일을 마친 쳇 베이커는 데이브 브루벡, 보컬리스트 카먼 맥레이Carmen McRae, 그리고 제리 멀리건이 함께하는 투어에 나섰다. 제리 멀리건은 이제 자신이 예전에 거느리던 연주자를 도와 연주에 임해야 하는 굴욕적인 위치에 놓여 있게 됐다. 실상 그는 슬럼프에 빠져 있었는데, 새롭게 결성한 피아노 없는 쿼텟(트럼페터 존 이어들리John Eardley가 쳇 베이커의 역을 대신했던)도 해체된 상태였고, 작곡과 편곡 작업으로 시간을 보내면서 힘없는 작곡가의 생활을 유지하고 있을 뿐이었다. 생계를 위해서는 일거리가 필요했다. 그래서 어쩔 수 없이 쳇 베이커의 무대에 게스트로 참여하겠다고 결정했다. 제리 멀리건은 얘기했다. "정말 마음이 아팠습니다. 아주 많이요. 더 이상 내가 뭘 할 수 있을지 막막하더군요. 다시 돌아가 쳇 베이커의 밴드와 연주하는 건 내게 완벽한 실패를 의미할 뿐이었죠."

1955년 3월 초, 뉴욕 카네기홀에서 가진 공연으로 이 투어의 막이 올랐다. 『메트로놈』은 비브라폰 연주자 테디 찰스Teddy Charles에게 공연의 리뷰를 맡겼다. "쳇 베이커와 필 어소의 연주는 마일스 데이비스와 주트 심스의 음악에 물을 탄 느낌"이었다고 혹평한 테디 찰스는 "밴드 전체가 음악적인 신념과 방향성을 놓치고 있었으며, 쳇 베이커가 멜로디 연주에 타고난 재능을 지닌 것은 분명하지만 한결 창조적인 성장을 보여 주지 못하고 있는 것이 더없이 아쉽다"고 결론지었다. 그러나 영국의 『재즈 저널Jazz Journal』에 실린 더글러스 헤이그Douglas Hague의 글은 반대로 쳇 베이커를 옹호하고 있었다. "실제로 연주를 진행해 나가는 방식이나 그 취향에 있어 쳇 베이커는 마일스 데이비스를 넘어섰다. 나는 마일스 데이비스가 연주한 느린 곡들에서 쳇 베이커만큼의 아름다운 면모를 발견한 기억이 없다. 그동안 카네기홀에서 열린 공연을 많이 지켜봤지만, 이번 무대를 마주한 관객들은 그 어느 때보다 차분하게 연주에 집중하고 있었다."

공연이 진행되는 동안 특히 눈에 띈 인물은 보스턴 지역 출신으로 쳇 베이커의 밴드에 새롭게 가세한 열아홉 살의 드러머 피터 리트먼Peter Littman이었다. 평소 쳇 베이커는 피터 리트먼 같은 스타일의 드럼 연주를 좋아하지 않았다. 이 젊은 드러머는 강렬한 연주를 들려주던 아트 블레이키와 필리 조 존스Philly Joe Jones 같은 비밥 연주자들을 우상으로 삼은 채, 묵직하고 가차 없이 이어지는 스윙 비트로 천둥과도 같은 리듬을 연출하던 그들의 스타일을 답습했다. 피터 리트먼에게도 팬이 있었으니, 스위스 출신의 유명한 드러머 다니엘 위메르Daniel Humair가 바로 그였다. 다니엘 위메르는 피터 리트먼이 "그 누구보다 먼저 모던한 드럼 연주의 핵을 짚어 냈다"고 믿었다.

그러나 파트타임으로 쳇 베이커와 가끔 연주를 벌이던 러스 프리먼은 이 드러머를 "아첨꾼에 버릇없고 천박한 젊은 놈"이라 생각했다. 그리고 이러한 그의 생각은 쳇 베이커가 새롭게 구성한 밴드 멤버들에게 드러내던 관심을 재고하게 하는 기회를 주기도 했다. 러스 프리먼을 비롯한 모든 이들은 피터 리트먼이 심각한 마약중독에 빠져 있음을 알고 있었다. 그는 어린 나이에도 이미 켄터키주에 있는 미국 공공 건강 서비스 병원U.S. Public Health Service Hospital에 입원한 경험이 있었다. 이 병원은 소니 롤린스Sonny Rollins 와 레드 로드니를 비롯한 수많은 음악인들이 헤로인을 끊기 위해 들어갔던 재활 전문 기관이었다. 하지만 이곳에서 받은 치료는 피터 리트먼에게 별 도움이 되지 못했다. 그도 그럴 것이 이 젊은 드러머는 이미 육체적으로 완전히 피폐해 있었으며, 어려서부터 담배를 너무 많이 피워 한쪽 폐가 제 기능을 발휘하지 못하는 상태였다. 남은 삶이 얼마 되지 않았음을 알았기 때문일까. 피터 리트먼은 남아 있는 모든 것을 가능하면 폭발적으로 소진하려는 듯했다. 잼 세션에 임할 때도 자랑스레 드러내 놓고 마약을 복용했으며, 경찰이 들이닥쳐 체포를 하든 말든 상관조차 하지 않았다. 하지만 쳇 베이커 밴드의 일원으로 녹음 작업과 연습을 할 때 어딘지 교활하고 은밀한 내색을 드러내기도 했다. 리더인 쳇 베이커에게만 귓속말로 뭔가 얘기를 나누면서 다른 멤버들은 아예 대놓고 무시하기 일쑤였다. 피터 리트먼에 대해 역시 안 좋은 인상을 가지고 있던 윌리엄 클랙스턴은 이렇게 얘기했다. "두 사람 사이에 우리는 알 수 없는 뭔가가 분명 있었어요. 그게 뭔지는 알 수 없지만 말입니다."

러스 프리먼이 알지 못했던 또 하나의 사실은, 피터 리트먼이 쳇 베이커에게 자신과 가장 가까운 친구를 밴드에 고용하자고 계속해서 졸라 댔다는 점이다. 그 친구의 이름은 딕 트워드직Dick Twardzik. 보스턴에서 활동하던 많은 음악인들은—한때 그와 협연했던 찰리 파커를 포함하여—스물네 살의 이 피아니스트를 천재라 불렀다. 그곳에서 빅 밴드를 이끌던 허브 포메로이Herb Pomeroy 는 다음과 같이 말했다. "보스턴에 살던 다른 피아니스트들은 모두 그의 영향력 아래 있었습니다." 그러나 딕 트워드직은 명성에 비해 궁핍한 생활을 하고 있었다. 아마도 10대 때부터 시작된 헤로인 중독이 하나의 원인이었을 것이다. 그가 퍼시픽 재즈에서 발표한 첫 앨범《Richard Twardzik Trio》를 눈여겨본 사람은 많지 않았다. 아이러니하게도 이 앨범의 프로듀싱을 맡은 이는 그를 무척이나 높이 사던 러스 프리먼이었다. 작품의 존재를 알고 있던 몇몇 음악인들은 훗날 이 앨범이야말로 진정한 걸작이라고 얘기하곤 했다.* 1970년대에 등장한 피아니스트이자 작곡가인 마크 퓨리첼리Marc Puricelli는 이렇게 얘기했다. "그가 더 오래 살았다

---

* 1954년 12월, 뉴저지의 반 겔더 스튜디오에서 녹음된 이 작품은 원래 45회전 EP로 제작됐다. 그리고 딕 트워드직이 1955년에 세상을 떠난 뒤, 1953년에 녹음됐던 러스 프리먼의 EP 트리오 앨범과 한데 묶여 12인치 LP로 1956년에 새롭게 발표됐다. 이 합본 앨범의 타이틀은《Trio: Russ Freeman/Richard Twardzik》. 앨범에는 러스 프리먼이 1956년에 직접 쓴 해설이 담겨 있는데, 그가 보스턴 스토리빌에서 1954년에 처음 딕 트워드직의 연주를 들은 뒤 딕 복에게 앨범 제작을 강력히 추천했다는 에피소드가 실려 있다. 현재까지도 재즈 팬들 사이에서 그 가치가 충분히 인식되지 못한 경향이 있지만 절대다수의 비평가들은 이 앨범을 최고의 피아노 예술품 중 하나로 받아들이고 있다. 모던 재즈에 관심을 둔 사람이라면 이유 여하를 막론하고 반드시 접해야 할 명작 중의 명작이다.

면, 아마 재즈 피아노의 학습 과정 자체가 완전히 바뀌었을 겁니다." 딕 트워드직은, 클래식 음악의 화성과 오케스트라의 풍성함에 대한 방대한 지식을 건반 위에 옮긴 빌 에반스Bill Evans와 키스 재럿Keith Jarrett에게 선구자 같은 존재였다. 이미 체득한 모든 프레이즈의 특성을 주시하던 딕 트워드직은 블루스와 부기우기, 그리고 텔로니어스 멍크Thelonious Monk가 선보인 전위적인 화성에 바흐와 브람스, 쇼팽의 선율을 복합적으로 적용했다. 그와 두터운 친분을 유지했던 피아니스트이자 편곡가 밥 프리드먼은 이렇게 얘기했다. "딕 트워드직의 연주는 매우 지적인 노력의 결과였습니다. 그는 결코 만족할 줄 몰랐죠. 언제나 다음에 시도할 것을 찾아내려 애썼습니다." 그가 연주한 〈A Crutch for the Crab〉(그는 이 제목을 자신의 영웅인 클래식 피아니스트 아르투르 루빈스타인Artur Rubinstein에게서 따왔다. 그가 느끼기에 건반 위에 놓인 루빈스타인의 손이 마치 게처럼 보인 모양이다.)* 같은 창작곡을 들어 보면 마치 팀파니에서 베이스에 이르기까지 다양한 악기를 한꺼번에 마주하고 있는 듯한 인상을 준다. 그뿐만 아니라 허브 포메로이가 얘기한 것처럼, "그는 재즈 역사상 그 어느 피아니스트 못지않게 견고한 스윙감을 구사했다."

---

* 저자는 이 곡의 제목을 루빈스타인과 연결시켰지만, 러스 프리먼의 해설에 의하면 그 모델은 쇼팽 해석의 또 다른 권위자로 잘 알려진 폴란드 출신의 피아니스트 얀 스메테린(1892~1967)이다. 러스 프리먼의 글이 반세기 전에 집필될 만큼 저자가 최근 들어 좀 더 확실한 자료 조사를 성공적으로 행한 것인지, 아니면 단순한 착오인지 확인하지는 않았다. 그만큼 딕 트워드직이 클래식 음악에 조예가 깊었다는 의미로 받아들이자.

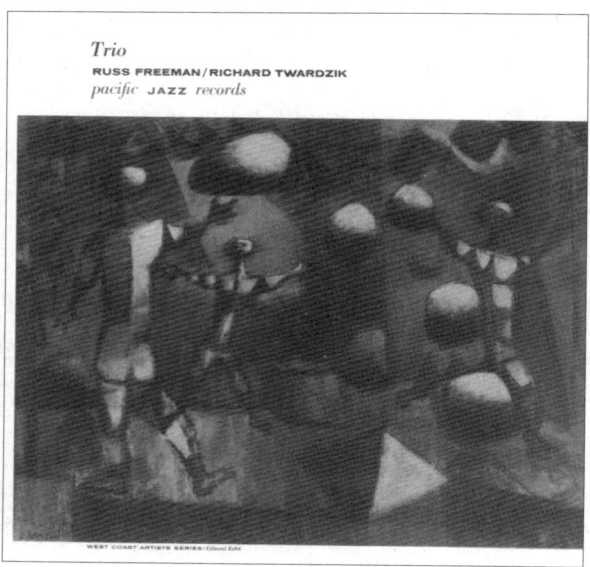

《Trio: Russ Freeman/Richard Twardzik》

딕 트워드직을 단순한 비르투오소 이상의 존재로 만든 것은 그의 정신적인 면에 기인했다. 그는 우울함이나 행복감을 상대할 때 어느 것이든 그 순간의 감성에 흠뻑 빠져들고자 하는 열망을 지니고 있었다. 조지 거슈윈George Gershwin의 오페라 「포기와 베스Porgy and Bess」를 통해 발표된 〈Bess, You Is My Woman〉을 심도 있게 다룬 연주에서 그는 이 두 가지 가치를 모두 확연히 드러냈다. 딕 트워드직은 이 곡의 배경이 된 1920년대 남부 캐롤라이나의 흑인 밀집 지역 캣피시 로에 살던 두 연인의 사랑을 고난으로 가득 차 주저하듯 망설일 수밖에 없는 여행으로 그려 냈는데, 곡의 템포를 안팎으로 넘나들면서 묵직한 침묵을 불길한 시간의 흐름이 함축된 강하고 규칙적인 타건으로 변화시켰다. 그리고 솔로 연주는 마치 포기와 베스가 결국 그들의 사랑을 완성하듯 오르가슴을 연상시키는 결말로 이끌어 냈다.*

피터 리트먼은 보스턴에서 연주할 때 딕 트워드직을 피아노에 앉히도록 쳇 베이커를 설득했다. 그리고 쳇 베이커는 심지어 그가 만난 어느 여인들보다도 열정적으로 이 피아니스트를 극찬하

---

* 상당히 주관적이고 추상적인 묘사가 이어지기에 이 곡을 듣지 못한 독자는 그 의미를 충분히 파악하기 쉽지 않겠다. 그는 이 곡이 진행되는 대부분의 시간—전체 연주 시간은 3분 24초—동안 자유로운 템포 속에서 매우 심오한 화성과 선율을 선보였다. 본문에서 거론된 '우울함에 대한 열망'이라 할 만하다. 그리고 곡을 마무리하는 마지막 20초 동안만 리듬 섹션이 본격적으로 가세해 "오르가슴" 운운하는 '행복감에 대한 열망'을 나타낸다. 저자는 이 곡에 대해 유난히 깊은 인상을 드러냈지만, 지금 들어 봐도 수록된 곡 모두 연주 스타일이나 구성에서 획기적인 발상의 전환을 느끼게 하는—각주를 통해 거듭 강조하듯이—시대를 초월한 명연이자 문제작이 아닐 수 없다.

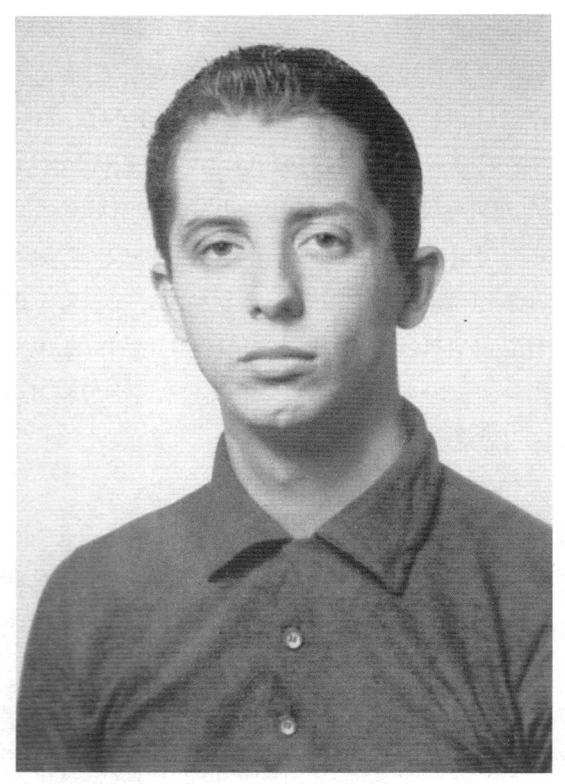

피아니스트 딕 트워드직

기에 이르렀다. 훗날 그는 루스 영에게 확신에 찬 얼굴로 여러 번 이렇게 얘기했다. "그는 천재였어." 딕 트워드직은 보스턴에 살던 작곡가 밥 지프Bob Zieff를 연상시켰다. "1920년대 빈의 거리를 걷다 보면 마주치게 될 것 같은" 인상이었다고나 할까. 움푹 팬 볼과 튀어나온 광대뼈, 그리고 홀쭉한 체격은 그를 세상으로부터 격리된 채 다락방에 갇힌 예술가로 보이게 했다. 종종 그는 헤로인으로 인해 작아진 눈동자가 보이지 않도록 색안경을 껴서 음침한 눈빛을 숨겼다. 마약의 힘을 빌린 채 연주에 임하면서도 주저 없이 황홀경에 빠져들 때가 많았고, 마음에 간직한 기이한 아름다움의 세상 속에서 무언가를 향해 높이, 더 높이 오르곤 했다.

딕 트워드직은 쳇 베이커처럼 멜로디 연주에 능한 연주자는 아니었지만, 화성에 대한 놀라운 실력을 바탕으로 그만의 독창적인 시심詩心을 선보였다. 여간해서는 진심으로 누군가를 존중하지 않았던 쳇 베이커도 그에게서 흘러나오는 감성에는 매우 강한 인상을 받았다. 어쩌면 딕 트워드직을 통해 자신의 어두운 이면을 발견했는지도 모른다. 그들이 함께한 시간은 기껏 몇 주밖에 되지 않았지만 쳇 베이커는 평생토록 그때의 기억을 미화하며 두 사람이 가장 가까운 영혼의 벗이었다고 말했다. 카슨 스미스는 이렇게 얘기했다. "쳇 베이커는 그 친구를 말 그대로 우상시했어요. 딕 트워드직이 가까이 있을 때면 흐뭇한 기분이 얼굴에 그대로 드러나곤 했죠." 그러나 딕 트워드직의 연인이던 가수 크리스털 조이Crystal Joy에 따르면 두 사람의 돈독한 관계는 쳇 베이커 혼자만의 생각이었다. 그녀는 얘기했다. "물론 그도 음악적으로 아주 좋은 경험이라고 생각했죠. 하지만 내가 볼 때 그는 쳇 베이커가 어떤 사람인지 잘 몰랐어요. 그가 이 트럼페터에 대해 개인적으로 어떤 얘기를 했던 기억이 전혀 없네요."

쳇 베이커가 딕 트워드직에게서 느낀 매력은 단지 음악의 범위에만 국한되지 않았다. 그리고 이는 다른 여러 억압과 함께 그가 성적 정체성의 혼란을 숨겨 왔다는 루스 영의 생각을 뒷받침했다. 그녀는 말했다. "모르긴 해도 쳇 베이커가 딕 트워드직을 사랑했을 가능성이 매우 높아요. 좀 더 유심히 살펴보면 알게 되는 부분이지만, 상황이 좀 느슨해지면 그의 잠재적인 동성애 본능이 겉으로 드러나는 경우가 있었거든요. 내가 판단하기엔 여러 가지 정황상 충분히 그럴 수 있었다고 봐요." 1987년, 「렛츠 겟 로스트」를 만들기 위해 쳇 베이커와 나눈 인터뷰에서 그가 딕 트워드직에 대해 열광적으로 이야기를 늘어놓던 것을 듣고 체리 바닐라 역시 같은 결론을 내렸다. "아마도 그는 우리가 모르는 그만의 어떤 방식으로 딕 트워드직을 사랑했을 겁니다. 구체적인 것은 절대 얘기하지 않아서 모르겠지만요." 어쩌면 쳇 베이커는 딕 트워드직을 통해 가장 순수하고도 감동적인 독창성을 획득하는 유일한 길이 바로 마약을 사용하는 것이라는 부동의 증거를 깨닫지 않았을까. 두말할 것 없이 딕 트워드직은 그렇게 생각했으며, 여러 차례의 과다 복용으로 죽음의 문턱에 이르면서도 결코 주삿바늘을 손에서 놓지 못했다.

마약은 딕 트워드직이 집에서는 한 번도 느껴 보지 못한 안락함을 선사했다. 그의 폴란드계 아버지 헨리크는 스테인드글라스 화가였고, 어머니 클레어는 매사추세츠 공대MIT에서 과학 도감을 그리는 일러스트레이터였다. 그들은 훌륭한 혈통의 독일 셰퍼드 한 마리를 키웠으며 매사추세츠주 댄버스포트시에 있던 높은 역사적 가치의 저택에 살며 일반인들에게 이 집을 안내하기도 했다. 풍부한 상상력을 지닌 젊은이라면 누구든 섬뜩한 영향을 받을 만한 그런 고택이었다. 허브 포메로이는 이 집이 "어둡고 유령이 나올 것 같았으며, 뒤편에는 이상한 계단들이 늘어선 채 그 끝에 문들이 있었다"고 기억했다. 계단을 밟아 집에 들어선 방문객은 마치 살아 있는 사람 같은 마네킹이 식민지 시대의 노부인 옷을 입고 서 있는 모습을 마주했다. 무거운 걸음으로 고택 안의 방을 살펴보다가, 그들은 닫힌 문을 통해 딕 트워드직의 침실에서 흘러나오는 기이하고 불협화음적인 피아노 소리를 듣곤 했다. 겉으로 절대 드러나지 않는 생활을 했던 그의 부모가 어떤 취향을 지녔는지는 알려진 것이 없다. 크리스털 조이는 이렇게 얘기했다. "딕 트워드직은 그의 부모에게 마치 이방인 같은 존재였습니다. 그들은 아들을 그다지 인정하지 않았죠. 많은 재능을 가지고 있었지만 말이에요." 딕 트워드직의 침실은 자신만의 성역과도 같았다. 그는 그 안에서 작은 업라이트 피아노에 앉아 연습을 하거나 텔로니어스 멍크, 얼 하인즈Earl Hines, 에롤 가너, 아트 테이텀, 아르투르 루빈스타인의 레코드를 들으며 공부에 몰두했다. 그리고 부모가 외출하면, 거실의 소파에 누워 아방가르드 미술 잡지나 프랑스 소설을 읽으며 대마초를 피웠다. 사람들이 얘기한 것처럼 그의 몸은 마약 성분을 잘 견디지 못해서 대마초 한 대만 피워도 거의 의식을 잃곤 했다.

그럼에도 딕 트워드직은 새로운 마약을 간절히 원했으며 고등학교에 다니던 시절 밤이 깊으면 집을 빠져나가 딜러들이 많던 보스턴의 흑인 거주 지역으로 건너갔다. 오래지 않아 마약중독에 빠졌고, 피터 리트먼이나 그 당시 재즈계에 떠오르던 젊은 색소포니스트 서지 샬로프Serge Chaloff•같은 친구들과 함께 우정을 다지며 함께 마약에 취하곤 했다. 그리고 함께 재즈를 연주했다. 허브 포메로이는 그 당시 보수적이라고 소문난 보스턴의 재즈 연주자들 중 3분의 1은 이미 마약중독에 빠져 있었을 것이라고 얘기했다. 크리스털 조이도 같은 얘기를 했다. "그 방면에서 보스턴은 대단했어요. 중독자들이 어디에나 널려 있었죠. 음악인들은 경찰에게 잡힐까 봐 언제나 두려워하고 있었고요."

딕 트워드직의 음악 경력은 그다지 화려하지 않았지만 자신의 우월함을 의심한 적은 단 한 번도 없었다. 보스턴의 재즈 클럽 하이햇Hi-Hat에서 찰리 파커와 연주한 뒤, 그는 밥 지프에게 이렇게 말했다. "생각하던 대로 버드는 꽤 잘해. 코드 진행을 많이 바꿨는데도 잘 따라오더라고.""디키"—친구들은 그를 이렇게 불렀다—는 때로 놀랄 만큼 낙천적이기도 했고, 아주 열정적인 동성애자로 오해받는 경우도 가끔 있었다. 허브 포메로이는 말했다.

• 마약이 앗아간 또 한 명의 소중한 연주자. 역사가들은 바리톤 색소포니스트 서지 샬로프 (1923~1957)가 더 오래 살았다면 모던 재즈의 발전에 크나큰 공헌을 했을 것이라 믿는다. 클래식을 전공한 그의 어머니는 당시 보스턴에서 유명한 피아노 교사였으며 딕 트워드직도 어린 시절 그녀에게서 음악을 배웠다.

"밖에 놀러 나가면 그는 춤도 곧잘 추곤 했어요. 물론 점잔 뺄 때도 있었지만요." 하지만 전체적으로 그는 밝지 않았다. 릴리안 퀴키에는 다음과 같이 얘기했다. "딕 트워드직은 우수에 찬 사람이었죠. 물론 친절했지만 비밀도 많고 언제나 외로워하는 것 같았습니다. 한 번도 웃는 걸 본 적이 없네요." 허브 포메로이는 이 친구를 위해 뭘 해 줄 수 있을지 걱정할 때가 많았다. "딕 트워드직은 자기 마음속에서 일어나는 일들을 어떻게 해결해야 할지 배우지 못했어요. 그러기에는 삶의 경험이 부족했죠. 그래서 난 항상 이런 느낌을 떨칠 수 없었습니다. 이러다 뭔 일이 일어나지는 않을까 하고 말이에요."

딕 트워드직의 연인이던 크리스털 조이가 걱정한 것도 바로 이 부분이었다. 캐나다 몬트리올에서 태어난 이 젊은 흑인 보컬리스트이자 피아니스트는 스토리빌의 쉬는 시간에 연주를 했고 종종 다른 클럽의 무대에도 섰다. 1950년대 말, 스티브 앨런은 그녀를 자신의 텔레비전 쇼에 직접 출연시키기도 했다. 부드럽고 어딘지 음침한 음색을 지녔던 그녀는 사람들 앞에서 부끄러워할 때가 많았다. 스스로 "초창기 보스턴 공립 도서관" 같다고 웃으며 얘기한 넉넉한 사이즈의 옷으로 뚱뚱한 몸매를 가리곤 했다.* 1953년 하

• 크리스털 조이는 미국 플로리다에서 작은 지역 페스티벌을 기획하며 여생을 보낸 것으로 알려져 있다. 그녀의 작품은 거의 남아 있지 않으며 재즈계에 미친 영향도 미미하다. 조금이나마 그녀의 목소리를 들을 수 있는 것이 바로 라산 롤랜드 커크의 명작 《I Talk With the Spirits》(1964). 이 앨범에 실린 불후의 명곡 〈Serenade to a Cuckoo〉에서 롤랜드 커크의 플루트 연주와 함께 뒷전에서 들리는 것이 바로 크리스털 조이의 목소리다. 1960년대 초에 결혼한 이후로는 크리스털-조이 앨버트라는 이름으로 활동했다.

이햇에서 연주하던 크리스털 조이는 매우 연약해 보이는 한 남자가 "마치 좀비처럼 비틀거리며" 무대를 가로질러 피아노 앞에 앉는 것을 목격했다. 그녀는 한눈에 그에게 반했다. 친구들은 딕 트워드직이 마약중독자라고 주의를 줬지만, 그녀는 개의치 않았다. "난 그때까지만 해도 아주 순진했어요. 그렇게 연주를 잘하는 남자가 나쁜 사람일 리 없다고 생각했죠."

딕 트워드직 역시 크리스털 조이의 꾸밈없는 부드러움과 재즈에 대한 열정에 매료됐다. 그녀는 이렇게 말했다. "그는 나를 이국적이라 생각했고, 나는 그가 다르다고 느꼈어요." 처음부터 두 사람의 사랑은 평화롭기 그지없었고, 확연한 인종적 차이도 아무런 문제가 되지 않았다. 놀랍게도 크리스털 조이는 자신의 부모를 설득해 그를 자기 집에서 함께 기거하도록 했다. 딕 트워드직은 마약 때문에 문제가 될 것을 우려해 이를 거절했지만, 그가 언급한 위험이 되레 그녀의 관심을 더 자극한 것으로 보인다. 그로부터 몇 주 지나 딕 트워드직이 보스턴의 재즈 클럽 스테이블스 앞으로 그녀를 데리러 가기로 한 날이었다. 크리스털 조이는 급작스럽게 냉혹한 현실을 직시하고 말았다. 그가 차에 올라타자마자 마약 과다 복용으로 운전대 앞에 그대로 쓰러져 버린 것이었다. 겁에 질린 그녀는 클럽 안으로 뛰어 들어가 서지 샬로프를 불렀다. 차로 달려온 그가 딕 트워드직을 끌어내 일으켜 세우고는 의식이 돌아올 때까지 기다렸다. 그리고 아직 운전면허도 없던 크리스털 조이는 연인을 차에 태우고 자신의 집으로 갔다. 하지만 그녀의 가족들은 딕 트워드직을 집에 들일 수 없다며 내쫓아 버렸다. 이 일이 있고 난 뒤, 그녀의 부모와 그의 부모 모두 두 사람이 사귀는 것을 한사코 반대하고 나섰다. 크리스털 조이는 그가 마약을 하지 못하도록 이 나쁜 습관을 들이게 한 친구들과도 어울리지 않게 했다. 그러나 막상 그 자신이 마약을 끊을 의사가 없다는 것을 알고는 아픈 가슴에 어쩔 줄 몰라 했다.

결국 그녀가 선택한 것은 보스턴 외곽에 있는 재활 병원에 그를 입원시키는 것이었다. 그녀가 병원비를 대는 가운데, 딕 트워드직은 이 병원에서 금단 현상의 혹독한 고통을 견뎌 내야 했다. 그는 크리스털 조이에게 편지를 써서 자신의 마음을 밝혔다. "자기야, 내가 해낼 수 있다는 걸 믿어 줘. 내가 자기 사랑하는 거 알지? 태어나서 처음으로 누군가에게 내 솔직한 마음을 얘기하는 거야. 우리, 결혼하자!(나 술 취한 거 아냐.)" 병원에서 나오자마자 두 사람은 다시 함께 지냈다. 그러나 크리스털 조이는 과연 그가 마약 없이 얼마나 버틸 수 있을지 걱정이 앞섰다.

딕 트워드직이 마약중독의 무게를 이기지 못하고 가라앉자, 쳇 베이커는 목표를 잃고 제자리걸음을 계속했다. 1955년 7월 16일, 그는 로드아일랜드에서 열린 제2회 뉴포트 재즈 페스티벌에 참가했다. 러스 프리먼, 피터 리트먼, 그리고 베이시스트 밥 카터Bob Carter가 그의 뒤에서 연주를 맡았다. 러스 프리먼은 이렇게 말했다. "정말이지 연주하기에는 최악의 상황이었어요. 사운드 시스템은 엉망이지, 관객들은 빽빽 소리만 지르지, 무대 주변에 온갖 연주자들이 돌아다니고 있지. 아마 거기처럼 좋은 음

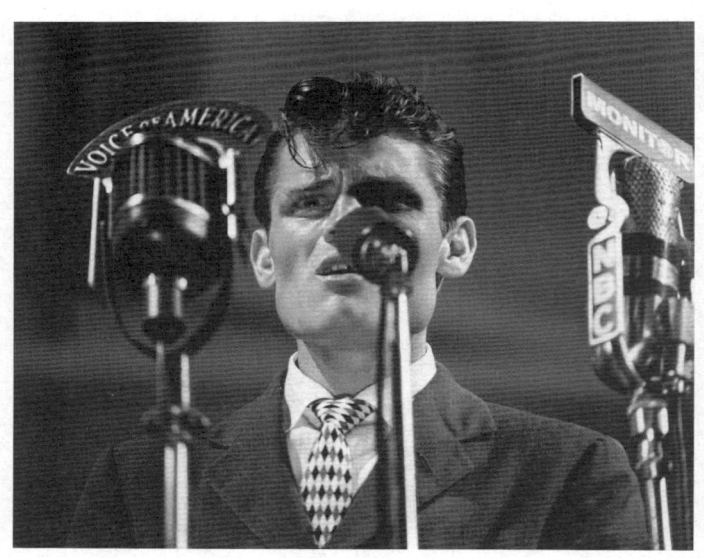

1955년 제2회 뉴포트 재즈 페스티벌에서 노래하는 쳇 베이커

악을 만들어 내기에 나쁜 환경도 없었을 겁니다. 하긴, 대부분의 재즈 페스티벌이 그렇죠." 소음과 싸우면서, 쳇 베이커는 긴장된 느낌으로 불만스러운 톤의 솔로 연주를 늘어놓았다. 실수도 잦았다. 무대의 마지막 곡은 데이브 브루벡과 폴 데즈먼드, 클리퍼드 브라운, 그리고 제리 멀리건과 쳇 베이커가 함께 한 잼 세션, 〈Tea for Two〉였다. 오직 클리퍼드 브라운만이 혼란한 상황을 넘어서서 견고하고 화려한 연주를 선보였다.

뉴욕의 비평가들은 계속해서 웨스트코스트 재즈를 의심 어린 시선으로 깎아내렸다. 쳇 베이커가 베이슨 스트리트에서 벌인 연주에 대해 『메트로놈』의 빌 코스는 "악몽 같았다"면서 "그의 트럼펫은 약했고 노래는 아무런 맛도 없었다"는 리뷰를 썼다. 쳇 베이커는 이러한 반응에 꿈쩍도 하지 않았다. 그러나 그의 마음속에서 중압감으로 자리하기 시작한 것이 두 가지 있었으니, 하나는 딕 트워드직에 대한 것이었고, 다른 하나는 바로 릴리안 퀴키에였다. 자꾸만 감정싸움을 하게 되면서 그녀와 쳇 베이커의 관계는 서서히 벌어지기 시작했다. 그러던 중 잠시나마 복잡한 상황에서 벗어날 기회가 찾아왔다. 샌프란시스코의 외곽 지역에 위치한 소살리토는 방랑벽을 지닌 예술가와 작가들이 잠시 머물던 색다른 풍경의 도시였다.

텍사스 출신으로 전자공학을 공부하며 녹음 엔지니어로 일하던 빌 러프버러가 바로 그곳에 살고 있었다. 쳇 베이커는 바지선 위에 지어진 채 트랩으로 육지와 연결되는 그의 집을 방문했다.

빌 러프버러는 물 위에 떠 있는 그 작은 공간을 재즈 기타리스트 데이비드 위트David Wheat(벽 위트라 알려진)와 시인 거드 스턴Gerd Stern과 함께 사용하고 있었다. 릴리안 퀴키에는 그들에 대해 이렇게 말했다. "시대를 앞서간 히피들이었죠. 그들은 쳇 베이커와 어울리면서도 굳이 그에게 뭔가를 얻어 내려 하지 않았어요. 이미 그들만의 뭔가를 다 갖추고 있었죠. 그는 이 친구들을 아주 좋아했습니다." 쳇 베이커가 특히 좋아했던 것은 빌 러프버러가 대마초를 넣어 집에서 직접 만든 쿠키였다. 기분 좋게 환각에 빠져들면서, 친구들은 배로 만들어진 집이 천천히 흔들리는 것을 즐기며 "부밤스boobams"—각각 다른 음정을 낼 수 있도록 맞춰진 작은 대나무 북들을 한데 연결해 빌 러프버러가 만든 악기—를 연주했다.•

얼마 뒤, 이 집에 두 명의 새로운 주민이 등장했다. 머지않아 마이아Maya라는 이름으로 불리게 된 마거리트 앤절로Marguerite Angelou••와 그녀의 어린 아들 가이Guy였다. 아직 유명세를 떨치기 전이던 마이아 앤절로는 그즈음 샌프란시스코의 클럽에서 공연을 펼치고 있었다. 춤을 추며 칼립소를 노래하던 그녀는 종종 빌 러프버러가 연주하는 토속적인 드럼 비트에 맞춰 관능적으로

• 널리 사용되지는 않았지만, 이 악기는 동료 연주자들 사이에서 꽤 좋은 반응을 얻고 있었다. 쳇 베이커도 이미 한 해 전인 1954년 8월 티파니 클럽에서 트럼펫 이외에 부밤스를 연주한 적이 있다. 훗날 석 장의 시리즈로 발표된 《Chet Baker Quartet Live》에서 당시의 연주를 들을 수 있다.
•• 마이아 앤절로(1928~2014)는 훗날 시인이자 배우, 극작가, 무용가 등으로 이름을 날린 미국 흑인 문화계의 큰 별이다. 1993년 클린턴 전 대통령의 취임식 때 그의 부탁으로 취임 축하시를 낭송하기도 했다.

가슴을 흔들기도 했다. 1981년에 출간된 회고록 『여인의 마음*The Heart of a Woman*』에는 그녀가 이 "비트족 모임"에 잠시 몸담았던 시절에 대해 간략히 언급한 대목이 있다. 마이아 앤절로는 함께 지낸 그들에 대해 이렇게 썼다. "그들이 정치적인 성향을 지니고 있었던가. (딱히 그렇다고는 할 수 없다.) 이 친구들은 극좌파와 혁명의 틈바구니에 그들만의 작은 공간을 차지하고 있었다."

어느 날 밤, 마이아 앤절로는 쳇 베이커와 빌 러프버러가 연주하는 것을 보기 위해 한 클럽을 찾았다. 일이 끝난 뒤 이들은 그녀를 차로 집에 데려다주었다. 그때 빌 러프버러가 말했다. "우리 대마초 조금 피웠어." 그리고 몇 달 뒤, 그가 마이아 앤절로에게 대마초를 권했다. 그녀는 말했다. "나 이제 끊었어." 놀란 빌 러프버러가 물었다.

"왜? 무슨 일 있었어?"

"쳇 베이커가 운전해서 나를 집에 데려다준 날 기억하지? 그때 하느님하고 약속했어. 내가 이 차에 타고 있다가 살아서 내리게 되면, 다시는 대마초를 피우지 않겠다고 말이야."

소살리토의 고요가 마음을 사로잡은 것 이외에, 쳇 베이커가 약의 힘을 빌리지 않고도 집착한 두 가지 큰 기쁨이 있었다. 하나는 트럼펫이고 다른 하나는 언제라도 길을 따라 떠날 수 있던 여행이었다. 어느 날 쳇 베이커는 자신의 재규어 승용차에 부밤스를 싣고 가서 함께 밴드를 하자고 빌 러프버러에게 즉석에서 제안했다. 여러 도시를 돌아다니며 그가 만든 드럼을 판매할 수도 있고, 자기와 함께 텔레비전에 출연해서 명성을 얻을 수도 있을 것이란 얘기였다. 그들은 뉴욕으로 내달렸다. 릴리안도 운전석과 조수석 뒤의 선반에 몸을 누인 채 두 사람과 동행했다. 뉴욕에 도착하자마자 그들은 「투나잇」쇼에 출연했다. 러스 프리먼과 카슨 스미스, 그리고 밥 닐이 함께 무대를 꾸몄다. 디지 길레스피가 만든 신나는 아프로큐반 비밥 곡인 〈Night in Tunisia〉를 연주하며 쳇 베이커는 정통 이스트코스트 재즈 스타일의 트럼펫 솔로를 선보였다. 마치 그를 "죽음에 임박한 사람" 같다거나 "나약하다"고 혹평한 이들에게 복수라도 하듯이 말이다. 카슨 스미스는 말했다. "정말 끝내주는 연주를 들려주었습니다. 그는 뉴욕에 있는 사람들이 얼마나 자기를 싫어하는지 잘 알고 있었죠. 하지만 그때는 정말 대단했어요." 같은 시기에 쳇 베이커는 버드랜드에서 다시 공연을 가졌고, 연주가 끝난 뒤 아트 블레이키와 텔로니어스 멍크가 브라이언트 호텔로 그를 찾아왔다. 나중에 두 사람은 릴리안과 나란히 앉아 쳇 베이커의 공연을 다시 마주했다. 아트 블레이키가 말했다. "저 자식이 이런 연주를 할 수 있는지 전에는 몰랐소이다!"

하지만 쳇 베이커의 연기력은 얘기가 좀 달랐다. 1955년 여름, 「지옥의 수평선」은 아무런 주목도 받지 못한 채 서둘러 종말을 고했다. 조잡하기 짝이 없던 이 80분짜리 흑백영화는 지루함과 과장으로 가득 차 있었으며, 모델 비행기가 날아다니다가 여기저기서 긁어모은 공중전 장면이 교차되는 "특수 효과"를 담고 있었다. 1952년 오키나와를 배경으로 한 이 영화는 공군 대위(존 아일랜드)가 만주 인근의 한 다리를 폭격하도록 명령하는 과정에서 일어난 내용을 담고 있었다. 쳇 베이커가 맡은 역은 일견 그의 실제 경험을 떠올리게 했지만, 실상은 2년 전에 제작된 「지상에서 영원으로From Here to Eternity」의 몽고메리 클리프트가 분한 군대 내의 무드 있는 나팔수 로버트 E. 리 프리위트Robert E. Lee Prewitt 의 모방에 불과했다. 영화 속에 등장하는 내성적인 성격의 쳇 베이커는 막사 한구석에 앉아 트럼펫을 분다. 그러자 전우 중 한 사람이 불만스러운 목소리로 이렇게 말한다. "저 녀석은 누가 인사를 건네도 나팔이 없으면 아무 대답도 못 할 거야." 그러자 쳇 베이커가 다 죽어 가는 목소리로 이렇게 대꾸한다. "이봐, 날 그렇게 힘들게 하지 말라고."

쳇 베이커는 사진을 찍을 때처럼 특별한 노력을 기울이지 않고 연기하며 영화에 억지로 출연한 티가 났다. 무표정한 얼굴로 쿨하게 보이는 것 이상의 연기가 요구됐겠지만, 그는 어찌할 바를 모르던 눈치였다. 비행기가 추락하기 전까지 약 20분 동안 쏟아져 들어오는 총알에 시달리는 승무원들의 모습을 담은 웃지 못할 클라이맥스에서 쳇 베이커는 실제 삶 속에서 큰 위기를 느낀 것처럼 이해하지 못할 표정만 지어도 그런대로 괜찮을 법했다. 그러나 다른 동료들의 철저한 무관심 속에 그가 머리에 총을 맞고 쓰러지는 장면이 나올 무렵 관객들은 킥킥거리며 웃기만 했다. 결국 비행기가 화염 속에 추락해 버리고, 존 아일랜드는 쳇 베이커의 죽은 몸을 땅바닥에 끌어내린 뒤 그가 주먹에 움켜쥐고 있던 트럼펫 마우스피스를 빼내 가슴 위에 올려놓았다.

영화의 매체 홍보는 10대 팬들에게 맞춰졌다. "쳇 베이커의 트

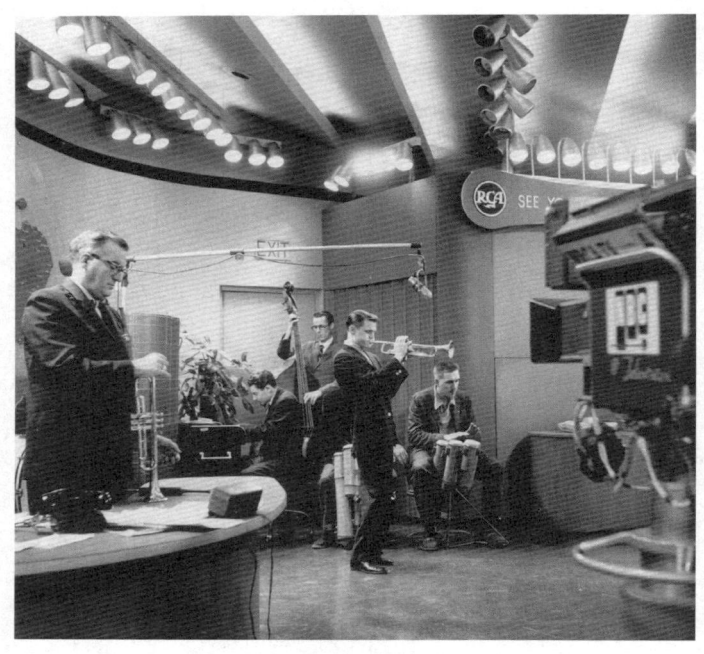

「투나잇」쇼에 출연한 쳇 베이커. 오른쪽의 빌 러프버러가 부밤스를 연주하고 있다.
© Carole Reiff Photo Archive

럼펫 연주를 유심히 들어 보라. 여러분의 동네에서 최고의 트럼
페터를 뽑는 경연 대회에 참가하기 위해 이 연주를 기초로 삼아
도 좋다." 물론 아무도 이 말에 귀 기울이지 않았다. 사실 한국
전쟁을 배경으로 만들어진 두 편의 탁월한 영화—윌리엄 홀든
William Holden과 그레이스 켈리Grace Kelly가 주연한 「원한의 도곡리
다리Bridges at Toko-Ri」*와 제임스 스튜어트James Stewart와 준 앨리슨
June Allyson이 주연한 「전략 공군 사령부Strategic Air Command」—가 같
은 시기에 개봉되면서 「지옥의 수평선」이 완전히 그늘에 가렸던
것도 부정할 수 없다. 하지만 고집스러운 매력남으로 등장한 쳇
베이커의 영화 데뷔가 최악의 시점에 이루어질 수밖에 없었던 또
하나의 이유가 있었다. 석 달 전 개봉된 「에덴의 동쪽East of Eden」은
제임스 딘을 반항하는 10대의 고뇌를 상징하는 인물로 바꿔 놓는
데 성공했다. 물론 시한폭탄의 재깍거리는 소리처럼 한없이 떨리
는 연기를 선보인 그에게서 "쿨한" 면모를 발견할 수는 없었다.
그래도 상처투성이의 마음을 엿보게 한 곁눈질과 어두운 침묵,
그리고 음침한 운명을 예견케 한 모습은 그가 쳇 베이커와 아주
많이 닮아 있다는 인상을 주기에 충분했다. 더구나 그즈음 제임
스 딘은 다음 영화인 「이유 없는 반항Rebel Without a Cause」을 찍고 있
었는데, 이 영화 속의 인물 또한 쳇 베이커의 삶을 모델로 삼은 듯
했다. 이 영화에서, 아직 10대였던 내털리 우드Natalie Wood는 무모

• '도곡리'라는 우리말 지명이 '도코리'라 명기된 것은 당시 대부분의 아시아권 고유명사가 일본
식으로 표기된 까닭이었다.

한 자동차 경주를 위해 기어를 넣는 제임스 딘을 유심히 바라본다. 그녀가 가장 친한 친구인 살 미네오Sal Mineo에게 모성애와 욕정이 뒤섞인 목소리로 묻는다. "쟤는 어떤 애니?" 역시 제임스 딘에게 반한 살 미네오가 이렇게 대답한다. "한번 만나 봐. 말이 좀 적은 편이지만 일단 얘기를 하면 그가 뭘 원하는지 바로 알 수 있을걸."

제임스 딘이 쳇 베이커에 대해 잘 알고 있었다는 증거는 없다. 비록 마주칠 기회가 전혀 없었던 것은 아니지만 그렇다고 두 사람이 공식적으로 만난 적도 없었다. 어느 날 릴리안은 조 나폴리Joe Napoli와 함께 브라이언트 호텔 밖에 서 있었다. 조 나폴리는 조 글레이저를 도와 홍보를 맡고 있었으며 후에 쳇 베이커의 에이전트로 일하게 된 인물이었다. 릴리안은 이렇게 말했다. "어느 젊은 남자 하나가 쳇 베이커의 재규어 승용차를 유심히 살펴보면서 주변을 어슬렁거렸어요. 옆에 있던 조 나폴리가 이렇게 얘기하더군요. '저 녀석이 바로 제임스 딘이야. 아주 유명해질 놈이지' 하고 말이에요. 하지만 나는 그를 제대로 보지도 않았습니다." 몇 달 뒤 제임스 딘은 완전히 파손된 자신의 스포츠카 안에서 죽은 채 발견됐다. 그 이후로 쳇 베이커는 "재즈계의 제임스 딘"이라 불리게 됐다. 그보다 몇 년 전에 이미 활동을 시작했는데도 말이다.*

「지옥의 수평선」이 참담한 실패를 맛보았음에도 몇몇 제작자

---

* 1957년, 로버트 올트먼Robert Altman 감독은 제임스 딘의 생애를 다룬 다큐멘터리 「제임스 딘 스토리The James Dean Story」를 발표했다. 여러 음악인이 참여한 이 영화의 사운드트랙에서 쳇 베이커가 솔로이스트로 참여했다.

들은 쳇 베이커에게 제임스 딘처럼 제작비가 적고 10대들을 겨냥한 영화에 출연할 것을 제의했다. 그는 거절했다. 그해 쳇 베이커의 밴드에서 베이스를 연주하던 지미 본드는 이렇게 얘기했다. "쳇 베이커는 영화 일에 더 이상 아무 관심도 갖지 않았습니다. 신선한 일이 아니라고 생각했죠."

1955년 여름, 쳇 베이커에게 걱정거리가 하나 생겼다. 릴리안 퀴키에의 미국 비자가 만료돼 어쩔 수 없이 파리로 돌아가야 했던 것. 해결책은 하나밖에 없었다. 쳇 베이커는 조 글레이저에게 유럽 순회공연을 기획해 자신을 파리로 보내 달라고 부탁했다. 그는 9월의 프랑스 공연을 비롯해 네덜란드, 영국, 덴마크, 독일, 이탈리아, 아이슬란드로 이어지는 투어 일정을 짰다. 다시 릴리안과 만나게 된 것을 기뻐한 쳇 베이커는 딕 트워직이 함께 공연에 나서기로 결정되자 더없이 흡족해했다. 물론 딕 트워직도 유럽행을 반겼다. 그러나 이 소식을 들은 크리스털 조이는 어쩐지 불안한 느낌이 들었다. 그녀의 연인은 마약을 끊은 채 재활을 막 마친 상태였지만, 쳇 베이커의 멤버들과 오래도록 동행하면 다시 안 좋은 일이 생길 것만 같았다. 크리스털 조이는 다음과 같이 말했다. "딕과 나는 물론 쳇 베이커의 음악을 아주 좋아했어요. 하지만 문제는 그게 아니었죠. 쳇 베이커는 마약하는 사람들과 어울리는 걸 좋아하지 않았던가요."

크리스털 조이의 강한 우려에도, 쳇 베이커는 피터 리트먼을 유럽 투어에 참여시키기로 결정했다. 밴드에서 안정적으로 보이는 유일한 인물은 필라델피아 출신으로 줄리아드 음대에서 수학한 지미 본드였다. 당시 스물두 살이던 그는 이미 찰리 파커와 레스터 영, 그리고 클리퍼드 브라운과도 협연한 경력을 지니고 있었다. 머리도 좋고 무슨 일이든 맡길 수 있는 연주자여서 동료들 사이에 신뢰가 두터웠다. 필 어소는 이렇게 말했다. "지미 본드는 마치 하운드 투스hound's tooth *처럼 아주 말끔한 친구였죠."

지미 본드는 유럽 투어에 함께하게 된 것을 좋게 생각했지만, 같이 가는 연주자들의 면면을 생각하니 한편으로 걱정이 앞서기도 했다. 그가 보기에 새로운 동료들은 모두 20대의 젊은 나이였지만 삶에 대해 훨씬 더 진지한 시선을 갖출 필요가 있는 인물들이었다. 딕 트워드직이나 피터 리트먼의 명성은 이미 그들의 실제 삶을 앞지른 채 저만치 앞서가고 있었으며, 빌 러프버러 역시 마찬가지였다. 이들은 "대부분의 시간 동안 마약을 비롯한 여러 가지 것들에 취해 붕 떠 있다는 인상이 강했다." 쳇 베이커와 릴리안 퀴키에의 관계에 대해서도 지미 본드는 다음과 같이 말했다. "매일같이 싸웠어요. 어떤 도시로 가야 하는데 어느 길을 택해야 할지, 어느 식당에 가서 식사할지, 모든 일에 대해 말다툼을 벌였죠. 쳇 베이커는 무대를 내려오기만 하면 철없는 어린애 같았습니다. 동시에 뭐든 망가뜨릴 수 있을 만큼 파괴적이었죠."

그해 여름에 열린 뉴포트 재즈 페스티벌을 비롯해, 제리 멀리건과 데이브 브루벡이 가세한 투어가 끝나갈 즈음 쳇 베이커는 스

---

* 체크무늬의 일종으로 옷이나 액세서리를 만드는 데 자주 사용된다. 사냥개의 이빨을 닮았다는 데서 비롯된 이름이며, 군더더기 없이 말끔한 이미지를 뜻하는 표현으로 쓴다.

테이블스에서 연주하는 밥 프리드먼을 찾아간 적이 있었다. 그는 밥 프리드먼에게 다가가 이렇게 속삭였다. "이봐, 제리 멀리건이 마약을 좀 구해 달라고 하네. 누구 아는 사람 있어?" 그 당시 제리 멀리건은 기본적으로 한 해 넘게 마약을 하지 않았다고 알려져 있었다. 밥 프리드먼은 말했다. "더 이상 예전의 그가 아니더군요. 어린 체티가 아니라, 이젠 '쳇 베이커'가 돼 있는 거예요. 어딘지 거칠게 느껴지면서 마약을 거래하러 온 긴장된 얼굴에 광기가 엿보이기까지 했습니다. 하긴, 문제가 생기면 바로 감옥에 갈 수 있으니, 아무도 믿을 수 없는 상황이긴 했죠."

실제로 함께 마약을 하는 친구가 아니라면 그 누구도 믿기 힘들었던 것은 사실이다. 보스턴의 호텔 방에서 빌 러프버러는 피터 리트먼이 쳇 베이커에게 마약을 나누어 주는 것을 목격한 적이 있었다. 피터 리트먼은 언젠가 과다 복용 때문에 쓰러졌다가 릴리안 퀴키에의 도움으로 하루 만에 깨어나기도 했다. 한 번 시작하면 엄청난 양을 복용했던 쳇 베이커와 피터 리트먼은 여러모로 어울리기 좋은 짝이었다. 딕 트워드직의 경우 허브 포메로이에게 일견 혼란스러운 얘기를 남기기도 했다. 금단 현상 때문에 곤욕을 치른 뒤, 자기가 다시 마약에 중독되면 스스로 목숨을 끊어 버리겠다고 맹세했던 것이다. 하지만 허브 포메로이가 보기에 딕 트워드직은 이미 예전의 나쁜 버릇을 다시 시작하고 있는 듯했다.

1955년 9월, 딕 트워드직과 피터 리트먼은 파리로 향하는 여객선 "일 드 프랑스Ile de France"에 올랐다. 쳇 베이커는 릴리안을 만나기 위해 한 주 전에 먼저 떠났고, 지미 본드는 가능하면 다른 멤버들과 거리를 두기 위해 혼자 여행길에 오른 뒤였다. 딕 트워드직과 피터 리트먼은 대합실에서부터 잔뜩 흥분한 기운을 감추지 못했다. 배웅하려고 나온 크리스털 조이는 두 사람의 작은 선실에 두어 명의 극성팬들이 함께하고 있다는 것을 알게 됐다. "그 여자들은 이미 마약 때문에 제정신이 아니더군요. 굳이 말로 표현하기는 좀 웃겼어요. 다들 엉터리에 잘못됐다는 생각이 들었습니다. 이건 정말 아니다 싶었거든요. 당황한 딕이 서둘러서 나를 선실에서 끌어내더군요." 딕 트워드직은 유럽에 도착하자마자 연락하겠다는 말과 함께 절대 마약을 하지 않겠다고 크리스털 조이에게 약속했다. 하지만 이 말을 믿기는 힘들었다. "오싹한 기운이 느껴지더군요." 그녀는 이렇게 말을 이었다. "그런 기분 알아요? 왠지 그를 다시 볼 수 없을 것 같다는 느낌 말이에요."

7
유럽에 뿌린 환영의 씨앗

1955년 9월 10일, 릴리안 퀴키에는 파리의 공항으로 나가 쳇 베이커를 마주했다. 그리고 네덜란드에서 유럽 투어의 첫 공연을 갖기 전 한 주 동안 재회의 기쁨을 누렸다. 쳇 베이커는 파리에 온 데 대해 마치 피츠버그나 디트로이트에 온 것처럼 덤덤했다고 한다. 릴리안은 말했다. "특별히 이곳에 온 걸 좋아하는 눈치는 아니었어요. 하지만 프랑스의 음악인들은 매우 반가워했죠. 아마 쳇 베이커도 그 정도의 환대를 기대하지는 않았을 거예요." 그가 라틴계들의 거주 지역에 위치한 클럽 카멜레옹Cameleon에서 잼 세션을 벌이려고 모습을 드러냈을 때, 팬들은 제리 멀리건 쿼텟의 앨범들을 안고 몰려들어 감탄 어린 시선으로 쳇 베이커를 바라봤다. 그들에게 쳇 베이커는 "쿨" 그 자체였으며, 머나먼 곳(캘리포니아)에서 찾아온 왕자 중의 왕자였다. 그곳에는 태양과 파도타기, 그리고 재즈를 위해 하루하루 살아가며 어깨에 트럼펫을 짊어진 젊은이들이 가득하다던가. 하지만 그들의 깊은 관심이 쳇 베이커를 매우 부담스럽게 했던 것도 사실이다. 그즈음 새로 발행된 프랑스의 재즈 전문지 『재즈』에 실린, 허먼 레너드Herman Leonard가 촬영한 표지 사진에서 쳇 베이커는 손을 턱에 댄 채 잔뜩 긴장한 듯 입으로 손톱을 깨물고 있었다.

사진 속에 비추어진 그의 이미지는 사실 현실과 그다지 어울려 보이지 않았다. 피터 휴이츠—1980년대에 쳇 베이커의 로드 매니저가 된 네덜란드 젊은이—도 그걸 깨달았다. 그 역시 쳇 베이커가 네덜란드를 방문하던 날 10대로 가득한 군중 속에 끼어 있었다. 피터 휴이츠가 말했다. "그는 우리의 영웅이었어요. 우리는 모두 이런 종류의 음악을 좋아했죠. 그가 제임스 딘 같다고 생각한 사람도 많았고요. 시간이 되자 쳇 베이커가 갈색 정장을 차려입고는 모습을 드러내더군요. 정말 아름다운 남자였죠. 하지만 여느 회사원 같다는 인상은 떨칠 수 없었습니다."

마일스 데이비스와 케니 클라크, 제임스 무디James Moody, 돈 바이어스, 버드 파월을 비롯한 여러 미국의 비밥 연주자들에게 프랑스는 새로운 기회의 땅이었다. 흑인 문화와 아프리카 문화에 대한 프랑스인들의 깊은 관심과 애정은 흑인 재즈 연주자들을 향한 존경의 마음으로 나타났다. 하지만 상업적으로 비밥은 딕시랜드 리바이벌Dixieland Revival *에 비해 많이 왜소해 보였던 것도 사실이다. 뉴올리언스 출신으로 흑인 클라리네티스트와 소프라노 색소포니스트의 아버지 같은 존재였던 시드니 베셰Sidney Bechet가 바로 이 흐름의 중심이었다. 두터운 비브라토와 화려한 희가극을 연상케 한 시드니 베셰의 연주 스타일은 에디트 피아프Edith Piaf와 모리스 슈발리에Maurice Chevalier를 사랑하던 관객들을 똑같은 느낌으로 매료시켰다. 그러나 파리를 중심으로 새롭게 발돋움하던 모던 재즈 연주자들이 보기에 시드니 베셰의 음악은 너무 감상적이고 원시적이었다. 1961년, 프랑스의 장고 라인하르트Django Reinhardt 시상식(위대한 벨기에 출신 집시 기타리스트의 이름을 딴 행사)에서 가장 촉망받는 연주자로 뽑힌 피아니스트 르네 위르트르제René Urtreger는 다음과 같이 말한 바 있다. "대중은 단순한 음악과 노래를 좋아합니다. 그리고 시드니 베셰는 바로 그런 방식으로 연주했죠. 뭐, 그건 그 자체로 나쁠 건 없어요. 하지만 당시의 우리는 이미 지나간 과거와 맞붙어 한바탕 싸움을 벌이고 있었던 셈입니다."

불행히도, 새롭게 등장한 이 젊은 음악인들은 헤로인의 존재를 알게 됐다. 그들은 이미 이 마약에 중독된 미국 출신의 여러 명인들에게서 이를 전수받은 셈이었다. 르네 위르트르제는 두 친구, 베이시스트 장마리 앵그랑Jean-Marie Ingrand과 드러머 장루

• 초기 뉴올리언스 재즈는 제2차 세계대전 이후 새로운 전성기를 맞았으며 그 움직임을 딕시랜드 리바이벌이라 부른다. 전후의 유럽은 그 어느 때보다 다양한 미국의 재즈를 다시 받아들였다. 물론 역사적으로 19세기 말과 20세기 초에 이루어진 재즈의 발상에 프랑스인들의 개방적인 문화정책이 적지 않은 역할을 했다는 것도 함께 생각할 만하다.

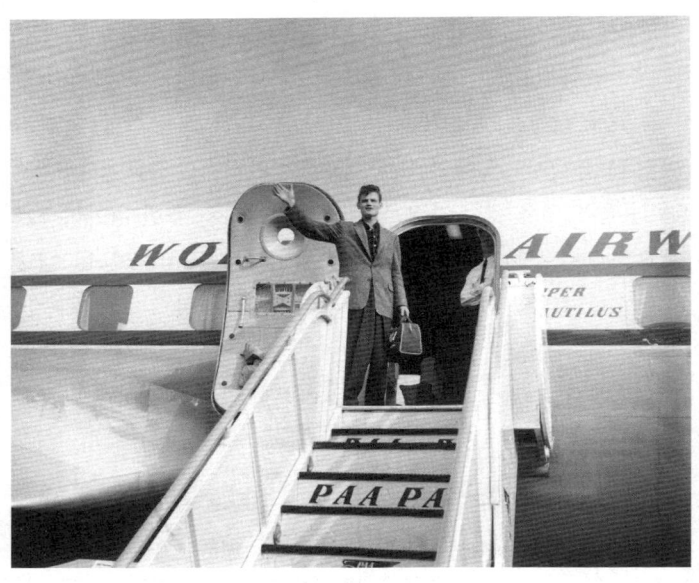

처음 유럽 땅을 밟은 쳇 베이커. 이곳은 그에게 또 다른 영욕의 세상이었다.
© Carole Reiff Photo Archive

이 비알Jean-Louis Viale이 파리의 신성한 강당 살 플레옐Salle Pleyel에서 공연하기 위해 나타났던 밤을 잊지 못했다. 무대 뒤편 계단으로 걸어 올라가다가 그들은 어느 딜러가 방랑자 같은 행색의 한 흑인에게 마약을 팔던 장면을 목격했다. 딜러와 이야기를 나누던 흑인에게 그들이 말을 건넸다. "안녕하세요. 혹시 텔로니어스 멍크 아니십니까? 저희가 오늘 밤 선생과 연주하기로 한 사람들이에요." 르네 위르트르제는 프랑스에서 모던 재즈를 연주하던 이들 중 약 95퍼센트가—자기 자신을 포함하여—이미 마약에 중독돼 있었다고 얘기했다. "이 세상의 젊은 연주자들은 우상들이 하는 걸 그대로 따라 하게 마련이죠."

그해 가을, 쳇 베이커 쿼텟은 한 곳에서 한 번씩만 공연하며 아주 많은 연주 일정이 빡빡하게 이어진 유럽 투어를 시작했다. 그는 이 연주 여행의 일지를 짤막하게 적어 『다운 비트』에 보냈다. 런던에 대한 몇 가지 불평("미안하지만 이곳의 날씨는 마음에 들지 않아요. 아직도 여름의 기운이 남아 있어야 할 때인데 그걸 전혀 느낄 수 없거든요. 캘리포니아와 비교할 수조차 없답니다.")을 제외하고, 다분히 과장돼 있던 그의 짧은 보고서는 종종 진실을 감추고 있었다. 쳇 베이커는 흥분된 어조로 이렇게 소식을 전해 왔다. "우리가 가는 곳마다 객석은 미어터지고 있어요! 우리가 얼마나 성공적인 공연을 치르고 있는지 아마 상상할 수 없을 걸요. 이걸 도대체 어떻게 감당해야 할지 모르겠군요." 계속해서 그는 밀라노("이 광적인 도시를 사랑할 뿐입니다!")와 로마("이건 너무 대단하다고 할 수밖에 없어요!"), 그리고 프랑크푸르트("아, 즐겁다!")에서 받은 환대에 극찬을 아끼지 않았다. 그러나 『다운 비트』에 실린 다른 사람의 리뷰에는 이런 대목이 포함돼 있었다. "실제로 유럽에서 어떤 일이 벌어지고 있는지 좀 더 명확한 정보가 필요하다고 본다. 이런 홍보용 문구만으로 상황을 그대로 전할 수는 없지 않은가." 진실은 어떠했을까. 쳇 베이커 쿼텟은 미숙한 기획과 갖가지 개인적인 혼란으로 인해 절반 정도의 관객이 찬 공연장에서 연주를 벌일 때가 많았다.

그래도 이 정도면 출발치고는 좋은 편이었다. 유럽 투어의 서막은 높은 명성을 지닌 네덜란드의 두 연주 홀, 암스테르담의 콘세르트헤바우Concertgebouw와 슈베닝겐의 쿠르하우스Kurhaus에서 올렸다. 작가 피터르 스베인스Pieter Sweens는 쳇 베이커가 콘세르트헤바우의 무대 위로 걸어 나올 때 "우레 같은 갈채"가 울려 퍼졌다면서 웨스트코스트의 거물이 의외로 수줍음이 많아 놀랐다고 전했다. 피에트 페이넨보르흐Piet Pijnenborg 기자는 쳇 베이커가 마일스 데이비스에게서 빌려온 비밥의 스탠더드 곡들과 예쁜 발라드들(〈My Old Flame〉과 〈These Foolish Things〉)을 연주했으며 노래 한 곡도 많았다고 썼다. 또한 무대 위의 쳇 베이커가 "약간 긴장한 상태로 방심한 부분이 있었다"고 덧붙였다. 그러나 신문지상의 제목들은 매우 열광적이었다.

"쳇 베이커, 트럼펫의 불가사의." "금빛 나팔에서 울려 퍼진 모던한 시대의 음악." 그리고 "쳇 베이커의 재즈 시학." 비평가들은 그의 연주가 마일스 데이비스의 트럼펫을 모방한 측면이 강하지만 그래도 꿈결 같은 노래는 아주 좋다는 반응이었다. 피터르 스베인스는 쳇 베이커 쿼텟이 연주한 거슈윈 원작의 ⟨Someone to Watch Over Me⟩를 예로 들며 다음과 같이 썼다. "아마도 그토록 강한 인상을 남긴 것은 쳇 베이커의 쓸쓸한 외로움 때문이 아니었을까. 그는 진정으로 '숲속에서 길 잃은' 정서를 드러내고 있었다."

9월 22일, 파리의 살 프레옐은 가을 프로그램의 첫 번째 공연으로 쳇 베이커의 연주를 무대에 올렸다. 그들에게는 마치 오페라하우스의 장대한 서막을 여는 것처럼 큰 의미가 부여된 공연이었다. 전단지에는 유럽 재즈를 이끌어 갈 빛나는 몇몇 젊은 연주자들의 이름이 함께 소개되어 있었다. 벨기에 출신의 플루티스트이자 색소포니스트 보비 야스파Bobby Jaspar와 촉망받는 기타리스트 르네 토마René Thomas, 그리고 여러 차례의 수상 경력을 지닌 알제리 태생의 피아니스트 마르시알 솔랄Martial Solal. 지미 본드가 전한 것처럼 쳇 베이커는 이 공연에서 "온 힘을 발휘해 첫 연주를 벌였으며 모든 사람은 깊은 인상을 받았다." 딕 트워드직은 어려우면서도 종종 불협화음으로 들리는 코드를 제시함으로써 그만의 "쿨한" 자기만족의 성향을 떨쳐 내고 첨단의 피아노 음악을 드러냈다. 1919년에 발표된 스탠더드 곡 ⟨Indian Summer⟩의 경우 빠른 템포로 새롭게 편곡된 연주가 시도됐는데, 쳇 베이커는 불같이 강렬한 프레이즈를 선보이다가도 마음 깊숙한 곳에서 우러나온 연약한 감성의 희미한 느낌을 잊지 않고 제시했다. 어떤 관객들은 외견상 과거와 단절된 듯한 그의 연주가 많은 도전을 행하지 않는 데서 비롯됐을지 모른다고 생각했다.

그런데 재즈 전문지 『재즈』가 지적했듯이 쳇 베이커의 노래는 차가운 반응을 불러일으켰다. 다른 여러 유럽인들과 마찬가지로 프랑스 사람들은 남자다워 보이는 재즈 음악인이 마치 소년합창단원 같은 목소리로 부르는 노래를 편하게 받아들이지 못했다. 『멜로디 메이커』의 한 기사는 이런 제목을 달고 있었다. "쳇 베이커의 노래, 환영받지 못하다." 헨리 칸Henry Kahn 기자는 다음과 같이 썼다. "화요일 밤, 살 프레옐에서 노래한 쳇 베이커는 마치 새소리 같은 목소리를 드러냈다. 그러나 그것은 어디서나 볼 수 있는 평범한 '새'에 불과했다. 이를 들은 대부분의 팬들은 호된 벌을 받는 기분이었고, 급기야 비참한 공연을 마주할 수밖에 없었다. 누군가 그에게 그만 노래하라고 얘기해 주는 것이 나을 법하다." 쳇 베이커는 이러한 반응에 적잖은 충격을 받았고 남은 투어 일정 동안 거의 노래를 부르지 않았다. 노래할 시점이 되면 그는 이스트코스트의 색소포니스트 지미 히스Jimmy Heath가 작곡한 하드밥 곡 〈C.T.A〉(시카고 여객운송국)를 대신 연주했다. 그러면서 쳇 베이커의 연주는 점점 더 감정을 숨기기 시작했으며 거칠게 느껴질 때도 많았다. 마치 스스로 얼마나 강한 남자인지 보여 주기 위해 무대에 오르는 것처럼 말이다.

하지만 지미 본드는 쳇 베이커가 나쁜 일에 쉽게 빠져들 만큼 매우 나약한 존재라고 생각했다. 그는 말했다. "우리가 유럽에 갔던 바로 그때부터 쳇 베이커는 광적으로 변하기 시작했습니다. 무엇보다 주변 환경이 너무나 안 좋았어요." 쳇 베이커는 르네 토마와 또 다른 벨기에 출신의 베이시스트 브누아 케르생Benoît

Quersin을 비롯해 완전히 새로운 마약중독자들과 어울리게 됐다. 릴리안 퀴키에는 이렇게 얘기했다. "그들은 아주 멋지고 재미난 사람들이었어요. 아주 훌륭한 음악인들이기도 했죠. 하지만 그들이 쳇 베이커에게 마약을 하도록 도와주었다는 건 분명한 사실이랍니다." 결국 크리스털 조이의 우려가 현실로 드러난 순간이었다. 딕 트워직은 미국에 있을 때보다 더 심하게 헤로인의 나락으로 빠져들었다. 한 해 전에 유럽을 방문했다면 그 지역의 박물관이나 도서관을 샅샅이 살펴보고 다녔을 테지만, 이제 그와 피터 리트먼은 마약을 찾아 거리를 헤맸으며, 연주 시간이 다 될 때까지 약에 취해 호텔 방에 누워 있곤 했다.

딕 트워직과 쳇 베이커는 적어도 일에 있어서는 프로다웠다. 재즈 공연 기획자이기도 했던 니콜 바르클레Nicole Barclay가 쳇 베이커의 음악을 열정적으로 녹음하기 시작했을 때 이를 적극적으로 받아들인 것이었다. 니콜 바르클레는 남편인 에디 바르클레Eddie Barclay와 함께 바르클레 디스크라는 레이블을 설립해 운영하고 있었다. 거무스름한 피부의 그녀는 방탕한 생활을 즐기는 양성애자였는데, 미국의 재즈 연주자들에게 매료된 다음부터 레스터 영, 텔로니어스 멍크, 가수이자 피아니스트인(그 당시 보비 야스파의 아내였던) 블로섬 디어리Blossom Dearie, 그리고 모던 재즈 쿼텟을 비롯한 여러 음악인의 앨범을 제작했다. 그리고 자신이 발행하던 잡지 『재즈』를 통해 이러한 활동을 열심히 세상에 알렸다. 르네 위르트르제는 이렇게 말했다. "홍보는 잘 이루어졌죠. 그래서 프랑스를 방문하는 연주자들은 이곳에도 친구가 있다는 것을 이미 알고 있었습니다."

바르클레 디스크에서 제작된 쳇 베이커의 첫 앨범 《Rondette》는 미국 프로듀서들에겐 너무 난해한 작품이었다. 마침 딕 트워드직은 유럽에 오면서 보스턴에 사는 그의 친구이자 작곡가인 밥 지프의 악보를 한 뭉치 가져왔다. 밥 지프는 클래식 음악에 영향을 받은 전위적인 곡들을 여럿 썼지만 발표할 곳이 마땅치 않아 아주 어렵게 생계를 유지하고 있었다. 〈Piece Caprice〉와 〈Mid-Forte〉, 〈Pomp〉 같은 곡의 악보를 가슴에 안은 채 퍼시픽 재즈 레이블에서 앨범을 발표하겠다는 비현실적인 꿈을 가지고 있었지만, 막상 딕 복은 넝마주이 같은 행색에 음침한 기운이 감도는 이 젊은 작곡가가 나타날 때마다 눈에 띄지 않으려고 피해 다니곤 했다. 딕 트워드직은 드뷔시나 알반 베르크Alban Berg 같은 작곡가의 음악을 연상케 하는 불협화음의 야심 찬 운용을 들어, 되레 유럽 사람들이 이 친구의 작품에 호감을 가지지 않을까 생각했다. 쳇 베이커는 기발한 면모 때문에 밥 지프의 곡들을 매우 좋아했다. 작곡에 귀추를 맞춘 탓에 다양한 즉흥연주를 시도할 구석은 많지 않아 보였고, 이 곡들을 소화하려면 단지 듣는 귀가 좋다는 것만으로는 부족하다는 사실도 동시에 깨달았다. 쳇 베이커는 미처 충분한 연습을 거치지 못한 채 이 곡들을 연주했으며, 전반적으로 원곡의 형태를 그대로 유지하기 위해 애썼다. 그 때문에 여러 곳에서 고심한 흔적이 발견됐고 꽤 긴장한 상태에서 녹음했다는 심증이 컸다. 하지만 활로 베이스를 켜거나 마치 첼로 같은 울림을 선보이며 줄을 뜯은 지미 본드는 곡에 대한 이해가 남달랐으며, 피터 리트먼 역시 풍부한 상상력과 통찰력으로 음악에 큰 힘을 보탰다. 쳇 베이커가 새로운 무언가를 선보여야 한다는 강박관념 때문에 너무 자기의식적인 연주를 벌인 가운데, 막상 딕 트워드직도 자신의 솔로 연주에서 몇 번 작은 실수를 범했다.•

　당시 밴드의 상황을 생각하면, 과연 이들이 투어에 몰두할 수 있었는지 의문이 간다. 유일하게 정상적인 생활을 하고 있던 지미 본드는 이렇게 말했다. "매일 밤 다들 마약에 잔뜩 취해 있었기 때문에 누군가는 의식을 잃곤 했습니다. 내가 볼 때 그들이 유럽에서 복용한 마약은 평생토록 경험했던 그 어떤 것보다 훨씬 강한 약효를 지녔던 것 같아요." 당시 10대였던 드러머 다니엘 위메르는 웨스트코스트의 영웅이 이끄는 쿼텟의 공연을 보기 위해 고향인 스위스 제네바에서 기차를 타고 건너왔다. 그러나 그의 인상은 단지 음악에 머물지 않았다. "마치 '살아 있는 시체들의 밤'을 보는 듯했죠. 어두운 색의 양복과 잿빛으로 물든 얼굴. 마약에 절어 아무 생각도 하지 않는 눈치였습니다. 모든 게 이상하게만

• 현재 만날 수 있는 이 쿼텟의 연주는 몇 가지가 있다. 먼저 여기서 언급된, 1955년 10월 11일과 14일 이틀에 걸쳐 파리의 스튜디오에서 녹음된 것은 모두 9곡. 이 중 8곡이 밥 지프의 작품이었다. 그러나 이 연주를 담은 앨범은 여러 가지 사정으로 제때 발표되지 못했으며 2016년 현재 엠아시나 론힐 레이블 등을 통해 다양한 편집 앨범으로 유통 중이다. 이 곡들 이외에도 바르클레 디스크는 쳇 베이커 쿼텟의 곡들을 적지 않게 녹음했다. 훗날 쳇 베이커가 남긴 이야기를 발췌해서 옮겨 봤다. "밥 지프의 음악은 대단히 독창적이었지만 상업적으로 아무런 성과도 올리지 못했다. 너무나 시대를 앞서간 음악이었고 대중도 이해할 수 없었다. 레코드 회사는 많은 돈을 투자했지만, 결국 발표하지 않기로 결정했다. 그래서 아주 오랫동안 이 곡들을 담은 테이프는 그저 어느 한구석에 버려져 있었을 것이다." 그리고 가장 최근에 발표된 것이―비록 녹음 상태는 좀 열악하지만 사료로서 높은 가치를 지닌―2007년 여름에 나온 《Köln Concert Featuring Dick Twardzik》. 1955년 10월 9일 독일 쾰른에서 연주된 공연 실황을 담고 있다. 역사적으로나 음악적으로 딕트워드직이 함께한 쳇 베이커 쿼텟의 녹음들은 대단한 가치를 지니고 있다.

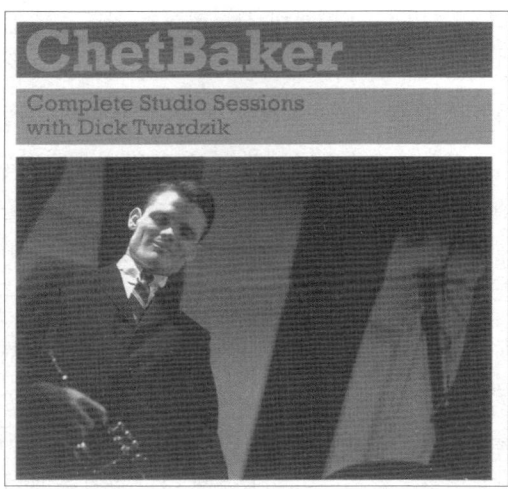

《Complete Studio Sessions with Dick Twardzik》

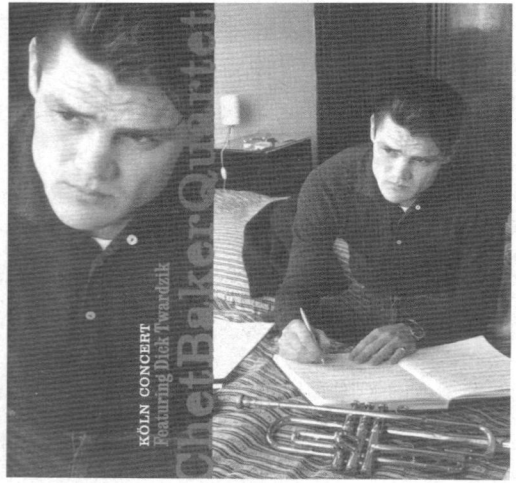

《Köln Concert Featuring Dick Twardzik》

들렸죠. 건강하지 못하다는 느낌이 강했어요. 마치 죽은 자들의 음악을 연주하는 것 같았다고나 할까요. 나는 결심했습니다. 재즈 연주자가 되더라도 절대 저런 모습으로 살아가지는 않겠다고 말이에요."

지미 본드는 딕 트워드직이 스스로 죽기를 바란다고 확신했다. 네덜란드에서 과다 복용으로 쓰러진 그를 가까스로 되살려 놓았지만, 지미 본드는 호텔 방에 있는 그가 또다시 의식을 잃지는 않았는지 틈틈이 살펴봐야 했다. "아침에 그를 깨우면 잔뜩 짜증을 부리기도 했죠. 팔뚝에는 아직도 주삿바늘이 꽂혀 있는 상태였고요." 10월의 어느 날, 딕 트워드직은 보스턴에 있는 크리스틸 조이에게 전화를 했다. 하지만 연결 상태가 좋지 못해 그의 목소리는 들렸다 안 들렸다 했다. 크리스틸 조이는 이렇게 말했다. "수화기를 통해 들은 그의 목소리는 마치 파도를 타듯 왔다 갔다 했죠. 하지만 '사랑한다'고 하는 말과 '마약 안 하고 있으니 아무 걱정 마' 하는 얘기는 알아들을 수 있었어요. 하지만 그건 거짓말이었죠. 이미 마약에 취해 있는 목소리였으니까요."

파국을 맞은 것은 10월 20일 목요일, 서늘한 날씨가 계속되던 파리의 가을밤이었다. 밴드는 바르클레 디스크의 주선으로 몇 곡을 더 녹음하기 위해 프랑스에 돌아와 있었다. 전날에는 라틴계 거주 지역 도팽 거리의 한 지하실에 위치한 작은 클럽 타부Tabou 에서 자정에 펼쳐지는 잼 세션이 열렸는데, 쳇 베이커와 딕 트워드직, 피터 리트먼도 이 무대에 함께했다. 쳇 베이커가 온다는 소문이 퍼지자 인근의 그랑 발콩 호텔에 머물던 여러 재즈 연주자들은 흥분에 들떠 악기를 들고 몰려들었다. 타부에서 몇 발짝 떨어져 있지 않던 그랑 발콩 호텔은 재즈 음악인들이 집처럼 생각하며 장기 투숙하기로 유명한 곳이었다. 담배 연기 자욱한 동굴 같은 이 클럽에 제일 먼저 나타난 것은 르네 위르트르제였고, 군복을 입은 병사도 한 명 들어섰다. 그는 말했다. "쳇 베이커를 직접 만난다는 건 정말 환상적인 일이었죠. 그의 밴드는 언제나 함께 공연했지만, 이렇게 잼 세션을 하게 되면 가끔 우리도 껴서 같이 연주할 수 있으니까요."

딕 트워드직은 눈썹까지 내려오는 아랍 스타일의 모자를 비스듬히 쓴 채 피아노에 앉아 그만의 음악세계에 빠져들었다. 지미 본드의 자리를 대신해서 브누아 케르생과 인도네시아 출신의 베이시스트 에디 드 하스Eddie de Haas가 연주를 맡았다. 아마도 지미 본드는 다음 날 있을 녹음 작업을 염두에 두고 밤늦게 펼쳐지는 잼 세션에 참여하지 않았을 법했다. 무대가 파하자, 도팽 거리는 이미 푸르스름한 여명으로 가득 차 있었다. 르네 위르트르제는 딕 트워드직과 함께 클럽을 나와 잠시 걸으며 그의 피아노 연주가 참 멋졌다고 떠들어 댔다. 르네 위르트르제는 그랑 발콩 호텔에서 딕 트워드직과 헤어졌다. 원래 딕 트워드직이 투숙하던 곳은 마들렌 호텔이었지만, 나중에 밝혀진 바로는 마약을 좀 구하기 위해 그랑 발콩 호텔에 들렀던 것으로 보인다.

다음 날 아침, 쳇 베이커와 지미 본드, 피터 리트먼은 샹젤리제 부근의 마젤랑 거리에 자리한 파테 스튜디오에 모여 녹음 준비에 들어갔다. 그런데 딕 트워직의 모습이 보이지 않았다. 지미 본드는 이렇게 말했다. "항상 내가 그를 챙기곤 했죠. 그런데 그날은 어쩐 일인지 그러지 않았어요. 난 그저 '언제나 그를 애 보듯 할 수는 없지 않은가' 하고 생각했죠." 그러나 한 시간이 지나도록 그가 나타나지 않자 지미 본드는 걱정이 되기 시작했다. 마들렌 호텔로 전화를 걸어 무슨 일이 일어난 것 같으니 당장 확인해 달라고 얘기했다. 호텔의 매니저가 딕 트워직의 방에 올라가서 문을 두드려 보았지만 아무 반응이 없었다. 쳇 베이커는 말했다. "결국 그 매니저는 방문을 부수고 들어가야 했어. 안에서 문이 잠겨 있었거든. 팔뚝엔 주삿바늘이 그대로 꽂혀 있었다더군. 얼굴색도 파랗게 변해 있었다지."

호텔 매니저는 즉시 전화를 했고, 몇 분 지나지 않아 경찰이 도착했다. 딕 트워직은 누운 채 죽어 있었다. 경찰은 사인과 관련된 증거를 찾기 위해 방 안을 샅샅이 뒤졌고, 그의 "유류품"을 수거했다. 약간의 남은 헤로인과 크리스털 조이가 보낸 편지 몇 통. 그게 전부였다. 쳇 베이커와 피터 리트먼, 지미 본드는 곧 경찰서에 출두했다. 지미 본드는 딕 트워직에 대해 쉴 새 없이 질문을 퍼붓는 경찰 앞에서 그의 말대로 "망연자실했고", 쳇 베이커도 멍하게 자리에 앉아 가까스로 대답했다. 지미 본드는 이렇게 얘기했다. "쳇 베이커는 줄곧 아무런 표정이 없었죠. 이 일에 어떻게 대처해야 할지 알 수 없다는 듯이 말입니다. 무언가 잔뜩 고민하는 눈치였지만, 그렇다고 그가 딕 트워직의 죽음에 일말의 관련이 있었다고는 생각하지 않습니다. 너무 힘들었어요. 그가 벌여 온 일들은 잘못된 것이었지만 그래도 나는 그를 좋아했습니다. 그의 음악은 정말 특별했죠. 나 역시 책임감을 느꼈습니다. 몇 분만 시간을 내서 방에 들렀더라면 그를 다시 깨울 수 있었을 테니까요. 하지만 결국 일어날 일이었는지도 모르겠습니다." 오래지 않아 모든 일에 지친 지미 본드는 바로 미국으로 돌아가 버렸다.

딕 트워드직이 심장마비 ─ 마약 과다 복용을 수치스럽게 받아들인 1950년대의 시대상을 보여 주는 말이다 ─ 로 사망했다는 소식이 전신을 통해 전해졌다. 프랑스 당국은 그의 부모에게 아들의 죽음을 알렸다. 그들은 화장을 원했다. 딕 트워드직의 부모는 그즈음 새로 이사 간 매사추세츠 웨스트뉴버리 인근의 묘지에서 장례식을 치르기로 결정했다. 서지 샬로프와 허브 포메로이, 그리고 보스턴 출신의 몇몇 음악인들이 이 자리에 참석했다. "리처드 헨리크 트워드직 1931~1955"라 새겨진 얇은 동판이 묘비에 붙여졌다. 그 아래 시편 33장에서 따온 문구가 쓰여 있었다.

새 노래로 그를 노래하며
즐거운 소리로 아름답게 연주할지어다.*

허브 포메로이는 의외로 차분한 표정을 하고 있던 딕 트워드직

---

* 구약성서 시편 33장 3절이다. 원문은 "Make a new sound upon the earth. Play skillfully with a loud noise." 성서의 해석은 그 폭이 넓기 때문에 몇 가지 번역이 존재하는데, 여기에서는 대한성서공회에서 발간한 개역개정판의 문안을 그대로 옮겼다.

의 부모를 기억했다. 그가 말했다. "뭔가 안도하는 듯한 얼굴이었어요. 그들은 이 일에 대해 특별한 언급을 하지 않았습니다. 하지만 이미 아들이 워낙 많은 슬픔을 안겨 주었던 때문인지, 그들의 어깨를 짓누르던 짐을 비로소 내려놓은 것 같았어요."

한 주 뒤, 서지 샬로프는 크리스털 조이에게 전화를 걸어 장례식 얘기를 전했다. 그녀는 경악을 금치 못했다. 그는 그녀가 너무 힘들어할 것 같아 미리 연락하지 않았다고 얘기했지만, 크리스털 조이는 딕 트워드직의 부모가 그녀를 장례식에 오지 못하게 했을 것이라고 믿었다. 그녀는 말했다. "아주 오랫동안 충격에서 벗어나지 못했죠. 무슨 일이 일어났는지조차 깨닫지 못하겠더라고요." 그의 죽음은 딕 트워드직을 사랑했던 많은 사람들을 갈라놓으며 책임 소재에 대한 공방을 불러일으켰다. 쳇 베이커와 피터 리트먼은 크게 말다툼을 벌였고, 피터 리트먼은 혼자 미국으로 돌아가 버렸다. 몇 년 뒤, 에디 드 하스는 일이 일어나던 날 새벽 딕 트워드직과 피터 리트먼이 함께 마약을 복용한 것이 틀림없다고 얘기했다. 그에 의하면, 딕 트워드직이 과다 복용으로 쓰러지자 피터 리트먼은 서둘러 그를 살리려 했지만, 이미 늦은 상태임을 알아차린 뒤 쓰러진 친구를 그대로 방에 내버려둔 채 도망쳐 버렸다는 것이었다.

서지 샬로프 역시 피터 리트먼에게 책임을 돌렸다. 보스턴의 재즈 워크숍Jazz Workshop에서 두 사람이 마주쳤을 때, 서지 샬로프는 피터 리트먼이 딕 트워드직을 죽였다고 소리치면서 얼굴에 주먹을 날려 쓰러뜨렸다. 피터 리트먼은 아무런 대응도 하지 않았다.

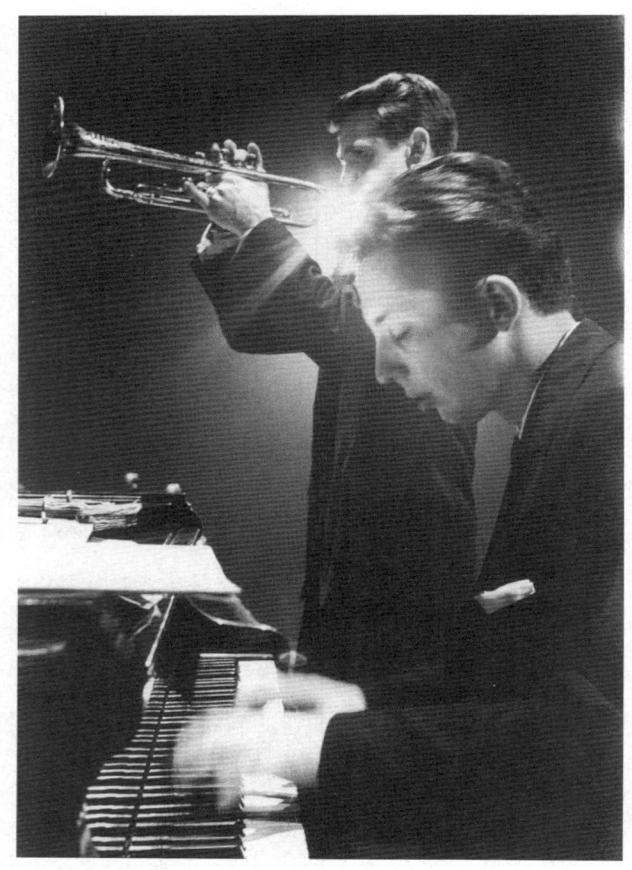

세상을 떠나기 직전 유럽에서 쳇 베이커와 협연하는 딕 트워드직

그러나 1956년 들어 잠시 쳇 베이커와 함께 연주한 뒤 그는 딕 트워드직의 죽음에 얽힌 새로운 이야기를 늘어놓기 시작했다. 그의 말에 의하면, 책임의 소재는 쳇 베이커였다. 마들렌 호텔에서 함께 마약을 주사한 뒤 과다 복용으로 쓰러진 딕 트워드직을 보고는 겁에 질려 그 자리를 피해 버렸다는 얘기였다. 1960년대에 쳇 베이커의 피아니스트로 활동했던 헬 갤퍼 Hal Galper 는 다음과 같이 말했다. "특히 보스턴에서는 많은 사람들이 딕 트워드직의 죽음과 관련해서 쳇 베이커를 비난했습니다. 물론 피터 리트먼이 해준 얘기 때문이었죠." 크리스털 조이도 이 말을 믿었다. "피터 리트먼과 딕 트워드직은 형제 같은 사이였어요. 나는 그가 딕을 살리려 하지 않았다는 말을 믿을 수 없습니다. 더구나 과다 복용으로 쓰러진 사람을 어떻게 해야 하는지 그는 알고 있었거든요. 반면 쳇 베이커는 생각할 게 많았겠죠. 그의 경력이나 명성 말이에요. 그리고 딕 트워드직의 죽음과 관련해서 사람들 사이에 불화가 생긴 것도 결국 그의 말 때문 아닌가요. 내 생각은 그래요." 앞서 언급했듯이, 놀랍게도 쳇 베이커와 피터 리트먼은 1956년의 몇 달 동안 다시 밴드 동료로 지내면서 마약을 주고받았다.

쳇 베이커의 명성은 이미 적지 않은 타격을 입었다. 나중에 영국의 주간지 『투데이』와 가진 인터뷰에서 그는 이 점을 인정했다. "내가 딕 트워드직의 죽음에 책임이 있다고 얘기하는 사람이 참 많았소." 『메트로놈』은 세상을 떠난 피아니스트를 추모하며 의혹을 불러일으키는 논조의 글을 게재했다. "쳇 베이커를 따라 유럽으로 갔던 딕 트워드직이 얼마 전 한 줌의 재로 돌아왔다." 그의 부모인 클레어와 헨리크 트워드직도 쳇 베이커에 대해서는 분노의 감정을 감추지 못했다. 그리고 호된 얘기로 가득한 편지를 써서 그가 아들의 죽음을 불러왔다고 했다. 허브 포메로이는 "딕 트워드직의 부모가 누군가를 질책의 대상으로 삼아 아들의 일을 잊어버리려고 한 것은 아닌지" 궁금해했다.

그러나 이 비극적인 사건과 그에 앞서 일어난 일들에 대한 쳇 베이커의 이야기는 너무 복잡하게 뒤엉켜 있어서, 혹시 어떤 속임수가 있는 것은 아닌지 의심스러웠다. 쳇 베이커는 1981년 BBC의 피터 클레이턴Peter Clayton 과 인터뷰하면서, 처음에는 딕 트워드직이 마약 중독에 빠져 있는 것을 알지 못했다고 말했다. "내 생각엔 우리가 처음 유럽에 모이던 날 밤, 사실상 딕 트워드직과 피터 리트먼이 비로소 마약에 손을 대기 시작한 것으로 알고 있었지. 물론 나는 그때까지만 해도 마약을 몰랐어. 아주 순진해서 무슨 일이 일어나는지 거의 알지 못했거든." 쳇 베이커가 마약에 빠진 적지 않은 수의 음악인들(찰리 파커, 제리 멀리건, 밥 위틀락 등)과 교류했다는 사실을 비롯해서 스스로 마약을 시도했던 자신의 경험, 그리고 그가 사귀던 여인들도 종종 마약에 손을 댔다는 점을 생각할 때, 이러한 주장은 받아들이기 매우 힘들다. 그런데도 그는 딕 트워드직과 피터 리트먼에 대한 진실을 몇 달 동안이나 알지 못했다고 강변했다. 그의 밴드가 유럽에 도착한 지 2주쯤 지난 9월 말, 공연을 하나 마친 뒤에야 비로소 알게 됐다는 얘기였다. 무대에서 무슨 소리가 들려 돌아보니 딕 트워드직이 바닥에 쓰러져 있었다던가. 그는 말했다. "물론 그 친구, 그때는 별일은 없었네. 어쨌든 나는 그제야 무슨 일이 일어나고 있는 건지 알게 됐다니까."

챗 베이커가 말을 바꾸기 시작한 것은 『투데이』와 인터뷰를 가진 1963년이었다. 암스테르담에서 유럽 투어의 첫 번째 공연을 갖던 날, 딕 트워드직이 마약을 해도 괜찮겠느냐며 그의 허락을 받고 싶어 했단다. 챗 베이커는 이렇게 말을 이었다. "원하면 하라고 했지. 그도 이미 어른이니까 자신의 일은 자신이 결정해야 하는 것 아니냐고 덧붙이면서 말이야. 하지만 매일같이 하지는 말라고 경고했네." 크리스털 조이는 챗 베이커의 이 말에 웃음을 참지 못했고, 루스 영 또한 그가 지어낸 얘기일 뿐이라고 했다. 루스 영은 다음과 같은 일을 겪었다. 1970년대 말, 챗 베이커가 마약을 하기 위해 오스트리아의 호텔 방으로 딜러 한 명을 초대했다. 그런데 막상 찾아온 이 딜러가 과다 복용으로 쓰러져 버린 게 아닌가. 루스 영은 그때 챗 베이커가 신경질적으로 보인 반응 때문에 까무러칠 뻔했다. 그의 반응인즉슨, 가능하면 빨리 시신을 치워 버리라는 것이었다. "굳이 비유하자면 그의 태도는 이런 식이었어요. '이런 젠장, 달걀이 다 타 버렸네.' 믿기 힘들겠지만, 챗 베이커는 정말 그랬습니다."

딕 트워드직의 죽음과 관련된 미스터리는 결국 풀리지 않았다. 그러나 챗 베이커는 남은 생애 동안 이 피아니스트를 잃었다는 사실을 잊지 못했다. 그는 『재즈 핫 *Jazz Hot*』의 편집인이던 제롬 리스에게 이렇게 말했다. "그 친구의 죽음은 나를 완전히 망가뜨리고 말았네." 릴리안 퀴키에는 챗 베이커의 편에 섰다. "그는 딕 트워드직에게 아무것도 강요하지 않았어요. 그리고 그 일이 있고 난 뒤 아주 많이 힘들어했고요." 쳇 베이커의 고통은 며칠 뒤 런던의 스톨 극장에서 공개적인 쇼의 형태로 드러났다. 당시 영국의 한 음악인 조합이 미국 출신 악기 연주자들의 출연을 거부하고 있었기 때문에, 이날의 무대는 영국의 연주자들과 함께한 보컬 공연으로 진행됐다. 2,900석의 좌석은 반 정도만 찬 상태였다. 쳇 베이커가 장례식에서나 입는 매우 짙은 회색 양복으로 등장해 잔뜩 굳은 얼굴로 몸을 숙여 인사하자 공연장은 더없는 긴장감으로 가득 찼다. 『멜로디 메이커』의 마이크 네버드 기자는 그날의 공연에 대해 다음과 같은 기사를 썼다. "그가 처음 던진 말은 그 자체로 충격이었다. 하얀 얼굴의 쳇 베이커가 마이크를 움켜쥐더니 그의 피아니스트가 세상을 떠났다고 발표한 것이었다." 쳇 베이커는 그리움이 짙게 묻어나는 일련의 연가들—⟨This is Always⟩, ⟨My Funny Valentine⟩, ⟨Someone to Watch Over Me⟩, ⟨But Not for Me⟩—을 부르며 딕 트워드직을 기렸고, 이를 마주한 객석은 침묵으로 얼어붙어 버렸다. 이 공연을 "가슴 아프기보다는 소름 끼쳤다"고 정리한 마이크 네버드는 계속해서 다음과 같이 썼다. "그럼에도 그는 마치 자기 자신을 향해 노래하는 듯했다. 두 눈을 감은 채, 강한 집중 속에 표정은 단단히 굳어 있었다." 프랑스의 잡지 『재즈』는 약 15분 뒤 쳇 베이커가 무대에서 내려왔으며 "너무 큰 슬픔 때문에 계속 노래할 수 없었을 것"이라고 했다.

비로소 쳇 베이커는 자신의 감정을 확인한 듯했다. 하지만 그 다음부터 오히려 그는 이러한 마음을 떨쳐 버리려 했다. 바로 다음 날 바르클레 디스크의 녹음 일정을 위해 다시 파리의 스튜디오로 돌아온 그는, 보비 야스파가 작곡한 〈In Memory of Dick〉으로 세션을 마무리했다. 쳇 베이커의 연주는 그 어느 때보다 차가웠다.

　유럽 투어가 시작된 지 여섯 주 만에 쳇 베이커는 밴드를 잃었다. 그리고 그의 "영웅적인" 미국의 명성은 물론, 네덜란드에서 얻은 성공이 안겨다 준 밝은 미래와 예정돼 있던 공연 일정까지 모두 날려 버리고 말았다. 지미 본드는 말했다. "미국을 떠나기 전에는 수첩에 공연 날짜가 새까맣게 적혀 있었죠. 그러고는 하루 아침에 모두 지워져 버린 거예요. 아마 우리가 연주한 날을 다 합하면 기껏 1주나 2주 정도 됐을 겁니다."

　어쩔 수 없이 쳇 베이커는 서둘러 새로운 밴드를 구성해야만 했다. 두 명의 좋은 연주자가 발탁됐다. 베이시스트 에디 드 하스와 주트 심스나 스탠 게츠의 쿨한 서정성을 물려받은 프랑스의 테너 색소포니스트 장루이 쇼탕Jean-Louis Chautemps이었다. 그러나 단 두 개의 코드밖에 연주하지 않았던 피아니스트 라펠 슈크룬Raphël Schecroun의 가세는 되레 방해만 될 뿐이었다. 이 연주자는 에롤 가너의 스타일을 따라 했는데, 훗날 자기 스스로를 에롤 파커라 부르기도 했다. 그리고 드럼은 쉰 목소리의 10대 연주자 샤를 소드레Charles Saudrais가 맡았다. 그해 12월, 코펜하겐에서 방송된 연주를 들어 보면 전체적인 음악의 분위기는 매우 거칠었다. 쳇소리로 갈라 터진 채 종종 음정마저 맞지 않던 쳇 베이커의 트럼펫은 개성을 거의 찾아볼 수 없었다. 연주한 곡들도 섬세한 감성이 배제된 강한 밥 계열의 작품들이 많았고, 유일하게 택한 발라드 〈Darn That Dream〉마저도 라펠 슈크룬의 틀린 코드 조합과 샤를 소드레의 과한 드럼 연주 속에 적의가 느껴질 정도였다. 쳇 베이커는 당황한 자신을 누구보다 잘 알고 있었다. 그는 다음과 같이 변명했다. "너무 다른 스타일의 연주자들로 급하게 밴드를 만든게 잘못이었지. 잘 어울리는 이들과 연주하는 데 익숙해 있다 보니 어쩔 수 없었을 거야. 그랬으면 훨씬 나았을 텐데."

남아 있는 공연 일정의 끝이 보일 무렵, 조 나폴리는 유럽 곳곳에 퍼져 있는 미군 부대에서 연주할 계획을 세웠다. 대부분의 경우 단지 웃고 즐기며 힘든 생활을 잊고자 했던 병사들은 밴드의 연주를 무덤덤한 표정으로 대했다. 12월, 쳇 베이커는 영국 미들섹스에 위치한 루이슬립의 한 부대로 공연하러 갔다. 연주가 벌어진 곳은 네 개의 벽에 모두 농구 네트가 설치돼 있던 커다란 체육관으로, 캔버스 천이 깔린 바닥에는 의자들이 어지럽게 널려 있었다. 따로 준비된 무대가 없어 스코어보드 아래쪽에 간이로 단을 만들었고, 머리 위를 비추는 네 개의 스포트라이트를 받으며 연주했다. 마이크 네버드는 『멜로디 메이커』의 지면에 이 공연의 모습을 다음과 설명했다. "그렇게 큰 장소였다면 영국의 팬들이 적어도 2,000명 정도는 들어갈 수 있었을 것이다. 그러나 쳇 베이커가 마주한 것은 몇백 명에 불과한 미군뿐이었다. 그들 중 일부는 첫 곡이 시작되자마자 자리를 떴고, 어떤 이들은 그냥 우두커니 서서 연주가 진행된 80분 내내 자기들끼리 떠들었다. 공연이 끝날 무렵, 남아 있는 이들은 30~40명에 불과했다." 무관심한 반응을 보인 병사들 때문인지 쳇 베이커 역시 그들을 배려한 연주를 보여 주지는 않았다. 마이크 네버드는 이렇게 덧붙였다. "제리 멀리건의 레코드에서 들을 수 있던 섬세한 트럼펫 연주는 이제 가끔 지나치는 흔적으로만 남아 있을 뿐이다." 쳇 베이커는 스스로 말한 것처럼 "그렇다고 대충대충 넘어가지는 않았으며, 본때를 보여 주려는 듯 때로 심술궂게 보일 만큼 트럼펫을 불어 댔다."

쳇 베이커 밴드가 아이슬란드 케플라빅의 공군기지에 연주를 하러 갔을 때는 마침 크리스마스 주간이었는데, 이른바 "쿨"이라는 말이 갖는 의미가 때로는 초현실적이고 새로운 뜻을 내포할수도 있다는 신선한 경험을 했다. 눈보라가 휘몰아치는 가운데 비행기에서 내린 밴드의 멤버들은 추위를 피해 군에서 보낸 버스에 서둘러 올라탔다. 에디 드 하스는 서리로 뒤덮인 창을 통해 버스가 아주 길고 하얀 터널에 진입하는 모습을 지켜봤다. 마치 수술대 위에서 죽음에 직면했다가 다시 돌아온 이들이 전하던 그 미지의 행로 같았다. 마침내 쳇 베이커와 그의 동료들은 묵기로한 호텔 입구에 도착했다. 방에 들어선 에디 드 하스는 2층 높이의 창밖으로 약 3미터 정도의 눈이 처마 높이만큼 쌓여 있는 것을 보았다. 그리고 그들이 버스를 타고 통과한 그 하얀 터널이 바로운행을 위해 눈을 파서 만든 길이었음을 비로소 깨달았다.

공연을 주선한 젊은 프로모터의 집에서 그의 가족들과 함께한 크리스마스 만찬도 좋았지만, 그들이 희망해서 머물렀던 그 지역의 풍경은 더없이 인상적이었다. 릴리안 퀴키에는 마치 다른 행성에 와 있는 것 같다고 말했다. 크리스마스 주말이 되자 쳇 베이커와 그의 동료들은 거리를 산책하기 시작했다. 그런데 마주치는 사람마다 모두 술에 취해 있는 것이 아닌가. 릴리안은 자기 팔찌를 가져갔다며 주정을 부리는 어느 병사의 아내를 피해 다니기도 했다. 어쨌든 공연하기 위해 기지로 가려면 세 시간이나 차를 타야 했는데, 이때 마주한 바깥의 광경이 특히 릴리안의 마음을 사로잡았다. "달빛 아래 황량한 길을 계속해서 내달렸어요. 정말이지 용암으로 뒤덮인 달나라에 와 있는 것 같은 느낌이더군요. 보랏빛으로 물들어 있는 곳도 많았죠. 이 세상이 아닌 다른 곳 같았어요. 어쩌면 그리도 아름답던지." 하지만 그 오랜 여행의 끝에 마주한 현실은 전혀 아름답지 못했다. 미군 휴게소에 도착해 보니, 이 소도시의 병사들은 재즈에 대해 아무런 생각이 없었으며 쳇 베이커의 밴드를 그저 파티 음악이나 연주하는 이들로 생각했다. 군복을 입은 이들은 여기저기 돌아다녔고, 식당 음식을 접시에 담아 나르거나 음악이 들리든 말든 큰 소리로 떠들어 댔다. 휴게실 뒤편에서는 핀볼 기계 돌아가는 소리가 덜그럭거리다가 누군가 큰 소리로 "빙고!" 하고 외치기도 했다.

새해가 되자 희미하게나마 희망의 불빛이 전해졌다. 쳇 베이커는 1956년 1월 동안 이탈리아에서 공연을 갖기로 돼 있었다. 그곳에서 방송인이자 저널리스트, 프로모터로 일하던 아드리아노 마촐레티Adriano Mazzoletti는 다음과 같이 말했다. 그는 이 한 달의 대부분을 쳇 베이커와 함께 보냈다. "1952년 제리 멀리건의 첫 레코드가 이탈리아에 소개됐을 때 이탈리아 사람들을 위해 그보다 더 좋은 선물은 없었습니다. 당시 우리는 백인들과 캘리포니아 사운드에 매료돼 있었죠. 바로 그 무렵 쳇 베이커가 새롭게 등장했던 겁니다. 그의 연주는 강하지만 달콤했고, 노래 또한 이탈리아 사람들의 마음을 사로잡았습니다. 특히 여자들이 아주 관심이 많았죠." 첫 무대가 예정된 곳은 밀라노 두오모 호텔의 타베르나 룸이었고, 여기에서 1955년 12월 31일부터 2주 동안 공연을 벌이기로 했다. 그러나 마침 이곳을 찾은 손님들은 쳇 베이커의 음악을 반기지 않았다. 밀라노에서 가장 호화롭기로 소문난 이 호텔은 연말을 맞아 나이 들고 돈 많은 단골들을 상대로 연회를 마련했는데, 이들은 재즈를 이상한 외국 문화로 받아들이고 있었기 때문이었다. 사진작가 프란체스코 "체코" 마이노Francesco "Cecco" Maino는 그날의 공연이 엉망으로 변해 버렸다고 기억했다. "그곳에 온 사람들은 다가오는 새해를 축복하고, 춤추고, 또 술을 마시려던 것이었죠. 결국 관객들은 쳇 베이커에게 야유를 퍼부었고 호텔의 경영자는 그를 무대에서 끌어내려야 했습니다. 당연히 쳇 베이커의 실망은 이루 말할 수 없었죠."

테베레강 근처에 위치한 오래된 도시, 페루자의 반응 역시 별반 다를 게 없었다. 아드리아노 마촐레티가 이곳에서 공연 일정을 잡은 것은 1월 29일. 그는 이보다 앞서 재즈를 국제 친선의 도구로 사용하며 "사치Satch 대사"로 불렸던 루이 암스트롱의 공연을 어렵게 추진한 적이 있었다. 당시 오래된 극장의 매니저들은 한결같이 "흑인 연주자들은 절대 무대에 올릴 수 없다"며 고개를 절레절레 흔들었다. 마촐레티는 고집을 피웠고, 다행히 루이 암스트롱의 첫 공연을 개최할 수 있었다. 그리고 큰 성공을 거두었다. 같은 맥락에서 쳇 베이커의 공연 또한 성황리에 치를 수 있다는 판단을 한 것이었다. 그러나 그는 쳇 베이커의 대중적 인기를 과대평가한 셈이 됐다. 약 100명 정도의 관객만이 공연장을 찾았으니 말이다. 쳇 베이커의 공연을 준비한 기획사는 훗날 마촐레티에게 전보를 보내 앞으로는 쳇 베이커의 공연을 추진하지 않는 것이 좋겠다고 알려 왔다.

특별한 일정이 잡혀 있지 않던 그다음 주까지 쳇 베이커는 마촐레티와 함께 페루자에 머물렀다. 그런데 마촐레티는 쳇 베이커가 큰 좌절감에 빠져 있는 것을 알게 됐다. 그는 자신이 릴리안에 대해 신경과민에 가까운 불신을 품고 있다고 털어놓았다. 그녀가 다른 남자를 만난다고 생각했으며 의심의 대상은 연주마저 마음에 들지 않던 드러머 샤를 소드레였다. 그리고 무엇보다 딕 트워드직의 죽음에 얽힌 일이 가장 큰 고통이었다. 물론 쳇 베이커는 마촐레티에게 이 사건에 대해 자세히 이야기하지는 않았다. 그러던 중, RAI Radio Italia 에 출연해서 벌인 연주가 텔레비전을 통해 방영된 것이 흐트러진 그의 감정을 그나마 달래 주는 계기가 됐다. (「렛츠 겟 로스트」를 비롯한 여러 다큐멘터리에서 이탈리아의 유명한 산레모 페스티벌의 연주로 잘못 소개된 장면이 바로 RAI에서 촬영된 것이다.) 쳇 베이커의 밴드는 〈You Don't Know What Love Is〉를 포함해 세 곡을 연주했다. 그러나 카메라를 대하는 그의 탁월한 감각은 발견할 수 없었다. 노래가 진행되면서 "당신은 떠나보내야 했을 사람을 사랑한 것이지"라는 대목에 이르자 그가 겪고 있던 고통이 떠오르기도 했다. 그는 왠지 섬뜩할 만큼 딱딱하게 굳어 있었다.

　마촐레티와 함께 이탈리아에 머무는 시간이 계속되자, 쳇 베이커는 독감 같은 증상을 드러내기 시작했다. 마촐레티는 그것이 마약을 하지 못해 생긴 일이라고 했다. "1956년까지만 해도 이탈리아 사람들은 마약이란 걸 알지 못했습니다. 그런 것에 손대는 사람을 찾아보기가 힘들었죠. 그러니까 쳇 베이커는 헤로인을 구하지 못했던 것이고, 몸에 이상이 올 수밖에 없었죠." 마촐레티는 의사로 일하는 친구를 통해 모르핀 한 병을 얻었다. 오후 3시쯤 쳇 베이커에게 약을 건넸고, 8시가 되자 그 한 병을 다 복용해 버린 그는 더 구할 수 없느냐고 마촐레티에게 물어왔다. 페루자에서 다시 제노바로 이동한 뒤, 쳇 베이커는 릴리안과 함께 마약 딜러를 찾기 위해 길거리를 샅샅이 뒤졌다. 불행인지 다행인지, 아편을 조금 구할 수 있었다.

　유럽 투어는 엉성한 라인업으로 벌인 3월의 독일 공연을 끝으로 막을 내렸다. 그런데 3월 31일에 열린 공연이 기대하지 못한 엄청난 반응을 불러일으켰다. 쳇 베이커와 제리 멀리건, 그리고 스탠 게츠가 각각 자신의 밴드를 이끌고 연이어 무대에 올랐다. 이 공연이 열린 곳은 일찍이 히틀러가 대중을 향해 모습을 드러냈던 베를린의 어마어마한 대강당, 도이칠란트할레Deutschlandhalle 였다. 이곳에 약 1만 2,000명의 팬이 몰려들었다. 물론 이날의 성공이 그동안의 갖가지 문제들을 모두 상쇄하지는 못했다. 캘리포니아로 돌아갈 날을 손꼽아 기다리던 쳇 베이커는 1956년 4월 초,

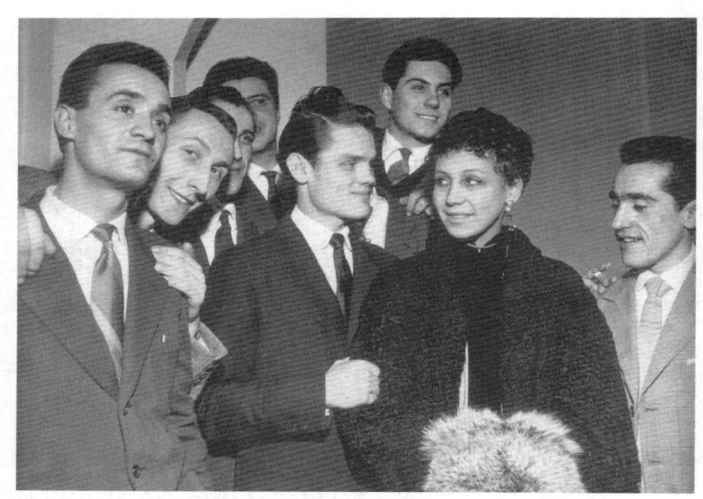

유럽 투어 중의 쳇 베이커. 릴리안 퀴키에에게서 시선을 떼지 못했다.

릴리안을 프랑스에 내버려둔 채 다시 미국으로 날아갔다. 그녀가 말했다. "슬펐어요. 그를 잃어버릴까 봐 두려웠거든요." 몇 주 뒤, 릴리안 퀴키에는 우편함에서 쳇 베이커가 보낸 편지 한 통을 발견했다. 쌀쌀맞은 말투로 그는 헬레마라는 여인과 결혼했음을 알렸다. 윌리엄 클랙스턴은 이 커플의 사진을 여러 장 찍은 바 있다. 그 사진 속에 등장한 두 번째 베이커 부인은 릴리안과 놀랍도록 많이 닮아 있어서 많은 사람들은 두 여인이 같은 인물인 것으로 착각하기도 했다. 릴리안은 말했다. "눈물이 그치질 않더군요. 그때까지 난 단지 순간에 충실하자는 식으로 살아왔어요. '어떻게 하면 그를 곁에 잡아 둘 수 있을까'라든지 '어떻게 하면 내가 다시 미국에 갈 수 있을까' 하는 생각은 아예 하지도 않았죠. 물론 결혼이란 걸 생각조차 해 본 적이 없지만 그와 결혼한 그 여자는 달랐나 봐요. 모르겠어요. 결혼은 내게 맞지 않아요."

말은 그렇게 했지만, 릴리안 퀴키에는 몇 년 뒤 프랑스의 베이시스트 질베르 "비비" 로베르Gilbert "Bibi" Rovère와 결혼했다. 그리고 고향에서 배우로 이름을 날리기 시작하면서도 덱스터 고든과 밀트 잭슨Milt Jackson을 비롯해 그녀가 좋아하던 여러 음악인들과 꾸준히 염문을 뿌렸다.* 하지만 60대에 이르러서도 릴리안은 오래된 사진 속에 남은 쳇 베이커의 모습을 바라보며 눈물을 흘리곤 했다. 그녀에게는 이렇게 추억된 사진이었건만, 윌리엄 클랙스턴

---

* 11장에서 언급되겠지만, 릴리안 퀴키에는 덱스터 고든이 주연한 1986년 영화 「라운드 미드나잇Round Midnight」에서 재즈 클럽의 주인으로 등장했다.

은 레코드 제작을 위해 할리우드에서 직접 찍은 1956년의 사진 몇 장을 놓고 전혀 다른 반응을 보였다. 암실에서 일하던 그는 현상 접시 속에서 떠오르는 이미지를 바라보다가 깜짝 놀랐다. 사진에 찍힌 쳇 베이커는 더 이상 한없는 부드러움으로 윌리엄 클랙스턴을 사로잡던 과거의 모습이 아니었다. 어느새 돌같이 굳어버린 얼굴이 눈앞에 펼쳐져 있었다.

8
천사, 스스로 날개를 꺾다

쳇 베이커가 미국으로 돌아왔을 무렵, 어느새 이곳의 재즈는 사
회적으로 높은 위상을 점유하고 있었다. 『에스콰이어*Esquire*』나
『라이프*Life*』, 『플레이보이』 같은 잡지들은 이 음악을 차원 높은
예술로 받아들였고, 점점 더 많은 스타급의 음악인들이 주요 콘
서트홀과 큰 규모의 레코드 레이블로 진입하고 있었다. 텍사코
와 타이멕스는 텔레비전에서 방송된 눈에 띄는 재즈 영상들을 후
원했는데, 이런 프로그램은 주로 위대한 원로 정치가처럼 존경받
던 스윙 시대의 거장들—베니 굿맨, 라이어널 햄프턴, 레드 노보
등—을 등장시켰다. 상대적으로 젊은 연주자들은 자신들의 작업
에 단순한 여흥 이상의 의미를 부여했다.

　가장 주목할 예는 1954년에 데뷔한 이래 여러 투표를 휩쓸다

시피 하고 있던 모던 재즈 쿼텟이었다. 피아니스트 존 루이스와 베이시스트 퍼시 히스, 비브라폰 연주자 밀트 잭슨과 드러머 코니 케이Connie Kay로 이루어진 이 밴드는 클래식 음악에 많은 영향을 받은 존 루이스의 작곡과 편곡에 초점을 맞추었고, 여느 체임버 음악이 그러하듯 무대 위에서 함부로 웃지 않는 위엄을 갖춘 채 연주에 임했다. 제리 멀리건도 재즈라는 표현을 같은 맥락의 고상한 표현으로 인식했다. 나이트클럽에서 연주하는 것은 모욕적인 일이라 생각했고 실제로 그러한 대접에는 맞서 싸우기를 주저하지 않았다. 이런 노력은 일정 부분 성공을 가져왔으며, 스스로를 콘서트 아티스트로 새롭게 인식시킬 수 있었다. 동시에 그는 대중적인 스타덤을 중시했고, 몇 편의 영화에서 단역을 맡기도 했다. 그의 명성을 좇아 가까워졌다가 연인 관계로 발전하기도 했던 주디 홀리데이Judy Holliday 주연의 「전화벨이 울리고Bells Are Ringing」가 그중 특기할 만한 작품이다.

이런 가운데, 마일스 데이비스와 편곡가 길 에반스는 《Sketches of Spain》과 《Miles Ahead》를 비롯한 일련의 의욕적인 오케스트라 앨범을 만들었고, 이 앨범들은 레너드 번스타인Leonard Bernstein 이나 에런 코플런드Aaron Copland의 심포니 작품에 못지않은 존경

• 빈센트 미넬리 감독이 연출한 이 영화는 1960년에 개봉돼 큰 인기를 끌었던 뮤지컬이다. 딘 마틴이 주디 홀리데이와 함께 주연으로 등장했고, 단역을 맡은 제리 멀리건은 주디 홀리데이와 데이트하려고 나온 청년으로 분했다. 두 사람은 1961년 4월에 《Holiday with Mulligan》─노래는 모두 주디 홀리데이가 불렀다─앨범을 녹음했으며, 제리 멀리건은 1950년대 말을 전후해 여러 영화음악을 맡았다. 데뷔 시절 IQ 테스트에서 172를 기록해 관계자들을 놀라게 했던 주디 홀리데이는 1965년, 43세의 이른 나이에 암으로 세상을 떠났다.

과 환호를 받았다. 마일스 데이비스는 『플레이보이』와 가진 인터뷰에서 이렇게 말했다. "나는 음악에서 새로운 걸 시도해 보는 데 아주 호기심이 많소. 새로운 사운드는 물론이고 뭔가 다른 방법을 써 보는 것도 아주 흥미로운 일이지."

그러나 쳇 베이커는 바로 다음 연주 스케줄을 잡는 것 이상의 새로운 일은 생각지도 못하고 있었다. 1956년경의 그는 이미 예전에 인기를 끌었던 흘러간 스타가 돼 있었으며, 재즈계가 더 이상 기억하고 싶지 않은 인물 중 하나로 전락해 있었다. 유럽에 가 있는 동안 대부분의 독자 투표에서 그의 이름은 마일스 데이비스와 디지 길레스피에 눌려 힘을 쓰지 못했고, 그에 대해 날카로운 비판의 언사를 퍼부었던 비평가 마틴 윌리엄스는 『다운 비트』의 지면을 빌려 다음과 같이 쳇 베이커를 계속해서 공격했다. "확실히 미국 무대 예술의 역사는 촉망받지만 미숙하기 짝이 없는 몇몇 재주꾼들로 너저분하게 뒤덮여 있다. 그들에 대한 칭송은 과다했으며 업적 또한 부풀려지기 일쑤였다. 더구나 많은 경우, 한 번도 만족감을 안겨 주지 못했다."

웨스트코스트 재즈는 색다른 시대착오적 산물로 변모하고 있었다. 헤이그나 자디스Zardi's, 티파니 같은 클럽은 문을 닫았고, LA의 많은 연주자들은 스튜디오 녹음 작업처럼 돈이 되는 일만 찾아 나섰다. 퍼시픽 재즈 레이블의 판매고는 떨어지고 있었으며, 딕 복은 회사의 이름을 월드 퍼시픽World Pacific으로 바꾼 뒤 다루는 음악의 범위를 월드 뮤직과 흑인음악으로 넓혀 갔다. 물론 쳇 베이커를 아직 포기하진 않았지만, 그와 조 나폴리는 미국 내

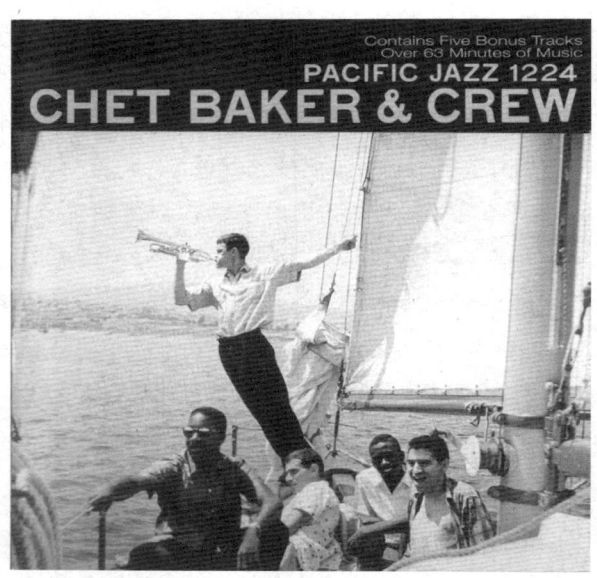

《Chet Baker & Crew》

에 퍼져 있던 이 트럼페터의 이미지를 좀 더 거칠고 강하게 탈바꿈시킬 필요가 있다는 데 동의했다. 그래서 제작된 것이《Chet Baker & Crew》였다. 1956년 7월에 녹음된 이 앨범은 서부(웨스트코스트)에서 만들어진 이스트코스트 재즈인 셈이었다.

부드러운 연가를 택하는 대신, 쳇 베이커는 알 헤이그와 알 콘AI Cohn 같은 뉴욕 출신 음악인들이 만든 강한 느낌의 창작곡을 연주했다. 필 어소와 피터 리트먼(앞 장에서 언급했듯이 바로 이 시기에 쳇 베이커는 그를 몇 달 동안 다시 밴드에 기용했다)의 열정적인 솔로를 위해 악보에는 빈자리가 남아 있었다. 그리고 가장 눈에 띄는 것은 펑키한 블루스 연주를 기반으로 하고 있던 필라델피아 출신 피아니스트 보비 티몬스Bobby Timmons의 기용이었다. 그는 1956년 4월, 밴드에 가세했다. 쳇 베이커의 얄팍하고 금속성이던 톤은 바로 이 앨범에서 그 어느 때보다 마일스 데이비스를 닮아 있었다. 냇 헨토프는『다운 비트』에 이렇게 썼다. "아마도 이것이 지금까지 발표된 쳇 베이커의 최고작일 것이다." 그는 쳇 베이커에게서 "사내다움"을 새롭게 발견했으며, "연약한 느낌이 줄어들고 있어서 매우 반갑다"고 덧붙였다.

〈Chippyin'〉 같은 곡에서 볼 수 있듯이 막연한 "연약함"은 찾아볼 수 없었다. 이 곡은 쳇 베이커가 즐겨 연주하게 된 곡 중 하나로 남았는데, 제목 또한 일상적으로 헤로인을 복용한다는 뜻을 담고 있었다. 한때 "쿨" 밴드를 이끌었던 쳇 베이커가 이제는 "핫" 밴드를 이끌게 된 것이었고, "핫"이라는 말 또한 마약중독을 의미하는 것으로 명확한 출처 없이 은연중에 사용되고 있었다. 물론 지미 본드를 제외한 이 밴드의 멤버들 모두 그러했다. 마약에 빠져든 경위에 대해, 쳇 베이커는 최대한의 동정심을 이끌어 내기 위한 언사를 사용했다. 1963년, 잡지 『투데이』와 인터뷰하다가 유럽 투어를 마치고 미국에 갓 돌아왔을 무렵의 이야기가 흘러나왔다. 쳇 베이커는 뉴욕의 브로드웨이를 걷고 있을 때 어느 "매력적인 흑인 여자"가 다가와 갑자기 얼굴에 따귀를 갈겼다고 말했다. 딕 트워드직의 연인이던 크리스털 조이였다. 그녀는 눈물을 흘리며 이렇게 내뱉었다고 했다. "당신이 그에게 한 짓을 생각해서 때린 거야." 쳇 베이커는 바로 이것이 "모든 것을 바꿔 놓은 결정적 순간"이었다면서 다음과 같이 말을 이었다. "그 자리에서 택시를 잡아타고는 할렘으로 갔지. 거기에 내가 아는 마약중독자가 하나 있었는데, 그 친구는 마약을 계속하면서 다른 이들에게 판매도 하고 있었거든. 난 20달러짜리 지폐를 내밀고는 네 뭉치를 손에 넣었어. 그러고는 주저 없이, 바로 시작했지. 사람들은 먼저 코로 들이켜다가 피부 밑에 주사하고(너무 강한 자극을 피하기 위해 혈관이 아닌 피부 밑에 주사하는 것을 의미한다.) 그게 익숙해진 다음에야 정맥에 주사하는데, 나는 바로 핏줄을 찾아 바늘을 꽂아 넣었지. 그러고는 완전히 걸려들고 말았어."

쳇 베이커가 유럽으로 떠난 뒤 단 한 번도 그를 만나지 못했던 크리스털 조이는 이 이야기가 우습기 그지없다고 했다. 그녀의 반응은 이랬다. "아, 그러니까 쳇 베이커가 마약에 빠진 게 내 탓이란 말이군요. 글쎄요, 적어도 나를 매력적인 여자라고 불러 주긴 했네요."

이는 딕 트워드직이 죽음에 이르던 길을 되짚어 보는 과정에서 "마약을 하지 않던" 친구들로 하여금 쳇 베이커의 위치나 역할을 생각하는 데 상당한 혼란을 불러일으켰다. 그러나 그의 입장에서는 위와 같이 말하는 것이 자기 스스로 영혼의 벗이라 상상하던 친구와 함께할 수 있는 마지막 방법이었는지도 모른다. 평생토록 그의 뒤를 따라다닌 이 일에 대해 누가 물을 때마다, 그는 딕 트워드직이 헤로인에 대한 사랑 때문에 죽었으며, 도대체 마약이 어떤 것이기에 그런 결말을 맺을 수밖에 없었는지 알아내야 했다고 대답했다. 그러나 마약과 관련된 몇 차례의 범죄 때문에 토스카나 구치소의 감방에서 재판을 기다리던 1961년, 쳇 베이커는 이탈리아의 잡지 『레우로페오*L'Europeo*』의 기자에게 다음과 같이 이야기하며 숨겨진 속마음을 드러냈다. "그건 언제나 끔찍한 순간이 아닐 수 없소. 악기를 들고 대중 앞에 나서는 바로 그 순간 말이오. 그렇게 무대에 나서다 보면 이내 목구멍에 뭔가가 치밀어 오르고, 도무지 설명할 수 없는, 이유를 알 수 없는 공포가 밀려들지요. 갑자기 실패로 치닫고 마는 부끄러운 모습의 나 자신이 떠오를 때도 있소. 그래서 오직 마약만이 그 힘든 순간을 이겨 내도록 도와줄 뿐이랄까. 어쨌든 그다음부터는 다시 최고의 연주자로 돌아갈 수 있소. 마음도 차분해지고, 눈앞의 대중은 더 이상 휘파람이나 불어 대면서 나를 깎아내리려는 적들로 보이지 않는 거요. 어느새 앞에는 아무도 보이지 않고, 내 곁에는 오로지 트럼펫과 음악만 남아 있게 된다는 말이오."

루스 영은 쳇 베이커가 남긴 이런 설명에서 한 발 더 앞으로 나아갔다. "도대체 왜 그토록 많은 재즈 음악인이 마약에 빠져 엉망이 돼 버렸던 걸까요?" 그녀는 이렇게 말을 이었다. "이게 그냥 우연히 일어난 일이라고는 생각하지 않아요. 무대에 서면 누구든 자기 자신의 속내를 다 까발려야만 해요. 어떤 경우에도 이건 분명한 사실입니다. 그래서 진정으로, 진심으로 그 세상에 빠져들려면 일단 거울에 비추어진 자신의 모습을 솔직히 마주할 수 있게 해 주는 독약이 필요한 거죠." 루스 영은 쳇 베이커에게 있어 거울 속에 투영된 자신의 이미지가 더없이 끔찍해 보였을 것이라는 말도 빼놓지 않았다.

클럽에서 연주가 있는 날이면, 심지어 별생각 없이 밴드를 지켜보던 사람들마저도 무대 위의 음악인들이 마약을 사용하고 있다는 사실을 쉽게 알게 됐다. 피터 리트먼은 눈꺼풀이 자꾸 감겨 오는 가운데 드럼 세트 위에 늘어지다시피 연주를 벌이곤 했다. 여덟 개의 심벌즈 스탠드를 놓고 (대부분의 드러머들은 두 개나 세 개의 심벌즈를 사용한다.) 무대에 올라 있던 어느 날 밤, 그중 하나가 자꾸만 지미 본드의 베이스에 닿아 연주하기가 불편했다. 지미 본드가 피터 리트먼에게 속삭였다. "이봐, 심벌즈 좀 저쪽으로 치워!" 그러나 이미 마약에 취해 있던 피터 리트먼은 잔뜩 느려터진 목소리로 이렇게 대답했다. "아…… 몰라…… 알아서 해……" 언제나 평정심을 잃지 않던 지미 본드는 순간적으로 화가 치밀어 이 드러머를 향해 그 자리에서 주먹을 날렸다. 피터 리트먼은 무대 밑으로 떨어져 버렸다.

피아니스트 보비 티몬스는 누구 못지않게 탄탄한 학습을 거친 연주자였고, 아트 블레이키의 밴드와 캐넌볼 애덜리의 밴드에 참여하면서 귀중한 존재로 성장했다. 그러나 탁월한 재능을 지녔음에도 지미 본드가 말한 것처럼 "마약과 술로 스스로를 망가뜨렸다." 한편 빌 러프버러가 기억하던 바에 의하면, 필 어소의 무분별한 행동은 모든 밴드 멤버가 체포될 수 있을 정도로 위험천만했다. 한 도시에서 다른 곳으로 차를 타고 이동하던 중, 그는 마약을 하기 위해 잠시 주유소에 들르곤 했다. 그러던 어느 날 그가 화장실에서 나와 차로 다가오는 모습을 보니 팔에서 흘러나오는 핏방울을 입으로 핥아 대고 있는 것이 아닌가. 경악을 금치 못한 빌 러프버러는 필 어소에게 이렇게 투덜댔다. "아니, 이 친구들은 도무지 개념이라곤 눈곱만큼도 없구먼!" 돈이 부족해서 일찍이 마약을 끊을 수밖에 없었던 빌 러프버러는 더 이상 참을 수 없었다. 쳇 베이커는 그에게 로드 매니저의 일을 맡겨 두고 있었으며, 밴드가 이동할 때 빌 러프버러는 밴으로 멤버들을 데려다주곤 했다. 덕분에 조금이나마 일을 던 쳇 베이커는 마약을 구하러 다닐 시간을 벌 수 있었다. 그는 주머니에 멤버들에게 줄 돈을 100달러짜리 지폐 뭉치로 넣고 다녔기 때문에 마음만 먹으면 언제든 새 차나 마약을 손에 넣을 수 있었다. 결국 지미 본드와 빌 러프버러는 밴드에서 탈퇴하고 말았다. 빌 러프버러는 쳇 베이커에게 이렇게 말했다. "나는 자네가 스스로 죽게 만드는 꼴을 보고 싶지 않네."

헬레마 앨리가 두려워한 것 중 하나도 바로 이 부분이었다. 1956년 4월에 처음 쳇 베이커를 만나 바로 다음 달에 결혼한 그녀는 당시 스무 살이었다. 디트로이트의 루지 라운지에서 연주하던

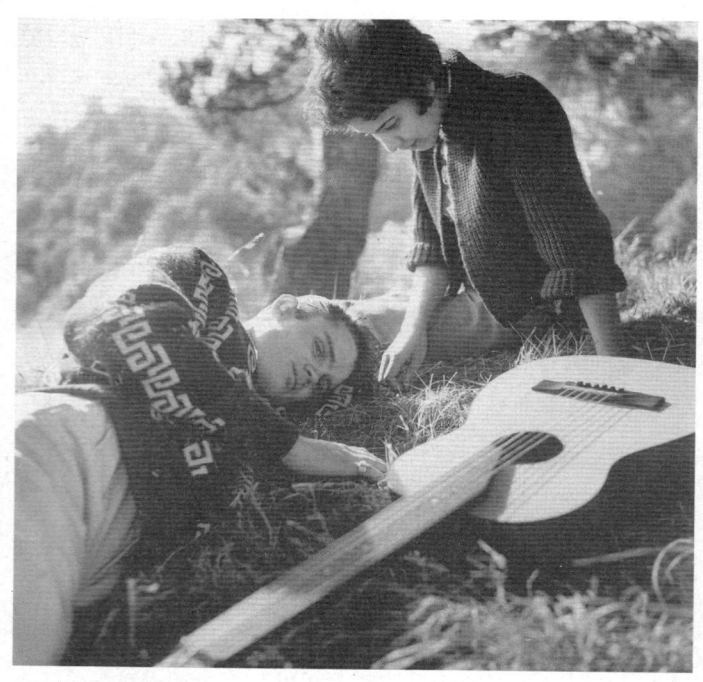

두 번째 아내 헬레마와 함께한 첫 베이커

쳇 베이커는 바에 앉아 있던 짙은 피부색과 짧은 머리의 이 젊은 여인에게서 시선을 떼지 못했다. 인도의 혈통을 지니고 태어난 헬레마는 디트로이트에서 가족과 함께 살고 있었다. 특별히 외국인이라는 느낌의 말투는 지니지 않았다. 쳇 베이커는 릴리안에게서 느꼈던 것과 유사한 이국적인 외모에 매료되고 말았다. 그러나 나중에 밥 지프가 그녀를 두고 "조용하고 부드러운 가정적인 소녀에, 놀랄 만큼 순진했을 것"이라 말한 것처럼, 헬레마는 릴리안과 여러모로 달랐다. 그녀는 연애해 본 경험이 없었으며 재즈 클럽에 와 본 것도 그때가 처음이었다. 물론 적극적이지 않은 헬레마의 태도가 쳇 베이커의 흥미를 배가시켰겠지만, 가까이하기 힘들면서도 더없이 섹시한 쳇 베이커의 매력도 헬레마를 자극했을 것이다. 몇 년 뒤 쳇 베이커는 친구인 잭 심프슨Jack Simpson에게 이렇게 말했다. "그녀는 정말 아름다웠지. 특히 남자와 같이 있을 때 좀 소심하긴 했지만, 아주 지적이고 섬세하고, 또 부드러운 여자였어."

쳇 베이커는 다른 도시에 있을 때도 그녀에게 전화를 걸어 적극적으로 구애했고, 헬레마는 이러한 그의 정성에 마음을 빼앗겼다. 그리고 서로 안 지 얼마 되지도 않아 청혼하던 그를 보며 깜짝 놀라고 말았다. 쳇 베이커는 디트로이트에서 그녀를 차에 태우고는 바로 세인트루이스로 건너가 판사 앞에서 결혼 서약을 했다. 피터 리트먼이 증인으로 들러리를 섰다. 이 모든 일은 일사천리로 너무나 빠르게 진행됐고, 헬레마는 미처 자신에게 무슨 일이 일어나고 있는지 차분히 생각할 시간조차 갖지 못했다. 그녀는 말했다. "그러니까, 집에서 도망친 것이었죠. 그냥 그와 함께 떠났습니다. 왜 그랬느냐고 묻지는 말아 주세요. 어쨌든 내가 떠나는 걸 안 사람은 없었어요. 친구 하나가 나 대신 부모님께 전화를 해 주어서 어른들은 별걱정을 하지 않으셨죠. 결혼하고 나서, 그다음에 말씀드렸던 거죠."

그렇게 만나서 한 달 만에 결혼 생활을 시작하게 됐지만, 헬레마는 오래 지나지 않아 끔찍하고도 파란만장한 현실과 마주쳤다. 그로부터 40여 년이 지난 최근까지 그녀는 당시에 대해 아무 말도 하려 들지 않았다. 쳇 베이커와 헬레마 두 사람은 친구 집에 얹혀살거나 호텔과 모텔을 전전했을 뿐, 한 번도 집이란 걸 가져보지 못했다. 하지만 신혼 초에만 해도 꽤 로맨틱한 나날이 이어졌다. 쳇 베이커는 이 수줍은 여인에게 자신이 할 수 있는 최선을 다해 좋은 인상을 심어 주려고 노력했다. 가는 곳마다 그의 곁에는 어김없이 헬레마가 동행했다. 헬리콥터를 타거나 바다에서 다이빙하며 여행을 즐기기도 했고, 미국 어디에서든 연주가 있을 때마다 함께 다녔다. 물론 그녀에게 적지 않은 선물 보따리를 안겼으며, 스물한 번째 생일에는 새로 나온 선더버드*를 한 대 사 주기도 했다. 그는 친구로 지내는 연주자들 모두에게 그녀를 소개했다. 하지만 헬레마는 그들을 두려워했고, 여간해서는 얘기를 나누지 않았다. 아마도 이를 눈치챈 까닭이었는지 모르지만, 연주

• 1955년에 포드사가 출시한 중급 스포츠카. 적당한 가격에 좋은 성능으로 당시 미국 젊은이들에게 큰 인기를 끌었다.

자들은 최대한 그녀를 친절하게 대했다. 피터 리트먼도 헬레마가 곁에 있으면 나쁜 언행을 삼갔다. 쳇 베이커는 피터 리트먼이 심한 마약중독에 시달리긴 했지만 더 이상 그렇지 않다며 그녀를 안심시켰다. 물론 그녀는 남편의 말을 의심하지 않았고, 처음에는 그가 마약을 한다는 사실조차 알지 못했던 것 같다. 그녀는 이렇게 회상했다. "나는 마약중독자가 뭔지도 몰랐답니다. 그리고 그는 내 앞에서 절대 마약을 하지 않았어요." 헬레마는 이 점을 강하게 주지시켰다. "정말이지, 단 한 번도 말이에요." 그녀의 말에 따르면, 두 사람이 부부로 지내는 동안 말다툼을 벌인 것도 딱 한 번밖에 없었다.

1956년 가을, 쳇 베이커는 아직 건재했다. 그리고 딕 복과 함께 몇 장의 새로운 앨범을 만들었다. 그중 하나가 웨스트코스트 출신의 유명한 알토 색소포니스트 아트 페퍼와 팀을 이루어 녹음한 《Playboys》였다. 마치 타이론 파워 Tyrone Power *를 연상케 하듯 영화배우처럼 잘생긴 외모도 외모지만, 무엇보다 그는 쳇 베이커처럼 구체적으로 뭔가를 생각하지 않고도 원하는 연주를 자연스럽게 뽑아낼 수 있는 재능을 지니고 있었다. 1979년에 발간된 회고록『스트레이트 라이프』에서, 아트 페퍼는 음악 얘기를 줄이는 대신 마약을 구하고, 환각에 빠져들고, 그 때문에 감옥에서 보낸 나날에 초점을 맞추었다. 그의 연주는 예쁘게 들리다가도 종종 무

---

* 1940년대에서 1950년대 초까지 크게 주목받던 영화배우. 흔히 남성미의 상징으로 자주 얘기된다. 1958년 44세의 일기를 끝으로 세상을 떠났다.

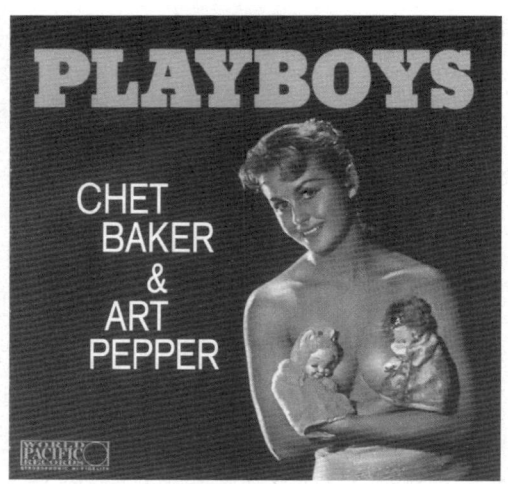

《Playboys》

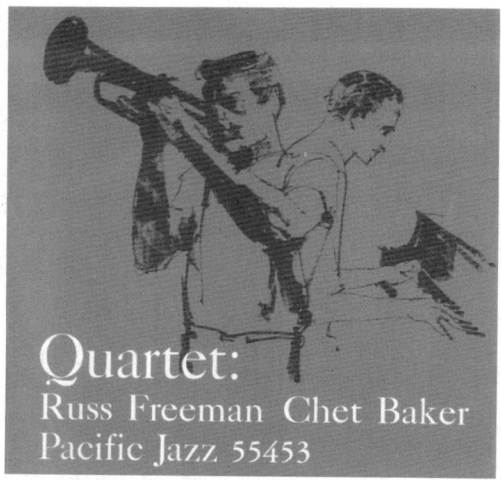

《Quartet: Russ Freeman and Chet Baker》

정하고 차갑게 느껴지곤 했다. 쳇 베이커 역시 마약중독이 심해질수록 같은 경향을 보였다.《Playboys》는 두 스타 연주자의 길고 끈끈한 솔로 연주로 가득한, 마치 두 사람이 경쟁하듯 연주해 낸 작품이었다. 그리고 다음 달에 만든《Quartet: Russ Freeman and Chet Baker》앨범에서, 쳇 베이커는 완벽한 아름다움을 선보였던 〈The Wind〉와 〈My Funny Valentine〉에 버금가는 또 하나의 발라드, 〈Summer Sketch〉를 연주했다. 러스 프리먼이 작곡한 곡이었으며, 쳇 베이커의 솔로는 흠잡을 데 없이 좋은 구성을 보여 주었다. 굳이 아쉬운 점이라면 감정이 조금 부족했다는 것.

그해 가을, 윌리엄 클랙스턴은 스튜디오에서 쳇 베이커의 사진을 찍었다. 그가 말했다. "쳇 베이커는 무슨 망상에라도 빠진 것 같아 보였습니다. 불길했죠. 나는 그저 순진한 생각에 문득 이런 느낌이 들었습니다. '그에게 무슨 안 좋은 일이 있나. 혹시 마약이라도 하는 거 아냐' 하고 말이죠. 나중에 알았지만, 물론 그때 그는 완전히 마약에 취한 상태였던 거죠." 쳇 베이커는 윌리엄 클랙스턴이 어떤 포즈를 요구할 때마다 묻곤 했다. "이건 무슨 의미가 있는 거지?" 혹은 "그건 왜 그렇게 해야 하는 건데?" 하고 말이다. 추수감사절이 다가오면서 헬레마가 쳇 베이커에게 반갑지 않은 소식을 하나 전했다. 그가 곧 아버지가 된다는 얘기였다. 아버지라. 쳇 베이커는 누군가의 아버지로 불릴 준비가 전혀 돼 있지 않았다.

마음 한구석에서 압박이 점점 더 강해지고 있었다. 윌리엄 클랙스턴은 퍼시픽 재즈 레이블에서 발표되는 편집 앨범《The Blues》의 커버 촬영을 위해 쳇 베이커의 사진을 찍다가 그런 그의 마음을 엿보았다. 윌리엄 클랙스턴은 가능하면 블루스의 느낌이 나지 않는 상황을 연출하려고 애썼으며, 햇볕에 빛이 바랜, 레돈도비치에 버려져 있던 어느 하얀 집을 찾아냈다. 소매 없는 여름 드레스를 입은 헬레마가 남편인 쳇 베이커와 함께 촬영에 임했고, 그녀는 윌리엄 클랙스턴이 남긴 사진에 등장한 것처럼 더없이 매혹적이었다. 창가에 두 사람을 앉게 한 그는 쳇 베이커에게 셔츠를 벗으라고 얘기했다. 그러고는 다리를 어떻게 뻗으라는 등 몇 가지 지시를 내렸다. 그러한 조작이 의심스러웠던 쳇 베이커는 버럭 성질을 냈고, 윌리엄 클랙스턴은 가까스로 그를 다독인—"이봐, 쳇. 그냥 편하게 하란 대로 해."—끝에 촬영을 진행할 수 있었다. 인화지에 드러난 쳇 베이커는 잔뜩 찌푸린 상태였고, 짧은 앞머리를 하고 있던 그의 얼굴은 어딘지 다루기 힘든 비행소년의 인상을 풍겼다. 긴장된 촬영 작업이 끝난 뒤, 윌리엄 클랙스턴은 자신이 남긴 가장 유명한 작품 하나를 손에 넣었으며, 이 사진은 쿨한 관능미의 고전으로 불리게 됐다. 창 앞에서 카키색 바지 하나만 입고 팔을 편하게 무릎에 댄 쳇 베이커의 옆모습. 그리고 헬레마가 머리를 그의 손에 기댄 채 옆에 앉아서 매우 감성적인 눈빛으로 카메라를 응시했다. 부드러운 빛이 뒤에서 들어와 피사체를 감싸 안았지만 두 사람은 그늘 속에 머물러 있었다. 마치 그들에게 밀려올 어두운 구름을 피하지 않으려는 듯 말이다.

쳇 베이커의 새로운 드러머로 밴드에 합류한 앨버트 "투티" 히스Albert "Tootie" Heath가 바로 그 어두운 구름에 갇혀 버렸다. 필라델피아 출신으로 당시 스물한 살이던 앨버트 히스는 베이시스트 퍼시 히스와 색소포니스트 지미 히스의 막냇동생이었고, 두 형은 모두 쳇 베이커와 협연한 경험이 있었다. 앨버트 히스는 마약을 하지 않았기에, 그가 밴드에 합류하자마자 그의 어머니는 쳇 베이커의 새로운 매니저 빌 갤러틀리Bill Galletly에게 겁에 질린 목소리로 전화해서 이렇게 물었다. "얘가 쳇 베이커와 함께 연주 여행을 간다고 하네요. 우리 막내한테 별일 없겠죠?"

앨버트 히스의 첫 연주는 맨해튼에서 디트로이트의 루지 라운지까지 이어진 악몽과도 같은 운행 끝에 이루어졌다. 밴드는 그날 밤 이 클럽에서 연주하기로 예정돼 있었지만, 쳇 베이커가 임신한 헬레마를 차에 태운 채 몇 시간이나 마약을 구하려고 돌아다니는 바람에 출발이 늦어졌다. 앨버트 히스는 헬레마에 대해 이렇게 얘기했다. "정말 아름다운 여인이더군요. 언제나 쳇 베이커를 강아지처럼 졸졸 따라다녔죠. 그의 말이라면 뭐든 따라 할 태세였으니까요." 드디어 출발할 때가 됐다. 쳇 베이커는 까먹은 시간을 보충하기 위해 비바람 몰아치는 펜실베이니아 고속도로를 앨버트 히스의 말처럼 "미친 듯이" 내달렸다. 앨버트 히스는 이렇게 얘기를 이었다. "나는 목적지에 도착하기 전까지 신경이 잔뜩 날카로워져 있었습니다. 사람들은 우리를 보고는 아주 반가워하더군요. 이미 예정보다 늦은 시간이었으니까요." 쳇 베이커는 그렇듯 위험한 운전 습관을 가지고도 아직 사람들을 빨아들이는 묘한 힘을 가지고 있었다. 앨버트 히스에 의하면 그는 "정말로 멋진 운전 솜씨를 보여 주었다."

마약중독에 빠져 있던 밴드 내의 세 사람, 쳇 베이커와 필 어소,

보비 티몬스가 한데 어울려 다니면서, 앨버트 히스는 무시당한다는 느낌을 받았다. 그들은 이미 첫 번째 무대가 시작되기 전부터 마약을 했기 때문에 연주의 결과는 불을 보듯 뻔했다. 종종 쳇 베이커는 아주 불안정한 상태에 빠져, 무대 위에 의자를 놓고 앉아야 할 때도 있었다. 이런 날이 잦아지면서 의자에 앉아 연주하는 것이 그의 개성이 되기도 했다. 앨버트 히스는 이렇게 얘기했다. "쳇 베이커는 그렇게 의자에 앉아서 잠이 들 때도 있었죠. 그런데 관객들에겐 그 모습이 귀여워 보였나 봐요." 몇 달 지나지 않아 앨버트 히스는 밴드에서 탈퇴했다.

미국의 재즈 팬들이 예전의 그 강하고 건강한 쳇 베이커를 마지막으로 마주한 것은 1957년 2월, 「투나잇」 쇼에서 방영된 플레이보이스 올스타 재즈 어워드에서 수상했을 때였다. 쳇 베이커는 루이 암스트롱에 이어 투표에서 트럼펫 부문 2위에 올랐고, 그날 밤 「1957년 버드랜드의 스타들」이란 이름의 프로그램에서 한 자리를 차지한 채 텔레비전 전파를 탔다. 그리고 바로 그 주말부터 넉 달 동안 투어가 벌어질 예정이었다. 쳇 베이커는 카운트 베이시, 세라 본, 버드 파월, 레스터 영 등과 함께 무대에 오르게 됐다.

투어가 시작될 무렵부터 마약 딜러들이 그를 따라다녔다. 첫 주의 연주 일정이 진행되던 2월 19일, 쳇 베이커와 필 어소는 필라델피아의 저 유명한 아카데미 오브 뮤직Academy of Music *에 도착했

* 필라델피아에 위치한 음악 교육 기관이자 공연장. 세계적으로 매우 뛰어난 수준의 음향 시설을 갖춘 콘서트홀로 특히 잘 알려져 있다.

다. 중간의 쉬는 시간에 두 명의 사복 경찰이 쳇 베이커와 필 어소에게 수색 영장을 들이밀었다. 필 어소는 가지고 있던 마약을 대기실 변기에 던져 넣고는 물을 내리려 했다. 그러나 곧 경찰에게 체포됐다. 색소폰 케이스 안에서 헤로인 뭉치가 발견됐고, 쳇 베이커의 자동차 앞좌석 함에서는 감춰 뒀던 대마초가 나왔다. 쳇 베이커와 필 어소는 수갑을 찬 채 경찰서로 연행됐다. 쳇 베이커는 지난 6년 동안 마약을 손에도 대지 않았다고 항변했지만 두 사람 모두 헤로인 반응 검사에서 양성 판정을 받아 그날 밤 근처의 구치소에 바로 수감됐다. 다음 날 조 글레이저가 보석금을 낸 뒤에야 겨우 풀려났지만, 한 번만 더 걸리면 10년에서 20년의 징역살이를 하게 될 것이라는 경고가 뒤따랐다. 특종을 잡았다고 떠들썩한 기자들이 이 뉴스를 전국에 타전했고, 쳇 베이커와 필 어소의 이름은 투어에서 삭제됐다.•

그해 봄이 오기 전, 쳇 베이커는 비밥 드러머인 조지프 "필리 조" 존스를 밴드에 합류시켰다. 재즈 역사상 가장 악명 높은 마약 중독자 중 한 사람이던 필리 조 존스는 그 이름값만큼이나 폭발적인 리듬을 구사하던 드러머였다. 그는 1950년대 중반 존 콜트레인John Coltrane이 포함된 마일스 데이비스 퀸텟에서 활동하며 명성을 얻었다. 하지만 그토록 탁월한 재능을 지녔음에도 너무나

• 저자는 이 사건에 얽힌 뒷얘기를 명시하지 않았지만, 당시 재즈계에서는 이름만 대면 알 만한 어느 트럼페터가 경찰에 정보를 제공했다는 '꽤 믿음직한' 소문이 나돌았다. 당시 『플레이보이』가 주최한 이 행사는 상당한 홍보 효과와 함께 연주자들에게도 적지 않은 출연료와 그에 상응한 대접이 제공됐는데, 이 투어에 함께 하지 못한 연주자가 시기심에서 일을 벌이고 말았다는 얘기였다.

심한 마약중독은 조절이 불가능한 정도였으며, 연주를 벌이다가 구토 때문에 무대를 내려오는 일도 있었다. 마일스 데이비스는 존 콜트레인에게 마약을 하도록 이끈 것이 바로 필리 조 존스라고 의심했다. 그리고 1957년 3월, 결국 그는 두 사람을 모두 밴드에서 내쫓았다. 이런 상황 속에서 돈이 궁했던 필리 조 존스는 비록 높은 연주료를 받지 못하더라도 어쩔 수 없이 쳇 베이커의 밴드에 합류할 수밖에 없었던 것이다.

바로 얼마 전까지 마일스 데이비스와 활동하던 드러머가 들어온 게 하나의 자극제가 됐는지, 돈 프리드먼Don Friedman이 얘기한 것처럼 쳇 베이커는 "매우 활기찬 연주를 들려주었다." 돈 프리드먼은 그해 여름, 쳇 베이커와 연주하게 된 젊은 피아니스트였다. 그가 말했다. "당시 쳇 베이커의 연주는 그야말로 마일스 데이비스를 연상케 했습니다. 테크닉과 파워가 좋았고, 빠르고 격렬한 연주에도 아주 능했죠." 음악을 나누는 것 말고도, 쳇 베이커와 필리 조 존스는 함께 마약하기를 즐겼다. 계속된 돈 프리드먼의 얘기다. "그들은 발에 마약을 주사하기도 했어요. 이미 팔뚝에서 혈관을 찾아내는 게 쉽지 않았기 때문이죠." 중독에 빠진 대부분의 친구들이 그러했듯이, 두 사람에게도 함께 마약을 하는 일은 마치 결속을 다지는 의식과도 같았다. 익명의 어느 베이시스트는 이렇게 말했다. "한동안 만나거나 연주하지 못한 친구를 마주치게 되면 이렇게 얘기하곤 합니다. '이봐, 오랜만이야. 같이 좀 어울려 보자고. 내가 아는 사람들이 있는데, 거기 가면 같이 약을 할 수 있어' 하고 말이에요."

그러나 마약을 사기 위해 돈을 만드는 문제는 언제나 적지 않은 말썽을 불러왔다. 그 베이시스트는 다음과 같이 덧붙였다. "돈이 없으면 아무것도 안 되죠. 무조건 돈을 구해야 해요. 할 수 있는 방법을 모두 동원해서 어디서든 돈을 가져와야만 합니다. 양심이라곤 찾을 수 없죠. 자기 형제의 돈을 훔치거나, 어머니에게서, 아내에게서 돈을 뜯어내기도 합니다." 물론 자신을 고용한 사람에게서 돈을 훔치는 경우도 있다. 한동안 쳇 베이커는 두 대의 차를 운행했다. 그리고 그중 하나를 주유소 카드와 함께 필리 조 존스에게 맡겼다. 얼마 지나지 않아, 그는 필리 조 존스가 한 주유소에서 타이어를 새것으로 갈아 낀 다음 다른 주유소에 그걸 팔아 현금을 챙긴다는 사실을 알게 됐다.

결국 필리 조 존스는 쳇 베이커의 밴드에서도 쫓겨났다. 그러나 쳇 베이커가 사람을 속이는 기질 또한 갈수록 심해지고 있었다. 1957년 7월, 그는 얼마 못 가 문을 닫은 할리우드의 재즈 클럽 피콕 레인Peacock Lane에서 2주 동안 연주를 벌였다. 그리고 바로 이즈음, 이미 그에게 많은 변화가 있었음은 어느 때보다 명확해 보였다. 쳇 베이커의 팬들은 한때 금빛으로 그은 건강한 피부를 지녔던 그가 이제는 잿빛의 창백한 얼굴을 가진, 비참하기 짝이 없는 마약중독자로 전락해 버렸음을 확인했다. 쳇 베이커는 예정된 연주 시간에 늦어서 클럽 주인을 화나게 하는 날이 많았고, 어느 날에는 주변의 모든 이들에게 달려들어 다짜고짜 폭언을 퍼붓는 일도 있었다. 사실 클럽의 연주 일정이 시작됐을 무렵, 그는 밴드의 모든 멤버를 내쫓은 상태였다. 바리톤 색소포니스트 페퍼 애덤스Pepper Adams 와 베이시스트 더그 왓킨스Doug Watkins 는 쳇 베이커의 급한 요청을 받고 2주 동안 연주를 벌이기 위해 준비를 마쳤지만, 일정의 대부분을 드러머 없이 치러야 했다. 피아니스트도 하루가 멀다 하고 계속 바뀌기만 했다. 심지어 마일스 데이비스의 트럼펫 스타일을 도용해서, 관객에게 등을 돌린 채 연주하던 그의 냉담한 무대 매너를 모방하기까지 했다. 베이시스트 더그 왓킨스는 쳇 베이커가 노래하는 〈This is Always〉에서 솔로를 연주했는데, 어느 날 그가 솔로를 다 마치기도 전에 베이스 앞에 놓여 있던 마이크 스탠드를 움켜쥐더니 무대를 가로질러 끌고 와서는 다시 노래를 불러 곡을 마무리해 버렸다.

존 타이넌John Tynan 이 『다운 비트』에 쓴 혹평의 리뷰는 모든 독자에게 쳇 베이커가 "지킬 박사와 하이드 씨"처럼 다른 모습으로 변할 수 있다는 점을 상기시켰다. 그는 자신이 관찰한 당시의 쳇 베이커에 대해 다음과 같이 썼다. "무대 위에서 벌이는 그의 행동으로 판단하건대, 중요해 보이는 유일한 연주자는 결국 쳇 베이커 자신밖에 없다. 그가 밴드를 이끄는 태도는 오만하고 불친절하며, 고집스럽게도 누가 뭐라 하든 전혀 개의치 않는다. 이미 확고한 스타의 입지를 지닌 쳇 베이커이건만, 오늘날의 그에게서 소년 트럼페터로 기억되던 과거의 신선한 맛을 찾아보기는 매우 힘들다. 물론 예전의 그를 생각한다면, 말할 가치가 있는 한 가지가 아직은 남아 있다. 언제 그가 이 모든 것을 굳이 신경 쓴 적이 있었던가."

피콕 레인에서 연주한 두 번째 주, 쳇 베이커는 돈 프리드먼을 밴드에 들여보냈다. 덱스터 고든의 밴드에서 연주하던 스물두 살의 이 피아니스트는 클라크 테리나 오넷 콜먼Ornette Coleman 같은 이들과 협연하면서 밴드 리더와 피아니스트, 두 가지 위상을 모두 추구하고 있었다. 쳇 베이커가 "쿨"의 전성기를 누리던 바로 그 시절 LA에서 성장한 돈 프리드먼은, 쳇 베이커의 변한 모습을 마주하고는 큰 충격에 빠졌다. 돈 프리드먼은 이렇게 말했다. "어느새 무서운 사람이 돼 있더군요. 항상 마약을 구하러 다니느라 평소엔 만나기도 쉽지 않았습니다. 신경도 아주 날카로웠죠. 운전할 때도 마치 인디애나폴리스의 자동차 경기장에 온 것처럼 할리우드 거리를 미친 듯 내달리더라고요." 그러나 돈 프리드먼은 당시 쳇 베이커와 연주하던 이들에 대해서는 경탄을 아끼지 않았다. "그들도 내 우상이었죠. 그즈음 내가 제일 좋아했던 밴드가 바로 마일스 데이비스 퀸텟이었는데, 필리 조 존스가 거기 있었잖아요. 그리고 페퍼 애덤스는 그야말로 대단한 괴물이었죠."

다른 연주자들은 돈 프리드먼을 "꼬마"라 불렀다. 그는 쳇 베이커의 밴드에 적응하려고 필사적으로 노력했지만 아직은 부족한 점이 많았다. 돈 프리드먼은 말했다. "정말이지 멤버로 꼭 인정받고 싶었어요. 그런 내 마음을 마약이 달래 주었죠. 두려움을 덜 수 있었습니다. 물론 마약을 주사할 때마다 그만큼 내 생명이 위협받은 셈이었지만, 그때는 그런 생각을 할 여유가 전혀 없었죠." 마약 때문에 무대 위에서 계속 졸기까지 했지만, 밴드의 어느 누구도 그를 탓하지 않았다. 돈 프리드먼은 피아노 건반에 머리를 찧기까지 했고, 무대를 찾은 관객들은 이런 모습을 한 번 이상 목격했다.

클럽 연주가 마무리될 즈음, 밴드의 무분별한 행동은 결국 화를 불러일으켰다. 임신 8개월에 접어든 헬레마를 뒷자리에 태우고 클럽으로 운전해 오던 쳇 베이커는, 마약을 구하기 위해 잠시 멈추었다가 굳이 시간을 맞출 필요가 없다고 생각한 채 천천히 피콕 레인으로 차를 몰았다. 그런데 길가에서 주차할 자리를 찾다가 클럽 쪽을 바라보니, 마약을 복수의 대상으로 여기던 LA 경찰의 존 오그레이디와 딕 힐이 서 있는 것이 아닌가. 두 사람은 이번 클럽 연주를 위해 네 번째 드러머로 기용된 래런스 매러블과 돈 프리드먼의 팔뚝을 검사하고 있었다. 쳇 베이커는 클럽에서 조금 떨어진 곳에 주차한 뒤 피콕 레인으로 몰래 숨어들었다. 또다시 시간 약속에 늦은 것을 이유 삼아, 클럽의 매니저가 무대로 향하는 길을 가로막고 섰다. 쳇 베이커는 문을 통해 밖으로 걸어나와 헬레마가 기다리고 있던 차로 몰래 돌아갔다. 그의 차가 움직이기 시작하자 눈치를 챈 존 오그레이디와 딕 힐이 잠복근무 중이던 차를 끌고 쳇 베이커를 추격했다. 그들은 쳇 베이커의 차를 따라잡지 못했다. 일단 안전한 곳에 이르자 그는 아내를 택시에 태워 먼저 보냈다. 그리고 발보아 베이로 차를 몰아 예전에 함께 마약하던 친구가 소유한 보트 안에서 일주일 넘게 숨어 지냈다. 그런데 존 오그레이디와 딕 힐이 돈 프리드먼을 협박하고 있는 모양이었다. 쳇 베이커가 마약을 건네주었다는 진술에 서명하지 않으면 당장 감옥에 처넣을 것이라고 말이다. 겁에 질린 이 젊은 피아니스트는 협조하는 것 말고 다른 선택의 여지가 없었다.

더 이상 쳇 베이커는 LA에 머물 수 없게 됐다. 그는 아내와 샌프란시스코에서 다시 만나자고 약속했다. 1957년 8월 7일, 그곳에서 두 사람의 아들이 태어났다. 헬레마는 아기에게 세례를 받게 한 뒤 체스니 아프타브 베이커Chesney Aftab Baker라 이름 붙였다. 아프타브는 파키스탄 말로 태양을 의미했다. 그러나 스물한 살 된 아기 엄마는, 심지어 자기 한 몸도 제대로 건사할 줄 모르는 남자와 결혼했다는 현실을 깨닫고는 우울한 마음을 떨치지 못했다. 헬레마는 말했다. "나는 그이가 아버지의 역할을 시작할 수 없다고 생각했어요. 그이는 모든 주목을 혼자서 다 받고 싶어 하는 타입의 남자였죠. 어디든 원하기만 하면 가야 하는 사람이었고요. 그런데 아기가 있으면 그렇게 살 수 없잖아요."

첫 베이커의 기억 속에는 그가 처음으로 아버지가 됐다는 데 대한 일말의 애틋함도 남아 있지 않았다. 그는 되레 이 사실을 가볍게 생각한 눈치였다. 그가 남긴 글에 이런 대목이 있다. "이후로 몇 년 동안은 참 많이 힘들었다. 밴드의 멤버도 계속 바뀌기만 했다." 급기야 그는 잭 심프슨을 비롯한 여러 사람들에게 아들인 체스니가 지진아로 태어났으며, 헬레마에게 정신이상의 가족력이 있기 때문이라고 말했다. 그러나 그의 친구들은 첫 베이커의 마약 복용이 아이의 유전자에 나쁜 영향을 미친 것은 아닌지 궁금해했다. 원인이 무엇이든, 새로운 보금자리를 찾아 맨해튼으로 향하게 된 헬레마는 첫 베이커로부터 아기를 보호하겠다고 다짐했다. "내 아들은 자기 아버지가 누구인지 절대 알지 못했어요." 그녀는 이렇게 말을 이었다. "두 사람이 함께 있지 못하도록 나는 최선을 다했습니다."

9
뉴욕이라는 이름의 유배지

머물 곳도 없고 돈도 없이, 그렇다고 특별한 기대도 없이, 쳇 베이커는 1957년 8월 뉴욕에 모습을 드러냈다. 할렘에서 마약 딜러를하는 몇 명을 제외하면 굳이 그의 출현에 신경 쓰는 사람은 없었다. 이곳의 음악인들은 그를 마일스 데이비스의 아류 격인 그저 그런 연주자로 취급했다. 그렇지 않아도 마일스 데이비스는 이미 예전부터 맨해튼에 살고 있었으며, 그때까지 재즈계에서 가장 많은 화제를 불러 모은 앨범 《Miles Ahead》를 발표한 직후였다. 존 콜트레인과 텔로니어스 멍크가 그리니치 빌리지 동부에 위치한 재즈 클럽파이브 스팟Five Spot에서 오래도록 함께 연주한 일˙도 그 자체로

• 두 사람은 1957년 여름부터 약 6개월 동안 이 클럽에서 꾸준히 연주를 벌였다. 일견 잘 어울리

역사가 됐다. 냇 헨토프에 의하면 존 콜트레인은 단지 좋은 테너 색소포니스트에서 "재즈 역사상 가장 고집스러우면서도 무한한 가능성을 지닌 연주자 중 한 사람"으로 도약했으며, 이를 부정하는 사람은 아무도 없어 보였다. 파이브 스팟에는 미래에 연주하게 될 재즈가 어떤 모습을 띠고 있는지 확인하려는 음악인들로 가득 찼다. 그러나 그들이 꿈꾼 미래 속에 쳇 베이커의 자리는 없었다.

사실 그가 뉴욕에 도착했던 때는 꽤 위험한 시기였다. 마침 마약 퇴치를 위한 강경조치가 발표됐고, 지역적인 움직임이긴 했지만 1950년대 사회를 다시 순수와 선의 환상으로 채우려는 또 다른 시도가 진행 중이었기 때문이다. 1957년 5월 28일에는 160명의 마약 전담 경찰관이 24시간 동안 온 도시를 휩쓸고 지나갔으며, 밥 계열의 알토 색소포니스트 재키 매클레인Jackie McLean을 포함한 131명의 사람들이 체포되기도 했다. 그로부터 2년 뒤 『뉴욕포스트』는 할렘의 메트로폴리탄 병원에서 마흔네 살의 나이로 세상을 떠난 빌리 홀리데이에 대한 여러 페이지의 기사를 내보냈다. 경찰은 죽음을 앞두고 침대에 누워 있던 그녀를 헤로인 소지 혐의로 체포하기까지 했었다. 『타임』지는 맨해튼에 대해 다음과 같은 내용을 실어 국민에게 경종을 울렸다. "이 도시는 '마약을 하

지 않아 보이는 두 사람의 조합은 결국 둘 모두에게 새로운 음악적 전기를 마련한 뜻깊은 일로 기록돼 있다. 당시의 상황을 알아볼 수 있는 앨범이 바로 재즈랜드 레이블에서 발표된(현재는 OJC 시리즈로 유통 중인) 《Thelonious Monk with John Coltrane》이고, 지난 2005년에 처음으로 발굴, 블루 노트에서 발표된 《Thelonious Monk Quartet with John Coltrane at Carnegie Hall》은 파이브 스팟에서 벌인 작업의 결과물이자 매우 높은 역사성과 음악성을 겸비한 걸작으로 평가된다.

도록 부추기는 이들'이 보도에서 풍선을 파는 행상처럼 일상적으로 그들의 물건을 드러내 놓고 판매하는 곳이다. 아이들이 학교 교실에서 헤로인을 흡입하는 곳이며, 평범해 보이는 잡화점이나 식당에도 마약중독자들이 어슬렁대는, 그런 곳이다."

의문의 여지 없이, 뉴욕은 미국에서 마약의 수도와 같은 곳이었다. 1950년대 말까지 단 몇 달러만으로도 헤로인을 복용할 수 있었으며, 특히 재즈 연주자들의 경우 마약을 구하기가 별로 어렵지도 않았다. 당시 연주자들과 거래한 딜러들의 이름은 블론드 레이 Blond Ray, 슬림 Slim, 더티 닉 Dirty Nick, 조니 E Johnny E. 싸구려 두건을 뒤집어쓴 이들은 재즈 클럽의 화장실이나 레녹스 애비뉴를 따라 나 있던 상점의 문간에서 마약을 팔았다. 슬림의 경우, 할렘 골목에 차를 세워 둔 채 차 밖에 나와서 손님들을 기다렸다. 가격을 가지고 다툼이 일어날 경우를 대비해 손닿을 수 있는 가까운 곳에 강철로 만든 타이어 레버를 숨겨 둔 채 말이다. 도시 내에서 마약을 구하기 위해 즐겨 찾던 곳은 연주자들이 종종 어울려 모이던 51번가와 7번가의 핸슨 잡화점이었다. 여기에 가면 마약중독에 빠져 있던 코미디언 레니 브루스가 상점 뒤편에 마련돼 있던 가판대 앞에서 팬들과 수다를 떨고 있었다.

챗 베이커 역시 이런 모습에 익숙해졌을 법하지만, 일단은 그와 가족이 살 곳을 마련하는 것이 급선무였다. 그때, 유럽에서 함께 연주했던 벨기에 출신의 피아니스트 프랜시 볼랜드 Francy Boland •

• 프랜시 볼랜드(1929~2005)는 유럽 재즈의 발전에 큰 공헌을 한 피아니스트이자 작곡가, 편곡

가 구조의 손길을 뻗어 왔다. 그는 허드슨강 위쪽의 서부 지역 Upper West *에 큰 아파트를 하나 얻어 살고 있었는데, 아내와 두 어린아이를 부양하느라 꽤 힘든 시간을 보내고 있었다. 그 때문에, 역시 뉴욕에 와 있던 에디 드 하스에게 방 하나를 세놓았고, 이제 또 하나의 방을 쳇 베이커의 가족이 쓰도록 배려한 것이었다. 일단 기거할 곳이 마련되자, 쳇 베이커는 자신의 음악 경력을 되살리는 것 못지않게 마약을 구하는 일에 다시 시간을 보내기 시작했다. 면도도 하지 않은 무표정한 얼굴로 몇 시간에 한 번씩 침실 문을 열고 나온 그는 아파트 계단을 내려가 택시를 잡아타고는 할렘을 향해 사라지곤 했다. 그리고 돌아오면, 프랜시 볼랜드의 전화로 자기가 알던 모든 이들에게 연락을 취해 5달러나 10달러, 혹은 20달러만 "빌려 달라"고 간청했다. 그는 아기의 옷이나 음식을 살 돈이라고 얘기했으며, 이를 거절할 만큼 냉정한 마음을 가진 사람은 많지 않았다. 딕 복은 계속해서 쳇 베이커에게 선급금을 보내왔다. 그러나 앨범 판매는 날이 갈수록 떨어지고 있었으며, 딕 복은 두 사람 사이의 성공적인 협력 관계가 끝났음을 직감했다.

함께 사는 이들 중에서 유일하게 고정적인 수입원을 가지고 있

가다. 1960년대에는 유럽에 정착한 드러머 케니 클라크와 함께 빅 밴드를 결성하여 좋은 활동을 보여 주었고, 스탠 게츠를 비롯한 미국의 여러 솔로이스트들을 초빙하여 비평계의 관심을 모은 여러 문제작을 만들어 냈다. 음악적으로 쳇 베이커와 더 이상의 인연은 맺지 않았다.

* Upper West는 예나 지금이나 뉴욕 문화의 중심지 역할을 했다. 젊은 전문가 집단이 많이 거주하는 지역으로 현재 브로드웨이와 링컨 센터를 중심으로 많은 문화예술 활동이 이루어지고 있다.

던 에디 드 하스는, 그가 한 주에 97달러씩 벌어오는 돈으로 자신을 포함한 일곱 사람이 생활하고 있음을 깨달았다. 냉장고를 가득 채워 두면, 막상 자신은 손을 대기도 전에 먹을거리가 사라져 버렸다. 한동안 에디 드 하스는 동료의 어린아이들을 위해 이런 상황을 참았지만 결국 이사를 가 버리고 말았다. 그리고 다음 순서는 헬레마와 어린 아들인 체스니 아프타브(그들은 이 아기를 쳇 베이커가 어렸을 때와 마찬가지로 "체티"라 불렀다.)였다. 모든 이들은 이 젊은 아기 엄마가 얼마나 현실의 상황을 두려워하고 있는지, 그리고 의기소침해 있는지 알고 있었다. 특히 아들을 잘 키우는 것이 가장 큰 고민이었다. 하지만 아기 아빠의 팔과 발은 온통 피멍 든 "주삿바늘 자국"뿐이었고, 점점 체중도 줄어 가고 있었다. 헬레마의 부모는 딸의 결혼 생활에 혐오를 느끼고 어서 집으로 돌아오라고 다그쳤다. 어린 아들을 들쳐 업고, 헬레마는 친정이 있는 디트로이트로 돌아갔다.

오래 지나지 않아 쳇 베이커마저 더 이상 프랜시 볼랜드의 아파트에 머물 수 없었다. 한동안 갈 곳이 없던 그는 차 안에서 잠을 자다가 얼마 뒤 한 마약 딜러의 집에 기거하게 됐다. 역시 뉴욕으로 건너와 웨스트 60번가의 아파트에 살고 있던 밥 지프는, 쳇 베이커가 "돼지우리만도 못한 곳에 머물고 있었다"고 했다. 남편의 행방을 알게 된 헬레마는 디트로이트에서 뉴욕의 밥 지프에게 전화를 걸어 쳇 베이커를 돌봐 달라고 간청했다. 밥 지프는 말했다. "그녀가 이렇게 말하더군요. 쳇 베이커가 나와 함께 있으면 마약을 끊을 수도 있지 않겠느냐고 말이에요." 밥 지프의 현실적인 판단이 옳았겠지만, 그는 헬레마의 순진한 요청을 차마 거절할 수 없었다. 그러나 쳇 베이커의 행동에는 아무런 변화가 없었다. 훗날 그는 당시에 대해 이렇게 얘기했다. "나는 심지어 트럼펫도 별로 불지 않았지. 그냥 펌프질하듯 마약만 줄기차게 해 대면서 내 삶이 사라져 버렸으면 좋겠다고 생각했다네."

쳇 베이커에게는 이런 식의 "비극적인" 고백을 낭만적으로 들리게 하는 구석이 있었다. 그러나 그 스스로 당연한 것처럼 받아들이던 재능—그의 음악—이 자신도 모르는 새 사라져 가고 있던 것처럼, 쳇 베이커의 자존심 또한 점차 무너져 내리고 있었다. 뉴어크와 뉴저지의 시끄럽고 냉담한 관객들은 소란스러운 분위기로 종종 그의 혼을 빼놓곤 했다. 쳇 베이커는 그런 사람들을 향해 마이크를 잡고 화를 내며 이렇게 얘기했다. "이것 보쇼. 제리 멀리건이 여기 있었으면 아마 당장 소리를 쳤을 거요. 하지만 나는 그러진 않겠소. 그래도 도무지 이해가 되질 않네. 길 건너 바에 가면 3분의 1 값에 술 한 잔을 마실 수 있을 텐데 왜 여기 와서 시끄럽게 하고 있는 거요? 나도 제발 연주 좀 합시다."

뉴욕은 쳇 베이커를 한없이 외롭게 했고, 결국 그는 정신과 상담을 받기도 했다. 헬레마는 나중에 의사가 작성한 경과서를 접할 수 있었다. 쳇 베이커가 딕 트위드직의 죽음과 관련한 죄책감에 빠져 "자기 자신을 벌주기" 위해 마약을 하고 있다는 얘기였다. 어쨌든 정신과 치료는 그에게 별 도움이 되지 못했고, 더할 수 없이 절박한 심정으로 그는 아버지를 찾게 됐다. 쳇 베이커는 아직도 아버지의 인정을 갈망하고 있었다. 그러나 그에게서 칭찬을 듣는 것은 매우 힘든 일이었다. 앨범을 발표할 때마다 집에 보냈지만, 아들을 자랑스러워하며 편지를 보내온 건 언제나 어머니인 베라였다. 그런데도, 뉴욕이 아닌 다른 곳에서 연주할 일이 생기자 쳇 베이커는 아버지에게 밴드의 운전과 매니저 역을 부탁하며 함께 투어에 동행할 것을 권했다. 하지만 일단 두 사람이 얼굴을 마주하자 케케묵은 과거의 분노가 다시 휘몰아쳤다. 결국 필라델피아에서 말다툼이 벌어졌다. 아버지 체스니는 차 두 대 중 하나를 몰고 그냥 캘리포니아로 돌아가 버리겠다며 으름장을 놨다. 쳇 베이커는 마치 장난감을 빼앗길 위기에 처한 아이처럼 발끈해서 이렇게 소리쳤다. "예, 가져가세요! 그럼 난 당장 경찰에 전화해서 차를 도둑맞았다고 신고하면 되죠!" 아들이나 아버지, 두 사람 모두에게 이런 식의 긴장은 이내 폭력으로 치달을 만했다. 쳇 베이커의 피아니스트를 맡고 있던 밥 지프를 포함하여 방 안의 여러 사람이 보는 앞에서 충돌이 일어났다. 밥 지프가 말했다. "두 사람은 주먹을 움켜쥔 채 방 안을 빙빙 돌았습니다. 보다 못한 내가 이렇게 한마디 했죠. '부자간에 정말 이렇게까지 해야 하는 겁니까?' 그제야 둘은 다툼을 그치고 서로 울기 시작하더군요."

이 일이 있고 난 뒤, 밥 지프는 두 사람의 마음속에 아주 묘한 기운이 흐르고 있다는 것을 감지했다. "쳇 베이커는 새삼스럽게 자기 아버지를 아빠라 부르더군요. 둘이서만 잘 어울리면서 나머지 우리는 거들떠보지도 않았어요. 자기들을 빼고 나머지 세상은 온통 다 나쁜 놈 취급을 하면서 말이죠. 모든 이들이 그들을 이용해

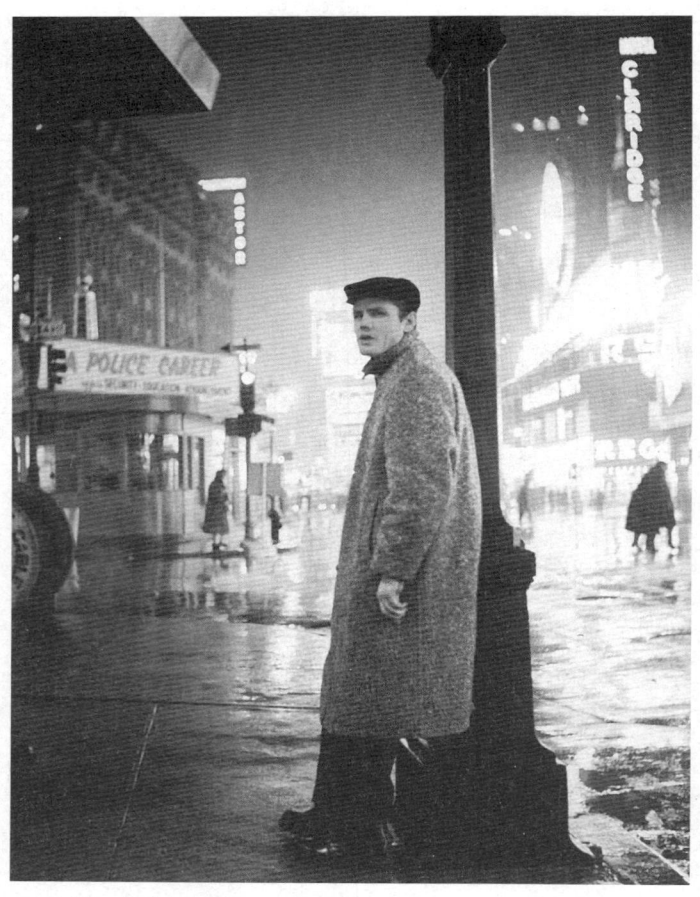

1950년대 말 LA를 떠나 뉴욕에 머물던 시절의 쳇 베이커.
타임스 스퀘어에서 잔뜩 긴장한 시선으로 카메라를 응시하고 있다.

먹으려 든다는 투였습니다." 밥 지프는 아버지 체스니를 통해 쳇 베이커의 행동이 어디에서 비롯됐는지 알게 됐다. 체스니가 운전대를 잡으면, 두 사람은 고속도로를 미친 듯이 내달리며 "위험을 즐기는 사람들처럼 냅다 소리를 지르곤 했다." 밥 지프는 이렇게 결론지었다. "적어도 그 순간만큼 쳇 베이커는 아빠 말을 아주 잘 듣는 어린 아들과 다름없었습니다." 쳇 베이커는 차창 밖을 내다보며 고집스러운 늙은이처럼 소리—"넌 어느 나라에서 온 놈이야!"—지르는 아버지를 보며 즐겁게 따라 웃었다.

하지만 아버지가 캘리포니아로 돌아가자, 쳇 베이커는 온종일 자기 파괴를 일삼던 예전의 모습으로 돌아가 버렸다. 밴드는 미니애폴리스 인근의 한 재즈 클럽에서 2주에 걸쳐 공연을 벌이게 됐다. 밥 지프는 당시의 기억이 고문과도 같다고 말했다. "쳇 베이커는 화장실 바닥에 쓰러졌다가 몇 시간이 지난 뒤에야 모습을 드러내곤 했죠. 연주에 서너 시간 늦는 일은 다반사였습니다." 어느새 대부분의 클럽 주인들은 쳇 베이커를 독약처럼 생각했고, 밥 지프 역시 이를 견뎌 내지 못했다. 뉴욕에 살던 이 작곡가는 경찰이나 쳇 베이커의 마약 거래 때문에 문제가 생길까 봐 두려웠다. 그래서 그에게 떠날 것을 요구했다. 밥 지프에 의하면 쳇 베이커는 "당장이라도 한판 싸움을 벌일 것" 같았고, 씩씩대며 아파트를 뛰쳐나가 호텔로 가 버렸다. 매서운 뉴욕의 겨울이 다가오고 있었다. 다시 한번 세상으로부터 "거부당한" 그에게는 희생자의 아픔을 가슴에 품을 또 하나의 핑곗거리가 생긴 셈이었다. 쳇 베이커는 예전에 그랬던 것처럼 마약 딜러들에게 빌붙으며 친구네 집 소파나 자기 차의 뒷자리에서 밤을 보내야 했다.

그러나 쳇 베이커에게도 한 가지 희망이 보였다. 다름 아닌 딕 복이었다. 그는 밥 지프의 아파트에 머물던 쳇 베이커에게 전화를 걸어 새로운 앨범 녹음을 제의한 상태였다. 지미 본드는 이렇게 말했다. "왠지 딕 복은 쳇 베이커에게 놀랄 만큼 잘했습니다. 그는 진심으로 쳇 베이커를 믿는 눈치였어요. 그리고 도와주려고 했죠. 그 많은 것들을 말없이 잘도 견뎌 내더라고요." 쳇 베이커를 구할 길이 없을지 고심을 거듭하던 딕 복은 그의 레이블에 소속돼 있던 가수 데이비드 앨린David Allyn에게 함께 생각해 볼 것을 권했다. 팝 재즈 발라드를 부르던 그는 뛰어난 가수였으며, 수년 동안 지속된 헤로인 중독과 수감 생활을 거쳐 비로소 자신의 삶을 구원해 낸 인물이었다. 당시 그는 월드 퍼시픽 레이블에서 제롬 컨의 곡들을 노래한 앨범을 발표해 좋은 반응을 이끌어 냈으며, 마약 관련 상담가로도 활동하던 중이었다. 하지만 데이비드 앨린은 쳇 베이커 스스로 벗어나고픈 마음이 없다면 아무 소용 없다는 사실을 누구보다 잘 알았다. 그리고 그에게 마약을 끊을 의지가 없다는 점 또한 명료했다. 잭 심프슨이 쳇 베이커에게 왜 마약을 하느냐고 물은 적이 있었다. 그는 이렇게 대답했다. "이보게, 그게 내가 하고 싶은 일이기 때문이야. 만약 내가 배에 오른다고 가정해 보세. 그러면 그 배를 타고 온 세상을 다 돌아다니고 싶을 걸. 원하는 모든 걸 다 손에 넣으면서 말이야. 알겠나? 난 내가 원하니까 마약을 하는 거야."

쳇 베이커가 진정으로 원한 것은 모든 책임을 회피하고 동시에 그에 대한 대가도 치르지 않는 것이었다. 밥 지프가 작곡한 어려운 곡을 녹음하면서 이미 딕 복에게 적지 않은 고통을 안겨 준 뒤, 쳇 베이커는 또다시 스튜디오에 두 시간이나 늦게 모습을 드러냈다. 연주를 맡은 실내악 그룹이 밥 지프와 함께 신경을 곤두세운 채 기다리고 있었다. 쳇 베이커는 연주되는 곡이 어떤 음악인지 잘 몰랐다. 그리고 특별한 느낌 없이 뻣뻣한 연주를 계속했다. 어차피 딕 복―앨범 작업을 밥 지프의 곡들로 시작하고 싶은 마음은 전혀 없었던―이 그런 음악을 레코드로 제작할 리 만무했다. 밥 지프와 클래식 연주자들이 스튜디오를 떠난 뒤, 쳇 베이커는 베이시스트 로스 사바커스Ross Savakus, 그리고 예전에 물 위에 떠 있던 빌 러프버러의 집에서 만난 기타리스트 데이비드 위트와 함께 뒷자리에 머물러 있었다. 이들은 함께 어울려 밤늦도록 서성대며 데이비드 위트가 숨겨 둔 많은 양의 대마초를 피웠다. 그러고는 쳇 베이커가 즐겨 부르던 감상적인 발라드들을 녹음했다. 〈There's a Lull in My Life〉, 〈The Night We Called It a Day〉, 〈Little Girl Blue〉(실연당한 여인의 아픔을 그린 노래지만 쳇 베이커는 굳이 화자의 성을 바꾸지 않았다.)같이 끝나 버린 사랑의 슬픔을 노래한 곡이었다. 심지어 거슈윈 형제가 만든 의기양양한 느낌의 〈They All Laughed〉마저 그는 파멸의 예언을 담아 소화했다. 이 곡들을 녹음하면서 쳇 베이커는 의미 있는 전환점에 이르렀다. 그동안 많은 앨범 작업을 해 왔지만 비로소 처음으로 쿨의 외관을 완벽하게 떨쳐 버린 것이었다. 어디에도 행복한 결말은 찾아지지 않았으며 마치 이렇게 얘기하는 듯했다. 깨져 버린 약속일랑 모두

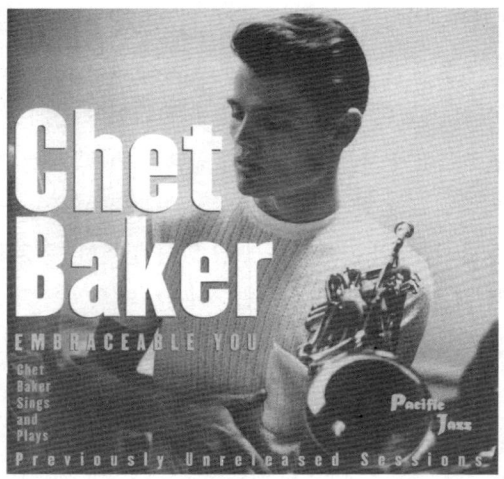

《Embraceable You》

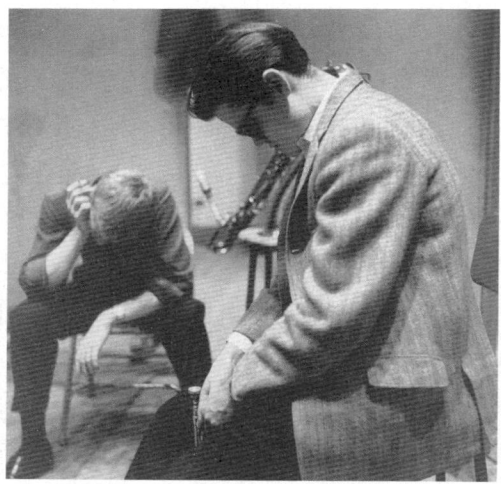

쳇 베이커와 제리 멀리건의 재결합은 실망스러운 결과를 낳았다.
ⓒ Carole Reiff Photo Archive

제쳐 두고, 단지 절망 속에 침잠하라.

따지고 보면, 쳇 베이커는 자기 자신의 잘못으로 날려 버린 기회가 참 많았다. 그러나 이번에는 딕 복의 잘못된 판단이 아쉽게도 이 앨범의 운명을 일순간에 바꿔 놓았다. 곡들의 분위기가 너무 가라앉았다고 판단한 그는 녹음한 테이프를 책꽂이에 꽂은 채 앨범으로 제작하지 않았다. 그리고 쳇 베이커가 세상을 떠난 뒤에야 당시 녹음했던 곡 중 하나의 제목을 타이틀 삼아 《Embraceable You》라는 앨범이 세상에 나왔다. 영국의 재즈비평가 클라이브 데이비스Clive Davis는 딕 복의 견해에 동조하며 다음과 같은 리뷰를 썼다. "길 잃은 소년의 내면이 담긴 이 곡들은 나름대로 매력을 지녔다. 그러나 앨범 전체를 살펴볼수록 그 인상이 숨 막힐 듯한 우울함에 다름 아님을 깨닫는다. 물론 많은 사람들에게는 바로 그 점이 쳇 베이커의 존재를 어필할 수 있는 핵심적 요소겠지만 말이다."•

딕 복은 제리 멀리건의 피아노 없는 쿼텟(베이시스트 헨리 그라임스Henry Grimes와 드러머 데이브 베일리Dave Bailey가 기용됐다.)을 다시 결성하는 프로젝트에 상대적으로 더 많은 열의를 보였다. 그러나 《Reunion》이라 이름 붙인 이 앨범에서 예전의 마법과 같은 성과는 다시 찾아볼 수 없었다. 열광적으로 엮인 채 드러났던 두

• 이 곡들은 1957년 12월 9일에 녹음됐다. 《Embraceable You》가 발표된 것은 쳇 베이커가 세상을 떠나고 7년이 지난 1995년. 여기에 실린 곡들은 현재 이 앨범 이외에도 여러 편집 앨범에 나뉘어 소개돼 있다. 저자가 이 앨범의 의미를 크게 인식한 것처럼, 팬들 사이에서는 이 작품이 쳇 베이커의 숨겨진 보석으로 인식되곤 했으며, 비평가에 따라 그가 남긴 최고의 보컬 앨범으로 평가하기도 했다. 필청을 권한다.

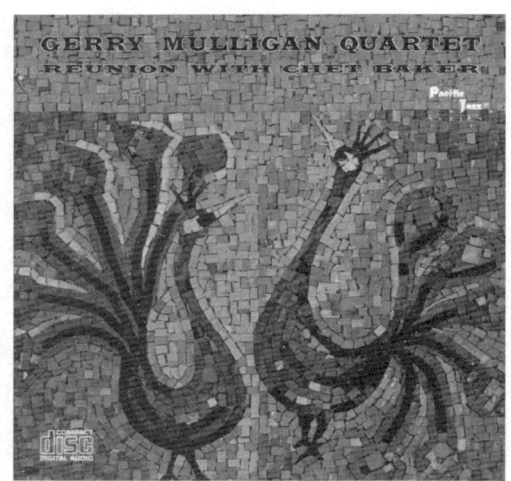

《Reunion》

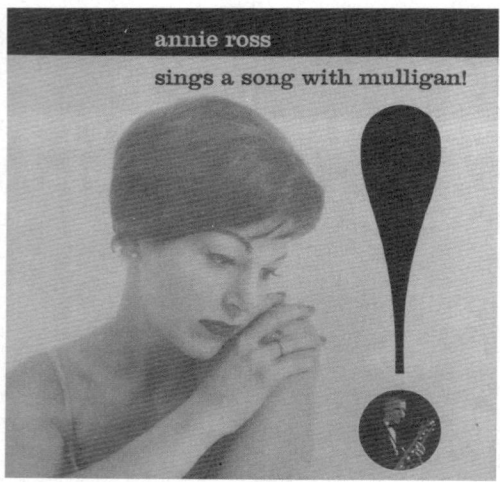

《Annie Ross Sings a Song With Mulligan!》

개의 관악기는 이제 물과 기름처럼 따로 놀았다. 〈Star Dust〉를 새롭게 편곡한 연주를 비롯해 다른 여러 스탠더드 곡들도 윤기 없는 솔로로 채워졌을 뿐이었다. 제리 멀리건은 쳇 베이커를 향한 경멸의 속내를 감추지 못했고, 쳇 베이커의 연주도 제리 멀리건이 말한 것처럼 "제대로 배우지 못한 인생"의 징후를 다시 한번 드러냈다. 그는 이렇게 말했다. "쳇 베이커는 이 작업에 진지하게 임했고, 열심히 하기도 했습니다. 그러나 헤로인은 그런 태도와 반대되는 것이죠. 오히려 변덕이 심해지고, 즉각적인 흥분과 만족을 가져다줄 뿐입니다. 그건 예술가가 되기 위해 필요한 자질과는 전혀 상관없는 것들이죠."

《Reunion》이 만들어진 것과 같은 세션에서 이 쿼텟의 연주로 녹음된 또 하나의 앨범이 있었다. 바로 재즈 보컬리스트 애니 로스Annie Ross의 작품이었다. 그런데 이 작업이 진행되는 동안 쳇 베이커에 대한 제리 멀리건의 생각이 틀리지 않았음을 증명한 일이 있었다. 애니 로스는 녹음이 반쯤 진행됐을 무렵 쳇 베이커가 "화장실에 들어가더니 다시는 나오지 않았다"고 회상했다. 그를 대신해서 아트 파머가 연주를 마무리했고, 앨범은 《Annie Ross Sings a Song With Mulligan!》이란 제목으로 발표됐다. 며칠 뒤, 쳇 베이커는 애니 로스에게 전화해서 돈을 좀 빌려달라고 얘기했다. 그녀는 말했다. "트랜스미션이 나가서 돈이 필요하다고 말하더군요. 그런데 나는 트랜스미션이 무엇인지도 몰랐어요. 하지만 쳇 베이커가 과연 어떤 사람인지는 제대로 알 수 있겠더라고요."

쳇 베이커가 재즈라는 사다리에서 자꾸만 발을 헛디딜 무렵, 그의 오랜 라이벌인 스탠 게츠—쳇 베이커가 비웃을 만큼 지저분한 마약 사용을 무분별하게 자행하던—는 상승곡선을 타고 있었다. 시간이 지나 1964년에는 스탠 게츠의 싱글 〈The Girl from Ipanema〉가 10위권에 들 만큼 히트했으며, 일반 대중도 그의 사운드를 달콤한 사탕처럼 느꼈다. 스탠 게츠는 여러 투표에서 압도적 표차로 최고의 테너 색소포니스트에 뽑히기도 했다. 하지만 스탠 게츠와 쳇 베이커 모두 아직 마약중독에 시달리고 있었다. 1958년 초, 두 사람은 맨해튼의 브릴스 빌딩 앞에 함께 서 있었다. 여러 유명한 작곡가들과 음악 출판업자들이 모이는 시내 중심부의 이 건물 앞에서 두터운 코트를 걸치고 장갑을 낀 채 벌벌 떨며 마약 딜러를 기다리던 중이었다. 그들이 찾던 인물은 일명 "그리스인 토니"라 불리던 도널드 프랭코스Donald Frankos. 키가 크고 억센 느낌의 잘생긴 미남이던 그는, 뉴욕의 연예인들에게 헤로인과 코카인을 공급하는 것으로 유명했던 지미 스패노Jimmy Spano 밑에서 일하고 있었다. 훗날 도널드 프랭코스는 마피아를 위한 청부 살인업자로 변신했다. 이에 대한 이야기는 1992년에 출간된 회고록 『살인 청부업자Contract Killer』에 나와 있는데, 전미 트럭운전사 노조인 팀스터즈Teamsters의 전임 대표로 폭력조직과 연계돼 있던 지미 호파Jimmy Hoffa*의 미결된 살인사건

---

* 지미 호파는 자신의 지위를 유지하기 위해 마피아와 거래까지 서슴지 않았다. 1975년, 디트로이트의 한 식당에서 사라진 뒤 지금까지 이 사건은 미제로 남아 있다. 1992년에는 이 실화를 배경으로 잭 니콜슨 주연의 영화 「호파Hoffa」가 제작됐다.

에 대해 꽤 신빙성 있는 고백을 남기기도 했다. 이미 1958년에도 도널드 프랭코스는 꽤 유명한 이들과 거래를 하고 있었으며, 그 중에는 보비 다린Bobby Darin, 마일스 데이비스, 텔로니어스 멍크, 아니타 오데이, 레니 브루스, 그리고 록 스타였던 디온Dion 같은 인물도 포함돼 있었다. 그에게 쳇 베이커는 그저 여느 고객 중 하나일 뿐이었다. 하지만 마치 신경과민처럼 보이던 이 트럼페터의 모습은 40년이 지난 뒤에도 그의 기억 속에 고스란히 남아 있다. 도널드 프랭코스는 말했다. "연필처럼 삐쩍 말랐더군요. 항상 경계하는 눈빛으로, 겁에 질린 듯한 모습이었습니다. 경찰에게 잡힐까 봐 무서웠겠죠."

쳇 베이커가 두려워한 것은 단지 마약 살 돈이 떨어져 가고 있다는 사실뿐이었다. 그리고 그가 스탠 게츠와 시카고에 머물던 2월, 빠른 시일 내에 현금을 만질 수 있는 기회가 찾아왔다. 스탠 게츠가 소속돼 있던 버브 레이블의 사장인 노먼 그랜즈Norman Granz는 듀엣 앨범《Stan Meets Chet》을 바로 제작할 수 있도록 스케줄을 짰다. 『메트로놈』은 나중에 이 앨범을 "큰 실수"라 명명했다. 어쨌든 스탠 게츠는 시카고 출신 음악인들로 구성된 리듬 섹션과 자리를 잡고, 쳇 베이커는 멍한 얼굴로 소파에 드러누웠다. 녹음이 진행되기 직전 자리에서 일어난 그는 힘 빠지고 무심한 사운드를 뱉어내기 시작했다. 〈Autumn in New York〉의 도입부에서 터져 나온 첫 음정은 너무나 플랫flat돼 있어서 제대로 된 프로듀서라면 누구든 다시 녹음할 것을 지시했을 법했다. 그러나 노먼 그랜즈는 개의치 않았다. 앨범에 대한 매체의 반응은 혹독했다. 대표적인 예가 『다운 비트』에 실린 재즈비평가 마틴 윌리엄스의 글이었다. "앨범 전면에 나타난 쳇 베이커의 음악은 자기가 솔로를 마칠 때까지 어찌할 바를 모른 채 오도 가도 못하고 서 있는 사람을 연상케 한다. 이런 것을 어찌 명백한 실수라고 얘기하지 않을 수 있겠는가."

스튜디오 밖의 쳇 베이커는 단지 실수하는 것을 넘어서서 심각한 재앙을 향해 돌진하고 있는 듯했다. 밀워키에서 연주할 일이 생겨 차를 몰고 시카고에서 출발해 북쪽으로 가던 중이었다. 한때 반짝이던 그의 재규어 승용차는 이제 폐차 직전의 고물이 돼 있었다. 얼마 전 마약 딜러와 싸움이 붙어 유리창 하나는 박살이 나고 차 옆구리는 움푹 팬 상태였다. 일리노이주 워키건을 통과해 지나칠 무렵, 창문이 깨진 것을 본 경찰관이 그의 차를 갓길에 세우도록 명령했다. 겁에 질린 쳇 베이커는 운전면허증도 제시하지 못했고, 차를 수색한 경찰관이 앞좌석 밑에서 헤로인을 발견했다. 쳇 베이커는 헬레마가 보석금을 보내오기 전까지 나흘 동안 수감됐다. 그리고 이에 따른 재판은 1958년 8월로 예정됐다. 일리노이주에서 이 일이 있고 난 지 며칠 뒤에는 할렘에서 체포되는 일도 있었다. 일이 겹치면서 이번에는 어쩔 수 없이 징역형을 받게 될 것이라 여기고 있던 차에, 한 마약중독자 친구가 빠져나가는 방법을 일러 주었다. 켄터키주 렉싱턴으로 간 그는 마약 재활을 위한 미국 공공 건강 서비스 병원에 입원해 버렸다. 계획은 기가 막히게 들어맞았다. 쳇 베이커는 입원실에서 워키건의 판사 앞으로 편지를 보내 자기가 마약을 끊기 위해 얼마나 노력하고 있는지 설명했다. 판사는 판결을 내렸다. 혐의 없음.*

첫 베이커는 렉싱턴의 병원에서 제공한 "치료"를 견뎌 냈다. 의사는 헤로인을 단념시키기 위해 합성 진정제를 투여했고, 차도가 좀 보인다고 생각되자 그를 회복 병실(환자들이 "우범지대"라 부르던)로 옮기게 했다. 그러고는 행정상 더 이상 환자가 아닌 일반 주민으로 편입되었다. 첫 베이커는 이 병원 생활을 통해 범죄자에서 다시 "평범한" 사회인이 되는 방법을 알게 됐다. 하지만 첫 베이커의 입장에서는 그 감옥과 같던 환경 속에서도 유일하게 일상적인 부분이 있었으니, 바로 많은 재즈 연주자들과 함께 있었다는 사실이다. 그중에는 중독을 고치기 위해 자발적으로 들어온 경우도 있었지만, 마약 관련 위반 행위에 대한 처벌로 연방 당국이 강제로 입원시킨 이들이 적지 않았다. 첫 베이커는 병원에서 태드 다메론Tadd Dameron을 만났다. 그가 즐겨 부른 슬픈 연가 중 하나인 〈If You Could See Me Now〉를 작곡한 태드 다메론은 새로운 영역을 개척한 밥 계열의 편곡가였다. 마약 관련 범죄로 렉싱턴에 들어와 4년의 세월을 보낸 그는 병원 내에서 올스타 오케스트라를 이끌었다. 여기에는 피아니스트 케니 드루Kenny Drew와 곧 다가올 프리 재즈의 흐름에서 독특한 연주로 사람들의 시선을 모은 색소포니스트 샘 리버스Sam Rivers가 포함돼 있었다.

렉싱턴 병원의 치료 실태를 보아 충분히 예상할 수 있는 일이지

---

* 비열하기 짝이 없는 행동이지만, 이런 방법으로 법망을 피해 징역을 면하는 연주자들이 적지 않았다. 그래서 마약 관련 범죄로 체포된 경우 재활 치료를 거친 뒤 수감 생활까지 반드시 치러야 하는 법안을 마련한 주정부도 적지 않았다.

만, 약 85퍼센트의 환자가 다시 마약에 손을 댔다는 보고가 있다. 병원 생활이 비교적 자유로웠기 때문에 많은 중독자들은 마음만 먹으면 편한 잠자리와 음식을 얻을 수 있었다. 나중에 배설돼 나오면 다시 사용할 수 있도록 종종 항문에 마약을 숨기거나 헤로인으로 가득 찬 고무풍선을 삼킨 채 들어오는 경우도 있었는데, 만약 잘못돼 몸 안에서 풍선이 터지기라도 하면 치명적인 과다 복용을 유발할 수 있는 위험한 일이었다. 방문객들도 아무런 문제 없이 마약을 가지고 들어와 입원 중인 친구들에게 전해 줄 수 있었다. 병원에 근무하는 정신과 의사들이 대부분의 환자들보다 한 수 아래였음은 당연한 일이었다. 이들은 어떤 상황에서도 약에 취할 기회를 만들 수 있는 전문가들이나 마찬가지였다.『뉴욕 포스트』에 의하면, 어느 병원 직원 하나는 그곳에 머물던 환자들을 "지구가 생겨난 이래 가장 교활한 사람들"로 인식하고 있었다.

쳇 베이커 역시 이러한 술수에 익숙해지고 있었다. 그러나 막상 그가 병원에서 나가게 된 것은 그가 벌인 속임수 덕분이 아니었다. 그는 잡지『투데이』와 가진 인터뷰에서 이런 이야기를 들려주었다. 넉 달로 예정된 입원 기간 중 38일째 되던 날, 예전에 루지 라운지에서 잠시 스치듯 사귀었던 예쁜 금발의 열성 팬, 조이스라는 여자를 병원에서 다시 만났다. 그녀는 쳇 베이커가 그곳에 들어와 있는 것을 알고 일부러 입원했으며, 그가 뉴욕으로 가서 자기와 같이 산다면 모든 일을 알아서 다 돌봐 주겠노라 말했다고 한다. 두 사람은 그날로 렉싱턴을 떠나 차를 몰고 뉴욕으로 왔으며, 57번가에 위치한 그녀의 아파트에 자리를 잡았다. 외견상 그곳은 그녀가 자신의 우상인 쳇 베이커와 함께 마약의 향연을 위해 마련한 공간과도 같았다. 하지만 그녀가 생각했음직한 어떤 식의 낭만적인 망상도 전적으로 그의 마음과는 상관없는 것이었다. 쳇 베이커는 이런 얘기를 덧붙였다. "2주쯤 지나니까 그런 상황도 좀 지치기 시작하더군. 우리는 그녀가 가지고 있던 1,500달러를 한 푼도 빠짐없이 마약에 쏟아부었으니까."

이보다 더 지저분한 이야기가 하나 있다. 사실 이 일화들이 실제 일어난 것인지 확인해 줄 수 있는 사람은 아무도 없기 때문에, 같은 맥락에서, 쳇 베이커가 자신의 악행을 미화한 채 늘어놓았다고 단언할 수 있는 것도 아니다. 그가 한 말을 종합하면 다음과 같다. 조이스의 아파트를 나온 뒤 이번에는 픽시라는 이름의 매춘부와 함께 살게 됐다. 그녀에게는 밥이라는 "잘생긴 남창"이 동거인으로 있었는데, 그는 픽시와 함께 살려고 자기 아내를 버렸단다. 그러나 그가 다시 집으로 돌아간 뒤, 쳇 베이커는 픽시가 길거리에서 하루에 백 달러씩 벌어 오는 돈을 자유롭게 쓸 수 있었다는 것. 그는 이렇게 말했다. "나는 원하는 만큼 그 돈을 다 가질 수 있었지. 물론 마약하는 데 다 써 버렸고 말이야."

레코드 프로듀서 빌 그라우어Bill Grauer는 최악의 시기에 쳇 베이커를 자신의 레이블인 리버사이드Riverside와 계약시켰다. 타임스 스퀘어의 바로 북쪽에 사무실을 둔 리버사이드는 주로 강한 인상을 지닌 비밥 연주자들의 음악을 제작했다. 캐넌볼 애덜리와 필리 조 존스, 텔로니어스 멍크 같은 이스트코스트의 거성들이 대표적이었다. 빌 그라우어는 쳇 베이커의 음악이 아직도 대중에

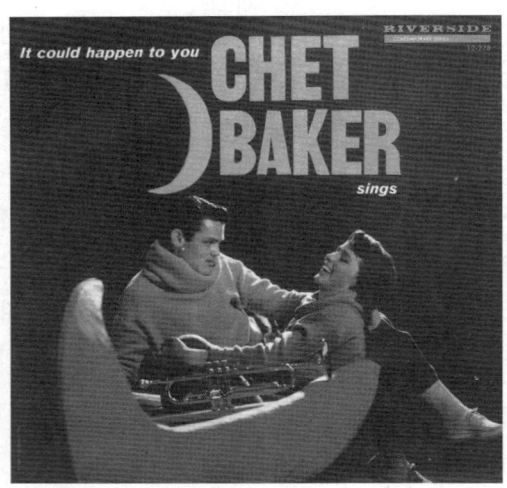

《It Could Happen to You》

게 구매력이 있다고 판단했으며, 딕 복에게 연락을 취해 이 트럼
페터를 대여 형식으로 쓸 수 있는지 물었다. 딕 복은 리버사이드
가 향후 쳇 베이커의 금전적 요구를 수용할 수 있다면 아무런 문
제 될 것이 없다며 기쁘게 수락했다. 그러나 빌 그라우어의 파트
너인 오린 킵뉴스Orrin Keepnews는 느낌이 좋지 않았다. 수십 년 뒤,
그는 쳇 베이커가 리버사이드와 계약 관계에 있던 열두 달만큼
이 레이블의 역사상 안 좋은 시기도 없었을 것이라고 말했다. 오
린 킵뉴스는 이렇게 덧붙였다. "쳇 베이커를 로맨틱한 존재로 생
각하는 따위의 말은 아예 꺼내지도 마세요. 그는 사악한 마약중
독자에 매일 징징거리기만 하던 교활한 젊은이에 불과했습니다.
나는 레이블이 그와 계약하는 걸 반대했죠. 단 한 번도 그의 음악
을 좋아했던 적이 없었거든요. 내가 집중했던 건 하드밥이었던
데다가, 그 빌어먹을 웨스트코스트의 음악에 대해서는 언제나 냉
담한 마음뿐이었습니다. 나를 더 불편하게 했던 것은 쳇 베이커
가 마일스 데이비스에 상응하는, 한결 편안한 백인 연주자로 받
아들여졌다는 사실이었어요."

오린 킵뉴스와 빌 그라우어는 1958년 8월, 보컬 앨범인 《It
Could Happen to You》를 제작해서 사라져 가던 쳇 베이커의 감
상적인 매력을 되살리려고 했다. 그들은 방대한 양의 곡을 다룰
줄 알던 피아니스트 케니 드루를 기용하여 곡을 고르게 한 뒤, 쿼
텟을 위한 편곡과 피아노 연주까지 맡겼다. 스튜디오에 도착한
쳇 베이커는 이미 약에 취한 상태였고, 사람들은 거의 알아들을
수조차 없이 발음하는 그의 노래 가사를 들으며 더없는 혐오감

을 느꼈다. 그러나 그의 연주력에 문제가 많았음에도 쳇 베이커는 진정한 재즈 가수로서 역량을 갖춰 가고 있었으며, 자신이 선보일 수 있는 최고의 트럼펫 연주에서 나타났던 물 흐르듯 자연스러운 독창성을 보컬로 옮겨 놓을 수 있을 만큼 성장해 있었다. 많은 연주자들이 그의 스캣을 들으며 놀라움을 금치 못했다. 특히, 로저스와 하트가 그들의 뮤지컬 「팔 조이Pal Joey」에서 발표했지만 미처 큰 주목을 받지 못했던 〈Do It the Hard Way〉 같은 곡이 그랬다. 이 노래는 레코드상에서 처음으로 쳇 베이커의 스캣이 담긴 곡이기도 했다. 게다가 비교적 평범하게 부른 〈I'm Old-Fashioned〉 같은 곡에서 그는 재즈의 맥을 흠잡을 데 없이 짚어 내며 훌륭하게 리듬을 탔다. 그러나 녹음 작업이 마무리될 즈음 쳇 베이커는 거의 말조차 하지 못할 정도로 정신을 놓아 버렸다. 오린 킵뉴스는 빌 그라우어에게 이렇게 내뱉으며 스튜디오를 뛰쳐나갔다. "자네의 그 잘난 생각이었잖아? 난 이제 모르겠으니 당신이 알아서 마무리해."

앨범에 대한 여러 리뷰는 당시 재즈계가 쳇 베이커를 어떻게 받아들이고 있었는지 여실히 증명했다. 마틴 윌리엄스가 다시 한번 공격을 이끌었다. 그는 『다운 비트』에서 이 앨범에 최악의 점수인 별 한 개를 매긴 채 다음과 같이 썼다.

곡 하나를 잘 이끌어 낼 수 있는가? 타임은 정확한가? 그럼 노래하라! 그대의 목소리가 과연 음역과 성량이란 것을 가지고 있다면, 음정이 흔들리든 명확한 형태나 기반이 없든 무슨 상관이란 말인가.

좀 떨리는 목소리로 변색된 그 무언가를 지향하더라도 소년처럼 (그렇다고 사춘기 소년 정도가 아니라 거의 애들 같은) 애원하는 느낌만 있다면 노래는 할 수 있겠고, 굳이 어머니의 깊은 애정까지는 아니더라도 강한 모성 본능을 지닌 여자들이라면 그대의 노래를 아낌없이 사랑하게 될 것이다. 그대가 노래하는 방식이 음악 자체에서 특별한 의미를 갖지 않거나 아예 무관할지도 모르지만, 사실 이런 일은 언제 어디서든 벌어지고 있지 않던가.

그리고 이 모든 것이 실망스럽다면, 트럼펫도 남아 있다. 서정적인 변주를 해낼 재능이 많다고 들었는데, 왜 그건 사용하지 않았는가. 그도 아니면 다른 이의 스타일을 좀 가져다 쓰는 길도 있지 않은가. 물론 그대가 자신의 재능을 계발하거나 심지어 그것이 무엇인지 발견 내지 못했다손 치더라도, 그 또한 언제나 그렇게 흘러가도록 내버려둘 수 있는 일이다. 어쨌든 그대는 이미 많은 팬을 거느렸고 투표에서 수위를 차지한 적도 많았다. 그러니 따지고 보면 그것만으로도 됐다. 무슨 재능을 더 계발할 필요가 있겠는가.

재즈와 블루스를 노래한 다이나 워싱턴Dinah Washington은 음악 스타일만큼이나 신랄한 얘기를 잘하기로 유명했다. 그녀는 『다운 비트』가 실시한 블라인드폴드 테스트Blindfold Test에서 쳇 베이커가 부른 〈Old Devil Moon〉을 비웃으며 이렇게 얘기했다. "이게 가수가 부르는 게 맞아요, 아니면 그냥 장난치는 거예요? 누구 목소리인지는 모르겠지만, 일단 가사 읽는 건 엉망이군요. 끝을 들어 봐요, '댓 올드 데블 문'이라 해야 하는데 '댓 올드 버블

문'이라고 하는 것처럼 들리잖아요. 입안에 뭘 잔뜩 머금고 노래하는 것 같네요. 이건 굳이 평가라고 할 것도 없어요. 잠시나마 '벨벳 포그Velvet Fog'(가수 멜 토메Mel Torme의 애칭)인가 생각했는데, 그는 아니고. 글쎄요, 누군지 모르겠군요. 혹시 쳇 베이커라면 또 모를까."

다음 앨범인 《Chet Baker in New York》을 위해 오린 킵뉴스는 쳇 베이커의 주변에 밥 계열의 음악을 연주하는 올-스타 쿼텟을 배치했다. 찰리 파커의 피아니스트로 일했던 알 헤이그를 비롯하여, 마일스 데이비스 퀸텟 출신의 드러머 필리 조 존스와 베이시스트 폴 체임버스Paul Chambers, 그리고 텔로니어스 멍크와 함께 활동했던 테너 색소포니스트 조니 그리핀Johnny Griffin. 이에 대해 오린 킵뉴스는 다음과 같이 설명했다. "마치 쳇 베이커를 화장품으로 덧칠하는 것처럼 최고의 보조 연주자들을 기용하자는 생각이었죠. 이들의 연주에 그가 묻힐 수 있다면 되레 더 좋을 것 같았습니다." 실제로 쳇 베이커는 이 앨범에서 그다지 많은 연주를 보여주지 않았으며 그나마 형편없었다. 오로지 앨범의 타이틀만으로 누가 여기에 등장하는지 알 수 있을 정도였다. 리버사이드에서 발표된 세 번째 LP 《Chet Baker Introduces Johnny Pace》는 쳇 베이커 자신의 아이디어에서 비롯됐다. 오린 킵뉴스는 "엉터리 가수"라 불렀지만 이상하게도 쳇 베이커 혼자 극찬을 아끼지 않았던 조니 페이스Johnny Pace가 그의 곁에서 노래했다. 하지만 쳇 베이커는 물론이고 조니 페이스—흔들리는 음색의 바리톤—도 인상적인 성과를 보여 주지는 못했다.

이 앨범의 마지막 세션이 진행되던 날, 오린 킵뉴스는 급하게 나마 연주를 맡은 밴드에게 한결 안정된 음악을 더 녹음하게 함으로써 아쉬움을 달래고자 했다. 새해를 눈앞에 둔 1958년 12월 30일, 뉴욕을 대표하던 몇몇 젊은 엘리트 연주자들—피아니스트 빌 에반스, 기타리스트 케니 버렐Kenny Burrell, 페퍼 애덤스, 폴 체임버스, 드러머 코니 케이, 그리고 대략적인 악보 작업을 병행한 플루티스트 허비 맨Herbie Mann —은 결과적으로 쳇 베이커의 "성공적인" 작품이 된 《Chet》 앨범의 대부분을 녹음했다. 이 연주자들 사이에서 쳇 베이커는 결코 혼란스러운 모습을 보여 주지 않았다. 허비 맨의 말처럼 "다분히 사업적으로 보이게" 행동한 그는 감정이 좀 더 겉으로 드러나는 이른바 "마약 분위기 물씬 풍기는 비트"로 연주에 임했다. 그의 트레이드마크가 되기도 한 이 특성은, 각각의 프레이즈를 느린 진행으로 연주하며 마치 곡선으로 휘감긴 담배 연기가 한순간 허공 속에 머문 듯한 느낌을 뜻했다. 밴드의 연주자들은 모두 쳇 베이커의 주문에 따라 움직였고, 특히 〈Alone Together〉에서 페퍼 애덤스의 바리톤 색소폰과 허비 맨의 플루트는 쳇 베이커가 펼쳐 내는 솔로 연주를 인상적으로 감싸 안았다.

《Chet》에 대한 매체의 반응은 좋았다. 『데일리 뉴스Daily News』의 더글러스 와트Douglas Watt 는 쳇 베이커의 "탁월한 서정성"이 돌아왔다고 보도했으며, 심지어 『다운 비트』도 그에 대한 혹평의 발걸음을 한결 부드럽게 가져갔다. "그가 예전에 했던 것에 비하면 여기에서도 쳇 베이커는 자신의 행보를 명확히 드러내지 않았다. 그러나 그만이 지닌 관능적인 톤과 조심스럽게 정제된 대칭의 멜로디는 쳇

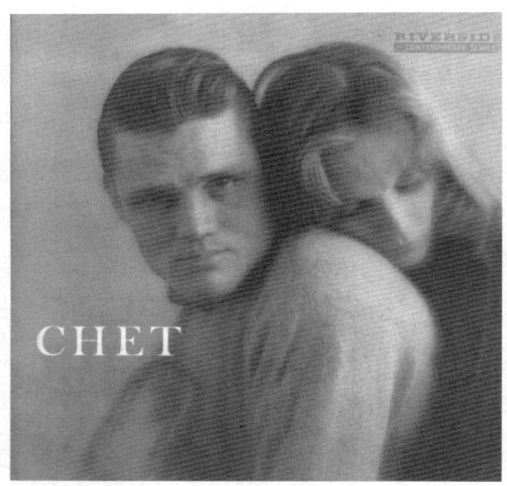

《Chet》

베이커의 음악이 아직 들을 가치가 있다는 증거나 다름 없다."

전반적인 반응이 좋았음에도,《Chet》은 프로듀서들이 기대한 만큼의 경제적 성과를 올리지 못했고, 쳇 베이커가 꾸준히 요구한 현금을 충당하기에는 분명 문제가 적지 않았다. 오린 킵뉴스는 앨범 하나를 만들면서 연주자들에게 1,000달러까지 선급금을 지급했다고 보고했다. 그러나 그 정도의 돈은 마약중독자의 손에서 그다지 오래 남아 있을 액수가 아니었다. 약에 취해 살던 레이블 소속의 여러 연주자들은 끊임없이 더 많은 돈을 받기 위해 사무실을 찾았다. 1950년대 말 리버사이드의 사무실에서 일했던 작가 크리스 앨버트슨Chris Albertson은 회사의 대기실 소파에 쳇 베이커와 빌 에반스, 필리 조 존스 같은 음악인들이 줄지어 앉아 있던 광경을 절대 잊지 못했다. 이들은 오린 킵뉴스에게 더 많은 돈을 요구하며 이런 핑계를 늘어놓곤 했다. "시골에 계신 우리 할머니가 내일 수술을 받아야 하는데 병원비가 없네. 지금 당장 돈을 좀 마련해 줬으면 좋겠어." 빌 그라우어와 오린 킵뉴스는 더 급하게 돈을 요구하는 음악인들에게 회사 "창고"에서 물건을 포장하는 일을 시킴으로써 현실적인 대안을 찾고자 했다. 그 창고는 웨스트 46번가에 위치한 회사 사무실의 길 건너 큰 건물 1층에 자리 잡고 있었다. 크리스 앨버트슨은 말했다. "사무실에서 창밖을 내다보면 필리 조 존스와 다른 몇 명의 음악인들이 창고에서 나오는 모습을 볼 수 있었죠. 이상하게도 코트 안이 불룩해 보이곤 했습니다."

불룩한 코트 안에 들어 있던 것은 바로 레코드였다. 그들은 이렇게 앨범을 빼낸 뒤, 할렘의 거리나 훔친 레코드를 싼값에 판매하던 론 스타 이발소*에서 사람들에게 팔았다. 피아니스트 주니어 맨스Junior Mance는 어느 날 캐넌볼 애덜리가 면도를 하기 위해 론 스타 이발소에 들렀다가 겪었다는 일을 크리스 앨버트슨에게 전해 주었다. 의자에 기대 누운 채 뜨거운 물수건을 얼굴에 덮고 있던 캐넌볼 애덜리는 갑자기 들려오는 필리 조 존스의 목소리를 들었다. "여러분! 이리 와서 한 장씩들 사 가세요! 이게 바로 캐넌볼 애덜리의 최신 앨범입니다요!" 자리에서 일어난 캐넌볼 애덜리는 수건을 내던지고 이렇게 말했다. "제기랄! 내가 받아야 할 로열티가 이렇게 다 빠져나가고 있군!"

하지만 오린 킵뉴스는 리버사이드 역사상 쳇 베이커보다 더 음흉한 도둑은 없었다고 회상했다. 쳇 베이커는 이 프로듀서가 자신을 싫어한다는 사실을 알고 있었다. 그리고 자기가 존중하지 않는 사람이나 자신을 존중하지 않는 사람이 누구인지 파악하는 것은 마약중독자의 입장에서 평생토록 잊지 말아야 할 판단의 기준이었다. 그런 맥락에서 쳇 베이커는 돈을 떼먹는 일도 정당하다고 생각했다. 그는 오린 킵뉴스의 사무실에 들러 액수가 적혀 있지 않은 석 장의 빈 수표를 훔쳤다. 그러고는 빌 그라우어의 서명을 위조한 뒤 연주자들에게 수표를 현금으로 환전해 주던 52번가의 가든 약국으로 가져갔다. 그런데 초조한 마음으로 기다리던 중, 약국 직원은 수표에 서명해야 할 사람이 빌 그라우어가 아닌 오린 킵뉴스임을 발견했다. 주인은 사무실 뒤로 몰래 돌아가

* 당시 미국의 이발소는 단순히 머리를 깎는 곳이 아닌, 여흥과 잡화상을 겸한 장소일 때가 많았다.

리버사이드에 전화했고 소식을 들은 오린 킵뉴스는 당장 그곳으로 달려왔다. 도착했을 때, 쳇 베이커는 이미 도망치고 없었다. 하지만 쳇 베이커의 다음 범죄는 성공을 거두었다. 어느 날 밤, 오린 킵뉴스는 아내와 함께 어느 극장 로비에 서 있었다. 그런데 그의 아버지가 잔뜩 흥분한 채 달려오는 것이 아닌가. 집에서 손자를 돌보고 있던 그의 부모가 경찰에서 걸려 온 전화를 받았는데, 리버사이드의 창고에 침입자가 들어 경보가 울렸다는 것이었다. 도둑들은 이미 달아난 상태였다. 그러나 며칠 지나지 않아 오린 킵뉴스는 쳇 베이커가 혐의자임을 전해 들었다. 이미 그는 자신을 도와 한 트럭 분량의 레코드를 훔쳐 낸 친구들이 누구인지 다 불었다는 것.

오린 킵뉴스와 빌 그라우어는 격노했지만 그를 고소하지는 않았다. 쳇 베이커는 아직도 한 장의 앨범을 더 녹음해야 했고, 그것으로 서로의 관계를 마무리하면 되겠다고 생각했다. 어떤 식으로든 쳇 베이커는 치러야 할 죗값이 남아 있었다. 1959년 초, 픽시의 집에서 나온 그는 다시 길거리에 나앉아 다른 중독자나 딜러들에게 얹혀살면서 근근이 생활했다. 그의 회고에는 딜러로 일하며 자신과 함께 마약을 하던 더티 닉의 지저분한 아파트를 방문했던 기억이 남아 있다. 그곳에서 꾸벅꾸벅 졸다가 깨어 보니 자기 얼굴 위에 바퀴벌레들이 기어다니고 있었다던가.•

• 실제 이런 일이 있었는지 알 수 없지만, 이 또한 마약중독자들이 종종 겪는 환각현상 중 하나로 알려져 있다.

결국 쳇 베이커는 언제나 할렘에 모습을 드러냈고, 가끔 비밥 트럼페터 리 모건과 어울리기도 했다. 하지만 두 사람은 서로를 혐오했다. 쳇 베이커는 다음과 같이 불만스레 얘기했다. "잠깐 등을 보이기만 해도, 아마 그는 뭐든 내던지고 말걸." 아직 어려 보이는 얼굴을 한 쳇 베이커였지만, 그는 늦은 밤에 할렘 거리를 돌아다니는 것에 대해 아무런 두려움도 드러내지 않았다. 오린 킵 뉴스는 이런 얘기를 들려주었다. "죽고 싶어 환장한 사람 얘기하나 해 볼까요? 쳇 베이커는 116번가와 레녹스 거리가 만나는 코너처럼 마약으로 꽤 유명한 곳에 자꾸만 가고 싶어 하더군요. 거기 가면 눈에 띄는 사람 중에 자기 혼자만 백인이라고 합디다. 그러면서 마약 파는 사람을 찾는 유일한 백인이기도 했겠죠. 물론 그가 의식적으로 '와서 한번 잡아가 봐라' 하고 생각하지는 않았겠지만, 누가 봐도 그의 행동은 그렇게 생각될 만한 것이었어요. 어처구니없는 일이었죠."

『데일리 뉴스』에 이런 내용의 기사가 실렸다. 1959년 2월 20일 새벽 1시 반, 경찰은 웨스트 147번가 210번지 앞마당에서 추위에 떨던 쳇 베이커가 대마초를 피우며 마약 판매상을 기다리고 있던 것을 발견했다. 수갑을 차고 경찰서로 연행된 그는 자신의 이름을 평소 잘 알려진 것이 아닌 헨리 C. 베이커로 진술했다. 친절하게도 빌 그라우어가 보석금을 내 주었지만, 쳇 베이커는 계속해서 마약을 구하기 위해 같은 장소에 나타났다. 잭 셸던은 말했다. "그는 정말 간절히 마약을 원하고 있었어요." 그로부터 2주 뒤, 쳇 베이커는 다시 경찰에 걸려들었다. 아무 죄가 없다고 항변하는 그에게, 지난 여덟 번의 체포 경력을 들어 판사는 6개월의 징역형을 선고했다. 그가 수감된 곳은 라이커스 아일랜드. 맨해튼의 이스트리버 건너에 위치한 큰 규모의 교도소였다.

1959년 3월, 라이커스 아일랜드에 들어간 쳇 베이커는 다른 모든 신입이 그랬던 것처럼 성대한 환영식을 치러야 했다. 교도관은 죄수들의 옷을 모두 벗기고 허리를 굽히게 한 다음 항문 속에 마약을 숨기고 있지는 않은지 검사했다. 그러고는 따가운 살충제를 온몸 구석구석에 뿌려댔는데, 이를 잡기 위해 머리와 얼굴도 빠뜨리지 않았다. 죄수복을 건네받은 쳇 베이커는 더러운 하수구와 두 개의 간이침대가 비치된 감방으로 들어갔다. 마침 그 감방 중 하나는 예전에 그에게 마약을 대 주던 도널드 프랭코스가 차지하고 있었다. 수감 생활이 시작된 처음 며칠 동안 쳇 베이커는 금단 현상에 시달렸다. 까칠까칠한 울 담요를 뒤집어쓴 채 몸부림치며 괴로워하던 그는 추위에 벌벌 떨다가도 비 오듯 땀 흘리는 증상을 반복했다. 최악의 상황이 지나가자, 비로소 쳇 베이커는 교도소 내에 스며 있던 독특한 냄새에 젖어 들기 시작했다. 도널드 프랭코스는『살인 청부업자』에서 그곳의 환경을 이렇게 설명했다. 그곳의 이상한 냄새는 "똥과 오줌, 그리고 소독제를 섞어 악마가 만들어 낸 것" 같았다. 매일 배급되던 식사 메뉴는 "음식의 대부분을 먹어 치우던 쥐들에게도 맞지 않을 쓰레기"나 다름없었고, 그가 주장한 대로 가끔 "수감자들이 두들겨 맞거나 칼에 찔리고 살해되면서 내지르는 비명 소리가 들리기도 했다."

이상하게도 쳇 베이커는 라이커스 아일랜드에 머물던 때를 자신의 생애에서 가장 행복했던 시간 중의 하나로 회상하곤 했다. 1984년, 생각에 잠긴 쳇 베이커는 잭 심프슨에게 단 20분만이라도 다시 그곳으로 돌아가고 싶다는 얘기를 했다. 밤이면 포커와 브리지를 했고, 체스를 두기도 했단다. 그리고 낮이 되면 교도소 내의 음악과에서 사람들을 가르쳤는데, 그곳에 가면 예전에 함께 연주하거나 마약을 구하러 다녔던 연주자들도 만날 수 있었다 한다. 그중에는 베이시스트 컬리 러셀Curly Russell과 트럼페터 하워드 맥기Howard McGhee도 있었는데, 한때 탁월한 비밥 연주자였던 두 사람은 결국 마약 때문에 음악을 그만둬야 했다. 찰리 파커에게 음악의 리듬으로 많은 영감을 준 탭 댄서 베이비 로런스Baby Laurence는 독방 생활을 하는 수감자들 앞에서 춤을 선보이며 동료들의 많은 호응을 이끌어 내기도 했다. 음악을 가르치는 것 이외에도, 쳇 베이커는 몇 시간 동안 농구를 하거나 체육관에서 헬스를 했다. "싸워도 지지 않아야 했지." 그는 그렇게 말했다. 아니, 그래야 했다. 캘리포니아에서 온 부드러운 인상의 "예쁜 소년"이 길거리에서 거친 생활을 일삼던 수천 명의 흑인과 스페인계 죄수들 사이에 던져진 것이기에 그는 끊임없이 위험에 노출됐다. 1995년, 도널드 프랭코스가 교도소에서 저자에게 보내온 편지에 의하면, 그가 기억하는 쳇 베이커는 "약탈을 노리는 산적들에게 둘러싸인 힘없는 먹잇감에 불과했다. 그곳에서는 거친 동성애자들이 연약한 수감자들을 강간하고 해를 입히는 일도 많았다." 그는 라이커스 아일랜드에서 비역질이 끊임없이 일어났으며, 샤워를 하다 보면 주변에서 정액 냄새가 코를 찔렀다고 기억했다.

첫 베이커는 쿨하게 행동하는 게 어떤 것인지 알고 있었다. 복도를 걸을 때는 아무 말도 하지 않아야 하고 얼굴은 무표정하게, 그리고 다른 이와 시선을 마주치지 않아야 했다. 그러나 그것만으로는 부족했고 그에게도 보호막이 필요했다. 어느 날, 첫 베이커는 도널드 프랭코스에게 자기가 흑인 죄수가 있는 다른 방으로 옮긴다고 알려 주었다. 도널드 프랭코스는 말했다. "그 친구가 이런 얘기를 했습니다. 다른 죄수들은 못마땅히 여기겠지만, 자기는 그 흑인 녀석을 잘 안다더군요. 공통점이 많은 놈이라 별문제 없을 거라 합디다." 얼마 지나지 않아 첫 베이커는 식당에서 흑인들이 모여 앉는 쪽에 함께 어울려 식사했다. 그토록 격려된 감옥 안에서 인종 간의 마찰이 종종 일어났던 것을 생각하면, 이러한 행동은 분명 위험했다. 그러나 함께 감방을 쓰는 흑인 동료가 그를 보호했고, 다른 이들이 화난 표정을 보이거나 거친 말을 내뱉어도 별다른 일은 일어나지 않았다. 도널드 프랭코스가 말했다. "이내 소문이 돌았죠. 첫 베이커가 그 흑인 놈의 성기를 빨아 준다고 말입니다. 원래 게이였대요. 그런 얘기가 퍼지자 몇몇 친구들은 첫 베이커가 내게는 아무 수작도 걸지 않았냐고 묻곤 했습니다. 그것 때문에 난 아주 정신이 나가 버릴 지경이었죠. 하루는 모든 흑인 죄수가 운동장에 나가 햇볕을 쬐고 있었는데, 첫 베이커가 그 흑인 놈의 무릎을 베고 누워 있는 게 아니겠어요? 그의 눈을 뚫어져라 올려다보면서 말입니다. 그걸 본 다음부터 다들 이렇게 얘기했죠. 둘이서 아주 깊은 사랑에 빠졌다고요." 이러한 이야기는 첫 베이커가 잭 심프슨에게 설명한 것과 일치한다. 그는

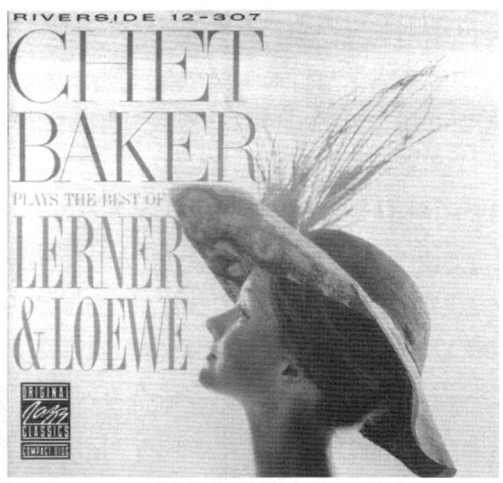

《Chet Baker Plays the Best of Lerner & Loewe》

이렇게 말했단다. "그 흑인 죄수는 날 사랑했어. 날 위해 죽을 수 있을 만큼 사랑했지."

첫 베이커는 모범수로 가석방돼 예정보다 두 달이나 빠른 7월에 라이커스 아일랜드를 떠날 수 있었다. 그는 헬레마와 아들에게 돌아갔다. 그리고 역시 비슷한 시기에 출감한 도널드 프랭코스에게 다시 마약을 사들이기 시작했다. 또다시 사회인이 된 그의 손에는 수감 생활을 마친 이들에게 일상적으로 주어지는 "선물 봉지"가 들려 있었다. 그 안에 들어 있는 것은 두 가지였다. 볼로냐 샌드위치 하나와 지하철을 탈 수 있는 25센트짜리 동전 한 닢. 모든 일에 지쳐 버린 첫 베이커는 그 달을 넘기기 전에 가족을 데리고 유럽으로 건너가야겠다는 계획을 세웠다. 그러기 위해서는 일단 리버사이드 레이블을 위해 앨범을 녹음해야 했다. 그렇게 만들어진 작품이 브로드웨이의 「마이 페어 레이디My Fair Lady」와 「브리가둔Brigadoon」을 작곡한 이들에게 헌정한 《Chet Baker Plays the Best of Lerner & Loewe》였다. 이 앨범에는 당시 10대였지만 1960년대 들어 아방가르드 계열의 재즈에서 큰 역할을 하게 된 드러머 클리퍼드 자비스Clifford Jarvis의 첫 녹음이 실려 있었다. 영국의 재즈비평가 존 포드햄John Fordham은 클리퍼드 자비스가 "단지 음량뿐 아니라 그의 사운드에 내재된 긴장으로 모든 공간을 가득 채웠다"고 평했다. 그러나 『메트로놈』의 빌 코스는 첫 베이커의 연주를 "윤기 없다"고 혹평하며 다음과 같이 썼다. "계획한 대로 진행했다면 분명 좋았을 텐데, 막상 이 앨범에 실린 음악은 아무런 자극도 주지 못한다. 충분히 그럴 만한 준비가 돼 있었을 것인데도 말이다. 뭔가 강하게 가로막고 있는 느낌이다."

이제 쳇 베이커는『다운 비트』의 독자 투표에서 마일스 데이비스와 디지 길레스피에 밀려 순위가 아래로 주저앉았으며, 비평가 투표에서는 보이지 않을 정도로 급강하했다. 그리고 남성 보컬 부문은 어느새 그의 이름을 담고 있지도 않았다. 이는 많은 악기 연주자들 중 보컬 앨범을 만든 이들에게도 문호를 개방함으로써 빚어진 일이었다. 예컨대 쳇 베이커가 초창기에 큰 영향을 받은 케니 도햄 같은 경우가 대표적이었다.• 『메트로놈』이 한 페이지를 모두 할애한 기사 "쳇 베이커: 초라해진 일류 재능"에서 잭 매키니Jack McKinney는 쳇 베이커의 최근 앨범들이 "사산아"이며 "완벽하게 힘을 잃었다"고 혹평했다.

이 비평들을 종합해 보면, 쳇 베이커는 모든 이를 실망시켰고 나아가 아메리칸드림을 진흙 속에 처박아 버린 것과 같았다. 훗날 그의 베이시스트로 기용됐던 존 버Jon Burr는 이렇게 말했다. "1950년대까지만 해도 쳇 베이커는 세상을 그의 발밑에 두고 있었죠. 그런데 그는 의식적으로 세상에서 등을 돌렸습니다. 그러기 위한 수단으로 마약을 사용했고요. 이건 모두 그가 들려준 이야기랍니다." 쳇 베이커는 아무런 변명도 하지 않았다. 오랜만에 제리 멀리건의 말을 한번 들어 볼까. "몇 년 동안 쳇 베이커가 시도한 모든 것은 결국 헤로인과 관련이 있습니다. 무엇보다 그 스

• 리버사이드 레이블에서 1958년에 발표된《This is the Moment! Kenny Dorham Sings and Plays》앨범을 지칭한다. 당시 이 앨범은 예상과 달리 꽤 좋은 반응을 얻었고 다른 연주자들에게 노래할 수 있다는 희망을 심어 주기도 했다.

스로 헤로인에서 벗어날 생각을 전혀 하지 않았던 거죠. 물론 그
것은 요즘 같은 세상에서 이단 취급을 받는 일입니다. 우리는 그
저, '내 탓이오, 모두가 나의 큰 실수입니다. 신이시여, 나를 도우
소서' 하면서 조용히 살아야 하는 거죠. 그런데 이 친구는 그런 것
에는 신경조차 쓰지 않았던 겁니다."

　쳇 베이커가 내세운 핑계는 단순했다. "세상, 참 더럽잖아." 그
러나 그가 일으킨 모든 문제에 대해 전해 들은 피아니스트 러스
프리먼은 일말의 동정심도 내비치지 않았다. 그는 말했다. "다 자
기가 하고 싶어 한 일 아니겠어요?"

10
나락 속의 금빛 트럼펫

"쳇 베이커가 왔다!" 1959년 여름, 벨기에의 일간지 『라 뫼즈_La Meuse_』는 그렇게 선언했다. 마치 천사장 가브리엘이 손에 트럼펫을 든 채 복음을 전하기 위해 지상으로 내려온 것처럼 말이다. 그러나 다른 어떤 무엇보다 유럽의 대중을 매혹시킨 것은 그의 자기 파괴 행위였다. 4년 전, 여러 차례의 수상 경력을 지닌 트럼페터가 유럽에 왔다는 사실에 관심을 기울인 것은 단지 재즈에 애정을 지닌 이들뿐이었다. 하지만 그동안 외신을 통해 전해진 마약 관련 사건들 때문인지, 이제 유럽인들은 이 악명 높은 미국인 마약중독자를 넋을 잃고 멍하니 바라보게 됐다. 그해 가을 쳇 베이커의 곁에서 피아노를 연주한 이탈리아 출신의 아메데오 톰마시_Amedeo Tommasi_는 이렇게 말했다. "사람들은 재즈에 대해 아무 신경도 쓰지 않았습니다. 쳇 베이커에게 관심이 많았던 건 그가 잘생긴 마약중독자였기 때문이죠. 이탈리아에서는 마약이 아직도 신기한 물건 취급을 받았거든요. 그 때문에 매력을 느낀 이들도 많았죠."

　케니 드루와 버드 파월, 덱스터 고든, 케니 클라크 등의 흑인 재즈 연주자들은 더 자유로운 생활을 누리기 위해 인종차별주의와 미국 내에서 벌어진 투쟁의 삶을 맞바꾸었다. 실제로 이들의 예술성은 유럽에서 많은 이들의 존경을 받았고 그 과정에서 이루어 낸 성과 또한 대단했다. 그러나 이들 중 그 누구도 쳇 베이커처럼 선망의 대상이 되지는 못했다. 그는 백인이었고 아름다운 동시에 뒤틀려 있는 반항아였다. 쳇 베이커는 페데리코 펠리니Federico Fellini의 기념비적인 영화 「달콤한 인생La Dolce Vita」에 비추어진, 타락의 명성으로 만들어진 세상 속에 빠르게 진입해 들어갔다. 실패한 소설가(마르첼로 마스트로이안니Marcello Mastroianni가 분한)가 로마의 타블로이드 신문을 위해 일하는 가십 사냥꾼으로 전락하면서 자신의 영혼을 팔아 버린 모습을 기억하는가. 유럽의 다른 주요 도시와 마찬가지로 로마는 이미 산업화된 대도시였고, 제2차 세계대전의 상처를 충분히 회복한 상태였다. 부유하고 태평스러운 사회 분위기 속에서, 이 도시는 특권의 삶을 지루해하고 스릴 있는 기쁨을 갈구했던 영화배우들과 제트족의 놀이터가 됐다. 그리고 이들 주변에 스캔들을 파고 다니는 기자와 파파라치들이 넘쳐 났다. 풍요 속의 빈곤을 경멸함과 동시에 은근히 즐기고 있던 대중을 위해, 그들은 영화 속의 마르첼로 마스트로이안니가 그랬던 것처럼 가진 자들의 잘못된 행동을 일일이 기록해 나갔다.

챗 베이커는 페데리코 펠리니가 단테의 입장에서 묘사한 도덕적이고 영적인 타락에 대한 분노의 대상으로 적절히 맞아떨어지는 인물이었다. 그의 추락은 많은 유럽인들에게 비극적인 매혹으로 비추어졌고, 그들에게 챗 베이커는 사람들의 영혼을 마음대로 다루는 마법의 예술인과 같았다. 그는 이 대륙의 어디에서나 자기를 따르는 많은 이들이 그에게서 뭐든 단 하나라도 얻고 싶어 한다는 사실을 알게 됐고, 남은 평생 그들을 마음껏 이용했다. 리사 걸트 본드는 이렇게 말했다. "챗 베이커는 세이렌과 같았어요." 노래를 불러 선원들을 유혹해서 비참한 최후를 맞게 했다는 신화 속의 요부 이야기를 들어 본 적이 있을 것이다. "그는 매혹적이고 신비로운 사운드를 지니고 있었죠. 사람들이 거기에 반응을 보였고요. 하지만 세이렌의 목소리를 따라가다 보면 결국 포로로 잡히거나 죽음을 맞게 된다죠."

자신의 고국을 생각하면 챗 베이커는 비참한 기분이 들었으며 희생되고 거부당한 자의 심정을 떨치지 못했다. 독일의 방송인이자 편집인인 구드룬 엔드레스는 그 모든 자기 학대의 세월 속에서도 어떻게 그의 음악이 그토록 순수하고 아름답게 들릴 수 있는지 물었다. 챗 베이커는 마약이 자신의 영혼을 파괴한 것이 절대 아니며, 되레 삶의 모든 "역겨운 것들"로부터 지켜 주었다고 설명했다. 그는 이렇게 말을 이었다. "많은 사람들은 자기에게 일어난 일들 때문에 엄청난 영향을 받곤 하지. 내 경우는 그걸 마음속에 잘 간직해 두었다가 나의 일부가 될 수 있는 적당한 곳에 두려고 노력했을 뿐이네."

챗 베이커가 어떤 희망을 가지고 있었든, 유럽에서 새롭게 시작된 그의 음악 경력은 출발부터 삐걱댔다. 1959년 7월 26일, 그의 이름은 로마 외곽의 유명한 해변 도시에서 열린 프레제네 국립 재즈 페스티벌Festival Nazionale del Jazz di Fregene의 헤드라인을 장식했다. 반주를 맡은 이들은 오랜 중세의 전통을 지닌 토스카나 출신의 앳된 연주자들이었다. 이 밴드의 이름은 루카 퀸텟Quintetto di Lucca이었으며, 비브라폰 연주자 안토넬로 반누키Antonello Vannucchi, 기타리스트 가에타노 마리아니Gaetano Mariani, 드러머 잠피에로 주스티Giampiero Giusti, 베이시스트 조반니 톰마소Giovanni Tommaso와 그의 동생인 피아니스트 비토 톰마소Vito Tommaso로 구성돼 있었다. 촉망받는 연주자들이었지만 경험이 아직 부족했던 이들은 챗 베이커를 우상시하며 그처럼 아름답고도 힘들이지 않은 듯한 음악을 연주하고 싶어 했다. 하지만 이 퀸텟 멤버들은 영어를 할 줄 몰랐고 챗 베이커도 이탈리아어를 알지 못했다. 바로 그게 문제가 됐다. 이탈리아의 가장 유명한 재즈 잡지『무지카 재즈Musica Jazz』는 프레제네에서 열린 이들의 공연이 산만했다고 평가하면서, 챗 베이커는 연주에 들어가기에 앞서 멤버들이 〈My Funny Valentine〉이란 곡을 알고는 있는지 먼저 물어봤어야 했다고 덧붙였다. 공연이 끝난 뒤, 그즈음 새로 생긴 잡지『재즈 디 이에리 에 디 오지 Jazz di Ieri e di Oggi』의 프란체스코 포르티Francesco Forti 기자가 호텔에서 챗 베이커를 인터뷰했다. 그리고 재능 있는 젊은 사진작가 프란체스코 "체코" 마이노와 루카 퀸텟의 친구들이 사진을 찍었다.

1956년에 처음 쳇 베이커를 만났던 체코 마이노는 3년 만에 다시 본 쳇 베이커에 대해 다음과 같이 얘기했다. "음악은 여전히 훌륭했지만, 그는 변해 있더군요. 다른 연주자들을 아주 무례하게 대했죠. 그리고 자기 아내에게도 말을 너무 심하게 하면서 아주 안 좋게 대하더라고요. 우리가 다 보고 있는 앞에서 말입니다." 그는 쳇 베이커가 왜 스스로 마약중독에 몰아넣은 뒤 다시 유럽에 돌아왔는지, 그리고 전보다 어떻게 더 느긋해졌는지 이해했다.

벨기에와 이탈리아에서 벌어진 연주 때문에 쳇 베이커는 쉼 없이 여행을 다녀야 했다. 그래서 아내와 아들을 프랑스 파리에 있는 조각가 피터 브룸Peter Broome의 집에 맡기기로 했다. 그의 동생인 레이 브룸Ray Broome은 고등학교 시절 쳇 베이커와 학교 밴드에서 같이 연주하던 사이였다. 피터 브룸은 그가 10대 때부터 건방졌으며 제멋대로의 습성을 지녔다고 알고 있었다. 그런데 어른이 되고 다시 만난 쳇 베이커는 아무 생각 없이 살아가는, 아버지라고 하기엔 어리석기 짝이 없는 사내가 돼 있는 게 아닌가. 그가 아들을 데려왔을 때 피터 브룸은 경악을 금치 못했다. 이 조각가는 쳇 베이커의 아들인 체스니 아프타브를 "드세고 통통한 곱슬머리의 아이"로 기억했다. 하지만 아들의 성장이 부진한 것을 알고 있던 쳇 베이커는 이 문제를 해결하겠다는 속셈으로 너무나 나쁜 방법을 택하고 있었다. 피터 브룸은 이렇게 말했다. "쳇 베이커가 데려온 그의 아들은 술에 취해 있었습니다. 애를 조용히 시키기 위해 미리 몇 잔 먹인 거죠. 하지만 온 집 안을 돌아다니며 토하는 바람에 난리도 아니었어요."

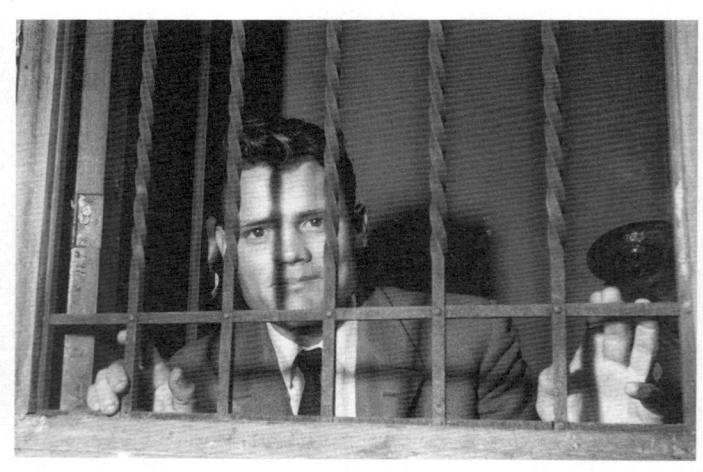

1960년 쳇 베이커는 마약과 관련된 최악의 스캔들을 일으키게 된다.

챗 베이커는 1959년 8월 2일에 열린 벨기에의 국제 재즈 페스티벌에 참여하기 위해 파리를 떠났다. 페스티벌이 펼쳐진 곳은 벌지 전투°가 벌어졌던 아르덴 숲속의 한 작은 마을, 콩블랭라투르였다. 챗 베이커의 매니저인 조 나폴리는 젊은 병사로 벌지 전투에 참전했었다. 부상당해 치료를 받고 있던 어느 날, 그는 그때까지 보았던 것 중에서 가장 눈부시게 빛나는 하늘과 시냇물, 그리고 녹색 구릉으로 휘감긴 텅 빈 축구장을 발견했다. 그리고 이제 바로 그곳으로 돌아와, 앞으로 매년 열리게 될 재즈 페스티벌의 첫 무대를 기획하기 위해 서 있는 것이었다. 콩블랭라투르가 "도시에서 너무 멀리 떨어져 있다"는 사실은 아무런 문제도 되지 않았다. 피아니스트 프랜시스 손Francis Thorne에 의하면, 춥고 비 내리던 그날 약 2만 명에 이르는 재즈 팬들이 손에 담요를 들고 연주자들이 펼쳐 낼 이상야릇한 음악을 듣기 위해 모여들었다. 참여한 연주자들의 면면은 다양하기 그지없었다. 우선 뉴욕 롱아일랜드 출신의 클래식 연주자로 이탈리아의 재즈 클럽에서 일하던 프랜시스 손이 있었고, 일 두체Il Duce°°의 피아노 치는 아들 로마노 무솔리니Romano Mussolini와 고국에서 추방됐지만 파리에서 가장 존경받던 드러머 케니 클라크, 그리고 이탈리아 연주자들로 구성됐으며 밀짚모자와 밴조를 들고 한껏 멋을 낸 로만 뉴올리언

• 제2차 세계대전의 막바지였던 1944년 말에서 1945년 초까지 추운 겨울에 벌어진 전투. 이를 기점으로 연합군은 확실한 우위를 점하게 됐다. 제2차 세계대전을 배경으로 한 전쟁 영화의 상당수에 이 전투가 등장한다.
•• '지도자'란 뜻으로 무솔리니의 별칭이다.

스 재즈 밴드Roman New Orleans Jazz Band와 벨기에 출신의 플루티스트이자 색소포니스트인 자크 펠저Jacques Pelzer 등이 있었다. 자크 펠저는 약국을 운영하고 있었는데, 쳇 베이커를 포함한 여러 음악인들이 그곳에서 어울리며 많은 시간을 보내게 됐다.

그러나 역시 사람들의 이목을 집중시킨 이는 마지막 무대를 장식한 쳇 베이커였다. 연주에 앞서 그가 무대 뒤에 도착하자 모든 이들은 그에게서 시선을 떼지 못했다. 헤로인 부족으로 창백하고 힘이 모두 빠져 버린 그를 프랜시스 손은 이렇게 기억했다. "무서워 보였습니다. 완전히 망가진 상태였어요. 우리는 다들 손톱을 깨물며 그가 연주를 잘 해낼 수 있을지 걱정했습니다." 그가 무대에 오를 시간이 되자 별빛이 밤하늘을 수놓기 시작했다. 흰 스웨터를 입은 쳇 베이커가 무대로 걸어 올라갔다. 그리고 스포트라이트에 비추어진 그는 마치 천사처럼 빛을 발했다. 하지만 머리에서 발끝까지 통증을 느끼고 있던 그의 소리는 천상에서 들려온 것과 거리가 멀었다. 긴장감과 고통에서 비롯된 불안정함이 연주 내내 이어졌다. 하지만 솔로가 끝날 때마다 열광적인 박수가 쏟아졌다. 관객들의 갈채가 그의 음악에 대한 것인지 아니면 상처받은 달인을 마주하며 느낀 비통함에서 비롯된 것인지 구분하기는 힘들었다. 그러나 과연 그게 중요했을까. 유럽의 한복판에 선 쳇 베이커는 비로소 고향에 온 것 같은 안식을 얻었으니 말이다.

그로부터 몇 달 동안, 체코 마이노는 이탈리아인이 쳇 베이커를 언제나 변함없이 친절하게 대하고 있음을 목격했다. 특히 재즈인들의 모임인 치르콜로 델 재즈 디 루카Circolo del Jazz di Lucca의 사람들이 그랬으며, 이 모임의 창립 멤버인 잠피에로 주스티와 루디 라바시니Rudy Rabassini, 파올로 벤베누티Paolo Benvenuti 등은 그를 진정한 형제처럼 대했다. 이탈리아의 팬들은 쳇 베이커를 "천사"와 "금빛 트럼펫"이란 말로 찬양했으며 트럼페터 오스카르 발담브리니Oscar Valdambrini는 그를 처음 마주한 순간을 "한 남자가 꿈에 그리던 여인을 만난 것 같았다"고 말했다. 심지어 색소포니스트 잔니 바소Gianni Basso는 쳇 베이커를 드뷔시에 견주기도 했다. 물 흐르듯 부드러운 벨칸토 오페라가 유행하고 언어는 그 자체로 음악의 가락이 되던 어느 땅에 성스러운 멜로디가 울려 퍼지면, 쳇 베이커의 우아한 선율과 꿀처럼 달콤한 톤이 귓전을 울리는 향연을 벌인다던가. 그러나 그는 이렇듯 성대한 대접을 받기 위해 그보다 훨씬 더 비싼 값을 치러야 하는 듯했다. 베이시스트 카를로 로프레도Carlo Loffredo가 파올라 본콤파니Paola Boncompagni와 알도 라스텔라Aldo Lastella의 저서 『이탈리아의 쳇 베이커Chet Baker in Itlay』에서 밝힌 것처럼, "쳇 베이커는 많은 고통을 느끼고 있었으며 당장이라도 숨을 거둘 것처럼 보였다."

쳇 베이커가 그 어느 때보다 쇠약한 상태였다는 것은 결코 부정할 수 없다. 그리고 유럽 어디에서나 사람들은 그를 두 팔로 감싸 안아 돌보고 싶어 했다. 제리 멀리건은 이러한 반응에 대해 다음과 같은 설명을 늘어놓았다. "그건 자기 파괴로 말미암아 젊은 나이에 세상을 떠난 예술가에게 주어지던, 일종의 우상 숭배와도 같은 겁니다. 그 예술가가 사용하던 다락방에 올라가 보니 거기에는 생전에 발표하지 않은 곡들이나 미처 팔리지 않은 그림들이 가득했다더라, 하는 얘기 말입니다. 마치 자신을 희생한 그리스도의 이미지와 비슷하다고도 할 수 있죠. 그런 건 특히 유럽에서 아주 큰 의미를 부여받을 때가 많습니다. 사실 미국에서는 별로 찾아보기 힘든 현상이죠. 우리처럼 상업을 중요하게 여기는 사람들에겐 다분히 이국적으로 다가오는 일입니다. 그래서 후원자의 역할을 하는 사람, 도움을 주는 관리자가 필요하게 되는 거죠. 쳇 베이커 같은 친구는 사람들에게 뭘 자꾸 요구하는 타입이었습니다. 그러다가 누군가 도움의 손길을 내밀기라도 하면, 세상에, 그 사람을 통째로 집어삼키고도 남을 놈이었죠."

그러나 1980년대에 쳇 베이커와 함께 활동했던 이탈리아의 피아니스트 엔리코 피에라눈치Enrico Pieranunzi는 조금 다른 시각으로 이 트럼페터를 바라보았다. 그가 만들어 낸 어떤 뉘앙스든 모두 논란을 일으킬 소지가 넘쳐 났던 것이다. "미국인들이 보기에 쳇 베이커는 그저 마약중독자에 불과했습니다. 하지만 유럽에 살던 우리는 그가 많은 문제를 지닌 위대한 예술가라 생각했죠. 그는 분명 도움이 필요한 사람이었어요. 이곳에서 친구로 지낸 많은 이들은 그가 언제든 쉽게 부서질 수 있는 존재라고 생각했습니다. 그의 수줍음은 물론이고, 내면에 많은 사연을 지니고 있다는 것도 느끼고 있었죠. 어떤 식이든 쳇 베이커는 아주 적은 수의 음정만 가지고 삶에 대한 의문 부호를 표현해 낼 줄 아는 연주자였어요. 이탈리아 사람들은 훨씬 감성적입니다. 그래서 그랬는지 우리는 이런 생각을 많이 했죠."

이토록 그에 대한 유럽인들의 애정이 깊었음에도, 쳇 베이커에게 처음부터 많은 일거리가 주어지지는 않았다. 일간지 『일 티레노Il Tirreno』의 알도 산티니Aldo Santini 기자에 따르면, 이탈리아의 일반적인 대중은 재즈를 "부도덕한 이들의 피신처이자 악마의 소굴"로 받아들였다. 재즈를 틀어 주는 곳은 "핫 클럽"이라 불렸는데, 대부분 사적인 공간일 때가 많았고 금지된 밀주를 판매하며 특별한 날에만 문을 열곤 했다. 춤곡으로 팝재즈 오케스트라의 연주가 펼쳐지는 곳도 다분히 타락한 분위기의 나이트클럽이었다. 그중에서 유명했던 장소가 피렌체의 팔라초 코르시니에 위치한 리버 클럽River Club이었다. 아르노 강에 연해 있던 이 클럽은 프레스코 그림이 사방에 펼쳐져 있던 큰 규모의 호화로운 장소였으며, 고급 창녀와 나이 든 귀족 출신 인사들, 그리고 제트족 젊은 이들을 단골로 영업 중이었다. 이러한 환경 속에서, 미국 출신이지만 당시 로마에 살고 있던 헬렌 메릴Helen Merrill 같은 진지한 음악인들은 결코 쉽지 않은 삶을 살고 있었다. 그녀는 말했다. "그곳의 생활이 그다지 좋지만은 않았어요. 하지만 당시 그러한 상황에 대해 왠지 최면에 빠져 있다는 느낌은 지울 수 없었습니다. 모르긴 해도, 우리는 그 복잡한 현실에서 자꾸만 도망치려 했던 것 같아요."

쳇 베이커도 예외는 아니었다. 하지만 그의 "등을 짓누르고 있던 마약중독의 폐해"는 끊임없이 주의가 필요했다. 돈이 떨어진 쳇 베이커는 루초 풀치Lucio Fulci 감독이 제안한 배우 일을 하기로 결정했다. 이탈리아의 이 영화감독은 오늘날 「지옥의 문Gates of Hell」이나 「좀비Zombie」처럼 유혈이 낭자한 공포 영화로 기억되는 인물이다. 루초 풀치 감독은 쳇 베이커를 저예산 로큰롤 영화인 「법정에 선 록 가수들Urlatori Alla Sbarra」에 기용했다. 이 영화는 그즈음 록 음악의 스릴과 가죽 재킷, 그리고 날카로운 소리를 내는 모터사이클에 관심을 갖게 된 이탈리아의 젊은이들을 겨냥했다. 10대로 분한 독일의 여자 배우 엘케 조머Elke Sommer가 록 음악에 빠진 젊은 폭주족에 가담함으로써 완고한 레코드 회사 사장인 아버지를 화나게 한다는 내용이었다. 「법정에 선 록 가수들」은 전설적인 두 명의 이탈리안 팝 가수, 미나Mina와 아드리아노 첼렌타노Adriano Celentano를 대중에게 알리는 데 큰 힘을 보탰다. 그러나 쳇 베이커는 아무 데서나 꾸벅꾸벅 조는 멍청한 트럼페터로 등장하면서 (다른 등장인물들은 영화 속에서 그를 "아메리카노"라 불렀다.) 웃음거리가 되는 역할을 맡았다. 파티가 진행되는 동안 욕조 안에서 잠이 들거나 소파 밑에서, 그리고 엘리베이터 안에서도 항상 잠에 빠지는 인물이었다. 루초 풀치 감독은『이탈리아의 쳇 베이커』에서 이렇게 말했다. "우리가 그 영화를 만든 이유는 무엇보다 쳇 베이커를 돕기 위해서였습니다. 당시 그는 참 안 좋은 상황이었죠. 먹고살 돈마저 없었으니까요."

그러나 카메라를 마주한 쳇 베이커의 연기는 그런대로 괜찮았다. 햇살 가득한 로마의 한 공원, 연애에 열중하던 청소년들이 나무 밑에 자리를 잡고 앉은 채 촬영된 마지막 장면이 특히 그랬다. 바이올린과 플루트로 연주된 음악이 깔리기 시작하자 쳇 베이커는 검은 머리의 한 이탈리아 소녀를 가슴에 부둥켜안고 부드러운 목소리로 감성적인 노래 〈Arrivederci〉(다시 만날 때까지 안녕)을 부른다. 산들바람이 불어와 이마에 엉클어진 머릿결을 휘감고, 이목구비가 뚜렷한 얼굴 구석구석을 햇살이 훑고 지나간다. 그의 마법이 공원 전체에 퍼져가자 여기저기 자리하고 있던 남녀들이 덩달아 서로의 팔에 안긴 채 낭만적인 분위기를 연출한다. 하지만 카메라가 집중적으로 포착하는 이는 역시 쳇 베이커. 이제 막 침대에 오른 어린아이처럼 졸린 눈을 한 그가 잔디에 누워 있다. 다시 한번, 천사처럼 비추어지는 쳇 베이커다. 더없이 아름답고, 더없이 순수하며, 자연스럽게 타고난 매력을 한없이 발산한다. 이런 모습을 마주한 사람이라면 누구든 그의 주문에 빠져들지 않을 수 없었을 것이다.

쳇 베이커가 무기력에 빠져든 데에는 그만한 이유가 있었다. 그를 제대로 움직이게 하기 위해서, 루초 풀치 감독은 모르핀이나 아편, 혹은 그 어떤 것이라도 마약 성분이 있는 물질을 찾아내어 쳇 베이커의 흥을 돋워야 했다. 영화 「달콤한 인생」을 보면 마치 어렵지 않게 마약을 할 수 있는 것처럼 나오지만, 막상 당시 이탈리아에서 헤로인을 구하는 것은 결코 쉽지 않은 일이었다. 마약은 죄악시되었고 결국 죽음에 이르게 하는 독약이라는 인식이 팽배했기 때문이었다. 결국 쳇 베이커는 대체 방안을 찾게 됐다. 콩블랭라투르에서 그가 마약 없이 얼마나 나약해질 수 있는지 알게 된 자크 펠저는, 헤로인과 모르핀 중독자들을 치료하기 위해 3년 전 벨기에에서 개발된 강한 진통제 "팔피움 875"에 대해 일러 준 적이 있었다. 처음 이 약은 아스피린처럼 자유롭게 상점에서 판매됐지만, 연구 결과 오히려 모르핀보다 더 끊기 힘들며, 많은 양을 복용했을 때 헤로인과 유사한 효과를 보인다는 사실이 1957년에 밝혀졌다. 정부는 팔피움 875를 위험 약품 목록에 추가했고, 의사의 처방전 없이는 구하지 못하도록 규제했다. 그러나 이와 같은 효능을 지닌 "제트리움"이라는 약이 마침 독일에서는 아직도 시중에서 판매되고 있었다.

자크 펠저가 팔피움 몇 알을 건넸고 쳇 베이커는 약의 효능을 시험했다. 알약을 잘게 쪼개 분말로 만든 다음 물에 섞어 녹였다. 그러고는 거즈나 베갯잇, 손수건, 혹은 자신의 셔츠로 걸러 밑에 떨어진 액체를 주사기에 채우고는 팔뚝에 주입했다. 따스한 물결이 온몸을 휩쓸고 지나갔다. 헤로인과 별 차이를 느낄 수 없을 정도로 효과가 좋았다. 자, 이제 문제는 어떻게 이 약을 더 손에 넣을 수 있는가 하는 점이었다. 연주가 없는 날, 큰 오버코트를 걸쳐 입은 쳇 베이커는 서류 가방을 손에 들고 독일 뮌헨으로 날아갔다. 그러고는 약국에 들러 200알씩 포장된 제트리움 병을 있는 대로 빠짐없이 모두 사 모았다. 이탈리아로 돌아오는 그의 주머니와 손가방에서는 알약 때문에 찰랑거리는 소리가 났다. 훗날 추산된 것에 의하면 9월과 10월 두 달 동안 쳇 베이커가 몰래 들여온 알약의 수는 약 1만 개 정도 됐다.

마약에 대한 욕구가 충족되자, 이탈리아의 젊은 재즈 연주자들을 매료시켰던 감미로운 이미지가 다시 돌아왔다. 조용하면서도 세상만사를 모두 꿰차고 있는 "재즈의 부처" 같은 인상 말이다. 베이시스트 카를로 로프레도는 『이탈리아의 쳇 베이커』에서 이렇게 말했다. "보일 듯 말 듯한 쳇 베이커의 미소만큼 우리를 안심시킨 것도 없었습니다. 그는 모든 걸 자기 안에 감추고는 아무 말도 하지 않았죠. 누가 크게 칭찬해 대도 그런 것에 신경을 쓰며 시간을 낭비할 필요조차 없었어요." 어떤 음악인들은 그가 알파 로메오*를 타고 화려하게 클럽에 들어서는 모습을 부럽게 바라보기도 했다. 날카로운 소리를 내며 커브 길에 주차한 뒤, 그즈음 대부분의 재즈 연주자들이 입던 평범한 양복 대신 넥타이 없는 셔츠와 스포츠 재킷, 어두운 선글라스, 그리고 맨발에 샌들을 신은 챗 베이커가 안으로 들어가는 모습은 많은 이들의 시선을 사로잡았다. 사실 선글라스와 샌들은 패션을 맞추기 위함이라기보다 현실적인 이유로 택한 것이었다. 마약을 하면서 유난히 작아진 눈동자를 감추기 위해 선글라스를 썼고, 주삿바늘로 인해 발이 부어 있을 때가 많아서 꼭 끼는 구두를 신는 것이 불편했기 때문이었다.

세상사에 둔감한 그의 태도는 마치 쿨의 영혼을 보는 듯했다. 음악인들은 그가 로마노 무솔리니를 처음 만났을 때 나누었다던 이야기를 꺼내며 오래도록 재미있어했다. 소문에 의하면, 처형된 독재자의 아들을 마주한 챗 베이커는 무심코 이렇게 얘기했단다. "이런, 당신 아버지 때문에 정말 짜증스러웠어요." 수십 년 뒤, 로마노 무솔리니는 그런 대화가 오갔는지 기억하지 못했다. "챗 베이커와 나는 정치에 대해 아무런 이야기도 나눈 적이 없었습니

---

* 스포츠카의 원형을 제시한 이탈리아의 자동차 회사 중 하나. 처음으로 빨간 스포츠카를 출시하기도 했다.

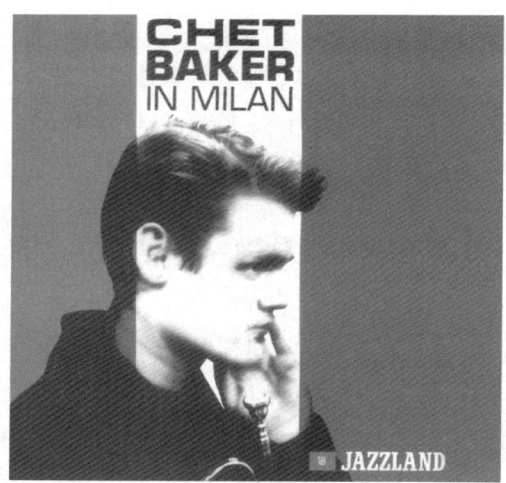

《Chet Baker in Milan》

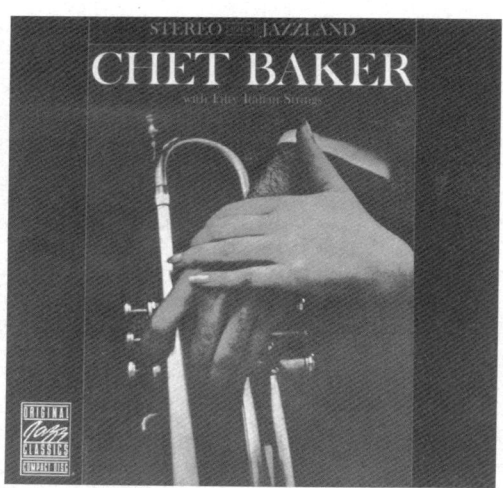

《Chet Baker and Fifty Italian Strings》

다." 그러나 1950년대 말 쳇 베이커와 공연하고 녹음 작업도 같이 했던 프랑스계 이탈리아 팝 가수 카테리나 발렌테Caterina Valente 는 자기가 그 자리에 있었다고 주장했다. 진실이 무엇이든, 쳇 베이커가 자기 이외의 다른 세상에 대해 별생각조차 없는 엉터리였음은 부정할 수 없을 것이다.

쳇 베이커가 이탈리아에서 처음으로 녹음한 앨범《Chet Baker in Milan》의 대부분은 이탈리아 연주자로 구성된 퀸텟이 연주를 맡았다. 그중에서 핵심적인 역할을 한 이들은 웨스트코스트 재즈를 매우 사랑했던 두 색소포니스트 잔니 바소와 글라우코 마세티Glauco Masetti 였다. 그리고 이 앨범은 마치 할리우드에서 연주하던 시절의 쳇 베이커를 연상케 했다. 〈Line for Lyons〉와 〈Indian Summer〉, 〈Look for the Silver Lining〉 같은 곡이 무리 없는 대위법 편곡으로 단장됐고, 쳇 베이커는 평범한 느낌으로 음악에 너무 깊이 개입하지 않은 채 연주에 임했다. 찰리 파커 원작의 〈Cheryl Blues〉에서는 예의 그 반짝이듯 꺼져 버리는 트럼펫 톤을 다시 들을 수 있었다. 쳇 베이커의 음정은 약간 메마른 느낌으로 변해 있었고, 솔로의 진행도 명확한 지향을 드러내지 못했다. 마치 마음이 다른 곳에 가 있는 것처럼 말이다.

그런데 사실이 그랬다. 새로운 마약을 복용하게 되면서 몸의 균형이 달라지기에 이르렀고, 그의 행동은 광기를 머금은 듯 급변하기 일쑤였다. 카를로 로프레도는 1959년 가을 쳇 베이커 밴드에 합류했던 시절 그의 모습을 기억하고 있었다. "갑자기 다른 사람이 돼 버리는 거예요. 심지어 역겨운 느낌도 들었죠. 하지만 그는 다른 사람에 대해서는 아무런 신경도 쓰지 않았습니다. 그저 자기만의 세상에 빠져 그 안에 머물러 있었어요."

그 당시 쳇 베이커의 마음속에 사랑이라곤 도무지 찾아볼 수 없었다. 그러나 감성적인 팝 앨범이랄 수 있는 《Chet Baker and Fifty Italian Strings》를 들어 보면 마치 그에게 사랑보다 더 중요한 게 없을 것이라는 느낌이 들기까지 했다. 밀라노에서 만든 이 앨범은 이탈리아 사람들이 그토록 듣고 싶어 하던 쳇 베이커의 모습을 담고 있었다. 영웅적이지만 부드럽고, 사랑의 아픈 상처를 안고 있지만 아직 그 사랑을 못 잊는 남자의 음악. 쳇 베이커는 느린 템포로 멜로디의 특성을 잘 살린 채 풍성한 솔로를 들려주었고, 영원한 사랑과 달콤한 상처의 이야기가 담긴 곡들을 부드럽게 노래했다. 〈When I Fall in Love〉와 〈Deep in a Dream〉, 〈Violets for Your Furs〉 같은 곡들이 이 앨범에 실렸다. 폭포수처럼 쏟아지는 현악기와 그리움의 탄식을 담은 목관악기, 그리고 경쾌하게 빛나는 하프 소리가 씨실과 날실이 되어 음악의 낙원을 엮어 냈다. 그러나 『다운 비트』에 리뷰를 쓴 비평가 돈 드마이클Don DeMicheal은 이러한 매력을 놓치고 있었다. 그는 이 앨범이 "졸리며 생동감이 없다"고 평했다.

영화제작사인 MGM이 「멋진 청춘의 카니발All the Fine Young Cannibals」이라는 작품을 만들기 시작했을 때, 쳇 베이커가 미국에서 범했던 실패는 아이러니한 상황을 드러냈다. 로저먼드 마셜Rosamund Marshall의 소설 『빅스비의 여인들The Bixby Girls』을 각색한 이 영화는 주인공인 채드 빅스비 역으로 로버트 와그너Robert

Wagner가 등장했다. 영화의 내용은, 잘생긴 미남이지만 문제 많은 한 트럼페터가 텍사스의 가족과 연인(내털리 우드가 분한)을 버리고 뉴욕에 가서 크게 성공한다는 이야기였다. 로버트 와그너가 생각에 잠긴 채 길모퉁이에 앉아 있던 모습이나 눈 주변에 흩어진 짙은 금발, 그리고 트럼펫을 바닥으로 향한 채 연주하며 사람들의 심금을 울리던 장면들은 영락없는 쳇 베이커의 모습이었다. 그러나 당시의 영화 제작자들은 이런 사실을 미처 눈치채지 못했다. 그리고 그가 이 영화의 주연 제의를 받았었다는 소문이 돌았지만, 그 또한 사실이 아니었다. 1960년에 개봉된 이 영화는 특별한 주목을 끌지 못했다.

그러나 「법정에 선 록 가수들」은 좋은 반응을 얻었다. 그리고 루초 풀치 감독은 로마 곳곳에 쳇 베이커를 데리고 다니며 클럽 주인들을 만나 일자리를 구해 주려고 노력했다. 대부분의 주인들은 너무 나이가 많고 구식이었던지라, 쳇 베이커가 누구인지 알지 못했다. 그러던 중, 좀 더 새로운 취향의 지키 클럽Gicky Club에서 그를 무대에 올리겠다고 동의했다. 하지만 멀리 있는 제리 멀리건을 데려와 함께 연주한다는 조건이었다. 물론 그런 일은 불가능했고, 쳇 베이커는 며칠 동안 연주를 벌인 뒤 해고되고 말았다. 그다음 루초 풀치가 데려간 곳은 레 그로테 델 피초네Le Grotte del Piccione. 이 클럽은 주로 댄스 음악이 연주되는 곳이었는데, 아무도 쳇 베이커의 연주를 들으며 춤을 출 수는 없었기에 그도 별도리가 없었다. 결국 그가 연주할 수 있게 된 곳은 밀라노의 재즈 클럽 산타 테클라Santa Tecla였다. 무솔리니의 아들과 유명한 마약중독자가 한 무대에서 연주하는 걸 보기 위해 많은 관객이 모여들었다. 공연은 성공적으로 진행됐다. 그러나 아직 파리에 머물고 있던 헬레마를 생각하며 쳇 베이커는 외로움과 공포를 직면하게 됐다. 그런데 그가 느낀 공포는 좀 더 복잡했다. 독일행 비행기를 타지 못해 가지고 있던 약이 다 떨어졌고, 그로 인한 금단 증상이 밀려오기 시작한 것이었다. 훗날 쳇 베이커는 그가 머물던 펜션의 얇은 벽을 통해 주변 사람들이 자신의 흐느낌과 신음 소리를 들었다고 회상했다. 어느 날 아침, 하숙집의 매니저가 그의 방문을 두드렸다. 그녀는 미소를 지은 채 쳇 베이커에게 이렇게 말했단다. "베이커 선생, 당신 아프시죠? 아주 많이 아픈 것 같아요. 그런데 이걸 어쩌나. 더 이상 여기서는 살 수 없겠네요. 물론 우리는 이해하지만, 다른 사람들이 어떻게 생각할지는 알 수 없거든요." 엄마를 찾아 울며 보채는 아이처럼, 쳇 베이커는 파리에 있던 헬레마에게 전보를 쳤다. "내게 와 줘. 당신이 필요해."

헬레마는 그때까지 "마약 때문에 너덧 번 정도 쳇 베이커와 헤어지려 했다"고 얘기했다. 그러나 마지막 결정을 내리기는 힘들었으며, 결국 아들을 데리고 밀라노로 건너왔다. 쳇 베이커는 아파트를 하나 구해 벌어진 두 사람 사이를 회복하려 했다. 그는 말했다. "우리는 같이 살았지. 하지만 서로 모르는 낯선 사람들 같았어." 쳇 베이커는 아내와 함께 지내는 동안 마약을 끊겠다는 약속을 수도 없이 반복했다. 하지만 마약을 끊기는커녕 헬레마를 이용하기만 했다. 산타 테클라의 연주 때문에 독일로 갈 수 없었던 쳇 베이커는 아내에게 자기 대신 그곳에 가서 "의약품"을 구해 오라고 설득했다. 훗날 헬레마는 남편이 그런 행위는 불법이 아니라며 자신 있게 얘기했다고 말했다. 그러나 이는 명백한 불법이었다. 제트리움은 팔피움과 같은 약이었기 때문에, 처방전 없이 이탈리아에서 이를 소유하는 것은 범죄 행위였다. 이 사실을 모를 리 없었지만 쳇 베이커는 상관하지 않았다. 그는 아내를 비행기에 태워 뮌헨으로 보냈다. 그리고 역시 마약중독자였던 미국 출신의 드러머 진 빅토리Gene Victory를 같이 보내 약을 구해 오도록 했다. 1959년 말까지, 진 빅토리는 셀 수 없이 많은 양의 제트리움을 이탈리아로 밀반입했다.

약이 충분해지자 쳇 베이커는 무차별적으로 이를 복용하기에 이르렀다. 한 번에 주사하는 양도 많아졌다. 그의 말에 따르면 하루에 250알 정도는 써야 제대로 마약의 효과를 볼 수 있었으며 최악의 경우 24시간 동안 40번이나 주사한 적도 있었단다. 쳇 베이커는 당시 자신의 모습을 이 짧은 한마디로 잭 심프슨에게 고백했다. "무지막지하게 많이 했지." 「법정에선 록 가수들」에 등장했던 그는 잘생기고 건강해 보였다. 하지만 그사이, 충분한 휴식과 식사를 취하지 못한 그의 체중은 위험수위까지 내려갔다. 피부는 죽은 사람을 연상케 했고, 얼굴은 창백하다 못해 잿빛으로 변해버렸다. 팔과 발에는 온통 피딱지뿐. 그리고 혈관에 주사하는 일이 많아지면서 종종 응고 현상이 일어나 혈액 순환에 문제가 생겼는데, 이로 인한 부작용으로 추위를 탈 때가 많아졌다. 쳇 베이커는 더없는 고통에 시달렸다. 사람들은 밀라노의 향기로운 거리를 거닐던 쳇 베이커와 종종 마주치곤 했다. 그는 울 코트를 걸치고 있었다. "끝나지 않을 고통으로 가득한 악몽 속에서 살아가는 것 같았네. 한 번의 주사와 그다음 번의 주사 사이에 존재할 뿐이었지. 팔피움이 없으면 죽어 버릴 것 같아 두려웠어."

헬레마와 동료 연주자들은 그를 설득해 의사를 만나게 했다. 냉혹한 진단이 내려졌다. 마약을 끊지 않으면 넉 달이나 여섯 달 안에 죽음에 이를 것이란 얘기였다. 의사의 이 말이 안개 속에 갇혀 있던 그를 밖으로 끌어냈다. 산타 테클라 클럽의 연주를 잠시 쉬고, 12월 4일 쳇 베이커는 밀라노의 빌라 투로 병원에 입원했다. 마약중독으로 인한 희귀하고 이상한 증상을 치료할 수 있는 여건이 마련된 몇 안 되는 이탈리아의 의료 기관이었다. 그나마 혼자 들어갈 것이 두려웠던 그는 진 빅토리에게 함께 입원할 것을 권했다. 비타민을 비롯해 여러 영양 성분이 혼합된 수면제를 정맥에 맞은 두 사람은 꼬박 7일 동안 의식 없이 잠에 빠져들었다. 그리고 오랜 잠에서 깨어났을 때 이미 금단 증상은 지나간 뒤였다. 얼굴색이 다시 예전처럼 돌아왔다. 몸무게도 그의 정상 체중인 61킬로그램에 가까워졌다. 병원 치료는 그로부터 6주 동안 더 진행됐다. 1960년 1월 30일, 쳇 베이커와 진 빅토리는 다시 산타 테클라의 무대에 섰다. 어느덧 건강을 회복한 것으로 보이는 쳇 베이커에게 한 영화제작자가 다가오더니 그와 헬레마의 이탈리아 생활을 담은 단편영화 「차가운 트럼펫Tromba Fredda」을 만들고 싶다고 얘기했다.

산타 테클라에서 쳇 베이커의 복귀를 반갑게 맞은 이들 중에는 그의 열성 팬 로리 제이Laurie Jay도 포함돼 있었다. 10대의 록 드러머였던 그는 밀라노의 거대한 올림피아 극장에서 열리던 뮤지컬에 참여하고 있었다. 그는 당시 공연 중이던 쇼에서 주연을 맡은 셜리 베이시Shirley Bassey를 비롯한 여러 동료들에게 이 놀라운 트럼페터의 연주를 함께 보러 가자고 졸라 댔다. 로리 제이는 쳇 베이커에게 올림피아 극장의 쇼에 대해 얘기하면서 막이 오르기 전에 네 명의 섹시한 유럽 여인들이 등장한다고 덧붙였다. 쳇 베이커는 올림피아 극장으로 달려갔다. 그리고 무대 뒤의 입구에서, 그의 표현을 그대로 옮기자면, "옷도 제대로 입지 않고 있던 숙녀들"에게 추파를 던졌다.

1월의 어느 날 밤, 로리 제이는 올림피아 극장에서 무희로 일하던 열아홉 살의 영국 소녀 캐럴 잭슨을 데려왔다. 쳇 베이커의 연주를 보러 온 그녀는 까무잡잡하고 부드러운 피부에 크고 검은 눈을 가지고 있었다. 사랑스럽고 순결한, 그리고 천진난만한 여인이었다. 부모인 앨버트와 글레이디스는 그녀를 포함한 세 딸을 런던의 교외에 위치한 서리에서 엄격하게 키웠다. 그러나 비서가 되기 위해 공부했던 캐럴 잭슨은 워낙 뛰어난 미모 덕에 그 지역의 미인대회에서 우승의 영광을 안게 됐다. 그 이외에도 몇 차례 모델 일을 거친 뒤, 잘 알려지지 않은 「사막의 모래Sands of the Desert」라는 영화에서 비키니만 입은 아랍의 궁녀 역으로 카메오 출연을 하기도 했다. 그리고 이제, 올림피아 극장에서 뮤지컬을 소개하는 네 명의 사회자 중 한 사람으로 무대에 서고 있던 것이었다. 섹시한 옷차림으로 무대 위를 오가며, 캐럴 잭슨은 정중한 영국 영어 억양으로 다음 막에 대해 이야기했다.

미모나 옷차림을 생각하면 놀라운 사실이었지만, 캐럴 잭슨은 말수가 매우 적었고 다른 동료들과 어울려 놀지도 않았다. 눈에 띄는 남자를 만나 멋지게 살아 보겠다는 야심도 없었으며, 굳이 말하면 자신의 우상이던 엘비스 프레슬리 같은 스타일의 남자를 더 좋아하긴 했다. 그리고 로리 제이가 산타 테클라에 같이 가자고 했을 때도 처음에는 전혀 탐탁해하지 않았다. 쳇 베이커가 누구인지 몰랐으며, 더더욱 재즈에 대해서는 관심조차 없었으니 말이다. 그러나 결국 로리 제이의 말을 이기지 못한 채 일을 마친 뒤 친구들과 함께 한번 와 보기로 결정했다.

수십 년 동안, 캐럴 잭슨은 자신이 클럽에서 쳇 베이커를 처음 만나던 날에 대해 마치 동화 같은 이야기를 늘어놓았다. 아래층에서 연주하던 쳇 베이커를 조금이라도 보기 위해 젊은이들이 몰려들어 있었고, 그녀는 이 틈바구니에서 계단 맨 꼭대기에 서 있었단다. 그의 모습은 전혀 보이지 않았지만 밑에서 울려 퍼진 연주가 자신을 매혹시켰다던가. 무대가 끝나고, 그가 계단을 걸어 올라왔다. 두 사람의 눈이 마주쳤다. 함께 몇 마디 나눈 다음, 쳇 베이커가 그녀와 로리 제이, 그리고 친구들을 늦은 저녁 식사에 초대했다. 그 말이 끝남과 동시에 두 사람은 미친 듯이 사랑에 빠져들었다고 했다. 이 이야기를 들려주면서, 캐럴 잭슨은 자신과 쳇 베이커가 처음 만나던 몇 달 동안 같은 호텔 방에서 자지 않았다고 서둘러 덧붙였다.

두말할 것 없이 쳇 베이커도 그녀의 뛰어난 미모에 시선을 빼앗겼다. 말하자면, 그는 캐럴 잭슨이 엘리자베스 테일러 Elizabeth Taylor

를 닮았다고 생각했다. 숱한 논란을 불러일으키며 1959년에 개봉됐던 「지난여름 갑자기Suddenly, Last Summer」*에서 수영복 차림으로 마음껏 매력을 발산하던 이 배우는 그에게 욕정의 대상으로 자리해 있었다. 로리 제이는 이렇게 말했다. "둘 사이에 뭔가 일어날 듯한 분위기였죠. 그건 의문의 여지가 없었어요." 그러나 캐럴 잭슨이 들려준 다른 상세한 이야기들은 어딘지 의심스러운 부분이 있었다. 무엇보다 로리 제이는 당시 쳇 베이커를 보기 위해 클럽으로 많은 군중이 모여든 적은 "전혀" 없었다고 말했다. 그리고 헬레마 역시 남편이 처음 캐럴 잭슨과 어울리던 시절에 대해 다른 기억을 가지고 있었다. 그녀는 남편이 올림피아 극장의 쇼에 출연하던 몇몇 젊은이들—캐럴 잭슨과 이탈리아에서 인기가 많던 록 스타 콜린 힉스Colin Hicks를 포함한—을 저녁 식사에 데려갔다고 말했다. 헬레마는 이 젊은 영국 여자가 남편에게 관심이 있는 걸 직감했다. 그러나 캐럴 잭슨은 아기 사진을 보여 달라며 말을 건네기도 했다. 그로부터 얼마 지나지 않은 어느 날 밤, 쳇 베이커는 집에 돌아오지 않았다. 대신 전화를 걸어 「차가운 트럼펫」에 그와 헬레마가 함께 등장하는 건 적절치 못하다고 말했다. 두 사람의 결혼 생활이 이미 파탄에 이르고 있다는 것이 이유였다. 결국, 카메라가 돌아가던 순간 쳇 베이커와 손을 잡고 이탈리아의 거리를 활보하던 여인은 헬레마가 아닌 캐럴 잭슨이었다. (실제로

---

* 엘리자베스 테일러가 출연한 영화 중에서 가장 많은 이야깃거리를 만들었던 작품 중 하나인 「지난여름 갑자기」는 동성애와 식인 행위 등 당시 사회 분위기에서는 매우 반사회적인 소재를 다룸으로써 큰 논란이 됐다.

이런 장면이 공개되지는 않았다.)

　미국 국적을 버리고 유럽에 머물렀던 시인 아널드 와인스타인 Arnold Weinstein 은 쳇 베이커와 이탈리아의 여러 카페에서 시 낭송과 재즈가 어우러진 리사이틀을 갖곤 했다. 그에 따르면, 쳇 베이커는 계속해서 헬레마와 함께 몇 차례 고통스러운 모습을 사람들 앞에 드러낸 적이 있었다고 했다. "가증스러운 파파라치와 기자들은 말 그대로 그들의 뒤를 쫓곤 했습니다. 하루는 어느 지저분한 삼류 잡지사에서 일하는 사람이 따라붙으며 무슨 일이 일어나고 있는지 끈질기게 질문을 퍼부어 댔죠. 도대체 진짜 부인이 누구냐, 헬레마와 아이에게 돌아갈 생각은 없는 것이냐, 결국 아이를 버리고 말 것이냐, 등등의 얘기 말이에요."

　캐럴 잭슨은 이탈리아어를 할 줄 몰랐다. 그러나 자기 사진이 등장하는 기사를 정성껏 스크랩해서 여행 가방에 항상 넣고 다녔다. 그녀가 특히 좋아했던 것은 『일 레포르테르 Il Reporter』의 표지를 장식했던 사진이었다. 그녀와 쳇 베이커가 나이트클럽의 테이블에 앉아 있던 모습의 그 사진 밑에는 "IL VELENO DEL JAZZ"라는 문구가 새겨져 있었다. 그러나 그녀는 이 제목의 의미를 모르는 눈치였다. "재즈의 독약." 어쨌든 그런 것은 하나도 중요하지 않았나 보다. 캐럴 잭슨은 멋진 옷을 차려입고 쳇 베이커와 함께 이탈리아를 휘젓고 돌아다녔다. 마치 왕자님을 곁에 둔 신데렐라처럼 말이다. 리사 걸트 본드는 훗날 이렇게 얘기했다. "쳇 베이커는 뱀 같은 남자였어요. 누구든 마음만 먹으면 최면에 빠뜨렸죠. 그는 더없이 위험했지만 분명 그 누구보다 아주 특별한 존재였습니다. 무슨 말인지 아시겠죠? 왜 여자들이 이 남자 앞에만 서면 그토록 꼼짝 못 했는지 말이에요."

캐럴 잭슨의 부모는 딸이 이탈리아에 가는 것을 전혀 원하지 않았었다. 그리고 그녀가 악명 높은 마약중독자와 어울리고 있다는 내용의 기사를 신문에서 보고는 경악을 금치 못했다. 그녀의 아버지는 인터폴에 전화를 걸어 자기 딸을 구출해 달라고 요구했다. 물론 이 요청은 받아들여지지 않았으며, 캐럴 잭슨과 쳇 베이커는 계속해서 모든 사람―심지어 헬레마까지 포함하여―앞에 뻔뻔스레 모습을 드러냈다. 트럼페터 오스카르 발담브리니는 말했다. "한 남자로 바라보면, 쳇 베이커는 자기가 관심을 갖는 것 이외에는 아무런 신경조차 쓰지 않는 스타일이었죠. 그러나 위대한 예술가라고 해서 모든 면에 완벽한 건 절대 아니지 않습니까? 그들에게 정직하고 너그러운 모습까지 요구하는 건 무리라고 봐요. 왜냐하면 이미 위대한 예술가라는 사실 자체만으로도 엄청난 가치를 지닌 존재들이니까요."

1960년 초, 헬레마는 더 이상 참지 못하고 제 길을 찾아가기로 결심했다. 아들을 데리고 밀라노의 다른 곳으로 거처를 옮겼다. 쳇 베이커가 일말의 상실감을 느꼈는지는 알 수 없다. 다만 그의 머릿속은 이미 여러 다른 문제들로 복잡했다. 빌라 투로 병원에서 퇴원하던 날, 한 의사가 그에게 경고했던 게 있었다. 마약중독자들에게는 육체적으로 다가오는 약물 의존을 이겨 내는 것이 심리적인 공허함을 달래는 것보다 훨씬 더 쉽다는 점이었다. 실제로 쳇 베이커는 마약으로 모든 걸 차분히 가라앉히지 않은 상태에서 삶과 음악을 똑바로 마주하지 못한다는 두려움이 컸다. 그는 다음과 같이 이 사실을 인정했다. "내 트럼펫 연주가 뭔가 잘못돼 가고 있다는 생각이 들었지. 더 이상 아이디어가 떠오르지 않고 영감도 받을 수 없었어. 진지하게 솔로를 연주할 만한 힘과 능력이 떨어져 가고 있었다고나 할까." 병원에서 치료를 받고 난 지 채 두 달도 지나지 않아 마약에 대한 그의 의존도는 다시 높아져 있었다. 3월에는 밀라노 외곽의 소도시 몬차에 있던 한 병원에 입원하기도 했다. 하지만 퇴원하자마자 다시 마약과 주사기를 손에 들었다.

1960년 5월, 진짜 큰 문제가 벌어지기 시작했다. 그즈음 쳇 베이커는 꿈에 그리던 일거리를 제의받았다. 여름 내내 이탈리아에서 가장 큰 나이트 클럽 중 하나인 라 부솔라La Bussola 내의 아늑한 라운지, 일 부솔로토Il Bussolotto에서 연주하게 된 것이었다. 이 클럽은 토스카나의 아름다운 해변 레 포체테에 자리했는데, 지중해에서 불어오는 선선한 바람을 맞으며 야자수 그늘에 드리워 있었다. 커다란 볼룸에서는 마를레네 디트리히Marlene Dietrich와 새미 데이비스 주니어, 루이 암스트롱, 그리고 몇 년 뒤에 등장한 다이애나 로스Diana Ross 같은 최고의 스타들이 공연을 벌였다. 일 부솔로토 또한 그만의 강한 매력을 지닌 공간이었으며, 특히 넓은 창을 통해 보이는 수정처럼 푸른 바다가 인상적이었다. 보사노바를 창시했던 브라질의 주앙 지우베르투João Gilberto 같은 이들은 그 광경에 매료된 채 자신의 우상이던 쳇 베이커처럼 가벼운 목소리로 일 부솔로토의 무대에서 기타를 치며 노래를 불렀다.

6월부터 시작될 공연을 앞두고 쳇 베이커와 캐럴 잭슨은 레 포체테 옆에 위치한 해변 도시 마리나 디 피에트라산타의 펜션, 빌라 젬마로 거처를 옮겼다. 이 펜션을 관리하던 친절한 젊은이는 잘리 잠바스티아니Giali Giambastiani라는 음악인이었는데, 쳇 베이커와 같은 지붕 아래 머물게 된 것을 기뻐한 나머지 그의 얘기라면 무엇이든 들어 주려고 나섰다. 그렇다고 잘리 잠바스티아니가 쳇 베이커의 가장 급한 일을 처리해 주지는 못했다. 팔피움은 모든 약국에 비치돼 있었지만 앞서 얘기했듯이 처방전이 없으면 어쩔 방도가 없었다. 견딜 수 없는 마음에 괴로워하던 쳇 베이커는 방법을 하나 강구해 냈다. 이탈리아의 개업 의사들은 면허증에 새겨진 빨간 십자가를 사무실 바깥의 간판에 내건 채 그곳이 병원임을 알렸다. 쳇 베이커는 자신의 스포츠카를 몰고 주변을 돌아다니며 연신 좌우를 살펴 그 십자가 표식을 찾아다녔다. 마치 피에 굶주린 흡혈귀처럼 말이다.

일단 병원을 하나 찾아내면, 쳇 베이커는 그가 등장했던 영화에서 보여 준 것보다 훨씬 뛰어난 연기력을 과시했다. 의사 앞에 앉은 쳇 베이커는 관자놀이를 움켜쥔 채 두통이 너무 심해 어찌할 바를 모르겠다며 신음했다. 어떨 때는 눈물 젖은 베개에 머리를 묻은 채 침대에 누워 며칠을 보낸 적도 있다고 얘기했다. 처음 마주한 의사 중 하나는 그의 얼굴 여러 곳을 직접 눌러 보았는데, 그제야 쳇 베이커는 조금 주춤했다. 의사가 진지하게 말했다. "부비강염인가? 볼과 이마에 삼차신경통이 온 건지도 모르겠군요." 쳇 베이커는 그럴 거라고 응수했다. 차 사고를 두 번 당했는데 그때

코가 부러진 적이 있었다고 설명하면서 말이다. 그래서 부비강염과 삼차신경통이 그의 공식적인 병명이 됐다. 대부분의 의사들은 전문의를 만나 보라고 적극 권했다. 쳇 베이커는 그 말에 동의하면서, 일단 통증을 가라앉힐 무언가가 필요하다고 말했다. 그리고 일상적인 진통제는 잘 듣지 않는다고 덧붙였다. 다 죽어 가는 목소리로 그는 이렇게 얘기했다. "다른 약들은 이미 다 먹어 봤소. 그런데 아무 소용도 없지 뭐요. 아, 효과 있는 게 하나 있습디다. 팔피움이라든가."

즉시 처방전을 써 주는 의사도 있었고, 어떤 이들은 팔피움이 마취제나 다름없으니 조심해야 한다고 경고하기도 했다. 그중 몇몇은 자기를 찾아온 환자가 마약중독자임을 알아채기도 했다. 그러나 어쨌든 쳇 베이커는 원하는 것을 손에 넣었다. 그가 말했다. "의사들은 당혹스러운 표정으로 내게 종이쪽지를 쥐여 주더군. 그걸 받아 든 나는 몇백 리라의 돈을 지불하고 조용히, 문을 열고 나왔지." 머지않아 쳇 베이커는 의사들의 동정심을 유발할 만큼 약삭빠르게 행동했고, 어떤 이들은 돈을 받지 않겠다고 말하기까지 했다.

그러나 대부분의 경우 한 장의 처방전으로 살 수 있는 팔피움은 다섯 알이 든 작은 상자 하나에 불과했다. 마약으로 사용하려면 단 한 번의 주사로 써 버릴 수 있는 양이었고 쳇 베이커는 아직도 더 많은 양의 팔피움이 필요했다. 몇 주 동안, 최소한 스물다섯 명의 이탈리아 의사들과 스위스 국경 너머에 있던 한 명의 의사가 그에게 처방전을 써 주었다. 쳇 베이커는 말했다. "내가 봐도

난 미친놈 같았어. 이 병원의 외래병동에서 저 병원으로, 끊임없이 오갔지." 피렌체의 일간지 『라 나치오네*La Nazione*』가 나중에 보도한 것에 의하면, 쳇 베이커가 약을 구하는 동안 캐럴 잭슨은 종종 차에서 그를 기다리기도 했다. 그리고 이 일에 너무 열중한 나머지 자신의 스포츠카를 나무에 들이박는 사고도 일어났다고 했다. 일 부솔로토에서 공연이 시작되기 얼마 전, 쳇 베이커는 나폴리에 연주하러 다녀온 일이 있었다. 그런데 그곳에서 옷과 여러 생필품이 든 트렁크를 도난당하는 일이 일어났다. 그 안에는 그의 트럼펫도 들어 있었다. 그는 도둑을 맞은 뒤 밤마다 울었다고 얘기했다. "난 완전히 끝난 것 같았네. 더 이상 연주할 수 없고 돈도 벌 수 없게 됐으니 말이지. 너무나 외롭고 버려진 기분이 들더군. 캐럴이 곁에 있었지만 그녀가 내게 하는 위로의 말도 별 힘이 되지 못했지. 트럼펫을 잃어버렸고, 다른 걸 살 돈은 없었으니까."

일 부솔로토의 소유주 세르조 베르나르디니*Sergio Bernardini*가 비싼 새 트럼펫을 미국에 주문하면서 쳇 베이커는 곤경에서 벗어났다. 6월 초, 그는 로마노 무솔리니가 이끄는 트리오와 함께 일 부솔로토에서 공연을 시작했다. 쳇 베이커는 매일같이 공연 시간 전에 현금으로 연주료를 지급해 달라고 요구했다. 난처한 입장에 놓인 베르나르디니는 이 트럼페터의 자기 파괴 행위에 일조하고 싶지 않았지만, 당장 공연을 위해서는 별도리가 없다는 것도 알고 있었다. 돈을 손에 쥔 쳇 베이커는 낮 동안 팔피움을 구하기 위해 내내 시간을 보냈고, 공연이 임박할 즈음에야 비로소 모습을 드러내곤 했다. 카를로 로프레도는 말했다. "처음부터 당장이라도 폭발할 듯 거침없는 연주를 보여 주더군요. 분명 마약의 효과를 본 덕이었겠죠. 그 왜, 마약을 하면 시간이 느리게 느껴진다면서요."

밤이 찾아와 공연을 마칠 때가 되면, 쳇 베이커는 마치 퇴근 시간을 알리는 휘파람 소리를 들은 공장 노동자처럼 트럼펫을 미련 없이 피아노 위에 던져둔 채 인사도 없이 집으로 내달렸다. 그리고 다시 마약을 했다. 그의 새 트럼펫은 그 누구의 보호도 없이 그대로 그 자리에 놓여 있곤 했다. 어느 날 햇살이 창을 통해 일 부솔로토의 내부를 비추기 시작했고, 트럼펫은 마치 황금처럼 반짝였다. 해변에서 놀던 아이들이 빛나는 악기 주변에 몰려들었고, 좋은 장난감이라도 손에 넣은 듯 버튼을 누르고 마우스피스를 불어대며 장난을 쳤다.

베르나르디니에게 혐오감을 안겨 주는 일이 결국 벌어졌다. 쳇 베이커가 점점 연주에 빠지기 시작했던 것이다. 그즈음 두 명의 의사가 쳇 베이커의 요구를 충족시키고 있었다. 포체테에서 남쪽으로 몇 킬로미터 떨어지지 않은 곳에 위치한 해변 도시 비아레조의 내과의사 로베르토 베첼리Roberto Bechelli가 그중 한 사람이었다. 쳇 베이커는 1960년 5월 20일, 처음 이 의사를 찾아 처방전을 받았다. 한 번도 팔피움을 처방해 본 적이 없던 그는 주저하지 않을 수 없었지만, 쳇 베이커가 얼마간의 돈을 주머니에 찔러주자 그의 요구에 순순히 응했다. 그때부터 7월 27일까지, 로베르토 베첼리는 23장의 처방전을 쳇 베이커에게 건넸다.

같은 시기에 쳇 베이커가 만난 사람은 소아과의사 세르조 노톨리 Sergio Nottoli 였다. 그는 이 의사 앞에서 자신의 병명을 주저 없이 술술 늘어놓았다. 의심스러운 생각이 든 세르조 노톨리는 최소한의 팔피움을 처방해 주면서 방사선과에 꼭 들를 것을 강조했다. 그러나 그 뒤로 두 번의 만남이 있고 난 뒤, 세르조 노톨리는 더 이상 처방전을 써 줄 수 없다고 단언했다. 5월 28일, 쳇 베이커는 자기 대신 펜션의 관리인 잘리 잠바스티아니를 보냈다. 이 젊은이는 상황을 이렇게 설명했다. 쳇 베이커 선생이 지금 너무 많이 아파서 펜션에 쓰러져 있으니 직접 올 수가 없다. 그러니 의사 양반이 은혜를 좀 베풀어 주면 안 되겠느냐는 얘기였다. 그리고 며칠 뒤, 이번에는 캐럴 잭슨이 잘리 잠바스티아니와 동행한 채 세르조 노톨리의 병원에 나타났다. 그리고 그녀는 쳇 베이커가 정말로 많이 아프다고 확인해 주었다. 아마도 진실을 눈치채고 있지 않았을까. 아니면 단지 자신을 보호하기 위한 처사였는지도 모른다. 세르조 노톨리는 한 장의 처방전을 더 써 주기로 한 뒤, 환자를 명기하는 칸에 잘리 잠바스티아니의 친구 아우렐리오 멜리아도 Aurelio Meliado 의 이름을 써넣었다.

외견상 쳇 베이커가 고통받는 모습을 가만히 앉아서 지켜볼 수 있는 사람은 없어 보였다. 그러나 그는 여간해서 사람들의 동정에 보답할 줄 몰랐다. 드러머 진 빅토리는 이미 쳇 베이커의 밴드를 탈퇴한 뒤였고, 연락도 끊긴 상태였다. 그런 그가 다시 나타났을 때 이 드러머는 돈도 없이 근근이 버티고 있었으며, 마약중독의 합병증으로 잘 생기는 결핵에 걸려 신음하고 있었다. 그는 빌라 젬마에 머물던 쳇 베이커를 찾아와 도와 달라고 간청했다. 그가 원한 것은 일자리나 돈이 아닌 팔피움이었다. 쳇 베이커는 기분이 나빴다. 그리고 자기 방에 진 빅토리를 앉혀 놓고 엄한 목소리로 마약 강의를 늘어놓았다. "그동안 지내온 걸 한번 돌이켜 보렴. 그 많은 고통을 느끼고도 괜찮니? 정말 이렇게 계속 약에 빠져 있고 싶단 말이야? 어떻게 끝나게 될지 누구보다 잘 알고 있잖아." 진 빅토리가 고집을 꺾지 않자, 쳇 베이커는 어쩔 수 없이 몇 알의 팔피움을 나누어 주었다. 그러나 같은 일이 몇 차례 반복되자 그의 인내심도 극에 달하고 말았다. 마지막으로 딱 한 알을 그에게 건네며, 앞으로 절대 자기를 찾아오지 말라고 얘기했다. 그날 오후, 쳇 베이커는 밤에 쓸 팔피움을 주사기에 채워 미리 준비를 마쳤다. 그리고 테이블에 올려 둔 뒤 캐럴 잭슨과 영화를 보기 위해 외출했다. 두 시간쯤 지나 펜션으로 돌아온 그는 주사기 안이 비어 있는 것을 발견했다. 쳇 베이커가 침통한 표정으로 캐럴 잭슨에게 말했다. "그놈이야. 진 빅토리가 다녀갔어." 쳇 베이커는 더 이상 팔피움이 남아 있지 않다는 사실을 깨닫고 사색이 됐다. 훗날 『일 텔레그라포*Il Telegrafo*』의 디노 그릴리Dino Grilli 기자는, 그날 쳇 베이커가 가구를 부수고 좌절감에 울부짖으며 방 안에서 온갖 난동을 부렸다고 보도했다.

마약을 구하기 위해 애쓰는 것보다 쳇 베이커를 더 혼란에 빠뜨린 일은 결코 없었다. 이는 마치 목숨을 부지하기 위해 음식을 먹는 것과 같았다. 7월에 접어들면서 그는 또 다른 의사, 엔리코 란두치Enrico Landucci에게 갔다. 그러나 마침 그날은 이 의사가 쉬는 날이었다. 하지만 그에게 모성의 동정심을 느낀 간호사 아두아

길라르디Adua Ghilardi는 쳇 베이커를 대기실에서 잠시 기다리게 한 뒤 진료 중인 다른 의사가 있는지 알아보려고 사무실 밖으로 나갔다. 엔리코 란두치의 사무실로 들어가는 문은 잠겨 있지 않았다. 간호사가 돌아왔을 때, 쳇 베이커는 이미 사라진 뒤였다. 엔리코 란두치가 쓰는 처방전 용지 몇 장도 함께 없어진 채 말이다.

쳇 베이커는 피사 인근의 약국 파르마차 비그놀리로 달려갔다. 그리고 닥터 엔리코 란두치의 서명으로 작성된 처방전을 내밀고 팔피움 두 상자를 달라고 말했다. 그런데 당시 담당 직원이던 두 젊은 여인은 어딘지 이상하다고 느꼈다. 그날은 1960년 7월 15일. 그러나 처방전에 쓰여 있는 숫자는 유럽식으로 적힌 15. 7. 60이 아니라 7. 15. 60이 아닌가. 자신들의 판단이 옳았음에도 그들은 결국 약국에 남아 있던 한 상자의 팔피움만 쳇 베이커에게 팔았다. 하지만 한 젊은 영국 여자가 걸어 들어와 엔리코 란두치에게서 받은 것으로 보이는 또 한 장의 처방전을 내밀었을 때 의심은 더욱 커질 수밖에 없었다. 거기에도 날짜는 다르게 적혀 있었다. 직원들은 그 영국 여자를 그냥 돌려보냈다. 그리고 약국 주인이 엔리코 란두치에게 전화를 걸었을 때, 그 의사는 "쳇 베이커 씨"나 "잭슨 양"에게 팔피움을 처방한 사실이 없다고 얘기했다.

7월 16일, 쳇 베이커와 캐럴 잭슨은 일 부솔로토에 늦게 도착했다. 그러나 그는 너무나 위험할 정도로 힘이 빠진 상태였고, 곧 기절이라도 할 것 같았다. 베르나르디니가 마이크를 잡더니 좌중에 의사가 없는지 물었다. 사람들 틈에서 한 사내가 앞으로 나섰다. 루카의 작은 의원 산타 지타의 원장으로 근무하던 피에를루이지

(리피) 프란체스코니 Pierluigi(Lippi) Francesconi 였다. 쳇 베이커는 이 젊은 의사에게 자신의 마약중독 사실을 솔직히 고백했다. 프란체스코니는 친절했다. 그러고는 그의 손을 꼭 쥔 채 이렇게 말했다. "친애하는 베이커 씨, 당신은 꼭 회복돼야 합니다. 물론 그건 오래 걸리고 아주 힘든 치료가 될 거예요. 하지만 우리 한번 해 봅시다. 날 믿고 따라와 주기만 하면 됩니다. 나 역시 당신에게 용기를 잃지 않게 해 주겠어요." 치료는 바로 다음 날부터 시작될 예정이었다. 쳇 베이커는 걱정이 앞섰다. 베르나르디니와 계약한 공연 일정은 아직 몇 주나 더 남아 있었고 돈도 필요했다.

프란체스코니가 해결책을 강구했다. 7월 17일, 쳇 베이커는 일단 산타지타에 입원했다. 비타민과 약간의 팔피움을 사용한 식이요법이 시도됐다. 그리고 프란체스코니는 필요할 때마다 쳇 베이커를 클럽에 데려다주었다가, 연주를 마치면 바로 의원으로 다시 데리고와 더 이상 마약을 하지 못하게 했다. 몇 년 뒤 프란체스코니는 이렇게 말했다. "어느 순간부터 이런 생각이 들더군요. 그가 정말 버틸 수 있을까 하고 말이에요. 사실 언제나 그를 묶어 둘 순 없었죠. 그리고 때로는 다른 일을 처리하기 위해 어쩔 수 없이 의원 밖에 나가야 할 경우도 생겼습니다. 내가 하루 종일 그의 운전사로 일하려고 의사가 된 건 아니잖아요."

프란체스코니가 적지 않은 노력을 기울였지만, 결국 치료는 실패로 끝났다. 쳇 베이커가 마약을 계속하도록 부추긴 친구들의 호의 아닌 호의를 뿌리치지 못한 까닭이 컸다. 그 친구들 중 한 사람이 시카고에서 온 서른 살의 이탈리아계 미국인 변호사 조지프

(조이) 카라니Joseph(Joey) Carani였다. 그는 재즈를 사랑했던 아마추어 연주자였고, 미국에서 처음 만났을 때부터 쳇 베이커를 흠모해 왔다. 병든 아버지를 돌보기 위해 토스카나에 돌아와 있던 조이 카라니는 자신의 우상을 돕는 일이라면 합법이든 불법이든, 마다하지 않을 태세였다. 그러던 7월 27일, 그는 위험한 일을 부탁받았다. 아직 프란체스코니의 치료를 받고 있던 쳇 베이커는 조이 카라니와 캐럴 잭슨에게 자기를 차에 태워 로베르토 베첼리에게 데려가 달라고 했다. 이미 스무 번이나 쳇 베이커에게 팔피움 처방전을 내준 것이 두려웠던 모양인지, 그는 더 이상 쳇 베이커의 요구를 받아들이지 않고 있었다. 그러나 이번에 쳇 베이커는 미끼를 하나 가지고 로베르토 베첼리를 다시 찾았다. 그 미끼란 다름 아닌 캐럴 잭슨이었다. 전부터 그녀에게 완전히 반해 눈독을 들이고 있던 로베르토 베첼리는 미모의 여성을 뇌물로 받은 것에 한없이 감사했고, 쳇 베이커는 조이 카라니의 이름 앞으로 이 의사가 내준 처방전을 손에 쥔 채 병원을 떠났다.

1960년 7월의 마지막 날, 쳇 베이커는 로베르토 베첼리를 한 번 더 방문했다. 이번에는 동행한 사람이 없었다. 팔피움을 손에 넣은 그는 연주할 일이 생긴 볼로냐 인근의 휴양도시 리미니로 갔다. 덥고 나른한 날이었다. 그저 라구나비치에 달려가 파도 속에 몸을 던지면 좋으련만. 그러나 그의 얼굴은 몇 년 동안 햇살을 보지 않은 것처럼 보였다. 창백하고 무표정한 얼굴의 두 눈 밑에는 초승달 모양의 다크서클이 잡혔고, 마치 새벽 3시에 할렘의 문간을 막 빠져나온 부랑자처럼 비틀거렸다. 그날 오후, 루카의 경찰서에 한 통의 다급한 전화가 걸려 왔다. 변두리에 위치한 셸 주유소 주인의 아들이었다. 한 낯선 남자가 화장실에 들어가 문을 잠갔는데 아무리 기다려도 나오지 않는다는 것. 안에서는 중얼거리는 소리가 들려왔지만 문은 계속 열리지 않았고, 이제는 그나마 아무 소리도 나지 않더라는 얘기였다. 전화를 건 청년은 혹시 그가 죽은 건 아닌지 모르겠다고 걱정했다.

몇 분 뒤, 네리 굴리에르미노Neri Gugliermino 경관이 주유소에 도착해 화장실 문을 다급하게 두드렸다. 그런데 잠겼다던 문이 활짝 열렸다. "갑자기 눈앞에 유령이 하나 서 있습디다." 굴리에르미노 경관은 그렇게 말했다. "그는 정말이지 죽은 사람처럼 보였어요." 주사기 하나를 움켜쥔 채, 잔뜩 피가 튄 세면대 앞에 선 그는 마치 좀비 같은 시선으로 밖을 쳐다보고 있었다. 경관이 목격한 것처럼, 걷어붙인 소매 밑으로 보이는 팔뚝의 혈관이 "검은 철사"처럼 보였다. 그리고 여기저기 붉은 주삿바늘 자국이 나 있었다. 더듬거리며 알아들을 수 없는 말을 내뱉고 서 있던 그가 경관의 이끌림에 따라 비틀거리며 걸어 나왔다. 어느새 어린아이처럼 고분고분해진 그를 경찰차에 태우고 돌아오는 동안 차 안에는 침묵이 감돌았다. 경찰서의 상관들은 체포돼 온 사람이 누구인지 알게 됐다. 쳇 베이커는 이렇게 말했다. "지진이 일어났었소."

시간이 흐르자 무슨 일이 일어난 것인지 중얼댈 수 있을 만큼 제정신이 돌아왔다. 쳇 베이커의 말에 의하면 그는 아팠고, 리피 프란체스코니 박사가 처방해 준 팔피움을 먹기 위해 주유소에 들렀다. 손이 너무 떨려서 약병을 두 개나 놓쳐 깨뜨렸고, 세 번째 것에 든 내용물을 주사할 즈음에는 너무 어지러워서 문 두드리는 소리조차 듣지 못했다고 했다. 쳇 베이커는 리피 프란체스코니에게 전화할 수 있도록 선처를 받았다. 그는 바로 경찰서에 달려와 쳇 베이커가 자신의 병원에서 해독제를 맞고 있는 중이라고 설명했다. 의사의 보호 아래 쳇 베이커는 풀려났다.

바로 다음 날, 놀라운 뉴스가 사방으로 타전됐다. 쳇 베이커가 주유소 화장실에서 의식을 잃은 채 발견됐으며, 주변엔 온통 핏자국이 널려 있었다는 것이었다. 약간은 과장된 얘기가 유럽 전역과 미국까지 전해지기도 했다. 평소에는 별다른 일이 일어나지 않던 이탈리아의 작은 도시가 하루아침에 온갖 매체의 헤드라인을 장식했다. 쳇 베이커가 경찰서에 다녀온 다음 날 밤, 『라 나치오네』의 한 기자는 "이상하리만큼 느긋해 보이는" 쳇 베이커와 마주쳤다. 그는 일 부솔로토에서 만난 친구와 함께 「테러 유람선La Crociera del Terrore」을 보기 위해 극장에 가는 길이었다. 그는 말했다. "내 건강은 분명 좋아질 거요." 전에는 한 시간에 한 번씩 주사했지만 이제 네 시간 정도는 버틸 수 있다고 자랑스레 얘기하며 그는 이렇게 덧붙였다. "진짜 대단하지 않소?"

그러나 리피 프란체스코니는 낙관하지 못했다. 그러던 8월 중순의 어느 날, 벨기에에서 열리는 페스티벌에 참여하기 위해 사흘 동안 병원을 떠나 있으면 좋겠다고 얘기하는 것이 아닌가. 의사는 쳇 베이커에게 다시 어리석은 짓을 하면 치료 과정 전체를 물거품으로 만들 수 있다고 경고했다. 쳇 베이커는 그러지 않겠다고 다짐했다. 리피 프란체스코니는 사흘 동안 필요한 양의 팔피움을 정확히 재서 건네주며 쳇 베이커와 동행하는 캐럴 잭슨과 조이 카라니에게 신신당부하는 것도 잊지 않았다. 하지만 벨기에에 도착한 쳇 베이커의 마음은 다시 흔들렸다. 새벽이 오기 전, 잠든 캐럴 잭슨을 그대로 둔 채 혼자 뮌헨에 가서 들고 올 수 있는 대로 팔피움을 사 모았다.

그러나 쳇 베이커는 루카의 검찰관 파비오 로미티Fabio Romiti가 무슨 생각을 하고 있는지 몰랐다. 그는 쳇 베이커와 관련된 보도를 모두 모아 두고 있었으며, 이 트럼페터가 "마약으로 인한 매우 심각한 심리적 변질 속에서" 공공연한 범죄를 저지르고 있는 것이라 주장했다. 파비오 로미티는 아주 엄격한 인물이었다. 그는 이 사건이 단순히 법을 어기는 것에 머물지 않고 온 사회의 도덕적 종말을 뜻하는 것이라 여겼다. 그즈음 이탈리아에서 두 명의 마약중독자가 재판에 회부된 일이 있었는데, 파비오 로미티는 마약을 파는 상인들이 로마 가톨릭의 가족관으로 일으켜 세운 성스러운 땅에 독을 퍼뜨리고 있다며 분개했다.

그는 루카의 의학 담당관을 이끌고 지역 의료계에 대한 집요한 수사에 착수했다. 경관을 대동한 의학 담당관은 모든 약국을 불시에 방문하여 보관 중인 처방전을 내놓으라고 요구했다. 불명확하거나 누락된 사항이 발견될 때마다 그는 겁에 질린 약제사들에게 갖은 호통을 퍼부었다. 종종 의학 담당관과 함께 조사에 나섰던 굴리에르미노 경관은 이렇게 말했다. "미친 사람 같았습니다. 이 사람이 왜 이러나 싶었죠. 뭔가 마음에 둔 게 있었어요." 결국 의학 담당관은 쳇 베이커에게 팔피움을 처방해 준 스물다섯 명의 의사들을 찾아냈다. 1960년 8월 22일, 벨기에 연주를 마치고 다시 빌라 젬마에 돌아와 있던 쳇 베이커에게 체포 영장을 든 경찰이 들이닥쳤다. 수갑을 찬 채 끌려가던 그를 바라보며 캐럴 잭슨은 울음을 터뜨렸다. 『일 텔레그라포』에 의하면, 그녀는 이렇게 외쳤단다. "그러지 마세요. 그를 데려가지 말아요!"

이틀 뒤, 쳇 베이커 대신 처방전에 이름이 쓰여 있던 조이 카라니가 공범으로 체포됐다. 연이어 세 명의 의사, 로베르토 베첼리, 세르조 노톨리, 피에르루이지 프란체스코니, 그리고 펜션 관리인으로 쳇 베이커를 도운 잘리 잠바스티아니까지 모두 쳇 베이커의 마약 복용을 도운 혐의로 경찰서에 연행됐다. 법에 정해진 대로 마약중독자와 거래한 내용을 보고하지 않은 다른 모든 의사와 몇몇 약국을 중심으로 수사는 꾸준히 진행됐다.

파비오 로미티의 끈질긴 심문에 쳇 베이커는 엄청난 양의 제트리움을 독일에서 밀반입한 것과 처방전 용지를 훔쳐 위조한 사실까지 모두 시인했다. 그러나 그의 진술은 그에게만 국한된 것이 아니었다. 쳇 베이커는 자신과 함께 연주했던 드러머 진 빅토리가 그들 둘을 위해 불법인 것을 알면서도 뮌헨에서 제트리움을 가져왔다고 말했다. (그는 후에 이렇게 말했다. "진 빅토리는 그것이 범죄라는 사실을 너무나 잘 알고 있었소.") 그리고 조이 카라니와 잘리 잠바스티아니는 자신을 대신해 로베르토 베첼리에게서 팔피움을 얻어 왔다고 설명했다. 그는 여기에 그치지 않고 아내인 헬레마에 대한 얘기까지 모두 늘어놓았다. 자신을 위해 이탈리아로 제트리움을 밀반입한 사실 말이다. 그녀의 소재를 묻자, 밀라노

의 주소도 일러 주었다. 심문이 좀 더 진행되면서 다른 의사들의
이름까지 모두 술술 흘러나왔다.

평소 쳇 베이커를 잘 알고 지냈던 이들마저도, 그가 자신을 "구
하기" 위해 힘쓴 사람들을 배신했다는 사실에 큰 충격을 받았다.
진 빅토리는 경찰의 눈을 피해 도망치는 데 성공했다. 자기가 가
지고 있던 드럼 세트를 루카의 한 젊은이에게 팔아 버린 뒤 그 돈
으로 비행기 티켓을 구해 미국으로 돌아갔다. 하지만 다른 이들
은 그다지 운이 좋지 못했다. 로마노 무솔리니는 말했다. "그때
사람들은 쳇 베이커와 연락하는 게 아주 위험하다고 생각했죠.
경찰이 모든 사람을 다 조사하고 있었으니까요." 캐럴 잭슨이 위
험하겠다고 판단한 쳇 베이커는 그녀를 고향인 영국에 가 있도
록 했다. 그러나 파비오 로미티가 관심을 가진 건 바로 헬레마였
다. 자신의 관할 구역이 아니기에 반드시 합법적이라고 말할 수
는 없었지만, 그는 밀라노에 가서 헬레마를 추적했고 몇 가지 물
어볼 것이 있다며 루카에 올 것을 요청했다. 일단 루카에서 헬레
마의 신병을 확보한 그는 다시 심문을 벌여 그녀의 밀반입 혐의
에 대한 진술을 받아 냈다. 헬레마는 울면서 그것이 불법인 줄 몰
랐다고 애원했지만, 파비오 로미티는 꿈쩍도 하지 않았다. 그녀
는 오래된 루카의 교도소, 페니텐차리오 산 조르조에 수감됐다.
이곳은 재판이 열리기 전까지 보석을 허락하지 않은 채 용의자를
가둬 두는 장소였다. 그때까지 유효했던 이 제도는 무죄임이 증
명되지 않은 상태에서 유죄로 추정하는 나폴레옹식의 가혹한 기
준에 의한 것이었다. 헬레마는 그 누구보다 불운했다. 다행히 아

들은 이미 미국의 친정집에 맡겨 둔 상태였지만, 체포됐을 때 그녀의 핸드백 안에는 미국행 비행기 표가 있었으니 말이다. 프란체스코니를 비롯한 몇 명의 의사들과 조이 카라니도 역시 수감됐다.

두 달 뒤, 프란체스코니는 증거 불충분으로 풀려났지만 다른 이들은 그대로 구치소에 남아 있었다. 쳇 베이커는 건너편 감방에 갇힌 채 매일같이 흐느끼는 헬레마의 울음소리를 들었다. 재판이 시작되기 전까지 어느덧 여덟 달이 흘러갔다. 수감 생활이 막바지에 이르렀을 무렵, 이탈리아의 잡지 『레우로페오』가 쳇 베이커에게 고백록의 집필을 맡겼다. 그가 이런 지경에 이르기까지의 이야기를 써 달라는 것이었다. "희망 없음"이라는 말을 여러 번 되풀이하면서, 쳇 베이커는 오직 한 사람, 자신만을 위해 눈물을 흘렸다. 그는 이렇게 썼다. "나는 왜 내가 이런 대접을 받아야 하는지 이해할 수 없다. 나는 언제나 혼자이고 간수들을 제외하고는 말을 나눌 사람도 곁에 없다. 조이 카라니와 다른 의사들은 모두 같은 감방에 들어가 있지 않나. 그들은 이야기를 할 수 있고, 동료가 있고, 서로 위로할 수도 있다. 여덟 달 동안 내가 얻은 것이라곤 꽉 막혀 버린 의식과 공포뿐이다. 그 여덟 달의 힘들고 무서운 시간이 나의 피폐한 건강을 다시 회복시켜 주었는지도 모르지만, 돌이켜 보면 내 마음은 완전히 부서져 버렸다." 쳇 베이커는 선택의 여지 없이 변호사 비용을 대기 위해 자신의 트럼펫을 팔아 달라고 사람들에게 알렸다.

곤경에 처한 그의 모습이 루카에서 가장 영향력 있던 변호사 마

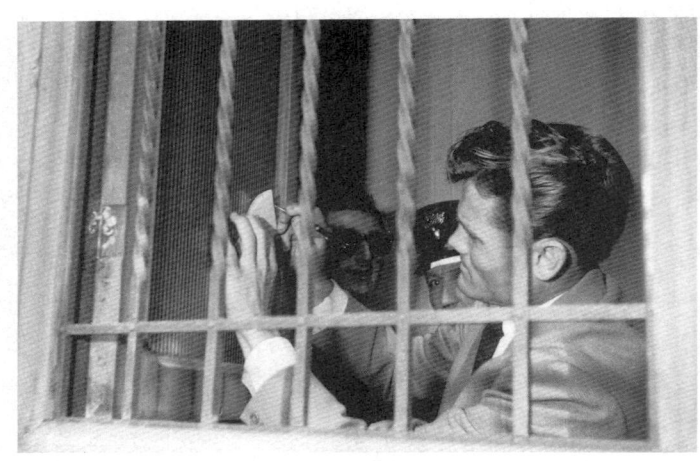

구치소 안에서도 팬을 위해 사인해 주는 쳇 베이커

리오 프레차Mario Frezza의 마음을 움직였다. 프레차는 무료로 그를 변론하겠다고 나섰다. 그에게 다가온 또 한 사람은 페데리코 펠리니의 유명한 영화 「길La Strada」을 제작한 디노 드 로렌티스Dino De Laurentiis였다. 소문에 의하면, 실패한 작품 속에서도 영화와 관련된 쳇 베이커의 잠재력을 눈여겨본 그는 앞으로 제작할 영화의 음악 판권을 위해 선급금으로 3,000달러를 제의했던 모양이다. 물론 쳇 베이커가 자유의 몸이 될 때까지 작업은 유보할 수 있다는 조건이었다. 쳇 베이커는 돈을 받았다.

1961년 4월 11일 화요일 아침에 펼쳐진 이 서사적인 멜로드라마보다 사람들의 관심을 더 끌 만한 영화가 또 있었을까. 당시 신문지상에 인쇄돼 있던 문구처럼 이 작품의 제목은 "독사들의 재판"이었다. 이 사건은 역사상 루카라는 도시에서 벌어진 그 어떤 일보다 큰 논란을 불러일으켰으며, 이처럼 이곳이 대대적인 조명을 받은 적도 없었다. 법원 밖에 군중이 모여들면서 이탈리아 전역에서 원정 온 파파라치들은 목에 무거운 카메라를 건 채 오토바이를 타고 시끄럽게 한바탕 소동을 피웠다. 아침 9시를 조금 남겨 둔 시각, 몇 대의 차가 도착하더니 경찰의 호위 속에 피고들이 내리기 시작했다. 한 명 한 명 입구로 들어설 때마다 카메라 플래시가 번개 폭풍처럼 번뜩였다. 어떤 구경꾼들은 환호성을 올렸고, 또 다른 이들은 야유를 보냈다. 이 모든 과정은 마치 할리우드 시사회에 예수가 걸었던 십자가의 길을 뒤섞어 놓은 듯했다. 기자들이 쳇 베이커의 "물라토", 혹은 "흑인" 아내라고 잘못 소개한 헬레마는 서둘러 안쪽으로 사라졌다. 검은 망토와 어두운 선글라

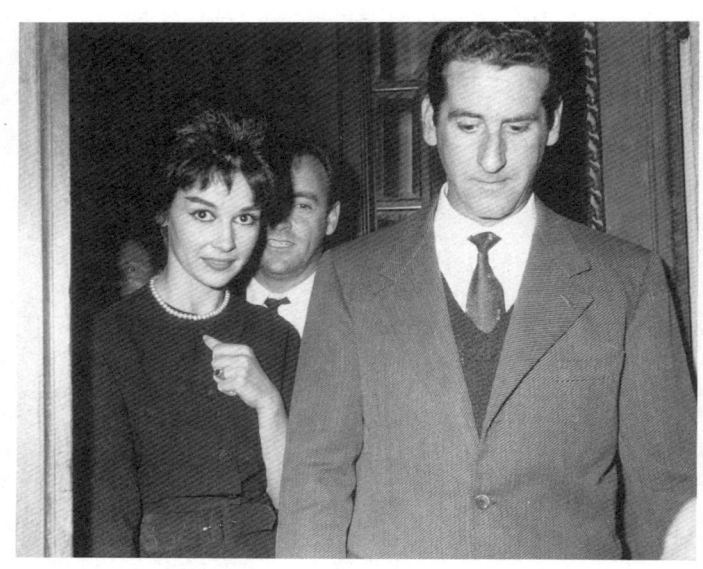

화려하게 치장한 채 법정으로 들어서는 캐럴 잭슨

스를 쓴 우울한 인상이었다. 그러나 캐럴 잭슨*은 사진기자들을 향해 포즈를 취하며 웃음을 띠기도 했다. 세심하게 골라 입은 검은 드레스와 진주 액세서리, 하얀 장갑, 그리고 래커 칠을 한 비하이브 헤어스타일을 하고 있었다.** 물론 모든 이들이 그녀에게 좋은 인상을 받은 것은 아니었다. 타블로이드 잡지들은 쳇 베이커의 결혼 생활을 깨뜨린 것이 바로 캐럴 잭슨이라고 공공연히 비난했다. 그녀가 법원 쪽으로 다가서자 시골 여인들이 이렇게 외쳤다. "창녀!" 『일 텔레그라포』의 디노 그릴리 기자는 기사에 다음과 같이 썼다. "굳이 논의할 가치조차 없었다. 헬레마에 비하면 캐럴 잭슨은 교양이라곤 전혀 없는 여자였다."

옆에서 세 교도관의 호위를 받은 채, 쳇 베이커가 자신감 있는 걸음걸이로 모습을 드러냈다. 얼굴에는 붉은빛이 돌았고 건강해 보였다. 짙은 회색 면바지에 베이지색 재킷, 그리고 흰 셔츠를 입고 있었으며 폭 좁은 넥타이와 손수건을 착용하고 있었다. 물론 수갑은 찬 상태였다. 그 역시 카메라를 향해 웃음을 지어 보였다. 법원 안에 들어서자 그는 이탈리아에서 처음으로 꽉 들어찬 사람들을 마주하게 됐다. 재즈 팬과 음악인, 학생, 은퇴한 노인, 그리고 다른 여러 나라에서 온 저널리스트들이 의자를 빼곡히 메우

• 처음 수사가 진행될 때 영국으로 피신했던 캐럴 잭슨은 기소 과정이 모두 끝난 뒤 법정의 증인 요청에 따라 다시 이탈리아에 와 있었다.
•• 의역하기가 적절치 않아 원문 그대로 직역했다. 비하이브beehive는 머리를 위로 화려하게 올려 만든 헤어스타일을 뜻한다. 1958년부터 크게 유행했으며, B-52 전폭기의 앞부분을 닮았다 해서 'B-52 헤어스타일'이라 불리기도 했다. 오드리 헵번이 「티파니에서 아침을」에서 했던 헤어스타일이 바로 비하이브다.

고 있었다. 들어가지 못한 어떤 이들은 밖에서 사다리를 놓고 창문을 통해 안을 들여다보기도 했다. 법정 출입이 금지된 파파라치들은 가까운 발코니에 올라서서 열린 창 쪽으로 카메라 렌즈의 초점을 맞추고 있었다.

이탈리아의 재판 시스템은 배심원이 없었다. 대신 검찰관이 법원장과 두 판사에게 증거를 제시했다. 그들이 피고와 증인들에게 질문을 던지고, 함께 선고를 내리는 식이었다. 쳇 베이커에게 좋은 기회가 올 것 같지는 않았다. 그에게는 불법 마약 소지죄와 의사의 사무실에서 처방전 용지를 훔친 죄, 그리고 팔피움을 얻기 위해 그 용지를 위조한 죄 등의 혐의가 적용돼 있었다. 모든 사실을 시인한 상태였기에, 변호를 맡은 마리오 프레차는 정상참작의 여지와 법정의 동정심을 구하려고 애썼다. 그는 이미 쳇 베이커를 철저하게 훈련시켜 두고 있었다. 『라 나치오네』의 세르조 프로살리Sergio Frosali 기자에 의하면, 법원장 로리아가 세 시간에 걸쳐 조서를 읽는 동안 쳇 베이커는 "시골에서 올라온 젊은 농부"처럼 차분하게 기다리고 있었다. 그가 마약과 관련해서 여러 다양하고 끔찍한 사건에 얽혀 있던 것을 생각하면, 그 침착함은 소름이 돋을 정도였다.

판사석 앞에 앉아 통역을 통해 진술하던 쳇 베이커는 모든 혐의를 부인했다. 그에 따르면, 모든 문제가 시작된 것은 4월경 볼로냐에서였다. 이 하나를 뽑은 다음 너무 심한 두통을 느껴 그 치과의사가 드물게 사용하는 진통제인 팔피움을 처방해 주었고, 그 약효가 너무 강해 바로 중독 증세가 나타났다는 얘기였다. 그리고 그다음부터 이 약을 찾기 위해 여러 의사들을 만나고 다녔다는 것. 게다가 나폴리에서 트럼펫을 도난당한 뒤 마음의 상실감이 배가 됐다는 식으로 얘기를 덧붙였다. 법원장 로리아가 물었다. "말해 보시오, 베이커. 왜 잃어버린 트럼펫 때문에 그토록 상심했다는 것이오? 새것을 살 수도 있지 않았소? 이탈리아에는 트럼펫이 아주 많소이다." 쳇 베이커는 상으로 받은 물건을 엄마가 가져가 버린 아이처럼 슬픈 표정으로 고개를 떨어뜨린 채 이렇게 설명했다. "그건 제게 아주 특별한 트럼펫이었기 때문입니다, 재판장님. 300달러짜리였죠. 물론 다른 것을 사긴 했어요. 하지만 영 소리가 좋지 않았습니다." 그리고 악기를 불면 불수록 두 번의 차 사고 이후에 생긴 부비강염과 삼차신경통이 악화되더라는 얘기도 빼놓지 않았다. 결국 팔피움 없이는 잠을 잘 수도, 밥을 먹을 수도, 음악을 연주할 수도 없었다는 것이 그의 결론이었다.

쳇 베이커는 검찰관 앞에서 했던 진술 내용을 거의 모두 부인하고, 그때는 자기가 잠시 미쳤던 것 같다고 말했다. 약 1만 알의 약을 밀반입했다고 시인한 사실을 다시 들추자, 쳇 베이커는 고개를 가로저으며 이렇게 얘기했다. "아니, 그런 구체적인 숫자를 언급한 적은 절대 없습니다." 또한 독일에서 400알의 약을 가져다준 것은 헬레마였으나, 그녀는 그 약이 무엇인지 알지 못했다고 진술했다. "그녀는 내 아내입니다. 내가 말한 대로 그냥 따라 했을 뿐이죠." 쳇 베이커는 로베르토 베첼리에게 "약값을 지불하는" 의미로 1만 리라를 주었다는 이전의 진술 내용도 번복했

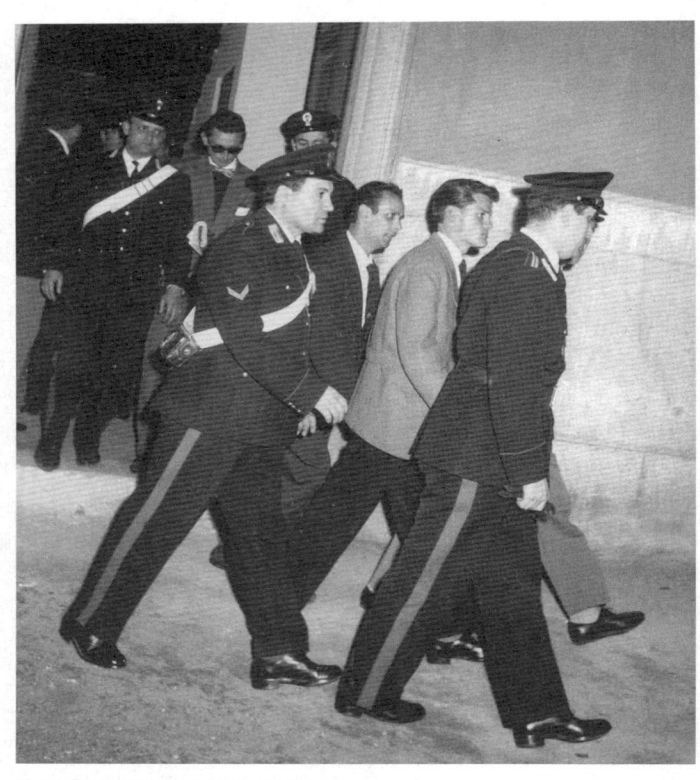

공판을 받기 위해 법원으로 향하는 쳇 베이커

다. 또한 엔리코 란두치의 처방전 용지를 훔친 것과 관련해 이야기를 나누던 대목에서는 이해가 잘 되지 않을 만큼 멍청한 답변을 하기도 했다.

법원장 로리아: 당신은 란두치 박사의 사무실이 그의 아파트와 같은 건물에 있다는 사실을 알고 있었습니까?
쳇 베이커: 제 변호사가 얘기하길, 그건 몰랐다고 대답하라는군요.

법정 안에 좌중의 웃음소리가 퍼졌다. 그러나 쳇 베이커는 당황하지 않고 설명을 이어 갔다. 어느 날 아침에 일어났더니 방문 앞에 처방전같이 보이는 종이들이 널려 있는 걸 발견했단다. 전에 같이 연주한 드러머 진 빅토리가 선물로 준 것이었는데, 검찰관 앞에서 거짓 진술을 한 것은 단순히 진 빅토리를 보호하기 위해서였다고 말했다. 그는 너무 심할 정도로 자신의 순진함을 드러내려 하는 것 같았다. 그 순간에도 두통이 너무 심하다는 투로 이마를 움켜쥔 쳇 베이커를 바라보며 세르조 프로살리 기자는 차마 안쓰럽다는 생각이 들기까지 했다. 그는 기사에서 이렇게 썼다. "쳇 베이커를 너무 심하게 다루지 않았으면 좋겠다고 생각한 사람들이 적지 않을 정도였다." 쳇 베이커의 매혹은 이탈리아에서 가장 강건하기로 소문난 저널리스트, 오리아나 팔라치Oriana Fallaci 의 마음까지 녹여 버릴 정도로 대단했다. 그녀는 훗날 아야톨라 호메이니Ayatollah Khomeini 와 헨리 키신저Henry Kissinger 같은 세계적인 인물들을 상대로 도도할 만큼 당당한 인터뷰를 수행해 유명해진 인물이었다.• 오리아나 팔라치는 미국의 『타임』지에 대한 대답이라 일컬어지던 『레우로페오』에 기고한 글을 통해 쳇 베이커를 열정적으로 옹호했다. 루이 암스트롱이나 찰리 파커는 물론이고 "세계에서 가장 위대한 백인 트럼페터"의 음악조차 들어 보지 않은 정부가 그를 죄인으로 몰아가고 있으며, 여론은 이 천재 음악인이 "다시 마약을 하게 될지, 개처럼 짖으며 살아갈지, 혹은 한때 하늘의 성가처럼 들리던 트럼펫 연주를 결국 그만두게 될지" 관심조차 없다고 썼다.

법원장의 심문이 진행될 동안 헬레마는 고개를 들지 않은 채 노트에 뭔가 끼적이고 있었다. 호출을 받고 자리에서 일어나자 자신의 결백함을 주장했다. 세르조 프로살리 기자는 청중이 "이 배신당한 여인에게 동정심을 보냈다"고 언급하며 "헬레마는 의심의 여지 없는 이 사건의 희생자였다"고 보도했다. 따지고 보면, 아찔할 정도로 모든 사실을 부인하고, 모순과 거짓말만 늘어놓는 모습은 더없이 쳇 베이커다운 것이었다. 그의 표정에는 아무런 변화도 없었다. 세르조 프로살리 기자는 법정의 쳇 베이커에 대해 이렇게 썼다. "그를 둘러싸고 일어난 이 모든 일들이 막상 그 자신에게는 그다지 큰 흥미를 주지 못하는 것처럼 보였다. 자기에 대해 오가는 이야기를 과연 경청하고 있기는 한 것인지, 그의

• 오리아나 팔라치는 20세기 저널리즘의 발전에 큰 업적을 남긴 기자이자 저널리스트, 소설가였다. 호메이니를 만나 그 앞에서 차도르를 벗어던지고, 인터뷰 시에 헨리 키신저와 아라파트, 덩샤오핑 등을 정연한 논리와 언변으로 쩔쩔매게 만든 에피소드는 언론계에서 신화처럼 회자되고 있다. 지난 2006년 76세의 일기로 세상을 떠났다.

모습만 가지고는 판단하기 힘들었다."

향후 며칠간은 법정을 가득 메운 사람들에게 좋은 공짜 구경거리나 마찬가지였다. 디노 그릴리 기자는 이렇게 보도했다. "사람들은 법정에서 나오는 얘기를 주의 깊게 들었으며, 아마도 뭔가 믿기 힘든 장면이 연출될 것을 기다리고 있는 듯했다." 노톨리 박사가 증언했을 때, 법정에 모여 있던 친구들은 마치 그가 영화배우라도 된 듯 소리를 지르고 박수를 쳐 댔다. 그중 한 사람이 자리에서 일어나 더 열렬한 환호성을 올리자, 법원장 로리아는 그를 강제로 퇴장시켰다. 그러고는 화난 목소리로 이렇게 말했다. "지금 영화 찍는 줄 압니까!"

그날의 공판이 끝나자, 디노 그릴리는 "둥글고 붉은 얼굴색의 한 키 작은 사내"가 최대한 진지하게 들리는 낮은 목소리로 쉬지 않고 계속해서 이렇게 말하는 것을 들었다. "그나저나 트럼펫은 언제 부는 거요?" 물론 그 자리에서 쳇 베이커가 트럼펫을 연주할리는 없었다. 그런데 잠시 뒤 그의 팬들이 "몰려와 마치 공연이 끝난 다음 축하하는 것처럼 인사를 건넸다." 조반니 톰마소는 사람들 틈을 비집고 들어가 쳇 베이커에게 괜찮은지 물었다. 그는 한숨을 쉬며 이렇게 대답했다. "피곤해 죽겠어. 재판 생각을 하느라 어젯밤에 한숨도 못 잤거든."

4월 12일 수요일, 캐럴 잭슨이 증언대에 섰다. 그리고 쳇 베이커의 연인은 두 시간에 걸쳐 전체 재판 과정 중에서 가장 놀라운 진술을 했다. 역시 통역을 통해 얘기한 그녀는 이전에 작성된 조서 내용에 대해 거의 대부분 이의를 제기했고, 계속해서 "기억나지 않는다"고 말했다. 법원장 로리아는 그녀가 쳇 베이커와 동행해 로베르토 베첼리의 사무실에 들렀고, 그에게 협조하도록 이 의사를 유혹했다고 인정한 사항을 재확인하려 했다. 캐럴 잭슨은 다음과 같이 말하며 조서 내용을 번복했다. "난 그 의사가 너무 싫었어요. 날 건드리게 하지도 않았다고요. 이미 두 번이나 그곳에 갔었기 때문에, 그가 어떻게 하는지 잘 알고 있었으니까요." 그녀가 당시 법정에서 이렇게 얘기했던 사실을 훗날 다시 물어보았을 때, 캐럴 잭슨은 눈을 크게 뜨고 이렇게 소리쳤다. "무슨 소리예요? 난 그런 말을 한 적 없어요!"

"그럼, 당시 베첼리 박사가 당신 몸에 손을 대지 않았다는 말이군요?"

"아니, 그러긴 했죠. 하지만 그건 그냥 장난에 지나지 않았어요!"[•]

캐럴 잭슨은 조이 카라니가 쳇 베이커에게 자신의 이름을 처방전에 쓰도록 했다는 진술 내용도 부인했다. 모든 사실에 동의하지 않자, 법원장 로리아는 아예 조서를 일일이 다시 읽어 내려가며 요점마다 인정하는지 아닌지를 확인하기 시작했다. 그러던 중, 그는 더 이상 참지 못하고 캐럴 잭슨에게 쳇 베이커를 "내 남편"이라 지칭하는 "파렴치한" 언행을 중지하라고 지시했다. 자꾸 그렇게 말하면 위증의 혐의를 적용할 수도 있다고 경고하면서 말이다. 월간지 『조르날레 델 마티노Giornale del Mattino』의 렌초 바틸리아Renzo Battiglia 기자는 다음과 같이 썼다. "캐럴 잭슨에게는 존중

• 이 부분은 저자가 이 책의 집필을 위해 진행한 인터뷰 내용을 그대로 옮긴 것이다.

의 마음을 갖기가 힘들었다. 헬레마가 감옥에 갇혀 있던 동안 그녀는 자유의 몸이었다는 사실을 알게 된 청중의 반응이 특히 그러했다." 캐럴 잭슨은 끝으로 다시 한번 헬레마에게 더할 수 없이 잔인한 치욕을 안겨 주었다. 헬레마가 뻔히 보고 있는 앞에서 쳇 베이커에게 다가가 그의 볼에 천천히 키스를 남긴 것이다. 그 모습을 본 헬레마는 몸을 움찔하더니 이내 고개를 돌려 버렸다. 사진작가 체코 마이노는 법정을 나서던 그녀의 모습이 얼마나 슬퍼 보였는지 잊지 않고 있었다. "혼자 울면서 걸어 나가더군요. 옆에서 동행한 건 경찰관들뿐이었죠."

일 부솔로토의 소유주 세르조 베르나르디니 역시 목격자로 증언에 참여했다. 그가 마약중독에 빠진 이 트럼페터의 과거에 대해 이야기하는 동안 쳇 베이커는 이 과정을 즐기는 듯 보였다. 심지어 방사선과 의사인 로베르토 보니Roberto Boni가 그의 얼굴을 찍은 엑스레이 필름을 제시하며 아무런 이상도 발견하지 못했다는 유죄 입증의 증언을 했을 때도 동요의 움직임을 드러내지 않았다. 세르조 프로살리 기자는 다음과 같이 썼다. "시간이 흐를수록 쳇 베이커는 마음을 열고 더 차분해지는 듯했다." 그러나 조이 카라니는 결국 징역형을 선고받게 되어 자신의 변호사 경력이 위태로워질 것을 우려했는지 그다지 표정이 밝지 못했다. 그는 혼란스러운 얼굴로 디노 그릴리 기자에게 말했다. "난 그저 병든 아버지를 만난 다음 잠시 휴식을 취하고 싶어 이탈리아에 돌아왔을 뿐이었소."

검찰관 파비오 로미티가 다음 순서를 기다리고 있었다. 허공 위

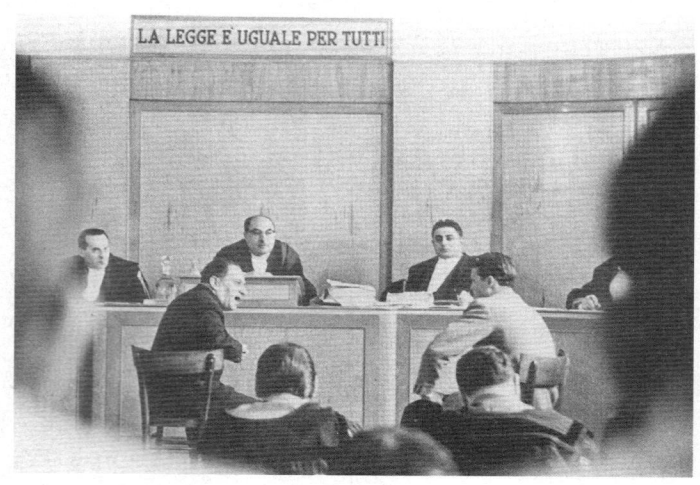

검찰관이 쳇 베이커를 향해 말했다.
"그는 천사의 얼굴을 하고 있지만, 가슴속엔 악마의 심장을 가지고 있소!"

로 손가락을 곧추세운 그는, 법을 비웃고 친구들을 냉정하게 배신한 한 남자의 기소 사유를 통렬하게 밝혀 나갔다. "그는 천사의 얼굴을 하고 있지만, 가슴속엔 악마의 심장을 가지고 있소!" 검찰관은 쳇 베이커를 노려보며 억양 실은 목소리로 이렇게 말을 이었다. "그를 만난 사람이라면 누구든 문제에 휘말리고 말았던 것이오!" 파비오 로미티는 쳇 베이커에게 징역 7년을 구형했다. 계속해서 로베르토 베첼리와 캐럴 잭슨, 잘리 잠바스티아니도 벌을 받아야 한다고 얘기했다. 헬레마에게는 징역 2년이 구형됐다.

유죄를 입증할 만한 피할 수 없는 증거에 직면한 쳇 베이커의 변호사 마리오 프레차는 법정이 아량을 베풀어 달라고 얘기했다. 그는 이 트럼페터가 타락해 버릴 수밖에 없던 상황을 그럴듯하게 묘사해 나갔다. 대마초를 피우던 아버지의 나쁜 영향으로 어쩔 수 없이 마약중독에 빠져들게 됐고, 크리스털 조이가 뺨을 때리며 그의 가장 친한 친구였던 딕 트워드직의 죽음에 대해 책임을 물었다던, 그 확인할 길 없는 일에 대해서도 말했다. 이 일이 쳇 베이커에게 큰 상처를 주어 마약을 도피처로 생각하게 됐다는 얘기였다. 그가 마약을 밀반입했다는 것도 제트리움이 이탈리아에서는 불법이 아니기 때문에 굳이 문제될 것이 없다고 했다. 그리고 어떤 얘기가 더 있었을까. 마리오 프레차는 아무것도 쓰여 있지 않은 빈 처방전이 뭐 그리 문제될 게 있느냐며 따졌고, 이를 절도로 볼 필요까지는 없다고 말했다. 결국 어떤 경우라도 마약이 쳇 베이커의 판단력을 흐리게 했으며, 이 점을 생각하면 그가 벌인 행동에 대한 책임을 묻기도 애매하지 않겠느냐는 것이었다.

끝으로 변호사는 피고에게 아무 죄도 묻지 말고 석방해 줄 것을 요청했다.

4월 12일 밤, 마리오 프레차는 쳇 베이커에게 너무 큰 기대는 하지 않는 게 좋겠다고 경고했다. 다음 날 아침, 판사들은 최종 심의에 들어갔다. 법원의 복도와 계단에는 쳇 베이커의 운명이 어떻게 될지 궁금해한 10대 소년들까지 몰려들어 장사진을 치고 있었다. 오후 5시, 법원장 로리아는 피고들을 법정 앞에 세웠다. 약국 관계자들에게는 무죄가 선고됐고 조이 카라니와 헬레마는 증거 불충분이라는 결론이 내려졌다. 세르조 노톨리는 두 장의 처방전에 이름을 틀리게 기재한 것으로 경범죄 처분을 받아 벌금만 낸 뒤 풀려났다. 잘리 잠바스티아니도 마찬가지. 그는 공범임이 명백했지만 과연 팔피움이 금지 약물임을 미리 알고 있었는지 확인하기 힘들다는 이유였다. 로베르토 베첼리의 결과는 좋지 못했다. 마약중독자에게 뇌물을 받았다는 사실이 인정돼 3년의 징역형과 30만 리라의 벌금이라는 중징계가 내려졌다. 물론 그의 의사면허도 취소됐다. 로베르토 베첼리는 몸을 떨었다. 그리고 그의 아내는 울음을 터뜨리다가 거의 실신 상태에 빠져 버렸다.

쳇 베이커의 차례가 왔다. 마약 밀반입과 문서 위조에 대해서는 유죄가 선고됐지만 절도죄는 적용되지 않았다. 세 명의 판사들은 그에게 1년 7개월 10일의 징역형을 선고했다. 벌금은 14만 리라였다. 법원장 로리아는 마약중독으로 인해 피고의 정신이 피폐하다는 점을 감안해 법정이 은혜를 베풀었다고 말했다. 쳇 베이커는 아무 말 없이 판사들을 바라보기만 했다. 그는 당황해했다. 아직도 자기가 무엇을 잘못했는지 이해할 수 없다는 투였다. 루스 영은 이런 말을 했다. "그가 어떻게 느꼈는지 묘사하는 데 자기 동정이란 표현을 쓰는 건 너무 친절한 일이겠죠. 그는 스스로를 방어하기 위해 이런 말을 종종 내뱉었어요. 내가 바로 쳇 베이커다! 내가 누군지 알아? 이런 개 같은 일은 도무지 참을 수 없군. 왜 나를 괴롭히는 거지? 나는 아무도 다치게 하지 않았어!"

렌초 바틸리아 기자는 쳇 베이커에게 낮은 형량이 선고된 것을 듣고 내심 크게 놀랐다. 비록 그에게 심리적인 문제가 있는 것에는 동의하면서도 말이다. "사실 이런 사람을 정상이라고 판단할 수는 없는 것이죠. 법정 안에서 자기 아내가 두 발짝 옆에 서 있는데도 너무나 태연하게 정부와 포옹하다니 말이에요. 더구나 그걸 사람들이 사진 찍도록 그냥 내버려두지 않았습니까." 디노 그릴리 기자는 사람들이 법정에서 빠져나갈 때 헬레마와 잠시 이야기를 나누었다. 그녀는 화해를 생각할 일말의 가치도 없다고 잘라 말하며 쌀쌀맞은 목소리로 이렇게 내뱉었다. "저사람은 참 안됐네요." 몇 분 뒤, 캐럴 잭슨은 쳇 베이커가 출소하자마자 자기와 결혼할 거라고 렌초 바틸리아 기자에게 얘기했다. 그리고 웃는 낯으로 이렇게 덧붙였다. "그이도 결혼하고 싶어 해요." 하지만 이 기자에 의하면, 쳇 베이커는 다른 생각도 하고 있었던 모양이다. "캐럴 잭슨과 정말 결혼할 거냐고 묻던 이들에게 그는 '헬레마와 이혼하진 않을 겁니다. 그녀는 아주 좋은 여자예요. 아내로서도 더없이 훌륭하다니까요' 하고 대답했습니다." 쳇 베이커가 무슨 생각을 했든, 헬레마는 미국으로 돌아

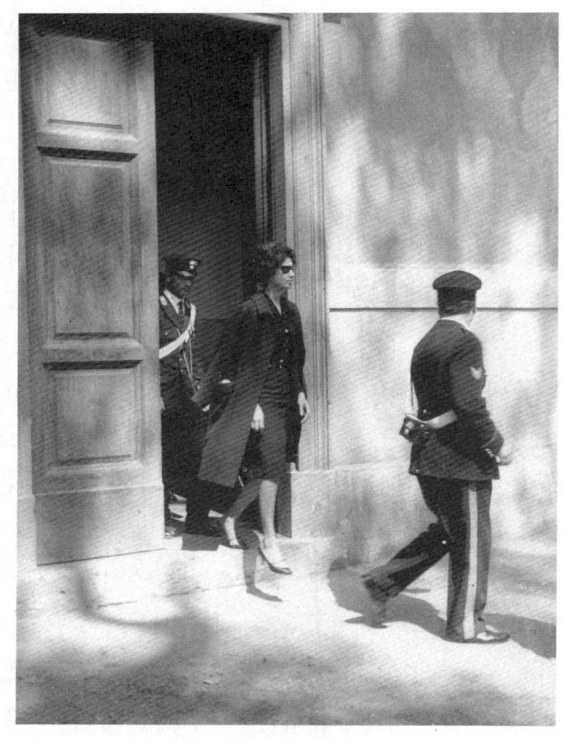

재판이 진행되면서 대부분의 사람들은 헬레마를 희생양으로 바라보았다.

가 버렸다. 쳇 베이커는 그녀를 잃었다.

교도관들은 쳇 베이커의 손목을 묶어 다시 감방으로 데려갔다. 짚으로 채운 매트리스와 테이블 하나, 그리고 창문은 쇠창살로 막혀 있었다. 좀 더 평화로운 시기였다면 루카라는 도시는 쳇 베이커에게 한결 새롭고 서정적인 감성을 심어 줄 수 있는 곳이었다. 자코모 푸치니Giacomo Puccini가 바로 그림처럼 아름다운 이 도시에서 태어났으며, 이곳을 방문한 나폴레옹도 루카의 아름다움에 매료됐다. 레프 톨스토이는『전쟁과 평화』의 도입부에서 토스카나의 오아시스에 대해 얘기하기도 했다.* 피사에서 19킬로미터쯤 떨어져 있는 루카는 그만의 고유한 세계를 갖추고 있었다. 세르키오강의 급작스러운 범람을 피하기 위해 16세기에서 17세기 사이에 건설된 돌담이 이 도시 주변을 둘러쌌으며, 루카 안의 모든 것은 대자연이나 기독교와 관련이 있어 보였다. 노란색과 갈색, 붉은색의 흙빛으로 칠해진 집들은 마치 토양이 그대로 위로 솟아올라 만들어진 것 같은 인상을 주었으며, 갈퀴처럼 자라난 나무들은 하늘을 향해 수직으로 너덧 개의 가지를 뻗어 냈다. 거리에는 곳곳에 교회가 있었다. 그리고 일요일이 되면 구름 저편에서 종소리가 울려 퍼지는 것처럼 들렸다. 돌담 너머 멀리 바라보면, 청초한 언덕들이 하늘과 맞물리며 평온한 기운을 더해 주고 있었다.

---

* 행정구역상의 구분을 정리하면 다음과 같다. 토스카나는 이탈리아 중부에 있는 주이고, 피렌체를 주도로 두고 있다. 그리고 토스카나주 안에 루카와 피사 등의 도시가 있다.

그러나 루카의 교도소인 페니텐차리오 산 조르조는 전혀 낭만적이지 않았다. 도시 한복판에 서 있던 음침한 이 노란색 건물의 앞쪽 창에는 검은 셔터가 쳐 있었고, 뒤편은 창살로 덮여 있었다. 그리고 그 안이 감방이었다. 몇 년 뒤 쳇 베이커는 이 감옥에 머물던 때를 "공포와 혐오"라는 안 좋은 말로 표현했다. 자신이 머물던 감방은 "축축하고 불결했으며 벌레들이 득실거리는 토굴"이었단다. 배급받던 음식도 지네가 기어다닐 만큼 형편없었다고 했다. 그는 이렇게 말했다. "멍청하게 아무 생각도 없이" 돌처럼 딱딱한 침대에 누워 있으면서 "벌벌 떨다가 신음하고, 나한테 말을 걸곤 했지. 쥐나 딱정벌레, 이와 벼룩이 내 몸 위에서 마음껏 뛰어놀았어." 또한 5와트짜리 침침한 전구 아래서 책을 보느라 "거의 시력을 잃을 만큼 눈도 나빠졌고" 추위 속에 책장을 넘기다 보면 두 손은 어느새 파랗게 얼어 버리곤 했다.

　그는 감옥 생활에 대해 이처럼 악몽 같은 말만 남겼지만, 사실 교도소 내에서 최고의 대우를 받았고 친구들에게 그 즐거움을 털어놓기도 했다. 루카 퀸텟의 멤버들이 교도소장의 아들과 가까운 사이였으므로, 그들의 벗인 "체티노(귀여운 쳇)"를 잘 보살펴 달라고 부탁했던 것이다. 쳇 베이커는 다른 수감자와 함께 둘이서 책 묶는 일을 했다. 그나마 일감이 많지 않았기에 남는 시간 동안 체스를 두거나 그에게 호의적이던 간수가 몰래 가져다준 주방용품으로 스파게티를 요리했다. 또 다른 교도소 직원은 그에게 이탈리아어를 가르쳐 주기도 했다. 그러나 언제나 그랬듯이, 쳇 베이커는 말보다 음악을 통해 더 깊은 대화를 나눌 수 있었다. 트럼펫을 손에 든 채 교도소의 복도나 마당을 걷다 보면 다른 죄수들이 그에게 다가와 어깨를 툭 치고는 이렇게 말을 건넸다. "이봐, 쳇. 〈Tintarella di Luna〉* 한번 해 봐." 그러면 쳇 베이커는 "그러지" 하고 대답한 뒤 이 유명한 이탈리아 노래를 트럼펫으로 연주했다. 죄수들은 "아, 아름답군!" 하며 감탄사를 연발했고, 손으로 가슴을 탁 치며 미소 지었다.

간수들은 루카에 머물고 있던 캐럴 잭슨에게 부부인 경우에 한해 허용되던 면회를 할 수 있도록 배려했다. 만남이 끝나고 나면, 쳇 베이커는 그녀가 가져다준 『플레이보이』 잡지를 들여다보며 수음했다. 그는 캐럴 잭슨의 방문을 면회실 내에서 일어나던 성적밀회로 묘사했다. "몇 달 동안 격리된 상태로 갇혀 있어 봐. 잠깐 나누는 섹스라도 반기지 않을 사람이 과연 있을까." 그는 그렇게 말했다. 남는 시간 동안 쳇 베이커는 디노 드 로렌티스가 제안했던 영화음악 작업을 했다. 모두 스물네 개의 멜로디를 썼고, 나중에 아메데오 톰마시가 여기에 화성을 덧씌웠다. 이 피아니스트는 그 멜로디들이 그저 무난한 수준이었다고 기억했다. 그러나 쳇 베이커는 정성을 다해 이 악보를 책으로 묶었는데, 멋들어진 빨간 가죽 표지가 특히 시선을 끌었다. 첫 페이지에는 깔끔하고 단정한 글씨체로 곡목이 적혀 있었다. 이 제목들은 당시 그의 마음을 그대로 대변했다. 〈Love Makes the World Go Round〉(사랑

• 1960년, 당시 스무 살이던 이탈리아의 가수 미나Mina의 첫 앨범에 수록돼 그녀를 신데렐라로 만든 최고의 히트곡. 곡목을 굳이 우리말로 직역하여 옮기면 '달빛에 그을어서'가 된다.

은 세상을 움직이게 한다), 〈A Fool in Love〉(사랑에 빠진 바보), 〈Blue Carol〉(우울한 캐럴), 그리고 〈I Could Never Live Without Your Love〉(당신 사랑 없이는 살 수 없다오).

루카 퀸텟의 멤버들은 종종 교도소 뒤편에 모여 "잘 잤나, 체티노!" 하고 외치거나 노래를 불러 주면서 그에게 용기를 북돋으려고 노력했다. 루카에 남아 있는 전설 같은 얘기가 하나 있다. 쳇 베이커의 감방 안에서 슬픈 음악 소리가 흘러나왔다는 것이다. 외로움에 지친 트럼페터가 연주하던 곡은 이탈리아의 팝 스타 니니 로소Nini Rosso가 노래해서 유명해진 〈Il Silenzio〉(침묵). 원래 이 곡은 군대에서 작은북에 맞춰 장례식 때 연주하던 슬픈 노래였다. 1961년 여름, 비탄에 빠진 쳇 베이커의 마음이 트럼펫 소리에 넘쳐흐르며 사람들에게 전해졌다. 그리고 교도소 인근에 살던 사람들은 그가 연주한 〈Someone to Watch Over Me〉와 〈My Buddy〉에 대해 몇 년이 지나서도 얘기했다. 땅거미가 질 무렵 길에 자동차 소리가 뜸해지고 고요함이 허공에 깃들면, 쳇 베이커의 연주 소리가 교회 종소리처럼 울려 퍼지며 천국에서 내려와 땅 위에 떠도는 듯했다. 어린 시절 루카에 살았던 영화제작자 구스마노 체사레티Gusmano Cesaretti는 10대였던 그 당시 교도소 밖에서 쳇 베이커의 연주를 듣던 기억을 절대 잊을 수 없다고 말했다. 그는 말했다. "정말 대단했어요. 거의 영성 체험에 가까운 느낌마저 들었죠." 어느 레코드 가게 주인은 감옥 가까이 서서 테이프 녹음기로 그의 연주를 담아 무허가 불법 레코드를 제작하기도 했다. 메아리로 가득한 이 45회전 레코드의 타이틀은 《Chet Baker, Dentro le

Mura》(쳇 베이커, 벽 속에서)였다. 흰 바탕의 앨범 커버에는 투박한 갈색 삽화를 그려 넣었는데, 돌로 만든 벽에 창살 쳐진 창문이 나 있고 그 뒤에 트럼펫을 연주하는 깡마른 인물이 서 있었다.

몇 달이 흘렀다. 쳇 베이커는 사람들로부터 엄청난 동정심을 이끌어 냈다. 그리고 그는 이 기회를 적절히 활용했다. 9월 8일, 그와 로베르토 베첼리는 조이 카라니와 함께 피렌체에서 열린 상소 재판에 서서 감형을 요청했다. 쳇 베이커는 마약중독뿐 아니라 다른 질병까지 모두 이겨 냈으며 잦은 편두통만 남아 있을 뿐이라고 말했다. 조이 카라니는 이탈리아 전역의 여러 오케스트라들이 앞다투어 쳇 베이커와 연주하기를 원하고 있고, 디노 드 로렌티스가 쳇 베이커의 이야기를 영화로 제작할 계획까지 세우고 있다며 거들었다. 로베르토 베첼리도 자신의 탄원을 위해 발언했다. 법원은 매우 이례적으로 자비를 베풀었다. 증거 불충분으로 로베르토 베첼리의 석방을 결정했으며, 쳇 베이커도 석 달만 더 감옥에 머물도록 파격적인 감형을 선고했다.

1961년 12월 초, 기자들이 교도소 밖에 몰려들어 쳇 베이커의 출소를 기다렸다. 그리고 12월 15일, 모범적인 수형 생활을 해 왔다는 쳇 베이커는 크리스마스를 한 주 앞두고 교도소에서 나갈 수 있게 됐다. 가방에 트럼펫을 넣은 채, 교도소 직원에게 받은 석방 증명서를 챙기고는 혼자 감옥에서 걸어 나왔다.

훗날 그는 오리아나 팔라치에게 이렇게 말했다. "그 순간을 정말이지 손꼽아 기다렸지만 막상 별 느낌은 없었소. 문득 이런 생각이 듭디다. '자, 쳇 베이커. 넌 이제 자유다. 그런데 어디로 가지?' 하고 말이오." 감옥은 그에게 피신처와도 같았다. 마약 때문에 약해질 수 있는 여지를 아예 떨쳐 버리고 오로지 트럼펫만 손에 쥔 채 홀로 남겨지지 않았던가. 그는 『레우로페오』와 가진 인터뷰에서 이렇게 말했다. "검고 무시무시한 벽이 교도소 입구에서 나를 기다렸지. 그런데 그 벽이 두려움을 꼭 붙들어 주는 게 아닌가. 엄청난 두려움을 말이야."

『일 텔레그라포』의 기자와 이야기를 나누면서 쳇 베이커는 그가 석방되던 날 아무도 마중을 나와 주지 않았다며 한탄했다. 그의 불평은 이랬다. "프레차 변호사와 프란체스코니 박사를 빼면 난 루카에 친구가 하나도 없지." 그러나 이 기사를 읽은 체코 마이노는 버럭 화를 냈다. "정말 어쩔 수 없는 거짓말쟁이군요. 쳇 베이커는 1959년에 몇 달 동안이나 잠피에로 주스티를 비롯한 퀸텟 멤버들과 여행을 했어요. 피에로와 루디 라바시니, 파올로 벤베누티, 안토넬로 반누키 모두 그를 존경했다고요. 다들 그에게 음식을 갖다 바치고, 잠자리를 봐 주고, 돈까지 안겨 줬습니다. 아마 자기에게 마약을 구해다 준 사람들만 친구로 생각했던 모양이죠? 석방되던 날 아무도 없었던 건, 그가 어느 날 몇 시에 출소하는지 아는 사람이 하나도 없었기 때문이에요. 변호사인 마리오 프레차는 교도소 안에 아는 사람들이 있었으니까 미리 언질을 받은 것뿐이죠."

쳇 베이커는 캐럴 잭슨이 머물던 어느 길모퉁이의 호텔로 갔다. 두 연인은 드디어 재회의 기쁨을 나누었다. 며칠 뒤, 경찰에서 전화가 걸려 왔다. 로마의 내무부 법에 의거해 닷새 내로 이탈리아를 떠나야 한다는 내용이었다. 추방 명령 소식을 전해 들은 마리오 프레차는 즉시 조치를 취했고, 결국 철회를 이끌어 냈다. 그때부터 쳇 베이커는 이탈리아에서 자유롭게 살 수 있게 됐다.

쳇 베이커의 사건에 관계된 다른 이들도 그다지 운이 좋지 못했다. 네리 굴리에르미노 경관에 의하면, 수사 내내 많은 의사와 약사들을 잡아넣었던 의학 담당관도 나중에 체포됐다. 스스로 수백 장의 팔피움 처방전을 써서 청소부로 일하던 여인을 통해 약을 손에 넣었다는 혐의였다. 굴리에르미노는 말했다. "참 아이러니가 아닐 수 없죠. 쳇 베이커를 잡아넣은 사람이, 알고 보니 자신도 마약중독자였다는 말입니다." 그는 이 의학 담당관이 재판을 기다릴 동안 교도소 내의 진료소로 보내졌다고 했다. 늦은 밤, 혼자 감방에 갇혀 있던 의학 담당관은 밖으로 나갈 수 있는 방법을 알아냈다. 그가 진료소에서 입는 유니폼에는 벨트가 달려 있었다. 침대 위에 올라서서 벨트의 한쪽 끝을 자신의 목에 감은 뒤, 다른 한쪽 끝은 벽걸이에 단단히 묶었다. 그가 세상에 남긴 마지막 모습이었다.

11
방랑자의 여로

자유를 되찾은 쳇 베이커의 곁에서 캐럴 잭슨은 "쳇 베이커 부인"이라는 매력적인 이름을 손에 넣을 수 있게 됐다. 아니, 그럴 수 있으리라 생각했다. 공식적으로 그 위치를 주장할 수 있게 되기까지 3년의 세월을 더 기다려야 한다는 사실을 그때는 알지 못했다. 이미 두 번의 불안정한 결혼 생활을 거친 쳇 베이커는 세 번째 결혼을 서둘 만큼 열의를 갖지 못했다. 더구나 헬레마를 반드시 떠나보내야 한다고 생각하는 것 같지도 않았다. 물론 그녀는 이 연결 고리를 끊어 버리기 위해 혼자만의 시간을 보내고 있었지만 말이다. 캘리포니아 잉글우드에서 잠시 쳇 베이커의 부모와 살던 헬레마는 아들을 데리고 독립해 다른 집에 기거하게 됐다. 그리고 다른 남자를 만나 사귀기 시작했다. 훗날 결혼하게 될 사람이었다. 하지만 유럽에 머물고 있는 쳇 베이커를 수소문해서 이혼 수속을 밟는 일은 너무 복잡했고, 그녀가 말한 대로 "관심조차 완전히 잃어버리게" 됐다. 헬레마는 말했다. "그 일에만 매달릴 수도 없었어요. 다른 할 일이 많았고 아이까지 키우고 있었으니까요. 그래도 그가 이혼하기를 원하기만 했다면 언제든 쉽게 마무리 지을 수 있었을 거예요."

쳇 베이커는 일단 돈이 필요했다. 그가 출소한 뒤, 루카 퀴텟(퀸텟에서 기타리스트가 탈퇴하여 이젠 쿼텟이 돼 있었다.)은 쳇 베이커의 생일에 "복귀 환영" 공연을 열어 돈을 좀 모아 보자고 했다. 1961년 12월 23일, 루카의 질리오Giglio 극장에 모여든 시민들은 다시 살아난 쳇 베이커에게 반가운 환호를 보냈다. 그는 어느새 서른두 살이 됐다. 회색 양복에 하얀 셔츠, 그리고 검은 구두와 검은 넥타이를 매고 무대에 오른 그의 모습은 오리아나 팔라치에게 "엄청난 두려움을 안고 첫 영성체에 나선 소년"을 연상케 했다. 그럼에도 베이시스트 조반니 톰마소의 얘기는 당시의 공연이 성공적이었음을 보여 준다. "좌석은 사람들로 꽉 찼습니다. 루카라는 도시를 생각하면 그건 아주 큰 행사였죠. 기자들도 모두 왔고 사진 찍는 사람들도 많았습니다. 결정적인 건 바로 쳇 베이커의 연주였어요. 정말 대단했죠. 건강이 좋았던 데다 정신까지 맑아 보였습니다. 음악적으로 그때까지 내가 들었던 최고의 쳇 베이커를 마주할 수 있었죠. 육체와 정신의 결합이 좋으니 악기 소리도 정말 풍성했습니다!"

관객의 대부분은 경외심을 품고 있던 젊은이들이었다. 그들은 쳇 베이커가 어떻게 마약을 하는지 전해 듣고는 뭔가 심상치 않은 기대를 하고 있었다. 사실 쳇 베이커가 나타나기 전까지 이들 중 많은 수는 마약이 무엇인지조차 알지 못했다. 구스마노 체사레티는 마약에 대해 알아보려고 도서관에 가서 책들을 들춰 보기까지 했다. 그는 자기 할아버지 마당에 대마초가 자라고 있다는 사실을 뒤늦게 알고 흥분을 감추지 못했다. "그걸 말아서 피워 보기 시작했어요. 도대체 무슨 일이 일어나는지 궁금해서 견딜 수 없었거든요. 그런데 정말 대단하더라고요!"

1961년 말에서 1962년 초, 쳇 베이커는 조반니 톰마소와 피아니스트 아메데오 톰마시, 비브라폰 연주자 안토넬로 반누키, 드러머 프랑코 몬디니Franco Mondini와 함께 이탈리아 투어에 나섰다. 어느새 그는 감옥에서 배운 이탈리아어로 사람들과 대화가 가능했다. "쳇 베이커는 귀로 들으면서 말을 익혔더군요. 정말 놀라운 방법이었죠." 체코 마이노는 이렇게 말을 이었다. "물론 단어를 택하는 것이나 문장 구조를 비롯해 실수는 계속해서 일어났습니다. 하지만 발음하는 건 완전히 이탈리아에서 태어난 사람 같더라고요. 나는 지금까지 외국인에게서, 특히 미국 사람에게서 그렇게 좋은 발음을 들어 본 적이 단 한 번도 없습니다." 쳇 베이커의 회복은 새로운 승리와도 같았다. 다시 한번 그는 금빛 트럼펫을 손에 넣었고, 빛나는 재즈의 천사가 됐다. 가는 곳마다 반갑게 포옹하며 "브라비시모bravissimo"•"를 외치는 이들이 인사를 건넸다.

• 최고임을 뜻하는 환호의 격려. 브라보bravo의 강한 표현이라 생각하면 된다.

선물을 안겨 주는 이들도 많았다. 어느 노신사는 피렌체 외곽의 작은 땅을 주기까지 했다. 그러나 기대가 높아질수록 그에 따른 부담도 점점 커져 갔고, 쳇 베이커는 누군가 잘못된 "선물"을 제공할까 봐 걱정하기 시작했다. 그는 아메데오 톰마시에게 그 두려움을 이렇게 고백했다. "당신이 날 항상 지켜봐 줬으면 해. 내가 마약을 하지 않는지 눈여겨보란 얘기지. 다시 빠지고 싶지 않거든."

쳇 베이커는 크리스마스를 캐럴 잭슨과 함께 밀라노에서 보냈다. 그리고 1962년의 새해 첫날, 올림피아 극장에서 그의 공연이 펼쳐졌다. 캐럴 잭슨이 섹시한 의상을 입고 무대 위를 활보하며 처음 쳇 베이커의 시선을 사로잡은 바로 그곳 말이다. 공연이 끝난 뒤, 쳇 베이커는 감개무량한 표정으로 올림피아 극장의 주인이자 기획자인 난도 라타나치 Nando Latanazzi 에게 자기만의 클럽이 있으면 얼마나 좋겠느냐고 말했다. 난도 라타나치는 쓰지 않고 그냥 묵혀 두었던 극장 내의 라운지로 쳇 베이커를 데려갔다. 벨벳과 대리석으로 치장된 우아한 소규모 나이트클럽이었다. 그러고는 이렇게 말했다. "여기 어떻소, 쳇? 당신에게 주리다!" 난도 라타나치는 "CHET BAKER CLUB"이란 문구의 네온사인을 만들어 밖에 내걸도록 지시했다. 그렇게 해서 쳇 베이커는 언제든 마음껏 연주할 수 있는 공간을 갖게 됐다.

물론 그가 원하던 모든 것을 거머쥐지는 못했다. 디노 드 로렌티스는 쳇 베이커의 생애를 영화로 만들어 보겠다는 마음을 접은 뒤였다. 이미 그에게 받을 돈은 다 받아 챙겼지만, 그래도 쳇 베이커는 잔뜩 화가 났다. 그리고 무산된 그 일을 "위대한 영화를 두고 벌어진 장난"이라 부르곤 했다. 하지만 감옥에서 써 두었던 곡들 덕에 또다시 돈을 벌 기회가 생겼다. RCA 레코드의 이탈리아 지사에서 1년간의 레코드 계약으로 1만 달러를 주겠다는 제안을 한 것이었다. 이 회사는 쳇 베이커의 드높은 악명을 이용해 그를 팝스타로 키워 보겠다는 계획을 가지고 있었다. 그 일환으로, 우선 이탈리아어로 부른 네 곡을 녹음하게 했다. 오케스트라의 지휘는 "스파게티 웨스턴" 스타일의 사운드트랙으로 잘 알려진 엔니오 모리코네Ennio Morricone가 맡았다. 쳇 베이커가 만든 빨간 가죽 악보집에서 멜로디를 고르고, 월간지 『무지카 재즈』의 설립자 피노 마페이Pino Maffei가 가사를 붙였다. •

현악 오케스트라와 합창단이 펼쳐 내는 풍부한 음악에 둘러싸여, 쳇 베이커는 사랑의 달콤함과 연인 없이 지새야 하는 끝없는 밤에 대해 부드러운 목소리로 노래했다. 그 어느 때보다 앳된 음성이 흘러나왔다. 마치 소년 성가대의 섬세하고 높은 음색이 가장 순수한 가슴에서 퍼져 나와 허공을 떠도는 듯했다. 아들을 위해 만든 〈Chetty's Lullaby〉에서 웅얼거리며 노래한 그 말랑말랑한 목소리를 들어 보자. "아가야, 이제 잠들렴. 내일 해가 뜨면 내가 입 맞춰 주마. 네가 없으면 아빠는 마음이 시리단다." 아들인 체티는 엄마와 함께 머나먼 곳에 있었다. 그리고 엄마는 아이 아

• 당시에 녹음된 이 네 곡은 본문에서 곧 언급되는 앨범 《Chet is Back》에 보너스 트랙으로 실려 현재 유통 중이다. 몇 가지 CD 버전이 존재하는데, 네 곡을 담고 있는 것은 블루버드 레이블에서 2003년에 출시한 재발매 CD에 한한다. 《Chet is Back》은 한동안 《The Italian Sessions》와 《Somewhere Over the Rainbow》의 타이틀로 소개되곤 했다.

빠에게서 아무런 도움―경제적이든 그 무엇이든―도 받지 못한 채 홀어머니의 삶을 꾸리기 위해 무던히도 많은 애를 쓰고 있었다. 헬레마는 회계사가 됐고, 수십 년 동안 이 일에 종사했다. 그녀는 아들이 아버지를 다시 만나지 않았으면 좋겠다고 생각했으며, 쳇 베이커도 굳이 체티를 만나려고 노력하지 않았다. 아들을 향한 그의 감정은 죄책감과 실패에 따른 실망감, 그리고 아버지로서 어리석기 짝이 없었다는 회한이 모두 한데 뒤엉킨 것이었다. 종종 그랬던 것처럼 쳇 베이커는 이러한 사랑의 마음을 음악에 담아 표현했다. 비록 실제 삶에서 그런 마음을 드러낸 적은 없었지만 말이다.

출소한 뒤 처음으로 제작된 LP《Chet is Back》이 발표됐다. 1962년 1월 5일 로마에서 녹음된 이 앨범은 위의 네 곡과 달리 쳇 베이커 자신이 드러내고 싶었던 음악을 담고 있었다. 과감하고 강하며 자신감에 차 있는 스타일 말이다. 녹음이 진행되는 동안 찍은 사진들을 보면, 그는 종종 두 팔을 넓게 벌리거나 의기양양한 모습으로 트럼펫을 앞으로 들었으며, 마치 온 세상이 자기 것이라도 된 양 거만하게 머리를 뒤로 젖히고 있었다. 유럽 연주자들로 구성된 퀸텟이 뒤를 받치는 가운데 쳇 베이커는 텔로니어스 멍크와 소니 롤린스, 찰리 파커 등이 작곡한 만만찮은 밥 계열의 곡들을 연주했다. 섬세한 감성보다 남자답게 당찬 연주력이 요구되는 곡들이었다. *〈Over the Rainbow〉에서는 그 열정에 많은 것

---

* 텔로니어스 멍크의 〈Well, You Needn't〉와 찰리 파커의 〈Barbados〉, 그리고 소니 롤린스의 〈Pent Up House〉를 일컫는다.

을 맡겨 두지 않은 채, 원작자인 해럴드 알렌의 희망적인 밝은 멜로디를 새롭게 탐구해 보겠다는 심산이 드러났다. 보통 쳇 베이커는 발라드를 연주할 때 그다지 많은 음정을 구사하지 않았다. 하지만 이 앨범에서는 그냥 내버려두던 넓디넓은 공간이 감정적으로 빠져들어서는 안 될 구멍이라도 되는 것처럼 경계하는 느낌이 강했다. 게다가 그의 연주는 넘치는 에너지에 화성적으로 과감한 시도가 맞물려 거칠게 들끓고 있었다. 언젠가 트럼페터 로이 엘드리지가 쳇 베이커의 변화 없이 단조로운 톤을 공격한 적이 있었지만, 최소한 여기에서 그는 차분하게 느껴지던 순간들을 열띤 연주와 금속성의 거친 사운드로 채워 나가는 데 주저하지 않았다. 앨범 전체를 통해 달콤하게 다가오는 부분도 채 몇 마디 되지 않았다. 되레 그의 뒤에 서 있던 르네 토마의 기타가 간결한 음정으로 이루어진 길고 품위 있는 멜로디를 튕겨 내며 여유롭게 늘어진 모습을 보였다. 보비 야스파는 가벼운 톤으로 플루트와 테너 색소폰을 연주했고, 브누아 케르생의 베이스 라인은 가능하면 곡의 멜로디 자체에 머무는 양상을 보여 주었다.

음악은 우아했지만, 이것이 이 연주자들의 삶을 반영하지는 못했다. 보비 야스파는 《Chet is Back》 앨범에 참여한 지 1년 2개월 뒤에 세상을 떠났고, 르네 토마도 1974년에 죽었다. 두 사람 모두 마약중독에 희생됐으며 브누아 케르생 역시 이즈음 마약에 손을 대고 있었다. 그리고 다시 한번 안 좋은 환경에 둘러싸인 쳇 베이커의 굳은 의지도 점차 흔들리기 시작했다. 그래서 그는 스스로 긴장을 늦추지 않으려고 너무 거칠게 행동할 때도 있었다. 역

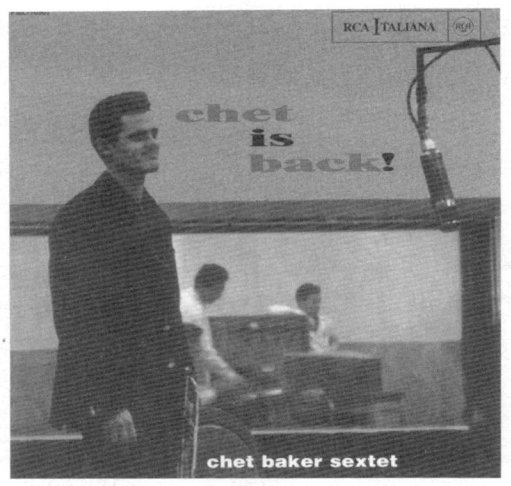

《Chet is Back》

시 같은 앨범에 참여했던 드러머 다니엘 위메르는 말했다. "쳇 베이커는 마치 대단한 스타처럼 파파라치를 몰고 다녔습니다. 녹음이 끝나자 정말 도도한 스타 같은 태도를 보여 줘서 나를 깜짝 놀라게 한 적이 있었죠. '지금 돈 받을 수 있어요? 바로 집에 갔으면 좋겠는데' 하고 말을 꺼내자, 그가 돈을 꺼내 내게 툭 던져 버리는 것이 아니겠어요? 그냥 다 바닥에 떨어져 버리고 말았죠. 나는 말했습니다. '주워서 다시 주시죠?' 내가 당장이라도 그의 얼굴에 주먹을 날려 버릴 태세였기 때문에 결국 그는 돈을 주웠습니다. 그때부터 그는 나를 싫어하게 됐죠. 자기 말에 그대로 따르지 않았거든요. 사실 그의 반주를 맡았던 대부분의 연주자들은 희생양이나 다름없었습니다. 그가 모든 걸 좌지우지했죠. 나는 그런 역할을 맡을 생각이 전혀 없었습니다."

누가 보더라도, 쳇 베이커와 캐럴 잭슨은 되찾은 명성을 즐기는 듯했다. 두 사람의 사랑 이야기는 당시 로마에서 일어난 말 많은 스캔들을 일정 부분 닮아 있었다. 그 스캔들이란 서사 영화 「클레오파트라Cleopatra」를 배경으로 벌어진 일을 얘기한다. 많은 돈 문제와 말썽을 일으켰던 이 영화는 주연을 맡은 엘리자베스 테일러의 변덕 때문에 예산보다 수백만 달러나 많은 제작비가 들었다. 그녀는 상대역 리처드 버턴Richard Burton과 열정적인 사랑을 나누었고, 이 소식은 세계적인 뉴스가 됐다. 둘 모두 배우자가 있었기에 로마 사람들은 큰 충격을 받았으며, 이 커플이 저지른 일에 대해 잔뜩 흥미를 느끼기도 했다. 리처드 버턴과 엘리자베스 테일러가 로마를 떠나자, 아직 결혼한 상태였던 쳇 베이커와 그의 곁에 있던 캐럴 잭슨이 두 사람의 역할을 떠안은 셈이 됐다. 그녀는 자기가 엘리자베스 테일러와 닮았다는 사실을 중시하는 듯했고, 이 배우의 비하이브 헤어스타일이나 끝이 올라간 눈 화장을 그대로 따라 했다. 그러나 쳇 베이커와 알고 지냈던 이탈리아 사람들은 캐럴 잭슨을 그저 "아름다운 여인" 정도로 기억했다. 잘생긴 애인을 떠받들고 그와 함께 있는 것을 더없이 좋아하지만, 막상 그의 음악에 대해서는 아무것도 모르더라는 게 그들의 생각이었다.

화장이나 머리 손질, 그리고 옷차림에 신경 쓰느라 많은 시간을 보냈건만, 캐럴 잭슨을 주목한 사람은 별로 없었다. "무엇보다 쳇 베이커가 워낙 강한 카리스마를 지닌 인물이었기 때문이겠죠. 그가 있으면, 그 옆에 어느 여자가 있든 눈에 들어오지 않았어요. 쳇 베이커가 연주를 하거나 말할 때, 혹은 무엇을 하든지 우리는 다들 조용히 앉아 그의 다음 행동을 기다리곤 했습니다." 체코 마이노는 캐럴 잭슨이 크게 주목을 끌지 못했던 이유를 계속해서 이렇게 설명했다. "두 번째는 쳇 베이커의 밑도 끝도 없는 질투심 때문에 여자들이 그렇게 행동한 것이기도 해요. 일단 예뻐야 했고, 동시에 다른 남자들과 쉽게 어울리지 말아야 했죠. 그냥 말없이 가만히 있는 인형 같았다고나 할까요. 그리고 세 번째는 사람들과 잘 어울리지 않았던 쳇 베이커의 성품 때문입니다. 누구든 그와 가까이 지내려 하거나 사귀고 싶어 하는 여자가 있어도 마음을 잘 열지 않더라고요. 그렇다고 그의 곁을 쉽게 떠난 사람들도 아니었는데 말이죠."

그러던 캐럴 잭슨에게도 조명을 받을 기회가 왔다. 이듬해 영국의 타블로이드 신문 『투데이』와 인터뷰하게 된 것이었다. "캐럴 잭슨이 그녀의 사랑인 쳇 베이커에 대해 질 프리스Gill Preece에게 얘기하다"라는 제목의 이 기사는 다음과 같이 시작된다.

검푸른 빛의 눈에 거무스름한 피부를 가진 날씬한 여인이 가냘픈 볼 위의 긴 속눈썹을 휘날리며 자근자근 이야기를 늘어놓았다. "사람들은 쳇 베이커를 대단한 남자라고 얘기했지만, 나는 그 말을 믿지 않았어요. 하지만 이젠 나도 그걸 알았죠. 그가 아주 대단한 남자라는 걸 말이에요. 가슴속에서 뿜어져 나온 것 같은 그의 사랑이 내 영혼을 온통 휘저어 놓았답니다. 그는 엄마 같은 연인을 필요로 해요. 모든 걸 다 줄 수 있지만 아무것도 요구하지 않는 여자라고나 할까요. 그리고 난 알고 있어요. 바로 내가 그런 여자라는 걸요. 그가 저지른 실수가 많다는 것도 알아요. 하지만 나만은 그걸 다 이해할 수 있답니다."

캐럴 잭슨은 두 사람의 사랑에 대해 쳇 베이커도 행복해한다고 말했다. 그리고 그가 더 이상 마약을 하지 않을 거라고 굳게 믿고 있었다.

1962년 초, 그녀는 쳇 베이커에게 큰 뉴스가 있음을 알렸다. 아기가 생긴 것이었다. 캐럴 잭슨은 엄마가 된다는 사실에 전율을 느끼는 듯했다. 그러나 쳇 베이커는 1957년에 첫아들을 보았을 때보다도 더 아버지가 될 자격을 갖추지 못하고 있었다. 그해 봄,

드디어 우려했던 일이 터지고 말았다. 그는 공연을 치르기 위해 보비 야스파와 르네 토마를 대동한 채 스위스 루가노로 갔다. 연주가 끝난 뒤, 그의 팬이었던 약사 한 사람이 저녁 식사와 함께 파티를 마련해 연주자 일행을 초대했다. 손님들은 아름다운 별장의 거실에 모여 술 마시고 담배 피우며 쳇 베이커가 얼마나 대단한지 떠들어 댔다. 그때 이 약사가 쳇 베이커를 자기 서재로 불러 위험한 선물을 내놓았다. 열린 서랍 안을 들여다본 쳇 베이커는 눈이 휘둥그레졌다. 가지런히 놓인 작은 상자들 속에는 그가 이탈리아에서 많은 시간 동안 그토록 찾아 헤맸던 마약이 들어 있었다.

잠시 후, 쳇 베이커는 조반니 톰마소를 데리고 침실에 들어갔다. "벨트로 자기 팔을 잘 묶어 달라고 하더군요." 이 베이시스트는 그렇게 말했다. 그는 쳇 베이커에게 그럴 수 없다고 얘기하면서 제발 한 번만 다시 생각해 보라고 애원했다. 그러나 아무 소용 없었다. "걱정하지 마, 조반니. 이건 그냥 위스키 한 모금 마시는 거나 마찬가지야. 한 번만 하고 다시 하진 않을 거니까."

스위스에서 무슨 일이 있었는지 알게 된 캐럴 잭슨은 신경이 날카로워졌고, 마치 엄마처럼 쳇 베이커를 꾸짖기 시작했다. 조반니 톰마소는 말했다. "그녀가 제발 그러지 말라고 소리를 질렀습니다. 그랬더니 쳇 베이커가 대뜸 캐럴의 따귀를 휘갈겨 버리더라고요. 모든 사람이 보는 앞에서 말이에요." 조반니 톰마소는 쳇 베이커에게 이렇게 소리쳤다. "이것 보세요. 한 번만 더 그러면 당신과 싸우고 말겠어요. 여자한테 이러는 건 말도 안 돼요!"

그러나 쳇 베이커는 그의 경고를 무시했다. "네 일이나 잘해, 조반니!"

이 일이 있고 나서 바로 마약중독에 다시 빠진 것은 아니었다. 그는 가능하면 손을 대지 않으려 했다. 하지만 밀라노의 쳇 베이커 클럽에 있으면 그 자체가 불가능했다. 그를 따르는 팬들이 종종 "선물"을 가지고 찾아왔기 때문이었다. 클럽에 들르는 중독자들은 그가 마약의 지도자라도 되는 양 생각했다. 연주가 끝나고 나면 한쪽으로 쳇 베이커를 데려다가 좀 얻을 수 있겠느냐는 둥, 어디 가면 구할 수 있느냐는 둥 은밀한 질문을 던지곤 했다. 어느 날 밤, 세 명의 젊은 흑인이 쉬는 시간에 그를 찾아왔다. 보아하니 어떤 상태인지 뻔했다. 자꾸 불안해하는 태도와 흐르는 콧물, 그리고 땀에 젖은 몸. 그들 중 대장으로 보이는 키 크고 마른 콧수염의 사내가 자신을 소개했다. 이름은 도널드 스콧 브라운Donald Scott Brown, 드러머라고 했다. 함께 온 이들은 피아니스트와 베이시스트였는데, 마약을 구하기 쉬운 베이루트에 있다가 얼마 전 이탈리아로 건너왔다고 했다. 그러나 이곳에서는 어디서 마약을 구할 수 있는지 알지 못했고, 더구나 셋 모두 이탈리아어는 한 마디도 하지 못했다.

훗날 쳇 베이커는 그들을 그냥 돌려보내려 했다고 말했다. 하지만 다음 날 밤, 상태가 더 안 좋아져서 다시 그를 찾아온 이들이 측은하게 생각됐고, 어쩔 수 없이 이탈리아와 스위스의 국경 지역으로 세 남자를 데리고 갔다. 1960년에 팔피움을 구하게 도와주었던 의사가 그곳에 살고 있었다. 쳇 베이커와 도널드 브라운의 친구들은 차에서 기다렸다. 도널드 브라운은 종이 가방을 하나 들고 허겁지겁 돌아왔다. 차 안에 들어와 열어보니 팔피움 한 병이 들어 있었다. 쳇 베이커는 알약을 어떻게 깨는지, 그 가루를 물에 어떻게 개는지 설명해 주었다. 헤로인처럼 주사하기만 하면 됐다. 도널드 브라운은 고마운 마음에 그에게도 약을 조금 권했다. 쳇 베이커는 마다하지 않았다.

며칠 뒤 쳇 베이커는 다시 중독에 빠졌다. 친구들은 어디로 갔는지 사라졌지만, 도널드 브라운은 서로 마약에 손대는 걸 확인하면서 1년 남짓 쳇 베이커의 곁에 머물렀다. 그는 기꺼이 쳇 베이커의 하인 역을 떠안았다. 가방을 들어 주고 옆에서 기분을 맞춰 주기도 했지만 가장 큰 일은 역시 마약을 구해 오는 것이었다. 이때부터 쳇 베이커는 마약을 하지 않는 이들과 여간해서는 잘 어울리지도 않았다. 마약 사용에 반대하며 그의 신경을 거슬리게 했던 아메데오 톰마시를 결국 밴드에서 내보냈다. 이 피아니스트는 말했다. "팔이든 다리든, 더 이상 주사할 자리도 남아 있지 않더군요." 봄이 지나기 전에 이 모든 상황에 질려 버린 조반니 톰마소도 밴드에서 나가 버렸다.

공교롭게도 다시 나락에 빠져들 그 무렵, 건강을 회복했다는 명성을 명확하게 과시할 수 있는 기회가 왔다. 독일의 밴드 리더 베르너 뮐러Werner Müller는 그해 6월, 뮌헨의 주요한 연주 홀인 콘그레스잘Kongress-Saal에서 자신의 새로운 오케스트라를 선보일 계획을 세우고 있었다. 팝 가수 카테리나 발렌테가 참여한 그의 곡 〈Malagueña〉가 수백만 장의 판매고를 올리며 한창 주가를 올리던 시기였다. 콘그레스잘에서 벌어질 공연은 독일 내 최고의 시설을 갖춘 RIAS Radio in the American Sector •에서 방송될 예정이었고, 베르너 뮐러는 이날 밤 연주의 품위를 높이기 위해 재즈계의 스타를 기용할 생각이었다. 그리고 RIAS에서 음악 부문을 담당하던 외교관 에드워드 알렉산더 Edward Alexander가 바로 쳇 베이커를 추천했다. 모든 사람은 그가 마약에서 벗어나 어느 때보다 좋은 연주를 들려주고 있다고 생각했기에 이 선택은 완벽해 보였다. 에드워드 알렉산더의 제안에 베르너 뮐러도 동의했고, 이 외교관은 밀라노에 있던 쳇 베이커를 수소문해서 6월 2일 공연 명단에 그를 포함시켰다.

5월 말, 쳇 베이커는 캐럴 잭슨과 도널드 브라운을 차에 태우고 밀라노에서 뮌헨까지 갔다. 그의 회상에 따르면, 마약을 구하기 위해 계속해서 차를 세우고 일을 벌이는 징그러운 여행이었다던가. 당황스럽게도 독일은 그 사이에 제트리움을 금지 약물 리스트에 추가해 둔 상태였다. 그래서 다시 한번, 처방전을 얻기 위해 의사 사무실에 들르는 과거의 방법을 동원할 수밖에 없었다. 이미 그가 필요로 한 양은 예전의 수준으로 급격히 증가해 다섯 알이든 스물다섯 알이든 모두 한 번에 주사해 버렸다. 도널드 브라운이 남긴 게 있으면 역시 쳇 베이커의 몫이 됐다.

공연 날 아침, 그들은 뮌헨에 도착했다. 에드워드 알렉산더는

• 제2차 세계대전 이후 베를린에 자리 잡았던 미군 점령 지역 방송. 주둔 중인 미군들은 물론이고 지역민들을 위한 방송 서비스를 개시했다. 같은 역할을 하면서 재즈와 로큰롤 등 미국 음악이 전 세계로 퍼져 나가는 데 큰 공을 세운 「미국의 소리 Voice of America」 방송을 떠올리면 되겠다.

최근의 보도에서 본 것처럼 강하고 건강한 쳇 베이커를 기대했다. 하지만 막상 마주하게 된 사람은 "마르고 움푹 팬 볼에 멍한 눈, 그리고 날카로운 신경의" 지저분한 마약중독자에 불과했다. 옷과 신발 또한 불결하기 그지없었다. 쳇 베이커는 그를 만나자마자 새 셔츠를 사야 하니 돈을 좀 달라고 요구했다. 재킷 안의 옷소매에는 이미 핏자국이 잔뜩 묻어 있었다. 에드워드 알렉산더는 50마르크를 건넸다. 혹시라도 그 돈을 마약 사는 데 다 써 버리고 그냥 도망가지는 않을지 걱정이 됐다. 다행히도 쳇 베이커는 7시 반경 새 셔츠와 깨끗한 재킷, 그리고 넥타이를 사 입고 공연장에 모습을 드러냈다. 단정한 옷차림에 외견상 쿨한 모습이 인상적이었다.

아마도 쳇 베이커는 이 공연을 위해 마약을 하지 않기로 마음먹었던 모양이다. 그러나 그의 자제력은 그다지 오래가지 않았다. 성공적인 재활의 영광을 보여 준 그를 마주하기 위해 관객들이 매진된 좌석을 가득 메우고 있었는데, 이에 따른 긴장감이 자꾸만 마약을 생각하게 만들었고 결국 그는 탈진하고 말았다. 당장 의사가 필요한 상황이었다. 그 자신도 치료를 받지 못하면 공연을 치르기 힘들다고 말했다. 극장 직원 두 사람이 달려와 그를 달래려고 애썼다. 그 와중에 결국 무대에 오르기로 한 쳇 베이커를 바라보는 모든 이들의 마음은 극도의 불안감을 떨치지 못했다. 우레 같은 박수 소리가 그를 맞았다. 아픈 몸을 이끌고 최고의 무대에 올라선 그가 과연 20분 동안 매혹적인 연주를 들려줄 수 있었을까. 훗날 텔레비전 연출자이자 작가로 성장한 10대의 재즈 팬 로타르 레비엔Lothar Lewien은 집에서 이 공연 실황을 릴 테이프에 녹음하며 듣고 있었다. 그는 나중에 쳇 베이커의 회상록인 『부러진 날개를 가진 천사Engel mit gebrochenen Flügeln』를 집필하기도 했다. 그가 소장한 테이프는 이 공연을 담은 유일한 자료로 알려져 있다. 그리고 이를 통해 그날 쳇 베이커가 벌인 연주를 확인할 수 있었다. 공간미가 넘치면서도 달콤한 톤으로 가득한 프레이즈가 〈When I Fall in Love〉에서 쏟아져 나왔다. 에드워드 알렉산더는 이 곡을 듣다가 감동에 빠져 눈물을 머금었다고 했다. 다음은 〈But Not for Me〉. 여기에서는 빗발치는 총알 같은 디지 길레스피의 연주를 연상시키듯 거침없는 솔로의 질주가 이어졌다. 소니 롤린스가 작곡한 〈Airegin〉에서는 빠르게 변하는 코드의 물결 위를 자연스럽게 누비는 쳇 베이커의 트럼펫 소리가 들려왔고, 매우 복잡한 편곡이 가미된 데이브 브루벡 원작의 〈In Your Own Sweet Way〉에서도 리허설을 거의 하지 않은 상태였음에도 나무랄 데 없는 연주를 들려주었다.

베르너 뮐러가 쳇 베이커를 축하하기 위해 무대 뒤로 달려왔다. 공연이 모두 끝난 뒤 인근의 식당에서 만나 투어에 대해 의논해보자는 말을 건넸다. 그러나 쳇 베이커는 그 자리에 나타나지 않았다. 에드워드 알렉산더에게서 400달러의 연주료를 받아 챙긴 뒤, 마약을 찾아 뮌헨을 휘젓고 다니며 광란의 야간 질주를 벌였기 때문이었다. 막 잠들려던 의사 하나가 그를 사무실에 들여보내 주었다. 쳇 베이커는 제트리움이 필요하다며 갖은 변명을 늘어놓았지만 의사는 도와주기를 거부했다. 사무실 밖으로 나오는 길에, 쳇 베이커는 사용하지 않은 처방전 용지 몇 장을 몰래 움켜쥐고는 재킷에 찔러 넣었다. 필요한 사항을 서둘러 용지에 적어 넣은 뒤, 밤새 영업하던 약국을 찾아 문을 열고 들어갔다. 떨리는 손으로 위조한 처방전 용지는 잔뜩 구겨져 있었다. 훗날 쳇 베이커는 이렇게 얘기했다. "난 독일어를 할 줄 몰랐잖아. 그래서 내가 미국인이라 의사가 영어로 처방전을 써 준 것 같다는, 말도 안 되는 얘기를 약사에게 늘어놓았지. 내가 봐도 그게 통할 리 만무했어." 제트리움을 손에 넣은 쳇 베이커가 차에 올라타자, 약사는 바로 경찰에 신고했다. 에드워드 알렉산더가 예약해 둔 뮌헨의 고급 호텔 바이에리셔 호프에 도착한 지 30분쯤 지났을까. 쳇 베이커는 그곳에서 체포되고 말았다.

다음 날 아침 7시 반, 에드워드 알렉산더는 경찰에서 걸려 온 전화 때문에 잠을 깼다. 쳇 베이커가 자신의 대변인이자 통역관으로 그를 불러 달라고 요구한 모양이었다. 외교관은 즉시 경찰서로 달려갔다. 그는 말했다. "쳇 베이커는 행색을 완전히 흐트러뜨린 채 앉아 있더군요. 무슨 일이 일어난 건지 진상을 알아보려 했지만 횡설수설하는 그의 말을 알아들을 수조차 없었습니다." 경찰이 쳇 베이커의 혐의를 나열했다. 마약법 위반, 절도, 위조. 에드워드 알렉산더는 분노가 치밀었다. 자기 혼자만 화를 내고 끝날 일이 아니었다. 이 트럼페터는 모든 사람이 품었던 희망을 산산조각 낸 것이었고, 그들의 관심을 이용해 먹었다. 그리고 언제나 그랬던 것처럼 자기가 저지른 피해를 없던 것으로 돌리기 위해 누군가의 도움을 얻어 내려 했다. 그날 밤을 유치장에서 보낸 쳇 베이커는 다음 날 병원으로 보내졌다. 마침 담당 의사가 그의 팬이었다. 의사는 최근에 일어난 모든 일을 전해 들은 뒤 사람들을 설득해 재판이 열리기 전까지 쳇 베이커를 최고 시설의 병원에 입원하도록 도와주었다.

며칠이 지나 재판이 열렸다. 에드워드 알렉산더는 쳇 베이커가 있어야 할 곳이 감옥이 아닌 병원이라며 그를 변호했다. 그리고 그가 유럽 문화에 공헌한 사실을 알리는 매체의 리뷰를 제시했다. 그의 도움 덕에 쳇 베이커는 병원으로 돌아올 수 있었다. 6월 14일에 체포된 도널드 브라운도 그와 함께 병원 신세를 졌다. 그리고 6월 말, 두 사람 모두 독일 정부로부터 추방 명령을 받았다. 매체들은 이 소식을 전역에 전파했다. "위대한 트럼페터가 복귀할 수 있는 기회를 날려 버렸다. 그가 벌인 일을 전해 들은 공연기획자들은 절대 쳇 베이커에게 다시 연주를 맡기지 않을 것이다."

독일 경찰관이 쳇 베이커와 캐럴 잭슨, 그리고 도널드 브라운을 스위스 국경 지대까지 데려다주었다. 그들은 취리히에 있는 친구의 아파트로 갔다. 7월 4일, 쳇 베이커는 이곳에서 또 다른 처방전 위조 사건에 휘말려 다시 체포됐다. 추방과 정신병원 중에서 하나를 고르라는 조치에 그는 후자를 택했다. 그러나 스위스 정부는 그를 위해 아무것도 할 필요가 없다고 결정한 뒤, 7월 18일, 추방 조치를 내렸다. 어쩔 수 없이 이탈리아로 돌아가야 했지만, 새로운 범죄 사실을 모두 알고 있던 이탈리아 당국은 그의 입국을 불허했다. 자, 이제 수중에는 돈 한 푼 남아 있지 않았다. 쳇 베이커는 캐럴 잭슨을 밀라노로 보내 사람들에게 돈을 빌려 오도록 했다.

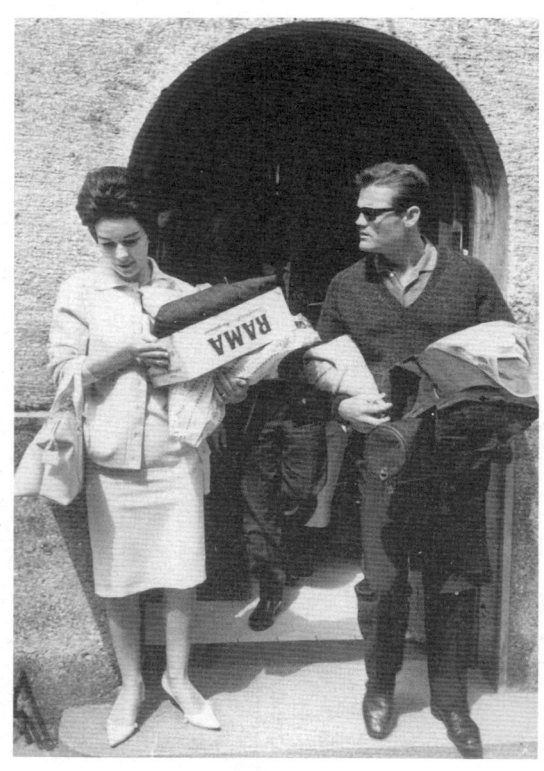

1962년 6월, 캐럴 잭슨과 함께 병원 문을 나서는 쳇 베이커.
그에게 재활 치료는 별 도움이 되지 못했다.

그녀가 가져온 돈을 가지고 그들은 영국으로 향했다. 쳇 베이커를 받아들일 것 같은, 남아 있는 몇 안 되는 유럽 국가 중 하나였다.

쳇 베이커가 런던에 도착한 것은 1962년 8월. 도시는 연주할 곳을 구하지 못한 재즈 연주자로 넘쳐 났다. 꽤 명성이 높았던 그였지만, 그들보다 나을 것도 없었다. 정황상 영국 내 연주자들의 권익을 보호하기 위한 조치였겠지만, 영국 연주자 조합은 자국에서 1년 이상 거주하지 않은 외국 연주자들에게 무대를 허락하지 않았다. 그러나 쳇 베이커는 절대 미국으로 돌아가지 않겠다고 버텼다. 미국의 매체를 증오했고, 자신을 엄격히 대한 법적 시스템 또한 마음에 걸렸다. 출산 예정일이 넉 달 앞으로 다가온 것을 감안해, 쳇 베이커와 캐럴 잭슨은 그녀의 부모가 사는 집으로 갔다. 전형적인 영국 스타일의 오래된 집은 춥고 눅눅했다. 아침에 일어나면 쳇 베이커의 윗입술에 서리가 맺히기도 했단다. 캐럴 잭슨의 부모는 쳇 베이커의 부모인 체스니와 베라처럼 순진하기 그지없었다. 어머니인 글레이디스는 하루 종일 집안일에 매달렸고, 아버지 앨버트는 손재주가 좋아 시간이 날 때마다 이것저것 만들어 내곤 했다. 쳇 베이커가 기억하는 그는 "평생토록 마약중독자라고는 한 번 본 적도 없는, 작은 체구의 런던내기"였다던가.

이렇듯 단순한 생활을 이어 가던 고지식한 영국 부부에게 악몽이 찾아왔다. 스물두 살 된 딸이 유럽에서 가장 악명 높은 마약중독자의 아기를 가진 채 돌아왔는데, 그나마 아이의 아버지는 아직 유부남이고, 어느새 한 집에서 모두 함께 얼굴을 마주하며 살게 됐다니 말이다. 그러나 자식 이기는 부모 없다고, 일단 부부는 새 식구들을 보살피기로 했다. 하지만 아버지 앨버트는 한 타블로이드 신문에 파파라치가 찍은 자신과 아내의 사진이 쳇 베이커에 대한 기사와 함께 실리자 더 이상 참을 수 없었고, 급기야 이 마약중독자 앞에서 헤로인에 대한 일장 연설을 벌이기에 이르렀다. 어머니 글레이디스는 이렇게 말했다. "우리는 그에게 마약이 얼마나 나쁜지 얘기하려 했습니다. 하지만 우리가 뭘 알아야 그런 말을 하죠."

쳇 베이커에게 행운이 찾아들었다. 비록 하루 동안의 일이었지만 특별한 허가를 얻어 영화에 카메오로 출연하게 된 것이었다. 벳 데이비스 주연의 눈물 나는 영화 「다크 빅토리Dark Victory」*의 리메이크 영화 「잃어버린 시간들Stolen Hours」이었다. 수전 헤이워드가 뇌종양으로 사망하는 미국의 플레이걸로 등장했다. 영화가 시작되면 그녀의 맨션에서 벌어지는 번지르르한 파티 장면이 나온다. 그리고 그 파티에서 밴드를 이끌고 연주하는 이가 바로 쳇 베이커였다. 어두운 선글라스를 끼고 냉랭한 분위기의 비밥 곡을 연주하던 그는 여기에서도 마약에 취한 듯 보였다. 어쨌든 그가 이 영화에 나온 것은 단 1초. 그의 뒤에는, 보이지는 않았지만 당시 영국의 최고 연주자였던 피아니스트 스탠 트레이시Stan Tracey 와 베이시스트 제프 클라인Jeff Clyne이 함께 연주하고 있었다. 드럼을 치던 이는 도널드 브라운이었다. 몇 년 뒤, 스탠 트레이시는

---

* 1939년에 개봉돼 많은 이들을 울린 벳 데이비스의 대표작 중 하나. 벳 데이비스는 영화도 영화지만 1981년의 최고 히트곡인 킴 칸스의 〈Bette Davis Eyes〉로 잘 기억되는 바로 그 여자 배우다.

당시 영화를 찍던 상황에 대해서는 거의 기억하지 못했고 오로지 스튜디오에 가던 길에 벌어진 일만 잊지 않고 있었다. 연주자들은 승합차에 함께 타고 촬영장에 갔는데, 쳇 베이커가 마약을 구하기 위해 계속해서 운전수에게 멈춰 달라고 요구했다는 것이다. 스탠 트레이시는 이렇게 말했다. "들어가 볼 수 있는 곳은 빼놓지 않고 집집마다 전부 들렀던 것 같아요. 그는 마약을 손에 넣는 것 말고는 아무 관심도 없었습니다. 다른 이들에게 말 한마디 건네지 않았으니까요."

마약과 관련된 영국의 상황을 파악한 도널드 브라운은 이곳이야말로 중독자들의 천국임을 깨닫게 됐다. 영국의 마약중독자들은 중독 증상을 하나의 질병처럼 생각한 국립 보건 당국에 자발적으로 등록을 할 수 있었다. 그리고 정부가 운영하는 병원에 가면 아주 싼값에 제공되는 "D.D.dangerous drugs"(위험한 마약, 주로 헤로인과 코카인을 뜻한다)를 손에 넣을 수 있었다. 이런 모든 조치는 마약을 길거리에서 퇴치하고 공식적으로 관리하기 위한 노력의 일환이었다. 그러나 공급이 너무 쉬워지면서 마약중독자들은 언제나 그들의 욕심을 채울 수 있었으며, 때로는 하루도 빠짐없이 의사를 찾아 마약을 손에 넣는 이들도 있을 정도였다. 병원에 가면 중독에 걸렸음을 확인하는 혈액검사도 요구하지 않았기에, 딜러들이 중독자임을 가장해 물건을 축적하는 일도 다반사였다. 1967년에 이 시스템이 폐지될 때까지, 런던은 마약에 빠지기 위해 더없이 완벽한 조건을 갖춘 도시였다.

그러나 런던에서 D.D.를 조제할 수 있는 허가를 가진 의사는 몇 명에 불과했다. 중독자들이 가장 선호했던 인물은 저명한 외과의사를 남편으로 두었던 흰 머리의 정신과의사 레이디 이저벨라 맥두걸 프랑카우Lady Isabella MacDougal Frankau였다. 그녀의 사무실이 있던 윔폴가 32번지 주변은 뉴욕 할렘의 그 어느 거리보다도 마약 거래가 활발했다. 쳇 베이커는 아침마다 다른 중독자들과 함께 그녀의 사무실 앞에 줄지어 섰다. 이들이 내미는 돈은 얼마 되지 않았지만, 워낙 많은 중독자들이 끊임없이 찾아왔기에 레이디 프랑카우는 상당한 재산을 모을 수 있었다. 헤로인과 코카인이 손에 들어오자, 쳇 베이커는 드디어 이 두 가지 마약을 섞어 만든 놀라운 효과의 "스피드볼"을 알게 됐다. 작가이자 한때 마약중독에 빠졌던 제리 스탈은 스피드볼의 예찬자였다. "코카인은 사람의 마음을 수많은 조각으로 쪼개 놓으며, 최고의 쾌락을 느끼기 직전까지의 그 폭발할 듯한 감흥을 가슴에 안겨 준다. 그리고 헤로인은 땅바닥에 완전히 드러누운 것처럼 완전히 편안한 상태로 이끄는데, 마치 우주 전체를 담아낼 수 있을 법한 커다란 혀가 몸 전체를 휘감는 듯한 느낌을 준다. 두 마약의 차이는 오르가슴에 올랐을 때의 외침과 그 오르가슴을 경험한 뒤의 나른함이라고 할 수 있다. 스피드볼은 그 두 가지를 동시에 안겨 준다."

거의 수입이 없었던 쳇 베이커는 늘어만 가는 마약 구입 비용을 충당하기 위한 방법을 어떻게든 찾아내야 했다. 한 가지가 떠올랐다. 캐럴 잭슨의 아버지 앨버트 잭슨이었다. 쳇 베이커는 레이디 프랑카우에게 그의 마약을 런던에서 앨버트 잭슨의 집이 있는 서리까지 택시로 운반해 주도록 부탁했다. 그 택시비가 만만치 않았다. 어떤 상황이 벌어졌는지 한번 지켜볼까. 자, 초인종이 울린다. 앨버트는 방문객이 누구인지 보기 위해 문을 열 것이고, 그 앞에는 웬 수상한 사내 하나가 봉지를 손에 든 채 대문 앞의 깔개를 딛고 서서 이렇게 말할 것이다. "여기 쳇 베이커라고 계십니까?" 노인은 앞으로 자신의 사위가 될 사람을 찾아온 마약 딜러와 택시 운전수에게 돈을 지불하게 되겠지. 어차피 손님을 맞은 건 혼자 남아 집을 지키던 그였으니 말이다. 깜짝 놀란 앨버트는 경찰에 전화를 걸어 레이디 프랑카우를 신고하게 될 것이다. 그러나 경찰이 그에게 해 줄 수 있는 얘기는 딱 한 가지뿐. 그녀의 업무는 합법적이라는 사실뿐이다.

1962년의 크리스마스가 다가올수록 소도시 서리는 살을 에는 듯한 추위에 휩싸였다. 영국 역사상 가장 살벌한 눈보라가 휘몰아칠 것이라는 예보에 도시의 모든 움직임은 숨을 죽이고 정지 상태에 들어갔다. 크리스마스이브, 캐럴 잭슨이 진통을 시작했다. 앨버트는 앰뷸런스를 불렀지만 날씨 탓에 언제 올지 가늠하기 힘들었다. 가까스로 구급차가 도착했고, 그녀를 태운 뒤 미끄러운 길을 천천히 달려 공립병원으로 갔다. 겉으로 보아하니 쳇 베이커는 동행할 만한 처지가 아니었다. 다음 날, 아기가 태어났다. 앨버트는 쳇 베이커를 데리고 눈과 얼음으로 가득 찬 3킬로미터 남짓의 길을 걸어 병원으로 갔다. 붉은빛이 감도는 금발의 통통한 아기가 아빠를 기다리고 있었다. 캐럴 잭슨은 제임스 딘을 떠올리며 아기에게 딘 앨버트 베이커Dean Albert Baker란 이름을 붙여 주었다. 그러나 아기 아빠는 그다지 많은 관심을 기울이지 않았다. 그가 남긴 회고록에도 "산모와 아기 모두 건강했다"는 한 마디뿐이었다. 그의 관심은 다른 데 가 있었다. 잠시도 멈추지 않고 다시 마약으로 돌아가 버렸다. 그는 말했다. "런던에 있을 무렵, 내가 봐도 난 정말 미친놈 같았지."

캐럴 잭슨은 딘이 태어났다는 사실에 희망을 거는 눈치였고, 아기 아빠에게 최선을 다하면 모든 것이 좋아질 거라 생각했다. 어머니 글레이디스는 말했다. "아마도 우리 애는 자기가 쳇 베이커를 치료할 수 있을 거라 믿었던 것 같아요. 물론 우리는 마약에 대해 아무것도 몰랐지만, 애는 그가 좋아질 거라 믿었죠. 그런데 결국 나아진 건 없었습니다. 우리 애가 정말 바보였던 거예요. 하지만 그 애는 쳇 베이커를 사랑했습니다. 절대로 그를 떠나지 않을 생각이었어요. 자기가 그렇게 좋다는데 우리라고 별수 있나요."

귀여운 얼굴을 가진 딘은 사람들의 시선을 한 몸에 받았다. 할머니가 된 글레이디스는 이렇게 얘기했다. "아기를 밖에 데리고 나가면 동네 사람들이 다 모여들곤 했죠. 정말 사랑스러운 아기였거든요." 그러나 아기 아빠인 쳇 베이커는 다른 방식으로 사람들의 이목을 대번에 집중시켰다. 돈이 궁했던 그는 미국의 『컨피덴셜 *Confidential*』에 상응하는 영국의 『투데이』의 제안을 받아들였다.* 세 파트로 나눈 기사를 통해 자신의 마약중독에 대한 이야기를 밝히기로 한 것이었다. 대필 작가가 앨버트의 집을 방문했고,

---

* 두 잡지 모두 연예인을 비롯한 유명인의 스캔들을 주로 다루는 잡지였다. 『컨피덴셜』은 끊임없이 이어지는 명예훼손 소송에 대처하기 위해 최고 수준의 연봉을 보장받는 변호인단을 따로 갖춘 것으로도 유명했다.

1963년 1월, 영국의 모든 슈퍼마켓과 신문 가판대에는 쳇 베이커의 이야기 "나는 내 팔에 지옥으로 가는 3만 개의 구멍을 뚫었다"는 제목의 기사가 실린 『투데이』가 진열됐다.

첫머리에서 쳇 베이커는 다음과 같이 말했다. "내 이야기는 매우 가슴 아프고 혐오스러울 것이다." 그가 기사에서 풀어낸 상세한 내용을 한번 들춰 보자.

나는 재즈 비즈니스에서 그 누구보다 빨리 스타가 됐지만, 어느새 세상에서 가장 유명한 마약중독자로 전락했다. 경찰과 병원 관계자, 여러 나라의 세관원들과 FBI, 그리고 영국의 내무성에 이르기까지 모두 눈을 부릅뜨고 나를 지켜본다. 그동안 내가 주사한 마약은 25만 명의 일반인을 죽일 수 있는 분량은 족히 될 것이다. 내가 마약중독에 빠져 있다? 글쎄, 이건 그냥 흔한 중독이 아니라 무지막지한 차원의 중독이다.* 마약중독은 영혼과 마음을 모두 먹어 치웠고, 발톱으로 나를 찍어 인간성이 말살돼 버리는 정신병원에 처넣었다. 모르핀과 헤로인을 혈관에 집어넣기 위해 나는 적어도 3만 번 정도는 내 팔을 주삿바늘로 찔러 댔다. 음악을 연주하는 내 팔은 마약을 얻기 위해 존재하는 팔이 됐고, 그 팔을 가득 채운 긁히고 구멍 난 자국은 의심의 여지 없이 상습적으로 "정맥에 마약을 주사하는 사람임"을 드러냈다.

• 이 부분은 좀 더 의역했다. 원문에 나오는 표현을 직역하면 "내 등에 원숭이 한 마리가 올라타 있다? 글쎄, 이건 잔뜩 화난 고릴라 한 마리가 있는 것 같다"다. 흔히 '원숭이가 등에 올라타다'라는 말은 '마약중독에 빠져 있다'는 뜻으로 사용되는 은어다.

나도 나의 광적인 마약 복용이 메스껍고 소름 끼친다. 지긋지긋하다. 완전히 미친 짓이다. 죽음의 문턱에 이른 적도 있었는데, 그때 내몸은 거의 푸르게 변했었다. 공중화장실에서 이 독약을 얼마 남지도 않은 혈관에 주사하는 광기를 발휘하다가 경련을 일으켰던 때를 생각하면 정말이지 끔찍하다. 나는 단 몇 시간 내에 수백 번이나 팔과 손에 바늘을 찔러 대곤 했다. 고문과 긴장으로 가득한 그 몇 시간 동안 남아 있는 약을 혈류 속에 집어넣으려 하면서 말이다.

왜? 왜 나는 이런 짓을 했는가. 내가 삶의 목표로 삼았던 성공과 돈, 그리고 명성을 모두 토해 내면서까지 왜 종종 이런 짓을 벌였는가. 헤로인과 코카인에 손을 댄 것은 단지 한순간의 스릴을 맛보기 위함은 절대 아니었다. 그보다는 자기 파괴라는 마조히즘적 충동에서 비롯됐다고 보는 게 맞겠다. 처음에는 나 스스로 천재처럼 보이고 싶어 대마초를 피웠다. 이를 통해 나는 나 자신과 대화를 나눌 수 있었다. 그건 음악을 위해서였고, 나는 세상을 향한 메시지를 품고 있었다. 사실 나는 타고난 재능을 지녔다. 그러다가 나 자신을 더 뛰어나고, 빠르게 표현하고 싶다는 생각이 들었다. 바로 마약이 나로 하여금 많은 것을 더 즉각적이고 깊이 있게 느끼게 해 주었다. 음악적인 충족감에 이르기 위한 지름길 같은 것이었다. 미국이 낳은 가장 위대한 재즈 신동 중 하나였던 찰리 "버드" 파커 또한 마약중독자가 아니었던가. 나라고 왜 그러면 안 되는가. 돈으로 살 수 있는 마약의 힘을 빌려 천재가 되는 것이 그렇게 나쁜 일이던가.

두 번째 기사의 제목은 "재즈, 여자, 그리고 마약! 이것이 내 트럼펫 연주 속에 깃든 슬픔이었다." 여기에서 쳇 베이커는 "열여섯 살에 경험한 달콤하고 순진했던 첫사랑에서 뉴욕의 콜걸과 나눈 불명예스러운 관계까지, 40번의 주요한 연애 경험과 스치듯 지나갔던 수백 번의 만남에 대해" 밝혔다. 그리고 이렇게 덧붙였다. "마약은 행복한 결혼 생활을 누릴 수 있는 모든 기회를 망가뜨렸다. 여자들과의 관계는 일시적이고 지저분한 것으로 변질됐고, 곁에 있던 여인들이 나의 마약 비용을 대기 위해 돈을 구해야 하는 치욕스러운 상황에 대해서도 아무런 반감을 갖지 않았다."

쳇 베이커가 남긴 이 모든 이야기는 마약의 위험성에 대해 사람들의 주의를 환기하기 위한 것일 수도 있었다. 그러나 대부분의 경우 유치한 자랑처럼 보일 때가 많았다. 그는 남은 생애 동안 마약 복용에 대해 "내 생각에도 좀 심했던 것 같아" 하는 식으로 거리낌 없이 얘기하곤 했다. 벨기에 출신의 음악인이자 그의 벗이던 자크 펠저의 딸 미슐린 펠저Micheline Pelzer는 이렇게 말한 적이 있다. "그는 마약하는 걸 자랑스럽게 생각했어요." 쳇 베이커에게, 중독성이 강한 물질을 자신의 팔이나 목, 혹은 사타구니에 주사하면서 하루에 너덧 번이나 죽음의 위험에 스스로를 노출시키는 일은 진정한 도전이었다. 1950년대를 풍미한 유명한 반항아들 중에서도 극소수의 사람들만 그가 경험한 경지에 이른 것도 사실이다. 이듬해 대필 작가가 쓴 다른 타블로이드 신문의 기사 "트럼펫과 주삿바늘: 쳇 베이커의 고백"에서, 심지어 그는 그래픽 사진으로 처리된 삽화를 위해 마약 주사의 준비 장면을 직접 선보이기까지 했다.

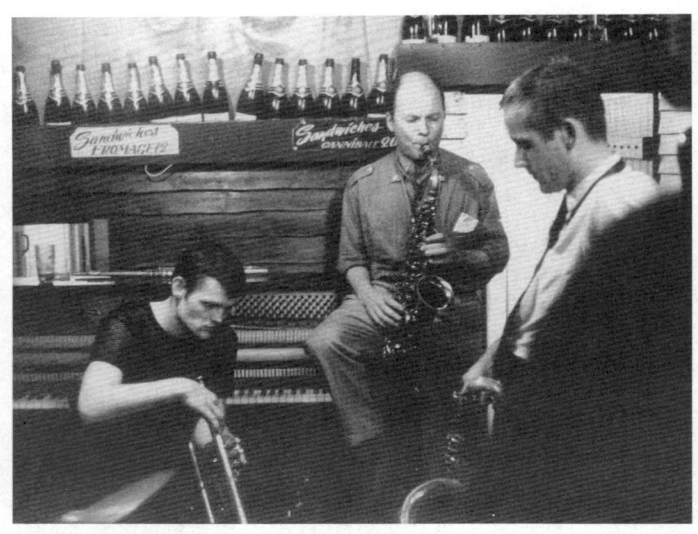

자크 펠저(가운데)는 그 누구보다 쳇 베이커를 아낀 최측근이었다.
두 사람이 1963년 어느 술집에서 함께 잼 세션을 벌이고 있다.

그러나 그의 허세 속에는 분명 과대망상이 드리워 있었으며, 그가 바라보는 모든 세상이 자신에 대한 박해와 음모를 품고 있다고 생각했다. 어느 날 그는 한 약국에서 처방전을 내밀고 돈을 지불하다가, 자기에게 반했다고 느낀 남자 약사 한 사람을 만났다. 훗날 쳇 베이커는 이 젊은 약사가 자기에게 줄 선물—어떤 성격의 선물인지는 상상할 수 없던—이 있다며 서점에서 만나자고 치근댔다는 얘기도 했다. 약사는 약속 장소에서 코카인 약병이 든 담배 상자를 하나 건넸다. 쳇 베이커는 기꺼운 마음으로 이를 받았고, 오후 4시가 되기도 전에 두 친구들과 함께 모두 써 버렸다. 하지만 약사의 도둑질은 발각됐고 이 젊은이는 잔뜩 겁에 질린 채 런던 경찰국으로 연행됐다. 그리고 코카인을 받은 사람이 쳇 베이커였다는 사실을 결국 밝히고 말았다. 경찰은 그를 감옥에 집어넣었다. 다시 한번 구원자의 역할을 맡은 앨버트 잭슨이 보석금을 공탁했고, 가까스로 쳇 베이커는 구류 처분만 받은 채 풀려날 수 있었다. 더 이상 참을 수 없게 된 앨버트는 이렇게 소리쳤다. "이보게, 쳇, 이건 정말 아니야! 도대체 자네 자신에게 무슨 짓을 하는 건가? 이제 제발 좀 그만두게. 그렇지 않으면 나라도 나서서 뭔가 할 수밖에 없을 걸세!"

앨버트의 경고에 대한 쳇 베이커의 반응은 계속해서 마약에 빠져 사는 것뿐이었다. 그리고 런던의 길거리에서 다른 이들과 주삿바늘을 함께 사용하다가 혈액 감염에 걸려 버렸다. 그는 여러 환자들과 함께 쓰는 큰 병실에서 며칠 동안 침대에 누워 신음했다. 독한 약 때문에 의식이 사라지고 돌아오기를 반복하던 어느 날, 문득 눈을 뜬 그의 앞에 베이시스트 조반니 톰마소가 미소를 지으며 서 있는 것을 발견했다. 약혼녀가 살고 있던 런던을 방문한 참에, RCA 레코드의 이탈리아 지사에서 쳇 베이커에게 전해 달라고 부탁한 로열티를 가져온 것이었다. 조반니 톰마소는 말했다. "이것 보세요. 내가 당신에게 아주 좋은 선물을 가져온 것 같네요." 그는 봉투 하나를 건넸다. 쳇 베이커는 그 안에 든 현금을 보고 다시 삶의 희망을 느꼈다.

조반니 톰마소는 약혼녀의 집으로 돌아갔다. 그날 늦은 시간, 한 형사가 이 집에 찾아왔다. 『투데이』가 보도한 내용에 의하면, 아마도 경찰은 쳇 베이커의 병실에 설치한 카메라를 통해 조반니 톰마소와 쳇 베이커의 접촉을 마약 거래로 판단한 모양이었다. 조반니 톰마소는 그러한 추측이 사실이 아님을 입증했다. 그러나 병원 치료를 마치고 집에 돌아온 쳇 베이커는 다시 마약에 손을 대기 시작했다. 이를 지켜본 앨버트는 그가 공언한 대로 뭔가 다른 조치를 벌였다. 바로 판사에게 달려가 공탁했던 보석금을 빼낸 것이었다. 그는 판사에게 이렇게 말했다. "제가 보기에 이 사람은 병에 걸렸습니다. 결국 그의 곁에는 언제나 마약이 있고, 이렇게 죽어 버릴 것 같은 상태에서는 나아질 기미가 보이질 않아요. 부디 그에게 병원 치료를 베풀어 주실 수 없겠습니까? 그를 다시 정상으로 돌려놓을 수 없을까요?"

그러나 경찰에서는 더 이상 재활 프로그램을 가동할 단계가 아니라고 판단했다. 어느 추운 겨울날, 쳇 베이커는 다시 감방에 갇혀 버렸다. 이내 금단 증상이 엄습했고, 그는 소리를 지르며 발로 감방 문을 걷어차기 시작했다. 간수들이 그를 끌어내 진료소로 데려갔다. 그리고 옷을 모두 벗긴 뒤 억지로 마약을 끊게 하기 위해 독방에 집어넣었다. 쳇 베이커는 이렇게 불만을 늘어놓았다. "정신병동에 가두든, 발가벗기든, 다 상관없었다니까. 그저 춥지만 않았으면 좋았으련만." 그로부터 열흘 뒤, 그는 런던에서 멀리 외곽에 위치한 도버로 이송됐다. 희망을 상징하는 화이트 클리프로 유명한 바로 그곳 말이다. 쳇 베이커는 영국의 가장 큰 교도소 중 하나인 펜턴빌에 수감됐다.

1963년 2월 15일, 그는 마약 관리법 위반으로 법정에 섰다. 그는 당시의 상황을 이렇게 회상했다. "정말이지 난 그 모든 게 그다지 심각하게 느껴지질 않더라고. 다들 하얀 가발을 뒤집어쓴 꼴이 꼭 건방진 바보들 같아 보이더라니까." 그러나 쳇 베이커의 진술을 듣고 난 판사는 그에게 최악의 판결을 선사했다. 자신의 선택에 따라 다른 나라로 추방한다는 것이었다. 3월 27일, 쳇 베이커와 캐럴 잭슨, 그리고 어린 아들 딘은 프랑스로 건너가는 배에 몸을 실었다. 미국의 한 신문기자는 "영국이 마약중독에 빠진 연주자를 밖으로 내던져 버리다"라는 제목의 기사를 송고했다. 그나마 그의 악행에 대한 보도가 워낙 잦았던지라, 쳇 베이커에 대한 이번 기사는 채 몇 줄 되지도 않았다.

프랑스 파리는 그를 여느 전과자와 다름없이 취급했다. 도착한 그 주에 쳇 베이커는 또다시 체포됐다. 그러나 이번에는 부당한 처사였다. 일련의 다른 마약중독 혐의자들과 함께 연행됐는데, 그중에는 오래도록 레이 찰스Ray Charles의 색소포니스트로 일했던 데이비드 "팻헤드" 뉴먼David "Fathead" Newman과 피아니스트 케니 드루가 포함돼 있었다. 그러나 검사를 맡은 의사는 쳇 베이커에게서 마약 복용의 흔적을 찾지 못했다. 쳇 베이커는 말했다. "내 말을 믿을지 모르겠지만, 그 결과가 나오자 경찰들은 바로 실망한 표정을 짓더군." 당국은 그가 마약을 하지 않는다는 것을 입증하기 위해 소변검사를 받게 했고, 그 결과를 정기적으로 제출한다는 조건하에 임시 노동 허가를 내주었다.

쳇 베이커는 센강 오른편인 라이트뱅크에 위치한 몽마르트르에 아파트를 얻어 가족을 머물게 한 뒤 블루 노트로 갔다. 샹젤리제 거리에 있던 낮은 천장의 이 작은 클럽은 재키 매클레인이나 조니 그리핀, 그리고 케니 클라크 같은 미국 출신 재즈 연주자들이 왕처럼 대접받는 곳이었다. 골루아즈 담배의 매콤한 향으로 가득 찬 무거운 공기 속에 바나 테이블에는 15년 전 미국 비밥 연주자들의 모습을 모방해 베레모와 염소수염을 한 프랑스인들이 무표정한 얼굴로 앉아 있었다. 블루 노트는 파리에서 가장 안 어울리는 커플로 소문난 부부가 소유하고 있었다. 통통한 외모에 언제나 명랑해 보이던 전직 미군 벤 벤저민Ben Benjamin과 많은 지인들로부터 "못생기고", "지저분하며", "심술궂은 아줌마"라 불리던 프랑스 여인 에틀라Etla였다. (1986년에 제작된 영화 「라운드 미드나이트」를 보면, 릴리안 퀴키에가 블루 노트의 모습을 그대로 따서 만든 세트에서 에틀라로 분했다.) 두 사람은 프랑스 말로 정략결혼을 뜻하는 "하얀 결혼mariage blanc"으로 맺어진 관계였다. 벤 벤저민은 제2차 세계대전이 끝난 뒤 나이트클럽을 차리기 위해 파리로 건너왔는데, 일에 필요한 서류를 손에 넣으려면 프랑스 시민권자와 결혼해야 했다. 그는 에틀라를 선택했고, 그녀는 블루 노트의 운영을 담당한 매니저가 됐다. 쳇 베이커는 그녀가 자기 남편을 어떻게 대하는지 보게 됐다. 그녀는 "강아지처럼 계속 바가지를 긁었으며 클럽 분위기도 안 좋게 만들곤 했다."

그러나 블루 노트는 파리에서 제대로 된 모던 재즈를 만날 수 있는 중요한 공간이었다. 물론 거기에는 스타급 연주자인 버드 파월의 힘이 컸다. 그는 미국과 유럽, 두 지역 사람들 모두에게 살아 있는 최고의 비밥 피아니스트로 알려져 있었으며, 동시에 많은 문제를 지닌 인물이기도 했다. 알코올 중독과 결핵으로 그의 건강은 피폐해 있었으며, 치료가 불가능한 정신 질환이 겹쳐 의사로부터 두 달의 시한부 삶을 통고받은 적도 있었다. 서른여섯 살의 젊은 나이에 병원을 드나들며 많은 세월을 보내야 했고, 놀라운 스피드와 뛰어난 테크닉으로 유명했던 그의 연주는 어느새 심각하게 훼손돼 있었다.

그러나 프랑스의 팬들은 연주가 어떻든 상관없이 버드 파월(1966년에 결국 세상을 떠나게 된다)을 우상시했다. 그들은 버드 파월이야말로 진정한 재즈의 거성이라 여겼는데, 이는 미국 출신의 흑인 연주자라는 조건을 담은 생각이었다. 프랑스는 외견상 돈만 밝히고 세심하지 못한 미국이 외면한 조지핀 베이커Josephine Baker와 제임스 볼드윈James Baldwin 같은 타고난 재능의 흑인 예술가*들

---

* 조지핀 베이커(1906~1975)는 흔히 카바레 보컬리스트로 알려진 탁월한 가수였다. 블루스를 바탕으로 폭넓은 음악을 섭렵했으며 사회 참여에도 앞장서는 등 흑인음악계의 대모 중 한 사람으로 불렸다. 미국에서 많은 상처를 안은 채 말년을 프랑스에서 보냈는데, 1964년 심장마비로 쓰

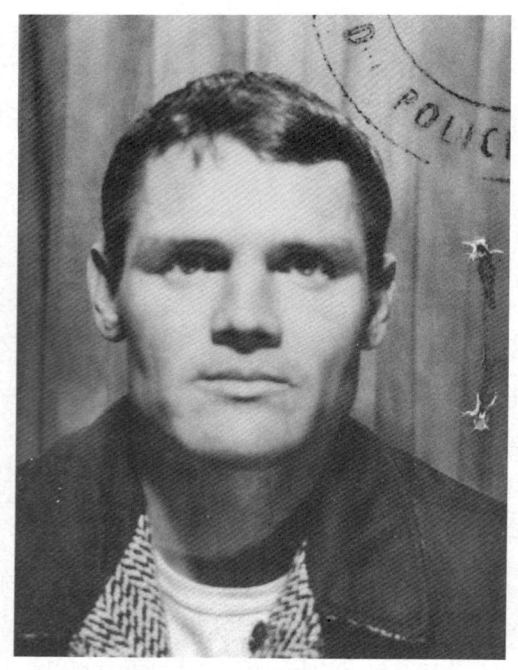

1963년 프랑스 파리의 경시청 서류에 붙어 있던 쳇 베이커의 사진

을 "구하는 데" 앞장선 것으로 잘 알려져 있었다. 그러나 쳇 베이커가 이곳에 돌아온 1963년, 그를 반긴 것은 몇몇 음악인들과 소수의 사람들에 불과했다. 당시 프랑스에 살고 있던 이탈리아의 드러머 알도 로마노Aldo Romano는 쳇 베이커 쿼텟에 합류하면서 바로 이 문제를 직시할 수 있었다. "나는 처음 그의 연주를 듣자마자 깊이 빠졌습니다. 내가 좋아하는 음악 스타일을 가지고 있었거든요. 멜로디에 대한 감각과 낭만, 그리고 음악의 시간 개념과 스윙필도 아주 좋았죠. 하지만 다른 젊은이들에게 그의 음악은 별로 탐탁지 않았던 모양입니다. 왜냐하면 그들이 생각하는 재즈란 흑인들이 연주하는 아주 어려운, 특정한 부류의 음악이었거든요. 쳇 베이커는 잘생긴 백인인 데다가, 다른 스타일을 연주했습니다. 그래서 그의 전체적인 이미지에 동의하지 못한 거죠. 결국 큰 성공을 거두지는 못했던 것으로 기억해요."

이탈리아 무대에 다시 섰을 때 마주한 열광적인 반응을 잊지 않고 있던 쳇 베이커는 파리 사람들의 냉대를 못마땅해했다. 그는 프랑스 월간지 『재즈』에 글을 쓰던 두 명의 저널리스트 장루이 지니브르Jean-Louis Ginibre와 장 바그너Jean Wagner에게 이렇게 말했다. "흑인들이 재즈를 만들었다는 건 바보 같은 얘기요. 뉴올리언스

러진 뒤 실질적인 활동은 거기에서 멈췄고 프랑스 파리에서 세상을 떠났다. 더 이상 그녀의 이름을 기억하는 음악 팬은 많지 않지만 지금도 프랑스에서는 그녀를 추모하는 열기가 식지 않은 것으로 알려져 있다. 그리고 제임스 볼드윈(1924~1987)은 흑인이자 동성애자라는 사회적 악조건을 딛고 흑인 문화의 발전에 큰 업적을 남긴 작가이자 수필가였다. 그 역시 1940년대 말부터 프랑스를 삶의 터전으로 삼았으며, 미국과 유럽을 오가며 집필과 강연 활동을 벌이다가 그를 안아 준 프랑스에서 생을 마감했다.

에서 재즈가 시작되던 그 무렵, 이미 어디에서나 음악인들이 연주를 벌이고 있었단 말이오. 흑인들이 연주하던 것과 같은 음악을 들려준 백인들이 있었고, 그들은 흑인이 아니면서도 다들 음악적으로 인정받았소." 그러나 그가 느끼던 불안함은 그만한 희생을 감수해야 하는 현실로 드러났다. 프랑스에서 살아남으려면 예쁜 발라드와 노래 대신 〈So What〉이나 〈Bye Bye Blackbird〉, 〈Milestones〉 같은 마일스 데이비스의 상징적인 곡들을 편곡해 연주해야만 했다.

오로지 "높은 음정으로 빠르고 크게" 연주하기만을 원하는 트럼페터들을 경멸했지만, 쳇 베이커도 별수 없이 그렇게 연주하기 시작했다. 월간지 『재즈』와 가진 인터뷰에서 그는 다음과 같이 얘기했다. "내 연주도 이젠 자리를 잡아가고 있지 않소? 전보다 훨씬 복잡해졌고, 그러면서도 강하고 공격적인 스타일을 소화하고 있으니 말이오." 그러나 예전에는 침착해 보였던 그의 얼굴에 이미 긴장의 기운이 감돌고 있었다. 그의 트럼펫 톤은 얄팍하고 날카로워져 있었으며, 음정도 불안할 때가 많았다. 더구나 입술에서 악기를 떼고 나면 피곤해하는 기색이 역력했다. 내키지 않았지만, 마일스 데이비스와 자신을 비교하는 사람들에게 싫은 내색을 하지 못했다. 블루 노트에서 연주하던 어느 날, 마일스 데이비스가 직접 연주를 들으러 클럽에 찾아왔다. 언제나 쳇 베이커에 대해 못마땅해하던 그가 아니던가. 몇 년 뒤, 쳇 베이커는 루스영에게 당시 상황에 대해 얘기를 들려주었다. 마일스 데이비스는 뒤쪽 테이블에 앉아 무대를 응시하고 있었단다. 연주가 끝나자,

쳇 베이커는 그저 소심한 생각에 먼저 다가가 자신의 영웅에게 쿨한 인사를 건네려 했다. 그러나 마일스 데이비스는 이렇게 내뱉었다고 했다. "넌 그것도 연주라고 하나!"

그러나 길 잃은 소년의 내면과 섹시한 소년 범죄자의 이미지가 맞물린 쳇 베이커의 독특한 분위기는 아직도 나름대로 매력을 지니고 있었다. 특히 프랑스의 한 텔레비전 방송이 1963년에 제작한 3분짜리 영상을 보면 누구든 이에 동의하지 않을 수 없을 것이다. 쳇 베이커가 머물던 파리의 한 호텔 방. 웃통을 벗고 면도하지 않은 얼굴의 그가 침대에 누워 사과를 깨물어 먹고 있다. 그의 표정은 마치 "날 가지고 놀면 가만 안 두겠어!" 하고 누군가에게 경고의 메시지를 던지는 듯하다. 이내 담배를 한 대 피워 물면서 인상을 잔뜩 찌푸리더니, 화면을 마주하고 있을 시청자를 향해 매혹적인 모습으로 연기를 뿜어 댄다. 다음 장면은 블루 노트의 무대. 어딘지 몸이 불편한 듯, 의자를 놓고 그가 앉아 있다. 이름을 알 수 없는 제작자가 카메라를 쳇 베이커의 가슴에 고정시켰다가 입술로 천천히 초점을 옮겨간다. 그리고 트럼펫의 버튼 위를 자유롭게 노니는 그의 손가락을 비추다가, 입술이 맞닿은 마우스피스에서 뚝 떨어지는 침 한 방울을 놓치지 않는다.

그의 열성 팬은 쳇 베이커의 매혹을 이겨 내지 못했다. 알도 로마노는 말했다. "대부분 마약에 빠진 사람들이었죠. 물론 여자들이었고요. 많은 여자들 말입니다." 캐럴 잭슨은 자신도 누구 못지않게 매력적인 여자란 걸 믿어 의심치 않았다. 그녀는 『투데이』와 가진 인터뷰에서 자신 있게 말했다. "그가 날 떠날 것이라고는 생각하지 않아요." 그러나 두 사람은 아직 결혼도 하지 않은 상태였고, 1963년 들어 쳇 베이커의 첫 "간통"이 시작됐다. 캐럴 잭슨이 『투데이』와 인터뷰한 지 채 몇 달 지나지 않아 일어난 일이었다. 쳇 베이커의 회상에 의하면 일이 벌어진 곳은 블루 노트였고, 상대 여자는 종종 빌리 홀리데이의 스타일로 노래하던 흑인 보컬리스트 보비 파커Bobbi Parker였다. 역시 블루 노트에서 연주하던 색소포니스트 조니 그리핀은 이렇게 말했다. "아주 섹시해 보이는 여자였소. 키도 크고 정말 아름다웠지. 많은 사람들이 그녀를 유혹하려고 안달이 나 있었다오. 영화배우나 유명한 피아니스트들까지 말이오." 그러나 그녀를 두고 벌어진 경쟁에서 승리를 거둔 것은 명백히 쳇 베이커였다. 그는 캐럴 잭슨이 아기를 돌보기 위해 집에 머물 동안 보비 파커와 연애를 시작했다고 말했다. 당시 캐럴 잭슨은 이 사실을 알지 못한 듯했다. 쳇 베이커는 그 후로도 오랫동안 "매우 매력적인 이 흑인 여성"과 돈독한 애정을 나누었다고 기억했다.

쳇 베이커의 블루 노트 연주는 어느 날 갑자기 중단됐다. 벤저민 부부는 그가 매일 밤 첫 번째 무대를 연주해야 하고 무대 위에서는 반드시 넥타이를 매야 한다고 주장했다. 고집스러운 쳇 베이커는 그들의 요구를 묵살했다. 결국 어느 날 밤 에틀라가 무대 앞으로 성큼성큼 걸어오더니 연주가 진행되고 있는데도 이렇게 말했다. "당장 일어나!" 의자에 앉아 연주하던 쳇 베이커는 손짓을 보내 밴드에게 연주를 중단하도록 했다. 그리고 그것이 블루 노트에서 마지막으로 연주한 무대가 됐다.

블루 노트와 라이벌 관계에 있던 재즈 클럽 샤 키 페슈Chat Qui
Pêche에서 즉시 쳇 베이커를 영입했다. 센강 건너 레프트뱅크의 한
지하실에 위치한 이 클럽은 딱딱한 나무 의자와 하얀 벽 때문에
어딘지 방랑자들의 공간 같은 분위기를 풍겼다. 클럽의 주인은
아주 작은 체구의 우아한 프랑스 여자 마담 리카르Madame Ricard.
사람들은 그녀를 "작은 참새Little Sparrow" 에디트 피아프에 비유하
곤 했다. 전하는 말에 의하면, 마담 리카르는 나치에 대항하던 레
지스탕스를 위해 연락책으로 일한 여걸이었다. 그녀는 클럽 안을
돌아다니며 어머니 같은 따스함으로 사람들을 대했다. 하지만 그
관심이 너무 과해서 연주자들을 "우리 아기들"이라 불렀고, 자신
이 소유한 클럽 위의 아파트에 살게 하기도 했다. 쳇 베이커의 가족
도 그곳으로 거처를 옮겨 몇 달 동안 생활했다.

쳇 베이커는 마약을 하지 않으면서도 그런대로 잘 버티고 있었
다.『재즈 핫』의 미셸 들로름Michel Delorme 기자는 연주가 없던 날
그와 인터뷰하면서 아직도 쳇 베이커의 마음속에 달콤한 소년의
마지막 불빛이 깜빡이고 있음을 깨달았다. 그와 두 명의 밴드 멤
버—베이시스트 루이지 트뤼사르디Luigi Trussardi와 트롬보니스트
루이 퓌앙트Luis Fuentes—와 함께 차를 타고 파리의 거리를 내달리
던 중, 미셸 들로름은 뒷자리에 앉아 인터뷰한 내용을 수첩에 메
모하고 있었다. "쳇 베이커의 삶은 행복해 보인다. 정신적으로 도
덕적으로 건강은 완벽하며, 끝없는 상상력을 발휘하기 위해 적당
한 긴장을 유지하고 있다. 그는 어느 순간 자기가 하고 싶은 일이
떠오르면 바로 행동에 옮기는 걸 좋아한다." 미셸 들로름이 여기

까지 써 내렸을 때, 갑자기 쳇 베이커가 "차 세워! 사탕 가게가 있어!"라고 소리치며 기자의 관찰이 틀리지 않았음을 입증해 보였다. 쳇 베이커는 냉큼 차에서 내려 달려가더니 사탕이 든 몇 개의 큰 봉지를 안고 돌아왔다. 그러고는 이렇게 말했다. "이봐, 나 연주하고 싶어졌어." 그래서 그들은 샤키 페슈 클럽으로 갔다. 가는 길에 악기를 가져가기 위해 잠시 루이 퀴앙트의 집에 들렀다. 밖에서 그를 기다리던 몇 분 동안, 쳇 베이커는 차 밖으로 트럼펫을 내밀더니 시끄러운 군가를 하나 연주했다. 이웃들은 무슨 일이냐며 난리가 났다. 미셸 들로름 기자는 이렇게 메모했다. "쳇 베이커는 성급한 성격을 지녔다. 쳇 베이커는 피곤하다. 그리고 쳇 베이커는 굶주려 있다."

그날 밤, 그들은 한 식당에 다시 모였다. 쳇 베이커는 배가 고팠는지 늦은 저녁을 뚝딱 해치웠다. 미셸 들로름 기자는 재즈 연주자의 삶이 슬프다고 생각하는지 쳇 베이커에게 물었다. "당연하지." 그는 대답했다. "하지만 삶이 가져올 수 있는 문제들을 언제든 보상해 주는 게 바로 음악을 만드는 일이야." 기자는 그즈음 새롭게 떠오르던 젊은 트럼페터 프레디 허버드Freddie Hubbard에 대해 이야기를 꺼냈다. 그가 처음으로 크게 영향을 받은 연주자가 바로 쳇 베이커였다고 말했다는 것이었다. 쳇 베이커는 이 말에 깊이 감동했다. 계속해서, 프레디 허버드가 자신의 연주를 들으며 어떤 면을 보았을 것 같으냐는 질문이 이어졌다. 잠시 생각에 잠겼다가 쳇 베이커는 이렇게 대답했다. "아마도, 솔직함이, 아닐까."

솔직함이라. 글쎄, 하지만 트럼펫을 빼놓고 생각한다면 쳇 베이커는 솔직함이 어떤 것인지조차 모르는 듯했다. 실제로 남을 속이는 것은 어린 시절 이래로 그의 두 번째 본성이었다. 훗날 그는 파리에 머무르던 1년 동안 마약에 손을 대지 않았다고 공언했다. 하지만 사실은 달랐다. 우선 그가 파리에 있던 기간은 1년이 아닌 8개월이었으며, 이미 석 달쯤 지났을 무렵에는 마약을 다시 시작했으니 말이다. 당국에서 더 이상 소변 검사를 요구하지 않자, 그는 어디에서나 마주할 수 있던 마약의 유혹에 바로 굴복해 버렸다. 아는 이들을 영국의 레이디 프랑카우에게 보냈고, 이 사람들은 그 의사에게서 사 온 헤로인과 코카인의 "견본"을 들고 다시 돌아왔다. 덱스터 고든이 파리에 도착하자, 그와 자신, 두 사람을 위해 손수 마약을 구해 오기도 했다. 다시 마약 복용의 속도가 올라가자, 쳇 베이커는 클럽의 부엌에서 악기를 도둑맞았다고 주장했다. 남아 있던 그의 반생을 돌이켜볼 때, 쳇 베이커는 마약을 사기 위해 악기를 전당포에 맡겼을 확률이 높았고, 누군가 도둑질했다는 얘기는 믿기 힘들다. 한 프랑스 연주자가 트럼펫과 유사하면서 더 부드러운 톤을 지닌 플뤼겔호른을 빌려 주어 쳇 베이커는 무대에 오를 수 있었다. 소리가 나오는 나팔이 넓고 더 많은 공기를 품을 수 있는 플뤼겔호른은 한결 감미로운 소리가 났다. 쳇 베이커는 몇 년 동안 이 악기를 즐겨 연주했다.

크리스마스를 한 달 앞둔 무렵, 쳇 베이커는 샤 키 페슈의 연주를 그만두고 남은 연말까지 스페인 바르셀로나의 클럽 잼버리 Jamboree에서 공연을 갖기로 했다. 그런데 이 기획은 현실성이 떨어져 보였다. 스페인 사람들은 쳇 베이커의 존재를 몰랐고, 실제로 대부분의 사람들은 그가 연주를 벌이는 동안 위층에서 플라멩코 무희와 기타리스트를 내려다보듯 그를 무시했다. 다행히도 클럽에서 작은 아파트 하나를 내주었고, 캐럴 잭슨은 그곳으로 어머니와 여동생들을 초대해 크리스마스를 함께 보낼 수 있었다. 그러고 보면 친정 식구들에게 자기도 행복하게 생활할 수 있다는 희망을 얼마나 보여 주고 싶었을까. 마약중독에 빠져 있던 쳇 베이커가 무너뜨렸을 그 희망 말이다. 스페인도 영국과 마찬가지로 마약중독자를 등록시켜 합법적으로 약을 받도록 조치하고 있었다. 그러나 스페인의 시스템은 한결 더 엄격한 관리를 거치고 있었으며, 쳇 베이커는 팔피움을 얻기 위해 계속해서 의사들의 환심을 사야만 했다. 그러던 어느 날, 재즈를 아주 좋아하는 한 외과 의사가 잼버리에 들렀다. 쳇 베이커는 그에게 이미 피부 속에서 다 터져 버린 혈관을 찾아 주사하는 일이 얼마나 어려운지 토로했다. 그랬더니 그 의사는 독일에서 수입된 최고급 신형 스테인리스 주삿바늘 한 세트를 가지고 다시 돌아왔다. 손등에 있는 아주 작은 혈관에도 주사할 수 있는 유용한 물건이었다. 이 시기에 찍어 둔 쳇 베이커의 사진 중에는 아들 딘을 안고 있는 것이 한 장 있다. 잔뜩 부풀고 피딱지가 뒤덮인 손으로 그는 아기의 입에 우윳병을 물리고 있다.

　파리로 운전해서 돌아오는 길은 멀었다. 쳇 베이커는 가지고 있던 팔피움이 얼마 남지 않았다는 사실에 걱정이 앞섰다. 그리고 스페인과 프랑스의 국경 지대가 다가왔을 때, 결국 마지막 남은 약을 써 버렸다. 당황한 쳇 베이커는 인근의 툴루즈에 차를 세우고 캐럴 잭슨과 아들을 기차에 태워 먼저 파리로 보냈다. 그다음 바르셀로나에서 훔쳐 두었던 새 처방전을 꺼내 위조한 뒤, 광란의 마약 사냥에 착수했다. 약국이 하나 보였다. 여기에서 밤사이 일어난 일에 대해 쳇 베이커는 드라마틱한 이야기를 들려주었다. 리사 걸트 본드가 그의 말을 전했다. 잔뜩 예민해진 쳇 베이커는 카운터에 서서 약을 기다리고 있었다. 약사가 몸을 돌리더니 별 의심 없이 약장 높은 곳에 놓여 있던 팔피움 한 상자를 꺼냈다. 쳇 베이커는 1회분의 약을 손에 넣고 밤을 보내기 위해 펜션에 투숙했다. 약을 주사하고 팔피움이 가져다준 환영에 사로잡힌 채 그는 잠들지 않고 깨어 있었다. 자정이 무사히 지나갔다. 그는 침대에서 일어나 옷을 입고 자욱한 안개를 헤치며 툴루즈의 황량한 거리를 걸었다. 전날 들렀던 약국이 눈에 들어왔다. 누가 안에 있는지 알아보기 위해 쳇 베이커는 유리문을 두드렸다. 아무 반응이 없는 것을 확인한 그는, 순간 문을 박차고 안으로 들어갔다. 유리 파편 위를 내달려서 눈에 띄는 대로 팔피움 상자를 집어 코트에 쑤셔 넣기 시작했다. 그렇게 일을 마친 뒤 다시 안개 속으로 사라졌다. 그리고 아침 일찍, 파리로 떠나 버렸다.

파리로 돌아온 쳇 베이커는 베를린에 있는 블루 노트 클럽—파리의 블루 노트와는 무관한—에서 그에게 연주를 맡기고 싶어한다는 소식을 듣게 됐다. 이미 독일에서 추방당한 뒤였지만, 그는 베를린행을 고집했다. 그곳에 이르자마자, 쳇 베이커는 의사들을 만나 처방전을 받아 내는 일에 다시 몰두했다. 그런데 너무 열중했던 탓이었을까. 다른 의사에게 받은 처방전을 같은 약국에 내미는 실수를 범하고 말았다. 약사는 경찰에 신고 전화를 했다. 어느 늦은 밤—1964년 1월 22일—쳇 베이커는 블루 노트에서 체포됐다. 그는 경찰서에서 베를린의 여섯 의사에게 처방전을 받아 제트리움을 구했다고 시인했다. 의사들에게는 콩팥이 아프다며 거짓말을 한 것으로 드러났다. 경찰은 그를 40일 동안 요양소의 독방에 머물게 했다. 하지만 이번에는 두 번째 기회가 남아 있지 않았다. 그가 생각할 수 있는 가장 나쁜 악몽이 현실로 다가왔다. 독일은 쳇 베이커를, 다른 나라도 아닌 미국으로 추방해 버리려 했다. 한 지방 신문에 다음과 같은 기사가 났다. "금빛 트럼펫을 가지고 있던 한 남자의 음악 경력이 베를린에서 막을 내리다." 이미 그의 마약 관련 범죄는 케케묵은 뉴스가 돼 버린 지 오래여서, 기자들은 그의 이야기를 농담처럼 다루었다. "의사들은 그가 병원에 트럼펫을 가져와도 상관없으며 그곳에서 공연해도 좋다고 얘기했다. '우리 병원에는 많은 음악인과 가수들이 있습니다. 오케스트라를 구성할 수도 있을 거예요.' 어느 의사의 전언이었다."

이제 쳇 베이커를 원하지 않는 나라는 독일과 이탈리아, 스위스, 영국, 그리고 프랑스로 늘어났다. 유럽 전역에서 그의 명성은 퇴색해 버렸다. 미국은 선택의 여지 없이 그의 귀국을 받아들였다. 그즈음 쳇 베이커는 주된 공범자였던 도널드 브라운과 연락이 끊긴 상태였다. 이 드러머는 오래지 않아 스스로 목숨을 끊었다. 어디서나 각광받던 젊은 시절의 쳇 베이커를 알고 지낸 음악인들에게 그의 자기 파괴 행위 또한 자살이나 다름없어 보였다. 이는 가장 극단적인 반항의 행동이자, 그의 빼어난 외모와 재능이 자신 있게 열어젖혔던 모든 문을 향해 큰소리로 욕지거리를 퍼붓는 일이었다. 그러나 끝내 그는 아무런 사죄의 말을 하지 않았다. 얼마 지나지 않아 쳇 베이커는 재즈비평가 아이라 기틀러에게 이렇게 말했다. "내가 누구에게 마약을 팔기라도 했소? 내가 산 건 다 내가 써 버렸잖소?"

1964년 3월 4일, 쳇 베이커는 프랑크푸르트의 라인-마인 공항으로 이송돼 맨해튼행 비행기에 올라탔다. 캐럴 잭슨은 미국 비자가 없었기에 아들 딘을 데리고 영국으로 돌아갔다. 몇 시간 뒤, 쳇 베이커는 존 F. 케네디 국제공항에 발을 디뎠다. 그를 맞이한 것은 연방 정부 소속의 두 마약 담당관이었다. 두 사람은 그가 가지고 온 마약이 없는지 수색했고, 오랫동안 강도 높은 심문을 벌였다. 훗날 쳇 베이커는 당시 수중에 40센트밖에 없었다고 강변했다. 그러나 이 역시 믿기 힘든 말이었고, 그가 제리 멀리건과 전화로 나누었다던 얘기도 신빙성이 떨어졌다. 공중전화로 옛 친구를 찾은 그는 돈을 빌려 달라고 부탁했지만 제리 멀리건은 이를 거절했단다. 쳇 베이커는 자기를 불쌍히 여긴 경관 하나가 그를 뉴욕까지 차로 데려다주었다고 말했다. 공항을 떠나기 전, 『데일리 뉴스』의 기자 한 사람이 그에게 아직도 마약을 하느냐고 물었다. 쳇 베이커의 대답이 최소한의 자존심을 지키려던 것이었는지, 아니면 완전한 자포자기의 심정을 드러낸 것이었는지 구별하기는 힘들었다. "아니오, 지난 40일 동안 손도 대지 않았소이다. 난 이제 다 나았단 말이오."

12
끝없는 질주

쳇 베이커가 보기에, 그가 없는 동안 미국은 별로 달라진 것이 없었다. 이 땅은 아직 "웃기지도 않은 것들"로 가득했고, 정의나 좋은 취향이라곤 찾아보기 힘들었다. 오래지 않아, 그는 영국에서 급하게 현금이 필요해 『투데이』와 나눈 인터뷰가 꽤 비싼 값을 치른 일이었다는 사실을 알게 됐다. 스캔들을 다루던 미국의 싸구려 잡지 『허시 허시*Hush Hush*』는 그의 말을 재활용해 "쳇 베이커의 비극: 최고의 재즈 연주자에서 최악의 마약중독자까지"라는 제목의 기사를 발표했고, 이를 통해 많은 사실이 폭로돼 버린 셈이었다. 그의 고백록을 손에 넣은 FBI는 쳇 베이커의 전과를 중심으로 열띤 내사에 착수했다. 워싱턴 D.C.와 인터폴 사이에 쪽지들이 오갔고, 형사들은 캘리포니아 잉글우드에 살던 그의 부모를 방문하여 겁에 질린 어머니 베라에게 질문을 퍼붓기도 했다.

뉴욕시는 쳇 베이커에게 밤무대 출입을 위해 필요한 연주자 카드의 발급을 불허했고, 그는 맨해튼의 어느 무대에서도 연주할 수 없게 됐다. 그 결과 재즈 클럽 빌리지 뱅가드Village Vanguard는 쳇 베이커의 "복귀" 공연 일정을 취소해야만 했다. 한때 그를 재즈의 빛나는 희망이라 소개했던 『타임』지는 이제 뉴스 칼럼에 쳇 베이커가 "추락했으며 활동도 끝나 버렸다"고 썼다. 그리고 『다운 비트』가 실시한 1964년 국제 재즈비평가 투표에서 그에게 표를 던진 이는 거의 없었다. 쳇 베이커에게 뉴욕은 불타 없어진 다리와 같았고, 극소수의 사람들만 그에게 새로운 기회를 줄 필요가 있다고 여겼다.

공중전화 앞에 서서 누구에게 전화를 해야 할까 생각했지만, 그를 받아줄 것 같은 사람의 얼굴은 쉽게 떠오르지 않았다. 그러다가 그에게 구원의 손길을 내민 것은 몇 년 동안 마주치지도 못했던 태드 다메론이었다. 비밥 작곡가이자 편곡가인 그 역시 디지 길레스피와 카운트 베이시를 위해 작업에 몰두하던 인물에서 켄터키의 마약중독자들로 구성된 밴드를 이끄는 처지로 전락하지 않았던가. 맨해튼에 발을 디딘 지 몇 시간이 지나, 쳇 베이커는 태드 다메론이 살고 있던 웨스트 72번가의 아파트로 짐을 옮겼다. 흑인인 그는 영국에서 태어난 백인 간호사 메이블과 재혼해 함께 살고 있었다. '미아'라는 애칭으로 불린 메이블은 이렇게 말했다. "우리는 모두 알고 있었습니다. 쳇 베이커가 그다음에 해야 할 일은 전당포에 내려가 플뤼겔호른을 맡기는 것뿐이었어요.

왜긴요, 마약이 필요했으니까 그랬죠." 『데일리 뉴스』의 기자에게 더 이상 마약을 하지 않는다고 말한 게 몇 시간이나 지났던가. 그로부터 6주 동안 쳇 베이커는, 역시 마약 때문에 지지러진 삶을 살던 태드 다메론의 소파에서 잠을 잤다.

3년 동안 렉싱턴에서 요양 생활을 한 태드 다메론은 1961년, 다시 뉴욕으로 왔다. 그리고 값싼 호텔 방을 전전하며 재기를 노렸다. 일찍이 빅 밴드 재즈의 새로운 부흥—음악적으로 꽤 난해한 그의 사랑 노래 〈If You Could See Me Now〉는 세라 본을 비롯한 여러 가수들에 의해 녹음되기도 했다—에 큰 힘을 보탰던 그는 어느새 거의 잊힌 존재가 돼 있었다. 『다운 비트』의 존 S. 윌슨은 1962년에 녹음된 앨범 《The Magic Touch》에 "허세로 가득하고 답답한 느낌만 준다"며 혹평을 가했다. 그러나 그는 이에 개의치 않고 밤낮으로 피아노 앞에 앉아 작업에 몰두하며 영화 음악 작곡에 뜻을 두었다. 그러나 1964년 봄, 그동안 자행해 온 자학의 결과가 그의 발목을 잡았다. 맨해튼의 이스트사이드에 위치한 최고급 재즈 클럽 베이슨 스트리트 이스트Basin Street East로 밴드 리더인 카운트 베이시를 만나러 갔다가 의식을 잃고 쓰러져 병원으로 급히 실려 갔다. 의사들은 심장에 문제가 있는 게 아닌지 의심했지만, 엑스레이 검사 결과 그의 뼈에서 암이 발견됐다. 그때 태드 다메론의 나이, 마흔일곱이었다. 아내인 메이블은 이렇게 말했다. "그는 치료를 받지 않고 그냥 병원에서 퇴원해 버렸어요. 백인이 되어 다른 기회를 얻을 수 있다면 그렇게라도 하고 싶었을 거예요." 태드 다메론은 나날이 말라만 갔고, 결국 한 해를 넘기지 못하고

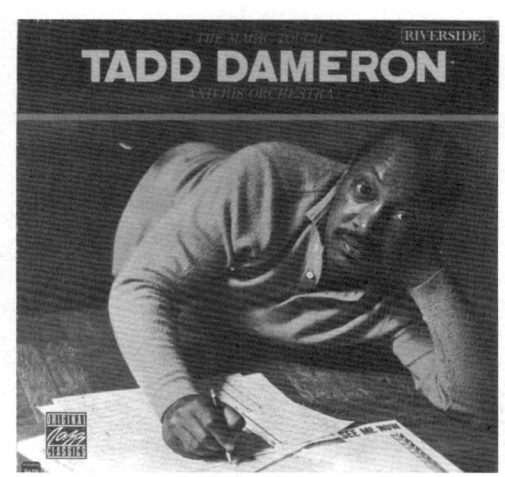

태드 다메론, 《The Magic Touch》

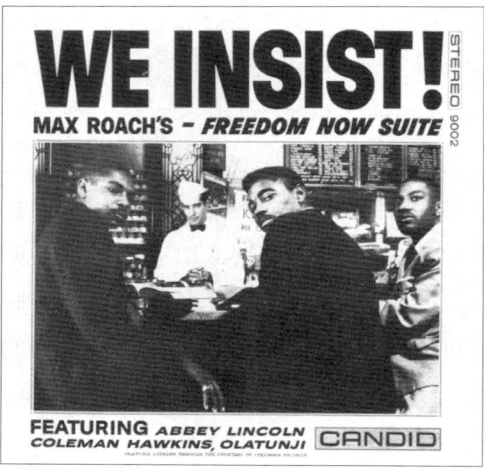

맥스 로치, 《Freedom Now Suite》

세상을 떴다. 그가 죽기 전, 이 부부는 방세를 내지 못해 아파트에서 쫓겨나기도 했다.

쳇 베이커가 그의 집에 머물던 몇 주 동안 태드 다메론은 좀 더 상세한 진단을 거쳐 살아날 가능성이 있는지 알아볼 필요가 있었다. 하지만 이미 그는 자포자기해 버렸고 남은 시간을 술과 마약으로 보내며 되레 쳇 베이커를 동정하기도 했다. 두 사람 모두 시대에 뒤처진 낙오자의 심정을 떨치지 못하고 있었다. 그즈음 자유를 위한 투쟁을 반영한 거친 사운드의 프리 재즈가 미국 전역에 울려 퍼지고 있었다. 호전적인 성향의 맬컴 엑스Malcolm X와 억압에 짓눌려 있던 흑인들의 자존을 일깨우기 위해 애쓰던 평화주의자 마틴 루터 킹 주니어Martin Luther King Jr.를 중심으로 인권 운동의 물결이 거세게 일어나던 시기였다. 그리고 이러한 격정의 감성은 프리 재즈에 번져 가기 시작했다. 피아니스트 세실 테일러Cecil Taylor가 선보인 파격적인 불협화음의 선율은 리듬과 음량의 무차별적인 변화와 맞물리면서 관객들을 끊임없이 혼란에 빠뜨렸다. 색소포니스트이자 트럼페터 오넷 콜먼은 적절한 흐름 속에 이어지던 기존의 관습을 거부한 채, 코드의 진행을 미리 정해 놓지 않은 상태에서 묘하고 날카로운 음색으로 연주를 벌였다. 그는 자신의 음악에 대해 이렇게 설명했다. "정해진 음정이란 것도 무시하고 싶습니다. 원래 음보다 낮게 연주하거나 높게 연주할 수도 있어요."

이 새로운 움직임 중에서 가장 눈에 띈 사람은 다름 아닌 존 콜트레인이었다. 한때 지극히 정통적인 비밥을 연주하던 이 테너 색소포니스트는 솔로를 벌이면서 무수히 많은 음을 거칠고 강렬한 음색으로 처리해 갔다. 그의 연주는 마주하는 이의 마음에 따라 분노의 울부짖음이나 환상 속의 이미지를 끝없이 물고 늘어지는 것처럼 들리기도 했다. 1950년대에 그를 자신의 밴드에 기용했던 마일스 데이비스는 존 콜트레인에 대해 이렇게 말했다. "색소폰을 입에 대기만 하면 마치 귀신 들린 것처럼 미친 듯이 연주하곤 했지." 그가 생각하기에 존 콜트레인의 음악은 "흑인들의 열정과 흥분, 분노, 반항, 사랑을 대변했으며" 바로 이러한 것이 그에게서 고스란히 뿜어져 나왔다. 마일스 데이비스는 말했다. "그가 연주한 건 바로 흑인들의 마음이었지. 그리고 그게 폭동을 통해 겉으로 드러난 거야. 알겠나? 남자친구에게 '자기야, 불 질러, 다 태워 버려' 하고 말하는 흑인 여자의 마음을 말이야. 1960년대에는 미국 어디서나 그런 일이 일어나곤 했어. 많은 젊은 흑인들이 생각한 건 바로 혁명이었지. 아프리카식의 헤어스타일, 아프리카풍의 옷, 흑인의 힘, 허공에 내지른 주먹, 뭐 이런 것들 말이야."

사람들은 쳇 베이커의 음악에서 이러한 시대적 흐름과 관련된 것을 발견하지 못했다. 그는 "음악을 만든다는 건 아름다운 일"이라고 얘기했으며 가능하면 그 음악을 "단순하게 유지할 필요가 있다"고 했다. 쳇 베이커는 프리 재즈를 싫어했다. 그가 듣기에 이 음악은 "영혼의 흔적이 없는" 소음에 불과했다. 존 콜트레인은 쳇 베이커가 하나의 짤막한 프레이즈를 취해 공연 내내 그 선율이 닳아 없어질 때까지 우려먹기만 한다며 그의 스타일을 비난했다. 그러나 쳇 베이커는 『다운 비트』에서 아이라 기틀러에게 이렇게 말했다. "45분은 연주하기에 아주 긴 시간이오. 그리고 많은 사람들은 쉽게 지루해하기도 한단 말이오." 마틴 루터 킹 주니어나 맬컴 엑스에 대해 그다지 아는 바가 없었던 쳇 베이커는, 드러머 맥스 로치가 발표한 《Freedom Now Suite》처럼 흑인들의 평등을 위한 감동적인 기원을 담은 앨범까지 들을 시간이 없었다. 이 작품에는 당시 맥스 로치의 아내였던 보컬리스트 애비 링컨Abbey Lincoln이 분노와 고통으로 가득한 목소리로 울부짖는 부분이 있었는데, 이는 쳇 베이커 같은 음악인이 자신의 노래를 통해서는 절대 표현할 수 없는 차원의 카타르시스를 전해 주었다. 그리고 그는 당시 파이브 스팟에서 역사적인 연주를 벌이고 있던 찰스 밍거스의 새 밴드°에 대해서도 "전혀 좋은 느낌을 받지 못했다." 레너드 페더는 거칠지만 인상적인 집단 즉흥연주곡을 통해 이 베이시스트가 "그 높이를 가늠할 수 없을 정도의 거인"으로 자리매김했다고 평가했다. 그러나 쳇 베이커에게 찰스 밍거스의 음악은 단지 "누더기"처럼 들렸다. 한 이탈리아의 주유소 화장실을 온통 핏자국으로 얼룩지게 했던 그는 아름다움에 대해 일정한 고정관념을 가지고 있었다. 적어도 삶이 아닌 음악에 대해서라면 말이다. 그 역시 이 점을 부인하지 않았다. "예쁘다는 것이 실제로 쓸 만한 것인지 아닌지는 물론 다른 얘기지만 말이오."

"쳇 베이커가 들려준 고뇌의 이야기"라는 제목으로 아이라 기

• 1950년대에 비해 한결 더 미학적이면서도 공격적이고 치밀한 냉소를 머금은 것으로 평가된 1960년대 초반의 찰스 밍거스를 뜻한다. 에릭 돌피, 롤랜드 커크, 부커 어빈 등의 색소포니스트와 피아니스트 재키 바이어드 등이 가세했던 시기였다.

틀러가 기고한 인터뷰 기사에서 그는 모든 사람이 자기를 잡아먹지 못해 안달이라고 토로했다. 그러나 막상 잘못한 것은 없다는 얘기도 빼놓지 않았다. "이 쳇 베이커란 놈이 인근에 나타나면, 마치 경찰서는 모든 직원을 동원해서 그날을 현장 근무일로 정하는 것 같았소. 그런데 내가 이런 대접을 받게 된 건, 바로 유럽에 있는 저널리스트와 신문기자들 때문이라고밖에 생각할 수 없소." 그는 이탈리아 루카에서 벌어졌던 일을 들먹였다. 단지 "약"을 먹기 위해 주유소에 잠시 들렀을 뿐이었고 누군가에게 해가 될 일을 할 생각은 전혀 없었단다. 하지만 경찰이 마음대로 문을 열고 들어와 연행해 버려서 자기는 "모든 걸 날려 버린 채 끝장났다"고 했다. 쳇 베이커는 이렇게 덧붙였다. "15분 정도만 더 있다가 바로 가 버릴 생각이었단 말이오." 쳇 베이커를 오래도록 지켜본 루스영은 이런 말을 남겼다. "그는 자기가 그 화장실을 지저분하게 만들어서 죄를 뒤집어썼다고 생각했어요. 그러니까 불법인 헤로인을 주사한 건 별문제가 아니었다는 얘기죠. 그는 이렇게 말했습니다. '벽에 핏자국을 남겼다고 그렇게들 난리를 피우더라니까!' 이제 와서 생각해 보면, 내게 이보다 더 사랑스러워 보이는 망상은 세상 어디에도 없을 것 같아요."

쳇 베이커는 RCA 레코드의 이탈리아 지사가 자신을 속여 로열티를 적게 주었다고 비난했다. 그가 병원에 있을 때 조반니 톰마소가 건네준 돈에 대한 얘기였다. 게다가 젊은 영국 약사가 훔쳐다 준 코카인 약병도 자신의 의지와는 상관없이 억지로 받은 것이라고 말했다. 또한, 마약중독자들을 엄격하게 다루는 미국 공권력의 관리를 받을 때도 "얼마나 심하게 고통받았는지" 아느냐며 불평을 늘어놓았다. 미국에 있으면 그는 당장이라도 다시 유럽으로 돌아가 버리고 싶을 만큼 모든 것에서 소외된 결백한 인간이 돼 버린 것 같았다. "내가 흑인 연주자라면, 어느 정도의 지위만 가지고 있는 흑인이라면, 아니 별 볼 일 없는 흑인이라 해도 최소한 여기서 살고 싶지는 않을 거요. 정말이지 이 지긋지긋한 것들에서 벗어나 당장 유럽으로 가 버리고 싶소이다. 거기 가면 이런 꼴은 당하지 않아도 된단 말이오."

쳇 베이커의 쿨한 모습은 더 이상 찾아볼 수 없었다. 그리고 아무리 많은 양의 헤로인이라 해도 그의 마음을 가라앉히지 못할 것 같았다. 빨간 신호등도 무시한 채 차를 타고 뉴욕의 거리를 제한속도 이상으로 내달렸으며, 앞길을 막는 다른 차가 나타나면 그게 누구라도 "한심한 자식!"이라거나 "죽일 놈!"이라고 욕설을 퍼부었다. 몇 년 뒤, 쳇 베이커는 지불하지 않은 과속 위반 딱지를 2,500개나 가지고 있다고 자랑스레 떠벌렸다. 그걸 베갯속으로 사용하고 있다면서 말이다.

쳇 베이커의 분노가 급기야 바깥으로 드러난 사건이 있었다. 1964년 4월, 맨해튼의 연주자 카드가 필요 없는 롱아일랜드 웨스트버리의 재즈 클럽 코크 앤 비브Cork 'n' Bib에서 이틀 동안 연주를 벌이게 되었다. 함께 무대에 설 연주자들이 급하게 필요했지만 여의치 않았다. 그래서 그의 공연이 있기 전까지 이곳에서 연주를 벌인 트럼페터이자 밴드 리더 메이너드 퍼거슨의 피아노 트리오를 그냥 빌려 쓰기로 했다. 연주가 예정되어 있던 날, 쳇 베이커는 악보 한 장은 물론이고 연주할 곡의 리스트도 준비하지 않은 채 클럽에 나타났다. 오로지 가슴 가득 팽배한 적개심뿐이었다. 그런데 함께 무대에 오른 연주자들이 이 분노를 모두 뒤집어썼다. 그들은 모두 20대 초반의 젊은 연주자들로, 피아니스트 마이크 애버니Mike Abene, 베이시스트 론 매클루어Ron McClure, 드러머 토니 인잘라코Tony Inzalaco였다. 반쯤 찬 관객을 앞에 두고 무대에 오른 쳇 베이커는 소니 롤린스 원작의 〈Doxy〉처럼 아직 이 트리오 멤버들이 익히지 못했던 곡을 연주하자고 했다. 마이크 애버니는 어찌할 바를 몰랐다. "쳇 베이커가 이렇게 말하더군요. '그건 〈It's a Wonderful World〉하고 진행이 같아. 자, 한번 해보자고. 시작한다, 하나-둘-셋-넷.' 난 그저 멍하니 앉아 있을 수밖에 없었죠"

더없이 쿨한 모습의 쳇 베이커를 기대했던 관객들은 대신 입에서 불을 뿜는 악마를 마주하게 됐다. 론 매클루어는 이렇게 얘기했다. "한참 연주하다가, 어느 곡의 멜로디를 반쯤 진행했을 때였어요. 그가 뒤를 돌아보더니 우리에게 이렇게 소리치더군요. '아니야, 아니야, 아니라니까!' 그러더니 피아노를 치던 마이크에게 달려가 그렇게 하는 게 아니라며 자기가 직접 피아노에 앉아 코드 진행을 가르쳐 주려고 하더라고요. 그런데 그는 피아노를 칠줄 몰랐죠. 그래서 그가 원하는 코드를 하나 누르는 데 1분 이상은 족히 걸렸습니다. 그 사람, 정말 이상했어요. 물론 무대에서 뭘하겠다는 건지 생각은 확실히 가지고 있었지만, 자꾸만 으르렁대지 뭡니까." 그럼에도 『다운 비트』의 아이라 기틀러는 이날의 연주에 대해 비교적 친절한 리뷰를 남겼다. "함께한 연주자들에게 불만이 좀 있는 눈치였지만, 그래도 쳇 베이커의 사운드는 아주 좋았다."

그로부터 한 달 전, 쳇 베이커는 평생 그가 저지른 가장 큰 실수로 여길 법한 결정을 내렸다. 태드 다메론의 독촉에 못 이겨, 그의 매니저였던 리처드 카펜터Richard Carpenter와 계약한 것이었다. 회계사 출신의 리처드 카펜터는 활동이 지지부진한 흑인 연주자를 데려다가 레코드 로열티와 작곡 판권을 포기하도록 한 채 계약을 맺는 것으로 유명했다. 엷은 갈색 피부를 가졌던 시카고 출신의 이 상스러운 뚱보는 엄청난 목살과 둥글게 겹치는 턱살을 하고 있었다. 잘난 체하는 말투에 겉과 속이 다른 얘기를 잘한다고 알려져 있었으며, 공갈도 서슴지 않았다. 특히 그가 싫어하던 백인들을 대할 때 이런 경향이 두드러졌다. 매사추세츠주 세일럼 출신으로 4월부터 쳇 베이커의 밴드에 합류했던 젊은 피아니스트 핼 갤퍼는 말했다. "폭력배 같은 인상을 풍기던 남자였죠. 앞에서 까불었다가는 당장 죽여 버릴 것 같은 느낌이 들었다고나 할까요." 실제로 그런 소문이 돌기도 했다. 누군가 그가 원하는 걸 내놓지 않으면 다리를 부러뜨리겠다고 협박했다거나, 그보다 더한 일도 벌어졌다는 식의 얘기들 말이다.

재즈를 좋아한다고 겉으로만 말하고 다니면서, 리처드 카펜터는 흑인 음악인들을 "형제"라 부르며 하향세에 접어든 연주자들에게 접근했다. 그리고 "백인놈들"이 도둑질하고 착취해 온 그들의 비즈니스를 보호하겠다고 나섰다. 얘기는 그럴듯했다. 1950년대와 1960년대를 통해 그에게 일을 맡긴 고객 중에는 색소포니스트 레스터 영, 진 애먼스Gene Ammons, 소니 스팃, 트럼페터 하워드 맥기, 피아니스트 엘모 호프Elmo Hope와 듀크 조던Duke Jordan 등 최고의 이스트코스트 재즈 연주자들이 포함돼 있었다. 1964년 1월 29일 태드 다메론이 메이블과 결혼식을 올리자마자, 리처드 카펜터는 이 부부를 데리고 공증 사무실로 갔다. 메이블은 말했다. "무슨 내용인지 잘 모르면서도 우리는 서명했어요. '태드가 다 알고 있겠지. 그가 서명하니까 나도 해야 할 거야.' 난 그렇게 생각할 뿐이었죠." "매니지먼트" 동의서의 한 부분에는, 부부가 태드 다메론이 작곡한 모든 곡에 대한 권리를 포기하는 것으로 명시돼 있었다. 결혼하기 전, 그는 레코드의 로열티를 단 50달러에 리처드 카펜터에게 팔기도 했다. 모든 계약 내용은 공증을 거쳤고 더 이상의 논의를 거칠 수 없도록 돼 있었다. 메이블은 얘기했다. "내가 볼 때 그의 주변에 있던 모든 연주자는 많은 걸 강탈당했어요."

물론 비밥 시대에는 이런 관례가 만연했지만, 그 누구도 리처드 카펜터만큼 악랄하지는 않았다. 그는 여러 악보 출판사―리치카 뮤직, 차리치 뮤직, 매브리즈 뮤직, 뮤직 로열티 주식회사 등―를 소유하고 있었는데, 급하게 돈이 필요한 음악인들의 곡을 25달러나 50달러의 헐값에 사들여 이에 대한 모든 권한을 행사했다. 음표 하나 그릴 줄 모르던 리처드 카펜터는 종종 저작권까지 주장하고 나섰다. 가장 잘 알려진 경우가 베니 굿맨이나 카운트 베이시의 작곡가 겸 편곡가로 일하며 한때 높은 명성을 누린, 리처드 카펜터의 고객이기도 했던 지미 먼디Jimmy Mundy와 관련된 일이다. 지미 먼디가 1983년에 세상을 떠난 뒤, 태드 다메론의 곡들을 관리하던 트럼페터이자 음악 출판업자 돈 시클러Don Sickler는 미국 의회 도서관에서 〈Gravey〉란 원제로 알려졌던 곡의 저작권 인증서를 발견했다. 이 곡의 작곡가는 지미 먼디로 알려져 있었으며, 한때 진 애먼스나 마일스 데이비스라는 말이 있기도 했다. 그런데 이때 발견된 인증서에는 〈Gravey〉란 제목의 일부가 지워진 채 그 위에 〈Walkin'〉이란 새 제목이 표기돼 있는 것이 아닌가. 작곡가를 적는 칸에는 다름 아닌 리처드 카펜터의 이름이 쓰여 있었다. 현재 이 곡은 스탠더드로 인정받고 있으며, 오늘날까지 리처드 카펜터 앞으로 저작권료가 지급되고 있다.* 이보다 더 큰 이득을 본 경우가 원작자인 클래런스 "소니" 헨리Clarence "Sonny" Henry에게 1967년에 사들인 〈Evil Ways〉의 판권을 둘러싸고 일어났다. 3년 뒤 산타나Santana가 이 곡을 연주해서 톱 텐top-ten에 올라가자 리처드 카펜터는 막대한 돈을 손에 넣을 수 있었다. 이렇듯 그에게 비즈니스를 맡겼던 대부분의 음악인들은 오랜 시간이 지난 뒤에야 진실이 무엇인지 깨닫게 됐다. 색소포니스트 소니 스팃은, 고향인 덴버를 떠나 1964년에 다시 쳇 베이커 밴드에 합류한 필 어소에게 이렇게 말했다. "리처드 카펜터는 진짜 나쁜 놈이지. 그 자식 옆엔 가지도 말게나. 자넬 완전히 뜯어먹을 테니 말이야."

리처드 카펜터가 백인 음악인과 계약을 맺는 일은 드물었다. 그

• 많은 재즈 팬들이 궁금해했던 일의 진실이 바로 이것이다. 〈Walkin'〉은 무수히 많은 재즈 음악인들이 연주해 온 곡이고, 1996년에 세상을 떠난 리처드 카펜터를 대신하여 지금은 그 후손이 권한을 누리고 있다.

러나 그는 쳇 베이커에게서 돈 냄새를 맡았다. 친구인 태드 다메론이 추천하자 쳇 베이커는 리처드 카펜터를 하늘이 보낸 선물이라 여기고 주저 없이 계약서에 서명했다. 쳇 베이커는 3월 16일, 그에게 매니저의 역할을 맡기면서 1달러의 총액으로(이런 계약을 유지하기 위해 필요한 최소한의 형식적인 보수를 의미한다.) 미래에 생길 로열티를 넘겨 버렸다. 『멜로디 메이커』의 버트 코럴Burt Korall과 가진 인터뷰에서 리처드 카펜터는 이렇게 말했다. "쳇 베이커는 아주 독특한 노래의 특성을 지녔습니다. 우리는 그걸 좀 더 부각시켜 팝 음악계에 진출할 계획이 있죠. 내 생각엔 분명히 큰 히트곡이 나올 것 같습니다."

외견상 쳇 베이커에게도 좋은 계약 같았다. 헬 갤퍼는 말했다. "리처드 카펜터는 쳇 베이커가 레코드 녹음 작업에 임하는 일을 관리했어요. 그리고 그의 생활과 밴드의 운영까지 모두 책임졌죠. 쳇 베이커의 방세를 내주었고, 매주 식료품이나 마약을 사는 데 필요한 용돈도 줬어요. 그에겐 좋은 일이었죠. 많은 책임감을 떨쳐 버릴 수 있었고 더 좋은 생활 여건을 누리게 됐으니까요. 리처드 카펜터가 모든 걸 알아서 해 줄 테니, 돈은 그에게 다 줘 버리자, 이런 생각이었습니다. 일단 방세 걱정만 없으면 쳇 베이커가 할 일이라곤 마약을 하고, 기분 좋은 상태에서 즐기고, 클럽에서 연주만 하면 됐던 거죠." 10년 뒤 루스 영이 쳇 베이커의 돈 문제를 해결하려고 나섰을 때, 그녀는 리처드 카펜터와 쳇 베이커가 공증한 계약서를 찾아냈다. 그즈음 쳇 베이커는 이미 리처드 카펜터를 혐오하고 있었다. 서류가 진본이냐는 질문에, 그는 그 계약서가 위조된 것이라며 자기는 아무 책임도 없다고 주장했다. 루스 영은 이렇게 말했다. "난 그에게 이렇게 말했어요. '이것 봐요, 쳇. 당신과 그 남자 사이에 공증 서기가 버티고 있었을 텐데 어떻게 당신 서명이 위조될 수 있는 거죠?' 하고 말이에요."

4월 중순, 캐럴 잭슨은 아들을 잠시 영국의 친정집에 맡기고 쳇 베이커를 만나기 위해 뉴욕으로 왔다. 리처드 카펜터는 두 사람을 위해 자기가 살던 공영 주택의 두 층 밑에 자리한 아파트를 하나 얻어 주었다. 97번가와 센트럴파크 웨스트가 만나는 모퉁이에 있던 건물이었다. 그는 미모의 아내인 베티를 자주 학대했는데, 자신을 "빅 대디Big Daddy"라 부르던 그녀를 못살게 구는 것이 심드렁해질 때면 쳇 베이커의 모든 것에 간섭하며 그의 생활을 움켜쥐었다. 매일 아침 쳇 베이커는 마약 살 용돈을 받기 위해, 리처드 카펜터가 "힘없는 녀석들"에 대해 허풍 떨며 늘어놓는 얘기를 맞장구치며 들어줘야 했다. 그 "녀석들" 중에는 작곡한 곡들을 리처드 카펜터에게 단돈 50달러에 팔아넘긴 필 어소와 핼 갤퍼도 포함돼 있었다.

하긴 이 동료들 못지않게 쳇 베이커도 바보같이 순진하기만 했다. 그해 7월, 그는 뉴포트 재즈 페스티벌에서 스탠 게츠의 공연에 게스트로 참여해서 세 곡을 함께 연주했다. 한때 미국에서 최고의 트럼페터로 불리던 사내의 추락을 한눈에 보는 듯했다.• 『재

• 워낙 악행을 일삼았던지라 이처럼 큰 무대에 서는 것도 신중했어야 했고 그나마 게스트로 참여하는 것이 좋은 전략은 아니었다는 뜻이다. 물론 이런 결정은 리처드 카펜터에 의해 좌우됐다.

즈 저널』은 다음과 같은 공연 리뷰를 실었다. "주저하는 듯한 모습으로 쳇 베이커가 무대에 올랐다. 수척해진 몸에 걱정 어린 표정이 역력했기에, 전체적으로 너무 창백해 보이기까지 했다. 그러나 막상 연주가 시작되자 음악에 대해서는 주저하는 모습이 보이지 않았다. 여러 해의 공백과 숱한 사건들이 있었음에도, 전보다 소리가 더 좋았다고 평가할 수도 있겠다."

그러나 실상 쳇 베이커의 연주는 시대에 뒤떨어져 보였다. 헬 갤퍼는 말했다. "그저 한가롭게 들리는, 오래된 스타일이었죠. 비트의 흐름에 한 발 물러서서 연주하는 비밥 그루브라고나 할까. 한마디로 마약하는 이들의 비트라고 할 수 있겠네요." 쳇 베이커는 헬 갤퍼가 추천한 힘이 넘치는 두 젊은 연주자를 밴드에 합류시켰다. 베이시스트 마이클 플레밍Michael Fleming과 드러머 스티브 엘링턴Steve Ellington이었다. 이들과 함께 첫 공연을 치른 뒤, 쳇 베이커는 멤버들을 한쪽으로 불러 모았다. "어, 있잖아…… 내가 자네들에게 한 가지 부탁할 게 있어." 그는 마이클 플레밍을 향해 이렇게 덧붙였다. "그냥…… 뭐랄까…… 좀 단순하게 연주할 수 없을까?" 하루는 스티브 엘링턴을 무대 밑으로 내려가게 하더니, 관객들이 넋을 잃고 바라보는 앞에서 드럼 연주는 어떻게 해야 하는 건지 훈계를 늘어놓기도 했다. 헬 갤퍼는 말했다. "그는 가장 독단적인 밴드 리더 중 하나였어요. 자기가 원하는 대로 연주하지 않으면 무대 위에서도 바로 창피를 주곤 했죠. 그게 그의 방식이었습니다. 두려움을 조장하고 위협을 가해서 자기 맘대로 끌고 간 거죠."

그렇다고 헬 갤퍼가 쳇 베이커의 음악을 폄하한 것은 아니었다. "나는 배우고 있었습니다. 쳇 베이커는 정말 좋은 선생이었죠. 즉흥연주의 대가랄까, 특히 멜로디 연주에 탁월했어요. 톤도 훌륭했고, 타임 감각이나 다이내믹, 그리고 구성미 또한 일품이었죠. 자기 노래나 트럼펫 연주만 가지고 음악 전체를 조율하는 데도 대단한 실력을 갖추고 있었습니다. 밴드 연주를 할 때, 그 전체의 사운드를 어떻게 들어야 하는지 그에게 정말 많은 걸 배웠어요. 특히 부드럽게 연주하는 게 뭐라는 걸 알게 됐죠. 세상에, 그보다 부드럽게 연주하는 데 더 능한 사람이 있으면 나와 보라고 하세요."

쳇 베이커의 공식적인 미국 "복귀"를 알리는 앨범이 소규모의 콜픽스Colpix 레이블에서 발표됐다. 과장된 타이틀의《The Most Important Jazz Album of 1964/65》였다. 앨범 커버에는 별 특징 없는 미소를 짓고 있는 쳇 베이커가 등장했고, 그의 1950년대 팬들이 좋아했을 법한 한결 부드러운 밥 계열의 곡들이 주를 이루었다. 한 번에 귀를 사로잡을 만한 멜로디에 스윙필이 살아 있는 발라드들이었는데, 〈Walkin'〉을 제외하면 태드 다메론과 헬 갤퍼, 그리고 리처드 카펜터 등이 작곡가의 이름으로 올라 있는, 잘 알려지지 않은 창작곡들이었다. 멜로디를 연주하는 쳇 베이커의 곁에서 필 어소가 서정적인 테너 색소폰 연주를 잔잔히 깔아 주었으며, 피아노 트리오(헬 갤퍼를 비롯하여 아트 블레이키와 활동했던 베이시스트 지미 메릿Jymie Merritt, 그리고 비밥 드러머인 찰리 라이스Charlie Rice로 구성된)는 리더가 요구하는 대로 묵묵히 최소한의 역할만 했다.

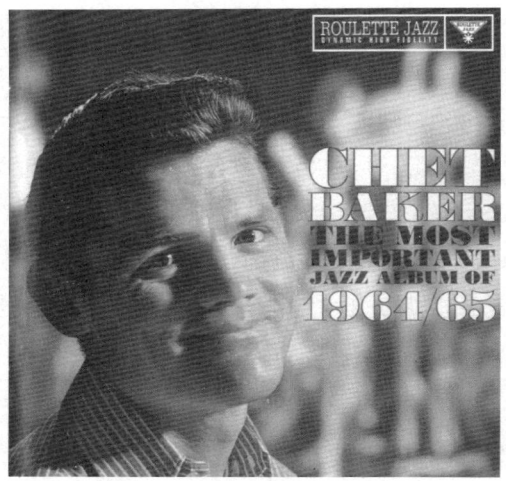

《The Most Important Jazz Album of 1964/65》

그러나 그즈음 재즈계는 눈부시게 뛰어난 새로운 사운드가 대세였다. 크나큰 영향을 미친 존 콜트레인의 앨범 《A Love Supreme》은 그래미를 수상하기도 했고, 당시 급부상하던 보사노바의 창시자들이라 할 수 있는 주앙 지우베르투와 안토니우 카를루스 조빙 Antônio Carlos Jobim 이 스탠 게츠와 팀을 이뤄 만들어 낸 《Getz/Gilberto》 앨범까지 있었다. 이 와중에 쳇 베이커의 앨범 타이틀은 확실히 논란의 여지가 많았다. 『다운 비트』의 피트 웰딩 Pete Welding 은 그의 작품에 대해 이렇게 썼다. "쳇 베이커의 밴드가 케케묵은 요리를 꺼내 열심히 덥혔다 한들, 여기에 관심을 갖기는 쉽지 않은 일이다. 이 앨범에서 연주자들이 말하고자 하는 것도 이미 예전에 수없이 언급됐던 얘기들이며, 그나마 과거의 다른 작품들이 훨씬 강력한 힘과 신념을 충분히 보여 준 바 있었다."

앨범의 판매는 부진했다. 그해 11월, 쳇 베이커는 《Baby Breeze》 앨범에서 좀 더 현대적인 음악을 시도했다. 리처드 카펜터는 이 앨범을 가지고 라임라이트 Limelight 레이블과 맺게 된 오랜 인연의 첫 단추를 채웠다. 라임라이트는 머큐리 레코드사가 산하에 새롭게 만든 재즈 레이블이었다. 드디어 쳇 베이커도 뭔가 좀 더 실험적인 음악을 벌이게 됐다. 핼 갤퍼가 작곡한 〈One With One〉은 기존의 코드 진행에서 벗어난 전위적인 모달 Modal 음계를 사용하고 있었으며, 이 곡에서 나타난 쳇 베이커의 플뤼겔호른 연주도 프리 재즈 연주자들에게 영향을 받은 듯했다. 마이클 플레밍은 다음과 같이 말했다. "그는 꽤 긴 멜로디들을 그대로 잘 연주했어요. 뒤섞여 있으면서 서로 연결된 음정들로 이루어진 혼란스러운 멜로디였죠. 아주 독창적이었습니다."

몇 년 지나지 않아, 쳇 베이커는 이 앨범의 어떤 부분이 다이앤 바브라를 그토록 뒤흔들어 놓았는지 알게 됐다. 드러머이자 색소포니스트였던 그녀는 쳇 베이커의 생애에서 가장 인상적인 최후의 연인이 된다. 다이앤 바브라는 이렇게 말했다. "내가 그 레코드를 들었을 때 얼마나 놀랐는지 아마 모를 거예요. 그 안에는 엄청난 열정과 에너지가 들어 있었죠. 그의 연주도 더없이 자연스러웠어요. 〈One With One〉을 녹음했을 땐 리허설도 거치지 않은 상태였답니다. 어떤 코드가 흘러나올지도 몰랐고, 그가 악기를 입에 대기 전에 이미 곡은 진행되고 있었죠. 코드가 울리기를 기다렸다가 그다음에 반음계를 사용해서 연주를 시작합니다. 반음씩 계속해서 올라가는데 아주 조심스럽게, 정확한 음정을 구사해요. 그가 이런 얘기를 들려준 다음에 다시 한번 곡을 잘 들어 봤죠. 그제야 나는 깨달았답니다. 정말 천재가 아니라면 그렇게 연주할 수 없어요."•

또한 《Baby Breeze》는 재즈 가수로서 쳇 베이커의 위상을 확고히 다진 계기가 됐다. 영원한 사랑을 맹세하는 그윽한 눈빛을 연상시키는 〈You're Mine, You〉 같은 곡에서, 쳇 베이커는 케니 버렐

• 1964년은 여러모로 아쉬움이 크게 남는 해였다. 쳇 베이커가 한 음악인으로서 또 하나의 획을 그으려 했다면 바로 이 시기에 좀 더 집중적인 노력을 기울였어야 했다는 것이 비평계의 공통된 시각이다. 그러나 삶을 관리하는 데 너무나 소홀했던 그는 결국 이때를 놓치고 말았다. 훗날 1970년대와 1980년대에 전혀 기대하지 못한 곳에서 발견된 보석 같은, 탁월한 앨범이 여럿 된다는 점을 생각하면 더더욱 그렇다. 그래서 《Baby Breeze》에 담긴 음악이 특히 안타깝게 다가온다.

의 기타 코드가 울려 퍼지는 가운데 서정적인 즉흥연주를 벌였으며, 노래의 리듬을 부드럽게 끌어당긴 채 목소리가 아닌 트럼펫으로 연주하는 것 같은 느낌을 안겨 주었다. 『다운 비트』의 하비 사이더스Harvey Siders 는 쳇 베이커의 노래에 대해 다음과 같이 썼다. "따지고 보면, 단어와 프레이즈를 부를 때 사랑의 감정을 낭비하고 있다는 인상은 지울 수 없다. 그런데 비평가들이 아직도 불만스러워하는 건 그의 노래가 남자답게 들리지 않는다는 점이다. 하지만 그들 역시 쳇 베이커가 지향하고 있는 풍성한 감정 표현을 너무 쉽게 간과하고 있지 않던가."

그럼에도 하비 사이더스는 《Baby Breeze》 앨범을 "좋지만, 탁월한 정도까지는 아니라고" 결론지었다. 결국 오래 지나지 않아 이 앨범은 할인된 가격에 팔리는 재고 목록에 오르게 됐다. 라임라이트에서 발표할 두 번째 앨범으로, 쳇 베이커와 리처드 카펜터는 좀 더 상업적인 음악을 만들기로 했다. 유명한 곡들을 가지고 더 많은 노래를 포함시켰으며, 빅 밴드에게 반주를 맡긴 빌리 홀리데이의 추모 앨범, 《Baker's Holiday》였다. 그러나 이 앨범도 판매고는 신통치 않았다. 심지어 『다운 비트』의 돈 넬슨Don Nelsen 이 매우 후한 평가를 남겼지만 아무 도움도 되지 못했다. "멜로디를 소화하는 쳇 베이커의 섬세함이 돋보인다. 특히 그는 발라드에 함축된 서정성과 부드러운 듯 슬프게 다가오는 정서를 표현하는 데 매우 좋은 감각을 지녔다. 로맨틱한 노래를 부르는 데 단연 그가 최고다."

그러나 햅 갤퍼가 생각하기에 이런 리뷰 내용은 어딘지 우스워

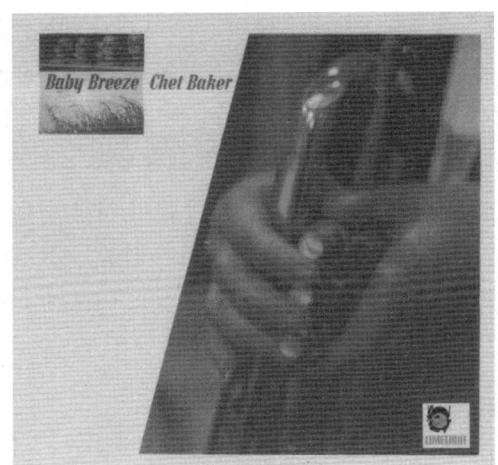

《Baby Breeze》

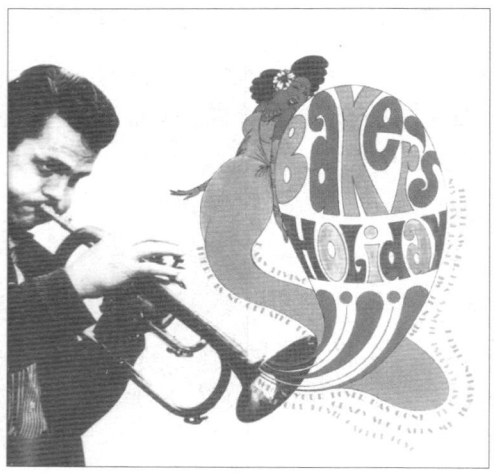

《Baker's Holiday》

보였다. 그는 쳇 베이커가 마음만 먹으면 얼마나 손쉽게 로맨스의 스위치를 켜고 끌 수 있는지 알았다. 헬 갤퍼는 말했다. "그는 너무나 현실적이었어요. 자기 주변에서 무슨 일이 일어나고 있는지 잘 알았죠. 하지만 쳇 베이커의 몸속엔 아예 로맨틱한 유전자가 없는 것 같았습니다. 순수한 구석은 말할 것도 없었죠. 그는 모든 여자를 가지고 놀았습니다. 진짜 프로였다니까요." 헬 갤퍼는 쳇 베이커에게 "사랑의 보금자리"였어야 할 센트럴파크 웨스트의 아파트가 알고 보니 지옥 같은 집에 불과했다는 것도 알게 됐다. "그의 집에 들렀더니 이제 막 잠에서 깬 모양이더라고요. 그런데도 부엌에서 마약을 주사하려고 혈관을 찾고 있는 것 아니겠어요? 부엌 바닥엔 이미 피가 여기저기 튀어 있었죠. '잠깐만 기다려. 금방 갈게.' 그가 태연한 말투로 그렇게 말했습니다." 헬 갤퍼는 매일 밤 연주가 끝나면 바로 쳇 베이커에게 연주료를 달라고 하는 게 좋다는 사실을 깨달았다. 그러지 않으면 그가 받아야 할 돈은 모조리 쳇 베이커의 팔뚝 속으로 사라져 버릴 테니까. "쳇 베이커와 스탠 게츠, 프랭크 모건Frank Morgan, 아트 페퍼. 모두 정말 대단한 마약중독자들이었죠. 그게 그들의 이미지 중 하나가 되기도 했어요. 많이 하기는 또 얼마나 많이들 했습니까. 쳇 베이커가 신경 쓰던 유일한 것이 바로 마약이었습니다. 안 좋은 사람들과도 자주 어울리던데, 그 또한 마약을 하려는 속셈 때문이었죠. 그들이 어떤 사람인지는 중요하지 않았습니다. 그래서 그가 누구를 진짜로 아끼는지 구분하기가 어려웠어요. 그도 그럴 것이, 쳇 베이커는 마약을 하는 입장이었잖아요. 누구든 돈만 내면 약을 내

주겠죠." 1965년 뉴욕으로 이사 온 허시 해멀은 오랜 우정의 옛 친구가 "마약을 구하기 위해 모든 시간을 할애하고 있다는 걸" 비로소 알게 됐다. 멀리서 벗이 찾아왔는데도 쳇 베이커는 그저 무심하기만 했다. 허시 해멀은 이렇게 말했다. "마약을 하든지 안 하든지, 아트 페퍼는 아무 이유도 필요 없는 내 친구였습니다. 그런데 쳇 베이커는 어쩌면 그렇게 냉담하던지."

예전에 쳇 베이커 퀴텟이 누린 영광의 나날에 비하면, 이제 눈앞에 놓인 여정은 오로지 그늘뿐이었다. 남아 있는 연주 일정도 몇 안 됐다. 재즈 워크숍(보스턴), 셸리스 맨홀Shelly's Manne-Hole(할리우드), 베이커스 키보드 라운지Baker's Keyboard Lounge(디트로이트), 플러그드 니클Plugged Nickel(시카고). 마이클 플레밍이 얘기했다. "더 이상 믿을 수 없다는 것 때문에 그의 명성은 바닥에 떨어져 버린 상태였죠. 그래서 아직 뭔가 할 수 있다는 걸 증명하고 싶었던 것 같아요." 언젠가 한번은, 보스턴에서 할리우드까지 사흘 만에 가야 할 일이 생겼다. 그리고 쳇 베이커는 차로 쉬지 않고 꾸준히 달리면 충분히 갈 수 있다고 장담했다. 마이클 플레밍은 이렇게 말했다. "그 거리를 사흘 안에 갔다는 사람 얘긴 들어 보지도 못했어요! 보통 사람이라면 아예 시도조차 안 할 거예요."

일요일 아침, 쳇 베이커와 캐럴 잭슨, 필 어소, 그리고 트리오 멤버들은 리처드 카펜터가 타고 가라며 내준 신형 닷지 스테이션왜건에 몸을 실었다. 쳇 베이커는 마약을 한 번 주사한 뒤, 승객들을 여행으로 인도했다. 마이클 플레밍은 이를 두고 "지옥의 질주"라 했고, 그의 리더가 미쳐 버렸다고 확신했다. "어찌나 빨리 가던지,

엔진이 다 타 버릴까 걱정될 정도였어요. 그런데 저만치 길 끝에 언덕이 하나 나오고, 그 뒤로 열두 대의 차들이 느릿느릿 줄지어 가고 있더라고요. 우리가 열세 번째였죠. 그런데 잠시 뒤에 여섯 번째가 되더니, 그다음에 바로 다섯 번째가 되는 게 아니겠어요? 언덕 너머에서 뭐가 튀어나올지 알 수 없었죠. 그쪽은 보이지 않았으니까. 아니나 다를까, 차 한 대가 불쑥 나타나는 거예요. 무슨 말을 할 수 있었겠습니까. 너무나 끔찍했다고요!" 휙 하는 소리와 함께 쳇 베이커는 그 차를 거의 스치듯 지나갔다. 단 몇 센티미터의 차이밖에 나지 않았다. 이렇듯 위험한 상황이 반복해서 연출되자, 핼 갤퍼와 스티브 엘링턴은 소리를 지르며 쳇 베이커를 북돋기 시작했다. "좋아, 좋아! 달려요!" 두 사람 사이에 자리를 잡고 앉아 있던 마이클 플레밍은 두려움을 이기지 못하고 신문으로 얼굴을 가려 버렸다. "이 친구들의 목을 당장 움켜쥐고는 혀를 뽑아 버리고 싶더라고요. 내가 얼마나 무서웠는지 아시겠어요?" 캐럴 잭슨은 아무 소리도 내지 못하고 얼어붙어 있었다. 마이클 플레밍은 이렇게 말을 이었다. "그녀는 감히 입 한 번 뻥긋하지 못하더군요. 쳇 베이커는 화가 나면 아주 폭력적으로 변하곤 했거든요. 그러니 그녀는 누구보다 그걸 잘 알고 있었던 것이죠. 가다가 휴게소에 잠시 들러서 뭘 좀 먹는데, 그때도 그녀는 아주 조용히 있었습니다."

그러나 쳇 베이커는 멈추려 하지 않았다. 아니, 마약을 사야 할 때만 빼고 말이다. 어느 초라한 마을을 지나치면서 그는 "마약 파는 사람"을 발견할 때까지 모든 골목과 대문을 기웃거렸다. 그러고는 창문을 내려 손짓했다. 우선 "물건"이 어떤지 조금만 "맛볼" 수 있느냐고 물었다. 손가락을 담갔다가 입에 집어넣고는 이내 이렇게 말했다. "맛이 뭐 이래, 젠장!" 다른 약이 섞인, 좋지 않은 마약이라는 뜻이었다. 마이클 플레밍은 말했다. "그런데도 이상한 건, 그 남자를 그냥 보내지는 않았다는 거예요."

그러다가 결국 쳇 베이커는 원하는 것을 얻게 됐고, 다시 빠른 속도로 차를 몰아가면 될 뿐이었다. 덴버의 로키산맥을 지날 때였다. 아직도 차는 날아갈 듯 운행 중이었고, 마이클 플레밍의 귀에는 아주 높은 소리의 음속 같은 소음만 들리고 있었다. "밤이었어요. 밖은 칠흑같이 깜깜했죠. 굽이굽이 구부러진 길을 따라 내려가고 있는데, 길에는 얼어붙은 곳도 있더라고요. 그래도 쳇 베이커는 전혀 개의치 않았죠. 속력을 더 내면서 말입니다. 그런데 눈에 보이는 게 소나무 윗동밖에 없었어요. 자, 생각해 봅시다. 나무는 땅바닥에서 자라고, 우리가 보는 건 그 나무의 위쪽이라면, 도대체 차가 얼마나 빨리 달리고 있었냐는 얘기예요. 난간을 들이받지 않은 게 다행이죠. 그러고도 남을 정도였으니까요."

그러나 쳇 베이커는 헬 갤퍼의 말처럼 "매우 빠른 반사 신경을 가지고 있었다. 아무리 마약을 많이 한 상태였다고 해도" 말이다. 첫 번째 공연이 예정된 날 오후, 쳇 베이커는 멤버들을 셀리스 맨홀 앞에 안전히 내려 주었다. 이곳은 LA에서 마지막으로 남아 있던 정통 재즈 클럽 중 하나였다. 쳇 베이커는 몇 년 만에 드러머 셀리 맨을 마주하게 됐다. 이 클럽의 소유주이기도 했던 그는 매우 다른 길을 걷고 있었다. 할리우드의 아름다운 집에 정착한 뒤 스튜디오 연주자로 꽤 명성을 얻었으며, 시간을 쪼개 마음에 드는 공연에만 참여하면서 멋진 말들을 키우고 있었다. 물론 재즈 클럽을 운영하는 것도 중요한 일 중 하나였다.

반면에, 7년 전 마약 담당 경관에게 쫓겨 LA를 떠났던 쳇 베이커는 선망받던 젊은이에서 완전히 퇴색해 버린 존재가 돼 있었다. 그가 어떻게 달라졌을지 궁금해한 팬들이 2주 동안 클럽을 메웠다. 쳇 베이커의 연주는 나쁘지 않았지만, 이미 스타성은 사라져 보였다. 마이클 플레밍은 말했다. "그는 수줍음이 많은 사람이었죠. 하지만 어떤 때 보면 부끄러워서 그러는 것 같기도 하고, 또 어떤 때 보면 지루해서 조는 것 같기도 하고, 어느 쪽이 맞는지 구분할 수 없더라고요." 헬 갤퍼는 쳇 베이커가 연주하거나 운전할 때를 제외하면 "지루하기 짝이 없는 사람" 같아 보였다고 했다. "우리는 지적인 차원의 대화를 나눈 적이 없었습니다. 그는 그저 사람들에 대해서 이건 어떻고 저건 어떻고 하는 뒷얘기를 늘어놓곤 했죠. 그러다가 마약이 떨어지면 우리를 모텔에 내려 준 뒤 자기는 약을 줄 수 있는 의사들을 찾아 혼자 차를 몰고 나가 버렸어요. 그저 아무런 할 일도 없이 모텔에서 여섯 시간이나 기다린 적도 있었죠."

쳇 베이커의 무관심은 특히 가족에 대해 더 심했다. 허시 해멀은 말했다. "보아하니 캐럴 잭슨은 아주 힘든 시간을 보내고 있더군요. 언제나 돈이 모자라 쩔쩔매면서 어려워하고 있었습니다." 헬 갤퍼가 보기에 쳇 베이커와 캐럴 잭슨의 관계는 "다분히 반목하는 것처럼 비추어질" 때가 많았다. "그녀가 질투할 만한 일도 적지 않았습니다. 사실 여자들은 여차하면 쳇 베이커에게 달려들기세였으니까요. 시카고에서 이런 일이 있었어요. 무대 위로 한 여자가 올라오더니 치마를 홀러덩 걷어 올리는 거예요. 그런데 속옷을 입지 않았더라고요. 쳇 베이커는 어쩔 줄 몰라 했죠. 여자들은 그를 가까이하지 못해 안달이었습니다.”

캐럴 잭슨은 두 사람 사이의 관계를 하루빨리 법적으로 마무리 짓고 싶어 했다. 아들 딘도 어느새 잘 자라고 있었다. 쳇 베이커는 선택의 여지가 없었다. 4년 넘게 지속된 만남 끝에 “쳇 베이커 부인”이 되겠다는 캐럴 잭슨의 목표가 눈에 보이게 됐다. 쳇 베이커가 고향인 미국에 머물고 있는 한 연락을 취하기도 용이했고, 결국 헬레마가 이혼 서류를 보내 왔다. 1964년 말, 이혼하기가 쉬운 것으로 유명한 네바다주의 리노를 지나치다가 쳇 베이커와 캐럴 잭슨은 필 어소가 증인으로 지켜보는 가운데 판사 앞에서 혼인 서약을 했다. 잭 심프슨은 말했다. “쳇 베이커는 자기가 옳다고 생각하는 걸 행동에 옮겼을 뿐입니다.” 그러나 헬레마와 이혼하는 일은 좀 더 시간이 필요했다. 그래서 이듬해 두 사람은 라스베이거스에서 다시 한번 결혼식을 올렸다. 이번에는 쳇 베이커의 아버지 체스니가 증인으로 함께했다. 그리고 캐럴 잭슨은 두 번째 아이의 출산을 기다리고 있었다.

잉글우드에 살고 있던 어머니 베라는 이미 그 전부터 아들에게 편지를 보내 캐럴 잭슨이 피임약을 먹게 하라고 다그쳤다. 아들에 대한 애정과 관련해서 캐럴 잭슨을 마치 라이벌처럼 생각했던 베라는 쳇 베이커에게 죄책감을 불러일으킴으로써 그가 어머니의 존재를 잊지 않게 했다. 하루가 멀다 하고 그녀는 아들에게 말했다. 직장에 나가면 언제나 웃는 낯으로 사람들을 대하고 있지만, 실상 아들이 자기를 얼마나 실망시켰는지 생각하면 마음이 찢어지고도 남을 정도라는 얘기였다. 날이 갈수록 너무 우울해져서 더 이상 표정을 감추지 못하게 됐고, 어느새 직장 동료들도 자기에게 무슨 안 좋은 일이 있는 건 아니냐며 궁금해하더라고 했다.

베라의 마음을 상하게 한 걱정거리는 몇 가지가 더 있었다. 당시 쉰여덟 살이던 아버지 체스니가 마지막 직장까지 잃게 되어 다시 한번 혼자 생계를 꾸려야 하는 처지가 됐고, 게다가 첫 손자인 체스니 아프타브는 조울증 증세를 보이며 툭하면 화를 내는 정서 불안에 시달리고 있었다. 베라는 헬레마를 통해 이 아이를 자주 보았는데, 손자의 문제는 결국 쳇 베이커가 곁에 없기 때문이라고 했다. 또한 그녀는 쳇 베이커에게 직장으로 전화하지 말라고 얘기하면서 아들의 죄책감에 수치심을 더하기도 했다. 직장 동료들이 자기 아들이 누군지 몰랐으면 좋겠다는 것이었다. FBI가 전화를 도청할지 모른다는 걱정도 빼놓지 않았다. 이렇듯 어머니 베라가 쳇 베이커에게 보낸 편지를 들여다보고 있노라면, 그의 눈속임하는 기질이 어디에서 비롯됐는지 짐작할 수 있다.

쳇 베이커는 이 모든 중압감에서 벗어날 방법을 잘 알고 있었다. 그는 필 어소와 함께 매일같이 택시를 잡아타고 할렘 157번가로 갔다. 그곳에 가면 언제든 마약 딜러를 만날 수 있었다. 누군가 전해 준 피아니스트 빌 에반스의 얘기가 그를 놀라게 했다. 하루에 70달러어치의 헤로인을 복용하고 있다는 것이었다. 잠시나마 첫 베이커는 앞으로 자기에게도 다가올지 모를 매서운 미래의 일면을 보았다. "이런, 빌 에반스는 자기 자신을 죽이고 있군. 나는 그렇게 되지 않을 거야." 첫 베이커는 필 어소 앞에서 그렇게 다짐했지만, 바로 다음 날도 어김없이 할렘에 모습을 나타냈다.

첫 베이커의 상황이 나빠지고 있음을 감지한 리처드 카펜터는 가능하면 그에게서 많은 녹음을 얻어 내기 위해 일을 서둘렀다. 1965년 8월, 첫 베이커가 지칠 때까지 녹음 작업에 임할 요량으로 사흘 동안 맨해튼의 한 스튜디오를 낮 시간에 사용하기로 예약했다. 이번에 섭외된 이들은 네 명의 흑인 연주자로 모두 밥 계열의 음악인들이었다. 이렇게 구성된 팀은 마치 1954년 버드랜드에서 첫 베이커 쿼텟을 엉터리 사기꾼인 양 몰아붙였던 마일스 데이비스의 밴드를 떠올리게 했다. 첫 베이커 역시 당시의 쓰라린 기억을 잊지 않고 있었으며, 이 기회를 통해 "흑인들"의 시선 속에서 자신의 가치를 다시 한번 입증하려고 시도했을 법하다. 멤피스 출신의 테너 색소포니스트 조지 콜먼George Coleman은 얼마 전 매우 좋은 평가를 이끌어 낸 마일스 데이비스의 앨범《Seven Steps to Heaven》에 참여한 것을 끝으로 그의 밴드를 떠난 상태였다. 디트로이트에서 온 베이시스트 허먼 라이트Herman Wright와 드러머 로이 브룩스Roy Brooks는 첫 베이커와 같은 건물에 살며 마음이 잘 맞았던 이웃이었고, 역시 디트로이트 출신의 피아니스트 커크 라이치Kirk Lightsey는 보컬리스트 다이나 워싱턴과 어리사 프랭클린Aretha Franklin의 반주자로 활동하며 펑키한 연주를 들려주던 인물이었다.

연주자들이 모두 싼값에 녹음하기로 동의했기에, 리처드 카펜터는 기꺼이 모두를 기용하기로 했다. (로이 브룩스는 말했다. "우리가 받은 돈은 말도 안 되는 액수였습니다.") 1950년대에 밥 계열의 레코드를 만들면서 리허설도 거의 치르지 않은 채 일사천리로 진행하던 방식대로 쳇 베이커와 연주자들은 연주에 임했고, 모든 작업은 즉석에서 그때그때 이루어졌다. 지미 먼디는 조종실 안에 앉아 무작위로 곡을 만들어 냈으며, 리처드 카펜터가 판권을 가로챘다.* 커크 라이치는 말했다. "우리가 어느 한 곡을 녹음하고 있는 동안 지미 먼디는 다음 곡을 쓰고 있는, 그런 상황이었죠." 리처드 카펜터는 태드 다메론이 만든 몇 개의 곡과, 자신이 공동 작곡가로 올라 있는 소니 스팃의 곡들도 함께 스튜디오에 가져왔다. 그리고 스탠더드 곡은 몇 안 됐기 때문에—⟨Have You Met Miss Jones⟩, ⟨Fine and Dandy⟩, ⟨Stairway to the Stars⟩ 등—리처드 카펜터는 다른 작곡가들과 출판업자들에게 지불할 저작권료 또한 대폭 줄일 수 있었다.

사흘 동안, 쳇 베이커는 연주자들과 함께 서른두 곡을 녹음했다. 찰리 파커 이후로 이 짧은 시간에 그토록 많은 곡을 남긴 밴드는 아마 없었을 것이다. 스윙 시대의 거장 찰리 바넷Charlie Barnet이 작곡한 명곡 ⟨Cherokee⟩는 이 세션의 모든 것을 한눈에 엿볼 수 있는 경우였다. 로이 브룩스는 쳇 베이커가 한 번도 시도하지 않

---

* 32곡 중에서 공동 작곡을 포함해 리처드 카펜터의 이름이 판권자로 등록된 경우는 '무려 절반에 해당하는' 16곡에 이른다. 반면 지미 먼디는 단 두 곡뿐이었다.

았던 빠른 템포로 곡의 서막을 열었다. 그러나 쳇 베이커의 출발은 안정적이지 못했다. 이어서 허먼 라이트의 화려한 워킹 베이스가 가세했고 조지 콜먼은 끝없이 이어질 것처럼 뛰어난 호흡을 자랑하며 무수히 많은 음정들을 쏟아 냈다. 쳇 베이커가 맹렬한 기세의 비밥 솔로로 그 뒤를 이으며 다시 존재감을 각인시켰다. 그를 그저 부드러운 노래나 하는 음악인으로 인식하고 있던 조지 콜먼은 이렇게 말했다. "나는 쳇 베이커가 그런 연주를 할 수 있는지 전혀 알지 못했습니다. 음정 선택이 참 좋았어요. 듣다 보니 나도 흥분이 되더라고요. 높이 치고 올라가야 할 부분에서도 전혀 무리가 없었죠. 물론 아주 높이 올라가는 건 아니었지만, 그가 과거에 했던 음악을 생각하면 기대 이상이었습니다. 우리는 보통 그가 중간 음역으로만 연주한다고 생각했으니까요." 쳇 베이커와 조지 콜먼은 즉흥적인 화성과 대위법적인 선율을 함께 선보였다. 커크 라이치는 이 부분에 대해 "마치 두 사람이 오랫동안 그런 연주를 함께해 왔던 것처럼 느껴졌다"고 말했다. 밴드의 다른 연주자들이 쳇 베이커에게 열정을 심어 주었다면, 쳇 베이커는 그들에게 부드러움이 무엇인지 보여 준 셈이라고나 할까. 태드 다메론이 만든 슬픈 느낌의 〈Lament for the Living〉에서 쳇 베이커는 비탄에 빠진 감성을 유감없이 발휘하며 죽어 가던 작곡가가 세상에 남겨놓은 마지막 말을 대신했다. 로이 브룩스는 이렇게 말했다. "쳇 베이커는 꽤 힘들어했지만 우리는 상관하지 않았습니다. 결국 모든 게 마찬가지였거든요. 다들 그와 작업하게 된 걸 기쁘게 생각했고, 전체적으로 큰 실수도 없었죠. 템포가 늘어지거나 뭐 그런 것들 말이에요. 더구나 곡에 대해 이러 쿵저러쿵 참견할 필요도 없었습니다. 어차피 모르던 곡들을 연주 했으니까요."

리처드 카펜터는 이 녹음테이프를 프레스티지에 팔았다. 이 레 이블은 테이프 안에 담긴 음악을 다섯 장의 LP로 나누어 제작했 고, 마일스 데이비스가 1956년 프레스티지에서 녹음한 앨범 세 트(《Workin'》, 《Cookin'》, 《Relaxin'》, 《Steamin'》)를 모방한 마케팅을 시도했다. 《Smokin'》, 《Groovin'》, 《Comin' On》, 《Cool Burnin'》, 《Boppin'》. 레코드 가게에 들른 사람들은, 쳇 베이커에게 소모된 재능을 지키려 애쓰는 페인의 위상을 부여한 앨범 해설을 마주할 수 있었다. 《Groovin'》에서 잭 매키니는 이렇게 썼다. "피부를 뚫 은 주삿바늘 끝에서 발견된 좌절의 십 년이 지났다. 예전에 그가 벌이던 음악을 알고, 또 사랑하던 우리는 쳇 베이커가 마약중독 으로 죽은 이들처럼 자신의 삶을 희생하지 않기를 기도했다." 그 리고 이제 그는 "죽음의 문턱에서 다시 살아 돌아왔다." 《Comin' On》의 해설을 쓴 밥 포터Bob Porter는, (당시 서른다섯 살이던) 이 "나 이 들어가는 트럼페터"가 인기를 누리던 초창기에 보여 준 "형편 없는 속임수"를 뒤로하고 비로소 좋은 음악을 만들어 냈다고 했 다. 그는 예전의 쳇 베이커가 "엉터리 억양에 다양한 목소리를 갖 지도 못했으며, 어느 곡이든 다 똑같이 들리는 음악성으로 팬들 을 감동시키지 못했다"고 덧붙였다.

그러나 하비 피카Harvey Pekar는 『다운 비트』에 쓴 리뷰를 통해 이 앨범들을 실패한 작업으로 판단했다. "쳇 베이커의 톤은 명료하

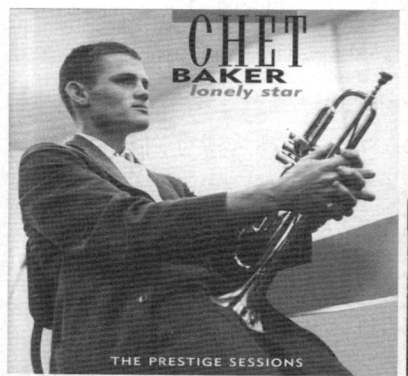

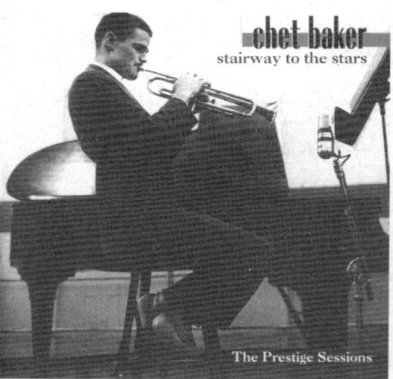

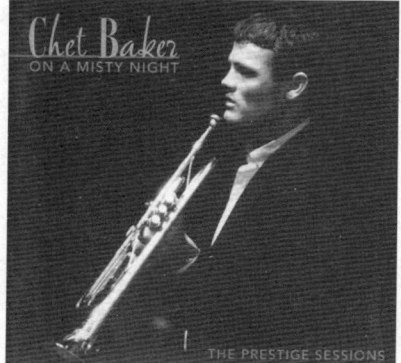

현재 유통 중인 《Lonely Star》, 《Stairway to the Stars》, 《On a Misty Night》는 다섯 장의 LP 《Smokin'》, 《Groovin'》, 《Comin' On》, 《Cool Burnin'》, 《Boppin'》에 담긴 32곡을 모두 담고 있다.

지 못하다. 게다가 솔로는 자신감 있는 모습을 보여 주지 못했으며 구성 또한 그다지 좋지 않았다. 몇몇 매력적인 부분이 보이기는 하지만 너무 많은 것을 보여 주겠다는 마음이 앞서 되레 주춤하는 느낌을 떨칠 수 없었고, 마일스 데이비스의 음악을 차용한 흔적도 찾아볼 수 있었다." 프레스티지에서 발표된 이 다섯 장의 앨범은, 그가 발표했던 대부분의 다른 작품들과 마찬가지로 단지 수집가들의 관심만 불러일으키는 데 그쳤다.

첫 베이커의 한 해는 많지 않은 일거리와 또 다른 압박감 속에 저물고 있었다. 1965년 11월 11일, 캐럴 잭슨이 두 번째 아들을 출산했다. 검은 머리의 이 아기에게는 폴Paul이란 이름이 붙었다. 그리고 한 달 뒤, 그녀는 다시 아기를 가졌다. 리처드 카펜터는 자꾸만 늘어 가는 첫 베이커 가족에게 더 이상 경제적 도움을 주고 싶어 하지 않았다. 그도 그럴 것이 이제는 사업과 관련해서도 이 트럼페터에게 흥미를 많이 잃은 상태였다. 첫 베이커를 데리고 "팝 음악계에 진출해 그의 전문적인 이미지를 바꿔 보겠다"던 계획—결국 큰돈을 벌어 보겠다는 얘기였지만—은 실패로 끝났다. 아들 폴이 태어난 지 2주쯤 지났을 때, 첫 베이커는 살던 아파트에서 쫓겨나 도시를 떠나야 한다는 사실을 알게 됐다. 리처드 카펜터가 몇 달 동안 방세를 내주지 않고 있던 까닭이었다.

처음에 첫 베이커는 자기가 이토록 안 좋은 상황에 놓였다는 사실을 부정하려 했다. 계속해서 리처드 카펜터에게 전화를 걸었지만 아무도 받지 않았다. 수위에게 그의 집 초인종을 몇 번이고 울려 보게 했어도 소용없었다. 훗날 국세청은 그의 출석을 요구

한 뒤 수천 달러의 세금을 탈루했다는 혐의로 그를 고소한다. 그
때 쳇 베이커는 모든 것이 리처드 카펜터의 잘못이라고 항변했
다. 그러나 어쨌든 그는 스스로 만든 안개에 눈이 가려 악몽 속으
로 걸어 들어간 셈이었고, 그 안에서 잔뜩 일그러진 현실을 마주
하게 된 것이었다. 몇 년 뒤 쳇 베이커는 리처드 윌리엄스 기자에
게 이렇게 말했다. "내가 그때 건강이 나쁘지만 않았더라면 그런
잘못된 선택은 하지 않았겠지." 남아 있는 생애 동안, 쳇 베이커는
리처드 카펜터가 제작한 여덟 장의 앨범을 통해 단 한 푼도 건지
지 못했음을 한스러워했다. 이러한 그의 생각이 맞을지도 모르겠
다. 21개월 동안 들어간 방세와 식료품비, 마약 구입 비용은 물론
이고, 팔리지 않은 앨범과 공연에 대해 받은 연주료를 계산에 넣
지 않는다면 말이다. 더구나 쳇 베이커는 제작비의 일부라도 충
당할 수 있는 능력을 보여 주지 못했다. 그렇다고 리처드 카펜터
가 모든 손해를 감수한 것은 절대 아니었다. 그는 몇 년 지나지 않
아 쳇 베이커의 음악을 사들였던 제작사들이 건넨 로열티로 많은
것을 만회할 수 있었다. 그가 레이블과 계약할 때 이런 내용이 포
함돼 있었다는 사실을 아는 이는 아무도 없었다.

리처드 카펜터에 대한 쳇 베이커의 경멸은 평생토록 이어졌다.
리처드 카펜터는 부유층이 살던 뉴욕주 웨스트체스터 카운티의
교외 지역 스카스데일에서 호화로운 저택을 마련해 말년을 보냈
고 1996년에 세상을 떠났다. 쳇 베이커는 심지어 그를 죽여 버리
고 싶다는 말도 했다. 이 말을 들은 이들은 모두 그의 심정을 이해
했다. 이 모든 혼란은 유럽에서 쫓겨나 뉴욕으로 오던 첫날의 상

황보다 더 나쁜 여건 속으로 그를 몰아넣었다. 그리고 마약에 의지할 수밖에 없다는 생각을 더 굳건히 하게 했다. 하지만 이제, 쳇 베이커에게 남은 현실 속의 선택은 하나뿐이었다. 그는 리처드 카펜터가 연주 여행을 위해 내주었던 스테이션왜건에 캐럴 잭슨과 세 살 된 아들 딘, 그리고 태어난 지 한 달밖에 되지 않은 폴을 태웠다. 그를 기다릴 것 같은 사람은 어머니밖에 없었다.

13
길 끝에는 아무도 없었다

크리스마스가 다가오고 있었다. 베라와 체스니 베이커 부부는 굳이 원하지 않던 "선물"을 위해 아파트에 여분의 공간을 마련했다. 장성한 아들과 그의 가족 모두가 올 예정이었다. 잉글우드 웨스트힐크레스트 129번지에서 꾸려 가던 이들의 삶은 그렇지 않아도 긴장의 연속이었다. 체스니는 가까스로 한 건설회사의 수위로 새 일자리를 구했는데, 술을 자주 마시던 버릇을 생각하면 꽤 고무적인 현상이 아닐 수 없었다. 다만 이제 그는 총을 가지고 다니게 됐으며, 그 점이 베라는 가장 걱정이었다.

돌이켜 보면, 환갑이 다 된 체스니의 삶은 온통 실패로 가득했다. 밤이면 텔레비전 앞에 앉아 잔뜩 취한 채 아들의 음악과 자신의 나쁜 버릇, 그리고 그동안 저지른 실수에 대해 주절거리며 불평을 늘어놓았다. 한번은 아들에게 어떻게 트럼펫을 연주하는 게 좋은지 충고를 한 적도 있었다. 그러나 아버지의 실패한 삶을 누구보다 잘 알고 있던 쳇 베이커는 똑같은 패배자의 입장에서 자기 할 말만 잔뜩 늘어놓았다. 어느새 "웨스트 코스트 사운드"란 표현은 비치 보이스Beach Boys의 음악을 지칭하는 것으로 변해 있었다. 헤이그에서 함께 연주하던 옛 동료들은 시들해진 재즈계에서 멀어져 버렸고, 주어진 일만 잘 해내는 스튜디오 세션 연주자가 돼 있었다. 하지만 자기 가족을 먹여 살리는 것만으로도 버거운 처지에 놓인 쳇 베이커는 그나마 더 안 좋은 상황이 아니던가. 서른여섯 살의 쳇 베이커는 아직도 끝나지 않은 「이유 없는 반항」의 고리를 벗어나지 못한 채, 나이 든 제임스 딘처럼 보였다. 1965년 12월 27일, LA로 돌아온 지 채 한 달도 지나기 전에 그는 허모사 비치에서 마약을 구하다가 경찰에 체포됐고 집행유예 3년을 선고받았다.

돈이 없었다. 쳇 베이커는 한때 그에게 돈을 벌게 해 주었던 딕 복에게 전화를 걸었다. 그는 얼마 전 개인 사업을 그만두고 기업에 들어가 있었다. 마하리시 마헤시 요기의 설교를 녹음해 판매하던 딕 복은 그의 충고를 받아들여 월드 퍼시픽 레이블을 리버티Liberty 레코드사에 넘겼다. 리버티는 셰어Cher와 게리 루이스 앤 드 더 플레이보이스Gary Lewis and the Playboys 같은 팝 스타들의 앨범을 제작하는 대기업이었고, 딕 복은 이 회사의 직원으로 남아 월드 퍼시픽을 계속 관리했다. 하지만 혼자 사업하던 때와 달리 앨범 판매고를 높여야 한다는 중압감에 시달리고 있었다. 재즈 연주자들의 음악을 상업적으로 다시 활용하는 방안을 모색하다가 마주치게 된 것이 사람들 사이에서 얘기되던 무작Muzak의 열풍이었다. 온화한 "무드음악"인 무작은 엘리베이터나 슈퍼마켓, 혹은 치과 진료를 기다리는 사람들이 모여 있는 대기실에서 흘러나오는 음악을 총칭하는 표현이었다. 1965년 말, 딕 복은 차트 40위권에 들었던 록 음악의 히트곡들을 달콤한 분위기의 현악 연주와 합창단의 노래로 편곡한 버드 섕크의 앨범《Michelle》을 제작했다. 앨범의 타이틀인〈Michelle〉은 바로 비틀스의 히트곡이었으며, 덕분에 이 작품은 이지리스닝 차트에 오르는 좋은 판매고를 기록했다. 재즈 팬들은 버드 섕크가 배반했다며 비난을 퍼부었지만, 그는 선택의 여지가 없었다. "요즘처럼 재즈 레코드가 팔리지 않는 걸 생각해 보세요. 재즈 연주자들은 일할 클럽도 별로 없습니다. 이건 사느냐 죽느냐의 문제랍니다. 그래도 그 앨범 덕에 나는 최소한 내 존재감을 유지할 수 있었다고요."

딕 복은 자신을 찾아온 쳇 베이커에게 돈 몇 푼을 빌려 주는 대신 다른 방법을 취했다. 어차피 빌려줘 봤자 돌려받지도 못할 것이 아닌가. 그는 한때 스타였던 이 트럼페터를《Michelle》의 백업밴드에 포함시켰다. 버드 섕크는 말했다. "녹음 시간에 늦었더군요. 그러고는 대뜸 20달러만 빌려 달라고 얘기했죠. 그것만 빼고 보면 모든 게 다 좋았습니다. 그는 자기가 해야 할 일을 했고, 결과도 만족스러웠으니까요."

《Michelle》의 성공과 제 역할을 다한 쳇 베이커에게 고무된 딕 복은 회사를 결부시키지 않고 그와 단독으로 계약을 맺었다. 그리고 쳇 베이커의 앨범 판매고를 다시 높이려면 어느 정도의 눈속임이 필요하다고 판단했다. 그 방법은 당시 가장 잘나가던 팝 음악계의 트럼페터 허브 앨퍼트의 음악 스타일을 차용하는 것이었다. 그가 이끌던 멕시코 스타일의 팝 밴드 티후아나 브라스의 앨범들—텔레비전에서 방영되던 남녀들의 짝짓기 프로그램 「더 데이팅 게임The Dating Game」의 테마음악으로 사용된 〈Spanish Flea〉와 〈Lonely Bull〉 같은 곡들이 실려 있던—은 수백만 장이나 팔려나가고 있었다. 딕 복은 이 스타일을 차용해 "쳇 베이커와 마리아치 브라스Mariachi Brass"라는 이름으로 넉 장의 앨범을 만들었는데, 그중 첫 번째가 《A Taste of Tequila》였다. 〈Speedy Gonzalez〉와 〈La Bamba〉 같은 곡을 연주한 쳇 베이커는 마일스 데이비스를 복제한 음악인에서 이제 허브 앨퍼트를 닮은 연주자가 돼 있었다. 앨범에서 시도된 편곡은 그의 연주를 압도하고 있었다. 멕시칸 기타 연주가 그대로 모방됐고, 뻣뻣한 느낌의 트럼펫 섹션은 같은 음정으로 합주를 벌였다. 그리고 계속해서 탬버린 두드리는

- 허브 앨퍼트가 당시에 발표한 작품 중 가장 큰 성공을 거둔 것이 A&M 레이블을 통해 1965년 봄에 발표된 《Whipped Cream & Other Delights》다. 〈A Taste of Honey〉, 〈Lemon Tree〉, 〈Love Potion 9〉 등이 수록된 이 작품은 지난 2005년에 재발매됐고, 40년이 지난 지금까지 꾸준히 판매되고 있을 만큼 대단한 대중성을 지녔다. A&M 레코드사는 허브 앨퍼트가 제리 모스와 함께 1962년에 직접 설립한 레코드사였고, 그는 연주뿐 아니라 제작 판권까지 장악한 상태에서 엄청난 부를 거머쥘 수 있었다. A&M 레코드사는 계속해서 사업 영역을 확대했으며, 1977년에 쳇 베이커의 앨범을 제작하기도 했다.
- •• 같은 기획으로 월드 퍼시픽에서 발표된 앨범은 본문에서 언급될 또 한 장을 포함하여 정확히 모두 여섯 장이다. 타이틀과 녹음 시기는 다음과 같다. 《A Taste of Tequila》(1965년 12월), 《Hats Off》(1966년 4월), 《Double Shot》(1966년 4월), 《Quietly, There》(1966년 6월), 《Into My Life》(1966년 10월), 그리고 《In the Mood》(1966년 가을).

소리가 귓전에 울려 퍼졌다. 쳇 베이커는 여기저기서 자신의 트럼펫 연주를 각인시키기 위해 애썼지만 기력이 닿지 못했다. 부주의하게 음정 또한 잘 맞지 않아서 훗날 스스로 이 앨범을 "터무니없고 끔찍했다"며 혹평했다. 허브 앨퍼트도 이에 동의했다. "절망이었죠. 아마 그는 돈이 필요했을 테고, 얼마간 손에 넣었을 겁니다. 하지만 난 참 슬펐어요. 정말 형편없는 앨범들이었습니다."

사람들은 그나마 남아 있던 쳇 베이커의 명성을 완전히 박살내 버렸다. 어느 비평가는 『다운 비트』에 쓴 리뷰를 통해 이 앨범이 그때까지 쳇 베이커가 발표한 최악의 앨범이라고 했다. "결국 붕괴해 버린 쳇 베이커의 사운드를 만나게 됐다. 그의 솔로는 두서없는 이야기를 중얼거리는 것에 불과하며, 감성이나 열정은 어디에서도 찾아볼 수 없다." 역시 『다운 비트』에 리뷰를 쓴 돈 넬슨은 그의 또 다른 앨범 《Hats Off》에 대해 아예 별점을 매기지도 않았으며, "패배자"와 "전멸"이란 표현을 들어가며 폄훼했다. 쳇 베이커는 계속해서 《Quietly, There》와 《Into My Life》 등의 "무드음악" 앨범을 발표했다. 녹음한 곡 중에는 이탈리아에서 수감 생활을 하던 시절 농부들이 그에게 연주해 주기를 원했던 〈Cherry Pink and Apple Blossom White〉*도 포함돼 있었다. 피트 웰딩은 『다운 비트』를 통해 이렇게 얘기했다. "이 곡들에서 현악 연주자들과 합창단은 누구보다 열심히 제 몫을 다했지만, 막상 쳇 베이

• 우리에게 '체리 핑크 맘보'라는 제목으로 잘 알려진 바로 그 곡이다. 1950년 샹송 가수인 앙드레 클라보가 처음 발표했고, 1955년 쿠바의 페레즈 프라도가 맘보 버전으로 소화한 것이 세계적으로 크게 히트했다. 팻분이 1960년에 노래한 것이 미국에서는 특히 큰 사랑을 받았다.

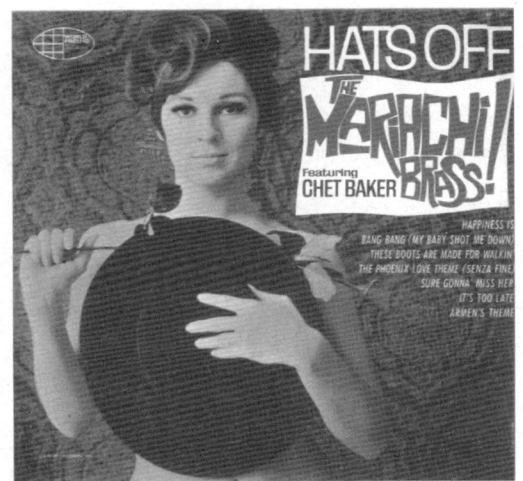

《Hats Off》

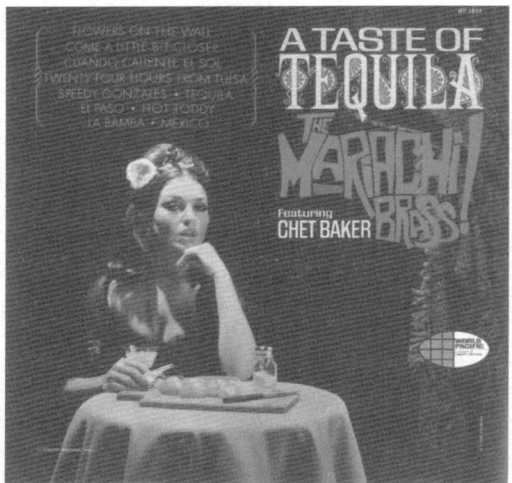

《A Taste of Tequila》

커는 더없이 무기력한 연주만 들려줄 뿐이었다. 비협조적인 그늘에 불과했다고나 할까. 그저 부차적인 얘기만 전해 주는 데 머물러 있었다."

어느새 자존심마저 잃어버린 쳇 베이커는 그 어느 때보다 진실을 감출 필요가 있었다. 그의 아내 역시 같은 심정이었다. 쳇 베이커 부부는 레돈도비치의 우아한 분위기가 물씬 풍기는 스프레클스 레인으로 분가해 나갔지만, 현실은 어둡기만 했다. 캐럴에게 쳇 베이커 부인이라는 긴장된 위치를 유지하는 것은 그만한 대가를 요구하는 일이었다. 편두통이 그녀를 괴롭혔으며, 안색은 창백하고 기진맥진해 보였다. 몇 년 뒤 쳇 베이커의 친구들은 캐럴이 그토록 자신 있게 말하던 것들이 진실이 아니었음을 알게 됐다. 그녀 역시 마약을 복용하고 있었다는 얘기다. 1973년에 쳇 베이커의 밴드에 합류했던 색소포니스트 밥 무버는 이렇게 회상했다. "그녀는 자기가 쳇 베이커보다 더 심하게 마약에 중독돼 있다고 말한 적이 있습니다." 자크 펠저 역시 1960년대 중반 쳇 베이커와 함께 미국 투어를 마친 뒤 벨기에로 돌아와 자신의 딸인 미슐린 펠저에게 그 사실을 들려주었다. "아버지가 미국에 가셨을 땐 이미 그녀 역시 중독이 된 상태였대요. 1977년에 캐럴이 우리 집에 머물렀는데, 그때는 헤로인 치료제인 메타돈을 복용하고 있었죠."

쳇 베이커는 루스 영에게 이런 말을 하곤 했다. 그가 캐럴에게 헤로인을 투여했던 것은 그녀의 두통을 완화시켜 주기 위해서였다고 말이다. "항상 같은 자리에만 마약을 주사해 주었다고 하더군요." 루스 영은 그가 한 말을 기억했고, 쳇 베이커에 의하면 그

때문에 캐럴의 팔 안쪽에는 다이아몬드 모양의 흉터가 남았다고
했다. "마약을 주사해 주었다"는 표현은 다분히 폭력적인 분위기
를 풍긴다. 빌 러프버러의 연인이던, 또한 1970년에는 쳇 베이커
의 연인이 되기도 했던 샌디 존스가 들려준 말은 바로 이런 심증
을 뒷받침한다. "쳇 베이커가 내게 얘기했어요. 그가 캐럴을 헤로
인에 빠지게 한 것은 더 이상 끔찍한 아줌마가 되어 가는 그녀를
참고 마주할 수 없었기 때문이었다고 말이에요." 그는 여자가 조
금이라도 바가지 긁는 것을 너무나 못 견뎠다. 캐럴은 그럴 때가
많았다. 그녀는 쳇 베이커가 다른 여자와 어울리지 않기를 바랐
고 안정적인 가정생활을 원했으며 따스한 보금자리를 고대하고
있었다. 물론 이런 조건들을 전혀 들어주지 않을 법한 남자를 택
한 것이 바보스러웠지만 말이다. 그녀가 남편과 함께 기꺼이 마
약중독에 빠져든 것도 두 사람의 불안한 결속을 조금이라도 다져
보기 위한 서글픈 시도가 아니었을까. 하지만 이 결정은 되레 그
에 대한 의존도를 전보다 더 높이는 결과만 낳았을 뿐이다.

딱히 안정적인 수입원도 없이, 쳇 베이커는 두 아이를 키워야
했고 그 외에도 여러 가지 돈 들 일이 많았다. 밥 위틀락은 말했다.
"그 친구는 자기 자신을 돈 벌어 오는 기계라고 생각한 것 같아요.
물론 그에게 필요한 식량은 다름 아닌 헤로인이었지만요. 쳇 베이
커는 아침 일찍 집에서 나가 다음 날 새벽녘이 돼서야 집에 돌아
오곤 했습니다. 결국 캐럴은 아이들을 돌보면서 혼자 온종일 그
많은 시간을 보내야 했던 거죠. 참 불쌍했습니다." 1950년대부터
쳇 베이커의 삶을 지켜본 그는 이제 오싹한 잿빛 이미지로 가득

한 어두운 영혼의 흔적을 보게 됐다. "정말 믿을 수 없는 일이었어요. 그는 30대에 접어든 지도 오래였고 내가 기억하는 그는 아직 앳된 얼굴을 하고 있던 10년 전부터였잖아요. 그런데 어느 날 갑자기 이 친구 얼굴에 주름살이 잔뜩 잡혀 있는 거예요. 무섭다는 느낌이 들 정도로요."

따지고 보면 밥 위틀락의 운명도 제리 멀리건 쿼텟의 원년 멤버로 함께했던 이후부터 급격히 내리막길을 걸었던 게 사실이다. 그는 상당히 좋은 연주력을 가진 음악인이 됐지만, 마약 복용 때문에 피아니스트 조지 시어링George Shearing과 함께할 수 있는 천금 같은 기회를 날려 버리기도 했다. 파리에 머물던 시절, 그는 프랑스의 헤로인에 맛을 들였다. 딕 트워드직을 죽게 했을 만큼 유난히 강도가 센 바로 그것이었다. 그러나 LA에서 구하는 헤로인은 비교할 수 없을 만큼 약했기 때문에, 밥 위틀락은 "마약에 대한 욕구"를 충족하기 위해 자꾸만 많은 양을 복용하게 됐다. 그래서 사실상 일감을 구하지 못하는 상태에 빠져 친구인 쳇 베이커처럼 완전히 마약 속에 눌러사는 꼴이 돼 버렸다. 그가 가까스로 마약에서 벗어난 것은 1976년이었다. 밥 위틀락은 이렇게 고백했다. "결국 음악마저도 돈을 구하기 위한 수단이 돼 버린 겁니다. 우리가 어렸을 땐, 나이를 먹어 그렇게까지 되리라고는 꿈에도 상상하지 못했어요."

두 사람은 마약을 구하거나 혹은 마약을 사기 위한 돈을 만들기 위해 범죄를 계획할 때도 있었다. 물론 실제로 효과를 보기도 했다. 쳇 베이커는 훗날 밥 무버에게 자기가 "2층에 오르는 남자"

가 됐다고 말했다. 다른 집에 기어 올라가 위층 창문을 통해 안으로 침입했다는 걸 뜻한다. 그리고 그는 자물쇠를 따는 데도 선수였다. 밥 무버는 그런 쳇 베이커의 모습에 전혀 놀라지 않았다. 1970년대에는 이런 일도 있었다. 어느 날 밤, 밥 무버는 돈이 떨어져 아파트에서 쫓겨났다. 평소 다른 집에 몰래 들어가곤 했다는 쳇 베이커의 얘기를 기억해 낸 그는 주저 없이 연락을 취했다. 쳇 베이커는 스탠 게츠의 피아니스트로 일하던 앨버트 데일리Albert Dailey와 함께 나타나 고양이처럼 비상 출입구로 올라갔다. 그러고 는 이내 밥 무버의 아파트 창문을 열고 안으로 기어 들어갔다. 밥 무버는 말했다. "그가 내게 자물쇠를 건넸죠. 내가 그걸 밑에 있는 앨버트에게 주었더니 쳇 베이커의 차 안에 던져 넣더라고요. 그러 니까, 우리는 내 아파트에 침입했던 겁니다."

1966년, 쳇 베이커와 밥 위틀락은 차를 타고 의사들을 하나하 나 방문했다. 처방전을 얻어 내 헤로인의 대용품으로 사용하던 모르핀 계열의 돌로핀이나 딜로디드, 혹은 뉴모르판 등을 손에 넣으려는 심산이었다. 밥 위틀락은 이렇게 말했다. "담석이 있어 서 아프다고 둘러대곤 했죠. 그러면 의사들은 소변 검사를 해 봐 야겠다고 말했어요. 우리는 항상 주머니에 피가 든 작은 약병을 하나씩 넣고 다녔습니다. 손가락을 그 안에 집어넣었다가 소변에 한두 방울 정도 섞었죠. 그러면 반드시 딜로디드 처방전을 받을 수 있었거든요. 우리가 사기 친 방법은 또 하나가 있었습니다. 삼 차신경통이 있다고 말하는 거예요. 그건 정말 그런 증세가 있는 지 아마 의사들도 구분하기가 쉽지 않을 겁니다." 쳇 베이커는 아예 처방전 뭉치를 훔치기도 했다. 손에 넣을 수 있는 약이 있다면 언제든 집어넣으면서 말이다. 물론 두 사람은 진짜 헤로인을 구하는 일도 멈추지 않았다. 팔뚝에는 이미 혈관이 잘 보이지 않았기 때문에, 쳇 베이커는 목이나 사타구니, 심지어 손톱 밑까지 마약을 주사하기 시작했다.

FBI가 정리하고 있던 쳇 베이커의 범죄 관련 서류는 점차 늘어 갔다. 1966년 1월에는 처방전을 위조한 혐의로 캘리포니아 컬버 시티에서 체포됐고, LA의 중남부에서도 마약을 한 채 운전하다가 경찰에게 잡힌 일이 있었다. 그런데도 그에게는 징역형이 아닌 집행유예가 선고됐다. 이듬해에 체포된 기록은 절도죄를 포함한 네 번. 그리고 1968년에도 운전 중에 걸린 적이 또 한 번 있었다. 이런 와중에 쳇 베이커는 헬레마가 어머니 베라에게 사 준 차를 들이박는 사고까지 냈다. 어떤 방법을 썼든, 쳇 베이커는 계속해서 감옥에 가지 않았다.

그가 이런 일을 어떻게 해결했는지 알고 있던 사람은 LA를 중심으로 활동하던 테너 색소포니스트 클리퍼드 솔로몬Clifford Solomon이었다. 그는 클리퍼드 브라운에서 리듬 앤드 블루스 가수인 조니 오티스Johnny Otis, 그리고 몽키스Monkees에 이르기까지 매우 다양한 음악인들과 활동하며 폭넓은 스타일을 모두 소화할 수 있는 것으로 유명했다. 클리퍼드 솔로몬은 1955년, 쳇 베이커에 대해 아주 안 좋은 기억을 갖게 됐다. 그는 잘 몰랐지만, 쳇 베이커는 두말할 것 없이 마약 때문에 경찰의 주목을 받고 있었다. 그즈음 두 사람은 같이 어울리게 됐고, 클리퍼드 솔로몬은 쳇 베이커를 친절한 사람으로 생각하고 있었다. 그러던 어느 날, 쳇 베이커가 경찰들을 대동한 채 그의 집에 나타났다. 클리퍼드 솔로몬은 말했다. "경찰과 거래했더군요. 감옥에 보내지 않는 조건으로 마약하는 사람을 무작위로 찍어 알려 주는 것이었습니다. 1950년대나 1960년대에는 그런 비겁한 짓을 하는 이가 거의 없었어요. 그건 누구에게나 목숨이 달린 일 아닙니까."

아트 페퍼는 이런 씁쓸한 일을 당한 적이 있었다. 하루는 마약 딜러를 하는 친구에게서 전화가 왔다. 쳇 베이커가 마약을 사러 오겠다고 전화로 "약속"했으니, 함께 와서 놀지 않겠느냐는 얘기였다. 그러나 그들은 쳇 베이커가 경찰서에서 연락한 사실을 알지 못했다. 결국 아트 페퍼가 그에게 문을 열어 주었을 때, 옆에는 두 명의 마약 담당 경관이 함께 서 있었다. 아트 페퍼의 아내인 로리 페퍼는 이렇게 말했다. "쳇 베이커가 경찰의 정보원으로 일하고 있었다는 건 다들 아는 사실이었어요." 감옥에 다시 간다는 것은 쳇 베이커에게 더없이 큰 고통이었으리라. 그러나 아트 페퍼는 이에 대해 일말의 동정도 하지 않았다. 그 역시 마약 때문에 수감 생활을 한 적이 있었지만, 적어도 밀고자보다 나쁜 사람은 없다고 믿었다. 로리 페퍼는 이렇게 말을 이었다. "누가 아트 페퍼에게 쳇 베이커에 대해 물으면, 그는 어떤 일이 있어도 입 한 번 뻥끗하지 않았을 거예요. 밀고자에 대해 많은 얘기를 하는 것조차 아주 더러운 일이라고 믿었죠." 회고록 『스트레이트 라이프』에서 아트 페퍼는 냉랭한 어조로 쳇 베이커를 마음에서 지워 버렸다. 그나마 혹시라도 있을 일에 대비해 실명을 밝히지 않고 그를 다른 이름으로 지칭했다.

빌리 윌슨은 그만의 스타일을 가진 연주자였다. 그를 처음 알게 된 건 아직 젊었을 때였지만, 그는 따스하고 부드러운, 정말이지 사랑스러운 친구였다. 그러니까 바로 이런 그의 성품이 연주에 그대로 묻어났다는 얘기다. 게다가 그의 톤을 들어 보면 단 한 번도 너무 강하다는 인상을 준 적이 없었다. 그의 연주는 예뻤고, 종종 긴장을 터뜨리는 면모를 보여 주었다. 그리고 마약 관련 범죄로 체포돼 감옥에 가게 됐을 때, 그는 못 견뎌 했다. 밀려오는 두려움이 감옥에 가지 말라며 그를 붙들었다. 경찰이 누군가를 대신 넘기면 그 일에서 빼주겠다고 제안했을 때, 비록 내키진 않았겠지만, 결국 그렇게 했다. 그만큼 그는 약한 사람이었다. 그리고 바로 그런 연주를 들려주었다. 그게 그의 사운드였다.

1966년 들어 챗 베이커에게 주어진 일은 급격하게 줄어들고 있었다. 그러던 그해 여름, 트라이던트Trident 클럽에서 연주할 아주 좋은 기회가 찾아왔다. 이 클럽은 샌프란시스코의 금문교를 지나자마자 만나게 되는 소살리토의 만에 위치해 있는, 매력적인 유리벽으로 가득한 공간이었다. 바닥보다 밑으로 팬 무대에서 카먼 맥레이나 빌 코즈비Bill Cosby, 그리고 킹스턴 트리오Kingston Trio 같은 유명 음악인들이 공연을 벌이곤 했다. 6월의 공연을 위해 트라이던트는 브라질 출신의 피아니스트이자 작곡가인 주앙 도나투João Donato의 무대를 기획했다. 그 역시 보사노바의 스타로 당

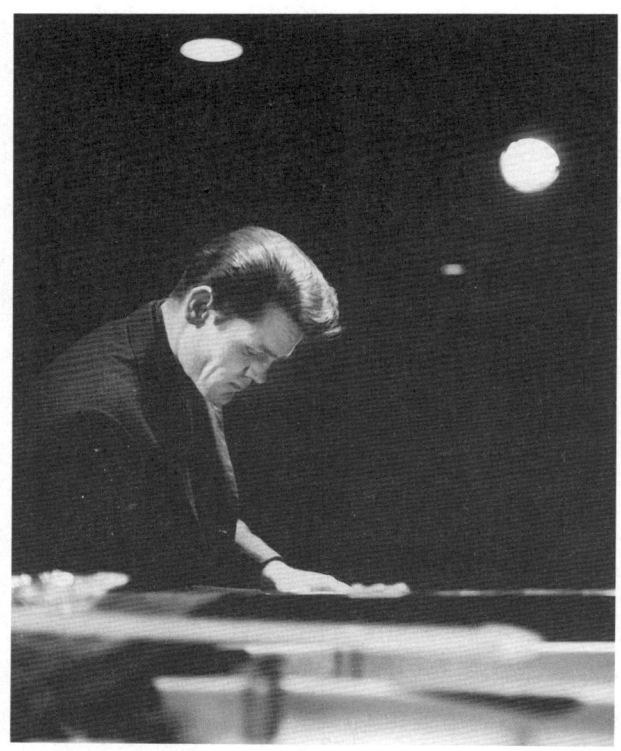

뉴욕에서 연주할 기회가 없었던 쳇 베이커는 1966년 보스턴의 재즈워크숍에서
공연을 가졌다.

시 LA에 살고 있었지만, 막상 미국에는 그 존재가 잘 알려져 있지 않았다. 첫 주의 공연이 끝나자, 클럽 측은 관객들의 호응을 불러 일으키기 위해 잘 알려진 음악인을 게스트로 추가해 달라고 요청했다. 주앙 도나투는 주저 없이 쳇 베이커를 택했다. 그리고 자신의 우상이던 이 트럼페터를 직접 만날 수 있다는 기쁨에 흥분을 감추지 못했다.

몇 번의 전화 통화가 오간 뒤, 쳇 베이커가 트라이던트에 모습을 드러냈다. 그는 임신 8개월이던 캐럴과 두 아들을 모두 데리고 왔다. 무대 위에서 주앙 도나투는 〈The Girl from Ipanema〉처럼 잘 알려진 보사노바의 히트곡들을 연주했고 포르투갈어로 노래했다. 쳇 베이커도 몇 곡의 브라질 스탠더드 곡을 연주했으며, 예의 그 특징적인 노래도 선보였다. 재즈비평가 랠프 J. 글리슨은 『샌프란시스코 크로니클』에 쓴 글을 통해 우연히 이루어진 두 사람의 협연이 "최근 몇 년간 쳇 베이커가 보여 준 최고의 무대였다"고 했다. 그의 리뷰를 좀 더 들여다보자. "언제나 그렇듯이 첫날의 연주는 작은 실수도 있고 긴장감이 엿보였지만, 연주자들은 무언가 해낼 수 있다는 점을 명확히 보여 주었다. 미리 연습도 거의 하지 않은 상태에서 재즈를 통해 맛볼 수 있는 최고 수준의 서정적 매력을 드러냈다."

랠프 J. 글리슨의 호평이 있었음에도, 트라이던트의 객석은 꽉 들어차지 않았다. 그러나 쳇 베이커의 관심은 다른 곳에 있었다. 하루는 그가 아들 딘을 차에 태우고 외출했다. 그런데 트라이던트를 운영하던 루 개너폴러Lou Ganapoler가 은행에 볼일을 보러 가

다가 길거리에서 혼자 돌아다니고 있는 네 살배기 딘을 발견했다. 그가 물었다. "꼬마야, 아빠는 어디 있니?" 딘이 대답했다. "날 버리고 그냥 갔어요." 루 개너폴러는 아이를 데려다주었다. 나중에 그는 쳇 베이커가 약을 구하려고 인근의 약국에 갔다는 사실을 알게 됐다. 며칠 지나지 않아 캐럴은 두 아들을 데리고 레돈도 비치의 집으로 돌아가 출산 준비에 들어갔다. 쳇 베이커는 소살리토에 머물면서 매일 밤 공연을 마친 뒤 샌프란시스코를 돌며 마약을 구하러 다녔다. 그는 이미 필모어 지역의 한 초라한 호텔에서 딜러 한 명을 알아 두고 있었다. 이곳은 인근의 백인들이 "나락"이라 부르며 가기를 꺼리던 흑인 밀집 지역이었지만 쳇 베이커는 개의치 않았다.

1966년 7월 22일, 캐럴은 딸을 낳았다. 그리고 멜리사라는 이름을 붙여 주었다. 8월 9일 화요일, 『뉴욕 타임스』가 쳇 베이커에 대한 짤막한 기사를 하나 보도했다. 하지만 그것은 새 아기가 태어났다는 소식이 아니었다. 기사의 제목은 이랬다. "웨스트코스트에서 두들겨 맞은 재즈 트럼페터." 보도에 따르면, 금요일 자정 무렵 샌프란시스코에서 심한 공격을 받은 쳇 베이커가 회복을 위해 레돈도비치의 집에 누워 있으며, 연주를 마치고 돌아가던 그가 차 밖으로 나오자마자 "다섯 명의 젊은 흑인들이 공격을 가했다"고 했다. 쳇 베이커는 길 한복판에 뛰어들어 지나가는 차들에 도움을 요청했다고 말했다. "백인 다섯이 탄 차로 도망쳐 들어가려 했지만 그들은 나를 밀쳐 내기만 했지. 길거리엔 사람들도 많았어. 하지만 아무도 도와주려 하지 않더군."

이 보도와 맞물려, 쳇 베이커에게 일어난 가장 불가사의한 에피소드 중 하나가 드디어 세상에 나왔다. 그렇다고 전말이 알려진 건 아니었으며, 그는 남은 생애 동안 여러 다른 말을 섞어 가며 이 사건을 미화했다. 물론 요점—다섯 명의 흑인들이 마약 값을 받기 위해 그에게 폭행을 가했다는 것—이 바뀌지는 않았다. 그러나 다른 세세한 부분들—장소와 날짜, 등장인물, 그에 따른 영향, 그리고 이 일의 모든 원인과 관련된 대부분의 것들—은 너무나 다르게 말할 때가 많았기에, 이를 들은 사람 중에서 의문을 품지 않은 이는 거의 없었다.

여러 인터뷰를 거치면서 쳇 베이커는 필모어 지역에서 공격을 받았던 것인지, 아니면 『멜로디 메이커』의 기자에게 말한 것처럼 밤에 "집으로 걸어가던" 도중 소살리토에서 공격을 받았던 것인지 스스로도 명확히 판단을 내리지 못했다. 그는 당시의 상황을 이렇게 설명했다. "그때 난 택시를 잡으려 하고 있었지. 그런데 그 다섯 놈이 나를 에워싸더니 두들겨 패기 시작한 거야. 아이러니하게도 나를 구해 준 것도 다른 두 흑인이었어. 너덧 명의 젊은 백인 애들이 탄 차로 도망가려 했지만 그 녀석들은 나를 다시 길 밖으로 밀쳐 버렸거든. 그래서 그 깡패들이 다시 나를 때리는데, 이 두 명이 달려들어 그만하라고 말리고선 날 병원으로 데려갔지. 정말 끔찍한 악몽 같았네."

1973년 『뉴욕 뉴스데이New York Newsday』와 가진 인터뷰 내용에서는 그가 도움을 요청했다던 "너덧 명의 젊은 백인 애들"이 "나이든 백인 남자들"로 바뀌었다. 하지만 그곳은 어느 연령대의 백인이라 해도 좀처럼 가지 않을 만큼 매우 위험하고 황량한 지역이 아니던가. 쳇 베이커가 『다운 비트』의 기자에게 들려준 말은 이보다 더 앞뒤가 맞지 않았다. 함께 연주하는 이들 중 하나가 그를 필모어 지역에 데려다주었는데 (왜 그랬는지는 말하지 않았다.) 그곳에 도착하자마자 바로 차에서 내려 다시 집에 오려고 택시를 잡고 있었단다. 그리고 그 동료가 사라지자 다섯 명의 흑인들이 덤벼들었다는 얘기다. 역시 납득이 가지 않는다. 『멜로디 메이커』의 다른 기자인 브라이언 케이스에게 한 말은 또 다르다. 쳇 베이커는 사건이 있기 전날, 호텔에서 한 마약 딜러와 잠시 실랑이를 벌인 일이 있었다고 했다. 그는 이런 얘기를 밝혔다. "그놈이 날 등쳐먹으려 했던 걸 알았기에 그가 내민 마약은 사지 않았지. 그래서 다음 날 그놈이 다섯 명을 시켜 내게 겁을 주려 했던 거야." 다큐멘터리 「렛츠 겟 로스트」에서 그는 아예 새로운 인물을 하나 등장시켰다. 딜러를 만나기 위해 위층으로 올라가려는데 어딘지 심상치 않아 보이는 폭력배 하나와 스쳐 지나게 됐단다. 뭔가 낌새가 이상하다고 느낀 그는 손을 주머니에 넣어 안쪽에 총을 가지고 있는 것처럼 위장한 채 계단을 걸어 올라갔다. 그리고 바로 그 사내가 "다섯 명의 젊은 흑인 애들"을 보내 자신의 뒤를 밟도록 지시한 인물이었다고 주장했다.

진실이 무엇이든, 결과는 같았다. 쳇 베이커는 "그놈들이 두들겨 패서 잇몸이 주저앉아 버렸고, 피투성이"가 될 때까지 자신의 사타구니 안쪽을 발로 계속 걷어차였다고 말했다. 윗입술이 찢어졌고 이도 하나 부러졌으며 귀를 발로 차이기도 했다. 들리는 말에 의하면, 사람들에게 발견됐을 때 쳇 베이커는 자기가 구토한 오물을 뒤집어쓰고 있었다.

그는 처음 『뉴욕 타임스』의 기자에게 오른쪽 눈 위를 여섯 바늘 꿰맸다고 말했지만, 1973년 『데일리 뉴스』의 레드 렉스Red Rex에게는 "얼굴 전체를 수도 없이 꿰맸다"고 얘기했다. 그리고 이처럼 스스로 만들어 낸 신화 같은 얘기가 자꾸만 부풀려지는 데에 별다른 이의를 제기하지 않았다. 나중에는 자신을 공격한 이들이 이를 모두 부러뜨렸다는 말까지 했다. (훗날 그가 인정한 것처럼, 이에 대한 진상은 다르다. 두들겨 맞은 부위가 자꾸 심한 통증을 일으켜 나중에 치과에 가서 어쩔 수 없이 윗니를 뽑아야 했다.) 사건이 일어난 날짜에 대해서도 말이 분분했다. 그가 기자들에게 이 소식을 알린 것은 8월 8일이었고, 사건은 그로부터 이틀 전에 일어났다고 말했다. 하지만 아내인 캐럴은 그 일이 2주 전, 그러니까 멜리사가 태어난 직후에 일어났다고 확언했다. 그녀는 쳇 베이커의 디스코그래피를 정리한 토르뵈른 쇠그렌Thorbjørn Sjøgren에게 1992년 이렇게 말했다. "그이가 맞은 날이 언제였는지 난 정확히 기억해요. 우리 막내딸이 태어난 건 1966년 7월 22일이었죠. 그리고 그 사건이 일어난 건 내가 병원에서 퇴원한 날이었어요. 1966년 7월 25일이었습니다." 그렇다면 쳇 베이커는 범죄를 당하고도 왜 바로 신고하지 않았던 걸까. 일이 일어난 날짜를 다르게 얘기한 이유가 무엇인지 도무지 가늠할 수 없다.

그가 한 얘기 속에서 유일하게 찾을 수 있는 공통점이자 핵심은, "흑인들"에게 공격받았고 도움을 요청한 "백인들"에게 거부당했다는 사실이었다. 그리고 이 에피소드는 그가 어른이 된 이후에 느껴 왔던 인종차별에 대해 나름대로 하나의 상징처럼 자리하게 됐다.

병원을 나온 뒤, 쳇 베이커는『뉴스데이』의 기자에게 이렇게 말했다. "바로 버스를 타고 집에 왔지." 그러나 1997년, 주앙 도나투는 그가 마지막으로 트라이던트에 나타났던 것을 기억하고 있다고 얘기했다. 공연이 이미 시작된 뒤였는데, 쳇 베이커는 피로 물든 입 주변을 손수건으로 동여맨 상태였다고 했다. 그리고 이렇게 말했단다. "흑인 놈 셋이 날 때렸어." 쳇 베이커는 뒤늦게 첫 번째 무대에 올라 같이 연주하려 했지만 불가능함을 깨달았다. 주앙 도나투는 그가 더 이상 머물지 않고 바로 레돈도비치의 집에 돌아갔다고 했다.

그날 새벽 필모어 지역에서 실제로 무슨 일이 일어났든, 쳇 베이커의 말을 믿는 친구들은 별로 없었다. 밥 위틀락은 "다섯 명의 흑인" 운운하는 얘기를 전해 듣고 웃음을 터뜨렸다. "다섯 명한테 맞았대요? 혹시 오십 명이라고 그러지는 않던가요? 세상에, 나라면 그런 일이 진짜 일어났는지에 대해 단돈 15센트도 걸지 않겠어요." 잭 심프슨과 찰리 데이비드슨, 미슐린 펠저 모두 그의 말을 의심했다. 루스 영은 어떻게 받아들였을까. 그녀는 이 일이야말로 "자기 말을 듣는 사람들로부터 동정심이라도 이끌어 내기 위해" 진실을 왜곡하던 쳇 베이커의 전형적인 모습이라 생각했다. 사실 그녀에게는 쳇 베이커에 대한 사랑을 너무 무리하게 적용하는 경향이 있기도 했다. 어쨌든 루스 영은 무슨 일이 일어났는지에 대해 그녀 나름대로 추론하고 있었다. 쳇 베이커가 마약 딜러와 거래하다가 뭔가 일이 틀어졌을 것이고, 마피아들이 그들의 방법을 동원해 그를 응징한 것이 아니겠느냐는 얘기다. 루스 영은 말했다. "결국 자기 꾀에 자기가 넘어간 게 아닌가 싶어요. 물론 설마 그런 일이 실제로 일어날 것이라고는 상상조차 할 수 없었겠죠. 사건을 일으킨 이들의 행동을 가만히 살펴보면 모든 게 명확해집니다. 그들이 볼 때 이 건방지고 자신감에 넘친 트럼페터를 혼내 주는 가장 좋은 방법은 그의 몸 중에서 정말로 중요한 부분을 망가뜨리는 것이었겠죠. 그만큼 그들은 영리했던 거예요. 예전에는 그토록 착했던 쳇 베이커가 어느새 순진한 구석이라곤 전혀 찾아볼 수 없고, 더구나 성질 급한 마약 딜러를 속였다는 게 밝혀졌다면, 다음 계획이 어떤 행동을 유발할지 안 보고도 훤히 알 수 있잖아요. 그러니까, 그게 누구든 어느 마약 딜러가 지시한 일이었을 거예요. 그 바닥에서 통용되는 게임의 법칙을 가르친 거죠. 그들은 이렇게 얘기하려던 게 아닐까요. 봐라, 이 조그만 백인 놈아. 넌 단지 또 한 명의 한심한 마약중독자에 불과할 뿐이다."

본능적으로, 루스 영은 이 사건의 진실에 가장 가깝게 접근한 사람이었다. 그리고 쳇 베이커가 1970년대에 밥 무버와 함께 긴 기차 여행을 하면서 옛일을 회상했다는 것도 넌지시 일러 주었다. 밥 무버는 말했다. "쳇 베이커는 책을 하나 쓰고 싶다고 했어요. 그런데 아무도 그 책의 내용을 믿지는 않을 거라더군요. 캘리포니아에서 마약 딜러를 속이던 얘기도 들려주었어요. 친구와 같이 그 아름다운 범죄를 모두 꾸몄대요. 그러고는 누군가 사실을 밝혀냈다고 했죠. 세상에 그 누가 그저 재미 삼아 그를 죽도록 두들겨 팼겠어요? 그도 엄연한 남자인데 말이에요." 쳇 베이커의 이중성에 대해 그 누구보다 잘 알고 있던 밥 위틀락에게 이 얘기를 전했을 때, 그는 이렇게 말했다. "이제야 무슨 말인지 잘 알겠군요."•

쳇 베이커의 입에 남은 상처는 남은 1966년 동안 그가 남긴 녹음을 통해 여실히 알 수 있다. 9월경, 그는 버드 섕크의 앨범 《Brazil, Brazil, Brazil》에서 함께 연주하게 됐다. 그러나 결과는 참담했고, 어쩔 수 없이 앨범의 단 한 곡, 〈Summer Samba〉에서만 그의 소리를 들을 수 있었다. 그나마 소리가 너무 약해서 잘 분간하기도 힘들었다. 그리고 주앙 도나투가 제안한 앨범 작업도 결국 레코드로 만들 수 없을 만큼 형편없는 녹음테이프만 남기게 됐다. 그해 가을, 쳇 베이커는 마리아치 브라스의 앨범을 한 장 더 녹음했다. 스윙 시대의 밴드 리더 글렌 밀러Glenn Miller에게 바친 일종의 헌정 앨범인 《In the Mood》였다. 녹음에 앞서 미리 연습을 해야겠다고 생각한 쳇 베이커는 얼마 전 LA로 이주해 온 밥 지프에게 도움을 요청했다. "제대로 연주하기에는 상태가 너무 좋지 않더군요. 정말 이상했어요." 밥 지프는 그렇게 말했다. 녹음이 진행되기 전 쳇 베이커는 그에게서 간략하게 정리된 악보를 받았지만, "그나마도 전혀 진행이 불가능했다." 결국 오케스트라에 포함돼 있던 다른 트럼페터가 대신해서 연주를 맡았고, 쳇 베이커는 자기가 할 수

• 세월이 흐르면서 저널리스트들 사이에서는 쳇 베이커가 어떻게든 이 사건을 자신에게 유리한 쪽으로 이용하려 했다는 심증을 갖게 됐다. 물론 아무도 진실은 알지 못한다. 그러나 저자 역시 궁극적으로 같은 심증을 피력했다.

있는 쉬운 부분만 조금씩 더하는 차원에서 작업을 마무리했다.

오래도록 적은 노력과 생각만으로도 능히 연주할 수 있던 쳇 베이커는, 자신의 재능이 심하게 손상됐다는 사실을 받아들이기 힘들어했다. 그러던 중 피아니스트 지미 라울스가 샌퍼낸도밸리의 재즈 클럽 돈테스Donte's에서 공연하고 있다는 얘기가 들렸다. 쳇 베이커는 플뤼겔호른을 들고 그곳으로 갔다. 오랜만에 쳇 베이커를 마주한 지미 라울스는 아픈 마음을 감추지 못했다. 예전에 트럼펫을 들고 자기 집에 찾아오던 열여덟 살의 그는 가슴 한가득 열정을 품고 있지 않았던가. 그러나 30대 후반이 되어 다시 곁에 앉아 연주를 벌이려는 쳇 베이커는 들어주기 힘든 몇 개의 잡소리만 뿜어낼 뿐이었다. 지미 라울스는 말했다. "그 녀석의 그런 모습은 정말 바라보기 힘들었소. 내가 알던 그의 어린 시절만 기억하고 싶다는 생각이 들었지. 마음이 너무 안 좋았소. 왜냐하면 나는 그 녀석을 정말 아꼈거든. 그의 마음속엔 음악을 향한 아주 큰 포부가 있었소. 타고난 천재였지." 마침 그날 밤의 공연을 본 프랑스 잡지 『재즈』의 장루이 지니브르는 슬픈 심정을 글에 담았다. "연주자들은 가능하면 무대를 빨리 끝내고 긴 휴식을 취했다. 쳇 베이커는 어떤 대가를 치르더라도 연주하려 했지만, 결과는 안쓰러울 때가 많았다. 재즈는 이제 그에게 자리를 내주지 않는다."

딕 복의 아내이자 비서로 일하던 재닛 비커Janet Bicker는 아직도 쳇 베이커를 직접 만난 적이 없었다. 그저 퍼시픽 재즈 레이블을 유명하게 만든 매력적인 남자라고만 생각했다. 어느 날 사무실에 앉아 일하던 그녀는 쳇 베이커가 복도를 따라 자기 앞으로 걸어

오는 것을 보게 됐다. 그녀는 말했다. "살아 있는 사람 같지 않았어요. 너무나 약하고 보잘것없어 보였죠. 말 그대로 유령 같았습니다. 완전히 마약에 취해 있었고요." 쳇 베이커는 윗니를 틀니로 바꾸기 위해 딕 복에게 돈을 좀 얻으러 간 것이었다. 딕 복은 그렇게 하기로 했고, 쳇 베이커는 수술을 받았다. 집에 오자마자 그는 틀니를 한 채 플뤼겔호른을 불어 봤다. 그런데 아무 소리도 나오지 않았다. 쳇 베이커는 로저스 워싱턴에게 "심지어 단 하나의 소리도 나오지 않았다"고 말했다. 툭하면 삶의 "희망이 없다"고 단언하던 그는 진정으로 세상을 살아갈 이유가 없다고 느꼈다.

세 아이의 아버지로 가족을 부양해야 했던 쳇 베이커는 어쩔 수 없이 복지 기금을 신청했다. 한 달에 320달러의 돈과 130달러어치의 식량 카드가 나왔다. 그는 말했다. "그럭저럭 버틸 만했지." 며칠 동안 쳇 베이커는 부족한 수입을 충당하기 위해 레돈도비치의 변두리 주유소에서 일했다. 훗날 그는 인터뷰할 때마다 그 주유소에서 "하루에 열여섯 시간씩 거의 2년 동안" 일했다고 우스갯소리처럼 말하곤 했다. 하지만 캐럴마저도 그의 이런 말을 극구 부인했다. 그러고 보면 캐럴은 남편이 사람들에게 들려주는 이야기의 대부분에 제동을 걸었다. 그 어두웠던 시절, 어느 보도에 따르면 쳇 베이커는 "1968년—그는 이 보도에서 폭행 사건이 일어난 해가 1966년이 아닌 1968년이라고 말했다—부터 1973년까지 거의 3년 동안" 연주를 하지 않았다고 말했다. 물론 이런 얘기는 그가 남긴 다른 여러 말처럼 왜곡돼 있었으며 기본적인 계산조차 맞지 않았다. 그러나 굳이 사람들은 여기에 토를 달지 않았다. 실제로 쳇 베이커가 음악을 손에서 놓았던 건 대략 1966년 말에서 1967년 말까지, 채 1년이 되지 않았다.

이 시기에 그는 아주 열광적인 팬인 아서 "아트" 프랭크Arthur "Artt" Frank 라는 사람과 종종 어울렸다. 그는 재즈 가수를 꿈꾸던 아내 얼라Earla 와 함께 사는 컬버시티의 집으로 쳇 베이커를 저녁 식사에 초대했다. 마른 체구에 강인하면서도 곧잘 흥분하던 아트 프랭크는 종종 드럼을 연주하기도 했지만 머지않아 "시나리오 작가"가 될 것이고 "연기에도 흥미가 좀 있으며, 웰터급 챔피언에 오를 만큼 실력 있는 권투 선수"라고 자신을 소개했다. 훗날 그는 스스로 "거리의 목사"라 지칭하며 쳇 베이커를 비롯한 다른 이들 에게 편지를 보낼 때마다 종교적인 상징과 함께 "하느님의 말씀 이 나의 빛이오"라는 문구를 적어 넣기도 했다. 쳇 베이커와 어울 리던 시절, 아트 프랭크 역시 복지 기금으로 연명하고 있었으며 돈을 벌기 위해 오랫동안 페인트칠을 했다. 그러나 쳇 베이커가 세상을 떠난 뒤, 그는 자기가 "20년은 족히 되는 시간 동안" 이 트 럼페터의 드러머로 활동했다고 말했다. 그의 말에 의하면 두 사 람은 "마치 친형제 같았다"던가. 루스 영은 이 모든 이야기 중에 서 유일한 진실이 하나 있었다고 전했다. 아트 프랭크는 "다른 여 자들과 똑같이 쳇 베이커를 사랑했다."•

그는 어떤 방법을 써서라도 쳇 베이커를 도우려 했다. 그리고

• 쳇 베이커는 마약에 대한 언급에 비해 상대적으로 동성애에 대해서는 극도로 말을 아꼈다. 아트 프랭크와 그가 동성애 관계에 있었음을 강하게 시사하는 표현이다.

챗 베이커는 누군가 대가 없이 주는 도움을 거절하는 법이 없었다. 다시 얘기로 돌아가면, 아트 프랭크는 그의 우상인 챗 베이커와 함께 있는 시간이 매우 즐거웠다. 1967년의 어느 날 밤, 집에 찾아온 챗 베이커를 위해 아트 프랭크는 장난삼아 가짜 "라디오" 인터뷰를 준비했다. 그리고 이 자료는 일거리 없이 "집에만 머물던" 챗 베이커의 쓸쓸한 삶을 잘 보여 준다. 음악 이외에 뭔가 창조적인 일을 벌인 적이 있느냐는 질문에, 그는 낮고 멍한 목소리로 천천히 이렇게 말했다. "무장 강도." 그러고는 옆에 있던 캐럴의 목소리가 등장해 여러 삶의 고뇌를 늘어놓기 시작한다. 가능하다면 다시 이탈리아로 당장 돌아가고 싶다는 챗 베이커의 언급도 그다지 놀랄 만한 얘기는 아니었다. 곧 조반니 톰마소에게 편지를 보내 그렇게 할 수 있도록 도움을 요청하겠다는 말이 흘러나왔다.

챗 베이커의 부모가 살고 있던 잉글우드의 상황은 좋지 못했다. 아버지 체스니는 수위직에서 쫓겨났고, 베라는 남편이 더 이상 일자리를 얻을 수 없을 거라 생각했다. 1967년 7월 6일, 체스니는 심장마비로 집에서 세상을 떠났다. 당시 그의 나이 예순한 살이었다. 따지고 보면 두 부자는 똑같은 블랙홀에 빠져 있었다. 실패했다는 사실에서 오는 고통은 너무나 견디기 힘들었고, 술이든 마약이든 뭔가에 취하지 않고서는 현실을 마주하기가 어려웠다.

그렇게 힘들어하던 아버지가 많지 않은 나이에 눈앞에서 세상을 떠났건만, 챗 베이커는 자신의 삶을 새롭게 할 의지를 품지 못했다. 오히려 자기 자신에게도 그다지 많은 시간이 남아 있지 않다는 점을 깨닫고는 계속해서 자기 파괴 행위에 몰두했다. 몇 차례의 체포가 더 이루어졌다. 대부분 가데나, 호손, 사우스샌타애나 같은 LA 중남부의 거친 흑인촌에서 경찰에게 연행됐다. 그러던 어느 날, 밥 위틀락은 히스테리에 빠진 캐럴의 전화를 받았다. 아직 두 사람은 직접 만난 적이 없었다. 그녀가 전화를 걸어 온 곳은 다름 아닌 경찰서였다. 밥 위틀락은 말했다. "쳇 베이커가 맞아서 시내 감옥에 갇혀 버렸다고 하더군요. 뭘 어떻게 해야 할지 몰라 나에게 전화했다면서 말이에요. 캐럴은 완전히 넋이 나간 것 같았습니다. 그런데 내가 뭐 할 수 있는 게 있어야죠." 밥 위틀락은 일단 차를 몰고 경찰서로 갔다. "도착해 보니 아주 예쁜 여인이 나를 기다리고 있더군요. 그런데 그녀도 마약에 완전히 절어 있었습니다. 애들까지 줄줄이 데리고 앉아 있는 모습을 보니, 참 마음이 안쓰럽더라고요. 쳇 베이커 그 친구는 완전히 엉망이 돼 있었어요. 물론 그녀도 마찬가지였죠. 꼭 폐렴 환자같이 안색이 영 아니었습니다. 축 늘어져 있으면서도 신경은 날카로워져서 무척이나 피곤해 보였죠. 두말할 것 없이 마약중독자의 모습이었습니다." 캐럴은 밥 위틀락에게 남편의 보석금 800달러를 대신 내 달라고 부탁했다. 당시로서는 터무니없이 높은 액수였다. LA 경찰이 이번에는 쳇 베이커를 그냥 놔주지 않겠다는 강한 의지를 보인 것과 같았다. 밥 위틀락에게 그런 돈이 있을 리 만무했다. 그래서 그는 드러머 셸리 맨에게 도움을 요청했다. 그는 너그럽게 이를 허락했고, 얼마간의 돈을 더 얹어 주기까지 했다. 밥 위틀락은 말했다. "풀려난 다음에 그 친구가 뭘 했을까요. 그 자리에서 바로 마약을 구하러 가더군요."

쳇 베이커는 다시 연주할 모든 희망을 잃어버린 듯 보였다. 그러나 캐럴과 아트 프랭크는 끊임없이 다시 시도해 보라고 재촉했다. 두려웠다. 틀니를 한 상태에서 새롭게 악기 부는 법을 익히기는 불가능했다. 아니, 그는 그렇게 생각했다. 그러나 차츰 이런 생각이 뇌리를 스쳐 지나가곤 했다. 생존의 유일한 이유라고 생각했던 것을 그냥 내버릴 수는 없지 않은가. 쳇 베이커는 집에서 고통스러운 과정을 다시 시작했다. 거듭해서 악기에 공기를 불어 넣고자 노력했으며, 고등학교 시절에는 거들떠보지도 않았던 음정 체계와 음계를 연주해 내려고 애썼다. 하나의 음을 길게 뽑는 것도 연습하고, 무리 없이 부드럽게 음량을 키웠다가 다시 줄이는 것도 시작했다. 빠른 시일 내에 이루어진 것은 아니지만, 어느새 예전의 쳇 베이커로 돌아가고 있다는 느낌이 살아나기에 이르렀다.

그간의 노력을 시험해 볼 수 있는 기회가 1967년 말에 왔다. "베일을 벗는" 순간이었다. 딕 복은 비틀스의 곡들을 연주할 버드 생크의 앨범 《Magical Mystery》에 쳇 베이커를 기용했다. 단 몇 곡에 지나지 않았지만 플뤼겔호른 소리가 스치듯 지나갔다. 어렴풋하게나마 그것이 쳇 베이커라는 것을 알 수 있었다. 그는 아직도 많은 LA 사람들에게 가까이하지 말아야 할 존재로 인식돼 있었다. 그러나 스티브 앨런은 1968년 6월 5일, 친절하게도 그를 초청해 자신이 진행하는 텔레비전 버라이어티쇼에서 연주하도록 배려해 주었다. 쳇 베이커는 그 스튜디오가 낯설지 않았다. 이 쇼에서 전속 피아니스트로 일하던 폴 스미스는 이렇게 말했다. "누군가 뒤에서 어깨에 손을 얹는 게 느껴졌습니다. 연이어 그 손길에 간절함이 묻어 있다는 것도 깨닫게 됐죠. 누군지 알 수 있었습니다. 그가 이렇게 말을 건네더군요. '이봐, 전기세 낼 돈을 바로 받아 가지 못하면 당장 집의 전원을 내려 버리겠다고 하는데 이걸 어쩌나' 하고 말이에요."

스티브 앨런은 쳇 베이커의 위신을 세워 주려고 애썼다. 방송을 통해 그를 "트럼펫의 역사에서 대단한 업적을 이룬 사람 중 하나"로 소개했고, 이미 시중의 레코드 가게에서는 찾아볼 수 없게 된 그의 최근 앨범들을 손에 들고 시청자들에게 보여 주기도 했다. 곧이어 모습을 드러낸 쳇 베이커는 마치 나이 든 엘비스 프레슬리를 보는 것 같았다. 길게 기른 구레나룻과 1950년대 스타일처럼 반질반질하게 뒤로 빗어 넘긴 머리, 그리고 밝은 청색 티셔츠 위에 걸쳐 입은 담청색 재킷. 180센티미터가 넘는 스티브 앨런의 옆에 선 쳇 베이커는 유난히 말라 보였고 얼굴에는 어딘지 고통스러운 미소가 그려져 있었다. 그러나 예전부터 잘 알던 〈These Foolish Things〉를 연주하기 시작하자, 아무도 그를 불편하게 생각하지 않았다. 비록 이제 걸음마를 떼기 시작한 아이처럼 다음 음정을 안전하게 잡아내기 위해 온갖 집중을 다 기울여야 했지만, 어느새 그의 서정성은 대부분 회복돼 있었다. 베트남전쟁 소식을 전하는 11시 뉴스가 이어지기까지, 쳇 베이커의 연주는 사람들로 하여금 추억 속으로 떠나는 색다른 여행을 떠올리게 했다. 아버지에게서 빌린 쉐보레 승용차에 졸업 파티에서 만난 여학생을 태우고, 그녀의 드레스를 더듬다가 키스를 훔치던 어린 시절의 추억 말이다.

스티브 앨런은 한 달 뒤에 다시 쳇 베이커를 출연시켜 그가 1950년대에 녹음했던 청소년들의 사랑 노래 〈Forgetful〉을 선보이게 했다. 같은 날 쇼에 게스트로 출연했던 보컬리스트 마크 머피는 무대 뒤에서 쳇 베이커와 인사를 나누었고, 그의 장황한 신세타령을 들었다. "요즘 어떻게 지내는지 물었더니, 그의 대답은 이렇더군요. '아, 이런. 방송국에 오는 길에 말이지, 어느 할머니가 차에 치이는 걸 봤어. 그런데 길을 건너서 보니까 어떤 사람이 보도 위에 심장마비로 쓰러져서 죽어 있더라고. 그리고 그다음에는……' 뭐 이런 식의 얘기였습니다. 자기가 가는 곳마다 먹구름이 몰려온다는 얘기를 하고 싶었던 게죠."

방송 출연을 마친 뒤, 쳇 베이커는 스티브 앨런에게 전화를 걸어 500달러를 "빌려" 달라고 얘기했다. 스티브 앨런은 그에게 이렇게 되물었다. "이보게. 그러지 말고 자네가 돈을 벌 기회가 생겨서 일을 하면 기분이 더 낫지 않을까? 당장 먹을 게 없는 건 아니잖아. 스스로 돈을 벌 수 있는 무언가를 해내고 싶지 않은가 말일세." 스티브 앨런은 쳇 베이커가 수백 개의 창작곡들을 녹음할 수 있도록 주선했다. 마침 그는 이를 통해 가장 많은 곡을 쓴 작곡가로 기네스북에 이름을 올리려던 참이었다.* 그는 쳇 베이커에게 한 뭉치의 습작 악보와 데모 테이프를 보냈다. 몇 주 뒤, 녹음실에 도착한 쳇 베이커는 마약에 절어 있었고 트럼펫도 가져오지 않았

---

* 대다수 재즈 팬들에게 회자되지 않은 사실이지만, 코미디언이자 토크쇼 진행자로만 알려졌던 스티브 앨런은 재즈 피아니스트로 앨범을 발표하기도 했다. 그중에는 상당한 실력의 연주력을 과시한 좋은 작품들도 포함돼 있다.

으며, 전에 보낸 악보도 전혀 들여다보지 않은 상태였다. 밴드 멤버 한 명은 서둘러 악기를 구하려고 여기저기 수소문했고, 스티브 앨런과 폴 스미스는 쳇 베이커에게 곡들을 처음부터 가르쳐야 했다.

그렇게 해서 만들어진 앨범 《Albert's House》는 끔찍하기 그지 없었다. 제정신이 아닌 상태에서 연주된 까닭에 실수가 계속해서 이어졌고, 음정 처리는 처음 트럼펫을 배우는 학생처럼 거의 맞지 않았다. 그래도 스티브 앨런은 그에게 연주료를 지불했다. 하지만 그 이후로 쳇 베이커를 바라보는 그의 마음은 동정심, 그 이상도 이하도 아니었다. 스티브 앨런은 말했다. "처음 그가 음악을 시작했을 때, 그는 모든 걸 가지고 있었소. 잘생겼지, 성격 좋았지, 그리고 대단한 음악 재능까지 타고났으니 말이오. 그런데 그는 그걸 마약 때문에 모두 날려 버린 거요. 내가 보기에 그는 제임스 딘으로 출발해서 찰스 맨슨Charles Manson•으로 끝난 거나 마찬가지였소."

찰스 맨슨처럼 역사적인 기록을 남기지는 않았다 해도, 쳇 베이커의 범죄 사실을 담은 서류는 더 두툼해졌고 시간이 갈수록 늘어만 갔다. 1968년 말, 그와 밥 위틀락은 롱비치 인근의 한 의사 사무실에 침입하여 처방전 수첩을 통째로 들고 달아났다. 약국을

• 1934년에 태어나 평생의 절반 이상을 감옥에서 보냈을 만큼 숱한 범죄를 저지른 인물. 사교 집단을 이끌며 기행을 일삼았고 수차례의 살인 혐의로 미국 사회에 엄청난 충격과 반향을 불러일으켰다. 록 밴드 매릴린 맨슨의 밴드명은 매릴린 먼로와 찰스 맨슨의 이름을 반씩 따서 만든 것이다.

하나씩 방문하며 두 사람은 사탕 가게에 들르는 아이들처럼 신나 했다. 밥 위틀락은 말했다. "우린 한동안 그렇게 그곳을 누비고 다 녔습니다." 약 한 달 뒤, 밥 위틀락은 경찰에 체포됐고 징역 3개월 에 집행유예 5년을 선고받았다. 쳇 베이커는 잔뜩 겁이 났다. 그 런 상황이 자기에게도 닥칠 수 있는 것 아닌가. 머지않아 밥 위틀 락은 그의 공포가 얼마나 대단했었는지 알게 됐다. 쳇 베이커는 이 런 사실을 털어놓았다. 정적이 감돌던 어느 날 밤, 그는 위조한 처 방전을 주고 약을 구했던 약국에 갔다. 그리고 가지고 간 휘발유 한 통을 쏟아붓고는 불을 질러 버렸다. 밥 위틀락은 말했다. "경찰이 그가 내민 처방전에서 필적을 찾아낼까 봐 두려웠던 거죠."

종종 쳇 베이커는 마치 어린아이가 자랑스럽게 무언가를 떠벌 리는 기분으로 자신이 저지른 가장 나쁜 악행을 들려주기도 했 다. 10대 시절 다른 차에서 기름을 몰래 뽑아내던 일처럼 말이다. 결국 그는 아무도 걱정하지 않는 것처럼 보이던 음악 경력의 재 건보다 무법을 일삼는 마약중독자로 살아가는 게 더 편했던 걸 까. 그러나 아트 프랭크는 꾸준히 그를 다시 스타로 만들기 위해 곁에서 많은 노력을 기울였다. 직접 LA의 재즈 클럽을 돌며 위대 한 쳇 베이커가 다시 연주를 시작했다며 홍보하고 다녔다. 아무 도 관심을 갖지 않았다. 그러다가 한 클럽 주인이 그의 말을 믿어 보기로 했고, 1969년 2월, 선셋 스트립에 위치한 멜로디 룸Melody Room에서 며칠 동안 쳇 베이커의 무대가 열리게 됐다. 아트 프랭 크가 직접 드럼 연주를 맡았다. 당시 이 클럽은 길 건너에 위치한 또 다른 클럽 위스키 아 고고Whisky A Go Go에 가려 빛을 보지 못하고 있었다. 그도 그럴 것이 그 클럽에서는 짐 모리슨Jim Morrison 이 도어스Doors를 이끌고 공연을 펼치고 있었다. 사실 위스키 아 고 고가 정말 유명해진 것은 훗날의 일이었다. 마약중독자들이 들끓 기로 잘 알려졌던 이곳은 영화계의 젊은 아이돌 스타 리버 피닉 스River Phoenix가 마지막으로 들른 장소였다. 그는 1993년 핼러윈 날 밤, 바로 이 클럽 앞의 보도에서 마약 과다 복용으로 쓰러졌다. 그때부터 기자들은 이 클럽을 "스타들의 마약 소굴"이라 불렀다.

하지만 1969년, 멜로디 룸은 결국 멜로디의 타락한 천사를 위 한 사당의 역할을 했을 뿐이었다. 카멜Carmel 현악 앙상블과 마리 아치 브라스와 함께한 쳇 베이커의 앨범들이 바 옆의 벽에 내걸렸 고, 클럽 내부는 붉은 불빛이 기분 나쁜 조명을 드리우고 있었다. 피아니스트 프랭크 스트래저리가 업라이트 피아노에 앉아 쳇 베 이커의 반주를 맡았는데, 여러 록 밴드들이 예전부터 두들겨 대 던 탓에 이 피아노의 조율은 그야말로 엉망이었다. 쳇 베이커가 연주한 이 클럽의 무대는 스커트처럼 둥글게 늘어선 바 테이블에 둘러싸여 있었기에 관객들은 마치 서커스에서 벌어지는 작은 공 연을 마주하는 듯했다. 지미 라울스는 말했다. "거기 온 관객들은 쳇 베이커를 마치 무슨 묘기 대행진에 나온 기인인 양 쳐다보더 군요." 그도 그럴 것이, 이들이 마주한 연주자는 어느새 망가져 버 린 예쁜 소년에 불과했다. 피폐한 삶에 복지 기금으로 연명하던 이 빠진 서른아홉 살의 남자라면 할리우드가 관심을 가질 만한 실패담의 주인공이라 할 수 있었다. 관객의 대부분은 그늘 속에 숨어서 연주가 끝나면 쳇 베이커에게 접근할 기회를 엿보고 있던 작은 체구의 마약 딜러들에게 놀아나고 있었다.

당시의 연주를 담은 테이프는 쳇 베이커가 잘 연주하기 위해 얼마나 열심히 노력하고 있었는지 보여 준다. 그는 폭행 사건으로 말미암은 상처에서 벗어나 새로운 스타일을 천천히 구축해 내고 있었다. 젊은 시절의 치기는 사라져 있었으며, 느리면서도 조심스럽고 집중력 있는 사운드가 흘러나왔다. 〈If You Could See Me Now〉를 연주할 때는 최소한의 음정만 동원하면서 소리를 내기 전에 충분히 숙고한 흔적이 엿보였다. 높은 음역을 넘나들지는 않았지만 짧은 프레이즈를 든든히 붙들고 늘어질 만큼 인내심 어린 연주가 이어지기도 했다. 곡마다 인상적인 리듬을 제시했고, 그렇게 연주를 이끌어 냈다. 프랭크 스트래저리는 쳇 베이커가 쉴 시간을 주기 위해 긴 솔로 연주로 그를 도왔다.

관객들을 물끄러미 바라보던 쳇 베이커는 그들의 눈에 어린 동정과 비웃음을 함께 감지했다. 아트 프랭크는 쳇 베이커가 그 중압감을 견디기 힘들다고 말한 것을 기억했다. 그는 당시 공연에 온 사람들이 쳇 베이커의 얼굴에 그려진 타락의 이미지를 보고 싶어 했다고 확신했다. 아트 프랭크 역시 이를 목격할 수 있었다. 이 드러머는 관례대로 쳇 베이커의 집에 들러 그를 태우고 클럽에 오곤 했다. 그런데 하루는 쳇 베이커가 과다 복용으로 완전히 정신을 잃고 있는 것이 아닌가. 놀란 아트 프랭크와 캐럴은 쳇 베이커의 옷을 모두 벗기고 욕조에 찬물을 받아 그 안에 집어넣었다. 그리고 아직 의식이 다 돌아오지 않은 그의 얼굴을 면도하고 옷도 입혔다. 그런 그를 차에 태워 클럽으로 갔고, 쳇 베이커는 가까스로 그날의 연주를 마칠 수 있었다. 이렇듯 문제가 많았음에도, 레너드 페더는『로스앤젤레스 타임스』에 호의적인 리뷰를 썼다. "멜로디 라인의 실마리를 더듬거나 놓치는 경우도 있었지만, 대부분의 경우 쳇 베이커는 예전처럼 자기 자신을 잘 표현할 정도로 섬세한 면모를 보여 주었다."

멜로디 룸에서 벌인 공연은 특별한 성과를 내지 못했다. 돈이 다시 떨어지자 아트 프랭크는 페인트칠하는 일을 갈 때 쳇 베이커를 함께 데리고 다녔다. 그리고 식당에서 잡일 하는 일자리를 구해 주기도 했다. 쳇 베이커가 일한 식당은 선셋 스트립에 위치한 스테파니노스Stefanino's였는데, 이곳의 주인인 니키 블레어Nicky Blair는 가끔 영화에 단역으로 출연하며 유명한 사람들을 잘 안다고 떠벌리던 사내였다. 1960년대 할리우드의 쟁쟁한 스타들이 그의 식당을 드나들기도 했다. 그런데 위대한 트럼페터였던 쳇 베이커가 누추한 옷을 입고 바닥을 쓸거나 슬픈 표정으로 손님들의 잔심부름을 하는 모습이 니키 블레어의 마음을 아프게 했다. 그는 이렇게 회상했다. "나는 쳇 베이커에게 옷과 돈을 따로 챙겨 주기도 했죠. 하지만 혹시라도 그가 구걸한다고 느끼지 않도록 조심했어요. '이봐, 쳇. 난 왜 이렇게 입지도 않는 옷이 많은지 몰라. 이거 나보다 자네한테 어울리겠는데?' 하는 식이었어요."

그러나 그를 도우려는 주변 사람들의 마음도 별 소용없는 듯했다. 1969년 8월 29일, 쳇 베이커는 처방전을 위조한 혐의로 또다시 체포됐다. 그의 종착점은 LA 카운티 법원 교도소. 최소한 5년의 징역형을 피하기 힘들었다. 아트 프랭크를 비롯한 면회객들은 두꺼운 유리 막 너머에서 뚱한 표정으로 밖을 응시하던 쳇 베이커를 마주했다. 세상이 더 이상 그를 용납하지 않는 듯했다.

타락한 쳇 베이커의 모습이 판사를 곤혹스럽게 했다. 그는 대학 시절 트럼펫을 연주했으며 쳇 베이커의 팬이기도 했다. 그리고 감옥은 음악인이 있어야 할 곳이 아니라고 생각하는 인물이었다. 9월 10일, 판사는 캘리포니아 치노의 재활원인 치노 남성 연구소에서 90일간 머물 것을 선고했다. 이곳은 마약중독자들을 요양시켜 마약을 줄이도록 유도하는 프로그램을 운영 중이었지만, 얼마 전 이곳에 머물렀던 아트 페퍼는 "시간 낭비"였을 뿐이라고 말했다. 환자들은 "맛난 점심을 싸 들고 소풍을 가는 것"이 전부였고, 이렇게 모인 이들이 친분을 쌓아 가며 함께 상담에 임했다고 했다. 아트 페퍼는 말했다. "결국 사람들이 서로를 감시하게 만드는 게 그 프로그램의 핵심이었습니다. 어떻게 마약을 해 왔는지 밝히게 해서 '정보를 얻고' 관리를 더 잘해 보겠다는 속셈이었죠. 사람들은 여기에 넘어가서 끄나풀 노릇을 했습니다."

이곳에 머무는 동안 쳇 베이커는 조용히 지냈으며, 연구소에서 제공한 재활 프로그램에 적응하는 데도 큰 무리가 없었다. 마약중독자들은 헤로인 치료제인 메타돈을 복용해 가며 마약에 대한 의존성을 줄여 갔다. 일종의 합성 진정제인 이 물약은 매일 적당한 양을 먹으면 금단 현상을 막아 주면서도 마약을 끊겠다는 의지를 북돋는 역할을 했다. 물론 자꾸 졸음이 오는 부작용이 있어서 환자들은 여느 마약중독자들처럼 꾸벅꾸벅 졸곤 했다. 그러나 어쨌든 이를 통해 정상적인 삶을 되찾기도 했다.

쳇 베이커 역시 마약 없는 세상에 살고자 노력했다. 1970년 초, 그는 치노에서 퇴원한 뒤 집으로 돌아왔다. 아버지 체스니가 세상을 떠난 뒤 그의 가족은 어머니 베라와 함께 새너제이 인근의 밀피타스로 이주해 있었다. 몇 년간의 혼란을 뒤로한 채 베라는 이제 한결 정돈된 삶을 살고 싶어 했고, 이들이 정착한 집은 그런 그녀의 마음을 그대로 보여 주었다. 당시까지만 해도 빌 러프버러의 연인이었던 샌디 존스는 그들의 집을 "아담하지만 어딘지 조잡해 보이던 곳"이라 기억했다. 뒤뜰에는 작은 연못이 있었고, 어머니 베라는 어딘지 강박관념에 사로잡힌 듯 모든 것을 항상 말끔히 정리해 두고 있었다. 샌디 존스는 말했다. "집 안의 모든 게 어쩌면 그렇게 깨끗하고 잘 정돈돼 있었는지 몰라요. 심지어 누가 그 안에 살고 있다는 느낌도 받을 수 없었어요. 어머니 베라는 정말 엄격한 분이었죠. 그녀가 하는 일에 대해 누구도 반론을 제기하지 못했어요. 정말이지 너무 엄해서 따스한 마음이라곤 전혀 갖지 않은 것 같았답니다." 그러나 베라는 다시 한번 손자 손녀를 위해 모든 책임을 떠안아야 했다. 아이들의 옷과 신발, 그리고 식료품 사는 일까지 모두 그녀의 몫이었다.

신경 쓸 일이 너무나 많았다. 그리고 그 이유 중 하나는, 쳇 베이커가 훗날 루스 영에게 말한 대로라면, 어머니 베라가 아이들을 잘 돌보지 않는 캐럴을 "싫어했기" 때문이었다. 루스 영은 말했다. "베라는 기분이 상당히 안 좋았던 모양이에요. 심지어 이런 심한 말도 했다죠. 며느리라는 여자가 기껏 애들이나 싸질러 놓고는 나 몰라라 해서, 결국 자기가 일일이 다 챙기게 내버려두었다고 말이에요."* 베라는 아들을 돌봐야 하는 어머니의 역할을 캐럴에게 빼앗길까 봐 신경이 날카로워 있었던 것으로 보인다. 그녀는 마흔 살이 다 된 쳇 베이커에게 종종 이렇게 얘기하곤 했다. "얘야, 넌 스카프 매는 걸 왜 자꾸 까먹니!" 그러면 쳇 베이커는 어머니에게 다음과 같이 불만스레 대꾸했다. "엄마, 이제 나도 다 컸다고요. 그만 좀 하세요." 하지만 베라는 이에 아랑곳하지 않고 아들의 흐트러진 머리와 구레나룻에 대해 잔소리를 늘어놓았다. 그녀가 좋아하던 텔레비전 뉴스 앵커맨의 헤어스타일을 들먹이면서 말이다. "머리가 그게 뭐니? 톰 브로코Tom Brokaw처럼 말끔하게 깎으면 좋겠구나." 하지만 아트 프랭크에 의하면 캐럴 역시 어머니 못지않게 쳇 베이커에 대해 극성이었던 모양이다. "그가 침을 흘리기라도 하면 여지없이 캐럴이 깨끗이 닦아 주곤 했으니까요."

쳇 베이커는 평범한 삶을 지긋지긋해했다. 그러나 이 또한 오래가지 않았다. 그는 다시 마약에 손을 대기 시작했다. 인근의 로스가토스에 살던 친구 잭 심프슨은 쳇 베이커를 자주 찾았다. 그는 이렇게 회상했다. "아내인 캐럴의 중독 상태가 자기보다 더 심하다고 말하곤 했어요. 두 사람 사이엔 묘한 교환 관계가 있었죠. 조금이라도 마약을 더 하면서 누가 먼저 희생되는지 보겠다는 꼴이었습니다. 그러다 보니 집안 자체가 마약중독으로 물들게 된 거죠." 그러는 가운데 쳇 베이커는 스스로 어떻게 삶에 실패했는지

• 어머니 베라가 쳇 베이커의 두 번째 부인인 헬레마와 세 번째 부인인 캐럴을 자주 비교하며 성을 냈다는 것은 비교적 잘 알려진 얘기다. 저자가 직접 그 언급을 피한 것은 이 책의 집필 과정에서 헬레마가 가능하면 자신의 이야기를 담지 않았으면 좋겠다고 부탁한 까닭으로 보인다.

상기할 기회를 맞은 셈이었다. 샌디 존스는 말했다. "캐럴은 쳇 베이커가 돈도 많이 벌고 유명해지기를 원했습니다. 그리고 더 좋은 집에서 살고 싶어 했어요. 어머니와 같이 살지 않고 말이죠. 결국 그는 아내와 아이들을 집에 버려둔 채 밖으로 나돌게 됐죠. 아이들을 키우고 가르쳐야 할 사람은 집안의 여자들과 학교라고 생각하지 않았나 싶습니다."

집을 나와 있는 대부분의 시간 동안 쳇 베이커가 곁에 둔 사람은 다름 아닌 샌디 존스였다. 두 사람이 처음 만난 곳은 그녀의 연인인 빌 러프버러의 아파트. 쳇 베이커의 밴드에서 부밤스를 연주하던 그는 이제 의학 연구에 몰두하며 빌 러브Bill Love 라는 이름으로 즉흥 코미디 그룹 커미티Committee 의 매니저를 맡고 있었다. 빌 러프버러가 그즈음 실험 재료로 즐겨 사용한 것은 LSD를 포함한 최신 환각제들이었으며, 얼마 전에는 록 밴드 러빙 스푼풀Lovin' Spoonful 을 끌어들였다가 대마초 관련 범죄로 체포되기도 했다. 그는 말했다. "어쨌든 내 실험은 성공했습니다. 그 밴드는 해체됐으니까요."

빌 러프버러는 샌디 존스(일명 샌디 러브Sandi Love)와 아파트를 함께 썼다. 브래지어를 하지 않고 다니던 금발의 그녀는 웨이트리스로 일하고 있었으며, 갓 태어난 아들 필모어 러브Fillmore Love 의 엄마이기도 했다. 여가가 생기면 그 지역에서 대단한 인기를 끌던 곡예단 코켓츠Cockettes 와 어울려 다녔는데, 이 멤버들은 턱수염과 콧수염을 기른 채 나풀거리는 의상을 입고 무대 위에서 성기를 내놓기도 했다. 그리고 리더인 히비스커스Hibiscus 는 플래스터 캐스터스Plaster Casters라는 그룹의 일원인 할로 할로Harlaw Harlow 와 함께 빌 러프버러의 건물 지하에 살고 있었다. 여자들로 구성 된 플래스터 캐스터스는 "록 스타들의 발기한 성기"를 석고로 뜨 는 모임이었다. 이들과 함께 거주하던 또 한 명은 건강식품 세일 즈맨으로 일했고, 주변 사람들 사이에서 피를 들이켜는 것으로 알려져 있었다.

바로 이런 요지경 세상 속에 쳇 베이커가 발을 디딘 것이었다. 그는 마약 살 돈을 빌리기 위해 빌 러프버러의 아파트 문을 두드 렸다. 뼈만 앙상하게 남은 사내 하나가 어두운 색의 코트를 입고 나타났다. 샌디 존스는 그가 "40킬로그램 정도밖에 나가지 않아 보일 만큼 말랐었다"고 얘기했다. "사람이 어두운 데서 너무 오래 생활하다 보면 모든 게 다 잿빛으로 변해 버리죠. 아무 색도 없이, 아무 감정도 없이. 바로 그런 모습이었어요." 빌 러프버러는 쳇 베 이커에게 현금을 조금 내주었다. 샌디 존스는 이렇게 말을 이었 다. "문밖으로 사라지더니 30분쯤 지나 다시 아파트에 왔더군요. 그런데 처음 들렀을 때와는 달리 어찌나 행복해 보이던지!"

마약의 힘을 빌린 쳇 베이커는 샌디 존스의 존재를 알아봤다. 그녀는 결국 함께 마약을 복용하게 됐다. "난 그의 눈빛을 봤어요. 그 또한 내 눈빛을 놓치지 않았죠. 그렇게 우린 첫눈에 상대가 어 떤 사람인지 알아봤습니다." 샌디 존스는 쳇 베이커를 처음 만난 순간에 대해 그렇게 설명했다. 그녀와 빌 러프버러는 매우 개방 적인 관계였다. 그는 샌디 존스가 15년 지기 친구인 쳇 베이커의 섹스 파트너가 되고 함께 마약을 하는 사이가 됐는데도 별로 개의치 않는 듯했다. 1970년 한 해 동안, 쳇 베이커는 주말이면 샌프란시스코로 차를 타고 가서 샌디 존스와 함께 시간을 보냈다. 종종 트럼펫을 들고 가기도 했다. 샌디 존스는 말했다. "그는 내 앞에서 연주하기를 좋아했죠. 세상에, 그가 처음 케이스에서 악기를 꺼내 연주해 주던 때를 절대 잊지 못한답니다. 어쩜 그렇게 황홀하던지. 그는 정말 특별한 뭔가를 가지고 있었어요. 그가 나를 만질 때도 그랬고, 음악을 연주해 줄 때도 그랬죠. 내 등을 쓰다듬거나 귓가에 노래를 불러 주면 난 어쩔 줄 몰라 했습니다. 그리고 그가 입으로 해 줄 땐 정말 대단했어요!"

쳇 베이커가 아파트에 왔다 갈 때마다 집 안에 있던 무언가가 없어지곤 했다. 카메라가 없어졌고 라디오도 사라졌다. 그러나 샌디 존스는 신경 쓰지 않았다. 그녀가 떠돌이 친구들에게 쳇 베이커를 소개해 줬을 때, 그들은 그를 만난다는 사실에 잔뜩 흥분했다. 샌디 존스는 말했다. "특히 게이들이 아주 좋아했죠. 이 친구들은 그가 누군지 잘 알고 있었고, 그의 음악도 잊지 않고 있었어요."

샌디 존스와 쳇 베이커는 함께 마약을 하고 오래도록 운전을 즐기며 대부분의 시간을 보냈다. 가속 페달을 깊게 밟으며 고속도로를 달렸고, 그렇게 스피드를 즐기며 쏟아지는 울적한 마음을 달랠 수 있을 것 같았다. 샌디 존스는 말했다. "쳇 베이커는 마음속에 응어리가 아주 많았습니다. 흑인들이 두들겨 패서 이가 다 부러졌고, 한때 최고의 재즈 연주자였지만 그것도 다 과거의 일이 돼 버렸죠. 아버지에게 많이 맞은 얘기도 하더군요. 원래 많이 맞은 애들은 그런 일을 잊지 않고 가슴에 담아 두게 마련이잖아요." 쳇 베이커는 처음 캐럴을 만난 1960년 무렵, 그녀가 얼마나 아름다웠는지 얘기했단다. 그러나 그때 간직했던 동화 같은 꿈은 냉혹한 현실이 돼 있었다. 자기 때문에 그녀가 마약을 복용하게 된 데 대해서도 많은 죄책감을 느끼고 있는 것 같았다. 헬레마와 첫아들인 체스니 아프타브를 어떻게 대했는지도 마찬가지였다. 샌디 존스는 쳇 베이커가 헬레마와 아들을 다시 만나고 싶어 했다고 말했다. 아마 그들에게 준 상처를 되돌리려 했는지도 모른다. 물론 너무나 늦었지만 말이다.

밀피타스의 집으로 샌디 존스를 데려온 쳇 베이커는 그녀를 빌 러프버러의 친구로 소개했다. 캐럴이 남편의 여성 편력을 얼마나 알고 있었는지는 확실히 말할 수 없다. 그러나 이 세 사람의 걱정은 다른 데 있었다. 서른 살이 된 캐럴과 가벼운 친분을 유지했다고 기억한 샌디 존스는 이렇게 말했다. "우리 셋은 모두 헤로인을 복용하고 있었잖아요." 캐럴은 분명 다른 데 관심을 돌릴 여유가 없었다. 하루는 이런 일도 있었다. 샌디 존스에 의하면 쳇 베이커가 엄청난 양의 진정제를 먹었다며 캐럴이 잔뜩 겁에 질린 목소리로 자기에게 전화했던 모양이다. 샌디 존스는 말했다. "그가 약을 먹고 자살하려 한다고 얘기하더군요."

물론 쳇 베이커가 스스로 목숨을 끊으려 한 것은 아니었다. 그러나 그는 다른 방법으로 사고를 치기 시작했다. 어머니 때문에 비롯된 것이나 마찬가지지만, 여자들에 대한 쳇 베이커의 감정은 심한 양극의 성향을 보여 주었다. 그는 언제나 여자를 필요로 했고, 또한 그 때문에 여자를 증오했다. 그리고 그즈음, 그러한 쳇 베이커의 희생양이 된 사람은 바로 샌디 존스였다. 세월이 지나, 그녀는 "쳇 베이커가 자신을 죽이려 했던" 때를 떠올렸다. 비록 샌디 존스는 그가 왜 그랬는지 결코 이해하지 못했지만, 실제로 그런 일이 있었다. 하루는 그가 "온몸을 새까만 옷으로 걸쳐 입은 채" 아파트에 들렀다. 그러고는 샌디 존스를 난폭하게 화장실로 밀어 넣더니 마약을 준비하고 그녀의 팔을 묶은 뒤 바늘을 찔러 댔다. 샌디 존스는 말했다. "무릎에 힘이 빠지기 시작하더군요. 내가 깨어난 건 며칠이 지난 뒤였어요." 그녀는 쳇 베이커가 자신을 바닥에 내버려둔 채 떠나 버렸다는 걸 알게 됐다. 샌디 존스는 당시의 상황을 떠올리다가 웃으며 이렇게 내뱉었다. "슬펐어요! 정말 슬프고 우울한 일 아닌가요." 다행히도 두 명의 친구가 아파트에 들러 그녀를 구했다. "친구들이 구강 대 구강 호흡을 시도한 모양이었어요. 여섯 시간인가 여덟 시간 동안 나를 데리고 이리저리 걷게 하기도 하고, 결국은 가까스로 호흡이 돌아와서 살아날 수 있었죠."

그러나 샌디 존스는 쳇 베이커의 매혹에서 아직도 벗어나지 못하고 있었다. 이보다 더 안 좋은 일이 기다리고 있었는데도 말이다. 그녀에게 과다 복용을 유도한 지 얼마 지나지 않아, 쳇 베이커는 땀에 절어 버린 한 마약중독자 여인을 데리고 다시 아파트에 왔다. 그리고 가지고 있던 주삿바늘 하나로 셋이서 함께 마약을 하자고 말했다. 쳇 베이커가 먼저 한 뒤, 그 여자가 다음, 그리고 샌디 존스가 그다음이었다. "그건 사실 마음에 들지 않았어요. 같은 바늘로 다른 사람과 한다는 게 내키지 않았거든요. 하지만 그가 원해서 그렇게 했죠."

며칠 뒤, 샌디 존스는 코켓츠의 무대 쇼를 담은 「궁전Palace」이란 이름의 짧은 다큐멘터리에 카메오로 출연하게 됐다. 그녀와 다른 여자 배우 하나는 옷을 모두 벗고 노란 페인트로 몸을 칠했다. 서로의 몸을 지켜보던 샌디 존스가 배우에게 이렇게 말했다. "이것 봐요. 당신보다 내 몸이 왜 더 노랗게 변하는 거죠? 같은 페인트 아닌가요?" 샌디 존스는 심한 간염 증세로 몸져눕게 됐다. 그녀의 아파트에서 다른 이와 헤로인을 투여했을 때 같은 주삿바늘을 써서 감염된 것이었다. 쳇 베이커가 아파트로 그녀를 찾아왔다. 샌디 존스는 바닥에 놓인 매트리스 위에서 거의 정신을 잃은 채 신음하고 있었다. 그런데 쳇 베이커가 그녀를 내려다보다가 "안녕" 하고 인사를 건네더란다. 샌디 존스는 말했다. "그의 그 짧은 말 한마디가 신음하던 내 영혼을 깨운 첫 번째 존재였어요. 세상에, 나는 그를 정말로 사랑했답니다."

아무런 미래의 희망도 없이, 쳇 베이커는 홀로 새너제이 인근의 언덕에 올라 몇 시간이고 생각에 잠겨 있곤 했다. 그러던 1970년 봄, 하나의 결론에 도달했다. 악기 가게를 발견한 그는 안에 들어가 전당포에 맡긴 것을 대신할 낡은 트럼펫을 하나 손에 들었다. 그러고는 차를 타고 돌아다니며 연주할 곳을 물색했다. 월요일마다 재즈 트리오가 잼 세션을 벌이던 피자 가게 리카도스Ricardo's가 눈에 들어왔다. 음악인들은 식당 뒤편에서 단을 하나 만들어 둔 채 연주를 벌이고 있었다. 저녁 주문받는 소리가 음악을 뚫고 허공을 가로질렀다. "40번 피자 하나!" 그러나 정통 재즈가 연주되는 곳은 다른 어디에도 없었다. 심지어 《Birth of the Cool》 앨범에 참여했던 스타급의 알토 색소포니스트 리 코니츠Lee Konitz 마저 리카도스에서 연주하고 있었다. 한번은 식당 안의 소음이 너무 커서, 자기 소리를 듣기 위해 구석으로 가 벽을 향해 악기를 불어야 할 정도였다.

식당 안에 들어서자마자, 드럼을 치고 있던 히피 같은 여인이 쳇 베이커의 눈에 들어왔다. 긴 갈색머리를 자연스럽게 늘어뜨린 다이앤 바브라는 신발도 신지 않고 화장도 하지 않은 상태였다. 그러나 그녀는 음악 속에 완전히 몰입한 듯했고, 이내 쳇 베이커의 관심을 사로잡았다. 다이앤 바브라는 얼마 전부터 남편과 별거 중이었는데, 남편은 가끔 베이스를 연주하던 마약중독자였다. 스물아홉 살의 그녀는 아들인 로니를 데리고 작은 집에 살고 있었다. 로니는 쳇 베이커의 아들 딘과 같은 나이였다. 다이앤 바브라는 그가 발표한 앨범 《Baby Breeze》가 자신의 인생을 바꾸었다고 믿고 있었다. 그리고 얼마 전 쳇 베이커가 다시 트럼펫을 샀다는 소문도 듣고 있었다. 그런데 그런 그가 무대 바로 앞에 의자를 놓고 앉아 있는 것이 아닌가. 무릎 위에 악기를 올려놓은 쳇 베이커는 다이앤 바브라를 뚫어져라 쳐다보고 있었다. 그녀는 이렇게 회상했다. "그에게서 후광을 봤어요. 그리스 신화에 나오는 아도니스 같았죠. 정말 눈부셨다는 말밖에는 할 수 없네요." 한 곡이 끝나자 그가 이름을 물어 왔다. 그러고는 이렇게 말했다. "연주 잘

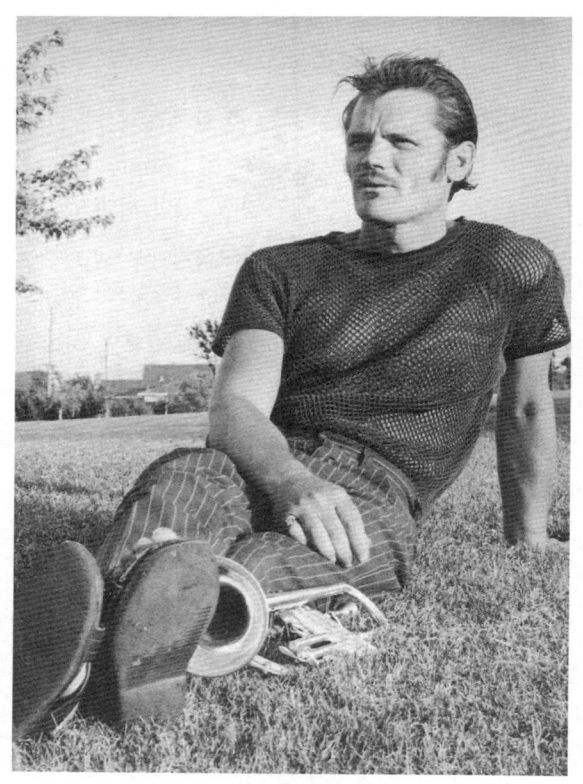

쳇 베이커의 망중한. 1970년 봄 캘리포니아 새너제이의 잔디밭에서.

하네요, 다이앤." 그녀는 평소 들어왔던 무서운 소문과 달리 매우 부드럽게 얘기하는 그를 마주하며 깜짝 놀랐다. 다이앤 바브라는 말했다. "아주 수줍어하더군요. 말하는 방식도 참 세련되더라고요. 아주 천천히 말했습니다. 훗날 그는 우리가 처음 만난 날에 대해 사람들에게 말하는 걸 좋아했어요. 내가 신발도 신지 않고 연주하더라는 얘기를 빼놓지 않았죠."

첫 베이커는 일렉트릭 피아노를 연주하던 돈 매캐슬린Don McCaslin에게 자신을 소개하고 함께 연주해도 괜찮겠느냐고 물었다. 연습이 돼 있지 않던 탓에 그의 연주는 삐걱거리기만 했다. 그러나 10대들의 고함치는 소리로 가득 찬 피자 가게에서 잘 연주하려고 애쓰는 그의 모습에 다이앤 바브라의 마음은 이내 녹아 버리고 말았다. 아무도 그의 연주에 귀를 기울이지 않았지만 말이다. 첫 베이커는 매주 이곳을 찾아와 연주에 임했다. 어떤 대가를 치르더라도 다시 예전의 연주력을 회복하겠다는 의지가 엿보였다. 그가 연주를 벌인다는 얘기가 퍼져 나가고, 음악인들은 악기를 들고 나타나 첫 베이커와 함께 연주할 기회를 얻고 싶어 했다. 물론 그들은 함께 무대에 설 수 있었다. 그러나 첫 베이커에게 진정으로 깊은 관심을 가지고 있던 연주자는 오로지 다이앤 바브라뿐이었다. 어느 날 그는 연주를 시작하기 전에 그녀를 데리러 가서 드럼 옮기는 것을 도와주겠다고 얘기했다. 이처럼 학생 같아 보이는 그의 행동이 두 사람 사이에 사랑을 심어 주었고, 그들의 만남은 이후로 3년 동안 지속됐다. 그리고 1982년에 다시 만나 첫 베이커가 세상을 떠날 때까지 두 사람의 두 번째 사랑이 이어졌다. 다이앤 바브라에게 쳇 베이커는 고전적 남성상의 아름다움을 띠고 있었다. 아버지의 모습과 재즈의 신 같은 이미지가 한데 어우러졌다고나 할까. 아무런 기약과 희망도 없이, 그녀는 쳇 베이커를 사랑하게 됐다.

그녀가 자신이 살아온 나날에 대한 이야기를 꺼내자, 쳇 베이커는 두 사람에게 공통점이 많다는 사실을 알고 놀라움을 금치 못했다. 그가 그랬듯이 다이앤 바브라도 화려한 어린 시절을 보냈다. 1953년 2월 5일, 새너제이의 일간지 『메이페어*Mayfair*』는 다음과 같은 기사를 내보냈다. "천부적인 재능을 타고난 열두 살의 다이앤 화이트Diane White —E. M. 화이트 부부의 딸—는 처음 들은 노래를 그 자리에서 비슷하게 연주할 수 있다. 선생님들에 의하면, 그녀는 음표를 하나하나 그려 가며 작곡할 수도 있고, 이미 그 수준은 높은 교육을 받은 음악인들과 견줄 만하다고 한다." 피아노를 치며 노래하기를 좋아하던 그녀의 아버지도 재즈를 사랑했다. 그러나 과음 때문에 그녀를 실망시킬 때가 많았다고 했다. 다이앤 바브라는 말했다. "집에 돌아오면 아버지는 술에 취해 바닥에 누워 있곤 했어요. 그래서 내 방에 가려면 아버지를 넘어가야 했죠. 방에 들어서면 찰리 파커의 레코드 《Relaxin'at Camarillo》를 틀어 놓곤 했습니다. 그건 정말 대단한 계시였어요!"

색소폰과 클라리넷을 비롯한 여러 악기를 배운 뒤, 다이앤 바브라는 한 베이시스트와 결혼했고, 그의 곁에서 드럼을 치며 지역의 클럽을 중심으로 활동하기 시작했다. 그녀가 마지막으로 택한 악기는 색소폰. 알토 색소폰에서 시작해 그다음에는 소프라노 색소폰을 연주했다. 리 코니츠에게 레슨을 받을 때는, 필 우즈Phil Woods가 연주한 꽤 어려운 솔로를 음정 하나 틀리지 않고 재연해 내 스승을 깜짝 놀라게 한 적도 있었다. 쳇 베이커는 다이앤 바브라의 음악을 매우 인상 깊게 지켜봤으며, 함께 무대에 서거나 앨범을 녹음하도록 종용했다. 그러나 그녀는 굳이 그럴 필요가 없다고 느꼈다. 다이앤 바브라는 말했다. "난 그저 연주하는 자체가 좋았을 뿐이에요. 스타가 되거나 유명해지는 것 같은 꿈을 가지지는 않았습니다."

진정한 영혼의 벗을 만나 무언가 새롭게 시작할 수 있음을 깨달은 쳇 베이커는 가까운 이들에게 그녀를 소개했다. 잭 심프슨과 빌 러프버러, 그리고 이미 어느 의사와 사귀고 있던 샌디 존스까지 모두 다이앤 바브라를 만났다. 샌디 존스는 말했다. "아주 자랑스러워하더군요. 마치 모든 걸 손에 쥔 수탉처럼 말이에요. 쳇 베이커는 음악적으로 같이 뭔가 할 수 있는 사람을 만나 정말 행복해했어요." 다이앤 바브라 역시 재즈계의 천재와 새로운 사랑을 시작하게 됐다며 친구들에게 흥분한 목소리로 얘기했다. 쳇 베이커는 그녀를 만나러 밀피타스의 집을 나설 때마다 캐럴에게는 바브라의 플라토닉한 남성 룸메이트인 테리를 방문한다고 말하며 둘의 관계를 은밀하게 유지했다.

다이앤 바브라에게는 쳇 베이커의 많은 것들이 수수께끼처럼 다가왔다. 그래서 그녀는 말수 적은 새 연인의 마음을 열기 위해 애썼다. 그녀는 쳇 베이커에게 이렇게 말했다. "나는 당신의 영혼을 찾아 나섰어요. 당신 삶에서 어떤 일이 일어나고 있는지 알고 싶은 거예요. 당신은 어때요, 쳇?" 천천히 모습을 드러내는 쳇 베이커의 현실은 그녀에게 완벽한 좌절을 뜻할 뿐이었다. 그리고 그 중심에 바로 캐럴이 존재했다. 쳇 베이커는 아내에 대해 이렇게 불만을 늘어놓았다. "그녀는 내 음악에 대해 아무것도 몰라. 제일 좋아하는 가수도 엘비스 프레슬리라더군!" 그러면서도 쳇 베이커는 막상 이혼할 용기가 없었다. 다이앤 바브라는 그런 그의 마음을 이해하기 힘들었다.

쳇 베이커의 음악 경력은 자신의 결혼 생활만큼이나 희망 없이 정체해 있었다. 더구나 일렉트릭 악기를 동원한 재즈록의 "퓨전"은 그나마 남아 있던 정통 재즈 시장을 일거에 날려 버렸다. 이 움직임의 선봉에 선 것은 마일스 데이비스였다. 거친 사내들이 싸움할 때 쓰는 쇠못 박힌 장갑을 손에 낀 채 그가 쏟아 내는 격정의 사운드는 최고조에 이르러 있었다. 그에게 첫 골드 레코드의 영예를 안겨 준《Bitches Brew》는 마치 차가운 강철로 안면을 강타하는 것 같은 충격을 안겨 주었다. 1970년에 발표된 이 앨범은 그동안 마일스 데이비스가 간직해 왔던 것들을 모두 뒤집어 버렸다. 멜로디와 서정성, 그리고 난해한 화성 진행 등 모든 것을 말이다. 그가 대신 선택한 것은 끊임없이 깔리는 전기 사운드였고, 기존의 생각으로는 하나의 곡이라 칭할 수 없는 경우였다. 이를 통해 록 음악을 듣던 세대가 처음으로 마일스 데이비스의 존재를 인식하게 됐지만, 그의 예전 팬들은 변해 버린 그를 혐오스러워했다. 쳇 베이커는 제롬리스에게 이렇게 말했다. "내 생각엔 마일스 데이비스가 사람들을 화나게 하면서 오히려 그걸 즐기는 것 같아." 퓨전의 거센 물결은 쳇 베이커를 당혹케 했다. 그는 다이앤 바브라에게 이렇게 말했다. "어떨 때 그 곡들은 가만히 앉아서 듣기가 참 힘들어. 재즈가 도대체 어디로 가는 건지 알 수 없단 말이야."

쳇 베이커는 자신만의 방법으로 계속해서 음악을 벌여 나가고자 했다. 놀림감이 되는 것을 무릅쓰고 그는 인근의 여러 바와 클럽에 전화를 걸어 단 하루나 이틀만이라도 좋으니 연주를 할 수 있게 해 달라고 요청했다. 잭 심프슨은 이렇게 말했다. "물론 재즈가 연주되는 곳에서 그를 마다할 리는 없었죠. 하지만 그들은 쳇 베이커를 무대에 세우더라도 따로 홍보하지 않았어요. 왜냐하면 굳이 그가 등장한다는 소식을 알려서 다른 문제가 일어나는 걸 원하지 않았으니까요." 그도 그럴 것이, 경찰은 언제나 쳇 베이커에게서 눈을 떼지 않고 있었다. 밀피타스로 이사 온 이래, 이미 마약을 한 채 운전하다가 체포된 적이 있었다. 그때 잭 심프슨은 그와 법정에 동행했다. "범죄 경력이 참 화려하더군요. 그곳 사람들이 이렇게 말했어요. 한 번만 더 잡혀 오면 아예 운전을 못 하게 해 버리겠다고 말이에요."

북부 캘리포니아를 중심으로 연주하면서, 쳇 베이커는 자신의 이름을 알리지 않고 무대에 설 때가 대부분이었다. 1970년 5월, 그는 버클리에 위치한 재즈 클럽 뉴올리언스 하우스에서 그곳의 트리오와 함께 하룻밤 공연을 벌였다. 아직 비평가들이 뭐라 언급할 만한 수준에 이르지도 못할 만큼 그의 연주는 형편없었다. 그런데 바로 그 자리에 재즈계의 최고 거물 중 하나인 랠프 J. 글

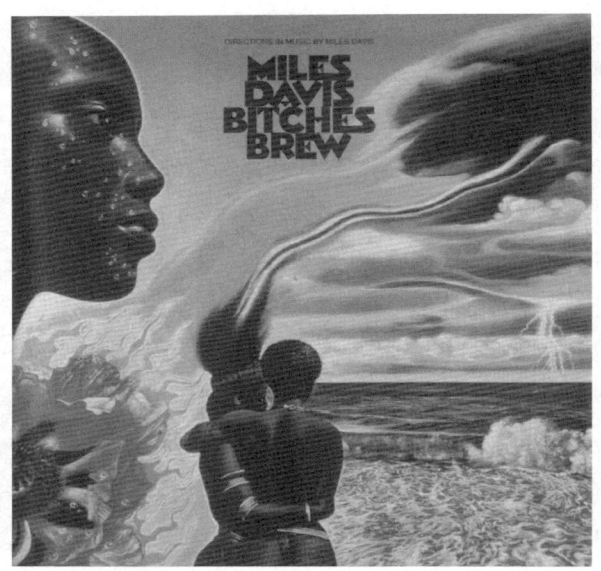

마일스 데이비스, 《Bitches Brew》

리슨이 와서 앉아 있는 게 아닌가. 학구적인 분위기를 풍기며 파이프 담배를 즐겨 피우던 그는 당시 『샌프란시스코 크로니클』에 칼럼을 쓰고 있었다.

사흘 뒤, 쳇 베이커는 음악 생활을 해 오면서 가장 곤혹스러운 리뷰를 읽게 됐다. "쳇 베이커의 음악을 들으러 온 이는 몇 되지 않았다"는 불길한 제목의 긴 칼럼이었다. 썰렁하기 그지없는 클럽 안에 앉아 있던 랠프 J. 글리슨은 깃 없는 스웨터를 입고 악기 가방을 든 채 느릿느릿 나타난 쳇 베이커가 펼쳐 보인 "악몽"을 지켜봤다. 그는 1952년에 처음 재즈계에 등장한 신인 시절의 쳇 베이커를 극찬했었지만, 이제 마주한 이 트럼페터는 "동창 모임에 모습을 드러낸 왕년의 풋볼 선수 같았다"고 썼다. 그리고 "오랜 세월과 좌절 끝에 피폐한 모습과 불안하기 짝이 없는 악마 같은 인상"이 쳇 베이커의 얼굴 한가득 새겨져 있었다고 했다. 그는 쳇 베이커와 다른 연주자들이 연주를 벌이는 동안 살아 있다는 느낌을 받지 못했다고 덧붙였다. 쳇 베이커가 "예전에 선보이던 번지르르한 노래와 예쁜 척하던 음악"은 이제 공허하고도 바보 같을 뿐이었다고 하던가. 이 비평가는 다음과 같이 칼럼을 마무리했다. "그날의 연주는 마치 다른 세상에 있는 것 같은 인상을 남겼다. 잘못된 곳으로 가 버린 타임머신을 탄 것처럼 무시무시했다. 카프카가 연출한 뮤지컬이라고나 할까. 음악으로 만든 비극이란 바로 그런 것이었다."

이 리뷰를 읽고 난 뒤, 쳇 베이커는 어머니 베라의 집에 가서 집 안의 모든 창문을 주먹으로 박살 냈다고 훗날 얘기했다. 그다음 그는 다이앤 바브라의 집으로 갔다. 그녀와 그녀의 아버지가 쳇 베이커를 다독이려 했지만 아무런 위안도 받지 못한 듯했다. 쳇 베이커가 아이들을 데리고 그녀의 집에 놀러 왔을 때, 다이앤 바 브라는 모든 가족이 그 때문에 얼마나 심한 고통을 받고 있는지 확인할 수 있었다. 그녀는 말했다. "어쩌면 말을 그렇게도 심하게 하던지. 정말 못되게 굴더군요. '애들은 그냥 내버려둬. 하나같이 바보 같은 녀석들이니까' 하고 말하는 게 아니겠어요." 어느 날 밤 쳇 베이커가 해 준 말을 듣고 그녀의 경악은 최고조에 이르렀다. "젠장, 내가 어머니를 때렸어." 다이앤 바브라는 그가 마약 살 돈 을 만들기 위해 텔레비전을 비롯한 어머니의 물건들을 전당포에 맡긴다는 사실도 알게 됐다. 이렇듯 쳇 베이커의 진실에 대해 눈 을 뜬 뒤, 다이앤 바브라는 그에게서 벗어나려고 기를 쓰곤 했다. 하지만 그럴 때마다, 그는 가슴이 터질 듯한 감성 어린 행동으로 자기 곁을 떠나지 못하게 했다. 쳇 베이커는 사랑을 나누다가 난 데없이 울음을 터뜨리기도 했다.

결국 다이앤 바브라는 그가 얼마나 강한 자기도취에 빠져 있는 지 깨달았다. 그러고는 LSD를 권했다. "그러면 그가 나르시시즘 에서 벗어날 수 있을 것 같았어요. 자기 자신과 세상의 관계를 좀 더 현실적으로 볼 수도 있을 테고 말이에요." 그녀가 건넨 LSD를 복용한 쳇 베이커는 그녀와 함께 차를 타고 끝없이 질주했다. 그 순간만큼은 아무런 제약도 받지 않을 것 같았다. 그런데 운전석 에 앉은 그가 멍청한 아이처럼 계속해서 낄낄거리는 바람에 더 이 상 운전이 힘들어 보였다. 다이앤 바브라가 운전석에 앉았다. 환각제를 복용한 그가 자꾸만 웃음을 터뜨리기만 했다는 것은 그동안 기쁨의 감정이 얼마나 억눌려 있었는지 여실히 보여 주었다. 그러나 LSD의 효과가 사라지자, 쳇 베이커는 이내 음침한 자아의 세계로 돌아가 버렸다.

친구들은 계속해서 그를 돕기 위해 애썼다. 아트 프랭크는 누군가 쳇 베이커의 새 앨범을 제작해 줄 수 없는지 수소문하고 다녔다. 내심 드럼은 자신이 연주하겠다는 생각을 가진 채 말이다. 그의 재촉을 받은 니키 블레어는 아는 친구를 통해 한 인물을 찾아냈다. 언뜻 생각하기에 쳇 베이커의 앨범을 제작할 의사가 전혀 없을 것 같아 보이던 이 주인공은 MGM 레코드사의 사장인 마이크 커브Mike Curb 였다. 당시 스물다섯 살이던 그는 팝 음악계의 "모범생"으로 불렸다. 섹스와 마약, 그리고 로큰롤이 뒤흔들던 그 시대에, 마이크 커브는 가학적인 요소를 지닌 소속 음악인들을 모두 해고한 뒤 음악 비즈니스를 정화하겠다고 나섰다. 이들을 대신해, 정갈한 이미지로 유명했던 오즈먼드 브라더스Osmond Brothers 와 마이크 커브 자신이 직접 이끌면서 사회 정의를 외치던 합창단 마이크 커브 콩그리게이션Mike Curb Congregation 이 새롭게 MGM 레코드사에 자리 잡았다.

마이크 커브는 쳇 베이커에 대해 아는 바가 거의 없었다. 그러나 니키 블레어의 개인적인 부탁도 있고 해서—니키 블레어 자신이 그렇게 주장했다—별다른 거리낌 없이 1970년 안에 한 장의 앨범을 제작한다는 조건으로 계약서에 서명했다. 공교롭게도 생존해 있는 재즈 연주자들 중에서 가장 악명 높은 마약중독자의 작품을 만들게 된 것이었다. 그렇게 제작된 앨범이 《Blood, Chet and Tears》였다. 쳇 베이커는 이 앨범에서 라디오 방송의 히트곡들을 연주했다. 앨범 타이틀을 따온 재즈록 밴드 블러드, 스웨트 앤드 티어스Blood, Sweat & Tears 의 곡들(〈Spinning Wheel〉과 〈You've Made Me So Very Happy〉)은 물론, 보비 셔먼Bobby Sherman 의 노래 (〈Easy Come, Easy Go〉)와 아치스Archies 의 노래(〈Sugar, Sugar〉)도 포함됐다. 쳇 베이커가 함께 연주한 리듬 섹션은 그야말로 고등학교의 록 밴드 같은 수준밖에 안 됐다. 결국 이 앨범에 실린 음악은 달콤한 관악기 연주와 딸랑거리는 벨소리만 남발한 채 별다른 인상을 남기지 못했다. 쳇 베이커의 트럼펫이 마치 반쯤 잠든 채 연주된 양 들리는 것도 그다지 놀랄 일은 아니었다. 아트 프랭크는 이 녹음 작업에 참여하지 못했지만, 대신 앨범의 해설을 집필할 수 있었다. 그는 이 작품이 "마치 금이나 우라늄을 찾는 과정처럼 진정한 보석 중의 보석"이라고 썼다. 쳇 베이커는 돈을 챙겼고, 앨범은 아무 주목도 받지 못한 채 이내 시중에서 사라져 버렸다.

그해, 쳇 베이커에게 마지막으로 "구원"의 손길을 내민 것은 잭 심프슨이었다. 당시 그는 고등학교 1학년생들에게 미술을 가르치고 있었는데, 학기가 끝나고 방학이 되자 스스로 쳇 베이커의 매니저를 맡겠다고 나섰다. 네 명의 젊은 연주자들을 뽑아 밴드를 구성했고, 몇 주 동안 어머니 베라의 집 지하실에서 연습을 시켰다. 쳇 베이커의 연주력이 서서히 살아나는 것을 확인한 잭 심프슨은 매우 기뻐했다. 그리고 그가 마약을 하지 않도록 옆에서 많은 신경을 썼고, 건강을 위해 제때 식사하는지 일일이 챙기기도 했다. 그러나 새로운 마약 딜러를 알게 되면서 쳇 베이커의 결심은 이내 무너져 버리고 말았다. 오래 지나지 않아 그와 밴드의 젊은 연주자들은 연습해야 할 대부분의 시간을 함께 마약이나 하며 노닥거렸다.

샌프란시스코에서 가장 유명했던 재즈 클럽 엘 매터도어El Matador가 새로 구성된 쳇 베이커 퀸텟의 연주를 무대에 올리기로 하자 잭 심프슨은 희망에 부풀어 올랐다. 공연이 시작되기 이틀 전, 『샌프란시스코 크로니클』은 마치 수배 전단에 실린 것 같은 쳇 베이커의 작은 사진과 함께 이 소식을 보도했다. 지저분한 검은 티셔츠의 그는 면도도 하지 않은 채 기름기 흐르는 머리를 하고 있었으며, 움푹 팬 볼과 히피 스타일의 길게 기른 구레나룻 때문에 누가 봐도 마약중독자 같다는 인상을 남겼다. 첫 번째 공연이 시작되기 전, 이 일간지의 젊은 연예 담당 기자 존 L. 와서먼John L. Wasserman이 쳇 베이커를 인터뷰하기 위해 클럽에 왔다. 그러나 이 트럼페터의 모습은 어디에도 보이지 않았다. 기자는 잭 심프슨이 묘사한 것처럼 무대 뒤의 작은 대기실에서 "멍하니" 앉아 쳇 베이커를 마냥 기다리기만 했다. 어쨌든 존 L. 와서먼은 공연 리뷰를 신문에 실었다. 쳇 베이커의 연주는 "훌륭하게" 들렸지만 어딘지 "시간 속에 정지해 버린 느낌이 들었으며, 그 시간은 현재가 아닌 과거의 어느 날 같았다"고 썼다. 기자는 이렇게 덧붙였다. "밴드가 함께 연주를 펼치기 시작하자 쳇 베이커의 육체적인 문제들이 어느새 해소돼 버렸다. 어떤 이유에서 이런 일이 가능했는지 알 수 있다면 흥미로울 것 같았다." 그러나 해결된 문제는 아무것도 없었다. 공연은 한 주 만에 막을 내릴 수밖에 없었다. 잭 심프슨은 이렇게 말했다. "첫 연주료를 받은 쳇 베이커는 그 이후로 나흘 동안이나 나타나지 않았습니다. 그리고 다른 클럽 무대도 잡을 수 없었죠. 한 주 만에 돈을 받고 사라져 버렸다는 얘기가 이미 사람들 사이에 빠르게 퍼진 뒤였으니까요."

쳇 베이커는 다시 연주를 시작해야겠다는 의지를 잃어 가고 있었다. 1953년에『멜로디 메이커』와 가진 인터뷰 내용을 회상하면서 그는 잭 심프슨에게 말했다. 배를 하나 사서 일 따위는 모두 잊어버리고 항해나 했으면 좋겠다던 얘기. 친구와 함께 ─ 평생토록 할 만큼 많은 "마약"을 가지고 ─ 그렇게 살았으면 좋겠다던 얘기말이다. 그 꿈을 날려 버린 쳇 베이커에게 다른 선택의 여지가 있었을까. 잭 심프슨은 얘기했다. "그가 날 가지고 놀더군요. 그래서 우리는 더 이상 함께할 수 없었어요. 어느 날 아침 자리에서 일어난 나는 그의 집으로 갔죠. 그러고는 이렇게 말했습니다. 자네는 앞으로도 변할 것 같지 않아. 이젠 작별이네." 그러나 그 뒤에도 쳇 베이커는 캐럴과 함께 로스가토스에 있는 잭 심프슨의 집을 방문하곤 했다. 그는 말했다. "방금 내 트럼펫을 전당포에 맡겼거든. 그래서 오늘 밤에 같이 영화나 하나 보려고 해." 잭 심프슨은 더 이상 아무런 동정도 느끼지 못했다. "악기를 잡히고 돈을 빌렸다니, 난 자넬 존중할 마음이 전혀 없어. 도대체 누굴 위해서 그러는 건가? 어차피 악기는 가지고 있어야 한다는 걸 몰라?" 잭 심프슨은 그렇게 그들을 돌려보냈다.

어느새 캐럴은 다이앤 바브라의 존재를 알게 됐다. 두 사람이 사랑한다는 사실은 아직 깨닫지 못했지만 말이다. 다이앤 바브라는 말했다. "가끔은 내가 애들을 봐 주기도 했어요. 그러면 쳇 베이커와 캐럴은 함께 마약을 하려고 샌프란시스코에 갔죠." 어느 날 다이앤 바브라는 공포에 휩싸인 캐럴의 전화를 한 통 받았다. 그녀는 다짜고짜 쳇 베이커가 너무 많은 수면제를 먹어서 어떻게 해야 할지 모르겠다고 하소연을 늘어놓았다. 다이앤 바브라는 밀피타스로 가서 쳇 베이커를 차에 태우고 왔다. "캐럴의 얼굴을 보니, 두 눈이 시퍼렇게 멍들어 있더라고요." 그녀는 새너제이의 집으로 쳇 베이커를 데려다주기 전까지 사흘 동안 히스테리에 빠진 남자의 면면을 직접 확인했다. "한번은 옷을 모두 벗어 버리더니 앞마당에 나가 뛰어다니기도 했죠." 언제나 부드럽게 말하던 다이앤 바브라였지만 결국 감당할 수 있는 한계를 넘어 화를 내고야 말았다. "정말이지 당신처럼 더러운 성질을 가진 사람은 처음 보겠어요!" 그랬더니 쳇 베이커는 눈물을 떨어뜨리며 그녀의 팔에 안겨 버렸고 흐느끼는 목소리로 이렇게 말했다. "내 좌절감이 얼마나 큰지 아직도 모르겠어?" 다이앤 바브라의 마음은 이내 누그러졌다. "알아요. 내가…… 왜 모르겠어요." 그렇게 그녀는 쳇 베이커가 쳐놓은 질긴 거미줄에 다시 걸려들 수밖에 없었다.

쳇 베이커는 아내에게 다이앤 바브라에 대해 얘기할 배짱이 없었다. 대신 예의 그 수동적이면서도 공격적인 방법으로 그녀가 직접 사실을 알아내게 했다. 1971년의 어느 날, 아이다호주의 보이시Boise에서 연주할 기회가 있었다. 그는 혼자 차를 타고 가서 도착하자마자 다이앤 바브라에게 비행기 티켓을 보냈다. 그리고 함께 모텔에 묵다가, 일을 마친 뒤 같이 차를 타고 돌아왔다. 얼마 지나지 않아 쳇 베이커가 쪽지 한 장을 보내왔다. 캐럴이 두 사람의 관계를 알게 됐다는 내용이었다. 충분히 예상할 수 있었듯이, 캐럴은 쳇 베이커의 코트 주머니에서 다이앤 바브라의 이름으로 돼 있는 비행기 좌석표를 발견했던 것이다. 아내의 분노를 솔직하게 마주할 수 없었던 쳇 베이커는 "한 남자는 동시에 두 여자를 사랑할 수도 있다"는 투의 변명만 늘어놓았다. 그는 다이앤 바브라에게 캐럴이 전화를 걸어 난리를 피울지 모른다고 일러 주었다. 하지만 성난 캐럴의 연락을 받은 그녀가 막상 무슨 대꾸를 할 수 있었을까. 다이앤 바브라는 말했다. "우리 어머니에게 전화해서는 고래고래 소리를 치더래요. 가정파괴범이니, 창녀니, 하면서 말이죠." 루스 영도 쳇 베이커를 통해 나중에 이 일을 전해 들었다. "캐럴은 제정신이 아니었겠죠. 다이앤의 어머니는 거의 신경쇠약에 걸릴 지경이었고요. 하지만 캐럴은 여간해서 전화기를 내려놓으려 하지 않았다더군요. 쳇 베이커는 그런 아내를 막기 위해 아무것도 하지 않았어요." 이후로 몇 달 동안 다이앤 바브라에게는 "끔찍한" 나날이 이어졌다.

예상치 못한 어떤 변화가 생기기 전에, 쳇 베이커는 뭔가 실행에 옮겨야만 했다. 1972년, 그는 메타돈 재활 프로그램에 등록했다. 그의 말에 의하면 캐럴도 함께했던 모양이다. 훗날 쳇 베이커는 루스 영에게 말했다. 그것이야말로 캐럴에게 독립적인 마음을 갖게 해 줄 수 있는 유일한 방법이었다고 말이다. 물론 이를 통해 그는 아내에게서 벗어날 길을 찾고자 했다. 이듬해, 쳇 베이커는 다시 뉴욕으로 거처를 옮겨야겠다고 결심했다. 그러나 그가 동행하고자 한 이는 아내가 아닌 다이앤 바브라였다. 쳇 베이커는 아파트를 얻어 함께 살며 그녀의 아들 로니를 키우자고 설득했다. 캐럴과 세 아이들은 그대로 밀피타스에 머물러 있을 것이라고 했다. "알았다고 대답은 했지만, 나는 그렇게 할 수 없으리란 사실을 잘 알고 있었어요." 다이앤 바브라는 그렇게 회상했다. "내 어린 아들에게 안정적인 가정을 꾸려 주고 싶었거든요. 그 또한 결국 해내지 못했지만."

14
꿈꾸는 법을 잊어버린 사내

1년 동안 메타돈 재활 프로그램을 받은 쳇 베이커는 비로소 미래의 길을 가늠할 수 있을 만큼 머리가 맑아졌다. 1973년 6월, 다시 뉴욕의 문을 두드리기로 하고, 먼저 덴버에 들러 신뢰하는 친구 필 어소를 만났다. 두 사람 모두 끝없는 나락에 추락한 적이 있었지만, 이 색소포니스트도 이제 헤로인의 망령에서 벗어나 있었다. 결혼한 뒤 첫 아이를 기다리고 있던 필 어소가 당시 하던 일은 덴버 교육청의 음악 교사였다. 그는 쳇 베이커를 데리고 인근의 재즈 클럽에서 연주를 벌이던 디지 길레스피를 찾아갔다. 무대 위에 서 있던 그는 자못 과장된 말투로 한때 자신의 라이벌이기도 했던 쳇 베이커를 관객에게 소개했다. 필 어소에 대한 말도 아끼지 않았다. 쳇 베이커와 필 어소는 자리에서 일어나 사람들이 보내 준 박수에 화답했다.

마지막 무대가 끝나자, 디지 길레스피는 포커나 한 판 하자며 호텔 방으로 두 사람을 초대했다. 그가 물었다. "그나저나 당신들은 무슨 일로 지금 여기에 와 있지?" 필 어소는 쳇 베이커가 재기하기 위해 뉴욕으로 가던 길이었으며 자신도 합류할지 모른다고 설명했다. 디지 길레스피는 말했다. "가만, 그렇다면 연주할 데가 아직 없다는 말이네?" 그는 얼마 전 맨해튼에 새로 생긴 재즈 클럽 하프 노트Half Note에서 연주했던 얘기를 들려주었다. 디지 길레스피는 주저 없이 수화기를 들어 다이얼을 돌렸고 클럽의 주인들과 통화를 했다. 그리고 "체티" 베이커가 연주할 곳을 찾고 있다는 얘기를 덧붙였다. 30분쯤 지났을까, 쳇 베이커를 찾는 전화벨이 울렸다. 그는 수화기를 내려놓으며 필 어소에게 말했다. "이봐, 필. 우리 뉴욕에서 2주 동안 연주할 데가 생겼어!"

그러나 의기양양했던 쳇 베이커는 이내 두려움에 사로잡혔다. 무대에 서려면 3주밖에 남지 않았건만, 그는 아직 준비가 돼 있지 않다는 걸 스스로 잘 알고 있었다. 1973년 초, 그는 잭 셸던과 함께 데이브 프리시버그Dave Frishberg가 이끄는 트리오에 합류한 적이 있었다. 위트가 넘치면서도 지적인 작곡가이자 피아니스트 데이브 프리시버그는 스탠더드 곡들을 녹음할 계획이었다. 그러나 쳇 베이커의 연주는 그때까지도 형편없는 수준이었고, 결국 그 녹음테이프는 레코드로 제작되지 못했다. 쳇 베이커는 다이앤 바브라가 덴버에 함께 있다면 긴장을 풀 수 있을 거라 생각했다. 바로 그녀에게 비행기 티켓을 보냈다. 다이앤을 마주한 그는 함께 맨해튼에 갈 계획을 늘어놓았다. 그녀의 아들 로니는 학교에 보내고, 두 사람은 부부처럼 살 수 있을 것이라는 얘기였다. 다이앤은 그의 생각이 터무니없다는 걸 알았지만, 처음에는 굳이 거절하지 않았다. 그녀는 말했다. "마치 그에게 중독돼 있는 것 같았어요. 그에게서 벗어날 수 있을 만큼 강해져야겠다고 생각하면서도 말이죠." 그러나 두 사람 사이에 다툼이 일어났고, 쳇 베이커가 다이앤을 때려 갈비뼈 하나를 부러뜨린 일이 일어났다. 망연자실한 다이앤은 집으로 날아가 버렸고, 쳇 베이커와 필 어소는 어쩔 수 없이 그냥 뉴욕으로 가야 했다.

쳇 베이커가 마지막으로 뉴욕 무대에 선 것은 1959년, 14년 전이었다. 그는 필 어소와 함께 그래도 낯설지 않은 유일한 장소, 브라이언트 호텔에 자리 잡았다. 버드랜드에서 연주하던 시절 묵던 곳이었다. 그러나 이제 이 호텔은 싸구려 여인숙으로 전락해 있었으며, 버드랜드도 이미 8년 전에 문을 닫은 상태였다. 사이키델릭 음악과 흑인들의 펑크가 길거리를 지나는 자동차마다 울려 퍼졌으며, 〈Bad, Bad Leroy Brown〉* 같은 곡이 인기곡 차트 수위를 넘보며 사람들의 관심을 모으고 있었다. 재즈를 연주하던 쳇 베이커의 동료들은 이런 상황에 "익숙해지기" 위해 애쓰던 참이었다. 그러나 그는 당시 세상을 뒤덮고 있던 대부분의 음악을 마음에 들어 하지 않았다.

---

* 1973년 짐 크로스가 발표해 크게 히트한 팝 곡. 짐 크로스는 이 곡으로 일약 스타의 대열에 합류했다. 그러나 이 곡이 차트 1위를 차지한 지 채 두 달도 지나지 않은 1973년 9월 20일 비행기 사고로 세상을 떠나, 가장 불운한 음악인 중 하나로 기록됐다. 당시 그의 나이 30세였다.

하프 노트를 운영하고 있던 세 남매 마이크, 소니, 로즈메리 칸테리노 역시 같은 생각이었다. 그들은 바로 몇 달 전, 머지않아 미술계의 유행을 이끌게 될 소호 거리를 떠나 맨해튼의 업타운 지역으로 클럽을 옮겼다. 새롭게 문을 연 하프 노트는 브로드웨이 극장들이 가까운 웨스트 54번가와 6번가의 값비싼 지역에 둥지를 틀었다. 과거의 영광을 재현하려는 듯, 세 사람은 우아하고 복고적인 분위기의 식당을 겸한 재즈 클럽을 만들었다. 저녁이면 호화로운 연회가 펼쳐졌고, 베테랑이라 할 수 있는 스타급 재즈 연주자들—디지 길레스피, 스탠 게츠, 소니 롤린스, 빌 에반스 등—이 하룻밤에 무대를 바꿔 가며 연주에 임했다. 분명 칸테리노 남매의 취향은 대단히 높은 수준이었다. 그러나 하프 노트를 찾는 사람들 중 적지 않은 수는 마치 1950년대의 모습으로 치장된 밀랍 박물관에 들어온 듯한 인상을 떨치지 못했다.

1973년 11월 쳇 베이커의 밴드에 합류한 베이시스트 마이클 무어Michael Moore는 훗날 이렇게 말했다. "어딘지 좀 별난 구석이 있었죠. 클럽 안에 들어서면 소니 칸테리노가 턱시도를 입은 채 문앞에 서 있었고, 그의 아내 주디는 금속 장식이 달린 드레스를 늘 어뜨리고 있었습니다. 눈빛만 봐도 그렇게 특별한 외양을 꾸미기 위해 얼마나 많은 돈을 들여야 했는지 쉽게 알 수 있었어요." 결국 이 클럽은 이듬해 문을 닫았다.

하지만 7월만 해도, 불운한 운명의 옛 추억을 되살리겠다는 클럽의 취지에 쳇 베이커만큼 어울리는 연주자는 없었다. 부부 보컬 듀오인 재키 케인Jackie Cain과 로이 크랄Roy Kral °이 첫 번째 무대를 열었다. 쳇 베이커보다 훨씬 이전부터 연주 생활을 해 온 그들이었지만, 두 사람의 노래는 언제나 영원할 것 같은 봄기운을 느끼게 했다. 쳇 베이커의 차례가 됐다. 뉴욕 사람들이 그를 마지막으로 보았을 때, 쳇 베이커의 아름다움은 거의 최고조에 올라 있었다. 그러나 이제 무대 위에 선 그의 얼굴은 예전과 많이 달랐다. 핏기 없이 새하얗고 주름진 볼은 이가 빠진 탓에 안으로 욱어 있었고, 두 눈도 움푹 파여 있었다. 마치 지난 세월 동안 그가 걸어온 잘못된 행로를 그대로 보여 주듯 둥근 까마귀 발자국 모양의 어두운 그림자로 둘러싸인 채 말이다. 히피 같은 구레나룻이 양볼 옆에 자라나 있었고, 10대들의 그것처럼 두꺼운 갈색 머릿결은 엘비스 프레슬리처럼 번들거리는 기름칠을 해서 뒤로 빗어 넘겼다. 한때 그를 쿨하게 보이게 하던 짙은 색 양복과 좁은 넥타이 대신, 야해 보이는 붉은색 상의와 어딘지 어울리지 않는 와인색 바지에 카우보이 스타일의 부츠를 신고 있었다. 전체적으로 고등학교 동창회에 온 농부 같았다고나 할까.

젊은 시절 빛나는 재즈의 왕자로 자리했던 연주자가 거의 송장 같은 모습으로 변해 버렸다는 사실은 중년의 관객들에게 심각한 동요를 불러일으켰다. 음악이 연주되기 시작하자 그보다 더

° 우리나라 재즈 팬들 사이에서는 자주 회자되지 않지만, 재키 앤드 로이라는 이름으로 활동한 이 보컬 듀오는 안정된 음악성을 바탕으로 반세기 넘게 높은 위상을 유지했다. 먼저 음악계에 등장한 로이 크랄(1921~2002)은 재키 케인(1928~2014)과 1946년부터 듀오로 활동했으며—결혼은 1949년에 했다—1996년에는 결성 50주년 공연을 성대하게 치르기도 했다.

큰 충격이 기다리고 있었다. 필 어소를 곁에 둔 채 쳇 베이커는 한때 비상하는 새처럼 훌륭히 소화해 냈던 예전 비밥의 명곡들 — 찰리 파커의 〈Donna Lee〉나 태드 다메론의 〈If You Could See Me Now〉 등 — 을 연주했다. 그런데『멜로디 메이커』의 리처드 윌리엄스가 쓴 글에 의하면 이번에 연주한 이 곡들에서는 많은 음정이 "텅 빈 휘파람 소리처럼 들렸다." 밥 계열의 음악을 연주하던 젊은 피아니스트 해럴드 댄코Harold Danko가 이끈 리듬 섹션은 이제 막 힘들게 길을 건너온 노인 대하듯 아주 조심스럽게 쳇 베이커를 뒤에서 보좌했다.

한 번의 무대가 끝나고 다음 무대가 시작되기 전이면 쳇 베이커는 음악인들이 쉬는 라운지가 마련돼 있던 2층의 화장실 안으로 사라지곤 했다. 어떤 이들은 그가 또 마약을 하는 게 아닌지 의심했지만 사실 그가 한 일은 틀니를 제자리에 다시 잘 끼우는 것이었다. 매일 밤 연주가 이어지면서 쳇 베이커의 의지는 점점 단단해져갔지만,『뉴욕 타임스』의 존 S. 윌슨은 그의 노력을 높이 사지 않았다. "쳇 베이커의 연주는 아직도 열의가 없다고 느껴질 만큼 간결하다. 그늘을 벗어나지 못한 듯 뻣뻣하고 단조롭다."

하지만 쳇 베이커를 궁금해한 관객들 덕에 객석은 연일 사람들로 가득 찼고, 칸테리노 남매들은 7월 23일부터 일정을 한 주 더 연장해 그를 무대에 세웠다. 예정돼 있던 두 번째 주의 공연이 끝나갈 무렵, 스물두 살의 한 금발 여인이 하프 노트의 문 앞에 서서 누군가 건네준 전단지를 들여다보며 크게 놀라워하고 있었다. 어머니가 틀어 주던 레코드의 주인공인 재즈 아이콘이 복귀 무대를 펼치고 있다는 내용이었다. 부모에게 영스타인Youngstein이란 성을 물려받은 루스 영은 영화계의 거물인 백만장자 아버지와 말다툼을 벌이고 집을 나선 참이었다. 그녀는 자신의 우상이던 아니타 오데이나 쳇 베이커처럼 쿨한 노래를 부르는 재즈 가수가 되고 싶어 했다. 하지만 부모에게서는 아무 도움도 받을 수 없다는 걸 깨달았으며, 거의 천재에 가까운 높은 지능지수를 지녔음에도 현실적으로 다가온 불안정함은 스스로의 꿈을 무력하게 만들 뿐이었다.

아버지 앞에서 흘린 눈물이 채 마르지도 않은 채, 루스 영은 클럽 안으로 걸어 들어갔다. 그녀의 외모가 뛰어났던 것은 아니었다. 긴 매부리코 때문에 새 같은 인상을 가지고 있었으며, 길게 늘어뜨린 곱슬머리로 버클리에서 온 히피 같다는 느낌을 주었다. 그러나 그녀에게는 남다른 카리스마가 있었다. 붉은색의 짧은 드레스를 입고 바에 앉아 쿨한 모습으로 담배 연기를 내뿜자, 클럽 안에 있던 사람들의 시선이 일제히 몰려들었다. 하지만 루스 영이 주시한 것은 무대 위의 쳇 베이커뿐이었다. 퍼시픽 재즈의 1950년대 레코드 표지에서 보아온 선망의 대상이 도대체 얼마나 끔찍한 모습으로 변했기에 그토록 난리들인지 알아내고 싶었다. 그녀가 목격한 것은 사람들의 거부에 맞서 당당히 무대에 오른 "번민으로 가득한 영혼"이었고, 나락으로부터 스스로를 구하려는 필사의 의지였다. 그녀에게 이런 광경은 적잖이 감동적이었다. "무하마드 알리와 8라운드의 격렬한 권투 경기를 치르고 다시 캔버스에서 일어나 상대방을 마주하고 있는 사람을 보는 듯했어요." 루스 영은 이렇게 말을 이었다. "빨간 재킷과 와인색 바지를 입고 서 있더군요. 정말 이상한 의상이었죠. 그런데도 아주 독특한 매력이 느껴졌습니다. 쳇 베이커는 사람들이 상상조차 하기 힘든 재앙을 삶 속에서 겪었죠. 그런데도 이 지구상에 아직 살아 있어야 하는 이유를 자기 자신 속에서 찾아낼 것 같다는 느낌이 들었어요. 무대 위에서 스스로를 완벽하게 까발린 채, 겉모습은 형편없고 음악도 엉망이었지만 아주 열심히 무언가를 하고 있는 한 남자를 보게 된 겁니다. 바로 그게, 내가 쳇 베이커를 알게 된 순간이었죠."

쳇 베이커 역시 루스 영의 존재를 놓치지 않았다. 훗날 쳇 베이커가 말했듯이, 공연이 끝난 뒤 그는 루스 영의 크고 푸른 눈과 빛나는 미소에 이끌려 바에 가서 앉았다. 그녀가 즉석에서 경의의 인사를 건넸다. "이봐요, 이 말을 꼭 해 주고 싶었어요. 만나게 되어 정말 기뻐요. 당신, 정말 대단한 일을 하고 있는 거예요." 쳇 베이커는 루스 영을 2층의 대기실로 초대했으며, 그녀가 거침없고도 신랄한 유머 감각—피아니스트 필 마코위츠Phil Markowitz 는 루스 영을 로런 버콜Lauren Bacall *과 크루엘라 드 빌**을 합해 놓은 것 같은 인물이라 말했다—과 재즈에 대한 상당한 지식을 가지고 있다는 걸 알게 됐다. 쳇 베이커는 루스 영과 헤어지면서 예의 그

---

* 미국의 영화배우이자 코미디언. 폭넓은 연기력으로 오늘날 최고의 원로배우 중 한 사람으로 칭송받고 있다.
** 만화영화「101 달마시안101 Dalmatians」의 등장인물. 강아지 가죽을 벗겨 옷을 해 입으려는 마녀 같은 악역의 극 중 이름이다.

수동적이면서도 공격적인 명령조의 인사를 아무렇지도 않게 던졌다. "그럼, 종종 연락해요."

루스 영은 쳇 베이커의 말대로 다시 그에게 연락했다. 그들이 처음 만난 날은 13일의 금요일이었다. 루스 영은 그날이 "운 좋은, 불운한 날"이었다고 했다. 이때부터 두 사람의 놀랄 만큼 대단한 상호의존이 10년 동안 지속됐다. 루스 영은 쳇 베이커를 그녀의 피카소라 생각했다. 그는 루스 영에게 항상 무언가를 요구하는 아이 같다가, 이내 보호자가 되기도 했다. 그녀를 엄마 같은 존재이자 섹스 파트너라 여겼고, 종종 여자에 대해 가지고 있던, 복잡하게 얽힌 감정의 주체로 삼아 신체적 폭력을 일삼기도 했다. 언젠가 이탈리아의 한 타블로이드 신문에 제목으로 실린 쳇 베이커의 말을 빼놓을 수 없다. "이제 나의 마약은 루스다." 이에 대해 그녀 또한 같은 감정을 가지고 있었다. 루스 영은 말했다. "그에게 사로잡히는 데 20초면 충분했어요. 그리고 바로 그때부터 내 인생은 쉴 틈 없이 돌아가는 지옥과 같았죠."

루스 앤 영스타인은 유나이티드 아티스츠 영화사의 소유주 중 한 사람이자 부사장을 맡고 있던 맥스 영스타인Max Youngstein과 그의 아내 메이Mae가 입양한 네 아이들 중 하나였다. 뉴욕의 호화로운 아파트나 캘리포니아 벨 에어*처럼 풍족한 상류층 동네에서 자랐으며, 할리우드 스타일의 비현실적인 분위기에 익숙해 있었

• 캘리포니아 베벌리힐스 내에서도 특히 고가의 저택들이 모여 있는 지역

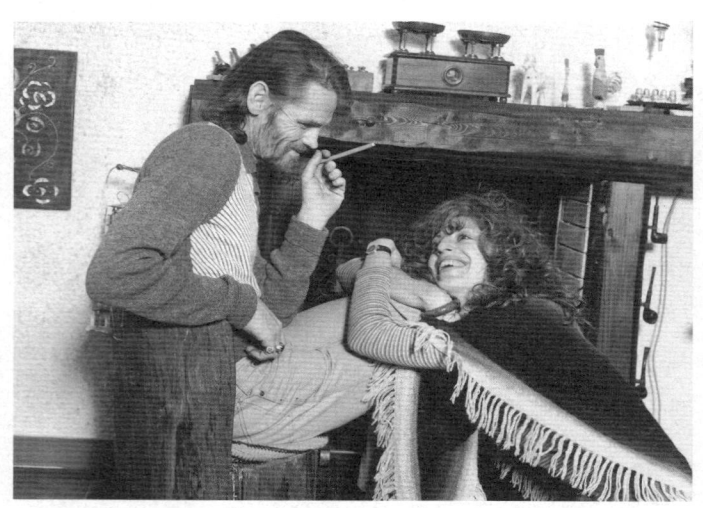

루스 영은 그 어떤 여인보다 쳇 베이커를 이성적으로 바라본 연인이자 동반자였다.

다. 워런 비티Warren Beatty와 제인 러셀, 매릴린 먼로 같은 유명 영화배우들이 그녀가 살던 집 거실을 드나들었고, 영화 속의 환상과 현실의 경계가 어디인지 구분하기 힘들었다. 가족 전체가 2년에 한 번꼴로 이사를 다녔기에 한 사립학교에서 다른 사립학교로 계속해서 전학을 반복해야 했고, 그 때문에 친구들과 우정을 유지하기 힘들었다. 고향을 갖게 해 주지 못한 대신 그녀의 어머니와 일에 빠진 아버지는, 루스 영의 표현대로라면, "거액의 신탁 자금"을 주었다. 그러나 오래가지 않아 돈은 바닥이 났다. 특히 쳇 베이커를 만난 이후부터 더 그랬다. 그녀는 말했다. "나 자신이 백만장자처럼 행동했죠. 모든 사람에게 수표를 써서 돈을 주곤 했어요. '이름이 뭐라고요? 조…… 어떻게 써요? 얼마라고 했죠? 6,000달러? 자 여기 있어요.' 말하자면 그런 식이었어요. 난 인생이 무엇인지 아무 생각도 해 보지 않았죠. 원래 돈 많은 집 애들은 삶이 무슨 의미를 지니는지 잘 모르잖아요. 그 돈을 잃어버리기 전까지는 말이죠."

웨스트 72번가의 집으로 독립해 나오면서 비로소 루스 영은 자신의 정체성을 찾아 나섰다. 사이키델릭한 애시드록의 열풍이 거셌던 1970년 무렵, 그녀는 줄리 런던Julie London이나 준 크리스티 같은 1950년대 타입의 재즈 가수가 돼야겠다고 마음먹었다. 제시카 셰인Jessica Shayne이라는 매력적인 예명을 택한 뒤, 뉴욕의 재즈 클럽들을 돌며 쿨하고도 희미한 분위기의 노래를 선보였다. 그러나 뜻하지 않은 공포와 자기 의혹이 그녀를 괴롭혔고, 각성제의 남용과 식욕 부진으로 "완전히 지쳐 버리고" 말았다. 어느 날 마약 딜러 한 명이 아파트로 그녀를 찾아와 몇 알의 헤로인을 내밀었다. 그저 호기심에서 구입한 것이었지만, 딜러가 가고 난 뒤 결국 마약을 복용하고 말았다. 루스 영은 말했다. "그리고 그다음에 기억나는 건, 내가 아파트 8층 난간에 앉아 있었다는 거예요. 길거리를 내려다보며 또렷한 의식으로 자살을 생각했죠. 태어나서 그런 경험은 처음이었습니다."

가까스로 생각을 행동에 옮기지 않은 채 집 안으로 들어온 루스 영은 그 이후로 몇 년 동안 헤로인을 손에 대지 않았다. 그러나 쳇 베이커와 마찬가지로 그녀는 생존과 재앙 사이에서 불안정한 자세로 머물러 있었다. 그런 그녀를 구한 것은 뛰어난 지력과 유머 감각이었다. 찰리 데이비드슨은 말했다. "위트가 없었다면 그녀는 살아남지 못했을 겁니다. 내가 볼 때 쳇 베이커는 분명 그녀에게 깊이 매료됐어요. 흥미로운 전환점이 돼 주었던 셈이죠. 괴짜면서도 아주 똑똑한 유대계 여자와 연약한 오클라호마 촌놈이 만난 것 아닙니까? 그녀와 함께 지내는 동안, 쳇 베이커는 내가 본 그 어느 때보다 세련된 모습을 하고 있었죠."

처음 만날 때부터 루스 영은 쳇 베이커의 부드러움에 빠져 있었다. 그녀는 쳇 베이커를 이렇게 생각했다. "당시의 그는 나중에 변한 것보다 훨씬 상처를 쉽게 받았어요. 음악 경력을 새로 시작하는 단계였으니 더 그랬겠죠. 더구나 삶 자체가 말할 수 없을 만큼 불안정하다고 느꼈을 테니까요. 어쨌든 그의 인간된 그릇이 그만큼이었던 거예요. 시간이 흐를수록 더 예민해지고 소심해지리라 누군들 상상조차 할 수 있었을까요?" 쳇 베이커는 두려운 마음에 자신에게 가정이 있다는 얘기를 힘들게 꺼냈다. "얘기를 하는 자체가 아주 고통스러운 모양이더군요. 이런 식이었어요. '아, 그건 그렇고. 여자가 하나 있는데 말이지. 그게, 내 아내거든. 그리고 애들도 있고. 아, 이런. 그러고 보니 뉴욕에 데려와야 하네' 하고 말이에요."

"뭐라고요?" 루스 영이 그렇게 되물었다. 쳇 베이커는 대답했다.

"아, 그래. 그냥 내일 마저 얘기하지 뭐."

쳇 베이커는 서서히 비밀스러운 나머지 얘기들을 꺼냈다. "걱정할 거 없어. 지난 9년 동안이나 내가 잘해 줬거든." 그는 캐럴을 지칭할 때도 냉정한 투로 "세 아이의 엄마"라는 표현을 썼다. 그녀는 화장도 지우지 않은 채 잠들기 일쑤고, 딱히 가까운 친구도 없다고 했단다. 게다가 쳇 베이커는 아내가 자신과 다른 음악 취향을 가지고 있다는 불만도 털어놓았다. "그 여자는 엘비스 프레슬리가 그렇게 좋다고 하더구먼. 지켜보고 있으면 애를 셋 키우는 게 아니라 넷을 키우는 것 같다니까."

홀로 있다는 것을 이겨 내지 못해 생긴 조급함과 두려움은 쳇 베이커로 하여금 동시에 몇 명의 여인을 가지고 노는 행동을 유발하기도 했다. 그는 캐럴에게 여유가 생기는 대로 그녀와 아이들을 위해 비행기 티켓을 보내 주겠다고 약속했다. 그러면서도 다이앤 바브라에게는 어서 돌아와 달라고 매달리고 있었다. 겉봉에 "다이앤 바브라—베이커"라 써서 보낸 편지에는 덴버에서 있었던 일을 사과하고 그녀 없이는 살 수 없다는 내용이 담겨 있었다. 다이앤 바브라는 주저했지만 일단 그해 10월 시카고에서 만나자고 약속했다. 그런데 그녀가 약속을 확인하려고 호텔 방으로 미리 전화했을 때, 쳇 베이커는 루스 영과 함께 있었다. 그는 냉랭한 말투로 수화기에 대고 이렇게 대답했다. "미안해. 지금은 만날 수 없겠는걸."

쳇 베이커의 컴백은 매체의 시선을 사로잡았다. 그러나 대부분 타블로이드 신문의 관심에 불과했다. 루스 영은 말했다. "그는 꽤 크고 부정적인 가십 기사에 시달리게 됐죠. 그 역시 그런 일이 일어날 것을 알고 있었어요." 향후 몇 년 동안 "패배자"는 그의 또 다른 이름이 됐다. 『플레이보이』는 다음과 같은 기사를 내보냈다. "수많은 패배자들 중에서도 쳇 베이커는 그가 치러야 할 것보다 훨씬 더 많은 대가를 감내해야 했다." 『빌리지 보이스』의 앨런 와이츠Alan Weitz가 볼 때 쳇 베이커는 이제 "모든 패배자와 바보들을 위해, 사기꾼과 사기당한 이들을 위해, 결국 우리 같은 모든 이들을 위해" 연주하고 있었다. 더 말할 나위 없이 필자들은 그를 마음껏 비웃고 조롱했다. "연약해 빠진, 나이 든 마피아"(『빌리지 보이스』의 폴 넬슨Paul Nelson 기자) 같은 표현과 "쇠약한 잭 팰런스Jack Palance*"(『디트로이트 프리 프레스』의 로저스 워싱턴 기자) 같은 말도 등장했다.

루스 영은 4반세기 동안 그다지 눈에 띌 만한 방해를 받지 않고 이어졌던 쳇 베이커의 성과를 한순간에 그토록 폄하해 버리는 비

• 강인한 인상으로 서부영화에서 대체로 악역으로 등장했던 미국의 배우다. 1919년에 태어나 2006년에 세상을 떠났으며 말년까지 좋은 연기를 선보이며 많은 존경과 사랑을 받았다.

평가들의 태도가 더없이 못마땅했다. 그녀는 말했다. "그가 앞으로 어떤 일을 하게 될지도 모르면서 감히 어떻게 그럴 수 있죠? 정말 형편없는 사람들이에요! 최근 들어 레코드 150장 정도는 가볍게 만들어 냈나 보죠?" 그러나 쳇 베이커는 자신의 마약중독에 따른 나름대로의 시장성을 인지하고 있었다. 그리고 필자들이 좋아할 만한 스캔들에 대해 얘기를 풀어놓기도 했다. 기사 배급업체에 소속돼 있던 칼럼니스트 렉스 리드는 몇 년 만에 처음으로 일간지를 통해 쳇 베이커에 대한 대대적인 이야기를 실었다. 기사의 제목은 "재즈 연주자 쳇 베이커가 악몽 같은 여행을 마치고 이제 돌아오다"였다. 여기에 실린 한 대목을 살펴보자. "쳇 베이커의 스토리는 미국의 비극이나 마찬가지다. 그것은 너무나 지저분하고 슬퍼서, 빌리 홀리데이의 인생 이야기나 「트럼펫 부는 사나이」 같은 영화는 기껏 디즈니의 만화영화처럼 보일 정도다. 마흔네 살의 쳇 베이커는 아직도 길 잃은 어린아이와 같다. 그나마 그삶의 20년은 주삿바늘이 가져다준 구렁텅이에 빠져 있었다."

쳇 베이커는 아직도 자기 자신이 희생당했다고 생각했다. "삶에서 내팽개쳐졌지만" 그래도 버티기 위해 투쟁해 왔다고 했다. 그는 렉스 리드에게 이렇게 말했다. "지난 15년 동안 내 삶은 그야말로 악몽이었어. 마약을 주사하다가 다 날아가 버렸지." 그리고 악기를 도둑맞은 일과 할렘의 마약 딜러들이 자신을 "태워죽이려 했거나, 지붕 위와 골목에서 발가벗긴" 일처럼 그가 즐겨 얘기했던 "고통의 이야기들"을 다시 늘어놓았다. 계속해서 이탈리아의 루카와 런던, 그리고 샌프란시스코에서 겪은 잘 알려진 일에 대해서도 빼놓지 않았다. 스스로 『뉴욕 뉴스데이』의 밥 미클린Bob Micklin 기자에게 말한 것처럼, 당시 쳇 베이커의 경제 사정은 매우 궁핍했다. "지난주에 호텔 방세를 내고 나니 주머니 안에 달랑 8달러가 남더군. 이래 가지고 캘리포니아에 있는 아내와 아이들을 데려올 수 있겠나."

거의 끊이지 않고 이어진 17년간의 마약중독을 뒤로하고, 쳇 베이커는 이번 컴백이 진정 마지막 기회라고 믿었다. 루스 영은 말했다. "중압감이 정말 대단했던 것 같아요. 사람들이 기대하는 것이라면 뭐든 하려고 했죠." 그는 매일 루스벨트 병원에 들러 현실이 안겨 주는 쓰디쓴 맛을 조금씩 봐야 했다. 메타돈 처방에 의지하고 있던 마약중독자들은 줄지어 늘어서서 독약같이 쓴 붉은 시럽을 한 모금씩 삼켰다. 간호사가 달콤한 음료를 섞어 주었지만 그래도 너무 써서 참기 힘들 정도였다. 섭취하는 시럽의 양을 조금씩 줄여 가며 메타돈을 복용하면 마약을 하고 싶다는 생각이 서서히 줄어든다. 쳇 베이커는 렉스 리드에게 다음과 같이 말했다. "그러니까 하나의 중독으로 다른 중독을 대체하는 거나 마찬가지였지. 하지만 메타돈의 경우 한 주에 2달러밖에 들지 않았던 데다가, 법으로도 허용하고 있었으니 나쁠 게 없었어. 결국 모든 걸 다 떨쳐 버릴 수 있으리라 생각했네." 그러나 쳇 베이커가 말한 이른바 대체된 처방도 어차피 그에게는 환상에 불과했다. 그는 여전히 대마초를 피웠고 코카인을 흡입했으며, 사람들이 몰래 합성으로 만든 헤로인에 손을 대고 있었다. 그리고 메타돈마저 이미 상당한 양을 손에 쥐고 있었다. 해럴드 댄코는 말했다. "쳇 베이커는 항상 마약 복용 스케줄을 미리 준비하고 있었어요. 그래서 비상시를 대비한 약을 남겨 놓곤 했죠." 쳇 베이커를 두렵게 만든 유일한 것은 바로 "붉은 약"(바르비투르 진정제)이었다. 이 약의 효능은 매우 강해서 종종 치매를 유발하기도 했다. 그는 루스 영에게 자기가 그 약에 손을 대지 못하게 하라고 신신당부했다.

1973년 7월 말, 쳇 베이커는 아내 캐럴과 세 아이를 뉴욕에 불러들였다. 아직도 복지 기금에 의존하고 있던 그의 가족은 브라이언트 호텔에 살림을 차렸다. 그해 가을, 필 어소를 대신해 밴드에 합류한 스물한 살의 보스턴 출신 알토 색소포니스트 밥 무버는 이제 일곱 살, 여덟 살, 열 살밖에 되지 않았던 쳇 베이커의 아이들이 얼마나 냉소적인 표정을 하고 있는지 깨닫고는 놀라움을 금치 못했다. 캐럴은 뉴욕에서 밝은 새 출발을 꿈꾸었고, 남편을 따라 메타돈 프로그램에 등록했다. 그러나 쳇 베이커에 대한 그녀의 강박관념은 아직 그대로 남아 있었다. 밥 무버는 말했다. "그녀에게는 친구가 없었어요. 모든 이에게 쳇 베이커의 아내로만 인식될 뿐이었죠."

쳇 베이커는 캐럴에게 루스 영에 대한 일을 어떻게 설명해야 할지 아직 결정하지 못하고 있었다. 그러나 역시 마약중독자답게, 또 한 번 속임수를 쓸 수밖에 없었다. 필 어소의 충고를 받아들인 그는 루스 영이 자신의 새 매니저이며, 캐럴을 하프 노트에 데려가기 위해 호텔에 들를 것이라고 얘기해 두었다. 후텁지근한 어느 여름밤, 루스 영이 방문을 두드렸다. 문이 열리자, 엘리자베스 테일러를 닮고 싶어 하는 여인이 모습을 드러냈다. 「뜨거운 양철 지붕 위의 고양이 「Cat on a Hot Tin Roof」에 등장한 드세고 섹시한 매력의 아내, 매기 "더 캣"Maggie "the Cat"을 떠올리게 했다. 캐럴은 검푸른 비하이브 헤어스타일의 머리 주변에 흰 거품이 일어난 듯한 스카프를 두르고 있었다. 그런데 그녀가 입고 서 있던 하얀 드레스는 너무 꽉 껴서 당장이라도 지퍼가 터져 버릴 것만 같았다.

다른 옷으로 갈아입는 동안 캐럴은 쉴 새 없이 얘기를 늘어놓았다. 루스 영은 말했다. "한동안 말할 상대가 없었던 것 같았어요. 그녀는 아무 의심 없이 나를 자기와 같은 부류의 여자로 생각한 모양이더라고요." 힘들었던 지난날의 이야기들이 터져 나오기 시작했다. 그러면서 리처드 카펜터가 그녀의 행복한 가정생활을 박살 냈다며 흥분을 감추지 못했다. 루스 영은 이렇게 덧붙였다. "내가 어떻게 자기 남편을 만나게 됐는지, 아니면 내가 그의 일을 돕느라 수고한다든지, 하는 인사치레는 꺼내지도 않았어요. 자기 얘기만 할 뿐, 나에 대해서는 아예 호기심조차 없더라고요." 두 사람이 하프 노트로 갈 무렵, 캐럴은 문득 이렇게 말하면서 루스 영을 기겁하게 했다. "이제 우리는 둘 다 이 지긋지긋한 사람에게 묶인 꼴이 됐네요." 연주자들은 쳇 베이커의 아내와 연인이 함께 클럽으로 들어와 같은 테이블에 앉는 것을 보고 모두 놀랐다. 남편이 다이앤 바브라와 바람피운 사실을 속속들이 알고 있으면서도, 캐럴은 자신의 매력에 대해 자신감을 갖는 눈치였다. 쳇 베이커가 루스 영 같은 여자에게 관심을 갖지는 않을 거라 생각했던 모양이다.

한편 쳇 베이커는 루스 영을 "루피", 혹은 "루프스"라 부르며 열정적인 구애의 몸짓을 보여 주고 있었다. 큰 꽃다발을 보냈고, 그 안에 꽂힌 쪽지에서 자기를 "아빠 곰"이라 지칭하기도 했다. 이후로 수년 동안, 쳇 베이커는 그녀와 떨어져 있을 때마다 간절한 그리움으로 가득한 편지를 써 보냈고, 자신이 아이라 거슈윈Ira Gershwin이나 로렌즈 하트라도 된 양*, 그들의 사랑을 더없이 열정적인 것으로 미화했다. 그는 이 로맨틱한 환상의 세상을 "새로운 출발"이라 명명했고, 캐럴의 눈을 피할 수 있을 때마다 루스 영을 계속 만났다.

남은 1970년대 동안, 한 나라에서 다른 나라로, 혹은 한 클럽에서 다른 클럽으로 차를 타고 이동할 때마다 루스 영은 앞좌석에 앉아 쳇 베이커의 무릎에 머리를 눕히고 얘기를 나누며 그의 신비로움을 만끽했다. 그러면서 쳇 베이커에게 더 깊이 매료돼 갔다. "티셔츠 하나 걸치고 부드러운 목소리로 얘기하던 한 남자가 어쩌면 그토록 말도 안 되는 사람들 얘기 속에 부풀려질 수 있었을까요? 나는 조이스 브라더스Joyce Brothers** 박사처럼 내가 물어볼 수 있는 모든 것에 대해 그와 대화를 나누었어요. 내가 그에게 묻는 것 못지않게 그가 직접 이야기하는 것도 중요하다고 생각했거든요. 결국 그는 가증스러운 이중성의 껍질을 하나하나 벗어던

• 두 사람 모두 매우 아름다운 사랑의 노래를 가사로 옮기는 데 탁월한 감각을 지녔던 것으로 잘 알려져 있다.

•• 현대인의 심적 방황에 대해 탁월한 연구 성과를 올린 미국의 심리학자이자 카운슬러. 수많은 강연과 저술을 통해 사람들에게 높은 지지와 애정을 받았다. 1928년에 태어나 1960년부터 본격적인 활동을 시작했다. 잘 알려진 어록 중에 이런 것이 있다. "하나의 문이 닫히면 다른 문이 열린다."

지기 시작했습니다. 그가 진짜 했든 아니든, 거짓말 속에 살아가
는 건 상상할 수 없는 엄청난 짐을 스스로 떠안는 일입니다."

　루스 영은 쳇 베이커가 육체적으로 그다지 매혹적이라 생각하
지는 않았다. 다만 탐욕적일 뿐이었다고 했다. 그는 마약이 성적
능력을 떨어뜨리지 않는다고 떠벌렸으며, 밤낮을 가리지 않고 이
를 입증하기 위해 노력했다. 루스 영은 말했다. "말하자면 쳇 베이
커는 돼지나 다름없었습니다. 언제나 섹스에 몰두하느라 기차나
버스, 혹은 비행기를 놓치는 일이 다반사였죠. 다른 데서 내리거
나 다시 길을 돌아가야 할 때도 있었어요. 새 티켓을 사기 위해 돈
을 더 내야 하는 경우는 셀 수 없이 많았습니다." 하지만 그가 부
른 부드러운 사랑의 노래가 침대 위에서도 이루어진 것은 아니었
다. 심지어 그는 키스하는 것도 그다지 즐기지 않았다. 루스 영의
말을 더 들어 보자. "섹스는 그에게 낭만적인 행위가 아니었어요.
그저 섹스 그 자체였을 뿐이죠. 처음에는 마치 열여섯 살짜리 소
년이 첫 경험을 치르느라 혼이 나간 것 같다는 느낌이 들었죠. 세
상에, 그런데 어쩐 일인지 점점 변해 가기 시작하더군요. 한동안
은 내가 잠들어 있는데도 몸 위로 올라와서 섹스를 하고는 바로
내려가곤 했죠. 굳이 잠에서 깰 필요도 없었다고요. 그래도 힘은
참 좋았죠. 아무렴, 그래도 트럼페터 아니에요? 내가 그를 만나는
동안 그의 잠자리 실력은 F마이너스의 낙제점에서 B플러스까지
는 올라왔어요. 이런 남자를 어떻게 사랑하지 않을 수 있을까요?"

　루스 영이 보기에 쳇 베이커는 애써 남성성을 증명하기 위해 노
력한 인물이었다. 그는 종종 자기가 싫어하는 남자들을 "게이 놈

들"이라 불렸고, 루스 영이 말한 것처럼 심지어 그녀가 "그의 엉덩이 가까이 다가가기"라도 하면 "광적인 거부감"을 드러냈다. 그녀는 잠재적인 게이 성향이 그 스스로를 두렵게 한다는 걸 알게 됐다. "그의 경우에는 이런 부분이 전적으로 억제돼 있었다고 믿어요. 말을 꺼내기만 해도 싫어할 만큼 동성애를 혐오스러워했죠." 자위 행위에 대한 태도는 사실 가늠하기 매우 힘들었다. 쳇 베이커는 의식적으로 남자다운 목소리를 연출하며 동료 음악인들에게 이렇게 말하곤 했다. "자, 어서 밥 먹고, 수음이나 한 번 하고, 연주하러 가면 되겠네. 시간 충분해." 그러나 루스 영이 이에 대한 얘기를 꺼냈을 때, 그는 깜짝 놀라며 이렇게 소리쳤다. "난 내 몸에 절대 손대지 않아!" 『재즈 핫』의 제롬 리스와 이야기를 나누다가, 쳇 베이커는 아트 페퍼의 자서전이 "역겹다"고 얘기한 바 있다. 그러면서 이런 대목을 들췄다. "자기가 얼마나 잘생겼는지 얘기한 건 정말 웃기지 않던가? 욕실 창문으로 안을 몰래 들여다보다가 자위를 했다는 건 또 어떻고 말이야."

어쨌든 1973년 한 해 동안 쳇 베이커가 가장 고민스러워한 것은 과연 다시 무대에서 좋은 연주를 보여 줄 수 있는지, 하는 부분이었다. 틀니 때문에 적지 않은 장애를 겪으면서, 자신의 말투가 어긋나거나 날카롭게 들리지 않도록 무던히도 많은 애를 썼다. 궁극적으로 쳇 베이커는 자신의 목소리를 또 하나의 악기로 더 열심히 개발해야겠다는 결론에 도달했다. 마이크를 트럼펫처럼 움켜쥔 채, 의미 없는 음절로 즉흥연주를 펼치는 스캣을 노래하며 연주로는 표현하지 못했던 많은 것들을 선보이기 시작했다.

『크레셴도』의 레스 톰킨스에게 쳇 베이커는 이렇게 말했다. "스캣 하는 건 참 재미있어. 자기 자신을 더 잘 표현하게 되지. 어떤 화성이나 코드 진행에 맞는 흥미로운 멜로디를 노래하면서도 스윙필을 놓치지 않을 수 있거든. 물론 의미 전달도 좋고 말이야. 미리 연습하거나 노래하기 전에 생각할 필요도 없지. 모든 건 다 그 자리에서 이루어지는 거야. 꽤 위험한 방법이긴 해."

그만큼 노력한 결과였겠지만, 어느새 타고난 재능에 의존하는 경향은 많이 줄어들었다. 더구나 그의 신비감이 사라지면서 외모로 한몫 보겠다는 심산은 아예 먹혀들지도 않았다. 쳇 베이커는 사업상 세 명의 대리인을 두었다. 디지 길레스피의 일을 같이 맡고 있던 잭 휘트모어Jack Whittemore와, 뉴욕 지역의 프로모터를 맡았던 잭 타포야Jack Tafoya, 그리고 바로 루스 영이었다. 그녀는 일에 필요한 서류 작업을 맡았고 전화를 받았으며 쳇 베이커를 대신해 연주 계약을 협상했다. 그런데 알고 보니, 그가 하룻밤 공연을 하고 100달러 이상의 연주료를 받는 경우는 거의 없는 것이 아닌가. 심지어 50달러에 연주할 때도 많았다. 몸값을 너무 낮게 잡은 것에 대해 루스 영이 질책하자, 쳇 베이커는 퉁명스럽게 대답했다. "이봐, 루스. 난 어쨌든 돈을 벌어야 하잖아."

1973년과 1974년 사이 실속 있는 연주 스케줄(뉴욕의 빌리지 뱅가드와 시카고의 재즈 쇼케이스Jazz Showcase에서 가진 공연)은 몇 안 됐고, 대부분 하루나 이틀 정도의 짧은 일정으로 연주한 경우가 절대 다수였다. 롱아일랜드 이스트아이슬립의 타운 크라이어Town Crier, 뉴저지 월링턴의 데이브스 카바레Dave's Cabaret, 뉴욕 하츠데일의 세르조스 레스토랑Sergio's Restaurant······. 그나마 받는 돈이 많지 않았기에 쳇 베이커는 종종 2류 연주자나 많은 돈을 요구하지 않는 지역 연주자들과 함께 무대에 오를 때가 대부분이었다. 게다가 프로든 아마추어든 가리지 않고 함께 연주하고자 하는 이라면 거부하는 법이 거의 없었다. 물론 다른 이가 연주할 동안 휴식을 취하기 위함이었지만 말이다. 관객이 반 정도밖에 차지 않을 때가 많았어도 그는 자신을 기억해 주는 이가 있다는 사실에 감사할 따름이었다. 해럴드 댄코는 이렇게 말했다. "그는 관객들을 아주 친절하게 대했어요. 언제나 사인해 줄 시간을 따로 만들곤 했죠. 예컨대 누가 1952년 레코드를 들고 와서 거기에 사인을 받으려고 하면, 그것만으로도 그 관객은 더없이 흐뭇한 마음으로 돌아갈 수 있게 해 주었습니다. 그런 모습을 바라보는 것도 꽤 감동적이었어요."

객석에 자리한 여인들도 쳇 베이커와 같이 나이를 먹어 갔다. 그에 대한 관심 또한 예전처럼 욕정에 가까운 그것이 아니었다. 뉴욕 브루클린에 거주하던 해리엇 와일더Harriet Wilder라는 팬이 보낸 편지에는 이런 대목이 포함돼 있었다. "당신의 트럼펫 소리는 낙원에서 들려오는 것 같습니다. 푸른 눈이 참 멋지세요. 당신에게 입맞춤을 보내고 싶습니다. 그리고 당신의 음악을 얼마나 사랑하고 아끼는지 말씀드리고 싶었어요. 하지만 요즘은 너무 말라 보여서 안타깝네요. 아직도 몸매는 좋으시지만 말이에요. 종종 으깬 감자와 닭 간처럼 영양가 있는 음식을 드시도록 하세요."

언제나 그랬듯이, 쳇 베이커는 모든 이들의 도움을 기대했다.

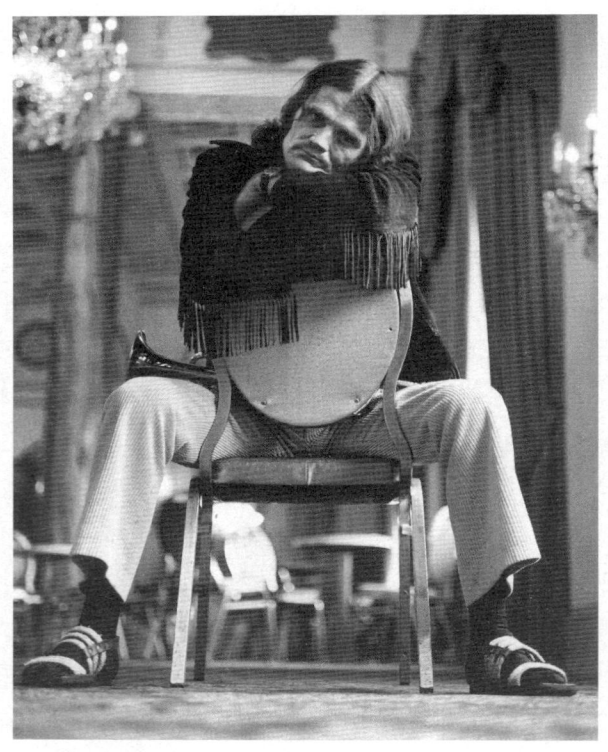

집보다 호텔에 머문 시간이 더 많았던 쳇 베이커.
1974년 역시 어느 호텔에서 포즈를 취했다.

그의 일 처리는 누더기처럼 혼란스럽고 끊임없는 실수의 반복일 뿐이었다. 결국 차분한 생활 태도를 가졌던 것으로 잘 알려진 해럴드 댄코가 모든 일을 떠안아야 했다. 정신 요법에 능통한 독실한 신자로, 수학자처럼 꼼꼼했던 이 피아니스트는 일을 진행하기 위한 전화 통화를 도맡았고 직접 연주자를 섭외하기도 했다. 그리고 루스 영은 쳇 베이커의 세세한 부분까지 신경 써야 했다. 심지어 호텔 화장실에서 그의 속옷을 빨거나 그가 목욕을 했는지 점검하는 것도 모두 그녀의 몫이었다. 1970년대 말 쳇 베이커의 밴드에 합류한 독일 출신의 비브라폰 연주자 볼프강 라커슈미트Wolfgang Lackerschmid는 루스 영이 그에게 화를 내며 이렇게 얘기하던 것을 기억했다. "그런데 당신은 목욕할 때마다 왜 꼭 거품 목욕을 해야 하는 거예요?"

쳇 베이커는 이렇게 대답했다. "그냥 하면 심심하거든."

토론토에서 이런 일이 있었다. 루스 영은 그가 얼마나 태평한 사람이었는지 더없이 잘 알게 됐다. 국경을 넘으면서 한 세관원이 마약 탐지견을 풀어 그의 차를 검색하게 했다. 루스 영은 운전석 계기판 안에 커다란 대마초 한 봉지가 숨겨져 있다는 걸 기억했다. 그녀는 이를 악물고 중얼거렸다. "이런, 쳇. 저 안에…… 있잖아요. 알죠? 어떡하면 좋아?" 쳇 베이커는 아무 대답도 하지 않았고 그녀는 겁에 질려 버렸다. "개가 우리 차 쪽으로 오고 있어요! 냄새를 맡을 거 같아." 그러나 그는 아무 일 없다는 투로 그녀의 말을 막았다. "아니, 괜찮을걸." 쳇 베이커가 무서운 눈초리로 개를 노려보았다. 고분고분해진 탐지견은 두 사람을 지나쳐 버렸다. 훗날 루스 영은 이렇게 말했다. "그러니까 그게 그의 평소 태도를 그대로 보여 주는 일이었어요. 말하자면 이런 식이었죠. 뭐라고, 불이 났다고? 흠, 그래서 어쩌라고?"

마흔세 살의 쳇 베이커는 아직도 제멋대로의 삶을 즐기고 있었다. 그의 평소 옷차림—청바지와 술 장식이 달린 가죽 재킷, 카우보이 부츠, 그리고 꾀죄죄한 턱수염에 걸려 있던 담배 한 대—은 언제나 백인 노동자 같은 인상을 주었다. 길거리 식당에서 기름진 오믈렛과 달걀 프라이를 먹었고, 베스트셀러였던 주디스 크란츠Judith Krantz의 조잡한 섹스 소설 『양심의 가책Scruples』을 즐겨 보았다. (루스 영이 본 바로는 그가 읽은 유일한 책이었다.) 이소룡의 쿵푸 영화를 좋아했으며, 한 자경단원경찰이 살인범의 머리를 날려 버리기 위해 혈안이 된 얘기를 담은 「더티 해리Dirty Harry」는 그가 가장 좋아한 영화였다. 밥 무버는 이렇게 말했다. "참 웃기죠? 우리가 연주한 건 흑인음악의 영향을 받은 재즈인데, 하는 짓은 영락없는 카우보이였다니 말이에요."

쳇 베이커는 어떤 사람이든 "기관"에 근무하는 이들은 모두 적으로 간주했다. 1970년대 말 뮌헨을 방문한 어느 날, 그와 밥 무버는 기차역에서 함께 서 있었다. 그런데 유니폼을 입은 한 독일 짐꾼이 짐수레를 끌고 가다가 실수로 밥 무버를 밀어 철로로 떨어뜨릴 뻔한 일이 일어났다. 쳇 베이커는 짐꾼에게 냅다 소리를 질렀다. "이 자식아! 도대체 지금 뭐 하는 거야? 앞도 잘 보지 않고 가면 어떡해? 이 바보 같은 놈!" 쳇 베이커와 짐꾼은 각자 자기 나라 말로 소리치며 맞서 싸웠다. 무슨 말이 오가는지 서로 이해할 수 없었다. 밥 무버는 그 일의 결말에 대해 이렇게 얘기했다. "결국, 쳇 베이커가 분노와 증오를 가득 담은 채 그 짐꾼을 아주 무시무시한 표정으로 바라보며 이렇게 말했습니다. '그래, 평생 죽을 때까지 기껏 그 수레나 몰아라!' 독일 남자는 본능적으로 자기가 싸움에서 졌다는 걸 깨달았습니다. 쳇 베이커의 입에서 뭔가 자신의 힘든 삶을 언급한 얘기가 흘러나왔다는 걸 눈치챘던 거죠."

쳇 베이커가 가장 존경했던 인물은 기존의 무언가를 과감히 무시하는 이들이었다. 그와 가깝게 지낸 친구 중에 잭 프리먼Jack Freeman이란 뉴욕 퀸스 출신의 사내가 있었다. 그 역시 한때 마약 중독자였으며, 상점을 돌아다니며 고가의 물건을 훔쳐 내 생활하는 도둑이었다. 그러나 쳇 베이커는 어렵게 생활하는 이들이 부자나 권력을 가진 고위층의 물건을 빼앗아도 나쁘게 생각하지 않았다. 자기 자신도 은행 계좌나 신용 카드를 절대 사용하지 않고 모든 연주료를 현금으로 받으며 국세청의 세금 추적으로부터 벗어나곤 했다. 이즈음 그가 몰던 차는 무스탕 컨버터블로, 깨진 유리창을 수건으로 대충 막아 놓은 상태였다. 그는 이 차를 타고 운전하면서 다른 이들에게 모욕을 안겨 주기도 했다. 고속도로를 지날 때면 다른 운전자들의 앞길을 가로막고는 가운뎃손가락을 들어 욕을 해 댔다. 그는 언제나 미국이라는 나라가 "그저 하나의 커다란 시골 농촌 마을" 같다며 냉소적인 태도를 가지고 있었다.

쳇 베이커는 잘 알려진 금언들을 주변 사람들에게 늘어놓기 좋아했다. 해럴드 댄코는 그 말들이 "할머니들이 늘어놓는 넋두리"라며 폄하했지만 말이다.

"주저하는 자는 실패하게 마련이다."

"해낼 수 없다면 시도하지 말라."

"자기 것으로 만들려면 스스로 그 일을 하라."

그리고 쳇 베이커가 좋아했던 또 하나, "삶은 실망으로 가득 차 있다."

음악과 마찬가지로 그가 내뱉던 말들은 잘 들리지 않았고 그나마 얼마 되지 않았기에 되레 심오하게 다가올 때가 있었다. 해럴드 댄코는 말했다. "그와 짧은 대화라도 나누려 하다 보면 내가 아주 하찮은 존재처럼 기분 나쁘게 느껴지기도 했습니다. 하다못해 그의 옷이나 다른 자잘한 무언가에 대해 한마디 하려 해도 그랬죠. 대화한다는 건 상대방이 자신을 있는 그대로 인정할 때 비로소 가능한 것이잖아요." 가수들에 대한 쳇 베이커의 취향은 의심할 여지 없이 대단했다. 그는 빌리 홀리데이를 좋아했고 (그는 해럴드 댄코에게 "그녀는 목소리를 억지로 끌어올리지 않아서 좋다"고 말했다.) 1963년에 발표된 앨범 《The Concert Sinatra》를 반복해서 들었다. 하지만 엘라 피츠제럴드Ella Fitzgerald에게 명성을 안겨 준 그녀의 스캣은 탐탁해하지 않았다. 쳇 베이커는 말했다. "그거 유치하지 않아? 대부분 미리 다 준비해 놓고 노래하는 거야.** 그리

- 1950년대부터 1960년대까지 오케스트라와 함께 녹음한 프랭크 시나트라의 앨범들은 대부분 상당한 성과를 올린 수작들이다. 이 작품은 넬슨 리들이 이끄는 대규모 오케스트라의 매우 좋은 연주와 편곡을 담고 있다.
- ** 이 대목을 놓고 굳이 즉흥성에 대한 의구심을 품지는 않기 바란다. 적지 않은 경우 이렇듯 완벽한 구성을 갖춘 솔로 연주는 이미 오래전부터 어느 정도 준비된 상태에서 연주되곤 했다. 엘라 피츠제럴드의 스캣도 마찬가지다. 상대적으로 쳇 베이커의 스캣은 상당 부분 즉흥성에 의존했

고 언제 부르든 다 똑같이 하고 말이지." 그가 가장 싫어했던 스타일은 자기 고향에서 많은 인기를 끌었던 "컨트리 웨스턴 스타일의 쓰레기"였다. 쳇 베이커는 레너드 멀론과 나눈 인터뷰에서 이렇게 말한 바 있다. "시골에서 몰고 다니는 픽업트럭 알지? 뒤 창문에 장총 하나 꽂아 두고 다니는 놈들 말이야. 그런데 주말에 놀러 다니면서 취할 때까지 맥주를 들이켜다가 괜히 사람들과 주먹다짐이나 벌이고 그러는 건 정말이지 내 타입이 아니지. 요즘 사람이라면 좀 더 신선하게 놀 줄 알아야 하지 않겠어?"

루스 영은 외견상 쳇 베이커에게서 뿜어 나오는 자신감을 부러워했다. 그가 무대에 서 보라고 종용할 때마다 그녀의 망설임은 특히 더했다. 루스 영은 말했다. "난 불안함에 떨기만 했어요. 쳇 베이커의 옆에 서서 노래하다니요. 내가 뭘 할 줄 안다고 그럴 수 있었겠어요?" 1970년대 중반, 그녀가 쳇 베이커와 함께 이탈리아에서 처음 텔레비전에 출연하게 됐을 때, 긴장한 나머지 위스키를 다섯 잔이나 들이켜고는 토한 일도 있었다. 이 모습을 바라본 쳇 베이커는 진심 어린 마음으로 그녀에게 작은 고백을 하나 했다. 아마도 그런 얘기를 그에게서 듣게 된 것도 처음이자 마지막이었을 것이다. "이봐, 루스. 내 말 잘 들어. 이 얘긴 이번 한 번만 하고 다시는 안 할게. 세상에서 말이지, 나보다 더 불안해하는 사람은 아마 찾아볼 수 없을 거야." 이 말이 효과를 보지 못하자 쳇 베이커는 다른 방법을 취했다. "자기야, 내 말 다시 들어 봐. 딱 하

다는 점을 스스로 강조한 것으로 이해하면 되겠다.

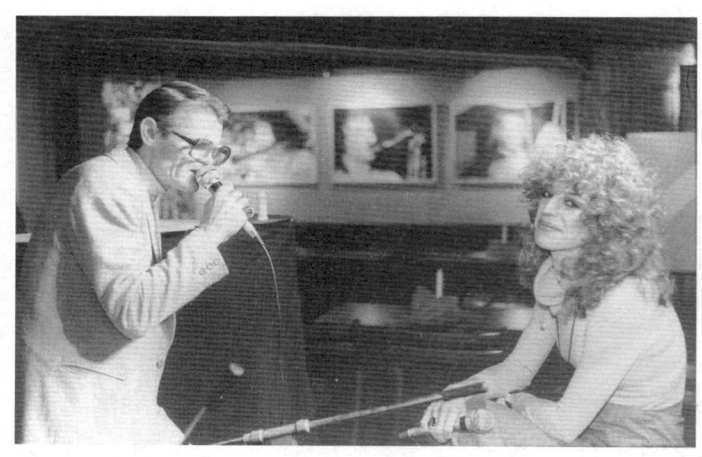

1970년대 말 독일에서 공연 전에 함께 리허설하는 쳇 베이커와 루스 영

나만 기억해. 아무도 우리가 무슨 짓거리를 벌이는지 알지 못해. 그러니까 이 사실만 잊지 않는다면, 별문제 없어." 훗날 이탈리아에서《The Incredible Chet Baker Plays and Sings》앨범을 녹음할 때, 쳇 베이커는 루스 영에게 자기와 함께 발라드 두 곡을 부르게 했다. 〈Whatever Possess'd Me〉와 〈Autumn Leaves〉였다. 그녀는 또다시 불안해했다. 하지만 일단 녹음테이프가 돌아가기 시작하자 루스 영은 쳇 베이커의 마법에 빠져들었고, 그의 쿨하고 섹시한 반쪽이 되어 좋은 노래를 들려주었다.

쳇 베이커의 앨범 작업은《Blood, Chet and Tears》이후 계속 성사되지 못하고 있었다. 그러다가 그를 우상시하던 젊은 프로듀서 존 스나이더John Snyder가 상황을 전환시키겠다고 나섰다. 노스캐롤라이나 출신으로 전직 트럼페터이기도 했던 그는 앳된 얼굴과 부드러운 남부 억양을 가지고 있었으며, 하고 있던 변호사 공부를 제쳐 놓고 자신의 꿈을 위해 레코드 사업에 뛰어든 이상주의자였다. 그리고 그가 처음 해 보고 싶었던 작업이 자신의 힘으로 쳇 베이커를 다시 등장시키는 것이었다. 존 스나이더는 이 트럼페터가 그즈음 공연장에서 연주했던 음악을 테이프에 녹음해서 자신이 모시고 있던 상사이자 CTICreed Taylor Inc. 레코드사의 사장 크리드 테일러Creed Taylor에게 가져갔다. CTI는 당시 최고의 주가를 올리던 퓨전 레이블이었다. 크리드 테일러는 쳇 베이커의 연주가 앨범을 만들기에는 불안정하다고 생각했다. 그러나 존 스나이더의 끈질긴 설득에 못 이겨, 결국 1974년 중반 이 트럼페터의 새로운 컴백 앨범을 제작하게 됐다.

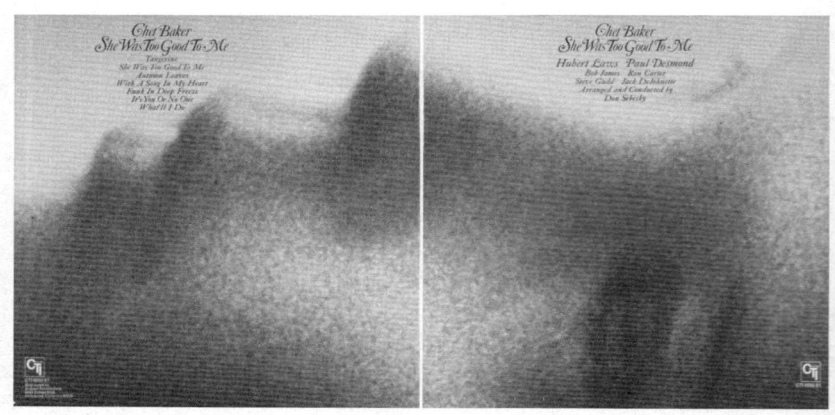

《She Was Too Good to Me》

마치 오래된 유물과도 같은 쳇 베이커의 이미지에 걸맞게,《She Was Too Good to Me》는 진정으로 추억을 되살리게 하는 앨범이었다. 프리섹스와 타락한 순수성으로 대변되던 시대에 1950년대의 가치를 새롭게 되살린 작품이었다고나 할까. 쳇 베이커는 이슬을 머금은 듯한 부드러운 목소리로 낭만적인 명곡들—어빙 벌린Irving Berlin의 〈What'll I Do〉와 로저스와 하트의 〈With a Song in My Heart〉 등—을 노래했다. 돈 세베스키Don Sebesky가 편곡한 현악 앙상블이 달콤한 분위기 속에 그를 편안하게 보좌했다. 그러나 앨범 재킷 디자인을 위해 보내온 그의 사진들을 손에 쥔 크리드 테일러와 존 스나이더는 음악 속에 감춰진 쳇 베이커의 진실을 엿보았다. 존 스나이더는 말했다. "사진 속의 쳇 베이커는 난봉꾼 그 자체였습니다. 정말 놀라운 일이었죠. 나는 일단 그 사진을 그대로 디자인에 쓸 것을 주장했습니다. 내가 보기에 그 사진은 「분노의 포도The Grapes of Wrath」에 나오는 노동자 같았거든요. 그게 바로 쳇 베이커의 모습이었고요."

그러나 최종적으로 결정된 앨범 커버에는 그 사진 대신 다른 추상화가 쓰였다.* 1974년이 끝나 갈 무렵 시중에 깔린《She Was Too Good to Me》의 판매고는 실망스러웠다. 그래도 쳇 베이커의 복귀를 기다리던 이들에게는 적잖은 의미를 부여할 수 있었다. 『빌리지 보이스』의 폴 넬슨은 다음과 같이 썼다. "그의 목소리

---

* 이 앨범의 앞면만 봐서는 정확히 어떤 그림인지 이해하기 쉽지 않다. 하지만 앨범을 좌우로 펼쳐 보면 어느 이름 모를 여인의 얼굴이 눈에서 입까지 수평으로 눕혀진 상태라는 것을 알 수 있다. 딱히 추상화라기보다는 크게 확대된 사진이라고 말하는 것이 맞겠다.

에서 특별한 개성을 찾기는 힘들다. 대부분 침묵에 가깝고 늘어지듯 이어져 있으며 순수한 형태의 그리움을 드러내는 속삭임처럼 들리기도 한다. 그러나 그의 프레이징은 매우 뛰어나며, 낭만적인 감성을 불러일으키는 효과는 놀랄 만하다." 앨범을 자랑스럽게 생각한 쳇 베이커는 제작된 첫 카피의 레코드에 서명을 해서 루스 영에게 선물했다. 앨범이 녹음될 때도 그녀가 쳇 베이커의 곁을 지키고 있었다.

뭔가 나아질 기미를 느낀 쳇 베이커는 전보다 한층 활동 폭을 넓히기 시작했다. 뉴욕의 클럽을 돌며 하룻밤에 50달러만 받고도 기꺼이 연주를 했다. 1974년부터 1977년까지 그가 자주 등장한 곳은 86번가와 컬럼버스 애비뉴가 만나는 지점에 위치했던 스트라이커스 펍Stryker's Pub이었다. 월요일과 화요일 밤이면, 길고 좁은 기차 칸 같은 형태의 이 작은 클럽으로 들어가는 몇 개의 계단을 밟아 내려선 뒤 술 한 잔 값만 지불하고도 쳇 베이커의 연주를 볼 수 있었다. 그는 왼쪽 벽을 등진 채 접는 의자에 다리를 꼬고 앉아 바와 몇 개 안 되는 테이블을 마주하고 공연을 펼쳤다. 밥 무버는 말했다. "작은 클럽일수록 더 좋았던 것 같아요. 쳇 베이커는 서른 명의 관객 앞에서도 기쁜 마음으로 연주했죠." 쳇 베이커는 트럼펫의 나팔관을 무릎에 올려둔 채 눈을 감고 휴식을 취하곤 했다. 마치 악기를 높이 들 힘조차 남아 있지 않다는 듯이 말이다. 곁에서는 일렉트릭 건반과 베이스, 그리고 드럼이 그의 연주를 도왔다. 전체적인 분위기는 음침할 때가 많았다. 존 스나이더는 말했다. "꼭 비 내리는 날 같은 느낌이었습니다."

어떤 이들에게는 존 스나이더가 얘기한 느낌이 꿈결 같은 세상으로 비추어지기도 했다. 모든 것이 느리게 움직였고 흐릿하게 다가왔다. 베이시스트 존 버는 이들의 음악이 매우 차분하게 느껴졌다고 말했다. "관객들에게 많은 에너지를 전달하려 했다기보다는 밴드 자체가 그 음악 속으로 빨려 들어가는 듯했습니다." 당시 쳇 베이커의 공연을 마주한 이들은 특히 그가 노래한 〈The Thrill is Gone〉이 매우 인상 깊었다고 얘기했다. 템포를 아주 느리게 잡아 선보인 탓에, 마치 음악이 허공 위를 떠다니는 듯했다. 그가, "이젠 다 끝났다네. 아닌 척할 필요 없지……"라며 노래했을 때, 사람들은 그가 가장 행복하게 느꼈을 것 같은 황량한 블랙홀 속으로 함께 이끌려 들어갔다. 그다음에 이어진 그의 트럼펫 솔로는 아주 길게 늘어지며 침묵으로 가득 차 있어서, 마치 어둠 속에서 다음에 연주할 음정을 손으로 더듬어 찾는 듯한 인상마저 남겨 주었다.

여러 연주자들—알토 색소포니스트 밥 무버, 피아니스트 해럴드 댄코와 리치 베이락, 트롬보니스트 에드 번Ed Byrne, 베이시스트 데이비드 셔피로David Shapiro와 캐머런 브라운Cameron Brown, 드러머 지미 매디슨Jimmy Madison, 바리톤 색소포니스트 로저 로젠버그Roger Rosenberg 등—을 돌아가며 기용한 쳇 베이커는 재즈 클럽을 하나의 워크숍 장소로 활용했다. 재즈가 록 음악처럼 크고 시끄러운 소리로 가득했던 그 시기에, 그는 그만의 서정적인 시선을 이 젊은 음악인들에게 전수했다. 당시 20대 초반이던 밥 무버에게 쳇 베이커는 마약과 여자, 생존, 그리고 모든 음악의 사제로 다가왔다. 그는 말했다. "그때 비로소 나는 『길 위에서』를 읽기 시작했습니다. 그리고 두말할 것 없이 쳇 베이커는 나의 딘 모리어리티*였죠." 찰리 파커와 소니 롤린스에게 영향을 받은 밥 무버는 쳇 베이커의 열정적인 분신과 같은 역할을 했다. 때로는 더 심할 때도 있었다.** 그가 말했다. "쳇 베이커가 내게 이런 말을 하더군요. '이봐, 밥. 이건 실험실에서 하는 연구가 아니야. 뭐랄까, 우린 사람들을 위해 연주하고 있는 게지. 좋은 교훈 아닌가? 나 역시 누구보다 방종한 삶을 살았으니 말일세.'"

클래식 음악 교육을 받은 피아니스트 리치 베이락은 쳇 베이커가 특별히 기술적인 단어를 쓰지 않으면서도 밴드를 지휘할 능력이 있다는 것을 알고 매우 놀라워했다. 그는 이렇게 말했다. "마일스 데이비스는 이런 식으로 얘기하곤 했습니다. '낮은 음역은 자주 치지 마.' 혹은 '코드 보이싱에 음이 너무 많이 사용됐군.' 하지만 쳇 베이커는 그런 것들에 대해 설명할 줄 몰랐어요. 그는 이렇게 말했죠. '소리가 너무 커', 라든가 '좀 부드럽게 쳐. 너무 솜씨 부리지 말고.' 게다가 그는 어떤 곡을 연주할지 정하는 건 자신의 역할이 아니라고 생각했습니다. 옆에 있는 우리가 제안하는 식이었죠."

이 젊은 연주자들에게 가장 인상 깊게 전해진 교훈은 "음악을

• 잭 케루악의 소설 『길 위에서』에 나오는 주인공. 소설 속에서 비트 세대의 상징으로 묘사된 인물이자 잭 케루악 자신의 생각과 모습이 투영된 존재였다.

•• 1952년 보스턴에서 태어난 밥 무버는 흔히 가진 실력에 비해 불운했던 연주자로 평가된다. 그러나 미국을 떠나 캐나다에 오래 머물렀던 탓에 미국 재즈계에 이름이 널리 알려지지 못한 경향이 컸고, 오늘날에는 연주자보다 교육자로 더 큰 역할을 하고 있다.

들을 줄 알아야 한다"는 사실이었다. 다른 연주자들이 솔로를 펼칠 때 무대 옆에 서서 담배를 피우거나 시계를 들여다보던 스탠 게츠와 달리, 쳇 베이커는 눈을 감은 채, 밴드의 동료들이 펼치는 연주에 의도적으로 집중하며 모든 음정을 듣곤 했다. 그래서 이 연주자들은, 불필요한 것을 배제하고 꼭 필요한 것만 담아내는 선문답 같은 쳇 베이커의 스타일을 번갈아 가며 받아들였다. 또한 쳇 베이커는 가능하면 가장 아름다운 사운드를 만들어 내기 위해 노력했다. 그 사운드 안에 자신의 감성을 있는 그대로 모두 투영했고, 그렇게 만든 음악을 연주로 옮겼다. 그의 젊은 시절을 생각하면 이러한 성과는 불가능했을 것이다. 해럴드 댄코는 말했다. "좋은 음이나 나쁜 음이란 건 없다고 했어요. 느낌을 줄 수 있는가가 관건이었죠."

그러나 실제로 무대에 선 쳇 베이커는 아직도 그가 편하게 연주해 낼 수 있는 발라드와 가벼운 비밥 곡의 공식을 주요 레퍼토리로 유지하고 있었다. 그래서 곁에 있던 후배 음악인들은 그가 좀 더 새로운 곡들을 연주하도록 도왔다. 해럴드 댄코는 퓨전의 스타로 새롭게 자리매김한 두 음악인 웨인 쇼터Wayne Shorter와 허비 행콕Herbie Hancock이 만든 예쁜 곡들을 가져왔으며 자기가 직접 쓴 〈Tidal Breeze〉를 내밀기도 했다. 리치 베이락은 쳇 베이커를 위해 연주하기 꽤 어려운 발라드, 〈Broken Wing〉*을 작곡했다. 밥 무버

• 1970년대 중반 이후 쳇 베이커가 가장 자주 연주한 곡 중 하나가 이 아름다운 명곡이다. 흔히 1950년대의 쳇 베이커만을 기억하는 이들은 그가 남긴 말년의 걸출한 연주를 인식하지 못하는 우를 범하는데, 대표적인 곡이 바로 〈Broken Wing〉이다. 역시 말년의 그가 종종 연주했던 웨

는 이렇게 말했다. "쳇 베이커는 연주할 곡을 자기 스스로 찾는 법이 없었어요. 왜냐하면 그는 이 세상에서 가장 게으른 사람 중 하나였으니까요. 그는 그저 구석에서 꿈을 꾸거나 혼자 있는 것을 좋아했습니다."

쳇 베이커의 지령이 모두 음악적인 것에 국한되지는 않았다. 공연의 쉬는 시간이 되면 그와 밥 무버는 대마초를 구하러 차를 타고 시내로 나가곤 했다. 밥 무버는 얘기했다. "쳇 베이커에게 그건 모험과 같았어요. 마치 「수사망Dragnet」*처럼 말이에요. 그는 그냥 차 안에 있었죠. 그러고는 이렇게 말했습니다. '내가 이 블록을 세 바퀴 정도 돌게. 돈은 여기 있어. 보자, 올라가서 얘기 나누는 데 2분쯤 걸릴 테고, 엘리베이터를 타는 시간은 1분 30초면 되겠군' 하고요." 그날 밤 연주 일정을 마칠 즈음, 두 사람은 연주료를 받기 위해 스트라이커스의 바텐더와 마주했다. 클럽의 주인인 올리비아 스트라이커Olivia Stryker는 연주자들에게 줄 돈을 이 바텐더에게 맡긴 채 관련된 일을 전담케 하고 있었다. 그런데 그 바텐더는 이 클럽에서 은밀히 코카인을 팔고 있었다. 밥 무버는 이렇게 회상했다. "그가 우리에게 돈을 주면, 우리는 다시 그에게 돈을 되돌려줬습니다. 그와 거래를 하고 있었거든요. 하룻밤에 50달러씩 받았는데, 그만큼 우리는 코카인을 사곤 했어요. 결국 돈을 주고

인 쇼터 원작의 〈(Beautiful) Black Eyes〉나 밥 지프 원작의—딕 트위드직과 초연했던—〈Sad Walk〉와 함께 여러 녹음을 찾아볼 수 있으며, 어느 것 하나 빠짐없이 뛰어난 연주를 들려줬다.

• 1960년대 말 텔레비전에서 방영된 형사 드라마. 미국 전역에서 상당한 인기를 끌었으며 오늘날 제작되는 모든 범죄 드라마의 전형이라는 평가를 받는다. 1987년에 같은 등장인물과 구성으로 톰 행크스가 주연한 영화가 제작되기도 했다.

받을 필요가 없었던 거죠."

그래도 꾸준히 공연을 벌인 덕에 쳇 베이커는 얼마간의 돈을 모았고, 모기지론을 받아 첫 할부금을 낸 뒤 중산층이 모여 살던 웨스트체스터 카운티의 돕스 페리에 아담한 집 한 채를 얻을 수 있었다. 캐럴은 드디어 그토록 원하던 집을 갖게 됐고, 아이들은 키우던 개들과 흰 생쥐 우리를 갖다 놓고 행복해했다. 밥 무버의 얘기다. "당시 쳇 베이커가 벌인 노력에 대해 나는 정말이지 경의를 표하고 싶습니다. 그는 가정생활이 정상적으로 돌아가도록 많은 애를 썼어요. 가능하면 마약도 하지 않으려고 했죠."

하지만 쳇 베이커는 돕스 페리의 집보다 루스 영의 아파트에 머물기를 더 좋아했다. 그녀의 말에 의하면, 그는 두 여자에게 모두 "거짓말을 밥 먹듯 하며" 상황을 끌고 갔다던가. 쳇 베이커는 캐럴의 메타돈 프로그램이 끝나기만 하면 바로 그녀와 헤어지겠다고 루스 영에게 장담했다. 그러나 가까운 미래에 그런 일이 일어날 것 같지는 않았다. 간혹 루스 영이 동행하지 못한 채 다른 도시로 연주하러 가게 되면, 그녀는 사랑의 감정이 듬뿍 담긴 편지를 써 보내곤 했다. 내용은 이랬다. "당신을 만날 수 없으니 아무 희망도 없고 너무나 외로워요. 제발, 체스니. 우리의 꿈을 꼭 이루어 줘요. 나는 당신의 문제를 함께 나눴으면 좋겠고, 당신 얼굴에 드리운 고통의 그림자를 지워 주고 싶어요. 내가 할 수 있는 것이라면 뭐든 하겠어요." 쳇 베이커는 이러한 루스 영의 제안을 액면 그대로 받아들였다. 채 몇 년 지나지 않아 그녀가 가지고 있던 막대한 돈을 흔적도 없이 모두 삼켜 버렸으니 말이다. 그것도 모자라,

쳇 베이커는 루스 영이 약 상자를 열 때마다 캐럴의 존재를 확인하게 했다. 그 안에는 캐럴 베이커의 이름이 인쇄된 메타돈 약병이 들어 있었다. 어느 날 쳇 베이커가 루스 영에게 오면서 실수로 그 약병을 들고 왔던 것이다.

1974년이 오기 전에, 쳇 베이커와 루스 영의 애정 행각은 캐럴이 간과할 수 없을 만큼 확연하게 드러나고 말았다. 어느 날 밤, 쳇 베이커는 스트라이커스에 아내를 데리고 왔다. 그리고 루스 영에게도 오라는 얘기를 해 둔 참이었다. 아마도 이 관계를 직접 어떻게 할 만한 배짱은 없었기에 우회적으로 해결해 보려는 심산이었을 것이다. 루스 영은 그날 그가 한 말을 기억했다. "제기랄, 올 거면 오고 마음대로 해." 결국 그녀도 클럽에 모습을 드러냈다.

연주가 진행되는 동안 캐럴은 라이벌이 돼 버린 여인을 내내 응시하고 있었다. 캐럴은 맨 앞자리에 앉아 연주를 듣고 있던 루스 영이 너무나 도발적이라고 생각했다. 마지막 무대가 끝나고 사람들이 클럽에서 거의 빠져나가자, 캐럴이 행동을 시작했다. 그녀는 루스 영의 등 뒤로 달려들어 들고 있던 포크로 찌른 뒤, 벽으로 밀쳐 버렸다. 테이블 위에 놓여 있던 물건들도 모두 던져 버렸다. 이를 본 바텐더가 달려와 캐럴을 가로막았다. 잠시 후 그녀는 달아났고, 쳇 베이커가 뒤를 따라가며 어눌한 말투로 아내를 꾸짖었다. "루스가 다쳤잖아!" 캐럴은 이를 승리의 순간으로 기억했고 몇 년 동안이나 계속해서 사람들에게 이야기했다. 하지만 루스 영은 연민의 마음을 갖게 됐다. 그녀는 말했다. "이런 생각이 들더군요. 누구를 위해서 그랬던 것인가 하고 말이에요. 그를 위해서? 나를 위해서? 아니면 캐럴 자신을 위해서? 글쎄요, 이건 정말 슬픈 일 아닌가요. 그녀에게 아무 소용도 없는, 정말 부끄러워해야 할 일이었어요." 당시 쳇 베이커의 밴드에서 피아노를 연주하던 호드 오브라이언Hod O'Brien은 루스 영을 집으로 데려가 소파에서 쉬게 해 주었다.

이 사건 이후로 진짜 전쟁이 시작됐다. 캐럴은 사람들 앞에서 루스 영이 그녀의 행복한 가정을 망가뜨린 "나쁜 년"이라고 공공연히 떠들고 다녔다. 물론 루스 영의 생각은 달랐다. "내가 쳇 베이커를 쇠사슬로 묶어 다른 데로 데려간 건 아니잖아요? 이건 누가 의도적으로 꾸며서 일어난 일이 아니었어요. 과연 어느 한 사람이 모든 책임을 뒤집어써야 할 상황이었던가요?" 쳇 베이커는 계속해서 루스 영의 아파트에 모습을 드러냈고, 그때마다 장황스럽게 아내에 대한 불평을 늘어놓았다. 어느 날 그가 잔뜩 흥분한 목소리로 이런 얘기를 들려주었다. 차를 타고 센트럴파크 웨스트를 지나치다가 캐럴을 밖으로 내동댕이쳐 버렸다는 것이었다. 루스 영은 말했다. "자기가 벌인 일에 대해 아주 흡족하다는 표정이었죠. '난 그 빌어먹을 차 밖으로 아내를 발로 차 내쫓아 버렸어. 너무 지긋지긋해서 이젠 견딜 수가 없다니까.' 그가 정말 그렇게 얘기했습니다." 루스 영은 혼란스러웠다. 쳇 베이커가 그토록 폭력적일 수 있다는 사실을 몰랐기 때문이었다. 그러나 오래 지나지 않아 루스 영도 그의 진실을 직접 몸으로 겪게 됐다. "그를 만나기 전에 어느 피아니스트와 사귀던 얘기를 하게 됐죠. 그랬더니 내 얼굴을 벨트로 꽁꽁 묶어 버리는 게 아니겠어요? 그와 함께하기 전에는 감히 누구도 내 몸에 손을 대지 못했는데, 난 너무 놀라 어쩔 줄 몰라 했죠. 내가 볼 때 그는 마돈나 신드롬˚에 빠져 있었던 것 같아요. 그의 질투는 그야말로 광적이었습니다."

쳇 베이커는 종종 속 좁은 분노를 드러내기도 했다. 아마도 가장 잘 알려진 것은 제리 멀리건과 관련된 일이 아니었을까. 그가 자신을 발탁했다는 사실은 아직도 마음에 응어리로 남아 있었다. 더구나 사람들이 쳇 베이커에 대해 물을 때마다 ―"요즘 쳇 베이커를 보신 적 있으세요? 다시 함께 연주할 계획은 전혀 없는 건가요?"―제리 멀리건은 퉁명스러운 반응을 보이곤 했다. 그러던 어느 날, 돈 프리드먼Don Friedman이란 프로듀서(1957년에 쳇 베이커와 연주한 피아니스트와는 동명이인)가 카네기홀에서 대규모 합동 공연을 제안했다. 내키지는 않았겠지만, 두 사람 모두 위태로운 음악 경력을 유지하고 있던 터라 군이 거절하기가 힘들었다. 그렇게 해서 1974년 11월 24일 일요일, 공연 일정이 잡혔다. 이 무대에는 웨스트코스트 재즈를 대표하는 또 한 명의 거물급 연주자 스탠 게츠도 등장할 예정이었다. 공연과 관련된 계약이 마무리되자, 존 스나이더는 CTI 레이블에서 제작할 라이브 앨범을 서둘러 준비했다.

쳇 베이커가 주름진 카우보이 같아 보였다면, 덥수룩한 턱수염

• 무의식적으로 아내를 여자가 아닌 어머니의 존재로 바라보는 현상. 특히 아내가 아기를 출산한 이후 두드러지는 것으로 알려져 있다. 아내와 성관계를 맺지 않고 다른 곳에서 그 욕구를 충족하려는 성향을 드러낸다.

과 숱이 많은 잿빛 머릿결의 제리 멀리건은 이제 중년의 예수 그리스도를 연상케 했다. 이 색소포니스트는 적절하고도 현명한 방법으로 자신의 음악 경력을 관리하고 있었다. 레코드를 녹음할 때면 스탠 게츠나 벤 웹스터Ben Webster, 그리고 조니 호지스Johnny Hodges처럼 당시 재즈에서 최고의 솔로이스트로 평가되던 이들과 팀을 이루었고, 1960년대에는 학구적인 분위기가 물씬 풍기는 콘서트 재즈 밴드Concert Jazz Band를 이끌었다. 제리 멀리건은 다음과 같이 설명했다. "나는 내 위상을 바로 세우기 위해 오랜 세월 동안 열심히 노력했습니다. 내가 연주하고 싶던 곳은 관객들이 옷을 잘 차려입고 들어와 예의를 지키는 오케스트라 홀 같은 곳이었어요. 음악을 연주하기 위해 만들어진 공간 말입니다. 쳇 베이커가 즐겨 연주하는 하수구 같은 곳에서는 내 음악을 펼치고 싶은 생각이 없었습니다. 누구든 그를 기용하게 되면 쳇 베이커는 그저 대충 연주해 댄 다음 녹음만 마치면 그만이더군요. 난, 그런 건 절대 사양입니다."

제리 멀리건이 쳇 베이커에 대해 한 말을 전해 들은 루스 영은 벌컥 화를 내며 이렇게 따져 물었다. "하수구라니요? 어디가 하수구 같다는 거죠? 모두가 사람들을 위해 연주하는 공간이에요. 그곳을 찾는 관객들은, 무대 위에서 무슨 일이 벌어지는지도 모르는 사람들이 빽빽이 들어찬 공연장을 택하지 않고 스스로 클럽에 오고 싶어서 오는 것이라고요. 제리 멀리건은 화려한 할리우드의 재즈를 원했던 모양이네요. 따지고 보면 그가 한 건 유명한 여자들과 데이트를 즐긴 것밖에 없지 않나요? 주디 홀리데이, 조지아 브라운Georgia Brown, 샌디 데니스Sandy Dennis *. 자, 대충 감이 잡히죠?"

루스 영이 들려준 얘기의 의미 중에는, 제리 멀리건이 원하는 것을 손에 넣을 수 있을 만큼 정치력을 가지고 있다는 점도 포함돼 있었다. 실제로 그는 이번 카네기홀 공연의 감독 자리를 꿰찰 수 있었다. 피아노 빠진 쿼텟을 되살리려는 의지는 사라진 지 오래였고, 그는 그즈음 자신과 연주하던 일렉트릭 밴드를 데려왔다. 건반 연주자 밥 제임스Bob James와 베이시스트 론 카터Ron Carter, 드러머 하비 메이슨Harvey Mason, 트롬보니스트 에드 번으로 구성된 밴드였다. 쳇 베이커는 그 사운드―특히 그는 일렉트릭 건반의 소리가 "장난감"처럼 들린다고 했다―를 마음에 들어 하지 않았다. 하지만 무엇보다 그가 불편해한 것은 대장 행세를 하려 드는 제리 멀리건의 태도였다. 공연이 있던 날 오후, 카네기홀은 사람들이 장사진을 치며 루스 영의 말처럼 "지상 최고의 동물원"으로 변해 버렸다. 그녀는 말했다. "내가 쳇 베이커를 알고 지낸 세월 속에서 그가 연주를 앞두고 불안해했던 적은 유일하게 그날뿐이었어요." 심지어 제리 멀리건도 신경이 예민해져서, 쳇 베이커에게 위스키를 한 잔 갖다 주라며 루스 영에게 고함쳤다.

• 제리 멀리건이 주디 홀리데이와 연인 관계였다는 얘기는 앞서 이 책의 8장에서 거론됐다. 나머지 두 사람도 모두 배우들이었다. 조지아 브라운(1933~1992)은 영국 출신으로 가수를 겸했고, 미국 출신의 샌디 데니스(1937~1992) 역시 한 시대를 풍미한 배우였다. 8장의 주에서 언급한 것처럼 이러한 인간관계가 제리 멀리건에게 많은 영화음악 작업을 할 수 있도록 해 주었다는 심증은 충분히 설득력이 있다. 다만, 루스 영이 그에 대해 부정적으로 얘기한 것만 가지고 당시 제리 멀리건의 음악적 성과를 폄훼할 필요는 없다.

666

챗 베이커와 제리 멀리건, 그리고 스탠 게츠 사이에 자리한 서로 간의 불신은 마치 아이들처럼 팽팽하게 이어졌고, 이내 주변 사람들의 관심을 사로잡았다. 몇 년 뒤 제리 멀리건은 이런 글을 남겼다. "챗 베이커가 나이 들어서 더 좋은 연주를 들려주었다고 말하는 이들이 있다. 그러나 그건 웃긴 얘기다. 그의 연주력은 형편없이 쇠락해 있었고, 다른 연주자들은 그에게 맞춰 주느라 모두 고생만 했다. 그날의 공연을 부정적인 분위기 속에 몰아간 사람은 바로 챗 베이커였다." 챗 베이커는 제리 멀리건이 자신을 질투한다고 비웃었다. 그리고 그가 경찰에게 붙잡혔던 1953년의 일을 사람들에게 농담 삼아 계속 얘기했다. 자기 집에서 눈물을 흘리며 존 오그레이디에게 숨겨 둔 마약을 꺼내 놓던 바로 그 일 말이다. 루스 영은 이렇게 말했다. "챗 베이커는 제리 멀리건이 아주 바보 같은 존재였다는 사실을 흡족하게 생각했어요." 한편 스탠 게츠는 자신이 세 번째 무대에 오른다는 사실을 못마땅하게 받아들였다. 훗날 챗 베이커는 그가 "모든 것을 경쟁으로만 보는" 자기중심적인 사람이라고 표현했다. 이미 컬럼비아 레코드사와 계약이 돼 있던 스탠 게츠의 그날 밤 연주는 CTI에서 제작하는 라이브 앨범에 수록되지 않았다.

공연이 시작될 무렵, 루스 영은 현란한 표범 무늬가 그려진 코트를 입고 무대 옆에 서서 눈물을 흘리고 있었다. 캐럴 때문이었다. 아이들과 함께 객석 맨 앞줄에 앉아 있던 캐럴은 루스 영의 표현대로 이날 밤 "와이오밍주만큼 큰 존재"가 돼 있었다. 사실 이 공연은 세 연주자 모두에게 승리의 기쁨을 맛볼 수 있는 계기가

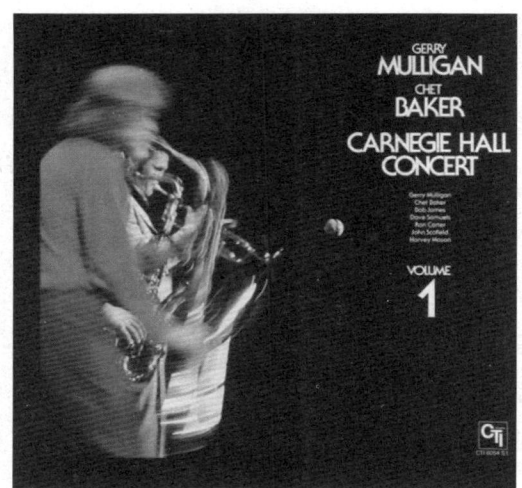

《Carnegie Hall Concert Volume 1》

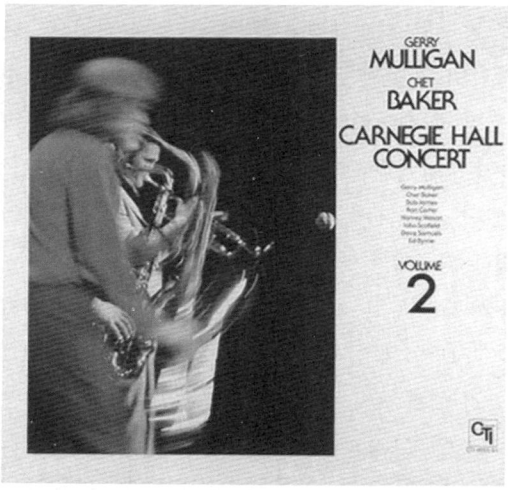

《Carnegie Hall Concert Volume 2》

됐어야 했다. 하지만 확실히 기대에 못 미쳤다는 느낌이 강했다. 제리 멀리건과 쳇 베이커의 조화는 희미한 옛 추억처럼 보이기만 했다. 실상 두 사람은 지난 20년 동안 전혀 다른 방향으로 나아가고 있었다. 제리 멀리건의 음악은 나날이 정교한 면모를 더해 가고 있었으며, 쳇 베이커는 감성의 깊이를 새롭게 찾아 나가던 중이었다. 루스 영은 이렇게 생각했다. "스탠 게츠와 제리 멀리건은 쳇 베이커 같은 가슴을 지니지 못했어요. 겉보기는 훨씬 세련됐지만 말이에요. 따지고 보면 두 사람 모두 아주 똑똑한 남자들이었죠. 하지만 왠지 어느 한 곳이 텅 비어 있다는 느낌은 떨칠 수 없었습니다. 그들의 연주 속에는 뭔가 순종적인 구석이 없었죠. 자, 봐라. 내가 연주하고 있다. 이게 내 삶이다, 어떤가. 뭐 이런 식의 생각을 가지고 있었다고나 할까요. 결국 그들은 가슴 깊이 남아 있는 것을 끄집어내지 못했죠."

쳇 베이커는 달랐다. 〈My Funny Valentine〉을 시작하면서 멜로디를 연주할 때 실수가 나왔다. 그런데 이것이 되레 그의 연주를 인간적으로 다가오게 했다. 그리고 이어진 그의 솔로가 마무리되자, 관객들은 이날의 공연 중에서 가장 따스한 느낌의 박수갈채를 선사했다. 20년 뒤, 제리 멀리건은 당시 쳇 베이커가 선보인 연주를 매우 부정적으로 얘기했다. "그가 무대 위에 올라오자 다른 연주자들은 모두 달걀 위를 걷는 심정이었습니다. 그러고는 연주를 대충 날려 버리더군요. 그런데도 생각했던 것보다 더 좋게 들린 모양입니다."

존 S. 윌슨은 『뉴욕 타임스』에 쓴 글을 통해 이 공연을 "추억의 퍼레이드"라 명명했다. 제리 멀리건은 "최고 수준의 재즈 비르투 오소"이며 그동안 잠재력에 비해 별다른 성과를 올리지 못했던 쳇 베이커를 잊힌 자신의 보조 연주자로 전락시켜 버렸다고 했 다. CTI 레이블이 이 공연의 연주를 두 장의 앨범에 담아 출시했 을 때, 쳇 베이커는 다시 한번 불만을 토해 냈다. 이 앨범에서 리더 격의 연주자로 명시된 것은 제리 멀리건이었는데, 그가 세 곡에 서 긴 솔로 연주를 들려준 반면, 쳇 베이커의 존재가 제대로 드러 난 것은 한 곡뿐이었다.[*] 이 트럼페터는 제리 멀리건이 앨범에 따 른 모든 로열티를 가져갔다고 얘기하곤 했다. 그가 레스 톰킨스 에게 푸념하듯 들려준 얘기가 있다. "CTI는 내가 소속된 레코드 사가 아니었나? 계약을 맺은 건 바로 나였단 말이지. 물론 발표된 앨범의 음악은 모두 제리 멀리건이 편곡을 담당했으니, 그가 리 더이고 나는 사이드맨으로 기록된 게 맞지. 하지만 어딘지 불공 평하다는 느낌은 떨칠 수 없단 말이야."

이런 현상은 리처드 카펜터에게 그랬던 것처럼 쳇 베이커가 수 년 동안 낮은 몸값에 자신을 팔아 버린 데 기인한 전조에 불과했 다. 이제 그를 존중하는 이는 많지 않았으며, 그나마 사람들이 관 심을 가진 부분은 음악에 대한 평가가 아닌 개인적인 사안일 때 가 대부분이었다. 쳇 베이커는 자신의 잘못된 과오에 대해 이야

---

[*] 《Carnegie Hall Concert》라는 타이틀로 발표된 이 앨범은 더블 LP가 아닌 독립된 두 장의 앨 범으로 출시됐다. 각각 네 곡씩 담고 있는데, 세 곡에서 제리 멀리건이 긴 솔로를 했다는 것은 《Vol.1》에 해당되는 얘기다. 오늘날 유통 중인 CD는 8곡을 모두 싣고 있다. 쳇 베이커와 제리 멀 리건의 협연을 들을 수 있는 마지막 녹음이다.

기할 기회를 전혀 얻지 못했으며, 많은 매체들은 카네기홀 무대에 선 그를 마약중독자이자 전과자로만 인식했다. 그가 살던 돕스 페리의 이웃들도 그의 존재를 달가워하지 않았다. 이 교외 지역으로 이사 온 지 석 달 만에 동네 아이들은 자전거를 타고 쳇 베이커의 집 앞을 지나치며 "마약쟁이!"라 외쳐 댔고, 음식 찌꺼기를 던졌다. 심지어 캐럴을 창녀라 부르기도 했다. 세 남매는 너무 심하게 괴롭힘을 당해서 학교에 가기를 두려워할 정도였다.

변호사이자 공연기획자인 잭 클라인싱어Jack Kleinsinger가 도움의 손길을 내밀었다. 훗날 그는 당시 쳇 베이커 부부가 상황을 많이 과장해서 얘기했다고 회상했다. 어쨌든 쳇 베이커에게, 동네 사람들의 이러한 해코지는 미국의 모든 것이 잘못됐다고 주장할 수 있는 또 하나의 근거가 됐다. 그러니까 그의 결론은, 법을 지키며 살아가려 애쓰는 사람에게 이보다 부당한 짓이 어디 있느냐는 투였다. 쳇 베이커는 제롬 리스 앞에서 사람들을 이렇게 비난했다. "이 세상이 문명화됐다지만, 알고 보면 더없이 지저분한 곳 아닌가? 사람들은 나를 인간쓰레기 취급하고 있어. 그러니 난들 뭐 별 도리가 없지 않겠나."

쳇 베이커는 뉴욕주 검찰청에 근무하던 잭 클라인싱어에게 집에 들어간 돈을 돌려받을 수 있도록 해 달라고 부탁했다. 그리고 쳇 베이커 가족은 칠흑같이 어두운 밤에 사람들의 눈을 피해 야반도주하듯 짐을 옮겼다. 밥 무버와 트럼페터 토미 터렌타인Tommy Turrentine이 일손을 도왔고, 쳇 베이커는 무너진 가정생활의 꿈을 이삿짐 속에 주워 담아야 했다. 그리고 텅 빈 집 안에 홀로 남아 마약을 했다.

다시 한번 집을 잃어버렸지만, 쳇 베이커의 머릿속에는 오로지 도망치고 싶다는 생각밖에 없었다. 그러나 가족에게는 어쨌든 머물 공간이 필요하지 않겠는가. 결국 그는 자기 집에 들어와 살라는 아트 프랭크의 제안을 거절할 여유가 없었다. 메인 주에 살며 전처럼 복지 기금으로 근근이 버티고 있던 아트 프랭크는 아직도 쳇 베이커라는 날개를 달고 하늘 위로 날아 보려는 꿈을 간직하고 있었다. 1974년 초에, 아트 프랭크는 쳇 베이커에게 편지를 보내 그의 이야기를 영화화할 수 있도록 판권을 넘겨 달라며 애원한 적이 있었다. 그는 쳇 베이커의 삶을 책으로 엮을 계획이라며 타이프라이터 앞에 앉아 긴 서신을 썼다. 미국이 쳇 베이커에게 많은 잘못을 저질렀으며, 이는 역인종차별이나 다름없다고 강조했다. 자신의 아내 얼라는 쳇 베이커와 함께 녹음할 환상을 버리지 않았다고 덧붙이기도 했다. 돕스 페리에서 쫓겨날 즈음 쳇 베이커에게 주어진 삶은 그로 하여금 더 이상 버틸 수 없다는 결론을 내리게 했다. 그 어느 때보다 미국을 떠나 다시 유럽으로 가고 싶다는 욕망이 마음속에서 용솟음쳤다.

미국에 대한, 특히 뉴욕에 대한 쳇 베이커의 증오는 주어진 기회를 계속해서 날려 버리는 결과를 초래했다. 밥 무버는 말했다. "우리가 공연하게 될 때마다, 그는 어김없이 이를 망쳐 버리곤 했어요." 뉴포트 재즈 페스티벌을 창립한 뒤 기획자로 일해 온 조지 웨인George Wein 은 "재즈와 미국 팝송에 대한 슐리츠의 경의Schlitz Salute to Jazz and the American Popular Song "라는 제목의 올스타 갈라 콘서트에 쳇 베이커를 포함시켰다. 코미디언 필리스 딜러 Phillis Diller 가 사회를 맡은 이 공연은 1975년 7월 1일 링컨센터에서 열릴 예정이었으며 라디오를 통해 미국 전역에 방송하기로 돼 있었다. 쳇 베이커는 로저스와 하트가 만든 두 개의 스탠더드 곡, 〈With a Song in My Heart〉와 〈Have You Met Miss Jones?〉를 골랐다. 두 번째 곡은 미처 반밖에 알지 못했지만, 무대 뒤에서 가수 마거릿 와이팅의 도움을 받아 가사를 익혔고 그런대로 큰 무리 없이 진행할 수 있게 됐다. 연주할 순서가 되자, 쳇 베이커는 밥 무버가 짜깁기로 급하게 만들어 온 악보집을 가지고 필하모닉 홀의 무대로 올라갔다. 그리고 불안정하게 서 있던 보면대에 그 악보집을 올려 둔 채 안경을 썼다. 함께 무대에 올랐던 밥 무버가 불안한 듯 그의 곁에서 속삭였다. "괜찮겠어요? 악보집이 좀 무거워 보이는데." 쳇 베이커는 이렇게 대답했다. "거참, 걱정도 팔자네." 그러나 연주가 한창 진행되던 도중 보면대가 넘어져 버렸고 악보는 사방으로 흩어져 휘날리기 시작했다. 당황한 관객과 연주자들이 지켜보는 가운데, 쳇 베이커는 남은 곡을 연주하며 실수를 연발했다. 그해 여름, 잭 클라인싱어는 그가 마련한 "재즈의 하이라이트"라는 기획 공연의 일환으로 쳇 베이커를 뉴욕대학교의 무대에 세웠다. 뱀가죽 신발과 낡은 청바지를 입고 나타난 쳇 베이커는 무덤덤한 연주로 일관했고, 참석한 모든 이들에게 실망을 안겨 주었다.

그러다 문득 분위기가 반전되기 시작했다. 쳇 베이커가 1967년에 아트 프랭크의 집에서 남긴 육성처럼 조반니 톰마소에게 도움

을 요청하겠다던 꿈이 갑자기 현실로 다가온 것이었다. 1956년
에 처음 그의 이탈리아 공연을 추진했던 알베르토 알베르티 Alberto
Alberti 는 맨해튼을 방문해 스트라이커스 클럽에 들렀다. 당시 그
는 조지 웨인의 회사인 페스티벌 프로덕션에서 일하고 있었다.
쳇 베이커는 그가 외국 공연을 추진해 줄 수 있는지 물었고, 며칠
지나지 않아 두 개의 페스티벌 공연 일정이 잡혔다. 아드리아해
연안에 위치한 이탈리아의 페스카라에서 열리는 페스티벌과 프
랑스의 리비에라 페스티벌이었다.

캐럴과 아이들을 미국에 남겨 둔 채, 쳇 베이커는 루스 영을 데
리고 유럽으로 건너갔다. 그녀는 뭔가 새로운 삶의 모험을 찾던
중이었다. 쳇 베이커는 잔뜩 흥분한 루스 영에게 이렇게 말했다.
"유럽은 젊은 여자들이 꼭 한번 가 봐야 하는 곳이지." 트럼펫 케
이스와 작은 가방을 하나 든 쳇 베이커가 루스 영과 함께 페스카
라에 도착한 것은 1975년 7월 13일이었다. 미국이 그를 낙오자
로 취급한 반면, 이탈리아는 쳇 베이커를 돌아온 영웅으로 대접
했다. 이 유럽 연주 여행에서 피아노를 맡은 해럴드 댄코는 이렇
게 말했다. "이탈리아에서 그는 스타 중의 스타더군요. 사람들
은 마치 그를 연예인 바라보듯 했습니다. 딱히 음악적으로 조명
된 부분은 얼마 없었지만 말이에요." 쳇 베이커의 쇠락한 외모는
그를 "천사"로 기억했던 이탈리아 팬들에게 큰 충격을 안겨 주었
다. 그러나 이탈리아의 매체들은 이 사실을 통해 쳇 베이커를 새
롭게 미화하는 데 열을 올렸다. 저널리스트 코스탄초 코스탄티
니 Costanzo Costantini 는 다음과 같이 그를 칭송했다. "쳇 베이커는 재

즈계의 랭보다. 세상은 그를 수없이 패배시켰지만, 그는 매번 다시 일어났다. 달콤하고 연약한 심성의 소년이 뉴욕의 슬럼가에서 지내야 했다니 얼마나 안타까운가. 언제나 부러진 날개를 지녔던 이 새 한 마리는 그 거친 도시 속에서 숱한 폭력을 마주하며 아무 방어할 힘도 갖지 못한 채 희생당해야 했던 것이다."

페스카라에서 벌어진 공연은 미국 출신의 여러 스타급 연주자들이 뒤범벅돼 벌이는 잼 세션이었다. 쳇 베이커는 이런 식의 번잡한 공연을 달가워하지 않았다. 야외 스타디움에 무대를 만들어 놓았는데, 비로 인한 악천후와 열악한 음향 시설은 물론 관객들의 야유까지 더해져 분위기는 엉망이었다. 쳇 베이커는 사람들이 자신을 조롱한다고 믿었다. 그만큼 그의 연주가 불안정했다는 반증일 수 있었다. 하지만 연주에 대한 평가는 후했다. 로베르토 카파소Roberto Capasso는 쳇 베이커의 테크닉이 아무리 부족했다 해도 "좋은 감정 처리와 결단력"으로 이를 만회했다고 썼다.

새벽 2시 반, 코스탄초 코스탄티니는 다른 잼 세션을 마치고 루스 영과 함께 에스플라나데 호텔을 나서는 쳇 베이커와 마주쳤다. 나풀거리는 흰 드레스를 입고 있던 루스 영은 마치 쳇 베이커의 유령 같았다. 침묵 속에 발걸음을 옮기며 "달에서 내려온" 정령이 어두운 밤길을 떠다녔다. 코스탄초 코스탄티니는 두 사람을 노천 카페로 초대했다. 쳇 베이커는 구운 햄과 치즈가 든 샌드위치를 먹으며 이야기를 나누었다. 그의 분위기는 머리 위를 가득 채운 밤하늘처럼 검게 물들어 갔다. 매체로부터 호의적인 반응을 얻어 냈음에도, 그는 자신의 서툰 연주 때문에 우울해하고 있었다.

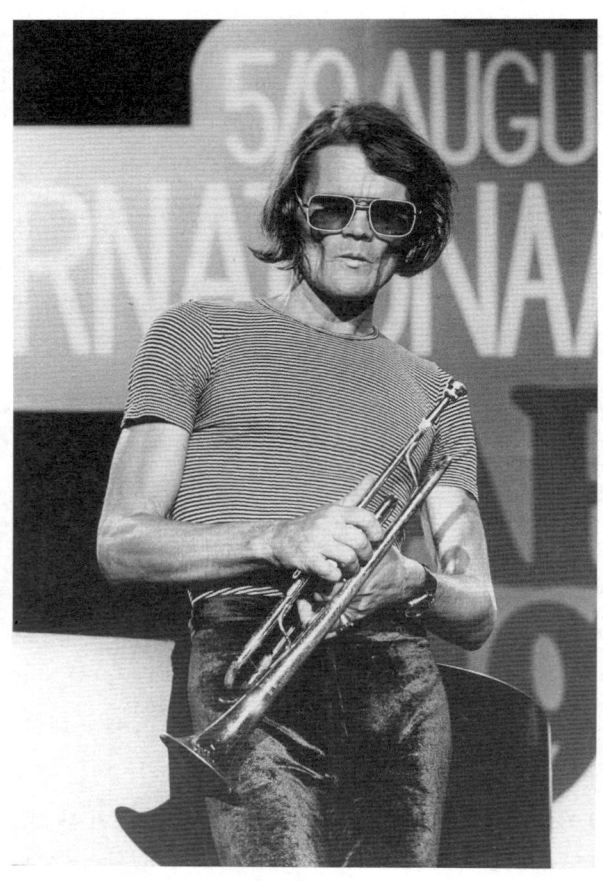

1975년 여름, 유럽의 페스티벌 무대에 선 쳇 베이커

그러나 당시 그가 이탈리아의 매체들과 가진 모든 인터뷰에 잘 드러나 있듯, 쳇 베이커의 관심사는 온통 미국에 대한 증오뿐이었다. 그는 마르코 몰렌디니Marco Molendini에게 이렇게 말했다. "텍사스, 아칸소, 애리조나. 그런 데 사는 사람들은 모두 다 바보 같아. 그들에게는 문화란 게 없지. 사회생활은 또 어떻고. 아무도 상대방의 눈빛을 마주하지 않는다니까. 하긴, 그러고 보니 말도 별로 안 하네. 심지어 교도소에서도 다른 이들에게 말을 건네지 않으니 말일세. 그래서 친구를 만들기가 참 힘들어. 밤에는 또 어떤지 아나. 아예 나갈 수가 없어. 누구든 폭력을 비롯해 모든 것을 두려워하지." 또 다른 저널리스트 줄리오 팔룸보Giulio Palumbo는 쳇 베이커의 딸인 멜리사가 학교에 가던 중 강도를 당했다는 얘기를 들었다. 역시 쳇 베이커가 전해 준 얘기다. "한 흑인 놈이 우리 애 목에 칼을 들이대고는 손목에 차고 있던 시계를 풀어 달아났지. 내가 크리스마스 때 선물로 준 것이었거든. 4달러짜리였어. 어처구니없지 않은가? 요새 뉴욕에 가면 말이지, 단 10달러 때문에 살인이 일어나기도 한다니까."

반면 유럽은 쳇 베이커에게 상쾌한 자유를 느끼게 해 주었다. 미국의 모든 비평가는 그의 외관을 비웃으며 문제 삼곤 했지만, 쳇 베이커는 그런 것에 신경을 쓰지 않을 만큼 사람들의 시선을 의식할 필요가 없었다. 머리는 그냥 자라게 내버려두었고, 이내 도깨비 가발을 쓴 것같이 됐다. 루스 영이 머리를 빗겨 주려 해도 괜찮다며 그냥 내버려두게 했다. 쳇 베이커는 퉁명스럽게 말했다. "이봐, 루스! 난 미인 대회에 나가려고 무대에 서는 게 아니잖

아. 괜찮다니까." 목욕도 자주 하지 않았다. 그는 이렇게 덧붙였다. "여긴 유럽이야. 샤워는 하지 않아도 된다고. 여기 사람들에 비하면 그다지 더러운 것도 아닌데 뭘."

7월 17일, 그들은 "재즈의 위대한 퍼레이드"가 열리는 프랑스 니스로 날아갔다. 11일 동안 열린 이 페스티벌에는 디지 길레스피와 밀트 잭슨, 주트 심스, 에디 "록조" 데이비스Eddie "Lockjaw" Davis, 클라크 테리 등 이름 있는 연주자들이 등장할 예정이었다. 페스티벌 프로덕션스의 대변인은 그가 이탈리아에서 그랬던 것처럼 니스에서도 메타돈을 구할 수 있을 것이라 약속했었다. 하지만 니스에 도착한 쳇 베이커는 그 약을 구하려면 100킬로미터나 차를 타고 나가야 한다는 사실을 알게 됐고 이내 사색이 됐다. 다음 날 밤 이곳에 도착한 밥 무버는 전날 무슨 일이 일어났는지 뒤늦게 알게 됐다. 소니 롤린스의 드러머인 데이비드 리David Lee 는 그에게 이렇게 말했다. "이런 세상에. 자네 리더인 쳇 베이커가 사고를 쳤어! 완전히 미쳐 버렸다니까. 모든 사람이 그를 죽여 버리겠다고 난리가 났지 뭐야."

전날 밤, 피아니스트 케니 드루는 쳇 베이커와 주트 심스, 베이시스트 래리 리들리Larry Ridley, 드러머 레이 모스카Ray Mosca 와 함께 연주를 했다. 이 잼 세션은 텔레비전을 통해 방송됐고, 수천 명의 관객이 지켜보는 가운데 산 위에 설치된 무대에서 벌어졌다. 여름밤의 선선한 바람이 나무들을 훑고 지나갔으며, 팬들은 자유롭게 펼쳐질 재즈의 밤을 고대하고 있었다. 연주자들은 악기를 꺼내던 쳇 베이커가 한 뭉치의 악보를 함께 들고 선 것을 보게 됐다. 주트 심스가 물었다. "뭐야? 우리 리허설도 하는 거야?" 그러자 쳇 베이커가 이렇게 버럭 소리를 질렀다. "죽어 버려, 이 자식아!" 그러고는 케니 드루를 바라보며 뜬금없이 이렇게 덧붙였다. "난 저놈과 연주하기 싫어." 그 말을 들은 케니 드루는 주트 심스와 같이 무대를 내려가며 말했다. "그럼, 나중에 하지 뭐."

무대에 남은 래리 리들리와 레이 모스카가 반주를 맡았고, 잔뜩 긴장한 분위기의 쳇 베이커는 〈Stella by Starlight〉를 포함한 몇 곡을 연주했다. 날카로운 신경에 땀으로 범벅이 된 그는 몇 년 동안 연주하지 않았던, 광적인 느낌의 8분음표가 끊임없이 이어지는 솔로를 격렬하게 선보였다. 연주를 마치고 무대를 내려온 쳇 베이커는 산꼭대기에서 트럼펫을 아래로 멀리 던져 버렸다. 그때 몇백 미터 아래에서 근무를 서고 있던 경호원이 악기를 발견했고 다시 가지고 올라와 그에게 건넸다. 하지만 쳇 베이커는 악기를 다시 바닥에 내동댕이친 뒤, 발로 밟아 버렸다. 그로부터 며칠 동안 그는 페스티벌 프로덕션 측에서 메타돈을 구해 주지 않았다며 분노했고, 주트 심스에 대해 비난을 퍼부었다. ("그놈은 기껏 술주정뱅이에 지나지 않아!") 그리고 루스 영을 위협하기에 이르렀다. 점심시간에 그녀가 알베르토 알베르티의 무릎을 가볍게 두드리는 광경을 목격한 것이 화근이었는데, 호텔로 돌아오자마자 쳇 베이커는 루스 영에게 소리를 지르기 시작했다. "왜 다들 날 바보로 만드는 거지? 당신은 도대체 뭐 하는 여자야? 다 됐어, 이제! 다음 비행기를 타고 바로 떠나 버려!" 그녀는 망연자실했다. "그는 자기가 이용당했다는 생각에서 벗어나지 못했어요." 루스 영은 그렇게 말했다. "그에게 머물렀던 모든 여자들이 자기 몰래 다른 남자를 만난다고 생각했죠."

　다음 날 오후, 쳇 베이커와 루스 영은 쥐앙레팽의 해변에서 열린 큰 파티에 참석했다. 페스티벌에 참여한 음악인들과 그 친구들을 위한 자리였다. 사람들은 시원한 음료수를 마시며 모래 위에서 요란스레 떠들어 대고 있었다. 쳇 베이커는 루스 영이 한 잘생긴 수상 구조원에게 시선을 주고 있다고 느꼈다. 그러고는 디지 길레스피와 주트 심스 등 많은 동료들이 보고 있는 가운데 그녀의 뺨을 냅다 후려쳤다. 다음 날, 그와 밥 무버는 주트 심스, 에디 "록조" 데이비스, 피아니스트 제럴드 위긴스Gerald Wiggins 와 함께 잼 세션 무대를 벌였다. 모두 쳇 베이커를 힐난의 눈으로 바라보고 있었다. 객석에는 수많은 관객이 운집해 있었다. 주트 심스가 첫 곡으로 디지 길레스피 원작의 〈Groovin' High〉를 연주하자고 제안했다. 그러나 쳇 베이커는 샐쭉거리며 이렇게 대꾸했다. "난 싫어." 주트 심스가 발끈하며 말했다. "아, 그래? 그 곡은 연주하기 싫단 말이지? 그럼 무슨 곡을 연주하고 싶은데?"

　"난 〈Four〉를 하고 싶어."

　"이봐, 쳇. 그래, 우린 〈Four〉를 연주할 수 있어. 네가 하고 싶은 거라면 당연히 그렇게 해야겠지. 왜냐하면 넌 바보 같은 어린애니까. 그리고 보면 넌 1955년에도 어린애였고, 아직도 어린애구나. 자, 모두 이 어린애가 원하는 걸 연주하자. 하나 둘, 하나 둘 셋……"

　연주자들은 너무 당황해서 멜로디를 마친 뒤에도 솔로를 연주하려 들지 않았다. 결국 밥 무버가 나서서 솔로를 시작했다. 그런데 뒤에 서 있던 쳇 베이커와 주트 심스가 계속해서 말다툼을 벌이는 것이 아닌가. "그래, 좋아. 죽어 버려라!" "너나 꺼져 버려, 이 자식아!" 참다 못한 에디 "록조" 데이비스가 몸을 돌려 두 사람을 향해 이렇게 말했다. "이보게들. 도대체 왜들 이러는 건가? 뭔 짓을 하고 있는 거야? 우린 지금 공연 중이라니까!"

쳇 베이커가 소리쳤다. "집어치워! 다들 집어치워!" 그러고는 무대를 내려가 나무들 사이로 몸을 숨겨 버렸다. 밥 무버는 뒤를 따라가서 이렇게 애원했다. "제발 돌아와요! 기자들은 당신이 그냥 무대에서 내려가 버렸다고 난리를 피울 거라고요. 공연 중에 이러면 어떡해요!"

"제발 조용히 좀 할래? 넌 정말이지 걱정도 팔자구나!"

밥 무버는 산 아래까지 쳇 베이커를 따라갔다. 후배가 다가오는 걸 느낀 쳇 베이커가 반사적으로 그를 걷어차 버렸다. 조지 웨인은 이 모든 광경을 지켜보고 있었다. 그는 단호한 말투로 이렇게 말했다. "자, 거기까지! 지금 이 순간부터 누구라도 다른 사람에게 손을 대면, 내가 가만 안 있겠소." 그러나 쳇 베이커는 이렇게 대꾸하며 조지 웨인에게 따져 물었다. "내가 언제 손을 댔소? 발을 댔지!"

밥 무버가 다시 무대로 돌아가 잼 세션에 참여하자 쳇 베이커는 그가 배신했다며 밴드에서 내쫓아 버렸다. 제럴드 위긴스는 색소폰으로 쳇 베이커의 머리를 내리쳐 버리라고 편을 들며 밥 무버를 위로했다. 페스티벌에 참여했던 모든 이들도 그가 그렇게 하면 돈을 모아 새 악기를 사 주겠노라고 거들었다. 그런데 관록의 색소포니스트이자 편곡가인 베니 카터Benny Carter는 진짜 문제가 무엇인지 파악하고 있었다. 쳇 베이커에게는 약이 필요하다는 것이었다. 그는 다른 연주자들에게 이렇게 얘기했다. "듣자 하니, 자네들은 하나같이 쳇 베이커를 깎아내리려고만 하고 있구먼. 누구 하나라도 그에게 동정심을 가져야 하는 것 아닌가 말일세."

훗날 루스 영과 이야기를 나누던 쳇 베이커는 그가 알고 지냈던, 성품이 좋지 못했지만 위대한 음악을 선보인 인물들을 하나하나 거론하며 자신의 과오를 스스로 되짚은 적이 있었다. 루스 영은 말했다. "그가 얘기하더군요. '아주 나쁜 놈이면서 천재 같은 연주를 들려줄 수는 없는 것 같아.' 그 말을 들은 나는 이렇게 말했죠. '아니에요, 쳇. 난 그 말에 동의하지 않아요. 그래요, 당신은 할 수 있어요. 당신이라면 타고난 재능의 개자식이 될 수 있다고요.'"

많은 문제를 일으킨 뒤였지만, 쳇 베이커는 벨기에에 살고 있던 자크 펠저의 더없는 환영을 받았다. 그리고 남은 여름을 그의 집에서 보냈다. 자크 펠저는 시간을 쪼개 알토 색소폰과 플루트를 연주하면서 리에주의 집 앞에 있는 약국을 운영하고 있었다. 리에주는 뫼즈강 변에 위치한 공업 도시로, 브뤼셀에서 한 시간가량 떨어져 있었다. 친구들은 자크 펠저를 "잭"이라 불렀다. 그에게 쳇 베이커는 음악의 신이자 삶의 가장 심오한 비밀을 알려줄 인도자와도 같았다. 그 비밀을 조금이라도 알아내겠다는 마음으로, 당시 마흔아홉 살이던 자크 펠저는 모리스 슈발리에보다 더 강한 프랑스 억양을 구사해 가며* 챗 베이커에게 질문을 던지곤 했다.

리에주의 재즈 팬들에게 자크 펠저는 그야말로 우상 같은 존재였으며, 그곳에 사는 연주자들 중에서 가장 찰리 파커에 근접했다고 얘기되던 인물이었다. 둥근 얼굴에 아랍 스타일의 달라붙는 모자를 쓰고 다니던 그는 젊어서부터 대머리가 돼 있었다. 유럽 전역에 명성을 떨친 바 있는 벨기에의 몇몇 연주자들—유명했던 이들로는 브누아 케르생을 비롯하여, 이 시기에 이미 세상을 떠난 보비 야스파와 르네 토마 등—사이에서 그의 영향력은 대단했다. 그러나 자크 펠저는 아버지로부터 어쩔 수 없이 물려받은 약국 때문에 리에주에 묶여 있었다. 그의 사위이자 피아니스트인 미셸 그라이예Michel Graillier는 이런 말을 했다. "모든 약이 그에게는 일종의 재앙처럼 다가왔습니다. 장인어른은 어딘지 좀 혼란스러운 사람이었죠." 막상 음악을 익힐 시간이 부족했던 탓에, 자크 펠저의 연주는 젊은이들의 화려한 면모를 갖지는 못했다. 하지만 조반니 톰마소는 다르게 생각했다. "그의 연주가 최고는 아니었지만, 언제든 그와 무슨 연주라도 벌일 수 있었습니다. 왜냐하면 그에겐 타고난 감각이 있었거든요. 재즈가 어떤 음악인지 알고 있는 연주자였어요."

• 흔히 모리스 슈발리에(1888~1972)는 그 누구보다 프랑스적인 감성을 잘 드러낸 가수로 얘기됐으며, 그가 선보인 노래 스타일과 발성법은 오늘날 샹송의 원형을 제시했다는 평가를 받는다. 1908년에 데뷔해 제2차 세계대전 이전에 활동한 가수들 중에서 프랑스의 국민가수로 칭송받은 몇 안 되는 인물 중 하나였다.

그가 살던 티에르아리에주는 언덕 위에 상점과 나무들이 줄지어 늘어선 매력적인 동네였다. 그리고 이곳에 자리한 그의 2층짜리 연립주택은 마치 자신의 성역과도 같았다. 아무 말도 쓰여 있지 않던 빨간 벽돌 건물 뒤에서, 자크 펠저는 재즈계의 여러 거성들을 초대해 함께 시간을 보내곤 했다. 덱스터 고든과 스탠 게츠, 엘빈 존스Elvin Jones 등이 그의 집에 드나들었다. 이들은 집 뒤편에 마련된 거실에서 휴식을 취하곤 했다. 오래된 비밥 레코드들이 책장에 잔뜩 꽂혀 있었다. 때로는 목련향이 가득한 정원에 나가 탁구를 치기도 했다. 인정 많은 자크 펠저는 자기 집을 찾은 손님들이 약국을 자유롭게 이용하도록 내버려뒀다. 진열된 황갈색 약병에는 큰 글씨로 내용물의 이름이 적혀 있었다. 약국이 전문적으로 다루는 약은 그의 아버지가 집에서 자체적으로 개발한 달콤한 맛이 나는 코데인*시럽이었다. 그러나 루스 영을 포함한 몇몇 사람들은 아예 모르핀 좌약을 선호했다. 그녀는 말했다. "세상에, 그 약은 잘못 먹으면 아주 고생이 심했어요."

첫 베이커는 이 집의 열쇠를 직접 가지고 다녔으며, 남은 그의 생애 동안 그야말로 피신처처럼 사용했다. 베이시스트 장루이 라생포스Jean-Louis Rassinfosse는 이렇게 말했다. "그가 그곳에 있으면, 그 집은 그의 것이었어요. 언제나 가장 좋은 방을 차지했고, 사람들은 그가 먹고 싶어 하는 걸 요리했죠. 모든 것이 그를 중심으로

---

* 코데인은 아편에서 추출한 물질로 만드는 진통제이자 진해제, 그리고 수면제다. 마약 성분이 있기 때문에 향정신성의약품으로 규정해 유통을 따로 관리하는 나라가 대부분이다. 여기에서는 자크 펠저가 음악인들에게 이 약을 마약 대신 제공했다는 의미로 언급됐다.

돌아갔습니다." 자크 펠저의 집은 재즈 연주자에게 천국처럼 보였다. 그러나 1982년에 마지막으로 이곳을 방문한 루스 영은 여기에 "죽음의 집"이라는 별칭을 붙여 주었다. 그녀는 말했다. "거기에서 일어난 일들이 그랬다는 뜻이에요. 왕국Dynasty이란 말은 하지 마세요. 그보다는 험하게Nasty 죽는다Die고 하는 게 낫겠네요. 거기에서 오래 버티면 아마 누가 상이라도 줄 거예요."

자크 펠저에게는 죽음의 그림자가 드리워 있었다. 젊고 아름다운 약사로 클래식 피아노를 연주하기도 했던 그의 아내 앙드레는 10년 넘게 극심한 헤로인 중독에 빠져 있다가 1961년에 세상을 떠났다. 그리고 그녀가 죽기 몇 년 전에는 갓 태어난 아들이 삶을 꽃피우기도 전에 부부의 곁을 떠난 일도 있었다. 헤로인은 이미 자크 펠저의 가장 가까운 두 친구, 보비 야스파와 르네 토마를 앗아 갔다. 그들의 음악과 웃음소리는 1950년대부터 자크 펠저의 집을 떠난 적이 없었다. 그는 언제나 온화한 아버지의 인상을 하고 있었지만, 밥 무버가 그를 가리켜, 자기가 만나 본 모든 사람 중에서 가장 슬픈 남자였다고 표현한 것은 결코 무리가 아니었으리라. 밥 무버는 이렇게 말했다. "그 집안 사람들은 모두 떨칠 수 없는 절망의 흔적을 품고 있었습니다." 쳇 베이커와 마찬가지로 자크 펠저의 가족들은 마약과 재즈의 힘을 빌려 삶의 고통을 지우려 하고 있었다. 루스 영은 말했다. "잭은 언제나 마약에 빠져 제정신이 아니었어요. 가게에 가서 소시지라도 사 올 일이 있으면 항상 약국을 통과하면서 약병 하나를 집어 오곤 했죠. 심할 때는 한 시간에 다섯 번이나 드나든 적도 있었어요." 그녀의 기억에 의하면, 자크 펠저는 아침부터 코데인 시럽을 마시기 시작해 하루 종일 곁에 두고 홀짝거릴 때가 많았다고 했다.

이런 상황에, 극단적인 절망 속에서도 곧잘 아름다움을 엮어 내는 힘을 가진 쳇 베이커가 1975년, 자크 펠저의 집에 온 것이었다. 그를 둘러싼 창조적인 영혼들이 온갖 복잡한 양상으로 얽혀 있었지만, 쳇 베이커의 방문은 어딘지 새로운 분위기를 선사할 수 있었다. 예컨대 혼란 속에서도 예술적인 무언가를 엮어 내기만 한다면, 그 마법을 통해 사람들의 상처를 얼마간 지울 수 있을지도 모른다는 회생의 약속처럼 말이다.

자크 펠저의 딸인 미슐린보다 쳇 베이커를 매력적으로 바라본 이도 드물었다. 당시 스물다섯 살로 장성해 있던 그녀는 어린 시절 마주했던 그의 모습을 잊지 못하고 있었다. 다섯 살 꼬마였을 때 쳇 베이커의 무릎에 앉아 놀던 추억은 물론, 화장실에서 마약을 주사하는 그를 본 것까지 어떻게 잊을 수 있었을까. 쳇 베이커가 1963년 벨기에를 방문했을 때, 사춘기를 보내고 있던 미슐린은 이 잘생긴 트럼페터에게 마음을 빼앗기기도 했다. 그녀는 말했다. "그는 아주 달콤한 남자였어요. 하지만 목소리가 아주 컸죠. 때론 정말로 엄하게 한 적도 있었답니다. 그래서 나는 그를 좀 무서워했어요. 비록 그가 말하는 영어를 이해하진 못했지만 목소리만 들어도 어떤 기분인지 알 수 있었거든요."

부드러운 영혼을 가진 미슐린은 정이 많고 쾌활한 소녀였다. 둥근 얼굴 주변에는 검고 곧게 뻗은 머릿결이 반 정도 내려와 있었고, 루스 영의 표현대로라면 "벨기에의 재니스 조플린Janis Joplin 같왔다." 그러나 미슐린은 아버지의 슬픈 눈망울을 그대로 물려받았으며, 그가 그랬던 것처럼 이미 많은 슬픔을 목격한 뒤였다. 그녀는 1960년대 중반 자기 집에 스탠 게츠가 왔던 것을 기억했다. 늦은 밤, 잼 세션을 마친 뒤 자크 펠저는 잠을 자러 침실로 들어가고 그녀는 스탠 게츠와 거실에 남아 있었다. 얼마 지나지 않아 문득 눈을 뜬 자크 펠저는 미슐린이 앞에 서 있는 것을 발견했다. 그녀가 말했다. "아빠. 아빠 친구 얼굴이 파랗게 변하고 있어요."

미슐린은 열한 살 되던 해에 어머니를 잃었다. 어딘지 석연치 않은 구석이 많은 죽음이었다. 그녀에 따르면, 아버지가 바람을 피웠는데 그 상대 여자가 종종 전화해서 어머니에게 폭언을 퍼부으며 다투곤 했단다. 그 일이 있고 난 뒤 얼마 지나지 않아 미슐린의 어머니는 스스로 목숨을 끊었다. 미슐린은 이렇게 말했다. "어머니는 수은이나, 아니면 그보다 더 독한 약을 삼켰던 것 같아요. 하지만 확실하진 않습니다. 아버지와 그 일에 대해 이야기하는 건 너무 고통스러웠으니까요. 굳이 여쭤보지도 않았어요. 아니, 알고 싶지 않았습니다." 밥 무버는 자크 펠저가 들려준 이야기를 기억하고 있었다. 그에 따르면 아내는 마약중독으로 뇌출혈을 일으켜 세상을 떠났다고 했다.

실제 어떤 일이 일어났든, 아내의 죽음은 자크 펠저에게 더할 수 없는 죄책감을 안겨 주었다. 미슐린이 받은 충격도 아주 커서 거의 2년 동안이나 실어증에 시달렸다. 그러던 1965년 그녀는 비 오는 어느 날 밤 콩블랭라투르에서 열린 공연을 마주했고, 그곳에서 존 콜트레인이 연주한 〈My Favorite Things〉를 듣게 됐다. 미슐린은 말했다. "나는 무대 앞에 그대로 서 있었어요. 벼락 같은 느낌이 들더군요. 큰 충격이 가슴에 다가왔습니다. 어떤 계시를 받은 것 같았다고나 할까요." 이때부터 재즈는 그녀에게 삶의 이유가 됐다. 드럼을 배워 연주도 시작했는데, 어느새 상당한 수준에 올라 1969년에는 미국 출신의 색소포니스트 웨인 쇼터로부터 뉴욕으로 초청을 받기도 했다. 그렇게 해서 그녀는 퓨전 재즈의 스타였던 피아니스트 칙 코리아Chick Corea와 함께 웨인 쇼터의 다음 앨범인《Moto Grosso Feio》에 참여했다.ᵉ 계속 연주 생활을 할수 있을 만큼 재능이 엿보였지만, 미슐린은 이후 몇 년 동안 가끔 무대에 서는 것만으로 만족했다.

1972년, 그녀는 프랑스 출신의 피아니스트 미셸 그라이예와 함께 집으로 돌아왔다. 훗날 그는 쳇 베이커가 가장 선호하는 피아니스트 중 한 사람이 됐다. 미셸 그라이예는 술독에 빠져 우울하고 음침한 분위기를 풍기는 사내였다. 절대 헤로인에 손을 대지 않겠다고 다짐했던 미슐린은 그즈음 서서히 마약에 빠져들고 있었다. 하지만 쳇 베이커가 리에주에 나타난 1975년경에는 다행히 헤로인을 끊고 정상적인 삶을 살기 위해 애쓰고 있었다. 그래도 대부분의 시간을 밖에 나가지 않고 보낸 그녀가 충분한 절제를 하기에는 집안 분위기가 따라 주지 않았다. 그러나 마약에 먼저

• 웨인 쇼터는 1970년 8월 26일, 두 장의 앨범을 녹음했다. 그중 하나가 여기서 거론된《Moto Grosso Feio》이고 또 하나가 다른 멤버들과 함께 연주한《Odyssey of Iska》이다. 1969년에 발표된《Super Nova》가 워낙 좋은 반응을 얻었기에 이 두 앨범은 오늘날 재즈 팬들 사이에서 잊힌 경향이 강하다. 웨인 쇼터는 이 녹음을 끝으로 블루 노트 레이블을 떠나 컬럼비아로 이적했고, 미슐린 펠저는《Moto Grosso Feio》에서 미슐린 프렐이란 예명을 사용했다.

손을 댄 것은 바로 밥 무버였다. 그는 니스에서 벌어진 큰 소동 이후에 쳇 베이커와 다시 화해한 상태였다. 밥 무버는 쳇 베이커에게 말했다. "당신이 그렇게 니스를 떠난 뒤에 난 이 약을 알게 됐어요. 모르핀 말이에요."

모르핀에 대한 의존은 루스 영도 마찬가지였다. 다른 약은 그녀의 불안한 마음을 가라앉히지 못했다. 펠저 부녀는 루스 영을 반갑게 맞았다. 미슐린은 이렇게 얘기했다. "루스 영은 똑똑하고 멋진 여인이었어요. 우리 모두 그녀를 아주 좋아하게 됐죠." 그러나 루스 영은 위층 침실에 틀어박혀 나오지 않을 때가 많았다. 그녀가 거실에 모습을 드러내든 아니든, 다른 사람들은 피아노 주변에 모여 오래도록 시간을 보냈다. 평소 쳇 베이커가 경망스럽게 노는 것을 보기는 쉽지 않았지만, 그는 테너 가수 마리오 란차의 노래를 흉내 내며 다른 이들을 즐겁게 했다. 쳇 베이커는 그 가수가 감상적인 목소리로 크게 노래하던 오페라 분위기의 〈Be My Love〉를 곧잘 따라 했다. 루스 영은 말했다. "가끔 그에게서 더없이 매력적인 다른 남자의 모습을 보게 될 때가 있었죠. 굳이 그가 감춰 둔 것이라고는 말할 필요 없겠지만, 일단 그런 모습을 마주하게 되면 누구든 쳇 베이커라는 사람을 용서하지 않을 수 없었어요. 이 남자에 대해 그 어떤 부정적인 이미지도 떠올리지 못할 만큼 넘치는 매력이 있었던 거죠."

그러나 밥 무버가 쳇 베이커에게 개인적인 질문을 던지기 시작하면 분위기는 다시 스산해졌다. 쳇 베이커가 그에게 말했다. "나도 너와 똑같았어. 한때는 희망이란 걸 가지고 있었지." 밥 무버는 그런데 왜 마약에 손을 대게 됐느냐고 물었다.

"왜냐하면 모든 게 망가져 버렸으니까."

밥 무버는 말했다. "쳇 베이커에게는 잘못될 일은 어차피 잘못되게 마련이라는 생각이 있었습니다. 사람들은 믿을 만한 존재가 못 된다는 것도 그의 결론이었죠." 쳇 베이커는 과거에 함께했던 많은 이들에게 식지 않는 분노를 품고 있었다. 그는 제리 멀리건을 "나쁜 개자식"이라 불렀고, 가능성이 엿보인 듀오 공연을 망쳐 놓았다는 이유로 자기에게 화를 낸 리 코니츠는 "못생긴 놈"이라 했다. 물론 그들 중에서도 특히 스탠 게츠는 아예 말조차 꺼낼 필요 없는 최악의 상대였다고 했다.

쳇 베이커는 그해 여름 네덜란드 라런에서 열린 한 페스티벌에 더 참여했는데, 이곳에서 다시 한번 사건을 일으킬 위험에 처했다. 그와 함께 연주를 벌일 멤버 하나가 역시 페스티벌에 이름을 올린 보컬리스트 실라 조던Sheila Jordan에게 다가가 몰래 말을 건넸다. 어떤 것이라도 좋으니 쳇 베이커를 다독일 만한 "약"을 구할 수 없겠느냐는 것이었다. 그녀가 줄 수 있는 것은 발리움뿐이었다. 결국 쳇 베이커는 마지못해 억지로 공연을 펼쳐야 했다. 그런데 『다운 비트』의 댄 모르겐슈테른Dan Morgenstern은 쳇 베이커가 "말년의 빌리 홀리데이에 비견할 만한 대단한 감정 처리"를 선보였다며 호평했다. 밥 무버는 바로 그 감정을 얻고 싶어 했다. 그리고 모르핀이 열쇠를 쥐고 있을 것이라 판단했다. 풍부한 경험을 지닌 아버지처럼, 쳇 베이커는 하루에 15밀리그램 이상은 사용하지 말라고 밥 무버에게 경고했다. 그러나 그는 이 말을 무시했고,

두 배, 세 배의 모르핀을 사용했다. 밥 무버는 말했다. "어느 날 갑자기 세상이 고요해지더군요. 난 그제야 찰리 파커가 들었던 게 무엇인지, 쳇 베이커가 무대 위에서 집중하고 얻어 내려 했던 게 무엇인지 깨달았어요." 밥 무버는 현실 세계를 떠나 그 위를 표류하는 듯한 느낌을 받았다. 그리고 아방가르드의 영역까지 침범했던 텔로니어스 멍크의 앨범 《Brilliant Corners》가 드러낸 새로운 스타일의 연주를 비로소 완벽하게 이해하게 됐다.

오래 지나지 않아 밥 무버는 아침마다 속이 쓰리다는 걸 알았다. 쳇 베이커가 말했다. "거봐. 이제 알겠지? 내가 뭐라고 했어? 이젠 너도 중독된 거야." 그는 밥 무버에게 그날로 마약을 그만두든지 아니면 계속하든지, 두 가지 중 하나를 택해야 한다고 설명했다. 밥 무버는 후자를 원했다. 쳇 베이커가 다시 그에게 말했다. "자, 이제 느낌이 좋지 않아? 글쎄, 한번 마음껏 즐겨 보라고. 어떤 일이 일어날지 옆에서 지켜봐서 잘 알잖아? 이제 머지않아 모든 게 정상으로 돌아갔다고 느끼게 될 거야. 그리고 그렇게 정상이란 느낌을 유지하려면 사방을 돌아다니며 모든 돈과 시간을 다 써 버려야 할 테고. 그런데 굳이 너까지 그럴 필요가 있나? 그게 연주를 좋게 해 주는 건 아니거든."

쳇 베이커의 냉랭한 경고는 밥 무버를 안개 속에서 빠져나오게 했다. 밥 무버는 이후로 2주 동안 혼자 지하실에 누워 마약을 끊기 위해 무던히도 많은 애를 썼다. 그런 그의 모습이 기특했는지, 쳇 베이커는 아름다운 여인을 한 명 소개해 줬다. 르네 토마의 딸인 플로랑스 토마Florence Thomas였다. 그녀와 밥 무버는 평온한 낭만의 사랑을 꾸리게 됐다. 그는 얘기했다. "쳇 베이커가 아주 기뻐하더군요. 정말로 누군가에게 좋은 일을 해 주었다고 생각했어요." 쳇 베이커는 그가 새 연인과 함께 좋은 시간을 보내도록 얼마간의 돈을 쥐여 주기도 했다.

미국으로 돌아온 밥 무버는 그리니치빌리지에 플로랑스와 함께 지낼 아파트를 구했다. 쳇 베이커의 아이들이 페인트칠하는 것을 도왔다. 그는 자신의 부하가 꾸미는 사랑의 보금자리를 지켜보다가 잠시 추억 속에 빠져들었다. 쳇 베이커는 말했다. "나도 이런 때가 있었지. 유럽에서 여자 하나를 데려온 적이 있었어."

"아, 그래요?" 밥 무버가 물었다. "그래서 어떻게 됐는데요?"

"새벽 3시에 고속도로를 달리다가 차 밖으로 내쫓아 버렸지. 너무 지긋지긋하니 내 삶에서 사라져 버리라고 얘기했던가."

밥 무버는 가슴이 무너져 내리는 것을 느꼈다. "난 처음에 그가 낙천적이고 밝은 사람일 거라 생각했습니다. 이런 식이었죠. 내게 그 아름다운 걸 전수해 주세요. 당신이 벌이는 연주처럼 그 아름다운 걸 내게도 알려 주세요. 그런데 실상은 너무나 달랐습니다. 그의 연주와는 딴판이었어요. 더없이 추한 모습이었죠. 세상에 그런 모순이 또 있을까요."

692

15
다시 돌아갈 수 있을까

쳇 베이커는 아직도 헤로인 없이 느긋한 삶을 꾸리고 싶어 했다. 그러나 유럽과 미국을 오가는 불안정한 삶은 그에게 안정된 현실을 만들어 주지 못했다. 따지고 보면 진정한 집도 없었지만, 아내, 연인, 아이들, 친구, 그리고 몇몇 지인들까지 모두 그에게는 긴장을 안겨 주는 존재로 비추어질 뿐이었다. 그래도 가정을 소홀히 한 책임을 느낀 쳇 베이커는 3번 애비뉴와 19번가가 만나는 지점에 있던 고층 아파트 러퍼트 타워스로 가족을 이주시켰다. 나무판으로 모자이크된 마룻바닥과 최신식 부엌, 그리고 몇 개의 방을 갖추고 있던 이 아파트는 월세가 매우 비쌌기에 돈을 아끼느라 한동안 전화도 없이 살아야 했다. 해럴드 댄코는 그런 곳에 사는 것이야말로 "무턱대고 태평스러운 생각만 하는 쳇 베이커의 성향이 잘 드러난" 일이라고 말했다.

　그러나 쳇 베이커는 아직도 대부분의 시간을 루스 영과 보냈으며, 캐럴의 적개심은 전보다 더 심해지고 있었다. 같은 아파트에 살던 이웃 케이 노턴Kay Norton은 그녀의 분노를 잘 알고 있었다. 케이 노턴은 마침 루스 영의 아버지가 설립한 유나이티드 아티스츠 레코드사의 재즈 부서를 운영하고 있었다. 처음에는 바로 아랫집에 쳇 베이커의 가족이 살고 있다는 사실을 알지 못했다. 그리고 화장실 환기구를 통해 들려오는 트럼펫 소리의 주인공이 누구인지 궁금해했다. 그 음악 소리와 함께 어느 여인의 호통 치는 목소리도 같이 들려왔다. 케이 노턴은 이 목소리를 내는 여자가 히스테리에 빠져 있다고 믿었다.

　아이들의 생활도 온통 혼란에 빠져 있었다. 세 아이들 모두 계속해서 전학을 다녀야 했기에 꾸준한 교육을 받기 힘들었다. 쳇 베이커의 무관심이 상처가 됐겠지만, 그래도 아이들은 아직 그를 아버지로 존경하는 듯했다. 존 스나이더는 당시 10대 초반이던 장남 딘이 아버지의 우울한 기운 속에 자랐음에도 "부드럽고 조용한 아이"였다고 기억했다. 딘은 자기만의 세상 속에 빠져 있었다. 열대어를 키우고 자전거를 탔으며, 햄 라디오를 좋아했다. 열심히 아버지를 따라 하려 했던 것인지, 학교에서 플뤼겔호른을 배우기 시작했다. 몇 곡을 연주할 수 있을 만큼 익혔을 때, 딘의 음악 공부는 어느 날 갑자기 막을 내려 버렸다. 딘은 이렇게 말했다. "아버지가 어디선가 악기를 잃어버린 모양이더라고요. 그래서 내게 악기를 빌리셨죠. 그다음부터 내 플뤼겔호른은 다시 보지 못했어요."

대부분의 미국 비평가들은 쳇 베이커가 과거의 명성에 기대 연주하고 있다고 판단했다. 바로 그 생각이 그의 마음을 헤집어 놓았다. 그는 한때나마 케니 도햄을 비롯한 여러 탁월한 트럼페터들을 제치고 모든 투표에서 수위를 차지했었다는 사실을 부끄러워했다. 이제는 과연 이 악기를 마스터하기는 했던 것인지 스스로 의심스러워하기까지 했다. 대중 앞에 선 그는 관객들을 실망시키기 일쑤였다. 1975년 8월 27일, CTI 레이블은 센트럴파크에서 소속 연주자들을 선보이기 위한 공연을 진행했다. 이곳에 운집한 수천 명의 관객들은 모두 즐거운 시간을 보내고 싶어 했다. 소울 재즈를 연주하는 기타리스트이자 가수인 조지 벤슨 George Benson 이 연주를 벌였고, 뒤이어 쳇 베이커가 무대에 올랐다. 두 번째 곡을 연주하면서 쳇 베이커는 달팽이처럼 느려터진 템포로 웅얼거리며 노래하기 시작했다. "마이…… 퍼니…… 밸런타인……" 마치 스트라이커스에서 한밤에 공연하는 것같이 말이다. 밥 무버는 말했다. "관객들이 우리에게 야유를 퍼붓기 시작했습니다. 무대 위로 물건을 집어 던지는 이들도 있었죠." 쳇 베이커의 밴드는 굴욕 속에 무대를 내려왔다.

계속해서 활동을 벌여야 한다는 간절한 생각에, 쳇 베이커는 주어지는 일이라면 마다하지 않고 모두 받아들였으며, 가능하면 멀리 유럽으로 나가고자 했다. 매니저와 에이전트들이 요구하는 몇 차례의 "독점적인" 연주 제안도 주저하지 않고 승낙했다. 때로 약속을 어기는 일이 생기더라도 그를 고발하는 것 자체가 어려웠다. 왜냐하면 일단 그를 찾아내야 무슨 의사라도 전할 텐데, 한번 사라진 쳇 베이커를 수소문하는 것은 매우 힘들기 때문이었다. 상당한 영향력을 가진 네덜란드의 에이전트 빔 버훗Wim Wigt은 쳇 베이커를 서류 계약만으로 묶어 두는 것이 별 소용없다는 사실을 잘 알고 있었다. 쿨하면서도 계산이 빨랐던 사업가인 그는 미국 출신의 여러 스타급 연주자들—덱스터 고든, 벤 웹스터, 아트 블레이키, 찰스 밍거스, 디지 길레스피 등—의 일을 도맡았으며 유럽 공연을 추진하는 데 최고의 수완을 발휘하고 있었다. 빔 버훗은 쳇 베이커가 일을 필요로 한다는 사실을 알았고, 1980년대에는 거의 끊임없이 이어진 공연 일정으로 그를 묶어 둘 수 있었다.

하지만 당시의 급선무는 쳇 베이커를 다시 독일 무대에 세울 수 있도록 하는 것이었다. 그즈음 독일은 수지맞는 공연을 벌이기에 좋은 분위기가 형성돼 있었다. 아직 입국이 허락되지 않은 상태였지만, 빔 버훗의 능력 덕분이었는지 1976년 3월 드디어 일정이 잡혔다. 독일 경찰은 바바리안 사람들이 모여 살던 부르크하우젠의 한 도시에서 쳇 베이커를 즉시 체포했다. 그러나 그는 경관들의 눈을 피해 트럼펫 케이스에 숨겨 두고 있던 큰 대마초 뭉치를 입에 넣어 삼켜 버렸다. 그날 밤을 유치장에서 보내게 된 쳇 베이커. 해럴드 댄코가 보석금을 가지고 이곳을 찾았을 때 그는 흐릿한 눈빛에 엷은 미소를 지으며 점잖게 이렇게 말했다. "모든 게 다 잘될 거야, 해럴드! 내일 보도록 하세!"

쳇 베이커는 1976년 여름을 루스 영과 함께 따스한 곳에서 보냈다. 재즈 클럽 뮤직 인Music Inn은 빌 에반스나 조니 그리핀, 아트 파머, 쳇 베이커를 비롯한 여러 재즈 연주자들을 위한 로마의 본거지 역할을 했다. 테베레강과 바티칸 인근의 지하에 위치한 이 클럽은 모든 고대 로마의 매력을 불러일으킬 만한 곳이었고, 쳇 베이커는 세상을 떠날 때까지 이곳에서 꾸준히 연주를 벌였다. 악기 가방을 손에 든 채 라르고 데이 피오렌티니 3번지에 있는 오래된 나무문을 열고 들어선 그는 이내 습한 대기 속으로 휩쓸려 버렸다. 돌로 만든 동굴이 사방에 뻗어 있는 이 도시의 지하 세계는 아치형의 복도와 벽에 걸린 촛불로 장식돼 있었고, 콘크리트로 만든 의자들 때문에 초기 기독교 교회의 분위기를 물씬 풍겼다.

뮤직 인을 소유하고 있던 이는 페피토 피냐텔리 다라고나 코르테즈Pepito Pignatelli d'Aragona Cortez. 유럽의 가장 명성 높은 집안 중 하나에서 태어난 공작이었다. 그의 선조 중에는 최소한 한 명의 교황이 포함돼 있었지만, 막상 그는 회개하기를 거부한 탕자였다. 고약한 술버릇에 대마초를 피웠고 여성 편력 또한 대단했는데, 험프리 보가트를 닮은 외모에 매력 넘치고 똑똑한 문제아였다. 역시 바람기 많았던 그의 아버지는 일찌감치 집안의 운명을 망쳐 놓았다. 그러나 페피토 피냐텔리 공작은 별로 상관하지 않는 듯했다. 그는 드럼 연주를 즐겼으며 친구인 조반니 톰마소가 말한 것처럼 "미친 삶"을 살았다. 그에게 남겨질 유산을 관리하던 고모는 무엇보다 먼저 행동을 똑바로 해야 한다고 강조했다. 역시 조반니 톰마소가 들려준 바에 의하면, 그 고모는 "드럼 연주를 어서 그만두고 위험한 재즈 음악을 가까이하지 말아야 한다"고 했다. 하지만 페피토 피냐텔리는 웃기는 소리 하지 말라며 그녀의 얘기를 일축해 버렸다.

부잣집 아들로 살아갈 수 있는 운명을 집어던진 뒤에도, 가문의 명성은 그에게 이탈리아에서 많은 특권을 안겨 주었다. 영화 「달콤한 인생」이 만들어지기 전이었지만, 페피토 피냐텔리는 마치 마르첼로 마스트로이안니 같은 멋쟁이였다. 로마 시내 한복판을 대단한 미모의 스웨덴 모델과 활보했고, 코카인을 흡입하기도 했다. 그의 나이 열아홉 살 무렵이던 1950년대 초에는 이미 마약 관련 범죄로 수감된 일이 있었다. 공작이란 신분이 주교나 추기경처럼 성스러운 존재로 받아들여지던 당시 이탈리아에서 이 사건은 큰 충격을 불러왔다.

이후로 한동안 그는 돈을 벌기 위해 다양한 직업을 전전했고, 심지어 닭고기 수프 세일즈맨을 하기도 했다. 그가 진정으로 하고 싶던 일은 드럼 연주였다. 하지만 그의 서툰 타임 감각 때문에 음악인들은 함께 무대에 서기를 꺼렸으며, 아무도 그를 연주자로 고용하지 않았다. 그러던 1973년, 조반니 톰마소와 아메데오 톰마시를 비롯한 몇몇 친구들이 돈을 모아 그를 도왔고, 드디어 뮤직 인을 열 수 있었다. 그곳에서 페피토 피냐텔리는 재즈계의 여러 유명 음악인들과 연주를 벌였다. 대부분의 연주자들은 마지못해 그와 협연하는 상황이었다.

페피토 피냐텔리는 그가 들려주는 어설픈 드럼 연주 못지않게 사업에도 별 재능이 없었다. 그러나 친절하고 부드러운 말씨를 지닌 검은 피부의 아내 줄리아(사람들은 그녀를 피치 Picchi 라 불렀다.)가 함께 운영을 맡으며 큰 실수가 없도록 곁에서 그를 도왔다.

이 부부는 쳇 베이커와 루스 영을 존경했고 1976년 여름 내내 두 사람이 직접 클럽을 맡아 꾸려 가도록 했다. 루스 영은 1960년대 이탈리아의 영화배우 같은 모습으로 클럽에 들어서는 손님들을 맞았다. 크고 검은 안경을 낀 채, 곧게 편 머릿결이 어깨 위에 찰랑대고 있었다. 그녀는 입장료를 리라로 받았는데, 계산이 서툴렀던 탓에 더 이상 손님을 직접 맞지 못하고 바 뒤에 서서 바텐더를 봤다. 그러나 술에 대해서도 별로 아는 바가 없었다. 루스 영은 말했다. "마치 어설픈 은행 강도 같았다고나 할까요. 그래도 아주 재미있었어요. 그해 여름 우리는 정말 좋은 시간을 보냈죠." 쳇 베이커는 피아노에 헬 갤퍼를 기용하고 베이스는 한 이탈리아 연주자에게 맡겼다. 드럼은 페피토 피냐텔리의 몫이었다. 그러나 얼마 지나지 않아 그는 클럽 주인인 페피토 피냐텔리를 밴드에서 내보내고 베이시스트마저 해고해 버렸다. 쳇 베이커와 헬 갤퍼 둘만 남게 됐다. 헬 갤퍼는 말했다. "나야 뭐, 잘라 버리고 싶으면 잘라 버리라는 투였죠. 나까지 없으면 밴드로 연주할 수 없을 텐데 어쩌겠어요."

매일 밤 쳇 베이커는 자기가 벌인 연주를 녹음했고, 호텔 방에 돌아와 무엇이 문제이고 고쳐야 할 부분인지 연구했다. 그는 젊었을 때와 마찬가지로 아직도 연습을 거의 하지 않았으며, 음악에 대한 대부분의 연구 과정은 머릿속으로 생각하거나 실제 연주를 벌이는 동안 행했다. 밥 무버는 말했다. "그즈음 그가 벌인 연주의 80퍼센트 정도는 별 볼 일 없었습니다. 가끔 사람들은 어느 날 밤 그의 연주가 매우 감동적이었다고 호들갑을 떨었지만, 사실 누구든 그 정도는 할 수 있는 차원이었죠." 1976년 11월 5일, 쳇 베이커는 프랑스 보르도에서 공연에 올랐다. 자크 펠저와 피아니스트 미셸 에르Michel Herr, 콩가 연주자 알렉스 세라Alex Serra와 베이시스트 장루이 라생포스가 함께했다. 어둡고 풍성한 톤을 들려주던 벨기에 출신의 이 베이시스트는 큰 덩치에 카이저수염을 하고 있었다. 그가 말했다. "공연에 앞서 쳇 베이커가 얼마나 빨리 분위기를 잡는지 생각하면 정말 놀랍기 그지없었습니다. 그가 의자에 앉기만 하면 모든 게 다 준비되곤 했죠."

쳇 베이커는 무대 위에서 마치 고치를 만드는 듯했다. 눈을 감고 머리와 어깨를 비틀며 수그리면, 사람들은 완전히 움츠러든 그의 모습을 마주했다. 그리고 관객의 존재 자체를 거의 의식하지도 않았다. 내면의 어느 흐릿한 기억을 다시 떠올린 듯, 매우 고통스러워 보이는 짧은 미소가 입가에 스쳐 지나가곤 했다. 빠진 치아 때문에 잃어버렸던 음악성을 다시 손에 거머쥐자 쳇 베이커는 비로소 새로운 도약을 꿈꿀 수 있었다. 계속해서 줄담배를 피워대면서도 초인적인 조절 능력으로 더없이 부드러운 멜로디를 자아냈다.

언제나 그랬지만, 쳇 베이커는 적은 수의 음정만으로도 많은 것을 표현할 줄 알았다. 1970년대 후반부터 그의 밴드에 합류했던 피아니스트 필 마코위츠는 이렇게 얘기했다. "모차르트의 곡을 예로 들어 볼까요? 단 하나의 음정만 빼면 멜로디 라인 전체가 무너져 버리죠. 쳇 베이커의 음악도 마찬가지였어요. 그가 벌이는 연주 속에는 간결함과 명료함이 함께 내포돼 있었죠." 장루이 라생포스가 남긴 말은 이보다 더 중요한 단서를 제공한다. "쳇 베이커는 도대체 음악이란 게 무엇인지 내게 보여 준 사람입니다. 감정을 표현한다는 것 말이에요." 유럽 사람들은 그를 현명하고 나이 든 시인처럼 생각했다. 자신의 삶을 그대로 악기에 옮겨 드러낼 줄 안다는 얘기였다. 그들의 따스한 총애를 만끽하며, 쳇 베이커는 굳이 고향인 미국으로 돌아갈 이유를 찾지 못했다.

그도 그럴 것이, 쳇 베이커는 미국에 머물 때마다 최악의 냉정한 현실과 직면해야 했다. 얼마 전부터 매체에서 그를 다시 화젯거리로 삼기 시작했지만, 미국 내에서 그의 레코드 판매는 계속 저조할 뿐이었다. CTI 레이블마저 그에게 흥미를 잃어 가고 있었다. 사실 이 회사는 여러모로 어려움에 처해 있었다. 레이블의 소유주인 크리드 테일러는 음악 작업에 너무 많은 재정을 투자하고 있었다. 대규모 오케스트라의 기용이나 많은 돈을 들이는 오버더빙 작업이 회사의 상황을 악화시켰으며, 디스코가 퓨전의 인기를 잠식하기 시작한 것도 화근이 됐다. 시장 규모를 무시하고 너무 많이 찍어낸 CTI의 레코드들—쳇 베이커의 앨범을 포함하여—이 트럭 한 가득 실려 할인 매장으로 옮겨졌다. 존 스나이더는 이미 1975년에 CTI를 떠난 상태였으며, A&M 레코드사가 새로 만든 재즈 부서 호라이즌Horizon에서 처음으로 큰 규모의 프로듀싱 일자리를 얻어 일하고 있었다. 그는 자신의 오랜 영웅들을 찾아 앨범 작업을 벌였다. 폴 데즈먼드와 기타리스트 짐 홀Jim Hall, 오넷 콜먼, 그리고 태드 존스Thad Jones 와 멜 루이스Mel Lewis 가 이끈 밴드 등이 그의 작업 리스트에 포함돼 있었다. 그러나 A&M 레코드사의 공동 운영자인 허브 앨퍼트와 제리 모스에게 쳇 베이커의 앨범을 만들 수 있도록 허락해 달라고 제안했을 때, 두 사람의 반응은 질색 그 자체였다. 존 스나이더는 말했다. "제리 모스가 이렇게 얘기하더군요. '쳇 베이커는 너무 늙지 않았어?' 그리고 한때 그의 음악을 그토록 좋아했다던 허브 앨퍼트마저 쳇 베이커를 데리고 뭘 할 수 있겠느냐며 달가워하지 않았습니다."

결국 A&M의 두 대표는 "무언가 상업적인 작업"을 한다는 전제 아래 존 스나이더의 요청을 받아들였다. 이렇게 해서, 미국 레코드 시장에서 쳇 베이커가 좋은 성과를 올릴 수 있는 마지막 큰 기회가 주어졌다. 존 스나이더는 일단 두 장짜리 더블 앨범을 제작한다는 계획을 세워 최소한 그중 절반이라도 건질 수 있도록 노력했다. 한 장은 퓨전과 펑크 음악을 담고, 또 한 장은 정통 재즈를 녹음할 생각이었다. 쳇 베이커에게 새로운 스타일의 음악을 입히기 위해 편곡가 돈 세베스키가 기용됐다. 그는 무그 신시사이저로 연주된 베이스를 비롯하여 일렉트릭 피아노와 펑크 리듬으로 풍성한 사운드를 제공했고, 나중에 더빙 작업을 거쳐 현악 앙상블의 연주를 추가했다. 밴드는 퓨전계에서 이름을 날리던 여러 연주자로 구성됐다. 기타리스트 존 스코필드John Scofield 와 색소포니스트 마이클 브레커Michael Brecker, 플루트 연주자 휴버트 로스Hubert Laws, 드러머 토니 윌리엄스Tony Williams 등이었다. 토니 윌리엄스의 스승이나 마찬가지였던 마일스 데이비스는 이 드러머에 대해 다음과 같이 말한 바 있다. "그는 드럼을 다룬 모든 음악인 중에서 가장 죽이는 연주를 들려준 몇 안 되는 이들의 하나다."

1977년 2월, 사흘에 걸쳐 맨해튼에서 녹음 작업이 진행됐다. 당시의 젊은 연주자들은 선배들과 달리 음악 못지않게 사업적인 측면으로도 많은 생각을 했고, 일정은 예전처럼 느슨하게 진행될 수 없었다. 존 스나이더가 쳇 베이커의 녹음에 돌입하면서 특히 걱정한 부분이 바로 이것이었다. 그는 말했다. "편안하게 작업에 임한 시간은 얼마 되지 않았어요. 서로 등을 두드리며 농담을 주고받고 하는 모습은 더 이상 찾기 힘들었죠. 뭐랄까, 참여한 연주자들 모두 자기만의 세상을 가지고 있었다고나 할까요." 실제 "라이브"로 연주된 것은 음악인들을 한자리에 모을 수 있는 리듬 섹션뿐이었고, 차후에 스튜디오 안에서 흩어진 조각들을 정돈하는 작업이 진행됐다. 어느새 이런 식의 작업이 일반화돼 가고 있었는데, 이를 통해 "완벽한" 앨범이 탄생하는 경우가 많았지만, 종종 단조로운 결과를 낳기도 했다. 존 스나이더는 이렇게 덧붙였다. "결국 순서를 정해서 어떻게 덧칠하는가가 관건이었죠. 모든 연주자는 각자 담당한 파트가 있었습니다. 악보에 쓰여 있는 대로 잘 소화만 해 주면 별문제가 없었어요."

빈틈없는 젊은 연주자들이 만들어 낸 현장에 도착한 마흔일곱 살의 쳇 베이커는 스튜디오에 들어서면서부터 틀니에 문제가 있다며 칭얼대고 있었다. 그러나 막상 녹음테이프가 돌아가기 시작하자, 다른 연주자들은 그가 얼마나 빨리 재즈록의 날카로움을 체득해 내는지 깨닫고는 깜짝 놀랐다. 신시사이저 베이스와 흑인음악의 엇박자를 가미해서 펑크한 느낌으로 단장한 콜 포터의 〈Love for Sale〉의 경우, 쳇 베이커는 평소 벌여 왔던 길고 우아한 솔로를 제쳐 둔 채 강하고 비트가 느껴지는 연주를 뿜어내기에 이르렀다. 돈 세베스키가 만든 스페인 음악풍의 〈El Morro〉는 마치 투우 장면을 그린 할리우드 영화의 사운드트랙 같은 느낌을 주었으며, 쳇 베이커는 휴버트 로스와 마이클 브레커의 보좌를 받은 채 인상적인 솔로 연주를 펼쳤다. 역시 앨범에 참여했던 리치 베이락은 쳇 베이커를 지켜본 뒤 다음과 같이 말했다. "쳇 베이커가 그때까지 선보인 음악 중에서 가장 충격적이고 현대적인 연주였습니다. 대단한 집중력을 가지고 불 뿜는 솔로를 들려주었죠. 그야말로 마일스 데이비스를 연상케 했습니다! 쳇 베이커가 어떤 음악을 할 수 있는지 여실히 보여 준 경우였어요."

그러나 리치 베이락은 쳇 베이커가 이 녹음 작업을 얼마나 힘들게 느꼈는지 눈치채고 있었다. 이 피아니스트는 말했다. "그는 집에서 자기 마음에 드는 음악만 연주하며 지내고 있었으니까요." 이 앨범을 녹음하며 쳇 베이커의 마음을 흔든 곡이 하나 있었다. 돈 세베스키가 작곡한 사무치도록 슬픈 멜로디의 발라드, 〈You Can't Go Home Again〉이었다. 그는 라흐마니노프의 교향곡 2번에서 테마를 빌려 왔고, 토머스 울프Thomas Wolfe의 소설에서 곡의 제목을 따왔다. 이 제목은 쳇 베이커를 염두에 두고 정한 것이었다. 돈 세베스키는 말했다. "그는 다시 집에 돌아오려 하고 있지 않았던가요."

세션에서 녹음된 다른 스탠더드 곡들과 마찬가지로, 이 곡을 연주할 때 쳇 베이커의 곁에는 프레시디오에서 군 생활을 하던 시절부터 자신이 그토록 좋아하던 폴 데즈먼드가 있었다. 당시 쉰

두 살이던 그는, 오랜 흡연으로 인해 폐암 말기 판정을 받고 시한부 인생을 살고 있었다. 그나마 남아 있던 머릿결은 잿빛으로 변해 있었으며, 한 손에는 마실 것을 들고 입에는 여지없이 담배를 피워 문 채 스튜디오 주변을 어슬렁거렸다. 쿨한 폴 데즈먼드의 색소폰 선율은 아직도 사랑스러웠지만 힘이 많이 빠져 있었다. 쳇 베이커는 젊은 시절의 모습에서 어느덧 껍데기만 남아 버린 그를 바라보며 마음이 많이 아팠다. 자기 자신도 별반 다를 것 없는 처지에 놓여 있지 않았던가. 폴 데즈먼드는 이 앨범에 참여한 것을 끝으로 더 이상 녹음 작업에 임하지 않았고, 석 달 뒤 결국 세상을 떠나고 말았다. 돈 세베스키는 말했다. "폴 데즈먼드는 점점 포기하는 분위기였어요. 그가 연주에 참여한 것도 세 곡뿐이었을 겁니다. 곡을 마무리할 즈음 '난 이제 됐다'고 말하더군요." 쳇 베이커와 폴 데즈먼드는 마이크 앞에 나란히 서서 가슴 저미는 듀오 연주를 펼쳤다. 나이에 어울리지 않게 노인처럼 보이던 중년의 두 사내는 잃어버린 젊음을 추억하기 위해 돈 세베스키가 만든 슬픈 멜로디를 연주하며 그렇게 서로를 이끌었다.

녹음된 테이프를 들어 본 허브 앨퍼트는 더블 앨범을 제작하려던 존 스나이더의 계획에 제동을 걸었다. 그리고 좀 더 눈에 띄는 곡들만 가지고 한 장짜리 LP를 만들라고 지시했다. 〈You Can't Go Home Again〉이란 타이틀의 이 앨범이 시중에 발표된 것은 1977년 가을. 쳇 베이커가 유럽에 머물던 때였다. 그와 루스 영은 차 안에 있는 카세트 플레이어로 처음 이 앨범을 듣게 됐다. 루스 영은 말했다. "우리는 서로의 얼굴을 마주 보며 '도대체 어떻게 된

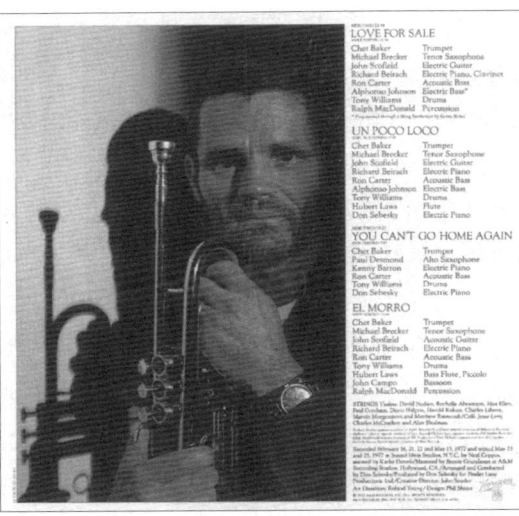

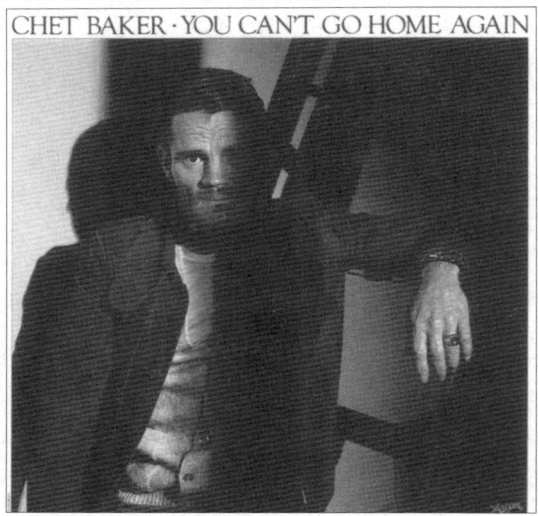

《You Can't Go Home Again》

거야?'라고 말했습니다." 두텁게 오버 더빙된 현악 연주와 타악기 소리, 그리고 자못 과장된 모습으로 프로듀싱된 론 카터의 베이스 연주는 쳇 베이커의 마음을 거슬렀다. 그는 제작자의 손길이 닿기 전에 처음 녹음됐던 "향기로운" 음악을 더 좋아했다. 밥 무어는 말했다. "어느 날 갑자기 큰 제작사가 그에게 이러쿵저러쿵 참견해 댄 꼴이었죠. 물론 그를 둘러싼 매니지먼트와 프로모션이 진행되고는 있었지만, 막상 쳇 베이커는 그런 걸 거부하고 싶은 마음이 있었어요. 세상 돌아가는 상황에서 벗어나 독립적인 입장을 취하고 싶었던 거죠. 그는 주류에서 벗어난 음악을 만들고 자기 나름대로 이상적이라 생각하는 낭만적인 스타일로 연주하려 했습니다."

그럼에도 비평가들은 이 앨범을 진지한 시선으로 바라봤다. 『플레이보이』에 이런 리뷰가 실렸다. "《You Can't Go Home Again》은 쳇 베이커가 크게 발전했다는 사실을 입증한다. 돈 세베스키의 편곡도 큰 힘이 됐고, 두 사람은 모두 지적이고도 열정적인 성과를 올렸다. 쳇 베이커가 보여 준 연주 속에서 그동안 우리가 탐탁해하지 않았던 그의 톤도 이제는 묵직한 힘을 가지고 제자리를 찾았다. 따라서 우리는 이 앨범을 매우 높이 평가하지 않을 수 없다." 하지만 《You Can't Go Home Again》은 그가 예전에 발표했던 다른 앨범들보다 결코 나은 판매고를 올리지는 못했다. 그리고 평소 상업성을 중시했던 허브 앨퍼트는 더 이상 쳇 베이커의 앨범 작업에 관심을 갖지 않았으며 존 스나이더마저 해고해 버리고 말았다. 이때 녹음된 소규모 앙상블의 곡들은 쳇 베이

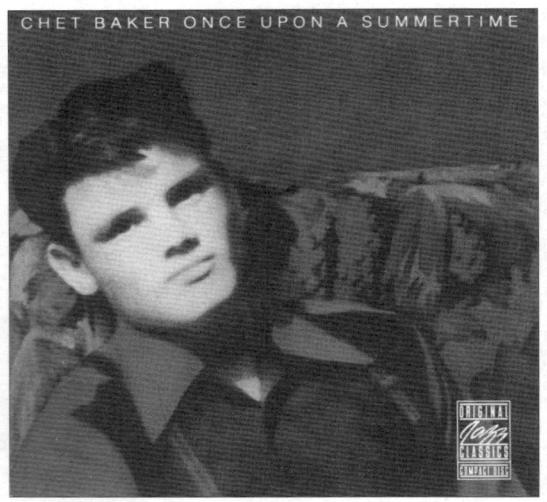

《Once Upon a Summertime》

커가 세상을 떠난 뒤인 1980년대 말, A&M 레코드사가 뒤늦게 발표하기 전까지 사람들에게 전해지지 못했다.•

존 스나이더는 그의 진정한 꿈을 이루기 위해 노력했다. 그래서 작지만 진지하게 재즈에 접근하는 레이블, 아티스츠 하우스Artists House를 설립했다. 그동안 현실적인 여건 때문에 자신의 우상들에게 잘못한 일들을 바로잡고자 하는 마음에서 연주자들에게 높은 금액을 지불했으며, 때로 마스터 테이프를 직접 소유하도록 배려하기도 했다. 그러나 그의 레이블에 소속돼 있던 마약중독자들은 그런 그의 배려를 이용하기만 했다.

존 스나이더는 쳇 베이커가 최소한 한 장의 LP만이라도 녹음하도록 했고, 그렇게 제작된 작품이 퀸텟 편성으로 연주된 정통 재즈 앨범 《Once Upon a Summertime》이었다. 이 프로듀서는 이후로도 오랫동안 쳇 베이커의 가족들을 돕기 위해 발 벗고 나섰다. 그들은 최악의 궁핍한 생활을 이어 가는 중이었다. 특히 아들 딘은 심각한 방황을 하고 있었으며, 보다 못한 존 스나이더는 그를 사환으로 고용했다. 딘이 아버지 쳇 베이커처럼 체스에 관심을 보이자, 선물로 한 세트를 사 주기도 했다. 존 스나이더는 쳇 베이

• 이 세션에서 녹음된 곡들은 세 가지 CD를 통해 유통되고 있다. 1989년 A&M 레이블이 재즈 헤리티지 시리즈의 한 장으로 재발매한 《You Can't Go Home Again》과, 본문에서 얘기된 것처럼 쳇 베이커 사후에 발표됐다는 미발표 곡들—때로 비평가들 사이에서 더 좋은 평가를 이끌어 낸—을 담고 있는 《The Best Thing for You》. 그리고 2000년에 버브 레코드에서 발표된 더블 CD 《You Can't Go Home Again》이다. 마지막 앨범에는 당시 녹음됐던 모든 곡과 음원이 포함돼 있다. 저자가 과정을 비교적 상세히 언급한 만큼 이 앨범은 말년의 쳇 베이커가 남긴 최고작 중 하나로 평가되며, 종종 그가 남긴 주목할 문제작으로 얘기된다. 쳇 베이커 본인의 생각과 무관하게 이 작품을 빼놓고 그의 음악을 정리하는 것은 불가능하다.

커의 딸인 멜리사에게도 신경을 쓰기 시작했다. 그녀에게는 친구가 필요해 보였다. 우연히 그녀가 쓴 시와 편지들을 읽게 된 존 스나이더는 가슴이 너무나 아팠다. 다른 가족들과 마찬가지로 멜리사는 아버지가 집에 와서 함께 살게 될 날을 손꼽아 기다리고 있었다. 존 스나이더는 말했다. "멜리사는 아직 어렸지만 삶은 아주 엉망이었습니다. 쳇 베이커는 아이들에게 너무 많은 상처를 안겨 줬죠. 별다른 관심도 기울이지 않았어요. 그는 어차피 가족들이 원하던 아버지의 역할을 할 사람이 아니었습니다. 하지만 아이들은 그걸 알지 못했죠."•

캐럴과도 친구가 돼야겠다는 마음으로, 존 스나이더는 그녀의 남편이 만들 앨범의 선급금이라며 많은 돈을 건네곤 했다. 물론 쳇 베이커는 더 이상 그와 녹음 작업에 임하지 않았지만 말이다. 캐럴은 자신의 좌절에 대해 하나하나 털어놓기 시작했다. 존 스나이더는 말했다. "그녀는 쳇 베이커가 그나마 삶의 유일한 희망이라고 생각하는 듯했습니다. 아마도 두 가지 선택이 있었겠죠. 직접 밖에 나가 일자리를 구해 애들을 교육시키고 삶다운 삶을 되찾거나, 아니면 쳇 베이커와 이혼을 하거나 말이에요. 하지만 캐럴은 그런 식의 합리적인 사고를 할 수 있는 존재가 못 됐어요. 무엇보다 그런 변화를 직접 행동에 옮기지 않으면 아무것도 할 수 없다는 사실을 깨닫지 못하더군요."

쳇 베이커는 가족을 대신 돌봐 주는 존 스나이더가 더없이 고마

• 쳇 베이커와 캐럴 사이에서 태어난 딘, 폴, 멜리사는 1977년 당시 각각 15세, 12세, 11세였다.

웠다. 그러나 그의 도움만으로 해결할 수 없는 또 하나의 큰 문제에 직면하게 됐다. 집세를 내는 일이었다. 그들이 살던 러퍼트 타워스에 전화와 가스는 이미 끊긴 지 오래였고, 1977년 여름 결국 집을 비워야 했다. 쳇 베이커는 뉴욕을 영원히 떠나고 싶다는 간절한 마음으로 가족을 이끈 채 벨기에행을 택했다. 그들이 이곳에 도착한 것은 9월. 쳇 베이커는 아이들을 브뤼셀에 있는 미국계 학교에 보내려 했지만 비싼 학비 때문에 도저히 엄두가 나지 않았고, 일단 자크 펠저의 집에 머물게 했다.

자크 펠저는 미리 와서 쳇 베이커를 기다리고 있던 루스 영을 다른 곳으로 보내야 했다. 그래서 쳇 베이커의 가족들이 그의 집에 머무는 동안 루스 영은 벨기에계 미국인인 테너 색소포니스트 루 매코넬Lou McConnell의 거처에 가 있었다. 자크 펠저는 캐럴이 집에 와 있는 것을 불편해했다. 미슐린은 말했다. "캐럴은 아버지가 그녀와 함께 있고 싶어 하지 않는다는 사실을 전혀 눈치채지 못하더군요." 거실에 앉아 휴식을 취하던 캐럴은 종종 1960년대 초의 추억으로 빠져들곤 했다. 쳇 베이커와 빛나는 사랑을 나누던 바로 그 시절 말이다. 캐럴이 쳇 베이커에게 말을 건넸다. "아, 당신 기억나요? 우리 둘이 그때 해변에서……" 그러나 쳇 베이커는 얘기를 다 듣기도 전에 캐럴의 말을 가로막았다. "그래, 캐럴." 그의 목소리는 나지막했다. "나도 기억해. 그러니까 이제 그만."

미슐린은 쳇 베이커의 모습이 보이지 않을 때마다 캐럴이 잔뜩 화를 냈다고 기억했다. 그러던 10월 7일, 쳇 베이커는 가족을 벨기에에 남겨 둔 채 루스 영을 데리고 다시 미국으로 돌아갔다. 캐럴은 그에게 편지를 보냈다. 자크 펠저의 집에서 자기가 얼마나 불편하게 생활하고 있는지, 하루하루가 얼마나 지루한지 불평을 늘어놓았다. 제발 전화라도 좀 해 달라고 애원하면서, 단지 돌아오기만 한다면 그동안 자기를 속인 모든 일들을 용서하겠노라고 했다. 그러나 쳇 베이커는 캐럴에게 돌아가지 않았다. 더 이상 어찌할 바를 모르던 캐럴은 아이들을 데리고 고향인 영국으로 건너가 버렸다.

쳇 베이커는 토론토에서 디제이로 일하던 폴 피셔에게 당시 상황에 대해 우연히 얘기한 바 있었다. 뉴욕은 아이들을 키우기에는 너무 위험한 곳이라며 어디에 머물게 해야 할지 알 수 없었다고 했다. "애들이 건물 안에만 있다면 아무 문제될 건 없겠지. 하지만 때론 애들도 길거리에 나가야 하고, 또 학교도 가야 하는 것 아닌가. 그래서 난 애들을 유럽으로 보낸 걸세. 글쎄, 그래도 결국은 다시 데려와야 하지 않을까 싶어. 내가 자란 오클라호마에 가서 살게 하면 어떨까 생각 중이지."

비록 판매고는 얼마 되지 않았지만, A&M 레이블에서 발표한 앨범 덕에 쳇 베이커는 미국 전역에서 연주할 기회를 얻게 됐다. 1977년 가을부터 1978년 봄까지, 그는 20대의 젊은 연주자들로 구성된 밴드를 이끌고 북미 투어에 올랐다. 『멜로디 메이커』의 평에 따르면, 피아니스트 필 마코위츠는 "새로 등장한 신중하면서도 착실한 젊은 연주자" 중 하나였으며, 『샌프란시스코 크로니클』은 앳된 얼굴의 롱아일랜드 출신 베이시스트 존 버가 "특별히 아름다운 톤"을 지니고 있다며 극찬했다. 호러스 실버의 밴드에서 드럼을 연주하던 제프 브릴링어Jeff Brillinger는 장루이 라생포스에 대해 "낮은 음량만 가지고도 많은 창조성과 에너지를 드러낼 수 있을 만큼 환상적인" 연주자라며 매우 깊은 인상을 받았다. 그리고 바로 그런 점이 "쳇 베이커의 음악과 완벽하게 맞아떨어졌다"고 했다. 『뉴욕 포스트』는 바리톤 색소포니스트 로저 로젠버그가 "매력적이고 어디에서든 잘 어울릴 만한 사운드"를 쳇 베이커의 밴드에 더해 주었다고 보도했다.

이 투어를 진행하면서 쳇 베이커는 《You Can't Go Home Again》을 다시 알리려는 노력은 하지 않았다. 그 앨범을 탐탁해하지 않았으니 당연한 결과였다. 대신 그는 예전에 즐겨 연주하던 곡들—〈If You Could See Me Now〉나 〈Old Devil Moon〉등—을 다시 꺼냈다. 밴드의 일정은 드문드문 퍼져 있는 여러 클럽을 아우르며 진행됐다. 캘리포니아의 라이트하우스와 뉴욕의 빌리지 뱅가드, 그리고 워싱턴 D.C.의 블루스 앨리Blues Alley 등이었다. 『빌보드Billboard』는 라이트하우스에 모인 관객들이 "열정적이고 잔뜩 흥분한 상태였다"고 보도했지만, 로저 로젠버그에 의하면 쳇 베이커의 밴드는 "객석이 텅 비다시피 한 곳에서도 연주를 벌였다." 그는 말했다. "솔직히 대단한 반응을 얻었다거나 눈에 띌 만한 일이 벌어졌다고는 생각하지 않습니다."

디트로이트의 베이커스 키보드 라운지에서 연주하게 됐을 때, 쳇 베이커와 루스 영은 헬레마의 친구인 앨리스를 고대하고 있었다. 그녀는 매력적이었지만 대마초에 빠져 있었는데, 자신의 우상을 기리기 위해 스스로의 이름을 앨리샤 시나트라Alicia Sinatra

로 부르게 했다. 앨리샤는 자기가 대단한 반항의 기질을 타고난 줄 알고 있었다. 어쨌든 쳇 베이커와 루스 영은 그녀가 음료수에 LSD를 집어넣으며 신나서 떠들어 대는 이야기에 기꺼이 귀를 기울였다. 얼마 전에는 배심원으로 일한 적도 있었단다. 앨리샤는 헬레마가 아들인 체스니 아프타브와 함께 자신을 찾아온 적이 있었다고 했다. 그는 이미 열아홉 살이 돼 있었고, 시카고 인근에서 외할머니와 함께 살고 있었다. 앨리샤는 말했다. "키가 벌써 180센티미터를 훌쩍 넘겼어요. 게다가 얼마나 잘생겼는데요." 그리고 계속해서 헬레마가 들려준 얘기를 쳇 베이커에게 늘어놓았다. 아들은 아버지 쳇 베이커보다 더 사랑스러운 목소리를 지녔다. 하지만 여간해서는 노래를 부르려 하지 않았다. 정신적으로 약간 문제가 있기 때문인지 내성적일 때가 많았으며 주의가 산만했다. 언제나 혼자였던 그에게 가장 친한 친구는 강아지들이었고 차를 얻어 타며 이곳저곳 떠돌아다니기를 좋아했다. 그리고 얼굴도 기억하지 못하는 아버지를 찾을 때가 많았다. 루스 영은 말했다. "쳇 베이커는 자기 첫아들에 대해 얘기하며 가장 진지한 감정을 드러내곤 했습니다. 말 그대로 진짜 아들처럼 생각했죠. 물론 그건 다른 아이들에 대해서도 마찬가지긴 했어요. 하지만 이 아이는 달랐죠. 태어나면서부터 문제가 있었으니까요."

1977년 말, 쳇 베이커는 루스 영을 뉴욕에 남겨 둔 채 샌프란시스코에 새로 생긴 재즈 클럽 키스톤 코너Keystone Korner로 연주를 하러 갔다. 1970년대 초에 이 도시를 다녀간 이후 처음으로 갖는 공연이었다. 그리고 그곳에서 연주를 벌인 첫날 밤, 다이앤 바브라가 객석에 앉아 있었다. 4년 넘게 만나지 못한 여인이었다. 첫 무대가 시작되기 전, 두 사람은 수줍은 표정으로 서로에게 다가 갔다. 애써 쿨한 척하려 했지만 이미 둘의 눈빛은 불꽃을 일으키고 있었다. 다이앤 바브라는 쳇 베이커를 응시하는 자신의 마음이 황홀함으로 가득 차 있음을 깨달았다. 그가 갈비뼈를 부러뜨린 일이나 잔인한 말들을 퍼부은 일은 아예 일어나지도 않았다는 듯이 말이다.

공연이 끝나자 두 사람은 함께 차를 타고 로스가토스에 있는 다이앤 바브라의 집으로 갔다. 그녀는 전율했다. 하지만 다음 날 그를 샌프란시스코에 데려다주었을 때 다시 한번 가슴이 무너져 내리고 말았다. 영국에 살고 있던 캐럴이 쳇 베이커를 만나기 위해 이미 와서 기다리고 있던 게 아닌가. 그러나 다이앤 바브라는 이에 아랑곳없이 이틀이나 더 키스톤 코너를 찾았다. 과거의 연인들은 한 번 더 만날 것을 약속했다. 쳇 베이커와 만나기로 한 시간이 다가오다가, 이내 지나 버렸다. 설마 그가 바람을 맞히기라도 할까. 그런 일이 일어나지 않기를 바라며 다이앤 바브라는 몇 시간이고 더 기다렸다. 하지만 결국 홀로 남겨진 그녀는 거울을 벽에 던져 깨 버렸다. 그러고는 흐느껴 울었다.

루스 영은 쳇 베이커와 함께 살고 싶다는 꿈을 한 번도 포기한 적이 없었다. 마침내 그 꿈이 실현됐다. 다시 미국으로 돌아온 캐럴과 아이들은 1978년 봄부터 맨해튼 외곽의 퀸스에 위치한 도시 플러싱에 아파트를 얻어 살기 시작했다. 쳇 베이커는 그녀가 드디어 마약에서 벗어나게 됐다고 했다. 루스 영은 이렇게 회상했다. "그는 이제 캐럴이 자기 힘으로 생활할 수 있을 거라 생각했습니다." 쳇 베이커는 자기가 아끼던 몇몇 물건—『다운 비트』의 투표에서 수위를 차지한 기념으로 받은 액자 명판 등—을 챙겨 가방에 넣고 루스 영이 센트럴파크 웨스트의 끝자락과 71번가가 만나는 지점에 새로 마련한 아파트에 들어섰다. 침실이 따로 마련된 길고 좁은 형태의 이 스튜디오에는 LP 레코드들이 널려 있고, 작은 사이즈의 그랜드 피아노와 기념품들, 그리고 쳇 베이커의 추억을 간직한 많은 물건들이 진열돼 있었다. 한쪽 벽은 그의 사진과 공연 포스터로 만든 커다란 콜라주와 함께, 앙증맞은 옷차림의 어린 시절 루스 영의 모습이 담긴 큰 사진도 걸려 있었다. 그리고 그 사진 밑에는 붉은 입술 모양의 구멍이 뚫린 판지가 깔려 있었다.

이렇듯 상대적으로 자유로운 분위기를 만들어 놓았지만, 그것이 쳇 베이커의 지킬과 하이드 같은 성향을 부드럽게 해 주지는 못했다. 어느 날, 루스 영은 침실에서 들려오는 이상한 소리를 듣고 방 안으로 발걸음을 옮겼다. 누워서 잠들어 있던 쳇 베이커가 분노의 소리를 지르며 잠꼬대하고 있었다. "이 개자식! 죽여 버려도 시원찮을 놈!" 그는 루스 영 앞에서 더없는 적개심을 드러내며 그녀를 희생양으로 삼았던 반면, 대외적으로는 자신의 결혼 사실을 숨긴 채 그녀의 마음을 달래 주려 했다. 루스 영과 함께 살고 있던 남자로서, 쳇 베이커는 다른 연주자나 지인들에게 캐럴에 대한 이야기를 꺼내는 법이 거의 없었다. 71번가의 아파트로 배달되는 우편물에도 "쳇과 루스 베이커"란 이름이 적혀 있곤 했다.

그러던 어느 날, 아이들이 캐럴의 아파트를 떠나 이곳에 함께 살기 위해 들어왔다. 루스 영이 마련한 가로 11미터, 세로 5미터의 이 스튜디오는 두 명의 어른과 세 명의 아이들, 두 마리의 고양이, 한 마리의 개, 그리고 새장 안의 새들로 북적이게 됐다.

아버지와 다시 함께 살게 됐지만, 딘과 폴, 멜리사는 쳇 베이커에게 여러모로 낯설기만 했다. 아이들을 마주한 그도 생활에 대해 일러 주거나 말을 건네면서 머뭇거리기 일쑤였다. 그래도 수줍음이 많은 아들 딘을 가끔 안아 주면서 용기를 북돋으려 했다. 그러나 이내 화를 참지 못하고 아이들을 놀라게 할 때가 많았다. 루스 영은 말했다. "애들은 아버지를 몹시 두려워했어요. 따지고 보면 그럴 만한 이유가 있었죠. 그들은 정상적인 가족이 아니었습니다."

쳇 베이커 가족의 가학 성향은 아버지 체스니의 계부였던 비어즐리 할아범에서 시작돼 세대를 거치며 이어져 내려왔다. 루스 영은 폴이 전해 준 다음과 같은 고백을 기억했다. "아버지는 몇 년 동안이나 저를 두들겨 패곤 했어요." 이제 열세 살이 된 폴은 아주 잘생긴 청년으로 자라나고 있었다. 캐럴의 짙은 머릿결과 쳇 베이커의 젊은 시절을 연상케 하는 따스한 얼굴 표정을 그대로 물려받았다. 하지만 루스 영은 세 아이들 중에서 폴이 가장 안 좋은 성격을 가졌다는 것도 알고 있었다. "폴은 제자리에 있을 때가 없었어요. 세상을 산다는 게 뭔지 아무런 생각조차 없더군요. 자기 자신도 부디 모든 게 정상이기를 원했지만요." 그녀는 폴을 도와 슈퍼마켓에서 일자리를 얻게 해 주었고 엉망이던 치아를 치료하기 위해 치과에 데려가기도 했다.

　루스 영은 멜리사와도 친하게 지냈다. 열두 살이던 그녀는 마치 순수한 소녀의 상징과도 같았다. 길고 곧은 머릿결이 예쁜 얼굴 주변에 가지런히 자리 잡았으며, 사람을 편하게 해 주는 미소를 지니고 있었다. 루스 영과 멜리사는 카드놀이를 하거나 수다를 떨며 몇 시간이고 함께 보냈다. 시를 쓰는 것 이외에도 멜리사는 그림 그리기를 좋아했다. 그녀가 남긴 스케치 중에는 큰 하트 모양 안에 작은 하트와 해가 그려진 게 하나 있었다. 그 안에는 "영원한 쳇과 루피"라는 말이 쓰여 있었다. 또 다른 그림의 삼각형 문양 속엔 이런 말을 써 놓기도 했다. "루스 영—세상에서 제일 좋은 사람."

　이렇듯 희망적인 모습이 엿보였음에도, 루스 영은 세 아이들이 모두 아버지의 성정을 물려받았다고 믿었다. 그녀는 밖에서 돌아온 딘이 자전거 헬멧을 피아노에 냅다 집어 던진 일을 잊지 않았다. 멜리사가 집 안 물건을 깨뜨린 적도 있었는데, 루스 영은 그것이 단순한 사고가 아니었다고 의심했다. 쳇 베이커는 이런 말을 했다. "아이들은 나를 쏙 빼닮았어. 겉모습뿐 아니라 성격까지도 말이야." 루스 영은 이 말의 의미를 누구보다 잘 알고 있었다.

　새 아이를 갖는 것보다 쳇 베이커에게 두려움을 안겨 줄 만한 일은 없었다. 어느 날 루스 영은 그에게 임신 사실을 알렸다. 잠시 냉랭한 침묵의 순간이 지나간 뒤 쳇 베이커는 더없이 차가운 말투로 말했다. "내가 할 수 있는 것이라면 다 도와줄게." 그 말을 들은 루스 영은 이렇게 대꾸했다. "그래요, 고마워요. 말을 꺼낸 것만으로도 난 됐어요." 그녀는 낙태를 결심했다. 루스 영은 훗날 이렇게 말했다. "아이를 빌미로 그를 묶어 둘 수는 없었어요. 아니, 누구라도 이런 일에 대한 그의 태도를 직접 마주했다면 애초에 불가능한 생각이었다는 걸 알 수 있었을 겁니다." 그러나 루스 영이 아기를 가진 것은 그 한 번만이 아니었다. "두 번째 임신 때는 아예 대놓고 아기를 원하지 않는다고 하더군요. 하지만 그도 내가 아무런 준비를 하지 못했다는 걸 알고 있었어요. 난 강간당한 거나 마찬가지였으니까요. 말하자면 이런 식이었죠, '난 지금 하고 싶어. 안 된다는 말은 하지도 마.' 그래요, 다 좋아요. 어차피 대가를 치르는 건 나였으니까."

다시 연주 여행이 시작되자 쳇 베이커는 더 이상 아이들과 함께할 수 없었다. 결국 아이들은 어머니 캐럴에게 돌아갔다. 쳇 베이커가 캐럴에게 보낸 편지들은 지극히 무덤덤한 분위기로 가득했다. 가끔 얼마 안 되는 명목상의 돈을 동봉할 때도 있었지만, 그나마 도와주지 못한다는 핑계를 댈 때가 더 많았다. 무성의하게 휘갈겨 쓴 어느 쪽지에는 그가 유럽에서 얼마나 바쁘게 일하고 있는지, 그리고 내년까지는 이렇게 정신없을 거라는 내용이 쓰여 있었다. 이런 나날을 보내고 나면 캐럴과 아이들에게 조금이라도 돈을 부칠 수 있게 될 거라고도 했다. 끝으로, 자기 대신 딘을 한 번 안아 주라는 말도 적혀 있었다.

따지고 보면 쳇 베이커의 수입은 실제로 얼마 되지 않았다. 그 때문에 여러 도시를 전전하며 연주를 벌였고, 그 지역의 연주자들을 밴드 멤버로 고용할 때가 많았다. 당연한 결과겠지만, 그렇

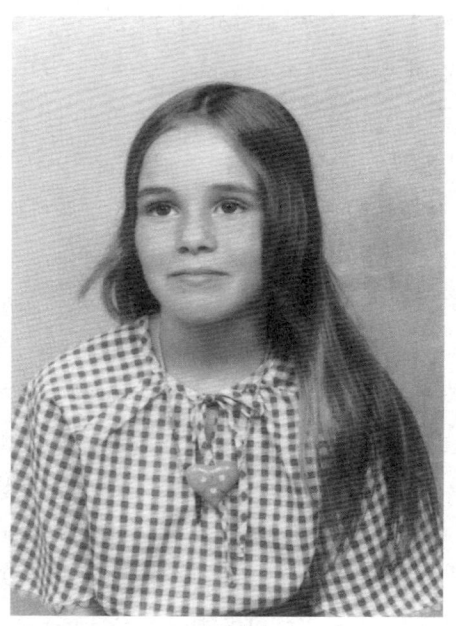

열두 살 무렵의 멜리사 베이커

게 벌인 음악이 좋을 리 없었다. 리치 베이락은 말했다. "그게 바로 쳇 베이커와 마일스 데이비스의 차이점이었어요. 그는 어떤 연주자를 기용하는가에 따라 음악이 완전히 달라질 수 있다는 사실을 깨닫지 못하고 있었죠." 더구나 쳇 베이커는 다른 이들이 부족한 연주를 들려줄 때마다 이를 참지 못했다. 제프 브릴링어는 이렇게 회상했다. "음악적으로 문제가 좀 있다 싶으면 그는 너무 쉽게 화를 내곤 했습니다. 그들이 자기 음악을 망치고 있다며 이내 폭발하고 말았죠." 또 다른 유럽 투어가 예정돼 있던 어느 날, 해럴드 댄코는 이토록 많은 혼란 속에서는 새로운 미래를 기약할 수 없겠다고 판단했다. 연주 일정은 시간이 거의 임박한 상태에서도 취소되기 일쑤였고, 다루는 곡도 전혀 새로울 게 없었다. 그리고 막상 앨범을 녹음할 때 그의 곁에서 피아노를 연주한 이도 자기가 아닌 더 유명한 음악인들이었기에 해럴드 댄코의 입장에서는 음악 경력을 다지는 데 별 도움이 되지 않았다. 그래서 그는 그래미 수상 경력을 지닌 태드 존스와 멜 루이스의 빅 밴드가 제안한 자리를 받아들였다. 쳇 베이커와 함께하는 마지막 연주가 끝나자, 이 트럼페터는 냉정한 말투로 짤막한 이별 인사를 던졌다. "글쎄, 행운을 비네."

로저 로젠버그도 밴드를 떠났다. 쳇 베이커가 가족들을 무책임하게 대하는 것을 보고 기겁한 데다, 종종 터뜨리는 그의 감정을 더 이상 견디지 못해서였다. 어느 늦은 밤, 뉴욕에서 연주를 마친 뒤 쳇 베이커는 차를 몰고 집에 돌아가고 있었다. 그때 고속도로에서 다른 차 한 대가 빠른 속도로 앞질러 갔다. 쳇 베이커는 미친 듯이 그 차를 따라가기 시작했고, 어느새 위험하기로 소문난 동네까지 이르게 됐다. 함께 차에 타고 있던 로저 로젠버그는 믿기 힘들 정도로 무서운 쳇 베이커의 광기를 목격하게 됐다. 그는 겁에 질려 이렇게 말했다. "이러다가 우리 죽는 거 아니에요?" 두 사람은 가까스로 그 동네를 벗어났다. 그러나 루스 영은 쳇 베이커가 잠재적으로 엄청난 광란의 기운을 품고 있다고 생각했다. 사실 그때까지만 해도 그녀가 쳇 베이커로부터 겪게 될 가장 살벌한 순간은 아직 다가오지도 않은 상태였다. 그녀는 말했다. "이 남자는 마음만 먹으면 누구든 죽일 수도 있었을 거예요. 그만큼 그의 마음속에는 커다란 분노의 응어리가 숨겨져 있었죠."

1978년 가을, 쳇 베이커에게 기분 좋은 일이 생겼다. 존 스나이더와 독일의 변호사 에리히 크레머Erich Kremer의 오랜 노력으로 다시 독일 입국이 허락된 것이었다. 에리히 크레머는 예전에 쳇 베이커와 연주했던 젊은 드러머 슈테판 크레머Stefan Kremer의 아버지였다. 그들은 이 트럼페터가 이제 마약을 하지 않으며, 독일 입장에서도 유용한 존재임을 설득하기 위해 당국과 대화를 하고 있었다. 그리고 존 스나이더를 통해 소개받은 독일인 에이전트 가브리엘(가비) 클라인슈미트Gabrielle(Gaby) Kleinschmidt가 일을 도맡겠다고 나섰다. 쳇 베이커의 공연을 반드시 유치하고 싶었던 가브리엘 클라인슈미트는 쳇 베이커가 독일 국경을 드나들 때마다 스스로 신원 보증을 섰고, 혹시라도 그가 마약 관련 혐의로 체포된다면 함께 책임을 져야 하는 상황이 됐다.

그녀는 즉시 쳇 베이커의 공연을 열고 싶어 하는 모든 클럽을 모아 긴 일정의 연주 여행을 기획했다. 11월 1일, 쳇 베이커는 필 마코위츠와 제프 브릴링어, 그리고 베이시스트 스콧 리Scott Lee 와 함께 독일에 들어갔다. 간간이 이들과 함께 연주를 벌인 밥 무버 는 이 연주 여행이 어처구니없을 정도로 무질서하게 계획돼 있음 을 깨달았다. 그는 말했다. "월요일에는 오스트리아, 화요일에는 스위스, 그리고 수요일에는 다시 오스트리아로 돌아오는 식이었 어요. 우리가 처음 연주를 벌인 곳에서 25킬로미터 사이를 계속 해서 오가는 일정이었죠." 밥 무버와 쳇 베이커는 정신을 차리기 위해 코카인을 흡입했다. 그러나 쳇 베이커에게는 일 자체가 마 약과 같았다. 계속해서 다음 연주를 위해 움직여야 했고, 루스 영 이 생각한 것처럼 그가 상처를 주었던 많은 이들로부터 벗어나 잠시 그 시름을 잊을 수 있었을 테니 말이다. 루스 영은 말했다. "그가 사람들에게 신경을 쓰지 않았다고는 생각하지 않아요. 단 지 충분하지 않았을 뿐이죠. 그러니까 직접 그 사람들을 마주하 며 마음에 담는 것보다는 그저 망각의 바다에 풍덩 빠져 있는 편 이 낫겠다 싶었던 거죠. 자꾸 신경을 쓰려다 보면 뭔가 행동이 뒤 따라야 하니까요." 루스 영은 그가 그동안 떠나보낸 친구들을 어 떻게 생각하느냐고 물었다. 쳇 베이커는 이렇게 대답했다. "친구 들이라니, 그게 무슨 소리야? 난 친구가 없어. 당신이 유일한 친 구지." 1950년대에 함께했던 동료 연주자들은 모두 자기를 깎아 내릴 뿐이었다고 그는 덧붙였다. "내가 좋은 성과를 내기 전엔 다 들 나보다 못했어." 그리고 이제 그들은 자신의 선택을 비웃고 있 다고 했다. 쳇 베이커는 이렇게 결론지었다. "친구란 건 말이지,

좋은 점이든 나쁜 점이든 나에 대해 모든 걸 다 알고 있는 사람이
야. 서로를 판단하려 하거나 비난하는 건 친구가 할 짓이 아니지."

루스 영은 격앙된 목소리로 이렇게 말했다. "그에게 '친구'란 건
결국 자기 죄를 다 뒤집어쓰는 사람인 게죠. 지저분한 일들을 알
아서 처리해 주는 사람 말이에요. 그런 요구를 다 들어줄 수 있는
친구가 과연 있겠어요?"

챗 베이커는 누구든 자기를 돕겠다고 말한 모든 이들에게서 꾸
준히 그 도움을 받아 냈다. 그리고 그해, 전직 중고차 세일즈맨이
었던 제임스 펠즈James Felds가 미국 내에서 매니저 일을 맡겠다고
했을 때 바로 계약했다. 그러면서도 챗 베이커는 그에게 모든 일을
맡기지 않고 자신의 연주를 유치하겠다고 나서는 이들이라면 어
디든 가리지 않고 일정을 잡았다. 결국 연주 스케줄은 엉망이 됐다.
같은 날 두 개의 연주 일정이 잡힌 날도 있었고, 동시에 두 명의 피
아니스트가 기용되거나 드러머를 찾지 못한 날도 있었다.•

이탈리아에서 챗 베이커의 에이전트를 맡고 있던 리타 아마
두치Rita Amaducci는 바티칸 인근에 있는 기념물 산탄젤로성 밖에
서 벌어지는 공연을 잡았다. 이 공연에 관여했던 이들이라면 그
날 벌어진 일을 결코 잊을 수 없을 것이다. 며칠 전, 챗 베이커는
더 이상 메타돈을 복용하지 않겠다고 굳게 결심했다. 단지 그러

• 특히 말년에 이르러 챗 베이커의 매니저나 에이전트를 자처하는 이들은 '이해할 수 없을 정도
로' 많았다. 상대적으로 매니지먼트 계약을 맺기 힘들었던 다른 스타급 연주자들에 비해 그는
적은 계약금이라도 단지 눈앞의 돈을 받아 내기에 급급했고, 그 과정에서 여러 사람과 동시에
계약을 맺는 경우가 많았다.

고 싶은 마음에 행한 시도일 수도 있었고, 그만큼 스스로 관리가 가능했다는 뜻일 수도 있었다. 자크 펠저와 미슐린 펠저, 루스 영과 미셸 그라이예가 그와 함께 차에 올랐다. 리에주에서 로마까지 쳇 베이커가 운전한 차는 자크 펠저의 오래된 푸조였다. 메타돈을 복용하지 않아 신경이 예민했던 탓에 쳇 베이커는 가속페달에서 발을 떼지 않았다. 롤러코스터 같은 질주가 이어졌다. 뒷자리에 앉아 차의 상태를 걱정하고 있던 자크 펠저는 쳇 베이커에게 조금 천천히 운전하라고 말했다. 그랬더니 갑자기 두 눈을 부릅뜨고 이렇게 소리 질렀다. "그럼 나 대신 당신이 운전하면 될 거 아냐! 빌어먹을!" 그러고는 토스카나의 길 한복판에서 갑자기 브레이크를 밟아 당장 차를 세우고는 맨발로 운전석에서 일어나 길 옆의 숲속으로 사라져 버렸다. 루스 영과 미슐린은 두 시간 동안이나 쳇 베이커의 이름을 부르며 숲속을 터벅터벅 걸어서 찾아다녔다. 그러나 결국 그의 모습은 보이지 않았다. 어쩔 수 없었다. 이미 공연 일정을 맞추기에는 시간이 부족했다. 자크 펠저는 쳇 베이커보다 더 빠르게 차를 몰았다. 그들이 야외 공연장 앞에 도착했을 때는 이미 수백 명의 관객이 모여 있었다. 그리고 이상한 소리를 내며 멈춰 버린 차에 불이 붙었다. 모두 난리가 났다. 자크 펠저는 "물! 물을 가져와!"라고 소리쳤고, 미슐린은 "트럼펫을 먼저 빼내요!"라며 비명을 질렀다. 그녀는 말했다. "공연의 시작치고는 참 요란했죠."

미셸 그라이예를 위한 피아노가 준비되어 있지 않았다. 그래서 다른 세 명의 연주자—색소포니스트 잔니 바소, 베이시스트 루초 테르차노Lucio Terzano, 드러머 잔카를로 필로트Giancarlo Pillot —는 미셸 그라이예 없이 공연을 치러야 했다. 연주가 끝난 뒤, 그들은 앵글로 아메리카노 호텔로 갔다. 쳇 베이커가 로마에서 제일 좋아하는 호텔이었다. 미셸 그라이예와 미슐린은 그곳에서 태연하게 침대에 누워 있는 쳇 베이커를 발견했다. 그는 몇 분 내로 숲을 가로질러 지나가는 기차에 뛰어올라 그들보다 먼저 로마에 와 있던 것이었다. 쳇 베이커는 밴드 멤버들을 불러 모았다. 그러고는 이렇게 말했다. "왜 내 허락도 받지 않고 공연을 했지? 네놈들은 다 모가지야!"

메타돈을 복용하지 않은 쳇 베이커의 광기는 날로 심해졌다. 북부 이탈리아의 한 도시에서는 자꾸 택시 운전사들에게 시비를 거는 바람에 모든 밴드 멤버가 자갈 깔린 길 위로 악기 가방을 끌며 공연장까지 걸어가야 했다. 프랑스 리비에라를 통해 오래도록 차로 이동할 때는 용무가 급해 휴게소에 들르자는 루스 영의 말을 그냥 무시해 버리기도 했다. 자리에 앉아 몸을 비비 꼬고 있던 그녀에게 쳇 베이커는 이렇게 말했다. "그냥 거기 주저앉아서 싸." 그가 절대로 차를 멈추지 않을 것을 깨달은 루스 영은 정말로 음료수 컵을 꺼내 일을 본 뒤 창밖으로 뿌렸다. 그런데 갑자기 강한 바람이 불어와 컵 안에 있던 내용물이 차 뒷자리로 쏟아져 들어왔다. 헤드폰을 낀 채 앉아 있던 자크 펠저의 얼굴이 흠뻑 젖었다. 루스 영은 말했다. "자크 펠저는 콘 모양의 커다란 대마초를 말더니 그걸 피우기 시작했습니다. 그러고는 완전히 취해 버렸죠. 눈 하나 깜짝하지 않더니 잠시 후에 이렇게 말하더군요. 어, 여긴 비가 좀 왔나 보네. 괜찮아, 빌어먹을 벨기에는 언제나 비가 내리는데 뭐."

쳇 베이커의 부드러움은 이제 흔적도 없이 사라져 버린 듯했다. 마흔아홉 살이 다가오자 나이가 든다는 두려움과 죽음에 대한 공포가 그의 마음을 사로잡았다. 아직도 군에 있을 때처럼 팔굽혀펴기 50회 정도는 할 수 있었고, 루스 영이 보기에 그의 상체는 미켈란젤로의 다비드상을 연상케 했다. 그러나 아버지 체스니가 예순한 살에 심장마비를 일으켰다는 사실이 쳇 베이커는 자꾸만 마음에 걸렸다. 도둑질로 연명하며 퀸스에 살고 있던 그의 친구 잭 프리먼이 그즈음 술과 마약 때문에 생긴 심장 질환으로 세상을 떠난 일도 있었다. 쳇 베이커는 다음 차례가 자기라고 확신했다. 그리고 복부에 통증을 느끼기 시작하면서 그의 두려움은 한층 더 심해졌다. 쳇 베이커는 틀니를 붙이기 위해 사용하는 풀이 대장에 모여 독성을 유발하는 것 같다고 걱정했다. 그는 루스 영에게 이렇게 속삭였다. "이놈의 것이 날 죽일지도 모르겠어, 루스." 헤로인을 제외하고 과연 그가 이토록 크게 걱정한 일이 또 있었을까. 관장약을 복용하기도 했지만 아무 소용 없었다. 자기 배를 손가락으로 눌러 보면서 그가 스스로 내린 진단은 위암이었다.

쳇 베이커는 밀라노에서 그를 알고 있던 모든 이들에게 드라마틱한 작별 편지를 썼다. 편지 내용은 다음과 같았다. 죽음은 결코 자신을 두렵게 하지 못할 것이며, 리처드 카펜터를 비롯한 여러 적들과 계속해서 싸워 나갈 것이라고 했다. 반면 존 스나이더는 영웅으로 묘사했다. 그리고 음악을 통해 자기가 이 세상에 남길 수 있는 모든 것을 이미 행했노라며 편지를 마무리했다.

　그로부터 얼마 지나지 않아, 노르웨이에서 독일로 가는 기차 안에서 쳇 베이커가 심한 통증을 호소하며 바닥에 구르는 일이 생겼다. 눈보라가 휘몰아치는 가운데 기관사는 기차를 세우고 급히 구급차를 불렀다. 병원에 도착해서 진단을 받은 결과 쳇 베이커는 담석증에 걸려 있었다. 훗날 그는 루스 영에게 이런 불평을 늘어놓았다. "난 왜 그랬는지 알지. 캐럴은 언제나 기름진 고기와 감자만 줬거든. 야채나 과일 따위는 한 번도 내놓질 않았다고. 빌어먹을." 담석이 빠져나가자 그의 몸은 다시 회복됐다. 루스 영의 재촉에 못 이겨 이탈리아에서 리피 프란체스코니 박사에게 받은 건강 검진 결과 또한 말끔했다. 심지어 그동안 복용한 마약과 담배마저도 그를 해치지 못한 것으로 드러났다. 루스 영은 말했다. "황소 같은 체질을 타고났다던데요."

　그러나 쳇 베이커를 압박한 다른 일이 또 있었다. 아트 프랭크가 11월에 보내온 편지 안에 그 걱정거리가 가득했다. 아트 프랭크는 1969년 LA 카운티 교도소에 수감됐던 쳇 베이커를 면회한 일을 상기시켰다. 아무도 그에게 관심을 갖지 않던 그 시절에 《Blood, Chet and Tears》 앨범의 계약을 성사시킨 것은 자신이었으며, 삶을 바꿀 만큼 순수한 사랑을 안겨 준 것도 바로 그였다고 했다. 그러면서 자기 혼자 영혼의 친구라고 생각하는 쳇 베이커에게 존 스나이더와 앨범 계약을 맺도록 주선해 달라고 애원했다. 연주도 직접 맡겠다면서 말이다. 아트 프랭크가 보낸 또 한 장의 편지가 있었다. 그는 자기가 잔소리할 일은 아니지만, 아무리 그래도 어쩌면 애들에게 편지 한 통 보내지 않느냐고 물었다. 그리고 쳇 베이커의 세 아이들은, 그들이 지구상에서 사라져 버려도 아버지는 아무 상관조차 하지 않을 거라 하더라고 말했다. 아내인 캐럴을 버린 것도 그렇고, 심한 절망에 빠진 어머니 베라는 이제 눈물이 다 말라 버려서 더 이상 울지도 못한다고 했다.

물론 캐럴의 적개심은 실제로 대단했다. 남편의 물건 속에서, 둘이 떨어져 있을 때 보라며 루스 영이 폴라로이드로 찍어 보낸 누드 사진을 발견한 뒤 그녀의 분노는 극에 달해 있었다. 이 일을 알게 된 어머니 베라도 편지를 보내왔다. 예순일곱 살의 그녀는 이제 일을 그만두고 오클라호마 예일시로 돌아와 남동생과 살고 있었다. 더 이상 어머니의 부드러움은 찾아볼 수 없었다. 그녀는 평생토록 자신을 실망시키기만 한 아들에게 노한 심정을 그대로 토해 냈다. 독설의 대부분은 루스 영을 향하고 있었다. 어머니가 보기에 그녀는 짐승이나 다름없었고 창녀 같은 짓을 벌이고 있었다. 베라는 쳇 베이커가 번 돈을 모두 루스 영의 마약을 사는 데 써 버리고 있는 게 아니냐며 다그쳤고—루스 영은 마약을 하지 않고 있었다—아이들은 제대로 된 옷도 없이 누더기를 걸친 채 생활하고 있다고 얘기했다.

쳇 베이커는 그 편지를 조용히 루스 영에게 건넸다. 그녀가 편지를 읽는 동안, 그는 그토록 앙숙이던 캐럴과 어머니가 이제는 한패가 되어 자신을 공격하고 있다고 말했다. 쳇 베이커는 중얼거렸다. "나도 뭘 어떻게 해야 할지 모르겠어."

잠시 떨어져 지낸 뒤, 쳇 베이커는 12월, 자신의 생일과 크리스마스를 함께 보내기 위해 루스 영이 머물고 있던 네덜란드로 날아갔다. 공항에서 마주한 쳇 베이커는 말 그대로 정신병에 걸린 것 같았다. 루스 영은 그가 너무 많은 비난을 감수한 탓이라고 생각했다. 그런데 호텔로 돌아와 방문을 닫자마자 그가 이상해 보였던 원인이 무엇이었는지 확연해졌다. 쳇 베이커는 헤로인 한 봉지를 꺼내더니 루스 영이 보는 앞에서 흡입하기 시작했다. 그녀는 당황했지만, 그저 그러다 말겠거니 하고 생각할 만큼 아직 순진하기만 했다.

마약의 효과는 대번에 나타났다. 쳇 베이커는 독일 루트비히스부르크에서 필 마코위츠, 스콧 리, 제프 브릴링어와 함께 방송을 위한 공연을 벌였다. 그런데 모든 곡의 템포가 1959년 앨범 《Chet》에서 그랬던 것처럼 마냥 길게 늘어지며 "마약중독자 비트"를 드러내기 시작했다. 1959년이면 쳇 베이커가 처음 마약에 손을 댄 뒤 그 정도가 최악에 이르렀을 때였다. 그런데 그의 반응 또한 그때처럼 활기를 완전히 잃은 상태였고, 곡들은 15분을 넘기며 계속 이어지기만 했다. 언제 끝날지, 언제 잠잠해질지 아무도 알 수 없었다. 이 공연은 쳇 베이커가 남은 10년의 세월 동안 보여 준 트럼펫 톤을 그대로 드러낸 자리였다. 제프 브릴링어는 1978년 12월 28일, 《Broken Wing》 앨범을 녹음하기 위해 프랑스 파리에서 쳇 베이커와 합류했다. 그리고 뭔가 이상한 일이 벌어지고 있음을 깨달았다. 엔지니어가 시작 신호를 보내기도 전에 쳇 베이커는 자꾸만 연주를 먼저 시작했고, 그의 사운드는 희미하고도 윤기를 잃은 듯했다.*

1978년의 마지막 날, 쳇 베이커와 루스 영, 미슐린, 자크 펠저, 그리고 프랑스 출신의 한 프로듀서는 샹젤리제 부근에 있는 호텔 캘리포니아에 모여 파티를 벌였다. 쳇 베이커의 방에 들어선 이 프랑스인이 참석자들에게 헤로인을 하고 싶은지 물었다. 쳇 베이커는 그러겠다고 했다. "난 좀 취해 버리고 싶어." 그러자 옆에 있던 미슐린이 자기도 하겠다고 나섰다. 그녀는 몇 년 동안 마약을 하지 않고 메타돈으로 버티고 있었지만, 이 기회에 쳇 베이커와 좀 더 가까워지고 싶었다. 어느새 미슐린은 그를 사랑하고 있었다. 그녀는 말했다. "그날 밤, 우리는 서로의 존재를 드디어 확인할 수 있었어요!"

쳇 베이커는 밴드 멤버들을 파리에 남겨 둔 채 루스 영을 데리고 이탈리아로 갔다. 제프 브릴링어는 며칠 동안 자기 돈으로 호

---

* 《Broken Wing》 앨범은 프랑스 소노프레스 레이블에서 LP로 제작됐고, 한동안 재발매되지 않고 있다가 2000년 지탄 레이블에서 기획한 'Jazz in Paris' 시리즈의 한 장으로 새롭게 소개됐다. 그리고 이 앨범이 녹음되기 한 달 전, 흔히 비평가들에 의해 쳇 베이커가 남긴 최고의 라이브 앨범이라 평가되는 《Live at Nick's》가 녹음됐다. 네덜란드 라런의 클럽에서 녹음된 이 작품은 쳇 베이커가 세상을 떠난 뒤인 1989년 네덜란드의 크리스 크로스 레이블을 통해 발표됐다. 이 연주가 11월 30일에 녹음된 만큼, 그가 12월에 네덜란드로 건너왔다는 저자의 언급은 약간의 착오를 불러일으킨다. 이 녹음 뒤에 독일로 건너갔다가 다시 네덜란드로 루스 영을 찾아온 것일 수도 있다. 어쨌든 이 작품은, 쳇 베이커가 음악적으로 큰 성과를 올리지 못했다고 '착각하는' 사람들의 생각을 대번에 뒤집을 만한 명연이다. 그럼에도 저자가 이 앨범의 존재를 굳이 언급하지 않은 것은 1990년대 이래 미국 시장에서는 이 작품이 제대로 유통되지 못한 까닭으로 보인다. 물론 쳇 베이커의 말년작들은 그 음악적 성취도가 워낙 큰 편차를 보여 주기에 분명 취사선택할 필요가 있다. 그러나 이 앨범을 비롯하여 역시 이 책에서 거론하지 않은 크리스 크로스 레이블의 다른 앨범들 ─ 《Blues For a Reason》(1984)과 《Chet's Choice》(1985) ─ 모두 쳇 베이커의 말년을 이야기할 때 빼놓을 수 없는 보석 같은 작품들이다.

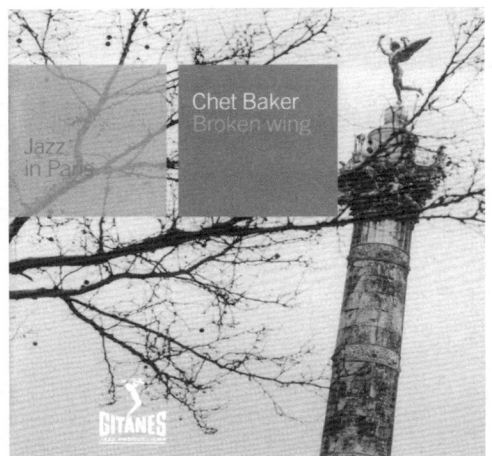

《Broken Wing》

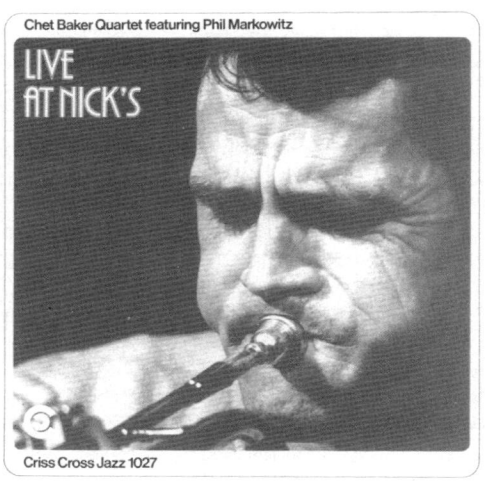

《Live at Nick's》

텔에서 마냥 기다리고 있었다. 그러나 쳇 베이커는 그 길로 미국으로 돌아갔다. 필 마코위츠도 마찬가지였다. 뉴욕에 도착한 루스 영은 다시 한번 쳇 베이커를 마약으로부터 구해 내기 위해 노력했다. 마음이 맞는 마약 상담가를 찾아 그를 만나게 했다. 그런데 약속 시간이 얼마 남지 않은 시각, 쳇 베이커가 병원 공중전화로 루스 영에게 연락을 보내왔다. "나, 아무래도 못 할 것 같아." 그가 그렇게 말했다. 그리고 이번에는 그의 말이 무슨 의미인지 루스 영도 잘 알고 있었다. 그녀는 말했다. "그의 마음속에는 더 이상 이런 과정을 반복하지 않겠다는 생각이 굳어 있었어요. 굳이 마약을 끊기 위해 노력해 봤자 별수 없다는 걸 그는 잘 알고 있었죠. 그는 전화로 이렇게 말하더군요. '그 누구도 절대 이해하지 못할 거야. 이젠 완전히 다 망쳐 버린 게지.'"

16
악마의 그림자

1979년 1월 초, 쳇 베이커는 잠시 뉴욕에 머물렀다. 71번가의 아파트는 루스 영이 다른 사람에게 세 준 상태였기에 퀸스에 있는 존 버의 아파트에 기거해야 했다. 그즈음 쳇 베이커는 흡입하는 방법으로만 헤로인을 복용하고 있었다. 그와 항상 함께했던 루스 영이 지난 몇 달 동안 팔에 주사하는 쳇 베이커의 모습을 보고 싶어 하지 않았기 때문이었다. 코로 흡입하는 방법은 주사하는 것보다 강도가 훨씬 덜했다. 제리 스탈은 정맥 주사가 로켓 폭발이라면 흡입은 엘리베이터를 타는 정도의 느낌이라고 표현한 바 있다. 이런 식의 절제 아닌 절제는 쳇 베이커에게 어울리는 것이 아니었지만, 그래도 그는 스스로 삶을 제어할 수 있다는 것을 보여 주고 싶었던 모양이다. 물론 스케줄에 맞춰 메타돈은 계속 복용하고 있었다.

하지만 합성으로 만든 그 어떤 마약도, 가족과 관련된 일을 떳떳하게 마주할 만큼 배짱을 심어 주지는 못했다. 캐럴은 이제 맨해튼에 있는 부동산 회사에서 비서로 일하며 자신의 삶과 아이들을 돌보기 위해 애쓰고 있었다. 타이핑을 하고 기계적인 꼼꼼함을 요했던 그 일자리는 캐럴에게 매우 잘 맞았다. 그러나 쳇 베이커에게 보낸 편지에는 절박한 여인의 심정이 고스란히 드러나 있었다. 계속해서 편두통에 시달리고 있는데, 이건 황폐한 자신의 살림살이와 남편이 다른 여자와 지내고 있다는 데서 오는 현상일 거라고 했다. 멜리사의 치아는 충치로 온통 엉망이 돼 있었고, 폴은 침대가 없어 슬리핑백에서 잠을 잔다고도 했다. 쳇 베이커에게 뭔가 기대한다는 것은 글러 먹어 보였음에도, 캐럴은 그가 없는 삶을 상상할 수 없는 듯했다.

캐럴의 편지가 올 때마다 쳇 베이커는 봉투를 열어 보기도 전에 눈살을 찌푸리며 루스 영에게 건네주곤 했다. 그러고는 불만스러운 목소리로 이렇게 말했다. "자, 당신이 한번 읽어 봐. 그 여자가 뭐래?" 한번은 아파트에 여덟 명의 술 취한 청년들이 침입하려 했다던 좀 별난 소식을 전한 적이 있었다. 쳇 베이커는 무표정한 얼굴로 묵묵히 그 얘기를 들었다. 루스 영은 편지 내용을 그에게 다시 설명해 주었다. 어차피 캐럴이 사는 아파트의 대문은 워낙 부실했기에 그냥 문을 열어 주고는 청년들이 들어오게 할 수밖에 없었다는 얘기였다. 얼마 지나지 않아 쳇 베이커는 유럽에서 캐럴에게 편지를 보내 당장 다른 곳으로 이사를 가라고 했다. 굳이 돈이 필요하다면 존 스나이더에게 도움을 요청해 보라고 덧붙이면서, 안전을 위해 총 한 자루를 구해 두라고도 했다. 보다 못한 루스 영은 뉴욕에 있는 어머니에게 전화를 걸어 그녀가 맡겨 둔 돈 중에서 500달러를 캐럴에게 대신 부쳐 달라고 부탁했다. 쳇 베이커는 사람들의 동정심을 자기 자신에게 향하도록 하는 힘을 가지고 있었다.

1월 17일, 쳇 베이커는 관록을 자랑하는 독일의 지휘자 에르빈 렌Erwin Lehn이 이끄는 빅 밴드와 방송용 곡들을 녹음하기 위해 슈투트가르트로 날아갔다. 이 녹음에서 그가 남긴 가장 인상적인 솔로 중 하나가 연주됐다. 더없는 절망감이 잘 표출된 연주였다. 미셸 르그랑Michel Legrand이 작곡한 애처로운 왈츠 〈Once Upon a Summertime〉이 대표적이었다. 미셸 르그랑은 팝과 영화 음악을 작곡하던 프랑스 출신의 음악인이었다. 젊은이의 잃어버린 사랑을 그린 이 곡은 원래 〈La Valse des Lilas〉(라일락 왈츠)란 제목으로 1950년대에 발표됐다. 쳇 베이커는 단조로 진행되는 배경 위에서 우아하게 젖어 들며 섬세하게 파고드는 이 곡의 멜로디에 강하게 매료됐다. 에르빈 렌의 밴드에서 트롬본을 연주한 텍사스 출신의 조 갈라도Joe Gallardo는 크고 열정적인 모습으로 점차 상승해 가는 브라스 섹션을 동원하여 드라마틱한 편곡 작업을 완성했다. 그들 옆에 선 쳇 베이커는 미셸 르그랑이 바로크 스타일로 만든 선율과 대비되듯, 조용하고 상처에 휩싸인 느낌의 목소리를 들려주었다. 마치 세상으로부터 버림받은 한 노인의 마음을 그대로 옮겨 놓은 것 같았다. 이와 동시에, 어쩐 일인지 그의 톤은 어린아이를 연상케 할 만큼 때 묻지 않은 순수함까지 드러냈다.*

이러한 역설적인 매력은 저널리스트 레네 마그론René Magron의 마음을 사로잡았다. 그는 쳇 베이커가 함부르크의 재즈 클럽 안켈 푀Ankel Pö에서 가진 공연에 대해 리뷰를 써서 당시의 연주 장면을 전했다. 클럽은 수용 인원을 넘어 사람들로 북적이고 있었다. 잔뜩 긴장한 모습의 관객들은 거북이 등껍질처럼 커다란 안경을 쓴 채 두 눈을 감고 연주에 임하는, "너무 말라서 병색이 완연한 쳇 베이커"를 응시하고 있었다. 무대에서 펼쳐진 연주에 대한 레네 마그론의 글을 옮겨 보자. 쳇 베이커의 음악은 "바로 관객들의 가슴 한복판으로 진입해 들어갔다. 사람들의 얼굴을 살펴보니 모두 부서지고 외로운, 그러나 동시에 한없이 달콤하고 감성적인 사운드를 느끼고 있었다. 쳇 베이커는 의심의 여지 없이 찢기고 상처 입은 사람임에 분명했다. 나락의 길을 수없이 통과한 사람 말이다."

그가 연주를 벌인 유럽 어느 곳에서나—그의 1979년 연주 스케줄은 독일, 오스트리아, 프랑스, 벨기에, 이탈리아, 덴마크, 노르웨이, 영국, 스위스 등 유럽 전역을 아울렀다—쳇 베이커는 하늘에서 내려온 천사로 인식됐다. 모나코 인근에서 펼쳐진 야외 공연에서는 기타리스트 더그 레이니Doug Raney와 함께 높이 설치된 무대 위에서 연주를 벌였다. 쳇 베이커에게 완전히 매료된 관

---

* 방송을 전제로 녹음된 것이긴 했지만, 이 연주는 공식적인 앨범으로 유통되지 않았다. 현재 독일 방송국이 소장한 자료로만 남아 있다.

객들은 발판을 딛고 무대로 기어올라 앞다투어 그에게 가까이 다가가려 했다. 더그 레이니는 마치 자신이 페데리코 펠리니의 영화에 출연한 것 같은 느낌을 받았다. 실제로 쳇 베이커의 신비로움은 유럽의 몇몇 유명한 영화배우들에게 큰 매력을 전해 주기도 했다. 로마에서 연주할 때는 마르첼로 마스트로이안니가 매일 밤 공연장에 나타나 테이블에 앉은 채 쳇 베이커의 일거수일투족을 유심히 관찰했다. 진 세버그Jean Seberg도 밍크코트를 휘날리며 클럽에 들렀으며, 〈My Funny Valentine〉을 연주해 달라고 직접 부탁한 적도 있었다. 이미 쳇 베이커의 외모는 노쇠한 분위기가 역력했지만, 성별을 가리지 않고 적지 않은 연서들이 그의 손에 쥐어졌다. 어느 잘생긴 이탈리아 남자는 수영복 입은 자신의 폴라로이드 사진을 보냈다. 그 밑에는 이렇게 쓰여 있었다. "원하신다면, 내게 답장해 주세요. 파비오가 키스를 보내며."

그 누구보다 넋을 잃고 이 트럼페터를 바라본 이들은 다름 아닌 유럽의 젊은 재즈 연주자들이었다. 마치 미국의 연주자들이 찰리 파커에 대해 그랬듯이, 이들은 광적으로 쳇 베이커의 주변에 모여들었다. 자신들이 쓴 곡을 들고 쳇 베이커와 한번 연주하겠다며 달려들었고, 이런 과정 속에서 궁극적으로 1979년은 그에게 탁월한 음악 작업을 남긴 한 해로 기록됐다. 에르빈 렌의 빅 밴드와 녹음을 마친 쳇 베이커는 독일 출신의 젊은 비브라폰 연주자 볼프강 라커슈미트와 듀오 앨범 《Ballads for Two》를 녹음하기 위해 슈투트가르트에 머물렀다. 어깨까지 내려오는 긴 머리와 턱수염을 기른 채 안경을 쓰고 있던 볼프강 라커슈미트는 제리 멀

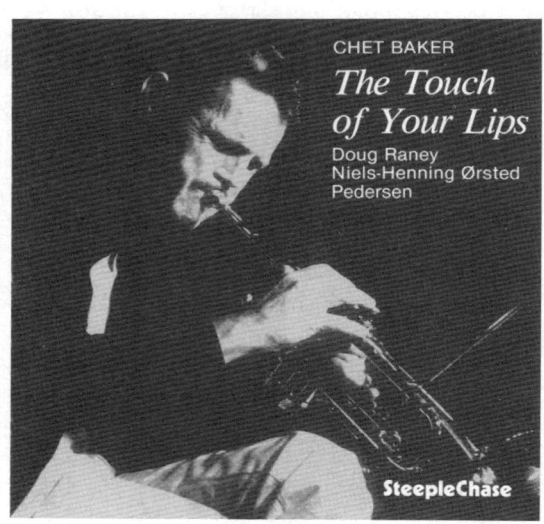

《The Touch of Your Lips》

리건처럼 그리스도를 연상케 하는 외모를 지니고 있었다. 이른바 뉴에이지 음악이 유행하기 훨씬 전이었지만, 그는 허공을 부유하는 분위기에 다른 세상에서 펼쳐질 것 같은 스타일의 음악을 냉랭하면서도 희미한 불빛 같은 느낌으로 연주했다. 또한 그는 쳇 베이커가 젊은 시절에 즐겨 다룬 스탠더드 곡들에 대해서도 한결 기분 좋고 새로운 느낌을 선사했다. 두 사람은 대위법적인 선율을 엮어 가며 함께 연주하기를 즐겼다.

그러나 기쁨이란 감정은 쳇 베이커에게 너무나 이질적인 것이었고, 그다지 오래가지도 않았다. 그의 말년작 중에서 특히 좋은 평가를 받은 앨범 중 하나인 《The Touch of Your Lips》의 연주 속에는 우울함이 깊게 스며들어 있었다. 1979년 6월 코펜하겐에서 녹음된 이 앨범에는 덴마크에서 가장 촉망받던 베이시스트 닐스 헨닝 외르스테드 페데르센Niels-Henning Ørsted Pedersen과 기타리스트 더그 레이니가 함께 했다. 많은 재능을 타고난 더그 레이니는 아버지인 지미 레이니Jimmy Raney가 완성시킨 단선 진행 스타일의 공간미 넘치는 연주를 보여 주었다.* 그런데 쳇 베이커가 스튜디오에 들어섰을 때, 그는 마약 금단 현상으로 몸이 좋지 않은 상태였다. 코펜하겐에 살고 있던 더그 레이니에게 마약을 구할 곳이 없

---

* 지미 레이니(1927~1995)는 쿨 재즈 기타 연주를 집대성한 연주자로 칭송받는 명인 중의 명인이다. 그의 아들인 더그 레이니(1956~2016)는 아버지의 업적을 이어받아 역시 대단한 연주력과 이지적인 면모를 과시했고 특히 1980년대 중반 놀라운 걸작들을 연이어 발표하며 비평계의 비상한 관심을 모았다. 비슷한 연배의 다른 연주자들에 비해 상대적으로 과소평가된 경향이 강한데, 미국을 떠나 유럽에 머물면서 연주 생활을 한 것도 그의 존재가 충분히 인식되지 못한 원인 중 하나로 얘기되곤 한다.

겠느냐고 물었지만 이 젊은 기타리스트는 딱히 대답을 하지 못했다. 어쩔 수 없이 녹음은 그대로 긴장 속에 진행됐다. 쉽게 무너질 수 있는 상황 속에서, 쳇 베이커는 점점 약해지고 있는 힘에 의존하지 않고 그가 평생토록 남긴 가장 부드러운 연주 중 하나를 녹음하는 쪽으로 방향을 틀었다. 마치 마이크가 관객의 귀라도 되는 양*, 쳇 베이커는 트럼펫을 가까이 붙인 채 섬세하게 연주를 풀어 나갔다. 〈Star Eyes〉나 〈Autumn in New York〉 같은 발라드는 놀랄 만큼 친밀한 느낌을 전해 주었다. 『재즈 핫』에 리뷰를 쓴 프랑스의 재즈비평가 로랑 고데Laurent Goddet는 이 앨범을 "아름다움과 진실"에 대한 기념비적인 작품이라 평했다. 그는 이렇게 썼다. "아이디어는 지극히 신선했다. 프레이즈는 섬세하면서도 종종 예상을 뒤집었고, 그의 톤은 지금까지 존재했던 그 어느 연주보다도 달콤하고 명징했다. 이 앨범에 담긴 음악은 밤하늘에 걸린 하나의 별처럼 밝게 빛났다."**

물론 쳇 베이커가 가장 우상시된 곳은 바로 이탈리아였다. 1979년 말, 로마의 뮤직 인에서 연주하던 그에게 이탈리아 남부 출신의 플루트 연주자이자 기타리스트인 니콜라 스틸로Nicola Stilo

---

* 악기를 사람의 귀에 직접 대고 분다면 얼마나 크게 들리겠는가. 그만큼 부드러운 소리를 뽑아냈다는 의미다.
** 쳇 베이커는 《The Touch of Your Lips》 이외에도 1979년 10월 한 달 동안 여러 장의 앨범을 녹음했다. 역시 스티플체이스 레이블에서 발표된 이 작품들은 우리나라 재즈 팬들 사이에서 꾸준한 관심을 모은 바 있다. 《Daybreak》, 《This is Always》, 《Someday My Prince Will Come》, 그리고 《No Problem》 등이며, 비록 《The Touch of Your Lips》만큼 높은 성과를 올리지는 못했지만 전반적으로 좋은 연주를 담고 있다.

가 다가왔다. 당시 스물세 살이던 그는 마일스 데이비스의 음악을 들으며 재즈에 대한 사랑을 키웠지만, 쳇 베이커의 연주를 듣고 난 다음부터는 바로 그가 진정한 구세주라 생각하게 됐다. 니콜라 스틸로는 쳇 베이커를 그 누구보다 "영혼의 본질에 근접한" 인물로 생각했고, 어떤 수를 써서라도 그의 곁에 있어야 한다는 믿음을 가지고 있었다. 이 촉망받던 젊은 연주자는 쳇 베이커가 벌이는 연주와 녹음 세션을 모두 따라다니기 시작했다. 그리고 광적인 침울함을 가슴에 품은 채 이 트럼페터를 지켜봤다. 기타를 둘러멘 니콜라 스틸로는 쳇 베이커가 머물던 앵글로 아메리카노 호텔로 찾아가 그를 위해 연주할 기회를 얻고자 했으며, 아직 영어를 익히지 못한 탓에 이탈리아어를 써 가며 가까스로 대화를 나누었다. 이 젊은이를 음악으로 인도한 것은 이미 세상을 떠난, 그가 마음 깊이 존경하던 어느 신부였다. 그리고 이제 이 젊은이는 그를 대신해 줄 자신만의 마지막 신부를 찾은 셈이었다. 니콜라 스틸로는 쳇 베이커가 1980년에 벌일 이탈리아 투어에 함께할 수 있기를 바란다는 자신의 "꿈"을 얘기했다. 그는 말했다. "내가 조금이라도 괜찮은 연주를 벌인 날은 정말이지 매우 행복했습니다. 좋은 솔로를 선보이고 쳇 베이커가 마음에 들어 하면 말이에요. 눈빛을 잠깐 보기만 해도 그가 어떻게 생각하는지 알 수 있었어요. 쳇 베이커와 함께한 날은 음악을 듣는 법을 배우는 대단한 레슨이나 마찬가지였습니다. 단순성에 대해서도 참 많은 걸 배웠죠." 니콜라 스틸로는 가능하면 자신의 우상과 같은 존재가 되기를 간절히 원했다. 그러나 이것이 얼마나 위험한 결과를 초래할 수 있는 소망인지 당시에는 알지 못했다.

1980년이 시작되자, 쳇 베이커는 엔리코 피에라눈치가 이끄는 밴드와 투어를 시작했다. 짙은 색의 양복을 즐겨 입고 안경을 쓴 채 콧수염을 말끔하게 정리한 이 작곡가이자 피아니스트는 마치 이탈리아의 사업가 같은 인상을 풍겼다. 엔리코 피에라눈치는 쳇 베이커가 재즈의 미스터리를 풀 열쇠를 찾아낸 인물이라고 믿었다. 그 미스터리란 이런 것이었다. "즉흥연주란 마음 가장 깊숙한 곳에 자리한, 현실로 만들어진 무한한 공간이다." 이를 염두에 둔 채 그는 쳇 베이커의 영혼에서 감지했다고 생각한, 몇몇 이해하기 힘든 작품들을 만들었다. 제목마저 초현실적인 〈Animali Diurni〉(동물들의 오줌)이나 〈Brown Cat Dance〉 같은 곡들이 그 예이며, 이 곡들을 바탕으로 쳇 베이커는 엔리코 피에라눈치의 밴드와 함께 로마에서 《Soft Journey》라는 앨범을 녹음했다.*

엔리코 피에라눈치와 함께했던 다른 멤버들—테너 색소포니스트 마우리치오 잠마르코Maurizio Giammarco, 베이시스트 리카르도 델 프라Riccardo Del Fra, 드러머 로베르토 가토Roberto Gatto—은 이후 유럽에서 큰 역할을 한 연주자로 성장했지만, 1980년까지만 해도 쳇 베이커의 영향력 아래에 있었다. 한때 퓨전과 프리 재즈를 연

---

* 이 앨범은 1979년 12월 4일에 녹음돼 1980년 초에 발표됐다. 앞서 거론된 앨범 《Ballads for Two》—볼프강 라커슈미트와 함께한 듀오 앨범—와 마찬가지로 유럽에서만 LP로 유통됐을 뿐, 아직 CD로 재발매되지는 않았다. 1970년대 말에 세상을 떠나기 전까지 쳇 베이커는 특히 많은 앨범을 녹음했고, 이 중 엔자나 스티플체이스, 혹은 크리스 크로스 등 아직도 제작 활동을 벌이고 있는 레이블을 제외하고 이미 문을 닫은 소규모 제작사에서 발표된 작품들은 대부분 유통이 끊어진 상태다.

주했던 마우리치오 잠마르코는 오로지 본능에 의지해 연주를 이끌어 나가는 쳇 베이커를 바라보며 종종 선禪을 행하는 듯한 인상을 받았다고 했다. "나는 언제나 연주되는 곡의 진행만 생각하고 있었습니다. 그런데 그는 그것보다 더 높은 차원의 무언가가 있음을 일깨워 주었죠. 진행 따위는 다 잊어버린 채 그저 한 음정에서 다른 음정으로 옮겨 가는 것이었어요. 어디로 가고 있는지 절대 잊지 않은 상태에서도 말이에요." 콜라병 같은 색깔의 안경을 낀 채 앳된 얼굴을 하고 있던 리카르도 델 프라는 아트 파머를 도와 RAI-TV 오케스트라의 협연에 참여한 덕에 다소 과대평가돼 있었으며, 『무지카 재즈』는 이미 그를 로마 최고의 베이시스트로 지목하기도 했다. 그러나 쳇 베이커가 선보인 음악 속에 얼마나 심오한 의미가 깃들어 있는지 깨닫고는 감탄을 금하지 못했다. 그는 쳇 베이커의 곁에서 연주를 벌이며 자신의 예술성까지 새로운 차원으로 격상되는 것을 느꼈다. 마치 쳇 베이커가 자기 영혼을 꿰뚫어 보고 있는 듯했다던가.

그러나 현실은 달랐다. 쳇 베이커는 몇 주 동안 연주자들에게 지급할 돈을 내놓지 않았다. 리카르도 델 프라는 쳇 베이커와 그의 주변 인물들이 모든 문제를 회피하기 위해 마약에 의존하고 있음을 알게 됐다. 함께 자크 펠저의 집에 처음 들렀을 때 리카르도 델 프라는 가슴에 통증이 있다고 호소한 적이 있었다. 자크 펠저가 내준 약을 아무 의심 없이 삼킨 그는 스무 시간 동안 꼼짝하지 않고 잠에 빠져들었다. 일행이 벨기에를 떠나올 때 자크 펠저는 언제나 작별 인사로 건네던 선물을 이번에도 손에 쥐여 주었

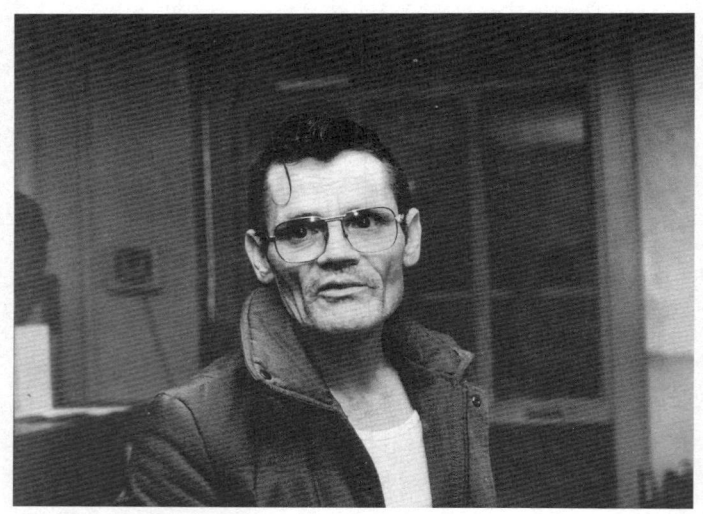

1980년의 쳇 베이커. 숱한 문제를 지녔지만
유럽의 젊은 음악인들에게 그 어느 때보다 큰 영향력을 행사했다.

다. 커피에 한 방울씩 타서 마실 수 있도록 만든 코데인 약병이었다. 쳇 베이커가 말한 감성의 "무한한 공간"으로 들어가기 위해서는 모든 감정에 무감각해지는 과정이 반드시 필요한 듯했다. 미슐린 펠저는 이렇게 말했다. "대부분의 경우 쳇 베이커는 그의 말투처럼 조용했습니다. 그가 그런 상태를 유지하기 위해 얼마나 많은 마약이 필요했는지 사람들은 미처 알지 못했죠."

쳇 베이커의 주변에 모여든 모든 이들이 순수한 의도를 지녔던 것은 아니었다. 그를 둘러싸고 여러 안 좋은 이야기들이 소용돌이치는 가운데, 많은 이들은 그를 통해 큰돈을 만져 보겠다는 심산을 품고 있었다. 더구나 마약중독에 빠져 있던 쳇 베이커는 누구든 쉽게 돈을 벌게만 해 준다면 이를 결코 마다하지 않았다. 루스 영은 말했다. "그는 마치 비둘기 같았어요. 뭐든 필요한 걸 골라 쪼아 먹는 데는 일가견이 있었죠. 아시다시피 그의 신경은 온통 마약에 집중돼 있었고, 약을 손에 넣을 수만 있다면 뭐든 했으니까요. 그래서 남의 피를 빨아먹기에 혈안이던 사람들 사이에서 쳇 베이커는 이미 유명한 존재가 돼 있었죠."

몇 년 동안 쳇 베이커는 책을 쓰라는 권고를 받아 왔다. 그리고 1970년대 말, 드디어 이를 실행에 옮기기로 했다. 호텔 방이나 기차 칸에 앉아서 줄쳐진 노란색 노트 위에 기억을 되살리며 초고를 쓰기 시작했다. 오클라호마 예일시에서 자라던 시절이며, 군에 있을 때의 일, 제리 멀리건과 함께했던 화려한 시간, 자신의 쿼텟을 처음 결성했을 무렵, 그리고 1964년 전후에 일어난 갖가지

범죄 행위 등. 그러나 이 지점에 이르렀을 때 쳇 베이커는 돌연 맥이 풀리고 말았다. 그는 루스 영에게 이렇게 말했다. "그나저나 누가 이런 얘기에 관심이나 갖겠어?" 심지어 쳇 베이커 자신도 이미 흥미를 잃어버린 뒤였다. 특별한 통찰력을 갖지 못한 상황에서 그가 떠올린 회상들은 그저 무미건조하게 느껴질 뿐이었다. 루스 영은 말했다. "그가 원한 건 이 일을 통해 돈을 좀 벌어 보자는 것이었어요. 그 이상도, 이하도 아니었죠." 결국 쓰다 만 원고는 미국에서 매니저 일을 맡아보고 있던 제임스 펠즈가 보관하게 됐다. 그는 이를 출판사나 할리우드의 영화사에 팔 수 있지 않을까 생각했지만, 양쪽 모두에 딱히 아는 사람이 없어서 그랬는지 이내 흐지부지되고 말았다.

그런데 이와 관련된 일이 다시 로마에서 벌어지기 시작했다. 명성을 쫓아 한때 배우로 일했던 뉴욕 출신의 톰 베이커Tom Baker란 인물이 쳇 베이커 앞에 나타난 것이었다. 1967년, 앤디 워홀Andy Warhol은 톰 베이커의 검은 머릿결과 푸른 눈, 그리고 조각상 같은 얼굴에 매료돼 그를 자신의 초창기 영화인 「아이, 어 맨 I, a Man」의 주연으로 발탁했다. 영화의 끝 장면에서 완전 누드로 출연한 톰 베이커는 스타덤에 오를 만한 역량을 보여 주지는 못했다. 앤디 워홀은 더 이상 그에게 관심을 갖지 않았다. 연기 경력이 지지부진하자, 톰 베이커는 영화 제작의 길로 방향을 틀었다. 하지만 그마저도 여의치 않아 완성되지 못한 몇 편의 다큐멘터리와 시나리오만 남긴 채 모든 일을 접어야 했다. 마약 때문에 몸은 피폐해지고 허풍만 잔뜩 늘어난 채, 톰 베이커는 자기가 알던 유명한 이들의 뒷얘기나 늘어놓으며 사람들의 관심을 모으려 했다. 그 이야기의 대부분은 자신의 친구였던 도어스의 짐 모리슨과 관련된 것이었다.

뉴욕에서 영화제작자로 일하던 네샤 블루Nesya Blue는 톰 베이커가 떠벌리는 이야기에 별 흥미를 느끼지 못했다. 배우이자 록 음악인이던 그녀의 남편 데이비드 블루David Blue는 마침 톰 베이커와 몇 년 동안 알고 지낸 사이였다. 그리니치빌리지의 최신식 클럽 원 유니One Uni에서 네샤 블루와 마주친 톰 베이커는, 그녀가 친구의 아내라는 사실을 알고는 이내 지분거리기 시작했다. 네샤 블루는 말했다. "정말 불쾌한 남자더군요. 기분 나쁜 라틴계였는데, 한물간 사기꾼 같은 느낌이더라고요. 아마도 젊었을 때는 꽤 잘생긴 남자였을지도 모르겠어요. 그리고 아직도 자기가 여자들에게 인기 있을 거라 생각하는 눈치였죠. 하지만 잠시 안 보이는가 싶더니 이내 땀에 젖어서 돌아왔더군요. 번뜩이는 눈빛이 심하게 흔들리는 걸 보니 마약 때문에 제정신이 아니란 걸 쉽게 알 수 있었죠."

로마에서 새로운 기회를 노리던 톰 베이커는 큰돈을 벌 수 있는 책의 출간이나 영화 제작을 위해 "아는 사람들"을 이용할 수 있다며 쳇 베이커에게 접근했다. 쳇 베이커는 자신의 이야기를 가지고 사업에 임할 수 있도록 그가 내민 6개월 시한의 계약서에 사인을 했다. 뉴욕으로 돌아온 톰 베이커는 제임스 펠즈가 가지고 있던 자서전 초고를 복사해 손에 넣었고, 14번가에 위치한 스튜디오 아파트에서 타이핑을 해 가며 이를 정리했다. 작업을 하는 내내

그는 자신의 새로운 우상이 전축을 통해 노래하는 〈My Buddy〉에
폭 빠져 있었다. 톰 베이커는 캐럴에게 전화를 걸어 이 작업과 관
련된 우정의 제안을 했고, 사람들의 관심을 그리워하고 있던 그
녀는 두말할 것 없이 그의 의사를 존중했다. 두 사람은 뉴욕에서
만나기 시작했다. 톰 베이커는 쳇 베이커에 대한 정보를 좀 더 캐
내기 위해 캐럴을 부추겼으며, 그녀는 곁을 떠난 남편이 자기에
게 편지를 쓰거나 전화하게 해 달라며 애원했다.

쳇 베이커와 루스 영이 함께한 지도 어느새 7년의 세월이 흐르
고 있었다. 하지만 캐럴에 대해 이미 적지 않은 불만을 토해 냈으
면서도 쳇 베이커는 결혼 관계에 종지부를 찍을 그 어떤 행동도
보여 주지 않았다. 그는 이렇게 말하며 더 이상 이 문제에 대해 이
야기하고 싶지 않다는 투였다. "이봐, 루스. 난 결혼 생활을 하나
마무리하고 계속해서 또 다른 결혼에 나 자신을 몰아넣고 싶진
않아." 그러나 결국 루스 영은 그를 설득해 제이코비 앤드 메이어
스Jacoby & Meyers라는 법률 회사에서 진행하는 간략한 이혼 절차를
밟도록 했다. 이 회사는 지하철역 포스터나 밤늦게 방송하는 텔
레비전 프로그램의 광고를 통해 적은 비용으로도 쉽게 이혼할 수
있다며 서민들을 위한 홍보에 집중하고 있었다. 쳇 베이커는 루
스 영에게 착수금을 건넸다. 그리고 자리에 앉아 종이를 한 장 펼
쳐놓고 캐럴에게 큰 아픔이 될 "이별" 편지를 써 내려갔다. 그러
다가 문득 이런 생각이 뇌리를 스쳐 지났다. 결혼 생활을 유지하
기 위해 그토록 애써 온 캐럴의 노력을 생각하면—다른 여자라
면 수도 없이 짐을 싸서 나가 버렸을 만큼 줄기차게 이어진 비열

한 행동들을 모두 견뎌 온 그녀가 아니던가─이혼하자는 결정을 과연 그녀가 받아들일 수 있을까? 더 이상 생각해 볼 것도 없이 쳇 베이커는 캐럴을 설득할 자신이 없었다. 그 편지는 결국 부치지 못했고, 이혼과 관련된 업무는 중단되고 말았다. 루스 영은 이 일과 관련해서 쳇 베이커를 좀 더 압박하려 했지만, 그때마다 그가 얼마나 많은 죄책감에 시달리고 있는지 확인할 뿐이었다. 쳇 베이커는 말했다. "이미 얼굴을 걷어찬 거나 마찬가지잖아. 그런데 굳이 등짝까지 후려쳐야 당신 속이 편하겠어?"

아이들을 어떻게 대했는지 생각하면서 쳇 베이커는 한층 더 심한 고통을 느꼈다. 캐럴은 편지를 보내 폴이 점점 더 성을 잘 내고 반항적으로 변하고 있음을 알렸다. 이제 열네 살이 된 그는 몇 달 동안 학교에 가지도 않는다고 덧붙였다. 무심한 아버지의 행동이 그만한 대가를 치르고 있는 셈이었다.

쳇 베이커는 자기에게 편지 한 통 쓰지 않는 아이들에 대해 불만을 늘어놓았다. 루스 영은 왜 먼저 그들에게 연락하지 않느냐고 다그치며 그것이 아버지의 존재를 알리는 최소한의 행동이라고 말했다. 1980년 말, 쳇 베이커는 드디어 폴에게 처음으로 편지를 썼다. 아들에게 보낼 서신은 자기가 곁에 없어서 얼마나 많은 상처를 주었는지 스스로도 정말 마음 아프다는 말로 시작됐다. 어머니인 캐럴 역시 마약에 빠져 아이들을 돌보지 못한 것이라고 했다. 일거리가 너무 적어 가족들에게 돈을 부치지 못한다는 말도 빼놓지 않았다. 그러나 이런 핑계는 너무나 미미하게 들릴 뿐이었고, 그 자신도 이를 부끄러워하는 듯했다. 바로 이 편지를 통해, 극히 드물게 드러낸 그의 속내를 엿볼 수 있었다. 쳇 베이커는 아이들을 모두 앉혀 놓고 그가 왜 가족을 떠나야 했는지 설명하고 싶지만 실제로 그럴 만한 배짱도 없는 아버지라고 고백했다. 심지어 아이들과 진솔한 대화를 나눌 수 있을지 자신 없다는 말도 남겼다.

모든 잘못을 인정하는 아버지로서 쳇 베이커의 마음은 매우 아팠고, 결국 이 편지마저 부치지 못했다. 그래도 그는 세 아이 중 맏이인 딘에게는 편지를 보냈다. 이제 장성한 남자가 되어 가던 열일곱 살의 아들에게 어딘지 어색하지만 아버지다운 조언을 곁들이기도 했다. 일단 딘의 생일을 잊어 미안하다는 말을 쓴 뒤, 학교 생활을 일러 주는 카운슬러 같은 말투로 공군에 입대하거나 컴퓨터를 배워 한 사람의 어엿한 시민으로 살아갈 길을 개척하라고 얘기했다. 또한 쳇 베이커는 자기가 직접 도와주지는 못할 것이며, 머지않아 죽을 수 있다는 말도 덧붙였다. 캐럴은 그다음에 보내온 편지에서, 딘이 쳇 베이커의 편지를 읽기는 했지만 아무 말도 없었다며 퉁명스럽게 알려 왔다.

1980년, 쳇 베이커는 자기가 좋아하는 로마 외곽에 루스 영과 함께 살 집을 하나 장만하겠노라고 공언했다. 이 꿈은 실현되지 못했지만, 적어도 이탈리아 사람들의 더없는 숭배를 받으며 편안한 일상을 누릴 수는 있었다. 1980년 3월 19일, 그는 재즈인들의 모임인 시르콜로 델 재즈의 초청으로 다시 루카에 발을 디뎠다. 댄스 클럽인 카시노 로사Casino Rossa에서 쳇 베이커와 루스 영을 환영하는 공연이 열렸다. 가득 찬 관객들 틈에서 그는 감옥에 있었던 시절을 떠올리게 하는 얼굴들을 마주하게 됐다. 그들은 쳇 베이커를 돌아보며 흠모의 시선을 보냈다. 수감 생활을 할 때부터 이미 토스카나에는 쳇 베이커를 신성시하는 분위기가 형성돼 있었다. 루카 퀸텟에서 드럼을 연주하던 잠피에로 주스티가 쳇 베이커를 대대적으로 환영했다. 그는 1969년부터 종이와 판지를 제작하는 공장을 운영하며 그 지역에서 최고의 갑부가 돼 있었다. 쳇 베이커와 루스 영은 이 고장에 들를 때마다 피렌체에 있는 잠피에로 주스티의 호화로운 저택에 머물렀다. 이 집의 지하실에는 완벽한 음악 시스템이 갖춰져 있었고, 집주인이 드럼을 연주하는 가운데 쳇 베이커를 비롯한 여러 유명한 연주자들이 초대돼 잼 세션을 벌이기도 했다.

4월 7일, 이탈리아의 사회민주당이 피렌체의 아르카디아Arcadia 재즈 클럽에서 쳇 베이커에게 감사패를 증정하는 행사가 열렸다. 신문기자와 텔레비전 관계자들이 자리 잡은 가운데, 이 지역을 대표하는 정치인과 음악인들, 그리고 심지어 루카 교도소의 전직 간수까지 모여들었다. 쳇 베이커는 다음과 같은 문구가 새겨진 감사패를 받았다. "재즈를 위해 몸과 영혼을 바친 30년의 세월. 가장 위대한 백인 트럼페터 쳇 베이커에게 바친다. 피렌체의 벗들로부터." 또한 쳇 베이커는 두 개의 반짝이는 수상 컵을 받았는데, 그중 하나는 "마약과 맞서 싸운 노고를 치하하는" 의미에서 주어진 것이었다. 체코 마이노는 챔피언에 오른 권투 선수처럼 두 컵을 높이 치켜든 쳇 베이커의 모습을 카메라에 담았다.

그즈음 RAI-TV와 가진 인터뷰에서 쳇 베이커는 모든 것을 용

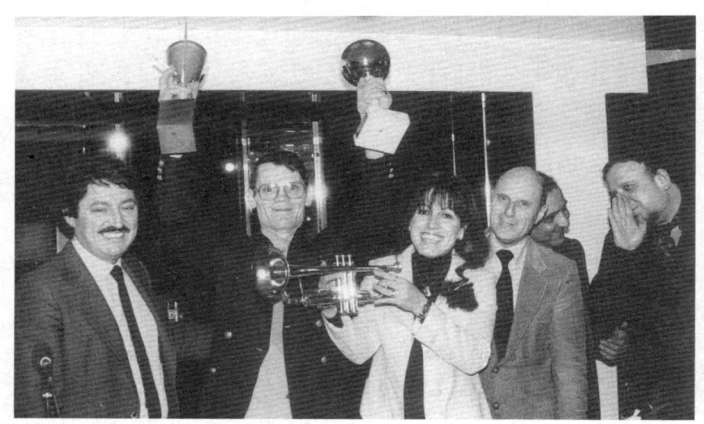

이탈리아인들이 안겨 준 수상컵을 높이 치켜든 쳇 베이커.
흰 재킷을 입은 여인이 에이전트로 일하던 리타 아마두치.

서받았다. 취재 관계자가 카메라를 들고 앵글로 아메리카노 호텔에 도착했을 때, 쳇 베이커는 이탈리아를 다시 놀라게 할 만한 기회가 왔다고 생각했다. 루스 영은 아직 침대에 누워 있었지만 그는 문 두드리는 소리가 들릴 때까지 인터뷰가 있을 것이라는 사실을 일부러 말해 주지 않았다. 깜짝 놀란 루스 영이 서둘러 옷가지를 챙기려 하자 쳇 베이커는 태연한 말투로 이렇게 말했다. "아, 괜찮아. 그냥 침대에 누워 있어. 내 셔츠나 걸쳐 입고 몸이나 가리고 있으라고. 뭐 그리 큰일이 났다고 호들갑인가?"

천사라 불렸던 사내가 침대 끝에 앉아 아무 일 없다는 듯이 이야기를 늘어놓고, 옆에는 시트로 몸을 가린 그의 연인이 누워 잡지를 뒤적이고 있는 모습이 텔레비전을 통해 방영됐다. 이탈리아의 시청자들은 두 눈을 의심했다. 쳇 베이커는 자기가 꺼내기 좋아하던 이야기들을 다시 한번 하나하나 늘어놓았다. 처방전을 위조한 일과 여러 번 체포된 일, 치아를 잃게 된 사건과 주유소에서 2년 동안이나 꼼짝없이 일해야 했다던 꾸며 낸 이야기까지 말이다. 훗날 루스 영은 말했다. "그는 그날 아주 재미난 시간을 보냈어요." 유일하게 진술한 부분은 그에게 왜 마약과 음악이 동의어처럼 인식됐느냐는 질문에 대한 이야기뿐이었다. 쳇 베이커는 이렇게 설명했다. "압박감이 매우 컸기 때문이오. 연주하려 할 때 느끼는 압박감, 내 음악을 들으러 오는 사람들로부터 비롯된 압박감, 그리고 1954년과 1955년에 세상에서 제일 뛰어난 트럼페터라 불렸던 데 대한 압박감 말이오. 내 공연을 찾아오던 이들 중 30 내지 40퍼센트 정도는 연주자들이었소. 그러니 그보다 더 심한 압박감이 어디 있겠소."

　인터뷰를 시작하기 전, 쳇 베이커는 이미 헤로인을 복용해 긴장을 풀어 둔 상태였다. 그즈음 마약을 구해 주는 새로운 이탈리아 딜러가 곁에 있었다. 쳇 베이커는 코로 흡입하지 않고 직접 팔에 주사하는 방법을 썼다. 사실 그가 1960년에 체포된 이래 이탈리아에서도 마약은 훨씬 흔하게 접할 수 있는 물건이 돼 있었다. 뮤직 인에서 연주할 때마다 그에게 마약을 부추기는 이들이 모여들었다. 니콜라 스틸로는 말했다. "세상 어디서나, 쳇 베이커가 헤로인을 찾지 않으면 헤로인이 그를 찾아내곤 했습니다. 이제는 누구든 그가 마약을 한다는 사실을 알고 있었으니까요."

　가장 끈질기게 쳇 베이커의 구미를 당긴 딜러는 주세페라는 인물이었다. 이 젊은 이탈리아인은 그가 원할 때마다 마약을 살 수 있게 해 주었다. 1979년 말, 주세페는 루스 영과 쳇 베이커를 자기 아내와 함께 살고 있던 작은 아파트로 초대했다. 이 부부의 어린 아기가 방바닥에 누워 큰 소리로 울어 대고 있었다. 쳇 베이커는 한 해 동안 대부분 주사기를 사용하지 않고 있었다. 그러나 주세페는 이미 하나를 준비해 두고 있었으며, 그 주사기를 건네받은 쳇 베이커는 여인에게 보내던 것보다 더욱 로맨틱한 눈빛을 띠었다. 주삿바늘을 얼굴 가까이 들이대고 이리저리 둘러보는 쳇 베이커. 루스 영은 기겁했다. 그리고 두 팔로 그를 감싸 안은 채 이렇게 애원했다. "쳇, 하지 않을 거죠? 제발 하지 말아요!" 쳇 베이커는 루스 영을 무시했다. 루스 영이 주사기를 빼앗으려 달려들자 마치 미친개처럼 두 눈을 부릅뜨더니 그녀를 방바닥에 내동댕이쳐 버렸다. 루스 영이 아기와 나란히 앉아 흐느끼기 시작하자 첼 베이커는 태연한 말투로 이렇게 말했다. "어때? 한참 동안 하지 않았잖아." 잠시 후, 첼 베이커는 헤로인의 나락 속으로 깊이 빠져들었다.

그날 이후로 주세페는 거의 매일같이 앵글로 아메리카노 호텔에 드나들었다. 루스 영은 마음이 아팠다. 그리고 이렇게 말했다. "그와 결혼이라도 할 것 같네요. 당신은 캐럴을 사랑하지 않아요. 나도 사랑하지 않고 아무도 사랑하지 않죠. 당신이 사랑하는 건 주세페 같아요!" 루스 영은 첼 베이커의 마약 복용 때문에 번민을 계속했다. 그러나 그는 별다른 반응이 없었다. 루스 영은 말했다. "그는 이렇게 생각했어요. 좋아, 내가 이걸 아직 해도 괜찮고 효과를 볼 수 있다면 뭐가 그리 대수란 말인가, 하고 말이에요. 결국 난 그의 이런 태도에 적응할 수밖에 없었습니다. 왜냐하면 이 사람이 뭔가 특별한 걸 만들어 낼 수 있고, 이걸 성취하기 위해 그 쓰레기 같은 게 꼭 필요하다면 그냥 내버려두는 것밖에는 방법이 없다는 걸 깨달았으니까요."

뮤직 인의 주인인 페피토 피냐텔리의 자기 학대는 첼 베이커와 양상이 달랐다. 말년에 이르러 술독에 빠져 살았던 그는 한때 대단한 미남의 공작에서 거의 뼈만 남은 앙상한 외모로 변해 있었다. 그의 신체적 쇠락은 분명 첼 베이커를 떠올리게 했지만 정체까지 비슷하지는 않았다. 페피토 피냐텔리는 아내인 피치의 곁에 누워 잠을 자다가 심장마비로 세상을 떠났다. 삶의 의미를 잃어버린 그녀는 망연자실했고 결국 다시 회복하지 못했다. 그녀는 혼자서 뮤직 인을 꾸려 가려고 애썼지만 남편의 공백이 너무나 컸다. 그의 호탕한 웃음소리와 만화 같은 이탈리아인 특유의 사내다움이 뮤직 인의 근간이었던 셈이다.

자기 파괴 행위로 삶을 마감한 또 한 명의 친구를 지켜보면서도, 쳇 베이커는 더없이 위험한 도시가 될 수 있는 파리로 거처를 옮겼다. 1955년에 딕 트워드직을 죽게 할 만큼 치명적이고 강한 헤로인으로 잘 알려진 도시가 아니던가. 이제 쳇 베이커는 파리에 머물면서 유럽 그 어느 곳에서도 구할 수 없는 양질의 마약을 보다 쉽게 손에 넣을 수 있었다. 라이트뱅크에 위치한 재즈 클럽 르 드레어Le Dreher에서 연주를 벌이며, 그는 자신을 따르던 광적인 팬인 드니의 집에 루스 영과 함께 기거했다. 그는 젊고 돈이 많았으며, 생제르맹데프레 지역에 세련된 아파트를 가지고 있었다. 미슐린 펠저와 또 다른 쳇 베이커의 팬인 미국 출신의 배우 조 댈러샌드로Joe Dallesandro도 드니와 알고 지내던 사이였다. 앤디 워홀이 만든 몇 편의 영화에서 코믹하게 그려진 맥 빠진 소년으로 등장했던 조 댈러샌드로의 경력은 이미 예전에 마무리됐고, 돈 한 푼 없이 마약에 빠진 이 잘생긴 배우는 친구와 낯선 이들의 도움으로 근근이 버텨 가고 있었다. 미슐린은 가지고 있던 귀금속을 전당포에 맡겨 그에게 돈을 "빌려" 주었지만, 그 이후로 다시 만난 적도, 돈을 돌려받은 적도 없었다.

르 드레어에서 연주한 2주 동안, 쳇 베이커는 언제나 초췌한 모습으로 늦게 나타났다. 그러던 어느 날, 몸 상태도 별로 안 좋은 상황이었는데 프랑스의 영화 제작자인 레옹 테르자니앙Léon

Terjanian이 공연 모습을 담아「쳇 베이커와의 저녁An Evening with Chet Baker」이란 영화로 만들겠다며 클럽을 찾았다. 적어도 쳇 베이커와 함께한 밴드의 멤버들은 최고 수준의 연주자들이었다. 마우리치오 잠마르코와 리카르도 델 프라, 그리고 미국에서 온 드러머 도니 도나블Donny Donable과 일리노이 스프링필드 출신의 피아니스트 데니스 럭시온Dennis Luxion. 벨기에 리에주로 이주하여 정착한 이 피아니스트는 국경을 건너 파리에 와 있었다. 깡마르고 예술가다운 외모를 지녔던 그는 긴 갈색 머리에 안경을 쓰고 있었으며 손가락이 길고 우아했다. 클래식 음악에 영향을 받은 데니스 럭시온의 타건은 쳇 베이커에게 딕 트워직을 떠올리게 했다. 그러나 이렇듯 화려한 멤버로 구성된 밴드는 의자에 앉아 고개를 숙인 채 특별한 힘과 영감을 불러일으키지 못하던 쳇 베이커의 연주를 만회하기에 급급했다. 데니스 럭시온은 이렇게 말했다. "쳇 베이커는 무대에서 연주할 때를 빼놓고는 아예 악기를 들지도 않았어요. 그렇게 몇 주 동안 연주를 하지 않다가 무대에 서면 정말 형편없는 음악을 들려줄 뿐이었죠." 솔로를 마칠 때마다 쳇 베이커는 기진맥진하기 일쑤였고, 트럼펫이 무거운 짐이라도 되는 양 무릎 위에 올려놓고 휴식을 취해야 했다.

이 영화는 중간 부분에 이르러서야 비로소 활기를 띠기 시작했다. 쳇 베이커가 무대 밑에서 릴리안 퀴키에와 인터뷰를 가진 대목에서였다. 프랑스에서 꽤 유명한 배우로 자리 잡고 있던 그녀는 베이시스트 질베르 "비비" 로베르의 아내이기도 했다. 처음 관계를 맺은 지 25년 만에 다시 조우한 쳇 베이커와 릴리안 퀴키에는 버드랜드에서 그랬던 것처럼 아직도 욕정 어린 추파를 주고받았다. 두 사람은 클럽과 다른 연주자들에 대해 이야기를 나누었다. 그러던 중, 그녀가 무심코 던진 말에 분위기가 잠시 바뀌게 됐다. 쳇 베이커의 셔츠에 꽂혀 있던 무언가가 릴리안 퀴키에의 눈에 띄었기 때문이었다. 그녀가 물었다. "당신 셔츠 주머니에 있는 건 뭐죠?" 쳇 베이커는 능글맞게 웃었다. 그러고는 이렇게 대답했다. "흠, 이건 주사기인데, 에, 그러니까…… 트럼펫에 기름칠을 할 때 쓰는 거요. 요즘 들어서는 다른 데 쓰지 않고 이렇게 악기를 손질할 때만 사용한다오." 쳇 베이커와 릴리안 퀴키에는 아무것도 모르는 아이들처럼 낄낄대며 웃었다. 그는 주삿바늘을 제거하고 악기에 기름칠하는 동작을 직접 보여 주었다. 영화 속에서 가장 인상적인 부분은 쳇 베이커가 트럼펫을 무릎에 세운 채 그 위에 기대 휴식을 취하는 장면이었다. 마치 악기와 그의 무릎이 서로 뒤바뀌어도 괜찮을 듯, 자기 몸의 일부처럼 보였다.

르 드레어에서 촬영된 이 영화는 쳇 베이커의 연주에서 잘 맞지 않는 부분이 늘어 가고 있다는 사실을 명확히 드러냈다. 돈이 필요해서 공연을 여는 경우가 너무 많아졌다는 얘기다. 그의 곁에 있던 음악인들은 쳇 베이커가 연주하는 공간의 분위기가 마음에 들지 않았다. 뮌헨의 재즈 클럽 도미칠Domicil에서 연주하던 어느 날, 마우리치오 잠마르코는 결국 냉정을 잃고 말았다. 그는 이렇게 말했다. "우리는 보통 무대에 세 번 오르곤 했습니다. 그에 비하면 받는 돈은 형편없었죠. 그리고 술 취한 독일인들이 여기저기서 소리를 지르고 난리도 아니었어요. 그러다가 나는 쳇 베이커와 언쟁을 벌이게 됐습니다. 내가 이렇게 얘기했죠. '어떻게 이런 데서 연주할 수 있어요? 당신은 대가예요! 대단한 음악인이라고요!' 그랬더니 그는 이렇게 대답하더군요. '연주는 연주일 뿐이야. 그냥 하자.' 하고 말이죠."

1980년을 전후해 그저 그런 쳇 베이커의 레코드들이 시장에 넘쳐 나기 시작했다. 유럽의 작은 레이블들이 적은 제작비로 만든 앨범들이었고, 같은 곡이라 해도 다른 데서 훨씬 좋은 연주를 이미 여러 번 녹음한 경우가 대부분이었다. 공연 중에 찍은 사진으로 만든, 아마추어 분위기가 물씬 풍기는 조악한 앨범 재킷이 많았으며, 그 안에 담긴 음악이 어떠할지 겉만 봐도 알 수 있었다. 주말마다 클럽에서 연주를 벌인 쳇 베이커는 공연을 세 개의 세트로 나누어 진행했고, 하룻밤의 음악만 녹음해도 앨범을 제작하기 쉬울 만큼 많은 곡을 남겼다. 심지어 쾰른의 서브웨이Subway 클럽에서 벌인 어느 날의 연주는 석 장의 앨범으로 출시되기까지 했고, 코펜하겐의 몽마르트르Montmartre 클럽과 르 드레어에서도 같은 일이 일어났다. 그리고 이 앨범들에 담긴 곡들은 거의 비슷한 양상을 띠고 있었다. 쳇 베이커는 딱히 정해진 곡도 없이 연주력이 허락할 때까지 길게 솔로를 펼쳤고, 잠시 스캣을 선보이다가 다른 연주자들에게 넘겨주면 이를 떠안은 이들이 무턱대고 솔로를 펼치는 식이었다.

르 드레어에서 펼친 연주를 담은 앨범은 파리에 살고 있던 미국 출신의 드러머 알 레빗Al Levitt을 화나게 했다. 연주가 있던 어느 날 밤, 그는 녹음을 위한 마이크와 장비들이 무대에 설치돼 있는 것을 보게 되었다. 그러나 쳇 베이커는 서클Circle이라는 작은 레이블을 운영하던 루돌프 크라이스Rudolf Kreis가 앞으로 앨범 제작이 가능한지 "테스트"하기 위해 갖다 놓은 것이라며 알 레빗을 안심시켰다. 몇 달 뒤, 그는 레코드 가게에서 《Night Bird》라는 타이틀이 붙은 앨범을 발견했다. 그런데 녹음도 엉망이고 지루하기 짝이 없는 음악을 담은 이 앨범이 함께한 자신에게 돈 한 푼 지불하지 않은 채 출시돼 있는 것이 아닌가. 알 레빗은 분개한 심정으로 쳇 베이커와 루돌프 크라이스에게 각각 편지를 보냈다. 그랬더니 그 제작자는 쳇 베이커가 1980년 6월 26일에 서명한 계약서의 사본을 보내왔다. 바로 르 드레어에서 녹음이 이루어진 그날이었다. 그리고 제작자의 회신 내용에는 쳇 베이커가 다른 연주자에게 줄 돈을 알아서 해결하겠다고 약속했다는 내용이 포함돼 있었다.

유럽에서 미국으로 수입돼 들어온 대부분의 앨범들은 쳇 베이커가 하향곡선을 긋고 있다는 사실을 다시 한번 확인시켰다. 《Just Friends》란 앨범에는 앞뒷면에 한 곡씩, 〈Doodlin'〉과 타이틀곡만으로 LP 한 장을 가득 메우고 있었다. 『다운 비트』의 피트 웰딩은 이 앨범들에 대해 다음과 같이 썼다. "연주를 질질 끄는 쳇 베이커의 노력은 대단했다. 번갈아 가며 뛰어난 연주력을 가장한 채 한바탕 소란을 피움으로써 사람들을 기만하고, 아무 목적 없이 길게 늘어뜨리기만 하는 연주로 전체를 망쳐 버리고 있었다."

1980년 봄, 유럽의 연주 스케줄이 잠시 뜸한 틈을 타서 쳇 베이커는 루스 영을 데리고 다시 뉴욕으로 왔다. 1년 넘게 이어진 부재 끝에 돌아온 것이었지만 리사 걸트 본드를 제외하고 거의 모든 이들은 특별히 주의를 기울이지 않았다. 이스트빌리지에 살고 있던 이 젊은 보헤미안은 자신이 쓴 시를 재즈와 엮어 공연을 마련했고 재즈 연주자들을 인터뷰하는 작업에 시간을 보내고 있었다. 몇몇 클럽에서는 관객 앞에서 사회를 보거나 웨이트리스로 일한 적도 있었다. 쳇 베이커가 뉴욕으로 돌아왔을 즈음 리사 걸트 본드는 이스트 23번가에 새로 생긴 재즈 클럽 재즈마니아 Jazzmania에서 관객 맞는 일을 하고 있었으며 직접 연주자를 섭외해 공연을 기획하기도 했다.

위대한 쳇 베이커가 연주 계획도 없이 뉴욕으로 돌아왔다는 소식을 들은 리사 걸트 본드는 클럽 주인을 설득해 이틀 동안 그의 무대를 꾸미기로 결정했다. 비록 긴 일정은 아니었지만 그녀는 이 기획이 위험을 감수하는 일임을 알고 있었다. 쳇 베이커는 공연이 시작되기 전 연주료의 절반을 선급금으로 요구하며, 준비가 안 된 상태에서 그나마 예정된 시간보다 늦게 도착하기 일쑤라는 등의 여러 얘기가 나돌고 있었다. 그러나 그녀는 "악보를 사야 한다"는 이유로 전체 연주료 800달러 중 절반을 먼저 지급해 줘야 한다던 쳇 베이커의 요청을 일단 받아들였다. 최소한 남은 돈을 받기 위해서라도 클럽에 모습을 드러낼 것이란 생각이었다.

꽃샘추위가 기승을 부리던 이른 봄날, 선급금을 받기 위해 리사 걸트 본드의 집을 찾은 쳇 베이커가 초인종을 눌렀다. 그가 신은 샌들에서 달가닥거리는 소리가 들렸다. 발가락 사이에 마약을 주사하면서 그 어느 때보다 잔뜩 부풀어 오른발 때문이었다. 그러나 그녀가 말한 것처럼 시선을 붙들어 맨 것은 "한때 모든 이들의 주목을 받을 만큼 뛰어났지만 어느새 뼈 위에 거칠고 앙상한 가죽만 남은 쳇 베이커의 주름진 얼굴"이었다. 그래도 그의 목소리는 여전히 "부드럽고 매혹적이었다." 리사 걸트 본드는 말했다. "그가 자기 목소리를 어떻게 사용해 왔는지 상기시키더군요. 그건 분명 여자를 꼬이기 위한 수단이었어요. 악마의 매력을 지녔다고나 할까요. 이런 생각이 들더군요. 이 남자는 지금 눈앞에 실제로 있는 사람이다. 그러나 살면서 여간해서는 쉽게 만날 수 없는 존재다."

일단 돈을 건넨 뒤, 리사 걸트 본드는 쳇 베이커에게 인터뷰를 할 수 있는지 물었다. 소파에 앉아 가지고 간 칠면조 샌드위치를 조금씩 베어 먹으며 쳇 베이커는 그녀와 대화를 나누었다. 이후 몇 차례에 걸쳐 이루어진 진술한 인터뷰의 첫 번째 꼭지였다. 그녀는 이렇게 회상했다. "그는 더 이상 진지한 음악인으로 존경받지 못한다는 사실에 대해 큰 좌절감을 느끼고 있었어요." 비탄에 젖은 쳇 베이커는, 많은 이들이 자기가 죽고 난 다음에 큰돈을 벌게 될지도 모른다고 얘기했다. 그는 많은 분노를 품고 있었지만, 리사 걸트 본드는 무엇보다 그가 두려움 속에서 하루하루 살아가고 있음을 깨달았다. 근거 없이 "자유로운 영혼"이라 일컬어지던 그에게 선택의 여지는 없어 보였고, 단지 도망치듯 삶을 꾸려 갈 뿐이었다. 국세청에서 마음먹고 그의 세금 관계를 추적하면 언제라도 체포될 수 있었기에 쳇 베이커는 여러 개의 주소를 섞어 쓰고 있다고 했다. 루스 영의 주소, 캐럴의 주소, 자크 펠저의 주소,

그리고 여러 재즈 클럽과 호텔의 주소까지. 그럼에도 그는 우편으로 보내오는 로열티 관련 수표를 정부가 추적해 낼 수 있지 않을까 걱정했다. 아마도 그 때문에 루스 영이 변호사를 고용해 그의 재정 문제를 해결하려던 걸 극구 반대했는지도 모른다. 쳇 베이커는 이런 불평을 늘어놓았다. "아무렴 나라고 500달러나 되는 돈을 별이유 없이 함부로 써 버리겠나?" 어쨌든 그는 일과 관련된 보수를 받을 때 계속해서 수표가 아닌 현금을 요구했다. 그리고 레코드 회사들이 자기에게 줄 돈을 떼먹었다고 툴툴거렸다.

쳇 베이커가 가장 경멸한 이는 다름 아닌 리처드 카펜터였다. 이미 그와 같이 일하지 않은 지 여러 해가 흘렀지만, 자기가 이제 와서 무슨 문제라도 제기하려 하면 분명 리처드 카펜터가 크나큰 복수를 감행할 것이라고 확신하고 있었다. 리사 걸트 본드는 이런 표현을 들어 쳇 베이커가 그 전직 매니저에 대해 어떻게 생각하는지 단적으로 얘기했다. "쳇 베이커는 생명의 위험을 느낄 정도였어요." 특히 리처드 카펜터가 루스 영의 집에서 모퉁이만 돌면 지나칠 수 있는 웨스트 70번가로 이주해 왔다는 소식을 들었을 때 쳇 베이커의 두려움은 극에 달했다.

리사 걸트 본드의 아파트를 나서면서, 쳇 베이커는 대문 옆에 걸린 거울을 응시했다. 그녀는 말했다. "그는 약 기운에 빠져 있었기 때문에 자신의 진짜 모습이 어떠한지 명확히 인식하지 못하는 것 같았어요. 내게는 그 사실이 적잖은 충격으로 다가오더군요. 거울에 비친 자기 자신이 아직도 아름답다고 생각했다니 말입니다. 하지만 내 눈에 비친 건 마치 송장 같은 사람이었죠."

쳇 베이커가 연주를 벌이는 이틀 동안 재즈마니아는 사람들로 꽉 들어찼다. 그중에는 조 댈러샌드로나 유머 작가로 유명했던 프랜 리보위츠Fran Lebowitz처럼 뉴욕에서 꽤 명성을 날린 이들도 포함돼 있었다. 심지어 미국에서도 쳇 베이커는 나름대로 언더그라운드에서 통할 만한 매력은 유지하고 있었다. 리사 걸트 본드는 말했다. "그는 오랜 마약중독에서 버텨 낸 엘리트 그룹에 포함돼 있었어요. 그래도 그가 무대에 오르면 아직은 뭔가 신비로운 기운을 전해 줄 힘은 가지고 있었죠." 공연이 시작된 뒤, 리사 걸트 본드는 문을 열고 들어서는 한 여인과 마주하게 됐다. 높은 뾰족구두를 신은 채 5층에 위치한 재즈마니아까지 걸어 올라온 그녀는 정성껏 차려입고 있었지만 1960년대 스타일의 옷과 두꺼운 화장 때문에 첨단의 분위기를 보여 주고 있던 클럽 안의 관객들과 어딘지 잘 어울려 보이지 않았다.

그 여인은 큰 소리로 대뜸 이렇게 얘기했다. "난 쳇 베이커 부인이에요!" 아마도 클럽 안에 루스 영이 있을 거라 생각한 끝에 던진 말이었으리라. 리사 걸트 본드는 루스 영의 테이블에서 가능하면 먼 곳에 이 여인을 앉혔다. 그녀는 말했다. "캐럴은 바에 앉아 무대를 바라보고 있었습니다. 그런데 쳇 베이커가 다음에 연주할 곡은 〈Just Friends〉*였죠. 캐럴과 쳇 베이커를 번갈아 바라보며 나는 왠지 그 순간이 아이러니하다고 생각했어요. 캐럴의

• 음악인들이 즐겨 연주하는 스탠더드 곡 〈Just Friends〉는 끝나 버린 사랑을 그린 회한의 노래다. 내용을 살펴보면 다음과 같다. "우리는 웃었고 사랑을 나누었고 함께 눈물도 흘렸지. 그런데 갑자기 사랑은 사라져 버렸고 모든 얘기는 끝이 나 버렸네. 이제 우리는 그저 친구 사이일 뿐."

무서운 눈빛은 마치 벽을 뚫어 버릴 정도로 강렬하더군요."

캐럴은 플러싱을 떠나 역시 퀸스에 위치한 아스토리아의 좀 더 나은 아파트로 이사해 있었다. 하지만 가족은 여전히 많은 문제에 시달리고 있었다. 미시Missy라는 애칭으로 불리던 멜리사가 루스 영에게 보낸 편지에는, 큰오빠 딘이 자기 방에 문을 걸어 잠그고 들어가 밥 먹을 때나 화장실에 갈 때를 제외하곤 얼굴조차 비추지 않는다는 얘기가 쓰여 있었다. 당시 열세 살이던 멜리사는 원래 7학년에 진학해 있어야 했지만 한 학년 낮은 반에 들어 있었다. 더구나 몸집도 아주 작아서 같은 학년 친구들보다도 어려 보였다. 소녀다운 감성을 지니고 있던 그녀가 집안 생활에 대해 들려준 얘기—멜리사는 학교 공책에 이 내용을 써서 "루피"에게 보여 주곤 했다—는 섬뜩하기 그지없었다.

멜리사가 전한 바에 따르면, 캐럴은 자기 아이들이 아버지와 그 "지긋지긋한 년"—루스 영—에게 적개심을 갖도록 온갖 얘기들을 늘어놓았다. 그리고 그들이 받아야 할 돈을 옆에서 모조리 빼가고 있는 것이 바로 루스 영이라고 했다. 멜리사가 어머니로부터 심한 잔소리를 듣고 난 뒤 눈물을 흘리며 전화를 걸어 왔을 때, 루스 영은 어떤 얘기들이 오갔는지 알아차렸다. 멜리사가 말하기를, 캐럴은 루스 영이 "창녀"에다가 "개"나 다름없어서, 다른 연주자들 앞에서 툭하면 옷을 벗었으며 쳇 베이커가 벌어들이는 돈을 한 푼도 남김없이 모두 가져간다는 것이었다. 그 돈이면 멜리사가 그토록 원하던 새 옷을 사고도 남을 거란 말도 했단다. 분노의 표출은 거기에 그치지 않았다. 아이들의 아버지인 쳇 베이커는 가족에 대해 눈곱만큼도 신경을 쓰지 않는데, 만약 그러려고 해도 옆에 있는 루스 영이 그를 홀리기 일쑤여서 이 남자는 자기가 무슨 일을 하는지도 모른다는 얘기였다.

간혹 쳇 베이커가 가족들을 찾기도 했었다는 사실과 그러겠다고 약속한 말 때문인지, 캐럴은 언젠가 결국 그가 집에 돌아올 것이라는 환상을 품고 있었다. 하지만 루스 영은 그런 캐럴의 마음을 이해하기 힘들었다. "도대체 무슨 놈의 현실이 그러냐는 얘기예요. 그냥 가만히 앉아서 자기 생을 다 망쳐 버린 같잖은 남자를 기다린다고요? 자기를 무시하고, 뻔뻔스러운 학대에다가 아내의 존재 자체를 부정하는 남자 아닌가요? 그런데도 함께 지내고 싶어 하지 않는 남자를 기다리는 게 결혼이란 거예요? 세상에, 만약 같이 지내게 된다 해도 언제든 자기를 두들겨 팰 수 있는 남자인데도 말입니다."

그러나 캐럴의 얘기들은 분명 멜리사에게 큰 혼란을 주었다. 그녀가 아버지와 루스 영에게 보낸 편지에는 그저 도망치고 싶은 생각밖에 없다고 쓰여 있었다. 그리고 봉투 뒷면에는 나뭇가지와 하트 모양이 그려진 가운데 "쳇"과 "루피"란 이름을 적어 두었다.

딸의 절망이 쳇 베이커의 마음을 흔들었다. 그래서 그는 루스 영과 함께 잠시나마 사태를 진정시킬 수 있는 방법을 찾아냈다. 1980년 봄, 그는 멜리사에게 편지를 보내 함께 이탈리아에 가서 7월을 보내며 그녀의 열네 번째 생일을 맞이하자고 했다. 아버지의 초대는 딸의 마음을 감동시켰다. 하지만 캐럴은 "자기 가족 일에 끼어든 나쁜 년"이 남편과 딸을 데리고 휴가를 보내려 한다며 분개했다. 멜리사가 알려온 바에 따르면, 여름을 기다릴 때까지 모든 것은 악몽과도 같았다. 캐럴은 쳇 베이커가 약속을 지킬 리 없다며 딸의 부푼 가슴을 비웃었다. 그러나 6월 들어 비행기 표가 준비됐다며 아버지가 보내온 편지를 받아 든 멜리사는 뛸 듯이 기뻐했다. 결국 캐럴은 마음을 누그러뜨릴 수밖에 없었다. 하지만 딸 앞에서 루스 영과 진한 사랑 표현을 하지 말라고 경고했다. 캐럴은, 멜리사가 부모의 그런 모습을 단 한 번도 본 적이 없다는 사실을 쳇 베이커에게 주지시켰다.

멜리사는 쳇 베이커와 루스 영, 그리고 스물네 살 된 브라질 출신의 건반 연주자이자 작곡가인 히크 판토자Rique Pantoja 와 함께 여행길에 올랐다. 연주자들은 차로 이탈리아 투어에 나서던 참이었다. 쳇 베이커는 그즈음 히크 판토자의 밴드인 노부스 템푸스 Novos Tempos 와 함께 앨범 녹음을 마친 상태였고, 이 브라질 작곡가가 만든 〈Arbor Way〉란 곡은 남은 생애 동안 그가 즐겨 연주한 곡이 됐다. 히크 판토자는 말했다. "쳇 베이커는 정말 따스한 영혼을 가진 사람이었습니다. 그가 이런 얘기를 들려준 적이 있었어요. '내가 볼 때 즉흥연주란, 이야기를 들려주는 것과 같다네. 마치 어린아이에게 옛날얘기를 들려주듯 솔로를 시작해야 하지. 처음부터 많은 얘기를 잔뜩 늘어놓게 되면 아이들은 이해할 수 없지 않겠나. 그러니까 단순한 프레이즈로 솔로를 시작해야 하는 걸세. 그러고는 그걸 발전시켜 나가는 게지.'"

같은 논리를 실제 아버지로서 행동에 옮긴다는 의미로, 쳇 베이커는 해변에 자리한 집을 한 채 빌려 휴가를 보내기로 했다. 멜리사는 매일같이 바다에 나가 수영을 했고, 아빠와 함께 지낸다는 사실에 더없이 기뻐했다. 쳇 베이커는 딸에게 치과 치료를 받게 해 주겠다는 약속을 했고, 담배를 피워도 좋다고 허락하기까지 했다. 멜리사가 친구인 론다에게 보낸 편지에는 그곳에서 영원히 살 수 있으면 좋겠다는 얘기가 적혀 있었다. 워낙 삶에 지친 탓이었겠지만, 이제 열네 살밖에 되지 않은 소녀의 소망치고는 너무 소박하기만 했다.

행복한 휴가는 거기까지였다. 처음으로 루스 영과 멜리사가 의견 충돌을 일으킨 일이 있었고, 이를 본 히크 판토자는 깜짝 놀랐다. 그는 루스 영이 그토록 화를 낼 수도 있다는 사실을 그제야 깨닫고는, 왜 굳이 그녀가 쳇 베이커와 함께 지내는지 이해하기 힘들었다. 그는 말했다. "아마도 루스 영은 그런 관계에서 자기가 어떤 역할을 해야 하는지 잘 모르는 것 같더라고요." 호텔에 머물던 어느 날 밤, 멜리사는 싱크대 밑에서 고무 밴드로 묶여 있는, 아버지가 마약할 때 쓰는 물건들을 발견했다. 루스 영이 지켜보는 가운데 멜리사는 쳇 베이커에게 그것들을 들이밀며 이렇게 물었다. "아빠, 이게 도대체 뭐예요?" 쳇 베이커는 불쑥 이렇게 대답했다. "네가 뭘 안다고 그래?" 그러고는 딸의 손에 들려 있던 물건들을 낚아챈 뒤 침실로 들어가 방문을 세차게 닫아 버렸다.

로마로 자리를 옮긴 그들은 며칠 동안 홀리데이 인에 투숙했다. 이 모텔을 떠날 즈음, 1,500달러의 숙박비 고지서를 받아 든 쳇 베이커는 주인에게 당장 따져야겠다고 나섰다. 그가 루스 영에게 말했다. "이건 우리가 내기에 너무 비싼 거 아냐?" 그녀는 방문을 박차고 나가는 쳇 베이커의 뒤를 따랐다. 그가 이렇게 덧붙였다. "생각해 봐. 기껏 이런 건물 하나 가지고 있다고 이 개자식이 나에게 이 많은 돈을 우려낼 수는 없는 거라고!"

그로부터 며칠 지나지 않아 쳇 베이커는 멜리사를 비행기에 태워 미국으로 보냈다. 이미 그는 모든 일에 대해 인내심을 잃고 있었다. 한 나라를 떠나 다른 투어에 나서기 불과 몇 시간 전에 이 소식을 알렸고, 그러면서도 함께 연주할 음악인들이 모두 준비되기를 기대했다. 만약 여건이 허락하지 않을 때는 "투어를 제대로 준비할 줄도" 모른다며 불같이 화를 냈다. 6주로 계획돼 있던 여정은 일거리가 들어오는 대로 계속 추가되면서 몇 달로 늘어나게 됐다. 에이전트로 일하던 가비 클라인슈미트는 이렇게 회상했다. "나는 그에게 이렇게 얘기하곤 했죠. '항상 일만 할 수는 없는 노릇이에요. 그리고 자꾸 그렇게 하면 몸값은 떨어지게 마련이죠.' 하지만 그는 이런 상황을 이해하지 못하더군요." 쳇 베이커는 그녀가 정갈하게 타이프 쳐 준 스케줄 종이를 종종 잃어버렸다. 그래서 밴드 멤버들에게 신문을 뒤져 그들이 연주할 장소와 시간을 확인하게 할 때도 있었다. 멤버들은 제때 연주료를 지불해 달라며 쳇 베이커에게 애원해야 했고, 반대로 그가 멤버에게 돈을 빌리는 일도 있었다. 결국 베이시스트 리카르도 델 프라는 더 이상 일을 못 하겠다고 버텼다. 파리에서 예정돼 있던 꽤 좋은 무대에 이미 불참한 그는, 쳇 베이커가 돈을 내놓지 않으면 계속해서 연주에 참여하지 않겠다고 으름장을 놨다. 피아니스트 데니스 럭시온은 그의 여자친구인 크리스티앤에게 보낸 엽서에서 큰 실망감

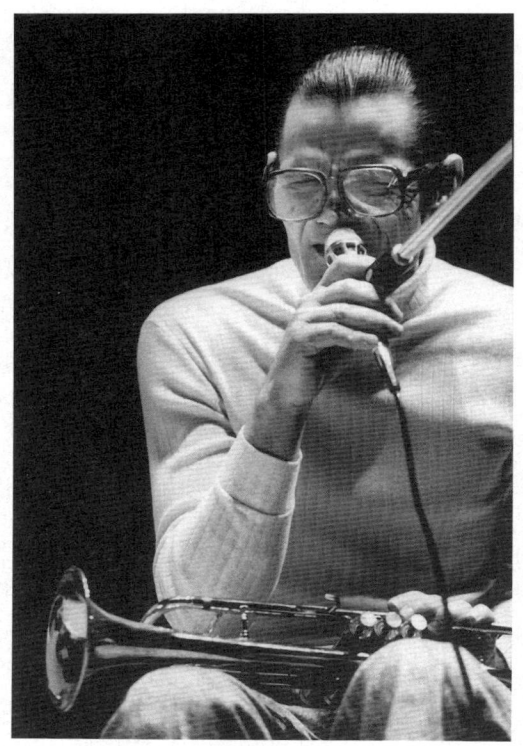

1980년 9월, 이탈리아에서 노래하는 쳇 베이커.
다시 마약중독이 심해지며 삶은 더욱 흐트러지고 말았다.

을 드러내며 이렇게 썼다. "쳇 베이커는 돈을 벌 때마다 팔에 주사할 마약을 사는 데 다 써 버리고 있어. 나는 이런 삶이 참 싫다. 언제나 돈은 모자라고, 우리가 연주하는 음악도 대부분 그저 그래. 솔로를 할 시간도 별로 없다니까." 쳇 베이커가 또 다른 투어에 나서면서 함께할 것을 권했지만 데니스 렉시온은 이를 거절했다. "왜냐하면 쳇 베이커는 돈을 잘 버는 것도 아닌 데다가, 모든 일이 너무 엉성하게 이루어지고 있거든." 쳇 베이커는 루스 영에게 이렇게 투덜댔다. "꿈같은 세상에 살고 있는 녀석이 또 하나 있군."

톰 베이커 역시 꿈같은 세상에 살고 있었다. 쳇 베이커의 명성에 기대, 그것이 자신에게 무엇을 가져다줄 수 있을지 공상했다. 그러나 그는 평전을 출간할 곳을 찾지 못했고, 그 어떤 다른 프로젝트도 실현시키기 힘들었다. 결국 쳇 베이커는 이 작업을 리사 걸트 본드에게 맡기기로 결정했다. 1981년 3월 4일, 그녀와 쳇 베이커는 공동 저자로 회고록을 집필한다는 계약서에 서명했다. 그녀의 문필 관련 일을 맡아보고 있던 에이전트 찰스 네이버스Charles Neighbors가 마련한 계약서에는 책이 출간되는 시점에 리사 걸트 본드가 15퍼센트의 인세와 여러 다른 권리를 행사할 수 있다는 내용이 포함돼 있었다. 그녀는 이미 정리돼 있던 초고를 가지고 작업에 들어갔다. 그러나 톰 베이커의 어설픈 솜씨 때문에 별다른 도움이 되지 못한다는 걸 깨닫고는 공백을 메우기 위해 다시 쳇 베이커와 인터뷰를 진행해야 했다. 자신의 삶이 그리 오래 남지 않았음을 느낀 쳇 베이커는 몇 가지 건의를 했다. 그는 리사 걸트 본드에게 이렇게 말했다. "이봐, 아가씨. 책에다가

이 얘기를 꼭 썼으면 해. 내가 처음 마약을 했을 때 얼마나 좋았는지, 그게 내 생애 동안 경험한 것들 중에서 얼마나 대단한 것이었는지 말일세." 쳇 베이커는 두 가지 뜻으로 해석될 수 있는 『홀드 더 미들 밸브 다운*Hold the Middle Valve Down*』을 책의 제목으로 택했다. 트롬본에 대한 스윙 시대의 히트곡 〈The Music Goes Round and Round〉*에 나오는 문구를 고쳐 쓴 것이었다.

책 작업이 현실로 이루어질 수 있다는 생각에 리사 걸트 본드는 흥분을 감추지 못했다. 게다가 레니 브루스에 대한 영화 「레니Lenny」와 재니스 조플린에 대한 영화 「로즈The Rose」를 히트시킨 제작자 마빈 워스Marvin Worth가 쳇 베이커의 이야기에 관심을 표한 일도 있었다. 하지만 여러 출판사에 원고를 보낸 찰스 네이버스는 거듭 거부의 뜻이 담긴 회신을 받았다. 쳇 베이커는 이미 한창때가 지난 사람이라 책으로 팔 수 있는 존재가 아니라는 이유에서였다. 퍼트넘 출판사의 편집자는 이런 내용의 서신을 보내왔다. "쳇 베이커란 인물의 명성이 제가 원하는 성공을 거둘 수 있을 만큼 대단한지 의문입니다." 그리고 맥밀런 출판사의 또 다른 관계자는 쳇 베이커의 삶이 "너무 실패한 사람의 내용으로 가득차 있어서 상업적으로 성공한 책을 만들기 힘들 것 같다"고 단언

• 이 곡은 트롬보니스트이자 빅 밴드 리더였던 토미 도시가 히트시킨 명곡이다. 가사는 밸브 트롬본을 연주하며 벌어지는 음악에 대한 내용을 담고 있으며 원곡에 등장하는 문구는 '가운데 밸브를 누르지요I push the middle valve down'다. 'Hold the Middle Valve Down'이란 표현은 물론 트럼펫에서 가운데 밸브를 누른 채 연주하라는 의미로 받아들일 수 있지만, 저자가 두 가지 뜻으로 해석될 수 있다고 한 것처럼, '성기를 꽉 움켜쥐다' 혹은 '성교하다' 등의 속어로 사용되기도 한다.

했다. 결국 이 책은 1997년 들어 쳇 베이커가 처음 썼던 초고 상태로 겨우 출간되었다. 캐럴이 직접 발행한 이 책은 서툰 편집과 무수히 많은 오탈자를 담고 있다. 쳇 베이커가 1950년대에 녹음한 스탠더드 곡 〈Like Someone in Love〉의 가사 중 한 대목인 『날개를 단 듯*As Though I Had Wings*』이 이 책의 제목이었다. 반응은 엇갈렸으며 주로 부정적인 리뷰가 뒤따랐다. 피터 파비아Peter Pavia는 뉴욕의 『데일리 뉴스』에 쓴 글을 통해 이것이 "한 줌에 잡히는 책"에 불과하며 "삶의 심사숙고나 자기 인식에 대해 아무런 단서도 제공하지 못했다"고 평했다.

쳇 베이커가 맨해튼 3번 애비뉴 밑에 자리한 재즈 클럽 팻 튜즈데이스Fat Tuesday's에서 처음으로 공연을 치르던 1981년 5월*, 한층 더 신랄한 평가가 뒤를 이었다. 이 클럽의 매니저는 다름 아닌 스탠 게츠의 아들 스티브 게츠Steve Getz였다. 그는 1986년까지 비교적 손님이 적게 들었던 주중에도 쳇 베이커를 무대에 세웠다. 그는 이렇게 말했다. "쳇 베이커의 공연으로 돈을 번 기억은 없습니다. 아주 미미한 수준이었죠." 당시 연주에 대해 돈 넬슨이 『데일리 뉴스』에 "실패한 쳇 베이커"라는 제목으로 쓴 리뷰를 살펴보자. "그는 다섯 곡을 연주하는 내내 마치 모든 것을 단념한 데서 비롯된 분노를 드러내듯 얼굴을 찡그리고 있었다. 그리고 가까스

• 쳇 베이커는 이미 4월부터 이곳에서 연주를 벌이고 있었다. 당시의 연주를 만나볼 수 있는 앨범이 프레시 사운드 레이블에서 제작된 《Live at Fat Tuesday's》다. 4월 28일에 녹음된 이 공연 실황의 두 곡에서는 알토 색소포니스트 버드 생크가 오랜만에 쳇 베이커와 함께했다. 저자는 당시 쳇 베이커의 연주가 형편없었다는 예로 이 클럽에서 벌인 연주를 거론하고 있지만, 적어도 이 앨범은 과소평가됐으며, 훗날 매우 좋은 연주를 들려준 앨범으로 평가받았다.

로 음정을 뽑아낸다는 인상이 강했다. 그가 선보인 곡들은 대부분 허공 속에 흩어져 버려 거의 혼수상태에 빠진 것처럼 무의미했다. 이 얼마나 큰 낭비인가."

쳇 베이커는 대부분의 청자들이 원하는 존재가 큰 음량으로 음악의 곡예를 보여 주는 트럼페터일 뿐이라고 불평했다. 그는 『인터내셔널 헤럴드 트리뷴*International Herald Tribune*』의 마이클 즈웨린 Michael Zwerin에게 다음과 같이 자신의 불만을 토해 냈다. "참으로 기분 나쁜 일이 아닐 수 없소. 내가 음악을 통해 시도하고 말하려는 많은 것들이 완벽하게 무시되고 있다는 게 말이오. 겉으로는 쉬워 보일지 몰라도 정말 만만치 않은 일이오. 난 관객의 95퍼센트 정도가 내가 표현한 독특한 것들을 인식하지 못했다고 확신합니다. 25년 전에 하던 음악보다 더 깊은 가치가 그 안에 들어 있다는 걸 모른단 말이오." 그는 덴마크의 기자 이브 스코우고르Ib Skovgaard와 인터뷰하면서 다시 이 문제를 끄집어냈다. "물론 나는 디지 길레스피처럼 무대 위를 뛰어다니며 춤을 추거나 관객들에게 농담을 던지지도 않소. 그러니까, 난 단지 내 방식대로 할 뿐이란 말이오. 내가 무대에서 더 다양한 표정을 짓는다면 관객들이 관심을 갖겠소? 글쎄, 어찌해야 할지 나도 모르겠소이다."* 한 개

---

* 이 문제에 대한 쳇 베이커의 항변은 충분히 설득력이 있다. 워낙 많은 사고를 친 탓이었지만, 1970년대 이후 그가 말년에 보여 준 연주는 미국 내에서 순수하게 음악적인 평가의 대상으로 인식되지 못한 경향이 컸다. 그러나 오늘날 그가 말년에 선보인 음악들을 다시 짚어 보면 놀랄 만큼 뛰어나고 현대적인 성과를 남겼다는 결론에 도달할 때가 의외로 많다. 따지고 보면 그가 큰 대중적 인기를 누린 것도 1950년대에 국한된 일이었는데, 그 때문에 남은 세월 동안 선보인 그의 음악이 그저 연예인의 농지거리처럼 인식되는 경향은 분명 잘못이 아닐 수 없다. 어쨌든

인으로 바라보면 쳇 베이커는 그다지 약삭빠른 사람이 못 됐고, 자신을 공격한다고 해서 다른 이들—심지어 더 영향력이 큰 대상이라 해도—을 대놓고 비난할 만큼 배포가 크지도 않았다. 하루는 밥 무버가 그에게 신의 존재를 믿느냐고 물은 적이 있었다. 쳇 베이커는 투덜거리며 이렇게 대꾸했다. "아, 물론. 그래, 신이 있으면 좋겠어. 당장 잡아다가 꿀꺽 삼켜 버리고 말 테니 말이야."

쳇 베이커는 새로이 고용한 에이전트 린다 골드스타인Linda Goldstein이 기획한 미국 투어를 벌이며 1981년 여름을 보냈다. 그리고 그해 9월, 예전에 관계를 유지했던 마약 딜러 도널드 프랭코스와 뉴욕에서 다시 조우했다. 1957년, 라이커스 교도소에서 함께 수감생활을 했던 인물이었다. 도널드 프랭코스는 그 이후에도 여러 차례 감옥을 드나들다가 비로소 자유의 몸이 돼 있었고, 감비노 마피아단의 보스인 존 고티John Gotti*의 지휘 아래 맨해튼 마약 거래 조직의 일원으로 헤로인과 코카인을 판매하고 있었다. 어느 날 오후, 도널드 프랭코스는 세 명의 고객을 만나기 위해 웨스트 48번가로 차를 몰고 갔다. 따스한 날씨에 모두 반소매를 입고 있어서 팔에는 주삿바늘 자국이 그대로 드러나 있었다. 그가 말했다. "그중 한 사내가 어딘지 낯이 익더라고요. 그가 바로 쳇

그의 음악이 정당한 대접을 받지 못한 것은 부정할 수 없는 사실이다.
• 감비노 패밀리는 뉴욕을 거점으로 활동한 5대 마피아 조직 중 하나였으며 「대부」 역시 이 패밀리를 배경으로 만들어진 영화다. 존 고티는 수차례 기소되면서도 그때마다 증거 불충분으로 풀려나기를 거듭하다가 드디어 1992년에 종신형을 선고받고 수감됐다. 복역 중에 암으로 세상을 떠났다.

베이커였어요. 늙어 버린 쳇 베이커 말입니다." 도널드 프랭코스는 차에서 내려 자기가 누구인지 얘기했다. 그러자 쳇 베이커는 미소를 지으며 두 팔로 그를 감싸 안았다. 도널드 프랭코스는 이렇게 덧붙였다. "솔직히, 서로 오랫동안 만나지 못했기 때문에 반가운 마음에 그가 나를 껴안은 것인지, 아니면 마약을 구할 수 있게 되어 기분이 좋아 껴안은 것인지는 잘 모르겠더군요."

두말할 것 없이 1957년에 비해 마약 값은 크게 올라 있었다. 쳇 베이커가 수중에 가지고 있던 돈은 2,500달러. 하지만 그즈음 도널드 프랭코스는 가장 질 좋은 헤로인 30그램을 1만 달러에, 그리고 "묽게 만든" 헤로인을 3,500달러에 팔고 있었다.˙ 그러나 옛정을 생각해서 그는 쳇 베이커에게 묽게 만든 30그램짜리 봉지 하나를 공짜로 건네주었다. 물론 앞으로 계속해서 자신의 고객으로 남게 될 것이라 확신했기 때문이었다. 하지만 도널드 프랭코스는 그를 다시 만나지 못했다. 훗날 쳇 베이커는 『재즈 핫』의 제롬 리스에게 하루 종일 필요한 마약을 단 5달러에 구할 수 있었던 추억 속의 과거를 떠올리며 이렇게 말했다. "이젠 마약 값이 너무 비싸서 더 이상 어떻게 할 도리가 없네. 그리고 재즈를 연주하며 번 돈으로 마약을 사려 한다면, 허허, 방법이 없지."

쳇 베이커는 궁여지책을 썼다. 맨해튼의 이스트사이드에서 고

˙ 대체로 마약중독자들은 하루에 1 내지 2그램의 헤로인을 사용한 것으로 알려져 있다. 따라서 30그램은 대략 보름치에 해당하며, 1980년대 초의 환율로 계산하면 우리 돈으로 한 달에 약 1,200만 원, 묽게 만든 헤로인을 사용한 경우에도 한 달에 약 400여만 원의 돈이 필요했다는 얘기가 된다.

가의 오디오 가게인 오디오-비디오 살롱을 운영하던 친구 짐 콜먼이 이런 그의 모습을 옆에서 지켜봤다. 그는 뉴욕의 재즈 클럽 대기실에서 쳇 베이커와 함께 지내던 때를 회상하며 이렇게 말했다. "참 재미난 사람들을 많이 만나 봤어요. 아트 블레이키 같은 세계 최고의 재즈 연주자들이 그를 만나려고 드나들었죠. 왜냐고요? 쳇 베이커가 그들에게 돈을 빌렸으니까요." 쳇 베이커는 급하게 돈이 필요할 때마다 대부분 루스 영에게 손을 벌렸다. 1981년 들어 그녀는 자꾸만 줄어들고 있던 예금에서 다시 5,000달러를 인출해 그에게 건넸지만 쳇 베이커는 그것만으로 부족하다고 생각했다. 그래서 루스 영의 개인 수표를 위조해 자기 앞으로 돈을 지불하게 했다. 그는 시내에 있는 큰 음악 상점 콜로니 뮤직으로 그 수표들을 가지고 가서 현금으로 교환했다. 8월 25일, 이 음악 상점의 직원이 보낸 우편이 도착했다. 그가 내민 수표 두 장이 부도가 나, 212달러를 다시 지불해야 한다는 내용이었다. 하지만 쳇 베이커가 이를 변상하지 않자, 상점에서는 모든 직원이 볼 수 있도록 계산대 옆에 그 부도난 수표를 붙여 두었다. 돈 한 푼 낼 생각이 없었던 쳇 베이커를 대신해서, 결국 루스 영이 현금을 가지고 상점에 다녀왔다.

그해 쳇 베이커는 노예근성이 매우 강했던 후배 연주자 한 명을 밴드에 고용했다. 서른여섯 살의 드러머인 리오 미첼Leo Mitchell은 몇 년 전 고향인 플로리다주의 잭슨빌을 떠나 뉴욕으로 이주해 있었다. 밥 무버는 이렇게 말했다. "리오 미첼은 참 괜찮은 친구였어요. 영혼에 대해 이야기하고, 음악을 사랑하는 사람에 대해 이야기하고, 또 언제든 연주에 몰두해 있곤 했죠. 그는 연주하는 것을 사랑했고, 또 마약하는 것도 그에 못지않게 아주 좋아했습니다. 스윙필도 참 좋았는데, 그의 연주는 항상 제자리를 잘 지키고 있었어요. 쳇 베이커는 바로 그 점을 아주 높이 샀죠. 왜냐하면 드럼 연주가 아주 뛰어났으면서도 다른 이들과 조화가 참 잘됐거든요. 쳇 베이커는 원래 멜로디 개념이 강한 사람이었잖아요."

흑인인 리오 미첼은 아내 다이앤 미첼Diane Mitchell과 함께 웨스트 21번가에 살았다. 다이앤 미첼은 공립학교에서 음악 교사로 일하던 백인이었는데, 리오 미첼을 위해서라면 무엇이든 가리지 않고 내조하던 여인이었다. 그녀는 아직 자리를 잡지 못하고 있던 이 드러머를 기꺼이 뒷받침했지만, 혹시라도 다른 문제를 일으킬까 봐 엄격하게 대했다. 주변에서 나쁜 영향을 줄 만한 일이 있을 때면 자기 학생에게 하듯 리오 미첼을 훈계하거나 꾸짖기도 했다. 다이앤 미첼은 그가 쳇 베이커와 함께 첫 연주를 벌이던 재즈 클럽 스트러글스Struggles에 따라갔다. 뉴저지 에지워터의 황량한 거리에 자리한 클럽이었다. 그녀는 쳇 베이커를 돕는 다른 연주자들이 마치 그가 무슨 이교도의 교주라도 되는 양 옆에서 온갖 아첨을 떨고 있는 모습을 보게 됐다. 쳇 베이커는 그녀에게 평소 좋은 얘기를 많이 들었다며 반갑게 인사를 건넸다. 하지만 다이앤 미첼은 그의 말에 전혀 감동하지 않았다. 그녀는 말했다. "처음 만난 그 순간에 이미 사악한 기운이 느껴지더군요. 음악은 좋았어요. 하지만 쳇 베이커에게 음악은 진짜 동기가 아니었죠. 마약을 사려고 돈을 벌겠다는 게 그의 목표였으니까요."

며칠 지나지 않아 쳇 베이커에 대한 다이앤 미첼의 불신은 현실로 다가왔다. 리오 미첼과 다이앤 미첼은 쳇 베이커와 루스 영으로부터 저녁 식사에 초대를 받아 그녀의 아파트로 갔다. 이른 저녁 시간, 쳇 베이커는 리오 미첼과 함께 담배나 한 대 피우고 오겠다며 밖으로 나갔다. 그러나 몇 시간이 지나도록 두 사람은 돌아오지 않았다. 그 이후로 리오 미첼은 기꺼이 쳇 베이커의 심복이자 주삿바늘을 함께 쓰는 존재가 됐고, 종종 둘을 위해 마약을 구해 오기도 했다. 루스 영은 말했다. "리오 미첼은 그를 위해서라면 뭐든 할 태세였어요. 그러니 그가 좋아할 수밖에요. 쳇 베이커는 점점 자기밖에 모르는 사람이 돼 갔죠. 그건 정말 옆에서 보기 힘들 정도였어요. 좋은 사람이든 나쁜 사람이든, 더 이상 가리지 않고 누구든 짓밟고 이용해 먹었으니까요." 리오 미첼은 쳇 베이커에게 완전히 넋을 잃어버렸다. 음악이 시작되면 더더욱 그러했다. 외견상 쳇 베이커가 드러낸 섬세한 면모는 다이앤 미첼에게 아무런 인상을 남기지 못했다. 그녀는 얘기했다. "그가 할 수 있는 게 그것밖에 없었잖아요. 마치 테이프를 트는 것과 다를 바 없었죠. 하지만 그가 어떤 사람인지 알고 있었다면 그 많은 사랑 노래들이 어떻게 들렸겠어요?"

루스 영도 똑같은 두려움을 느꼈다. 어떤 식으로든 죽음의 그림자가 점점 더 강한 느낌으로 쳇 베이커의 뒤를 밟고 있었다. 쳇 베이커와 종종 협연했던, 벨기에 리에주에 살고 있던 테너 색소포니스트 루 매코넬은 1980년 11월 11일 마약 과다 복용으로 세상을 떠났다. 그때 그의 나이 서른셋이었다. 그리고 쳇 베이커가 친분을 유지했던 사람 중에 파리에서 만난 필립이란 간호사가 있었다. 역시 마약중독에 빠져 있던 그는 간혹 쳇 베이커를 초대했던 데니스의 가장 친한 친구였다. 쳇 베이커는 인도에 가서 최고 품질의 헤로인을 많이 구해 오겠다던 필립의 계획을 흥미롭게 듣곤 했다. 실제로 비행기를 타고 그곳에 간 필립은 많은 마약을 고무풍선에 넣어 항문에 숨겨 가지고 돌아왔다. 도중에 고무풍선이 터지는 바람에 위험한 고비를 맞기도 했지만, 어쨌든 그는 무사히 집으로 돌아와 친구들과 함께 마약 파티를 벌였다. 그리고 채 하루가 지나기 전에 결국 필립은 과다 복용으로 숨졌다. 이탈리아 로마에서 마약을 구해 주던 주세페는 어떠했던가. 그 역시 쳇 베이커와 만난 지 1년도 지나기 전에 세상을 떠났다. 이번에도 사인은 과다 복용이었다. 루스 영은 말했다. "그게 바로 징크스라는 거예요! 이 사람들은 모두 마약에 빠져 있었지만, 쳇 베이커를 만나기 전까지는 큰 문제가 없었죠. 모두 그를 만난 다음에 죽어 버렸다니까요."

다이앤 미첼이 볼 때 쳇 베이커는 "악마의 화신"이었다. 그리고 그의 주변엔 늘 사탄의 이미지가 가득했다고 믿었다. 그녀는 리오 미첼에게 쳇 베이커와 거리를 두라고 애원했지만, 그는 쳇 베이커가 자신의 친구라고 확신했다. 루스 영이 쳇 베이커에게 지녔던 망상 또한 이미 논리로 설명할 수 있는 범위를 넘어선 지 오래였다. 리사 걸트 본드는 이렇게 말했다. "쳇 베이커는 언제나 여인들을 자기 마음대로 질질 끌고 다녔어요. 마치 마약에 빠져서 아무것도 할 수 없는 사람들처럼 말이죠. 그런데 중요한 건 그들

스스로 여기에서 벗어나려 하지 않았다는 겁니다. 기꺼이 그의 희생양으로 전락해 버렸죠. 드라큘라의 신부였다고나 할까요. 그렇다고 그들이 쳇 베이커의 나쁜 면을 몰랐던 게 아니에요. 그는 그냥 마음 가는 대로 행동했을 뿐이고, 어떤 이유에서든 그들은 그걸 받아들인 거죠."

루스 영은 그즈음 차를 타고 프랑스를 지나치던 길에 일어난 일을 결코 잊지 못했다. 이탈리아 국경이 가까워지자 두 명의 경찰이 눈에 들어왔다. 쳇 베이커는 가지고 있던 헤로인 약병을 눈 깜짝할 새 반사적으로 루스 영에게 던져 주고는 입고 있던 민소매 운동복 상의에 숨기라고 얘기했다. 그녀는 약병을 얼른 집어넣었다. 하지만 이내 사색이 되고 말았다. 몸을 움직일 때마다 가슴 한가운데 숨긴 약병이 달그락거리며 소리를 냈기 때문이다. 쳇 베이커는 이렇게 말하며 그녀를 안심시켰다. "걱정 마. 괜찮아. 아무도 날 체포하진 않을 거야!" 하지만 이탈리아 감옥에 갇혔던 헬레마의 경우를 떠올린 루스 영은 온몸이 차갑게 식어 버리는 듯했다.

여권을 확인한 경찰들은 손짓을 해 두 사람을 통과시켰다. 하지만 이보다 더 무서운 일이 루스 영을 기다리고 있었다. 매섭도록 추운 어느 겨울날, 쳇 베이커와 루스 영은 유럽에서 그를 따르던 한 게이 커플의 집에 머물고 있었다. 두 남자는 집에 쳇 베이커가 와 있다며 어느 마약 딜러에게 자랑했다. 그리고 그들이 잠든 뒤에 쳇 베이커는 길거리에서 그 딜러를 만났다. 그 역시 중독자임을 알게 된 쳇 베이커는 함께 마약을 하자며 그 딜러를 데리고 와서 위층으로 올라갔다. 잠시 후 그 딜러가 방바닥에 쓰러지더니 이내 숨을 거두고 말았다. 쳇 베이커는 루스 영에게 이렇게 속삭였다. "발을 잡아 봐! 자자, 서둘러야 해. 어서 밖에 내다 버려야 한다니까!" 더없는 혼란 속에서 루스 영은 쳇 베이커를 도와 무거운 사체를 끌고 몇 층이나 되는 계단을 내려왔다. 밤거리는 어둡고 고요했다. 쳇 베이커는 그 남자의 사체를 수풀 뒤에 감춰 버렸다. 정신을 차린 루스 영은, 쳇 베이커가 자신에게 쏟아질 비난을 피하기 위해 과다 복용으로 쓰러진 딕 트워드직을 모른 체했다던 소문을 떠올렸다. 쳇 베이커는 종종 그녀에게 이런 칭찬의 말을 던지곤 했다. "투어를 다니면서 당신보다 일 처리를 잘하는 사람은 없을 거야!" 하지만 이제 그 말을 들을 때마다 루스 영은 그 어느 때보다 소름이 끼쳤다.

딕 트워드직, 필 어소, 태드 다메론, 밥 위틀락, 샌디 존스, 자크 펠저와 미슐린 펠저, 리오 미첼, 그리고 캐럴까지, 쳇 베이커의 곁에 머물렀던 이들은 공통점을 지니고 있었다. 루스 영은 말했다. "마약을 통해 관계를 유지하지 않으면, 결국 그 만남은 오래가지 못했죠." 루스 영은 거의 확실하다고 말해도 좋을 텐데, 1981년부터 "마약에 손을 대기" 시작했다. 그녀는 "단지 호기심이었을 뿐"이라고 말했다. 처음에 쳇 베이커는 그녀를 말렸지만 결국 루스 영은 리오 미첼을 설득해 자기에게 주사를 놔 달라고 했다. 그러나 냉기를 느끼면서 열이 오르는 경험—중독에 빠지고 있다는 초기 증상—을 하게 되자, 더 이상 마약을 하지 않겠다고 단언했다. 1981년 3월 22일 쳇 베이커에게 남긴 쪽지에는 이렇게 쓰여 있었다. "난 이제 약이 필요 없어요."

하지만 루스 영은 다시 마음을 바꿨다. 이탈리아에 머물던 쳇 베이커는 자신의 호텔 방으로 테너 색소포니스트 래리 노첼라 Larry Nocella를 초대했다. 그러고는 헤로인에 완전히 취해 버린 채 루스 영이 마약을 가까이하지 않도록 지켜 주겠다던 자신의 결심을 저버리고 말았다. 이미 과거에도 쳇 베이커는 마약으로 여인들을 공격한 일이 있었다. 캐럴과 샌디 존스가 대표적인 예였다. 그리고 이제 루스 영의 차례가 됐다. 그는 아주 많은 양의 헤로인을 그녀에게 주사했고, 루스 영은 이내 과다 복용에 빠지고 말았다. 당장 병원에 데려가야 함을 직감했지만, 혹시라도 엘리베이터로 그녀를 옮기다가 누가 경찰에 신고라도 하지 않을까 걱정이 앞섰다. 점점 창백하게 변해 가는 얼굴을 지켜보다가, 결국 쳇 베이커와 래리 노첼라는 루스 영을 질질 끌고 호텔 뒤편에 마련된 계단으로 갔다. 그들은 18층이나 되는 곳에서 그녀를 들쳐 업고 내려왔다. 루스 영은 말했다. "가능하면 빨리 나를 병원에 데려가야 한다고 생각했겠죠. 그게 아니라면, 또다시 처리해야 할 사체가 생겼다고 판단했는지도 모르겠네요."

병원 침대 위에서 깨어난 루스 영의 팔에는 회복을 위해 링거 주사가 꽂혀 있었다. 수녀복을 입은 간호사들이 주변에 돌아다니고 있었으며 쳇 베이커는 곁에 서 있었다. 의식이 돌아오자 한 수녀가 그녀에게 무슨 약을 먹었는지 물었다. 정신은 아직 흐릿했지만 루스 영은 천천히 사실을 털어놓기 시작했다. 그런데 쳇 베이커가 그녀의 눈을 빤히 들여다보고 있는 게 느껴졌다. 결국 루스 영은 너무 많은 발리움을 먹은 것 같다고 중얼거렸다. 그렇게 그녀는 살아났지만 래리 노첼라는 그다지 운이 좋지 못했다. 한 해가 지나기 전에, 그 역시 마약 과다 복용으로 세상을 떴다.

서서히 루스 영은, 그것이 얼마나 위험한지를 떠나 첫 베이커가 요구하는 것을 모두 들어주다가 결국 자신이 먼저 큰 재앙을 맞이할 것 같다고 생각하게 됐다. 그러던 어느 날, 그녀는 첫 베이커가 다시 캐럴에게 편지를 보내고 있다는 사실을 알았다. 다음번 투어 때는 함께 데리고 가겠노라고 약속까지 하고 있었다. 루스 영은 마음이 많이 상했다. 그녀는 말했다. "어느새 나까지 가지고 놀고 있다는 걸 알게 됐어요. 그는 캐럴과 끈을 결코 놓지 않고 있던 거죠." 그녀가 이를 따져 묻자, 첫 베이커는 이런 얘기를 들려주었다. "내가 떠나면 당장 죽어 버리겠다는데 그럼 어쩌란 말이야." 그러고는 캐럴에게 보내려던 다른 편지 한 통을 루스 영에게 보여 주었다. 거기에는 캐럴이 자기를 국세청에 신고라도 하면 아주 오랫동안 감옥에서 썩게 될 테니 명심하라는 얘기가 적혀 있었다.* 세금을 내지 않은 해마다 2년 정도의 형량을 받게 될 거라면서 말이다.

루스 영은 첫 베이커에게 이렇게 경고했다. "이젠 당신이 나서서 그녀에게 어떻게 해야 할지 알려 주고 있군요. 어떻게 하면 당신 두 사람이 같이 지낼 수 있는지를 말이에요!" 첫 베이커는 그 편지를 부치지 않았다. 언제나 그랬듯이, 그는 이 문제를 직접 마

---

* 캐럴은 첫 베이커를 돌아오게 하기 위해, 국세청에 그를 신고하고 변호사를 구해 자신이 받을 돈을 얻어 내겠다며 종종 으름장을 놓곤 했다.

주해서 해결하는 대신 그저 상황을 무시하고 모면해 버리는 쪽을 택했다. 하지만 혹시라도 캐럴이 일을 저지르지는 않을까 두려운 마음에 아내가 자기 돈을 가져가지 못하도록 방법을 강구했다. 1981년 2월 25일, 쳇 베이커는 자신의 삶을 소재로 한 자서전이나 영화가 발표되면 그와 관련된 어떤 수입이라도 모두 루스 영 앞으로 지불해야 한다는 서류를 자필로 작성했다. 그리고 3월 27일에는 재산 양도 증서에 서명해서 (훗날 공증을 받기도 했다.) 법적으로 루스 영이 모든 것을 받을 수 있도록 했다. 이듬해, 쳇 베이커는 CTI 레이블의 소유주인 크리드 테일러와 뉴욕의 블루 노트 클럽에 편지를 보냈다. 거기에는 자신이 받아야 할 남은 돈—각각 3,000달러와 1,000달러—을 루스 영에게 지불하라고 쓰여 있었다.

1981년이 시작되면서 쳇 베이커는 에이전트로 있던 가비 클라인슈미트에게 더 이상 일을 맡기지 못했다. 독일 브레멘과 오스트리아로 이어지는 투어를 기획해 두고 있던 그녀는 쳇 베이커를 위해 발리움이나 틀니에 쓸 풀을 구입하는 일까지 도맡고 있었다. 투어가 다가오자 쳇 베이커는 밴드와 함께 자동차로 이동할 테니 그녀는 기차를 타고 독일로 오라고 했다. 그러면서 트럼펫 케이스와 지갑을 함께 보관해 달라고 말했다. 독일 국경에 이르자 경찰이 기차를 세웠고, 복도 사이를 오르내리며 승객들의 여권을 검사하기 시작했다. 정부가 가지고 있는 범죄자 리스트에 해당하는 인물이 있는지 조사하기 위함이었다. 그런데 가비 클라인슈미트가 쳇 베이커의 대변인으로 그 목록에 올라 있었고, 경관들은 그녀를 기차에서 내리게 한 뒤 마약탐지견을 풀었다. 개

들은 그녀의 주변을 몇 번 맴돌더니 그대로 지나쳤다. 하지만 그
녀는 몇 시간 동안 기다리며 경관들의 질문 공세에 시달렸다. 결
국 다음 기차를 타고 독일로 들어갈 수 있도록 허락이 떨어졌다.
좌석에 털썩 주저앉은 가비 클라인슈미트는 안도의 한숨을 내쉬
었다. 그때 뇌리를 스치는 생각이 하나 있었다. 쳇 베이커의 지갑
을 열어 보니 그 안에 코카인으로 가득한 일곱 개의 작은 봉투가
들어 있는 게 아닌가. 다행히도 마약 탐지견은 대마초 냄새만 감
지해 낼 수 있었음이 분명했다. 그녀는 말했다. "몇 년 동안 징역
형을 받을 수도 있는 일이었어요!" 이 일에 큰 충격을 받은 가비
클라인슈미트는 두려움이 앞선 나머지 다시 쳇 베이커를 마주할
용기가 나지 않았다. 그녀는 이렇게 덧붙였다. "쳇 베이커는 뭐가
옳고 뭐가 그른지도 판단하지 못했습니다." 그로부터 몇 달 지나
지 않아 그녀는 쳇 베이커의 일을 맡지 않기로 결정했다. 끝으로
그녀는 이렇게 말했다. "더 이상 내 양심이 허락하지 않더군요."

   1982년 2월, 쳇 베이커는 다시 뉴욕으로 돌아와 12월까지 이곳
에 머물렀다. 그동안 유럽에서 일을 봐 줄 에이전트도 없었고, 미
국에서도 연주할 곳이 마땅치 않았다. 자포자기한 심정으로 쳇
베이커는 리오 미첼과 다이앤의 아파트로 갔다. 그들은 쳇 베이
커가 이곳에 잠시 머무를 수 있게 해 줬다. 문을 열고 들어서자마
자 쳇 베이커는 주머니에 가득한 프랑스 돈을 테이블에 올려놓으
며 다이앤 미첼에게 밖에 나가 달러로 환전해 오라고 말했다. 그
녀는 발끈했다. "웃기는 소리 하지도 마!" 결국 그는 고함을 치며

벌컥 화를 낸 뒤, 직접 나가 일을 처리했다. 다이앤 미첼은 말했다. "꼬박 나흘간 그가 한 것이라곤 마약을 구하고, 마약을 하고, 잠자고, 다시 나가 마약을 더 구해 온 것밖에 없었어요." 물론 그 나흘이 지나가자 수중에는 돈이 한 푼도 남아 있지 않았다.

"쿨하다"는 것은 자신의 지지부진한 운명을 참지 못하고 있던 쳇 베이커의 태도를 표현하기에 전혀 적절치 않았다. 그는 다이앤 미첼에게 이렇게 소리쳤다. "빈손으로 들어왔으니, 빈손으로 나가는 거야! 됐지?" 하지만 그녀는 아무런 동정도 느끼지 못했다. 그녀는 말했다. "그건 그가 개인적으로 해결해야 할 오래된 숙제와도 같았어요. 잘못된 길로 접어들었다든지 하는 식으로 생각하는 것 말이에요. 하지만 쳇 베이커는 누구든 간절히 원할 만한 재능을 타고났잖아요. 그걸 망친 건 자기 자신이었죠. 내가 볼 때 그는 이런 생각을 하지 못했던 것 같아요. 아마도 사회의 시선이 자기에게 집중되자 더 사람들을 멀리하게 됐겠죠. 언젠가 쳇 베이커가 이런 얘기를 한 적이 있어요. 그는 뚱뚱한 사람처럼 자기 자신을 잘 관리하지 않는 이들을 싫어한대요. 그 말을 듣던 나는 어처구니가 없었죠. 자, 거울을 한번 들여다봐라. 당신은 당신 자신을 사랑한다는 말인가?"

쳇 베이커가 리오 미첼의 아파트에 머물던 어느 날 이런 일이 있었다. 밖에 나갔다 돌아온 다이앤 미첼은 화장실에 누가 있는 것을 알았다. 종종 그랬듯이 안에는 쳇 베이커가 있었다. 화가 난 그녀는 문을 활짝 열어젖혔다. 리오 미첼이 준 티셔츠를 입은 그가 세면대 앞에 서 있었다. 그런데 반바지를 무릎까지 내린 채 피범벅이 된 사타구니에 주삿바늘을 꽂고 있는 게 아닌가. 쳇 베이커는 마치 성관계를 할 때처럼 황홀경에 빠진 눈빛으로 자신의 몸을 내려다보고 있었다. 누가 지켜보고 있는 것조차 깨닫지 못한 듯이 말이다. 다이앤 미첼은 욕지기가 치밀었다. 그러고는 카메라를 가져다가 사진을 찍기 시작했다. 연신 플래시가 터지는 가운데, 1953년 윌리엄 클랙스턴이 퍼시픽 재즈 스튜디오에서 노래하던 그를 촬영하던 때처럼 쳇 베이커는 태연한 모습으로 계속해서 "약 기운"을 즐기고 있었다.

며칠 뒤 다이앤 미첼은 리오 미첼의 얼굴 앞에 자신이 찍은 사진들을 들이밀었다. 그러고는 이렇게 말했다. "자, 봤지? 내가 왜 이 사진들을 찍었는지 알아? 제발 당신도 정신 좀 차리라고!"

쳇 베이커가 연주한 음악을 직접 들은 사람이라면 대부분 그 어떤 일에 대해서도 그를 용서할 수 있다고 생각했다. 1981년 초, 독일의 재즈 레이블 엔자Enja의 대표인 마티아스 빙켈만Matthias Winckelmann은 쳇 베이커에게 비브라폰 연주자이자 작곡가인 데이비드 프리드먼David Friedman을 붙여 앨범을 녹음하기로 했다. 데이비드 프리드먼이 만든, 어딘지 불길하면서도 밤늦게 조심스레 걷는 듯한 인상의 창작곡들로 가득한 이 앨범은 아이러니하게도 《Peace》라는 타이틀로 발표됐다.* 데이비드 프리드먼은 녹음에 앞서 루스 영의 아파트에 초대를 받았다. 쳇 베이커는 목욕 가

---

* 앨범에는 모두 6곡이 실렸다. 그중 제롬 컨 원작의 〈The Song is You〉와 호러스 실버 원작의 타이틀곡─〈Peace〉의 첫 녹음은 호러스 실버의 1959년 앨범 《Blowin' the Blues Away》에 실려 있다─을 제외한 나머지 4곡을 데이비드 프리드먼이 작곡했다.

운을 입고 있다가 생기 없이 늘어지는 말투로 이렇게 인사를 건 넸다. "오…… 반갑구먼…… 데이브." 데이비드 프리드먼은 피아노 앞에 자리를 잡고 앉아 녹음할 곡들을 연주하기 시작했다. 음악을 듣고 있던 쳇 베이커가 점잖게 말했다. "흠, 정말 좋군 그래." 데이비드 프리드먼은 그에게 트럼펫을 꺼내 함께 연주해 보지 않겠느냐고 물었다. 그러자 쳇 베이커가 대답했다. "아, 지금은 악기가 없는데 어쩌나." 그러고는 마티아스 빙켈만이 새 트럼펫을 하나 사 주면 좋겠다고 덧붙였다. 아파트 문을 나서던 데이비드 프리드먼은 앨범 녹음이 제대로 진행될 수 있을지 걱정이 앞섰다.

두 번으로 예정된 녹음 세션의 첫 번째 날, 데이비드 프리드먼은 베이시스트 버스터 윌리엄스Buster Williams와 드러머 조 체임버스Joe Chambers, 제작자인 마티아스 빙켈만과 함께 두 시간을 기다렸다. 그래도 쳇 베이커는 나타나지 않았다. 결국 마티아스 빙켈만과 루스 영이 나서서 그가 마약을 구하기 위해 자주 다닌다던 길거리를 뒤지기 시작했다. 52번가와 9번 애비뉴가 만나는 모퉁이에 그가 서 있었다. 바로 그날 앨범을 녹음하기로 했었다는 말을 들은 쳇 베이커가 이렇게 대꾸했다. "아…… 맞다, 그랬지."

이제 앨범 한 장을 모두 녹음하기 위해 남은 시간은 반나절밖에 없었다. 더구나 쳇 베이커가 미처 익히지도 못한 꽤 어려운 곡들이었다. 신경이 날카로워진 채 스튜디오에 들어선 데이비드 프리드먼은 그를 위해 곡들을 훑어 내려갔다. 쳇 베이커는 악기를 들고 하나씩 연주를 시작했다. 그런데 그가 선보인 즉흥연주를 들은 데이비드 프리드먼은 경탄을 금치 못했다. 곡에서 사용된 코

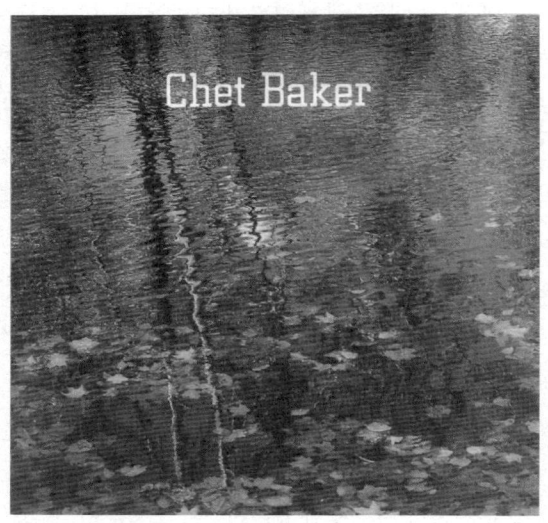

《Peace》

드들은 흔히 잘 쓰지 않는 색다른 것이었지만, 그는 단 하나도 놓치지 않고 즉각적으로 반응했다. 완벽하게 귀로 듣기만 해서 소화한 것이었다. 학교에서 많은 공부를 거친 데이비드 프리드먼은 그 이후로 몇 년 동안 악보에 적힌 코드 진행을 미리 읽지 않으려고 애썼다. 쳇 베이커가 보여 준 것이 바로 진정한 재즈의 빛이라고 믿었다.•

그러나 남은 1982년 동안 쳇 베이커는 대부분 실망스러운 모습을 남겼다. 6월에는 그리니치빌리지에 새로 생긴, 머지않아 국제적인 명성을 얻게 된 재즈 클럽 블루 노트••에서 연주를 벌였다. 카운트 베이시와 협연하기도 했던 열정적인 테너 색소포니스트 살 니스티코Sal Nistico가 가세한 이 공연은 『뉴욕 타임스』에 꽤 호의적인 홍보 기사가 게재됐고, 관객들도 아주 많았다. 마지막 공연은 미국의 독립기념일인 7월 4일에 열렸는데, 뉴욕을 찾은 관광객들이 더해져 만원을 이루었다. 그러나 쉬는 시간 도중 쳇 베이커와 리오 미첼은 마약을 구하기 위해 이스트빌리지에 갔다가 클럽으로 돌아오지 않았고, 남은 밴드 멤버들이 무대를 마무리해야 했다. 결국 이 공연은 쳇 베이커가 블루 노트에서 연

• 쳇 베이커의 유작 앨범이야 워낙 큰 의미를 지닌 것이긴 하지만, 그 이외에 엔자 레이블에서 제작된 그의 앨범들은 훗날 아주 특별한 작품으로 평가받았다. 《Peace》는 물론이고, 이 책에서 다루지 않은 《Strollin'》(1985)도 반드시 짚고 넘어가야 할 작품이다. 이 앨범들에 대한 유럽의 평가는 매우 높았지만, 대부분의 미국 출신 비평가들은 별다른 관심을 표하지 않았다. 말 그대로 부당한 과소평가가 아닐 수 없다. 엔자는 쳇 베이커가 세상을 떠난 뒤 '유산Legacy'이라는 시리즈로 미발표 곡들을 모아 2016년 현재까지 모두 다섯 장의 앨범을 더 출시했다.
•• 오늘날 우리가 얘기하는 뉴욕의 블루 노트가 바로 이 클럽이다. 앞서 이 책에서 거론됐던 필라델피아의 블루 노트나, 파리, 베를린의 블루 노트는 모두 이와 무관하다.

주한 처음이자 마지막 일정이 됐다.

계속해서 벌어진 캘리포니아와 텍사스 투어는 한층 더 혼란했다. 이 공연들을 기획한 것은 루이스 가스카Luis Gasca. 재능 있는 트럼페터였지만 마약중독 때문에 오래 활동하지는 못했던 인물이었다. 돈이 궁했던 그는 쳇 베이커의 공연을 준비하고 매니저 역할을 하기 위해 애썼다. 그의 곁에는 많은 도움을 준 연인 레슬리 미첼Lesley Mitchell이 있었는데, 그녀는 1950년대에 쳇 베이커와 협연했던 베이시스트 레드 미첼의 조카였다. 레슬리 미첼은 쳇 베이커에 대해 이렇게 말했다. "그는 언제나 참 난감한 사람이었죠. 적어도 그래 보였어요. 너무 오랫동안 마약에 빠져 있어서 그랬는지 영혼의 흔적을 찾을 수 없겠더라고요. 그의 존재가 유일하게 눈에 띈 순간은 바로 무대에서 연주를 벌일 때였습니다. 그러니까 이중성이 엿보였다고 할 수 있겠네요. 왜냐하면 그는 거의 악마 같은 느낌의 차디찬 마음을 가지고 있었으니까요. 그토록 아름다운 음악이 어디에서 솟아나는 건지 이해하기 참 힘들었죠."

투어가 시작될 무렵, 쳇 베이커는 샌타모니카의 클럽 앳 마이 플레이스At My Place에서 연주할 예정이었다. 그러나 첫 번째 무대가 막을 올릴 시간이 다 됐는데도 그는 나타나지 않았고, 루이스 가스카와 레슬리 미첼은 호텔로 직접 쳇 베이커를 찾으러 갔다. 그는 아직도 호텔 방에 있었다. 그런데 반쯤 넋이 나간 얼굴로 비쩍 마른 몸을 두터운 울 스웨터로 감싼 채 벽에 기대앉아 있는 것이 아닌가. 소매도 걷지 않은 팔에는 아직도 주삿바늘이 꽂혀 있었다. 레슬리 미첼은 이렇게 회상했다. "우리는 그를 깨우면서 이렇게 말했습니다. '쳇, 스웨터는 벗는 게 낫지 않겠어요?' 하고 말입니다."

그럼에도, 많은 관객들 덕에 공연은 수지가 맞았다. 젊은 시절, 쳇 베이커가 승리감에 도취됐던 바로 그 도시에서 그는 하나의 작은 전설과도 같은 존재였다. 물론 그를 매혹적으로 바라보는 시선 속에 어딘지 섬뜩한 죽음의 그림자가 드리워 있었지만 말이다. 레슬리 미첼은 말했다. "내가 볼 때 많은 관객들은 그게 쳇 베이커의 마지막 모습이라고 느끼는 것 같았어요. 피를 보고 싶어 하는 갈망이 잠재해 있었다고나 할까요. 주디 갈런드처럼 무대 위에서 그가 쓰러지는 걸 보고 싶어 했다고 생각해요." 물론 이것이 쳇 베이커의 마지막 무대는 아니었다. 그러나 러스 프리먼이 오랜만에 그를 보기 위해 클럽을 찾았을 때 무대의 불은 모두 꺼져 있었다. 쳇 베이커가 공연에 맞춰 모습을 드러내지 않았기 때문이었다.

샌디에이고와 텍사스에서 공연을 벌일 무렵, 레슬리 미첼에게 그 일정은 "감당하기 힘들 만큼 긴 악몽과도 같았다." 그때 쳇 베이커는 아들 폴을 연주 여행에 데리고 다녔다. 하지만 아버지 역할을 하려던 그의 마지막 시도는 레슬리 미첼을 많이 놀라게 했다. 그녀는 말했다. "투어가 이어지는 내내, 나는 그가 아들에게 말을 건네는 걸 단 한 번도 보지 못했어요. 그러다가 결국 아이가 곁에 있는 걸 성가셔하기 시작하더라고요. 아니나 다를까, 아들을 버스에 태워 집으로 보내라고 하더군요. 텍사스에서 뉴욕까지 얼마나 먼 거리예요? 그래서 나는 내 돈으로 비행기 표를 사서 아이를 돌려보냈죠. 곁에서 보기에 마음이 참 그렇더라고요."

　　루스 영과 쳇 베이커의 관계 또한 빠르게 무너져 내리고 있었다. 연주 여행에 나서면서 그녀와 동행하지 않을 때가 점점 더 많아졌고, 캐럴이 그의 밴드 일을 맡아 보고 싶어 한다는 납득하지 못할 얘기를 늘어놓기도 했다. 루스 영은 두려움에 휩싸였다. 그녀가 쳇 베이커에게 보낸 1982년의 편지들을 들여다보면 얼마나 절박한 심정이었는지 알 수 있다. 루스 영은 이렇게 애원했다. "제발 날 좀 도와줘요. 난 흔들리지 않는 마음으로 당신 곁에 있고 싶지만, 이제 당신은 더 이상 날 필요로 하는 것 같지 않네요. 당신 없는 내가 얼마나 가여운 존재인지 알고 있나요. 나 혼자 뉴욕에 남아 있을 때마다 그걸 느끼지만, 내가 얼마나 더 힘든 시간을 보내야 하는지 알 수 없어요." 그러나 이에 대한 쳇 베이커의 반응은 마치 그가 어린 시절부터 느껴 온 모든 중압감을 한 번에 드러내는 듯했다. "당신 삶을 나에게 다 걸려고 하지 마!" 몇 년 뒤 루스 영은 쳇 베이커에 대해 이렇게 결론지을 수밖에 없었다. "그는 여자를 견뎌 내지 못했어요. 되레 아주 싫어했죠. 물론 나를 포함해서요."

　　책 출간 작업이 실패로 돌아갔지만 리사 걸트 본드는 루스 영과 한결 더 가까워졌고, 그녀가 건강을 해치지는 않을까 걱정했다. 리사 걸트 본드는 말했다. "루스 영의 좌절감은 아주 깊었습니다. 여간해서는 집 밖에도 나가지 않았고, 나에게 많이 의지했죠. 난 그녀가 정말 힘든 시간을 보내고 있음을 알았지만, 그녀 스스로 떨치고 일어나야 한다고 생각했어요." 리사 걸트 본드는 루스 영을 잘 달래서 집 밖에 나가 음악을 들으러 가거나 이스트빌리지에 놀러 가자고 했다. 그와 동시에, 쳇 베이커로부터 어서 벗어나야 한다고 얘기했다. 그녀는 루스 영에게 이렇게 말했다. "그래도 살아야 하잖아요. 이 나락 속으로 빠져서는 안 된다고요. 이건 죽음이나 마찬가지예요."

훗날 리사 걸트 본드는 이렇게 회상했다. "쳇 베이커는 내가 루스 영에게 안 좋은 영향을 미쳤다고 생각했을 거예요. 난 단지 그녀가 독립적이 될 수 있도록 도왔을 뿐이고, 결국 루스 영이 그에게 도전했던 것이나 마찬가지죠. 쳇 베이커는 거기에 분개했고요." 평생토록 누군가에게 먼저 이별을 고한 것은 쳇 베이커였다. 그러나 이번에는 루스 영이 자신에게서 절대 벗어날 수 없다는 것을 보여 주려고 마음먹은 듯했다. 나중에 그는 미슐린 펠저에게 이렇게 말한 바 있다. "어떤 여자도 내게 먼저 가 버리라고 말하진 않아." 어느 날 루스 영은 용기를 내서 쳇 베이커를 아파트에서 내쫓고는 문을 잠가 버렸다. 그런데 그날 밤 귀가했을 때, 그는 다시 돌아와 집 안에 앉아 있었다. 루스 영은 벌벌 떨면서 어떻게 안에 들어왔느냐고 물었다. 쳇 베이커는 별것 아니라는 투로 대답했다. "누워서 떡 먹기지 뭐."

그로부터 몇 주 동안, 집 안에 있던 루스 영의 물건들이 없어지기 시작했다. 쳇 베이커가 마약 살 돈을 마련하기 위해 전당포에 맡긴 것이었다. 리사 걸트 본드는 세인트 마크스 플레이스와 2번 애비뉴가 만나는 모퉁이에 좌판을 펼쳐 놓고 장사를 하고 있는 쳇 베이커를 목격했다. 자기가 발표했던 앨범과 테이프들, 그리고 훔쳐 온 루스 영의 물건들까지 널려 있었다. 지나가던 사람들에게 그는 이렇게 말하고 있었다. "이봐, 꼬마야. 너도 필요한 게 있나 와서 한 번 보렴." 리사 걸트 본드는 공포를 느꼈다.

루스 영의 예금은 이제 바닥이 나 있었다. 집세와 전화비를 내기에도 빠듯했다. 그럼에도 쳇 베이커는 계속해서 돈을 내놓으라고 요구했다. 돈이 없다고 거절하자, 벽에 걸려 있는 은접시를 가리키며 그걸 넘기라고 말했다. 루스 영이 싫다고 하자 쳇 베이커는 이내 짐승으로 변해 버렸다. 울면서 웅크리고 있는 그녀를 그대로 내버려둔 채, 그는 루스 영이 쳇 베이커의 사진으로 정성스럽게 장식했던 벽을 찢어 버리기 시작했다. 어느새 쳇 베이커의 불같은 성정은 자기 자신도 어쩔 수 없을 만큼 극단적으로 변해 버렸고, 그나마 남아 있던 위대한 트럼페터의 잔영도 산산이 흩어져 버리고 말았다.

하지만 진짜 폭력은 그때가 시작에 불과했다. 심한 말다툼을 벌이던 어느 날, 루스 영은 경찰에 신고해야겠다며 전화기를 들었다. 그랬더니 쳇 베이커가 달려들어 전화선으로 그녀의 목을 꽉 감아 버렸다. 몇 번의 위험한 순간이 지나가면서 루스 영은 그가 자신을 죽이려 한다고 확신했다. 결국 쳇 베이커는 그녀를 놓아주었다. 몇 분 뒤 잠잠해진 그가 경멸하는 말투로 이렇게 말했다. "날 죽여 버리고 싶지? 그럼 내가 먼저 당신을 죽여버릴걸." 루스 영은 마약이 쳇 베이커를 이런 괴물로 변하게 했다는 상투적인 생각에 동의하지 않았다. 그녀는 쳇 베이커에게 이렇게 말했다. "그 빌어먹을 마약에 대해 곰곰이 생각할 수 없다는 말은 꺼내지도 말아요! 당신 성품이 얼마나 강한지에 따라 헤로인은 다른 마약과 다를 게 하나도 없다고요. 결국 당신이 원래 어떤 사람인지를 더 잘 드러나게 할 뿐이에요."

멜리사는 정기적으로 루스 영의 아파트를 찾아왔다. 그리고 이 아이에게서도 아버지가 가진 어둠의 흔적이 서서히 드러나기 시작하는 것 같았다. 어느 날 멜리사가 루스 영에게 준 사진을 보면 그런 변화의 조짐이 더 강했다. 사진 속의 멜리사는 갑자기 쏟아진 비를 피하기 위해 아스토리아의 한 주류 판매점 안에 서 있었다. 잔뜩 쌓인 술병 앞에서 반항기 어린 차가운 눈빛으로 카메라를 응시했다. 당시 열여섯 살이던 멜리사는 자기 아버지를 사이에 두고 다툼을 벌이는 두 여자 사이에서 예민한 감수성과 방황의 흔적을 드러내고 있었다. 질풍노도의 시기에 접어들었던 걸까. 리사 걸트 본드는 말했다. "멜리사는 루스 영이 차지한 자기 아버지 곁의 자리를 부러워한 것 같았어요. 그녀는 아버지와 함께 여행을 다니고 언제나 그의 옆에 있는데 자기는 그러지 못했잖아요. 루스 영이 보여 준 모성애에 대해서도 많은 질투를 했죠. 멜리사는 그런 애정을 받아 본 적이 없었으니까요."

1982년의 늦여름, 아파트로 돌아온 루스 영은 집에 도둑이 들었음을 깨달았다. 어디에도 물건들이 남아 있지 않았다. 바다표범 가죽으로 만든 재킷을 비롯한 다른 옷들, 귀금속, 동양화가 그려진 족자, 라디오와 카세트 플레이어, 그리고 쳇 베이커의 액자 명판과 가족사진까지 말이다. 놀랍게도 쳇 베이커는 차분하게 앉아 그녀를 진정시키고 기억을 더듬어 보게 했다. 루스 영이 짚어 낸 대로 받아 적은 쳇 베이커는 잃어버린 물건의 리스트를 완성한 뒤 경찰에게 전화할 준비를 마쳤다. 그는 아파트에 수리를 하러 들렀던 배관공이 범인이라고 단정했다.

아니, 쳇 베이커의 판단은 맞지 않았다. 7년의 세월이 흐른 뒤인 1989년, 그의 삶을 다룬 다큐멘터리 「렛츠 겟 로스트」를 지켜본 루스 영은 비로소 진실을 깨달았다. 브루스 웨버는 이 영화를 위해 오클라호마에 살고 있던 캐럴과 아이들을 인터뷰했다. 루스 영은 어머니와 두 오빠 사이에 앉아 있는 화면 속의 멜리사를 마주했다. 그녀는 소파에 앉은 채 자기가 도둑이었음을 자랑스레 밝혔다. 멜리사는 아버지를 만나기 위해 루스 영의 아파트에 갔다고 했다. 그가 당시 뉴욕에 있지 않다는 사실은 알지 못했다고 했다. 살짝 열려 있던 창문으로 아파트 안을 살피던 멜리사는 집에 아무도 없는 것을 확인했다. 창문을 비틀어 열고 안으로 기어 들어갔다. 그러고는 액자 명판을 비롯해 아버지가 가져다 둔 물건들을 모두 한자리에 모았다. 멜리사는 그즈음 새로 말하기 시작한 남부 특유의 억양으로 이렇게 얘기했다. "난 루스 영의 물건들도 몇 개 가져왔어요. 그녀가 내게 한 말이나 행동에 대한 복수였죠. 그래서 아무런 죄책감도 느끼지 않았어요." 정확히 무엇을 가져왔느냐는 브루스 웨버의 질문에 멜리사는 귀금속처럼 루스 영에게 "가장 큰 상처를 줄 수 있는" 것들을 훔쳤다고 말했다. 그리고 경멸의 심정과 시골 처녀의 부러움이 뒤섞인 말투로 이렇게 덧붙였다. "내가 좋아하는 아주 섹시한 옷들도 가지고 있었지 뭐예요." 멜리사는 훔친 귀금속들을 어떻게 했을까. 그녀는 웃으며 이렇게 대답했다. "전당포에 맡겼죠, 뭐. 하나도 빠짐없이요. 90달러를 주던데요?" 멜리사가 자신의 도둑질에 대해 이야기하자, 옆에 앉아 있던 캐럴은 킥킥거리며 딸의 옆구리를 찔러 댔다.

리사 걸트 본드는 말했다. "그 사람들, 정말 오싹할 만큼 무서웠습니다. 챗 베이커는 상어가 득실대는 바다 한가운데서 헤엄을 치고 있었던 거죠. 어느 쪽에서든 마찬가지였어요." 1982년이 지나기 전에 캐럴은 퀸스의 가족 문제 상담소에 남편에 대한 불만을 접수했다. 부양비를 지불하지 않는 것과 관련한 청문회에 출석하라는 통보가 챗 베이커에게 전달됐다. 그는 나가지 않았다. 더 이상 뉴욕에서 살아가는 것이 불가능하다고 판단한 캐럴은 아이들과 함께 오클라호마 스틸워터로 이주했다. 시어머니인 베라가 살고 있던 예일에서 가까운 곳이었다. 그리고 오클라호마주립대학의 학장 비서로 취직해 일하게 되면서 비로소 아이들을 안정적으로 학교에 보낼 수 있었다. 그즈음 챗 베이커가 친구인 이탈리아의 트럼페터 마리오 안드리울리Mario Andriulli에게 보낸 편지에는, 뉴욕에서 아이들에게 그럴듯한 교육을 시키는 것이 얼마나 어려운지 쓰여 있었다. 교실은 온통 난장판이기 일쑤고, 흑인들이 너무 많아 분위기가 좋지 않다던가.

챗 베이커와 루스 영이 함께 자크 펠저의 집을 방문한 마지막 여행길. 전화벨 소리에 수화기를 든 루스 영은 캐럴의 목소리를 듣게 됐다. 남편과 통화할 수 있느냐고 물었지만 챗 베이커는 집에 없었고, 캐럴은 쌀쌀한 말투로 나쁜 소식을 하나 전했다. 아들 딘이 오클라호마에서 트럭에 치여 상태가 좋지 않다는 것이었다.

루스 영은 집에 돌아온 쳇 베이커에게 바로 이 사실을 알렸다. 그는 언제나 그랬던 것처럼 어찌해야 할지 모르겠다는 투의 굳어버린 표정으로 이렇게 중얼거렸다. "이런, 젠장." 루스 영은 말했다. "그는 이 일을 어떻게 해결해야 할지 몰랐습니다. 아니, 해결하려 하지 않기로 했다는 표현이 맞겠네요." 캐럴은 쳇 베이커의 답신을 받지 못했다. 다행히 딘은 회복됐지만 정신적 충격이 워낙 컸기에 그 이후로 몇 년 동안 밖에 나가지 못하고 집 안에서 어머니와 함께 생활해야 했다.

톰 베이커는 가능성이 엿보인 사업들이 모두 수포로 돌아간 뒤에도 계속해서 쳇 베이커에게 "삶의 모든 것을 걸고" 있었다. 그의 우상은 자신을 친절히 대해 주었지만, 톰 베이커가 살고 있던 14번가의 집이 이스트빌리지에서 마약을 구한 뒤 바로 즐기기에 편한 장소였던 이유가 컸다. 그 역시 아직 마약중독에 빠져 있었고, 그 유명한 쳇 베이커가 자기 집에서 마약을 한다는 사실이 또 하나의 자랑거리가 됐다. 이즈음 톰 베이커에게는 렉스 맥닐Legs McNeil이란 동거인이 생겼는데, 그는 1970년대 펑크Punk 음악의 역사를 기록한 저널리스트이자 편집인이었다. 렉스 맥닐이 처음 쳇 베이커를 마주친 곳은 부엌이었다. 그는 이렇게 회상했다. "쳇 베이커는 손에 주사기를 든 채 주사를 하려던 참이었습니다. 허벅지 맨 위쪽에다가 말이에요. 그걸 본 톰이 이렇게 말하더군요. '앗, 다리에다 하네'* 하고요."

• 다리에 주사하는 쳇 베이커를 보고 친구의 이름이 렉스Legs임을 떠올려 농담 삼아 던진 말이다.

그러나 1982년 9월 2일부터 더 이상 톰 베이커의 아파트를 찾는 사람은 없었다. 헤로인과 코카인을 섞어 만든 스피드볼을 자기 몸에 주사한 그는 바로 그날, 마흔두 살의 나이에 마약 과다 복용으로 세상을 떴다.

루스 영과 쳇 베이커의 관계도 역시 파멸을 맞았다. 9월 들어 그녀는 두 사람 사이를 회복시키기 위해 마지막 노력을 기울였다. 그의 동의를 구한 뒤, 버진 아일랜드의 세인트크로이에서 보낼 두 사람만의 낭만적인 휴가 계획을 짰다. 그런데 출발하기로 한 날짜가 다가오자 쳇 베이커의 모습이 보이지 않았다. 마지막 순간까지 기다리던 루스 영은 대신 리사 걸트 본드에게 같이 갈 것을 제안했다. 휴가지에 머물던 한 주 내내, 그녀는 아파트로 전화를 걸면서 쳇 베이커가 그곳에 있기를 기원했다. 헛된 바람이었다. 9월 17일, 휴가를 마치고 집에 돌아온 루스 영은 문을 열자마자 그가 아파트에 와 있음을 느꼈다. 이름을 불렀다. 아무도 대답하지 않았다. 쳇 베이커는 화장실에 있었다. 더 이상 겉으로 보이지 않는 혈관을 찾기 위해 정신이 팔린 상태였다.

루스 영은 말했다. "나는 화장실을 나서면서 그에게 얘기를 걸었어요. 하지만 그는 내 말을 듣지 않고 있더군요. 난 정말이지 혼잣말하고 있는 기분이 들었습니다. 그가 듣기를 바라면서 말이에요." 루스 영은 그 길로 아파트를 나와 어이없다는 듯 흐느끼며 컬럼버스 애비뉴를 하염없이 걷기 시작했다. 그러다가 멕시코 분위기의 작은 바에 들어갔다. 직원 한 명 말고는 아무도 없었다. 그는 곧 루스 영의 말벗이 되어 주었고, 필요하다면 얼마든 함께 있어도 좋다고 했다. 매일같이 그녀는 자기 집으로 전화를 걸었다. 이번에는 쳇 베이커가 전화를 받지 않기를 바라면서 말이다. 그러나 매번 그가 수화기를 들었고, 그때마다 루스 영은 아무 말 없이 전화를 끊었다. 혹시라도 쳇 베이커와 몇 마디 나누게 되면 자신의 결심이 흔들릴 것을 알았기 때문이었다.

쳇 베이커의 관심은 이미 다른 데 가 있었다. 9월 25일, 그는 캘리포니아 새너제이의 전화번호 하나를 누르고 있었다. 누군가 전화를 받자, 쳇 베이커는 자신이 낼 수 있는 가장 매력적인 목소리로 이렇게 물었다. "혹시 지금 전화 받는 분이 아름답고 재주 많은 다이앤 바브라 아니십니까?" 저쪽에서 잔뜩 흥분한 여인의 목소리가 흘러나왔다. "맞아요, 저예요! 그럼 전화를 거신 분은 쳇 베이커인가요?" 그는 자기가 곧 그녀 있는 곳으로 갈 텐데 만날 수 있을지 모르겠다고 물었다. 다이앤 바브라는 기쁨에 가득 찬 목소리로 좋다고 대답했다.

3주 뒤, 루스 영은 더 이상 집에서 전화를 받는 사람이 없음을 알았다. 이제 돌아가도 안전하겠다는 생각이 들었다. 주저하면서 대문의 자물쇠를 열고, 잠시 안을 살폈다. 처음 눈에 들어온 것은 피아노가 있던 마룻바닥이 텅 비어 버렸다는 사실이었다. 아파트 안에서 쳇 베이커의 필적이 남아 있는 증서 하나를 발견했다. 피아노의 소유권이 쳇 베이커에게 있으며, 이스트사이드에 살고 있는 실라 디치필드Sheila Ditchfield라는 여인에게 400달러에 팔 것이라는 내용이었다. 그 여인에게 전화를 걸어 보았으나, 그녀는 아직 피아노를 받지 못한 상태였다. 루스 영은 이렇게 말했다. "결국 그를 떠나보내기 위해 400달러가 든 셈이었죠."

챗 베이커와 헤어진 뒤 몇 년 동안, 루스 영은 무엇이 그녀로 하여금 그토록 파괴적인 관계에서 벗어나지 못하게 했는지 알아내려고 애썼다. 그녀는 말했다. "모든 예술인은 자기만의 작은 세상 속에 살고 있어요. 캐럴 베이커는 자신을 챗 베이커의 삶 속에 녹여 낸 것이었고, 나 역시 마찬가지였죠. 물론 다이앤 바브라를 포함해서 그에게 곁을 준 모든 이들이 그랬습니다. 그가 지녔던 명성과 소중함, 그리고 신비로움에서 비롯된 매혹 때문이었겠죠. 하지만 그 모든 것이 현실 속에 존재하지 않았다는 게 문제였어요. 유명한 사람일수록 그 뒤에 감춰진 진짜 삶은 많이 다른 법이에요. 99퍼센트는 그럴걸요. 나는 가까스로 그걸 알아챘습니다. 그래서 그를 떠날 수밖에 없었죠." 뒤늦게나마 깨달음을 남겼지만, 챗 베이커는 그녀에게서 끈을 완전히 놓지 않았다. 그리고 루스 영도 혹시 화해가 가능할까 싶은 마음에 종종 편지를 썼다. 물론 두 사람 사이는 더 이상 이어지지 않았다.

관계를 정리한 지 얼마 지나지 않아 놀랍게도 다이앤 바브라에게서 전화가 걸려 왔다. 두 여인은 서로 만난 적이 없었다. 루스 영은 말했다. "전화를 걸어서는 이런 식으로 얘기하더군요. '안녕하세요, 루스? 저 다이앤이에요. 그냥 전화 한번 해야 한다고 생각했어요. 이제 당신은 그와 함께 있지 않으니까요. 혹시 그를 처음 만난 다음에 내가 놓쳐 버린 것 중에서 그래도 알아야 한다고 생각하는 게 있으면 얘기해 주실래요?'" 두 사람의 통화는 약 20분 동안 이어졌다. "그가 이런 걸 한 적 있나요……? 그가 아직도 하고 있나요……? 내가 어떻게 하는 게 좋을까요……?" 이런 식으로 쳇 베이커에 대해 다이앤 바브라가 루스 영을 인터뷰하는 꼴이었다. 루스 영은 다이앤과 대화를 나눈 그 시간이 그녀의 "삶 중에서 가장 희한한 순간이었을" 것이라고 했다.

이에 못지않게 어색한 일이 존 스나이더를 기다리고 있었다. 자신이 설립했던 아티스츠 하우스 레이블 소속의 여섯 음악인에게 빚만 잔뜩 진 채, 그의 프로듀서 경력은 이제 막바지에 이른 듯했다. 그의 아내도 살림살이와 아이들을 모두 거느리고 집을 나간 상태였다. 이스트사이드에 있던 그의 아파트에는 이미 전화와 전기도 모두 끊겼다. 밤이 되면 아파트 로비의 전기플러그에 몰래 전선을 연결해 가까스로 램프와 텔레비전을 켤 수 있을 정도였다. 잠도 마룻바닥 위에 간이용 고무 매트리스를 깔고 잤다. 존 스나이더는 말했다. "난 집 밖으로 아예 나가질 않았습니다. 몇 주 동안 목욕도 하지 않았죠. 악몽도 그런 악몽이 없더라고요." 머지않아 그는 노스캐롤라이나로 낙향할 수밖에 없었다. 뉴욕을 떠나기 며칠 전, 아파트 수위에게서 인터폰으로 연락이 왔다. 쳇 베이커가 아래층에서 그를 기다리고 있다는 것이었다. 한동안 두 사람은 만날 일이 없었기에 왠지 혼란한 기분에 휩싸였다. 존 스나이더는 수위에게 그를 올려 보내도 좋다고 얘기했다. 문 앞에서 존 스나이더를 마주한 쳇 베이커가 깜짝 놀라며 이렇게 말했다. "자넨 나보다 더 안 좋아 보이는군."

"그래요, 쳇. 요즘 상황이 많이 안 좋네요. 그나저나, 무슨 일이죠? 뭐 필요한 것이라도?"

쳇 베이커가 존 스나이더에게 물었다. "혹시 돈 좀 있어?"

"잠깐만요. 어디 보자…… 14달러 있네요."

"반만 줄래?"

"난 그에게 이렇게 되물었습니다. '7달러를 달라는 얘기예요?' 그랬더니 그렇다고 대답하더군요. 그래서 난 쳇 베이커에게 7달러를 건넸습니다. 그는 그대로 가 버렸죠. 그 이후로 우리는 다시 만나지 못했습니다."

17
이젠 사랑할 수 없다네

쳇 베이커와 마지막으로 함께한 지 5년. 다이앤 바브라의 삶은 조금이나마 나아져 있었다. 어느새 마흔두 살이 된 그녀는 얼마 전 석사 학위를 받은 뒤 비정규직으로 음악을 가르치고 있었다. 하지만 스스로에 대한 의구심이 발목을 잡았고, 소프라노 색소폰과 클라리넷을 연주하는 일은 자기 몫이 아니라고 판단했다. 대부분의 남는 시간은 10대가 된 아들을 돌보는 데 쓰고 있었는데, 그는 벌써부터 마약에 빠져 감옥에 드나들기를 밥 먹듯이 하고 있었다.

하지만 쳇 베이커에게서 걸려 온 한 통의 전화는 그녀의 삶에 새로운 빛을 전하는 듯했다. 일을 마치고 집에 돌아온 어느 날, 대문 앞에 서서 그녀를 기다리던 쳇 베이커와 마주쳤다. 손에는 커다란 부케가 들려 있었다. 다이앤 바브라의 마음은 한껏 부풀어 올랐다. 그녀의 아들도 무척 기뻐했다. 마침 친구들과 함께 있던 아들은 쳇 베이커가 자기 어머니의 연인이라고 자랑스레 말했다. 1950년대부터 마약중독에 빠져 있던 아주 유명한 트럼페터라고 덧붙이면서 말이다. 쳇 베이커는 그가 친구들에게 이렇게 말하는 걸 들었다. "그는 신이나 다름없어!" 쳇 베이커는 기회를 놓치지 않고 이 소년에게 마약을 좀 구할 수 있겠느냐고 물었다. 다이앤 바브라는 말했다. "그 말을 들은 순간 마음이 무너져 내리더군요. 가슴이 아팠어요. 하지만 그를 다시 만나게 됐다는 기쁨이 이내 모든 것을 잊게 해 주었죠."

3주가 넘는 시간 동안 쳇 베이커와 다이앤 바브라는 서로 떨어져 지내면서 함께 나누지 못했던 많은 것들을 주고받았다. 그는 다이앤 바브라가 기억하는 것보다 훨씬 상황이 좋지 못했다. 그녀는 말했다. "성격이 더 모질어졌더군요. 화도 잘 내고요, 아주 많이." 그 때문인지, 쳇 베이커가 몇 주간의 유럽 투어에 나서기 전 크리스마스를 보내기 위해 어머니와 가족들이 살고 있는 오클라호마로 떠났을 때, 다이앤 바브라는 잠시나마 이별을 고하기도 했다. 그즈음 쳇 베이커는 다시 루스 영과 연락을 취했다. 아마도 뉴욕을 떠나오면서 피아노를 팔아 버린 것이 마음에 걸린 탓이었겠지만, 그는 루스 영이 노래를 계속할 수 있도록 나름대로 도움을 주었다. 그녀의 데모 테이프를 프로모터들에게 들려주며 클럽 무대에 설 수 있도록 추천하기도 했다. 1983년에 보낸 편지에는 최대한의 칭찬을 하며 절대로 노래하기를 포기하지 말라고 강권했다.*

한동안이나마 쳇 베이커의 곁에는 그를 돌봐 주는 여인이 없었다. 그래서 그는 절박한 심정으로 자신과 가장 친한 친구의 딸에게 마음을 주었다. 미슐린 펠저는 그즈음 10년간의 동거를 마치고 미셸 그라이예와 결혼식을 올렸다. 하지만 그녀가 쳇 베이커에게 심취해 있다는 것도 더 이상 비밀이 아니었다. 1983년 초, 미셸 그라이예가 파리로 투어를 떠나 있는 사이 미슐린이 쳇 베이커의 시중을 들게 됐다. 부엌의 오븐 앞에 서서 그녀는 쳇 베이커를 위해 기쁜 마음으로 성대한 저녁 식사를 준비했다. 그가 미슐린의 뒤로 다가가 몸에 손을 댔다. 그가 물었다. "미슐린, 이 늙은이에게도 잘해 줄 수 있겠어?"

급기야 "사랑"의 삼각관계가 형성됐다. 게걸스럽게 끊임없이 무언가를 요구하는 음악의 대가와, 서로에게 그런 것처럼 그 음악인에게 현혹된 부부가 주인공이었다. 1978년 섣달그믐에 헤로인을 흡입하면서 제 갈 길을 잃어버렸던 미슐린은 그 이후로 주사기까지 사용하고 있었다. 정확한 날짜는 잘 떠오르지 않는다고 했지만, 장소(파리)나 주변 분위기는 아직도 기억하고 있었다. 처

---

* 보컬리스트로서 루스 영의 음악 경력은 결코 화려하거나 꾸준하지 못했다. 그러나 그녀의 음악적 재능 또한 상당 부분 과소평가된 경향이 컸고, 그녀가 쳇 베이커와 오랜 세월을 보내지 않았다면 꽤 성공적인 음악인의 길을 걸었을 것이라 생각하는 이들도 적지 않았다. 독일의 나겔 하이어 레이블에서 발표된 그녀의 앨범 《This is Always》(2002년 녹음)에는 쳇 베이커의 그림자가 짙게 드리워 있다. 생전의 쳇 베이커가 즐겨 불렀던 곡들이 다수 녹음됐으며, 그와 협연했던 허브 겔러와 볼프강 라커슈미트도 참여했다. 루스 영은 공개적으로 이 앨범을 "사랑하는 쳇 베이커에게 바친다"고 명시했다.

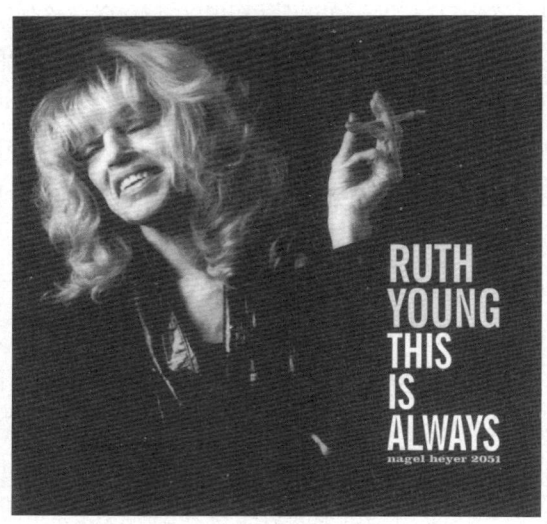

루스 영, 《This Is Always》(2005)

음에는 아무래도 내키지 않았던 모양이다. "쳇 베이커가 조금은 나를 부추기는 듯했어요. 그는 내게 '넌 역시 연약한 계집애야'라고 말했는데, 난 그 말이 그다지 마음에 들지 않았죠. '난 그런 여자가 아니에요. 좋아요, 해 주세요!'라고 대꾸했죠. 그래서 그가 내게 주사를 놓기 시작한 겁니다." 미셸 그라이예 역시 마찬가지였다. 그는 말했다. "난 사실 두려웠습니다. 하지만 결국 화장실에 들어가고 말았죠. 쳇 베이커에게 이렇게 말했어요. '내게도 해 주세요. 어디에다가 놔야 하는지 모르겠네요.' 그렇게 해서 그가 내게도 주사를 놓았습니다. 할 때마다 정말 황홀하더군요." 하지만 미슐린과 미셸 모두 마약에 빠지게 된 것에 대해 쳇 베이커를 탓하지 않았다. 미셸 그라이예는 이렇게 말했다. "하든 안 하든, 그건 결국 자기 자신에게 달린 문제 아닌가요."

어느새 쳇 베이커와 가장 깊은 단계까지 관계된 이 부부는 온 세상을 돌며 함께 연주 여행을 다녔다. 그의 투어 일정은 제대로 마치지 못한 1976년의 독일 컴백 투어를 처음 기획했던 네덜란드 출신의 에이전트 빔 버홋이 다시 합류하면서 박차를 가하게 됐다. 1983년의 일이었다. 그동안 내려져 있던 입국 금지령이 모두 해제되면서 쳇 베이커는 어느 나라든 마음 놓고 들어갈 수 있었다. 그는 쉼 없이 꾸준히 연주하기를 원했고, 빔 버홋은 이때부터 쳇 베이커가 세상을 떠날 때까지 비슷한 일정을 계속해서 진행했다. 잿빛이 감도는 금발 곱슬머리에 안경을 쓰고 덤덤한 말투를 지닌 그는 평소 사람들을 냉담하게 대해서 딱딱한 사업가의 분위기를 물씬 풍겼다. 쳇 베이커의 친구들은 그가 차갑고 돈만 밝히는 사람이라 얘기하곤 했다. 쳇 베이커는 그의 기획에 따라 움직이는 자신과 동료 연주자들을 "빔 버흐팀스"라 불렀다. 그리고 끝날 때까지 몇 달이나 걸리는 연주 일정을 따라 정신없이 여기저기를 오갔다. 미슐린은 말했다. "쳇 베이커는 종종 많이 피곤해하곤 했어요. 빔 버흣이 잡은 일정은 오늘 파리에서 연주한 다음에 내일은 남부 이탈리아로 가고, 또 그다음 날은 북부 독일까지 가야하는 식이었거든요. 어쩌면 그 때문에 쳇 베이커가 더 많은 마약을 필요로 했는지도 모르겠어요. 그런 연주 일정을 소화하는 게 어디 쉬웠겠어요?"

하지만 그 누구도 이 모든 일을 해야 한다고 강요하지는 않았다. 연주 시간에 임박해서 현장에 도착할 정도로 바쁜 데다가, 기회만 생기면 앨범 녹음을 마다하지 않은 것도 결국 쳇 베이커 자신의 선택이었다. 어느 것 하나 쉽게 해치울 만한 일도 없었다. 그런데도 며칠 공연 일정이 없는 날이 생기면 쳇 베이커는 파리 라이트뱅크에 위치한 동굴 같은 재즈 클럽 르 프티 오포르퇑Le Petit Opportun 에 가서 연주하기를 좋아했다. 거실처럼 아늑한 분위기의 클럽이었다. 그런 다음에도 더 남는 시간이 있다면 마약을 찾아 주변을 돌아다니는 데 모두 써 버렸다. 그가 어디에 있는지 수소문하기가 만만치 않을 때도 있었다. 하지만 쳇 베이커는 지금까지 빔 버흣과 그의 아내이자 사업 파트너인 리아처럼 부지런한 해결사를 만나 본 적이 없었다. 이들은 다루기 힘든 음악인들을 관리하고 어떤 경우에도 연주 스케줄을 맞추게 하는 데 전문가들이었다. 빔 버흣과 리아는 쳇 베이커의 일이 마치 아이를 돌보는 것과 비슷하다고 느꼈다. 그가 어디 있는지 알 아내기 위해 잘 짜인 연락망을 가지고 있어야 했고, 시간마다 호 텔에 전화를 걸어 그가 공연을 위해 제시간에 출발했는지 확인 하면서 마음 급한 프로모터("도대체 쳇 베이커는 어디 있는 거요?") 들을 달래야 했다. 쳇 베이커도 문제가 생기면 빔 버홋에게 바 로 전화를 했다. 자동차 열쇠를 잃어버렸다든지, 비행기 티켓이 보이지 않는다든지 할 때마다 말이다. 간혹 미국으로 떠나기 직 전에 무슨 일이 생겨 연락을 취할 때도 있었고, 몇 주에 걸친 유 럽 투어 일정을 하루아침에 모조리 취소해 달라는 얘기를 한 적 도 있었다. 그리고 또다시 갑작스레 전화를 걸어 와 지금 유럽에 도착했으니 당장 내일부터 연주를 시작하게 해 달라는 어처구 니없는 부탁을 늘어놓기도 했다. 빔 버홋은 흠잡을 데 없는 리듬 감각으로 잘 알려진 쳇 베이커가 막상 "날짜와 시간에 대한 개념 은 전혀 없었다"고 얘기했다.

투어가 진행되는 동안 빔 버홋의 로드 매니저로 일하던 피터 휴이츠가 쳇 베이커의 곁에서 일을 도왔다. 헬 갤퍼가 "로드 매니 저의 왕"이라 칭한 인물이었다. 안경을 쓴 채 부드러운 말씨를 지 닌 이 가정적인 사내는 흑백 혼혈의 머릿결이 시선을 끌었고, 모 든 돌발 상황을 꿋꿋이 참고 견딜 만큼 믿음직한 인물이었다. 니 스의 콘서트홀에서 연주가 있던 어느 날 밤, 그는 빔 버홋에게 전 화를 걸어 쳇 베이커가 제시간에 안전하게 무대에 올랐다고 보고 했다. 그러나 바로 다음 순간 어떤 일이 벌어졌는지 그는 미처 알 지 못했다. 몇 차례 악기에서 이상한 소리가 나더니, 당황한 쳇 베이커는 서둘러 무대에서 내려와 트럼펫에 기름칠을 해야 한다며 투덜대기 시작했다. 그런데 이 정신 나간 트럼페터가 악기에 칠하는 기름병 대신 틀니를 붙이기 위해 쓰는 풀을 집어 들고는 일을 벌이고 있는 게 아닌가. 피터 휴이츠는 그에게서 악기를 빼앗고는 이미 묻어 버린 풀을 서둘러 닦아 냈다. 하지만 이미 곳곳이 말라붙어 있었다. 쳇 베이커가 마우스피스를 불어 보았지만 아니나 다를까, 그저 공기 소리만 날 뿐이었다. 잔뜩 화가 난 그는 악기를 한쪽에 내던져 버렸다. 그러고는 불쑥 이렇게 말했다. "돈이나 줘." 피터 휴이츠는 난감한 목소리로 이렇게 대답했다. "쳇, 아직 우린 돈을 받지 않았어요. 이런, 관객들이 빠져나가고 있네!" 그랬더니 쳇 베이커가 다시 말했다. "좋아, 뭐 어쩌겠어! 내 다시는 이런 데서 연주하나 봐라!" 비슷한 일은 여러 번 반복됐지만, 피터 휴이츠 덕분에 쳇 베이커는 다시 감성적인 매력을 드러낼 수 있었고, 프로모터들은 위험 부담을 감수하면서도 그를 무대에 세웠다.

1950년대 초반부터 스탠 게츠는 쳇 베이커를 심술궂고 성가신 존재로 생각하고 있었다. 그래서 빔 버홋이 쳇 베이커와 함께 유럽을 돌며 다시 합동 공연을 해 보는 것이 어떻겠느냐 제안해 왔을 때 그다지 달가워하지 않았다. 스탠 게츠는 이미 자기 힘으로 좋은 상황을 유지하고 있었다. 헤로인 중독에서 벗어난 것은 물론이고 알코올 중독자 치료협의회에 가입할 정도였으니 더 이상 무얼 바랄 수 있었을까. 분명 그의 음악 경력은 최고조에 이르러 있었다. 백악관에 초청받아 연주하기도 했고 발표하는 앨범마다 높은 수준의 과감한 음악성을 선보였다. 쳇 베이커와 달리 그는 밴드를 꾸준히 유지하는 것이 얼마나 중요한지 알고 있었으며, 뉴욕에서 활동하던 탁월한 세 연주자들—피아니스트 짐 맥닐리Jim McNeely와 베이시스트 조지 므라즈George Mraz, 드러머 빅터 루이스Victor Lewis—을 꾸준히 기용했다.*

두 사람이 함께하는 투어는 두말할 것 없이 돈이 될 만한 일이었고, 쳇 베이커는 주저 없이 이 계획에 동의했다. 그러나 스탠 게츠는 몇 가지 조건들을 내세웠다. 먼저, 다른 나라에 입국할 때 쳇 베이커와 함께 세관을 통과하지 않는다. 둘째, 그가 데려오는 연주자들은 공연에 참여하지 않는다. 그리고 셋째, 그가 못된 행동을 벌인다면 투어 도중이라도 쳇 베이커를 "내쫓을" 수 있는 권한을 갖는다. 빔 버홋은 이 모든 조건에 동의했다. 그리고 서둘러 서른 번이 넘는 많은 공연을 기획했다. 네덜란드와 프랑스를 비롯하여 심지어 사우디아라비아까지 포함돼 있었다.

스탠 게츠는 첫날부터 조짐이 좋지 않다고 느꼈다. 6주 동안 이어질 긴 투어에 나서면서 쳇 베이커가 더러운 코트를 걸친 채 갈색 종이 가방 하나와 악기만 들고 나타났기 때문이었다. 투어의 첫 공연이 열린 1983년 2월 10일, 네덜란드 라런의 싱허르 콘체르

---

* 스탠 게츠는 1960년대에 보사노바 열풍과 함께 최고의 인기를 누린 뒤 1970년대를 휴식기로 보냈다. 간혹 좋은 앨범을 발표했지만 전반적으로 몸을 추스르기 위해 쉴 때가 많았다. 그리고 건강을 회복한 뒤 1980년대 초부터 매우 정력적인 활동을 다시 펼치기 시작했다. 쳇 베이커의 말년 연주가 그런 것처럼 스탠 게츠의 당시 음악이 충분한 조명을 받지 못할 때가 많은데, 폐암으로 세상을 떠난 1991년까지 그에게 주어진 마지막 10년의 세월은 음악적으로 찬란하기 그지없었다.

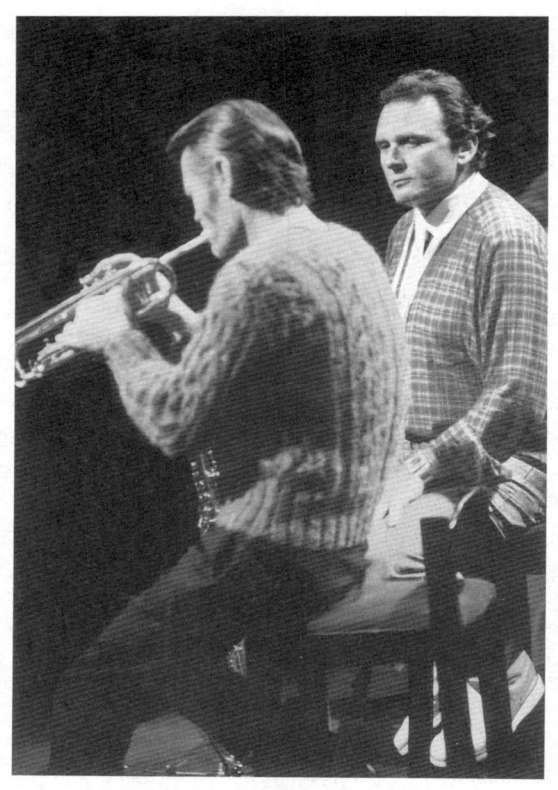

1983년 2월, 스톡홀름에서 협연하는 쳇 베이커와 스탠 게츠

트잘Singer Concertzaal에서 급기야 스탠 게츠는 발끈하고 말았다. 두 사람은 솔로를 주고받거나 종종 듀엣으로 연주하며 공연의 대부분을 함께 나누었다. 그런데 스탠 게츠는 유럽의 관객들이 쳇 베이커에 대해 유난히 깊은 애정을 지니고 있었음을 미처 인지하지 못하고 있었다. 시카고 출신의 피아니스트로 암스테르담에 거주하면서 당시 공연을 지켜본 어브 로칠린Irv Rochlin은 말했다. "확실히 쳇 베이커가 스탠 게츠보다 박수를 더 많이 받더군요." 무대 위의 스탠 게츠는 잔뜩 삐친 시골 할아버지 같아 보였다. 그는 핑크색 스웨터에 하늘색 바지를 입고 흰 운동화를 신은 채 무대 위를 돌아다니며 공연 내내 얼굴을 찡그리고 있었다. 반면 쳇 베이커는 너무나 지친 듯 슬픈 표정을 하고 있었는데, 되레 그 모습이 사람들의 마음에 적잖은 인상을 남겼다.

확실히 두 사람은 음악적으로 잘 맞는 짝이 아니었다. 쳇 베이커의 체력은 이미 다 소진돼 있었지만 사운드는 더 날카롭게 들렸고, 스탠 게츠의 연주는 젊은 시절의 냉랭하면서도 부드러운 면모를 아직도 완벽하게 재현하고 있었다. 어느 때보다 절제된 느낌의 연주를 지켜보면서 예전에 그와 협연했던 베이시스트 존 버는 스탠 게츠의 음악이 너무 자연스럽지 못하다고 생각했다. 존 버는 말했다. "사실 그는 다양한 소절을 자유롭게 구사하지 못했습니다. 그가 집중적으로 다듬어 내려 했던 건 바로 사운드의 질이었죠. 반면 쳇 베이커는 매일 밤 연주가 계속되면서 단지 사운드뿐 아니라 음악을 통해 뭔가 새로운 방법을 찾아내려 애쓰고 있었습니다." 공연에서 가장 큰 환호는 언제나 쳇 베이커가 연주

한 〈My Funny Valentine〉 이후에 쏟아졌다.[*]

무대 위의 스탠 게츠는 감정을 잘 다스리고 있는 듯했지만, 이후 3주에 걸쳐 잔뜩 화난 목소리로 빔 버홋에게 여러 차례 전화를 걸었다. 사실 그는 조지 므라즈의 술버릇을 조절하기 위해 애쓰고 있던 참이었는데, 쳇 베이커가 이 베이시스트에게 코냑 한 병을 사 준 것이었다. 게다가 스탠 게츠의 평전을 집필한 도널드 L. 매긴Donald L. Maggin에 의하면, 그 자신도 투어 두 번째 주, 분위기에 휩쓸려 술과 코카인에 손을 댔다고 했다. 쿨 재즈의 명인들이 다시 만나 공연을 벌이면서 점점 아이들의 놀이방 같은 모습이 형성되고 있었다는 얘기다.

결국 이 긴장은 2월 말에 폭발하고 말았다. 밴드가 사우디아라비아로 떠날 때, 쳇 베이커는 비행기를 타기 전에 미리 마약을 구해서 이 세상 그 어느 나라보다 심하게 마약을 단속하는 그곳에 가지고 갈 생각이었다. 이 사실을 알게 된 스탠 게츠는 분노를 금치 못했고, 빅터 루이스가 얘기한 것처럼 쳇 베이커에게서 마약을 빼앗아 화장실 변기에 던져 넣고는 물을 내려 버렸다. 그러고는 빔 버홋에게 바로 전화를 해서 이렇게 따져 물었다. "나요, 쳇 베이커요? 선택하시오!" 빔 버홋은 스탠 게츠가 그토록 화를

• 당시의 음악을 마주할 수 있는 작품이 2월 18일 스웨덴에서 벌인 공연 실황을 석 장의 CD에 담은 버브 레이블의 《The Stockholm Concerts》와 이튿날인 2월 19일 노르웨이에서 행한 연주를 두 장의 독립된 앨범으로 콩코드 레이블이 제작한 《Quintessence》이다. 두 음원 모두 1980년대 초반의 스탠 게츠를 만날 수 있는 꽤 좋은 작품으로 평가받았다. 《The Stockholm Concerts》에는 여러 사진이 실려 있는데, 앞 페이지에 실린 것처럼 스탠 게츠의 표정은 매우 못마땅한 느낌이다.

내는 이유가 단지 질투심 때문이었다고 판단했다. 쳇 베이커도 같은 생각이었다. 빔 버홋은 쳇 베이커에게 연락을 취해 더 이상 스탠 게츠와 공연을 치를 수 없게 됐음을 알렸다. 남은 연주료는 모두 지급하겠다고 했다. 돈을 받은 쳇 베이커는 이의를 제기하지 않았다. 훗날 그는 리에주 출신의 테너 색소포니스트 가이 메시Guy Masy와 얘기하다가 존 오그레이디 형사에게 그랬던 것처럼 스탠 게츠에게 심한 저주의 말을 퍼부어 댔다.

취소된 스탠 게츠의 공연 대신 빠른 시일 내에 짧은 투어가 마련됐다. 미셸 그라이예와 함께하는 듀오 무대였다. 그의 피아노 연주 스타일은 빌 에반스의 우아한 화성에 프랑스 인상주의의 현란한 느낌이 더해진 듯했다. 쳇 베이커와 함께 무대에 선 미셸 그라이예는 자신이 모든 지혜에 통달한 선각자의 발밑에 놓인 아이 같다고 느꼈다. 하지만 술에 취한 나머지 코드를 잘못 누르고 타임 감각이 흐트러지자 쳇 베이커는 불쾌한 기분을 아주 적나라하게 드러냈다. 니콜라 스틸로는 이렇게 말한 적이 있었다. "음악을 연주하다가 누군가 틀리기라도 하면, 쳇 베이커는 그걸 더없는 폭력인 양 받아들였어요." 쳇 베이커가 미셸 그라이예에게 보인 반응이 바로 그러했다. 시칠리아의 한 성당에서 공연을 벌이던 도중 이 젊은 피아니스트가 〈My Funny Valentine〉의 코드를 잘못 누르자, 쳇 베이커는 당장 악기를 내려놓고 피아노 앞으로 뚜벅뚜벅 걸어갔다. 그리고 의자에 앉아 있던 미셸 그라이예를 한 손으로 밀친 뒤 잔뜩 화가 난 듯 다른 한 손으로 건반을 눌렀다. 그럼에도 미셸 그라이예는 한 번도 기분 나빠하지 않았다. "나에

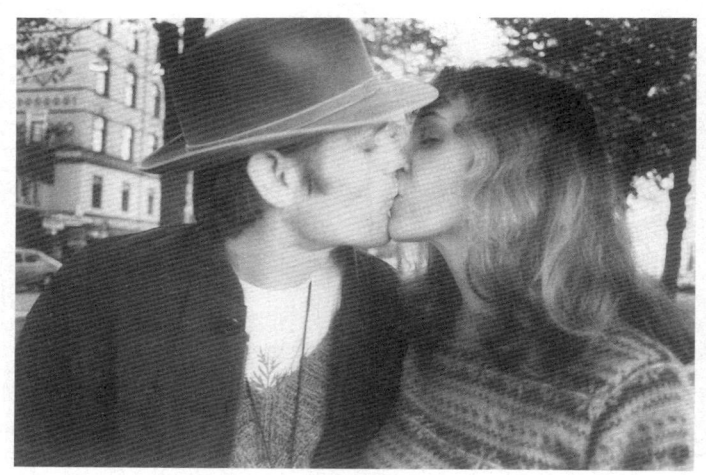

1983년 9월, 유럽의 길거리에서 키스를 나누는 쳇 베이커와 다이앤 바브라.
그녀는 그에게 마지막으로 주어진, 지독한 사랑이었다.

게 쳇 베이커는 단순한 친구가 아니었어요. 마치 영적인 아버지와 같은 존재였죠. 난 그가 했던 모든 것을 그냥 받아들였기 때문에 쳇 베이커의 곁에서 오래도록 연주할 수 있었다고 믿어요. 사실 그의 행동이 옳지 않았던 적도 많았어요. 그래도 난 묵묵히 받아들였죠."

스탠 게츠와 벌이던 투어가 중단된 뒤, 다이앤 바브라가 유럽으로 건너와 쳇 베이커와 함께했다. 그녀가 곁에 있게 되자 그의 마음은 비로소 휴식을 취할 수 있었다. 쳇 베이커는 다이앤 바브라를 자신의 분신처럼 여겼고 심지어 자기 자신보다 스스로의 음악을 더 깊이 이해하는 사람이라 생각했다. 사람들이 보는 앞에서도 그들은—당시 쳇 베이커는 쉰세 살, 다이앤 바브라는 마흔세 살이었다—사랑에 빠진 10대들처럼 서로 부둥켜안거나 손을 잡고 다녔다. 이 와중에 쳇 베이커의 최측근들은 어쩔 수 없이 서로를 성가신 존재로 느끼기 시작했다. 모두 그의 관심을 독차지하려고 했기 때문이었다. 그라이예 부부는 그들이 쳇 베이커와 가깝게 지내는 걸 다이앤 바브라가 싫어한다고 믿었다. 미슐린은 말했다. "다이앤 바브라는 내가 쳇 베이커와 마약을 구하러 나갈 때마다 질투를 하곤 했어요. 하지만 그녀가 우리와 함께 센강 변에 나가 세 시간 동안 딜러를 기다릴 필요는 없잖아요?" 니콜라 스틸로 역시 언제나 쳇 베이커의 곁에 붙어 있으려 했기 때문에 그들 사이에는 한층 더 강한 긴장감이 감돌게 됐다. 그에 대해 미슐린은 이렇게 말했다. "그는 언제나 우리 옆에 있었어요. 정말이지 언제나 말이에요. 간혹 다이앤의 모습이 보이지 않아서 내가 쳇 베이커와 사적인 시간을 가지려고 하면, 이번에는 니콜라 스틸로 때문에 그것 또한 아주 힘들었죠." 다이앤 바브라도 같은 얘기를 했다. "니콜라와 나는 함께 어울린 적이 없었습니다. 왜냐하면 그는 나를 질투했고, 반대로 나 역시 그를 질투했으니까요. 그 때문에 적잖은 마찰이 일어나곤 했죠."

쳇 베이커가 많은 문제에 시달리고 있었다는 것은 그 어느 때보다 확연해 보였다. 1983년 스페인 투어 도중에 한 텔레비전 방송국과 인터뷰를 가졌다. 바르셀로나의 호텔 로비에 다이앤 바브라와 함께 앉아 있던 그는 쏟아지는 질문에 퉁명스럽게 답했다. 그는 확실히 지쳐 보였다. 몇 주 동안 깎지 않은 긴 머리는 지저분하게 흘러내려 있었고 면도도 하지 않은 상태였다. 검은 티셔츠에는 큰 글씨로 "재즈"라 적혀 있었다. 그는 이렇게 내뱉었다. "연주하지 않으면 난 밥도 먹지 않소! 그게 내가 돈을 벌 수 있는 유일한 길 아니오? 평생토록 많은 앨범을 발표했지만 그걸로 돈을 번 일은 한 번도 없었소!" 왜 요즘 들어 드러머를 기용하지 않느냐는 질문에는 한층 더 발끈해서 이렇게 대답했다. "왜냐하면 드러머들은 기껏 시끄러운 소리만 만들어 낼 뿐이니까. 그렇소, 바로 그 때문이오. 어차피 난 옆에서 타임을 맞춰 줄 누가 없어도 충분히 연주할 수 있소!" 이마를 손가락으로 쿡쿡 찌르며 그는 이렇게 덧붙였다. "내 머릿속엔 이미 명확한 타임 감각이 박혀 있소!"

그가 1980년대에 만들어 낸 음악에 대해 사람들의 생각은 명확히 갈려 있었다. 특히 유럽에 있는 많은 음악인들과 팬들이 듣기에 그의 연주는 한결 더 시적이고 표현력이 넘쳤으며 그 어느 때보다 풍부한 톤을 내고 있었다. 1979년부터 1988년까지 가끔 쳇 베이커와 협연했던 캐나다 출신의 베이시스트 로키 크나우어 Rocky Knauer는 이렇게 말했다. 그는 당시 독일에 살고 있었다. "나는 그에게 정말 많은 걸 배웠습니다. 심지어 연주가 그다지 좋지 않은 날이라 해도 분명 뭔가 배울 만한 게 벌어지곤 했죠. 일단 연주가 시작되면 마법의 양탄자를 타는 듯했으니까요."

그러나 분명 문제는 적지 않았다. 쳇 베이커는 점점 더 많은 신체적 고통을 호소했고, 틀니 때문에 매일같이 아픔에 시달렸다. 비행기와 차를 타고 끊임없이 이어지는 여정, 그리고 많은 클럽 연주와 녹음 일정으로 그의 삶은 매우 분주했다. (루스 영과 마지막으로 가진 대화에서 그는 자신이 치른 많은 녹음 작업에 대해 이렇게 말하기도 했다. "한순간도 쉬지 못하고 계속 이어질 뿐이야. 녹음이 너무 많거든.") 자크 펠저의 집에 들르면 그는 언제나 바로 침실로 올라가 잠을 청했다. 어브 로칠린은 이렇게 말했다. "클럽 일정이 너무 많았어요. 지루하기 짝이 없었죠. 그 고통을 마약으로 달랬던 겁니다." 사람들이 자기를 쳐다볼 때도 그는 그들이 불쾌감을 느낀다고 생각했다. 당시 20대 초반이던 드러머 케니 워싱턴Kenny Washington은 네덜란드의 한 호텔 식당에서 일어난 일을 잊지 않고 있었다. 아침 식사를 마친 뒤에 그들은 편안한 분위기 속에서 연주 여행에 대해 이런저런 얘기를 나누고 있었다. 그때 몇 자리 건너에 앉아서 신문을 보고 있던 한 남자가 쳇 베이커를 알아보는 듯하더니 자꾸만 힐끔거리며 시선을 던지는 것이었다. 쳇 베이커는 계속해서 부드럽고 따스한 목소리로 케니 워싱턴에게 얘기를 건네고 있었다. "곧 이탈리아로 건너가게 될 거야. 거기에서 또 투어가 있거든……." 그런데 그가 갑자기 신문을 들고 있던 남자에게 몸을 돌리더니 식당 안이 모두 울릴 정도의 큰 소리로 이렇게 외쳤다. "이 자식아, 뭘 자꾸 쳐다보는 거야!" 당황한 남자는 냉큼 신문 뒤로 몸을 숨겼다. 케니 워싱턴은 말했다. "그러고는 마치 아무 일도 없었다는 듯이 다시 내게 이야기를 계속하더군요."

쳇 베이커는 연주 생활이 30년이나 지났지만 아직도 특별한 준비 없이 바로 무대에 오를 수 있을 만큼 충분히 자신 있다고 생각했다. 그러나 그는 더 이상 젊은 시절의 그가 아니었다. 그래서 공연에서 연주하는 첫 곡은 잘 맞지 않는 소리와 엉성한 분위기로 엉망이 되기 일쑤였다. 그럴 때면 오만상을 찌푸린 채 악기를 입에서 떼고는 아래위로 흔들어 댔다. 마치 그 안에 나쁜 뭔가가 들어 있기라도 한 듯이 말이다.

다이앤 바브라는 말했다. "내가 볼 때 당시 그의 생활은 너무 피곤했어요. 그럼에도 연주를 잘 해내야 한다는 중압감에 시달리고 있었죠. 잠은 충분히 잘 수 없는데 너무 많은 마약을 했죠. 그러다 보니 음악은 더 이상 창조적이지 못했고요. 물론 그의 타임 감각은 언제나 대단했습니다. 다른 누구도 그처럼 멋진 그루브를 표현하지 못했죠. 하지만 그가 다루는 소절은 풍부하지 않았습니다. 매번 그걸 다시 엮어서 연주할 뿐이었죠. 그래서 새로운 뭔가를 만들어 내기가 여의치 않았어요. 좋은 연주자들이 곁에 있으면 분명 자극을 받았을 텐데, 대부분 그가 기용한 이들은 수준이 그다지 높지 않았거든요." 스탠 게츠의 밴드와 연주할 때를 생각해 보면, 다이앤 바브라는 드러머 빅터 루이스의 존재가 쳇 베이커로 하여금 상당히 좋은 음악을 선보이게 했다고 믿었다. "그 드러머는 분명 쳇 베이커에게 많은 자극을 주고 있었습니다. 자, 한번 해 보시오! 하는 느낌으로 말이죠. 바로 그 때문에 쳇 베이커는 드러머와 함께 연주하기를 꺼렸던 거예요. 창조적인 음악을 만들어 내기에는 너무 피곤했으니까요."

코카인과 담배는 한때 이슬이 맺힌 듯했던 그의 노래를 폭 좁고 장난감 피리 같은 콧소리로 바꿔놓았다. 이미 수백 번이나 불렀던 곡들의 가사를 제쳐 둔 채 그는 단지 "흥얼거리는" 스타일로 노래하기 시작했다. 물론 이러한 시도가 다른 음악인들에게 깊은 인상을 남기기도 했지만 젊은 시절의 그가 선보인 달콤한 느낌은 상당 부분 포기한 것이나 다름없었다. 네덜란드 출신의 트럼페터 에버르트 헤케마Evert Hekkema는 1980년대 중반, 쳇 베이커가 스스로 자신의 음악을 만족스러워하지 않고 있음을 깨달았다. 공연이 끝난 뒤 찬사를 보내던 그에게 쳇 베이커는 불만스러운 말투로 이렇게 말했다. "아니. 오늘 밤 연주는 영 아니었어." 무대 위의 쳇 베이커는 샐쭉거리기 일쑤였고 관객들에게도 거의 얘기를 건네지 않거나 아예 쳐다보지 않을 때도 많았다.

노래가 진행되는 도중에 "기계의 다이얼을 조금 더 돌려 보라"—노랫소리를 좀 더 크게 해 달라는 얘기였다—며 엔지니어를 질책하기도 했다. 장루이 라생포스는 이런 경우를 자주 목격했다. "쳇 베이커는 트럼펫의 앞쪽을 마이크에 가깝게 붙이고는 일부러 찢어지는 소리를 내기도 했어요. 그러고는 이렇게 말했

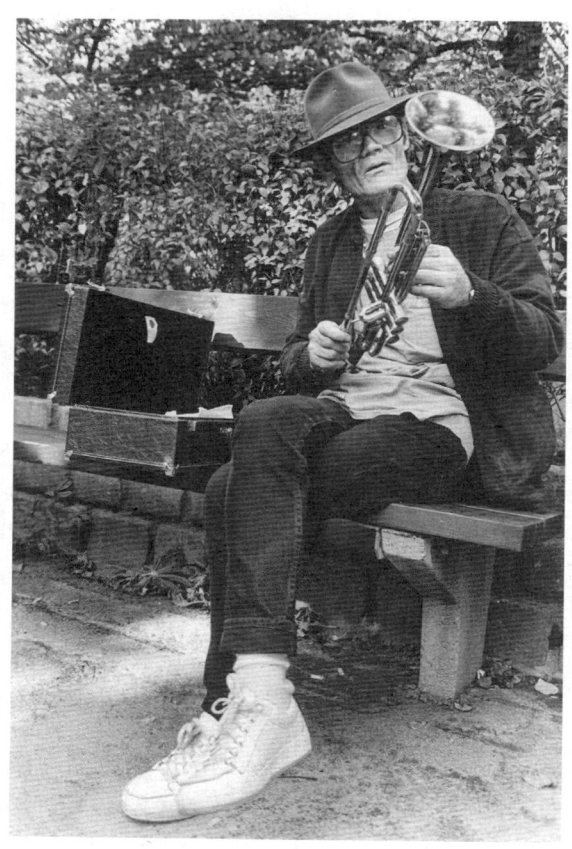

1983년 9월, 스웨덴에서

죠. '그렇게밖에 일을 못 하나!' 사실 그는 사운드 엔지니어들과 마찰이 잦았습니다. 왜냐하면 그들은 쳇 베이커가 뭘 원하는지 잘 몰랐거든요. 물론 그는 미리 충분히 의사를 전달하지 않았습니다. 하지만 이 세상의 모든 사람이 그가 원하는 트럼펫 사운드가 어떤 건지 알고 있어야 한다고 생각했죠." 공연이 끝날 즈음, 쳇 베이커는 짤막하고도 깔끔한 인사말을 던진 채 서둘러서 무대를 내려오곤 했다. "대단히 감사합니다. 좋은 시간 보내셨길 바랍니다."

그러나 심지어 가장 안 좋은 상태에서도 쳇 베이커는 사람들을 감동시킬 사운드를 아직 지니고 있었다. 단지 몇 개의 음정만 가지고도 관객들을 집중시킬 수 있는 힘 말이다. 그리고 그런 전율을 맛본 유럽의 팬들은 어떤 일이든 감수해 냈다. 그가 파리에 머물 때 자주 등장했던 동굴 모양의 클럽 뉴 모닝New Morning에서 1983년에 벌인 연주가 바로 그랬다. 재즈와 월드 뮤직이 흘러나오던 이 클럽의 주인은 매력적이고 우아한 얼굴에 좋은 사업 감각을 겸비한 이집트 태생의 전직 저널리스트 마담 에그랄 파르이Madame Eglal Farhi였다. 그녀는 이렇게 말했다. "우리 클럽에 오는 사람들은 쳇 베이커가 연주할 상태가 아닌데도 무대에 서곤 했다는 걸 잘 알고 있었어요. 하지만 그들은 개의치 않았죠. 어쨌든 사람들은 그를 보기 위해 클럽을 찾았으니까요." 그러나 마담 에그랄 파르이도 다른 이들이 종종 그랬던 것처럼 이러한 상황을 마음 편히 바라보지만은 않았다. "마치 서커스를 보러 오는 듯한 기분으로 클럽을 찾는 사람들이 가끔 있었다는 게 난 마음에 들지 않았어요. 그런 데 가면 사람들은 공중곡예를 하는 서커스 단원이 허공에서 떨어져 버리는 걸 기대할 때가 있잖아요? 이번에 쳇 베이커의 연주를 듣고 나면 다시는 그를 볼 수 없을 거라 생각하는 관객도 있었다는 얘기죠."

쳇 베이커의 두려움을 가라앉힐 수 있는 것은 결국 마약뿐이었다. 어느 날 그는 다이앤 바브라와 함께 코펜하겐의 몽마르트르 재즈 클럽에서 다른 연주자가 공연하는 모습을 지켜보고 있었다. 그때 그는 이렇게 고백했다. "지금 내가 무대에 올라 연주하면 완전히 다 망쳐 버리고 말 거야. 전혀 준비가 안 돼 있거든." 다이앤 바브라는 그가 느끼던 공포를 잘 이해했다. 그녀에게 색소폰을 들고 함께 무대에 오르자고 애원할 때마다 다이앤 바브라는 주저했고, 여간해서는 그 부탁을 들어주지 않았다. 미슐린은 말했다. "사실 쳇 베이커는 다이앤 바브라를 도울 수 있다면 뭐든 마다하지 않았죠."

몸 어느 곳에도 마약을 주사할 혈관이 남아 있지 않게 되자, 쳇 베이커는 목의 동맥을 찾아 주사하기 시작했다. 차가운 눈빛으로 주사기를 든 채, 몇 시간 동안이나 화장실에서 거울을 비추며 피멍 든 목 주변을 살펴보곤 했다. 그즈음 쳇 베이커가 마약을 구하기 위해 즐겨 찾던 곳은 도시의 경관과 어울리지 않게 마약과 섹스를 관대하게 다루고 있던 암스테르담이었다. 그는 말했다. "그곳 사람들은 그들이 다른 나라에 가 있을 때도 그런 것처럼 '사소한' 일에 절대 완고하지 않지." 쳇 베이커는 프랑스인들이 "건방지고 위선적"이라고 느꼈으며, 독일인들은 "지루하다"고 생각했다. 하지만 암스테르담에 가면, 그가 어느 인터뷰에서 말한 것처럼, "하루 종일 사람들이 파티를 벌였다"고 했다. 여행객들은 그래스호퍼Grasshopper 같은 카페에 모여들어 메뉴판에서 다양한 종류의 대마초를 주문할 수도 있었다. 비록 헤로인은 불법이었지만 이에 대해서도 그다지 엄격한 잣대를 들이밀지는 않았다. 심지어 마약중독자들이 더 이상 병을 퍼뜨리지 않도록 깨끗한 주삿바늘을 제공하기도 했다.

마약에 빠진 이들에게 제이디크 거리는 이상향과도 같았다. 기차역 주위를 둘러싸고 있던 이 거리는 포르노 가게와 드러내 놓고 매춘 영업을 하는 곳으로도 악명이 높았다. 여러 곳으로 갈래가 뻗어 있던 주변의 다른 거리와 달리, 제이디크는 시작과 끝이 거의 막다른 형태를 띠고 있었다. 마약 딜러와 그들을 찾는 고객들에게 일정한 프라이버시를 제공하는 셈이었다. 1980년대 제이디크 인근에 살았던 미국 출신의 화가 닉 윌리엄스Nik Williams는 이 거리에 나서면 "집집마다" 마약과 관련된 움직임이 벌어지고 있었음을 기억했다. 그는 말했다. "밤에 그곳을 돌아다니다 보면 마약을 사라고 부추기는 이들을 언제나 만날 수 있었습니다. 많은 사건이 일어나는 우범지대이기도 했죠." 일단 마약을 손에 넣고 나면 사람들은 근처 운하에 널려 있던 보트에 뛰어올라 그 안에서 마약을 했다.

쳇 베이커는 제이디크 거리를 자주 찾았다. 어떤 딜러들은 직접 이름을 불러 그와 인사를 나누기도 했다. 그러나 그가 "닥터 필굿Dr. Feelgood"이라 부르던 로베르트를 만나게 된 뒤로 쳇 베이커는 마약을 구하는 데 있어 좀 더 신중한 방법을 쓰기 시작했다. 재즈를 좋아하던 네덜란드 출신의 이 내과의사는 암스테르담 외곽에 위치한 자신의 큰 집에서 직접 환자를 보았다. 쳇 베이커는 이 의사의 집에 세 들어 살던 어브 로칠린을 통해 로베르트를 알게 됐다. 그는 쳇 베이커에 대해 적잖은 경외심을 품고 있었으며, 결국 이 트럼페터가 원하는 만큼 메타돈과 진정제를 구해 주었다. 그런데 쳇 베이커에게 이 "진정제"들은 되레 헤로인보다 더 위험했다. 이 약을 먹고 나면 그의 몸은 모든 조절 기능을 상실했고, 불안정한 상태에서 심한 망상의 경련에 빠져들기도 했다. 다이앤 바브라는 쳇 베이커에게 그 약을 주지 말도록 로베르트를 설득했지만 별 소용없었다. 그녀는 말했다. "그들이 쳇 베이커를 완전히 미치게 만들었죠. 얼마나 무서웠는지 아마 상상할 수 없을 겁니다."

물론 쳇 베이커가 가장 선호한 마약은 역시 헤로인이었다. 어느 날 그는 내키지 않아 하는 어브 로칠린을 붙잡고 제이디크에 차로 데려다 달라고 말했다. 몇 년 전 마약 관련 범죄로 수감 생활을 한 경험이 있던 어브 로칠린은 잔뜩 신경이 날카로워진 채 쳇 베이커가 마약을 구하는 동안 차 안에서 꼼짝하지 않고 기다렸다. 호텔로 돌아오는 길에 어브 로칠린은 잠시 볼 일이 있어 아파트에 들렀다. 그리고 집에 혼자 남은 쳇 베이커에게 이렇게 신신당부했다. "쳇, 아직 하지 말아요. 잠시 후면 바로 호텔에 데려다줄게요."

그러나 어브 로칠린이 집에 돌아왔을 때 쳇 베이커는 발가벗은 채 부엌 싱크대 한쪽을 붙들고 서서 "나뭇잎처럼 벌벌 떨고 있었다." 그는 혈관을 찾기 위해 옷을 모두 벗은 뒤 치사량에 가까운 헤로인을 주사한 것이었다. 나머지 마약은 테이블에 쌓여 있었다. 어브 로칠린을 발견한 쳇 베이커는 어서 식염수를 주사할 수 있게 준비하라고 말했다. 흔히 마약중독자들이 헤로인의 약효를 떨어뜨려 죽음을 피하기 위해 사용하는 방법이었다. 숨을 헐떡이던 쳇 베이커가 말했다. "빨리 목에 주사해! 그다음에 지혈하고!" 어브 로칠린은 주사기를 준비했지만 손이 떨려 말을 듣지 않았다. "도저히 못 하겠어요!" 그러고는 쳇 베이커에게 주사기를 건네줬다. 쳇 베이커는 자신의 인후부에 바늘을 찔렀다. 그러고는 발가벗은 채로 그냥 주저앉아 버렸다. 어브 로칠린은 말했다. "한참 뒤에야 비로소 정신을 차리더군요."

다시 자리에서 일어난 쳇 베이커는 옷을 챙겨 입고 마약을 모아 가방에 넣었다. 어브 로칠린은 다시 그를 호텔로 데리고 갔다. 목적지에 도착하자 쳇 베이커는 그에게 잠시 올라와 앉았다 가라고 얘기했다. 두 사람은 아무 일 없었다는 듯이 대화를 나누었다. 어브 로칠린이 물었다. "이봐요, 이렇게 사는 거 좀 지겹지 않아요?"

"쳇 베이커는 내 말을 다르게 이해했어요. 공연을 위해 연주자를 구하고 여행을 다니고 하는, 재즈 음악인들의 일상적인 삶을 묻는 줄 알았던 거죠. 그래서 마약에 대해 얘기하는 거라고 다시 물었습니다."

쳇 베이커는 대답했다. "글쎄, 한 번도 생각해 보지 않아서 잘 모르겠는데."

암스테르담에 정착하기로 마음먹은 쳇 베이커는 1983년 봄, 어브 로칠린에게 전화를 걸어 차를 팔려고 내놓은 사람이 없겠 는지 물었다. 다행히도 마침 그의 주변에 그런 사람이 하나 있었 다. 그의 친구인 에버르트 헤케마가 푸조 한 대를 팔고 싶어 했 다. 그날로 쳇 베이커는 차 주인을 옆에 태우고 이 스포츠카를 시운전했다. 에버르트 헤케마는 단정치 못한 그의 모습에 놀랐 다. 엉클어진 잿빛 머릿결은 차가 코너를 빠른 속도로 돌 때마다 아무렇게나 휘날렸고 깎지 않은 발톱이 샌들 밖으로 삐져나와 있었다. 그러나 쳇 베이커는 이 젊은 음악인 앞에서 암스테르담 에서 생활하는 것에 대해 많은 질문을 던지며 갖은 아첨을 다 떨 었다. 결국 에버르트 헤케마는 차를 헐값에 넘기고 말았다. 그리 고 머물 곳을 구하고 있다는 말에 순진하게도 자신의 아파트 방 하나를 한 주에 100길더(약 65달러)만 받고 내주기까지 했다. 에 버르트 헤케마는 엘리베이터 없는 건물의 큰 방 네 개가 딸린 아 파트에 살고 있었다. 두 개의 운하가 만나면서 주변 풍경이 아주 좋은 동네였다. 그러나 쳇 베이커가 이곳을 마음에 들어한 이유 는 제이디크 거리에서 단 몇 분밖에 걸리지 않을 만큼 매우 가까 웠기 때문이었다.

에버르트 헤케마는 자기 집에 이사 온 쳇 베이커가 그동안 겪 은 굉장한 일들을 얘기해 주는 것이 무엇보다 즐거웠다. 그가 리 오 미첼과 함께 암스테르담에서 파리로 기차를 타고 갈 때 일어 난 일이 특히 흥미로웠다. 일등석 기차표를 손에 쥔 두 사람은 객 실 문을 열고 자리를 잡았다. 잘 차려입은 미국인 부부가 먼저 와서 앉아 있었다. 쳇 베이커와 리오 미첼은 길거리에서 잠을 자다 온 것처럼 겉모습이 남루하기 그지없었다. 더구나 이 트럼페터는 목욕을 하는 대신 파코 라반 향수를 몸에 뿌려 대곤 했다. 미국인 부부는 그의 체취 때문에 이내 코를 찡그렸다. 몇 분 뒤 남자가 자기 아내에게 속삭였다. "냄새 한번 정말 지독하군!" 그 말을 들은 쳇 베이커는 환기를 시키기 위해 창문을 열었다. 차가운 냉기가 객실 안으로 밀려들어 왔다. 남자가 쳇 베이커에게 말했다. "창문 좀 닫아 주시겠습니까? 이러다 감기 걸리겠소."

남자를 노려보던 쳇 베이커가 차분한 말투로 이렇게 말했다. "냄새가 빠질 때까지 열어 두는 게 낫지 않겠나?"

잠시 어색한 침묵의 시간이 흘렀다. 마주 앉아 있던 남자가 다시 말을 꺼냈다. "우린 즐거운 여행을 하고 싶단 말이오!"

그러자 쳇 베이커가 이렇게 말했다. "잘 들어, 이 자식아. 한 번만 더 까불면, 지금까지 경험해 본 것 중에서 가장 불쾌한 여행을 하게 해 줄 테니."

쳇 베이커가 이 얘기를 전해 준 그날 밤, 에버르트 헤케마도 더없이 불쾌한 경험을 하게 됐다. 침대에 누워 잠이 들었던 그는 누군가 자기 방에 들어와 있음을 깨달았다. 마약에 취한 쳇 베이커가 빨간 티셔츠 하나만 달랑 걸친 채 동상처럼 아무 움직임 없이 몸을 잔뜩 수그리고 한쪽에 서 있는 게 아닌가. 당황한 에버르트 헤케마는 한동안 그냥 그를 바라보았다. 어느새 제정신을 차린 쳇 베이커는 자기가 어디에 와 있는지 비로소 깨닫는 눈치였다. 부끄러워 어쩔 줄 몰라 하던 그는 그 순간을 장난인 것처럼 꾸며 댔다. 나이 들어 등 굽은 카우보이가 지팡이를 짚고 서 있는 흉내를 내면서 말이다.

사실 쳇 베이커의 행동이 우습다고 말하기엔 언제나 별난 구석이 너무 많았다. 몸 상태가 제대로 돌아가지 못할 만큼 악화된 탓이었지만, 심지어 뜨겁고 찬 것을 구분하는 단순한 감각도 말을 듣지 않을 때가 있었다. 히터의 수위를 최고로 올려 둔 채 땀을 뻘뻘 흘리며 침대에 누워 있었고 그때마다 방은 온통 옷가지와 신문으로 뒤덮여 있었다. 하루에 열다섯 시간 이상 꼬박 잠만 잘 때도 많았다. 감정의 변화 또한 심각해서, 고분고분한 어린아이에서 눈 깜짝할 새 불같은 적군으로 돌변하기 일쑤였다. 어느 날 에버트 헤케마의 친구 하나가 전화를 걸었다. 그는 쳇 베이커가 이 집에 들어와 살고 있는 것을 미처 몰랐다. 그래서 수화기를 통해 들려오는 낯선 목소리를 향해 이렇게 물었다. "어? 지금 전화 받으시는 분은 누구세요?"

쳇 베이커가 대답했다. "내가 누구든 그게 당신이랑 뭔 상관이오?"

깜짝 놀란 그 친구가 다시 말했다. "아, 글쎄요. 무슨 말씀이신지."

"그럼 당장 전화 끊어, 이 자식아!" 쳇 베이커는 그렇게 말하며 수화기를 내던지듯 내려 버렸다.

쳇 베이커의 마음은 너무 변덕스러웠지만 마약중독자로서 가진 노하우는 대부분 빛을 발했다. 에버트 헤케마의 집에 이사 온 지 얼마 안 되어 차 안에 집 열쇠를 놓고 내린 일이 있었다. 그런데 열쇠를 어디다 두었는지 아무리 생각해도 떠오르지 않았다. 그는 아래층에 사는 이웃의 초인종을 누르고는 인터폰으로 정중

하게 얘기했다. "안녕하세요, 난 쳇 베이커라고 합니다. 위층에 살고 있어요. 그런데 열쇠를 잃어버렸네요." 쳇 베이커는 아랫집 여자의 도움으로 아파트 건물 안으로 들어간 뒤 후문 쪽으로 걸어갔다. 그녀가 깜짝 놀라 지켜보는 가운데 쳇 베이커는 건물 뒤의 발코니로 기어 올라가 에버르트 헤케마의 집에 이르렀다. 그러고는 부엌 창문을 통해 안으로 쏙 들어가 버렸다. 에버르트 헤케마는 이렇게 말했다. "아랫집 여자가 하는 말이, 그야말로 고양이처럼 잽싸게 올라가더래요. 단 몇 초 만에요. 아마 누가 거기 올라가 있다가 아래를 내려다보았으면 어지러워서 큰일 날 뻔했겠죠."

에버르트 헤케마에게는 다행스러운 일이었지만, 쳇 베이커는 대부분의 시간을 집 밖에서 보냈다. 1984년 초에는 미셸 그라이예와 리카르도 델 프라, 그리고 니콜라 스틸로와 함께 이탈리아와 프랑스로 투어를 떠났다. 그리고 봄이 되자 스웨덴 출신의 피아니스트 오케 요한손Åke Johannson이 이끄는 트리오와 함께 스칸디나비아를 돌며 연주를 벌였다. 다이앤 바브라는 쳇 베이커에게 걱정을 끼칠까 싶어 동행하지 않았다. 고향의 가족에게 문제가 생겨 다시 캘리포니아로 돌아가야 했기 때문이었다. 그녀에게 힘든 일이 있었음에도, 쳇 베이커는 편지를 보내 모든 것을 버리고 자기 곁에 돌아오라고 몰아세웠다. 그리고 여태까지 만났던 그 누구보다 다이앤 바브라를 향한 사랑이 더 깊다며 그녀를 설득하려 했다.

다이앤 바브라가 곁에 없자, 쳇 베이커는 다시 한번 그라이예 부부와 가깝게 지냈다. 파리에 살고 있던 이 부부의 생활은 말 그대로 엉망이었다. 미셸 그라이예의 일감은 얼마 되지 않았고, 돈이 바닥 난 부부의 다툼은 점점 거칠어지고 있었다. 그럼에도 마약 사용은 중단하지 않았으며 이는 쳇 베이커도 마찬가지였다. 헤로인이 부족해지자 그는 진정제를 몇 알 입에 던져 넣고는 술과 함께 삼켜 버렸다. 그라이예 부부도 그와 함께 이 방법을 사용했다가 이내 정신착란에 빠져 버렸다. 미슐린이 의식을 잃은 채 침대에 드러눕자, 역시 제정신이 아닌 남편 미셸은 잡지 하나를 말아 쥐고는 그녀가 피를 흘릴 때까지 얼굴을 때려 댔다. 이를 지켜보던 쳇 베이커가 자그마한 체구의 미셸을 방바닥에 때려눕히고는 심하게 발길질하기 시작했다. 정신을 차린 미슐린은 저러다가 남편이 죽을 수도 있겠다고 생각했다. 하지만 쳇 베이커는 계속 미셸을 두들겨 패며 이렇게 외쳤다. "여자한테 그러는 법이 어디 있어!" 그러고는 미슐린에게 어서 옷을 입으라고 얘기했다. 두 사람은 이탈리아로 떠나 버렸다. 미슐린은 말했다. "나는 귀금속 같은 내 물건들을 모두 챙겼습니다. 물론, 가던 길에 다 써 버리고 말았죠."

쳇 베이커와 미슐린은 석 달 동안 함께 지냈다. 자크 펠저는 자기 딸이 쳇 베이커와 "바람났다"는 사실을 알고 크게 당황했다. 결국 이 때문에 자크 펠저와 쳇 베이커는 처음이자 마지막으로 심각한 다툼을 벌였다. 하지만 드디어 자기 혼자 쳇 베이커를 차지했다고 생각한 미슐린은 더없이 기뻐했다. 공연마다 그를 따라다녔고, 가끔 무대에 올라 드럼을 친 적도 있었다. 그리고 국경을 넘으면서 쳇 베이커가 숨겨 둔 마약을 자기가 대신 옮기기도 했다. 한번은 이런 일이 있었다. 알프스 산맥으로 둘러싸인 이탈리아와 프랑스의 국경 지대에서였다. 경찰관들은 차를 검문한 뒤 쳇 베이커의 몸을 샅샅이 뒤졌다. 그런데 놀랍게도 미슐린에 대해서는 아무런 관심도 두지 않는 것이었다. 그녀는 바지 주머니에 헤로인 10그램을 숨기고 있었다. 미슐린은 마치 그림 속의 여인처럼 매우 차분하게 앉아 있었다. 그녀가 말했다. "난 전혀 당황하지 않고 아주 쿨하게 있었죠. 마약을 좀 한 상태였거든요."

위기 상황에 대처하는 차분함은 쳇 베이커 역시 마찬가지였다. 미슐린은 여권 없이 국경을 넘나들면서도 세관 직원들을 멋지게 말로 홀리는 쳇 베이커에게 감탄을 금치 못했다. 그녀는 말했다. "그의 쇼는 정말 대단했어요. 아주 좋은 배우나 다름없었죠. 한번은 그가 프랑스어로 사람들에게 이야기를 늘어놓더군요. 그에게 그런 능력이 있는지도 처음 알았답니다!" 미슐린과 쳇 베이커는 매번 위험한 상황을 맞으면서도 함께 웃을 때가 많았다. 나폴리의 고속도로에서 두 사람은 쳇 베이커의 트럼펫과 리카르도 델 프라의 베이스를 싣고 가는 로드 매니저의 차를 뒤따라가고 있었다. 도로 위의 차들은 이탈리아의 제한 속도인 시속 130킬로미터로 질주했다. 그런데 저 앞에서 한 운전자가 갓길에서 일어난 교통사고를 목격하고 이를 구경하기 위해 갑자기 속도를 줄였다. 순간, 여러 대의 차들이 계속 추돌하면서 마치 지진이 일어난 것 같은 소음과 함께 한데 뒤엉켜 쌓이기 시작했다. 쳇 베이커는 기민한 운전 솜씨 덕에 가까스로 위기를 모면했지만 로드 매니저의 차는 사고를 피하지 못했다. 미슐린이 소리쳤다. "트럼펫!" 두 사람은 더 위험한 상황을 맞이하기 직전에 차 밖으로 악기를 꺼냈다. 사고 난 차량들과 여기저기서 피어오르는 연기, 그리고 부상당한 사람들을 뒤로한 채 쳇 베이커와 미슐린은 유유히 제 길을 갔다.

이에 못지않은 위기가 로마에서 다시 찾아왔으니, 바로 가지고 있던 마약이 다 떨어진 것이었다. 쳇 베이커는 어떻게 할지 알고 있었다. 그는 미슐린을 차에서 기다리게 한 뒤 미국의 ASCAP*과 같은 일을 하는 이탈리아의 SIAE에 들렀다. 잠시 후 쳇 베이커는 예전에 수감 생활을 하면서 작곡했던 곡들에 대한 로열티의 선급금으로 100만 리라(약 650달러)를 받아서 돌아왔다. 놀란 미슐린이 물었다. "어떻게 했어요?" 그는 그곳 사람들에게 기관지염에 걸려 급하게 스위스로 가서 수술을 받아야 한다고 둘러댔단다. 기분이 좋아진 쳇 베이커는 미슐린에게 이렇게 말했다. "자, 이제 돈을 손에 넣었으니, 좋은 시간을 보내자고!" 두 사람은 딜러에게 달려갔다. 그리고 샘플로 받은 마약을 "맛보았다." 미슐린은 그때 받은 약의 순도가 매우 높았기에 "열두 시간이나 약 기운에 빠져 있었다"고 회상했다. 그들은 가지고 있던 돈을 모두 딜러에게 건네고 마약 뭉치를 받은 채 계속 길을 갔다. 차 안에서 쳇 베이커는 미슐린에게 약을 시험해 보도록 했다. 그녀는 약봉지 안에 손가락을 넣어 가루를 조금 묻히고는 혀에 갖다 댔다. 그녀가 말했다. "맛이 짜요!" 잠시 후 그녀는 소화제에 100만 리라를 지불했다는 것을 깨달았

---

* 출판과 창작물에 대한 저작권 관리를 담당하는 미국의 작곡가, 작사가, 출판인 협의회. American Society of Composers, Authors and Publishers의 줄임말이다.

다. 쳇 베이커는 이 사실을 인정할 수 없었다. 그래서 다시 한번 맛을 보라고 다그쳤다. 미슐린은 말했다. "15분마다 한 번씩 그가 이렇게 말하더군요. '다시 해 봐!' 밀라노에 갈 때까지 나는 그의 독촉을 이기지 못하고 소화제를 주사하기까지 했답니다."

  이 모든 일은 미슐린에게 황당한 장난처럼 비추어졌다. 그러나 그녀가 쳇 베이커에게 고백을 했을 때 분위기는 자못 진지해졌다. 그녀가 말했다. "내게 문제가 생겼어요. 당신을 사랑하게 됐다고요." 쳇 베이커는 차분한 목소리로 이렇게 말했다. "날 사랑하지 마. 그럼 당신이 다쳐." 하지만 그즈음 실제로 고통을 느끼고 있던 것은 쳇 베이커 자신이었다. 그는 자기 곁에 없는 다이앤 바브라가 다른 남자를 만나고 있다고 확신했다. 물론 미슐린이 남편인 미셸에게 돌아간 뒤, 쳇 베이커도 다이앤 바브라와 다시 조우했다. 하지만 이미 일은 잘못 돌아가고 있었다. 그녀는 에버르트 헤케마와 잠자리를 함께하고 있었으며, 드러머 알도 로마노와 니콜라 스틸로도 그녀의 상대가 돼 있었다. 물론 이들 중 그 누구도 이를 인정하려 들지 않았으며, 미슐린도 믿기 힘들다고 말했다. 그러나 쳇 베이커의 분노가 그녀를 힘들게 할 때마다 다이앤 바브라의 마음은 찢어질 듯 아팠으며, 먹구름 같은 절망을 달래줄 누군가가 분명 필요했다. 주변에서 이들을 지켜본 사람들은 앞서 거론한 다른 남자들이 얼마나 쳇 베이커와 닮았는지 알아차렸다. 힘없이 풀린 두 눈빛이 그랬고 입꼬리가 밑으로 처진 것도 그랬다. 그러나 여러 번 쳇 베이커의 곁을 떠나 달아났다가도 그녀는 매번 돌아오기를 반복했다. 다이앤 바브라는 말했다. "내 마음은 너무나 복잡했어요. 이성적으로 생각할 힘이 없을 만큼 혼란스러웠습니다. 그것도 하나의 중독이라면 중독이었겠죠."

다이앤 바브라는 "상호의존증"이라는 말의 의미를 알지 못했다. 그러나 1986년 들어 멜로디 비티Melody Beattie는 대중심리학의 혁신적인 저서이자 엄청난 판매고를 올린 『상호의존을 그만두라Codependent No More』를 발표했고, 이 책을 통해 상호의존증에 걸린 환자를 "망상에 사로잡혀 다른 이들의 행동에 괴로워하는" 이들이라고 정의했다. 특히 그중에서도 술이나 마약 같은 물질 남용에 빠진 사람들은 곁에서 도와줄 누군가가 필요하다는 것. 그녀는 이 책에서 상호의존증 환자들이 "분노에 스스로 못 이기거나 지칠 때까지, 그리고 모든 것을 소진해 버릴 때까지" 계속해서 이러한 성향을 떨치지 못한다고 썼다. 또한 "자기 자신의 문제는 보지 못하면서" 그들이 사랑하는 이들의 결점에 과도한 집착을 보인다고도 했다. "그래서 그게 무엇이든, 그들은 자신의 문제를 해결하기 위해 어떤 방법을 써야 하는지 알지 못한다"는 것이다.*

쳇 베이커의 측근 중에서 유일하게 헤로인을 하지 않았던 다이앤 바브라는 자꾸만 사람들 사이에서 소외된다고 느꼈다. 리카르도 델 프라가 마약을 흡입하던 어느 날, 그녀는 중독에 빠지지 않

---

* 상호의존증은 1970년대 말부터 존 브래드쇼 박사를 비롯한 심리학자들 사이에서 거론되기 시작했다. 주로 알코올이나 마약중독자들을 치료하는 과정에서 얘기됐으며, 오늘날에는 이에 빠진 가족 모두가 상호의존적인 성향을 보이는 것으로 설명하면서 중독자의 치료가 한 개인의 문제만이 아님을 강조하고 있다. 예컨대 가족 중에 마약에 중독된 사람이 있으면, 가족 구성원 모두가 마약에 대해 상호의존적인 성향을 보일 수밖에 없다는 얘기다. 쳇 베이커의 상황을 두고 이러한 이야기를 적용한 저자의 시각은 강한 설득력을 지닌다.

고도 복용할 수 있는 헤로인의 양이 얼마나 되는지 물었다. 그러고는 직접 헤로인을 흡입해 보았지만, 그로 인한 결과는 너무 지독했다. 자꾸 졸음이 쏟아졌고, 다리와 배가 아프다며 미슐린을 붙들고 고통을 호소했다. 결국 몇 주 지나지 않아 다이앤 바브라는 더 이상 헤로인에 손을 대지 않았다. 이때부터 그녀는 삶의 중압감을 견디기 힘들 때마다 캘리포니아로 도망쳤다. 그녀가 곁에서 사라지면, 쳇 베이커는 버려진 어린아이 같은 상태로 되돌아갔다. 쳇 베이커는 휴식을 취하기 위해 에버르트 헤케마의 방에서 잠자는 것을 좋아했다. 그리고 예전에도 그랬듯이 하루에 두 번씩 다이앤 바브라에게 전화를 걸어 "제발 돌아와. 돌아와 달라니까!"라고 소리치곤 했다. 역시 그에게 위안을 주는 것은 마약뿐이었다. 니콜라 스틸로는 이렇게 말했다. "쳇 베이커는 여기저기 다른 의사들을 만나고 있었습니다. 단지 헤로인이나 코카인 때문만은 아니었죠. 실제로 그는 많은 약이 필요했으니까요." 이 강한 약품들을 혼합해 복용하면서 환각이 일어날 때도 많았다. 다이앤 바브라가 캘리포니아에 머물고 있던 1985년 초의 어느 쌀쌀한 겨울날, 쳇 베이커는 에버르트 헤케마가 그녀를 숨겨 두고 있다고 단정지었다. 그러고는 다락 속을 뒤지며 이렇게 소리쳤다. "다이앤! 다이앤 어디 있어!"

에버르트 헤케마는 말했다. "아니에요, 쳇. 그녀는 여기 없다고요. 미국에 갔잖아요!"

하지만 쳇 베이커는 그의 말을 듣지 않았다. 그러고는 이렇게 말했다. "네놈이 다이앤을 숨겼지! 어디 있는지 당장 말해!" 맨발로 청바지만 걸친 쳇 베이커는 아래층으로 뛰어 내려가 찬바람 부는 길거리로 나가 버렸다. 여기저기 주변을 둘러보던 그는 운하의 건너편에 시선을 고정한 채 멀리 있는 창문을 향해 이렇게 외쳤다. "다이앤! 거기 있는 거 다 알아!"

머지않아 다이앤 바브라는 유럽으로 돌아왔고, 예전처럼 무섭게 폭발하는 분노와 제정신을 찾고 나면 이어지는 사과의 말이 맞물려 돌아가는 쳇 베이커의 삶 속으로 걸어 들어갔다. 그는 몇몇 친구에게 다이앤 바브라가 없는 삶은 생각조차 할 수 없다고 인정했다. 그리고 자기가 알고 있는 가장 진실된 방법으로 이를 입증하기 위해 애썼다. 1985년 2월, 쳇 베이커는 1927년에 히트했던 고전 중의 고전 ⟨Diane(I'm in Heaven When I Look in Your Eyes)⟩을 녹음할 계획이라며 자랑스레 얘기했다. 쳇 베이커가 연주한 이 곡은 코펜하겐에서 폴 블레이와 함께 녹음한 듀오 앨범의 타이틀곡이 됐다. 캐나다 출신의 이 피아니스트는 30년 전 쳇 베이커의 쿼텟에서 잠시 활동했다. 강한 최면제 같은 느낌을 주는 《Diane》 앨범은 그가 남긴 작품 중에서 사람들의 도드라진 반응을 이끌어 내지는 못했다. 그러나 더없이 음울한 템포로 진행된 곡들을 통해 그가 선보인 것 중에서 가장 진한 맛의 톤을 충분히 과시할 수 있었다.* 폴 블레이는 이렇게 말했다. "자기가 살지

• 1985년 2월 27일의 녹음으로 스티플체이스 레이블에서 제작된, 역시 과소평가된 쳇 베이커의 또 다른 만년 앨범이다. 당시 최고조의 음악성을 선보이고 있던 폴 블레이의 역할 덕이었지만, 쳇 베이커가 남긴 가장 현대적인 작품 중 하나로 평가된다. 1980년대 이후의 현대 재즈에 관심 있는 이들에게 분명 새로운 반향을 불러일으킬 것이다.

않는 낯선 도시를 방문했을 때, 한밤중에 차 안에서 이 앨범을 들으면 정말 좋을 겁니다."

연인에게 바친 이 앨범이 레코드 가게에 진열될 무렵, 쳇 베이커는 감상으로 간직하던 꿈을 현실 속에서 이루고 싶어 했다. 그는 저널리스트들에게 이렇게 얘기했다. 룩셈부르크나 로마, 파리, 혹은 새너제이에 다이앤 바브라와 함께 살 집을 마련했으면 좋겠다고 말이다. 어디에서든 정착하는 법을 배우지 못한 50대 중반의 한 사내가 이제 와서 한곳에 머물러 살았으면 좋겠다고 얘기하는 모습을 떠올려 보라. 장루이 라생포스는 이렇게 말했다. "쳇 베이커는 집을 가진 사람들을 부러워하기 시작했어요. 하지만 마음과 달리 계획은 자꾸만 늦어졌죠. 돈은 사하라 사막의 이글루 같았으니까요."

게다가 쳇 베이커의 연주 여행은 이내 또 다른 오명으로 얼룩지고 말았다. 1985년 1월부터 10월까지 그는 베이시스트 장루이 라생포스와 벨기에 출신의 기타리스트 필립 캐서린Philip Catherine 과 함께 트리오로 빡빡한 일정의 투어에 나섰다. 이 기타리스트는 프랑스의 재즈록 바이올리니스트 장뤼크 퐁티Jean-Luc Ponty 같은 리더급 음악인들과 퓨전 음악을 연주하며 좋은 반응을 얻은 인물이었다. 쳇 베이커와 장루이 라생포스, 그리고 필립 캐서린은 일종의 실내악 재즈 형태를 이루어 가볍고 우아하면서도 모든 종류의 현란한 효과를 선보이며 사람들의 시선을 모았다. 필립 캐서린은 플라멩코 기타를 연상시키는 거친 연주에서부터 매우 경직된 미니멀리즘에 이르기까지 다양한 스타일을 제시하며 쳇 베이

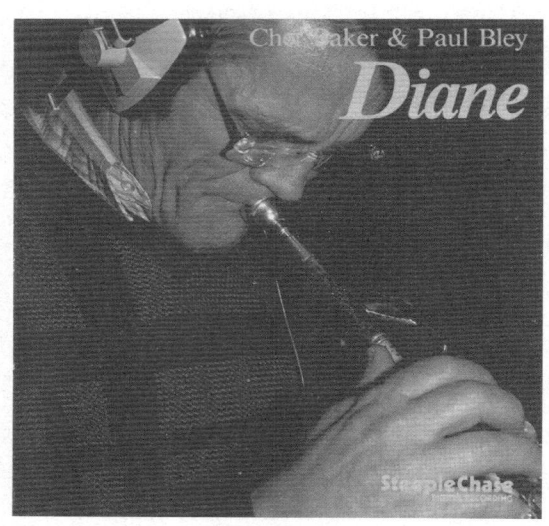

《Diane》

커의 새로운 연주를 독려했다. 장루이 라생포스는 대위법에 기초한 사랑스러운 멜로디를 튕겨 댔다.*

이 트리오가 연주한 음악은《Diane》처럼 부드럽고 낭만적이었다. 그리고 쳇 베이커는 그 앨범을 녹음하던 때의 감정을 다시 떠올리고 있는 듯했다. 그는 프랑스 코르시카에서 벌어질 공연을 위해 출발하면서 다른 두 연주자와 다이앤 바브라의 동의 아래 이 여행을 모두를 위한 사랑의 도피로 삼자고 결정했다. 함께 초대된 장루이 라생포스의 아내는 그즈음 첫아기를 낳은 지 얼마 안 된 터라, 이 여행은 두 번째 신혼여행과도 같았다. 그들은 설레는 마음으로 코르시카섬에 도착했다. 코르시카는 이탈리아와 프랑스 사이에 위치한 지중해의 크고 향기로운 섬이었다. 그런데 이곳에 도착하자마자 쳇 베이커는 뭔가 잘못된 분위기에 휩싸였다. 진정제를 너무 많이 복용한 탓에 제정신이 아니었고, 옆에 있는 그 누구와도 싸움을 벌였다. 결국 공연이 끝나자마자 필립 캐서린은 바로 떠나 버렸다. 하지만 장루이 라생포스는 아내와 함께 쳇 베이커의 옆방에 그대로 투숙해 있었다. 자정이 조금 지났을까. 쳇 베이커의 방에서 다투는 소리가 들려왔다. 그러고는 번민에 가득 찬 다이앤 바브라의 도움을 요청하는 울음소리가 흘러나왔다. 쳇 베이커는 방을 나가 밖으로 사라졌다. 일단 그가 없는 것을 확인한 뒤 장루이 라생포스는 옆방으로 갔다. 눈앞에 펼쳐

---

* 당시 이들의 연주를 맛볼 수 있는 가장 좋은 예가 앞서 각주에서 언급한 크리스 크로스 레이블의 《Chet's Choice》와 엔자 레이블의 《Strollin'》이다. 두 앨범 모두 1985년 6월에 녹음된 걸작들이다.

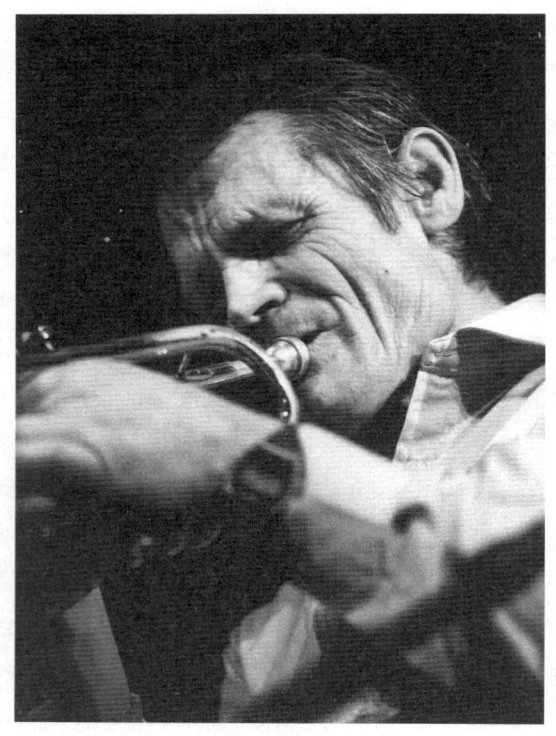

1985년 2월, 코펜하겐 몽마르트르 클럽에서 연주하는 쳇 베이커

진 광경에 그는 기겁하고 말았다. 다이앤 바브라의 얼굴이 온통 멍으로 시퍼렇게 변해 버린 채 눈물로 범벅이 돼 있는 게 아닌가. 그녀는 울면서 이렇게 말했다. "경찰을 부를 거예요! 어쩜 사람한 테 이렇게 할 수가 있죠? 남은 평생 감옥에서 썩게 하겠어요!"

　장루이 라생포스는 다이앤 바브라를 데리고 병원으로 갔다. 엑 스레이를 찍어 보니 다행히 뼈는 상하지 않았다. 치료가 끝난 뒤 두 사람은 호텔로 돌아왔다. 혹시라도 쳇 베이커가 기다리고 있 지 않을까 걱정했지만 그의 모습은 보이지 않았다. 장루이 라생 포스는 다이앤 바브라에게 자기 부부와 함께 있는 게 좋겠다고 말했다. 세 사람은 쳇 베이커가 돌아오는 것을 눈치챌 수 있게 잠 을 자지 않고 그대로 침대에 누워 있었다. 몇 시간 뒤, 그가 옆방 에 들어서는 것이 느껴졌다. 그러나 방에 아무도 없다는 걸 깨달 은 쳇 베이커는 옆방 문을 두들겨 대기 시작했다. 그가 밖에서 이 렇게 소리쳤다. "다이앤! 다이앤 여기 있지!" 장루이 라생포스는 다이앤 바브라에게 자기 뒤에 꼭 붙어 있으라고 말한 뒤 밖으로 나갔다. 쳇 베이커가 외쳤다. "다이앤 어디 있어?" 이제는 이 베이 시스트도 화가 날 만큼 나 있었다. "당신, 다이앤의 얼굴을 어떻게 만들어 놨는지 알기나 해요?" 그러나 쳇 베이커는 더 화를 낼 뿐 이었다. "이 자식이 어디다 대고 잔소리야! 다이앤이 네 여자야? 이건 내 문제라고. 열쇠나 내놔!" 그러나 쳇 베이커보다 20센티미 터는 더 컸던 거구의 장루이 라생포스는 절대 양보하지 않았다. 결국 쳇 베이커는 밖으로 나가 그 길로 비행기를 타고 벨기에로 건너갔다. 장루이 라생포스는 두 호텔 방의 숙박비를 모두 내야 했다. 그는 말했다. "그래요. 바로 그게 우리의 사랑스러운 휴가였습니다."

장루이 라생포스는 아내와 다이앤 바브라를 데리고 벨기에에 도착했다. 다이앤 바브라는 흐느껴 울며 말했다. "이젠 넌덜머리가 나요. 다 끝났어요. 절대 내 마음을 바꾸지 않겠어요." 며칠 뒤, 그녀는 장루이 라생포스가 지켜 주는 가운데 호텔 방에서 쳇 베이커와 다시 만났다. 그녀는 말했다. "문을 열어 주자 그가 들어서면서 내 얼굴을 봤습니다. 그런데 그가 무슨 일이냐며 깜짝 놀라는 거예요. 아무것도 기억하지 못하더군요. 그러고는 내 앞에서 울기 시작했어요." 다이앤 바브라는 다시 쳇 베이커의 품에 안겼다.

1985년 6월 30일, 쳇 베이커는 텔레비전 특별 프로그램 「캔디Candy」의 촬영을 위해 스톡홀름의 한 성곽 안에서 장루이 라생포스와 미셸 그라이예를 대동한 채 연주를 벌였고, 모든 이들의 동정심을 다시 한번 유발했다. 그는 공연을 마치면서 베이시스트 레드 미첼과 함께 피아노 앞에 앉아 대화를 나누었다. 오래전 할리우드에서 친구로 지내던 레드 미첼은 한참 동안 스톡홀름에서 살고 있었다. 그는 이미 과거의 열정을 모두 잃어버린 쳇 베이커의 곁에 앉아 로저스와 하트가 만든 〈My Romance〉를 위해 새로 고안해 낸 코드를 선보였다.* 그리고 쳇 베이커는 그가 피아노 반주를 맡은 가운데 즉석에서 이 곡을 트럼펫으로 연주한 뒤 악기

---

* 레드 미첼은 실제 공연이나 앨범 녹음에서 종종 피아노를 연주했다. 흔히 뛰어난 피아니스트로 인식되지는 않았지만, 평소 많은 학습과 연구를 하기로 잘 알려졌던 만큼 꽤 인상적인 연주를 들려주기도 했다.

를 내려놓았다. 한숨을 내쉬며 그가 말했다. "사는 건 너무 피곤한 거 같아." 두 사람의 대화는 좀 더 이어졌다. 쳇 베이커는 이렇게 덧붙였다. "자정까지 연주하고는 그다음 날 아침 7시 반에 비행기를 타곤 하지."•

　다이앤 바브라는 이렇게 말했다. "그 방송을 본 모든 이들은 이렇게 생각했어요. '아, 저 불쌍한 사람.' 하지만 그건 사실이었죠. 그는 너무 피곤해했어요. 더없이 비참했죠. 난 그가 다른 걸 노리고 사람들 앞에서 그런 말을 내뱉었다고는 생각하지 않아요. 글쎄요, 혹시 또 모르죠. 지금 생각해 보니 그럴지도 모르겠네요."

　2년 넘게 쳇 베이커에게 방을 내주고 있던 에버르트 헤케마의 인내심은 이미 바닥 난 상태였다. 7월의 어느 날 밤, 어김없이 계속된 쳇 베이커와 다이앤 바브라의 다툼은 그의 밤잠을 방해했고 결국 조용히 잠잘 곳을 찾아 연인의 집으로 가 버렸다. 다음 날, 에버르트 헤케마는 쳇 베이커와 마주했다. 그는 이렇게 불만을 토해 냈다. "(어제 제대로 잠을 자지 못해서) 오늘 레슨 받으러 올 학생 둘을 취소했고 테니스 경기에도 나가지 못했어요." 그러나 이

• 당시의 연주는 같은 타이틀의 앨범 《Candy》로 발표됐으며 이 또한 말년의 쳇 베이커가 남긴 아주 좋은 작품으로 평가됐다. 텔레비전에 방영된 영상도 함께 유통됐는데, 2006년 유럽에서 《Chet Baker Trio Sweden 1985》란 타이틀의 DVD로 제작돼 우리나라에도 소개됐다. 이 자료를 통해 알 수 있듯이 〈My Romance〉를 연주하기에 앞서 쳇 베이커와 레드 미첼은 7분여 동안 과거와 근황에 대해 이야기를 나누었다. 두 사람의 대화는 차분한 분위기 속에 이어졌고, 전성기를 모두 보낸 뒤 말년에 이른 연주자들의 모습을 그대로 드러냈다. 본문에서 언급된 것처럼 쳇 베이커가 "사는 건 너무 피곤한 거 같아"라고 말하자 레드 미첼은 "꼭 그럴 필요는 없잖아" 하고 반문했다. 그리고 그다음에 이어진 "자정까지 연주" 운운하는 말은 '그토록 피곤하지만 먹고 살기 위해서라면 어쩔 수 없다'는 의미로 덧붙인 것이다. 대화를 나누는 내내 쳇 베이커의 표정은 보는 이로 하여금 더없이 안쓰럽다는 생각을 갖게 할 만큼 많이 지쳐 보였다.

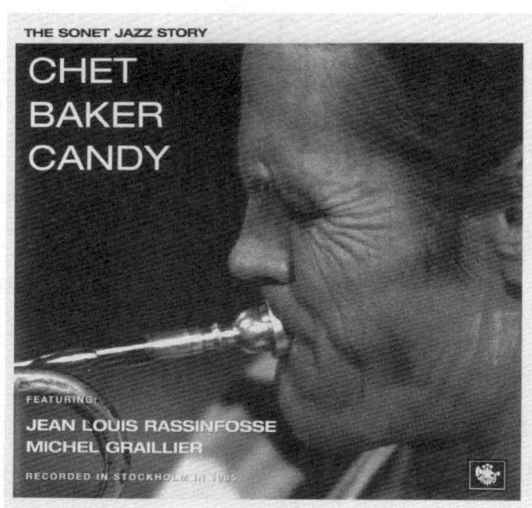

《Candy》

말을 들은 쳇 베이커는 미동도 하지 않았다. 그러고는 이렇게 말했다. "그러니까, 자네는 테니스 경기가 우리 사이의 우정보다 더 중요하단 말이지?"

에버르트 헤케마는 이렇게 말했다. "글쎄요, 당신이 말하는 우정이란 게 집 안에서 매일 소란이나 피우는 건가요? 난 그렇게 생각하지 않아요. 이제 정말 집에서 나가 주셨으면 해요. 때가 된 것 같네요." 쳇 베이커가 에버르트 헤케마의 집에 머물던 마지막 몇 시간은 그야말로 긴장의 연속이었다. 말없이 짐을 꾸린 그는 열쇠를 건네고는 그대로 밖으로 나섰다. 그리고 이렇게 외치며 문을 세차게 닫아 버렸다. "이 자식, 너 혼자 잘 먹고 잘 살아라. 다신 내게 말도 붙이지 마!"

그로부터 한 주 뒤, 두 사람은 암스테르담의 재즈 클럽 빔 하위스Bim Huis에서 우연히 마주쳤다. 쳇 베이커는 그를 껴안으며 이렇게 말했다. "자네가 왜 그랬는지 난 이해해." 그때부터 쳇 베이커는 가끔 에버르트 헤케마의 아파트에 들렀다. 그곳만큼 편하게 마약을 할 수 있는 공간도 별로 없었다. 에버르트 헤케마는 밑에서 기다리는 것을 참지 못하고 신경질적으로 빠르게 눌러 대는 쳇 베이커의 초인종 소리를 구분할 수 있었다. 그는 말했다. "소리만 듣고도 누군지 알았죠. 그래서 문을 열어 주지 않았어요."

쳇 베이커는 1985년 8월, 남은 생애 동안 몇 번 남아 있지 않던 음악의 모험 중 하나에 돌입했다. 그 무대는 브라질에서 열린 첫 프리 재즈 페스티벌Free Jazz Festival이었다. "프리"라는 이름의 담배

회사가 지원한 이 행사는 상파울루와 리우데자네이루에서 펼쳐졌다. 리우에서 벌어진 공연에는 소니 롤린스나 매코이 타이너McCoy Tyner, 필 우즈 같은 미국 출신의 유명한 연주자들이 참여했지만 쳇 베이커는 마지막 날 관객들의 관심을 더하기 위해 선택됐을 뿐이었다.

사실 브라질의 대표적인 연주자와 가수들에게 쳇 베이커라는 이름은 다분히 신성시돼 있었다. 오래전에 발표됐던《Chet Baker Sings》앨범은 이미 1950년대부터 사람들 사이에 회자됐고, 카를루스 리라Carlos Lyra 와 로베르투 메네스칼Roberto Menescal, 나라 레앙Nara Leão, 오스카르 카스트루네베스Oscar Castro-Neves 와 주앙 지우베르투 같은 보사노바의 개척자들은 그의 앨범을 서로 빌려 듣곤 했다. 이들 모두는 자신만의 새로운 사운드를 만들어 내기 위해 열정을 바치던 젊은 음악인들이었으며, 보다 육감적인 삼바 리듬과 지나치게 감상적이던 과거의 유행가에서 벗어나기 위해 애쓰고 있었다. 그러던 어느 날, 당시 활발하게 활동하던 브라질의 사진작가 프란시스쿠 페레이라Francisco Pereira 는 이 음악인들을 초대해《Chet Baker Sings》앨범을 들려주었다. 그들은 감탄을 금치 못했다. 깃털처럼 가벼운 느낌을 전해 주는 독특한 맥과 쿨한 느낌이 이 재즈 앨범 안에 담겨 있었다. 또한 그들은 브라질에서 큰 인기를 끈 줄리 런던의《Julie Is Her Name》* 앨범을 들으며 같은 인상을 받

• 1955년에 발표된 줄리 런던의 데뷔작. 발표와 동시에 세계적으로 엄청난 인기를 끌었으며 아직까지 그녀의 대표작으로 남아 있다.

았다. 도발적이고 섹시한 매력을 풍기던 가수이자 배우인 줄리 런던의 노래가 기타리스트 바니 케설Barney Kessel과 베이시스트 레이 레더우드Ray Letherwood의 반주 위에서 빛을 발하고 있었다.

프리 재즈 페스티벌의 프로그램 감독을 맡은 방송인이자 음악 역사가인 주자 오멩 지 멜루는 브라질에서 쳇 베이커가 좋은 반응을 불러일으킨 이유를 이렇게 설명했다. "그의 노래는 군더더기 없이 아주 깔끔했죠. 비브라토도 쓰지 않았고요. 마치 말하는 것처럼 노래했는데, 이건 가수가 지녀야 할 아주 좋은 덕목이었습니다. 더구나 그의 노래는 경제적이었어요. 이 또한 보사노바를 얘기할 때 중요시되는 부분입니다. 주앙 지우베르투의 노래를 들어 보면 한 곡을 노래하는 데 두 번이 아닌 한 번만 부르고 마치잖아요.* 쳇 베이커 역시 노래가 요구하는 최소한의 것만 소화했습니다. 너무 많은 걸 확대해서 표현하지 않았다는 말이죠."

코파카바나 해변에서 불어오는 선선한 바람 같은 느낌의 보사노바는 1958년에 등장했다. 웨스트코스트 재즈의 출현과 맞물린 현상이었다. 로베르투 메네스칼과 카를루스 리라, 그리고 안토니우 카를루스 조빙을 비롯한 여러 작곡가들이 만든 곡들처럼 쳇 베이커가 예전에 부른 노래들도 브라질에서 많은 사랑을 받았다. 주앙 지우베르투는 쳇 베이커가 남긴 녹음을 통해 〈Like Someone in Love〉를 익혔고, 좀 더 진한 악센트로 이 노래를 불렀

- 흔히 재즈곡의 구성에서 보컬리스트들은 곡을 한 번 부른 뒤 다른 이들의 솔로가 이어진 다음에 다시 한번 불러서 마무리하는 형태를 취한다. 주앙 지우베르투는 이러한 일반적인 구성을 선호하지 않는다는 뜻이다.

다. 보사노바 음악인들 중에서 연약한 목소리의 연인으로 통했던 나라 레앙은 〈But Not for Me〉와 〈My Funny Valentine〉을 포르투갈어로 녹음했으며, 스윙필이 강했던 재즈 가수 레니 안드라드Leny Andrade는 공연에서 〈There Will Never Be Another You〉를 연주 목록에 추가하기도 했다. 모두 쳇 베이커가 즐겨 부른 노래였다. 그리고 1960년대 말부터 브라질 음악의 영웅으로 떠올랐으며 사회 참여에도 열심이던 카에타누 벨로주Caetano Veloso는 쳇 베이커가 "가장 큰 영향을 준 음악인 중 하나"라고 얘기했다. 그는 일간지인 『폴랴 지 상파울루Folha de São Paulo』와 가진 인터뷰에서 보사노바 세대의 또 다른 뛰어난 음악인 지우베르투 지우Gilberto Gil가 기타를 치는 가운데 자신은 쳇 베이커의 노래를 모방하곤 했다고 말했다.

건반 연주자이자 작곡가인 히크 판토자는 1980년에 쳇 베이커와 잠시 협연한 뒤 다시 브라질에 돌아와 살고 있었다. 그리고 바로 그가 프리 재즈 페스티벌에서 쳇 베이커의 밴드를 이끌었다. 히크 판토자와 다른 모든 이들은 쳇 베이커가 무대에서 연주할 시간이 그리 많지 않을 것 같다고 생각했다. 리우에서 벌어진 공연은 매진을 기록했고, 상파울루의 공연 일정도 이미 꽉 차 있었다. 8월 11일, 쳇 베이커는 다이앤 바브라와 함께 리우의 호텔에 도착했다. 프로그램 감독인 주자 오멩 지 멜루가 달려 나와 그들을 맞았다. 그리고 이렇게 인사를 건넸다. "이곳에 모시게 되어 정말 자랑스럽고 행복합니다!" 쳇 베이커는 말없이 바라보기만 했다. 주자 오멩 지 멜루는 주저하지 않고 쳇 베이커가 보사노바의 발전에 얼마나 큰 영향을 미쳤는지 설명했다. 그제야 쳇 베이커는 말문을 열었다. "그런 말은 처음 들어 보는구려. 그게 정말이오?"

그날 밤 관객 중에는 카에타누 벨로주와 나라 레앙도 있었다. 그들은《Chet Baker Sings》앨범 표지에 등장했던 요정의 변해 버린 새로운 모습을 마주하고 당혹해했다. 쳇 베이커는 마치 노인처럼 힘들어하는 몸짓으로 무대 위에 등장했다. 의자에 앉으면서 비로소 제자리를 찾은 듯했지만 이후로 여간해서는 움직이지도 않았다. 히크 판토자는 공연 당시 쳇 베이커에 대해 이렇게 회상했다. "그는 몇 개의 음정을 연주하고는 나를 돌아보며 이렇게 말하더군요. '이젠 자네가 솔로를 하지.' 그러니까, 살아 있는 쳇 베이커를 보기 위해 평생을 기다린 관객들이 마주한 것은 의자에서 잠든 모습이었어요. 지저분한 샌들을 신고 마약에 취해 멍하게 앉아 있었죠. 얼마나 실망스러웠던지." 쳇 베이커는 평소 연주하던 곡들을 특별한 느낌 없이 상투적으로 선보였다. 〈My Funny Valentine〉처럼 관객들이 듣고 싶어 하던 음악은 모두 무시한 채말이다. 『조르날 도 브라질 Jornal do Brasil』에 호세 도밍구스 라파엘리 José Domingos Rafaelli가 쓴 공연 리뷰가 실렸다. 그는 히크 판토자와 니콜라 스틸로, 그리고 베이시스트 시장 마샤두 Sizão Machado와 드러머 래리 와이엇 Larry Wyatt에 대해 칭찬을 늘어놓았다. 하지만 쳇 베이커에 대해서는 에두른 비판의 얘기를 남겼다. "쳇 베이커의 음악은 그의 내성적인 성격을 고스란히 드러냈다. 그런 관점에서 보면 사실상 그 누구도 따라가지 못할 정도였다."

리우를 떠나기에 앞서 쳇 베이커에게 한 가지 걱정거리가 생겼다. 가지고 있던 메타돈을 모두 다 복용해 버렸는데 브라질에서는 이 약을 구할 수 없었기 때문이었다. 페스티벌의 매니저를 맡았던 모니크 가덴버그Monique Gardenburg가 묘안을 짜냈다. 그녀는 의사로 일하는 히크 판토자의 친구 월터 알메이다Walter Almeida를 데려다가 상파울루까지 쳇 베이커와 동행하게 했다. 금단 현상을 막기 위해 메타돈과 같은 효능을 지닌 약을 매일 챙겨 주게 한 것이었다. 여행객들을 위한 큰 호텔 마크소드 플라자의 옆방에 머물며 월터 알메이다는 쳇 베이커에게서 눈을 떼지 않았다. 하지만 하루 동안 쓸 약을 아침에 전해 받은 그는 한 번에 모두 복용해 버린 뒤 더 달라고 이 의사에게 떼를 쓰기 시작했다. 월터 알메이다가 안 된다고 버티자, 그는 노발대발했다. 하지만 쳇 베이커는 언제든 그를 기꺼이 "돕겠다고" 나서는 이들을 찾아냈다. 히크 판토자는 리우에 위치한 클럽 재즈마니아에서 밤늦게 연주를 벌이곤 했다. 쳇 베이커는 이 무대에 합류해서 모든 이들을 즐겁게 했다. 그 지역의 연주자들은 쳇 베이커와 함께 연주할 수 있어서 더없이 기뻐했고, 많은 양의 코카인을 바침으로써 보답하려 했다. 월터 알메이다에게 받은 약과 코카인을 섞어 쓰자 스피드볼 같은 효과가 났다. 어차피 쳇 베이커는 그즈음 이 혼합 마약에 호감을 가지고 있었다.

월터 알메이다가 쳇 베이커를 막기에는 역부족이었다. 그가 할 수 있는 일이라곤 다이앤 바브라와 함께 호텔 방에 앉아 혹시라도 쳇 베이커가 쓰러지지는 않았는지 가끔 화장실을 엿보는 것뿐이었다. 한때 금빛 목소리를 지녔던 음악인이 주삿바늘로 자기 목을 찔러 대는 모습을 바라보며 월터 알메이다는 새파랗게 질려 버렸다. 그는 옆에 있던 다이앤 바브라에게 이렇게 말했다. "오, 이런 세상에! 난 위스키를 좀 주문해서 마셔야겠어요. 지금 그가 찌른 곳은 바로 경동맥 옆이라고요. 거길 건드리면 다 끝장이에요!"

8월 21일, 쳇 베이커의 공연을 보기 위해 상파울루의 펠리스 극장이 2,000명의 관객으로 가득 찼다. 페스티벌의 진행을 도운 파울루 알부케르크Paulo Albuquerque는 공연에서 연주할 음악을《Chet Baker Sings》에 실린 곡들로 수정했다. 팬들의 기대는 더 커졌다. 그러나 월터 알메이다는 상황이 좋지 않다고 판단했다. 그는 말했다. "쳇 베이커는 더 이상 전처럼 연주하지 않았습니다. 내 생각은 그랬어요. 슬프게도, 그는 육체적으로 이미 쇠해 버린 상태였다는 얘기죠."

그날 밤, 침대에 누워 잠에 빠져 있던 파울루 알부케르크는 페스티벌 프로듀서가 방문을 두드리는 소리에 눈을 떴다. 당장 쳇 베이커의 방에 가 봐야겠다는 것이었다. 월터 알메이다가 쳇 베이커를 살리기 위해 애쓰고 있었다. 그는 모르핀과 코카인, 그리고 아마도 각성제까지 섞어 주사한 바람에 과다 복용에 빠져 있었다. 파울루 알부케르크는 말했다. "두 눈을 멍하게 뜬 채 잔뜩 땀을 흘리고 있었습니다. 의사가 그를 깨우기 위해 계속 뺨을 때렸던 걸로 기억해요. 나는 그가 죽을지 모른다고 생각했습니다. 내가 만나 본 가장 섬세한 음악인 중 한 사람이 조금씩 자기 자신을 죽여 가고 있었죠. 놀라운 일이었습니다."

쉰다섯 살의 쳇 베이커는 살면서 자기가 입은 모든 상처를 하나

하나 들춰 보는 듯했다. 니스 재즈 페스티벌Nice Jazz Festival에 참여하기 위해 프랑스로 돌아온 그는, 결코 마주하고 싶지 않은, 거울에 비추어진 스스로의 모습을 직접 눈으로 확인하게 됐다. 바로 그곳에서 준 크리스티의 마지막 무대가 펼쳐진 것이었다. 1950년대 재즈 보컬리스트들이 "쿨 학파"의 전설을 만들어 냈을 때 아니타 오데이에 이어 둘째가라면 서러워할 정도로 칭송받았던 그녀였다. 준 크리스티는 오래전 쳇 베이커에게 노래를 하라고 용기를 북돋아 준 첫 번째 동료 음악인 중 하나였다. 하지만 막상 자신은 무대공포증에 시달렸으며, 이를 달래기 위해 술을 너무 많이 마시다가 모든 감각을 잃어버리고 말았다. 결국 마흔 살에 이르러 잠정적이나마 은퇴를 결정했고, 이제는 어느새 환갑을 맞이하고 있었다. 한때 "봄의 숨결"(가수인 로즈메리 클루니Rosemary Cloony가 붙인 표현)이라 불렸던 준 크리스티는 쳇 베이커보다 더 드라마틱한 중년을 보낸 뒤였다. 니스의 무대에 올라선 그녀는 너무나 긴장해서 부를 노래의 가사를 잊어버리고 말았으며 소절을 시작할 때마다 머릿속엔 아무것도 떠오르지 않았다. 함께 무대에 섰던 그녀의 남편이자 색소포니스트 밥 쿠퍼가 옆으로 다가가더니 노래의 가사를 속삭여 알려 준 뒤 멜로디를 살며시 연주해 주었다. 그러나 소용없었다. 결국 준 크리스티는 무대 위에서 울음을 터뜨렸다. 어쩔 수 없이 밥 쿠퍼는 그녀를 내려 보냈다. 쳇 베이커와 다이앤 바브라는 어쩔 줄 몰라 하며 한없이 울고 있는 준 크리스티의 모습을 보았다. 다이앤 바브라가 말했다. "가서 위로라도 좀 해 줘요." 그러나 쳇 베이커는 고개를 돌려 버리며 이렇게 대답했다. "아니, 싫어. 그녀의 예전 모습만 기억하고 있는 게 나을 것 같아."

전성기를 보낸 뒤의 쳇 베이커는 다가올 내일에 대해서는 아무런 생각도 하지 못한 채 하루하루 벌어먹으며 여생을 보냈다. 따라서 계약이란 것도 별 의미를 갖지 못했다. 칼라인Carlyne이라는 작은 재즈 레이블을 운영했던 잔 드 미르벡Jeanne de Mirbeck은 이런 얘기를 했다. 그녀는 파리의 테아트르 드 라 빌Théâtre de la Ville에서 벌인 쳇 베이커의 공연 실황을 앨범으로 제작하려 하고 있었다. "그는 앨범 판매에 대한 지분을 얼마로 할 것인지 결정하는 계약서에 아예 서명을 하지 않았습니다. 불쌍한 사람이었죠. 은행 계좌도 가지고 있지 않더라고요. 그저 즉석에서 돈을 건네주기만 하면 됐어요. 현금으로 말이죠."•

1985년 가을, 텍사스 휴스턴을 방문한 쳇 베이커는 그 지역에서 활동하던 건반 연주자 조 로카시오Joe LoCascio의 곡들을 녹음한 뒤 언제나 그랬던 것처럼 돈을 받고 제작자에게 모든 권한을 넘겨 버렸다. 그런데 얼마쯤 지났을까, 리에주의 자크 펠저의 집에

• 흔히 쳇 베이커의 디스코그래피를 '완벽하게' 정리하는 것은 불가능하다는 얘기를 많이 한다. 그 이유는 그가 그토록 많은 앨범을 녹음했기 때문이라기보다, 세인들에게 알려지지 않은 녹음 작업을 수없이 실행에 옮겼기 때문이다. 1970년대 이후에는 누구든 얼마간의 돈을 건네면 그의 녹음을 손에 넣을 수 있었다. 쳇 베이커의 골수팬들에게 잘 알려진 예가 텍사스에 거주했던 가수 메리골드 힐의 《Chet and Me》 앨범이다. 1984년 가을에 녹음된 이 앨범에는 얼터네이트 테이크를 포함하여 쳇 베이커가 참여한 5곡이 실려 있는데, 정식적인 유통망을 거치지 않고 개인 판매를 통해 지금도 사람들 사이에서 거래되고 있다. 이 앨범이 많은 이야깃거리를 낳은 이유는 예상과 달리 여기에서 보여 준 쳇 베이커의 연주가 꽤 좋기 때문이지만, 이렇듯 그의 연주를 손에 넣기 위해서는 때로 단 몇백 달러만 가지고도 충분했다. 개인적인 친분이 전혀 없다 해도 현금만 건네면 그는 어떤 녹음이든 마다하지 않았다는 얘기다.

머물고 있던 쳇 베이커에게 우편이 하나 배달됐다. 그 안에는 텍사스에서 만난 제작자의 대변인인 캔디 크리스토포라이즈 Candee Christoforides 란 사람이 보내온 계약서가 들어 있었다. 서로 간의 합의에 따라 더 이상의 로열티는 지불되지 않겠지만, 쳇 베이커는 앨범 홍보에 사용할 사진을 찍고 인터뷰에도 응해야 한다는 내용이었다.

쳇 베이커는 이 서류를 하찮게 생각한 듯했다. 착취로 가득했던 자신의 삶 속에서 자주 보아 왔던 것과 같은, 마지막 종이 나부랭이처럼 말이다. 마약을 한 뒤, 그는 자리에 앉아 이 서류의 빈 공간에 분노로 가득한 낙서를 휘갈기기 시작했다. 시간이 지날수록 글씨는 더 격해져서 거의 읽을 수 없을 지경이 됐다. 쳇 베이커는 서류를 보내온 사람에게 그 앨범을 녹음하는 데 마음만 먹었으면 1만 달러는 족히 받아 낼 수도 있었다고 했다. 그리고 자신의 이름값으로 앨범 50만 장은 판매할 수 있을 거라 덧붙이기도 했다. 그는 이 계약서가 단지 또 한 장의 "사기 치는 짓거리"에 불과하며 "스스로를 망치기 위해" 계획된 것이라고 생각했다. 마지막 서명을 하는 란에 그는 이렇게 썼다. "바보 같은 싸구려 놈"(쳇 베이커가 쓴 원문 그대로 옮기면 "But Shaker"). •

이런 과정을 거쳐 《Sleepless》란 앨범이 발표됐으나, 아무도 관

• 저자는 굳이 쳇 베이커가 이 서류에 쓴 필적을 그대로 옮겨 제시했다. 어떤 이유에서든 그가 틀린 철자법을 썼다는 사실을 알리기 위함이다('But'이 아니라 'Butt'이 맞다). 훗날 캐럴 베이커가 발행한 쳇 베이커의 고백록에 무수히 많은 단어가 잘못된 철자로 적혀 있었다는 점도 상기하기 바란다.

심을 갖지 않았다. 쳇 베이커는 자신이 너무 늙어 더 이상 연주를 할 수 없게 되면 총을 한 자루 사서 에이전트와 프로듀서들의 무릎을 쏴 버리겠다며 분개한 심정을 피터 휴이츠에게 토로한 적이 있었다. 그러나 따지고 보면 그를 희생시킨 최악의 존재는 다름 아닌 그 자신이었다. 이즈음 쳇 베이커는 그가 이끌었던 최고의 밴드 중 하나를 산산조각 내며 이를 입증했다. 1985년 11월, 그는 파리 공연 도중 짧은 인사만을 남긴 채 내려와 버린 필립 캐서린을 밴드에서 해고했다. 그리고 장루이 라생포스는 빔 버홋으로부터 쳇 베이커가 다른 베이시스트를 기용하기로 했다는 내용의 전화를 받았다. 더 이상 아무 설명도 없었다. 후임자는 리카르도 델 프라였다.

쳇 베이커의 실패를 떠올리게 한 일이 오클라호마에서 더 기다리고 있었다. 그는 가족과 함께 연말을 보내기 위해 그곳으로 날아갔다. 이번에는 다이앤 바브라가 동행했는데, 그녀는 모텔에 머물러야 했다. 다이앤 바브라는 쳇 베이커의 어머니 베라를 만나 기대하지 못했던 환대를 받았다. 아마도 베라는 그녀에게서 어떤 동질감을 느꼈던 듯했다. 다이앤 바브라는 베라에게 쳇 베이커의 폭력으로 말미암은 슬픈 현실을 털어놓았고, 그녀 역시 아들에 대한 실망감을 감추지 않았다. 어머니는 말했다. "걔는 정말 유명한 사람이 될 수 있었는데 말이다!"

베라는 쳇 베이커가 뉴욕의 근거지로 삼고 있던 팻 튜즈데이스에서 벌인 연주를 보고 실망감만 더 키웠을 것이다. 1986년 1월, 그는 이 클럽에서 벌인 마지막 공연에 나섰다. 매니저인 스티브 게츠는 이렇게 말했다. "상태가 좋지 않더군요. 트럼펫을 연주해내기 위해 갖은 노력을 다 기울이고 있었어요. 단정치 못한 모습으로 무대 위에서 졸기도 했죠. 그는 작은 걸상 위에 술 한 잔을 올려 두고 있었는데, 자꾸만 그걸 발로 차서 바닥에 넘어뜨리더라고요." 하지만 짝사랑에 빠진 소년의 감성이 담긴 노래―"내 마음속에서 그리던 소녀를 만날 수 있을까……"*―를 부르자 클럽 안을 메우고 있던 중년의 어머니 같은 여인들은 마치 베라가 그랬던 것처럼 넋을 잃고 쳇 베이커의 모습을 지켜봤다. 스티브 게츠가 얘기했다. "그가 노래를 부를 때마다 여인들은 황홀해했습니다. 아직도 쳇 베이커를 사랑하고 있었던 거죠. 그건 꽤 감동적인 일이었습니다. 지금 당장 쓰러져 죽어 버릴 것 같은 모습을 하고 있었는데도 말이에요."

사진작가 리처드 애버던Richard Avedon은 섬뜩한 음모를 꾸미고 있었다. 인물 사진과 패션 사진으로 유명했던 그는 1940년대와 1950년대에 패션 잡지 『하퍼스 바자Harper's Bazaar』의 스태프로 일하면서, 도시의 젊은 여성들을 위한 새로운 차원의 고품격 패션을 유행시켰다. 그가 아끼던 모델 도비마를 일렬로 늘어선 코끼리 앞에 도도한 모습으로 세우고 촬영한 유명한 사진을 보면 당시의 의상 분위기를 잘 알 수 있다. 하지만 그가 찍은 인물 사진들은 병들고 늙어 버린 신체를 특히 강조했으며 차갑고 소름 끼치는 눈빛을 담아낼 때가 많았다. 1959년에는 시칠리아의 지하묘

• 쳇 베이커가 1950년대부터 즐겨 부른 스탠더드 곡 〈My Ideal〉의 가사

지를 둘러보며 마치 살아 있는 것 같은 포즈를 연출한 채 부패한 시신들을 촬영했으며, 그로부터 거의 30년이 지난 뒤에 공식적으로 작업에 임한 로널드 레이건 부부의 사진은 이 노부부의 나이를 짐작케 하는 손에 초점을 맞추고 있었다. 쳇 베이커 역시 리처드 애버던의 표적이 됐다. 그의 비서는 쳇 베이커가 리오 미첼의 아파트에 머물고 있을 무렵 무례하게 전화 연락을 해 대기 시작했다.

그러나 쳇 베이커는 섭섭지 않게 돈을 챙겨 주겠다는 말을 듣고 리오 미첼과 함께 1월 16일 리처드 애버던의 스튜디오로 갔다. 당시 촬영된 사진들은 쳇 베이커가 세상을 떠난 뒤 프랑스의 잡지 『레고이스트 *L'Egoiste*』에 실렸는데, 이미 드리워 있던 죽음의 그림자를 무시무시한 인상으로 그려 냈다. 거친 느낌으로 클로즈업된 쳇 베이커의 흑백 사진 중에는 밝은 빛이 내리쬐는 가운데 수술대 위에 누워 있는 것도 있었다. 리처드 애버던은 이 빠진 그의 입과 멍한 눈빛을 놓치지 않았고 여기에 전선을 연결한 채 마치 석조 같은 느낌을 주었다. 사진들과 함께 실린 프랑스 작가 필리프 아들레르Philippe Adler의 글은 이 파멸의 이미지를 칭송하고 있었다. "유럽의 대중은 이 영원한 방랑자를 향한 깊고 예민하며 경의로 가득한 사랑 때문에 괴로워하고 있다. 트럼펫 케이스 이외에는 아무 짐 가방도 지니지 않은 이 여행자를 보라. 스무 살의 그는 천사처럼 아름다웠으며 쉽게 부서질 것 같은 순수한 모습을 지니고 있었다. 그 나약한 분위기와 달콤하고 낭만적인 모습을 기억하는가." 필리프 아들레르는 쳇 베이커가 제리 멀리건과 함께 연주하며 많은 것을 성취했다고 썼다. "그는 대번에 영광을 맛보았다. 성공적인 투어가 이어졌고 잡지의 서면을 장식했으며 골드 레코드를 수여받기도 했다. 그의 하늘거리는 음악 속에서 세상의 모든 이들은 치명적인 매혹을 느꼈고 거기에 여지없이 굴복했다." 그러나 세월이 흐른 뒤 비극이 찾아왔다던가. "이가 부러지고 턱뼈가 골절됐으며 악기마저 사라져 버렸다. 캘리포니아의 황량한 해변에서 말이다." 이 프랑스 작가는 이 모든 아픔이 그럴 만한 가치를 지녔다고 얘기하며 글을 마쳤다. "망가지고 패배했으며 비쩍 말라 버린 이 애처로운 남자는 상처 입은 입술을 지닌 채 다시 일어났다. 매일 밤 빛나고 서정적인 최고의 음악을 펼친 것이다. 지옥으로 향하던 그의 여행이 끝을 맺을 무렵, 쳇 베이커는 부활했다. 그날로 그의 트럼펫에서 우울한 환상이 피어오르기 시작했으며, 다시 재즈의 창백한 다이아몬드가 됐다."

리오 미첼에게는 오랜 마약중독 끝에 단지 짤막한 "부활"만 남아 있었다. 다이앤 미첼은 말했다. "그는 유럽에서도 많은 친구를 만났습니다. 자기 힘으로 뭔가 해내려고 애쓰고 있었죠. 그가 이런 얘기를 한 적이 있었거든요. 자기는 쳇 베이커의 찌꺼기만 받아먹으며 살아왔다고 말이에요." 리오 미첼은 결국 헤로인을 끊었다. 그러나 이미 늦은 상태였다. 그의 몸은 골수암으로 병들어 있었으며 1989년 섣달그믐에 뉴욕에서 세상을 떠났다.

1986년 3월, 사람들은 잠시나마 헤로인을 멀리한 쳇 베이커를 볼 수 있었다. 처음으로 일본 연주 여행을 가게 됐는데, 피터 휴이츠는 쳇 베이커가 그토록 기뻐할 줄 몰랐다고 했다. 이미 오래전

사라져 버린 아이처럼 천진난만한 모습이 다시 피어나는 듯했다던가. 피터 휴이츠는 말했다. "원래 우리는 빅 밴드와 함께 도쿄로 갈 예정이었습니다. 그래서 쳇 베이커는 파리를 비롯한 어디에서든 만나는 사람마다 붙들고 이렇게 말을 건넸죠. '이봐, 우리 일본에 가기로 했는데, 함께 연주하러 가지 않겠어?'라고요." 최종적으로 이 투어에는 미셸 그라이예와 리카르도 델 프라만 함께하게 됐다. 일본의 마약 관리법이 매우 엄격하다는 사실을 전해 들은 쳇 베이커는 3주치의 메타돈을 챙겨 여행길에 올랐다. 피터 휴이츠는 이렇게 말했다. "쳇 베이커는 일본에서 왕 같은 대접을 받았어요. 아주 좋은 공연장에서 연주했고, 호텔 또한 최고였죠. 그래서 그는 더없이 기뻐했습니다. 사람들과도 잘 어울렸죠. 아주 다른 사람 같았어요. 그가 그렇게 변할 수도 있는지 미처 알지 못했습니다." 미셸 그라이예도 쳇 베이커의 또 다른 모습에 매우 놀랐다. "그때 일본에서 그가 들려준 연주는 내가 한 번도 듣지 못한 쳇 베이커의 음악이었습니다. 마일스 데이비스보다도 더 빠르게 연주했어요. 대단한 에너지를 보여 주었죠. 정말 대단했습니다." 저널리스트들은 앞다투어 쳇 베이커와 이야기를 나누려 했고, 그는 사람들의 이러한 관심을 뿌듯해하는 듯했다.

쳇 베이커의 기쁨은 오래가지 않았다. 일본 투어를 마친 그는 암스테르담을 거쳐 런던으로 갔다. 6월 6일, 그곳에서 텔레비전 특별 프로그램 「로니 스코츠에서의 쳇 베이커Chet Baker at Ronnie Scott's」의 촬영이 있었다. 미셸 그라이예와 리카르도 델 프라가 함께한 이 무대에서 쳇 베이커는 다시 마약에 취해 음울한 모습을

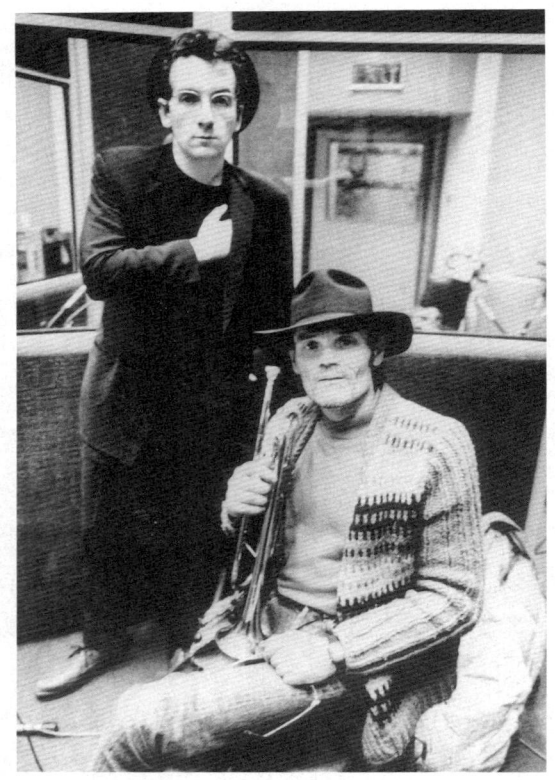

엘비스 코스텔로와 쳇 베이커. 함께 녹음 작업에 임한 1983년의 모습이다.

드러냈다. 직접 그의 모습을 한 번도 보지 못했던 젊은 세대들에게 비디오로 출시된 이 연주 장면은 쳇 베이커의 실제 모습을 규정하는 계기가 됐다. 제작을 맡은 스티븐 클리어리Stephen Cleary 와 로버트 렘킨Robert Lemkin 은 당시 영국 팝 음악계의 "드센 젊은이들" 중 하나로 불리던 엘비스 코스텔로Elvis Costello 를 함께 무대에 올리기로 계획했다. 엘비스 코스텔로는 이미 오래전 퍼시픽 재즈 레이블에서 제작된 〈The Thrill is Gone〉을 들은 뒤부터 쳇 베이커에게 깊이 빠져 있었다. 이 연주에 담긴 섬뜩한 느낌은 그를 강하게 사로잡았고, 여기에서 영감을 얻어 〈Almost Blue〉란 곡을 작곡하기도 했다. 쳇 베이커도 나중에 이 노래를 즐겨 불렀다. 이미 엘비스 코스텔로는 1983년에 쳇 베이커를 초청하여 〈Shipbuilding〉이란 노래에서 솔로 연주를 맡긴 적이 있었다. 우수에 가득 찬 그의 트럼펫 연주가 포함된 이 곡은 남대서양에서 벌어진 위험한 전쟁*에 항의하는 의미로 엘비스 코스텔로가 작곡한 발라드였다.** 이제 게스트의 자격으로 쳇 베이커의 무대에 등장한 그는 스탠더드 곡에 손을 뻗쳤다. 그는 이 공연에서 〈You Don't Know What Love Is〉와 〈I'm a Fool to Want You〉, 그리고 〈The Very Thought of You〉를 노래했다.

엘비스 코스텔로는 밴 모리슨Van Morrison 과 함께 리허설에 모

---

* 1982년 4월부터 6월까지 포클랜드 제도를 둘러싸고 영국과 아르헨티나가 벌인 전쟁을 뜻한다. 당시 대처 영국 수상은 이 전쟁을 승리로 이끌었지만 영국 내에서는 찬반양론이 극명하게 엇갈렸다.
** 이 곡은 엘비스 코스텔로의 1983년 앨범 《Punch the Clock》에 실렸다. 그의 초기 앨범들이 대부분 매우 높은 평가를 이끌어 낸 반면, 이 작품은 그다지 큰 관심을 받지 못했다.

습을 드러냈다. 아일랜드 출신의 싱어송라이터로 자극적인 목소리를 지녔던 밴 모리슨은 ⟨Gloria⟩와 ⟨Domino⟩ 같은 히트곡을 발표했던 이른바 "푸른 눈의 소울blue-eyed soul"을 노래하던 인물이었다. 프로듀서들은 자신도 노래할 수 있겠느냐고 묻는 그를 마주하며 적잖이 당황했다. 카메라가 계속 돌아가는 가운데 밴 모리슨은 손가락을 튕겨 가며 자기만의 방식으로 ⟨Send in the Clowns⟩를 노래했다. 서툴기 그지없던 그는 바로 앞에 악보가 놓여 있었는데도 여러 차례 실수를 범했다. 쳇 베이커는 그때까지 밴 모리슨의 노래를 한 번도 들어 본 적이 없었고, 그가 직업으로 노래하는 가수라는 사실을 못 믿겠다고 했다. 쳇 베이커는 리카르도 델 프라에게 이렇게 말했다. "저건 노래하는 게 아냐. 그냥 소리만 지르고 있군 그래!"

그러나 엘비스 코스텔로의 날카로운 콧소리가 가미된 노래는 좋은 감성을 담고 있었다. 쳇 베이커 역시 그의 노래 솜씨를 높이 샀다. 이브 스코우고르와 가진 인터뷰에서 쳇 베이커는 이렇게 말했다. "엘비스 코스텔로는 아주 재능이 많은 음악인이오." 그는 이 영상 속에서 엘비스 코스텔로에게 부드러운 목소리로 자신의 추억담을 들려주었다. 오클라호마에서 자랐던 어린 시절의 얘기를 비롯하여 여러 친숙한 주제들이 흘러나왔다. 연주 장면은 어땠을까. 쳇 베이커는 무대 한가운데 걸상을 놓고 앉아 다분히 인위적인 연출을 보여 주었다. 눈에 띄는 커다란 카우보이 부츠를 신은 채 힘에 부친 듯 종종 바닥 속으로 빨려 들어갈 것 같은 인상을 남겼다. 그의 아름다움은 점점 허물어지고 있었지만 아직도 타고난 연기력이 남아 있었고, 이내 관객들의 마음을 사로잡았다. 연주가 진행되면서 카메라는 젊은 여인들의 촉촉한 시선을 놓치지 않았다. 머리 스타일이나 옷차림 모두 1954년의 버드랜드에 몰려들었던 열성 팬들의 그것과 크게 다르지 않아 보였다.

연주를 지켜보던 니콜라 스틸로의 눈빛도 계속 반짝이고 있었다. 쳇 베이커에게 그는 마지막으로 남은 제자나 다름없었다. 브라질에서 함께 투어를 마친 뒤, 플루트를 연주하는 니콜라 스틸로는 그곳에 남아 1년 동안 머물렀다. 그리고 두 사람이 다시 함께하게 된 것은 1986년 말이 가까워졌을 무렵이었다. 어느새 서른 살이 된 그 역시 헤로인 중독에 빠져 있었다. 쳇 베이커는 처음에 이를 말렸던 모양이다. 니콜라 스틸로는 말했다. "쳇 베이커는 내가 헤로인을 하지 못하게 했죠. 하지만 내가 원해서 시작한 일이었습니다. 물론 그다음에 우리는 전보다 더 가까워졌어요."

북부 캘리포니아 해변의 샌타크루즈로 집을 옮긴 다이앤 바브라도 쳇 베이커와 좀 더 가까워질 수 있는 계기를 맞았다. 어머니의 장례식이 있던 날이었다. 함께 그 자리에 참석한 쳇 베이커는 싸한 느낌이 도는 스탠더드 곡 〈For All We Know〉를 무반주로 연주했다. 다이앤 바브라와 다른 조문객들은 모두 큰 감동을 받았다. 쳇 베이커는 샌타크루즈를 좋아했고, 그곳에서 다이앤 바브라와 정착하여 살고 싶다는 얘기도 했다. 당시 두 사람은 다이앤 바브라의 오빠가 소유한 해변의 오두막을 빌려 기거하고 있었다. 어느 날 아침, 외출하기에 앞서 쳇 베이커는 쓰레기통에 담배꽁초를 버렸다. 몇 시간 뒤 다시 돌아왔을 때 오두막의 반은 이미 잿더미가 돼 있었다. 소방수들이 달려왔지만 손쓸 일이 별로 없었다. 쳇 베이커에게는 잠시 머무는 공간마저 허락되지 않은 듯했다. 그는 비탄에 잠긴 목소리로 미셸 그라이예에게 이렇게 말했다. "하긴, 집 살 돈은 이미 팔뚝 속에 다 들어갔지."

데이비드 프리드먼이 말한 것처럼, 트럼펫을 연주할 때는 물론이고 노래를 부를 때도 쳇 베이커는 아직 "멜로디의 표현에 집착하고 있었다." 그러나 삶 속에서 뭔가 정돈된 모습을 찾으려 했던 그의 시도는 모두 비참하게 끝나 버렸다. 낭만적인 노래를 더없이 부드러운 목소리로 노래하다가도 자기가 사랑한다고 공언한 여인에게 폭행을 가하기 일쑤였다. 1946년, 아버지의 외면과 어머니의 실망을 뒤로한 채 군대로 몸을 숨겼던 그는, 40년이 지난 이때까지 아직도 도주 중이었다. 그의 유일한 피난처는 스피드볼을 복용하며 그 어느 때보다 더 깊이 빠져들었던 마약 속의 환영뿐이었다.

다이앤 바브라의 친구들은 모두 그녀를 걱정하고 있었다. 그중에서도 새러토가 인근에서 라 보엠La Boheme이란 재즈 클럽을 운영하던 게리 하우Gary Howe는 특히 그녀를 안쓰럽게 생각했다. 쳇 베이커는 다이앤 바브라와 함께 그의 집에 머무는 동안 이 클럽에서 몇 번 공연하기도 했다. 다이앤 바브라는 전자제품 회사의 마케팅 매니저로 일하면서 재즈 기타리스트가 되기 위해 열심이던 로버트 오켈론Robert Ockeloen을 이 클럽에서 만났다. 어느 날 밤, 클럽을 찾은 그와 그의 아내가 함께 테이블에 앉자며 다이앤 바브라에게 자리를 마련했다. 답답한 심정에 말벗이 필요했던 그녀는 이 부부 앞에서 자신의 고충을 털어놓았다. 쳇 베이커와 함께 집에 가는 것이 아주 두려운 일이라고 했다. 그런데 이들의 대화를 엿들은 쳇 베이커가 쉬는 시간에 이 남자를 따로 불러냈다. 로버트 오켈론은 말했다. "내게 당장 달려들 것 같은 태세더군요. '내 여자를 꼬여서 뭘 어쩌겠다는 거야? 그러면 얼굴을 그대로 걷어차 버릴 테니.' 뭐, 이런 투였어요. 우리는 그를 겨우 진정시킬 수 있었습니다. 다이앤 바브라는 결국 그와 함께 가 버렸죠."

쳇 베이커가 하루 일정으로 LA에 다녀오게 되자 게리 하우는 다이앤 바브라에게 이렇게 간청했다. "그런 놈과 제발 더 이상 함께 있지 말란 말이오!" 쳇 베이커는 공항에서 집까지 그녀가 데리러 올 것을 기대하고 있었다. 그러나 그가 도착하던 날 저녁 전화를 걸어 온 그에게 다이앤 바브라는 마지막 작별 인사를 고했다. 가슴이 자꾸 뛰어서 쉽지 않았지만 용기를 내서 그 말을 내뱉었다. "쳇, 지난 몇 년 동안 난 너무 힘들었어요. 더 이상 당신과 함께할 수 없네요. 공항으로 마중 나가지도 않겠어요." 쳇 베이커는 죽어 버리겠다며 거짓으로 그녀를 협박했지만, 다이앤 바브라는 가까스로 그의 말을 무시할 수 있었다. 전화를 끊자 게리 하우가 그녀의 방으로 들어섰다. 다이앤 바브라는 외쳤다. "게리, 내가 해냈어요!" 게리 하우는 그런 "그녀가 자랑스럽다"며 포옹했다. 두 사람은 자축을 위해 저녁 식사를 하러 밖으로 나갔다. 게리 하우는 그녀의 자유를 위해 건배를 제안했다.

그런데 집으로 돌아오면서 다이앤 바브라는 자꾸 마음이 초조해졌다. 집 앞에 도착해 주차하면서 그녀가 말했다. "게리, 왠지 자꾸 이상한 느낌이 드네요." 두 사람은 집 안으로 들어갔고, 게리하우는 잠을 자겠다며 침실로 갔다.

다이앤 바브라는 자신의 방문을 열었다. 어둠 속에서 사람의 형상이 눈에 보였다. 순간 숨이 막혔다. 잠시 후 쳇 베이커의 얼굴이 보이기 시작했다. 그가 다가오자 다이앤 바브라는 거실로 달아났다. 그가 말했다. "미안해. 내가 너무 나쁜 놈이었어." 그녀를 두 팔로 감싸 안으며 쳇 베이커는 이렇게 덧붙였다. "다시는 마약을 하지 않겠어."

다이앤 바브라는 그때를 회상하며 다음과 같이 말했다. "우리 둘 모두 그 말이 거짓이란 걸 알고 있었죠. 이런 생각이 뇌리를 스치더군요. 이런 세상에, 모든 게 처음부터 다시 시작되고 있어. 내가 할 수 있는 것이라곤 그저 그를 안아 주는 것뿐이겠구나."

18
일그러진 천사의 탄생

팻 튜즈데이스에서 마지막으로 비참한 기운을 맛본 지 그리 오래 지나지 않은 1986년 11월, 쳇 베이커는 뉴욕의 클럽에서 연주할 수 있는 최후의 기회를 갖게 됐다. 얼마 전 5번 애비뉴 부근 웨스트 18번가의 지하에서 문을 연 위퍼윌Whippoorwill이란 클럽이었다. 친구인 짐 콜먼은 이 클럽이 고급 사창가를 연상케 했다고 기억했다. 화장실 소변기의 손잡이가 금으로 치장된 재즈 클럽은 한 번도 보지 못했으니 말이다. 어쨌든 위퍼윌은 모던 재즈 쿼텟이나 스탠 게츠같이 유명한 스타급 연주자들의 공연을 유치하면서 예산을 초과하기 일쑤였고 오래 지나지 않아 결국 문을 닫고 말았다.

쳇 베이커가 위퍼윌에서 첫 공연을 벌이던 날, 얼마 되지 않는 관객들은 이 트럼페터가 아직 살아 있다는 사실 자체에 놀라움을 금치 못했다. 그러나 1953년 쳇 베이커의 연인이었던 조이스 터커에게 쳇 베이커는 아직도 눈부신 존재로 다가왔다. 그녀는 뉴욕에 거주하고 있었으며 첫 번째 남편인 마빈 코랄과 헤어진 뒤 배우인 알 라티에리Al Latieri와 재혼했다. 하지만 이 결혼 생활도 이미 끝난 상태였다. 마땅히 할 일을 찾지 못하고 있던 조이스 터커는 과거의 연인이던 쳇 베이커의 미국 일정을 관리하는 매니저가 되기를 희망하고 있었다. 그러나 그녀의 계획은 성사되지 못했다. 쳇 베이커는 미국에 있지 않을 때가 많았고 더 이상 그러고 싶어 하지도 않았다. 그러나 한때나마 사랑을 나누었던 "체티"의 모습은 아직도 그녀의 눈빛을 반짝이게 했다. 심지어 그는 스스로 화석이 돼 가고 있는 것처럼 느꼈지만 말이다. 위퍼월에서 연주할 때 피아노를 맡았던 젊은 음악인 마크 퓨리첼리에게 쳇 베이커는 이렇게 말했다. "사람들은 내가 노래하는 것처럼 트럼펫을 연주한다고 말하더구먼. 이젠 내 겉모습처럼 연주해 보면 어떨까 생각 중일세."

1970년대 말 쳇 베이커와 함께했던 베이시스트 존 버는 토니 베넷Tony Bennett이나 프랑스의 재즈 바이올리니스트 스테판 그라펠리Stephane Grappelli처럼 유명한 이들과 수년간 협연한 뒤 다시 밴드로 돌아왔다. 그동안 존 버는 헤로인 중독에서 완전히 벗어나 있었는데, 1980년대 중반 들어 몇 년 동안 다시 마약에 손을 댔다. 존 버는 쳇 베이커를 만나기 위해 그가 머물고 있던 웨스트 23번가의 악명 높은 첼시 호텔을 방문했다. 한때 여기에 장기 투숙했던 로버트 메이플소프Robert Mapplethorpe °의 평전을 집필한 퍼트리샤 모리스로Patricia Morrisroe 는 이 호텔을 다음과 같이 표현했다. "첼시 호텔은 창조적인 천재와 기인들을 위한 환상 속의 휴양지였다." 그러한 천재와 기인들을 가까이했던 앤디 워홀은 1966년, 바로 이 호텔에서 서사영화 「첼시의 소녀들Chelsea Girls」을 촬영했다. 그의 사단에 속해 있던 배우들은 이곳에서 마약을 하고 환각에 빠졌으며, 카메라는 이들의 모습을 엿보는 존재로 작용했다. 많은 이들이 문제를 일으켰지만, 사실 첼시 호텔에서 강제로 퇴거되는 일은 거의 일어나지 않았다. 예외가 있었다면 바로 쳇 베이커가 아니었을까. 문제는 존 버가 쳇 베이커의 엉덩이에 난 아주 커다란 종기를 발견하면서 비롯됐다. 반복된 마약 주사 때문에 생긴 증상이었다. 존 버는 이렇게 설명했다. "마약중독자들의 몸에는 그런 일이 종종 일어나죠. 엄청나게 큰 여드름 같았어요." 쳇 베이커의 종기는 이미 벌어져서 고름이 흘렀고 껍질이 다 벗겨져 있었다. 이를 본 존 버는 엘리베이터를 타고 내려올 때까지 자꾸만 구역질이 났다. 문이 열리고 로비에 내려온 그는 속이 뒤집힐 듯한 느낌을 참지 못한 채 이내 기절해 버리고 말았다. 호텔의 경영진은 이대로 놔둘 수 없다고 판단했다. 그날 밤 위퍼윌에서 연주를 벌이기 위해 존 버를 마주한 쳇 베이커는 이렇게 말했다. "그래, 존. 정말이지 고맙구먼. 네 덕분에 호텔에서 쫓겨났으니 말이야!"

• 1946년 뉴욕에서 태어나 1989년 42세에 세상을 떠난 사진작가. 짧은 생애 동안 꾸준히 섹스와 로맨티시즘을 소재로 한 작품을 발표하며 숱한 논란을 불러일으켰다.

미안한 마음이 든 존 버는 쳇 베이커를 웨스트 96번가에 위치한 자신의 아파트에 머물게 했다. 항상 돈이 없다고 투덜대던 쳇 베이커였지만, 그는 언제나 많은 양의 마약을 손에 넣곤 했다. 존 버가 표현한 것처럼 그의 집은 "마약중독자의 천국"이 됐다. 그로부터 얼마 지나지 않아 쳇 베이커는 또 한 번 돈을 벌 기회를 맞이했다. 12월 들어 위퍼윌에서 다시 공연을 시작하던 날, 리무진 한 대가 클럽 앞에 멈춰 섰다. 잿빛 턱수염을 기른 사내 하나가 검은 코트를 입고 큰 스카프를 두른 채 차에서 내렸다. 흡사 산타클로스 같은 느낌을 주는 남자였다. 그의 곁에는 눈에 띄는 "요정들"이 함께하고 있었으며, 수행자로 따라나선 이들은 패션계의 내로라하는 남녀들이었다.

　　그가 바로 브루스 웨버였다. 캘빈 클라인과 랠프 로렌을 위해 그가 만든 동성애의 에로틱한 이미지는 광고 분야에서 성적으로 한결 관대한 새로운 시대를 열었다. 당시 마흔한 살이던 브루스 웨버는 자기 분야에서 최고의 명성을 누리며 하루에 2만 달러의 몸값을 받는 사진작가로 성장해 있었다. 그의 작품은 여러 광고판을 장식했고, 『인터뷰*Interview*』 같은 잡지에 실리기도 했다. 육체적으로 잘 단련돼 있으면서 아직 섬세한 면모를 지니고 있던 미국의 젊은이들이 하얀 속옷을 입고 별생각 없이 기어다니는 장면의 사진을 기억하는가. 일견 그들의 모습은 1950년대에 티셔츠를 입고 카메라 앞에 섰던 쳇 베이커의 그것과 매우 유사해 보였다. 실제로 브루스 웨버는 그런 그의 외관을 매우 인상적으로 받아들였다. 예전에 그는 쳇 베이커의 1955년 앨범《Chet Baker Sings and

Plays with Bud Shank, Russ Freeman and Strings》를 우연히 손에 넣었다. 그는 말했다. "말하자면, 나는 내가 언제나 그런 모습을 하고 있으면 좋겠다고 생각해 왔어요. 혹은 내가 아는 주변 사람 중에 그런 이가 있었으면 했죠. 난 펜실베이니아의 농촌에서 자랐습니다. 그런데 쳇 베이커의 그 앨범을 듣다 보니 그 사운드가 마치 서부로 오라고 유혹하는 것 같더라고요. 오후에 해변에 앉아 있으면서 바다에서 전해지는 소리를 듣는 것 같았다고나 할까요. 마치 파도타기에 대한 잡지를 들여다보는 느낌이었습니다."

쳇 베이커를 만나던 무렵, 브루스 웨버는 앤디 민스커Andy Minsker에 대한 다큐멘터리 「브로큰 노지즈Broken Noses」의 작업을 마친 상태였다. 그는 이 섹시한 권투 선수가 젊은 트럼페터의 이미지를 토해 내고 있다는 생각이 들었다. 브루스 웨버는 뉴욕의 휘트니 미술관에서에서 열릴 예정이던 비엔날레의 초청 작가로 선정돼 있었는데, 당시 이 행사의 주제는 현대 예술에서 큰 화제를 불러 모은 이들의 작업을 조명하는 것이었다. 그는 쳇 베이커의 사진을 이 작업에 포함시키려 했고 「브로큰 노지즈」의 사운드 트랙으로 쓸 가슴 아픈 연가 〈Blame It on My Youth〉의 녹음을 그에게 맡길 생각이었다.

쳇 베이커의 연주가 있던 날 오후, 브루스 웨버는 자기 밑에서 일하는 체리 바닐라를 위퍼월에 먼저 보냈다. 머리를 현란한 체리 아이스크림색으로 염색한 그녀는 펑크Punk 가수이자 시인, 그리고 열성적인 록 음악 팬이었다. 쳇 베이커가 공연에 앞서 음향 조절을 하고 있을 때 체리 바닐라가 모습을 드러냈다. 그녀는 말했다. "그가 팝스타였다면 대뜸 긴장한 표정으로 '지금 여기서 뭐하는데요?' 하고 말했을 거예요. 하지만 날 한 번 바라보더니 별일 아니란 투로 '아, 안녕하시오' 하더군요. 난 이렇게 대꾸했죠. '안녕하세요, 난 체리 바닐라라고 해요.' 그래도 그는 별 관심을 두지 않았습니다." 갖은 아양과 매력적인 이야기를 건네며 체리 바닐라는 상사의 제안을 전했다. 1,000달러를 주겠다는 얘기였다. 쳇 베이커는 이를 받아들였다. 그렇게 해서 브루스 웨버는 카메라를 들고 클럽에 나타난 것이었다. 쳇 베이커의 요청에 따라 그는 다이앤 바브라와 함께한 사진도 찍었다. 사진 속의 그는—당시 쉰일곱 살이 다 되어 가던 쳇 베이커는 적어도 20년은 더 늙어 보였다—사랑스러운 몸짓으로 다이앤 바브라를 껴안고 있었다. 아이처럼 뭔가 갈구하는 표정으로 그녀의 가슴에 머리를 대고 있는 모습은 마치 오래전에 릴리안 퀴키에와 함께한 사진을 떠올리게 했다. 윌리엄 클랙스턴이 찍은 바로 그 작품 말이다. 체리 바닐라는 말했다. "브루스는 예전부터 '부서진destroyed'이란 말을 잘 썼어요. 어딘지 부서진 느낌이 가미된 아름다움을 찾곤 했죠. 그래서 그때가 큰 전환점이 됐던 겁니다."

브루스 웨버와 그의 친구들은 매일 밤 클럽을 찾았다. 쳇 베이커가 마약에 빠져 연주하는 모습은 점점 브루스 웨버의 시선을 사로잡았다. 결국 존 버의 아파트에서 추가로 3분짜리 짧은 영상을 촬영하기로 했다. 어느 일요일, 브루스 웨버는 그의 카메라맨 제프 프레이스Jeff Preiss와 보조를 하나 데리고 비참한 마약중독자들의 연옥에 들어섰다. 매트리스는 담뱃불에 그을려 있었고, 여기저기 옷가지와 신문이 어지럽게 널려 있었으며 비우지 않은 재떨이는 담배꽁초로 넘쳐 나고 있었다. 존 버는 말했다. "브루스는 내게도 수표 한 장을 내밀더군요. 집 앞 모퉁이에 수표를 현금으로 바꿔 주는 가게가 하나 있었죠. 거기 가서 현금을 손에 넣었던 것도 기억합니다. 난 집에 돌아와, 볼일이 있어 시내에 좀 나갔다 오겠다고 말했죠."

브루스 웨버는 쳇 베이커에게 말끔한 흰색 티셔츠를 입혔다. 그리고 벽에 기댄 채 손가락으로 관자놀이와 목을 누르며 번민에 빠진 표정으로 밖을 내다보는 장면을 촬영했다. 일을 마친 뒤 모든 이들은 브루스 웨버의 밴에 올라 위퍼윌로 향했다. 그리고 그 차 안에서 이 사진작가는 다큐멘터리를 제작하겠다고 제안했다. 그는 이 말을 들은 쳇 베이커가 두 팔을 벌려 자기를 감싸 안으며 감사의 뜻을 전했다고 덧붙이면서 이렇게 얘기했다. 『인터뷰』와 가진 대화에서 나온 말이다. "쳇 베이커는 정말 대단한 사람이었어요. 나는 그의 매력이, 자기가 좋아하는 이들에 대해 무한히 열린 마음을 가지고 있는 데서 비롯된다고 믿습니다. 처음 그를 만나게 되면 바로 이 점이 사람들을 끌어들인다고 생각해요. 참 편안하죠. 마음속에 사랑을 많이 품은 이들은 그런 성향을 가지고 있잖아요."

하지만 체리 바닐라는 한 발 더 나아간 결정을 내리게 된 것이 브루스 웨버 혼자만의 생각은 아니었다고 했다. 그와 체리 바닐라, 제프 프레이스, 그리고 브루스 웨버의 대변인이자 그와 함께 살고 있던 낸 부시Nan Bush는 모두 함께 침대에 누워 그들이 찍어

온 영상을 보았다. 흑백으로 촬영된 이 무성 필름은 어느 나이 든 마약중독자가 몰래 감춰 둔 지옥의 유물을 사실 그대로 찍어 둔 것 같았다. 자연스럽게 상상력이 발동하기 시작했다. 이를 지켜본 사람이라면, 과연 그 무엇이 쳇 베이커를 선망의 대상에서 허수아비 같은 존재로 전락시켰는지 짚어 보며 자기만의 시나리오를 꾸며 볼 수 있었을 것이다. 체리 바닐라는 당시 나눈 대화 내용을 이렇게 기억했다. "브루스, 이 사람 벌써 쉰일곱 살이죠? 생활하는 꼴을 보니 앞으로 살아 봐야 얼마나 더 살까 싶네요. 그리고 당신은 이미 저 사람을 참 좋아해요, 그렇죠? 그럼, 그에 대한 영화를 만들어 보세요."

　　그날 이후, 일은 일사천리로 진행됐다. 1987년 1월, 쳇 베이커는 "다큐멘터리 영화"란 가제로 브루스 웨버가 제작하는 프로젝트의 계약서에 서명했다. 명시된 조항들은 비슷한 작업에서 얘기되던 것들과 다르지 않았으며, 쳇 베이커가 지난 수십 년 동안 맺어 온 다른 계약들을 떠올리게 했다. 그는 4,400달러에 자신의 "이름과 초상, 목소리, 그리고 이야기"를 조건 없이 영구히 사용할 수 있는 권한을 넘겨주었다. 영화와 앨범, 연극, 책, 그리고 기타 상품이나 광고 캠페인을 비롯한 다른 모든 형태의 매체에서 이를 활용하게 했다. 서류에는 쳇 베이커가 "이러한 사용과 관련해서 아무런 권한도 행사하지 않는다"는 대목이 포함돼 있었다. 체리 바닐라는 계약서에 서명을 받기 위해 쳇 베이커를 찾아갔다. 그녀는 말했다. "그는 '여기에 서명하면 되나?' 하고 물었습니다. 난 그렇다고 대답했죠. 그가 서명했습니다. 쳇 베이커가 계약서의 내용을 읽어 봤냐고요? 천만에요!" 계약이 성사된 지 얼마 지나지 않아 브루스 웨버는 윌리엄 클랙스턴에게 전화를 걸었다. 베벌리힐스에 살고 있던 그를 방문해 예전에 찍어 두었던 쳇 베이커의 사진을 볼 수 있는지 물었다. 윌리엄 클랙스턴은 전화로 나눈 당시의 대화를 이렇게 기억했다. 브루스 웨버는 뉴욕에서 이 트럼페터를 만났으며 그에 대한 영화를 제작하기로 결정했다고 했다. 윌리엄 클랙스턴이 물었다. "그를 어떻게 생각하오?" 브루스 웨버는 마치 스타에게 빠진 소년처럼 기분 좋은 목소리로 이렇게 대답했다. "아, 정말 연주 좋더군요. 보기도 좋았고요."

"지금 쳇 베이커가 보기 좋았다고 했소?"

"글쎄요, 좀 망가지긴 했지만, 예, 그랬습니다. 그 어느 때 못지 않게 좋아 보였어요."

윌리엄 클랙스턴은 이렇게 생각했다. "지금 내가 미친 사람과 전화하고 있는 건가?"

정말 미친 게 아니었다면, 브루스 웨버는 냉정한 현실을 자신의 환상으로 새롭게 조합해 낼 수 있는 교묘한 기술을 가진 게 틀림없었다. 그는 낭만이 피어오르는 분위기 속에 살고 있었다. 그가 사진에 담았던 아름다운 젊은이들이 주변을 가득 메웠으며, 조니 제임스Joni James와 도리스 데이가 부른 이상적인 사랑 노래가 흘러나오는 가운데 애완견으로 키우던 골든 리트리버들이 즐겁게 뛰어놀았다. 사람들에게 아내라고 소개하던 낸 부시와도 편안한 일상생활을 즐기고 있었다. 1946년 펜실베이니아 그린스버그에서 태어난 브루스 웨버는 1960년대에 맨해튼으로 이주했으며 뉴욕대학교에서 영화와 연극을 공부했다. 고상하면서도 잘생긴 외모덕에 모델로 발탁돼 "복학생 스타일"의 의상을 입었다. 뉴욕주 해안가의 유명한 모래사장인 파이어 아일랜드에서 브루스 웨버를 처음 만난 체리 바닐라는 이 스타일의 특성을 "깃 없는 스웨터에 장식 달린 신발을 신고, 작은 셔츠 칼라가 밖으로 삐져나온 것"이라고 설명했다.

그러나 사진 속의 브루스 웨버는 특별한 개성을 드러내지 못했다. 그래서 카메라 앞에 서기보다 직접 사진을 찍어 보겠다고 결심했다. 1973년까지 그는 두각을 나타내지 못했다. 그러나 프란체스코 스카불로Francesco Scavullo •의 대변인으로 근무했던 낸 부시와 함께 일하게 되면서 드디어 사진작가로 명성을 떨치게 됐다. 마냥 일을 몰아붙이기만 하는 이 업계에서, 길게 늘어뜨린 잿빛 머릿결의 낸 부시는 지적인 느낌이 스며 나오는 목소리로 언제나 사람들을 부드럽게 대했다. 그러나 실상 그녀의 추진력은 대단했고, 원하는 것을 어떻게 손에 넣을 수 있는지 잘 알고 있었다. 브루스 웨버는 1974년 「Body Builders」란 타이틀로 첫 개인전을 열었다. 그리고 캘빈 클라인과 랠프 로렌을 고객으로 맞아들이면서 이내 자기만의 강점을 지닌 패션계의 스타로 부상했다.

브루스 웨버의 피사체들—근육질의 몸매를 가지고 있지만 성

• 미국의 사진작가. 특히 초상 작품에 큰 업적을 남겼으며 『코스모폴리탄Cosmopolitan』의 표지 사진을 맡으며 대중에게도 잘 알려졌다.

적 정체성이 모호한, 그리고 외부에서 촬영됐으면서도 누드나 누드에 가까운 자신의 상태를 인지하지 못하고 있는 듯한—은 1950년대 "체격physique" 사진들의 느낌을 작품 속에 실어 주었다. 체격 사진이란 포르노그래피가 불법이던 시절 게이들의 성애를 다루기 위해 안전한 형태로 촬영했던 작품들을 의미한다. 1959년에 윌리엄 클랙스턴과 결혼한 모델 출신의 페기 모핏Peggy Moffitt은 브루스 웨버의 작품과 자기 남편의 작품 사이에 일정한 연결 고리가 있음을 발견했다. 브루스 웨버는 윌리엄 클랙스턴이 찍은 쳇 베이커의 모습뿐 아니라, 스티브 매퀸Steve McQueen의 사진도 좋아했다. 흰색의 짧은 바지를 입고 영화계의 섹스 심벌로 자리했던 배우 말이다. 페기 모핏은 다음과 같이 말했다. "브루스 웨버가 속옷만 입은 남자들을 찍기 전에는 아무도 쳇 베이커의 사진을 들여다보며 '아, 패션이군!' 하는 생각을 하지 않았습니다. 그게 바로 브루스 웨버가 지닌 재능이었죠. 그는 패션과 직접적으로 관련돼 있지 않은 것을 보고도 그걸 패션과 연결시킬 수 있는 능력을 지니고 있었어요. 그러면서 아주 큰 화두를 던지게 된 거죠. 그걸 성취해 낸 건 브루스 웨버였지만, 내 남편이 적잖은 영향을 준 것도 사실입니다."

1985년, 브루스 웨버는 「브로큰 노지즈」의 작업에 돌입했다. 한 비평가가 다큐멘터리의 "몽정"이라 평한 이 영화는 올림픽에 나갔던 젊은 권투 선수 앤디 민스커를 기리기 위해 제작됐다. 그는 오리건주 포틀랜드에서 사춘기 소년들에게 권투를 가르쳤다. 영화가 시작되면 마치 브루스 웨버가 하나하나 사진을 찍듯이,

카메라는 소년들의 벗은 가슴을 오래도록 잡아낸다. 장면이 바뀔 때마다 스타일리스트가 소년들에게 다가가 그들을 완벽한 브루스 웨버의 표본으로 만들기 위해 손질을 가했다. 배경에서는 조니 제임스가 철없는 풋사랑을 그린 〈Too Young〉을 부르고, 쳇 베이커가 부드러운 목소리로 〈Blame It on My Youth〉를 부른다.

체리 바닐라에 대해서는 많은 것들이 비교적 잘 알려져 있다. 그녀는 꾸준히 독창적인 노력을 기울여 왔으며, 머리술로 자위하는 것에 대한 에세이를 발표한 적도 있었다. 대단한 에너지와 호감 주는 인상으로 지혜로운 삶을 살아온 그녀의 본명은 캐슬린 앤 도리티Kathleen Anne Dorritie였다. 「브로큰 노지즈」의 사운드트랙을 만드는 과정에서 음악 연구원으로 고용되기 전에 체리 바닐라는 폰섹스 업계에서 일한 적도 있었다. 당시 남자들과 전화로 나눈 대화 내용을 나이트클럽 연극에 활용하기도 했다. 한동안 매디슨 애비뉴에서 라디오와 텔레비전 광고를 제작했고, 록 음악 잡지 『크림Creem』에 가십 칼럼—"체리 바닐라가 전해 주는 최신 정보"—도 썼다. 1971년, 앤디 워홀이 런던에서 제작한 연극 「포크Pork」에 출연하면서 그녀는 새로 시작된 글리터록*의 가수 데이비드 보위David Bowie를 만나게 됐다. 그리고 3년 동안 그의 홍보를 맡았다. 체리 바닐라는 말했다. "처음 만난 순간부터 그가 대단한 스타라는 걸 알 수 있었죠. 내가 홍보를 위해 기본적으로

---

* 1970년대 초, 현란한 분장과 무대 디자인 등 시각적인 면을 강조하여 강한 인상을 남긴 록 음악의 한 장르. 창시자로 알려진 게리 글리터의 이름에서 따온 표현으로 흔히 글램록Glam-Rock이라 불리기도 한다. 1970년대 후반의 펑크록과 1980년대의 뉴웨이브에 많은 영향을 주었다.

하던 일은 만나는 사람마다 붙들고 그가 얼마나 좋은 음악인인 지 알려 주는 것이었어요. 내 말이 떨어지기가 무섭게 그들은 데 이비드 보위가 동성애자가 아닌지 되묻곤 했습니다. 많은 논쟁 이 벌어지곤 했죠. 어쨌든 홍보에는 도움이 됐어요." 그녀는 영국 RCA 레코드사를 통해 펑크 가수로 앨범을 발표하며 좋은 평가 를 받기도 했다. 투어에 나섰을 때 그녀의 공연에 앞서 오프닝 무 대를 맡았던 밴드가 당시에는 잘 알려지지 않았던 록 그룹 더 폴 리스The Police였다. 그럼에도 대부분의 시간 동안 체리 바닐라는 여유롭지 못한 삶을 꾸려 가고 있었다.

이제 첫 베이커에 대한 영화 제작을 위해 자료 조사와 인터뷰를 맡아 만능 여비서가 된 체리 바닐라는 브루스 웨버가 새롭게 꿈 꾸던 환상의 날개 한 쌍을 타고 여행을 시작했다. 그녀는 말했다. "이쪽에는 브루스 웨버가 있었죠. 그는 아주 낭만적이고 감상적 인 남자였어요. 그리고 다른 한쪽에는 첫 베이커. 사랑스러운 발 라드를 노래하며 한때 어린 소녀 천사 같은 얼굴을 하고 있던 사 람이었죠. 모르긴 해도, 난 브루스 웨버가 첫 베이커에게 성적으 로도 호기심을 품고 있었다고 생각해요."

첫 베이커에게 넋을 잃은 브루스 웨버는 결국 100만 달러라는 자신의 돈을 이 영화의 제작에 쏟아붓게 됐다. 외견상 드러난 목 표는 이 트럼페터의 망가진 아름다움의 이면에 무엇이 있는지 알 아보자는 것이었다. 하지만 브루스 웨버는『더 페이퍼The Paper』의 데이비드 허시코비츠David Hershkovitz와 가진 인터뷰에서 이런 말 을 했다. "나는 환상과 현실이 한데 어우러진 생각을 아주 좋아합니다." 그에게 쳇 베이커는 영원한 해변의 소년이었고 여자들의 뒤를 따라다니는 바람둥이였으며, 많은 이들의 마음을 아프게 한 장본인이자 최신 패션을 선도하는 인물이었다. 그리고 이 모든 것을 한 몸에 감싸 안고 있는, 자기와 같은 부류의 영혼으로 인식했다. 브루스 웨버는 『세븐 데이스 7Days』의 기자에게 이런 말을 하기도 했다. "그와 내가 서로 잘 통했던 이유 중 하나는 나 역시 많은 곳을 돌아다녔기 때문일 겁니다. 나도 호텔에서 살 때가 많았죠. 물론 내가 묵은 호텔은 쳇 베이커보다 훨씬 좋은 곳이었는데, 그 때문에 우리의 소통이 완벽하게 이루어지지 못한 경향도 있었어요."

영화 제작을 위한 구체적인 자료 조사가 이루어지기 전에, 브루스 웨버와 체리 바닐라, 그리고 제프 프레이스는 비행기 1등석에 앉아 LA로 날아갔다. 그곳에서 쳇 베이커는 녹음을 위해 두 차례 무대에 섰고, 제작진은 이 모습을 카메라에 담았다. 젊은 아시아계 여인 에미 아메미야는 브루스 웨버가 영화를 만들 때 예산을 관리하는 라인 프로듀서로 일했다. 그녀는 할리우드에 위치한 오래된 스타일의 녹음 스튜디오 세이지 앤드 사운드를 예약했다. 브루스 웨버는 쳇 베이커와 다이앤 바브라를 위해 고풍스러운 장식으로 유명했던 호텔 샹그릴라의 최고층 스위트룸을 마련하게 했다. 샌타모니카에 위치한 이 호텔은 바다와 산의 풍경을 파노라마처럼 펼쳐 보이고 있었으며, 젊은 시절의 쳇 베이커가 만끽했던 나른한 여름날을 떠올리게 했다.

브루스 웨버는 윌리엄 클랙스턴의 집으로 달려가 예전에 인쇄된 사진과 인화지들을 꼼꼼히 살펴봤다. 이 집에 도착한 그는 이렇게 말했다. "촬영한 쳇 베이커의 모든 사진을 다 보고 싶습니다!" 페기 모핏은 그가 집에 왔을 때의 일을 기억하고 있었다. 사진을 들여다보는 내내 "브루스 웨버는 남편에게 끊임없이 질문을 퍼붓더군요. '그가 당시 의상에 대해서는 뭐라고 했나요?' 그러자 남편은 '쳇 베이커는 옷에 대해 별생각이 없었소'라고 대답했습니다. 하지만 그는 계속해서 더 많은 것을 알고 싶어 했죠."

옷에 대해 많은 생각을 하던 브루스 웨버는 비트 세대의 스타일을 프랑스식으로 재현해 낸―깔끔한 세로 줄무늬가 있는 검은 양복과 일부러 크게 조절한 검은 지퍼가 달린 반짝이는 가죽 재킷―디자이너 아녜스 베Agnes B에게 쳇 베이커의 의상을 맡기기로 결정했다. 메이크업 아티스트(보니 몰러Bonnie Maller)와 헤어 스타일리스트(디디에 말리주Didier Malige), 그리고 마무리 의상 담당자(톤 굿맨Tonne Goodman)까지 기용했으며, 촬영장의 장식을 위해 많은 이들이 더 동원되면서 제작진은 사람들로 북적이게 됐다. 촬영이 진행되는 도중 여러 사람들이 화면 속에 모습을 드러냈다. 브루스 웨버가 만든 캘빈 클라인의 옵세션 향수 광고에 등장했던 아름다운 10대 모델 리사 마리Lisa Marie와 쳇 베이커와 비슷하게 생긴 것으로 생각됐던 앤디 민스커, 록 밴드 레드 핫 칠리 페퍼스Red Hot Chili Peppers의 섹시한 베이시스트 플리Flea, 그리고 초기 로큰롤을 멋지게 재현했던 크리스 아이작Chris Isaak이 앤디 민스커처럼 젊은 시절의 쳇 베이커를 연상케 하는 존재로 이 영화에 얼굴을 내밀었다. 브루스 웨버는 샹그릴라 호텔에서 알게 된 어느 이국적인 분위기의 이탈리아 여성도 출연시켰다. 그는 말했다. "나는 이탈리아 감독들이 1930년대에서 1950년대까지 시도했던 방법을 언제나 좋아했습니다. 특별한 이유가 없더라도 그냥 사람들을 영화에 등장시키는 것이죠." 줄담배를 피우던 웨스트코스트 출신의 무뚝뚝한 피아니스트 프랭크 스트래저리가 곡들을 녹음할 때 트리오를 이끌었다. 그는 쳇 베이커와 비슷한 연배였다.

이렇듯 예술적으로 잔뜩 치장된 분위기 속에 쳇 베이커가 들어섰다. 그는 마치 노인처럼 세이지 앤드 사운드 스튜디오를 절뚝거리며 걸어 다녔고, 틀니를 뺐다가 다시 끼우기를 반복했다. 영화 작업을 위해 브루스 웨버는 쳇 베이커의 부드러운 노래에 초점을 맞추고 싶어 했다. 하지만 쳇 베이커는 〈Ev'rytime We Say Goodbye〉나 〈My One and Only Love〉처럼 평소 즐겨 부르지 않아 잘 모르던 몇몇 스탠더드 곡들을 노래하면서 자꾸만 가사를 놓치고 말았다. 다이앤 바브라가 함께 불러 줘서 가까스로 가사는 익히게 됐지만, 이번에는 목소리가 잘 나오지 않고 음정도 맞지 않아 결국 연주를 망치게 됐다. 브루스 웨버가 촬영 장면을 보여 주기 위해 초청했던 윌리엄 클랙스턴은 말했다. "쳇 베이커가 버럭 화를 내더니 이렇게 말하더군요. '정말 마음에 안 드는구먼!' 그러고는 하던 노래를 멈추는 거예요. 그러자 브루스 웨버가 그를 달랬습니다. '아니에요, 아주 훌륭해요. 아무 걱정하지 마세요. 다 잘될 겁니다' 하고 말이에요."

윌리엄 클랙스턴과 쳇 베이커는 1970년대 이후로 오랫동안 마주한 적이 없었다. 그래서 브루스 웨버는 두 사람이 다시 만나는 감상적인 장면을 연출하기로 했다. 윌리엄 클랙스턴을 옆방에 숨겨 두고는 갑자기 쳇 베이커의 방에 들어서게 해서 깜짝 놀라는 모습을 담아 보자는 심산이었다. 브루스 웨버는 카메라를 목 주변에 걸친 채 그의 방에 들어서며 이렇게 말했다. "자, 여기 보세요, 쳇. 누가 찾아왔는지 아시겠어요? 윌리엄 클랙스턴이에요!" 쳇 베이커는 무심한 표정으로 문 쪽을 바라보았다. 그리고 마치 어제 만났던 사람을 대하듯 아무 느낌 없는 목소리로 이렇게 말했다. "오, 안녕, 클랙스." 이 장면은 영화에 포함되지 못했다.

향후 몇 달간 체리 바닐라는 극단적인 비트 세대의 생활양식이 실제 삶에 옮겨지는 모습을 목격했다. 그녀는 말했다. "쳇 베이커는 내일을 위해 아주 적은 돈이라도 남겨 둬야 한다는 생각을 전혀 하지 않았어요. 브루스 웨버가 사 준 200달러짜리 셔츠들을 그냥 내버려두거나 다른 이들에게 줘 버리기도 했죠. 그리고 자신은 그냥 라디오 방송국 같은 데서 얻은 티셔츠를 걸치고 지내는 거예요. 그가 입던 코르덴 바지에는 몸 안에 잔뜩 퍼져 있던 종기에서 흘러나온 피고름이 덕지덕지 말라붙어 있었죠. 그런데도 그는 다음 의상이 도착할 때까지 며칠이고 그 차림 그대로 지내더군요. 캘리포니아를 떠나 네덜란드나 파리행 비행기에 오를 때는 겨울인데도 돈 한 푼 가지고 있지 않았습니다. 코트도 입지 않고 트럼펫도 없이 말이에요. 그런 모습을 지켜보다가 난 대뜸 선禪이란 걸 떠올렸습니다. 그는 누구보다 그런 성향이 강했어요. 그게 부럽더라고요. 나 역시 언제나 쿨하고 자유롭게 살고 싶었거든요. 물론 그에겐 아주 큰 문제가 있었습니다. 헤로인 중독 말이에요."

훗날 브루스 웨버는 이런 말을 했다. "사람들은 내게 묻곤 했습
니다. '당신들도 쳇 베이커와 함께 마약을 했나요? 그를 위해 마
약을 구해 준 적은 없었나요?' 하고 말이에요. 난 이렇게 대답했
죠. '우리도 함께 마약을 했으면 아마 쳇 베이커는 당장 사라져
버렸을 겁니다.' 글쎄요, 난 그가 우리의 방식을 믿었다고 봅니
다. 그가 표현한 말처럼 우리는 고지식했죠. 그래서 그가 우리에
게 의지한 게 아니었을까요?" 하지만 어느 회계 일지에 의하면,
1987년 3월 5일에 쳇 베이커는 "추가적인 녹음과 촬영 작업을 위
해" 1만 달러를 받아 갔으며, 4월 13일에는 1,000달러를, 4월 25일
에는 1,500달러를 더 지급받았다. 영화에 등장한 쳇 베이커의 모
습—눈꺼풀은 처지고 발음은 알아듣기 쉽지 않았으며 자꾸만 침
을 흘렸다—을 본 사람이라면 누구라도 이 돈이 모두 어디에 사
용됐는지 눈치챌 수 있었다. 체리 바닐라는 쳇 베이커가 원하는
것을 바로 손에 넣지 못했다면 "영화 작업을 위해 단 한 순간도 가
만히 앉아 있지 않았을 것"이라고 말했다.

세이지 앤드 사운드 스튜디오에서 녹음이 진행되는 동안, 아네
스 베가 디자인한 고급스러운 흰색 스웨터를 입은 쳇 베이커는
샹그릴라의 호텔 방에서 영화를 위한 첫 번째 인터뷰를 가졌다.
체리 바닐라가 브루스 웨버와 함께 그에게 질문을 던졌다. "그게
내 일이었어요. 그 사람이 자기 자신에 대해 이야기하도록 하는
것 말이에요. 어땠는지 상상할 수 있겠어요?" 체리 바닐라는 이렇
게 덧붙였다. "쉽지 않은 일이었어요. 쳇 베이커는 일단 마약을 해

서 정신을 좀 놓은 상태가 돼야 했고, 난 다시 대마초를 건네며 그를 북돋았죠. 또 뭐냐, 와인도 한 잔 마시게 했네요. 그런 다음에 난 그에게 슬쩍 추파를 던졌죠. 어쨌든 우리는 몇 시간 동안 이렇듯 아주 질펀한 것들을 주고받았죠. 무슨 말인지 아시려나. 나 역시 마약 때문에 제정신이 아니었을 거예요. 딕 트워드직에 대한 얘기를 꺼내는 게 꽤 힘들었던 기억이 나네요."

대부분의 대화는 지루한 목소리의 쳇 베이커가 미리 준비했던 것들을 기계적으로 늘어놓는 수준에 불과했다. LA 재즈계에서 처음 활동하던 때의 이야기며 찰리 파커의 오디션에 응하던 일, 샌프란시스코에서 일어난 폭력 사건 등 말이다. 그러다가 한결 눈에 띌 만한 이야기가 흘러나왔다. 결혼 생활을 했던 아내들에 대해 묻자, 쳇 베이커는 헬레마에 대해 "아름다운 여인"이었다고 강조하며 가장 호의적으로 말했다. 말문이 터지자 얘기는 계속 이어졌다. "1959년에 영국 여자를 하나 만나게" 됐으며 "아직도 그녀와 결혼한 상태"라고 덤덤히 말했다. 아이들에 대해 별말을 하지 않은 걸로 보아 그가 그다지 가깝게 생각하지 않는다고 짐작할 수 있었다. 한숨을 내쉬며 쳇 베이커는 이렇게 말했다. "걔들은 음악을 잘 몰라." 예외가 있다면 "아주 좋은 목소리를 지녔다"고 전해 들은 체스니 아프타브뿐일 거라고 했다. 브루스 웨버가 그에게 제일 좋아하는 마약이 무엇이냐고 묻자 쳇 베이커는 갑자기 생기가 돌았다. "아, 글쎄. 그건, 다른 사람들은 죽을 수도 있을 만큼 무서운 마약인데." 쳇 베이커는 짧은 미소를 지으며 가장 좋아하는 것이 스피드볼이라고 대답했다. 그는 이렇게 말을 이었다. "사실 코카인을 처음 했을 땐, 뭐랄까, 완전히 망가진 느낌이 들었지. 내 말은, 무서웠다는 뜻일세."

제작진이나, 어쩌다 함께하게 된 그 누구라도 쪽지에 질문을 적어 전할 때가 있었다. 체리 바닐라는 말했다. "간혹 내가 묻고 있으면서도 너무나 당혹스러운 질문들이 있었어요." 브루스 웨버가 카메라를 비추면서 앙드레 드 디에네스André de Dienes의 누드 사진첩을 쳇 베이커에게 보여 주라고 했을 때가 특히 그러했다. 루마니아 출신의 이 작가는 1940년대와 1950년대 쾌락에 빠진 캘리포니아 여인들의 사진을 많이 찍었다. 체리 바닐라는 쳇 베이커와 나란히 앉아 이 사진첩을 들춰 보고 있었다. 그녀는 말했다. "마치 군에 입대하는 사내에게 동성애 테스트를 하는 것 같은 느낌이 들더라고요." 당황한 표정으로 자꾸 웃으며 어떤 말을 해야 할지 망설이던 체리 바닐라는 웨스트코스트 해변에 머물던 시절 사진첩에 나온 것 같은 여인들을 알고 지냈느냐고 물었다. 체리 바닐라는 말했다. "사실 그가 화를 낼 만한 일이었죠. '이런 사진을 도대체 왜 보여 주는 것이냐'든지 '이게 내 인생과 무슨 관련이 있느냐'는 식의 반응을 보일 수도 있었거든요. 하지만 쳇 베이커는 누구라도 자기가 관심을 끌고 싶어 하는 대상에겐 한 번도 무례하게 굴지 않았습니다. 그리고 그는 내게 관심이 있었죠. 쳇 베이커는 나를 가만히 들여다보더니 이렇게 말하더군요. '오, 이런. 당신 오늘…… 정말로 멋져 보이는데.' 난 그가 나를 능숙하게 다루고 있다는 걸 깨달았죠. 그래도 기분은 좋았어요. 아마 그가 만난 어떤 여자라도 그런 걸 싫어하지는 않았을 거예요."

샹그릴라의 호텔 방에서 인터뷰하는 동안 쳇 베이커는 담배 연기에 잠시 눈살을 찌푸리더니 〈Deep in a Dream〉의 가사를 암송했다. 그는 이탈리아에서 팔피움에 중독된 이래로 1938년에 히트했던 이 스탠더드 곡을 즐겨 불렀다. 지미 밴 휴슨Jimmy Van Heusen이 작사한 이 곡은 한 남자가 안락의자에 앉아 손에 담배를 든 채서서히 잠들며 꿈속으로 빠져드는 장면을 묘사하고 있다. "담배 연기가 만들어 낸 계단을 따라 당신이 내려옵니다. / 어느새 내 팔에 안긴 그대, 이 행복이 끝나지 않았으면 좋겠어요. …… 그러자 천장에서 달콤한 음악이 몰래 내려오네요. / 계속되는 연인의 노래 속으로 우리는 소리 없이 날아오릅니다." 손가락에 걸린 담배가 타들어 가는 가운데, 쳇 베이커는 똑같이 오래된 "내 가슴의 상처"를 되새기고 있었다. 꿈결 같은 세상 속으로 푹 빠져드는 것만이 그의 삶에 다시 기쁨을 안겨 줄 수 있다는 듯 말이다. 쳇 베이커의 삶을 관통했던 탈출에 대한 욕망을 이 노래보다 더 잘 묘사하는 곡은 없었다. 하지만 언제나 그랬듯이 그는 이를 구체적으로 설명하려 들지 않았다. 쳇 베이커는 다음과 같이 짤막하게 말한 뒤 대화를 끝냈다. "가사 좋지?"

쳇 베이커에 대한 정보를 찾는 일은 체리 바닐라에게 매우 힘들었다. 그녀는 호텔 방에 앉아 전화기를 붙들고 오래된 기사와 기록사진, 그리고 영상물을 추적하기 위해 미친 듯이 매달렸다. 인터뷰할 사람을 선정하는 것이 또 다른 골칫거리였다. 쳇 베이커는 자기에게 거의 친구가 없다는 걸 느끼면서 잭 셸던과 루스 영을 추천했다. 체리 바닐라에게는 이렇게 말했다. "루스 영은 정말 대단한 여자야." 첫 번째 아내였던 샬레인은 변호사와 재혼한 뒤 LA에 살고 있었다. 몇몇 보도에 따르면 그녀는 완전히 술독에 빠져 살았는데, 브루스 웨버가 그녀와 전화 통화를 했을 때도 뭐라고 하는지 거의 알아들을 수가 없었다. 결국 샬레인은 촬영조차 하지 못했다. 두 번째 남편과 함께 캘리포니아의 부유한 동네인 벨 에어에 살고 있던 헬레마는 대화 자체를 거부했다. 릴리안 로베르(퀴키에)와 자크 펠저도 마찬가지였다. 미슐린 역시 인터뷰에 응하지 않았는데, 쳇 베이커는 왜 그녀가 쉽게 돈 벌 기회를 마다했는지 모르겠다며 어리둥절해했다. 조이스 터커와 허시 해멀은 체리 바닐라의 제안에 응했다. 그리고 이제 캐럴을 끌어들이기 위한 행동이 개시됐다. 그녀의 반응은 매우 조심스러웠다. 에미 아메미야는 체스니 아프타브가 어디에 있는지 알아냈지만, 직접 대면하지는 못했다. 쳇 베이커의 첫아들인 그는 계속해서 방랑의 길을 걷고 있었다.

제작진의 대부분은 쳇 베이커의 변덕에 주의하기 위해 많은 수고를 아끼지 않았다. 세이지 앤드 사운드에서 두 번째 녹음을 마친 뒤, 브루스 웨버는 한 멕시코 식당에서 축하연을 열었다. 둥근 테이블의 상석에 앉은 쳇 베이커는 그를 기리는 스태프들에게 둘러싸여 있었다. 술잔마다 테킬라가 넘쳐흐르고 공기는 담배 연기로 자욱한 가운데 체리 바닐라는 열성 팬이라도 된 양 그의 곁에 붙어 있었다. 앤디 민스커는 마약에 취해 이런저런 질문을 던져 댔다. 이미 들어간 많은 돈은 제쳐 두고라도, 이 자리는 쳇 베이커의 자존심을 세워 주기 위한 더없이 크나큰 행사였다. 에미 아메미야는 말했다. "그는 우주의 중심에 서 있었습니다! 그 모든 순간을 즐기고 있었죠."

영화의 모티프로 사용된 장면을 살펴보자. 쳇 베이커는 체리 바닐라의 조카이자 제작진의 운전사로 일한 조지 도리티George Dorritie가 모는 캐딜락 컨버터블의 뒷자리에 앉아 있었다. 차는 대서양의 해안을 따라 나 있는 고속도로를 질주했다. 다이앤 바브라와 체리 바닐라, 리사 마리가 번갈아 가며 쳇 베이커와 가벼운 농탕질을 주고받았고, 마약에 취한 그는 연신 싱글거리며 웃고 있었다. 그리고 이 모든 장면을 앞자리에 앉은 제프 프레이스가 카메라에 담았다. 브루스 웨버는 말했다. "그건, 우리가 꿈에 그리던 쳇 베이커의 모습이라 할 수 있었습니다. 그리고 그가 꿈꾸던 자기 자신의 모습이기도 했겠죠." 샌타모니카의 부두에서 촬영된 장면은 좀 더 설명이 필요할지 모르겠다. 이곳에 들른 브루스 웨버는 쳇 베이커와 다이앤 바브라에게 링크 안에서 범퍼카를 몰아보게 했다. 다이앤 바브라는 그의 의도가 궁금했다. "아마도 쳇 베이커의 삶에 대한 은유적인 표현이 아니었을까요? 그가 가려고 하던 곳마다 자꾸 충돌이 일어나서 갈 수 없었던 것처럼 말이에요. 그 속내를 누가 알겠어요?"

2월이 되자 쳇 베이커는 다시 현실 속에 발을 디뎌야 했다. 유럽 투어가 예정돼 있었다. 베이시스트 존 버가 두 명의 친구를 데리고 이 연주 여행에 가세했다. 피아니스트 롭 슈나이더먼Rob Schneiderman과 드러머 마이크 클라크Mike Clark였다. 존 버와 쳇 베이커는 연주를 시작하기에 앞서 "그 사내(마약 딜러)"를 만나기 위해 손에 땀을 쥔 채 한참을 기다렸다. 존 버는 말했다. "싫든 좋든, 쳇 베이커는 잔뜩 마약에 취한 뒤에야 최고의 연주를 들려줄 수 있었습니다. 그러지 못할 때는 다 망쳐 버리기 일쑤였죠. 아예 연주를 하고 싶어 하지 않았어요. 그건 마치 아주 심한 독감에 걸린 것 같았습니다. 몸 구석구석이 모두 아프고 근육은 잔뜩 오므라들었으니까요." 마약 딜러가 도착하자 쳇 베이커는 완전히 다른 사람이 됐다. 존 버는 다음과 같이 말을 이었다. "기억납니다. 음악이 대단히 사나워지다가도 이내 기쁨을 머금곤 했죠. 쳇 베이커의 연주는 정말 믿기 힘들 정도였습니다. 솔로를 한참 했는데도 계속해서 쉬지 않고 연주했죠." 그러나 암스테르담에서 최면제를 구하기 위해 의사인 로베르트의 집에 들른 뒤 투어는 또 한번 재앙으로 변해 버렸다. 존 버는 말했다. "그 약을 먹은 뒤 쳇 베이커는 일어서지도 못할 지경이 됐어요." 피터 휴이츠는 쳇 베이커에게 호텔을 나가 클럽에 가야 한다며 애원했다. 쳇 베이커는 프로모터들이 마약 딜러를 구해 주지 못할 때마다 예정된 공연에 불참함으로써 앙갚음했다. 많은 일거리가 사라지기 시작했다. 파리의 클럽 뉴 모닝에서 연주를 벌이던 날, 존 버는 사람들이 쳇 베이커를 부축해 대기실에서 나와 무대 위의 의자에 그를 앉힌 일을 기억했다. 그는 말했다. "몇 번 연주해 보려고 시도하더니, 결국 서둘러 무대를 마치고 말았죠. 당시 뉴 모닝에 줄지어 서 있던 많은 사람들을 잊지 못합니다. 낭만에 대한 그들의 뒤엉킨 생각을 상징하는 것 같았어요."

쳇 베이커가 연주를 위해 뉴욕을 떠날 때마다 브루스 웨버의 팀원들은 혹시라도 그를 다시 볼 수 없을까 봐 걱정했다. 에미 아메미야는 말했다. "누군가를 전쟁터에 보내는 것 같은 심정이었습니다. 모두 그런 식의 생활 습관에 젖어 가고 있었어요. 그늘에서 살아가는 것이나 다름없었죠." 언제나 그랬듯이 쳇 베이커를 찾아내는 일은 결코 만만치 않았다. 그러나 평소 낸 부시는 자신에게 심령을 읽는 힘이 있다고 생각하면서 이를 자랑스러워했다. 1970년대에 브루스 웨버가 큰 성공을 거둔 데에도 이 힘이 도움이 됐다고 믿었다. 그녀는 말했다. "난 쳇 베이커가 언제 전화를 걸어 올지 항상 알고 있었습니다." 낸 부시는 종종 사무실을 나서면서 남아 있는 직원에게 이렇게 얘기하기도 했다. "아, 그가 오늘 전화를 할 거예요. 연락이 오면 알려 주는 것 잊지 말아요."

일단 영화 작업이 진행되기 시작하자, 실제로 누군가 그들을 돕는 듯했다. RCA 레코드사는 브루스 웨버에게 사운드트랙 앨범의 제작을 위해 7만 달러의 선급금을 제공했다. 그리고 인터뷰에 응하기로 한 이들의 도움도 컸다. 그가 만난 사람들은 모두 쳇 베이커에게 깊이 빠져 있는 듯했다. 물론 자신도 다르지 않았다. 윌리엄 클랙스턴은 처음 쳇 베이커를 만났던 1952년의 상황을 자세히 일러 주었다. 이 트럼페터의 매혹은 정말 대단했고, 윌리엄 클랙스턴은 다른 연주자들을 안중에 두지 않은 채 계속해서 셔터를 눌러 댔다고 했다. 조이스 터커는 두 눈을 반짝이며 자기가 쳇 베이커와 격렬한 사랑에 빠지던 때를 회고했다. 그녀는 잔뜩 흥분한 목소리로 이렇게 말했다. "우리는 발보아 베이에 정박해 있던 배 안에서 열정적으로 사랑을 나누었어요. 둘 다 아주 좋아했죠!"

잭 셀던은 10대 때부터 친구였던 쳇 베이커에 대한 부러움—그리고 터무니없이 음란한 유머에 이르기까지—을 거리낌 없이 털어놓았다. 쳇 베이커는 특별한 노력을 기울이지 않고도 뭐든 척척 해냈다던가. 브루스 웨버가 가장 고대하고 있던 취재원은 다름 아닌 루스 영이었다. 체리 바닐라가 찾아낸 쳇 베이커와 루스 영의 1977년 듀오 녹음 〈Whatever Possess'd Me〉를 들은 뒤부터 브루스 웨버는 특히 그녀에게 매료돼 있었다. 그는 말했다. "처음 그 녹음을 들었을 때 나는 '이 노래를 부르는 매혹적인 여인은 도대체 누구인가'라고 생각했습니다." 세인트토머스에 살고 있던 루스 영을 찾아내는 데는 몇 달이나 걸렸다. 그녀는 그곳에서 새로운 연인과 함께 배 위에서 생활하고 있었다. 브루스 웨버는 그녀를 비행기에 태워 맨해튼으로 오게 한 뒤 스타를 대하듯 극진히 대접했다. 인터뷰뿐 아니라 아예 녹음 작업까지 진행한 그는 이를 앨범으로 발표하고 싶어 했다.

체리 바닐라는 녹음 스튜디오에서 루스 영을 만났다. 그녀는 말했다. "루스 영은 우리에게 미리 이렇게 경고했습니다. '내가 쳇 베이커에 대해 이야기해야 하는 것들이 꼭 좋은 얘기만은 아니에요.' 물론 그녀의 이런 말은 우리의 구미를 더 강하게 자극했죠. 특히 브루스가 그랬어요. 그다음부터 그는 루스 영의 말을 더 많이 들으려 했고요. 중요한 건 그녀 역시 우리의 반응이 어떨 거라는 걸 알고 있었다는 점이죠. 아주 똑똑한 여자였습니다." 그녀가 쿨하고 숨소리 섞인 목소리로 새롭게 녹음한 〈Whatever Possess'd Me〉를 들은 뒤, 브루스 웨버는 루스 영을 1950년대의 "여성 가

수"처럼 치장시켰다. 몸에 달라붙는 검고 긴 드레스를 입히고 대롱거리는 귀고리를 달아 주었으며 자연스럽게 흐트러뜨린 금발은 뒤로 땋게 했다. 카메라가 돌아가는 동안 루스 영은 한 손을 엉덩이에 붙인 채 다른 한 손에는 담배를 들고 스튜디오 안을 미끄러지듯 우아하게 걸어 다녔다. 이 모습을 바라보던 브루스 웨버는 옆에 있던 직원에게 이렇게 말했다. "담배 한 대 줘."

인터뷰를 시작하기 전에 브루스 웨버는 루스 영의 긴장을 풀어 주기 위해 애썼다. 루스 영은 말했다. "그가 처음 내게 던진 질문은 이거였어요. '뭘 하실래요? 보드카? 스카치? 아니면 콜라?' 그래서 난, '좋아요, 진에다가 콜라를 좀 섞어 마실래요. 그래요, 그게 좋겠어요'라고 대답했죠." 촬영이 진행되는 내내 루스 영은 브루스 웨버가 기대했던 대로 재미있고 신랄했으며 논리 정연했다. 그녀는 하프 노트에서 처음 쳇 베이커와 잠시 마주쳤을 때의 얘기를 자세하게 늘어놓았다. 그가 "적나라하게 자신을 드러내며 무대 위에서 있는 게 너무나 고통스러워 보였으며, 형편없는 연주를 벌이면서도 꿋꿋이 버티고 서서 애쓰던 모습"이 그녀의 마음을 아프게 했다고 말했다. 그리고 쳇 베이커는 분명 자신의 삶에 가장 큰 사랑으로 남았지만, 그녀의 "피카소"가 거짓말을 하고 물건을 훔치며 사람들을 가지고 논 것을 떠올리면 쓸쓸함이 치밀어 오른다고 했다.

루스 영은 〈My Foolish Heart〉의 한 대목을 노래했다. 그녀가 쳇 베이커에게서 맛본 겉과 속이 다른 매혹을 그 안에 모두 담아내는 듯했다. "사랑과 황홀한 매력…… 당신이 그걸 얘기했지." 루스 영은 이렇게 덧붙였다. "신비로운 일이었죠. 반드시 현실이 아니더라도 괜찮았어요. 실체를 알기까지 오랜 세월이, 아주 오랜 세월이 걸렸으니까요." 루스 영의 촬영 장면은 영화에서 언급된 말 중에서 가장 자극적으로 들렸던, 사람들이 자주 인용했던 이야기로 끝을 맺었다. "그나마 나는 정말 다행이었어요. 내가 그와 함께 보낸 시간이 결국 아무 결실도 없는 허망한 세월은 아니었습니다. 왜냐하면 그래도 내 두 눈은 열려 있었고, 마음도 열려 있었고, 지성도 열려 있었으니까요. 물론 가끔 그를 위해 두 다리도 열어 주었죠!"

브루스 웨버와 낸 부시는 루스 영을 스타로 키우려는 꿈을 가지고 있었다. 그는 말했다. "어느 순간 나는 영화 한 편을 만들어 그녀를 배우로 기용하면 어떨까 아주 진지하게 생각하기 시작했습니다." 게다가 그는 자기가 좋아하는 곡을 부르게 해서 쳇 베이커와 루스 영의 더블 앨범을 제작할 계획도 세웠다. 낸 부시는 이렇게 거들었다. "브루스는 언제나 음악을 고르는 데 아주 좋은 아이디어를 많이 가지고 있었답니다." 그러나 그가 쳇 베이커에게 〈Jersey Girl〉을 부르도록 설득하는 과정에서 작은 충돌이 빚어졌다. 이 곡은 톰 웨이츠Tom Waits가 오래된 1950년대 두왑doo-wop 스타일을 흉내 내서 발표한 연가였는데, 브루스 웨버는 브루스 스프링스틴Bruce Springsteen의 앨범에서 처음 이 곡을 들었다.[*] 체리 바닐라는 기가 막혔다. "난 그에게 말했어요. '브루스, 그건 재

---

* 1980년에 발표된 톰 웨이츠의 이 곡은 《Heartattack & Vine》에 실려 있으며, 브루스 스프링스틴은 1985년의 공연 실황에서 처음 이 노래를 불렀다.

즈곡이 아니에요!' 그랬더니 그는 '하지만 난 이해할 수 없어. 브루스 스프링스틴도 이 노래를 잘 부를 수 있고, 또 내가 아주 좋아하는 곡인데 왜 쳇 베이커가 부르면 안 된다는 거지'라고 대꾸하더라고요." 쳇 베이커는 거부했다. 결국 루스 영이 대신 부르는 것으로 결정됐으며, 체리 바닐라는 화자의 성을 고려해 원곡에 나오는 "욕실에 들어가서 화장 좀 하고 와"라는 대목을 "욕실에 들어가서 티셔츠는 벗고 와"로 바꾸었다. 루스 영이 녹음한 이 노래는 영화의 최종 편집에서 빠졌다. 하지만 녹음 도중 프랭크 스트래저리가 던진 말―"추임새 잊지 마쇼. '두와두와' 하는 것 말이오."―이 그 존재를 알게 했다.

에미 아메미야는 쳇 베이커를 위한 또 한 명의 대리 어머니가 됐다. 그녀는 밤늦게 잠을 자다가도 종종 일어나 그에게 전화를 걸었다. 그리고 "마약을 너무 많이 하지 않는지" 확인했다. 쳇 베이커는 거의 알아들을 수 없는 목소리로 그녀에게 메시지를 남기곤 했다. "헤이…… 베이비. 지금 어디 있어…… 나…… 할 말…… 있는데……" 에미 아메미야가 바로 답신을 하지 않으면 쳇 베이커는 다시 전화를 걸어 애들처럼 칭얼대는 목소리로 불만을 늘어놓기 일쑤였다. "뭐야…… 바로 전화한다고 말하지 않았어? 지금…… 어디 있어?" 그리고 그로부터 몇 분 지나기도 전에 또 다른 메시지가 남아 있었다. "오…… 베이비…… 도대체 어디 있는 거야? 제기랄, 나 지금 아프단 말이야!"

하지만 「브로큰 노지즈」의 시사회가 열린 5월의 칸 영화제에서 쳇 베이커의 분위기는 자못 심각했다. 브루스 웨버는 쳇 베이커

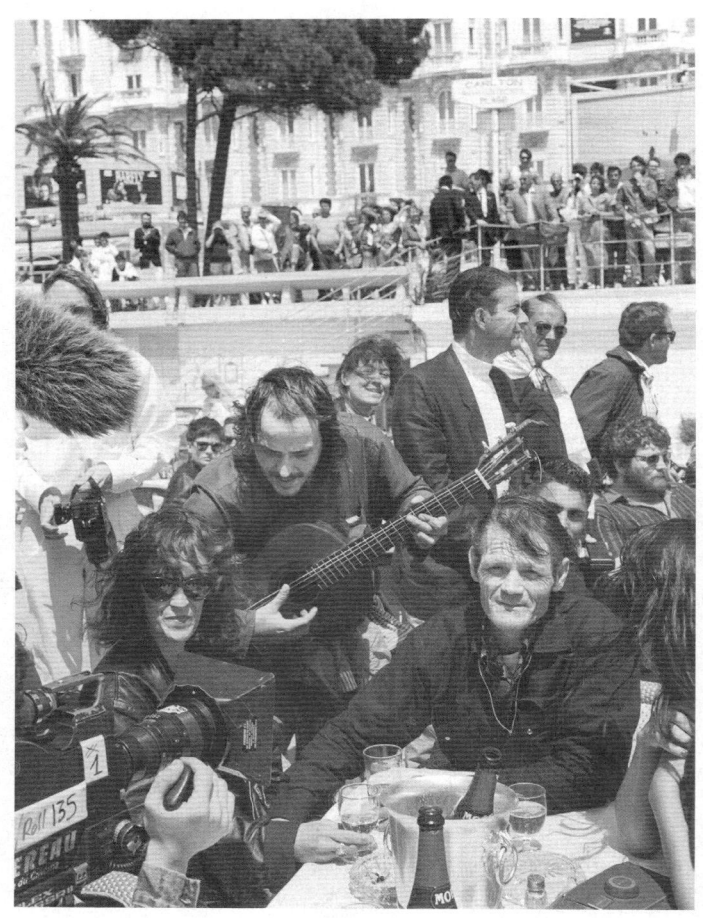

시사회 행사에서 연주하기 위해 1987년 프랑스 칸 영화제에 모습을 드러낸 쳇 베이커.
왼쪽의 여인이 다이앤 바브라이며 가운데 기타를 들고 선 이가 니콜라 스틸로다.

와 다이앤 바브라, 그리고 제작진을 이끌고 프랑스로 갔다. 쳇 베이커는 시사회를 위해 마련한 화려한 야외 파티와 파리의 한 스튜디오에서 연주할 예정이었고, 브루스 웨버는 이 장면을 촬영할 계획이었다. 니콜라 스틸로가 이 자리에 합류했다. 그리고 쳇 베이커의 곁에 붙어 둘이서 줄기차게 많은 마약을 복용해 댔다. 니콜라 스틸로는 말했다. "아마도 난 그가 살아왔던 것과 같은 삶을 살기로 결정했던 것 같아요. 아시잖아요? 우리는 마치 형제 같았죠. 물론 싸울 때도 있었지만 정말이지 서로를 아껴 주었다고요." 두 사람의 음악적인 신뢰는 매우 두터웠고 니콜라 스틸로의 플루트와 기타 연주는 쳇 베이커가 벌이는 공연마다 필수적인 부분이 됐다. 그는 쳇 베이커를 위해 브라질에서 알게 된 곡 하나를 기념으로 내놓았다. 브라질 출신의 두 대가인 안토니우 카를루스 조빙과 시쿠 부아르크Chico Buarque가 함께 만든 느린 템포의 인상적인 보사노바, 〈Zingaro(Portrait in Black and White)〉였다.

쳇 베이커와 니콜라 스틸로는 파리의 다부 스튜디오에서 함께 이 곡을 녹음했다. 브루스 웨버에 따르면 녹음 장소를 굳이 이곳으로 정한 사람은 바로 쳇 베이커였다. 브루스 웨버는 『샌프란시스코 위클리』의 앤드루 오헤어Andrew O'Hehir 기자에게 이렇게 얘기했다. "이유는 딱 하나였죠. 그 부근에서는 마약을 구하기가 쉬웠거든요. 그런데 분위기가 정말 엉망이었어요. 어떤 음악인들은 서로 싸우기까지 했습니다. 문제는 쳇 베이커가 일으켰지만요." 브루스 웨버는 이 녹음 장면으로 영화를 시작하고 싶어 했다. 니콜라 스틸로가 기타를 치는 가운데 쳇 베이커는 엘비스 코스텔로

가 만든 〈Almost Blue〉를 연습했다. 그런데 이 연주에서 사용하던 코드가 마음에 들지 않는다며 쳇 베이커가 싸움을 걸었다. 그는 이렇게 소리쳤다. "지금 여기서 뭣들 하자는 거야!" 심지어 쳇 베이커는 브루스 웨버가 그를 위해 예약한 값비싼 호텔에 대해서도 짜증을 냈다. 그가 선호하던 안 드 프랑스처럼 비싸지 않은 호텔보다 나을 게 없다는 얘기였다. 쳇 베이커는 체리 바닐라에게 이렇게 몽니를 부렸다. "브루스는 왜 내가 묵고 싶어 하는 호텔을 예약하지 않는 거지? 그렇게 해서 남는 걸 돈으로 주면 얼마나 좋아?" 체리 바닐라는 쳇 베이커의 마음을 이해했다. "돈 얘기가 나오면 그는 쉽게 화를 내고 우울해했습니다. 당연한 얘기죠. 그에게 돈은 곧 마약을 의미했으니까요."

칸에서 쳇 베이커와 니콜라 스틸로가 가지고 있던 마약이 모두 동나 버렸다. 하지만 더 이상 구할 곳도 없었다. 그러자 그를 돌보는 것이 너무나 힘든 일이 됐다. 쳇 베이커가 호텔 방 밖으로 나가기를 거부하자, 체리 바닐라는 무슨 일인가 싶어 그의 방으로 올라갔다. 쳇 베이커는 잔뜩 긴장한 표정으로 방 안을 서성대고 있었고, 니콜라 스틸로는 침대에 누워 땀을 뻘뻘 흘리며 숨을 헐떡이고 있었다. 시간이 흐를수록 두 사람의 통증은 더 심해졌다. 하지만 쳇 베이커와 니콜라 스틸로는 예정돼 있던 무대에 가까스로 모습을 드러냈다. 이 자리에 관객으로 초청된 모델과 영화배우, 그리고 파파라치들은 연주가 진행되는 내내 험담을 늘어놓았다. 제프 프레이스는 쳇 베이커를 둘러싼 이 뒷얘기들을 모두 카메라에 담았다. 나중에 이 내용을 본 쳇 베이커는 모두 너무 무례한 것 아니냐며 분개했다. 어느 날 그와 다이앤 바브라는 거리에서 산책을 하고 있었다. 그런데 쳇 베이커가 아주 큰 소리로 갑자기 이렇게 외쳤다. "프랑스라는 나라, 정말 마음에 안 들어!"

중년의 이 커플은 가장 조용히 지낼 때도 고등학교 졸업 파티에 나선 두 청춘처럼 서로에 대한 애정을 드러냈고, 언제나 사람들의 이목을 집중시켰다. 체리 바닐라는 쳇 베이커와 다이앤 바브라에 대해 이렇게 말했다. "그들은 느끼한 커플이었어요. 서로에게 아주 감상적이었죠. 쳇 베이커가 그녀의 목에 키스하면 다이앤 바브라는 자기의 모든 삶을 그 남자에게 바친 순진한 여자처럼 보이곤 했죠. 그래요, 그런 표현이 딱 맞겠네요. 하지만 두 사람을 바라보는 건 달콤하면서도 동시에 슬픈 일이었죠." 하루는 쳇 베이커가 너무 꽉 껴안아서 다이앤 바브라는 숨쉬기 힘들 지경이 되기도 했다. 그는 그녀에게 이렇게 다짐했다. "당신 머리가 하얗게 변해 버리고 조그만 할머니가 될 때까지 이렇게 꼭 안고 있을 거야!"

다이앤 바브라는 칸의 호텔 방에서 영화를 위한 인터뷰에 응했다. 그녀는 1970년대의 꿈결 같은 추억 속으로 깊이 빠져들었다. 그녀의 "그리스 신"을 처음 만나고 이내 그의 주문에 빠져들던 추억 말이다. 소녀 같은 목소리로 다이앤 바브라가 말했다. "쳇 베이커는 아주 친절했죠. 정말 달콤했고 매력적이었어요. 아마도 그게 그의 신비로움이 아니었을까 싶네요." 하지만 쳇 베이커가 그녀를 때리고 속이기 시작했을 때, 또한 마약을 끊겠다는 약속을 저버렸을 때, 어느덧 안개는 걷히고 그의 실체가 드러나 버렸다.

다이앤 바브라가 이 인터뷰에서 마지막으로 남긴 말은 어쩔 수 없이 타협한 채 살아가던 한 여인의 딱한 사정을 고스란히 드러냈다. "사실 그에게 의지하는 건 정말 힘들어요. 그래도 최소한 이 사실을 알고 있으니, 어떻게든 헤쳐 나갈 수 있겠죠."

오클라호마의 스틸워터에 돌아와 있던 캐럴 베이커는 가까스로 혼자 생활을 꾸려 나가고 있었다. 그녀와 세 아이—어느새 스물다섯, 스물둘, 스물한 살이 돼 있었다—는 2층짜리 집이 붙어 있는 건물 안의 아파트에 함께 살고 있었다. 캐럴은 남편이 돌아와 자신의 삶을 완벽하게 만들어 줄 수 있다는 희망을 아직 저버리지 않고 있었다. 밥 무버는 말했다. "캐럴은 마치 쳇 베이커 말고는 아무것도 가진 게 없다는 투였어요." 그러나 다이앤 바브라는 어느 날 걸려 온 그녀의 전화를 받은 뒤 다른 해석을 내렸다. 캐럴은 쳇 베이커를 찾고 있었다. "나는 캐럴을 아주 친절하게 대했어요. 어딘지 친구 사이 같다는 느낌을 떨칠 수 없었거든요." 캐럴은 자기가 한 대학교수와 사귀고 있다는 얘기를 전했고, 이 말을 들은 다이앤 바브라는 깜짝 놀랐다. 캐럴은 이렇게 덧붙였다. "뭐 그래도, 이런 거 있잖아요. 교수란 사람들은 원래 좀 고상한 척하는 편이죠." 아마도 캐럴은 정상적으로 생활할 수 있는 기회를 얻고자 애쓰고 있던 것인지도 모르고, 진위를 떠나 다이앤 바브라가 그 얘기를 남편에게 전해서 질투를 불러일으키게 하려던 것이었는지도 모른다. 어쨌든 그런 일은 벌어지지 않았다. 쳇 베이커는 다른 여자들과 관계하면서 광적인 질투를 드러낼 때가 많았지만, 캐럴은 분명 예외였다. 되레 그녀가 자기를 잊고 다른 남자를 만나면 좋겠다고 생각하는 듯했다. 그러나 교수와 사귀고 있다던 얘기는 이내 온데간데없이 사라졌다. 밥 무버는 이렇게 회상했다. "캐럴은 아주 완강했어요. 그녀는 쳇 베이커가 자신의 유일한 남자이고, 앞으로도 그럴 것이라고 얘기했죠."

인터뷰를 진행하던 브루스 웨버는 세상을 떠나면서 자식들에게 어떤 말을 남겨 주고 싶은지 쳇 베이커에게 물었다. 완전히 마약에 절어 있던 쳇 베이커는 자못 철학적으로 삶의 비밀을 얘기했다. "정말로 즐길 수 있는 무언가를 먼저 찾아야겠지. 그리고 그 누구보다 그것을 잘 해내기 위해 배워야 하고. 그러고 나면 아무 문제도 없을 거야." 쳇 베이커는 자기 아이들이 하나의 목표를 위해 매진하는 아버지의 성품을 물려받았을 것이라고 생각했을까. 글쎄, 브루스 웨버의 제작진이 가족을 인터뷰하기 위해 1987년 여름 스틸워터로 날아가서 찍어 온 장면들을 비교해 보면 이는 그다지 확연하지 않았다. 그들의 실제 삶은 브루스 웨버가 마음속에 그리고 있던 노먼 록웰Norman Rockwell •의 환상과는 전혀 다른 세상의 것이었다. 브루스 웨버의 말을 들어 보자. "나는 쳇 베이커의 가족이 자그마한 농장에 살고 있을 거라고 상상했습니다. 아이들은 밭에서 일하다가 울타리를 고치고, 캐럴은 부엌에서 요리하는, 뭐 그런 모습 말이에요. 우리가 그곳에 도착했을 때 눈앞

• 미국 출신의 화가이자 일러스트레이터인 노먼 록웰(1894~1978)은 미국 서민들의 지극히 평범한 일상을 그린 것으로 유명했다.

에 펼쳐진 모습은 완전히 달랐습니다. 냉장고에는 얼음조차 없더 군요. 우리는 꽤 충격을 받았습니다. 많이 놀랐죠."

브루스 웨버는 캐럴에게 전해 줄 600달러를 준비해 갔다. 그녀 뿐 아니라 아이들의 몫은 물론, 쳇 베이커의 영화 제작에 기꺼이 도와주기로 약속한 데 대한 사례금이었다. (일반적으로 다큐멘터리 에 등장시키는 데 드는 비용보다 높은 액수였다.) 그런데 캐럴은 아이 들에게 마땅히 입힐 옷이 없으니 알아서 하라며 미리 얘기했고, 브루스 웨버는 다양한 옷가지를 구입해서 함께 가지고 갔다. 멜 리사를 위해 카우보이모자를 준비했으며 가죽으로 된 항공점퍼 는 폴의 것이었다. 하지만 "신경이 날카로워진 데다가 의구심마 저 떨치지 못하고 있던" 캐럴은 그다지 만족스러워하지 않았다. 브루스 웨버는 이렇게 회상했다. "그들은 모든 사람을 약간 퉁명 스럽게 대했습니다. 그들의 집에 들어선 사람이라면 누구에게나 말이죠."

체리 바닐라가 볼 때 그들은 복지기금에 의존해서 살아가는 듯 했다. 그녀는 말했다. "참 씁쓸하더군요. 모두 말이에요. 세상 사 람들은 아이들 아버지의 음악으로 돈을 벌고 있는데, 막상 그들 은 가진 게 없었어요. 쳇 베이커가 돈을 부치지 않고 있다는 것도 참 그렇더라고요. 그래도 텔레비전은 있었습니다. 소다수나 맥 주, 피자, 뭐 이런 것도요. 놀랍게도 나에게만은 비교적 친근하게 대했죠."

사흘 동안 촬영을 계속하면서 브루스 웨버는 어머니 베라와 가 족 모두를 데리고 인근의 테니스 코트로 나가 공놀이하는 모습도 찍었다. 드디어 가족들은 누군가에게 주목받고 있다는 사실을 기쁘게 받아들이는 것 같았다. 특히 셔츠를 벗은 채 돌아다니던 폴은 옷차림이나 머리 깎은 모양이 자기 아버지를 빼닮아 있었다. 그는 형인 딘과 마찬가지로 트럼펫을 연주하는 것처럼 흉내 내기도 했다. 그러나 곡을 끝까지 연주하지는 못했다. 훗날 폴이 모델 일에 관심을 보였을 때, 브루스 웨버와 낸 부시는 뉴욕의 한 스튜디오에서 그가 포트폴리오를 준비할 수 있도록 대신 돈을 내주었다. 그는 스튜디오에 가서 작업에 임했지만, 인화된 사진을 가지러 다시 나타나지는 않았다.

1982년에 매우 위험한 뺑소니 사고를 당했던 장남 딘은 아직도 그 여파에서 벗어나지 못하고 있었다. 멍한 눈빛을 드러낼 때가 많았고 말수도 적었다. 가장 활발하게 이야기를 늘어놓은 것은 막내딸인 멜리사였다. 체리 바닐라는 종종 남부 사투리를 구사했던 그녀가 장난삼아 컨트리송의 가사를 쓰기도 했다고 전했다. 그러나 그녀는 맨발로 카우보이모자를 써 보지 않겠느냐는 브루스 웨버의 요청은 거절했다. 대신 엉덩이가 달라붙는 흰 바지를 입은 채 촬영에 응하겠다고 했다. 영화에 등장한 멜리사는 식료품 바구니를 팔에 들고 집 안으로 뛰어 들어왔다. 그러면서 카메라를 향해 씩 웃어 보였는데, 입속의 치아는 온통 충치로 가득했다. 체리 바닐라는 말했다. "그런 상황이 어린 소녀에게 어떤 영향을 미쳤을지 한번 생각해 보세요. 자, 이런 식이죠. 네 아버지는 유명한 재즈 연주자란다. 앨범도 많이 발표했지. 그런데 너는 치과에 갈 수도 없단다." 브루스 웨버는 멜리사에게 아버지와 함께 휴

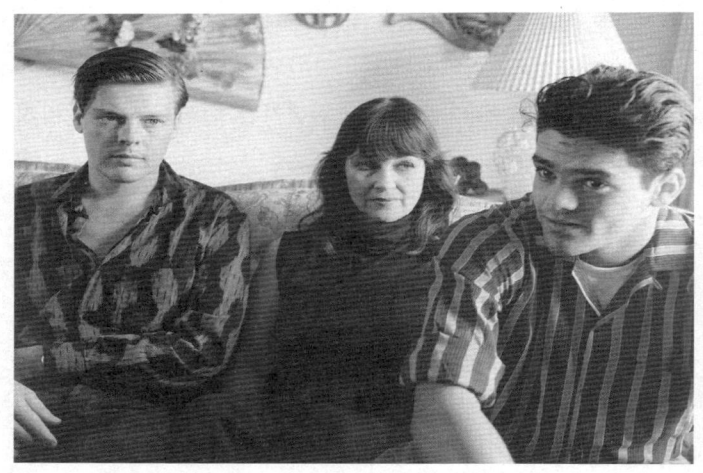

1987년 다큐멘터리를 위해 브루스 웨버와 인터뷰하는 쳇 베이커의 가족.
왼쪽부터 장남 딘, 캐럴, 차남 폴.
© Bruce Weber

가를 떠난다면 어디로 가는 게 좋을 거라 생각하는지 물었다. 그녀는 웃음을 터뜨리며 이렇게 말했다. "아마도, 큰 유람선을 타고 바다 한가운데 나가는 게 어떨까요? 그러면 아빠가 배에서 내려 도망가지 못할 테니까요."

어머니 베라는 어느새 일흔일곱 살이 돼 있었다. 그녀는 나들이 옷인 하얀 재킷과 레이스 달린 블라우스를 차려입고 소파에 앉아 체리 바닐라의 질문에 대답했다. 베라는 그녀의 방탕한 아들이 아버지보다 자기를 더 좋아했다고 강조했다. 쳇 베이커가 어린 시절에 얼마나 영특했는지 설명하는 것을 듣고 있던 브루스 웨버는 체리 바닐라에게 쪽지로 질문 하나를 건넸다. 그게 베라를 잔뜩 움츠러들게 했다. 훗날 브루스 웨버는 영화 속에서 그 질문을 직접 자기 목소리로 더빙해 넣었다. 쳇 베이커가 그토록 뛰어난 재능을 타고났으며 많은 사람들의 칭찬을 받았는데도 아들로서는 어머니를 실망시켰다는 뜻인가? 베라는 말을 잇지 못했다. 그러다가 더듬거리는 목소리로 이렇게 덧붙였다. "그래요. 음…… 그랬어요. 하지만…… 그 얘기는 여기까지만 하죠." 그녀는 억지로 웃음을 지어 보였다. 인터뷰가 끝난 뒤 베라는 브루스 웨버를 구석으로 데리고 가더니 이렇게 물었다. "이 근처에서는 당신이 만든 영화가 개봉되지 않겠죠? 어때요?" 이웃들이 어떻게 생각할지 걱정하는 표정이었다.

브루스 웨버는 캐럴을 직접 인터뷰했다. 캐럴은 풀이 무성한 아주 넓은 공간에서 의자를 놓고 앉아 있었다. 아무도 없는 곳에 홀로 버려진 여인을 상징하려는 브루스 웨버의 인상적인 아이디어였다. 그는 캐럴의 생각을 끄집어내려는 의도에서 이런저런 이야기를 주고받았다. 브루스 웨버는 쳇 베이커와 처음으로 함께 지내던 시절의 떨림을 생각나게 할 만한 특별한 순간이 있었느냐고 물었다. 평소 과거의 추억에 많이 의존하며 살아온 그녀였지만, 막상 질문을 받고 나니 멍한 표정만 지어 보였다. 몇 분 뒤 그녀는 고개를 가로저으며 이렇게 말했다. "아무 생각도 나지 않아요." 27년 동안 자신을 사로잡고 있던 한 남자의 존재감을 염두에 둔 까닭이었을까, 계속해서 캐럴이 남긴 말들은 모두 짧은 대답뿐이었다. 아무래도 처음 두 사람이 만났을 때의 이야기를 꺼내는 게 나을 듯했다. 캐럴은 흥분해서 이야기를 늘어놓기 시작했다. "그는 아주 어려 보였어요. 그리고 정말 잘생겼었죠. 더구나 연주까지 잘했잖아요!" 그다음 브루스 웨버는 루스 영에 대한 이야기를 꺼냈다. 캐럴의 얼굴이 이내 굳어 버렸다. 그녀가 이렇게 물었다. "그러니까, 그년도 인터뷰를 했단 말인가요?" 자신의 주장을 사람들에게 알릴 수 있는 좋은 기회가 찾아왔다. 캐럴은 이를 놓치지 않았다. "그때부터 그이가 타락하기 시작했어요. 모두 다 말씀드리죠. 바로 그 여자와 함께하면서 그이는 마약을 시작한 거예요. 그녀가 그이의 삶을 얼마나 심하게 망가뜨렸는지 아무도 모를 거예요." 캐럴은 가끔 자신의 혼잣말을 멈춘 채 유연한 태도를 취하기도 했지만—"이 부분은 편집에서 빼셔도 좋아요."—에미 아메미야가 생각할 때 그녀는 "자기가 무슨 일을 벌이고 있는지 정확히 알고 있었다."

　브루스 웨버는 캐럴과 아이들을 함께 거실 소파에 앉힌 채 좀 더 대화를 나누었다. 이 자리에서 한결 더 신랄한 말들이 흘러나왔다. 멜리사는 루스 영의 아파트 창문을 기어 올라가 모든 귀금속과 "아주 섹시한 옷들"을 훔친 뒤 90달러를 받고 전당포에 넘긴 일을 신이 나서 자세하게 이야기했다. 그녀와 캐럴, 그리고 폴은 응당한 보복을 했다는 듯 크게 웃었다. 나중에 이 장면을 본 내 부시는 소름이 돋았다. 그리고 직원 하나에게 인근의 모든 전당포를 샅샅이 뒤져 혹시라도 루스 영의 물건이 남아 있는지 알아보게 했다. 내 부시와 브루스 웨버는 왜 쳇 베이커가 캐럴과 이혼하지 않았는지 도저히 이해할 수 없었다. 그녀가 쳇 베이커에게 이에 대해 물었을 때, 그는 별일 아니란 투로 이렇게 대답했다. "아, 그럴 만한 시간이 없었지, 뭐. 난 운전면허증을 갱신할 때만 오클라호마에 갔거든."

촬영의 마지막 날, 어느덧 땅거미가 지자 브루스 웨버는 세 아이들을 자신의 비싼 렌터카에 태웠다. 그리고 아버지에게 할 말이 있으면 카메라를 보고 얘기하라고 했다. 주변에서 귀뚜라미 우는 소리가 들려왔다. 그것 말고는 텅 빈 밤 기운의 정적이 감돌고 있었다. 아이들은 큰 소리로 쳇 베이커에게 메시지를 전했다. 폴이 말했다. "아빠, 사랑해요!" 멜리사는 덤덤한 목소리로 이렇게 얘기했다. "연락 좀 해요. 왜 그렇게 소식이 없어요!" 뒷자리에 앉아 있던 딘도 말문을 열었다. "돈 좀 보내 주시면 좋을 거 같아요, 아빠!"

캐럴과 세 아이들 말고도 쳇 베이커를 직접 만날 수 없는 이들이 화면을 통해 그에게 소식을 전했다. 하지만 막상 그는 이 모든 인터뷰의 내용을 알지 못했다. 아니, 알려고도 하지 않았다. 그해, 쳇 베이커는 네덜란드의 저널리스트 예룬 더 팔크Jeroen de Valk 와 대화를 나누면서 브루스 웨버가 세 아이들과 다이앤 바브라까지 인터뷰했다고 자랑스레 얘기했다. 다이앤 바브라는 이렇게 말했다. "그는 브루스 웨버가 정말 대단한 사람이라고 생각했어요." 브루스 웨버와 낸 부시에게 보낸 편지에는 다음과 같은 쳇 베이커의 말이 적혀 있었다. "당신들은 나를 위해 정말 큰일을 해 주었소…… 사랑합니다. 낸, 브루스, 그리고 체리."

1987년 5월 말, 쳇 베이커는 두 번째 일본 투어를 준비하기 시작했다. 해럴드 댄코와 관록의 네덜란드 출신 드러머 존 엥겔스 John Engels, 그리고 젊은 베이시스트 헤인 판 더 헤인Hein Van de Geyn 을 데려가기로 결정했다. 헤인 판 더 헤인 역시 네덜란드 출신이었다. 지난번과 마찬가지로 쳇 베이커는 일본의 엄격한 마약 관리를 문제 삼지 않고, 메타돈과 약간의 코냑에 의지하기로 했다. 연주할 때나 하지 않을 때나 쳇 베이커의 정신이 워낙 맑았기에 존 엥겔스는 그에 대해 전해 들은 음침한 이야기들을 어떻게 받아들여야 할지 어리둥절해했다. 6월 14일 도쿄의 히토미 기넨 고도 홀에서 벌어진 공연은 한 텔레비전 방송사가 특집 프로그램으로 녹화했다. 쳇 베이커는 어두운 색의 양복을 말끔히 차려입었고, 1950년대처럼 머리는 단정하게 뒤로 빗어 넘겼다. 그의 노랫소리는 마치 다시 태어난 듯했다. 트럼펫 연주 또한 높은 음역에서 낮은 음역에 이르기까지 실크처럼 부드러운 톤을 유감없이 들려주었다. 샘 리버스가 작곡한 밥 계열의 곡 〈Beatrice〉를 연주할 때 그는 파르르 떨리는 기술적인 음과 아주 빠른 진행을 선보이면서 함께 무대에 오른 트리오 멤버들을 깜짝 놀라게 했다. 이 모든 것이 헤로인을 하지 않은 상태에서 이루어 낸 음악이었다.*

공연을 마친 뒤 호텔 방으로 사라져 버리는 대신, 쳇 베이커와 동료 연주자들은 인근의 재즈 클럽을 찾아 몇 시간 동안 잼 세션을 벌였다. 일본의 팬들은 장미를 준비했으며, 사인을 받기 위해 그동안 발표된 LP를 가슴에 안은 채 길게 줄지어 섰다. 쳇 베이커는 해럴드 댄코를 부둥켜안은 채 사진 찍는 이들을 위해 포즈를 취했다. 미소를 짓다가 소리 내어 웃음을 터뜨리기도 했다. 그리고 자신과 다이앤 바브라가 이끌게 될 새로운 밴드, 러브 노츠Love Notes와 함께 이듬해에도 연주하러 올 수 있으면 좋겠다고 발표했다.

그러나 마약을 할 수 없는 상황 때문에 빚어진 중압감이 자꾸만 그를 좀먹고 있었다. 다이앤 바브라와 심하게 다투는 일도 잦았다. 그녀는 말했다. "세상에, 정말이지 그 일본 투어 때는 여간해서 그의 곁에 있지 않는 게 나았어요. 그때처럼 심하게 성질을 부린 때가 또 있었던가 싶네요. 말도 마세요. 정말 끔찍했으니까."

• 당시의 연주는 《Memories》와 《Four》 같은 타이틀의 앨범으로 훗날 발표됐다. 주로 일본과 유럽에서 유통됐으며 미국에 알려진 것은 최근 들어서의 일이다. 두 LP를 모아 놓은 합본 앨범도 찾아볼 수 있으며, 이날의 연주를 모두 담은 DVD가 《The Complete Tokyo Concert》라는 타이틀로 2006년 유럽에서 제작돼 우리나라에도 소개됐다. 그가 세상을 떠나기 1년 전에 녹음된 이 공연 실황은 아직도 쳇 베이커가 선보일 것이 더 많이 남아 있었다는 사실을 증명한 역작이었다. 물론 저자가 밝힌 것처럼 마약을 하지 않은 상태였다는 것이 특기할 만한 부분이다.

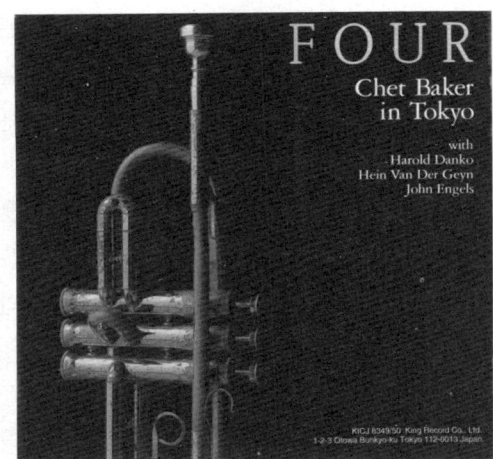

《Four》

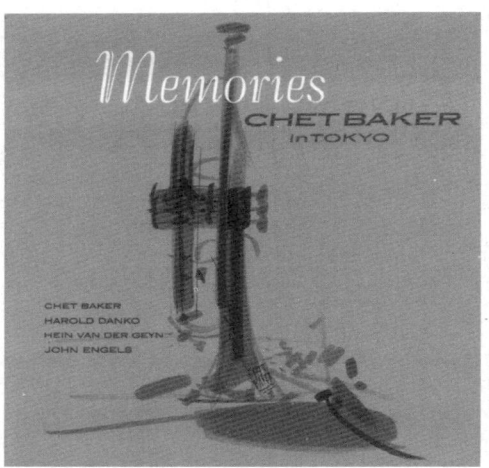

《Memories》

6월 17일, 그들은 일본을 떠났다. 공항에서 비행기를 기다리는 동안 피터 휴이츠는 투어가 성공적이었다며 찬사를 늘어놓았다. 마약을 하지 않고도 얼마나 아름다운 삶을 꾸릴 수 있는지 쳇 베이커가 깨닫도록 이야기를 이끌면서 말이다. "그래, 알았다니까." 쳇 베이커는 그렇게 대답하며 다음과 같이 투덜댔다. "빨리 파리에 도착했으면 좋겠구먼. 거기 가면 실컷 할 수 있을 텐데 말이야!"

19
우리가 정말로 사랑했을까

1987년 한 해 동안 쳇 베이커의 친구들은 그가 점점 죽음에 대해 많은 생각을 하고 있음을 알아챘다. 리사 걸트 본드에게 보낸 편지에서 그는 자기가 사랑했던 이들 중 얼마나 많은 사람들이 이미 세상을 떠났는지 얘기했다. 그가 보기에 죽음은 예상치 못한 순간에 갑자기 찾아오는 일이었다. 일본에서 아침 식사를 하다가 침통한 표정으로 피터 휴이츠에게 이렇게 말하기도 했다. "이봐, 피터. 내가 없어지더라도 자네는 날 기억해 줬으면 해." 그는 뭔가 마무리할 의향이 있는 것처럼 보였다. 그리고 그해 7월, 미국에 잠시 머무는 동안 쳇 베이커는 오토바이를 한 대 빌려 오클라호마까지 직접 몰고 갔다. 가족을 마지막으로 만나는 기회가 될 수도 있었으며, 어쩌면 막다른 길에 이르러서야 비로소 가족에게 뭔가 "제공하려" 했던―그리고 자신의 죄책감을 조금이라도 누그러뜨리려 했던―것인지도 모른다. 그는 캐럴을 설득해 자기 이름으로 생명보험을 하나 들게 했다. 끝으로 가족과 작별 인사를 나누면서 타고 갔던 오토바이를 장남인 딘에게 선물로 주었다.

쳇 베이커는 이미 오래전부터 자기가 갑작스러운 죽음을 맞게 될 것이라고 사람들에게 경고해 왔다. 그러나 이들은 이 얘기가 동정심을 불러일으키기 위한 또 하나의 술수에 지나지 않는다고 생각했다. 그도 그럴 것이 그의 겉모습은 이미 엄청나게 상해 보였지만, 언제든 되살아날 수 있는 마법의 힘이 남아 있는 듯했다. 리카르도 델 프라는 말했다. "어느 날 밤 그가 죽었다고 상상해 본 적이 있었어요. 그런데 다음 날이 돼도 그와 다시 마주칠 것 같다는 생각이 들더군요. 우리는 모두 지치고 힘이 빠져 있는데 막상 그는 이제 막 피어난 꽃처럼 싱싱할 것 같더라는 얘기죠."

하지만 쳇 베이커는 몸이 망가질 대로 망가져 있다는 걸 더 이상 숨기지 못했다. 에버르트 헤케마의 집에 들렀다가 그는 벽에 걸린 작은 거울을 하나 떼어 낸 뒤 다른 방으로 가지고 갔다. 그리고 거울 속에 비친 자기 자신을 바라보며 이렇게 혼잣말했다.

"거울아, 거울아. 벽에 걸린 거울아. 이 세상에서 누가 제일 예쁘니?"
"넌 아냐, 이 나쁜 자식!"

쳇 베이커는 다른 사람들에게도 진실을 드러낼 수밖에 없었다. 루스 영이 아파트 벽에 꾸민 사랑스러운 콜라주를 스스로 다 찢어 버리기도 했지만, 이제 그는 다이앤 바브라가 지니고 있던 자신의 흔적을 "바로잡으려고" 했다. 어느 날 쳇 베이커는 그녀가 가지고 있던 《Baby Breeze》 앨범—그녀의 마음속에 쳇 베이커를 "신"으로 각인시킨 바로 그 앨범—을 거머쥐고는 무릎으로 눌러 박살 낸 뒤 벽에 던져 버렸다. 다큐멘터리의 촬영 작업이 막바지에 이르렀을 무렵, 그는 브루스 웨버와 체리 바닐라를 불러 자기 몸에 염증이 생긴 것 같다며 바지를 내려 보여 주었다. 체리 바닐라는 말했다. "우리는 기겁했어요. 그의 몸은 온통 종기로 가득했거든요. 그러면서 상태가 어느 정도인지 묻더군요. 종기 중의 하나는 이미 고름이 넘쳐흐르고 있었습니다."

이렇듯 잔인한 자기 노출이 이어졌지만, 쳇 베이커는 사람들에게 더없이 애처로워 보일 수밖에 없었다. 그의 몸에 돋은 종기는 피폐하고 쇠락한 얼굴 모습과 마찬가지로 끝없는 전투의 상처였다. 그리고 그는 이를 은근히 자랑스러워하고 있었다. 브루스 웨버는 프랑스에서 쳇 베이커를 마지막으로 인터뷰하며 그의 아픈 곳을 찔렀다. 그는 마약에 취해 그 어느 때보다 심하게 늘어져 있었다. 브루스 웨버는 비행청소년에게 설교를 늘어놓는 신부처럼 절제된 목소리로 이렇게 말했다. "알아요, 쳇. 메타돈을 다 써 버렸군요. 당신은 많이 아파요, 그렇죠? 아주 절박한 상태라고요. 이런 당신을 바라보는 게 얼마나 가슴 아픈지 모르겠어요."

브루스 웨버의 말은 쳇 베이커를 더 불쌍하게 만들었지만 그로서도 더 이상 어떻게 할 도리가 없었다. 차가운 눈으로 그를 노려보던 쳇 베이커는 자존심을 되찾으려는 듯 담배 한 모금을 길

게 내뿜고는 천천히 말했다. "그래, 브루스…… 이젠 아주 맞먹
겠다 이거지? 자, 내 말 잘 들어 봐. 자네가 그렇게 얘기하면 당신
마음만 더 상할 뿐이야. 이건 하루아침에 일어난 일이 결코 아니
거든. 그리고 내게 그렇게 말할 필요도 전혀 없지. 왜냐하면……
난…… 벌써 쉰일곱 살이니까."

브루스 웨버는 뭔가 용기를 좀 북돋을 필요가 있겠다는 생각이
들었다. 자기와 함께 나눈 지난 몇 달은 그래도 즐거운 마음으로
돌이켜볼 수 있지 않겠느냐고 되물었다. 아직 마약에 취해 있던
쳇 베이커는 더듬거리는 목소리로 이렇게 말했다. "그건…… 당
연하지…… 아주 즐거운 시간이었어, 브루스. 정말 아름다웠다니
까…… 마치 꿈같이 말일세. 아니, 실제로는 일어나지 않았던 것
처럼 말이야…… 그런 경험은 정말 드물었다네."

모든 것을 브루스 웨버의 입장에서 바라봤던 체리 바닐라는 이
렇게 말했다. "쳇 베이커는 끝까지 사기를 쳤어요. 물론 그 자신
도 부정하지 못했을 겁니다. 마지막 인터뷰를 하고 난 바로 다음
달, 그는 캘리포니아에서 체포된 채 브루스와 낸에게 전화를 했
죠. 자기를 좀 빼내 달라고 말이에요. 그래서 몇천 달러를 또 우려
냈어요." 일이 벌어진 곳은 새너제이 인근의 넘버 나인 모텔이었
다. 그곳에서 다이앤 바브라와 대판 싸움을 벌인 뒤 쳇 베이커는
창문을 통해 텔레비전을 밖으로 내던져 버렸다. 모텔 주인이 신
고해서 경찰들이 달려왔고, 쳇 베이커는 보석금을 보내 달라며
낸 부시에게 연락한 것이었다. 그녀는 당연히 이 부탁을 들어주
었다. 얼마 뒤 브루스 웨버가 그와 얘기하기 위해 경찰서로 다시

전화를 걸었다. 전화를 받은 여경은 이렇게 말했다. "이런 세상에, 그를 찾는 전화가 정말 많이도 걸려 오네요!"

브루스 웨버는 이렇게 물었다. "그래요? 우린 그를 보석으로 나오게 하려고 합니다만."

여경은 이렇게 대답했다. "알아요. 모든 이들이 전화해서 그렇게 얘기한다니까요!"

다시 뉴욕으로 돌아온 브루스 웨버에겐 다듬어지지 않은 90시간의 촬영분으로 한 편의 다큐멘터리를 만들어야 하는 일이 기다리고 있었다. 편집 작업은 마빈 레빈스타인Marvin Levinstein 과 안젤로 코라오Angelo Corrao 가 맡았으며, 일단 세 시간이 조금 넘는 초벌로 자료를 정리했다. 이제 영화 제작을 위해 자기가 해야 할 일을 거의 마친 체리 바닐라는 한결 감성적인 시선으로 지난 몇 달을 돌이켜볼 수 있었다. "쳇 베이커는 사랑스러운 남자였어요. 함께 있기만 해도 기분이 좋아지는, 그런데 왜 그런지 그 이유는 알 수 없는 그런 사람이었죠. 만약 내가 20대였고 그가 30대였다면, 그래요, 나 역시 그와 미친 듯이 사랑에 빠졌을 거예요. 함께 헤로인을 했을지도 모르죠. 완전히 사기꾼 같은 예술가인 걸 뻔히 알면서도 말이에요." 브루스 웨버의 전폭적인 지원은 거의 한 해 동안 체리 바닐라에게도 아주 즐거운 시간을 제공했다. 그녀는 이렇게 덧붙였다. "다른 사람 돈으로 모든 생활을 다 했던 거죠. 여행할 때 리무진도 실컷 타 보고. 매일같이 디디에 말리주가 머리를 다듬어 주었죠. 이쪽 조금 깎아 주고, 저쪽 조금 깎아 주고 하면서요. 아, 콩코드 여객기도 타 봤어요. 쳇 베이커가 말한 것처럼 정말

꿈만 같았습니다. 난 정말 브루스 웨버를 잊지 못할 거예요. 그는 우리에게 작은 꿈을 나눠 준 셈이죠."

그러나 끝은 그다지 좋지 못했다. 쳇 베이커의 거의 모든 순간을 따라다녔음에도, 체리 바닐라는 브루스 웨버와 공식적인 계약을 맺을 필요가 없다고 생각했었다. 그런데 영화의 최종 편집본을 받아 본 그녀는 자막에 등장한 자신의 역할이 그저 제작진의 한 명이자 자료조사원에 머물러 있는 것을 알게 됐다. 애초에 브루스 웨버가 약속했던 것처럼 작가의 입장에서 제작자의 한 사람으로 정리돼야 했던 것과는 거리가 너무 멀었다. 결국 양측은 변호사를 통해 의견을 조율해야 했다. 몇 년 뒤 이 다큐멘터리의 비디오가 시중에서 절판되자, 체리 바닐라는 브루스 웨버가 "모든 판권"을 가져간 것에 대해 크게 분노했다. 그러나 냅 부시의 입장에서는 체리 바닐라가 일을 잘 처리하지 못했다며 그녀의 "크나큰 실망감"에 전혀 개의치 않았다. 브루스 웨버는 이 부분에 대해 가능하면 말을 아꼈다. 생기 없는 눈빛과 느린 행동을 지녔던 트럼페터에 대한 추억을 둘러싸고 또 한 번 세찬 비바람이 휘몰아친 셈이었다. 한때나마 모두 똑같은 마음으로 이 남자에게 사로잡혀 있었지만 말이다.

쳇 베이커에게서 벗어나려는 다이앤 바브라의 노력은 아직도 계속되고 있었다. 그녀가 집 근처에 있던 여성 문제 상담소의 임시 숙소로 몸을 숨기자 그의 광기는 더 심해지기만 했다. 가까스로 그녀를 찾아낸 쳇 베이커는 샌프란시스코의 한 클럽에서 연주 일정을 잡아 다이앤 바브라가 돌아오도록 유인했다. 효과가 있었다. 다이앤 바브라가 쳇 베이커의 모텔 방문을 두드렸을 때, 그녀를 맞은 것은 어느 멕시코계 마약 딜러였다. 욕실 안에 있던 쳇 베이커의 목소리가 들려왔다. "아, 자기, 안녕! 나 지금 마약하는 중이거든? 금방 갈게, 잠깐만 기다려." 그녀는 무심코 쳇 베이커의 트럼펫 케이스 안을 들여다봤다. 쳇 베이커가 공책 종이에 써 둔 낙서가 눈에 띄었다. 내용은 이랬다. 그는 지난 한 달 동안 치사량의 스피드볼을 복용하며 스스로 목숨을 끊으려 했다는 것. 체중도 나날이 줄어들고 있었다고 했다. 또한 다이앤 바브라가 자신을 거부한 것이 삶의 의지를 잃어버리게 했고, 오로지 음악만이 그를 버티게 할 뿐이라고 했다. 다이앤 바브라는 자기가 그 낙서를 볼 수 있도록 쳇 베이커가 일부러 그곳에 둔 것이라고 확신했다. 거기에 적혀 있던 내용들은 결국 자기를 잘 다뤄 보려는 수작에 불과하지 않았던가.

복용하는 스피드볼의 양이 늘어나면서 그의 광기와 환각 현상도 더 심해지기에 이르렀다. 1987년 10월, 쳇 베이커와 다이앤 바브라는 프랑수아라는 이름의 잘생긴 코카인 딜러와 그의 연인인 실비가 함께 사는 프랑스 파리의 한 아파트에 머물고 있었다. 얼마 지나지 않아 쳇 베이커는 다이앤 바브라가 프랑수아와 잠자리를 같이한다고 의심하기 시작했다. 그가 퍼붓는 모욕의 말은 정말 견디기 힘들었고, 다이앤 바브라는 미슐린 그라이예의 집에 가서 하룻밤을 묵은 뒤 다음 날 아침 캘리포니아 샌타크루즈로 비행기를 타고 날아가 버렸다. 쳇 베이커는 자기 여권이 눈에 띄지 않자, 다이앤 바브라가 이를 훔쳤다고 생각했다. 11월 5일, 딱

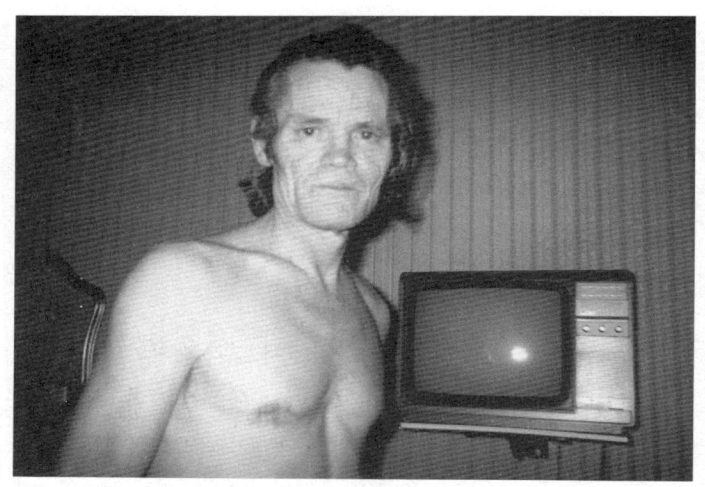

캘리포니아의 한 모텔 방에 머물던 쳇 베이커. 다이앤 바브라가 직접 찍어 갖고 있던 사진이다.

히 누구에게 보내려던 것은 아니었지만 그는 로마에서 편지를 한 통 썼다. 그 내용을 보면, 쳇 베이커는 다이앤 바브라가 자기 여권을 바꿔치기해서 프랑수아―그는 이 프랑스 사내가 자기를 살해할 계획을 세웠다고 확신했다―와 함께 미국으로 내빼려 한다고 믿었다. 쳇 베이커는 이 편지를 니콜라 스틸로의 연인인 시모나에게 맡겼다. 그리고 혹시라도 자기가 죽거나 사라지면 미국 영사관에 전해 달라고 부탁했다.

다시 한번 혼자 있다는 두려움이 엄습해 왔다. 쳇 베이커는 루스 영에게 전화를 걸어 화해하자고 말했다. "이젠 지긋지긋해. 더 견딜 수가 없어!" 그는 이렇게 말하면서 자기 대신 다이앤 바브라에게 전화를 걸어 둘 사이의 관계가 끝났음을 전해 주라고 했다. 그는 다음과 같이 말하며 루스 영에게 다짐을 받았다. "이런 일, 어떻게 처리해야 하는지 잘 알지?" 물론 루스 영은 다이앤 바브라에게 연락하지 않았다. 미슐린은 그를 파리에 있는 미국 대사관으로 데려가서 신원을 확인시킨 뒤 임시 여권을 발급받게 했다.

11월 중순, 다이앤 바브라가 다시 쳇 베이커에게 돌아왔다. 그들의 관계가 계속되는 동안 그녀는 미국에 갈 때마다 HIV 바이러스―마약중독자와 만나는 이들에겐 더없는 두려움이었다―테스트를 받곤 했다. 두말할 것 없이 쳇 베이커는 다른 이들과 주삿바늘을 같이 사용하게 될 때 반드시 제일 먼저 주사하기를 고집했다. 그리고 성 접촉에서 감염되는 것을 피하기 위해 난잡한 여성 편력은 이미 그만둔 지 오래였다. 아마도 그 때문에 다이앤 바브라를 만난 이후 바람을 피우지 않은 것인지도 모른다. 하지만 그는 에이즈에 대해 다분히 오만한 태도를 취했다. 마치 그 어떤 병마도 그에게는 상대가 되지 않는다는 듯 말이다. 쳇 베이커는 해럴드 댄코에게 이렇게 말했다. "난 지저분한 다른 놈들과 함께 마약을 했어. 하지만 그 누구도 날 건드리진 못했지." 자신이 건강하다는 것을 확인한 다이앤 바브라는 그녀의 유일한 섹스 파트너인 쳇 베이커에게 그 역시 바이러스에 감염되지 않았다고 전했다. 하지만 그래도 혹시 모르니 검사를 받아 보라고 부탁했다. 쳇 베이커는 그녀의 바람을 일축해 버렸다. "당신이 날 정말로 사랑한다면 에이즈 따위가 무슨 소용이란 말이야! 나한테 옮을까 봐 걱정되는 거야? 그럼 같이 죽어 버리면 되잖아!"

다이앤 바브라에 대한 쳇 베이커의 집착은 점점 더 폭력적이고 일그러진 양상으로 전개됐다. 그즈음 프랑스의 한 젊은이가 쳇 베이커를 로맨스의 신으로 칭송하는 영화 한 편을 만들었다. 프랑스 영화원에서 학업을 마친 베르트랑 페브르Bertrand Fèvre는 몇 편의 영화에서 조감독으로 일했으며 프랑스 팝음악 비디오의 연출을 맡으려 하고 있었다. 1986년 말, 베르트랑 페브르는 자신이 살고 있던 파리에서 우연히 라디오의 주파수를 맞추다가 쳇 베이커가 부른 〈The Touch of Your Lips〉를 듣게 됐다. 그는 바로 레코드점에 달려가 이 앨범을 손에 넣었고, 이어서 다섯 장의 앨범을 더 구입했다.

쳇 베이커가 파리의 뉴 모닝에서 연주하던 날, 베르트랑 페브르가 그곳에 들렀다. 그는 말했다. "마치 광활한 목소리를 지닌 한 시인 앞에 선 듯한 느낌이 들더군요. 그처럼 자기 자신을 감정 속에 잘 담아낸 인물은 만나 본 적이 없었습니다. 그리고 바로 그 점이 내게는 아주 까다로운 부분이었어요. 명색이 예술가라면 마땅히 그래야 하지 않던가요? 자신의 감정 속으로 깊이 파고 들어가서 그것을 가장 아름다운 방법으로 표현해 내는 것 말이에요." 이 점을 염두에 둔 채 베르트랑 페브르는 「쳇의 로맨스Chet's Romance」를 제작했다. 쳇 베이커를 프랑스의 시선으로 담아낸 9분 30초짜리 단편이었다.

예산은 빠듯했고, 참여한 연주자들만 수고비를 받을 수 있었다. 그러나 어차피 제작에 필요한 건 그다지 많지 않았다. 11월 25일, 쳇 베이커는 "그에게 완벽하게 어울리는 노래"인 〈I'm a Fool to Want You〉를 불렀고, 베르트랑 페브르는 이를 카메라에 담았다. 그는 이 노래가 "사람, 사랑, 음악, 혹은 마약, 그리고 그 뒤에 감춰진 고통" 속에 절박한 심정으로 빠져든 어느 남자의 절규를 담고 있다고 생각했다. 촬영은 파리의 한 스튜디오에서 진행됐으며, 이곳은 낡고 버려진 방음실의 불길한 인상을 전해 주었다. 베르트랑 페브르는 쳇 베이커가 스튜디오 뒤에 나 있는 좁은 통로를 통해 드라마틱하게 들어서도록 연출했다. 그다음 계단을 밟고 내려서서 연주자들 앞에 마련된 무대 단상에 자리를 잡고 앉게 했다. 여기에 참여한 이들은 리카르도 델 프라와 피아니스트 알랭 장마리Alain Jean-Marie, 그리고 파리에 살고 있던 미국 출신의 비밥 드러머 조지 브라운George Brown이었다. 연주가 시작되기 전, 화면 속으로 손 하나가 불쑥 들어오더니 쳇 베이커에게 담뱃불을 붙여 줬다. 담배 연기가 머리 주변에 휘감겨 올라가면서 자기 자신을 극단적인 희생의 제물로 생각하는 쳇 베이커는 되레 그 고통을 즐기는 사람처럼 보였다. 그는 바짝 조인 목소리로 웅얼거리며 노래를 불렀다. "내가 불쌍하지도 않나요. 난 당신이 필요해요."* 카메라에 비친 그의 얼굴은 강한 역광을 받은 채 흑백으로 처리된 영상이어서 마치 해골 같은 느낌을 주었다. 음악의 템포는 카메라의 움직임과 보조를 같이했다. 쳇 베이커를 따라 원을 그리며 돌아갔고 최면 효과를 주듯 천천히 움직였다. 이는 마약중독자들이 느끼는 희미한 시간의 감각을 의미했다.

「쳇의 로맨스」는 세자르 어워드(프랑스의 오스카 시상식)의 최우수 단편영화 부문 후보로 선정됐다. 이탈리아의 사진작가이자 비평가인 카를로 피에로니 Carlo Pieroni 는 이 작품을 "진정한 걸작"이라 칭하며 사진작가 욘 밀리 Gjon Mili 가 1944년에 연출한 「재밍 더 블루스 Jammin' the Blues」와 비교했다. 색소포니스트 레스터 영을 소재로 한 이 단편영화는 그 예술성을 놓고 논란이 일기도 했다. 촬영을 마친 지 몇 달이 지나 베르트랑 페브르는 파리에서 쳇 베이커에게 이 영화를 보여 주었다. 그는 한마디를 제외하고 특별한 언급은 하지 않았다. "내가 저렇게 길게 노래한 줄은 미처 몰랐네." 베르트랑 페브르는 대기실에서 촬영했던 인터뷰의 일부를 영화에 포함시켰다. 그 부분에서 쳇 베이커는 이렇게 얘기하고 있었다. "난 누가 뭐래도 로맨틱한 사람이오. 깊이 사랑하는 이가 곁에 없다면, 모든 고통은 물론이고 발버둥 치며 벌이는 노력들

• 〈I'm a Fool to Want You〉 가사의 한 대목

도 삶에서 아무 소용 없다고 생각하오."

하지만 이렇듯 감상적인 태도는 그의 망상을 되풀이해서 불러일으킬 뿐이었다. 12월, 쳇 베이커와 다이앤 바브라는 집을 보기 위해 파리의 제9구로 나섰다. 베르트랑 페브르가 차로 데리고 갔다. 이들이 들어선 아파트는 한때 음악 연주실이었으며 시인들도 여럿 드나들던 곳이었다. 쳇 베이커는 희망에 가득 찬 목소리로 다이앤 바브라와 함께 그곳에 정착하겠다고 말했다. 1년의 반 정도는 연주 여행을 다니고, 나머지 반은 그곳에서 작곡을 하고 학생들을 가르치며 살겠다는 것이었다. 다이앤 바브라에게 자신감을 북돋아 주기에도 좋을 것 같았다. 하지만 집을 보고 돌아오는 길에 베르트랑 페브르의 차 안에 앉아 있던 쳇 베이커의 기분은 또다시 먹구름으로 가득했다. 세상에 어느 집주인이 자기 같은 사람에게 집을 내주겠느냐며 쳇 베이커는 비참한 심정을 토로했다.

12월 23일, 쳇 베이커는 쉰여덟 번째 생일을 맞았다. 빔 버홋에 의하면 그가 1987년 한 해 동안 벌어들인 돈은 총액으로 환산해 20만 달러가 조금 넘었다. 평생토록 한 해에 번 액수로는 가장 많은 돈이었다. 그러나 하루에 수백 달러씩 마약에 퍼붓고 있던 그의 씀씀이 때문에 재정 상황은 아직도 좋지 못했다. 언제나 그랬듯이 마약을 사는 것이 그의 가장 큰 지출 항목이었다. 12월 들어 쳇 베이커와 함께 투어에 나섰던 베이시스트 로키 크나우어는 니콜라 스틸로와 미셸 그라이예가 포함된 이 밴드에서 유일하게 마약을 하지 않는 사람이었다. 로키 크나우어는 말했다. "몇 주 동안 우리는 로마에서 공연을 벌이고 있었습니다. 일정을 마치면 폴란드에서 연주할 예정이었죠. 그런데 그 대신 우리는 그저 노닥거리며 시간을 보내게 됐어요. 니콜라 스틸로가 이렇게 말했기 때문이었죠. '우리 거기 가지 말고 그냥 여기에 있으면 어떨까요? 내가 아주 좋은 약을 구할 수 있거든요.' 나는 이 빌어먹을 밴드 멤버들을 침대에서 끌어내리려고 무던히도 애를 썼습니다. 아래층으로 내려가 택시를 하나 잡은 다음에 올라와서 이렇게 말했죠. '다들 일어나요! 어서 가자고요!' 그랬더니 이렇게들 대답하더군요. '싫어, 잠이나 자자!' 그래서 난 정말 가지 않을 거냐고 냅다 소리를 질렀습니다."

챗 베이커는 예전부터 오래된 선술집 같은 클럽 더 크루흐De Kroeg에 들러 연주를 벌이곤 했다. 그러나 유럽에서 챗 베이커가 지닌 명성을 생각한 사람들은 그가 이런 곳에서 한 해의 마지막 날을 보낸다는 사실을 애처롭게 여겼다. 암스테르담의 운하에 자리한 이 작은 클럽에서는 주로 아프리카 음악과 레게가 연주됐으며 맥주와 대마초 냄새가 코를 찔렀다. 60명 정도가 들어가면 발 디딜 틈 없이 꽉 찼고 이내 숨 막힐 듯 더운 공기로 가득했다. 주인인 톰 만데르슬루트Tom Mandersloot는 연주자들에게 교통비밖에 쥐여 주지 못했지만, 클럽 위층에 임시로 마련한 숙소를 마음껏 쓰게 했다. 경사가 급한 계단을 따라 위로 올라가면 부엌과 테이블, 그리고 몇 개의 의자와 매트리스가 구비된 큰 방 하나가 나타났다. 여기에는 언제나 쥐가 들끓었다. 평소 베니 골슨Benny Golson 이나 아트 블레이키, 프레디 허버드 등과 함께 투어를 다니며 깔끔한 생활을 유지했던 로키 크나우어는 너무나 비위가 거슬렸고, 연주를 벌이기 한 주 전에 일을 그만두고 말았다.

쳇 베이커와 다이앤 바브라, 니콜라 스틸로, 미셸 그라이예 부부, 그리고 리카르도 델 프라는 미국에서 건너온 한 흑인 드러머와 함께 그 누추한 방에서 함께 며칠을 보냈다. 12월 31일이 되기 전까지는 일이 없었다. 다이앤 바브라는 말했다. "완전히 혼돈 그 자체였습니다. 모두 싸움을 벌였고 마약에 취해 있었어요. 하도 안 씻어서 다들 너무 불결했죠. 헤로인이 사방에 널려 있었거든요." 스피드볼에 취한 채 다른 약까지 한 움큼 집어삼킨 쳇 베이커는 점점 무시무시한 환각에 빠져들었다. 미슐린은 그런 그의 모습을 깜짝 놀라 지켜보았다. 창틀 위에 올라선 쳇 베이커는 나무 안에 누군가가 숨어 있다고 착각한 채 이렇게 소리 질렀다. "나와! 당장 나오라고! 한판 붙어 보자!" 아직도 그를 아버지 같은 존재로 생각하던 리카르도 델 프라는 이 광경을 마주하다가 당황한 채 눈물을 흘리고 말았다. 자신에게 그토록 깊은 영향을 준 남자가 어느새 나락의 저 밑바닥까지 추락해 있었다. 미슐린은 말했다. "리카르도는 이내 숨어 버렸어요. 무서웠겠죠."

12월 31일 밤 10시경, 단골손님들이 더 크루흐에 밀려들기 시작했다. 이날의 행사를 위해 홍보한 것은 밖에 걸려 있던 전단지 하나뿐이었다. 거기에는 이렇게 쓰여 있었다. "쳇 베이커가 〈Auld Lang Syne〉을 연주합니다." 네덜란드 방송국인 VPRO-TV의 제작진들이 마침 취재차 이곳에 들렀다. 미셸 그라이예가 조율도 안 된 피아노를 연주하는 가운데 쳇 베이커는 〈I'm a Fool to Want

You〉를 포함해 연말 파티에는 그다지 어울리지 않을 법한 진지한 곡들을 노래했다. 양 볼에서 땀이 배어나더니 주름진 얼굴을 따라 흘러내려 무릎에 떨어지고 있었다. 사람들은 들고 있던 카메라의 플래시를 터뜨리며 마치 그가 곧 무너져 버릴 동상이라도 되는 양 연신 사진을 찍어 댔다. 노래가 끝날 때마다 우레 같은 환호가 이어졌다. 쳇 베이커는 행복해 보였다. 자정이 되기 직전, 쳇 베이커가 겸손한 말투로 감사의 인사를 전했다. "자, 신사숙녀 여러분. 이제 시간이 다 됐군요. 사실 우리는 아주 큰 클럽에서 닷새 동안 연주를 벌여 왔습니다. 하지만 아주 작은 소리도 다 들을 수 있을 만큼 사람이 별로 없었죠. 오늘 밤 많은 연주를 들려 드릴 수는 없을 겁니다. 하지만 글쎄요. 여러분이 열화와 같은 성원을 보내 주신다면 또 모르죠. 예…… 좋습니다. 잘 이해가 되지 않는군요. 하지만 어쨌든, 이 자리를 빌려 해야 할 말이 하나 있습니다. 여러분, 모두 새해 복 많이 받으십시오."

사람들은 건배하며 이렇게 따라 외쳤다. "쳇 베이커 씨도 새해 복 많이 받으세요!"〈Auld Lang Syne〉이 연주되기 시작했다. VPRO-TV는 이 장면과 그날 따로 촬영한 쳇 베이커의 인터뷰 내용을 편집해서 방송했다. 그는 얼굴을 조금 찡그린 채 이렇게 말하고 있었다. "1987년은 내게 계속해서 아주 큰 선물을 안겨 준 한 해였습니다. 이제…… 그렇게 또 한 해를 보내는군요. 난 그런대로 잘 버티고 있어요. 물론 지난 한 해 동안 내 곁에는 다이앤이 있었고, 그 또한 한 남자가 아주 기뻐할 만한 또 다른 선물이었죠. 그리고…… 아, 유럽 전역에서 많은 성공을 거두었고요." 쳇 베이커의 표정이 미소와 함께 밝아지기 시작했다. "지금 이 상태로 더 없이 훌륭하다고 생각합니다. 1987년만큼만 좋을 수 있다면 바랄 게 없겠네요."

쳇 베이커의 밴드는 그들이 선호하는 방식대로 새해의 첫날을 맞았다. 미슐린은 말했다. "그날 밤에도 모두 많은 양의 코카인과 함께했죠." 그러나 위층의 분위기는 이내 일그러지고 말았다. 드럼을 연주한 이가 돈 문제로 쳇 베이커와 다툼을 벌였기 때문이었다. 역시 마약에 빠진 채 잔뜩 화가 난 표정으로 쳇 베이커는 밴드 모두에게 줄 돈을 그에게 내던지며 이렇게 소리쳤다. "그래, 다 가져가 버려! 난 필요 없어!" 드러머는 "이 빌어먹을 백인 놈들이" 자기에게 사기를 치고 있다며 맞서서 소리를 질러 댔다. 그러더니 다이앤 바브라에게 몸을 돌려 이렇게 경고했다. "저자가 당신까지 끌고 들어갈 거요, 다이앤. 명심해요. 저 개자식한테서 떨어져 있는 게 좋을 테니!"

그는 이 말을 남긴 뒤 바닥에 떨어진 돈을 주워 밖으로 사라졌다. 그러고는 파리행 기차를 타기 위해 중앙역으로 가 버렸다. 잠시 후, 미슐린은 쳇 베이커의 차 열쇠가 그 드러머의 주머니에 들어 있었다는 것을 깨달았다. 미슐린과 쳇 베이커는 아래층으로 뛰어 내려가 미친 듯이 기차역으로 내달리기 시작했다. 15분 뒤 그곳에 도착한 두 사람은 숨을 헐떡이며 안쪽을 뒤졌지만 문제의 인물은 눈에 띄지 않았다. 쳇 베이커는 미슐린에게 제이디크 거리에 가서 마약이나 얻어 오자고 했다. 그곳에는 쳇 베이커를 믿고 돈이 없어도 마약을 조금씩 내주는 딜러가 한 명 있었다. 그런데 바로 그 거리의 한복판에 두 사람이 찾던 드러머가 있었다. 미슐린은 말했다. "수많은 딜러들이 이미 그의 주변에 몰려들어 있더라고요!"

열쇠를 돌려받은 쳇 베이커와 미슐린은 아파트로 돌아갔다. 거기에서 두 사람은 새해를 맞아 첫 번째 마약을 주사했다. 아무리 생각해도, 지난 한 해보다 나아질 것은 없어 보였다.

쳇 베이커에게 로마처럼 마음 편하게 느껴지는 도시는 없었다. 그는 1988년 1월의 대부분을 뮤직 인 클럽에서 연주하며 보냈다. 니콜라 스틸로와 엔리코 피에라눈치가 함께 무대에 섰다. 바로 그 달에 쳇 베이커는 가장 특이하고도 기억에 남을 만한 앨범 하나를 녹음했다.《Chet on Poetry》라는 이 앨범에서 그는 친구로 지내던 이탈리아의 두 시인, 마우리치오 구에르치니Maurizio Guercini와 잔루카 만치Gianluca Manzi의 시들을 낭송하고 노래했다. 니콜라 스틸로는 실패한 삶과 사랑을 노래한 이 어둡고 신비로운 시들에 음악을 붙였고, 쳇 베이커는 그 안에 담긴 절망의 이미지를 표독한 목소리로 잘 소화해 냈다.《Chet on Poetry》는 니콜라 스틸로의 음악 역량이 잘 발휘된 작품이었다. 그의 음악성은 세련된 유럽의 팝음악에서 펑크, 그리고 우아한 재즈 왈츠에 이르기까지 그 폭이 매우 넓었다. 플루트와 기타를 들고 서정적인 음악으로 쳇 베이커의 반주를 맡은 니콜라 스틸로는 냉랭한 분위기의 플루트 솔로를 들려주기도 했다. 그가 연주하는 동안 쳇 베이커와 다이앤 바브라는 번갈아 가며 마우리치오 구에르치니가 쓴 추상적인 작품〈Waiting for Chet〉을 낭송했다.

젊은 시절에는 꽤 자만했지만, 쳇 베이커는 이미 오래도록 자신의 재능에 대해 겸손한 태도를 보여 주었다. 그것이 사람들의 호감을 사기도 했다. 하지만 동시에 그는 자기가 선호하는 스타일의 연주가 시대에 뒤떨어졌다는 것도 알고 있었다. 미래의 재즈가 어떻게 전개될지 생각해 볼수록, 쳇 베이커는 이 예술의 형상이 매우 차갑고 기계적인 것으로 변할 것이라는 우려를 금치 못했다. 프랑스의 저널리스트 제라르 루이Gérard Rouy와 가진 인터뷰에서 그는 1990년대의 재즈에 대해 꽤 정확한 예견을 제시했다. 주지하듯이, 이 시기에는 이른바 "스무드 재즈smooth jazz"—머지 않아 최고의 인기를 끌게 된 소프라노 색소포니스트 케니 지Kenny G로 대변되는, 반복적이고 엉성한 백그라운드 음악—가 대세를 장악하지 않았던가.* 쳇 베이커는 이렇게 말했다. "보통 사람들은 음악에 대해 깊이 생각하려고 하지 않소. 아마도 그 때문에 언젠 가는 재즈가 예술성을 잃어버릴지도 모르지. 모든 게 다 전자음악 속에 묻혀 버릴 것이고, 사람들은 신시사이저를 이용해 자기 스스로 직접 음악을 만드는 시대가 오지 않을까 하오."

저널리스트 예룬 더 팔크와 대화하면서 쳇 베이커는 새로 등

• 저자는 스무드 재즈에 좋은 인상을 가지고 있지 않음을 드러냈지만, 어쨌든 이 또한 1990년대의 재즈를 이야기할 때 크나큰 왜곡을 낳을 수 있는 대목이다. 1990년대의 재즈는 지금까지 재즈의 역사가 시작된 이래 가장 심도 깊고 다양한 시도가 빛을 발한 찬란한 시기로 기록된다. 비평가나 학자의 입장이 아닌 작가의 시선을 지닌 저자가 굳이 이런 표현을 쓴 것도 상업적인 측면에서 지적한 얘기다. 오늘날 케니 지의 음악을 아무 거리낌 없이 재즈로 인식하는 학자는 거의 없다. 같은 맥락에서, 계속해서 언급되는 쳇 베이커의 이야기 또한 그가 실험성의 가치를 그다지 높이 사지 않았던, 철저하게 보수주의적인 시각을 견지한 음악인이었다는 사실을 염두에 두고 읽을 필요가 있다.

장한 젊은 세대의 트럼페터들에 대해 언급했다. "그들이 연주하는 사운드는, 뭐랄까, 하나같이 버클리 음대에서 공부한 것 같다는 느낌을 주지 않소?" 그는 이미 꽤 명성을 얻고 있던 보스턴의 음악 학교를 지적했다. 이 학교의 재즈학과는 나무랄 데 없이 탄탄한 교육을 실행했지만, 종종 개성 없는 음악인들을 양산하기도 했다. 네덜란드의 마르턴 데르크선Maarten Derksen 기자와 이야기를 나눌 때, 쳇 베이커는 서정적인 연주를 능수능란하게 선보이던 톰 해럴Tom Harrell을 특히 칭찬했다. "그 친구는 모든 게 완벽하더구먼. 아이디어도 좋고, 음악적인 상상력도 풍부한 데다가 제대로 된 마인드까지 갖추고 있어." 반면에 테크닉이 뛰어난 몇몇 젊은 연주자들에 대해서는 그들의 무감각한 연주를 지적하며 "복잡한 진행을 잘 소화하지만" 감성과 깊이가 없다고 얘기했다. 특히 그는 당시 상업적으로 가장 성공한 트럼페터이자 1980년대와 1990년대, 그리고 그 이후까지 영향력 있는 교육자로 자리 잡은 윈턴 마살리스Wynton Marsalis에 대해 노골적인 반감을 드러냈다. 쳇 베이커가 보기에 그는 어떤 스타일이든 모방할 수 있는 재주를 지녔으며 "대단한 테크닉을 겸비했지만 영혼의 힘이 결여돼" 있었다.

1988년 1월 29일, 쳇 베이커는 덴마크의 텔레비전 시리즈 「재즈 마스터스Jazz Masters」에 출연해서 가지고 있던 모든 속내를 드러냈다. 이 프로그램의 미국인 사회자 레너드 멀론은 해 질 녘에 매우 정겨운 분위기의 촬영장으로 쳇 베이커를 데리고 갔다. 코펜하겐의 예술 박물관인 뉘 칼스베르 글립토테크의 화려하게 꾸며

진 실내 정원이었다. 다양한 식물들로 둘러싸인 그곳에서 쳇 베이커와 레너드 멀론은 함께 벤치에 자리를 잡고 앉았다. 촬영을 위한 조명이 곁에 서 있는 하얀 동상들을 비추며 마치 성자와 천사처럼 빛나게 했다. 하지만 쳇 베이커는 채 몇 시간 자지 못하고 방금 깨어난 듯한 인상을 주었다. 헝클어진 긴 머리에는 기름기가 묻어 있었으며 힘도 다 빠진 것 같았다. 그래도 그는 레너드 멀론의 이야기를 놓치지 않고 경청하며 그가 던지는 사려 깊은 질문에 재치 있게, 그리고 겸손하게 대답했다. 대화의 주제는 오클라호마에서 보낸 어린 시절부터 그의 음악 경력에서 중요하게 거론되는 사건들, 그리고 삶의 철학에 이르기까지 매우 다양했다. 쳇 베이커는 스물두 살 때를 떠올리며 이런 말을 했다. "나는 정말 행운아였소. 가장 중요한 장소에서 가장 적절한 시간에 음악을 연주하게 됐으니 말이오."

레너드 멀론은 쳇 베이커가 그의 상징이라 할 수 있는 곡 〈You Can't Go Home Again〉의 제목을 있는 그대로 믿는지 궁금해했다. 쳇 베이커는 한참 동안 뜸을 들이다가 이렇게 대답했다. "나는 아직도 그게 사실이 아니라고 믿고 싶소. 하지만 따지고 보면, 바로 그 집이란 것에서부터 자꾸만 멀어지고 있는 것만 같소. 그렇다고 내가 바라는 게 반드시 오클라호마에 돌아갈 수 있을 만큼 모든 준비를 다 마치는 건 아니오. 무슨 말인지 아시겠소? 그곳은 문화적으로 너무 낙후돼 있고, 미국의 대부분이 다 그러니까 말이오. 난 언제든 유럽에 머무는 것이 더 좋다고 생각하오만." 자연스럽게 마약중독에 대한 이야기로 주제가 이어졌다. 레너드 멀론

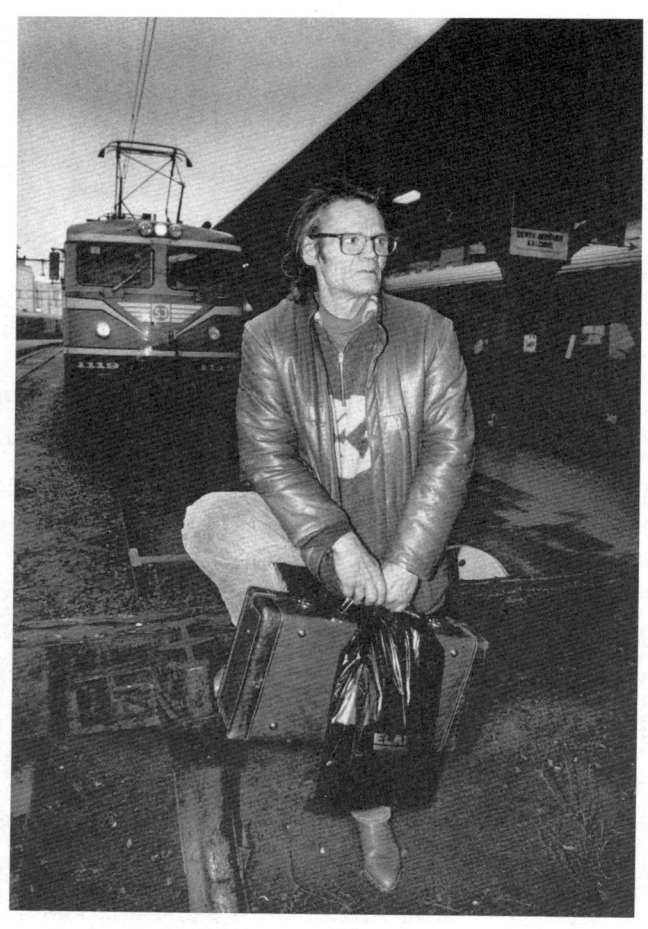

1988년 2월 2일, 쳇 베이커는 연주를 위해 기차를 타고 스웨덴에 도착했다.
그는 평생 '길 위의 삶'을 살다 갔다.

은 왜 마약과 재즈가 그토록 서로 엮여 있다고 생각하는지 물었다. "아마도 그건, 평소 머릿속에 있는 것들을 비우고 다른 환경을 만들어 보려는 시도가 아닌가 싶소. 그러니까 그 많은 것들이 떠오르지 않게 막아 보려는 의도라고나 할까." 쳇 베이커는 그렇게 말하면서 그가 지워 버리려 했던 "그 많은 것들"—분노, 책임감, 죄책감—을 구체적으로 명시하지는 않았다. 마약중독에 대해 쳇 베이커는 이렇게 결론지어 말했다. "난 후회하지 않소. 그리고 난 원래 어떤 것에 대해서도 후회하거나 잘못했다고 생각하는 사람이 아니오. 그 누구에게 상처를 줄 만한 일은 하지도 않았소. 그리고 또, 아, 난 나 자신에게 많은 상처를 주었다고도 생각하지 않는다오. 난 이제 쉰여덟 살이오. 아직 살아 있고, 연주도 하고 있소."

쳇 베이커는 덴마크를 떠나 니콜라 스틸로와 함께 투어에 올랐다. 노르웨이와 스웨덴, 독일에 잠깐씩 머물렀다. 니콜라 스틸로는 말했다. "바로 그 시기가 내겐 음악적으로 매우 중요했습니다. 쳇 베이커는 매년 더 좋은 연주를 들려주고 있었죠. 연주가 벌어지는 매일 밤 나는 영적으로 특별한 경험을 했습니다." 그러나 다이앤 바브라는 더 이상 버티기 힘들었다. 2월 14일, 그녀는 비행기를 타고 캘리포니아 샌타크루즈로 날아가 버렸다. 자동차 보험료를 내고 가족들을 보기 위해서라는 핑계를 댔다.

다이앤 바브라가 곁에 없어서 우울해하던 쳇 베이커는 계속해서 일에 매달렸다. 이즈음 이탈리아에서 벌어진 몇 차례의 공연을 위해 엔리코 피에라눈치가 합류했다. 이 무대를 마련한 사람은 북부 이탈리아에 위치한 도시 마체라타 출신의 공연기획자인

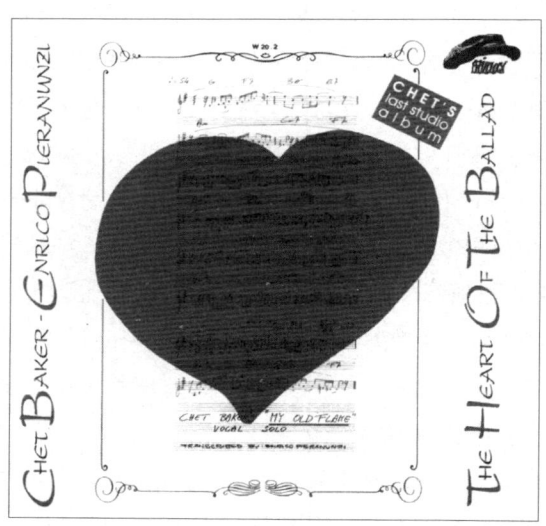

《The Heart of the Ballad》

파올로 피안자렐리Paolo Piangiarelli였다. 그는 작은 재즈 레이블도 소유하고 있었는데, 자신의 우상인 색소포니스트 필 우즈의 이름을 따서 필롤로지Philology라 불렀다. 하지만 그에게 쳇 베이커보다 더 소중한 존재는 없었다. 파올로 피안자렐리가 가장 존경하는 재즈 연주자는 바로 쳇 베이커였다. 그는 이 트럼페터를 "친구이자, 형제이자, 아버지이자, 아들처럼" 여겼고, 인간적으로도 그 누구보다 "제일 좋아했다." 그는 매우 열정적으로 쳇 베이커가 벌이는 모든 연주를 녹음테이프에 담아 보존했고, 2월 29일과 3월 2일에는 엔리코 피에라눈치가 함께한 두 장의 앨범을 제작했다. 트리오로 연주된 《Little Girl Blue》와 스탠더드 곡들로 가득한, 가슴 아프도록 슬픈 듀오 앨범 《The Heart of the Ballad》*였다.

다이앤 바브라가 미국에 간 지 채 2주밖에 지나지 않았다. 그러나 쳇 베이커는 외로움을 견디지 못했다. 이런 그의 심정은 〈The Thrill is Gone〉의 매 소절 고스란히 스며들었다. 공교롭게도 그가 녹음한 생애 첫 앨범에도 이 곡이 담겨 있었다. 쳇 베이커가 비극으로 끝난 사랑을 노래한 이 곡의 테마를 허우적거리며 헤쳐 나갈 때, 엔리코 피에라눈치는 건실하면서도 종을 울리는 듯한 느낌의 코드를 피아노로 연주하며 머지않은 파멸을 예견하는 것 같았다. 몇 년 전 《Soft Journey》 앨범을 녹음했을 때, 이 피아니스트는 밝고 독단적인 스타일의 연주로 쳇 베이커의 우울함을 달래보려 했었다. 하지만 이젠 그마저도 어둠 속에 휩싸여 있었으며

• 이 앨범들이 결국 쳇 베이커의 마지막 스튜디오 녹음이 됐다.

피아노를 대하는 태도 자체가 완전히 달라져 있었다. 엔리코 피에라눈치는 이렇게 말했다. "쳇 베이커가 나를 그렇게 만들었어요. 고요하게, 적은 수의 음정을 사용하면서 한결 더 조심스럽게 음정을 택하는 것 말입니다. 그런 방식으로 모든 멜로디를 엮어 나갔죠."

쳇 베이커는 쉬지 않고 다이앤 바브라에게 전화를 걸어 언제 돌아오는지 울먹이며 물었다. 당장 돌아오라고 강하게 다그치기도 했다. 그녀는 알았다고 말했다. 그러나 쳇 베이커는 여간해서 이를 믿지 않고 꼭 와야 한다고 못을 박았다. 2월 29일, 그는 다시 전화를 걸어 새 앨범에 실릴 〈The Thrill is Gone〉을 막 녹음했다고 눈물을 흘리며 말했다. 다이앤 바브라는 다음과 같이 얘기했다. "그는 솔직하지 못할 때가 아주 많았잖아요? 그래서 내가 되물었죠. '무슨 얘기를 하려는 거예요, 쳇?' 그랬더니 그는 이렇게 말하더군요. '아니, 그냥 그 노래 멜로디가 그렇잖아. 꼭 우리 얘기를 하는 것 같아.'"

3월 1일, 쳇 베이커는 다이앤 바브라에게 900달러를 송금했다. 즉시 이탈리아로 오는 비행기 표를 구입하라는 의미였다. 그녀는 오지 않았다. 다이앤 바브라가 이미 다른 남자와 살고 있다고 확신한 쳇 베이커는 브루스 웨버에게 도움을 요청했다. 브루스 웨버는 캘리포니아에 사는 친구에게 몰래 그녀의 집에 들러 보라고 얘기했다. 그 친구는 브루스 웨버의 메시지가 있는 것처럼 가장한 채 문을 두드렸다. 브루스 웨버는 쳇 베이커에게 이렇게 말했다. 다이앤 바브라는 "완전히 혼자, 돈도 떨어진 채, 자기 이름 앞으로 된 건 단 하나도 없이" 살고 있더라고 말이다.

그런데도 쳇 베이커는 의심을 풀지 않았다. 파리에서 스피드볼과 진정제의 혼란에 빠져 있다가 독설로 가득한, 일기 같은 편지를 써 내려가기 시작했다. 그리고 자크 펠저의 집에서 그 편지를 마무리했다. 광기 어린 손이 휘갈긴 그 편지에서 쳇 베이커는 다이앤 바브라를 "유럽 어디에서나 속임수를 드러내던 지긋지긋한 년"이라고 했다. 여기에 그치지 않고 그는 계속 전화를 걸어 다이앤 바브라를 괴롭혔으며, 자살해 버리겠다는 위협을 포함해서 그녀를 돌아오게 할 수 있는 모든 계략을 동원했다. 그는 다이앤 바브라에게 이렇게 말했다. "난 죽으려면 어떻게 하는지 잘 알고 있어. 무슨 말인지 알지?"

1987년 11월부터 자크 펠저의 집에는 어둠이 드리워 있었다. 이즈음 그가 운영하던 약국은 38년간의 영업을 끝내고 결국 문을 닫았다. 벨기에 출신의 테너 색소포니스트이자 그의 친구였던 장 피에르 게블러Jean-Pierre Gebler ─ 쳇 베이커도 몇 번 그의 집에 머문 적이 있었다─는 말했다. "자크 펠저는 문제를 제대로 다루지 못했어요." 몇 년 동안 자크 펠저는 친구들에게 코데인 합성제를 처방전 없이 내주곤 했다. 그중에는 제리 멀리건 쿼텟에 쳇 베이커를 대신해서 들어갔던 존 이어들리도 포함돼 있었다. 당시 그는 독일 쾰른에 살고 있었다. 자크 펠저는 정부의 감사가 있을 때마다 지역 공무원으로 일하던 처남의 도움으로 교묘히 법망을 피해 가고 있었다. 그러나 1980년대 중반, 경쟁 관계에 있던 인근 약국 주인의 아들이 관공서의 조사 담당 업무를 맡게 되었다. 그는 실

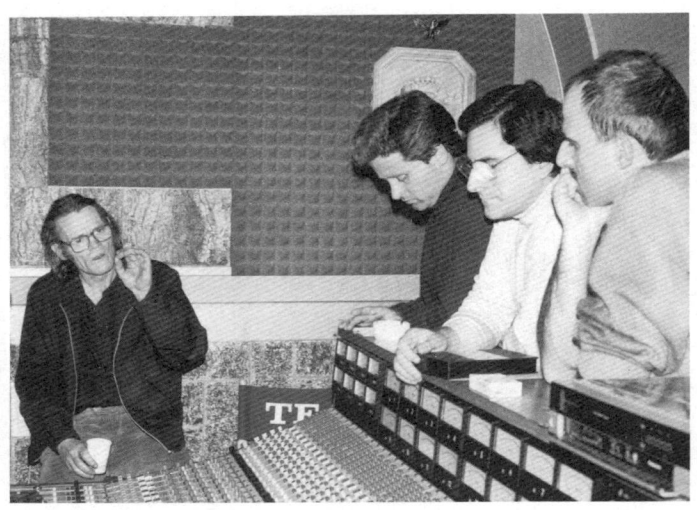

마지막 스튜디오 앨범을 녹음하던 쳇 베이커.
오른쪽에서 두 번째가 피아니스트 엔리코 피에라눈치이다.

무자들에게 자크 펠저가 가지고 있던 처방 기록을 살펴보라고 지시를 내렸다. 코데인과 관련된 자료가 모두 드러났다. 자크 펠저는 벌금형에 처해졌고 가까스로 약국만은 살릴 수 있었다. 그러나 결국 1987년 들어 수입은 급감했으며 파산을 피하기 위해 가지고 있던 고가구들을 내다 팔 수밖에 없었다. 하지만 이미 때는 늦었다. 평소 약국 관리에 소홀했던 그는, 믿고 운영을 맡겼던 보조 약사 포폴이 예전부터 약국 물건들을 훔쳐 냈다는 사실을 뒤늦게 알게 되었다.

자크 펠저는 마음이 아팠다. 그러나 그의 딸인 미슐린은 서서히 실체를 드러내고 있는 또 다른 파멸에 몰두해 있었다. 쳇 베이커의 영혼이 사라져 가고 있음을 눈앞에서 직접 마주한 채, 그녀는 그의 곁을 지켰다. 어떻게 하든 그를 구해 보겠다는 생각이었다. 쳇 베이커가 한밤중에 일어나 마약을 구하러 갈 때면 그녀도 함께 움직였다. 집으로 돌아오던 어느 날, 그는 너무 마약에 취해 있어서 운전대를 잡은 채 자꾸 졸음에 빠져들었다. 미슐린은 그를 흔들어 깨운 뒤 잠시 차를 멈추고 커피를 한 잔 마시자고 했다. 한번은 쳇 베이커가 위험하리만큼 많은 양의 헤로인을 구해 왔다. 그녀는 그가 정사情死를 생각하는 것 같다는 의심이 들었다. 그러고는 이렇게 말했다. "난 당신과 같이 죽을 생각은 없어요. 정신 차려요!" 그럼에도 미슐린은 쳇 베이커와 함께 있기 위해서라면 어떤 대가도 두려워하지 않았다. 비록 쳇 베이커의 머릿속에는 온통 다이앤 바브라에 대한 생각뿐이었지만 말이다. 마드리드에서 프랑크푸르트, 파리, 로마로 이어지는 여행길에서 그는 계속 다이앤 바브라에게 전화를 걸어 제발 돌아와 달라고 애원했다. 별 성과 없이 통화를 마칠 때마다 남아 있던 작은 희망마저 점차 잃어 가고 있었다.

1988년 4월 1일, 쳇 베이커와 니콜라 스틸로는 슈투트가르트 대극장에서 벌어진 명성 높은 페스티벌 무대에 섰다. 독일의 방송국이 텔레비전으로 그들의 공연을 중계했다. 1959년에 하얀 옷을 입고 천사 같은 모습으로 콩블랭라투르를 우아하게 장식했던 쳇 베이커는 송장 같은 모습으로 변해 있었다. 구겨진 흰 양복과 셔츠를 입은 채 무대에 오른 쳇 베이커. 그의 머릿결은 끈적끈적했고, 빗질도 하지 않은 채 옷깃 위로 흘러내리고 있었다. 양 볼과 목에는 쭈글쭈글해진 피부가 늘어져 있었다. 그는 어딘지 분노를 머금고 산만한 표정으로 〈I'm a Fool to Want You〉를 불렀다. 음정도 맞지 않고 자꾸만 가사를 잊어버리는 모습이 보는 이들의 가슴을 아프게 했다. 그때 엔지니어가 소리를 키우기 위해 볼륨을 올렸고, 음향이 맞지 않아 날카로운 피드백 소리가 울려 퍼졌다. 무대 위의 쳇 베이커는 이렇게 소리쳤다. "내가 이 노래를 부를 땐 그 기계 좀 만지지 마! 제발!" 그는 스탠드에서 마이크를 비틀어 뽑아 버리더니 자리에서 일어나 엔지니어에게 등을 돌린 채 노래를 계속했다. 독일의 월간지 『재즈 포디움Jazz Podium』의 발행인이 돼 있던 구드룬 엔드레스는 눈앞에서 펼쳐진 모습에 기겁했다. 그녀는 이렇게 말했다. "그를 살아 있게 한 것은 오로지 음악뿐이었습니다. 나는 그의 곁에 가까이 가려 하지도 않았어요. 너무 망가져 보였고, 또 너무 슬퍼 보였거든요."

슈투트가르트를 떠난 지 얼마 지나지 않아, 쳇 베이커는 미슐린과 함께 암스테르담에 들렀다. 그리고 에버르트 헤케마의 집에서 다이앤 바브라에게 전화를 했다. 다이얼을 돌리기 전에 그는 미슐린을 자기 옆에 앉게 했다. 그러고는 이렇게 말했다. "여자라면 당신이 더 잘 알겠지. 다이앤이 진심인지 아닌지, 들어 보고 얘기해 주겠어?" 다이앤 바브라가 전화를 받았다. 쳇 베이커는 다시한번 돌아오라고 애원했다. 그러고는 아무 말 없이 수화기를 미슐린에게 건넸다. 알겠다며 힘없는 목소리로 약속하는 다이앤 바브라의 말이 들려왔다. 통화가 끝났다. 미슐린은 다이앤이 진실을 말하지 않는 것 같다고 대답했다. 그녀가 훗날 깨달았듯이, 바로 이 순간 쳇 베이커는 다이앤 바브라를 포기했다. 미슐린은 말했다. "나 역시 다이앤을 비난할 수만은 없었어요."

쳇 베이커의 절망은 매우 컸다. 그리고 주변의 모든 이들까지 함께 그 슬픔 속에 빠져들었다. 4월 7일, 쳇 베이커는 짤막한 일정으로 뮤직 인에서 연주를 벌였다. 피치 피냐텔리는 남편을 잃은 이후에도 클럽을 운영하기 위해 애써 왔지만 감당할 수 없는 액수의 이익 배분을 요구하는 마피아들에게 끊임없이 시달리고 있었다. 향후 몇 년간 뮤직 인은 문을 닫고 다시 열기를 반복했으나 언제라도 폐업을 눈앞에 두고 있었다. 피치 피냐텔리의바로 아랫집에 살고 있던 조반니 톰마소는 세월이 흐른 1994년의 어느 날 이웃으로부터 그녀가 가스중독으로 쓰러졌다는 소식을 전해 들었다. 그는 이전에도 자살을 시도한 피치 피냐텔리를 살린 적이 있었는데, 이번에는 이미 늦은 상태였다. 당시 그녀의 나이 쉰다섯 살이었다.

　뮤직 인에서 연주를 마친 쳇 베이커는 마약하는 친구들과 어울리며 잠시 로마에 머물렀다. 메타돈을 손에 넣을 때마다 그는 니콜라 스틸로와 미셸 그라이예 부부에게 조금씩 나누어 주곤 했다. 한번은 그가 니콜라 스틸로에게 이렇게 말했다. "많이 얻지는 못했어. 그래도 너보다 미슐린이 더 아프지? 이건 그녀에게 주도록 해." 미슐린은 모두에게 도움이 될 수 있는 방법을 생각해 냈다. 어렸을 때부터 알고 지냈던 피아니스트 아메데오 톰마시에게 전화를 걸었다. 그러고는 돈이 한 푼도 없는데, 저녁을 한 끼 사 줄 수 있느냐고 물었다. 영화음악 작곡가로 자리를 잡아 안락한 생활을 하고 있던 그는 기꺼이 미슐린의 부탁을 들어줬다. 그런데 그녀를 만나기 위해 차를 몰고 약속 장소에 다다르자, 쳇 베이커와 미셸 그라이예가 함께 나와 있는 것이 아닌가. 결국 아메데오 톰마시는 모두에게 저녁을 사 주었다. 그러고는 자신의 집으로 다들 데리고 갔다. 그의 집에는 녹음 스튜디오까지 구비돼 있었다. 피아노에 앉은 아메데오 톰마시는 미슐린이 어렸을 때 그녀를 위해 작곡했던 〈Ballad for Micheline〉을 연주했다. 미슐린은 울음을 터뜨렸다. 하지만 쳇 베이커의 기분은 더 우울했다. 그는 이렇게 푸념을 늘어놓았다. "사는 거, 정말 지겹구나. 쉰 살을 넘긴 다음부턴 삶의 의미가 없는 것 같아." 그는 차를 전속력으로 몰다가 벽을 들이받아 버리면 좋겠다고 얘기했다. 아메데오 톰마시의 집을 나서면서 쳇 베이커는 돈을 좀 줄 수 있는지 물었다. 그는 이 피아니스트가 쥐여 주는 돈을 받아 주머니에 넣었다.

아메데오 톰마시와 감성 어린 작별 인사를 나누자마자, 그들은 또다시 마약을 구하러 갔다. 그리고 또다시 돈이 떨어졌다. 미셸 그라이예는 말했다. "우린 마약에 너무 깊이 **빠져** 있었어요." 아내인 미슐린이 해결책을 하나 내놓았다. "내가 길에 나가 돈을 벌어 오겠어요. 나라고 창녀가 되지 말란 법은 없잖아요!"

미셸 그라이예가 그보다 좋은 아이디어를 냈다. 도시의 한복판인 비아델 코르소에 나가 배터리로 작동하는 건반을 하나 설치해서 연주를 시작했다. 행인들이 가던 길을 멈추고 음악을 듣기 시작했다. 쳇 베이커가 트럼펫을 들고 가세했다. 그다음 니콜라 스틸로가 친구인 베이시스트 릴로 콰라티노Lillo Quaratino 와 함께 와서 하나의 밴드를 이루었다. 군중들은 어느새 100여 명에 이르러 있었다. 30분쯤 연주한 뒤 쳇 베이커가 환호하는 사람들 사이로 모자를 돌려 잔돈을 받았다. 계산해 보니 미국 돈으로 100달러쯤 됐다. 미슐린은 이렇게 얘기했다. "물론 그 돈도 모두 마약딜러의 수중에 들어갔죠."

며칠 뒤, 한동안 얼마 되지 않는 돈만 받으면서 연주를 했던 쳇 베이커에게 일평생 가장 화려한 무대에 오를 수 있는 기회가 찾아왔다. NDR(북부독일방송)의 프로듀서인 쿠르트 기제Kurt Giese 는 어린 시절부터 쳇 베이커를 우상으로 생각해 왔으며, 1954년 앨범《Chet Baker & Strings》를 재현해 보겠다는 꿈을 가지고 있었다. 그는 대대적인 공연을 하나 기획해서 NDR 빅 밴드와 심포니 오케스트라로 하여금 쳇 베이커와 협연을 하게 했다. 무대는 하노버의 유서 깊은 공연장인 그로서 젠더잘Grosser Sendersaal 로 결

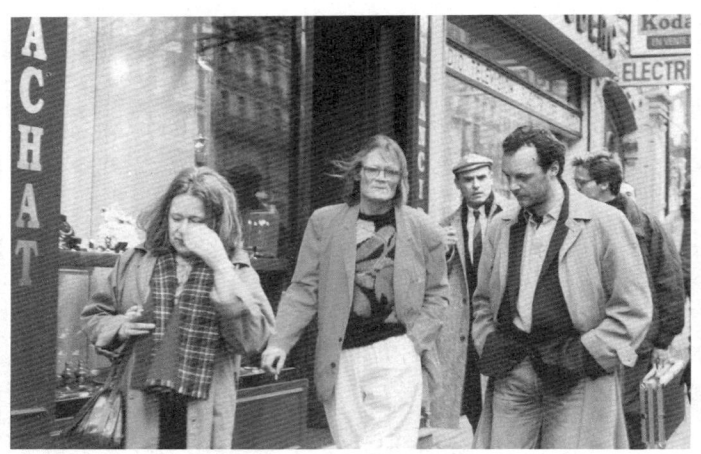

1988년 3월 15일 파리에서. 앞줄 왼쪽부터 미슐린 그라이예, 쳇 베이커, 베르트랑 페브르. 뒤쪽의 모자 쓴 이가 필롤로지 레이블의 파올로 피안자렐리이다.

정됐고, 방송을 통해 중계하기로 했다. 1988년 4월 28일 목요일로 일정이 잡혔다.

쿠르트 기제는 〈I Get Along Without You Very Well〉과 〈There's a Small Hotel〉, 〈My Funny Valentine〉 등, 쳇 베이커가 영광 어린 데뷔 시절에 즐겨 다뤘던 곡들을 우선적으로 골랐다. 그리고 62명으로 이루어진 대규모 오케스트라뿐 아니라 웨스트코스트 시절 쳇 베이커와 함께했던 두 명의 옛 친구들도 합류했다. 색소포니스트 허브 겔러와 피아니스트 월터 노리스였다. 그즈음 두 사람은 모두 독일에 거주하고 있었으며, NDR과 수년 동안 함께 일해 왔다.

공연에 앞서 닷새 동안 리허설이 벌어졌다. 첫 번째 날은 그냥 지나갔고, 두 번째 날도 마찬가지였다. 쳇 베이커가 모습을 드러내지 않았기 때문이었다. NDR로부터 빔 버홋 부부에게 항의 전화가 걸려 오기 시작했다. 담당자가 말했다. "리허설을 하지 않으면 공연은 치를 수 없으니 그에게 꼭 전하시오!" 빔 버홋의 아내인 리아 버홋은 쳇 베이커가 "리허설은커녕 공연조차도 하고 싶지 않아 했다"고 말했다. 그녀는 이렇게 덧붙였다. "그저 아무 일도 하고 싶지 않댔어요. 대신 미슐린과 며칠 동안 휴가를 다녀올 거라고 하더군요." 세 번째 날 늦은 오후, 쳇 베이커는 하노버의 호텔 방에서 쿠르트 기제에게 전화를 걸었다. 공연장에 가 봤더니 수위가 자기 얼굴을 한 번 힐끗 쳐다본 뒤 그대로 돌려보냈다는 것이었다. 그의 이름이 새겨진 큰 알림판을 가리키며 자기가 바로 저 사람이라고 말했지만 막무가내였다면서 말이다. 쳇 베이커의 연락을 받을 즈음 쿠르트 기제는 모든 일을 정리하고 있었다. 연주자들도 이미 하나둘 빠져나가고 있었다. 다행히 쳇 베이커가 없는 상태에서도 나머지 오케스트라 멤버들은 리허설을 진행하며 반주 부분을 미리 녹음해 두었다. 그래서 그는 이 녹음된 테이프를 들으며 연습을 할 수 있었다. 쿠르트 기제는 결과에 크게 만족하며 "마법"이란 표현까지 썼다. 하지만 쳇 베이커는 틀니가 제자리에 맞지 않아 고생하고 있었으며 월터 노리스는 그의 연주가 형편없다고 걱정했다. 다음 날 아침, 잔뜩 화가 난 독일 엔지니어가 월터 노리스에게 이렇게 말했다. "도대체 이게 뭐요? 쳇 베이커는 건강을 완전히 망쳐 버렸잖소? 아니, 그토록 대단한 재능을 지녔던 사람이 어쩌면 이렇게까지 스스로 무너뜨릴 수 있느냐는 말이오. 겉보기에 일흔다섯 살은 돼 보입디다!"

공연이 시작되기 두 시간 전, 월터 노리스는 의기소침한 쳇 베이커와 함께 커피를 마셨다. 쳇 베이커는 얼마 전 운전면허증을 갱신하려고 서류를 제출했지만 거부당했다고 했다. 그래서 앞으로 몇 달만 지나면 운전도 할 수 없을 거라고 덧붙였다. 그나마 부러지지 않고 남아 있던 그의 아랫니들이 자꾸만 망가지기 시작했고, 잇몸이 너무 아파 트럼펫을 연주할 수 있는 날도 그다지 많이 남아 있지 않을 거라고 털어놓았다. 월터 노리스는 말했다. "모든 게 그렇게 막을 내리고 있었습니다. 누구보다 그 자신이 잘 알고 있었어요."

공연이 펼쳐진 날 밤, 긴장은 최고조에 이르렀다. 허브 겔러는 말했다. "우리 모두 숨을 죽이고 있었죠." 쳇 베이커는 많은 연주자들 곁에 의자를 놓고 앉았다. 현악 오케스트라가 한편에 자리했고, 빅 밴드가 다른 한편에서 그를 호위했다. 쳇 베이커는 마지막으로 자신의 존재를 증명해 보이려고 마음먹은 듯했다. 이젠 더 이상 스스로 방어할 힘조차 잃어버렸지만, 누가 봐도 고통스럽게 느껴질 정도의 강한 집중력을 가지고 공연에 임했다. 9분의 긴 시간에 이르는 〈My Funny Valentine〉이 장엄하게 진행되면서 공연은 절정에 이르렀다. 쳇 베이커가 트럼펫으로 이 곡의 멜로디를 시작할 때 함께 연주에 가세한 것은 기타뿐이었다. 소름이 돋을 만큼 삭막한 분위기에 간신히 뼈대만 남은 음악을 마주하는 듯했다. 그리고 트럼펫에 이어 울려 퍼진 쳇 베이커의 공허하기 짝이 없는 목소리가 현악기로 만들어진 구름 위를 서서히 떠다니기 시작했다. 웅장하고 힘차게 울려 퍼지는 〈Look for the Silver Lining〉의 편곡이 무대를 수놓을 때, 그는 차분하지만 강한 힘으로 빅 밴드를 이끌기도 했다. 〈All Blues〉와 〈Summertime〉은 그에게 스타일의 정체성을 안겨 주었던 마일스 데이비스에 대한 경의의 표현과 같았다. 테너 색소포니스트 아치 셰프Archie Shepp는 저널리스트 페터 니클라스 윌슨Peter Niklas Wilson에게 이렇게 말했다. "따지고 보면 쳇 베이커는 그가 꿈꾸던 모든 자리에 서 보지 않았던가요…… 실제로 그는 마일스 데이비스보다 더 마일스 데이비스같이 연주하고 있었어요."

쳇 베이커는 자신이 큰일을 해 냈다는 것을 알고 있었다. 팬들도 그랬다. 많은 사람들은 바로 이 공연이 평생토록 경험해 본 가

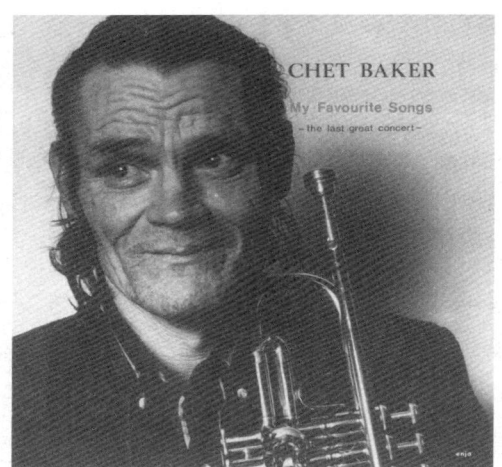

《My Favorite Songs》

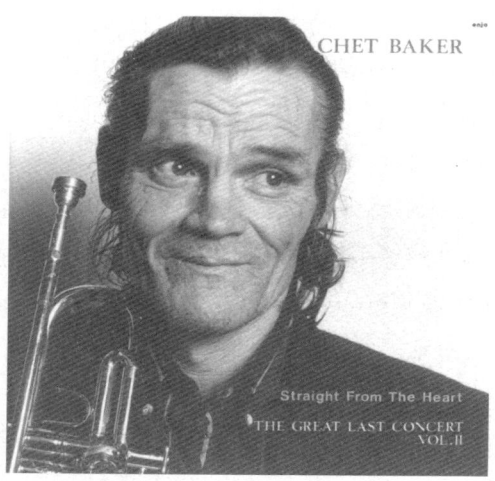

《Straight from the Heart》

장 감동 깊은 자리였다고 기억했다.* 그들은 쳇 베이커를 축하하고 싶어 했다. 그러나 무대에서 내려온 지 채 몇 분 지나기도 전에 그는 낡은 자동차에 몸을 싣고 제이디크 거리로 내달렸다. 그리고 리에주에 있는 자크 펠저의 집에서 니콜라 스틸로와 미슐린을 만나 며칠 동안 자신을 짓누르던 긴장을 모두 풀어 버렸다. 니콜라 스틸로는 쳇 베이커가 늘어놓는 말도 안 되는 헛소리들을 공포에 휩싸인 채 들어야 했다. 그는 얘기했다. "정신적으로 아주 심한 혼돈에 빠져 있더군요." 쳇 베이커는 하노버에서 벌인 공연과 다른 몇 차례의 연주를 통해 수천 달러의 돈을 벌어들였다. 그리고 조금이라도 제정신이 돌아오면 자신과 다이앤 바브라를 위해 봐 두었던 파리의 아름다운 아파트를 손에 넣겠다고 다시 떠들어 댔다. 그러나 그는 이마저도 그다지 오래 즐길 수 있는 일이 못 된다고 생각했다. 또다시 환각에 빠진 쳇 베이커는 브루스 웨버에게 전화를 걸어 이렇게 말했다. "이봐, 혹시 내게 무슨 일이 일어나면 말이야, 알지? 내 뒤를 쫓던 놈들이 있었다는 걸 잊지 말라고."

그러나 그를 파괴할 태세를 갖춘 유일한 존재는 바로 자기 자신이었다. 쳇 베이커는 집 안에서 헤로인 한 묶음을 잃어버린 뒤 차 안에 들어가 문을 잠그고는 "도둑놈"이 나타나지 않으면 당장

• 이 공연 실황은 쳇 베이커가 세상을 떠난 뒤 독일의 엔자 레이블을 통해 두 장의 앨범 《My Favorite Songs》와 《Straight from the Heart》로 나뉘어 발표됐다. 우리나라뿐 아니라 세계적으로 큰 사랑을 받았으며, 흔히 그가 남긴 최고의 걸작 중 하나로 일컬어진다. 다만, 쳇 베이커의 팬들은 그의 유작이라는 의미를 떠올리기에는 너무나 조악한(?) 재킷 디자인 때문에 아쉬움을 표하기도 했다.

불을 질러 버리겠다고 으름장을 놨다. 미슐린이 그의 바지 뒷주머니에서 마약을 발견했지만 쳇 베이커는 이에 아랑곳없이 실제로 차 안에서 불을 붙이려 했다. 그를 홀로 내버려두면 절대 안 되겠다는 생각에, 니콜라 스틸로는 밤마다 그와 같은 방에서 잠을 잤다. 어느 날 밤, 쳇 베이커는 손에 담배를 든 채 그대로 잠에 빠져 버렸다. 니콜라 스틸로가 잠에서 깨어났을 때 쳇 베이커의 베개는 이미 불이 붙어 있었다. 방 안은 연기로 자욱했다. "이봐요, 쳇! 일어나요! 당장 일어나요!" 니콜라 스틸로는 그렇게 소리치며 거의 혼수상태에 빠진 쳇 베이커를 침대에서 끌어냈다. 니콜라 스틸로는 말했다. "그 순간, 깨어난 쳇 베이커가 내 손을 잡더군요. 그의 두 눈에 눈물이 맺혀 있었어요." 미슐린이 달려와 불붙은 베개를 창문 밖으로 내던지고, 니콜라 스틸로를 도와 방 안에 남아 있던 불씨를 모두 꺼 버렸다. 그 집은 목조 건물이었다. 쳇 베이커는 자기가 마음 놓고 머물 수 있는 유일한 거처까지 모두 불길 속에 날려 버릴 뻔했다. 니콜라 스틸로는 이렇게 얘기했다. "그는 완전히 길을 잃어버린 상태였어요. 이해하시겠죠? 정말이지, 살아남아야 할 최소한의 이유가 무엇인지 누군가에게 묻고 있는 듯했습니다."

색소포니스트 가이 메시가 쳇 베이커를 만나러 왔다. 자크 펠저는 말했다. "위층에 있어." 쳇 베이커는 침대에 누워 멍하니 천장을 바라보고 있었다. 가이 메시는 얘기했다. "그의 두 눈 속에 죽음의 그림자가 드리워 있었습니다. 분명 깨어 있었지만 다른 세상에 가 있었죠. 몸 구석구석이 많이 아프다는 것도 알 수 있었습니다. 물론 도덕적으로도 마찬가지였겠죠. 그를 바라보던 나는 너무 마음이 아파 단 한 마디도 건네지 못했어요."

쳇 베이커는 자신이 저질렀던 많은 실패의 순간들을 하나하나 다시 떠올리고 있는 듯했다. 미슐린은 그가 창밖을 물끄러미 바라보다가 이렇게 얘기하던 것을 기억했다. "어느 날 나도 결국 죽어 버리겠지. 그러면 내 아이들은 자기 아버지가 어떤 사람이었는지도 모르게 될 거야." 상처는 돌이킬 수 없었다. 그러나 쳇 베이커는 최소한 남아 있는 숙제를 한데 묶을 기회가 남아 있음을 알았다. 그는 암스테르담에서 피아니스트 어브 로칠린에게 리처드 카펜터에 대해 얘기를 꺼냈다. 지구상에 존재하는 그 누구보다 쳇 베이커가 가장 증오했던 사내였다. 그가 물었다. "다른 사람이 가지고 있는 계약서를 빼내 오려면 어떤 방법이 제일 좋을까?"

어브 로칠린이 되물었다. "지금 농담하는 거 아니죠?"

쳇 베이커는 대답했다. "진짜로 묻는 거야." 그는 한때 마약 관련 범죄로 체포됐던 어브 로칠린이 그런 일을 대신 해 주는 "어떤 남자들"을 분명 알고 있으리라 믿었다. 어브 로칠린은 그의 말을 들은 것 자체가 두려웠다. 그러고는 마지막으로 쳇 베이커에게 작별 인사를 고한 뒤 자리를 떴다.

니콜라 스틸로와 미슐린, 그리고 자크 펠저와 함께 쳇 베이커는 파리로 갔다. 5월 4일과 5일 이틀 동안 뉴 모닝에서 예정된 공연에 앞서 안 드 프랑스 호텔에 투숙했다. 그 무대를 위해 합류했던 베이시스트 헤인 판 더 헤인은 일본 투어에 함께한 이후 쳇 베이커가 얼마나 많이 망가져 버렸는지 알게 됐다. 그는 말했다. "마치 잘 관리해서 아직 쓸 만한 자동차와 당장 내일이라도 폐차장에 보내야 할 것 같은 자동차를 비교하는 것 같았습니다." 쳇 베이커를 보기 위해 릴리안 로베르가 클럽으로 찾아왔다. 그녀는 테이블에 앉아 슬픔 어린 눈빛으로 옛 연인을 바라보았다. 릴리안 로베르가 말했다. "대기실에서 그가 걸어 나왔습니다. 그런데 한눈에 보기에도 아주 심할 정도로 마약에 취해 있더군요. 정말 믿기 힘들었어요." 그녀는 쳇 베이커가 연주를 할 수 있을지 의심스러웠다. 그러나 그녀가 생각하기에 이 무대에서 연주된 〈My Funny Valentine〉은 그 어느 때보다 더 감동적이었다. 트럼펫에서 흘러나온 작고 연약한 소리는 마치 고통의 신음과 같았다. 곡이 진행되는 내내 모든 프레이즈가 산산이 부서지며 허공에 흩어져 버렸다.

　관객들도 연주에 몰두하고 있었지만 이번에는 빈자리가 눈에 많이 띄었다. 공연이 끝난 뒤 쳇 베이커는 릴리안과 마주 앉아 다이앤 바브라가 자기를 떠났다며 괴로워했다. 그런데 그는 느닷없이 1950년대의 연인이던 릴리안에게 그날 밤 호텔에 가서 같이 밤을 보내지 않겠느냐고 물었다. 그녀는 이렇게 말했다. "쳇, 지금 농담하는 거예요? 35년이나 지난 지금? 당신이 아직도 내게 그런 생각을 한다면 참으로 황송할 따름이지만, 글쎄요……." 릴리안은 쳇 베이커가 진정 필요로 하는 것이 누군가 옆에 있어 줄―"누군가 자신을 이해해 주고 감싸 안아 줄 수 있는"―사람임을 직감했다. 그래도 걱정을 떨치지 못한 릴리안은 자크 펠저에게 호텔까지 동행해 줄 것을 요청했다. 쳇 베이커의 방에 들어선 릴리안은 그가 얼마나 많은 마약을 주사했는지 알고는 두려움에 몸을 떨었다. 웃을 때도 입술이 거의 떨어지지 않던 한 남자가 입을 멍하니 벌린 채 좀비처럼 방 한가운데 서 있었다.

챗 베이커가 투숙을 마치고 호텔을 나오자 미슐린은 그가 묵었던 방에 올라가 이상이 없었는지 살폈다. 피로 물든 옷가지가 쌓여 있었다. 그녀는 이 옷들을 가져다가 불에 태워 버렸다. 훗날 다이앤 바브라는 이런 얘기를 했다. "그는 여러 번 자살을 시도했었어요. 하지만 결국 저지르진 못했죠. 아마도 신들은 아직 때가 안 됐다고 생각했던 모양이에요."

다음 날, 「챗의 로맨스」가 파리의 한 극장에서 개봉됐다. 베르트랑 페브르는 이 사실을 챗 베이커에게 알렸고, 자기 곁에 앉을 수 있도록 미리 좌석을 확보해 두었다. 그러나 조명이 어두워지고 영화가 시작되는데도 옆자리는 비어 있었다. 상심한 베르트랑 페브르는 영화가 끝난 뒤 뉴 모닝으로 갔다. 쉬는 시간을 이용해 대기실에서 챗 베이커와 마주했다. 왜 극장에 오지 않았느냐고 물었다. 트럼펫 케이스 위에 놓인 대마초를 손으로 말고 있던 챗 베이커는 고개를 들어 흘긋 보더니 지친 목소리로 이렇게 되물었다. "왜 깨워 주지 않았어?"

클럽에서 두 번째 무대에 오른 챗 베이커는 의자에 앉아 다시 연주를 시작했다. 그러나 악기를 들 힘마저 없어 보였다. 그는 가냘픈 목소리로 관객들을 향해 유머를 하나 던졌다. 오래된 카우보이들의 이야기였다. "그래서 그 노인은 틀니 때문에 잔뜩 고생했다는 얘깁니다." 그러나 사람들은 거의 웃지 않았다. 베르트랑 페브르는 말했다. "챗 베이커가 무대를 마치기 전에 이미 관객들

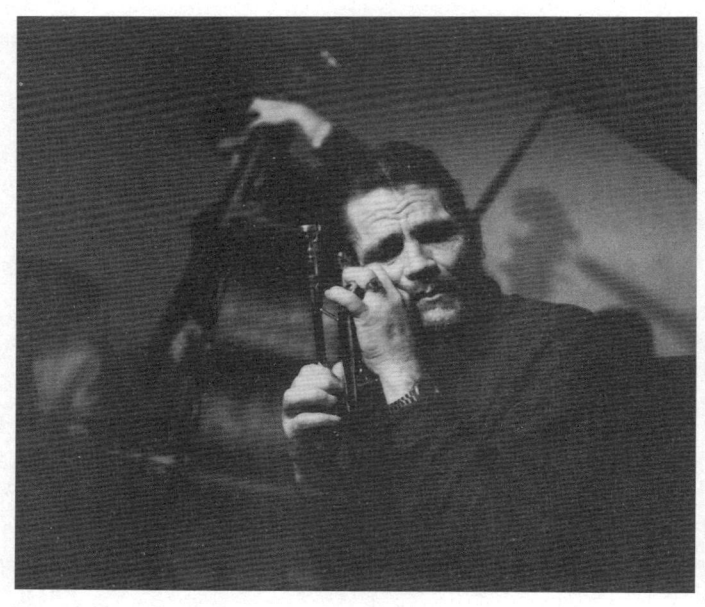

1988년 5월 초, 파리 뉴 모닝의 무대에 선 쳇 베이커. 지친 모습이 역력하다.
© Bertrand Fèvre, Paris

은 조용히 빠져나가고 있었습니다."

니콜라 스틸로와 자크 펠저가 동행한 채 쳇 베이커는 리에주로 돌아왔다. 미슐린은 말했다. "그가 내게 함께 있어 달라고 했습니다. 난 그의 마지막 간호사였던 셈이죠." 5월 6일의 늦은 밤, 미슐린이 자기 방으로 잠을 자러 간 뒤 쳇 베이커는 침실을 나와 어둠 속에서 계단을 걸어 내려왔다. 아래층에서 미셸 그라이예와 마주쳤다. "미셸……" 그는 뭔가 말을 꺼내려다가 잠시 뜸을 들인 뒤 이렇게 얘기했다. "아냐, 됐어. 신경 쓰지 마." 제이디크 거리로 출발하기 전, 쳇 베이커는 미슐린을 위해 선물을 남겨 뒀다. 자기가 가지고 있던 남은 메타돈이었다.

5월 7일 토요일 아침, 쳇 베이커는 암스테르담에서 한 시간가량 운전해 로테르담에 도착했다. 그날 밤, 커튼이 쳐진 무대와 200석가량의 좌석이 마련된 극장 형식의 재즈 클럽 텔로니어스 Thelonious에서 공연이 예정돼 있었다. 항구도시인 로테르담은 마약 딜러들의 천국이었다. 다른 나라에서 배편으로 마약이 밀반입됐고, 몇몇 사람들의 증언에 따르면 텔로니어스 클럽에서 이를 팔기도 했다. 이미 준비돼 있는 마약의 유혹은 많은 스타급 음악인들을 자극했지만, 이를 복용하지 않던 베이시스트 헤인 판 더 헤인은 예외였다. 이날 밤 쳇 베이커와 함께 이 클럽에서 연주를 벌인 그는 이 모든 분위기를 견디기 힘들어했다. 낙서로 가득한 지하 쇼핑몰 안에 자리한 텔로니어스는 공연이 벌어질 시간이면 이미 다른 상점들이 모두 문을 닫았기에 언제나 고립된 느낌을 안겨 주었다. 헤인 판 더 헤인은 이렇게 말했다. "그 클럽은 내가

가 본 데 중에서 가장 음침한 곳이었습니다." 쳇 베이커는 객석이
가득 차기를 기대했다. 그러나 그의 연주를 들으러 온 사람은 고
작 열일곱 명뿐이었다. 비참한 기분에 휩싸인 쳇 베이커의 연주
는 뉴 모닝에서 벌인 것처럼 처참하게 들릴 뿐이었다. 공연이 끝
난 뒤 그는 얘기됐던 연주료의 일부밖에 받을 수 없었다. 모든 이
들이 클럽을 거의 빠져나간 새벽 2시경, 헤인 판 더 헤인이 쳇 베
이커를 감싸 안더니 이렇게 말했다. "몸조리 잘하세요. 우린 당신
이 필요해요."

클럽에서 나온 쳇 베이커와 니콜라 스틸로는 콘크리트 계단을
걸어 올라 어둡고 텅 빈 거리에 섰다. 두 사람 모두 차를 어디에 주
차했는지 기억하지 못했다. 아무리 찾아도 보이지 않자, 어쩔 수
없이 새벽 기차를 타고 암스테르담으로 향했다. 그리고 서둘러
제이디크 거리로 갔다. 일요일 아침, 쳇 베이커는 "닥터 필굿"에
게서 진정제를 잔뜩 받아 냈다. 그리고 니콜라 스틸로와 함께 다
음 날인 월요일 저녁까지 암스테르담의 한 호텔 방에 들어가 밖
으로 나오지 않았다.

그곳에서 니콜라 스틸로는 쳇 베이커가 빠르게 망각 속으로 빠
져드는 것을 지켜봤다. 쳇 베이커는 품질이 매우 좋은 코카인을
상상할 수 없을 정도로 많이 주사했다. 마약에 대해 많은 연구를
했던 제리 스탈도 같은 경험을 한 적이 있었는데, 그는 이로 인해
일어나는 과정을 다음과 같이 얘기한 바 있다. "말도 마세요. 이내
광기에 빠졌다가 우울함이 잔뜩 몰려오죠. 그런데 그 취한 상태
가 채 1분도 지속되지 않기 때문에 결국 계속해서 주사할 수밖에

없는 거예요. 열두 번 정도, 아니 한 시간에 스무 번 이상씩 말이에요. 그러면 더 이상 혈관을 찾기 힘들어지고 자기 몸 어디든 바늘을 찔러 댈 수 있는 곳이 남아 있는지 찾기 위해 별짓을 다 하게 됩니다. 이건 사람들이 상상조차 할 수 없는 차원이에요. 온몸의 세포들이 죽도록 소리 지르는 느낌이랄까요."

진정제와 혼합된 코카인을 주사한 쳇 베이커는 완전히 미칠 지경에 이르렀다. 니콜라 스틸로는 말했다. "가장 나쁜 문제를 일으키는 건 바로 코카인이라고 확신해요." 비틀거리며 욕실에서 나온 쳇 베이커는 이글거리는 눈빛으로 창밖을 내다봤다. 평생토록 숨죽인 채 감춰져 있던 공포가 한순간에 그의 몸 밖으로 모두 폭발해 버릴 것 같았다. 그가 외쳤다. "니콜라, 살려 줘! 저 밖에 있는 놈이 나에게 총을 겨누고 있잖아!" 그러고는 갑자기 잃어버린 여권에 대한 얘기를 꺼냈다. 또 다른 망상의 물결이 그를 엄습하는 순간이었다. "니콜라, 무서워! 아래층에 내려가서 경찰을 불러야겠어! 누가 내 여권을 훔쳐 갔단 말이야!"

환상은 몇 시간 동안 지속됐다. 니콜라 스틸로는 "호텔 방이 온통 피범벅이 돼 버렸다"고 회상했다. 그러다가 쳇 베이커가 창문 쪽으로 비틀거리며 걸어갔다. 니콜라 스틸로는 "그쪽이 문인 줄 착각한 것 같았다"고 했다. 쳇 베이커가 제정신을 차릴 수 있도록 니콜라 스틸로는 두 손으로 그의 머리채를 움켜잡은 뒤 제자리에서 계속 뛰게 했다. 그를 회복시키기 위해 애쓰면서도 ─ 쳇 베이커는 아직도 몸에 많은 힘이 남아 있었다 ─ 니콜라 스틸로는 소음 때문에 불만을 제기하며 방문을 두드리던 호텔 직원까지 별일 없다며 안심시켜야 했다.

결국 니콜라 스틸로의 인내심도 한계에 이르렀다. 5월 9일 월요일, 그는 기타를 가지러 간다며 리에주행 기차에 몸을 실었다. 호텔 방을 나서기 전, 그는 쳇 베이커의 어깨를 꼭 움켜쥐고는 이렇게 말했다. "쳇, 날 좀 보세요. 난 이제 여기에 함께 있지 않아요. 아마 2~3일 정도는 혼자 계셔야 할 거예요. 그러니, 제발, 언제나 그랬듯이 건강하게 버티고 계셔야 해요."

자크 펠저의 집에 도착한 니콜라 스틸로는 미슐린에게 지난 며칠 동안 일어난 일을 자세히 얘기했다. 그러고는 이렇게 말했다. "난 이제 이탈리아로 돌아가겠어. 더 이상 그와 함께 지내고 싶지 않아. 그는 점점 미쳐 가고 있거든." 쳇 베이커가 요즘 들어 몸의 충격을 완화시켜 줄 헤로인을 사용하지 않은 채 코카인만 복용하고 있다는 얘기를 들은 미슐린은 이내 겁에 질렸다. 그녀는 말했다. "그러다가 심장마비가 오면 어쩌려고!" 32년간 마약중독자로 살아온 쳇 베이커는 거의 모든 종류의 마약이 어떤 효과를 주는지 잘 알고 있었다. 미슐린은 그가 죽으려 한다고 확신했다.

그날 밤 쳇 베이커는 혼자 지냈다. 심장의 긴장을 조금이나마 풀어 주기 위해 제이디크 거리에 가서 헤로인을 좀 더 구해 온 것 같기도 했다. 그러고는 자신의 차를 찾기 위해 로테르담으로 갔다. 5월 10일 화요일의 늦은 오후, 빔 버홋은 전화를 한 통 받았다. 연락을 취해 온 경찰관은 정중한 목소리로 이렇게 말했다. "안녕하세요. 여기는 로테르담 경찰서입니다. 체스니 H. 베이커 씨가 지금 저희와 함께 계시거든요." 전화를 건 경관은 쳇 베이커가 차를 잃어버려 그들의 도움을 요청했다고 설명했다. 그가 빔 버훗의 연락처를 경찰에게 일러 준 것이었다. 쳇 베이커가 몸에 마약을 지니고 있으리라 확신한 빔 버훗은 그를 구할 수 있겠다 싶은 사람에게 서둘러 연락을 취했다. 예전에 로드매니저로 자신과 함께 일하던 밥 홀랜드Bob Holland가 마침 로테르담 경찰서에서 가까운 곳에 살고 있었다. 몇 년 전 빔 버훗에게 해고되긴 했지만, 밥 홀랜드는 그의 부탁을 받아들였다.

쳇 베이커는 그를 알지 못했다. 하지만 로테르담을 거쳐 간 거의 모든 재즈 연주자가 그를 알았다. 밥 홀랜드는 텔로니어스 클럽에서 바텐더이자 사회자, 조언자로 일했었고, 직접 코카인을 팔기도 했다. 그는 흔한 미국식 이름을 사용했지만, 거북딱지 같은 커다란 안경을 쓰고 콧수염을 길렀으며 신경을 거슬리게 하는 웃음소리를 지니고 있어서 어디서든 쉽게 눈에 띌 만한 인물이었다.

밥 홀랜드는 마약중독에 빠진 채 말년에 이른 미국 출신의 여러 재즈 연주자들을 자기 집에 머물게 할 때도 많았다. 그중 하나가 지난한 자기 파괴를 일삼다가 1985년에 심장마비로 숨진 드러머 필리 조 존스였다. 그가 쳇 베이커를 만난 이즈음에도 밥 홀랜드의 집에는 두 명의 손님이 와 있었다. 아방가르드 테너 색소포니스트인 프랭크 라이트Frank Wright와 1970년대와 1980년대에 크게 활약했던 밥 트럼페터 우디 쇼Woody Shaw였다. 그는 독일 투어를 벌이던 중이었다. 스스로를 라이트 "신부님"이라 부르던 프랭크 라이트는 밥 홀랜드의 집에 종종 기거해 왔으며 1990년, 쉰네 살의 나이에 심장마비로 세상을 떠났다. 아마도 코카인 중독이 원인이었을 것이다. 우디 쇼의 운명은 한층 더 애처로웠다. 망막에 문제가 생겨 시력을 거의 상실했던 그는 에이즈에도 감염된 상태였다. 밥 홀랜드는 1988년 한 해 동안 줄곧 그를 돌보았다. 그러나 결국 부모와 함께 여생을 보내게 하기 위해 뉴저지주 뉴어크로 우디 쇼를 떠나보냈다. 사실 그는 가고 싶어 하지 않았다. 밥 홀랜드의 전언에 의하면 "우디 쇼는 자신의 처지를 두렵고 부끄러워 했다." 1989년 5월의 어느 날, 빌리지 뱅가드에서 맥스 로치의 공연을 본 뒤 우디 쇼는 혼자 브루클린으로 갔다. 아마도 헤로인을 구하기 위해서였을 것이다. 그런데 앞이 잘 보이지 않았던 우디 쇼는 지하철에 치여 한쪽 팔을 잃게 됐고, 얼마 지나지 않아 세상을 떴다.

어떤 사람들은 밥 홀랜드가 죽음을 불러오는 천사라고 생각했다. 하지만 1988년 5월 10일의 그는 구원자였다. 쳇 베이커는 줄무늬 바지를 입은 채, 밥 홀랜드의 표현을 그대로 빌리자면, "예수 그리스도의 샌들"을 신고 있었다. 흰 양말에는 잔뜩 흙이 묻어 있었다. 밥 홀랜드가 물었다. "무슨 일이에요?"

쳇 베이커는 대답했다. "차를 잃어버렸어. 토요일에 어디엔가 주차해 뒀거든."

쿨한 태도를 유지할 줄 알았던 밥 홀랜드는 별일 아니란 투로 이렇게 말했다. "그럼, 우리가 나가서 한번 찾아보도록 하죠, 뭐." 친절하게도 경찰관 한 사람이 그들을 차에 태워 텔로니어스 클럽 부근을 함께 둘러보았다. 역시 차는 발견되지 않았다. 그 경찰관은 쳇 베이커에게 묵고 있는 곳이 어딘지 물었다. 그리고 계속해서 차를 찾아보겠다고 약속하면서 무슨 소식이 있으면 연락을 주겠다고 했다. 밥 홀랜드는 자신의 집 전화번호를 일러 주었다. 경찰관이 그들을 집까지 데려다주었다. 계단을 통해 위층으로 올라가면서 쳇 베이커가 밥 홀랜드에게 불쑥 이렇게 물었다. "그나저나, 경찰이 집까지 직접 데려다주는 건 처음이지?"

그들이 들어선 커다란 아파트의 거실에는 오래된 흰색 피아노가 놓여 있었다. 그리고 벽에는 밥 홀랜드가 친구로 지내는 재즈 연주자들의 확대된 사진이 걸려 있었다. 쳇 베이커는 그중에서 필리 조 존스의 사진 앞에 멈춰 섰다. 그 사진을 바라보다가 느닷없이 눈물을 흘렸다. 밥 홀랜드는 쳇 베이커가 내뱉은 혼잣말을 기억하고 있었다. "머지않아 함께 지내게 될 거야, 친구!"

쳇 베이커가 양말을 벗었다. 한쪽에서 헤로인 2그램이 나왔고, 다른 한쪽에서 코카인 2그램이 나왔다. 밥 홀랜드는 말했다. "아니, 세상에! 그걸 양말 안에 감추고는 경찰서 안에 서 있었단 말이에요?" 하지만 쳇 베이커는 그의 말을 못 들은 척, 주사기를 사기 위해 서둘러 약국을 찾아 나섰다. 다시 돌아온 그는 밥 홀랜드와 프랭크 라이트를 거실에 놔둔 채 혼자 침실로 들어가 문을 닫아버렸다. 30분쯤 지났을까, 왠지 이상한 느낌이 든 프랭크 라이트는 밥 홀랜드에게 쳇 베이커가 뭘 하고 있는지 한번 들여다보라고 독촉했다. 쳇 베이커는 침대 끝에 앉아 혈관을 찾기 위해 애쓰고 있었다. 그가 말했다. "젠장! 이 바늘은 왜 이리 얇은 거야!" 밥 홀랜드는 쳇 베이커가 마약을 얼마나 하는지 알고는 깜짝 놀랐다. 많은 양의 코카인을 섞어서 하루에 6그램을 쓴다는 것이었다(일반적으로 마약중독자들이 복용하는 것의 서너 배는 됐다). 쳇 베이커는 주사기에 약을 채운 채 위로 치켜들며 다음과 같이 말했다. "이 정도면 소라도 몇 마리 잡겠군." 그러고는 자신의 음낭에 바늘을 찔러넣었다. 밥 홀랜드는 말했다. "쳇 베이커는 걸어 다니는 송장이었어요. 오직 마약을 하기 위해 살아 있는 것 같더군요. 음악은 마약을 사기 위한 수단일 뿐이었죠."

이번만은 쳇 베이커도 다른 이의 동정심을 구하지 않았다. "이봐, 밥. 난 쉰여덟 살이야." 칸에서 브루스 웨버가 그를 딱하게 여겼을 때 대꾸한 것처럼 쳇 베이커는 그렇게 말문을 꺼내며 다음과 같이 얘기했다. "난 마약을 30년 동안이나 해 왔네. 자넨 날 도울 수 없어. 이미 너무 멀리 와 버렸는걸." 그러면서 혹시라도 자기에게 무슨 일이 생기면 트럼펫은 우디 쇼에게 건네주라고 덧붙였다. 사실 다른 흑인 연주자들과 달리 우디 쇼는 쳇 베이커를 따스하게 대했다. 사진작가 엘레나 카르미나티Elena Carminati가 베로나에서 1985년에 찍은 사진을 보면 두 사람은 어깨에 손을 얹고 마치 형제처럼 서로 안고 있었다.

몇 분 지나지 않아 쳇 베이커는 다음에 할 마약이 없다는 것을 알고 걱정하기 시작했다. 로테르담에 대해서는 잘 알지 못했기에, 그는 밥 홀랜드에게 대신 마약을 구해 달라고 부탁했다. 그는 손안에 가득했던 리라와 길더, 프랑스 프랑과 스위스 프랑, 독일의 마르크 등이 잔뜩 뒤섞인 돈을 테이블 위에 쏟아 냈다. 밥 홀랜드가 계산해 보니 대략 6,000길더, 미국 돈으로 4,000달러쯤 됐다. 쳇 베이커가 이 세상에서 가지고 있던 모든 돈이었다. 그러나 당시 헤로인은 1그램에 150길더 정도 했기 때문에 이 돈으로도 그리 오래 버틸 수는 없을 것 같았다. 쳇 베이커는 밥 홀랜드에게 그 돈의 일부를 건네고 나머지를 어디에 두면 좋을지 물었다. 밥 홀랜드는 타자기 밑에 남은 돈을 숨겼다.

쳇 베이커는 며칠 동안 음식을 거의 먹지 않고 있었다. 밥 홀랜드는 그와 프랭크 라이트를 데리고 중국 식당으로 갔다. 하지만 쳇 베이커는 에그롤 반쪽밖에 삼키지 못했다. 그가 진정으로 원했던 것은 연주할 수 있는 기회였다. 결국 그들은 재즈카페 디지Jazzcafe Dizzy로 갔다. 인근에 있던 이 바에서는 일요일과 화요일마다 재즈가 연주됐다. 그날 밤에는 건반 연주자 로프 판 바벨Rob van Bavel이 이끄는 네덜란드 퓨전 그룹 배드 서킷츠Bad Circuits가 연주하고 있었다. 쳇 베이커가 어두운 공간을 지나 무대 위에 오르자 사람들의 환호가 터져 나왔다. 밥 홀랜드는 말했다. "위대한 쳇 베이커가 그렇게 튀어나와 젊은 음악인들과 연주를 벌이기 시작했죠. 모두 깜짝 놀라 당황하더군요." 쳇 베이커는 〈Rhythm Changes〉와 〈Green Dolphin Street〉, 두 곡을 선보였다.

쳇 베이커의 마지막 연주가 돼 버린 이날의 무대에 대해 밥 홀랜드는 다음과 같이 얘기했다. "그가 이제 끝났다는 걸 알 수 있었습니다. 그러나 단 몇 개의 음정만 연주하면서도 정말 많은 걸 보여 주더군요. 바로 그게 그의 마법이었던 게죠."

자정이 지나 밥 홀랜드는 쳇 베이커와 프랭크 라이트를 마약으로 잘 알려진 지저분한 어느 지역으로 데리고 갔다. 3그램의 헤로인을 팔려고 나온 딜러 한 명을 만났지만 그것만으로는 부족했다. 결국 밥 홀랜드는 그곳에 남아 마약을 좀 더 구해 보기로 했고, 프랭크 라이트는 쳇 베이커를 데리고 집으로 돌아왔다. 새벽 서너 시쯤 되어 집주인이 돌아왔지만 빈손이었다.

훗날 밥 홀랜드는 네덜란드의 일간지 『프레이 네덜란트*Vrij Neder-land*』의 루디 카히 Rudie Kagie 기자에게 쳇 베이커가 자신의 아파트에 목요일 오전까지 머물렀다고 말했다. 그즈음 경찰로부터 차를 찾았다는 연락이 왔고, 열쇠를 받아 든 밥 홀랜드가 대신 경찰서로 갔다. 오는 길에 다시 한번 마약 딜러를 찾아볼 심산이었다. 그러나 쉽지 않았다. 마침 목요일은 예수 승천일이었고, 대부분의 네덜란드 사람들은—심지어 마약 딜러들까지—도시에 남아 있지 않았다.

정오 무렵, 쳇 베이커는 피터 휴이츠에게 미친 듯이 여러 차례 전화를 걸었다. 밥 홀랜드가 자기 차와 돈을 훔쳐 내뺐다고 확신한 채, 전화기를 들고 "이 자식 어디 있어?"라며 피터 휴이츠를 다그쳤다. 마약이 절실하게 필요했던 그는 당장 기차를 타고 암스테르담으로 가겠다고 했다. 피터 휴이츠는 그대로 있으라고 달랜 뒤 밥 홀랜드가 곧 돌아올 것이라며 안심시켰다. 그날 밤 라런에서 중요한 공연이 예정돼 있었기에 피터 휴이츠는 어떻게든 쳇 베이커를 그 무대에 세우고 싶었다. 그러나 그는 피터 휴이츠의 부탁을 무시했고, 타자기 밑에 있던 남은 돈을 집어 든 채 오후 1시 32분에 기차를 탔다.

밥 홀랜드는 루디 카히 기자에게, 자신은 한 시간쯤 뒤에 쳇 베이커의 차와 마약을 가지고 집에 도착했다고 말했다. 그러나 1996년 들어 그는 자신의 증언 중에서 몇 가지 혼란스럽고 설명할 수 없는 다른 이야기를 했다. 쳇 베이커의 차가 발견된 것이 화요일 밤이었다는 얘기였다. 자신은 즉시 차를 가지러 가자고 했지만 쳇 베이커는 재즈카페 디지에 먼저 들를 것을 주장했다고 했다. 그리고 다음 날 아침 밥 홀랜드는 차를 가지러 가면서 마약을 좀 더 구했고, 정오쯤 집에 돌아와 보니 쳇 베이커가 이미 사라지고 없었다는 것이었다. 그가 새롭게 말한 이 내용에 의하면 수요일 하루가 완전히 비어 버리고, 쳇 베이커는 혼자 암스테르담에 있었다는 뜻이 된다. 그리고 그 하루 동안 무엇을 했는지는 아무도 알 수 없다. 밥 홀랜드는 "오직 진실만을 얘기했다"고 했지만, 이 경우에 그가 말하는 진실이란 모호한 구석이 많다.

쳇 베이커에게 "진실"은 그다지 큰 의미를 갖지 못했다. 그래서 그가 수요일 오후 다이앤 바브라에게 전화를 걸었을 때 그녀는 특별한 생각을 하지 못했다. 전보다 한결 차분해진 목소리로 쳇 베이커는 그녀 없이 더 이상 버틸 수 없으며, 당분간 전화하지 않을 것이라고 전했다. 분명 불길한 경고였지만 그는 전에도 종종 이런 말을 했다.

5월 12일 목요일 저녁, 네덜란드에서 가장 인기 있는 라디오 음악 프로그램 중 하나인 「세스윈Sesjun」이 주최하는 자축 공연이 열렸다. 라런의 싱허르 콘체르트잘에서 펼쳐진 이 공연은 생방송으로 전파를 탈 예정이었고, 쳇 베이커는 격정적인 아방가르드 연주를 보여 주던 색소포니스트 아치 셰프와 그의 보컬리스트인 아넷 로먼Annette Lowman의 공연에 이어 다음 무대를 꾸미기로 돼 있었다. 공연에 나설 연주자들을 섭외한 빔 버홋은 쳇 베이커가 공연에 대한 생각을 하면서도 제이디크 거리에 먼저 들렀다 올 것임을 알고 있었다. 그래서 그는 연주자들을 인근에 위치한 멤피스 호텔에 투숙시켰고, 6시 30분에 모든 이들을 함께 밴에 태워 라런으로 출발할 계획이었다. 6시경, 리아 버홋이 호텔에 전화를 걸어 쳇 베이커가 도착해 있는지 물었지만 그는 아직 나타나지 않고 있었다. 피터 휴이츠는 걱정보다 귀찮다는 생각이 먼저 들었다. 그는 말했다. "사실 전에도 이런 일이 자주 있었죠. 대부분 쳇 베이커는 전화를 걸어 심한 말을 퍼붓고는 다른 사람을 탓할 때가 많았거든요. 자기 잘못인데도 말입니다."

결국 쳇 베이커를 제외한 다른 연주자들은 먼저 라런으로 향했다. 저녁 8시, 음향 체크가 진행될 때까지도 그의 모습은 보이지 않았다. 그때, 공연장 밖에서 쳇 베이커의 차가 다가오고 있는 것이 보였다. 다들 안도의 한숨을 내쉬었다. 하지만 차에서 내린 것은 밥 홀랜드였다. 빔 버홋은 그에게 다시 차를 몰고 가서 기다리고 있다가 쳇 베이커가 나타나면 바로 데리고 오라고 했다. 공연 시작 시간이 몇 분밖에 남지 않자, 아넷 로먼이 회상한 것처럼 프로모터들은 "완전히 넋이 나가 버렸다." 계약서 내용에 따라 아치 셰프는 30분 동안 연주할 음악만 준비해 두고 있었으며, 나머지 시간까지 모두 채워 줄 수 있느냐는 요청에는 동의하지 않았다. 아치 셰프와 아넷 로먼은 예정대로 짤막하게 공연을 마쳤다. 그러고는 무대에서 내려온 뒤 그녀의 대기실에 들어와 앉았다. 아넷 로먼은 말했다. "아주 묘한 침묵이 흘렀습니다. 우린 그냥 그렇게 앉아서 서로를 마주 보고 있었죠. 사실 피터 휴이츠는 아주 능력 있는 사람이었습니다. 우리는 그가 쳇 베이커를 무대에 세울 수 없을 거라고는 차마 생각하지 않았어요. 결국 뭔가 잘못됐다는 걸 알게 됐죠."

잠시 후 프로듀서들이 나타났다. 그리고 원활한 공연을 위해 협조하지 않았다는 이유로 아치 셰프의 연주료 지급을 보류하겠다고 으르댔다. 다툼이 일어났다. 아넷 로먼은 말했다. "대기실에서 엄청난 비명과 고함 소리가 흘러나오기 시작했습니다." 아치 셰프는 자기 할 일을 다 했으며 빌어먹을 돈을 당장 내놓아야 한다고 불만을 토로했다. 자신에게 돌아올 몫도 잃어버리게 된 빔 버홋은 왜 쳇 베이커를 잘 지키고 있지 않았느냐며 밥 홀랜드를 다그쳤다.

빔 버홋과 리아 버홋 부부는 네덜란드의 바헤닝언에 집을 두고 함께 일해 오고 있었다. 리아 버홋도 남편과 마찬가지로 맥이 탁 풀렸다. 그녀는 말했다. "쳇 베이커는 사라졌다가도 결국 어디서든 모습을 드러내곤 했습니다. 문제가 생기면 그제야 전화를 걸어 왔죠." 리아 버홋은 밤새도록 전화기를 붙들고 기차역과 호텔, 병원을 비롯한 암스테르담 전역에 연락을 취했다. 심지어 라런과 로테르담의 경찰서까지 연락해 보았다. 하지만 소용없었다. 비로소 그녀는 최악의 상황을 떠올리기 시작했다. 미술린과 니콜라 스틸로도 그랬다. 그들은 최근 몇 년 사이 쳇 베이커가 마약을 할 때마다 반드시 곁에 누군가 같이 있게 했다는 사실을 알고 있었다. 코카인과 헤로인, 그리고 진정제까지 게걸스럽게 섞어 주사하게 되면 니콜라 스틸로가 말한 것처럼 "정신이 나가 버리는" 일이 잦았기 때문이다. 쳇 베이커의 모습이 보이지 않는다는 사실은 주변 사람들을 경악에 빠뜨렸다. 다이앤 바브라는 이렇게 설명했다. "쳇 베이커는 자기가 혼자 있을 때 아무도 그를 도와줄 수 없다는 걸 알고 있었어요. 그렇게 되면 머릿속에 떠오르는 망상을 따라 그저 그대로 행동하게 된다는 거죠. 이 얘기는 그가 직접 내게 한 것이에요."

친구들과 함께 노르망디에 머물고 있던 미슐린은 쳇 베이커가 사라졌다는 소식을 듣고 혼자 해변에 나가 잠시 걸었다. 갑자기 무시무시한 예감이 덮쳐 왔다. 미슐린은 소리 내어 울면서 쳇 베이커의 이름을 외치기 시작했다. 잔뜩 흥분한 그녀는 친구 집에 뛰어 들어와 캘리포니아에 있는 다이앤 바브라에게 전화를 걸었다. 그러고는 이렇게 소리 질렀다. "그가 자살하려고 해요! 다이앤, 오늘 밤 그를 살릴 수 있는 건 당신뿐이에요. 제발 어떻게 좀 해 봐요! 그를 찾아내요!"

다이앤 바브라는 말했다. "내가 어떻게 그를 찾아요? 난 여기 있잖아요! 내가 어떻게 해야 하죠?"

미슐린이 말했다. "그럼, 빔 버홋에게 전화라도 해 봐요!"

다이앤 바브라는 바로 다이얼을 돌렸다. 그리고 물었다. "어떻게 된 거죠?" 빔 버홋은 쳇 베이커가 사라져 버렸다고 얘기했다. 그리고 무슨 소식이 있으면 바로 전화하겠다고 약속했다.

모두가 기다렸다. 하지만 그 누구에게도 알리지 않은 채, 쳇 베이커는 프린스 헨드릭 호텔의 3층, C-20호실에 들어가 있었다. 암스테르담의 중앙역 바로 옆, 분주한 상가 밀집 지역에 위치한 호텔이었다. 값싼 "편의" 호텔인 프린스 헨드릭은 하룻밤 묵어 가는 이들이 자주 투숙했으며, 제이디크 거리에서 마약을 구한 중독자들이 손쉽게 방을 얻어 들어가던 곳이었다. 쳇 베이커와 미슐린도 같은 이유로 이곳에 투숙한 적이 몇 번 있었다. 우디 쇼도 그랬다. 예수 승천일로 대부분의 호텔에 남은 방이 없었기에 아마도 쳇 베이커는 마지막 쉴 곳으로 프린스 헨드릭을 택했을 것이다. 그게 아니라면, 단지 혼자 있고 싶은 마음에 그가 평소에 드나들던 빅토리아나 크레스트 같은 호텔을 피했는지도 모른다. 친구들이 그를 찾아내지 못하도록 말이다.

은은한 봄기운으로 가득한 오후, 쳇 베이커는 프린스 헨드릭 호텔의 작은 로비에 모습을 드러냈다. 호텔의 직원이 트럼펫 케이스를 들고 선 그를 마주했다. 그녀는 말했다. "난 이렇게 생각했어요. '어머나, 웬 노인 한 분이 오셨네!' 하고요. 그가 쳇 베이커인 줄 알지 못했거든요." 그녀는 투숙객 명부에 서명하던 쳇 베이커의 "신경이 조금 날카로워져 있었다"고 기억했다. 그는 말끔히 정리된 방에 들어섰다. 밝고 노란 벽지에 더블 침대 하나, 작은 테이블 하나, 그리고 텔레비전이 구비된 방이었다. 두 개의 창문은 무릎 높이에서 시작돼 다른 호텔과 식당으로 둘러싸인 채 복잡하게 얽혀 있는 길거리를 내다볼 수 있게 돼 있었다. 전차 지나가는 소음이 가로지르는 가운데, 허공 속에서 자전거 벨소리가 울려 퍼지곤 했다. 쳇 베이커는 방에 들어선 뒤 안에서 문을 잠갔다.

13일의 금요일. 그는 새벽 3시 10분경까지 모습을 드러내지 않았다. 바로 그때, 제이디크 거리의 어느 바에서 나와 거리를 걷던한 행인이 프린스 헨드릭 호텔 앞의 좁은 인도 위에 쓰러져 있는사람을 발견했다. 그는 보름달이 환히 비치는 가운데 몸을 잔뜩웅크리고 있었다. 행인은 호텔 로비의 문을 두드렸지만 안쪽은어둡기만 했다. 밤이 되면 이 호텔은 입구를 걸어 잠그고 투숙객들은 열쇠가 있어야 안으로 들어올 수 있었다. 나중에 발표된 경찰 보고서에 따르면 숙직을 서고 있던 담당 직원은 호텔의 다른쪽에 가 있었기 때문에 행인이 문 두드리는 소리를 듣지 못했다고 했다. 그러나 한 미국인 투숙객은 그 소리를 들었다. 그는 아래층으로 내려왔다. 하지만 문밖에 서 있던 사람이 안으로 들어오려고 하는 술 취한 떠돌이라 여겼다. 그래서 문을 열어 주지 않고그냥 방으로 돌아가 버렸다.

잠시 후, 홍등가 인근에 위치한 바르무스트라트 경찰서로 전화가 걸려 왔다. 아마도 쓰러진 사람을 발견한 그 행인이 연락을 취한 듯했다. 몇 분 뒤 경찰관들이 현장에 도착했다. 겉보기에는 정신을 잃고 쓰러진 마약중독자나 술꾼 같았다. 하지만 가까이 다가가 살펴보니 상황은 끔찍했다. 남자는 길을 따라 길게 늘어서 있는 짧은 콘크리트 기둥 옆에 누워 있었다. 얼굴은 피로 뒤덮여있었으며 두개골이 함몰된 상태였다. 그가 입고 있던 반소매 셔츠와 세로 줄무늬 바지에도 피가 엉겨 붙어 있었다. 그리고 곁에는 안경 하나와 일반적으로 네덜란드에서 창문을 열어 놓도록 지지하는 데 사용하는 묵직한 강철 빗장이 하나 떨어져 있었다. 상황을 파악한 경찰은 그가 어느 호텔 방에서 떨어져 콘크리트 기둥에 부딪혔다고 결론지었다. 그들은 시신을 하얀 시트로 감싼 뒤 바르무스트라트에 있는 시체 보관소로 옮겼다. 아무런 신분증이 발견되지 않았기에 일단 신원 미상으로 분류됐다. 얼굴을 뒤덮은 피가 이미 말라 버려서 얼굴은 알아보기 힘들었다. 경찰은 몸의 상태로 보아 일단 서른 살 정도 된 것으로 추정했다.

금요일 아침 8시, 젊은 형사 로프 블로스Rob Bloos가 바르무스트라트 경찰서에 출근했다. 보관소에 새 시신이 들어왔다는 소식을 들었지만, 그는 크게 신경 쓰지 않았다. 그는 말했다. "다른 경우와 마찬가지일 거라고 생각했어요. 그 당시 인근에는 마약중독자들이 참 많았죠. 독일인도 있었고 이탈리아인도 있었고. 어쨌든 이곳의 헤로인은 특히 다른 지역보다 약효가 강했거든요. 너무 많이 복용하고 죽어 버리는 일이 다반사였습니다."

그럼에도 로프 블로스는 두 명의 동료를 데리고 호텔로 가서 아주 세심하게 조사를 시작했다. 30페이지가 넘는 그의 보고서에는 호텔 방의 도식표를 포함해서 그 안에 있던 물품 목록이 완벽하게 기록돼 있었으며 호텔 직원들에게 들은 얘기까지 담겨 있다. 투숙객 명부를 살펴보던 그는 쳇 베이커의 서명을 확인했지만 한 번도 들어 보지 못한 이름이었다. 호텔 방문은 안쪽에서 잠겨 있었고 다른 누가 함께 있었다는 증거는 발견되지 않았다. 물론 침입의 흔적도 없었다. 헤로인과 코카인을 섞는 데 쓴 것으로 보이는 유리컵 하나와 주삿바늘이 들어 있던 또 하나의 유리컵이 테이블 위에 놓여 있었다. 채 1그램이 되지 않는 헤로인은 그대

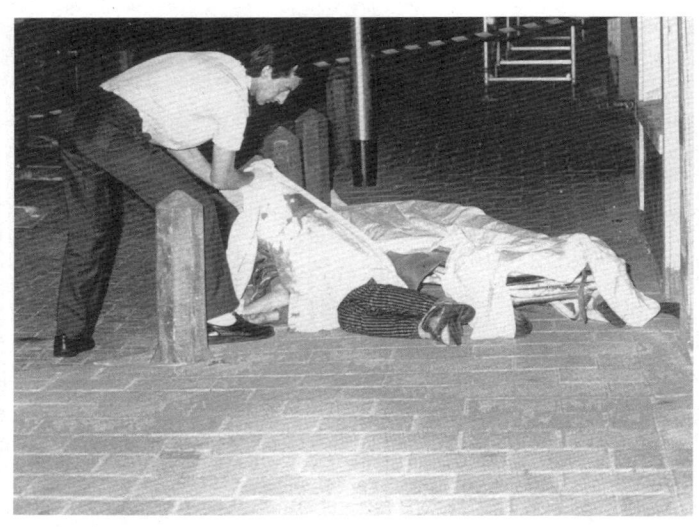

결국 쳇 베이커는 길 위에서 삶을 마감했다.

로 남아 있었다. 유일한 짐은 트럼펫 케이스였는데, 훗날 이에 대해서는 그 가방이 길거리에 쓰러져 있던 시신 곁에서 발견됐다는 불명확한 소문이 돌기도 했다. 가방 안에는 트럼펫 하나와 손목시계, 50길더, 팔찌 하나, 라이터, 그리고 쳇 베이커의 이름이 적혀 있는 쪽지 하나가 들어 있었다.

암스테르담에서 영업 중인 모든 호텔의 투숙 자료가 담긴 데이터뱅크를 살펴보던 로프 블로스는 쳇 베이커가 5월 9일과 10일, 캐피탈 호텔에 묵었다는 사실을 알아냈다. 하지만 캐피탈 호텔의 명부에 적힌 서명은 프린스 헨드릭 호텔의 그것에 적힌 것과 달라 보였다. 로프 블로스는 이 마약중독자가 어느 미국인의 물건을 훔친 뒤 프린스 헨드릭 호텔에 투숙할 때 그의 이름을 도용했다고 결론지었다. 그리고 어쩌다가 잘못해서 창문 밖으로 떨어지게 된 것이라고 생각했다. 호텔 방에서 길바닥까지의 높이는 약 9미터였다.

그동안 리아 버홋은 쉬지 않고 경찰서에 전화를 걸어 응답하는 모든 이들에게 도움을 요청하고 있었다. 금요일 오전까지만 해도 쳇 베이커로 보이는 사람은 발견되지 않았음을 확인했다. 그러다가 우연히 피터 휴이츠와 로프 블로스의 전화 통화가 이루어졌다. 피터 휴이츠는 자기가 친구를 한 명 찾고 있으며 그는 미국 출신 음악인인 쳇 베이커라고 얘기했다. 아마도 마약중독 때문에 무슨 문제가 생겼을 수도 있다고 덧붙였다. 로프 블로스는 트럼펫 케이스를 가진 한 젊은 남자가 밤새 시체 보관소로 옮겨졌다는 소식을 전했다. 그리고 그 가방 안에 무엇이 들어 있는지도 알려 주었다. 피터 휴이츠는 직접 경찰서에 들러 확인해 볼 필요가 있겠다고 판단했다. 경찰서에 도착한 그가 가장 먼저 본 것은 눈에 익은 안경이었다. 그는 중얼거렸다. "이런, 젠장." 피터 휴이츠는 트럼펫 케이스를 열어 봤다. 쳇 베이커의 이름과 전화번호가 적힌 쪽지가 들어 있었다. 그는 경찰과 함께 시체 보관소로 갔다. 피터 휴이츠는 바로 그곳에서, 드디어, 쳇 베이커를 찾아냈다.

캘리포니아 시간으로 오전 10시경, 피터 휴이츠는 다이앤 바브라에게 전화를 걸었다. 그가 물었다. "준비…… 됐죠?" 그러고는 그녀에게 소식을 전했다. 다이앤 바브라는 말했다. "그냥 정신이 멍해지더군요." 하지만 충격은 점차 사라지기 시작했고, 그녀는 왠지 안도에 가까운, 이상한 느낌을 받게 됐다. 다이앤 바브라는 말했다. "난 그에게 중독돼 있었죠. 그런데 이제 그가 죽었다니, 비로소 난 자유로워진 것이나 다름없었습니다." 그다음 피터 휴이츠는 캐럴에게 전화를 걸었다. 그는 이렇게 회상했다. "캐럴의 목소리는 되레 차분했습니다. 아니, 그다지 흥분하지는 않았다고 하는 게 좋겠군요."

토요일이 되자 전파를 타고 이 소식이 알려지기 시작했다. 사진 기자와 취재기자들이 무리를 지어 프린스 헨드릭 호텔에 몰려들었다. 브루스 웨버와 낸 부시는 맨해튼의 편집실에서 다큐멘터리 작업에 몰두하고 있다가 쳇 베이커의 부음을 전해 들었다. 바로 그 순간 쳇 베이커는 영사기가 비춘 화면 속에서 이야기를 나누며 연주를 벌이고 있었다. 바로 몇 달 전의 모습이었다. 낸 부시는 말했다. "영화를 보면 쳇 베이커는 바로 곁에 있습니다. 정말 곤혹스러운 일이죠. 사실 우리는 캐럴이란 여자를 그다지 좋아하지 않았습니다. 제 말은, 쳇 베이커가 그녀를 많이 좋아한 적은 없었다는 뜻이에요. 하지만 그 소식을 듣고 나니 캐럴에게 바로 전화하지 않을 수 없더군요."

이후 엿새 동안 쳇 베이커의 시신은 암스테르담에 그대로 머물러 있었다. 신체에 어떤 폭행이 가해지지는 않았는지 결론을 내려야 했다. 검시관은 쳇 베이커의 볼과 두개골이 기둥 모서리에 부딪혀 크게 파손됐다고 밝혔다. 머리 안에는 피가 고여 있었고 갈비뼈도 부러진 상태였는데, 그 때문에 가슴 안에 출혈이 생겼다고 말했다. 양팔에는 주삿바늘 자국이 많았다. 사인은 뇌 손상으로 판명됐지만 정황상 앞뒤가 맞지 않는 여러 정보들이 드러났다. 경찰 대변인인 클라스 빌팅Klaas Wilting은 다음과 같은 성명을 발표했다. "아마도 그는 어리석은 행동을 벌인 것 같습니다. 방 안에 혼자 있다가 창문을 직접 밀어서 열었고, 실수로 떨어졌거나 뛰어내린 것으로 보입니다. 우리가 확인해 드릴 수 있는 것은 그 어떤 범죄 행위도 없었다는 점입니다." 또 다른 대변인인 레오 데테링Leo Detering은 『빌리지 보이스』의 기자와 나눈 대화에서 이렇게 말했다. "우리는 그의 혈액을 가지고 특별 검사를 실시했습니다. 마약을 사용한 흔적은 발견되지 않았죠." 그러나 1997년 들어 로프 블로스 형사는 정반대의 이야기를 전했다.

이 모든 불확실한 상황은 다양한 추측을 불러일으켰다. 마약에 취한 쳇 베이커가 창턱에 앉아 있다가 조는 바람에 떨어졌다든지, 그날따라 날이 더워서 환기를 시키려고 창문을 열다가 떨어졌다든지 하는 얘기들이었다. 하지만 두 가지 모두 터무니없었다. 호텔 방의 창문은 완전히 열어도 38센티미터밖에 되지 않았고, 그나마 여간해서는 그렇게까지 다 열기가 힘들었다. 만약 창문을 끝까지 열어 올릴 수 있다 하더라도, 성인 남자가, 그것도 실수로 그 사이를 통과해 밑으로 떨어진다는 게 과연 가능했을까.

많은 사람들은 이렇게 결론을 내렸다. 방 열쇠를 잃어버린 쳇 베이커가 호텔 건물 앞쪽을 타고 위로 올라가 창문을 통해 방으로 들어가려 하다가 떨어져 버렸다는 것. 실제로 그는 특별한 도구 없이도 능숙하게 건물을 올라간 적이 많지 않았던가. 그러나 프린스 헨드릭 호텔은 도시에서 사람들의 눈에 가장 쉽게 띄는 곳에 위치해 있었고, 적지 않은 차들이 중앙역과 하루 종일 영업하던 인근의 홍등가를 드나들며 그 앞을 지날 때가 많았다. 따라서 그가 정말 그런 재주를 부렸다면 누군가가 목격했을 확률이 높았다. 게다가 호텔 건물의 외벽은 거의 평평했기 때문에 그곳을 타고 올라간다는 자체가 거의 불가능했다.

밥 홀랜드는 사람들이 얘기하는 두 가지 소문을 더 들었다. 그중 하나는 아내인 캐럴이 보험금을 노리고 쳇 베이커를 청부 살해했다는 것이고, 또 다른 하나는 프린스 헨드릭 호텔이 연루된 것이었다. 이는 트럼페터 우디 쇼가 처음 꺼낸 말이었는데, 호텔 직원이 방 안에서 마약 과다 복용으로 숨진 쳇 베이커를 발견한 뒤 시신을 길거리에 버리지 않았겠느냐는 얘기였다. 우디 쇼는 실제로 호텔에서 그런 일을 당한 마약중독자들이 꽤 있다고 주장했다. 밥 홀랜드는 "당시 그 호텔에서 무슨 일이 일어났는지 그 지역의 경찰들은 당연히 파악하고 있었다"고 공언했다.

사람들 사이에서 가장 널리 언급된 추측은 돈을 지불하지 않은 데 앙심을 품은 마약 딜러가 쳇 베이커를 살해한 뒤, 시신을 창문 사이에 억지로 끼워 넣어 떨어뜨렸거나 혹은 밖으로 끌어내 보도에 내 버렸다는 것이었다. 그리고 아무런 범죄의 흔적을 발견하지 못했다는 경찰의 발표에 대해서는 많은 이들이 대충 수사를 마무리했기 때문이라고 결론지었다. 이는 쳇 베이커가 자살을 실행에 옮길 만한 사람이 못 된다고 주장한 캐럴의 생각에 한층 더 힘을 실어 주었다. 『빌리지 보이스』가 "뛰어내렸는가? 떨어졌는가? 아니면 누가 밀었는가?"라는 제목으로 보도한 기사에서 캐럴은 리처드 리넷Richard Linnett 기자에게 잔뜩 흥분한 채 이렇게 말했다. "자살은 아닙니다. 누가 살해한 것이 틀림없어요. 반드시 보다 적절한 조사가 이루어져야 합니다." 쳇 베이커가 살해당했다는 주장은 그녀가 이후로 오랫동안 제시했던 쳇 베이커에 대한 묘사에 추앙의 손길을 더해 주었다. 캐럴은 언제나 쳇 베이커를 "내 남편"이라 지칭했다. 그는 삶과 죽음 사이에서 탄생한 비극적인 희생양이었으며, 누군가 그의 수중에 있던 얼마 안 되는 돈 때문에 그를 죽여 아내인 자신에게서 영원히 앗아가 버렸다는 얘기였다. 헬 갤퍼는 다음과 같이 말했다. "사람들은 언제나 쳇 베이커를 미화했습니다. 결국 그들은 가장 드라마틱한 사인을 찾아낸 셈이었죠."

그러나 미슐린 그라이예와 니콜라 스틸로, 피터 휴이츠, 그리고 다이앤 바브라는 쳇 베이커가 타살됐다는 주장에 동의하지 않았다. 이 네 사람은 1988년에 쳇 베이커와 가장 가깝게 지낸 이들이었다. 베르트랑 페브르 역시 이들과 생각을 같이했다. "쳇 베이커는 손아귀 힘이 대단했어요. 어깨도 탄탄했죠. 심지어 마약에 취한 상태에서도 자기 몸 하나는 충분히 방어할 수 있었습니다. 방 안의 흔적들을 살펴보면 알 수 있지 않았겠어요? 누가 그를 죽이려 했다면 분명 맞서 싸웠을 테니까요. 누군가 그를 밖으로 내던져 버렸다고요? 쳇 베이커는 그렇게 약한 사람이 아니었습니다. 내 생각엔, 그가 머지않아 죽을 거란 사실을 스스로 알았던 것 같아요. 문제는 그게 언제인가 하는 점이었겠죠. 그 결정을 스스로 내리고 싶었을 겁니다. 언제나 그랬던 것처럼 스피드볼을 복용했을 테고, 그다음, 자기 자신으로부터, 혹은 삶으로부터 벗어나고 싶었을 거예요." 쳇 베이커가 일종의 수동적이면서도 공격적인 방법—창문을 열어 죽음의 화신이 자신에게 다가오도록 유도했다는 것—으로 자살을 택한 것이라는 짐작은 평소 그가 보여 준 모습에 완벽히 부합한다. 스스로 모든 상황을 인정하면서도 막상 어려운 결정을 내릴 용기는 갖지 못했던 그가 아니던가.
　쳇 베이커는 산산이 부서진 가슴을 안고 자기 고집대로 죽음을 택했다. 아니, 그래 보였다. 그리고 그의 죽음은, 때때로 악마처럼 비인간적으로 비추어진 한 사람에게 자리했던, 가장 낭만적인 몸짓이었다.
　헬 갤퍼는 쳇 베이커의 죽음을 그다지 감상적으로 받아들이

지 않았다. 그는 말했다. "모두 이렇게 말하죠. '오, 이런 쯧쯧쯧, 부끄러운 일이군.' 그러면 나는 그들에게 이렇게 얘기합니다. '지금 무슨 소리하는 거야? 그 사람이 지난 20년 동안 얼마나 치열하게 살아왔는지 알고나 하는 얘기야?' 그래요, 그는 살아남은 겁니다. 오히려 마약 과다 복용으로 죽었어야 했죠. 그게 아니면 누군가가 쏜 총에 맞거나, 차를 몰고 가다가 스스로 죽었어야 했어요."

전 세계의 신문들은 그가 살아 있던 그 어느 때보다 더 큰 관심을 보였다. 『뉴욕 타임스』에 실린 냉정한 사망 기사에는 다음과 같은 내용도 포함돼 있었다. "쳇 베이커는 종종 여성 관객들을 유혹하기 위해 노래하기도 했다." 그러나 이와 정반대로 벨기에의 잡지 『푸르쿠아 파Pourquoi Pas』에는 매우 열광적인 송덕문이 실리기도 했다. 작가인 마크 단발이 쓴 "쳇 베이커, 나의 벗: 더없는 비극, 그대의 삶, 그러나 더없는 시심!"이라는 제목의 기사였다.

20세기 최고의 마약중독자여, 오래도록 우리는 그대를 위해 전율했다. 헤로인은 그대의 여걸이었노라. 분노로 폭발하는 맑은 정신과 피할 수 없지만 가공할 만한 지성을 겸비한 그대는, 바로 이 두 가지가 결국 자신의 목숨을 앗아갈 것이란 사실을 너무나도 잘 알고 있었다. 그래서 우리는 숲 한가운데 금빛 꽃들로 물든 정원을 마주하면서 그대가 죽었다는 이야기를 덤덤한 마음으로 전해 들을 수 있었다. 그 정원에서는 매혹적인 발레가 한창 진행 중이었다. 그리고 그곳은 지옥과도 같은 그대의 세상과 정반대에 자리하고 있었다.

브루스 웨버는 캐럴에게 전화를 걸어 생전의 쳇 베이커가 그에게 부탁했던 것처럼 자기가 화장을 준비하겠다고 말했다. 그러나 캐럴은 매장을 원했다. 브루스 웨버와 빔 버홋, 그리고 미국대사관 측에서 쳇 베이커를 캘리포니아 잉글우드로 보내는 데 필요한 비용을 댔다. 어머니 베라는 자신을 위해 사 두었던 묏자리를 아들에게 물려주었고, 가능하면 그를 깊게 묻어 훗날 자신이 세상을 떠났을 때 아들 위에 눕고 싶어 했다. 오이디푸스 콤플렉스를 떠올리게 하는 어머니 베라의 마지막 소망이었다. 브루스 웨버는 장례식을 촬영해 달라는, 어딘지 음침하게 느껴지는 캐럴의 부탁을 정중히 사양했다. 그러나 그는 의식에 필요한 모든 것을 스스로 부담했다. 그리고 오클라호마에 살던 가족들의 비행기 값은 물론 그들이 묵을 호텔 비용도 모두 떠안았다.

5월 18일 수요일, 암스테르담에서 쳇 베이커를 위한 밤샘 기도회가 열렸다. 고인을 보러 온 조문객들을 위해 피터 휴이츠와 빔 버홋은 유럽의 팬들이 기억하는 쳇 베이커의 모습 그대로 청바지와 편안한 셔츠를 입히고 싶어 했다. 그러나 피터 휴이츠는 캐럴이 셋갖춤 양복을 고집했다고 전했다. 그래서 관 속에 누워 있던 쳇 베이커는 섬뜩한 밀랍 인형 같은 모습을 했고, 평생토록 입지 않았던 옷 때문인지 더 나이가 들어 보였다. 머리는 짧게 깎아 뒤로 빗어 넘겼으며 얼굴의 멍을 가리기 위해 두터운 화장을 했다.

오디오에서 그가 남긴 음악이 울려 퍼지는 가운데 수백 명의 사람들이 쳇 베이커를 마지막으로 보기 위해 모여들었다. 시신 주변은 팬들이 가져온 꽃꽂이로 넘쳐 났다. 그중에는 트럼펫 모양으로 꾸며진 것도 있었다. 자크 펠저는 관 앞에 무릎을 꿇고 머리를 조아린 채 기도하듯 두 손을 모았다. 괴로운 마음이 그대로 전해졌다. 그로부터 한 달 뒤, 자크 펠저는 심장마비로 병원에 실려 갔다.

목요일이 되자 피터 휴이츠는 쳇 베이커의 유물을 들고 잉글우드행 여객기에 몸을 실었다. 캐럴과 어머니 베라, 세 아이도 같은 날 캘리포니아에 도착했다. 장례식의 진행 절차를 맡은 에미 아메미야는 영안실에서 베라를 만났다. 그곳에 도착한 쳇 베이커의 어머니는 마지막으로 아들의 모습을 보고 싶어 했다. 하지만 이렇게 말하면서 긴장된 목소리로 계속 중얼거렸다. "난 가슴이 너무 떨려서 어찌해야 할지 모르겠어요." 에미 아메미야는 베라에게 잠시 밖에 나가 있는 것이 좋겠다고 충고했다. 홀로 남은 에미 아메미야는 서늘하고 어두운 방에 들어섰다. 바닥 위에 세워진 두 개의 전등이 깜빡였다. 두 전등 사이에 마련된 받침대 위에 쳇 베이커의 관이 자리하고 있었다. 뚜껑은 반 정도 열려 있었다. 에미 아메미야는 이렇게 얘기했다. "정말 오싹하더군요. 그의 상태는 섬뜩할 정도였어요. 암스테르담에서부터 시간을 너무 오래 끌었다는 생각이 들더라고요. 이미 얼굴색이 많이 변해 있어서 아주 놀랐습니다." 한때 석고처럼 하얗던 쳇 베이커의 얼굴은 "푸르스름한 보랏빛으로 변해 있었고, 어떤 부분은 창백한 잿빛을 띠기도 했다. 그리고 여기저기 불에 그슬린 듯한 상처까지 나 있었다." 에미 아메미야는 이렇듯 부패한 흔적을 보며 에이즈에 걸린 이들에게 종종 나타나던 종양의 일종인 카포시육종을 떠올렸다. 그슬린 듯한 상처는 그가 호텔에서 떨어졌을 때나 시신을 옮기는 과정에서 생긴 것 같았다.

쳇 베이커와 마지막 인사를 나눈 뒤 방에서 나와 어머니 베라를 마주한 에미 아메미야는 이렇게 말했다. "그냥 예전에 알고 계시던 그의 모습만 기억하는 게 좋을 것 같아요." 베라는 울음을 터뜨렸다. 그날 밤, 피터 휴이츠는 호텔에서 쳇 베이커의 가족을 마주했다. 그리고 그들이 몇 년 동안 보지 못했던 따스한 추억의 물건들을 내놓았다. 유럽에서 발표된 앨범과 그의 모습을 담고 있는 여러 사진이었다. 피터 휴이츠는 아무 감정의 동요도 없이 그 물건들을 건네받는 가족들이 놀라웠다.

캐럴은 다음 날 잉글우드 파크 묘지에서 거행될 장례식에 참석하기 위해 다이앤 바브라도 이곳에 와 있다는 사실을 알고 크게 분노했다. 브루스 웨버는 두 여인 사이에서 "어처구니없는 일이 벌어질까" 두려워한 나머지 장례식에 가지 않겠다고 결심했다. 하지만 피터 휴이츠가 캐럴의 서명을 받기 위해 양도 증서를 하나 내놓았을 때 상황은 생각했던 것보다 더 안 좋게 흘러갔다. 빔 버훗은 자신이 소유한 작은 레이블 타임리스Timeless에서 발표한 앨범들*에 대한 로열티를 캐럴과 다이앤 바브라가 나누어 가져야

• 타임리스에서 제작된 쳇 베이커의 앨범은 《Everything Happens to Me》,《Mr. B》,《Live at

한다는 점을 명시하고 싶었다. 그는 말했다. "우리는 다이앤이 당연히 포함돼야 한다고 생각했습니다. 그녀가 아내인 캐럴보다 더 충실하게 그 역할을 했다고 믿었으니까요." 그러나 분개한 캐럴은 이를 거부했다.

장례식이 끝난 뒤, 사람들은 샌피드로 인근에 위치한 식당 포츠 오컬로 자리를 옮겼다. 에미 아메미야가 참석한 이들을 위해 예약해 둔 만찬이었다. 「렛츠 겟 로스트」의 시나리오를 맡았던 로런스 트림블이 쳇 베이커의 가족을 자기 차에 태웠고, 다이앤 바브라는 에미 아메미야, 앤디 민스커와 동승했다. 에미 아메미야는 말했다. "우리는 혹시라도 식당에서 다이앤 바브라를 괴롭히는 사람이 있을까 싶어 반드시 다른 쪽에 앉아야 했습니다." 잭 셸던은 쳇 베이커와 즐겁게 보낸 젊은 시절에 대해 많은 추억담을 이야기했지만, 이날의 만찬이 결코 즐거운 자리가 될 수는 없었다. 에미 아메미야는 쳇 베이커의 아들인 폴 베이커가 다가와 가족들의 무례를 용서해 달라고 말하는 것을 들으며 크게 놀랐다. 그녀는 폴이 건넨 말을 그대로 기억하고 있었다. "전 그냥 달아나 버리고 싶을 뿐이에요. 식구들과 함께 비행기를 탈 수 없을 것 같아요." 에미 아메미야는 그를 위해 오클라호마행 고속버스 티켓을 사 주었고, 폴은 이를 감사히 받았다.

만찬이 끝난 뒤, 에미 아메미야와 앤디 민스커, 그리고 다이앤

Rosenheim), 《Chet Baker Sings Again》, 그리고 《Cool Cat》 등 모두 5장이다. 모두 1980년대 중반을 전후해 녹음됐으며, 그가 세상을 떠난 뒤 꽤 높은 판매고를 올리기도 했지만, 같은 시기에 발표된 다른 작품들에 비해 음악적인 평가는 그다지 높지 못했다.

바브라는 식당 앞에서 차를 기다리고 있었다. 로런스 트림블이 운전하는 차가 그 앞을 스쳐 지나갔다. 뒷자리에 앉아 있던 어머니 베라는 누가 봐도 슬픔에 빠진 자그마한 할머니였다. 그때 조수석 쪽 창문에서 담배 연기가 퍼져 나오더니 이내 한 여자가 손을 밖으로 내밀었다. 쳇 베이커의 딸인 멜리사였다. 차가 다이앤 바브라의 앞을 지나칠 때, 멜리사는 가운뎃손가락을 치켜들었다.

세상을 떠난 쳇 베이커는 1952년 찰리 파커와 함께 연주했던 재즈 클럽 트레이드 윈즈에서 멀지 않은 곳에 묻혔다. 생각하기에 따라, 그는 결국 다시 집에 돌아온 것인지도 모른다. 더구나 쳇 베이커가 마지막으로 휴식을 취하게 된 곳도 그가 태어나 자라온 배경처럼 생기 없고 단조로울 뿐이었다. 펼쳐진 책 모양의 작은 동판에는 특별할 것 없이 다분히 상투적인 글귀가 새겨져 있었다. 왼쪽 페이지에 적힌 말은 이랬다.

아들이자 남편, 그리고 아버지
체스니 H. 베이커 주니어
쳇
1929~1988

오른쪽 페이지에는 아직 새겨진 말이 없었다. 그 자리는 어머니 베라의 몫이었다. 브루스 웨버는 세상을 떠난 자신의 우상을 위해 묘석 하나를 따로 맞출 생각이었다. 그러나 장의사는 배우자인 캐럴의 서명이 있어야 한다고 했다. 캐럴은 동의하지 않았다.

그래서 에미 아메미야는 어머니 베라에게 전화를 걸어 좀 더 의논하려 했다. 베라는 떨리는 목소리로 이렇게 말했다. "난 이제 아가씨와 더 얘기하면 안 된다오. 캐럴에게 직접 얘기하도록 해요." 이유를 묻자, 베라는 느닷없이 울음을 터뜨리며 이렇게 애원했다. "제발, 자꾸 나하고 얘기하려 하지 말아요. 난 이제 아가씨와 얘기하면 안 된다고 하지 않았소."

캐럴은 피터 휴이츠가 쳇 베이커의 트럼펫 케이스에서 나온 팔찌를 다이앤 바브라에게 주었다는 사실을 알게 됐다. 캐럴은 고소하겠다며 으름장을 놨다. 사실 그녀의 분노는 이해할 만했다. 쳇 베이커는 가족을 위해 돈 한 푼 남겨 놓지 않았으며 로열티마저 굳이 캐럴에게 줄 생각이 없어 보였다. 더구나 따로 유언을 남기지 못했기 때문에 그의 재산은 오클라호마주정부에 귀속될 수밖에 없었다. 굳이 이에 대한 권한을 행사하려면 캐럴은 그동안 쳇 베이커가 내지 않은 막대한 세금을 먼저 물어내야 했다. 쳇 베이커는 세상을 떠나기 얼마 전, 이런 말을 남겼다. "난 아무런 재산이 없네. 하다못해 은행 계좌 하나도 없지. 죽을 때가 되면 분명 땡전 한 푼 남아 있지 않을 거야. 하지만 뭐 어떤가. 어차피 세상에 태어났을 때도 빈손이었는걸."

에필로그 : 애증

1989년 3월, 브루스 웨버가 흑백 필름에 담아 쳇 베이커에게 띄운
연서, 「렛츠 겟 로스트」가 뉴욕에서 개봉됐다. 이 영화는 그가 앤
디 민스커의 초상을 담아 아직 서툰 솜씨로 제작했던 「브로큰 노
지즈」에 비하면 훨씬 장대한 "몽정"이었다. 그가 기자들에게 돌
린 보도 자료에는 환상에 대한 또 하나의 인상이 담겨 있었다. 브
루스 웨버는 이렇게 썼다. "모두 왜 쳇 베이커에 대한 영화를 만들
었느냐고 묻습니다. 왜 '사랑과 매혹', 그리고 재즈에 대한 영화를
만들었느냐는 의문이겠죠? 오래전 내가 처음으로 낸 부시를 만
났을 때 이 모든 것이 시작됐습니다. 와인 한 병을 앞에 놓고 그녀
와 함께 나눈 첫 번째 저녁 식사 자리에서 우리가 좋아하는 레코
드가 1950년대에 발표된 쳇 베이커의 《Let's Get Lost》란 사실을

알게 됐죠. 나는 와인 두 병을 더 주문했고, 우리는 그렇게 사랑에 빠졌습니다."

촬영을 맡은 제프 프레이스는 브루스 웨버의 스타일과 아주 좋은 궁합을 보여 주었고, 이 영화는 마치 감독을 맡은 이 사진작가의 전시회를 보는 듯했다. 『뉴욕 타임스』의 재닛 매슬린Janet Maslin은 이런 기사를 남겼다. "이 영화에서 외양을 빼고 눈에 띄는 부분은 없다. 그러나 그 외양은 놀랄 만큼 현대적이고 뛰어난 스타일을 갖추고 있다." 쳇 베이커는 커다란 캐딜락 컨버터블을 타고 질주를 벌인다. 은빛 야자수들이 하늘을 배경으로 흔들리는 가운데, 모델 같은 여인들이 그를 만지작거린다. (브루스 웨버가 발췌해서 적어 둔 체리 바닐라의 말이 불쑥 배경으로 깔린다. "그 남자는 대단했다. 문제가 많았지만, 아름다웠다!") 마약에 잔뜩 취했지만 그 어느 때보다 쿨해 보이는 쳇 베이커는 잘 치장한 채 디자이너가 만든 옷을 입고 샹그릴라의 최고층 호텔 방을 멋지게 활보한다. 그러다가 그의 트럼펫에서 슬픈 음악이 흘러나와 이내 바다 위를 떠돌아다니기 시작한다. 그때 화면을 가로지르며 쳇 베이커의 사진 자료들이 쏟아져 들어온다. 윌리엄 클랙스턴이 찍은 사진과 앨범 재킷들, 그리고 유럽의 파파라치들이 촬영한 것들에 이르기까지. 영화를 이끌어 나가는 카메라는 마치 브루스 웨버의 시선과도 같다. 잔뜩 흥분해서 어느 사진을 먼저 들여다봐야 할지 모르는 눈치다.

1950년대의 분위기를 재현하기 위해 브루스 웨버는 외견상 반드시 쳇 베이커와 관련이 있다고 할 수 없는 몇 장면을 삽입시켰다. 먼저, 체리 바닐라와 플리, 리사 마리, 앤디 민스커가 해변에서 즐겁게 노닐다가 스캣을 부르고 디지 길레스피에 대해 이야기한다. 그다음에는 뉴스 영화를 위해 촬영된 장면이 이어지는데, 잔 모로Jeanne Moreau 와 장폴 벨몽도Jean-Paul Belmondo 가 칸의 거리를 활보하고 있다. 끝으로, 캘리포니아 베니스의 햇살 밝은 길거리에서 강아지들이 뛰어노는 모습. 이 장면들을 이어 주는 것이 바로 쳇 베이커의 노랫소리다. 『뉴요커The New Yoker』의 폴린 카엘Pauline Kael 은 다음과 같이 썼다. "쳇 베이커의 딱딱하면서도 내성적이고 단조로운 목소리는 기대하지 못했던 관능미를 드러냈다. 더구나 그는 아주 느리게 노래하는데, 이것이 꿈결 같은 효과를 낳았다." 계속해서 영화는 쳇 베이커의 앳된 젊은 시절과 잔뜩 피폐한 말년의 모습을 앞뒤로 교차하며 보여 준다. 이 두 가지 이미지 모두 상당히 매혹적으로 연출돼서 브루스 웨버는 미처 그 차이를 인지하지 못한 듯했다.

이전까지 만들어진 그 어떤 자료도 마약으로 얼룩진 쳇 베이커의 삶에 자리한 혼돈 속의 진실을 충분히 조명하지 못했다. 브루스 웨버는 이 쿨한 트럼페터가 중상모략과 질투의 대상으로 전락한 태풍의 눈이었음을 보여 주었다. 그 모든 흔적은 결국 쳇 베이커가 자초한 것이었다. 인터뷰에 응한 사람들은 생생하고 현실적인 증언을 고스란히 토해 냈고, 쳇 베이커가 그들의 소망을 어떻게 무너뜨렸는지 얘기했다. 어린 아들을 바라보며 어머니 베라가 품었던 환상은 그녀 스스로 그를 위해 마련했던 주춧돌을 허물어 버렸고, 캐럴에게 백마 탄 왕자님으로 다가왔던 마약중독자 쳇 베이커는 결코 사랑스러운 남편과 아버지가 될 수 없었다. 그는 다이앤 바브라에게 "그리스 신"처럼 비추어졌지만, 막상 그녀에게 기만과 폭행을 일삼은 이도 그 자신이었다. 브루스 웨버는 『엘르 Elle』 잡지의 린 틸먼 Lynne Tillman 에게 다음과 같이 말했다. "우리는 우리가 찬미하는 이들이 안겨 주는 것을 그대로 삶 속에 받아들입니다. 그리고 다시 미화하죠. 그런데 그 대상이 된 존재가 우리의 기대치에 이르지 못할 때, 결국 그 환상은 손닿을 수 없는 아주 먼 곳에 자리하게 될 때가 많아요."

　매체들 사이에서 「렛츠 겟 로스트」는 쳇 베이커가 스스로 간직했던 것과 같은 종류의 이중적인 인식을 불러일으켰다. 재닛 매슬린은 이 영화 속에서 "유령 같고도 여간해서는 지워지지 않는 치욕스러운 이미지와, 뇌리를 떠나지 않을 만큼 아름다우면서도 절박하도록 슬픈 이미지가 계속해서 꼬리를 물고 이어진다"고 했다. 그러나 『로스앤젤레스 타임스』의 실라 벤슨 Sheila Benson 은 다음과 같은 비난을 퍼부었다. "이 영화는 가짜 밸런타인에 대한 이야기다. 쳇 베이커가 몸소 보여 준 피폐한 마약중독자의 삶을 억지로 발굴해 이용해 먹었을 뿐이다. 물론 그는 이 작업에 완벽한 공모자로 가담했다." 또한 『세븐 데이스』의 프랜시스 데이비스 Francis Davis 는 브루스 웨버의 자기 방종을 비판했지만 결국 이를 인정하기도 했다. "비록 불신의 마음으로 「렛츠 겟 로스트」를 바라본다 하더라도, 결코 화면에서 쉽게 눈을 뗄 수는 없을 것이다. 물론 이 영화는 쳇 베이커의 이야기를 다루고 있지만, 그 실질적인 핵심은 그에 대한 브루스 웨버의 집착에 있다."

외견상 쳇 베이커와 가장 가깝게 지냈던 사람들은 영화 속에 비친 그의 음침한 이미지와 그들이 간직한 추억이 그다지 잘 일치하지 않았다고 얘기했다. 니콜라 스틸로는 말했다. "영화 작업은 아주 훌륭했죠. 브루스 웨버도 대단했고요. 하지만 한 예술가로서 쳇 베이커가 남긴 이미지는 완벽하게 조명되지 못했습니다. 너무 어두운 면만 강조됐다고나 할까요. 실제로 내가 기억하는 쳇 베이커는 그저 평범한 삶을 살 때가 많았거든요. 결코 긴 영화는 아니었지만, 오히려 베르트랑 페브르가 만든 것이 브루스 웨버의 작품보다 진실에 더 가깝다고 생각합니다." 자크 펠저는「렛츠 겟 로스트」가 "쓰레기에 불과하다"고 했으며, 미슐린 그라이예는 "이 영화를 싫어했다"고 얘기했다. 이유는 매우 간단했다. "그건 쳇 베이커가 아니었으니까요." 다이앤 바브라 역시 이 작품이 "너무나 진솔하지 못했다"고 말했다. 하지만 리오 미첼의 아내였던 다이앤 미첼은 전혀 다른 시각으로 봤다. 그녀는 말했다. "아주 현실적이어서 나는 두렵기까지 했는걸요. 마치「엑소시스트The Exorcist」를 보는 것 같았어요. 다시는 보고 싶지 않은 영화입니다." 헬 갤퍼는 영화를 지켜보는 내내 웃음을 터뜨렸다. 그의 말은 이랬다. "영화 아주 재미있더군요. 왜냐고요? 온통 거짓투성이였으니까요. 어쩜 모두 하나같이 입에 침도 안 바르고 그런 말을 내뱉던지. 쳇 베이커도 마찬가지더라고요. 하긴, 그에게서 진솔함을 기대한 것 자체가 무리였을지도 모르겠습니다."

쳇 베이커의 연주에 대한 (노래에 대한 부분은 제외하고) 고찰을 무시하고 오직 그가 일으킨 스캔들에 초점을 맞추었다는 비판이 제기됐다. 그래도 이 영화의 사운드트랙 앨범은 엄청난 인기를 누렸으며, 젊은 세대들에게 쳇 베이커의 음악을 알리는 계기가 됐다. 「렛츠 겟 로스트」는 연일 매진을 기록했다. 필름 포럼과 카네기 스크리닝 룸, 뉴욕의 쿼드 시네마 등 여러 극장에서 상영됐다. 아카데미 시상식에서 최우수 다큐멘터리 부문 후보에 올랐으며, 베네치아 영화제의 비평가상을 받기도 했다. 쳇 베이커에 대한 재조명이 진행됐고, 그를 둘러싼 논란은 마치 이 트럼페터가 살아 있을 때 벌어졌던 것처럼 숱한 반목과 화제를 불러일으켰다.

「렛츠 겟 로스트」에 등장한 모든 여인 중에서 가장 부정적인 이미지로 비추어진 이는 바로 캐럴 베이커였다. 물론 그녀는 브루스 웨버와 그가 영화를 통해 벌인 모든 작업을 혐오했다. 영화의 마무리 작업과 관련해서 브루스 웨버를 싫어하게 된 체리 바닐라는 캐럴과 모종의 연대를 꾀하게 됐다. 그녀는 말했다. "캐럴은 완전히 물을 먹고 말았죠. 그녀는 브루스 웨버 때문에 자신을 포함한 모든 이가 상처를 받았다고 생각했어요. 그래서 그를 고소하려고 했죠. 그가 여러 술책을 동원해서 결국 합의를 이끌어 냈지만요." 수년 동안 캐럴은 브루스 웨버가 자신의 권리는 물론이고 남편인 쳇 베이커의 권리까지 침해했다는 것을 증명하기 위해 애썼다. 그러나 이는 사실이 아니었다. 영화에 참여한 모든 이들은 철저하게 준비된 양도 증서에 모두 서명한 상태였으니 말이다. 그럼에도 캐럴은 적개심을 거두지 않았다. 『롤링 스톤』의 칩 스턴은 이 영화에서 그려진 가족의 모습을 다음과 같이 묘사했다. "그들의 마음은 분노로 소용돌이치고 있었다. 쳇 베이커가 너무 오랫동안 마약을 그만두지 못해서 가족들은 먹을 것도 구하지 못한 채 외로이 버려져 있었으니 말이다." 캐럴은 이 잡지의 편집자에게 편지를 보내 격렬히 항의했다. 그들은 결코 쳇 베이커에게 분노를 드러낸 적이 없었으며, 브루스 웨버가 이 영화 속에서 남편의 좋은 면을 무참히 짓밟았다는 것이었다. 그녀에 따르면 「렛츠 겟 로스트」에 담긴 내용은 대부분 사실이 아니었다.

브루스 웨버는 동의하지 않았다. 그의 말을 모두 그대로 옮겨보자. "영화에 나온 사람들은 그 내용이 실제와는 달랐다고 얘기합니다. 아마 캐럴이나 다이앤 바브라 모두 마찬가지겠죠. 하지만 그건 분명 사실이었어요. 나는 우리가 영화를 만들면서 책임을 다했다고 생각해요. 모두 정당하게 그려졌습니다. 우리는 이 작업을 예민하게 받아들이던 사람들과는 가능하면 함께 일하지 않으려 했어요. 쳇 베이커와 가까웠던 이들 중에서 정말 그의 이야기를 영화로 만들어야 한다고 생각한 사람들도 너무 많이 개입시키지는 않았죠. 막상 그들은 쳇 베이커에게 그럴 만한 가치가 있다고 여기지 않았습니다. 그리고 이 점은 분명히 하고 싶네요. 그 사람들 중에서 영화 작업에 참여한 그 누구에게라도 하다못해 수고했다는 말 한마디 건넨 사람은 없었다는 거죠. 유일한 예외가 바로 루스 영이었습니다. 나는 살면서 누군가를 그토록 싫어해 본 적이 없어요. 마찬가지로 다른 사람들을 위해 뭔가 좋은 일을 하려 한 적도 없었습니다. 하지만 분명 이 영화는, 말년의 쳇 베이커에게 일어난 몇 안 되는 좋은 일 중 하나였습니다."

하지만 캐럴은 자기 나름대로 생각한 현실의 이야기를 사람들에게 전하는 데 주저하지 않았다. 런던『데일리 텔레그래프*Daily Telegraph*』의 존 히스콕John Hiscock에게 그녀는 이렇게 말했다. "여자들이 그를 따라다녔죠. 그가 여자들을 좋아한 건 절대 아니었어요." 작가 예룬 더 팔크는 『쳇 베이커: 그의 삶과 음악*Chet Baker: His Life and Music*』을 집필하면서 그녀와 장시간 전화로 인터뷰했다. 그는 말했다. "캐럴이 전해 준 정보는 정확하지 않을 때가 많았습니다. 그녀는 쳇 베이커가 천사였다는 점을 여러 번 강조해서 얘기했죠. 그의 연인들은 모두 '창녀'였고, 레코드 회사들도 다들 '사기꾼'이었다고 했어요." 1990년, 텔레비전 뉴스쇼「오클라호마 매거진Oklahoma Magazine」의 제작진이 집으로 캐럴을 찾아왔다. 쳇 베이커의 트럼펫을 어루만지며 그녀는 자신의 남편이 얼마나 "잘생겼었는지" 칭찬을 늘어놓았다. 그리고 1970년대 중반 유럽으로 떠나기 전까지 쳇 베이커는 바람도 피우지 않으면서 전원적인 결혼 생활에 충실했다고 말했다. 캐럴은 이렇게 얘기했다. "대부분의 예술가들이 그렇지만, 결국 그들은 주어진 재능을 살리기 위해 가족을 희생시킬 수밖에 없을 거예요. 난 그걸 잘 이해했죠. 아이들도 그랬고요. 말하자면, 그런 생활에 적응하면서 살아가는 방법을 배웠다고나 할까요." 캐럴 밑에는 멜리사가 긴 티셔츠를 입고 앉아 있었다. 당시 스물네 살이던 그녀는 열두 살밖에 돼 보이지 않을 만큼 동안이었다. 진행자는 장난감 건반을 손가락으로 누르고 있던 멜리사에게 피아노를 누구에게 배웠느냐고 물었다. 멜리사는 낄낄대며 웃다가 이렇게 대답했다. "우리 아빠요."

멜리사와 두 오빠는 오클라호마의 농촌에 그대로 살고 있었다. 멜리사는 여러 직장을 전전하며 일을 했고, 큰아들 딘은 어머니 캐럴과 계속 함께 살았다. 폴은 카펫 까는 일을 하며 두 아들을 키웠다. 첫아들의 이름은 채드(쳇 베이커의 이미지에 영향을 받아 제작된 영화 「멋진 청춘의 카니발」에 등장한 주인공의 이름이다.) 그리고 둘째 아들은 할아버지인 쳇 베이커의 이름을 따서 그대로 쳇이라 불렀다. 폴의 도움을 받아 캐럴은 남편의 돈을 다시 얻어 내기 위해 무던히도 많은 노력을 기울였다. 그렇게 해서 밀린 세금을 모두 갚고 나자, 많은 양의 CD 재발매를 비롯해 영화나 텔레비전 광고에서 사용된 쳇 베이커의 음악에 대한 로열티가 쏟아져 들어오기 시작했다.

캐럴과 폴은 계속해서 웹 사이트를 만들었다. 하지만 쳇 베이커의 예술성에 대한 헌사가 대부분을 차지했다. 2000년 12월에 문을 연 이 사이트에는 즐거운 성탄을 알리는 인사말과 함께 해적판 앨범을 판매하는 것으로 잘 알려진 레코드 회사들이 "히트 목록"이란 이름으로 길게 나열돼 있었다. 생전의 쳇 베이커가 단지 돈 몇 푼이 궁해 아무 로열티도 받지 못한 채 많은 제작자들에게 무작정 판권을 넘겨주곤 했다는 사실을 무시하는 처사였다. 독일의 그래픽 디자이너이자 쳇 베이커의 팬이었던 아르키 베히렌베르크Archi Bechlenberg는 이렇게 말했다. "그 프로듀서들이 아니었으면 쳇 베이커는 1988년까지 살아남지도 못했을 텐데요."

해적판 앨범들을 통해 더 많은 돈을 벌기를 원했던 캐럴은 CCBChet & Carol Baker란 이름의 레코드 레이블을 설립했다. 그리고 눈에 띄는 실수가 담긴 쳇 베이커의 라이브 연주를 그대로 발매하기 시작했다. 그중 어느 CD의 앨범 재킷은 쳇 베이커와 캐럴의 결혼식 사진을 커버로 사용했다. 갖가지 사업이 연이어 벌어지면서 쳇 베이커의 모습이 담긴 티셔츠와 파파라치들이 촬영했던 예전의 사진들을 다시 제작하여 300달러에서 500달러의 고가에 판매하기도 했다. 이른바 "공인된" 포스터를 비롯한 여러 물건이 앞으로 계속해서 출시될 것이란 약속도 빼놓지 않았다. 캐럴이 구축한 사이트에는 다음과 같은 문구가 가로질러 등장했다. 원문을 그대로 옮겨 보자. "쳇 베이커에게 혹은 그의 재산권을 위해 로열티를 10전짜리 동전 한 푼 지불하지 않은 채 포스터를 판매하는 사람들은, 잘 알려져 있다시피 쳇 베이커의 재산이 소유한 권리를 침해하고 있는 것이다."* 캐럴과 폴은 심지어 쳇 베이커의 이야기를 영화로 만들 수 있는 판권을 이베이에 경매물로 내놓기도 했다. 그들이 설정한 최소 입찰가는 로열티가 포함된 500만 달러였다. 얼마나 많은 돈을 손에 넣어야 끝날지 알 수 없었지만, 복수는 영원히 지속될 것 같았다.

다이앤 바브라의 삶은 녹록지 않았다. 언젠가 쳇 베이커는 그녀가 절대 돈 문제로 걱정하지 않았으면 좋겠다고 말했지만, 다이앤 바브라의 미래를 위해 그가 준비해 둔 것은 아무것도 없었다. 시간 강사로 음악을 가르치며 근근이 생계를 잇는 그녀의 삶은 발버둥 그 자체였다. 쳇 베이커가 세상을 떠난 지 몇 년이 흐른

---

* 저자가 원문을 그대로 옮긴 이유는 두 가지로 보인다. 먼저 캐럴의 분노가 그대로 녹아들어 있다는 것. 그리고 또 하나는 이 문장 자체가 문법적으로 여러 오류를 담고 있다는 것이다. 역자 역시 저자의 의도에 따라, 어법이 어색하긴 하지만, 이 문장을 직역했다.

뒤에도 그의 옷은 다이앤 바브라의 원룸 아파트 화장실에 그대로 걸려 있었고, 집 안은 두 사람의 관계를 떠올릴 수 있는 물건들로 가득 차 있었다. 1995년, 쳇 베이커와 함께했던 기분 좋은, 사랑스러운 순간이 언제였느냐고 물었다. 그녀는 단 하나의 추억도 떠올리지 못했다.

음악적으로 쳇 베이커의 후예라 할 수 있는 이들에게는 한결 더 밝은 유산이 자리하고 있었다. 2005년, 루스 영은 자신의 첫 앨범인《This Is Always》를 발매해 쳇 베이커에 대한 헌사를 바쳤다. 미슐린과 니콜라 스틸로는 그가 죽은 뒤 헤로인을 끊었다. 두 사람은 미셸 그라이예, 리카르도 델 프라, 엔리코 피에라눈치, 밥 무버, 필 어소, 루스 영을 비롯한 셀 수 없이 많은 이들과 마찬가지로 쳇 베이커라는 이름을 가장 로맨틱한 존재의 상징으로 기억했다. 미셸 그라이예는 말했다. "언제든 연주할 때마다 그가 내 어깨를 감싸고 있다는 걸 느낍니다. 영원히 그럴 거예요. 그가 사람들의 삶을 바꾸어 놓았는지는 모르겠지만, 내면 깊숙이 자리한 그 무언가를 드러내게 한 인물이었다는 건 부정할 수 없습니다." 1999년 5월 13일, 프린스 헨드릭 호텔에 쳇 베이커를 추모하는 동판 하나가 내걸렸다. 그가 트럼펫을 연주하는 이미지가 새겨져 있었고 사람들은 그 밑에 적힌 다음과 같은 문구를 마주하게 됐다. "트럼펫 연주자이자 가수인 쳇 베이커는 1988년 5월 13일 이곳에서 세상을 떠났다. 그의 음악을 듣고 느끼고 싶어 하는 모든 이들을 위해 쳇 베이커는 바로 그 음악 속에 언제나 살아 있을 것이다."

쳇 베이커의 죽음과 관련해서 자크 펠저보다 더 큰 충격을 받은 이는 없었다. 그는 쳇 베이커가 전한 말대로 삶을 살았다. "단순하지만 강하게 연주하라"던 얘기였다. 그러나 1994년까지 자크 펠저는 계속해서 덧없는 삶을 살았다. 친구들은 그가 대부분의 시간을 마약에 취한 채 그냥 집에서 보낸다는 것을 알고 있었다. 장피에르 게블러는 말했다. "일주일에 두세 번 정도 내게 전화를 걸었죠. 그러고는 자기가 이젠 늙은 것 같다고, 친구들도 모두 세상을 떠나 외롭기 그지없다고 얘기하곤 했습니다."

1994년 8월 6일 토요일, 자크 펠저는 가이 메시와 함께 인근에서 열리는 재즈 페스티벌을 보러 갈 계획이었다. 오래도록 그랬던 것처럼 정원에서 탁구를 치며 오후를 보낸 그는, 그날따라 유난히 피곤함을 느꼈다. 거실로 돌아와 텔레비전 앞에 털썩 주저앉은 자크 펠저는 마침 집에 와 있던 딸을 불렀다. 그리고 가이 메시에게 대신 전화를 걸어 약속을 취소하라고 얘기했다. 아무래도 몸이 좋지 않았다. 혹시 심장에 무리가 간 것은 아닌지 걱정한 미술린은 병원에 가 보자며 아버지를 종용했다. 마지못해 그는 그러자고 했다. 하지만 운동을 마친 뒤라 일단 욕실에 먼저 갈 필요가 있었다. 미술린이 자크 펠저를 부축했다. 그녀가 물었다. "아버지, 좀 어떠세요?" 자크 펠저는 욕실 문을 닫으며 대답했다. "힘이 하나도 없구나."

몇 분쯤 지났을까. 욕실에서 쿵 하는 소리가 들렸다. 계속해서 기침 소리가 이어졌다. 문을 열어 본 미술린은 쓰러져 있는 아버지를 발견했다. 불교에 귀의해 있던 그녀는 자크 펠저의 몸을 두 팔로 부둥켜안은 채 찬불가를 부르기 시작했다. 그녀의 심장이 드럼처럼 빠르게 뛰었다. 자크 펠저가 두려움에 가득 찬 눈으로 딸의 얼굴을 바라보는 동안 그녀는 그를 안심시키기 위해 애썼다. "괜찮아요. 다시 색소폰을 연주하실 수 있을 텐데요, 뭐. 아무 걱정하지 마세요!" 미슐린은 바로 의사에게 전화를 걸었다. 의사가 도착했지만 자크 펠저에게는 더 이상의 시간이 허락되지 않았다. 당시 그의 나이 일흔 살. 두 번째로 일어난 심장마비가 그를 쳇 베이커의 곁으로 보냈다.

미슐린이 지켜보는 가운데, 죽음은 세파에 찌든 아버지의 얼굴을 되레 말끔히 씻어 주었다. 그녀는 말했다. "그 마지막 3분 동안, 아버지는 마치 마흔 살처럼 보였습니다." 쳇 베이커가 세상을 떠났을 때 왜 경찰들이 그의 나이를 실제의 반밖에 되지 않는 것으로 오인했는지 비로소 이해할 수 있었다. 자크 펠저의 죽음에 대한 소식은 리에주에서 발행되는 일간지의 앞면을 차지했다.

쳇 베이커는 어느새 세계적인 신화의 주인공이 됐다. 1950년대에 발표된 《Chet Baker Sings》 앨범은 모든 세대에게 아직도 신비로움을 안겨 주고 있으며, 그가 드러낸 성적 매력 또한 마찬가지다. 더없이 아름답지만 자기 파괴를 일삼은 이 반항아는 평생토록 한곳에 머물지 못했고, 자기에게 주어진 책임감을 회피한 채 관습을 거부했다. 제리 스탈은 이렇게 말했다. "쳇 베이커는 노먼 록웰이 그린 평범하고 일상적인 모습에 완전히 반하는 존재였죠. 어쩌면 전원 속의 천사 같은 얼굴을 하고 있었기에 한결 더 그런 모습으로만 비추어졌는지도 모릅니다." 쳇 베이커의 "쿨한" 태도는 1950년대에 시작된 집단적인 무의식 속에 깊이 자리했으며, 이러한 모습은 수십 년 뒤 할리우드의 여러 젊은 배우들을 통해 새롭게 태어났다. 브래드 피트Brad Pitt와 리어나도 디캐프리오Leonardo DiCaprio, 조니 뎁Johnny Depp, 맷 데이먼Matt Damon, 벤 애플렉Ben Affleck과 루크 페리Luke Perry에게서 모두 공통적으로 관찰되는 부분이다. 쳇 베이커는 심오하고도 그 속내를 잘 알 수 없게 행동하면서, 예쁘다는 인상과 남자답다는 인상을 동시에 잘 조율해냈다. 이것이 많은 젊은이들의 관심을 끌었고, 그들은 바로 이 점을 진지하게 자기 것으로 받아들이려 했다. 보도에 따르면, 브래드 피트와 리어나도 디캐프리오, 짐 캐리Jim Carrey까지 영화 속에서 쳇 베이커의 역할을 맡고 싶어 했다. 그러던 1999년, 영화 「리플리The Talented Mr. Ripley」에서 맷 데이먼이 잠시나마 이를 실행에 옮겼다. 1950년대를 배경으로 다른 이의 정체성을 가장하는 데 뛰어난 감각을 지닌 매혹적인 정신이상자로 등장한 맷 데이먼은, 쳇 베이커가 부른 〈My Funny Valentine〉을 신비스러울 정도로 잘 모방했다.

무수히 많은 10대 소녀들의 가슴을 설레게 한 리어나도 디캐프리오의 매력은 정말 대단했다. 『뉴욕 타임스』의 저널리스트 모린 다우드Maureen Dowd는 1998년에 쓴 칼럼 "바비 인형보다 더 예쁜"에서 이를 심도 있게 관찰했다. 그녀는 이렇게 썼다. "그처럼 소녀 취향의 애정에 적합한 대상은 결코 존재하지 않았다. 동시에, 그보다 더 소녀답게 보이는 소년이 또 있었을까." 당시 컬럼비아 영화사의 대표로 있던 에이미 패스칼Amy Pascal은 모린 다우드와 이야기를 나누면서 리어나도 디캐프리오의 그러한 매력이 한때 쳇 베이커에게 적용됐던 것과 같은 이미지라고 설명했다. "그는 놀랄 만큼 섹시하죠. 그런데 그가 그렇게 보이는 이유는 뭘까요? 매우 아름다우면서도 문제가 많아 보이는, 그래서 아주 거친 삶을 살고 있을 것처럼 보이기 때문이에요."

재즈계에서는 적지 않은 젊은 연주자들이 쳇 베이커의 외모와 감성, 그리고 사운드에 영향을 받으며 성장하고 있다. 그중 가장 성공적인 예는 1971년 독일에서 태어난 틸 브뢰너Till Brönner일 것이다. 그의 서정적인 연주와 노래는 10대 취향의 외모와 맞물리며 그를 독일 재즈계의 연인으로 만들었다. 쳇 베이커를 향한 틸 브뢰너의 열정 또한 대단했는데, 그가 2000년에 발표해서 매우 높은 판매고를 기록한 앨범《Chattin' With Chet》의 재킷 디자인은 윌리엄 클랙스턴이 촬영한 "쳇 베이커와 헬레마"의 사진을 모방한 것이었다. 틸 브뢰너는 말했다. "단지 멜로디만 연주한 음악인의 작품을 마주하게 된 것은 내게 정말 뜻깊은 순간이었습니다. 나에게는 과거의 모든 트럼페터가 가능하면 높은 음역과 큰 소리만 구사하려고 애쓰는 것처럼 보였죠. 그러던 어느 날, 갑자기 쳇 베이커가 등장해서 완전히 반대되는 음악을 선보이기 시작한 겁니다. 아마도 그의 트럼펫 연주는 인간의 목소리에 매우 가깝지 않나 싶어요. 그게 내 마음을 움직였습니다. 쳇 베이커는 정말 로맨틱한 사람이었죠. 동시에 아주 많은 고통도 지니고 있었을 겁니다. 난 그가 사랑과 이해를 구하기 위해 끊임없이 노력했다고 믿어요. 만약 그게 아니었다면 어떻게 그런 연주를 들려줄 수 있었겠어요?"

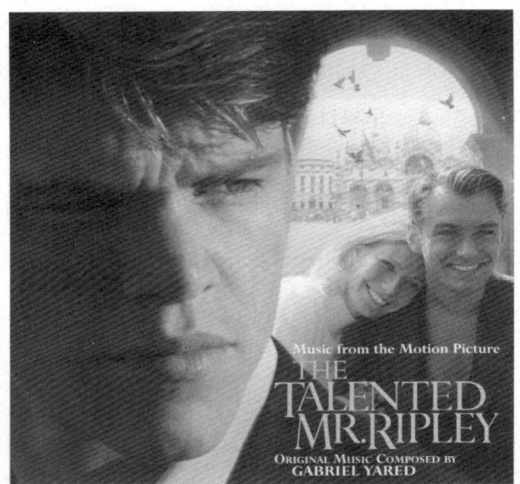

영화「리플리」의 O.S.T.

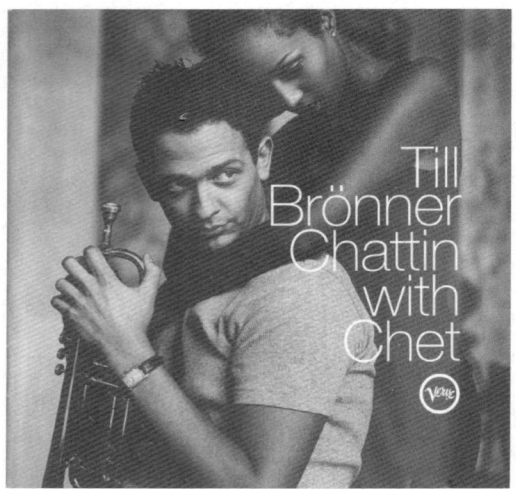

틸 브뢰너, 《Chattin' With Chet》

챗 베이커가 남긴 생각과 주제 의식을 둘러싼 논쟁은 끝없이 지속됐다. 루스 영은 말했다. "나는 그가 이런 식의 헛소리들을 반기지 않을 거라고 생각해요. 챗 베이커의 아우라에 대한 찬사는 분명 과장됐습니다. 어쩌다 보니, 특별히 개성 없는 모습이 그의 개성 그 자체가 돼 버렸죠. 금빛 트럼펫이니, 외모가 출중하다느니, 하는 것들도 모두 쓸데없는 소리입니다. 만약 그의 얼굴이 미키마우스처럼 생겼다면, 지금 우리가 이런 대화를 나누지도 않았겠죠. 그 남자는 단지 트럼펫을 연주하거나 노래를 부르고 싶어 했을 뿐이에요. 음악적인 성과에 대해서는 그다지 신경 쓰려 하지 않았죠. 그가 벌인 노력 중에서 좋게 봐야 할 것들이 참 많습니다. 자리에 차분하게 앉아서, 왜 그가 이런 시도를 했는지, 왜 저런 것은 하지 않았는지, 만약 그가 더 오래 살았다면 어떤 음악을 할 수 있었을지 따져 본다면 어떨까요. 자, 누가 그에게 묻습니다. '이건 왜 그런 거지요?' 그러면 그가 어떤 대답을 했을지 난 잘 알아요. '지금 뭔 소리를 하는 거요? 모두 실수하게 마련 아니오. 내가 저지른 실수가 다른 이들의 실수보다 훨씬 더 나쁘다고 과연 누가 말할 수 있소? 날 좀 가만히 내버려두시오!' 그래요, 그는 바로 그렇게 얘기했을 겁니다."

루스 영의 이야기는 계속해서 이어졌다. "대부분의 사람들은 살면서 위험을 감수하려 하지 않아요. 그저 가만히 앉아서 살아갈 뿐이죠. 그런데 챗 베이커는 그걸 했어요. 거짓말을 하고 남을 속이는 개자식이 된 거죠. 월스트리트를 활보하는 무수히 많은 사람들이 화장실에 걸어 들어가 마약을 합니다. 멋진 양복을 입

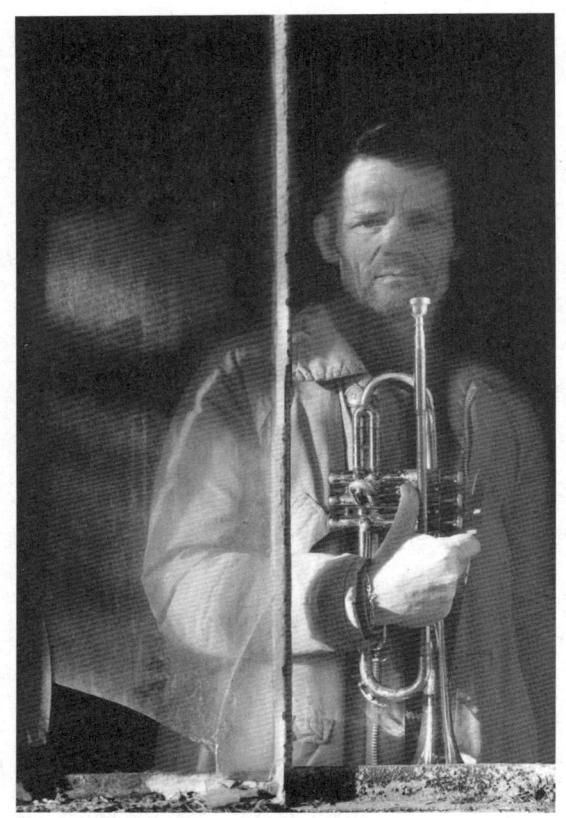

Photo: www.jackylepage.com

은 채 그런 짓을 벌이는 건 그들의 실제 삶과는 아주 동떨어진 모습이죠. 결국 영혼이 결여된 것과 영혼 그 자체가 벌이는 싸움이에요. 바로 그 때문에 사람들이 쳇 베이커에게 끌리는 겁니다. 그는 정말 영적인 힘으로 자신이 가야 할 길을 알고 있었어요. 자유로운 영혼을 지닌 남자였죠. 쳇 베이커는 자신의 영혼과 대화를 하고 있었던 겁니다." 그리고 만약 마약중독이 그에게 족쇄를 채웠다면, 쳇 베이커는 연주를 하면서 자기 자신의 내면 아주 깊숙한 곳으로 도망쳐 버릴 수 있었다. 리사 걸트 본드가 말한 것처럼, 그는 "모든 것을 초월한 음악을 통해 어디로든 훨훨 날아가 버릴 수 있었다."

쳇 베이커의 음악을 경청한 많은 사람들이 그의 비행에 기꺼이 동참했다. 미셸과 미슐린 그라이예는 둘 사이의 문제를 딛고 다시 함께할 수 있었다. 처음 만났을 때 그랬던 것처럼, 두 사람은 최선을 다해 서로에게 충실한 삶을 살았다. 2000년에는 새롭게 결혼 서약을 하기도 했다. 미슐린은 몇 주마다 한 번씩 파리에 있는 그들의 원룸 아파트를 나와 벨기에 리에주의 옛집을 둘러보곤 했다. 아버지 자크 펠저가 세상을 떠난 지 몇 년이 흘렀건만, 그녀는 예전처럼 흐트러진 상태로 이 집을 보존했다. 그게 오히려 더 친숙하게 느껴졌다. 거실 입구에는 자크 펠저의 초상화가 걸려 있었다. 살아 있을 때처럼 모자를 쓰고 무적의 큰 칼 같은 색소폰을 든 모습이었다. 그가 보물처럼 아끼던 찰리 파커와 존 콜트레인의 앨범은 어느새 먼지를 잔뜩 뒤집어썼으며, 휴대용 녹음기로 만들어 두었던 카세트테이프들은 너무 오래 손대지 않아 서로 눌어붙은 채 쌓여 있었다.

　위층에는 쳇 베이커가 머물던 침실이 있었다. 큰 옷장에 묻은 핏자국은 여간해서 잘 씻기지 않았다. 이 또한 그의 존재를 알려주는 유물이나 마찬가지였다. 이 집에는 유령들이 가득했다. 보비 야스파, 르네 토마, 덱스터 고든, 쳇 베이커, 그리고 물론 자크 펠저까지. 미슐린은 그 유령들이 마치 수호천사처럼 자신을 내려다본다고 생각했다. 하지만 집 안은 무섭도록 고요하기만 했다. "슬픈 일이네요." 미슐린이 말문을 열었다. "이제는 이 집 안 어디에서도 음악 소리가 들리지 않는군요."

옮긴이의 글(개정판)
쳇 베이커를 위한 변론辯論

김현준(재즈비평가)

2012년 나는 한 에세이에서 이렇게 썼다. "그는 잊을 만하면 한 번씩 유령처럼 나타나 사람 마음을 헤집어 놓는다." 그즈음 유럽에서 발굴된 쳇 베이커(1929~1988)의 미발표 음원이 앨범으로 출시됐었다. 마약을 손에 넣기 위해 어떤 일도 마다하지 않았던 말년의 쳇 베이커는 연주료가 많든 적든 무조건 녹음에 임했고, 그렇게 남겨진 많은 음원이 훗날 발표되곤 했다. 놀랄 만한 명연도 있었지만, 대부분 쳇 베이커의 이름값으로 한몫 챙기려는 상술의 결과물이었다.

돌이켜 보니 대략 10년에 한 번꼴로 쳇 베이커에 관해 많은 정성을 들여 글을 썼다. 원고 청탁은 더 있었지만 대부분 거절한 채 최대한 '아껴' 썼다. 이 책을 번역했던 2007년, 나는 '옮긴이의 글'

에서 이렇게 내 마음을 밝혔다. "명색이 비평가란 고리타분한 직함을 가진 자가 쳇 베이커 따위의 상업적인 아이콘에 빠져 있다."

재즈에 정통한 이들 상당수는 쳇 베이커에 대해 양가적인 생각을 지닌 것으로 보인다. 재즈 역사상 가장 대중적인 아이콘 중 하나를 두고, 심정적으로는 그 매혹을 인정하면서도 음악적으로는 여느 거장이나 명인들에 비해 낮게 평가하는 태도가 그것이다. 일정 부분 동의한다. 장르의 변천을 중심으로 역사성을 따져 보면 더 그렇다. 쳇 베이커는 양식적인 면에서 매우 보수적이었다. 그것이 연주자로서의 결격 사유는 아니지만, 재즈의 신이 관장하는 세상은 한곳에 머문 이에게 그리 높은 점수를 주지 않는다.

비근한 예로 (당사자는 자신을 쳇 베이커와 비교하는 게 불쾌하다고 말했지만) 우리가 마일스 데이비스(1926~1991)를 높이 추앙하는 가장 큰 이유는 여러 획기적인 스타일을 직접 창안하고 설득력 있는 해답까지 남겼기 때문이다. 그와 동시대를 살았던 쳇 베이커가 정통 모던 재즈에서 한 걸음도 밖으로 나서지 않았던 게 결과적으로 아쉽긴 하다. 대다수 역사서는 그를 1950년대에 잠시 반짝했던 인물로 그렸다.

쳇 베이커는 마일스 데이비스와 달리 자신의 음악에 관해 적극적으로 얘기하지 않았다. 한편에선 그런 태도가 신비감을 배가시켰다고 하지만, 다른 한편에선 딱히 음악적으로 할 얘기가 없었기에 그랬을 것이라 폄훼한다. 그의 관심은 마약과 여자뿐 아니었느냐며 비아냥을 늘어놓기도 한다. 마일스 데이비스가 능변이었던 데 비해 쳇 베이커는 어눌했으며, 평생 독기를 품고 흑인으로서 사회적 이슈에 민감할 수밖에 없었던 경쟁자와 달리, 맹해 보일 만큼 맑은 눈빛을 지녔던 이 백인은 데뷔 때부터 여인들에게 둘러싸인 채 태연한 표정으로 그들의 시선을 즐겼다.

우리는 그의 유령을 곁에 두고 살아왔다. 재즈는 몰라도 쳇 베이커는 알 만큼, 예술에 대해 최소한의 관심을 거두지 않은 이들에게 그는 하나의 통과의례였다. 이제 다시 쳇 베이커를 마주한다. 그의 음악을 느끼고, 삶을 듣는다. 유령은, 유령의 존재를 믿는 사람에게만 보인다.

*

쳇 베이커에 대한 연주자들의 반응은 음악을 듣는 이들처럼 호불호가 갈렸다. 두 가지 현상이 엿보인다. 대체로 미국의 연주자들보다 유럽의 연주자들이 긍정적이었고, 그와 협연했던 이들이 그러지 못했던 이들보다 호의적이었다. 정리하면, 1970년대 이후 그와 연주할 기회를 가졌던 유럽의 젊은 정통 모던 재즈 연주자들이 특히 큰 지지를 보냈다. 쳇 베이커는 1960년대부터 유럽에 머무는 시간이 많았다. 마약 문제 탓에 미국에서는 버티기 힘들었기 때문이다.

재즈는 발상 초기부터 유럽에 전해졌지만, 이곳에서 연주자들이 본격적으로 자생하기 시작한 건 제2차 세계대전이 끝난 뒤부터였다. 전쟁의 참화가 고스란히 남아 있는 상황 속에서 승전국이자 자유를 상징한 미국의 음악이었다는 사실은 재즈를 특별한 존재로 인식하게 했다. 이젠 유럽 재즈의 가장 위대한 인물 중 하나로 얘기되는 피아니스트 엔리코 피에라눈치(1949~)의 말을 들어 보자. 그는 1988년 쳇 베이커가 세상에 남긴 마지막 스튜디오 녹음에 함께했다. 이 말도 당시에 남긴 것이다.

그 누구도 쳇 베이커만큼 연주를 벌이면서 '순수한 음악'의 느낌을 선사한 인물은 없었다. 그는 '부드러운 빛', '회한', '공명'처럼 말로 표현하기 힘든 세상을 엿볼 수 있도록 문을 열어젖혔다. (중략) 어떤 사람들은 아직도 재즈가 흑인에게 특화된 것이라 성급하게 말한다. 쳇 베이커는 빅스 바이더벡, 레니 트리스타노, 빌 에반스 그리고 길 에반스와 마찬가지로 재즈가 특정 인종이나 지역에 속한 것이 아님을 확실하게 입증했다, 마치 미술이나 시가 그런 것처럼.*

우리가 눈여겨봐야 할 대목은 끝부분이다. 유럽인들은 재즈가 미국의 음악이란 사실에 일말의 콤플렉스를 지니고 있었다. 그리고 이를 넘어서려는 노력과 열정이 오늘날 그들만의 넓은 '재즈성性'을 획득하게 한 원동력이었다. 물론 전통을 지키려는 움직임은 세계 어디에서나 굳건히 이어지고 있으며 그 자체로 의미가 크다. 하지만 여러 다양한 지역에서 참신한 스타일과 어법을 만

---

* 쳇 베이커의 마지막 스튜디오 앨범 중 하나인 《The Heart Of The Ballad》(1988)의 라이너 노트 중에서.

들어 낼 수 있었던 데에는 '누구나 아름다운 재즈를 연주할 수 있다는 믿음'의 예술적 근거가 필요했다. 유럽인들에게 그 근거를 제시한 것이 쿨 재즈의 발현이었다.

두 종류의 미국 출신 재즈 연주자들이 유럽을 찾아왔다. 먼저, 고국에서 함께 온 동료들과 공연을 마치면 이내 다음 무대가 마련된 도시로 이동하기 바빴던 '방문객' 연주자. 그리고 유럽인들의 삶에 직접 스며들어 그곳에서 자생한 연주자들과 협연하는 데 주저하지 않았던 '동료' 연주자. 전자는 시대의 흐름을 주도하며 높은 몸값을 요구할 수 있는 이들이었다. 반면 후자는 흔히 전성기가 지났다고 평가됐으나 예전부터 유럽인들에게 재즈의 매혹을 전파하던, 어느새 중년이 돼 버린 추억의 스타들이었다.

유럽인들은 그들 곁에 머물며 언제든 함께 연주할 수 있는 미국 출신의 연주자들에게서 재즈의 자양분을 빠르게 흡수해 냈다. 세류에 밀려 고국에선 더 주목받지 못하는 신세가 된, 그러나 오히려 연주 자체는 최고조에 이른 명인들이 1970년대에 유럽을 자주 찾은 건 당연한 결과였다. 클럽에 서면 아직도 스타 대접을 받았고, 재즈의 미학을 눈앞에서 몸소 입증해 보이는 순교자로 비쳤다. 그렇게 중년의 미국인들과 유럽의 청년들은 무대 위에서 서로의 존재감을 확인했다. 그 한복판에 쳇 베이커가 있었다.

내가 쳇 베이커의 음악을 떠올릴 때 먼저 손꼽는 연주가 바로 그 시기, 1970년대와 1980년대 유럽에서 녹음된 것들이다. 1950년대의 음악이 스타일 면에서 매우 높은 역사성을 띠는 건 누구도 부정할 수 없다. 그런데 나는 한 음악인을 바라보며 재기 발랄했던 젊은 시절의 연주보다 중년 이후의 연주에서 진정한 가치를 발견할 때가 많았다. 그리고 피폐함으로 점철됐던 말년의 연주 속에서 쳇 베이커가 세상에 남긴 가장 아름다운 연주를 찾아내곤 했다. 어쩌면 이 아이러니가 재즈의 본성에 더 잘 부합할지도 모른다.

유족과의 판권 다툼으로 한동안 유통이 끊겨 있던 크리스 크로스 레이블의 세 작품은 두말할 필요 없다. 2010년대부터 새로 발굴돼 리마스터링을 거쳐 공개된 몇몇 음원들도 간과하지 말아야 한다. 예컨대 1979년 독일 함부르크에서의 공연 실황을 담은 《At Onkel Pö's Carnegie Hall》과 프랑스 라디오 방송국이 1983년과 1984년에 녹음한 곡들을 담은 《Live In Paris》는 빠뜨리지 않고 얘기돼야 할 쳇 베이커의 명연으로 가득하다.

*

이제 우리의 시선은, 쳇 베이커를 애써 외면하거나 무시했던 '주류' 연주자들의 태도가 어디에서 비롯됐는지에 가닿는다. 거친 말로 그를 비난했던 사람 대부분이 동시대를 살았던 무대 위의 동료들이었다는 사실은 우리를 당혹하게 한다. 하지만 나는 훗날 거장으로 추앙받게 된 그들이 쳇 베이커를 아주 심하게 '질투'했다고 믿는다.

일련의 백인 연주자들이 비밥의 꿈을 꾸다가 그들만의 정체성을 찾아 쿨 재즈의 서막을 열어젖힌 1950년대 초, 어떤 조합을 예로 들든 당대의 주요 연주자들은 서로에 대한 견제가 상당했다. 좋게 말하면 선의의 경쟁이었으나, 전도유망했던 미래의 스타들은 치기 어린 언행으로 실소를 자아내게 한 적도 많았다. 쳇 베이커를 가까이에서 지켜본 이들일수록 마음속엔 음악적 평가와 감정적인 반응이 뒤엉켜 있었다.

질투의 원인은 두 가지였다. 우선, 그는 여인들에게 인기가 '너무' 많았다. 여성 팬들의 반응은 같은 무대에 오른 연주자들에게 늘 부러움을 품게 했다. 모두 20대의 혈기 왕성한 나이였다는 사실을 잊지 말자. 당시 미국 사회가 가부장적 가치관에 갇혀 있던 부모와 이에 반발한 신세대 사이의 갈등으로 북적이고 있었음도 놓치지 말자. 젊은이들은 부모의 눈을 피해 클럽에서 마주한 스타들의 뒤를 밟았다. 그리고 많은 여인이 틈만 나면 쳇 베이커에게 다가와 노골적으로 추파를 던졌다.

다른 연주자들이 쳇 베이커를 질투했던 궁극의 원인은, 그의 타고난 예술적 직관력이었다. 쳇 베이커는 준비를 많이 하지 않은 듯했는데도 막상 무대에서는 인상적인 연주를 들려주곤 했다. 더구나 당시의 쿨 재즈는 젊은 백인들의 정서에 완벽히 부합한 최첨단의 스타일이었다. 쳇 베이커로서는 굳이 애쓰지 않아도 무대에서 연주에 대응하는 능력이 워낙 뛰어나 사람들의 이목을 모으기에 충분했다. 사실 재즈는 그 과정을 지켜보기만 해도 카타르시스를 안겨 주는 음악이다. 쳇 베이커는 본능적으로 이 메커니즘을 꿰뚫어 보고 있었다.

그런데 우리는 이 사실을 좀 더 냉정히 들여다볼 필요가 있다. 쳇 베이커는 성실한 모범형의 연주자가 전혀 아니었다. 변하는 시대적 흐름에 적응하기 위해 열린 마음을 지니고 있지도 않았다. 그래서 그의 뛰어난 재능이 발전에 대한 욕망을 제쳐 두게 했고 나아가 그의 발목을 잡았다는 역사적 관점의 지적은 꽤 설득력이 있다. 게으른 천재였다고나 할까.

만약 그가 제리 멀리건(1927~1996)처럼 늘 연구에 몰두했다면 지금 우리는 전혀 다른 쳇 베이커를 만나고 있었을 것이다. 그와 평생 앙숙이었던 스탠 게츠(1927~1991)는 작곡과 편곡 실력을 갖추지 못했지만, 약점을 만회하기 위해 어디에서 누구와 작업해야 하는지 잘 알고 있었다. 하지만 쳇 베이커는 음악적인 도발을 감행하는 이들과 어울려 새로운 것을 시도하려 하지 않았고, 과거의 틀에 머문 채 언제든 협연할 수 있는 연주자들과 특별한 준비 없이 무대에 오르곤 했다.

제리 멀리건과 쳇 베이커가 함께 좋은 성과를 일구어 낸 건 〈My Funny Valentine〉을 처음 발표했던 시절뿐이었다. 인간적으로도 둘 사이의 다툼은 끊이지 않았다. 그래도 제리 멀리건은 쳇 베이커의 타고난 재능을 누구보다 진지하게 바라봤다. 1990년대 초, 그는 이렇게 말했다.

종종 공연은 아주 자연스레 흘러갔다. 무엇을 연주할지 미리 의논할 필요도 없었다. 평소 연주하던 것을 다른 무대에서는 거의 다루지 않기도 했고, 완전히 새로운 것을 펼쳐 놓기도 했다. 그게 쳇 베이커와 연주하며 얻을 수 있는 가장 큰 기쁨 중 하나였다. 우리는 이런 식으로 아주 쉽게 공연할 수 있었다. 나는 그 이전까지, 아니 지금까지도 (어디서든 능숙하게 어우러지는) '호환compatibility'의 과정을 체험한 적이 없다"•

  쳇 베이커의 모든 연주가 훌륭했던 건 아니다. 워낙 많은 음원을 남긴 탓도 있지만, 비율로 보면 졸연拙演이 더 많았다. 마약중독이 심해 평정심을 잃은 채 무의미하고 동어 반복적인 연주를 벌일 때도 적지 않았다. 그러나 최소한 명연이라 평할 만한 연주들은 단순히 뛰어난 정도가 아니라 아예 다른 차원의 세상을 엿보게 할 만큼 대단했다. 스타일은 그대로인데도 그의 말년 연주가 새로 공개될 때마다 외면할 수 없었던 건 그 때문이다. 어디에 자리할지 예측할 수 없는 짜릿함을, 나는 놓치기 싫었다.

  쳇 베이커는 곡을 쓰지 못했고, 편곡에 관해서도 무지했다. 관심이 없었다는 표현이 맞겠다. 하지만 연주의 미학적 완성도가 뛰어나 약점을 상쇄하고도 남았다. 그의 솔로는 유럽의 젊은 재즈 연주자들을 사로잡았다. 그는 남들이 모르는 비밀의 열쇠를 가진 듯했다. 칠흑 같은 심연에 감춰져 있던 감성의 자물쇠를 풀어 다른 데서는 목격할 수 없는 발광체가 무대 위를 떠다니게 했다. 얼마나 신비로웠을까. 마약 탓에 한심하기 그지없는 일상을 살면서,

---

• 『제리 멀리건 되기, 나의 음악 인생Being Gerry Mulligan, My Life In Music』(2023) 중에서. 이 책은 방송 프로듀서 켄 포스턴Ken Poston이 생전의 제리 멀리건과 가진 방대한 인터뷰를 바탕 삼아 거장의 자서전 형식으로 출간됐다.

한 번씩 툭 던지는 말이 예전과 똑같은 내용인데도 다른 얘기처럼 들리게 했다. 이건 재즈의 가장 고유한 매력이기도 했다.

우리는 예술의 길이 오랜 수련을 통해 목표에 이르는 지구력 싸움이란 사실을 알고 있다. 재능만 갖고 버티는 건 무모하다. 그런데 음악을 만드는 당사자들에게는 조금 다른 것이 보일 때도 있다. 쉽게 넘어설 수 없는 특별한 재능을 지닌 이가 곁에서 연주를 벌인다면, 상상하지 못했던 순간을 별것 아니라는 듯 심드렁한 표정으로 뚝딱 엮어 낸다면, 이를 인정하고 응원하는 이성의 판단에 앞서 감정적으로 깊은 상대적 박탈감을 느낄 수밖에 없다.

노력으로 아홉을 이루었으나 마지막 하나를 얻지 못한 채 생을 마감하는 연주자가 절대다수인 현실. 우리가 목격했던 극소수의 성공 뒤엔 실패와 좌절에 빠져 사라져 버린 무수히 많은 음악인이 있었다. 일부러 들춰 보지 않으면 눈에 띄지 않는 이 풍경 앞에서, 아쉽게도 쳇 베이커는 겸손과 배려의 미덕을 발휘할 만큼 넓은 인성을 갖추지 못했다. 이미 시작부터 남들보다 우위에 있었는데, 왜 쳇 베이커는 여유롭게 세상을 마주할 수 없었을까.

시간이 흐를수록 쳇 베이커는 환경뿐 아니라 정신적으로도 점점 소외되어 갔다. 이미 세파에 완전히 휩쓸린 상태에서 극심한 마약중독 때문에 아무것도 주도할 수 없다는 현실을 직감했다. 그나마 남아 있던 소통의 문을 모두 닫아 버린 채 자기 안으로 더 깊이 침잠해 들어갔다. 여기에서 강한 심층으로 떠오르는 것이 그의 가슴 맨 밑바닥에 자리하고 있던, 당시의 그로서는 어떤 수를 써도 떨쳐 낼 수 없던 뿌리 깊은 태생적 '수줍음'이다.

그는 늘 뻔뻔할 만큼 당당해 보였지만, 단지 그런 체할 뿐이었다. 그러지 않으면 세상이 자기를 집어삼키리라 생각했다. 늘 수줍어서 어쩔 줄 몰라 했는데도, 그걸 들키면 모든 걸 잃어버릴 것 같아 불안해했다. 남자라면 으레 마초여야 했던 시대. 절대 마초일 수 없는 이가 마초여야만 했던 그 시절에, 타고난 본성과의 괴리가 쳇 베이커에게 두툼한 가면을 뒤집어쓰게 했다. 그리고 얼마 지나지 않아 자신이 어떤 얼굴을 하고 있었는지조차 잊어버리고 말았다. 바로 이 부분이 쳇 베이커의 생애에서 가장 안쓰러워 보이는 지점이다.

무대 위에서 자신의 음악성을 마음껏 발휘하는 연주자를 보며 우리는 갈채를 보낸다. 하지만 사람들 앞에서 속내를 모두 펼쳐 낸다는 게 여간 어려운 일이 아니다. 재즈는 특히 그 과정을 중시한다. 상대적으로 연주자의 마음이 훨씬 적나라하게 실시간으로 드러나는 음악이다. 그래서 수줍음에 가로막혀 앞으로 나아가지 못하는 연주자가 상당히 많다. 수줍음은 이내 두려움이 되고, 이 단계에 이르면 연주에도 치명적인 영향을 미친다. 예술론 학자들은 관념적인 부분뿐 아니라 이를 떨쳐 내기 위한 구체적 방법에 이르기까지 많은 연구를 진행하기도 했다.

정확히 말해 수줍음 자체가 반드시 극복해야 할 대상은 아니다. 이제는 반대로 이를 활용해 독창적인 스타일을 만들고 무대에 서는 행위에 대한 자기만의 철학을 세운 음악인도 많다. 그러나 쳇 베이커가 살았던 시대는 그런 우회로를 알려 줄 만큼 너그럽지 않았다. 아무것도 할 줄 몰라 최악의 선택인 마약에 의존할 뿐이었다. 마약은 해결이 아닌 도피이며, 도피의 끝이 어떠한지 우리는 너무나 잘 알고 있다.

나는 쳇 베이커가 시대를 잘못 탔다고 믿는다. 그리고 1950년 대와 1960년대의 미국 사회가 그를 부당하게 소비해 버렸다고 생각한다. 그 시절엔 모두 그랬으니 스스로 떠안아야 했을 아픔이라고, 나는 쉽게 말하지 못하겠다. 쳇 베이커에게는 정신과 주치의가 꼭 필요했다. 예술적 직관력은 시대와 장소를 넘어서는 더없이 소중한 자산이다. 아무에게나 주어지는 선물도 아니다. 그가 자신의 문제를 일부분이라도 해소할 수 있었다면, 그의 재능은 놀라운 결과로 치환돼 여러 페이지에 걸쳐 재즈사에 기술됐을 것이다.

쳇 베이커는 충분한 사회화 과정을 거치지 못한 채 무대 위에 내던져졌다. 살벌한 영욕의 단壇 위에 제물로 올라섰다는 걸 알 도리가 없었다. 한때뿐인 갈채에 취해, 진정한 성장과 자기 성찰의 시간이 꼭 필요하다는 것도 깨닫지 못했다. 애초에 이에 대한 이해와 인식이 턱없이 부족한 시대였다. 당대의 연주자들은 자신의 영혼이 어떤 처지에 놓여 있는지도 모른 채 무작정 무대에 올랐다. 그리고 한순간 예술가로서의 생사가 갈리는 검투를 벌여야 했다.

쳇 베이커의 음악에는 개인의 서사와 크고 작은 시대의 흔적이 모두 녹아 있다. 그를 하얀 피부의 로맨틱한 청년으로만 추억하는 것은 지극히 피상적인 관찰이다. 그 피부를 한 겹만 벗겨 내면 겉에선 보이지 않던 커다란 상처에 피고름이 흐르고 있었다는 사실을 알 수 있다. 그 상처를 직접 들춰 봐야 쳇 베이커의 음악이 들린다. 그리고 이를 기꺼이 즐길 만큼 우리는 잔인한 종족이다. 쳇 베이커의 상처는 오랜 세월 이어진 자기 파괴의 주저흔躊躇痕이었다.

*

쳇 베이커는 평생 한 번도 목청 돋워 큰 소리로 노래하지 않았다. 몸 전체를 울려 부른 곡이 거의 없었기에 우리는 그의 성량이 어느 정도였는지 알지 못한다. 만약 마이크 없이도 넓은 공연장을 쩌렁쩌렁 울릴 수 있어야만 노래할 수 있다고 믿는다면, 쳇 베이커가 남긴 보컬 곡들은 아예 노래의 범주에도 들지 못할 것이다. 그의 노래에 대한 사람들의 반응은 트럼펫 연주보다 더 극명하게 나뉜다. 아주 좋아하거나, 아주 싫어하거나.

읊조리며 뱉어 내는 가사, 병약한 이미지의 음색, 그리고 파스텔처럼 바스러지는 음의 흐름. 그동안 통용돼 온 보컬 교육의 교과서에 쳇 베이커가 포함될 가능성은 거의 없다. 신은 그에게 흔히 말하는 '좋은 목소리'까지 선물하진 않았다. 오히려 그의 소리는 일반적인 관점에서 비호감에 더 가까웠다. 그런데 그의 스타일이 재즈사에 남긴 발자취는 생각보다 깊이 파여 있다. 결과론적인 얘기지만, '보컬리스트 쳇 베이커'의 등장은 재즈 보컬의 영역을 적잖이 확장했다.

누구나 자기 목소리로 재즈를 노래할 수 있다. 완성도와는 다른 얘기다. '재즈 보컬이라면 마땅히 이러저러한 소리를 지녀야 한다'는 생각이 오랫동안 퍼져 있긴 했다. 하지만 그 기준은 이제 다분히 비현실적이다. 아직도 그렇게 생각한다면 취향이나 미학적 지향에 따른 선택일 뿐, 더는 옳고 그름의 문제가 아니란 뜻이다. 그런데 1950년대의 사람들은 훨씬 까다로운 조건을 내세웠던 모양이다. 이유는 의외로 단순하다. 당시의 재즈가 원형을 갖춘채 진입의 문턱을 높였기 때문이 아니라, 재즈를 바라보는 그들의 시각이 오늘날처럼 다변화돼 있지 못했기 때문이다.

지금 우리는 2020년대의 시각으로 재즈를 마주한다. 1950년대의 재즈를 듣는다고 당시의 시각을 우선시할 필요는 없다. 학자나 비평가들에게는 그 시각의 변천도 매우 중요하지만, 언제 연주된 것이든 지금 우리 앞에 놓인 곡이 얼마나 큰 감동을 주는지가 관건이다. 나는 이 혼돈의 세상 속에서 쳇 베이커가 남긴 곡들이 동시대적으로도 새로운 의미와 가치를 부여한다고 생각한다. 확실히 그의 노래들은 시간을 두고 묵혀 들었을 때 긍정적이든 부정적이든 더 큰 반향을 불러온다. 듣는 이가 어떤 생각으로 삶을 살아왔는지가 오히려 변수다.

나는 그가 부른 〈The Thrill Is Gone〉을 무척 아꼈다. 이 스탠더드 곡은 그가 태어나서 처음으로 녹음한 두 개의 보컬 곡 중 하나로 마지막 스튜디오 앨범에도 포함됐다. 1988년 2월의 〈The Thrill Is Gone〉은 1953년 10월의 그것과 완전히 다른 감성을 드러낸다. 만약 쳇 베이커가 어떻게 살았는지 모르는 이에게 두 버전을 차례로 들려준다면, 도대체 35년 동안 무슨 일이 있었던 것이냐며 믿을 수 없다는 표정을 지을 것이다.

1953년의 〈The Thrill Is Gone〉에 담긴 감성은 '사그라든 첫사랑의 안타까움' 정도 되겠다. 그러나 1988년의 〈The Thrill Is Gone〉은 긍정에 가까운 가치나 희망이 전혀 재생될 수 없는 상태로 소멸한 극단의 상황을 연상시킨다. 세간의 호사가들처럼 묘사한다면 '죽음이 머지않았음을 스스로 직감했다'고나 할까. 일부러 그랬든 무의식에서 비롯됐든, 쳇 베이커는 자신의 삶을 노래 속에 직접 투영해 냈다. 중년을 넘기면서 그런 경향은 더 두드러졌다.

1980년대에 쳇 베이커와 많은 공연을 함께한 이탈리아의 베이시스트 리카르도 델 프라(1956~)는 한발 더 나아가 쳇 베이커가 지녔던 감정 이입의 힘에 관해 얘기했다.

나는 쳇 베이커가 노래 안에 담긴 이야기에서 영감을 얻었다고 믿는다. 가사에 등장한 인물로 연기하는 것을 즐긴 셈이다. 그는 어떻게든 스스로 사랑의 고백, 그리움, 혹은 상심 같은 감상적인 플롯의 주인공이 됐다.[*]

리카르도 델 프라의 말을 풀어 보면, 쳇 베이커는 가사에 자신의 모든 감정을 몰입시켜 마치 그것이 '자기를 위해 만들어진 곡인 양' 노래했다는 뜻이다. 이는 보컬리스트가 자신의 창작이 아

---

[*] 리카르도 델 프라의 에세이 『쳇 베이커의 노래는 영원하다*Chet Baker Sings Forever*』 중에서. 브라이언 모턴Brian Morton이 엮은 『앨범 《Chet Baker Sings》의 탄생*The Making Of Chet Baker Sings*』(2021)에 실렸다.

닌 곡을 다룰 때 좋은 평가를 끌어낼 수 있는 아주 높은 차원의 접근법이기도 하다. 결과적으로는 배우들의 메소드 연기와 유사하다. 물론 원한다 해서 누구나 성취할 수 있는 건 절대 아니다. 여기에 우리가 짚고 넘어갈 부분이 또 있다. 노랫말에 관한 것이다.

아직도 많은 이들이 노래 곡을 들으면서도 구체적인 내용보다 사운드에서 빚어지는 부차적이고 추상적인 뉘앙스를 읽어 내는 데 머물곤 한다. 사실 가사의 의미를 모르거나 행간에 깃든 묘미를 파악하지 못하면, 노래하는 이의 마음은 물론이고 그 곡의 가치를 제대로 읽어 내기가 현실적으로 쉽지 않다. 이를 적시한 이유는, 분명 기술적으로 뛰어난 보컬리스트가 아니었는데도 어떻게 쳇 베이커가 그 많은 사람의 마음을 녹였는지 이해하지 못하는 경우가 의외로 적지 않기 때문이다. 리카르도 델 프라의 말에 그 해답의 실마리가 있다.

쳇 베이커는 자신이 다른 보컬리스트들처럼 좋은 목소리로 관객을 압도할 수 없다는 사실을 잘 알고 있었다. 그가 노래를 시작했을 때 당대의 비평가와 관계자는 모두 혹평을 늘어놓았다. 앞서 말했듯이, 병약한 이미지는 터부시되던 시대였다. 그런데도 그는 자기 방식대로, 자기가 낼 수 있는 목소리로 계속 노래했다. 그리고 그의 감성을 공유할 수 있는 관객들은 전문가의 평가와 무관하게 매우 진지한 태도로 그의 노래를 경청했다. 그런 스타일로 노래한 이가 드물었다는 사실 때문에 되레 참신하다고 느낀 이들도 꽤 있었다.

쳇 베이커는 그가 택한 노래를 자기 얘기처럼 들려줄 수 있는 매력적인 '스토리텔러'였다. 여인들은 라디오에서 흘러나온 그의 노래를 마주하며 순수한 이미지의 한 사내가 직접 들려주는 (것 같은) 수줍은 고백을 들었다. 설레는 마음으로 클럽을 찾아 그 목소리를 직접 몸으로 느꼈다. 그리고 노래와 그를 동일시한 채 사랑에 빠지고 말았다.

챗 베이커가 부른 곡 대부분은 사랑 노래였다. 같은 곡을 여러 무대에서 불렀기에 세월의 흐름에 따른 변화를 살펴볼 수도 있다. 청년기의 그는 풋사랑을 노래했다. 중년에 이르자 풋사랑이 복합적인 갈등의 사랑으로 변해 갔다. 세상을 떠날 즈음에는 사랑처럼 부질없는 게 또 있겠느냐며 허탈하게 노래했다. 시기에 따라 그런 내용의 가사로 된 곡을 골라 불렀다는 게 아니라, 같은 가사라도 그렇게 들리도록 뉘앙스의 차이를 감성적으로 운용할 수 있었다는 뜻이다.

나이가 들어갈수록 그는 종종 초연한 듯 말하고 행동했다. 지인들에게 건넨 얘기 중에 그런 예가 점점 많아졌다. 그러나 대부분 실제 상황과는 역시 거리가 멀었다. 늘 삶 자체에 대해 전전긍긍했으면서도 남들 앞에서는 그런 모습을 결코 드러내고 싶지 않았을 것이다. 마치 모든 것을 내려놓은 듯한 감성이 말년의 곡들에 절절히 배어 있었다. 하지만 그마저도 그렇게 들리도록 연출했기 때문이라고 하면, 너무 가혹한 판단일까.

말년 들어 챗 베이커의 삶은 주체할 수 없는 정도로 흐트러졌다. 결정적 순간마다 초라하게 위축됐고, 자존심마저 버릴 만큼 남아 있던 힘은 모두 소진됐다. 자기 보호 본능과 방어 기제도 놓쳐 버렸다. 그렇게 생명체로서 지녀야 할 최소한의 조율 기능을 완전히 잃어버린 뒤에야, 끝까지 감추고 싶어 했던 모든 이야기가 그의 목소리에 담겨 적나라하게 펼쳐지기 시작했다.

궁극적으로 우리가 확인하게 된 것은, 그의 의지와 무관하게 진실을 들춰 보여 준 '음악의 힘'이었다. 오래도록 얼굴을 가리고 있던 가면이 드디어 벗겨졌다. 쳇 베이커는 자신도 모르는 새 속내를 들켜 버렸다. 삶의 논리가 아닌 예술의 문법으로 보면, 난생처음 더없이 진솔한 마음으로 무대 위에 서게 된 것이기도 했다. 음악이 그를 그렇게 만들었다. 바로 그때, 블랙코미디 같은 그의 최후가 다가왔다.

*

쳇 베이커는 늘 누군가와 함께 있었다. 겉보기엔 그랬다. 경쟁이나 질투의 대상으로 그를 바라본 음악 동료들. 그가 떨구는 것이라면 단 하나도 놓칠 수 없다는 듯 눈을 부릅뜬 채 곁을 맴돈 유럽의 젊은 연주자들. 함께하면 삶이 무너질 것을 알면서도 그를 품었다가 결국 살아남기 위해 떠나간 여인들. 그를 통해 한 푼이라도 더 벌어 보겠다며 달려든 공연 관계자들. 그리고 결정적으로, 언제나 그림자처럼 뒤를 따른 마약상들. 하지만 나는 지금 쳇 베이커가 평생 떨쳐 내지 못한 외로움에 관해 생각하고 있다.

누군가 쳇 베이커를 상징하는 곡이 무엇이냐고 묻는다면, 꽤 오래전부터 내 대답은 ⟨My Funny Valentine⟩이 아닌 ⟨You Can't Go Home Again⟩이었다. 돈 세베스키(1937~)가 라흐마니노프의 테마를 빌려 그를 위해 만든 이 곡은, 외로움에 관한 더없이 처연한 고백이자 한 편의 드라마틱한 서사시다. 1977년의 첫 녹음에는 알토 색소포니스트 폴 데즈먼드(1924~1977)가 세상에 남긴 마지막 연주도 포함돼 있다. 토머스 울프의 소설에서 빌려 온 이 제목만큼 쳇 베이커의 삶에 어울리는 문장이 또 있을까. 그러나 그의 마음에 쏙 들진 않았는지, 명곡인 것을 고려하면 기대만큼 많은 녹음이 남아 있지는 않다. 다행히도 앞서 언급한 1979년 함부르크에서의 공연 실황에 아주 감동적인 버전이 실렸다.

17년 전에 번역했던 이 책을 다시 읽었다. 그를 직시하기 위해 이보다 적확한 자료는 아직 존재하지 않는다. 책의 프롤로그에 등장하는 방송인 구드룬 엔드레스의 말이 새삼 시선을 끈다. "잊지 마세요. 쳇 베이커는 세상을 떠난 뒤에도 사람들에게 상처를 줄 수 있는 존재랍니다." 나는 그 프롤로그에 '상흔傷痕'이란 소제목을 붙였다.

번역을 마치고 '옮긴이의 글'을 쓰며 한참 동안 눈물 흘린 기억이 지금도 생생하다. 그때 나는 이렇게 썼다. "그는 사랑하는 법을 배우지 못했다." 돌이켜 보니 지금도 결론은 같다. 58년의 길지 않은 생애. 온갖 굴곡으로 가득했던 쳇 베이커의 스토리에서 가장 슬픈 부분은, 바로 그 대목이다.

딘과 메릴루가 나와 함께 있는 걸 본 루실의 낯빛이 어두워졌다.

루실은 그들이 내게 광기를 집어넣고 있다고 느꼈다.

"당신이 저들과 같이 있는 게 마음에 걸려요."

"아, 괜찮아. 그냥 노는 건데 뭐. 삶은 어차피 한 번뿐이잖아. 우린 즐기고 있어."

"아니, 그건 슬픈 거예요. 난 싫어요."•

2024년 1월

• 잭 케루악, 『길 위에서』(1957) 중에서

옮긴이의 글(초판)

쳇 베이커와 관련해서 재즈 팬은 세 부류로 나뉜다. 그가 1950년 대를 중심으로 한때나마 좋은 연주를 들려주었다고 생각하는 사람. 최고의 대중 스타였지만 음악은 별 볼 일 없었다고 생각하는 사람. 그리고 치열한 트럼펫 연주와 노래를 들려주었다고 생각하는 사람. 물론 정답은 없다. 언제나 그렇듯이 재즈는 선택의 음악이므로.

나는 세 번째다. 그런데 그가 얼마나 인상적인 연주를 남겼는지 토로할 때마다 사람들은 이상한 표정을 짓는다. 명색이 비평가란 고리타분한 직함을 가진 자가 쳇 베이커 따위의 상업적인 아이콘에 빠져 있다는 걸 믿기 힘들다는 듯 말이다. 세상은 눈에 보이는 것만 믿는다.

트럼페터이자 보컬리스트인 쳇 베이커는 흔히 〈My Funny Valentine〉으로 대변된다. 그는 잘 알려져 있지 않았던 이 곡을 재즈 음악인으로서는 처음으로 1952년에 연주했고, 오늘날 수많은 음악 팬들은 이 아름다운 멜로디를 가슴 깊이 간직하게 됐다. 한 번 듣는 것만으로 모든 곡의 핵심을 꿰뚫을 만큼 천부적인 감각을 지녔던 그는 쿨 재즈의 대표적인 트럼페터였으며, 모성 본능을 일깨우는 독특한 목소리의 보컬리스트였다. 하지만 평생 음악성 시비에 시달렸고, "재즈계의 제임스 딘"이라 불릴 만큼 빼어난 외모 때문에 많은 질시를 받기도 했다. 1960년대 이후 그가 남긴 음악이 정당한 평가를 받지 못한 채 왜곡됐다는 점도 지적하지 않을 수 없다. 쳇 베이커가 재즈사에서 차지한 위치는 이러하지만, 우리가 그의 존재를 절대 간과할 수 없는 이유는 숱한 굴곡과 치욕으로 가득한 그의 삶 때문이다.

쳇 베이커는 그를 사랑했던 '모든' 이들에게 지울 수 없는 상처를 안겼다. 사랑의 대가라고 하기엔 너무나 무자비한 상처였다. 그 중심에는 상상하기 힘들 정도로 심했던 마약중독이 크게 작용했다.

한 사람의 인간성을 극도로 피폐하게 하는 것이 마약이라지만, 과연 이를 통해 모든 일을 설명할 수 있을까. 어느 한순간 쳇 베이커를 인간적으로 이해하고 싶다는 최소한의 애정마저 제쳐 두게 할 만큼, 그는 그런 삶을 살았다. 난처한 상황을 피하려고 눈앞에서 쓰러진 이의 사체를 유기했고, 마약을 구하기 위해 아내로 하여금 다른 이에게 몸을 팔게 했으며, 삐뚤어진 감성으로 자라나던 자식들에게 옷 살 돈 한 푼 건네지 않았다. 결국 문제는 입에 담기 힘들 정도로 숱한 악행을 저지른 그의 음악이 소름 끼칠 만큼 진한 감동을 안겨 준다는 딜레마에 있다.

나 역시 이 책에 담긴 쳇 베이커의 삶을 마주하며 일련의 감정 변화를 경험했다. 호기심, 당혹감, 분노, 그리고 동정. 그런데 세 번째 단계에 이를 때까지 그 감정의 근거가 명확했던 반면, 마지막 동정의 마음을 가진 순간부터 스스로 그러한 느낌을 받게 된 원인을 찾기가 쉽지 않았다. 사회적으로 통용되는 도덕의 잣대를 일률적으로 들이미는 게 과연 타당한지 자문하게 됐고, 그 안에서 얽히고설킨 갈등이 꼬리를 물고 이어진 탓이리라. 그렇다고 '그 누가 자신 있게 그에게 돌을 던지랴'는 투의 애매한 시선을 갖게 됐다는 건 아니다.

이 책을 쓴 제임스 개빈은 비평가나 학자가 아닌, 작가다. 특히 논픽션 집필에 많은 애정을 지닌 것으로 잘 알려져 있다. 그가 엮은 논조와 구성은 철저히 사실에 기반을 두지만, 이 책은 마치 쳇 베이커와 주변 인물들을 중심으로 풀어낸 하나의 팩션처럼 읽히기도 한다. 이전에 발간된 관련 서적들에 비해 저자는 쳇 베이커라는 인물상에 좀 더 초점을 맞추었다. 1996년부터 약 5년간 미국과 유럽을 오가며 그의 행적을 쫓았고, 미스터리로 남아 있던 몇몇 사건에 대해 누구보다 진실에 가까운 결론을 이끌어 냈다. 이탈리아 법정에서 벌어진 일이라든지, 네덜란드에서 최후를 맞는 장면의 정황 묘사는 저자가 아니면 밝히지 못했을 것이다. 머리가 아닌, 가슴과 발로 쓴 책이라 할 만하다. 처음 이 책이 발간됐을 때는 쳇 베이커의 광적인 팬들을 중심으로 논란이 일기도 했다. 그를 무작정 악인으로 몰았다는 것이었다. 하지만 저자의 마음은 지적 호기심을 넘어 사랑에 이르러 있다. 독자들은 저자의 섬세한 손길에 의해 쉴 새 없이 흔들리는 마음을 확인하게 될 것이다. 바로 그 점이 이 책의 가장 큰 매력이자 존재 가치다.

시간의 흐름에 따라 쳇 베이커의 행적을 그대로 옮겼으면서도 이 책은 결코 지루한 느낌을 주지 않는다. 연이어 터져 나오는 사건이 손에 땀을 쥐게 하고, 그 흐름은 세간에 회자된 그 어떤 추리소설 못지않게 긴박하다. 쳇 베이커를 잘 모르는 이들도 어렵지 않게 읽어 내려갈 수 있는 이유는, 등장인물 사이의 선악 구도가 비교적 명료하다는 데 있다. 물론 저자의 시선은 쳇 베이커에게 내재된 악마와 천사의 양면성을 놓치지 않았다. 하나의 사건은 언제나 이면을 담고 있으며, 그 이면을 간파하는 것이 쳇 베이커를 이해하는 결정적 열쇠라는 점을 잊지 않았으면 한다. 그리고 그를 둘러싼 모든 이들이 공범과 희생자의 굴레에서 벗어나지 못했다는 걸 깨달았을 때, 이 책의 '읽는 재미'는 배가될 것이다.

제임스 개빈은 집필자와 독자의 입장을 병행하는 데 탁월한 균형 감각을 지닌 작가다. 또한 그의 촉각적인 글쓰기는 단어 하나하나가 살아 숨 쉬고 있다는 느낌마저 갖게 했다. 개인적으로 저자의 재능에 경의를 표한다. 그리고 이렇듯 소중한 책을 우리 것으로 만드는 데 충실한 시간을 더한 기획인과 편집진에게 깊은 감사를 드린다. 시대적인 배경을 비롯해서 쳇 베이커의 음악에 대한 이해를 돕기 위해 역자로서 좀 더 상세한 주註를 추가했다.

저자는 최초로 이루어 낸 깊이 있는 인터뷰를 통해 등장인물 사이에 벌어진 감정의 흐름을 치밀하게 포착했다. 따라서 이 책을 단지 흔하디흔한 '재즈 책'으로 치부하지 않기 바란다. 나는 책장을 넘길 때마다 '광란의 삶을 관통한 우수의 나팔 소리'를 들었다. 말미에 언급된 쳇 베이커의 연인 루스 영의 얘기는 압권이다.

대부분의 사람들은 살면서 위험을 감수하려 하지 않아요. 그저 가만히 앉아서 살아갈 뿐이죠. 그런데 쳇 베이커는 그걸 했어요. 거짓말을 하고 남을 속이는 개자식이 된 거죠. 월스트리트를 활보하는 무수히 많은 사람들이 화장실에 걸어 들어가 마약을 합니다. 멋진 양복을 입은 채 그런 짓을 벌이는 건 그들의 실제 삶과는 아주 동떨어진 모습이죠. 결국 영혼이 결여된 것과 영혼 그 자체가 벌이는 싸움이에요. 바로 그 때문에 사람들이 쳇 베이커에게 끌리는 겁니다. 그는 정말 영적인 힘으로 자신이 가야 할 길을 알고 있었어요.

나는 쳇 베이커가 저지른 '극악무도하고 흥미진진한' 악행을 일일이 책에 옮긴 저자의 의도가 무엇인지 새삼 궁금했다. 무릇 역사란 사람 사는 이야기고, 그 이야기가 지금의 우리를 반추하게 했을 때 비로소 의미를 지닐 것이다. '철수와 영희는 행복하게 오래오래 살았습니다' 하는 얘기보다 슬프고 일그러진 비운의 사랑 노래가 더 큰 감흥을 남기듯, 삶과 음악을 동시에 바라보면서 마주친 모순 속에 재즈와 예술의 본질이 숨어 있지 않겠느냐는 화두를 저자는 넌지시 던지고 있다.

쳇 베이커의 삶을 관통한 세 가지 코드는 음악과 마약, 그리고 사랑이었다. 이 중에서 그가 가장 성공적(?)으로 체현한 것은 두 말할 필요 없이 마약이었다. 심지어 말년의 그에게는 음악마저 마약을 구하기 위한 수단으로 전락했다. 그렇다면 사랑은 어땠을까.

그에게 사랑은 그다지 큰 의미를 갖지 못했다. 아니, 그래 보였다. 그 때문일까. 문득 나는 이 책의 주인공이 그가 아닌 그의 여인들일지 모른다고 생각하게 됐다. 사랑의 셈법에 따라 책의 내용을 다시 짚어 봤다. 그랬더니 이런 얘기가 됐다.

한 사내가 있었다. 천재적인 음악 감각을 타고 태어났지만 그는 사랑하는 법을 배우지 못했다. 그러던 어느 날 세상이 뜨거운 환호를 보냈고, 그는 스타가 됐다. 많은 여인들이 추파를 던졌다. 하지만 그는 아직도 사랑하는 법을 알지 못했다. 뜻하지 않게 마약이 그의 삶을 뒤흔들기 시작했다. 지지러진 눈빛 속에서도 그의 매력은 사라지지 않았고 여인들은 더 강한 집착으로 그의 곁에 머물러야 한다고 믿었다. 어느새 그는 자기 자신이 사랑하는 법을 모른다는 사실조차 잊어버리고 말았다. 그렇게 그는 제멋대로 살다가, 역시 제멋대로 죽었다. 알고 보니 그가 사랑한 건 음악과 마약뿐이었다. 여인들은 그걸 뻔히 알면서도 그를 사랑했다.

디스코그래피

지금까지 책을 마주한 독자들은, 재즈사에서 쳇 베이커만큼 자신의 녹음 경력을 충실히 관리하지 않은 인물도 드물었다는 사실을 알게 됐을 것이다. 그런 의미에서 덴마크 출신의 작가이자 역사가인 토르뵈른 쇠그렌이 집필한 『쳇: 디스코그래피*Chet: A Discography*』(JazzMedia ApS)는 쳇 베이커가 녹음한 모든 작품을 잘 정리하고 있는 유일한 자료다. 저자 역시 이 평전을 집필하는 데 그 자료집에 실린 내용을 절대적으로 신뢰했다. 다음에 제시한 리스트는 쳇 베이커의 앨범들을 거의 대부분 담고 있으며, 최근에 출시된 CD의 일련번호와 녹음연도를 함께 명시했다. 보다 상세한 내용은 토르뵈른 쇠그렌의 책을 참고하기 바란다.

1950년대

《With Charlie Parker: Inglewood Jam: Bird and Chet Live at the Trade Winds》
Fresh Sound FSR-DC 17   1952

《With Al Haig: Chet Baker: Live at the Trade Winds, 1952》
Fresh Sound FSCD 1001   1952

《Gerry Mulligan Quartet Featuring Chet Baker》
Fantasy OJCCD-711-2   1952

《The Pacific Jazz Years》 (4-CD set spanning 1952-57)
Pacific Jazz CDP 0777 7 89292 2 2

《Gerry Mulligan-The Original Quartet with Chet Baker》
Pacific Jazz CDP 7243 4 94407 2 2   1952-53

《Chet Baker Quartet Featuring Russ Freeman》
Pacific Jazz CDP 7243 4 93164 2 3   1953

《With the Lighthouse All-Stars: Witch Doctor》
Contemporary OJCCD-609-2   1953

《Chet Baker & Strings》
Columbia/Legacy CK 65562   1953-54

《This Time the Dream's on Me: Chet Baker Quartet Live, Volume 1》 (includes
the album Jazz at Ann Arbor plus a performance from the Carlton Theater in Los
Angeles)
Pacific Jazz CDP 7243 5 25248 2 2   1953-54

《Chet Baker & Stan Getz: West Coast Live》 (live at the Haig and Tiffany clubs, Los Angeles)
Pacific Jazz CDP 7243 8 35634 2 5   1953-54

《Grey December》 (includes the album Chet Baker Ensemble plus four string tracks from Chet Baker Sings and Plays with Bud Shank, Russ Freeman and Strings)
Pacific Jazz CDP 7 97160 2   1953-55

《Newport Years Vol. 1》 (TV and radio performances)
Philology W 51-2   1953-56

《The Complete Pacific Jazz Studio Recordings of The Chet Baker Quartet with Russ Freeman》
Mosaic MD3-122   1953-56

《Let's Get Lost: The Best of Chet Baker Sings》 (includes the complete album Chet Baker Sings plus six tracks from Chet Baker Sings and Plays with Bud Shank, Russ Freeman and Strings and a later vocal session)

Capitol/Pacific Jazz CDP 7 92932 2   1953-56

《Chet Baker, Boston, 1954》 (broadcasts from Storyville)
Uptown UPCD 27.35   1954

《The Complete Pacific Jazz Live Recordings of the Chet Baker Quartet with Russ Freeman》
Mosaic MD3-113   1954

《Out of Nowhere: Chet Baker Quartet Live, Volume 2》 (live at the Tiffany Club in Los Angeles and the Santa Cruz Civic Auditorium)
Pacific Jazz CDP 7243 5 27693 2 2   1954

《My Old Flame: Chet Baker Quartet Live, Volume 3》(from the Tiffany Club)
Pacific Jazz CDP 7243 5 31573 2 6   1954

《Young Chet》(miscellaneous rarities from the Pacific Jazz valuts)
Pacific Jazz CDP 7243 8 36195 2 9   1954–56

《Chet Baker/Big Band》(includes the complete albums Chet Baker Sextet and Chet Baker Big Band)
Pacific Jazz CDP 0777 7 81201 2 4   1954–56

《2 Trumpet Geniuses of the 50's: Brownie and Chet》(TV and radio performances of Baker plus others by Clifford Brown)
Pholiology 214W13   1954–57

《Chet Baker in Europe, 1955》(live broadcasts)
Pholiology W 42-2   1955

《With Dick Twardzik: Chet in Paris: The Complete Barclay Recordings of Chet Baker, Volume 1》
EmArcy 837 474-2   1955

《Chet in Paris: The Complete Barclay Recordings of Chet Baker, Volume 2》
EmArcy 837 475-2   1955

《Chet in Paris: The Complete Barclay Recordings of Chet Baker, Volume 3》
EmArcy 837 476-2   1955–56

《Chet in Paris: The Complete Barclay Recordings of Chet Baker, Volume 4》
EmArcy 837 477-2   1955–56

《With Dick Twardzik: The Great Lars Gullin, Vol 1-55/56》
Dragon DRCD 224   1955–56

《Cool Way to Florence》 (live at Conservatorio Cherubini)
Oscar OSC701   1956

《Chet Baker & Crew》
Pacific Jazz CDP 0777 7 81205 2 0   1956

《With Art Pepper: The Route》
Pacific Jazz CDP 7 92931 2   1956

《With Art Pepper: Playboys》
Pacific Jazz CDP 7 94474 2   1956

《Quartet-Chet Baker & Russ Freeman》
Pacific Jazz CDP 7243 8 55453 2 0   1956

《With Bud Shank: Theme Music from "The James Dean Story"》
Pacific Jazz CDP 0777 7 95251 2 6   1956

《With Jack Sheldon: Jack's Groove》
Fresh Sound FSR-CD 70   1957

《Embraceable You》
Pacific Jazz CDP 7 24383 1676 2   1957

《With Gerry Mulligan: Reunion》
Pacific Jazz CDP 7 46857 2   1957

《Annie Ross Sings a Song with Mulligan》
EMI-Manhattan CDP 7 46852 2   1957

《With Stan Gets: Stan Meets Chet》
Verve 837 436-2   1958

《It Could Happen to You》
Riverside OJCCD-303-2   1958

《Chet Baker in New York》
Riverside OJCCD-207-2   1958

《Chet Baker Introduces Johnny Pace》
Riverside OJCCD-433-2   1958

《Chet》
Riverside OJCCD-087-2   1958-59

《Chet Baker Plays the Best of Lerner & Loewe》
Riverside OJCCD-137-2   1959

《Chet Baker with Fifty Italian Strings》
Jazzland OJCCD-492-2   1959

《Chet Baker in Milan》

Jazzland OJCC370-2   1959

《Chet Baker-Italian Movies: Music by Piero Umiliani》(soundtrack music recorded by Chet Baker for several Italian films)
Liuto LRS 0063/1   1959-62

1960년대

《Live in Paris 1960-1963, Nice 1975》
France's Concert FCD 123

《The Italian Sessions》
RCA/Bluebird 2001-2-RB   1962

《With Rene Thomas: Hallucinations: Live in Cantina/Bologna》
Jazz Birdie's of Paradise J-Bop 049   1962

《The Most Important Jazz Album of 1964/65》
LP: Colpix SCP 476   1964

《Baby Breeze》
Verve 314 538 328-2   1965

《Baker's Holiday》
EmArcy 838 204-2   1965

《Lonely Star》 (this and the two following CDs collect all the material Baker
recorded for Prestige)
Prestige PRCD-24172-2   1965

《Stairway to the Stars》
Prestige PRCD-24173-2   1965

《On a Misty Night》
Prestige PRCD-24174-2   1965

《With the Mariachi Brass: A Taste of Tequila》
LP: World Pacific WPS 21839   1965

《With Joe Pass: A Sign of the Times》
LP: World Pacific WPS 21844   1965

《With Bud Shank: Michelle》
LP: World Pacific WPS 21840   1965

《With Bud Shank: California Dreamin'》
LP: World Pacific WPS 21845   1965

《With the Mariachi Brass: Hats Off》
LP: World Pacific WPS 21842   1966

《With the Carmel Strings: Quietly There》
LP: World Pacific WPS 21847   1966

《With Bud Shank: Brazil Brazil Brazil》
LP: World Pacific WPS 21855   1966

《With the Carmel Strings: Into My Life》
LP: World Pacific WPS 21859   1966

《With the Mariachi Brass: In the Mood》
LP: World Pacific WPS 21859   1966

《With Phil Urso: Live at Pueblo, Colorado, 1966》
CCB 1225   1966

《With Bud Shank: Magical Mystery》
LP: World Pacific WPS 21873   1967

《Albert's House》
Par PAR-2007-CD   1968

1970년대

《Blood, Chet and Tears》
LP: Verve V6-8798   1970

《Chet Baker-Lee Konitz-Keith Jarrett》 (a performance for WNYC-TV)
LP: JazzConn JC 113   1974

《She Was Too Good to Me》
CBS ZK 40804   1974

《With Gerry Mulligan: Carnegie Hall Concert》
CBS ZK 40689   1974

《With Jim Hall: Concierto》
CTI/Legacy ZK 65132   1975

《Seven Faces of "Valentine"》 (live performances of "My Funny Valentine")
Philology W30-2   1975-87

《Chet Baker in Italty》 (a collection of live performances, for a special issue of
Musica Jazz Magazine)
Philology W 81.2   1975-88

《Deep in a Dream of You》 (live at the Music Inn, Rome)
Moon 026-2   1976

《Once Upon a Summertime》
Galaxy OJCCD-405-2   1977

《You Can't Go Home Again/The Best Thing for You》
Verve 314 543 516-2   1977

《With Ruth Young: The Incredible Chet Baker Plays and Sings》
ANS 12009-2   1977

《The Rising Sun Collection》(live in Toronto)
JustAMemory RSCD 0010   1978

《Live in Chateauvallon, 1978》
France's Concert FCD 128   1978

《Live at Nick's》(Laren, Holland)
Cross Cross CD 1027   1978

《Broken Wing》
Verve 440 012 043-2   1978

《Two a Day》(live in Herouville, France)
Dreyfus FDM 76491165082   1978

《Tender Variations: Soundtrack from the Film "Flic ou Voyou"》
LP: Decca 6.23969 AO   1979

《The Touch of Your Lips》
SteepleChase SCCD 31122   1979

《All Blues》
Arco 3 ARC 102   1979

《With Duke Jordan: No Problem》
SteepleChase SCCD 31131   1979

《Daybreak》(this and the two following titles live at Copenhagen's Jazzhus Montmartre)
SteepleChase SCCD 31142   1979

《This Is Always》
SteepleChase SCCD 31168   1979

《Someday My Prince Will Come》
SteepleChase SCCD 31180   1979

《Just Friends》
Arco ARC 112   1979

《Chet Baker/Wolfgang Lackerschmid》
Inak 8571 CD   1979

《With Enrio Pieranunzi: Soft Journey》
IDA 033 CD   1979-80

1980년대

《Chet Baker-Steve Houben》
52e Rue Est RECD 019   1980

《"Live" at the Subway Club Vol. 1》 (this and the two following titles from Subway Club, Cologne)
Circle RKCD/2   1980

《Just Friends》
LP: Circle RK22380/27   1980

《Down》
LP: Circle RK22380/35   1980

《Leaving》
LP: Intercord INT 160.154   1980

《With Ron Carter: Patrao》
Milestone MCD-9099-2   1980

《Tune Up》 (this and the two following titles live at Le Dreher, Paris)
West Wind 2037   1980

《Night Bird》
West Wind 2038   1980

《It Never Entered My Mind》
LP: Circle RK25680/36 .   1980

《With Wolfgang Lackerschmid: Why Shouldn't You Cry: Chet Baker, The Legacy, Vol. 3》
Enja ENI-9337 2   1979-87

《Chet Baker in Europe》 (a collection of rarities and interview, sold with the book of the same title)
b&w bwcd 001   1979-88

《With Rique Pantoja: Chet Baker & The Boto Brasilian Quartet》
Dreyfus FDM 36511-2   1980

《Chet Baker Quartet with Special Guest Bud Shank: Live at Fat Tuesday's》
Fresh Sound FSR CD 131   1981

《My Funny Valentine》 (this and the two following titles live at Salt Peanuts Club, Cologne)
LP: Circle RK 23581/24   1981

《'Round Midnight》
LP: Circle RK 23581/25   1981

《I Remember You》
LP: Circle RK 23581/28   1981

《Chet Baker/Rene Urtreger/Aldo Romano/Pierre Michelot》 (live at Theatre de la Ville, Paris)
Carlyne CARCD 15   1981

《With Michel Graillier: Dream Drops》
Owl 026 CD   1981

《With David Friedman: Peace》
Enja R2 79625   1982

《With Jim Hall and Hubert Laws: Studio Trieste》
CTI 63051   1982

《Out of Nowhere》 (live at the Nine of Cups, Tulsa, Oklahoma)
Milestone MCD-9191-2   1982

《The Stan Getz Quartet with Chet Baker: Quintessence, Volume 1》 (this and the following title live in Norway)
Concord Jazz CCD-4807-2   1983

《The Stan Getz Quartet with Chet Baker: Quintessence, Volume 2》
Concord Jazz CCD-4858-2   1983

《Stan Getz & Chet Baker: The Stockholm Concerts》
Verve 537 555-2   1983

《With Kirk Lightsey Trio: Everything Happens to Me》
Timeless CDSJP 192   1983

《Jean-Louis Rassinfosse/Chet Baker/Philip Catherine》
Igloo IGL 034   1983

《Mr. B》
Timeless CDSJP 192   1983-85

《With Jim Porto: Rio》
LP: Siglo Quattro 1019   1983

《The Improviser》(live in Oslo, Norway)
Cadence CJR 1019   1983

《A Trumpet for the Sky, Vol. 1》(this and the following title live at Club 21, Paris)
Philology W 55.2   1983

《A Trumpet for the Sky, Vol. 2》
Philology W 56.2   1983

《Naima: Unusual Chet, Vol. 1》(live European performances)
Philology W 52-2   1983-87

《With Ake Johannson Trio and Toots Thielemans: Chet & Toots》
Dragon DRCD 333   1983

《Chet Baker Live in Sweden with the Ake Johannson Trio》
Dragon DRCD 178   1983

《Chet al Capolinea》
Red 123206-2   1983

《With Duke Jordan: September Song》 (live at New Morning, Paris)
Marshmallow CECC 00216   1983

《With Duke Jordan: Live at New Morning》
Marshmallow CECC 00420   1983

《With Duke Jordan: Star Eyes》 (live at George's Jazz Cafe, Arnhem, Holland)
Marshmallow CECC 00206   1983

《Soundtrack: Le Jumeau》
Carrere 96.251   1984

《With Warne Marsh: Blues for a Reason》
Criss Cross 1010 CD   1984

《Live at Buffalo》
CCB CD 1223   1984

《My Foolish Heart》
IRD TDM 002   1985

《Misty》
IRD TDM 003   1985

《Time After Time》
IRD TDM 004   1985

《With Paul Bley: Diane》
SteepleChase SCCD-31207   1985

《I Remember You: Chet Baker, The Legacy, Vol. 2》 (live at Copenhagen's Cafe
Montmartre)
Enja ENJ-9077 2   1985

《Chet Baker in Bologna》
Dreyfus FDM 36558-2   1985

《Chet's Choice》
Criss Cross 1016 CD   1985

《Strollin'》
Enja CD 5005 2   1985

《Candy》
Sonet SNTCD-946   1985

《With Mike Melillo: Symphonically》
Soul Note SN 1134 CD   1985

《With the Amstel Octet: Hazy Hugs》
LP: Limetree MLP 198601   1985

《Soundtrack: 'Round Midnight》
CBS CK 40464   1985

《Chet Baker Sings Again》
Timeless CDSJP 238   1985

《Live from the Moonlight》 (Macerata, Italy)
Philology W 10/11-2   1985

《Rique Pantoja & Chet Baker》
Warner WH 55155   1985

《With Lizzy Mercier Descloux: One for the Soul》
LP: Polydor 827-910-1   1985

《With Joe LoCascio: Sleepless》
LP: Pausa PR 7200   1985

《With Christopher Mason: Silent Nights: A Jazz Christmas Album》
Varrick CD 032   1986

《When Sunny Gets Blue》
SteepleChase SCCD 31221   1986

《Night Bird》(live at Ronnie Scott's London)
Essential ESMCD 015   1986

《Cool Cat》
Timeless CDSJP 262   1986

《As Time Goes By》
Timeless CDSJP 251/52   1986

《Chet Baker Sings and Plays from the Film "Let's Get Lost"》
RCA/Novus 3054-2-N   1987

《A Night at the Shalimar Club》(live in Senigalia, Italy)
Philology W 59-2   1987

《Chet Baker in Tokyo》
Evidence 22158   1987

《With Wolfgang Lackerschmid: Welcome Back》
West Wind 2083   1987

《With Charlie Haden Quartet: Silence》
Soul Note 121 172-2   1987

《The Legacy, Vol. 1》 (live broadcast with NDR Big Band, Hamburg)
Enja ENJ–9021 2   1987

《Chet on Poetry》
RCA/Novus Pl/PD 74347   1988

《With Jan Erik Vold: Blamann! Blamann!》
Hot Club HCRCD 50   1988

《With Enrico Pieranunzi: The Heart of the Ballad》
Philology W 20.2   1988

《With Enrico Pieranunzi's Space Jazz Trio: Little Girl Blue》
Philology W 21.2   1988

《With Nino Buonocore: Una citta tra le mani》
EMI 090–7902042   1988

《With Archie Shepp: Archie Shepp-Chet Baker Quintet: In Memory of》
L&R CDLR 45006   1988

《Live in Rosenheim》
Timeless CS SJP 233   1988

《The Last Great Concert: My Favorite Songs Vol. I & II》
Enja 6074 22   1988

찾아보기

지은이 **제임스 개빈** James Gavin

프리랜서 저널리스트로 『뉴욕 타임스』, 『배니티 페어』, 『재즈타임스』 등의 유수한 신문과
잡지에 수많은 글을 기고했다. 맨해튼 카바레의 역사를 다룬 첫 책 『친밀한 밤: 뉴욕 카바레의
황금기 *Intimate Nights: The Golden Age of New York Cabaret*』(1991)로 전미출판인 및 작곡가
협회에서 그해 가장 뛰어난 음악 관련 서적에 수여하는 ASCAP 딤즈 테일러/버질 톰슨 상을
수상했다. 레나 혼(『*Stormy Weather: The Life of Lena Horne*』, 2009), 페기 리(『*Is That All There Is?:
The Strange Life of Peggy Lee*』, 2014), 조지 마이클(『*George Michael: A Life*』, 2022) 등의 전기를
집필하며 '킬러 전기작가'의 명성을 얻었다. 『쳇 베이커』는 암스테르담에서 약물과 연루된
의문의 죽음 이후 신비로운 이미지로 팬들의 뇌리에 자리 잡은 트럼페터의 삶을
날카롭게 분석한 전기다.

옮긴이 **김현준**

재즈비평가, 공연기획자, 프로듀서. 1997년부터 재즈 관련 방송, 공연, 워크숍 등을
기획, 연출, 제작했다. 『김현준의 재즈파일』(1997), 『김현준의 재즈노트』(2004),
『캐논, 김현준의 재즈+로그』(2022)를 집필했으며, 마일스 데이비스와 쳇 베이커의
평전을 번역했다. 제41회 한국방송대상 문화예술인 부문을 수상했고, 기획과 진행을 맡은
「재즈의 비밀」(EBS)이 제43회 한국방송대상 문화예술 부문 작품상을 받았다.

현대 예술의 거장 시리즈
우리에게 새로운 세상을 열어 준 위대한 인간과 예술 세계로의 오디세이

구스타프 말러 1·2, 프랭크 로이드 라이트, 알렉산더 맥퀸, 시나트라, 메이플소프, 빌 에반스,
앙리 카르티에 브레송, 조니 미첼, 짐 모리슨, 코코 샤넬, 스트라빈스키, 니진스키, 에릭 로메르,
자코메티, 루이스 부뉴엘, 페기 구겐하임, 트뤼포, 프랭크 게리, 피나 바우쉬, 찰스 밍거스,
쳇 베이커, 게르하르트 리히터, 글렌 굴드, 마리아 칼라스, 루이즈 부르주아, 샤를로트 페리앙 등

현대 예술의 거장 시리즈는 계속 출간됩니다.